Springer Reference Sozialwissenschaften

Springer Reference Sozialwissenschaften bietet fachspezifisch und transdisziplinär Fachwissen in aktueller, kompakter und verständlicher Form. Thematisch umfasst die Reihe die Fachbereiche der Soziologie, Politikwissenschaft, Medien- und Kommunikationswissenschaft sowie der Pädagogik. Die Handbücher dieser Reihe repräsentieren den jeweils aktuellen Stand des Wissens im Fach. Reviewprozesse sichern die Qualität durch die aktive Mitwirkung von namhaften Herausgebern und Herausgeberinnen sowie hervorragenden Autor(inn)en. Der Vorteil dieser neuen Handbücher liegt in ihrer dynamischen Komponente: Die Beiträge erscheinen noch vor der gedruckten Fassung (Online first) und sind bereits von Beginn an zitierfähig. Zudem werden diese Beiträge aktualisiert und geben so den aktuellen Stand der Forschung wieder. Springer Reference Sozialwissenschaften wächst kontinuierlich um neue Kapitel und Themen.

Weitere Informationen zu dieser Reihe finden Sie auf http://www.springer.com/series/15073

Dagmar Simon • Andreas Knie
Stefan Hornbostel • Karin Zimmermann
Herausgeber

Handbuch Wissenschaftspolitik

2., vollständig bearbeitete Auflage

mit 24 Abbildungen und 5 Tabellen

Herausgeber
Dagmar Simon
Wissenschaftszentrum Berlin
Berlin, Deutschland

Andreas Knie
Innovationszentrum für Mobilität
und gesellschaftlichen Wandel
Berlin, Deutschland

Stefan Hornbostel
Department 2 „Research System and
Science Dynamics"
Deutsches Zentrum für Hochschul-
und Wissenschaftsforschung
Berlin, Deutschland

Karin Zimmermann
Wissenschaftszentrum Berlin
Berlin, Deutschland

ISBN 978-3-658-05454-0   ISBN 978-3-658-05455-7 (eBook)
ISBN 978-3-658-14058-8 (Bundle)
DOI 10.1007/978-3-658-05455-7

Die Deutsche Nationalbibliothek verzeichnet diese Publikation in der Deutschen Nationalbibliografie;
detaillierte bibliografische Daten sind im Internet über http://dnb.d-nb.de abrufbar.

Springer VS
© Springer Fachmedien Wiesbaden 2010, 2016
Das Werk einschließlich aller seiner Teile ist urheberrechtlich geschützt. Jede Verwertung, die nicht
ausdrücklich vom Urheberrechtsgesetz zugelassen ist, bedarf der vorherigen Zustimmung des Verlags.
Das gilt insbesondere für Vervielfältigungen, Bearbeitungen, Übersetzungen, Mikroverfilmungen und die
Einspeicherung und Verarbeitung in elektronischen Systemen.
Die Wiedergabe von Gebrauchsnamen, Handelsnamen, Warenbezeichnungen usw. in diesem Werk
berechtigt auch ohne besondere Kennzeichnung nicht zu der Annahme, dass solche Namen im Sinne
der Warenzeichen- und Markenschutz-Gesetzgebung als frei zu betrachten wären und daher von
jedermann benutzt werden dürften.
Der Verlag, die Autoren und die Herausgeber gehen davon aus, dass die Angaben und Informationen in
diesem Werk zum Zeitpunkt der Veröffentlichung vollständig und korrekt sind. Weder der Verlag, noch die
Autoren oder die Herausgeber übernehmen, ausdrücklich oder implizit, Gewähr für den Inhalt des Werkes,
etwaige Fehler oder Äußerungen.

Lektorat: Jan Treibel, Wiesbaden, Sigrid Cuneus

Gedruckt auf säurefreiem und chlorfrei gebleichtem Papier

Springer VS ist Teil von Springer Nature
Die eingetragene Gesellschaft ist Springer Fachmedien Wiesbaden GmbH

Vorwort zur 2. Auflage

Die ersten Sätze der Einleitung zur ersten Auflage des Handbuches Wissenschaftspolitik im Jahre 2010 begannen mit den bedeutungsvollen Worten „Die Wissenschaft ist ins Gerede gekommen". Nach langen Jahren der Stabilität, aber auch der institutionellen Verkrustungen war spätestens seit den 1990er-Jahren im deutschen Wissenschaftssystem vieles in Bewegung geraten. Die Stichworte dazu lauteten Bologna-Prozess, Exzellenzinitiative, leistungsorientierte Mittelvergabe, Kosten-Leistungs-Rechnung, Personalentwicklung, Evaluationen, Studiengebühren und auch schon Open Access. Es war die Rede von vielen Baustellen: Organisations-, Koordinations-, Finanzierungs- und Bewertungsformen änderten sich im öffentlich finanzierten Wissenschaftssystem zum Teil grundlegend. Und heute? Bei einer ersten Bilanzierung zeichnet sich dazu im Sommer 2016 ein differenziertes Bild ab. Viele der mit Verve verfolgten Projekte sind nach wie vor auf dem Weg. Mit anderen Worten: die Befürchtungen von Apokalyptikern sind ebenso wenig eingetreten wie die Erwartungen der Eschatologen. Vielmehr scheint sich das deutsche Wissenschaftssystem in einem langfristigen, inkrementellen Wandlungsprozess zu befinden. Dabei sind gleichermaßen Kontinuitäten wie mäandernde Bewegungen erkennbar. Das „New Public Management" hat vielfältige Spuren hinterlassen, aber von den strategiefähigen, autonomen Universitäten sind wir noch ein gutes Stück entfernt – so zumindest die Analyse der Imboden-Kommission zur Evaluation der Exzellenzinitiative. Letztere hat sicherlich nachhaltige Veränderungen gebracht, zu einer enormen Aufmerksamkeit für das Wissenschaftssystem geführt, gleichwohl aber die Grundarchitektur wenig verändert. Die viel diskutierte Differenzierung zwischen den Universitäten zeigt ein sehr moderates Tempo. Zugleich zeichnen sich aber Ent- und Redifferenzierungsprozesse ab – etwa zwischen Fachhochschulen, Universitäten, außeruniversitären Forschungseinrichtungen, beruflicher und akademischer Bildung, privaten und staatlichen Trägern. Viele der eingeleiteten Reformen sind daher bis heute in ihren Wirkungen immer noch nicht abzuschätzen und die bisher zu beobachtenden Wirkungen fallen wenig eindeutig aus. Durch eine Vielzahl von Kooperations- und Fusionsprojekten sowie durch eine steigende Zahl gemeinsamer Berufungen von Leitungspersonal ist einerseits das Verhältnis von Universitäten und außeruniversitären Forschungseinrichtungen enger geworden, auf der anderen Seite hat sich das Ungleichgewicht bei der Finanzierung zwischen Hochschulen und den außeruniversitären Trägereinrichtungen sogar noch vergrößert. Der Wettbewerb und der Wettbewerbsdruck um Reputation und Finanzierungsmittel sind weiter gewachsen, mit Folgen nicht nur für das akademische Arbeiten, sondern auch für die interne akademische Qualitätskontrolle. Das Herzstück – das stets kritisierte, aber bislang alternativlose Peer Review – gilt immer noch als zentrales Prinzip bei der Reputations- und Mittelzuschreibung, ist aber durch die von gesteigertem Wettbewerb, Evaluation und Akkreditierung induzierte Überlast auf Seiten der Gutachtenden in seiner Funktionsfähigkeit gefährdet. Insbesondere in den Lebenswissenschaften beginnt diese Debatte, zu organisationalen Veränderungen zu führen. Dazu gehören auch die mit der Digitalisierung eröffneten Möglichkeiten. Die Optionen digitaler Marktplätze für die Wissenschaft, aber auch die Gefahren für wissenschaftliche Einrichtungen mit neuen Formen der Beteiligung an der Generierung und Validierung von Wissen, sind allerdings mit den bisherigen Begriffen wie „Open Science" oder „Citizen Science" erst ansatzweise erfasst und in ihren Wirkungen noch überhaupt nicht absehbar. Schließlich bleibt auch das Thema des Wissenstransfers auf der Agenda. Immer wieder wird der fehlende Impact der Wissenschaft zu den großen Fragen unserer Zeit wie dem Klima- oder Energiewandel beklagt. Der in den letzten 10 Jahren gesunkene Anteil der Wirtschaft an den Drittmitteleinnahmen der Universitäten passt in dieses Bild, sodass offenbar neue Formen der Abgrenzung des Wissenschaftssystems zur Gesellschaft mit neuen Formen der Öffnung koexistieren. Das Verhältnis Wissenschaft und Gesellschaft in all seinen Ausprägungen steht dabei auch in den nächsten Jahren bei der Bewertung oder Organisation von Wissenschaft national und auf europäischer Ebene zur Debatte.

Das deutsche Wissenschaftssystem hat also nach wie vor Baustellen, sodass es lohnt, den Fortgang der Arbeiten weiterhin kritisch zu begleiten. Genügend Gründe also, die 2010 erschienenen Beiträge einer kritischen Revision zu unterziehen und in einer zweiten, umfassend überarbeiteten Auflage zusammen mit vielen aktuellen Beiträgen erneut zur Diskussion zu stellen. Mit der Gesamtschau wird versucht, einen systemischen Blick auf die Wissenschaftspolitik zu werfen, die durch das mittlerweile aufgehobene verfassungsrechtliche Verbot der Zusammenarbeit zwischen Bund und Ländern bzw. der Möglichkeit des Bundes, Wissenschaft auch institutionell zu fördern, neue Optionen erhält, die auch genutzt werden, wie das neue Exzellenzprogramm zeigt. Es unterstreicht den Trend einer noch wichtiger werdenden Rolle der Politik für die Wissenschaft. Die vorliegenden Beiträge könnten Impulse und Anregungen für künftige Gestaltungsoptionen liefern.

Juli 2016
Berlin

Dagmar Simon
Andreas Knie
Stefan Hornbostel
Karin Zimmermann

Inhaltsverzeichnis

Teil I Geschichte und Rahmenbedingungen **1**

Kontinuitäten und Umbrüche in der deutschen Wissenschaftspolitik
(1900–1990) 3
Martin Lengwiler

Innovation und Exzellenz: Neue und alte Herausforderungen für das
deutsche Wissenschaftssystem 21
Andreas Knie und Dagmar Simon

Governance der Wissenschaft 39
Uwe Schimank

Rahmenbedingungen von Hochschulpolitik in Deutschland 59
Reinhard Kreckel

EU-Forschungspolitik – von der Industrieförderung zu einer
pan-europäischen Wissenschaftspolitik? 79
Tim Flink

Rechtliche Rahmenbedingungen der Wissenschaftspolitik 99
Margrit Seckelmann

Deutsche Wissenschaftspolitik im internationalen Kontext 119
Ulrich Schreiterer

Teil II Disziplinäre und interdisziplinäre Zugänge **139**

Wissenschaftssoziologie 141
Peter Weingart

Wissenschaftspolitik und Science & Technology Studies 157
Jörg Potthast

Der Beitrag der Innovationsforschung zur Wissenschaftspolitik 175
Clemens Blümel

Beiträge der Pädagogischen Psychologie zur Wissenschaftspolitik 191
Elke Wild und Wiebke Esdar

Wissenschaftspolitik aus wissenschaftshistorischer Perspektive 207
Carsten Reinhardt und Marcus B. Carrier

Teil III Governance 223

Partizipation, Responsivität, Nachhaltigkeit 225
Sabine Maasen und Sascha Dickel

(Forschungs-)Evaluation 243
Stefan Hornbostel

Selbststeuerung der Wissenschaft durch Peer-Review-Verfahren 261
Friedhelm Neidhardt

Open Science als wissenschaftspolitische Problemlösungsformel? 279
Martina Franzen

Qualitätssicherung und Qualitätsmanagement an Hochschulen 297
Anke Rigbers

Wissenschaftliche Politikberatung: Organisationsformen und Gestaltungselemente 317
Justus Lentsch

Internationalisierung der Forschung 335
Enno Aufderheide und Berthold Neizert

Wissenschaftspolitik und wissenschaftliche Karriere 355
Jan-Christoph Rogge und Jakob Tesch

Neue Wissenschaftspolitik der Gleichstellung in Deutschland 375
Karin Zimmermann

Wissensregulierung durch Ethik-Kommissionen? 395
Hella von Unger und Dagmar Simon

Teil IV Wissenschaftsförderung 411

Forschungsförderung und ihre Finanzierung 413
Sybille Hinze

Wissenschaftsförderung als gesellschaftliche Aufgabe privater Stiftungen 429
Wolfgang Rohe

Neue Herausforderungen für die öffentliche und private Forschungsförderung 447
Wilhelm Krull und Antje Tepperwien

**Die drei Pakte und ihre Wirkung: Die Exzellenzinitiative, der
Hochschulpakt 2020 und der Pakt für Forschung und Innovation** 465
Karl Ulrich Mayer

Teil V Akteure und Orte **483**

Staatliche Akteure der Wissenschaftspolitik 485
Andreas Stucke

Differenzierung im deutschen Hochschulsystem 503
Jürgen Enders

Hochschulleitung und Hochschulmanagement 517
Albrecht Blümel

**Das Bundesministerium für Bildung und Forschung (BMBF) als
wissenschaftspolitischer Akteur** 533
Matthias Kölbel

**Governance-Strukturen und institutioneller Wandel des
außeruniversitären Forschungssystems Deutschlands** 549
Hans-Willy Hohn

**Ressortforschungseinrichtungen – Forschung im staatlichen
Auftrag** 573
Eva Barlösius

Digitale Publikations- und Forschungsinfrastrukturen 591
Niels Taubert

Forschung und Entwicklung in der Wirtschaft 609
Ulrich Dolata

Zusammenfassungen und Schlüsselwörter aller Beiträge 627

Verzeichnis der Autorinnen und Autoren

Enno Aufderheide Alexander von Humboldt-Stiftung (AvH), Bonn, Deutschland

Eva Barlösius Institut für Soziologie, Leibniz Universität Hannover, Hannover, Deutschland

Albrecht Blümel International Centre for Higher Education Research Kassel (INCHER), Kassel, Deutschland

Clemens Blümel Institut für Sozialwissenschaften, Humboldt-Universität zu Berlin, Berlin, Deutschland

Marcus B. Carrier Fakultät für Geschichtswissenschaft, Philosophie und Theologie, Universität Bielefeld, Bielefeld, Deutschland

Sascha Dickel Friedrich Schiedel-Lehrstuhl für Wissenschaftssoziologie, Technische Universität München, München, Deutschland

Ulrich Dolata Institut für Sozialwissenschaften, Universität Stuttgart, Stuttgart, Deutschland

Jürgen Enders Higher Education Management, University of Bath, Bath, Großbritannien

Wiebke Esdar Fak. für Psychologie und Sportwissenschaft/Abt. Psychologie, Universität Bielefeld, Bielefeld, Deutschland

Tim Flink Institut für Sozialwissenschaften, Humboldt-Universität zu Berlin, Berlin, Deutschland

Martina Franzen Wissenschaftszentrum Berlin für Sozialforschung (WZB), Forschungsgruppe Wissenschaftspolitik, Berlin, Deutschland

Sybille Hinze Institut für Forschungsinformation und Qualitätssicherung e.V., Berlin, Deutschland

Hans-Willy Hohn Deutsches Forschungsinstitut für öffentliche Verwaltung Speyer, Speyer, Deutschland

Stefan Hornbostel Department 2 „Research System and Science Dynamics", Deutsches Zentrum für Hochschul- und Wissenschaftsforschung, Berlin, Deutschland and Department of Social Sciences, Humboldt-Universität zu Berlin, Berlin, Deutschland

Andreas Knie InnoZ – Innovationszentrum für Mobilität und gesellschaftlichen Wandel GmbH, Berlin, Deutschland

Matthias Kölbel Bundesministerium für Bildung und Forschung, Berlin, Deutschland

Reinhard Kreckel Emeritus, Martin-Luther-Universität Halle-Wittenberg, Halle, Deutschland

Wilhelm Krull VolkswagenStiftung, Hannover, Deutschland

Martin Lengwiler Dept. Geschichte, Universität Basel, Basel, Schweiz

Justus Lentsch Stabsstelle Forschung und wiss. Nachwuchs, Goethe-Universität Frankfurt am Main, Frankfurt a. M., Deutschland

Sabine Maasen Friedrich Schiedel-Lehrstuhl für Wissenschaftssoziologie, Technische Universität München, München, Deutschland

Karl Ulrich Mayer Max-Planck-Institut für Bildungsforschung, Berlin, Deutschland

Friedhelm Neidhardt Wissenschaftszentrum Berlin für Sozialforschung (WZB), Berlin, Deutschland

Berthold Neizert Abt. Forschungspolitik und Außenbeziehungen, Generalverwaltung der Max-Planck-Gesellschaft, München, Deutschland

Jörg Potthast Seminar für Sozialwissenschaften, Universität Siegen, Siegen, Deutschland

Carsten Reinhardt Fak. für Geschichtswissenschaft, Philosophie und Theologie, Universität Bielefeld, Bielefeld, Deutschland

Anke Rigbers Stiftung des öffentlichen Rechts, evalag (Evaluationsagentur Baden-Württemberg), Mannheim, Deutschland

Jan-Christoph Rogge Forschungsgruppe Wissenschaftspolitik, Wissenschaftszentrum Berlin für Sozialforschung (WZB), Berlin, Deutschland

Wolfgang Rohe Stiftung Mercator GmbH, Essen, Deutschland

Uwe Schimank Institut für Soziologie, Universität Bremen, Bremen, Deutschland

Ulrich Schreiterer Wissenschaftszentrum Berlin für Sozialforschung gGmbH, Berlin, Deutschland

Margrit Seckelmann Deutsches Forschungsinstitut für öffentliche Verwaltung Speyer, Speyer, Deutschland

Dagmar Simon Wissenschaftszentrum Berlin für Sozialforschung gGmbH, Berlin, Deutschland

Andreas Stucke Geschäftsstelle des Wissenschaftsrates, Köln, Deutschland

Niels Taubert Bielefeld, Deutschland

Antje Tepperwien VolkswagenStiftung, Hannover, Deutschland

Jakob Tesch Institut für Forschungsinformation und Qualitätssicherung e.V. (iFQ), Berlin, Deutschland

Hella von Unger Ludwig-Maximilians-Universität (LMU) München, München, Deutschland

Peter Weingart Fakultät für Soziologie, Universität Bielefeld, Bielefeld, Deutschland

Elke Wild Fak. für Psychologie und Sportwissenschaft/Abt. Psychologie, Universität Bielefeld, Bielefeld, Deutschland

Karin Zimmermann Wissenschaftszentrum Berlin für Sozialforschung gGmbH, Berlin, Deutschland

Teil I
Geschichte und Rahmenbedingungen

Kontinuitäten und Umbrüche in der deutschen Wissenschaftspolitik (1900–1990)

Martin Lengwiler

Inhalt

1	Einleitung	3
2	Grundlagen der deutschen Wissenschaftspolitik (1900–1945)	4
3	Institutionelle Kontinuitäten der Wissenschaftspolitik in der frühen Nachkriegszeit (1945–1955)	6
4	Technologisierung und Aufbau der Großforschung (1955–1965)	8
5	Amerikanisierung und Sowjetisierung der Wissenschaftspolitik (1965–1973)	12
6	Wissenschaftspolitik im Zeichen der Wirtschaftspolitik (1973–1989)	14
7	Fazit: Strukturdifferenzen und Parallelitäten in der west- und ostdeutschen Wissenschaftspolitik	17
	Literatur	18

1 Einleitung

Die Geschichte der Wissenschaftspolitik in Deutschland teilt sich in zwei Bereiche: jenen der Forschungs- und jenen der Bildungspolitik, wobei unter Bildungspolitik hier primär Hochschulpolitik zu verstehen ist. Beide Felder waren aus unterschiedlichen Gründen stark föderalistisch strukturiert. Forschungs- und Bildungspolitik zeichnen sich seit der Gründung des Deutschen Kaiserreichs 1871 durch ein Konkurrenzverhältnis zwischen zentralstaatlichen Akteuren (in der Bundesrepublik dem Bund) und föderalistischen Akteuren (den deutschen Einzelstaaten beziehungsweise Bundesländern) aus. Die Wissenschaftspolitik war unter diesen Umständen von einer vielschichtigen Akteurskonstellation – Hochschulen, Industrie und staatliche Akteure (diese unterteilt in Bund und Länder) – beziehungsweise von wechselnden Paradigmen im Konfliktfeld zwischen akademischen Autonomiepostulaten, indus-

M. Lengwiler (✉)
Dept. Geschichte, Universität Basel, Basel, Schweiz
E-Mail: martin.lengwiler@unibas.ch

triellen Kommerzialisierungsbegehren und staatlichen Interventionsanliegen geprägt. Von einer nationalen Wissenschaftspolitik lässt sich für Deutschland allerdings erst seit dem ausgehenden 19. Jahrhundert sprechen, als sich eine zentralstaatliche Regulierung des Wissenschaftssystems zu konstituieren begann.

In föderalistischer Hinsicht entwickelten sich Forschungs- und Bildungspolitik unterschiedlich. Die Bildungs- beziehungsweise Hochschulpolitik blieb – mit Ausnahme der Zeit des Nationalsozialismus und der Ära der DDR – zumeist im Verantwortungsbereich der Länder; der Bund besaß nur subsidiäre Kompetenzen. In der Forschungspolitik eignete sich dagegen die Zentralmacht (Reich oder Bund) seit dem ausgehenden 19. Jahrhundert, vor allem nach dem Zweiten Weltkrieg, wachsende Kompetenzen an, insbesondere in den Einrichtungen des außeruniversitären Forschungssystems (Hohn und Schimank 1990). Diese Zweiteilung in ein universitäres und ein außeruniversitäres Forschungssystem ist ein spezifisch deutsches Phänomen, das sich in diesem Ausmaß weder in Großbritannien noch in den USA findet und sich auch in Frankreich – einem Land mit einem ebenfalls starken außeruniversitären Forschungssektor – anders darstellt. Die außeruniversitäre Forschungslandschaft Deutschlands umfasst im Wesentlichen Einrichtungen von vier Forschungsgesellschaften: die mehrheitlich grundlagenorientierte Max-Planck-Gesellschaft, die Helmholtz-Gemeinschaft Deutscher Forschungszentren, die Einrichtungen der Großforschung umfasst, die Wissenschaftsgemeinschaft Gottfried Wilhelm Leibniz, deren Einrichtungen gemeinsam von Bund und Ländern gefördert werden sowie die stark anwendungsorientierte Fraunhofer-Gesellschaft. In der einen oder anderen Form spiegeln alle vier Säulen der außeruniversitären Forschung die zunehmende Rolle des Bundes in der Forschungsförderung wider.

Die im Folgenden darzustellende Entwicklung ist geprägt von verschiedenen Umbruchsmomenten, wobei die Jahrzehnte nach dem Zweiten Weltkrieg und die Situation in den beiden deutschen Teilstaaten im Vordergrund stehen. Im Verlauf der Nachkriegszeit hat die staatliche Wissenschaftspolitik sowohl in West- wie in Ostdeutschland einen fundamentalen Paradigmenwechsel erlebt und sich von einer traditionell bildungspolitischen Ausrichtung zu einem forschungs- und wirtschaftspolitischen Referenzsystem verschoben (Mutert 2000, S. 19–25; Elzinga und Jamison 1995). Die Zeit zwischen 1900 und 1990 wird in fünf Zeitabschnitte gegliedert, orientiert an wirtschafts- und forschungspolitischen Zäsuren.

2 Grundlagen der deutschen Wissenschaftspolitik (1900–1945)

Die Grundlagen der zentralstaatlichen Wissenschaftspolitik reichen in Deutschland ins Deutsche Kaiserreich des ausgehenden 19. Jahrhunderts zurück. Ursprünglich verfügte das Reich über keine bildungs- und forschungspolitischen Kompetenzen. Die Aufsicht über die Universitäten war den Einzelstaaten überlassen. Zudem war das Universitätssystem stark vom Humboldt'schen Universitätsideal beeinflusst, das den Hochschulen eine hohe institutionelle Autonomie gegenüber Einflüssen von Politik und Wirtschaft gewährte. Erst nach 1900 kam es auf Reichsebene zu den ersten wissenschaftspolitischen Interventionen. Angesichts der zunehmenden Finanzierungsschwierigkeiten der deutschen Universitäten, vor allem im Vergleich mit den bestens ausgestatteten amerikanischen Stiftungsuniversitäten, entschloss sich das Reich zum Aufbau einer zentralstaatlichen Forschungsorganisation. Dazu wurde 1911 die Kaiser-Wilhelm-Gesellschaft (KWG), die Vorläuferin der 1948 entstandenen Max-Planck-Gesellschaft, gegründet. Die KWG favorisierte einen weitgehend privatwirtschaftlichen Finanzierungsmodus, bei dem industrielle Mäzene den Großteil des Forschungsaufwands bezahlten und in den Aufsichtsorganen der Institute vertreten waren, den Wissenschaftlern aber weitgehende inhaltliche Autonomie gewährten – ein Modell, das ebenfalls den amerikanischen Stiftungsuniversitäten entliehen war und den Grundstein legte für den Aufstieg des außeruniversitären Forschungssystems Deutschlands (Kaufmann 2000).

Vor dem Ersten Weltkrieg förderte die reichsdeutsche Forschungspolitik also primär anwendungsorientierte, industrienahe Einrichtungen. Erst mit dem Ersten Weltkrieg setzt eine längerfristige Transformation von einem wirtschaftsnahen zu einem stärker staatsorientierten, öffentlich finanzierten Forschungssystem ein. Noch während des Krieges war die staatlich finanzierte Militärforschung auf einzelne anwendungsorientierte, industrienahe Forschungsbereiche wie die Chemie fokussiert (Burchardt 1990, S. 80–81). Dieser Fokus änderte sich auch in der Weimarer Republik nicht grundlegend. Während der Inflationskrise der Nachkriegszeit gerieten viele Forschungseinrichtungen in eine existenzbedrohende Finanzkrise. Um ein Minimum an Ressourcen sicherzustellen, schlossen sich 1920 die Kaiser-Wilhelm-Gesellschaft, die Hochschulen und die Akademien zusammen zur „Notgemeinschaft der deutschen Wissenschaft", aus der nach dem Zweiten Weltkrieg die Deutsche Forschungsgemeinschaft (DFG) hervorging. Anfänglich setzte die Notgemeinschaft ihre Hoffnungen auf die Wirtschaft. Sie gründete einen Stifterverband, in dem auch die Großindustrie vertreten war, und hoffte dadurch, die Wirtschaft als Mäzenatin für Forschungsvorhaben zu gewinnen. Der Erfolg war allerdings mäßig (Schulze 1995, S. 44–69; Hammerstein 1999, S. 55–57).

Erst in der Zeit des Nationalsozialismus, insbesondere während des Zweiten Weltkriegs, wurden sowohl die zentralstaatlichen Interventionen ins Forschungssystem wie auch die anwendungsorientierten Forschungstraditionen stark ausgebaut. Obwohl die Autonomie der Wissenschaft formal oft gewahrt blieb, geriet die Forschung in der NS-Zeit zunehmend in den Bann staatlicher Interessen und entwickelte sich in engster Abhängigkeit zur nationalsozialistischen Kriegs- und Vernichtungslogik. Die Machtergreifung war nicht nur gefolgt von der Gleichschaltung der Universitäten, sondern auch von einer Selbstmobilisierung zentraler Forschungseinrichtungen. Kriegswichtige Fächer schickten ihre Vertreter in den 1937 gegründeten Reichsforschungsrat, der wesentliche Teile der staatlich finanzierten Forschung auf Grundlage einer Vierjahresplanung koordinierte (Flachowsky 2008; Hachtmann 2007). Zum erweiterten Netzwerk der NS-Forschungspolitik gehörten auch die Kaiser-Wilhelm-Gesellschaft und die Technischen Hochschulen (Dinçkal et al. 2009). Vor allem in den letzten Kriegsjahren wurde die staatliche Forschungsförderung zunehmend den Anliegen von Industrie und Wirtschaft unterstellt. Zu den Profiteuren dieser Politik gehörten einerseits die Einrichtungen der Kaiser-Wilhelm-

Gesellschaft, andererseits ideologisch wichtige Fächer wie die Bevölkerungswissenschaften oder die Rassenanthropologie und die rüstungstechnisch und kriegsrelevanten Disziplinen wie die Ingenieurwissenschaften, die Physik, die Chemie, die Mathematik oder die angewandte Psychologie (Hachtmann 2007).

3 Institutionelle Kontinuitäten der Wissenschaftspolitik in der frühen Nachkriegszeit (1945–1955)

In der unmittelbaren Nachkriegszeit war das deutsche Wissenschaftssystem von verschiedenen politischen Umbrüchen gezeichnet: dem Besatzungsregime der vier Siegermächte, der sich ankündigenden Teilung Deutschlands und dem sich verschärfenden Kalten Krieg. Spätestens seit der Teilung Deutschlands 1949 bildeten sich in den beiden Teilstaaten zwei unterschiedliche, sich voneinander abgrenzende wissenschaftspolitische Systeme heraus, die je an einer der beiden Supermächte – den USA oder der Sowjetunion – orientiert waren.

In Westdeutschland erlebte das Wissenschaftssystem nach dem Ende des Zweiten Weltkriegs keinen fundamentalen Umbruch. Die alliierten Besatzungsmächte verzichteten auf eine Grundsatzreform des Hochschulwesens. Personell und organisatorisch finden sich zahlreiche Kontinuitäten über das Ende des Nationalsozialismus hinweg (Hachtmann 2007). Auf institutioneller und programmatischer Ebene kam es dagegen zu einer anti-zentralistischen Wende. Die Behörden distanzierten sich beim Wiederaufbau des Wissenschaftssystems von der nationalsozialistischen Zentralisierungspolitik und knüpften stärker an den föderalistischen Traditionen der Weimarer Republik an. Das Grundgesetz der Bundesrepublik garantierte 1949 die „Kulturhoheit der Länder". Auch die Aufsicht über Hochschulen und Universitäten fiel in die Verantwortung der Länder, wobei die bundesweite Koordination des Hochschulwesens in den Händen der 1949 gegründeten Kultusminister-Konferenz und der Westdeutschen Rektorenkonferenz lag. Der Bund besaß nur geringe bildungspolitische Kompetenzen, die sich vor allem auf personal- und besoldungsrechtliche Fragen beschränkten. Um eine Politisierung des Hochschulwesens wie im Nationalsozialismus zu verhindern, garantierte das Grundgesetz zudem die Freiheit der Wissenschaften und stärkte damit die Autonomie von Hochschulen und Universitäten (Schimank und Lange 2006, S. 311–312).

In forschungspolitischer Hinsicht betrieben die westlichen Besatzungsmächte ebenfalls eine Strategie der Dezentralisierung; die neuere Forschung spricht von einem „dezentralen Wiederaufbau" des Wissenschaftssystems (Teichler 2006, S. 348–349). Viele der Kompetenzen, die die zentralstaatlichen Behörden in der Weimarer Republik oder der NS-Zeit noch besaßen, gingen nach 1945 an andere Instanzen über. So wurde die Nachfolgerin der staatlichen Kaiser-Wilhelm-Gesellschaft (KWG) und bedeutendste Forschungseinrichtung von Nachkriegs-deutschland die 1946 gegründete Max-Planck-Gesellschaft (MPG), zu Beginn vollständig aus den Länderhaushalten finanziert. Gleiches gilt für die 1954 gegründete Nachfolgerin der Notgemeinschaft der Deutschen Wissenschaft, die Deutsche Forschungsgemeinschaft (DFG) (Orth 2011). Die MPG betonte mit ihrer dezentralen, institutsfokussierten

Organisationsform auch gegenüber den Länderregierungen ihren Autonomieanspruch. Der Bund blieb lange von dieser Forschungsförderung ausgeschlossen. Erst nach 1957 ließen es die Länder zu, dass sich der Bund an der Förderung der MPG beteiligte. Hinzu kam, dass nach 1945 ein stärker grundlagenorientierter Forschungstypus in den Vordergrund rückte. Dies war ebenfalls eine Folge der alliierten Besatzungspolitik, die in allen vier Besatzungszonen anwendungsorientierte Forschungen verbot. Diese Restriktionen wurden 1949 mit der Gründung der Bundesrepublik für das gesamte Staatsgebiet bekräftigt, was unter anderem den Aufbau einer zivilen Atomindustrie bis Mitte der 1950er-Jahre verhinderte (Stamm 1981, S. 85–108, 114–141).

Der Bund konnte in Westdeutschland erst in einem langwierigen und konflikthaften Prozess, oft in Auseinandersetzung mit den Ländern, seine wissenschaftspolitischen Kompetenzen wieder aufbauen. Dazu verfolgte der Bund in den 1950er-Jahren eine Nischenpolitik und setzte seine wissenschaftspolitischen Akzente dort, wo die Länder und die Hochschulen eine strukturell schwache Position hatten. Dies war insbesondere bei kostenintensiven und anwendungsorientierten Forschungsprogrammen der Fall, wo entweder den Ländern die finanziellen Mittel fehlten oder die Universitäten wegen ihrer grundlagenorientierten Forschungstradition kein Interesse zeigten. Unter anderem profitierten die Einrichtungen der Fraunhofer-Gesellschaft davon. Auch in seiner Legitimationsstrategie ging der Bund eigene Wege. Forschungsinvestitionen wurden weniger bildungspolitisch begründet, was mit der Kulturhoheit der Länder kollidiert hätte, sondern mit wirtschaftspolitischen Argumenten untermauert. Zwar stand die Forschungsförderung in der frühen Nachkriegszeit auch für die Länder unter den Vorzeichen des wirtschaftlichen Wiederaufbaus, doch der Bund setzte dank seiner größeren Ressourcen stärkere Akzente (Stamm 1981, S. 142–143).

Die ostdeutsche Entwicklung in der sowjetischen Besatzungszone und der frühen DDR scheint auf den ersten Blick von einer fundamentalen Diskontinuität, bedingt durch den politischen Systemwechsel, bestimmt. Nach Gründung der DDR verfolgte die Sozialistische Einheitspartei Deutschlands (SED) eine Politik der Sowjetisierung, nach der die Universitäten und Hochschulen ideologisch okkupiert und in Ausbildungsanstalten der neuen „sozialistischen Intelligenz" umfunktioniert werden sollten. Aus Sicht der Behörden galt ein klares Primat der Bildungs- gegenüber der Forschungspolitik. Zentrales Anliegen war eine gegenprivilegierende Bildungspolitik, um die überlieferten sozialen Ungleichheiten aufzuheben (Miethe 2007). Auch die Wissenschaftspolitik zielte auf einen egalitaristisch motivierten Elitenwechsel. Den Kern dieser Strategie bildete eine Neuregelung des Hochschulzugangs. Um den Anteil nicht-bürgerlicher Studierender an Hochschulen und Universitäten zu erhöhen, wurden noch von der sowjetischen Besatzungsmacht voruniversitäre Studienanstalten, die späteren „Arbeiter- und Bauernfakultäten", eingerichtet. Diese Strukturpolitik diente indirekt auch dazu, die Autonomie der Universitäten durch neue, parteinahe Universitätsorgane zu untergraben. Zudem wurde eine klare Zentralisierungspolitik verfolgt. Ebenfalls noch vor der DDR-Gründung schaffte die sowjetische Besatzungsmacht die noch bestehenden Länderkompetenzen in der Wissenschaftspolitik weitgehend ab (Kowalczuk 2003, S. 557–560).

Allerdings wurde der intendierte Systemwechsel bis Ende der 1950er-Jahre nur in Ansätzen vollzogen. Einerseits war das Wissenschaftssystem der frühen DDR noch wenig zentralistisch organisiert und die Autonomie der Universitäten vergleichsweise hoch. Der kriegs- und emigrationsbedingte Personalmangel in der Wissenschaft führte dazu, dass sich die frühe DDR noch weitgehend auf die etablierten, zu einem hohen Anteil aus traditionellen „bürgerlichen" Schichten stammenden Bildungseliten verlassen musste. Gegenüber dem noch jungen Staats- und Parteiapparat besaßen die wissenschaftlichen Einrichtungen in der Frühphase der DDR einen wichtigen Organisationsvorsprung, der es ermöglichte, ihre Autonomieansprüche gegen Staat und Partei weitgehend durchzusetzen. Die SED musste sich auf Konzessionen einlassen, ansonsten drohte sich die Emigrationswelle noch zu verschärfen. Die Wissenschaftspolitik der frühen DDR war trotz ideologischer Strategien in der Praxis relativ unverbindlich und zudem wenig nachhaltig. Spätestens in den 1960er-Jahren versandeten die Bemühungen um eine gegenprivilegierende Bildungspolitik, mit der Folge, dass sich die gesellschaftlichen Hierarchien zunehmend verfestigten (Miethe 2007; Tandler 2000, S. 26–46, 345).

4 Technologisierung und Aufbau der Großforschung (1955–1965)

Die zweite Phase der Nachkriegszeit setzte Mitte der 1950er-Jahre ein und dauerte bis zur Rezession 1967. Dieser Abschnitt zeichnet sich vor allem durch umfassende Anstrengungen zum Aufbau von Großforschungseinrichtungen aus. Kennzeichen dieses neuen Forschungstyps sind hochtechnologische, personal- und kostenintensive Projekte, die in großen Einrichtungen und Laboratorien kollektiv-arbeitsteilig verfolgt wurden. Der Aufstieg der Großforschung steht in engem Zusammenhang mit der Eskalation des Kalten Krieges in den 1960er-Jahren und spiegelt sich in einer zunehmenden Militarisierung der Forschung. Treibende Kraft waren die Sektoren der Luft- und Raumfahrt, der militärischen Kernforschung, später auch der informationstechnologischen Forschung. Davon abgeleitet profitierten auch die zivile Kernforschung und die biomedizinische Forschung.

Die USA und die Sowjetunion operierten dabei als wissenschaftspolitische Taktgeber für ihre Blockpartner auf beiden Seiten des Eisernen Vorhangs. Die Forschung spricht deshalb für die beiden deutschen Staaten von einer wissenschaftspolitischen „Imitationsphase" (Mutert 2000, S. 19–20), in der die staatlichen Behörden nach Vorbild der USA, beziehungsweise der Sowjetunion, die Voraussetzungen für die Zentralisierung und Erweiterung der wissenschaftspolitischen, insbesondere der forschungs- und technologiepolitischen Kompetenzen auf zentralstaatlicher Ebene schufen. Dieser Zentralisierungsprozess verband sich mit einer um sich greifenden Planungsrationalität und vollzog sich in der DDR ungleich radikaler als in der BRD. Begleitet wurde die Entwicklung von einer starken Expansion der Forschungsförderung, die vor allem den hochtechnologischen Großforschungseinrichtungen zugutekam. In der Bildungspolitik änderte sich dagegen in diesem Jahrzehnt wenig. Sowohl in West- wie in Ostdeutschland erreichte die von den Regierungsbehörden betriebene bildungspolitische Zentralisierung nur bescheidene Erfolge.

In Westdeutschland baute der Bund seine wissenschaftspolitischen Kompetenzen dort aus, wo die Länder sowie die Universitäten und Hochschulen eine strukturell schwache Position hatten. Dies war insbesondere bei kostenintensiven und anwendungsorientierten Forschungsprogrammen der Fall, wo entweder den Ländern die finanziellen Mittel fehlten oder die Universitäten wegen ihrer grundlagenorientierten Forschungstradition kein Interesse zeigten (Militärforschung, Kernforschung, Luftfahrtforschung, Raumfahrtforschung). Disziplinär profitierten von diesen Investitionen vor allem die Physik und die Ingenieurwissenschaften. Hintergrund dieser Wissenschaftspolitik war einerseits der Fachkräftemangel der Wiederaufbauzeit, andererseits der verbreitete Technikoptimismus, der insbesondere in den 1960er-Jahren die Wahrnehmungshorizonte der Akteure prägte.

Die wichtigsten Kompetenzen eignete sich der Bund ab Mitte der 1950er-Jahre im Bereich der Forschungspolitik an, im Anschluss an die Gründung des Bundesministeriums für Atomfragen 1955 und dem damit verbundenen Aufbau der Grossforschung, ein Bereich, der bis in die 1980er-Jahre die wissenschaftspolitische Hausmacht des Bundes ausmachte (Mutert 2000, S. 10–13; Szöllösi-Janze 1990, S. 78–81). Parallel dazu schuf der Bund einige der bis heute wichtigsten wissenschaftspolitischen Behörden. Das Jahrzehnt zwischen Mitte der 1950er- und Mitte der 1960er-Jahre kann deshalb als Schlüsselphase für die Konstitution einer bundeseigenen Wissenschaftspolitik bezeichnet werden. Dazu gehörten die Gründung des Bundesministeriums für Atomfragen, dem ersten Großforschungsbereich, die Einrichtung des Wissenschaftsrats 1959, der Aufbau der Verteidigungsforschung ab Ende der 1950er-Jahre und der Weltraumforschung seit 1962, die Gründung eines Bundesministeriums für wissenschaftliche Forschung 1963 – das Ministerium entstand bezeichnenderweise in Erweiterung des Bundesministeriums für Atomenergie – und die Formierung eines Wissenschaftskabinetts 1966. Von dieser Wissenschaftspolitik profitierten primär die Natur- und technischen Wissenschaften. Die Medizin geriet erst im Verlauf der 1960er-Jahre ins wissenschaftspolitische Blickfeld, die Geistes- und Sozialwissenschaften erst in den 1970er-Jahren, unter der sozialliberalen Koalition Willy Brandts mit Programmen zur Förderung der Bildungsforschung und der Friedens- und Konfliktforschung (Bartz 2007; Orth 2011).

Eine wichtige Triebkraft dieser Entwicklung bildete der in den 1960er-Jahren verstärkt einsetzende Wettbewerb zwischen den nationalen Forschungssystemen (aus deutscher Sicht insbesondere mit den USA, Großbritannien, Frankreich, der Schweiz und Schweden) sowie die intervenierende Rolle internationaler Organisationen, vor allem der 1961 gegründeten Organisation for Economic Cooperation and Development (OECD), die durch ihre kontinuierliche Erhebung vergleichender Daten über die nationalen Wissenschafts- und Forschungssysteme einen transparenten Systemwettbewerb erst möglich machte. Insbesondere die Expansion der Großforschung in der ersten Hälfte der 1960er-Jahre stand unter dem forschungspolitischen Vorzeichen der Konkurrenz zwischen dem europäischen und amerikanischen Forschungssystem. Dabei stand die Debatte sowohl in der Bundesrepublik wie in

Westeuropa ganz im Bann des „Sputnikschocks" und der Diskussionen um die „technologische Lücke", die zwischen dem europäischen und dem amerikanischen Forschungssystem diagnostiziert wurde (Mutert 2000, S. 32–44). Entsprechend fallen auch die ersten, noch zaghaften Schritte zum Aufbau einer europäischen Forschungspolitik, insbesondere die Gründung eines gemeinsamen Organs zur Koordination der Kernforschung (Conseil Européen pour la Recherche Nucléaire, CERN) 1952, in diese Zeit.

In der Bundesrepublik bildete die öffentlichkeitswirksame „Rückstandsdebatte" eine wichtige Legitimationsquelle für den Ausbau zentraler Großforschungseinrichtungen in den 1960er-Jahren, von der indirekt auch die Großindustrie profitierte. Seit 1955, als die ersten Einrichtungen gegründet wurden, bis zum Anfang der 1960er-Jahre blieb die Großforschung auf die Kernforschung beschränkt. Nach 1964 erfolgte dann die Ausweitung auf die Luft- und Raumfahrtforschung, die elektronische Datenverarbeitung und die Mikroelektronik. Verstärkt wurde nicht mehr nur die Atomforschung, der älteste Großforschungssektor; neu wurden auch zusätzliche schlüsseltechnologische Forschungsbereiche aufgebaut wie die Luft- und Raumfahrttechnik, die elektronische Datenverarbeitung oder die Mikroelektronik (Mutert 2000, S. 10–11; Szöllösi-Janze und Trischler 1990; Ritter 1992).

Die bildungspolitischen Kompetenzen des Bundes blieben in Westdeutschland dagegen weiterhin beschränkt. Die Länder waren angesichts der verstärkten forschungspolitischen Kompetenzen des Bundes wachsam geworden und versuchten eine ähnliche Entwicklung in der Bildungspolitik zu verhindern. Auch wenn es sich bereits anfangs der 1960er-Jahre abzeichnete, dass die Finanzkraft der Länder für den Ausbau der Hochschulen nicht reichen würde, weigerten sich die Länder vorerst, ihre Verantwortung beim Hochschulausbau an den Bund abzutreten (Schimank und Lange 2006, S. 318–319). Einzig im Bereich der Zulassungspolitik zeichnete sich eine verstärkte Rolle des Bundes ab, der seit 1957 den Studienzugang von sozial bedürftigen Studierenden mit Bundesmitteln förderte und dessen Politik auch von den Ländern unterstützt wurde, was unter anderem zur Abschaffung der Studiengebühren und zur Steigerung der Chancengleichheit beim Studienzugang führte. Außerdem wurde 1957 im Rahmen des Verwaltungsabkommens zwischen Bund und Ländern mit dem Wissenschaftsrat eine zentrale Beratungsorganisation des Bundes für strategische Fragen der Wissenschaftspolitik gegründet. Dieser besaß zwar keine Befugnisse, direkt in die Verantwortlichkeit der Länder zu intervenieren, übte aber durch seine kontinuierliche und länderübergreifende Reflexionstätigkeit einen nicht zu unterschätzenden indirekten Einfluss auf die Koordination der westdeutschen Wissenschaftspolitik aus. Durch „systemweite" Initiativen des Wissenschaftsrates wurde insbesondere die Strukturplanung im Hochschulwesen, etwa im Bereich der Planung der Studierendenzahlen oder der baulichen Entwicklung, zunehmend vom Bund geprägt. Die Durchführung entsprechender Maßnahmen lag allerdings nach wie vor ausschließlich im Verantwortungsbereich der Länder. In diesem Sinne markierte der Wissenschaftsrat den schwierigen Brückenschlag zwischen den föderalistischen Traditionen des Humboldt'schen Hochschulwesens und der zentralistischen Planungsrationalität der Wissenschafts- und Forschungspolitik der Großforschungsära (Bartz 2007, S. 50–79).

Die DDR litt seit ihrer Gründung unter einer Investitionslücke, die teilweise auf die Kriegsschäden, zu einem großen Teil aber auch auf die Demontage-Politik der sowjetischen Besatzungsmacht zurückzuführen ist. Seit Anfang der 1950er-Jahre unterstützte die SED-Parteielite deshalb Wissenschaft und Technik als ökonomische Innovationskräfte, ganz nach der Devise „Wissenschaft als Produktivkraft". In den 1960er-Jahren wurde angesichts des beschleunigten technologischen Wandels die Bildungs- und Forschungspolitik verstärkt nach der „wissenschaftlich-technischen Revolution" ausgerichtet. Mit dem ersten Fünfjahresplan setzte ab 1951 auch die zentrale Planung der Forschungsinvestitionen ein. Ziel der Forschungsplanung war, die wirtschaftlich verwertbaren Forschungsbereiche zu stärken; dazu gehörten allgemein der gesamte Bereich der Industrieforschung, insbesondere die Bereiche Werkstoffforschung, Kohleforschung und Agrarwissenschaften. Die intensiven Kooperationen zwischen Staat und Industrie erwiesen sich in der Praxis jedoch oft als dirigistisch und ineffektiv (Schramm 2008, S. 31–50).

Ab Mitte der 1950er-Jahre war das wissenschaftspolitische Interesse der SED soweit entwickelt, dass man von einem autonomen Bereich der Wissenschaftspolitik innerhalb der DDR sprechen kann. Dieser staatliche Interventionsanspruch manifestierte sich etwa 1957 in der Gründung des Forschungsrates, der in Analogie zum westdeutschen Wissenschaftsrat der direkten Politikberatung dienen sollte. Als SED-nahes und auf wirtschaftlich verwertbare, anwendungsorientierte Forschungspraktiken ausgerichtetes Gremium war der Forschungsrat als Gegenpol zur Akademie der Wissenschaften gedacht, die noch stark den Traditionen akademischer Selbstverwaltung verbunden war und aus SED-Sicht als ein „bürgerliches" Gremium kritisiert wurde. Allerdings konnte sich der Forschungsrat gegenüber der weiterhin einflussreichen Akademie erst langsam, im Verlauf der 1960er-Jahre, durchsetzen (Tandler 2000, S. 71–83, 345–346; Kocka 2002; Schramm 2008, S. 31–50).

Parallel zu dieser Entwicklung setzen sich herrschaftspraktisch die Parteigremien gegenüber der Ministerialbürokratie klar durch. Anders als im stärker ministerial bestimmten Westen gingen ab Mitte der 1950er-Jahre sämtliche wissenschaftspolitisch relevanten Beschlüsse über das Politbüro. Die Politisierung der Wissenschaftspolitik äußerte sich zunächst vor allem in bildungspolitischen Fragen. Die SED-Führung zielte in diesem Zeitraum verstärkt auf die Heranbildung einer neuen, DDR-loyalen akademischen Elite, etwa durch die anfangs der 1950er-Jahre aufgebauten Arbeiter- und Bauern-Fakultäten, durch die Privilegierung einer steigenden Zahl von Hochschullehrern und schließlich durch zunehmend repressivere Kampagnen gegen die alten „bürgerlichen" Wissenschaftseliten, zum Beispiel im Rahmen der 1949 lancierten Kampagne gegen den „bürgerlichen Objektivismus". Wirklich erfolgreich war diese Politik allerdings erst nach dem Mauerbau 1961, als die Option der Auswanderung für regimekritische Kräfte wegfiel und sich der Anpassungsdruck an das System entsprechend erhöhte. In den Jahren nach 1961 bahnte sich ein umfassender Elitenwechsel an, der in den 1970er-Jahren schließlich den Kulminationspunkt erreichte und in dessen Folge die älteren, oft regimekritischen „bürgerlichen" Kreise im Wissenschaftssystem von einer jüngeren Generation regimenaher oder zumindest indifferenter Eliten abgelöst wurden. (Kowalczuk 2003, S. 557–561; Hornbostel 1999).

5 Amerikanisierung und Sowjetisierung der Wissenschaftspolitik (1965–1973)

Die Phase zwischen Mitte der 1960er-Jahre und dem Konjunktureinbruch 1973/74 lässt sich als Phase der verstärkten Amerikanisierung, bzw. Sowjetisierung der Wissenschaftspolitik der beiden deutschen Staaten begreifen. In Westdeutschland wurden sich die forschungspolitischen Akteure zunehmend des Abstands bewusst, den die Bundesrepublik von technologisch avancierteren Nationen, insbesondere den USA und Japan trennte – ein Argument, das sich im Begriff der „technologischen Lücke" kristallisierte. In popularisierter Form bildete dieser Diskurs eine wichtige Legitimationsquelle für den Ausbau der Großforschungseinrichtungen in den späten 1960er-Jahren. Als Folge dieses Diskurses investierte der Bund gezielter in die Entwicklung innovativer Spitzentechnologien wie etwa im Rahmen der Forschungsprogramme für elektronische Datenverwaltung (ab 1967), für Neue Technologien (1970) oder später für die Biotechnologie.

Mit dem Regierungsantritt der Großen Koalition (1966–1969) setzte ein wissenschaftspolitischer Paradigmenwechsel ein. Die Wissenschaftspolitik wurde verstärkt unter Gesichtspunkten der Rationalität und Planbarkeit definiert, was sich etwa in Debatten um einen staatlichen Wissenschaftsplan spiegelte. Der Ausbau der staatlichen Forschungsförderung ließ sich vor dem Hintergrund keynesianischer Politikansätze auch wirtschaftspolitisch begründen. Als sich Mitte der 1960er-Jahre die wirtschaftlichen Wachstumsraten abflachten, bis hin zur Rezession 1966/67, setzte sich im damaligen Bundesministerium für wissenschaftliche Forschung (BMwF) unter dem christlich-demokratischen Forschungsminister Gerhard Stoltenberg ein interventionistisches Verständnis der Wissenschafts- und Technologiepolitik endgültig durch, das Forschungsförderung zunehmend am Kriterium der wirtschaftlich-gesellschaftlichen Relevanz der Forschungsergebnisse bemaß und damit im Kontext einer keynesianischen Wirtschaftspolitik interpretierte. Ausserdem wurde seit 1966 Forschungspolitik nicht mehr nur reaktiv – zur Kompensation der technologischen Defizite und in pauschaler Nachahmung der USA – definiert, sondern prospektiv, mit Blick auf ein spezifisches Forschungsprofil Deutschlands im internationalen Wettbewerb, betrieben (Mutert 2000, S. 19–22; Szöllösi-Janze 1990, S. 88–91).

Diese neue Strategie manifestierte sich in den erwähnten neuen Förderschwerpunkten, die jenseits der klassischen Großforschungsbereiche (Kernenergie, Luft- und Raumfahrt, Datenverarbeitung) neue, als zukunftsrelevant angesehene Spitzen- und Schlüsseltechnologien aufbauen sollten. Die Wende weg von der klassischen Großforschung hin zur Entwicklung neuer Technologien wurde in den USA bereits seit Mitte der 1960er-Jahre, durch die Administrationen Johnsons und Nixons, verfolgt, so insbesondere in den Bereichen der Umwelt- und der Gesundheitsforschung. Teilweise orientiert an den US-Forschungsprogrammen initiierte die sozialliberale Koalition mit dem Haushaltsjahr 1969/70 auch in Deutschland eine Reihe von Programmen zur Förderung „neuer Technologien", unter anderem in den Bereichen Umweltschutz und Umweltgestaltung, Biotechnologie, Biomedizin, Verkehrs- und Transporttechnologien, neue Kommunikationstechnologien, Gesundheitstechniken oder das sozialwissenschaftliche Parallelprogramm zur Humanisierung des Arbeitslebens. Dieses letzte

Programm – der erste sozialwissenschaftliche Akzent der Bundes-Forschungspolitik – übte einen nachhaltigen Einfluss auf die Entwicklung der westdeutschen Sozialwissenschaften aus, indem es unter anderem die anwendungsorientierten, sozialplanerischen Ansätze stark förderte (Szöllösi-Janze 1990, S. 90–91, 214–215).

Als zentrales Problem der Forschungspolitik stellte sich die zunehmend schwierige Koordination der verschiedenen Akteure des bundesrepublikanischen Wissenschaftssystems heraus. Vor allem die Schnittstellen zwischen dem Hochschulsystem, den Großforschungseinrichtungen und der Industrieforschung blieben lange Zeit unorganisiert. Während Mitte der 1960er-Jahre etwa in der pharmazeutischen oder der chemischen Forschung kaum direkte Kontakte zwischen Hochschulen und Industrieforschung bestanden, entstand durch den schnellen Aufbau von Großforschungseinrichtungen schnell ein enges Kooperationsverhältnis zwischen Industrie und öffentlicher Forschung. Aus wirtschaftspolitischen Gründen war der Bund an einer engen Kooperation zwischen Staat und Wirtschaft interessiert. Deshalb finanzierten der Bund, teilweise auch die Länder, neben der Großforschung auch Industriekooperationen und förderten damit indirekt auch die Industrieforschung, so etwa bei der zivilen Reaktorforschung durch Auftragsvergaben an die Reaktorindustrie und deren Zulieferer.

Auch in der westdeutschen Bildungspolitik brachten die Jahre nach 1965 wichtige Akzentverschiebungen (wenn auch keinen Paradigmenwechsel) im Kräfteverhältnis zwischen Bund und Ländern. Die Orientierung des Bildungssystems am volkswirtschaftlichen Nutzen wurde verstärkt. Der anhaltende konjunkturelle Aufschwung erlaubte eine markante Expansion und einen gedrängten Modernisierungsschub des Hochschulwesens. Die Bildungsausgaben der BRD verdreifachten sich in den Jahren zwischen 1965 und 1973 – der Zeitraum gilt zu Recht als ein goldenes Zeitalter der Bildungsexpansion. Für das Verhältnis von Bund und Ländern brachte die Bildungsexpansion einige wichtige Änderungen. Zunächst stieg der Bedarf nach einer planmäßigen Entwicklungsstrategie sprunghaft an. In dieser Konstellation setzte sich auch eine zentrale Bildungsplanung, die nicht nur von der Kultusministerkonferenz, sondern auch von Bundeseinrichtungen wie dem Wissenschaftsrat oder dem 1965 gegründeten Deutschen Bildungsrat ausging, endgültig durch. In Bereichen wie dem Hochschulausbau kam es nach Jahren blockierter Reformen endlich, unter anderem auf Drängen des Wissenschaftsrates, zu einer Verschiebung der bildungspolitischen Verantwortung von den Ländern auf den Bund (Bartz 2007, S. 80–131). 1969 wurde schließlich im Grundgesetz eine allgemeine Verantwortung des Bundes in der Bildungspolitik festgeschrieben. Der Bund erhielt die Kompetenz zur Hochschulrahmengesetzgebung und konnte nun Rahmenvorschriften über die allgemeine Gestaltung des Hochschulwesens erlassen, wobei allerdings der Spielraum der Länder in der Umsetzung dieser Vorgaben nach wie vor groß blieb (Schimank und Lange 2006, S. 318–322). Vor diesem Hintergrund weitete der Bund die Investitionen in die Forschungsförderung, den Hochschulausbau und in die Ausbildungsförderung zwischen 1965 und 1973 massiv aus – oft gegen die „Heilige Allianz" der föderalistisch gesinnten und auf Autonomie bedachten Wissenschaftsorganisationen (DFG, MPG, Wissenschaftsrat und Rektorenkonferenz; vgl. Orth 2007, S. 157–238).

In der DDR wurde die bereits zu Beginn der 1950er-Jahre eingeleitete Sowjetisierungspolitik weitergeführt. Insbesondere nach dem Mauerbau erreichte die politische Instrumentalisierung der Wissenschaft durch das SED-Regime eine neue Dimension. Der Staats- und Parteiapparat setzte sich mit erhöhter Aggressivität gegen die Autonomie-Interessen der Akademien und anderer wissenschaftlicher Einrichtungen durch, wenn auch oft gegen erheblichen Widerstand der betroffenen Forscherinnen und Forscher. Dabei griffen die Parteieliten zunehmend direkt auf die universitären Organisationen zu, während parteinahe Vermittlungsgremien wie der Forschungsrat zunehmend an Bedeutung verloren (Tandler 2000, S. 143–177, 345–346). Dabei konnte sich das Regime darauf stützen, dass der Generationenwechsel von den alten, oft gesamtdeutsch orientierten und deshalb als „bürgerlich" kritisierten akademischen Eliten zur jüngeren, parteinahen „sozialistischen Intelligenz" anfangs der 1970er-Jahre zum Abschluss kam (Tandler 2000, S. 99–142, 346). Inhaltlich orientierte sich die Forschungspolitik nun in steigendem Maße am ökonomisch-industriellen Nutzen der erwarteten Forschungsresultate. Die forschungspolitischen Akzente entsprachen dem technokratischen sowjetischen Modell und konzentrierten sich auf den Aufbau einer Bio- und Gentechnologie (Molekularbiologie) und die Förderung früher informationstechnologischer Forschungsbereiche. Auch in der DDR wurden nun industrieorientierte Großforschungsprogramme initiiert, bei denen die universitären Institute praktisch zu Auftragsnehmern der Industrie wurden (Tandler 2000, S. 192–226, 346–347; Schramm 2008, S. 31–50).

Auch in der ostdeutschen Bildungspolitik gewann nach der Bildungsreform 1965 ein ökonomisch-technokratischer Utilitarismus einen zunehmenden Einfluss auf die Gestaltung der Bildungsinhalte. Die bildungspolitische Aufbruchsstimmung der 1960er-Jahre war allerdings schnell verflogen. Nach dem Aufstieg der „sozialistischen Intelligenz" und dem erfolgreichen Elitenwechsel schränkte das Regime den Hochschulzugang nach 1970 wieder ein. Die 1970er- und 1980er-Jahre gelten deshalb bildungspolitisch als Stagnationsphase. Das Regime konzentrierte sich auf die forschungspolitischen Investitionen und verkündete in der Bildungspolitik eine Politik der Kontinuität, Stabilität und der „Fortführung des Bewährten" (Miethe 2007, S. 101–104).

6 Wissenschaftspolitik im Zeichen der Wirtschaftspolitik (1973–1989)

Der Zeitabschnitt zwischen der Rezession 1973/74 und dem Ende der 1980er-Jahre war in der Bundesrepublik von mehreren Konjunktureinbrüchen und einer steigenden Arbeitslosigkeit gezeichnet. Entsprechend verschoben sich die bildungs- und forschungspolitischen Akzente weiter in Richtung einer wirtschaftspolitischen Logik. Allerdings war es wegen der stagnierenden Ressourcen der öffentlichen Haushalte kaum möglich, die Investitionen in Bildung und Forschung im gewünschten Umfang auszuweiten. Im Gegenteil gerieten die Einrichtungen des Hochschulwesens und die außeruniversitären Forschungseinrichtungen unter einen erhöhten Ökonomisierungs- und Effizienzdruck.

Hinter dieser Entwicklung standen mehrere Faktoren. Unmittelbarer Auslöser war der Konjunktureinbruch von 1973/74 und das damit eingeläutete Ende der wirtschaftlichen Wachstumsphase der Nachkriegszeit sowie der daraus resultierende engere Spielraum des Bundeshaushaltes, der vor allem die Großforschungseinrichtungen unter einen erhöhten Spardruck stellte. In der BRD war der Zeitpunkt der Wirtschaftskrise außerdem mit einem wirtschaftspolitischen Kurswechsel verbunden, der mit dem Regierungswechsel vom Kabinett Brandt zum Kabinett Schmidt zusammenfiel. Mit dem Regierungsantritt Helmut Schmidts 1974 wurden auch die forschungspolitischen Weichen neu gestellt. Unter Brandt stand noch die allgemeine gesellschaftliche Relevanz der Forschungsförderung im Vordergrund, etwa unter dem von der Regierung formulierten Ziel der „qualitativen Verbesserung der Lebensbedingungen". Die sozialliberale Koalition unter Schmidt richtete die Bundesforschungsprogramme zunehmend auf einen volkswirtschaftlichen Nutzen hin aus, insbesondere um die krisenhaften Auswirkungen des technischen Wandels und der Strukturveränderungen im Weltwirtschaftssystem zu vermeiden. Damit schloss die Regierung Schmidt, beziehungsweise das Forschungsministerium unter Hans Matthöfer (FDP) und ab 1978 unter Volker Hauff (SPD), eher an die wissenschaftspolitischen Traditionen der Erhard-Ära denn an jene der Brandt-Regierung an (Szöllösi-Janze 1990, S. 209–210; Mutert 2000, S. 18, 98–101).

Nach 1974 wurde die Forschungs- und Technologiepolitik zum Bestandteil einer aktiven makroökonomischen Strukturpolitik, die auf den politisch gesteuerten Umbau der Wirtschaft ausgerichtet war – so wie es 1975 Volker Hauff, damals noch Staatssekretär im damaligen Bundesministerium für Forschung und Technologie (BMFT), und Fritz Scharpf, Direktor am Wissenschaftszentrum Berlin für Sozialforschung, in ihrer programmatischen Schrift zur „Modernisierung der Volkswirtschaft – Technologiepolitik als Strukturpolitik" formuliert hatten (Hauff und Scharpf 1975; Szöllösi-Janze 1990, S. 276–280). Hauff und Scharpf legten die forschungspolitischen Prioritäten nach den wirtschaftspolitischen Bedürfnissen der 1970er-Jahre fest: langfristige Sicherung der Energieversorgung (durch Kernenergie und alternative Energieformen), technologische Innovationen in industriellen Schlüsseltechnologien und in Marktnischen, zum Beispiel durch eine kritische Fokussierung der Weltraumforschung und Datenverarbeitungstechnik sowie durch Förderung von Nischentechnologien wie Optik und Messtechnik (Hauff und Scharpf 1975, S. 80–94). Seit Mitte der 1980er-Jahre manifestierten sich vergleichbare Ökonomisierungsansätze im Aufstieg neuer wissenschaftspolitischer Steuerungsmodelle. Insbesondere der Wissenschaftsrat, der traditionell die Bundessicht gegenüber dem föderalistischen Wissenschaftssystem vertrat und seit den 1970er-Jahren eine zunehmend reformorientierte Agenda verfolgte, forderte eine stärkere Wettbewerbs- und Effizienzorientierung des Wissenschaftssystems und entwickelte verschiedene Evaluations- und Qualitätssicherungsinstrumente, um seinen Anliegen zum Durchbruch zu verhelfen. Die Forderungen stießen in den 1980er-Jahren noch auf wenig Resonanz, entfalteten aber seit der Wiedervereinigung zunehmende Wirkung (Bartz 2007, S. 158–249).

In bildungspolitischer Hinsicht folgte nach dem Ausbau der bundespolitischen Initiativen der späten 1960er- und frühen 70er-Jahre eine Phase der Stagnation und des Reformstaus. Nach 1973 schränkten die Länder die Bundesinitiativen wieder stärker als bisher ein. So kam der Hochschulausbau unter dem Widerstand der Länder, aber auch wegen der fiskalisch begrenzten Bundesmittel, seit Anfang der 1970er-Jahre ins Stocken. Auch das von der sozialliberalen Koalition beschlossene Postulat einer umfassenden Reform des Hochschulwesens nach dem Modell der Gesamthochschulen wurde nach dem Regierungswechsel 1982/83 von der neuen Koalitionsregierung von CDU/CSU und FDP wieder verworfen. Schließlich gewann angesichts der ökonomischen Instabilitäten auch die föderalistische Skepsis gegenüber einer langfristigen Bildungsplanung durch den Bund zunehmend an Gewicht. Einzig die Politik der sozialen Öffnung des Hochschulzugangs, im Rahmen des 1971 beschlossenen Bundesausbildungsförderungsgesetzes (BAföG), sowie die moderaten Mitbestimmungsrechte der verschiedenen universitären Stände – im Rahmen der „Gruppenuniversität" – wurden weitergeführt, wenn auch oft nur in verwässerter Form (Schimank und Lange 2006, S. 323–325).

Kam in Westdeutschland der forschungs- und bildungspolitische Aufbruch der 1960er-Jahre ab Mitte der 1970er-Jahre ins Stocken, so kann man für die DDR für denselben Zeitraum von einer gescheiterten Expansionsstrategie sprechen. Forschungspolitisch wurde nach 1970 klar, dass die DDR mit dem Leistungsniveau der westlichen Großforschung nicht mehr würde mithalten können. Spätestens nach dem Machtwechsel von Ulbricht zu Honecker 1971 wurden die ostdeutschen Großforschungsprojekte entweder stillschweigend verkleinert oder gänzlich aufgegeben. Entsprechend verlor die DDR-Forschung deutlich an Qualität; das ostdeutsche Wissenschaftssystem verlor nun endgültig den Anschluss an die internationale Forschung. Der Staat zog sich auch zunehmend aus der Forschungsplanung zurück, wogegen die ehemals entmachtete Akademie teilweise zu ihrem alten Status zurückfand. Zur zunehmenden Malaise passte, dass die Selektion zum Hochschulstudium zusätzlich verschärft wurde und die Hochschulquote unter den Schulabgängerinnen und -abgängern vor allem in den 1970er-Jahren deutlich zurückging und bis zum Untergang der DDR das ursprüngliche Niveau nicht mehr erreichte (Tandler 2000, S. 272–343). Mit dem Ende der DDR und der Wiedervereinigung kam es zum institutionellen Bruch. Die Hochschulen wurden von Grund auf – auf den Ebenen der Studiengänge und des akademischen Personals – neu aufgebaut. Die Akademie der Wissenschaften wurde vollständig abgewickelt. Einzig auf Länderebene wurden einzelne Akademien, etwa die Berlin-Brandenburgische Akademie, fortgeführt, allerdings in einer neu gegründeten Form.

Seit den 1980er-Jahren haben europäische Förderinitiativen auch auf nationaler Ebene eine zunehmende Bedeutung erhalten. Dazu gehören neben den Programmen der 1974 gegründeten Europäischen Wissenschaftsstiftung (*European Science Foundation*) insbesondere die seit 1983 in regelmäßigen Abständen lancierten Forschungsrahmenprogramme der Europäischen Kommission, die seit den 1980er-Jahren von rund 5 Mrd. € auf aktuell über 70 Mrd. € pro Rahmenprogramm angewachsen sind. Der Fokus lag auf industrienahen, anwendungsorientierten Forschungsbereichen wie der Energieforschung und Technologieentwicklung, später auch den Informations- und Kommunikationstechnologien, den *life sciences* sowie der Nachhaltigkeits- und Umweltforschung. Für die Grundlagenforschung richtete die Europäische Union 2007 den Europäischen Forschungsrat (*European Research Council*) ein. Auch die nationale Hochschulpolitik wurde seit den 1980er-Jahren von europaweiten Initiativen erfasst, die sich der Mobilität von Studierenden und Dozenten sowie der Harmonisierung von Studienangeboten und -abschlüssen widmeten, um letztlich das europäische Hochschulwesen stärker zu internationalisieren. Das 1987 von der Europäischen Union gegründete Erasmus-Programm zur Förderung der Studierendenmobilität gilt heute als das weltweit größte derartige Förderprogramm. Und der Bologna-Prozess, der ebenfalls Ende der 1980er-Jahre von den Bildungsministerien der meisten europäischen Staaten lanciert wurde, hat seit 2000 zu einer Angleichung der Studiensysteme mit einem einheitlichen Stufenmodell (mit Bachelor- und Masterstufe) und einer einheitlichen Leistungsskala (in Kreditpunkten nach dem *European Credit Transfer System ECTS*) geführt. Der Prozess vollzog sich schrittweise, teilweise kam es zu nicht-intendierten Effekten wie neuen bürokratischen Mobilitätshürden oder aufwändigen inter-universitären Anerkennungsprozeduren. Insgesamt ist das Ende des Bologna-Prozesses noch kaum absehbar.

7 Fazit: Strukturdifferenzen und Parallelitäten in der west- und ostdeutschen Wissenschaftspolitik

Wie ist abschließend die wissenschaftspolitische Entwicklung in der BRD und in der DDR vergleichend zu bewerten? Zunächst fallen die unterschiedlichen Voraussetzungen der Entwicklung im Anschluss an den Zweiten Weltkrieg ins Auge. Zu den Strukturdifferenzen der wissenschaftspolitischen Entwicklung gehörten die unterschiedliche Besatzungspolitik der westlichen und der sowjetischen Besatzungsmacht, später die Verstaatlichungspolitik der DDR und deren instrumentelles und politisiertes Wissenschaftsverständnis. Dieses negierte grundsätzlich jegliche Autonomiepostulate und stellte das Wissenschaftssystem in den Dienst der ökonomischen Produktivitätssteigerung („Wissenschaft als Produktivkraft") und der Herrschaftssicherung der SED („Intelligenzpolitik"). Diesem ostdeutschen Zentralisierungsanspruch steht ein bundesrepublikanisches Wissenschaftssystem gegenüber, in dem der Bund bis in die 1960er-Jahre nur beschränkte wissenschaftspolitische Kompetenzen besaß. Wegen der traditionell starken Rolle der Länder in der Bildungs- und Hochschulpolitik beschränkten sich die Bundeskompetenzen vor allem auf die historisch neuen, maßgeblich durch Bundesmittel finanzierten Wissenschaftsbereiche wie den außeruniversitären Sektor, darin insbesondere die kostenintensive Großforschung.

Gegenüber den Strukturdifferenzen zeigen sich auch bedeutende Entwicklungsparallelen zwischen dem ost- und westdeutschen Wissenschaftssystem. In beiden Staaten konnte sich das Wissenschaftssystem bis weit in die 1950er-Jahre eine relativ hohe Autonomie gegenüber den zentralstaatlichen Behörden sichern. Zudem waren die ost- wie die westdeutsche Wissenschaftspolitik in den 1950er- und 1960er-Jahren stark auf die Förderung hochtechnologischer Forschungsbereiche konzentriert, die oft in Form von Großforschungseinrichtungen organisiert wurden. Beide Staaten hatten schließlich seit den 1980er-Jahren zunehmend Schwierigkeiten (die DDR mehr als die BRD), den Anschluss an die von den USA dominierte Entwicklung der Mikroelektronik und der Informationstechnologie herzustellen. Vor allem nach dem Konjunktureinbruch von 1973/74 zeichnete sich in beiden deutschen Staaten bis Ende der 1980er-Jahre eine Phase der wissenschaftspolitischen Stagnation und des Reformstaus ab. Auf supranationaler Ebene hingegen war die Zeit seit den 1980er-Jahren vom Aufbau einer europäischen Wissenschaftspolitik geprägt, die auch die nationalen Wissenschaftssysteme zunehmend erfasste. Dieser Europäisierungsprozess umfasste einerseits die Harmonisierung der Studienangebote und -abschlüsse im Rahmen des Bologna-Prozesses, andererseits die Institutionalisierung eines europäischen Forschungsraums, insbesondere mit den Forschungsrahmenprogrammen der EU-Kommission.

Literatur

Bartz, Olaf. 2007. *Der Wissenschaftsrat. Entwicklungslinien der Wissenschaftspolitik in der Bundesrepublik Deutschland 1957–2007*. Stuttgart: Steiner.

Burchardt, Lothar. 1990. Zwischen Staat und Wissenschaft: Die Kaiser-Wilhelm-Gesellschaft bis zum Ende des Ersten Weltkrieges. In *Formen außerstaatlicher Wissenschaftsförderung im 19. und 20. Jahrhundert: Deutschland im europäischen Vergleich*, Hrsg. Rüdiger vom Bruch und Rainer A. Müller, 63–86. Stuttgart: Steiner.

Dinçkal, Noran, Christoph Dipper, und Detlev Mares, Hrsg. 2009. *Selbstmobilisierung der Wissenschaft. Technische Hochschulen im „Dritten Reich"*. Darmstadt: Wissenschaftliche Buchgesellschaft.

Elzinga, Aant, und Andrew Jamison. 1995. Changing Policy Agendas in Science and Technology. In *Handbook of Science and Technology Studies*, Hrsg. Sheila Jasanoff, Gerald E. Markle, James C. Petersen und Trevor Pinch, 572–597. Thousand Oaks: Sage.

Flachowsky, Sören. 2008. *Von der Notgemeinschaft zum Reichsforschungsrat: Wissenschaftspolitik im Kontext von Autarkie, Aufrüstung und Krieg*, Studien zur Geschichte der Deutschen Forschungsgemeinschaft, Bd. 3. Stuttgart: Steiner.

Hachtmann, Rüdiger. 2007. *Wissenschaftsmanagement im „Dritten Reich". Geschichte der Generalverwaltung der Kaiser-Wilhelm-Gesellschaft*, Bd. 2. Göttingen: Wallstein-Verlag.

Hammerstein, Notker. 1999. *Die Deutsche Forschungsgemeinschaft in der Weimarer Republik und im Dritten Reich. Wissenschaftspolitik in Republik und Diktatur*. München: Beck.

Hauff, Volker, und Fritz W. Scharpf. 1975. *Modernisierung der Volkswirtschaft: Technologiepolitik als Strukturpolitik*. Frankfurt a. M.: Europäische Verlagsanstalt.

Hohn, Hans-Willy. 1990. *Schimank, Uwe: Konflikte und Gleichgewichte im Forschungssystem: Akteurskonstellationen und Entwicklungspfade in der staatlich finanzierten außeruniversitären Forschung*. Frankfurt a. M.: Campus.

Hornbostel, Stefan, Hrsg. 1999. *Sozialistische Eliten. Horizontale und vertikale Differenzierungsmuster in der DDR*. Opladen: Leske + Budrich.

Kaufmann, Doris, Hrsg. 2000. *Geschichte der Kaiser-Wilhelm-Gesellschaft im Nationalsozialismus. Bestandsaufnahme und Perspektiven der Forschung*, Bd. 2. Göttingen: Wallstein-Verlag.

Kocka, Jürgen, Hrsg. 2002. *Die Berliner Akademien der Wissenschaften im geteilten Deutschland 1945–1990*. Berlin: Akademie Verlag.

Kowalczuk, Ilko-Sascha. 2003. *Geist im Dienste der Macht. Hochschulpolitik in der SBZ/DDR 1945 bis 1961*. Berlin: Ch. Links Verlag.

Miethe, Ingrid. 2007. *Bildung und soziale Ungleichheit in der DDR: Möglichkeiten und Grenzen einer gegenprivilegierenden Bildungspolitik*. Budrich: Opladen.

Mutert, Susanne. 2000. *Großforschung zwischen staatlicher Politik und Anwendungsinteresse der Industrie*. Frankfurt a. M.: Campus.

Orth, Karin. 2011. *Autonomie und Planung der Forschung. Förderpolitische Strategien der Deutschen Forschungsgemeinschaft 1949–1968*. Stuttgart: Steiner.
Ritter, Gerhard A. 1992. *Großforschung und Staat in Deutschland. Ein historischer Überblick*. München: Beck.
Schimank, Uwe, und Stefan Lange. 2006. Hochschulpolitik in der Bund-Länder-Konkurrenz. In *Das Wissensministerium. Ein halbes Jahrhundert Forschungs- und Bildungspolitik in Deutschland*, Hrsg. Peter Weingart und Niels C. Taubert, 311–346. Weilerswist: Velbrück.
Schramm, Manuel. 2008. *Wirtschaft und Wissenschaft in DDR und BRD. Die Kategorie Vertrauen in Innovationsprozessen*. Köln: Böhlau.
Schulze, Winfried. 1995. *Der Stifterverband für die Deutsche Wissenschaft 1920–1995*. Berlin: Akademie-Verlag.
Stamm, Thomas. 1981. *Zwischen Staat und Selbstverwaltung: die Deutsche Forschung im Wiederaufbau 1945–1965*. Köln: Verlag Wissenschaft und Politik.
Szöllösi-Janze, Margit. 1990. *Geschichte der Arbeitsgemeinschaft der Großforschungseinrichtungen, 1958–1980*, Studien zur Geschichte der deutschen Großforschungseinrichtungen, Bd. 2. Frankfurt a. M.: Campus.
Szöllösi-Janze, Margit, und Helmuth Trischler, Hrsg. 1990. Großforschung in Deutschland. Studien zur Geschichte der deutschen Großforschungseinrichtungen, Bd. 1. Frankfurt a. M.: Campus.
Tandler, Agnes Charlotte. 2000. *Geplante Zukunft: Wissenschaftler und Wissenschaftspolitik in der DDR 1955–1971*, Freiberger Forschungshefte, Reihe D, Bd. 209. Freiberg: Technische Universität Bergakademie Freiberg.
Teichler, Ulrich. 2006. Hochschulsystem – Studium – Arbeitsmarkt. Die lehr- und studienbezogene Hochschulpolitik des Bundesministeriums. In *Das Wissensministerium. Ein halbes Jahrhundert Forschungs- und Bildungspolitik in Deutschland*, Hrsg. Peter Weingart und Niels C. Taubert, 347–377. Weilerswist: Velbrück.

Innovation und Exzellenz: Neue und alte Herausforderungen für das deutsche Wissenschaftssystem

Andreas Knie und Dagmar Simon

Inhalt

1 Einleitung 21
2 Umbauarbeiten im deutschen Wissenschaftssystem 23
3 Ausdifferenzierung und Entdifferenzierung des institutionellen Settings 25
4 Gesellschaftlicher Nutzen und Innovationsfähigkeit 27
5 Reputation und Innovation 30
6 Institutionelle Stabilität 32
7 Fazit 35
Literatur 35

1 Einleitung

In den letzten drei Jahrzehnten ist in der deutschen Wissenschaftslandschaft nach einer langen Phase der Stabilität in den 1960er- und 1970er- bis Anfang der 1980er-Jahre viel in Bewegung geraten. Die Hochschulen haben ihre Ausbildungsformate „europäisiert" und auf die Bologna-Vorgaben umgestellt, neue Steuerungs- und Koordinationsinstrumente sowie systematisch eingesetzte Bewertungsverfahren wurden entwickelt und die institutionellen Settings der Hochschulen wie der außeruniversitären Forschungseinrichtungen durch horizontale und vertikale

---

A. Knie (✉)
InnoZ – Innovationszentrum für Mobilität und gesellschaftlichen Wandel GmbH, Berlin, Deutschland
E-Mail: andreas.knie@wzb.eu

D. Simon
Wissenschaftszentrum Berlin für Sozialforschung gGmbH, Berlin, Deutschland
E-Mail: dagmar.simon@wzb.eu

Ausdifferenzierungen und neue Kooperationsformate verändert. Die zunehmend in wettbewerblichen Verfahren vergebenen Forschungsmittel und die allgegenwärtigen Evaluationen sind als eine Reaktion auf Veränderungen im Verhältnis von Wissenschaft und Politik bzw. Wissenschaft und Gesellschaft zu verstehen, denn die Begründungspflichten bzw. der Legitimationsbedarf und damit die Berichtspflichten wissenschaftlicher Einrichtungen haben sich deutlich erhöht (Weingart et al. 2007). Die Reformen im deutschen Wissenschaftssystem sind auch Reaktionen auf bereits stattgefundene Entwicklungen in Europa, insbesondere mit Blick auf die Veränderung der Wissenschafts-Governance, die unter dem Begriff „New Public Management" zusammengefasst werden können (De Boer et al. 2007).

Den wissenschaftspolitischen Diskurs dominierten in den letzten zehn Jahren zwei Großthemen: Innovation und Exzellenz. Dies sind historisch gesehen zwar keine neuen Themen für die Wissenschaftspolitik, aber es lassen sich besondere Akzentsetzungen beobachten, die insbesondere für die institutionellen Settings des Wissenschaftssystems folgenreich sind. In dem Beitrag wird der Frage nachgegangen, wie weitreichend die Reformen sind und ob sich dadurch die Handlungsfähigkeit der Wissenschaftseinrichtungen, auf neue gesellschaftliche Herausforderungen flexibel und lösungsorientiert zu reagieren, verbessert hat.

Denn die Bewältigung der „Grand Challenges" wie Klimawandel, Alterung der Gesellschaften, Energiewende oder die Digitalisierung in allen gesellschaftlichen Bereichen zieht erhebliche Transformationsprozesse nach sich und erfordert neue wissenschaftliche Herangehensweisen und Methoden, um Veränderungen antizipieren zu können – so jedenfalls lauten Beiträge auch aus der Wissenschaft selbst. Nicht nur von der Wissenschaftspolitik, sondern auch seitens der Wissenschaftler/-innen selbst wird eine stärkere inter- und transdisziplinäre Forschung gefordert, die unterschiedliche gesellschaftliche Akteure in den Produktionsprozess wissenschaftlichen Wissens mit einbezieht und (auch) gesellschaftliche Experimentierräume schafft, in denen Wissen erprobt und für die Anwendung in unterschiedlichen gesellschaftlichen Kontexten „robust" gemacht werden kann. Neben grenzüberschreitenden Konstellationen sind Formen transnationaler Kooperationen für die wissenschaftliche Bewältigung gesellschaftlicher Problemlagen verstärkt notwendig (Lindner et al. 2015), die von globaler Natur sind und nicht allein auf nationaler Ebene bearbeitet werden können. Es geht nicht nur um die Art und Weise der Produktion und Aneignung neuen Wissens, sondern auch um neue Formate, Organisationsformen, Kooperationsbeziehungen, Förder- und Bewertungsinstrumente in transnationalen und nationalen Forschungs- und Innovationssystemen (z. B. das europäische RIF-Project – Research and Innovation Futures 2030; vgl. Lindner et al. 2015).

In einem weiteren Schritt werden in diesem Beitrag (institutionelle) Folgen der deutschen Exzellenzinitiative für das Wissenschaftssystem unter dem Aspekt diskutiert, inwieweit sich Öffnungen für innovationsfördernde flexible Übergänge zwischen Wissenschaft und anderen gesellschaftlichen Sektoren ergeben und welche Rolle das herrschende Reputationssystem in diesem Zusammenhang übernimmt.

2 Umbauarbeiten im deutschen Wissenschaftssystem

Herausgefordert von den „Grand Challenges" versucht Wissenschaftspolitik auf europäischer Ebene schon seit einiger Zeit neue Wege zu gehen. Gesucht werden eine systemische Perspektive und eine veränderte Governance der Wissenschaft für die Bewältigung eines umfassenden Transformationsprozesses, in dem technische, soziale und gesellschaftliche Fragen gleichzeitig auf der Agenda stehen. Auch Konzepte einer „Responsible Research and Innovation" (RRI) beispielsweise zielen im europäischen Forschungsraum im Kern darauf ab, Ausrichtung und Auswirkungen von Forschung und Innovation weitgehend mit gesellschaftlichen Bedarfen in Einklang zu bringen und hierfür konzeptionelle Ansätze einer Meta-Governance zu entwickeln (Kuhlmann und Rip 2014). Auch Innovation in diesem Sinne ist eng mit der Frage nach dem Verhältnis zwischen Wissenschaft und Gesellschaft bzw. einzelnen gesellschaftlichen Akteursgruppen verknüpft und wird in der nationalen, europäischen und transnationalen Wissenschaftspolitik reflektiert. Innovation wird damit nicht auf technisch oder ökonomisch verwertbare Produkte oder Prozesse reduziert. Vielmehr ist damit der Anspruch verbunden, das Verhältnis zwischen Wissenschaft und Gesellschaft programmatisch bzw. durch Schwerpunktsetzungen und Förderstrategien zu gestalten. Dieser Gestaltungsanspruch von Forschungs- und Innovationspolitik lässt sich insbesondere an Verschiebungen in den Diskursen zur europäischen Forschungsförderung erkennen: von „Science and Society" (2006) über „Science in Society (ab 2007)" zu „Science with and for Society" (2014–2020) (vgl. Torka 2015).

In Deutschland wie auch zum Teil im europäischen Forschungsraum dominiert neben den Reaktionen auf die großen gesellschaftlichen Herausforderungen der Diskurs um die „Exzellenz" von Forschung die wissenschaftspolitische Debatte. Hierzu hat maßgeblich das wettbewerblich organisierte Förderprogramm der „Exzellenzinitiative des Bundes und der Länder" für die Hochschulen in Deutschland beigetragen, dem eine Logik der Differenzierung bzw. Stratifizierung der Qualität und Sichtbarkeit von Hochschulen, insbesondere ihrer Forschung, zugrunde liegt (vgl. Flink und Simon 2015). Exzellenz und die hinterlegten Semantiken, wie auch die Förderstrategien und -programme haben europaweit eine bemerkenswerte Karriere gemacht: Man spricht nicht mehr von der „Qualität der Forschung" sondern von „exzellenter Forschung" und – es werden nationale Förderprogramme aufgelegt, die Differenzierungsstrategien vor allem in der Forschung verfolgen, auch wenn sie institutionell auf die Hochschulen abzielen (Leibfried 2010; Simon et al. 2010). Spitzenforschung soll international sichtbarer und leistungsfähiger werden und sich damit von einem Mittelfeld (von Forschungsleistungen) absetzen. Hierzu passt nahezu idealerweise das in den letzten Jahren verstärkt eingesetzte Bewertungsinstrumentarium der quantitativ ausgerichteten Rankings und Ratings auf unterschiedlichen Ebenen: Personen, Disziplinen und Institutionen. Beachtung finden im Prinzip nur noch diejenigen, die sich an der Spitze befinden (vgl. Simon 2015).

Darüber hinaus trägt die wissenschafts- und innovationspolitische Rhetorik, dass Investitionen in Wissenschaft und Forschung entscheidend für das wirtschaftliche

Wachstum und den globalen Wettbewerb seien, Früchte. Der Anteil der Ausgaben für Forschung und Entwicklung am Bruttosozialprodukt in Deutschland wurde auf das Niveau der USA erhöht (OECD 2011) und sowohl beim Innovationsniveau als auch bei der Innovationsdynamik hat sich Deutschland hinter einigen skandinavischen Ländern einen der Spitzenplätze erobert (IUS 2011). Die Forschungspraxis ist darüber hinaus in Deutschland internationaler geworden. Ungeachtet der Problematik, die Leistungsfähigkeit der Wissenschaft an Indikatoren wie der Anzahl an Artikeln in international angesehenen, referierten Zeitschriften oder gar an Patenten zu messen, bleibt es doch bemerkenswert, dass sich die Anzahl der wissenschaftlichen Publikationen seit 1990 – gemessen am Science Citation Index Expanded – verdoppelt hat. Ebenso ist der Anteil der Veröffentlichungen mit internationalen Ko-Autor(inn)enschaften stark angestiegen (van Leeuwen 2010) und kann als Indikator für die Stärkung internationaler Forschungskooperationen unter Beteiligung deutscher Wissenschaftler/-innen gewertet werden, der unter dem Stichwort „Internationalisierung der deutschen Wissenschaft" ein wissenschaftspolitisches Desiderat darstellt.

Diese Umbauarbeiten und Internationalisierungsbemühungen rekurrieren auf ein generelles wissenschaftspolitisches Problem in Deutschland: Den Hochschulen und Forschungseinrichtungen wird eine fehlende Beweglichkeit und mangelnde interinstitutionelle Flexibilität vorgeworfen. Dies betrifft nicht nur die Verwertung wissenschaftlicher Ergebnisse in Form wirtschaftlich ertragfähiger Produkte, also eine unzureichende Durchlässigkeit zwischen dem Wissenschaftssystem und dem ökonomischen Sektor, sondern auch die eingangs zitierten komplexen gesellschaftlichen Herausforderungen („Great Challenges"), die neue Formen der Wissenserzeugung und der Wissenschafts-Governance erfordern. Die Reaktionen wissenschaftlicher Einrichtungen auf diese Herausforderungen lassen sich auf die Begriffe Profilbildung und Ausdifferenzierung bringen, die als Governance-Instrumente auf Wettbewerb und Kooperation zugleich fokussieren (Hornbostel und Simon 2011; Knie und Simon 2010). Darüber hinaus werden neue Formen der Kooperation zwischen Hochschulen und außeruniversitären Forschungseinrichtungen, aber auch zwischen den „vier Säulen" der Forschungseinrichtungen (Max-Planck-Gesellschaft, Helmholtz- Gemeinschaft, Leibniz-Gemeinschaft und Fraunhofer-Gesellschaft) als ein probates Mittel gegen Vorwürfe institutioneller Verkrustungen in Anspruch genommen. Dagegen kann mittlerweile auf eine Vielzahl von Formen der Zusammenarbeit verwiesen werden, so bei der Nachwuchsförderung und bei regionalen Kooperationen wie den Innovationsclustern der Fraunhofer Gesellschaft oder bei den großen Projekten zwischen Max-Planck- und Fraunhofer-Instituten, um Grundlagenkompetenz und anwendungsorientierte Forschungsperspektiven besser zu verknüpfen (GWK 2014). Neben den Kooperationen wird von den Forschungsorganisationen auf die vor allem in der Forschungsfinanzierung eingeführten wettbewerblichen Verfahren als einem weiteren wichtigen Koordinationsmodus der Wissenschaft rekurriert, der die institutionellen „Arbeitsteilungen" zwischen den außeruniversitären Forschungseinrichtungen relativiert. Dabei gilt es zu berücksichtigen, dass für zukünftige wissenschaftspolitische Weichenstellungen der mögliche Grenzertragsnutzen von wettbewerblichen Verfahren kritisch gesehen werden muss, wenn hierdurch der Ausbau institutioneller Kooperationen eher gefährdet als unterstützt wird. Zu beobachten sind bereits jetzt einerseits Ausdifferenzierungen im institutionellen Gefüge des Wissenschaftssystems, aber auch neue Entdifferenzierungen, weil die einzelnen Einrichtungen gleichermaßen den großen Trendvorgaben folgen.

3 Ausdifferenzierung und Entdifferenzierung des institutionellen Settings

Ausdifferenzierung kann im Hinblick auf die Hochschullandschaft zweierlei bedeuten: auf der vertikalen Ebene den Versuch, sogenannte Elite- oder Spitzenuniversitäten zu etablieren, und auf der horizontalen Ebene, Profilbildungsprozesse anzustoßen. Wenn auch die Versuche der Universitäten, eigenständige Profile als Gesamtorganisation herauszubilden, schon länger im Gang sind, wurden die Prozesse auf horizontaler wie vertikaler Ebene maßgeblich durch die Exzellenzinitiative vorangetrieben. Unter dem Motto „freies Malen" sollten Universitäten animiert werden, Zukunftskonzepte ohne wissenschaftspolitische Vorgaben zu entwickeln. Was wir beobachten, sind Profilierungen des Leistungsspektrums, sowohl von Hochschulen als auch von außeruniversitären Forschungseinrichtungen, die sich, zumindest auf der semantischen Ebene, als Leitbild oder Leitorientierung darstellen: International sichtbare Spitzenforschung, Wissenstransfer, herausragende Lehrangebote, Weiterbildung, eine international ausgerichtete Nachwuchsförderung, Wissens- und Technologietransfer etc. Wie tief diese Prozesse tatsächlich in die Orientierungen und Strukturen der Hochschulen und Forschungseinrichtungen eindringen, ist fraglich. In der Wissenschafts- und Hochschulforschung wird kontrovers diskutiert, ob Organisationen des Wissenschaftssystems – vor allem Hochschulen – unter dem Einfluss veränderter gesellschaftlicher Erwartungen ihren Charakter als „specific organisations" verlieren und zu „normalen" bzw. „kompletten" Organisationen werden und ob es gelingt, dass Leitungen von Hochschulen in diesem Zusammenhang neue Durchgriffsrechte und -möglichkeiten erhalten, die z. B. eine Profilbildung top-down erlauben und damit den Einfluss von Professionen bzw. Disziplinen und deren Standards zurückdrängen (Musselin 2013; Brunsson und Sahlin-Andersson 2000; Meier 2009; Rogge et al. 2013).

Ungeachtet aller Leitbildentwicklungen und auch Schwerpunktsetzungen an Universitäten und Hochschulen weisen die genannten Untersuchungen aus der Wissenschafts- und Hochschulforschung darauf hin, dass der Einfluss auf die Profilbildungsprozesse an Hochschulen begrenzt ist und als Orientierungsmuster für die Professor(inn)enschaft im Hinblick auf Themensetzungen oder die Auslobung von Forschungsschwerpunkten wenig oder gar nicht wahrgenommen wird. Profilbildung verengt sich „zugespitzt ausgedrückt" auf (Grundlagen-)Forschung. Strukturell finden isomorphische Prozesse statt: In der Regel wurden im Zuge der Exzellenzinitiative (interdisziplinäre) Forschungszentren oder -cluster in der Universität als Metastruktur quer zu den Fachbereichen und Fakultäten eingerichtet. Organisatorisch ähneln sie großen Forschungsverbünden, die die disziplinäre Organisation der Universitäten nicht grundlegend verändern, sondern lediglich erweitern (Rogge et al. 2013, Flink et al. 2012). Auffällig ist die eindeutige Ausrichtung auf die Grundlagenforschung, die nicht verwundert, da die überwiegende Mehrzahl der Professor(inn)en ihr als Arbeitsbereich die höchste Bedeutung zuschreibt, während dies nur 40 % für die Bereiche Lehre und angewandte Forschung angeben (Brandt et al. 2011).

Eine von der Wissenschaftspolitik erhoffte Profilbildung mit unterschiedlichen Schwerpunktsetzungen als Antwort auf die gesellschaftlichen Herausforderungen erscheint somit schwierig realisierbar zu sein. Denn vor dem Hintergrund einer noch verschärften Multireferentialität ihrer Handlungssituation, die die gesamte Palette ihres wissenschaftlichen Spektrums als auch ihre Leistungsdimensionen betreffen, orientieren sich Hochschulen, wenn auch in einem unterschiedlichen Ausmaß, an der herrschenden Reputationsordnung in der Wissenschaft. Es könnte sogar die paradoxe Situation eintreten, dass „aufgrund der vergleichsweise starken Verpflichtung der Universitäten auf besondere Forschungsleistungen durch die Exzellenzinitiative die Intensivierung des politisch gesteuerten forschungsfixierten Quasi-Wettbewerbs zu einer Schwächung der Universitätsorganisation führt, da die Akkumulation organisationaler Reputation der Hochschulen in Deutschland erst noch in den Anfängen steckt", und die Universitäten die Professor(inn)en daher für besondere Leistungen ausschließlich in der Währung Reputation belohnen können (Kleimann 2014, S. 256).

Andererseits sind zeitgleich Entdifferenzierungen in der Wissenschaftslandschaft zu konstatieren (vgl. Hohn 2016). Insbesondere sehen sich die Hochschulen der Herausforderung ausgesetzt, die ganze Palette des Leistungsspektrums, also Forschung, Lehre, Nachwuchsförderung, Wissenstransfer, Infrastrukturen etc. anzubieten. In diesem Kontext finden Homogenisierungsprozesse durch die Übernahme anderenorts erfolgreicher Konzepte statt: zum Beispiel nehmen Volluniversitäten, neben Forschung und Lehre, Innovation in ihr Leitbild auf, die ehemaligen Fachhochschulen engagieren sich wesentlich stärker als bislang in der Forschung, Institute der Max-Planck-Gesellschaft heben, neben ihrem Fokus auf Grundlagenforschung, den gesellschaftlichen Nutzen ihrer Forschungsprogramme hervor und die Fraunhofer-Gesellschaft reklamiert, neben den zahlreichen Forschungskooperationen mit industriellen Partnern, die Entwicklung neuer Forschungsfelder als eine zentrale Aufgabe und sucht verstärkt Kooperationen mit akademischen Partnern.[1] Gerade bei den Hochschulen bewirkt der Versuch, neben ihren grundständigen Aufgaben wie Lehre und Forschung alle möglichen weiteren Aktivitäten anzubieten, unter den Bedingungen einer strukturellen Unterfinanzierung genau das Gegenteil dessen, was der Wissenschaftsrat als Vorteil für die Entwicklung der Hochschulen herausgearbeitet hat. Eine Differenzierung, die es den Hochschulen erlaubt, sich

---

[1] Bei allen Profilbildungs- und Differenz erzeugenden Strategien wissenschaftlicher Einrichtungen sind die symbolische und rhetorische Bedeutung sowie Abgrenzungen und Grenzziehungen im Sinne von „boundary work" (Gieryn 1983) nicht zu unterschätzen, die gerade für die Modi der Forschungsfinanzierung eine erhebliche Bedeutung haben. Wenn man dagegen die Ebene des wissenschaftlichen Arbeitens betrachtet, bestimmen Kooperationen schon seit langem über institutionelle Grenzziehungen hinweg den Forschungsalltag.

flexibel an sich ändernde gesellschaftliche Ansprüche anzupassen und die Möglichkeit wahrzunehmen, sich auf Stärken zu konzentrieren, anstatt mit begrenzten Ressourcen alle Aufgaben erfüllen zu wollen (Wissenschaftsrat 2010).

Die Möglichkeit, bereits vorhandene Potenziale, Besonderheiten, Schwerpunkte und Kompetenzen durch eine entsprechende Profilbildung auszubauen, wird in der Regel nicht genutzt. Im Sinne der Stärkung von Innovationsprozessen werden hier Optionen verschenkt, neben den Kernaufgaben einer Universität beispielsweise den Wissens- und Technologietransfer, unternehmerische Aktivitäten oder eine anwendungsorientierte Forschung zu bedienen und vor allem zu professionalisieren. Das Problem liegt auch hier wiederum im herrschenden Reputationssystem, das der Grundlagenforschung den eindeutigen Vorrang gibt und damit andere Leistungen implizit abwertet. Darüber hinaus bedarf es zusätzlicher Anreize im Sinne von Exzelenzprogrammen für die Lehre oder auch für unternehmerische Hochschulen, die eine ausdifferenzierte Profilbildung tatsächlich unterstützen könnten. Die vorhandenen Förderprogramme, beispielsweise der Ministerien, weisen nicht das Renommee der „Exzellenzliga" auf und sind deshalb für die Hochschulen und Forschungseinrichtungen weniger attraktiv.

Insgesamt zeigt die Diskussion über Profilbildung, Aus- und Entdifferenzierungen, Wettbewerb und Kooperation, dass ein Systemblick auf die gesamte Wissenschaftslandschaft notwendig ist, um sich darüber verständigen zu können, wie sich aus dem Patchwork-Bild der jüngsten Entwicklungen ein konsistenteres Gesamtbild ergeben kann und wie eine funktionale Differenzierung in einem modernen Wissenschaftssystem gestaltet werden könnte (vgl. Wissenschaftsrat 2010).

4 Gesellschaftlicher Nutzen und Innovationsfähigkeit

Herausgefordert wird die öffentlich finanzierte Wissenschaft aber nach wie vor durch die Aufgabe, in ihren Ergebnissen stärker auf praktische Anwendungskontexte zu orientieren, dadurch in steigendem Maß zum gesellschaftlichen Nutzen beizutragen und damit auch ihre Innovationsfähigkeit unter Beweis zu stellen. Für die Stärkung von Innovationsfähigkeit werden von der Wissenschaftspolitik neben der institutionellen Förderung in beträchtlichem Ausmaß weitere Programme aufgelegt, die Kooperationen zwischen akademischen Partnern und privatwirtschaftlichen Unternehmen stärken sollen. Die Wissenschafts- und Innovationspolitik versucht, die Relevanzerzeugung mit unterschiedlichen Instrumentarien – an prominenter Stelle die Hightech-Strategie der Bundesregierung – und Förderformaten für unterschiedliche Kooperationsstrukturen zwischen Wissenschaft und Wirtschaft zu forcieren. Als ein sichtbares Zeichen von Innovationsfähigkeit werden von der staatlichen Politik besonders Spin-offs aus akademischen Einrichtungen hofiert. Historisch gesehen sind die innovationspolitischen Interventionsversuche einmal mehr oder weniger intensiv und finden in wellenförmigen Bewegungen statt (Knie et al. 2010). Der Erfolg dieses Förderformats ist jedoch sehr bescheiden geblieben. Die Zahl der Unternehmensausgründungen unmittelbar aus der wissenschaftlichen Arbeit heraus ist in Deutschland schon seit Jahrzehnten gering und erreichte 2015 nicht einmal die

Marke von 250 Gründungen. Was dagegen in Deutschland boomt, sind sogenannte Start-ups. Pro Jahr werden rund 1.000 solcher Unternehmensgründungen durch Akademiker/-innen gezählt, die aber unabhängig von einer Forschungsarbeit erfolgen und deren steigende Zahlen daher nicht primär als Erfolg dem Wissenschaftssystem zugeschrieben werden können (KPMG 2014), sondern mehr dem unternehmerischen Geist der jeweiligen Wissenschaftler/-innen.

Doch greift ein Innovationsbegriff zu kurz, der ausschließlich auf die Seite der wirtschaftlichen Verwertung rekurriert und nicht auch auf die Frage, inwieweit die Einbeziehung von Praxiskontexten in Forschungsvorhaben nicht auch zur Innovationsfähigkeit der Wissenschaft beitragen kann. In dieser Frage ist man sich in der Wissenschaftsforschung weitestgehend darüber einig, dass sich in den letzten zwanzig Jahren hinsichtlich des gesellschaftlichen Umfelds einiges verändert hat (Matthies et al. 2015): Die Beziehungen zwischen Wissenschaft und Gesellschaft sind zweifelsohne vielfältiger und enger geworden. Die Diagnosen über die Art und Weise sowie die Reichweite des Wandels fallen allerdings sehr unterschiedlich aus. Konstatiert wird eine stärkere Einflussnahme nicht-wissenschaftlicher Akteure (Gibbons et al. 1994; Nowotny et al. 2001), die zu einem neuen Typus von inter- und transdisziplinärem Wissen „socially robust knowledge" geführt habe und die akademisch disziplinär ausgerichtete Wissenschaft in ihrer Bedeutung zurückdränge. Die bereits in den 1990er-Jahren unter dem Begriff „mode 2" geführte Debatte ist seit circa zehn Jahren mit der Perspektive auf die „citizen science" erweitert worden, wonach Bürger/-innen sowohl bei der Produktion als auch bei der Bewertung wissenschaftlichen Wissens zunehmend eine aktive Rolle zugeschrieben wird (Franzen 2015). Konstatiert wird eine engere Kopplung zwischen Wissenschaft und anderen gesellschaftlichen Teilbereichen (Weingart 2001) – von der staatlichen Politik über die Wirtschaft, das Recht, die Öffentlichkeit und die Massenmedien –, der zufolge von einer Gleichzeitigkeit der Vergesellschaftung der Wissenschaft und der Verwissenschaftlichung der Gesellschaft gesprochen werden könne. Veränderte und durchlässigere Grenzen zwischen Wissenschaft und Gesellschaft werden ebenfalls mit der Diagnose der „blurring of boundaries" wie auch mit der Entstehung einer „postnormal science" (Funtowicz und Ravetz 1993) reflektiert oder es wird die Gefahr eines „academic capitalism" (Slaughter und Rhoades 2004) beschworen und davon ausgegangen, dass sich zunehmend kapitalistische Marktmechanismen im Wissenschaftssystem etablieren, weil eine anwendungs- und verwertungsorientierte Wissenschaft zur dominanten Form der Erkenntnisproduktion wird. Andererseits werden in der Triple Helix-Konstruktion – also einer verstärkten Ko-Produktion von Wissen zwischen akademischen Einrichtungen, Unternehmen und staatlichen Institutionen – Vorteile einer modernen Produktion von Wissenschaft gesehen (Etzkowitz und Leyesdorff 1998) oder eine „co-evolution" oder „co-production of science" (Jasanoff 2004). Die Einbeziehung der civil society wird unter dem Begriff der „participatory science" reflektiert und Arie Rip (1994) prägte den Begriff der „strategic science", die staatliche Politiken erheblich herausfordere. Wie Grenzen zwischen gesellschaftlichen Teilbereichen und Wissenschaft, Grenzüberschreitungen, Hybridisierungen und neue Grenzziehungen in der Wissenschaftsforschung analysiert werden, hat sehr unterschiedliche Konsequenzen und wird entweder als Gefahr für die Profession Wissenschaft (Schimank 2005) oder als Option gesehen: „the social and institutional opportunities where society may enter into a dialogue need fostering" (Nowotny 2000, S. 222).

Der Gedanke des Dialogs zwischen Wissenschaft und Gesellschaft i. w. S. findet sich insbesondere in den Forschungen zu Innovationsprozessen wieder. In Bezug auf die Innovationsfähigkeit der Wissenschaft geht es vor allem um die institutionellen Settings, Förder-, Anreiz- und Reputationssysteme, die Innovationen erlauben, fördern oder verhindern. Dabei ist zu berücksichtigen, was sich in den Forschungen zur Wissensproduktion und Entstehung neuer ökonomisch verwertbarer Produkte im Kontext gesamtwirtschaftlicher Einflussfaktoren widerspiegelt: dass die Innovationssysteme mit ihren vielfältigen institutionellen und kulturellen Verflechtungen trotz aller Internationalisierungstendenzen in der Wissenschaft nach wie vor weitgehend national geprägt sind. Etwa durch die Institutionen für Bildung, Qualifikation, Finanzierung, Regulierung und Normensetzung, Zulieferungs- und Regionalstrukturen und die entsprechenden Politikfelder (Wirtschafts-, Wettbewerbs, Finanz- und Wissenschaftspolitik) (Grupp und Fornahl 2010, S. 143) oder durch Innovationssysteme, die die institutionellen Strukturen und wissenschaftsorganisatorischen Voraussetzungen für neue Produkte und Verfahren definieren. Sie bestimmen auch die politischen, rechtlichen und ökonomischen Spielregeln, nach denen sich akademische Einrichtungen und Unternehmen zu richten haben, ermöglichen oder verhindern Kooperationen und systemische Übergänge (Canzler et al. 2010), die sich sowohl auf institutionelle als auch auf personelle Wechsel beispielsweise zwischen akademischen Einrichtungen und Wirtschaftsunternehmen auswirken. Innovationssysteme betreffen somit sowohl institutionelle Kooperationsformen zwischen Hochschulen, Forschungseinrichtungen und außerwissenschaftlichen Institutionen als auch Fragen des personellen Austauschs zwischen akademischer Forschung und privatwirtschaftlichen Unternehmen. Zudem bilden sich kulturelle Formate und Leitvorstellungen für Professionsverständnisse und Karriereorientierungen heraus. Dass wissenschaftliche Einrichtungen, also Hochschulen und außeruniversitäre Forschungseinrichtungen, prominente und hoch alimentierte Institutionen nationaler Innovationssysteme darstellen, die eine immer wichtiger werdende Position einnehmen sollten, darüber herrscht weitgehend Einigkeit in der Wissenschafts- und Innovationspolitik. Auch darüber, dass in Deutschland sehr erfolgreich Patente von diesen Einrichtungen generiert werden könnten, herrscht Konsens. Allerdings konnte die wissenschaftliche Produktentwicklung bislang nur in wenigen Fällen Marktreife erreichen (vgl. EFI 2010, 2011, 2015). So ist der Anteil deutscher Produkte in den so bezeichneten Zukunftsbranchen wie der Biotechnologie, der Informations- und Kommunikationstechnologie, der Digitalwirtschaft oder der Verkehrs- und Energietechnologie sehr gering und steigert sich nicht in einem signifikanten Umfang. Obwohl diese Forschungsbereiche über eine starke institutionelle Stellung verfügen und unter anderem in Förderprogrammen der Hightech-Strategie der Bundesregierung und auch im Rahmen der Exzellenzinitiative präsent sind (vgl. Wentland et al. 2011). Während sich mehr und mehr „science-based" -Industrien auch in der Digitalwirtschaft etablieren und im Jahr 2015 bereits fünf der zehn wertvollsten Marken aus Ausgründungen oder Startups im Umfeld kalifornischer Universitäten stammten, haben Europa und insbesondere Deutschland hier bislang überhaupt keine Akzente setzen können. Selbst in etablierten Branchen wie dem Maschinen- und Fahrzeugbau drohen den europäischen Unternehmen durch neue Startups aus den USA im Kampf um die führenden Technologien und Einsatzkonzepte neue Konkurrenten zu entstehen. So gilt insbesondere Kalifornien mit seinen sehr flexiblen und kooperativen Arbeitsstrukturen zwischen Industrie und akademischer Forschung als das eigentliche Zukunftsland z. B. der Elektromobilität und nicht etwa Deutschland mit seiner starken Tradition in der Elektrotechnik und dem Straßenfahrzeugbau. Die viel kritisierte „Versäulung" des Wissenschaftssystems in Deutschland hat dazu geführt, dass im Bereich der Mobilität keinerlei nennenswerte wirtschaftliche Akzente gesetzt werden konnten (Canzler und Knie 2016).

5 Reputation und Innovation

Damit bleibt das deutsche Innovationssystem trotz der skizzierten Verschiebungen und Veränderungen an den akademischen Rändern in der kritischen Diskussion. Mit seiner Wissensordnung, seinen Formen der Arbeitsteilung und Grenzziehungen innerhalb des Wissenschaftssystems sowie zwischen Wissenschaft und Wirtschaft und schließlich seiner Reputationsordnung haben sich insbesondere die akademischen Institutionen noch nicht wirklich als kooperationsfähig erwiesen. Es wäre jedoch verkürzt, die Frage der Innovationsfähigkeit ausschließlich auf diese Fähigkeit zur Zusammenarbeit und die Übergänge zwischen öffentlich-rechtlichen Einrichtungen und privatwirtschaftlichen Unternehmen zu reduzieren. Auch die Entwicklungen in den Kerninstitutionen der Wissenschaft, den Hochschulen und außeruniversitären Forschungseinrichtungen sind davon berührt, geht es doch, wie beschrieben, verstärkt um Profilbildungs- und Ausdifferenzierungsprozesse. Und es geht auch um Formen der Steuerung, Koordination und Bewertung von Wissenschaft im Generellen.

Besonders Luhmann hat bereits Anfang der 1990er-Jahre die Konstruktionsbedingungen der akademischen Forschung beschrieben. Wissenschaft kann demzufolge als gesellschaftliches Funktionssystem verstanden werden, das mit der klassischen Aufgabe beauftragt ist, gültiges Wissen zu generieren. Gültig ist Wissen aber nur dann, wenn es sich im Gegensatz zu allen anderen Teilsystemen nicht durch eine spezifische „Leistung" für andere Teilsysteme auszeichnet, sondern mit der Codierung „Wahrheit" gleichsam selbstbezüglich legitimiert (Luhmann 1991). Dies bedeutet jedoch nicht, dass neues Wissen für Akteure anderer Teilsysteme wie der Wirtschaft, der staatlichen Politik, des Rechts oder auch der Medien nicht nützlich sein könnte. Nützlichkeit für andere Teilsysteme ist allerdings eine „Konstruktion des Verwenders" (Luhmann 1991, S. 638). Wissenschaft konnte sich daher in den letzten Jahrhunderten ohne direkten Leistungsbezug entwickeln und in einem spezifischen Reputationssystem selbstreferenziell ausdifferenzieren. Diese Analyse Luhmanns kann im Kern so zusammengefasst werden, dass die Wissenschaft selbst entscheidet, was „gute" Wissenschaft ist. Dies offenbart allerdings auch die Probleme einer gegenseitigen Bezugnahme von Wissenschaft mit anderen Teilsystemen der

Gesellschaft, deren Ausprägung sich in den nationalen Wissenschaftssystemen unterschiedlich gestaltet.

Eine wichtige Legitimationsbasis für ein Wissenschaftssystem, das ohne direkten Leistungsbezug auskommt, war bislang das gern zitierte „Kaskadenmodell", das der Wissenschaft als Quelle von Erkenntnissen innerhalb des Innovationssystems einen prominenten Platz einräumt. „Ironically, even with the growing acceptance of multidimensional innovation systems approaches, the linear model still persists, [...], many innovation policies and instruments are still predicated on linear models of basic research followed by applied research leading to development, production and diffusion and that such models are retained and are active in the cognitive maps of the innovation process used by numerous policy makers" (Shapira et al. 2010, S. 451). Diesem Modell entsprechend steht an erster Stelle die Grundlagenforschung, deren Erkenntnisse über die anwendungsorientierte Wissenschaft in den Prototypenbau und schließlich in die Marktvorbereitungsphase münden. Erkenntnisprozesse und Produktentwicklungen verlaufen tatsächlich in unterschiedlichen Formen direkter Zusammenarbeit unterschiedlicher Akteure und Formen der Erkenntnisgewinnung in rekursiven Schleifen und Rückkopplungsprozessen, die wenig mit der Kaskadenvorstellung zu tun haben (Braun-Thürmann 2005). Dennoch orientieren sich sowohl die institutionellen Settings des deutschen Wissenschaftssystems als auch die dominierenden Referenz- und Reputationssysteme an dieser Kaskade. In der Konsequenz werden Grenzziehungen im Wissenschaftssystem zwischen Hochschulen und außeruniversitären Forschungseinrichtungen mit ihren jeweiligen Profilen der grundlagen- und anwendungsorientierten Forschung sowie zwischen Wissenschaft und Wirtschaft weiterhin stabilisiert, obwohl in der Forschungspraxis die Zusammenarbeit zwischen grundlagen- und anwendungsorientierten Forschern und Forscherinnen bzw. zwischen privatwirtschaftlichen Unternehmen und akademischen Einrichtungen zunimmt.

In diesem vorherrschenden Reputationssystem liegt eines der Grundprobleme für innovationsfördernde Kooperationsstrukturen. In vielen Fachgebieten, beispielsweise in der Bio- oder Nanotechnologie, waren öffentliche Forschungseinrichtungen schon immer auf die Zusammenarbeit mit Wirtschaftsunternehmen angewiesen und sind es weiterhin, sei es in einem Auftragsverhältnis oder durch die gemeinsame Nutzung von Labors oder anderen aufwändigen technischen Einrichtungen. Jedoch sind die Anreize für Wissenschaftler/-innen aus akademischen Einrichtungen gering, sich in anwendungsorientierter Forschung bzw. in Transferaktivitäten jeglicher Art zu engagieren, wenn sich diese Art wissenschaftlicher Arbeit nicht in den maßgeblichen Belohnungssystemen der akademischen Forschung materialisiert.

Dies betrifft insbesondere die institutionellen Evaluationen wissenschaftlicher Einrichtungen. Zwar berücksichtigen und werten sie Anwendungsorientierungen wie Patente, Lizenzeinnahmen, Ausgründungen, Kooperationsprojekte mit Wirtschaftsunternehmen oder Drittmitteleinwerbungen aus der Wirtschaft in ihren Kriterienkatalogen als Leistungen von Forschungseinrichtungen. In den impliziten Reputationshierarchien stehen sie jedoch, im Vergleich mit Publikationen in hochgerankten internationalen Journals, auf den unteren Rängen. Ein ähnliches Bild bietet sich bei den individuellen Bewertungen der Wissenschaftler/-innen, beispielsweise in Berufungsverfahren. Gepunktet wird mit Publikationen und der Einwerbung von die Reputation fördernden Drittmitteln der Deutschen Forschungsgemeinschaft und weniger mit Patenten oder Firmengründungen. Differenzen zwischen den Disziplinen sind zwar zu berücksichtigen, aber die Unterschiede zwischen den Geistes-, Sozial- und Naturwissenschaften sind in dieser Hinsicht weitaus geringer als bislang angenommen. Gerade für jüngere Wissenschaftler/-innen ist es nicht besonders attraktiv, einen stärker anwendungsorientierten Weg in der Forschung zu verfolgen, wenn sie die entscheidenden Karriereschritte noch vor sich haben und Kooperationen mit der Wirtschaft sich nicht als Einbahnstraße oder als Exit aus dem Wissenschaftssystem erweisen sollen (Wentland et al. 2012).

Aber auch die Kooperation zwischen Hochschulen und außeruniversitären Forschungseinrichtungen sowie zwischen letzteren wird nicht nur durch neue Formate – wie etwa durch die Zusammenarbeit zwischen Instituten der Max-Planck-Gesellschaft und der Fraunhofer-Gesellschaft – gefördert, sondern auch ganz real entwickelt: durch gemeinsame Forschungsvorhaben, gemeinsame Berufungen von Professor/-innen an Hochschulen und Forschungsinstitute oder durch die gemeinsame Nachwuchsförderung in Form einer strukturierten Doktorandenausbildung etc. Interessanterweise hat hier die Exzellenzinitiative neue Kooperationsformen sowie langfristige Allianzen geschaffen (Hohn 2016). Die Fusion der Universität Karlsruhe mit dem Helmholtz-Großforschungszentrum zum „Karlsruher Institute of Technology" (KIT) ist hier zu nennen, JARA als langfristig angelegte Kooperation zwischen der Rheinisch-Westfälischen Technischen Hochschule Aachen und dem Forschungszentrum Jülich, die Gründung des Berliner Instituts für Gesundheitsforschung (BIG) als „Holdingdach" für die Charité und das Max-Delbrück-Centrum für Molekulare Medizin oder auch die strategische Allianz zwischen dem Deutschen Krebsforschungszentrum und dem Zentrum für Molekulare Biologie der Ruprecht-Karls-Universität Heidelberg. Diese längerfristig angelegten Kooperationsformate mit einer zum Teil gemeinsamen Governance waren zwar kein primäres Ziel der Exzellenzinitiative, aber offensichtlich konnten sich diese Arbeitsteilungen in dem sehr stabilen Institutionengefüge nur in einem Exzellenzprogramm entwickeln. Die Zusammenarbeit funktioniert dann gut, wenn sich die Akteure aus diesen unterschiedlichen institutionellen Kontexten auch hier wieder auf gemeinsame Referenzsysteme beziehen können (Hohn 2016).

Man kann also konstatieren, dass zwar viel Bewegung im deutschen Wissenschaftssystem herrscht. Große Herausforderungen werden angegangen, aber im Kern bleiben die Grundregeln und Reputations- und Referenzsysteme wissenschaftlichen Arbeitens und Publizierens unberührt.

6 Institutionelle Stabilität

Auf der Suche nach Stabilität oder auch Widerstandsfähigkeit gegenüber externen i. w. S. gesellschaftlichen Ansprüchen sind Anleihen aus früheren Analysen der Science and Technology Studies (STS) hilfreich. Beispielsweise hat Richard Whitley das deutsche Wissenschaftssystem beschrieben als ein: „competitive hierarchical system [...] (which) probably occur(s) where there is some state delegation to practitioner elites and competition between universities, but the academic system is quite centralised and hierarchical within them so that disciplinary elites and institute heads can exert considerable control over research agenda and careers" (Whitley 2003, S. 1026). Gerade im Vergleich zur Organisation von Forschung und Wissenschaft in Großbritannien werden die starke und autonome Stellung der Professor(inn)enschaft und die sehr begrenzte Steuerungsfähigkeit der staatlichen Politik deutlich. Zudem hat sich so etwas wie eine akademische Elite (Münch 2007) herausgebildet, die entscheidende Positionen beispielsweise in der Forschungsförderung einnimmt. Autonomie bestimmt dabei im hohen Maße die Attraktivität des deutschen Wissenschaftssystems im Vergleich zu anderen Ländern (Buchholz et al. 2009).

Autonomie ist zweifelsohne eine entscheidende Voraussetzung für die wissenschaftliche Leistungsfähigkeit. Sie kann für Innovationsprozesse jedoch dann ein Problem darstellen, wenn die Hüter der Autonomie, die scientific communities, nur wenige Leistungsmerkmale in der sogenannten Spitzenforschung in der Reputationshierarchie anerkennen. Dabei zeigt eine Reihe von Studien über amerikanische und europäische Universitäten, dass sich Kooperationen mit Unternehmen oder die Einwerbung von Drittmitteln aus der Wirtschaft durchaus positiv auf die Reputationsordnung auswirken können. Eine Untersuchung über die Publikationstätigkeit in hochrangigen, referierten Zeitschriften dokumentiert, dass beispielsweise Fakultätsmitglieder, die mit der Wirtschaft direkt kooperieren, mehr Artikel in diesen Journals veröffentlichen als ihre stärker grundlagenorientierten Fachkolleg(inn)en. Eine Untersuchung der im Science Citation Index geführten Zeitschriften zeigt im Zeitraum von 1981 bis 1994, dass zudem Artikel in Ko-Autorenschaften mit Industrieforschern und -forscherinnen häufiger zitiert werden als andere (vgl. Larsen 2011, S. 10–12). Auch korreliert die wissenschaftliche Produktivität mit der Zahl von Spin-off-Gründungen und von Patentanmeldungen, wie eine Untersuchung von 170 Universitäten in Europa zeigt (Larsen 2011).

Es geht also um Verständigungsprozesse in den Fachgemeinschaften selbst, wie Innovationen ermöglicht und gefördert werden können und wie eine Ambivalenztoleranz gegenüber unterschiedlichen Leistungen der Wissenschaft erreicht werden kann. Innovation meint nicht nur den Aspekt, wie aus Forschungsergebnissen wirtschaftlich verwertbares Wissen generiert werden kann, sondern auch die Frage, wie neue Themen, Fragestellungen etc. für die Wissenschaft entwickelt werden und welche Rolle dabei außerwissenschaftliche Akteure einnehmen können. So zeigt sich einerseits im Rahmen der Exzellenzinitiative – ungeachtet aller aufgelegten erfolgreichen Programme in den Clustern und vor allem in der Doktorandenförderung der Graduate Schools – eine Verengung der Programmatik auf Grundlagenforschung und ähnliche strukturelle Muster ihrer Bearbeitung. Innovationsförderung ist insbesondere durch die notwendigen Grenzüberschreitungen zwischen Wissenschaft und außerwissenschaftlichen Akteuren sehr voraussetzungsvoll. Dass sie durchaus zur Steigerung der Produktivität führen kann, zeigen Beispiele aus Europa und Nordamerika (vgl. Knie und Lengwiler 2008).

Wissenschafts- und Innovationspolitik setzt in Deutschland auf Veränderungen der Rahmenbedingungen durch Anreize, Fördermöglichkeiten und Bewertungssysteme. Die entscheidende Stellschraube, die Reputationsordnung der Wissenschaft, kann damit aber nicht tangiert werden. Obwohl also mit Innovation und Exzellenz neue Themen und mit dem „New Public Management" neue betriebswirtschaftliche Steuerungsinstrumente eingeführt wurden, und obwohl die gesamte Hochschulausbildung auf europäische Formate umgestellt wurde und immer mehr Beteiligte und Konkurrenten um die Wahrheitsdeutung und Beratungsleistungen konkurrieren, bleibt die deutsche Wissenschaftslandschaft in ihrem Innersten eine gut ausgestattete selbstreferenzielle Angelegenheit.

Zusammenfassend kann man also feststellen, dass es, zumindest in Deutschland, der akademischen Wissenschaft gelungen ist, mehr öffentliches Geld für das System zu akquirieren, ohne dabei den konkreten Leistungsbezug zu verändern. Wissenschaft bleibt damit auch heute noch im Wesentlichen ein Versprechen auf die Zukunft, deren Einlösung für die Gesellschaft erhofft, aber nicht verbindlich gestaltet werden kann.

Die Kehrseite der Medaille dieser starken Autonomie des deutschen Wissenschaftssystems ist eine Art von „Politikversagen". Denn offenkundig ist es der Wissenschaftspolitik immer noch nicht gelungen, die Deutungshoheit über Themen und Qualitätsstandards der akademischen Wissenschaft so zu relativieren, dass die Durchlässigkeit zu anderen gesellschaftlichen Teilsystemen „wie beispielsweise in Großbritannien und den USA" größer wird. Was gute Wissenschaft ist und welche Themen mit welchen Methoden bearbeitet werden, wird auch im Zeichen umfassender Evaluationen in Deutschland von der Wissenschaft selbst festgelegt. Sicherlich war die Etablierung von Projekten durch eine „Steuerung" der Wissenschaft durch staatliche Politik in den 1970er-Jahren keine erfolgreiche Intervention, weil die Eigenheiten wissenschaftlicher Erkenntnisarbeit beinahe fahrlässig ignoriert wurden. Allerdings ist das augenblicklich angewandte Verfahren, über eine Bürokratisierung der Mittelvergabe eine öffentliche Einflussnahme abzusichern, keine wirkliche Alternative um öffentliche Gelder zu konditionieren. Untersuchungen zeigen, dass starke Einflussnahmen über Governance-Instrumente für die wissenschaftliche Leistungsfähigkeit kontraproduktiv wirken können (Öquist und Benner 2012).

Alleine aus wissenschaftsinternen Kriterien heraus wissenschaftliche Leistungsfähigkeit oder gar Exzellenz zu bewerten, kann für eine moderne Gesellschaft nicht ausreichen. In dem Zusammenhang sollte ein Befund für die wissenschaftlichen Einrichtungen in Deutschland beunruhigend sein: Die gewerbliche Wirtschaft scheint immer mehr das Interesse an der akademischen Forschung, zumindest als Forschungspartner, zu verlieren. Während die Gesamtausgaben der Wirtschaft für F&E gestiegen sind, profitiert die akademische Forschung davon immer weniger. Obwohl der Drittmittelanteil an den deutschen Hochschulen in den letzten Jahrzehnten kontinuierlich gestiegen ist, hat die Zahl der Aufträge aus der Wirtschaft in den letzten Jahren deutlich abgenommen. Der Anteil der gewerblichen Wirtschaft an allen Drittmitteln der Universitäten fiel von knapp 28 % im Jahr 2000 auf 21 % im Jahr 2010. Und die Tendenz ist weiter abnehmend. Im gleichen Zeitraum erhöhten sich die Beiträge aus öffentlichen Quellen, insbesondere der DFG sowie der Bundes- und Länderförderung an den Drittmitteln der Universitäten, während die Industrie die finanziellen Mittel in eigene Forschungseinrichtungen bzw. Forschungsverbünde investierte (Stifterverband 2015). Eine Vermutung für die zurückgehende Bedeutung der akademischen Forschungsfinanzierung durch Industrieunternehmen könnte sein, dass sich gewerbliche Interessen und akademische Reputationsordnungen im deutschen Wissenschaftssystem in den letzten Jahren, trotz Exzellenzinitiative und Umbaumaßnahmen, immer weniger miteinander vertragen.

7   Fazit

Die Ergebnisse der Analyse des deutschen Wissenschaftssystems unter dem Aspekt von Innovation und Exzellenz fallen nicht eindeutig aus. Einerseits ist eine Reihe von Veränderungen erkennbar. Es kann durchaus eine stärkere „Vergesellschaftung" der Forschungspraxis beobachtet werden.

Es sind eine Reihe von Umbaumaßnahmen im institutionellen Setting vorgenommen worden. Die Exzellenzinitiative hat für deutsche Verhältnisse beachtliche institutionelle Veränderungen hervorgerufen, selbst solche, die von vornherein gar nicht intendiert waren – wie etwa die neuen Kooperationsformate zwischen Hochschulen und außeruniversitären Forschungseinrichtungen. Durch die hohe Reputation der Exzellenzinitiative ist zudem ein Möglichkeitsraum für Neuerungen geschaffen worden, der durch andere Förderformate bzw. durch Programme des Bundesministeriums für Bildung und Forschung nicht in dieser Weise denkbar gewesen wäre.

Auf der anderen Seite dominiert auch weiterhin eine Reputationsordnung, die mehr denn je die Kriterien für eine erfolgreiche akademische Karriere auf die innerwissenschaftlichen Belange konzentriert und damit – wie am Beispiel der zurückgehenden Bedeutung der Industriemittel – inmitten der vordergründigen Vielfalt und Buntheit stabile Abschottungstendenzen erkennen lässt. Das Reformprojekt, mehr (sektorale) Durchlässigkeit zu erlauben und zu fördern, um hiermit auch die Innovationsfähigkeit des deutschen Wissenschaftssystems zu stärken, steht noch am Anfang.

Literatur

Brandt, Tasso, Marija Breitfuss, Stephanie Daimer, Michael Dinges, Brigitte Ecker, Jürgen Egeln, Tim Flink, Andreas Niederl, Christian Rammer, Sybille Reidl, Jan-Christoph Rogge, Simon Roßmann, Paule Schiessler, Torben Schubert, und Dagmar Simon. 2011. Forschung an deutschen Hochschulen – Veränderungen durch neue Governance-Modelle und den Exzellenzdiskurs. In Studien zum deutschen Innovationssystem, Hrsg. Fraunhofer-Institut für System- und Innovationsforschung, Joanneum Research ForschungsgmbH, Stifterverband Wissenschaftsstatistik gGmbH, Wissenschaftszentrum Berlin gGmbH, Zentrum für Europäische Wirtschaftsforschung GmbH, 3–205. Berlin: Expertenkommission Forschung und Innovation.
Braun-Thürmann, Holger. 2005. *Innovation*. Bielefeld: transcript.

Brunsson, Nils, und Kerstin Sahlin-Andersson. 2000. Constructing organizations: The example of public sector reform. *Organisation Studies* 21(4): 721–746.

Buchholz, Kai, Silke Gülker, Andreas Knie, und Dagmar Simon. 2009. Attraktivität von Arbeitsbedingungen in der Wissenschaft im internationalen Vergleich. Wie erfolgreich sind die eingeleiteten wissenschaftspolitischen Initiativen und Programme? In Studien zum deutschen Innovationssystem 2009(12). Berlin: WZB und Expertenkommission Forschung und Innovation.

Canzler, Weert, und Andreas Knie. 2016. *Die digitale Mobilitätsrevolution. Nichts bleibt mehr wie es war*. München: oekom.

Canzler, Weert, Andreas Knie, und Dagmar Simon. 2010. Kaskaden zu Schleifen. Deutschlands Innovationssystem ist herausgefordert. *Forum Wissenschaft* 27(2): 21–23.

De, Boer, Jürgen Enders Harry, und Uwe Schimank. 2007. On the way towards new public management? The governance of university systems in England, the Netherlands, Austria, and Germany. In New forms of governance in research organizations, Hrsg. Dorothea Jansen, 137–152. Dordrecht: Springer.

Etzkowitz, Henry, und Loet Leyesdorff. 1998. The endless transition: A 'Triple Helix' of university-industry-government relations: Introduction to a theme issue. *Minerva* 1998(36): 203–208.

Expertenkommission Forschung und Innovation (EFI). 2010. Gutachten zu Forschung, Innovation und technologischer Leistungsfähigkeit Deutschlands, Im Auftrag der deutschen Bundesregierung.

Expertenkommission Forschung und Innovation (EFI). 2011. Gutachten zu Forschung, Innovation und technologischer Leistungsfähigkeit Deutschlands, im Auftrag der deutschen Bundesregierung.

Expertenkommission Forschung und Innovation (EFI). 2015. Gutachten zu Forschung, Innovation und technologischer Leistungsfähigkeit Deutschlands, im Auftrag der deutschen Bundesregierung.

Flink, Tim, und Dagmar Simon. 2015. Responsivität beim Organisieren von Wissenschaft. In *Responsivität der Wissenschaft. Wissenschaftliches Handeln in Zeiten neuer Wissenschaftspolitik*, Hrsg. Hildegard Matthies, Dagmar Simon und Marc Torka, 97–132. Bielefeld: transcript.

Flink, Tim, Jan-Christoph Rogge, Simon Roßmann, und Dagmar Simon. 2012. *Angleichung statt Vielfalt. Deutsche Universitäten auf der Suche nach Profil. WZBrief Bildung*. Berlin: WZB.

Franzen, Martina. 2015. Der Impact Faktor war gestern. Altmetrics und die Zukunft der Wissenschaft. Themenheft: Der impact des impact factors. *Soziale Welt* 66(2): 225–242.

Funtowicz, Silvio, und Jerome Ravetz. 1993. Science for the post-normal age. *Futures* 25(7): 739–755.

Gemeinsame Wissenschaftskonferenz (GWK). 2014. Pakt für Forschung und Innovation. Monitoring-Bericht 2015, GWK-Heft 38. Bonn.

Gibbons, Michael, Camille Limoges, Helga Nowotny, Simon Schwartzman, Peter Scott und Martin Trow. 1994. *The new production of knowledge. The dynamics of science and research in contemporary societies*. London: Sage.

Gieryn, Thomas F. 1983. Boundary work and the demarcation of science from non-science: Strains and interests in professional ideologies of scientists. *American Sociological Review* 48(6): 781–795.

Grupp, Hariolf und Dirk Fornahl. 2010. Ökonomische Innovationsforschung. In *Handbuch Wissenschaftspolitik*, Hrsg. Dagmar Simon, Andreas Knie und Stefan Hornbostel, 130–147. Wiesbaden: VS Verlag für Sozialwissenschaften.

Hohn, Hans-Willy. 2016, forthcoming. Governance-Strukturen und institutioneller Wandel des außeruniversitären Forschungssystems Deutschlands. In *Handbuch Wissenschaftspolitik*, Hrsg. Dagmar Simon, Andreas Knie, Stefan Hornbostel und Karin Zimmermann, 2., vollständig überarbeitete und aktualisierte Aufl. Wiesbaden: VS Verlag für Sozialwissenschaften.

Hornbostel, Stefan, und Dagmar Simon. 2011. Strukturwandel des deutschen Forschungssystems – Herausforderungen, Problemlagen und Chancen. In *Expertisen für die Hochschulen der*

Zukunft. Demokratische und soziale Hochschule, Hrsg. Hans-Böckler-Stiftung, 241–272. Bad Heilbrunn: Klinkhardt.
Innovation Union Scoreboard (IUS). 2011. The innovation union's performance scoreboard for research and innovation. http://ec.europa/enterprise/policies/innovation/files//ius-2011_en.pdf. Zugegriffen am 28.12.2015.
Jasanoff, Sheila, Hrsg. 2004. *States of knowledge: The co-production of science and the social order*. New York: Routledge.
Kleimann, Bernd. 2014. *Universität und präsidiale Leitung. Führungspraktiken in einer multiplen Hybridorganisation*. Hannover/Kassel: unveröffentlichte Habilitationsschrift.
Knie, Andreas, und Martin Lengwiler. 2008. Token endeavors. The significance of academic spin-offs in technology transfer and research policy in Germany. *Science & Public Policy* 35(3): 171–182.
Knie, Andreas, und Dagmar Simon. 2010. Stabilität und Wandel des deutschen Wissenschaftssystems. In *Handbuch Wissenschaftspolitik*, Hrsg. Dagmar Simon, Andreas Knie und Stefan Hornbostel, 26–38. Wiesbaden: VS Verlag für Sozialwissenschaften.
Knie, Andreas, Dagmar Simon, und Tim Flink. 2010. Akademische Unternehmensgründungen. Über den schwierigen Nachweis der Nützlichkeit öffentlicher Forschungsförderung. *Leviathan* 38(4): 489–508.
KPMG. 2014. *Der Spinoff-Monitor*. München.
Kuhlmann, Stefan, und Arie Rip. 2014. The challenge of addressing grand challenges. A think piece on how innovation can be driven towards the „Grand Challenges" as defined under the European Union Framework Programme Horizon 2020, Report to ERIAB.
Larsen, Maria Theresa. 2011. The implications of academic enterprise for public science: An overview of the empirical evidence. *Research Policy* 40(1): 6–19.
Leibfried, Stephan, Hrsg. 2010. *Die Exzellenzinitiative. Zwischenbilanz und Perspektiven*. Frankfurt a. M.: Campus.
Lindner, Ralf, Kerstin Goos, und Stefan Kuhlmann. 2015. Entwicklung eines europäischen Governance-Rahmens für Responsible Research and Innovation: Herausforderungen und erste Konturen. In *Responsible Innovation. Neue Impulse für die Technikfolgenabschätzung?* Hrsg. Alexander Bogner, Michael Decker und Mahshid Sotoudeh, 81–90. Berlin: edition sigma.
Luhmann, Niklas. 1991. *Die Wissenschaft der Gesellschaft*. Frankfurt a. M.: Suhrkamp.
Matthies, Hildegard, Dagmar Simon, und Marc Torka. 2015. *Responsivität der Wissenschaft. Wissenschaftliches Handeln in Zeiten neuer Wissenschaftspolitik*. Bielefeld: transcript.
Meier, Frank. 2009. *Die Universität als Akteur. Zum institutionellen Wandel der Hochschulorganisation*. Wiesbaden: VS Verlag für Sozialwissenschaften.
Münch, Richard. 2007. *Die akademische Elite*. Frankfurt a. M.: Suhrkamp.
Musselin, Christine. 2013. How peer review empowers the academic profession and university managers: Changes in relationships between the state, universities and the professoriate. *Research Policy* 42(5): 1165–1173.
Nowotny, Helga. 2000. Re-thinking science: From reliable to socially robust knowledge. In *Jahrbuch 2000 des Collegium Halveticum*, Hrsg. Helga Nowotny und Martina Weiss, 221–224. Zürich: vdf.
Nowotny, Helga, Peter Scott, und Michael Gibbons. 2001. *Re-thinking science. Knowledge and the public in an age of uncertainty*. London: Polity Press.
OECD. 2011. *OECD Factbook 2011–2012. Economic, environmental and social statistics*. OECD Publishing.
Öquist, Gunnar, und Mats Benner. 2012. *Fostering Breakthrough Research: A Comparative Study*. Akademiarapport, Kung. Stockholm: Vetenskapsakademien.
Rogge, Jan-Christoph, Tim Flink, Simon Roßmann, und Dagmar Simon. 2013. Auf Profilsuche. Grenzen einer ausdifferenzierten Hochschullandschaft. *Die Hochschule – Journal für Wissenschaft und Bildung* 22(2): 68–84.
Schimank, Uwe. 2005. Die akademische Profession und die Universitäten: „New Public Management" und eine drohende Entprofessionalisierung. In *Organisation und Profession*, Hrsg.

Thomas Klatezki und Veronika Tacke, 143–164. Wiesbaden: VS Verlag für Sozialwissenschaften.
Shapira, Philip, Ruud Smits, und Stefan Kuhlmann, Hrsg. 2010. An outlook on innovation policy, theory and practice. In *The theory and practice of innovation policy. An international research handbook*. Hrsg. Philip Shapira, Ruud Smits und Stefan Kuhlmann, 449–466. Cheltenham: Edward Elgar.
Simon, Dagmar. 2015. Messen, bewerten, vergleichen: Evaluationen und die (nicht-)intendierten Folgen – Leistungskontrolle an einer deutschen Hochschule. In *Zitat, Paraphrase, Plagiat. Wissenschaft zwischen guter Praxis und Fehlverhalten*, Hrsg. Christiane Lahusen und Christiph Markschies, 229–248. Frankfurt a. M./New York: Campus.
Simon, Dagmar, Patricia Schulz, und Michael Sondermann. 2010. Abgelehnte Exzellenz – Die Folgen und die Strategien der Akteure. In *Die Exzellenzinitiative. Zwischenbilanz und Perspektiven*, Hrsg. Stephan Leibfried, 24. Aufl., 161–197. Frankfurt a. M./New York: Campus.
Slaughter, Sheila, und Gary Rhoades. 2004. *Academic capitalism and the new economy. Markets, states and higher education*. Baltimore: John Hopkins University Press.
Stifterverband für die Deutsche Wissenschaft. 2015. Research and development. Analysen 2015, Forschung und Entwicklung in der Wirtschaft 2013. Essen.
Torka, Marc. 2015. Responsivität als Analysekonzept. In *Die Responsivität der Wissenschaft. Wissenschaftliches Handeln in Zeiten neuer Wissenschaftspolitik*, Hrsg. Hildegard Matthies, Dagmar Simon und Marc Torka, 17–50. Bielefeld: trancript, science studies.
Van Leeuwen, Theo. 2010. Bibliometrische Analyse des deutschen Forschungsoutputs im internationalen Vergleich. Indikatorenbericht 2010. CWTS Hintergrundbericht für das Bundesministerium für Bildung und Forschung. Center for Science and Technology Studies (CWTS), Universiteit Leiden. Niederlande.
Weingart, Peter. 2001. *Die Stunde der Wahrheit? Zum Verhältnis von Wissenschaft zu Politik, Wirtschaft und Medien in der Wissensgesellschaft*. Weilerswist: Velbrück Wissenschaft.
Weingart, Peter, Martin Carrier, und Wolfgang Krohn. 2007. *Nachrichten aus der Wissensgesellschaft. Analysen zur Veränderung der Wissenschaft*. Velbrück: Weilerswist.
Wentland, Alexander, Andreas Knie, und Dagmar Simon. 2011. *Warum aus Forschern keine Erfinder werden. Innovationshemmnisse im deutschen Wissenschaftssystem am Beispiel der Biotechnologie*. WZBrief Bildung. Berlin: WZB.
Wentland, Alexander, Andreas Knie, Lisa Ruhrort, Dagmar Simon, Jürgen Egeln, Birgit Aschhoff und Christoph Grimpe. 2012. *Forscher in getrennten Welten. Konkurrierende Orientierungen zwischen Wissenschaft und Wirtschaft*. Baden-Baden: Nomos.
Whitley, Richard. 2003. Competition and pluralism in the public sciences: The impact of institutional frameworks on the organisation of academic science. *Research Policy* 32(6): 1015–1029.
Wissenschaftsrat. 2010. Empfehlungen zur Differenzierung der Hochschulen. Drs. 10387–10. Lübeck.

Governance der Wissenschaft

Uwe Schimank

Inhalt

1 Einleitung 39
2 Wissenschaftliche Forschung in Universitäten 41
3 Hochschul-Governance 43
   3.1 Von Governance-Mechanismen zum Governance-Regime 43
   3.2 Vom Governance-Regime zu den Effekten auf die wissenschaftliche
       Leistungsproduktion 47
   3.3 Von Governance zu „Authority Relations" 49
4 Fazit 54
Literatur 54

1 Einleitung

Die Governance-Perspektive, die aus der Planungs- und darauffolgenden Steuerungs-Perspektive hervorging (Schimank 2009), ist mittlerweile bei Untersuchungen zahlreicher gesellschaftlicher Teilbereiche zum Einsatz gekommen, um die dortigen „Regelungsstrukturen" (Mayntz und Scharpf 1995), also die typischen Muster der Interdependenzbewältigung zwischen Akteuren analytisch in den Griff zu bekommen (vgl. Benz et al. 2007).[1] Auch die Forschung über Wissenschaft, und hier insbesondere über Hochschulen und Hochschulsysteme, bedient sich bereits seit

---

[1]Dieser Beitrag beruht in größeren Teilen auf Schimank 2014.

U. Schimank (✉)
Institut für Soziologie, Universität Bremen, Bremen, Deutschland
E-Mail: uwe.schimank@uni-bremen.de

© Springer Fachmedien Wiesbaden 2016
D. Simon et al. (Hrsg.), *Handbuch Wissenschaftspolitik*, Springer Reference Sozialwissenschaften, DOI 10.1007/978-3-658-05455-7_4

längerem dieser Herangehensweise. Dieser Beitrag wird die Governance-Perspektive mit Blick auf Hochschulen – genauer: Universitäten – darlegen, weil diese mit ihrer Verbindung von Forschung und Lehre sowie mit der hohen Autonomie der Professoren als unterhalb der Leitungsebene angesiedelten Organisationsmitgliedern Eigenheiten aufweisen, die im Vergleich zu anderen Arten von Forschungsorganisationen, wie etwa in Deutschland Max-Planck- oder Leibniz-Institute, oder Helmholtz-Zentren, die Governance verkomplizieren. Dass Universitäten nicht nur Forschung, sondern auch Lehre betreiben, bringt Spannungsverhältnisse in die Organisation, die man in außeruniversitären reinen Forschungsinstituten nicht findet. Diese Institute sind zudem oft in dem Sinne leichter hierarchisch steuerbar, als Instituts- und Abteilungsleitungen der Organisation oder großen Untereinheiten Forschungsprogramme und weitere Charakteristika der Forschungsarbeit vorgeben können, während an Universitäten jede einzelne Professur, insbesondere ihr Forschungshandeln, sehr eigenständig entscheidet. Durchaus gleichartige Governance-Probleme sind daher in außeruniversitären Instituten einfacher, wenngleich keineswegs immer ganz einfach zu bewältigen.

Zwei Anlässe für den Einsatz der Governance-Perspektive im Hochschulbereich gab es: zum einen seit den 1960er-Jahren den internationalen Vergleich von Hochschulsystemen, zum anderen seit den 1980er-Jahren die nacheinander in vielen Ländern einsetzenden Reformen der Hochschulsysteme. Beide Anlässe stehen in einem fortdauernden Wechselspiel miteinander. Der Vergleich nationaler Hochschulsysteme, wie ihn etwa Burton Clark (1983) durchführte, sollte zunächst nur zeigen, wie unterschiedlich ein und dieselbe gesellschaftliche Leistungsproduktion hinsichtlich ihrer „Regelungsstrukturen" institutionalisiert sein kann. Doch natürlich war mit dieser Betrachtung sehr schnell die Frage verbunden, ob Unterschiedlichkeit nicht bloß auf funktionale Äquivalente hinweist, sondern auch Leistungsdifferenzen bedeutet. Als dann erst einmal die Governance-Reformen in Richtung „new public management" (NPM) begannen, wobei Deutschland hier ein Nachzügler war, setzte mit diesem international propagierten Modell für „good governance" eine Bewegung ein, die die bisherige Diversität nationaler Governance-Regime gezielt in Richtung eines gemeinsamen Leistungsstandards vereinheitlichen sollte. In der praktischen Umsetzung zeigte sich dann allerdings bald, dass NPM durchaus unterschiedliche nationale Lesarten erfuhr, die sich nicht zuletzt aus der Verschiedenartigkeit der Reform-Startpunkte ergaben (Lange und Schimank 2007).

Was hat nun die Governance-Perspektive für die Betrachtung von Hochschulsystemen – auch mit Blick auf politische Gestaltungsinteressen – gebracht? Welche Arten von Fragen lassen sich aus dieser Perspektive stellen, und zu welchen Arten von Antworten ist man gekommen? Eine Bestandsaufnahme muss sich zunächst kurz Spezifika von wissenschaftlicher Forschung und von Universitäten als Forschungsorganisationen vor Augen führen; denn diese Spezifika sollten Governance-Reformen, die ja typischerweise Leistungsverbesserungen anstreben, respektieren. Vor diesem Hintergrund kann man sodann nachvollziehen, wie sich die theoretischen Diskussionen und empirischen Forschungen über Hochschul-Governance entfaltet haben.

2 Wissenschaftliche Forschung in Universitäten

Hochschulen sind Organisationen. Die Gestaltung von Hochschul-Governance, etwa durch NPM, bezieht sich folglich auf intra- und interorganisatorische „Regelungsstrukturen", z. B. die Entscheidungsbefugnisse von Senaten oder die Modalitäten der ministeriellen Mitwirkung an Berufungsentscheidungen von Hochschulen. Die Governance der Wissenschaft erschöpft sich freilich nicht in diesen so oder so ausgestaltbaren organisationalen Regelungen, die vielmehr einen Rahmen für die von den jeweiligen wissenschaftlichen Fachgemeinschaften getragene Governance des Forschungsprozesses selbst abgeben.

Forschung ist ein kollektiver Prozess, in dem die Mitglieder von Fachgemeinschaften autonom Lücken in einem gemeinsamen Wissenskorpus definieren, daraus Aufgaben für sich und Mittel ihrer Bearbeitung ableiten, und der Fachgemeinschaft jenes Wissen, das ihrer Meinung nach eine relevante Wissenslücke schließt, zur weiteren Verwendung in anschließenden Forschungsprozessen anbieten (Gläser 2006; Gläser und Lange 2007; Gläser und Schimank 2014, S. 49–50). Der Wissenskorpus stellt die tragende soziale Ordnung der Fachgemeinschaft dar, da er als gemeinsames Arbeitsmaterial und Zwischenprodukt die unabhängig voneinander stattfindenden lokalen Prozesse der Wissensproduktion aufeinander bezieht. Diese Form der Produktion ist durch große inhärente Unsicherheiten und den kreativen Charakter der individuellen Beiträge bestimmt. Es ist jeweils zum Zeitpunkt der Aufgabenformulierung nicht eindeutig feststellbar, worin eigentlich das Problem, also die Wissenslücke, besteht, ob es lösbar ist, wie und durch wen es gelöst werden kann und was die Lösung bedeuten wird.

In solchen Situationen ist das mehrfache parallele Ausprobieren von Problemformulierungen und Lösungsansätzen eine effektive und sogar effiziente Produktionsform. Dafür ist die unabhängige individuelle Aufgabenformulierung eine Voraussetzung. Die Produzenten selbst, also individuelle Forscher oder Forschergruppen, verfügen über die besten Informationen über die eigenen Fähigkeiten und sind deshalb am besten in der Lage, Aufgaben – zu denen sie Anregungen aus allen möglichen Richtungen, auch von außerwissenschaftlichen Interessenten an ihrer Arbeit, aufgreifen können – für sich zu formulieren, die sie vermutlich lösen können[2]; je nach Wissen und Erfahrungen kommen mehr oder weniger auf andere Lösungsansätze als ihre Konkurrenten. Wissenschaftliche Forschung vollzieht sich daher, auf ihre Governance hin betrachtet, als eine dezentrale kollektive Wissensproduktion, die auf wechselseitiger Beobachtung und Autonomie der einzelnen Produzenten beruht. So entstehen aus unabhängigen Problemwahlen und Problembearbeitungen neue Erkenntnisse in Gestalt von Publikationen oder Patenten, die den Wissensstand ergänzen, aber auch völlig ignoriert werden können.

Diesem eigentümlichen Governance-Modus wissenschaftlicher Gemeinschaften müssen die organisationalen Governance-Strukturen der Wissenschaft entsprechen.

---

[2]Außer bei noch unerfahrenen (z. B. Doktoranden) oder sich selbst unter- oder überschätzenden Forschern.

Nicht nur Universitäten, auch Forschungsinstitute sind in mehreren Hinsichten spezielle Organisationen (Musselin 2007), weichen also aus funktionalen Gründen vom Standardbild formaler Organisation, wie es durch Unternehmen ebenso wie durch staatliche Verwaltungen geprägt wird, ab (Meier und Schimank 2010):

- Es handelt sich erstens um „Expertenorganisationen" (Pellert 1999), die den Wissenschaftlern als Professionellen eine hochgradige Autonomie der Arbeitsbewältigung gewähren und gewährleisten müssen (Mintzberg 1979). Das gilt insbesondere für die große strategische und operative Autonomie, die Professoren in ihrer Forschung – fast genauso sehr in ihrer Lehre – gewährt wird und die sich nicht nur in rechtlichen Regelungen, sondern auch in einer kollegialen Norm wechselseitiger Nichteinmischung ausdrückt. Denn Forschung weist, wie gerade dargestellt, ein „Technologiedefizit" (Luhmann und Schorr 1979) in dem Sinne auf, dass die wesentlichen Handlungsvollzüge keiner algorithmischen Vorplanung unterworfen werden können, sondern nur Heuristiken der Unsicherheitsabsorption existieren.
- Zweitens sind die verschiedenen Struktureinheiten und Arbeitsprozesse in vielen Wissenschaftsorganisationen – am stärksten ausgeprägt wiederum in Universitäten – sehr lose gekoppelt (Weick 1976). Es gibt wenig dauerhafte kooperative oder gar auf „sequential" oder „reciprocal interdependence" (Thompson 1967, S. 54–55) hinauslaufende Formen der Zusammenarbeit zwischen Forschern derselben Organisation, und schon gar nicht existiert eine von oben hierarchisch auferlegte gesamtorganisatorische Arbeitsplanung. Die Wahrscheinlichkeit, Gesprächs- und Kooperationspartner außerhalb der eigenen Organisation zu finden, ist oft größer, und auf jeden Fall werden die Publikationen eines Forschers eher von anderen Forschern außerhalb als von Kollegen innerhalb der Organisation, der er angehört, rezipiert.

Erkennbar sichern Freiräume für Professionalität, verbunden mit loser Kopplung, die basale Autonomie wissenschaftlicher Forschung, die erforderlich ist, um den geschilderten Modus der Erkenntnisproduktion unter irreduzibler hochgradiger Unsicherheit zu ermöglichen. Jede Governance-Struktur, die den wissenschaftlichen Fachgemeinschaften und den Wissenschaftsorganisationen durch Wissenschaftspolitik auferlegt wird, muss diesen Produktionsbedingungen Rechnung tragen, um sich nicht dysfunktional auf den Erkenntnisfortschritt auszuwirken.

Als weitere Besonderheit von Universitäten, auch im Vergleich zu anderen Wissenschaftsorganisationen, ist das organisatorische Nebeneinander von Forschung und Lehre zu beachten, aus dem unter den institutionellen Bedingungen des deutschen Hochschulsystems regelmäßig ein Verdrängungsdruck der Lehre auf die Forschung resultiert (Braun und Schimank 1992; Schimank 1995).[3] Das gilt sowohl zeitlich als auch mit Blick auf die finanziellen Ressourcen der Grundausstattung und

---

[3]Unter anderen institutionellen Bedingungen kann sich das auch anders, sogar andersherum, darstellen (Schimank und Winnes 2000).

stellt eine bedeutsame Randbedingung der möglichen Auswirkungen von Governance-Strukturen auf die Forschung dar.

3 Hochschul-Governance

Die Entfaltung der Governance-Perspektive auf dergestalt funktionierende wissenschaftliche Forschung im Rahmen so beschaffener Hochschulen hat sich in drei Schritten vollzogen, die im Weiteren geschildert werden:

- erstens: von Governance-Mechanismen zum Governance-Regime;
- zweitens: vom Governance-Regime zu den Effekten auf wissenschaftliche Leistungsproduktion, also auf Charakteristika des erarbeiteten Wissens;
- und drittens: von Governance zu „authority relations".

Schon mit dem zweiten, erst recht mit dem dritten der genannten Schritte ist man bei ganz aktuellen Entwicklungen der Governance-Forschung angelangt.

3.1 Von Governance-Mechanismen zum Governance-Regime

Die Governance-Perspektive interessiert sich für Muster der Interdependenzbewältigung zwischen Akteuren, also für soziale Ordnung – und zwar unter dem Aspekt der intentionalen Gestaltung (Schimank 2007). Auf die Gestaltung sozialer Ordnung zu blicken bedeutet stets, den Kampf über die Durchsetzung von Ordnungsvorstellungen zu betonen, der sich in Interessen- und Einflusskonstellationen vollzieht. Die Governance-Perspektive betrachtet dabei eine Akteurkonstellation nicht von der Warte eines herausgehobenen Steuerungsakteurs aus, sondern im Hinblick auf tatsächlich geschehende oder mögliche multiple Bestrebungen intentionaler Gestaltung. Damit ist auch klar, dass das Augenmerk auf intentionale Gestaltung keineswegs die naive Erwartung transportiert, dass Gestaltungsintentionen sich in der Regel erfolgreich realisieren lassen. Ganz im Gegenteil: Der Regelfall ist Transintentionalität, also ein mehr oder weniger weitreichendes Scheitern von Gestaltungsintentionen an der Widerständigkeit anderen Handelns (Greshoff et al. 2003) – nicht zuletzt anderen Gestaltungshandelns. Dieses Scheitern fällt oftmals nur deshalb nicht so auf, weil sich die Gestaltungsakteure nachträglich mit dem, was sie tatsächlich bewirkt haben, zumindest halbwegs anfreunden können.

Die Governance-Perspektive muss allerdings, um für empirische Erklärungsfragen einsatzfähig zu sein, über die abstrakte Betrachtung der Leistungsfähigkeit und Leistungsgrenzen einzelner Governance-Mechanismen wie Markt, Hierarchie, Gemeinschaft oder Netzwerk hinauskommen und historisch-konkrete sowie bereichsbezogene Governance-Regime, also spezifische Kombinationen einer Mehrzahl von Governance-Mechanismen, in den Blick nehmen – etwa das Governance-Regime der deutschen Hochschulen in den 1980er-Jahren. Anknüpfend vor allem an die bereits erwähnten Untersuchungen von Clark (1979; 1983; 1998) führte die weitere Diskussion zu einer fünf Merkmalsdimensionen von Regimen der Hochschul-Governance unterscheidenden Typologie (Schimank 2000, S. 96–99):

- staatliche Regulierung der Hochschulen, also Konditionalprogrammierung insbesondere in Haushalts- und Personalangelegenheiten sowie hinsichtlich Studien-, Prüfungs- und Kapazitätsordnungen;
- Außensteuerung der Hochschulen durch den Staat oder durch andere Akteure wie etwa Hochschulräte, an die er Steuerungsbefugnisse delegiert – wobei Steuerung Zweckprogrammierung, etwa nach Art von Zielvereinbarungen, meint[4];
- akademische Selbstorganisation der Hochschulen, insbesondere über Fachbereichsräte und Senate;
- hierarchische Selbststeuerung der Hochschulen durch Leitungsorgane – neben Rektoraten bzw. Präsidien auch Dekane;
- Konkurrenzdruck in und zwischen Hochschulen, wobei insbesondere um Ressourcen, Reputation, Personal und Studierende konkurriert werden kann.

Diese Typologie wurde nicht nur in Deutschland erst einmal, jede Dimension dichotomisierend, dazu genutzt, dem jeweiligen traditionellen Governance-Regime der Hochschulen das propagierte neue Modell des NPM entgegenzusetzen. Empirische Forschungen zu so angestoßenen Governance-Reformen haben die Typologie zu einem sogenannten „Governance-Equalizer" weiterentwickelt, verstehen also jede der fünf Dimensionen als einen Schieberegler, der graduell herauf- und heruntergefahren werden kann – wobei offen bleibt, ob es Verbindungen zwischen einzelnen Dimensionen derart gibt, dass das Herunterfahren einer Dimension eine andere Dimension mit herunterfährt oder umgekehrt bewirkt, dass diese heraufgefahren wird. Bringt etwa Deregulierung verstärkte Außensteuerung hervor, oder erlaubt sie diese nur? Oder besteht zwischen akademischer Selbstorganisation und hierarchischer Selbststeuerung ein Nullsummenverhältnis dergestalt, dass ein Zugewinn in der einen Dimension automatisch einen Verlust in der anderen Dimension bedeutet?

Der „Governance-Equalizer" hat sich als sehr brauchbar erwiesen, um Governance-Regime nationaler Hochschulsysteme im Wandel und im Vergleich miteinander zu charakterisieren (de Boer et al. 2007; Lange und Schimank 2007) – etwa die Veränderungen des britischen, niederländischen, österreichischen und deutschen Hochschulsystems seit Anfang der 1980er-Jahre summarisch festzuhalten (Abb. 1).

Wie der Vergleich zeigt, haben die betrachteten Länder, von durchaus unterschiedlichen Startpunkten ausgehend, verschieden weite Wege zurückgelegt, mit dem vorläufigen Ergebnis einer zumindest partiellen Konvergenz der „Regelungsstrukturen" ihrer Hochschulsysteme in Richtung NPM. Auf der einen Seite hat eine internationale „policy diffusion" über „mimetischen" und „normativen Isomorphismus" (DiMaggio und Powell 1983), also über wechselseitige Beobachtung und ein

---

[4]Zum Unterschied von Konditional- und Zweckprogrammierung siehe Luhmann 1964.

Governance der Wissenschaft   45

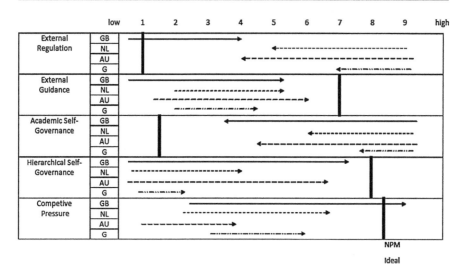

Abb. 1 Governance-Equalizer: Ländervergleich

Kopieren von Erfolgsmodellen – was man dafür hält! – sowie über dies verstärkende Beratung durch Experten stattgefunden. Auf der anderen Seite haben nationale Pfadabhängigkeiten aber auch dafür gesorgt, dass aus der „policy diffusion" keine völlige Angleichung der Hochschulsysteme an das NPM-Ideal, und damit aneinander, hervorgegangen ist.

Nimmt man Deutschland näher in den Blick, ist zu konstatieren, dass das traditionelle Governance-Regime der deutschen Hochschulen durch eine Kombination von starker akademischer Selbstorganisation – seit den 1970er-Jahren durch die „Gruppenuniversität" noch weiter „versäult" – mit hoher Autonomie der einzelnen Professoren auf der einen und starker staatlicher Regulierung auf der anderen Seite geprägt war. Diese Mischung aus Etatismus und gemeinschaftlicher Selbststeuerung war ein äußerst langlebiger, aus dem Preußen des frühen 19. Jahrhunderts stammender historischer Kompromiss von Staat und Professorenschaft. Die anderen drei Governance-Mechanismen waren hingegen eher schwach ausgebildet.

Demgegenüber will NPM genau diese anderen drei Mechanismen stärken: die hierarchische Selbststeuerung der Universitäten durch Dekane und Rektoren in Verbindung mit einer Intensivierung der Außensteuerung durch staatliche Instanzen und gesellschaftliche Adressaten wie u. a. Unternehmen sowie des Konkurrenzdrucks. Parallel dazu sollen Maßnahmen der Deregulierung (Haushalts- und Personalrecht, Genehmigung von Studiengängen und Prüfungsordnungen) und der Beschneidung des Einflusses akademischer Selbstorganisation erfolgen. Damit verbunden ist die Herausbildung neuer Gruppen von hochschulpolitischen Akteuren inner- und außerhalb der Universitäten: die Professionalisierung der hochschulischen Leitungsrollen, was deren organisationsbezogene Gestaltungsfähigkeit überhaupt erst konstituiert, die Schaffung von neuen Managementrollen in den

Hochschulen – etwa Studiengangs- oder Qualitätsmanager (Krücken et al. 2010; Kloke 2014) – sowie die Etablierung neuer Arten von Organisationen im Umfeld der Universitäten wie etwa Evaluations- und Akkreditierungsagenturen.

NPM wird oft oberflächlich als „*more market!*" charakterisiert. Hinter diesem Slogan steht der Nimbus des Marktes, wie ihn die neoklassische Wirtschaftstheorie modellanalytisch als unübertroffen effizienten und effektiven Allokationsmechanismus knapper Güter herausgearbeitet hat. Doch ganz eindeutig ist diejenige Art von Wettbewerb, die NPM im Wissenschaftssystem entfacht hat, größtenteils kein Marktwettbewerb. NPM installiert vielmehr zumeist Quasi-Märkte (Le Grand und Bartlett 1993) – also Marktsimulationen (Teixeira et al. 2004).

Tatsächliche Wettbewerbsmärkte etablieren sich, wenn eine Vielzahl von Anbietern und eine Vielzahl von Nachfragern bestimmter Leistungen aufeinandertreffen, einander wechselseitig beobachten und dann zu Preisvorstellungen und Zahlungsbereitschaften gelangen, diese einander mitteilen und darüber aushandeln, ob man miteinander ins Geschäft kommt, und zu welchem Preis. Auf Quasi-Märkten hingegen bedient sich eine Hierarchie, also die Organisationsleitung oder eine ihr übergeordnete Leitungsinstanz wie etwa ein Ministerium, einer Marktsimulation, weil sie Konkurrenzdruck als wirksamer wie unmittelbaren hierarchischen Druck einschätzt. Die mittlerweile in fast allen Bundesländern eingerichtete „leistungsorientierte Mittelzuweisung" (LOM) ist ein Musterbeispiel: Je nachdem, wie eine Hochschule – gemessen an einer festgelegten Liste von, gegebenenfalls gewichteten, Indikatoren – im Vergleich zu anderen Hochschulen abschneidet, erhält sie mehr oder weniger staatliche Grundausstattungsmittel. Im Vergleich zu echten Wettbewerbsmärkten ist entscheidend, dass dort die Vielfalt der Nachfragererwartungen unmittelbar zum Ausdruck kommt. Denn es gibt eine Mehrzahl von Nachfragern, die ihre je eigenen Präferenzen ausbilden und nicht miteinander abstimmen. Der eine will eine bestimmte Leistung möglichst preisgünstig haben, und auf die Qualität kommt es ihm nicht so sehr an; ein anderer legt umgekehrt höchsten Wert auf Qualität, koste es, was es wolle; ein Dritter will neben Qualität gewährleistet haben, dass weitere Randbedingungen, wie z. B. die ökologische Nachhaltigkeit der Leistungsproduktion erfüllt werden; ein Vierter fordert ganz schnelle Lieferung und so weiter. Prinzipiell kann es so viele unterschiedliche Präferenzkombinationen und -gewichtungen wie Nachfrager geben. Auf einem Quasi-Markt tritt hingegen ein einziger Akteur, der oftmals gar nicht selbst die jeweilige Leistung benötigt, auf und beansprucht, im Namen aller Nachfrager einheitliche Leistungskriterien festzulegen, setzt sich also über die tatsächliche Kriterienvielfalt hinweg. So dekretiert die staatliche Seite bei der LOM z. B., dass Forschungsqualität an der Höhe eingeworbener Drittmittel zu messen ist, ohne die tatsächlichen Nachfrager von Forschungsleistungen – von den jeweiligen scientific communities bis zu Unternehmen oder dem Militär – danach zu fragen, ob ihre Präferenzen damit wirklich angemessen abgebildet werden. Je weniger die Leistungsanbieter die Möglichkeit haben, einen Quasi-Markt zu verlassen und ihre Leistungen anderswo anzubieten, desto stärker sind sie diesem Diktum ausgeliefert – so wie die staatlichen Hochschulen, die auf die Grundausstattungsmittel, von denen Teile nach der LOM zugeteilt werden, nicht verzichten können.

Natürlich weiß derjenige Akteur, der einen Quasi-Markt einrichtet, dass er damit eine weitreichende Reduktion der Komplexität der Nachfragerpräferenzen vornimmt. Aber sein Kalkül besteht darin, dass die durch den Wettbewerbsdruck erzeugten Effizienz- und Effektivitätsgewinne der Leistungsproduktion zwar nicht das Performanzniveau echter Wettbewerbsmärkte erreichen, aber doch deutlich über dem Performanzniveau liegen, das mit den hergebrachten rein hierarchischen Mitteln hergestellt werden kann.

Das ist die Messlatte, wenn man NPM hinsichtlich dieser seiner Kernkomponente auf den Prüfstand stellt. Wie schneidet es diesbezüglich ab?

3.2 Vom Governance-Regime zu den Effekten auf die wissenschaftliche Leistungsproduktion

Genau das muss – nach der Analyse des Governance-Wandels – die weitergehende Fragestellung sein: Welche funktionalen und dysfunktionalen Effekte hat NPM in der realisierten Ausprägung auf die Bedingungen und die Charakteristika der Forschung, die an den Hochschulen betrieben wird?[5] Hierzu gibt es die Versprechungen der Proponenten von NPM, die auf eine Reihe von ihnen erwarteter Effizienz- und Effektivitätssteigerungen hinweisen, sowie die Befürchtungen vieler Wissenschaftler, die genau umgekehrt neben vielen Effizienzverlusten vor allem davon ausgehen, dass der auf sehr weitgehender akademischer Freiheit des individuellen Wissenschaftlers beruhende Typus der von curiositas-Motiven getriebenen anwendungsfernen Grundlagenforschung massiv gefährdet sei.

Effizienz bemisst sich allgemein daran, wie sparsam begrenzte Mittel eingesetzt werden bzw. wie viel aus ihnen herausgeholt werden kann, während es bei Effektivität um den Grad der Erreichung einer bestimmten Zielmarke, egal mit welchem Mitteleinsatz, geht. Effizienz bezieht sich also auf die quantitative Seite des Forschungs-Outputs, Effektvität auf dessen qualitative Merkmale. Mindestens die folgenden Charakteristika der Forschung wären dann hinsichtlich möglicher Effekte von NPM genauer in den Blick zu nehmen:

- die Quantität des Forschungs-Outputs bei gegebenem Mitteleinsatz,
- die Qualität gemäß innerwissenschaftlichen Standards,
- die Responsivität gegenüber außerwissenschaftlichen Relevanzerwartungen,
- die Freiheit der Themenwahl,
- die Möglichkeit zur Verfolgung unorthodoxer Perspektiven,
- die Freiheit der Wahl von Kooperationsformen und -partnern, einschließlich der Freiheit zur Einzelforschung,
- die Publikationspraktiken sowie
- die Verbindung von Forschung und Lehre.

---

[5]Dieselbe Frage ist auch hinsichtlich der Auswirkungen auf die Lehre zu stellen. Hierzu gibt es allerdings noch weniger Untersuchungen als zu den Auswirkungen auf die Forschung.

Aus der Fülle denkbarer Auswirkungen sind längst nicht alle bislang näher untersucht worden, wovon nun eher illustrativ einige wenige angesprochen werden können.[6] Zunächst ist zu konstatieren, dass in der Tat – wie von den NPM-Befürwortern erhofft – überall dort, wo früher finanzielle Mittel nach dem „Gießkannenprinzip" oder als Fortführung von Besitzständen verteilt wurden und nun Leistungskriterien die Höhe der zugeteilten Mittel zumindest mitbestimmen, einer bestimmten Art von Verschwendung knapper Mittel in gewissem Maße Einhalt geboten wird. Leistungsstarke Hochschulen, Fachbereiche, Institute und Professoren bekommen inzwischen etwas leichter als zuvor, und wenigstens in begrenztem Maße, mehr Geld als leistungsschwache. Selbst die durch vielerlei Einschränkungen und Rücksichten gebremste Entfaltung dieses Leistungsprinzips im deutschen Hochschulsystem beginnt erste Wirkungen zu zeigen. Diese bestehen erst einmal in einer unmittelbaren Effizienz- und Effektivitätssteigerung der Mittelverwendung durch Umverteilung in einem Ausmaß, wie es in der Kollegialität des traditionellen Governance-Regimes undenkbar war (Schimank 1995, S. 222–258) – wenn beispielsweise nicht länger schematisch jeder W3-Professor in einem Fachbereich Anspruch auf zwei wissenschaftliche Mitarbeiterstellen hat, sondern die Minimalausstattung abgesenkt wird, um einen Stellenpool zu schaffen, aus dem erfolgreiche Forscher besonders unterstützt werden können.

Gleichzeitig findet eine zusätzliche Leistungsmotivierung derer statt, die noch Steigerungspotenzial haben. Ökonomisierungsdruck erhöht das Aktivitätsniveau, messbar etwa an der Anzahl von Drittmittelanträgen, Einreichung von Manuskripten bei peer-reviewed journals etc.[7] Bruno Frey und Margit Osterloh (2010) befürchten zwar einen Verdrängungseffekt derart, dass die intrinsische Motivation, zu forschen durch übermäßige extrinsische Anreize leidet, was die Hochschulen und ihre staatlichen Träger auf längere Sicht teuer zu stehen komme. Aber solche finanziellen Mittel, die nicht der persönlichen Einkommenssteigerung, sondern der Verbesserung eigener Forschungsbedingungen dienen, sind keine extrinsischen, sondern intrinsische Anreize. Allenfalls bei der W-Besoldung, nicht aber bei der LOM sind derartige Befürchtungen also ein wichtiger Merkpunkt.

Schließlich ist festzuhalten, dass der Ökonomisierungsdruck mittels durchaus nicht völlig aus der Luft gegriffener Leistungsindikatoren erfolgt. Bei aller berechtigten Kritik daran, wie einseitig und partiell unangemessen die Indikatoren sind: Nicht zu bestreiten ist, dass z. B. auch in den Geschichtswissenschaften die erfolgreiche Drittmitteleinwerbung oder internationale Sichtbarkeit etwas über Forschungsqualität sagen – solange man diese Indikatoren nicht verabsolutiert, sondern etwa auch Monografien und „armchair research" gelten lässt![8]

---

[6]Als Auswahl einiger Studien, die sich einzelnen Forschungscharakteristika widmen, siehe Minssen et al. 2003, Whitley und Gläser 2007; Gläser et al. 2008; Jansen et al. 2007; Meier und Schimank 2009; Schimank 2010; Aljets und Lettkemann 2012; Krempkow und Landrock 2013; Gläser und von Stuckrad 2013; Whitley und Gläser 2014; Enders et al. 2015.

[7]Erhöhte Aktivität ist freilich nicht automatisch mit besserer Leistung gleichzusetzen.

[8]Siehe die ausgewogene Stellungnahme des Wissenschaftsrates, der die kritischen Punkte nochmals resümiert, ohne Leistungsindikatoren und -anreize gänzlich zu verwerfen (Wissenschaftsrat 2011).

Ohne damit alle tatsächlichen oder denkbaren effizienz- und effektivitätssteigernden Effekte von Ökonomisierungsdruck angesprochen zu haben, ist aber auch – wiederum nur ausschnitthaft – die Gegenrechnung aufzumachen. Hier muss man in einer Hinsicht bestätigen, was Proponenten von NPM sich erhoffen und Kritiker befürchten: Dieses Governance-Regime beschneidet, je konsequenter es umgesetzt wird, die je individuelle Autonomie von Wissenschaftlern bei der Themenwahl, der Verfolgung unorthodoxer Perspektiven, der Wahl von Kooperationsformen und -partnern sowie der Wahl von Publikationsformen. Dafür sorgen erstens zunehmende Drittmittelabhängigkeit, insbesondere von programmförmig ausgeschriebenen Drittmitteln mit entsprechenden thematischen Vorgaben und teilweise vorgegebenen Kooperations- und sogar Publikationsformen, zweitens Empfehlungen von Evaluationsgremien sowie drittens – sich darauf stützend – erstarkte Hochschulleitungen, die Anreize setzen oder auch Druck, etwa in Gestalt der Wegnahme disponibel werdender Ressourcen, ausüben können.

Ein anderes Ergebnis hingegen läuft den Erwartungen, Hoffnungen bzw. Befürchtungen zuwider: Die Forschung an Hochschulen unterliegt keinem verstärkten Relevanzdruck mit Blick auf außerwissenschaftliche Nutzer wie die Industrie, das Gesundheitswesen, das Militär etc. Denn gerade die Etablierung von Quasi-Märkten mit den dazugehörigen Evaluationen hat genau umgekehrt, und entgegen einem Teil der Absichten der Politik, die innerwissenschaftlichen Gütekriterien gestärkt – und zwar sowohl, wenn die Evaluation durch peers erfolgt, als auch wenn sie rein indikatorenbasiert ist, weil nämlich die geläufigen Indikatoren ein eindeutiges Schwergewicht auf innerwissenschaftliche Güte legen.

Diese ausgewählten Befunde, die allesamt durch weitere Forschung noch abgesichert und spezifiziert werden müssen, reichen hier aus, um die gemischte Bilanz, die NPM aufzuweisen hat, zu illustrieren. Wie auch der Wissenschaftsrat (2011, S. 33–34) empfiehlt, sollte man aus dieser Gemengelage von Vor- und Nachteilen, die bislang noch kein klares Bild ergibt, vor allem den Schluss ziehen, dass man die Effekte zukünftig sorgfältig beobachten muss, um bei der Zunahme bestimmter negativer Effekte zeitnah gegensteuern zu können. Die Selbstkorrektivität von NPM muss also institutionell verankert werden (Forschergruppe Governance der Forschung 2007, S. 143). Das heißt vor allem auch: Es muss verstärkt eine entsprechende Reformfolgenforschung betrieben werden: Deren Ergebnisse sollten unbedingt in der weiteren Justierung der Governance-Reformen Beachtung finden.

3.3 Von Governance zu „Authority Relations"

Auch wenn man den Auswirkungen von Governance-Regimen auf Charakteristika der Forschung auf der Linie bisheriger Untersuchungen weiter nachginge, wären die den jeweiligen Wirkungszusammenhängen zugrundeliegenden Erklärungsmechanismen noch unzureichend elaboriert. Das liegt vor allem darin begründet, dass die Governance-Perspektive bisher auf Gestaltungshandeln fixiert ist. Die Governance-Konstellation wird als Aufeinandertreffen von miteinander kämpfenden, auf die „Regelungsstrukturen" der Leistungsproduktion gerichteten Gestaltungsbemühungen betrachtet. Diejenigen Akteure, deren Handlungssituation gestaltet wird, kommen hingegen nur sehr pauschal und entsprechend oberflächlich in den Blick.[9] Konkret: Analysen der Governance von Hochschulsystemen wie etwa die angesprochenen Forschungen zur Implementation von NPM rekonstruieren das Wechselspiel zwischen individuellen und korporativen Akteuren wie u. a. Rektoren, Dekanen, Ministerien, Förderorganisationen und Evaluationsagenturen im Rahmen institutioneller Strukturen und kultureller Orientierungen und erklären daraus beispielsweise, unter welchen Bedingungen sich die Gelegenheitsstrukturen für Hochschulleitungen verbessern, Forschungsprofile ihrer Hochschulen zu schärfen (Meier und Schimank 2010). Zwar tauchen in solchen Analysen auch die Wissenschaftler, insbesondere die Professoren als wichtige Akteure auf, die sich immer wieder tatkräftig in die Gestaltungskämpfe einschalten; doch als Objekte des Gestaltungshandelns bleiben sie blass. Damit wird die Übersetzung von „Regelungsstrukturen" als Forschungsbedingungen im Forschungshandeln und weiter in Charakteristika der Resultate dieses Handelns nicht so ausbuchstabiert, wie es neuere Forderungen nach „mechanismischen Erklärungen" verlangen (Greshoff 2014).

Handlungstheoretisch bedeutet ein Erklären bestimmter Charakteristika der Leistungsproduktion durch Mechanismen, dass detailliert als Wirkungskette dargelegt wird:

- wie erstens aus Gestaltungskämpfen bestimmte Ausprägungen der „Regelungsstrukturen" hervorgehen,
- die zweitens den Handlungsspielraum der Leistungsproduzenten prägen,
- so dass diese drittens ein bestimmtes Handeln an den Tag legen,
- das dann viertens die vorgefundenen Charakteristika der Leistungsproduktion hervorbringt.

Nur der erste Teilschritt stand, wie dargestellt, lange Zeit im Aufmerksamkeitsfeld der Governance-Forschung. Nun muss es verstärkt um die weiteren drei Schritte gehen. Man möchte beispielsweise die gestiegene Bedeutsamkeit außerwissenschaftlicher Relevanzen in der wissenschaftlichen Erkenntnisproduktion – operationalisiert u. a. als Zunahme von Patenten in den Natur- und Ingenieurwissenschaften[10] – aus veränderten Governance-Strukturen erklären. Das Aufzeigen einer statistischen Korrelation zwischen Governance-Veränderungen, etwa der Einführung von Hochschulräten, in denen dann auch Wirtschaftsvertreter Entscheidungsbefugnisse hinsichtlich der strategischen Ausrichtung von Hochschulen erlangen, und steigenden Patentzahlen reicht nicht aus, weil es den Mechanismus, also die sich schrittweise entfaltende Wirkungssequenz, durch die die geänderte Governance eine

---

[9]Dies gilt nicht nur für die Forschungen über Hochschul-Governance, sondern für die Governance-Forschungen generell. Dabei war die Implementationsforschung schon einmal näher an denjenigen dran, die politischen Gestaltungsmaßnahmen unterworfen sind (Mayntz 1980; 1983).

[10]Ob das ein wirklich guter Indikator für dieses Charakteristikum ist, sei hier dahingestellt.

andere Art von Forschung erzeugt, als „black box" stehen lässt. Vielmehr muss aufgezeigt werden, wie diese Governance-Veränderung zum einen als andersartige „Logik der Situation" – um Hartmut Essers „Modell der soziologischen Erklärung" (Esser 1993, S. 1–140) heranzuziehen – die „Logik der Selektion" des Wissenschaftlers bei seinen Forschungsentscheidungen, etwa hinsichtlich der Wahl seiner Forschungsthemen, verändert und wie sich zum anderen infolgedessen die „Logik der Aggregation" wandelt, also aus entsprechend anderem Forschungshandeln vieler Wissenschaftler eine andere Ausrichtung des Erkenntnisfortschritts hervorgeht. Dabei wirken die eingangs genannten allgemeinen Governance-Mechanismen nicht allein, sondern im Zusammenhang mit anderen sozialen Mechanismen.

Eine der „Logik der soziologischen Erklärung" folgende „mechanismische Erklärung" besteht aus zwei Teilschritten (Schimank 2000):

- *Erklärung des Handelns*: Auf welche Weise, über welche Schritte führt die Tatsache, dass im Hochschulrat nun Vertreter der Wirtschaft sitzen, im Zusammenwirken mit anderen Veränderungen dazu, dass Wissenschaftler ihre Forschungsthemen ändern und dabei Anwendungsbezüge der angestrebten Erkenntnisse höher gewichten als vorher? Ein Hochschulrat kann schließlich keinem Wissenschaftler direkte Anordnungen geben, was dieser zu forschen hat. Hier sind – so viel wird beim näheren Nachdenken schnell klar – verwickelte Kausalzusammenhänge aufzuschlüsseln. Etwa: Wer bringt dem Wissenschaftler Vorstellungen, die im Hochschulrat aufkommen, auf welchem Weg nahe? Und wie gehen diese übermittelten Vorstellungen in die Handlungswahl des Wissenschaftlers ein?
- *Erklärung des handelnden Zusammenwirkens und seiner Struktureffekte*: Dies scheint auf den ersten Blick im vorliegenden Fall einfacher zu sein. Wenn viele Wissenschaftler der aufgeschlüsselten Wirkungslogik unterliegen, summiert sich das andersartige Forschungshandeln einfach auf, und ihre Forschung verändert sich entsprechend. Bei genauerem Hinsehen sind hier aber neben der Aufsummierung gleichartigen Handelns noch weitere, kompliziertere Arten des Zusammenwirkens zu bedenken. Beispielsweise beobachten Wissenschaftler, was ihre Kollegen tun, und können daraus solche oder solche Schlüsse für ihr je eigenes Handeln ziehen. Viele werden vielleicht auf den Zug, den andere schon in Fahrt gebracht haben, aufspringen, so dass die Forschungsveränderung sich beschleunigt. Einige hingegen werden sich aus Überzeugung verweigern oder aufgrund eigener Opportunitäten oder aus strategischem Kalkül bewusst anders optieren; und wie spielen dann diese unterschiedlichen Handlungswahlen zusammen – wenn sich etwa hochreputierte Wissenschaftler den Nützlichkeitszumutungen nicht beugen?

Ohne dies hier weiter vertiefen zu können: Die Art der gemeinten Ausbaubedürftigkeit der Governance-Perspektive sollte klar geworden sein. Es geht um eine Blickzentrierung auf diejenigen, deren struktureller Handlungskontext durch Governance gestaltet wird: „[…] bringing into the limelight the actors in whose situations and actions governance modes 'meet' […]" (Gläser 2010, S. 360).

Das von Richard Whitley (2010) in die Diskussion gebrachte Konzept der „authority relations" ist hier vielversprechend.[11] Es betrachtet den einzelnen Wissenschaftler als Akteur, dessen Handlungsspielraum durch die Gestaltung von Governance-Strukturen, denen er unterliegt, geprägt wird. Dabei wird eine gegebene Ausprägung der Governance als Ausgangspunkt der Analyse genommen und gefragt, welche „authority" über das Forschungshandeln des Wissenschaftlers diese „Regelungsstrukturen" zunächst welchen anderen Akteuren, sodann – als Ergebnis daraus – dem betreffenden Wissenschaftler selbst zusprechen. Dieses „geregelte Mitreden", ein über Governance-Strukturen ermöglichter Einfluss auf Forschungshandeln, wird von Whitley (2010, S. 5) mit dem Begriff der „authority" belegt: Wer ist auf welche Weise und inwieweit „able to influence"? Es geht somit darum, wer de facto, legal oder auch illegal, im Rahmen je existierender Governance-Strukturen Forschungshandeln wie beeinflussen kann, wobei verschiedene Arten von Einfluss vorhanden sein und genutzt werden können – neben formaler oder faktischer Macht vor allem auch Geld oder das Überzeugen durch normative Standards oder gute Gründe.[12]

Dabei lassen sich fünf Stellschrauben identifizieren, mittels derer andere Akteure einen Einfluss auf das Forschungshandeln eines Wissenschaftlers ausüben können – von der Formulierung der Forschungsziele über Randbedingungen der Zielverfolgung, etwa Kooperationsvorgaben, bis hin zu Durchführungsmodalitäten und Publikationspraktiken:

- Formale Weisungen: Andere Akteure können bestimmte Ausprägungen des Forschungshandelns anordnen. Direkte Weisungen kommen, jenseits der Setzung rechtlicher Forschungsgrenzen etwa bei Tierversuchen oder beim Datenschutz, angesichts der in Deutschland sogar grundgesetzlich geschützten „Freiheit der Wissenschaft" auf der Ebene von Professoren allerdings eher selten vor; selbst die Denomination einer Professur kann ja nicht ausschließen, dass der Stelleninhaber zu ganz anderen Themen forscht. Und sogar bei bezahlten Forschungsaufträgen – die man freiwillig eingeht – wird zwar ein Thema vereinbart, nicht aber die theoretische und methodische Herangehensweise. Auf der Ebene weisungsgebundener wissenschaftlicher Mitarbeiter kann es aber durchaus enge Anbindungen an Zielvorgaben durch den jeweiligen Professor geben.
- Ressourcen: Über die Zuteilung insbesondere finanzieller Ressourcen kann Forschungshandeln durch Geldgeber in verschiedenen Hinsichten beeinflusst werden. Per Ressourcenbereitstellung können vor allem Anreize gesetzt werden, bestimmte Themen zu bearbeiten. Generell kommt es darauf an, welche Bedingungen an den Erhalt bestimmter Ressourcen gestellt werden – neben thematischen Vorgaben auch etwa Vorgaben hinsichtlich Kooperationen oder Anwendungsbezügen.

---

[11] Siehe konzeptionell weiter klärend Gläser 2010 sowie als Kollektion von Fallstudien, die mit dem Konzept arbeiten, Whitley und Gläser 2014.

[12] Whitley verengt „authority relations" teilweise zu sehr auf legale oder sogar als legitim anerkannte Beeinflussung.

- Zeit: Forschungshandeln wird weiterhin durch die Bereitstellung von Arbeitszeit, letztlich als „Manpower" verrechnet, beeinflusst. Dies kann in Gestalt von Personal geschehen, aber auch durch die Reduktion oder Erhöhung von Lehrdeputaten.
- Karriere: Entscheidungen über die Karriere von Wissenschaftlern – Rekrutierung auf bestimmte Stellen, Befristung von Stellen, Verhandlungen über Stellenausstattung und persönliches Einkommen – bieten Gelegenheiten, Autonomiespielräume, Ressourcen- und Zeitkontingente und darüber Forschungshandeln zu beeinflussen. Insbesondere die Rekrutierungsentscheidung eröffnet einerseits große Einflusschancen, weil man gewissermaßen das künftige Beeinflussungsobjekt auswählt, ist aber andererseits von besonders großer Ungewissheit geprägt, was die Treffsicherheit der Beeinflussung beeinträchtigt.
- Reputation: Schließlich kann Forschungshandeln über die Zuerkennung von wissenschaftlicher Reputation durch die scientific community oder durch außerwissenschaftliche Nutzer beeinflusst werden. Reputation geht in die Verhandlungsstärke von Wissenschaftlern bei der Setzung ihrer Forschungsziele oder der Bereitstellung von Zeit für Forschung ein und bestimmt ihre Chancen der Ressourcenakquisition sowie ihre Karrierechancen mit.

All diese Stellschrauben können verschiedenen Akteuren in unterschiedlichem Maße Einflussmöglichkeiten bieten, um den Spielraum eines Wissenschaftlers bei seinen Forschungsentscheidungen einzuengen oder auch gezielt zu erweitern. Wie groß der verbleibende Spielraum dann ist, kann sehr variieren.

Das Konzept der „authority relations" betrachtet somit ein Governance-Regime gleichsam „von unten", aus der Sicht des diesem Regime unterworfenen Akteurs in Gestalt eines Wissenschaftlers, einer Forschergruppe oder auch einer Forschungseinrichtung. Der in der Bezeichnung „authority relations" gewählte Plural gilt dabei in doppelter Hinsicht. Zum einen steht der forschende Akteur in einer Mehrzahl von sozialen Beziehungen zu anderen Akteuren, die Einfluss auf ihn zu nehmen vermögen; und zum anderen sind die Einflussmöglichkeiten dieser Akteure durch eine Mehrzahl von Governance-Strukturelementen im Rahmen eines umfassenden Governanceregimes vorgeprägt und wirken über eine Mehrzahl von Stellschrauben, wobei ein und derselbe Akteur oft mehrere Einflusswege hat. Die Restgröße dessen, was dem forschenden Akteur an Handlungsspielraum verbleibt, wenn sämtliche „authority relations" in Rechnung gestellt sind, ist das, was er an effektiver Autonomie genießt.[13] Anders gesagt: Wer sich für die tatsächlich gegebene Autonomie eines forschenden Akteurs interessiert, um einschätzen zu können, ob diese dem entspricht, was er entsprechend den anfangs geschilderten funktionalen Erfordernissen wissenschaftlicher Erkenntnisproduktion an Autonomie benötigt, muss die „authority relations" bilanzieren, denen der Akteur unterliegt.

---

[13] Zu einem solchen gradualisierten handlungstheoretischen Autonomieverständnis siehe Gläser und Schimank 2014.

4 Fazit

Hier schließt sich der Kreis dessen, was die Governance-Perspektive auf wissenschaftliche Forschung zu thematisieren und zu erhellen vermag. Ausgangspunkt ist die Rahmung der durch wissenschaftliche Gemeinschaften selbstorganisierten Governance des handelnden Zusammenwirkens bei der Erkenntnisproduktion durch inter- und intraorganisationale „Regelungsstrukturen". Diese „Regelungsstrukturen" können als Governance-Regime beschrieben und in ihrer Genese, Gestalt und weiteren Dynamik nachvollzogen werden. In dieser Analyserichtung ist das Governance-Regime der Erklärungsgegenstand. Sodann kann man ein Governance-Regime als – natürlich nicht alleinigen – Erklärungsfaktor für die Beschaffenheit des Forschungshandelns und die Charakteristika des daraus resultierenden wissenschaftlichen Wissens heranziehen. Diese Analyserichtung stößt am Ende auf die gerade formulierte Autonomiefrage – allerdings nicht als eine bloß normative Bewertung, sondern vielmehr als eine funktionale Einschätzung der vorliegenden oder ins Auge gefassten Gestaltung eines Governance-Regimes. Sind die faktischen oder gewollten „Regelungsstrukturen" wissenschaftlicher Forschungstätigkeit – für bestimmte Wissenschaftsfelder spezifiziert – zu- oder abträglich? Das ist der Prüfstein für Gestaltungshandeln und damit auch das letztendliche analytische Bezugsproblem von Governance-Forschungen.

Literatur

Aljets, Enno, und Eric Lettkemann. 2012. Hochschulleitung und Forscher: Von wechselseitiger Nichtbeachtung zu wechselseitiger Abhängigkeit. In *Hochschule als Organisation?* Hrsg. Uwe Wilkesmann und Christian J. Schmid, 131–154. Wiesbaden: VS.
Benz, Arthur, Susanne Lütz, Uwe Schimank, und Georg Simonis, Hrsg. 2007. *Handbuch Governance*. Wiesbaden: VS.
Braun, Dietmar, und Uwe Schimank. 1992. Organisatorische Koexistenzen des Forschungssystems mit anderen gesellschaftlichen Teilsystemen: Die prekäre Autonomie wissenschaftlicher Forschung. *Journal für Sozialforschung* 32:319–336.
Clark, Burton. 1979. The many pathways of co-ordination. *Higher Education* 8:251–268.
Clark, Burton. 1983. *The higher education system: Academic organization in cross-national perspective*. Berkeley: University of California Press.
Clark, Burton. 1998. *Creating entrepreneurial universities: Organizational pathways of transformation*. Oxford: Pergamon Press.
de Boer, Harry, Jürgen Enders, und Uwe Schimank. 2007. On the way towards new public management? The governance of university systems in England, the Netherlands, Austria, and Germany. In *New forms of governance in research organizations. Disciplinary approaches, interfaces and integration*, Hrsg. Dorothea Jansen, 137–152. Dordrecht: Springer.
DiMaggio, Paul J., und Walter W. Powell. 1983. The iron cage revisited. *American Sociological Review* 48:147–160.
Enders, Jürgen, Barbara Kehm, und Uwe Schimank. 2015. Turning universities into actors on quasi-markets: How new public management reforms affect academic research. In *The changing governance of higher education and research – Multilevel perspectives*, Hrsg. Dorothea Jansen und Insa Pruisken 89–103. Dordrecht: Springer.

Esser, Hartmut. [1993] 1996. *Soziologie – Allgemeine Grundlagen*. Frankfurt a. M.: Campus.
Forschergruppe Governance der Forschung. [2007] 2009. Forschungspolitische Thesen der Forschergruppe „Governance der Forschung": Rahmenbedingungen für eine leistungsfähige öffentlich finanzierte Forschung. In *Neue Governance für die Forschung*, Hrsg. Dorothea Jansen, 131–148. Baden-Baden: Nomos.
Frey, Bruno S., und Margrit Osterloh. 2010. Motivate people with prices. *Nature* 465(7300): 871.
Gläser, Jochen. 2006. *Wissenschaftliche Produktionsgemeinschaften. Die soziale Ordnung der Forschung*. Frankfurt a. M.: Campus.
Gläser, Jochen. 2010. From governance to authority relations? In *Reconfiguring knowledge production – Changing authority relationships in the sciences and their consequences for intellectual innovation*, Hrsg. Richard Whitley, Jochen Gläser und Lars Engwall, 357–369. Oxford: Oxford University Press.
Gläser, Jochen, und Uwe Schimank. 2014. Autonomie als Resistenz gegen Beeinflussung. Forschungshandeln im organisatorischen und politischen Kontext. *In Autonomie revisited. Beiträge zu einem umstrittenen Grundbegriff in Wissenschaft, Kunst und Politik. 2. Sonderband der Zeitschrift für theoretische Soziologie*, Hrsg. Martina Franzen et al., 41–61.
Gläser, Jochen, und Stefan Lange. 2007. Wissenschaft. In *Handbuch Governance*, Hrsg. Arthur Benz, Susanne Lütz, Uwe Schimank, und Georg Simonis, 437–451. Wiesbaden: VS.
Gläser, Jochen, und Thimo von Stuckrad. 2013. Reaktionen auf Evaluationen. Die Anwendung neuer Steuerungsinstrumente und ihre Grenzen. In *Neue Governance der Wissenschaft. Reorganisation – externe Anforderungen – Medialisierung*, Hrsg. Edgar Grande et al., 73–93. Bielefeld: Transcript.
Gläser, Jochen, Stefan Lange, Grit Laudel, und Uwe Schimank. 2008. Evaluationsbasierte Forschungsfinanzierung und ihre Folgen. In *Wissensproduktion und Wissenstransfer – Wissen im Spannungsfeld von Wissenschaft, Politik und Öffentlichkeit*, Hrsg. Renate Mayntz et al., 145–170. Bielefeld: Transcript.
Greshoff, Rainer. 2014. Worum geht es in der Mechanismendiskussion in den Sozialwissenschaften und welcher Konzepte bedarf es, um sozialmechanismische Erklärungen zu realisieren? In *Zyklos 1 – Jahrbuch für Theorie und Geschichte der Soziologie*, Hrsg. Martin Endreß, Klaus Lichtblau und Stefan Moebius, 47–91. Wiesbaden: Springer VS.
Greshoff, Rainer, Georg Kneer, und Uwe Schimank, Hrsg. 2003. *Die Transintentionalität des Sozialen. Eine vergleichende Betrachtung klassischer und moderner Sozialtheorien*. Wiesbaden: Westdeutscher Verlag.
Jansen, Dorothea, Andreas Wald, Karola Franke, Ulrich Schmoch, und Torben Schubert. 2007. Drittmittel als Performanzindikator der wissenschaftlichen Forschung. Zum Einfluss der Rahmenbedingungen auf Forschungsleistung. *Kölner Zeitschrift für Soziologie und Sozialpsychologie* 59:125–149.
Kloke, Katharina. 2014. *Qualitätsentwicklung an deutschen Hochschulen. Professionstheoretische Untersuchung eines neuen Tätigkeitsfeldes*. Wiesbaden: VS.
Krempkow, Rene, und Uta Landrock. 2013. Wie effektiv ist die leistungsorientierte Mittelvergabe in der Hochschulmedizin? Zwischenbilanz ein Jahrzehnt nach ihrer Einführung. In *Neue Governance der Wissenschaft. Reorganisation – externe Anforderungen – Medialisierung*, Hrsg. Edgar Grande et al., 95–111. Bielefeld: Transcript.
Krücken, Georg, Albrecht Blümel, und Katharina Kloke. 2010. Hochschulmanagement – auf dem Weg zu einer neuen Profession? *WSI-Mitteilungen* 63:234–241.
Lange, Stefan, und Uwe Schimank. 2007. Zwischen Konvergenz und Pfadabhängigkeit: New public management in den Hochschulsystemen fünf ausgewählter OECD-Länder. In *Transfer, Diffusion und Konvergenz von Politiken. Sonderheft 38/2007 der Politischen Vierteljahresschrift*, Hrsg. Katharina Holzinger, Helge Jörgens und Christoph Knill, 522–548. Wiesbaden: VS.
Le Grand, Julian, und William J. Bartlett, Hrsg. 1993. *Quasi-markets and social policy*. Basingstoke: Macmillan.
Luhmann, Niklas. 1964. Lob der Routine. In *Politische Planung*, 113–142. Opladen: Westdeutscher Verlag.

Luhmann, Niklas, und Karl-Eberhard Schorr. 1979. *Reflexionsprobleme des Erziehungssystems*. Stuttgart: Klett-Cotta.

Mayntz, Renate, Hrsg. 1980. *Implementation politischer Programme. Empirische Forschungsberichte*. Königstein/Ts.: Athenäum.

Mayntz, Renate, Hrsg. 1983. *Implementation politischer Programme*, Bd. 2. Opladen: Westdeutscher Verlag.

Mayntz, Renate, und Fritz W. Scharpf. 1995. Steuerung und Selbstorganisation in staatsnahen Sektoren. In *Gesellschaftliche Selbstregelung und politische Steuerung*, Hrsg. Renate Mayntz und Fritz W. Scharpf, 9–38. Frankfurt a. M.: Campus.

Meier, Frank, und Uwe Schimank. 2009. Matthäus schlägt Humboldt? „New Public Management" und die Einheit von Forschung und Lehre. *Beiträge zur Hochschulforschung* 1:42–61.

Meier, Frank, und Uwe Schimank. 2010. Mission now possible: Profile building and leadership in German Universities. In *Reconfiguring knowledge production. Changing authority relationships in the sciences and their consequences for intellectual innovation*, Hrsg. Richard Whitley, Jochen Gläser und Lars Engwall, 211–236. Oxford: Oxford University Press.

Minssen, Heiner, Beate Molsich, Uwe Willkesmann, und Uwe Andersen. 2003. *Kontextsteuerung von Hochschulen? Folgen der indikatorisierten Mittelzuweisung*. Berlin: Duncker & Humblot.

Mintzberg, Henry. 1979. *The structuring of organizations: A synthesis of the research*. Englewood Cliffs: Prentice-Hall.

Musselin, Christine. 2007. Are Universities specific organisations? In *Towards a multiversity? Universities between global trends and national traditions*, Hrsg. Georg Krücken, Anna Kosmützky und Marc Torka, 63–84. Bielefeld: transcript.

Pellert, Ada. 1999. *Die Universität als Organisation. Die Kunst, Experten zu managen*. Wien: Böhlau.

Schimank, Uwe. 1995. *Hochschulforschung im Schatten der Lehre*. Frankfurt a. M.: Campus.

Schimank, Uwe. 2000. *Handeln und Strukturen*. Einführung in die akteurtheoretische Soziologie. Juventa: München.

Schimank, Uwe. 2007. Elementare Mechanismen. In *Handbuch Governance – Theoretische Grundlagen und empirische Anwendungsfelder*, Hrsg. Arthur Benz, Susanne Lütz, Uwe Schimank und Georg Simonis, 29–45. Wiesbaden: VS.

Schimank, Uwe. 2009. Planung – Steuerung – Governance: Metamorphosen politischer Gesellschaftsgestaltung. *Die Deutsche Schule* 101:231–239.

Schimank, Uwe. 2010. Reputation statt Wahrheit; Verdrängt der Nebencode den Code? *Soziale Systeme* 16:233–242.

Schimank, Uwe. 2014. Der Wandel der „Regelungsstrukturen" des Hochschulsystems und die Folgen für die wissenschaftliche Forschung. In *Wissensregulierung und Regulierungswissen*, Hrsg. Alfons Bora, Anna Henkel und Carsten Reinhardt, 19–40. Weilerswist: Velbrück.

Schimank, Uwe, und Markus Winnes. 2000. Beyond Humboldt? The relationship between teaching and research in European university systems. *Science and Public Policy* 27:397–408.

Teixeira, Pedro, Ben Jongbloed, David Dill, und Alberto Amaral, Hrsg. 2004. *Markets in higher education – Rhetoric or reality?* Dordrecht: Kluwer.

Thompson, James D. 1967. *Organizations in action*. New York: Mc Graw Hill.

Weick, Karl E. 1976. Educational organizations as loosely coupled systems. *Administrative Science Quarterly* 21:1–19.

Whitley, Richard. 2010. Reconfiguring the public sciences: The impact of governance changes on authority and innovation in public science systems. In *Reconfiguring knowledge production. Changing authority relationships in the sciences and their consequences for intellectual innovation*, Hrsg. Richard Whitley, Jochen Gläser und Lars Engwall, 3–47. Oxford: Oxford University Press.

Whitley, Richard, und Jochen Gläser, Hrsg. 2007. *The changing governance of the sciences: The advent of research evaluation systems*. Dordrecht: Springer.

Whitley, Richard, und Jochen Gläser, Hrsg. 2014. *Organizational transformation and scientific change: The impact of institutional restructuring on universities and intellectual innovation. Research in the Sociology of Organizations, 42.* Bingley, Yorkshire: Emerald.

Wissenschaftsrat, 2011. Empfehlungen zur Bewertung und Steuerung von Forschungsleistungen. Köln: Drucksache 1656-11 des Wissenschaftsrats.

Rahmenbedingungen von Hochschulpolitik in Deutschland

Reinhard Kreckel

Inhalt

1 Einleitung 59
2 Voraussetzungen und Akteure der deutschen Hochschulpolitik 61
   2.1 Historische Strukturvorgaben der Hochschulpolitik 62
   2.2 Das heutige hochschulpolitische Umfeld, Akteure und Akteurskonstellationen 64
   2.3 Deutsche Hochschulen – Akteure im Schatten staatlicher Hierarchie 71
3 Fazit: Hochschulpolitik im Spitze-Breite-Dilemma 73
Literatur 75

1 Einleitung

In der Hochschulpolitik überschneiden sich zwei Politikfelder – die Bildungspolitik und die Forschungspolitik. Der Bildungspolitik wird dabei umgangssprachlich die Priorität gegeben, was sich in den international üblichen Bezeichnungen Hoch*schul*politik, higher *education* policy, politique de *l'enseignement* supérieur widerspiegelt. Faktisch stehen aber in Deutschland und auch in anderen westlichen Ländern die klassischen Forschungsuniversitäten im Zentrum der hochschulpolitischen Aufmerksamkeit. Diese verstehen sich nicht als bloße Bildungseinrichtungen, sondern ausdrücklich auch als Stätten der Forschung. In jüngster Zeit hat mit dem Bedeutungszuwachs von nationalen und internationalen Forschungsrankings, Exzellenzwettbewerben und dem Wettlauf um Spitzenforscher die Betonung der Forschungsfunktion der Hochschulen sogar zugenommen. Forschungsstarke, international ausgerichtete „World Class Research Universities" haben sich heute als das maßgebliche Ideal durchgesetzt, an dem sich alle anderen Hochschulen weltweit messen

R. Kreckel (✉)
Emeritus, Martin-Luther-Universität Halle-Wittenberg, Halle, Deutschland
E-Mail: kreckel@soziologie.uni-halle.de

© Springer Fachmedien Wiesbaden 2016
D. Simon et al. (Hrsg.), *Handbuch Wissenschaftspolitik*, Springer Reference Sozialwissenschaften, DOI 10.1007/978-3-658-05455-7_5

lassen müssen (Altbach 2011; Enders 2014; Teichler 2014, S. 154–157). Gleichzeitig ist aber auch die Bildungsfunktion der Hochschulen immer gewichtiger geworden, weil die Studierendenzahlen überall rasant angestiegen sind. Im Durchschnitt der OECD-Länder nehmen heute nahezu sechzig Prozent eines Altersjahrgangs ein Hochschulstudium auf (OECD 2014, S. 338). Die Hochschulen sind im vergangenen halben Jahrhundert von Stätten der „elite higher education" für kleine Minderheiten zu Einrichtungen der „universal higher education" für breite Bevölkerungskreise geworden (Trow 2006). Insgesamt bedeutet das, dass es sich bei der Hochschulpolitik um ein expandierendes Politikfeld handelt, von dem immer mehr Menschen betroffen sind und für das immer größere Finanzmittel benötigt werden.

Ungeachtet dieser Entwicklungen muss die differenzierungstheoretisch begründete Einschätzung von Niklas Luhmann (1990, S. 678) weiterhin ernst genommen werden: „Dass Universitäten zugleich zur Forschung und zur Erziehung beitragen sollen, ist eher eine Anomalie. Die unmittelbare Koppelung von Lehre und Forschung würde, wenn ernst genommen, erhebliche Leistungsminderungen in beiden Bereichen verursachen." Damit zieht Luhmann das universitäre Credo der „Einheit von Forschung und Lehre" in Zweifel. In der Tat ist kein modernes Hochschulsystem bekannt, in dem es flächendeckend zum Tragen kommt: So sind heute z. B. in den USA von über 4.500 Hochschulen lediglich knapp dreihundert als forschungsorientierte „Research & Doctoral Universities" ausgewiesen; die große Mehrzahl der US-Hochschulen sind reine Bildungseinrichtungen, die mit Forschung nichts zu tun haben. In Frankreich besteht eine strenge Zweiteilung zwischen den primär lehrenden und examinierenden Universitäten und Grandes Écoles einerseits, den spezialisierten akademischen Forschungseinrichtungen des Centre National de la Recherche Scientifique (CNRS) und anderer staatlicher Forschungsorganisationen andererseits (Kreckel und Zimmermann 2014, S. 54–57, 101–107). In Deutschland hat sich eine strukturelle Dreigliederung des akademischen Feldes herausgebildet: Auf der einen Seite existieren im „Grenzgebiet" des Hochschulsektors (OECD 2002, S. 69–70) rund 250 außeruniversitäre akademische Forschungsinstitute (Max-Planck-, Helmholtz-, Leibniz- und Fraunhofer-Institute), an denen zwar etwa ein Sechstel der in Deutschland abgelegten Promotionen betreut werden (Burkhardt 2008, S. 180), die aber keine reguläre akademische Lehre anbieten. Auf der anderen Seite gibt es eine etwa gleichgroße Zahl von Fachhochschulen mit eingeschränktem Forschungsauftrag und ohne eigenes Promotionsrecht, deren primäre Aufgabe die anwendungsorientierte Lehre ist. Nur für die etwas über 100 deutschen Hochschulen mit Universitätsstatus gilt die gleichgewichtige Doppelfunktion von akademischer Forschung *und* Lehre. Aufgrund ihres Promotions- und Habilitationsrechts sind allein sie für die Nachwuchsqualifizierung zuständig. Aber auch zwischen diesen gut 100 Universitäten bestehen noch erhebliche Unterschiede: Obwohl für alle deutschen Universitäten eine „Gleichheitsfiktion" im Hinblick auf die Lehre gilt und die von ihnen vergebenen Abschlüsse als gleichwertig angesehen werden, ist dies im Hinblick auf die Forschung keineswegs der Fall. Die Forschung an Universitäten ist zunehmend von der Finanzierung durch Drittmittel abhängig. Insgesamt 80 % aller öffentlichen und privaten Forschungsfördermittel für Hochschulen entfallen auf rund 40 deutsche Universitäten (DFG 2012, S. 210–211). Diese gehören damit zum Kreis der forschungsintensiven Universitäten im engeren Sinne. An ihrer Spitze steht das runde Dutzend der im Exzellenzwettbewerb erfolgreichen sogenannten „Elite-Universitäten", gefolgt von den übrigen drittmittelstarken Universitäten. Bei den verbleibenden circa 70 deutschen Universitäten mit geringem oder sehr geringem Drittmittelaufkommen steht zwangsläufig die Funktion der Lehre stärker im Vordergrund. Diese weniger forschungsintensiven Universitäten unterscheiden sich von den Fachhochschulen, an denen rund ein Drittel der Studierenden in Deutschland ausgebildet wird (Statistisches Bundesamt 2014, S. 4), insbesondere dadurch, dass letztere über keine nennenswerte staatliche Grundfinanzierung für Forschung verfügen. Der Anteil der Fachhochschulen an den Drittmitteleinnahmen der deutschen Hochschulen liegt deutlich unter zehn Prozent (DFG 2012, S. 211; zur Entdifferenzierung der deutschen Hochschullandschaft vgl. Enders in diesem Band).

2   Voraussetzungen und Akteure der deutschen Hochschulpolitik

Das einleitend angesprochene Spannungsverhältnis zwischen akademischer Lehre und akademischer Forschung wird hier als Angelpunkt für das Verständnis von Hochschulpolitik betrachtet. Der Begriff der Hochschulpolitik wird dabei weit gefasst: Zum hochschulpolitischen Feld gehören alle *gesellschaftlichen Rahmenbedingungen und politischen Handlungen, die auf das System akademischer Lehre und Forschung an Hochschulen stabilisierend oder verändernd einwirken.*[1]

Im Folgenden wird ein Überblick über die wichtigsten Rahmenbedingungen und Akteure der Hochschulpolitik in Deutschland gegeben. Dabei wird zunächst die strukturelle Ausgangslage behandelt, also die historisch gewachsenen Konturen des deutschen Hochschulsystems an der Schwelle zum 20. Jahrhundert (2.1.). Es schließt sich ein knapper Überblick über die wichtigsten hochschulpolitischen Akteure an, die heute auf die Struktur und Entwicklung der deutschen Hochschulen einwirken. Dabei wird zwischen supra-nationalen, nationalen, föderalen und lokalen Handlungssphären der Hochschulpolitik unterschieden (2.2). Schließlich wird auf die Frage nach der Rolle der Hochschulen selbst als Akteure der Hochschulpolitik von heute eingegangen (2.3).

---

[1] Als „akademisch" gelten neben der an Hochschuleinrichtungen stattfindenden Forschung und Lehre auch Forschungs- und Entwicklungsaktivitäten an solchen außeruniversitären Forschungseinrichtungen, die nicht primär an staatlich und/oder privatwirtschaftlich vorgegebenen spezifischen Zielvorgaben orientiert, sondern auf allgemeinen Erkenntnisgewinn ausgerichtet sind (MPG, FhG, HGF, WGL). Auf die „nicht-akademische" Forschung und Entwicklung, die überwiegend im privatwirtschaftlichen Sektor sowie in staatlichen Ressortforschungseinrichtungen stattfindet, entfallen in Deutschland rund zwei Drittel der gesamten FuE-Ausgaben (BMBF 2014, S. 537–548).

2.1 Historische Strukturvorgaben der Hochschulpolitik

Deutschland ist bekanntlich erst im Jahr 1871 ein Nationalstaat geworden, und zwar ein föderaler Bundestaat.[2] Die Koordinaten der deutschen Hochschulpolitik waren aber schon lange vor 1871 entstanden und haben bis heute weitergewirkt: Die politische Zuständigkeit für das Hochschulwesen lag schon immer bei den jeweiligen Landesherren. Sie finanzierten „ihre" Universitäten und beriefen die Professoren. Als Beamte unterstanden diese dem Landesdienstrecht. Die Länder übten die Rechtsaufsicht und eine weitreichende Fachaufsicht über die Universitäten aus und unterwarfen sie einer mehr oder weniger strengen kameralistischen Detailsteuerung. Die wissenschaftlichen Angelegenheiten oblagen der akademischen Selbstverwaltung. Das hochschulpolitische Interesse der Länder galt dabei vor allem der Lehre in ihren Landesuniversitäten. Dort sollten keine kritischen Geister, sondern vor allem Verwaltungsbeamte und Juristen, Ärzte und Apotheker, Geistliche und Lehrer ausgebildet werden. Da im Zuge der Universitätskrisen um die Wende vom 18. zum 19. Jahrhundert die alten akademischen Abschlussprüfungen (Bakkalaureus und Magister) bedeutungslos geworden waren und auch der Doktorgrad keine berufsqualifizierende Aussagekraft hatte, wurden für die genannten akademischen Berufe Staatsexamina eingeführt, die – unter mehr oder weniger strenger staatlicher bzw. kirchlicher Kontrolle – für berufliche Mindeststandards sorgen sollten. Ein ausgeprägtes forschungspolitisches Interesse der Länder an ihren Universitäten gab es damals nicht.

Die akademische Forschung, die im Zeitalter der Aufklärung noch hauptsächlich an den Akademien der Wissenschaften stattgefunden hatte, ist auf einem anderen Weg in den Universitäten verankert worden, nämlich über das „Humboldt'sche Modell der Forschungsuniversität". Ein Grundgedanke war dabei, dass eine angemessene akademische Lehre nur von hochgradig autonomen, aktiven Forschern durchgeführt werden könne. Heutige Wissenschaftshistoriker sind sich zwar ziemlich einig, dass die 1810 unter dem Einfluss Wilhelm von Humboldts gegründete Berliner Reformuniversität und ihre Nachahmer schwerlich als Forschungsuniversitäten im heutigen Sinne angesehen werden konnten. Die deutschen Universitäten waren noch bis mindestens zur Mitte des 19. Jahrhunderts bestenfalls Orte anspruchsvoller akademischer Lehre und individueller Gelehrsamkeit. Oft waren sie nicht einmal das.

Die nach dem Vorbild Göttingens und Halles eingeführten geisteswissenschaftlichen Seminare waren damals die ersten Vorläufer betriebsförmiger Gelehrtenforschung an deutschen Universitäten. Erst mit der Gründung von naturwissenschaftlichen Forschungsinstituten und Laboratorien in den letzten Jahrzehnten des 19. Jahrhunderts sind Forschungsuniversitäten in dem uns heute geläufigen Sinn überhaupt möglich geworden. Etwa seit den 1870er-Jahren hat sich auch überall in Deutschland die Habilitation als eine echte Forschungsqualifikation durchgesetzt,

---

[2]Zu den historischen Angaben in diesem Abschnitt siehe vor allem: Paulsen (1902); Ben-David (1977); McClelland (1980); Ellwein (1992); Rüegg (2004); Charle und Verger (2012).

ohne die eine Berufung zum ordentlichen Professor kaum möglich war. Die auf einen Lehrstuhl berufenen Ordinarien wurden in der Regel zugleich zu Direktoren von Instituten, Laboratorien oder Universitätsseminaren ernannt, die vom jeweils zuständigen Landesministerium finanziert wurden. Dort konnten sie – gemeinsam mit weisungsgebundenen Assistenten – ihrer persönlichen Forschung nachgehen. Die Einrichtung derartiger Forschungsstätten in den Universitäten war meist nicht von systematischen forschungspolitischen Erwägungen der Landesregierungen geleitet, sondern vor allem von den individuellen Forschungsinteressen und dem Verhandlungsgeschick einzelner Professoren. Deren Ehrgeiz war es typischerweise, möglichst autonom als selbstständige Forscher arbeiten zu können und Anerkennung zu finden. Der akademische Unterricht war für ihr Renommee weniger bedeutsam, eher eine Begleiterscheinung ihres Professorendaseins. Aber genau daran, nämlich an einer akademischen Lehre, für die bedeutende Gelehrte verantwortlich zeichneten, die das Prestige ihrer Universität mehrten, waren die berufenden Ministerien interessiert. So gedieh, ohne eine gezielte Forschungspolitik, ein forschungsfreundliches Klima an den Universitäten. Sie wurden zum neuen Mittelpunkt der akademischen Forschung, während die Akademien der Wissenschaften ihre Forschungsbedeutung weitgehend verloren (vgl. Kreckel 2012, S. 155–157; Schimank 1995, S. 46–57).

Damit ist die Ausgangskonstellation umrissen, wie sie etwa Friedrich Paulsen (1902) in seinem klassischen Werk „Die deutschen Universitäten" an der Schwelle zum 20. Jahrhundert vor Augen hatte: Die deutsche Universität als Stätte akademischer Lehre und Forschung war als föderalstaatliche Einrichtung etabliert, mit ausgeprägter Professorenautonomie und Selbstverwaltung in wissenschaftlichen Angelegenheiten. Die sie tragenden Ordinarien verstanden sich primär als Forscher. Die ihnen unterstellten Nicht-Ordinarien und Assistenten hatten eine schwache Position. Die Universitäten waren in ihrem Selbstverständnis männliche Elitebildungseinrichtungen mit bildungsbürgerlicher Ausrichtung, die von kaum zwei Prozent der altersgleichen Bevölkerung besucht wurden. Die unter der starken hegemonialen Prägewirkung Preußens entstandene deutsche Ordinarienuniversität der Wende zum 20. Jahrhundert genoss als Forschungsuniversität großes internationales Ansehen. Sie kam ohne eine koordinierte gesamtstaatliche Hochschulpolitik aus, von Forschungspolitik ganz zu schweigen. Vieles blieb Einzelinitiativen und bloßem Routinehandeln überlassen.

Zwei richtungsweisende hochschulpolitische Neuentwicklungen fallen dennoch bereits in diese Zeit. Die eine ist die Öffnung des akademischen Feldes für neue Fächer und Hochschularten: So erreichten Ende des 19. Jahrhunderts die Technischen Hochschulen, zuerst in Preußen, dann auch in anderen Ländern, die Anerkennung als vollwertige wissenschaftliche Hochschulen mit Lehr- und Forschungsaufgaben. 1899 wurde ihnen in Preußen das Promotionsrecht verliehen. Ähnliches geschah mit den Handelshochschulen, die aber erst in den 1920er-Jahren das Promotionsrecht erlangten.

Die zweite Neuerung war die durch zentralstaatliche Initiative 1911 ins Leben gerufene Kaiser-Wilhelm-Gesellschaft, die Vorläuferin der heutigen Max-Planck-Gesellschaft. Angesichts der föderalen Zersplitterung und Kleinteiligkeit der universitären Forschungsaktivitäten fehlten geeignete Strukturen für eine international wettbewerbsfähige Groß- und Grundlagenforschung, insbesondere auf industrienahen, teilweise auch rüstungsrelevanten Gebieten wie der Chemie-, Elektro-, Bergbau- und Eisenforschung. Um dem abzuhelfen, wurde mit der Kaiser-Wilhelm-Gesellschaft eine außeruniversitäre akademische Forschungsorganisation geschaffen (vom Brocke 2001). In den folgenden Jahren wurde eine Reihe von großzügig ausgestatteten natur- und technikwissenschaftlichen, aber auch geistes- und sozialwissenschaftlichen Kaiser-Wilhelm-Instituten für Grundlagenforschung eingerichtet, die völlig von Lehraufgaben befreit waren. Damit war die außeruniversitäre akademische Forschung als Widerpart und Korrektiv zu den Forschungsuniversitäten entstanden. Daraus hat sich die noch immer existierende duale Struktur der akademischen Forschung in Deutschland entwickelt.

2.2 Das heutige hochschulpolitische Umfeld, Akteure und Akteurskonstellationen

Heute, gut hundert Jahre später, kann in Deutschland nicht mehr von einem recht überschaubaren hochschulpolitischen Feld die Rede sein, das vor allem von ministeriellen und professoralen Einzelakteuren belebt wird, sondern eher von einem Übermaß an hochschulpolitischen Akteuren und Handlungsebenen.[3] Dennoch wirken sich die auf das 19. und frühe 20. Jahrhundert zurückgehenden Vorgaben noch immer strukturprägend aus: Nach wie vor ist die föderale Aufteilung der Zuständigkeiten ein Hauptkennzeichen des akademischen Systems in Deutschland. Trotz der enormen Hochschulexpansion und der gewaltigen Steigerung der Kosten von Forschung und Lehre ruht es auch weiterhin auf zwei Säulen: den staatlichen Hochschulen und den außeruniversitären akademischen Forschungseinrichtungen. Die einzigen größeren strukturellen Neuerungen waren die Einführung der Fachhochschulen mit eingeschränktem Forschungsauftrag in den 1970er-Jahren und die Angleichung des vormaligen DDR-Hochschul- und Forschungssystems an die bundesdeutschen Normen und Strukturen nach 1990. Auch die weitgehende Gebührenfreiheit des Hochschulstudiums hat sich erhalten. Studienbeiträge waren auf Dauer nicht durchsetzbar. Nicht zuletzt deshalb haben private Hochschulen bisher nur eine marginale Bedeutung erlangt. Akademische Bildung und Forschung gelten in Deutschland als öffentliches Gut, das ganz überwiegend von der öffentlichen Hand zu finanzieren ist.

Staatliche Hochschulpolitik im engeren Sinne – in Gestalt von Hochschulplanung und -steuerung durch die Bundesländer und deren Koordination auf nationaler Ebene – setzte in der Bundesrepublik Deutschland Ende der 1950er-Jahre ein (Oehler 2000, S. 41). In der 1968er- Zeit kam es dann verstärkt zu Protesten und

---

[3]Dieser Abschnitt stützt sich vor allem auf Peisert und Framheim (1997); Oehler (2000); Kreckel (2006); Schimank und Lange (2006); Meier (2009); Griessen und Braun (2010); Hepp (2011); Pasternack (2011; 2014); Kamm (2014); Teichler (2010, 2014); Schimank (2014).

Reformimpulsen aus den Hochschulen selbst, die sich damals schrittweise von Ordinarienuniversitäten zu „Statusgruppen"-Hochschulen (allerdings mit garantierter Stimmenmehrheit der Professoren) fortentwickelten. Die Phase der Planungs- und Reformeuphorie ging Ende der 1970er-Jahre allmählich zu Ende. Komplexere Konstellationen sind entstanden. Die alte Grundfrage, wie das deutsche Hochschulsystem angesichts des immer weiter wachsenden Zustroms von Studierenden seinem Forschungsauftrag gerecht werden soll, harrt weiter einer Lösung.

Die institutionellen Rahmenbedingungen und die hochschulpolitischen Akteure, die dabei heute zu berücksichtigen sind, sind weitaus vielfältiger und unüberschaubarer geworden. Im Folgenden wird ein Überblick über die wichtigsten Akteure gegeben, die das heutige hochschulpolitische Umfeld der deutschen Hochschulen ausmachen. Anschließend wird thematisiert, welche Rolle die Hochschulen selbst in diesem Kontext spielen.

Es liegt nahe, das hochschulpolitische Kräftefeld als ein *System von konzentrischen Kreisen* darzustellen, in dessen Brennpunkt sich die betroffene Hochschule selbst befindet (vgl. Stichweh 2010, S. 15–17). Sie wird umgeben von der lokalen, der föderalen, der nationalen und der supra-nationalen Sphäre:

1. Es mag verwundern, dass das unmittelbare räumliche Umfeld einer Hochschule, ihr *kommunaler Kontext*, meist nur ein geringes hochschulpolitisches Gewicht hat. Obwohl die Standortbedeutung einer Hochschule als Arbeitgeber, als Einkommensquelle, als Kultur- und Imagefaktor für eine Hochschulstadt in der Regel groß ist, haben die Kommunen keine hochschulpolitische Zuständigkeit und kaum direkten Einfluss auf ihre Hochschulen – allenfalls in Stadtstaaten und in Landeshauptstädten.
2. Die Hoheitsträger der Hochschulen sind nach dem Grundgesetz und der Verfassungsrechtsprechung in Deutschland die *Bundesländer*. Die Bundesländer und ihre Parlamente sind zwar noch immer zuständig für den hochschulrechtlichen Rahmen und die Grundfinanzierung ihrer Hochschulen. Aber seit dem Beginn des 21. Jahrhunderts sind die Länder immer mehr von der direkten zur indirekten Hochschulsteuerung übergegangen und haben eine Reihe von angestammten Aufgaben in die Eigenverantwortung der Hochschulen verlagert: So ist in vielen Bundesländern das Berufungsrecht für Professoren und die Dienstherreneigenschaft über das Personal an die Hochschulen übertragen worden. Nahezu überall gibt es heute anstelle der kameralistischen Detailsteuerung auf der Grundlage von meist einjährigen Haushaltsplänen mehrjährige Globalhaushalte, die sich auf Zielvereinbarungen und leistungsbezogene Mittelverteilungsmodelle stützen. In Anlehnung an die US-amerikanischen „boards of trustees" wurden als intermediäre Gremien zwischen Hochschule und Ministerium extern besetzte Hochschulräte geschaffen, denen zum Teil auch Entscheidungskompetenzen (bei der Wahl der Hochschulleitung, bei grundlegenden Strukturentscheidungen u. ä.) übertragen wurden. Der wichtigste Hebel für – sowohl direkte als auch indirekte – Hochschulsteuerung durch die Länder bleibt allerdings die Hochschulfinanzierung. Die unterschiedliche Finanzkraft der Bundesländer und ihre jeweiligen hochschulpolitischen Traditionen führen hier zu Unterschieden.

Dennoch sind allen Ländern zwei kennzeichnende Grundtatsachen gemeinsam: Erstens das bundesweite Scheitern des Versuchs, mit der Einführung von Studiengebühren eine zusätzliche, die Landeshaushalte entlastende Quelle zur Deckung der steigenden Kosten für die Ausbildung der ständig wachsenden Zahl von Studierenden zu eröffnen. Damit verbunden ist zweitens, dass die Finanzierung der Lehre in den Hochschulhaushalten der Länder immer größeres Gewicht gewinnt, während die Finanzierung der akademischen Forschung mehr und mehr auf Drittmittel angewiesen ist, die ganz überwiegend nicht aus Landes-, sondern aus Bundesmitteln stammen. (Nach Angaben des Statistischen Bundesamtes lag im Jahr 2012 der Drittmittelanteil der Hochschulen im Verhältnis zu den laufenden Grundmitteln bereits bei 28%, 1995 lediglich bei 14%). Das heißt, für die angemessene Finanzierung der expandierenden Kosten für Lehre *und* Forschung fehlen den Bundesländern die erforderlichen Mittel.

3. Über diese Mittel verfügt die *zentralstaatliche* Ebene. Allerdings hatte der Bund in der föderalen Konstellation der frühen Bundesrepublik zunächst keine eigenen hochschulpolitischen Kompetenzen. Selbst die außeruniversitären akademischen Forschungseinrichtungen der Max-Planck-Gesellschaft wurden noch bis 1956 allein von den Ländern finanziert, erst seit 1964 übernimmt der Bund die Hälfte der Kosten. Auch die Deutsche Forschungsgemeinschaft, die wichtigste Drittmittelquelle der Hochschulen, wird seit dieser Zeit immer stärker vom Bund mitfinanziert. So entwickelte sich im Lauf der Jahre in Konkurrenz zu den Ländern ein wachsendes forschungs- und hochschulpolitisches Engagement des Bundes. Es führte schließlich 1962 zur Gründung eines eigenen Bundesministeriums für wissenschaftliche Forschung (BMwF, Vorgängerin des heutigen BMBF; vgl. dazu Kölbel in diesem Band). Im Zuge der Hochschulausbau- und Hochschulreformphase der 1960er-Jahre wurde dem Bund dann 1969 per Grundgesetzänderung auch ein formelles Mitgestaltungsrecht bei den Hochschulstrukturen zugestanden, das schließlich zum Hochschulrahmengesetz (HRG) führte. Ein weiterer wichtiger hochschulpolitischer Kompetenzzuwachs der Bundesebene wurde mit dem Hochschulbauförderungsgesetz von 1969 erreicht. Von nun an übernahm der Bund bei großen Hochschulbaumaßnahmen und bei der Anschaffung von Forschungsgroßgeräten der Hochschulen die Hälfte der Kosten. Nach der endgültigen Verabschiedung des HRG im Jahr 1976 konnte der Bund drei Jahrzehnte lang auch direkt ins hochschulpolitische Geschehen eingreifen und zu dessen nationaler Standardisierung beitragen (z. B. mit Rahmenregelungen zur Hochschulorganisation, zur Personal- und Besoldungsstruktur, zur Studienzulassung und zu den Hochschulabschlüssen). 1989, 1990, 1996 und 1999 wurden zur Stützung der überlasteten Hochschulen drei befristete Hochschulsonderprogramme (HSP) und ein Hochschul- und Wissenschaftsprogramm (HWP) auf den Weg gebracht, die alle überwiegend aus dem Bundeshaushalt finanziert wurden. Hinzu kam das milliardenschwere Hochschulentwicklungsprogramm (HEP), durch das von 1991–1996 der Umbau der ostdeutschen Hochschullandschaft gefördert wurde.

Die Phase direkter hoheitlicher Interventionen des Bundes in den hochschulpolitischen Hoheitsbereich der Länder ist mit der Nichtigkeitserklärung der 5.

HRG-Novelle durch das Bundesverfassungsgericht im Jahr 2004 und der als Föderalismusreform bezeichneten Grundgesetzänderung von 2006 (mit dem sogenannten „Kooperationsverbot") vorerst zu Ende gegangen.[4] Aber auch in der damaligen Zeit ist es kaum zu echten, nicht mit den Ländern abgestimmten Alleingängen des Bundes auf hochschulpolitischem Gebiet gekommen. Eine Ausnahme waren allenfalls die später vom Bundesverfassungsgericht aufgehobenen Bestimmungen zur Abschaffung der Habilitation und zum Verbot von Studiengebühren in der 5. HRG-Novelle. Die Regel war und ist „kooperativer Föderalismus", eine komplexe, dem Interessenausgleich verpflichtete Politikverflechtung zwischen Bundes- und Länderebene. Im letzten Jahrzehnt sind auf diese Weise – trotz „Kooperationsverbot" – so gewichtige hochschulpolitische Bund-Länder-Projekte wie die *Exzellenzinitiative*, der *Hochschulpakt 2020*, der *Pakt für Forschung und Innovation* (aus verfassungsrechtlicher Perspektive vgl. Seckelmann in diesem Band) und zuletzt sogar eine *Bafög-Reform* zustande gekommen, die alle ganz maßgeblich mit Bundesmitteln finanziert werden. Auch die *Bologna-Reform* ist in Deutschland im Zusammenspiel zwischen Bund und Ländern auf den Weg gebracht worden.
4. Mit anderen Worten, das finanzpolitisch bedingte Machtgefälle zwischen Bund und Ländern ist ebenso eine langfristige Konstante der bundesdeutschen Hochschulpolitik wie der traditionelle verfassungsrechtliche Föderalismus. Sie sind die gemeinsame Grundlage für die ausgeprägte Kompromissorientierung der beteiligten Akteure, die vor 2006 ebenso galt wie seither. Dabei spielen *intermediäre hochschulpolitische Akteure* eine bedeutende Rolle, die im Spannungsfeld zwischen Bundes-, Länder- und Hochschulinteressen verortet sind. Sie verfügen in der Regel über eigene professionelle Stäbe, die Beschlüsse, Stellungnahmen, Empfehlungen, Prognosen usw. vorbereiten, die im hochschulpolitischen Feld wirksam werden. Sowohl was ihre Rechtsform anbetrifft – teilweise sind sie staatliche bzw. öffentlich-rechtliche Einrichtungen, teilweise Stiftungen, Vereine, Verbände oder informelle Zusammenschlüsse – als auch im Hinblick auf ihre jeweiligen Einflusspotenziale sind sie sehr heterogen, wie in dem nachfolgenden Tableau der wichtigsten intermediären Akteure der deutschen Hochschulpolitik erkennbar wird.
- Für die Koordinierung der Hochschulpolitik der Länder und die gemeinsame Vertretung ihrer Interessen ist die *Ständige Konferenz der Kultusminister der Länder in der Bundesrepublik Deutschland* (KMK) zuständig, insbesondere auch im Hinblick auf das Stimmverhalten von parteipolitisch unterschiedlich geführten Ländern im Bundesrat.
- Der Abgleich von forschungs- und hochschulpolitischen Bundes- und Länderinteressen erfolgt seit 2008 in der *Gemeinsamen Wissenschaftskonferenz* (GWK), zuvor *Bund-Länder-Kommission für Bildungsplanung und Forschungsförderung* (BLK). Mitglieder sind die zuständigen Fachminister des Bundes und der Länder.

---

[4] Mit der erneuten Grundgesetzänderung vom 19.12.2014 (Änderung des Artikels 91b GG) sind neue Möglichkeiten der direkten Förderung von Forschung und Lehre an Hochschulen durch den Bund (freilich im Konsens mit den Ländern) eröffnet worden.

- Die offizielle Interessenvertretung der Hochschulen ist die *Hochschulrektorenkonferenz* (HRK). Deren Mitglieder sind die Rektoren bzw. Präsidenten aller deutschen Hochschulen, sowohl der Universitäten als auch der Fachhochschulen. Aufgrund dieser Zusammensetzung ist die HRK in ihren Stellungnahmen auf den Interessenausgleich zwischen den unterschiedlichen Hochschularten angewiesen.
- Zwischen Bund, Ländern und Hochschulen steht als wichtigste, auf möglichst große Sachlichkeit und Unabhängigkeit ausgerichtete Mediatisierungs- und Beratungsinstanz der bereits seit 1957 existierende *Wissenschaftsrat* (WR). Mitglieder des WR sind zur einen Hälfte Wissenschaftlerinnen und Wissenschaftler, die auf Vorschlag der großen Wissenschaftsorganisationen berufen werden, sowie einige Persönlichkeiten des öffentlichen Lebens, zur anderen Hälfte Vertreter der Wissenschaftsministerien des Bundes und der Länder. Die Gutachten und Empfehlungen des WR haben keine bindende Kraft, aber häufig eine starke entscheidungsvorbereitende und integrierende Wirkung.
- Für die Vergabe der staatlichen Forschungsfördermittel ist – neben den ministeriellen Fachressorts – vor allem die *Deutsche Forschungsgemeinschaft* (DFG) zuständig. Die DFG, die Nachfolgerin der 1920 gegründeten „Notgemeinschaft der Deutschen Wissenschaft", versteht sich als Organ der Selbstverwaltung der deutschen Wissenschaft. Ihre Fachgutachter werden direkt von den in deutschen Hochschulen und Forschungseinrichtungen tätigen Wissenschaftlerinnen und Wissenschaftlern gewählt. Im Hauptausschuss, dem zentralen Entscheidungsgremium der DFG, das u. a. über Förderschwerpunkte und Sonderforschungsbereiche beschließt, haben neben 39 gewählten wissenschaftlichen Mitgliedern auch 16 Vertreter der Bundesländer und 16 Vertreter des BMBF Sitz und Stimme. Seit 2005 trägt die DFG gemeinsam mit dem WR den „Bewilligungsausschuss für die Exzellenzinitiative", an dem neben in- und ausländischen wissenschaftlichen Mitgliedern ebenfalls Vertreter der Länder und des Bundes als Hauptgeldgeber beteiligt sind.
- Weiterhin ist in diesem Kontext die *Allianz der deutschen Wissenschaftsorganisationen* zu nennen. Die Allianz ist ein informeller Zusammenschluss, an dem die HRK und der DAAD als Repräsentanten von Hochschulinteressen beteiligt sind. Die Max-Planck-Gesellschaft, die Fraunhofer-Gesellschaft, die Helmholtz- und die Leibniz-Gemeinschaft vertreten die außeruniversitäre akademische Forschung. Außerdem sind der Wissenschaftsrat, die DFG sowie die Nationale Akademie der Wissenschaften Leopoldina beteiligt. Die Allianz ist mit ihren regelmäßigen Stellungnahmen zu wissenschafts- und hochschulpolitischen Themen bestrebt, gemeinsame Perspektiven für den gesamten akademischen Bereich in Deutschland zu artikulieren.
- Neben den genannten großen intermediären Akteuren der Hochschul- und Forschungspolitik sind im Zwischenbereich von Bund, Ländern und Hochschulen noch weitere Institutionen mit speziellerem Aufgabenzuschnitt zu erwähnen, so z. B. der soeben genannte *Deutsche Akademische Auslandsdienst* (DAAD), das *Deutsche Studentenwerk (DSW)*, die *Alexander von Humboldt-Stiftung* (AvH), der *Deutsche Akkreditierungsrat (DAR)*, das *Hoch-*

schul-Informations-System (HIS) und die *Stiftung für Hochschulzulassung* (SfH, vormals ZVS). Sie alle haben eigene Sachkompetenzen und Identitäten entwickelt und bringen sich von Fall zu Fall in hochschulpolitische Diskussions- und Entscheidungsprozesse ein.

- Das gilt ebenso für weitere, deutlicher als Interessenvertretungen auftretende intermediäre Akteure. Zu ihnen zählen der *Deutsche Hochschulverband* (DHV), der vor allem die Perspektive der Universitätsprofessoren im Auge hat, und sein Pendant, der an den Fachhochschulen verankerte *Hochschullehrerbund* (hlb). *Fakultätentage*, wissenschaftliche *Fachgesellschaften* und *berufsständische Vertretungen* betonen die Belange einzelner akademischer Disziplinen, Fächergruppen und Berufe. Die Gewerkschaften *GEW* und *Verdi* vertreten vor allem hochschulpolitische Positionen aus der Perspektive des wissenschaftlichen und nichtwissenschaftlichen Hochschulpersonals. In der Nachfolge des VDS versteht sich der *Freiwillige Zusammenschluss von StudentInnenschaften* (fzs) als Dachverband der Studierendenvertretungen in Deutschland.
- Eher wirtschafts- und politiknahe intermediäre Akteure bringen ebenfalls eigene hochschulpolitische Perspektiven ins Spiel: So das von der Bertelsmann-Stiftung geförderte *Centrum für Hochschulentwicklung* (CHE), der von Unternehmen getragene *Stifterverband für die Deutsche Wissenschaft* sowie die überwiegend aus Bundesmitteln finanzierten Stiftungen der politischen Parteien und Gewerkschaften (*Konrad-Adenauer-Stiftung, Hans-Seidel-Stiftung, Friedrich-Ebert-Stiftung, Heinrich-Böll-Stiftung, Rosa-Luxemburg-Stiftung, Friedrich-Naumann-Stiftung, Hans-Böckler-Stiftung*).

Dieses – keinesfalls vollständige – Tableau intermediärer Akteure im Raum zwischen Bund, Ländern und Hochschulen macht deutlich, welche Balanceakte notwendig sind, um in Deutschland hochschulpolitische Entscheidungen treffen und durchsetzen zu können.

5. Noch komplexer wird die hochschulpolitische Governance-Konstellation, wenn das *supra-nationale Umfeld* mit in den Blick genommen wird (vgl. auch Schreiterer sowie Flink zur europäischen Forschungspolitik in diesem Band).
- Im Hinblick auf den *europäischen Kontext* der deutschen Hochschulpolitik ist vor allem die Europäische Union zu nennen. Aufgrund der EU-Verträge sind die Mitgliedsstaaten im Hinblick auf hochschulpolitische Entscheidungen souverän. Dennoch gehen von der EU wichtige hochschulpolitische Impulse aus. Dabei ist eine explizite Trennung von europäischer Hochschulpolitik und Forschungspolitik zu beobachten (Teichler 2010). Erstere fällt, als Bestandteil der Bildungspolitik in die Zuständigkeit der Generaldirektion Bildung und Kultur der EU-Kommission, letztere liegt – mit besonderer Betonung nichtuniversitärer natur- und technikwissenschaftlicher Forschung und Entwicklung – im Kompetenzbereich der Generaldirektion Forschung und Innovation. Der erste bedeutende hochschulpolitische Anstoß der EU in den 1980er-Jahren zielte auf die Mobilität und den Austausch von Studierenden und Dozenten in Europa auf der Grundlage der seit 1987 von der EU finanzierten (und in Deutschland vom DAAD begleiteten) *ERASMUS-Programme*.

Die zweite wirksame Initiative, der europäische *Bologna-Prozess*, ging ursprünglich von den Bildungsministerien einzelner europäischer Länder aus. Er wurde dann aber von der EU unterstützt und mitgetragen. Durch die Einführung europaweit standardisierter Credit-Point-Systeme und Studienabschlüsse sollte zur Schaffung eines gemeinsamen europäischen Hochschulraums beigetragen werden. Auch diese Maßnahme ist, unter anderem mit starker Unterstützung der HRK, mittlerweile in Deutschland weitgehend umgesetzt worden und in die Hochschulgesetze der Länder eingeflossen.

Als dritte hochschulrelevante Initiative sind die seit 1984 von der EU finanzierten mehrjährigen *Forschungsrahmenprogramme* zu nennen, die von 2014 an unter dem neuen Namen „*Horizont 2020*" firmieren und inzwischen über ein Sieben-Jahres-Budget von mehr als 70 Mrd. € verfügen. Die (z. T. auch über den *European Research Council* vergebenen) EU-Forschungsmittel richten sich zwar noch immer in starkem Maße an außerhochschulische Forschungs- und Entwicklungseinrichtungen. Gerade für die größeren Hochschulen und internationale Kooperationsprojekte sind sie aber mittlerweile zu einer zunehmend wichtigen Drittmittelquelle geworden. Insgesamt lässt sich sagen, dass die Europäische Union heute zu den expliziten Befürwortern der Hochschulexpansion, insbesondere in den naturwissenschaftlich-technischen Studienfächern, und der Stärkung anwendungsnaher und wachstumsrelevanter Forschung in Europa zählt (vgl. Europäische Kommission 2011). In ihrer „Strategie 2020" fordert die EU-Kommission u. a. die europaweite Steigerung des Bevölkerungsanteils mit Hochschulabschluss auf mindestens 40 % und die Erhöhung der Ausgaben für Forschung und Entwicklung auf 3 % des Bruttoinlandsprodukts. Da die EU auf hochschulpolitischem Gebiet nicht über die klassischen Instrumente zur Verwirklichung ihrer Ziele – bindende Gesetzgebung und deren administrative Umsetzung – verfügt, handelt es sich bei der Strategie 2020 in erster Linie darum, eine *EU-Meinungsführerschaft* durchzusetzen, an der sich die hochschulpolitischen Entscheidungen der einzelnen Mitgliedsländer orientieren sollen.

- Blickt man über Europa hinaus auf das *globale Umfeld*, so geht es dort vor allem um makrostrukturelle (geopolitische, weltwirtschaftliche, demografische, ökologische) Rahmenbedingungen nationaler Politik im Zeitalter der Globalisierung, die indirekt auch die deutsche Hochschulpolitik betreffen. Darauf kann hier nicht näher eingegangen werden. Sehr viel direkter wirkt sich dagegen das internationale Ringen um die globale Meinungsführerschaft in der Hochschulpolitik aus. Hier ist an erster Stelle die hegemoniale Rolle der *Organisation for Economic Co-operation and Development* (OECD, Unterorganisation der UN) zu nennen, die die weitere Steigerung der Studierenden- und Absolventenquoten im Hochschulbereich als zentrale Voraussetzung für wirtschaftliches Wachstum in entwickelten Ländern betrachtet. Unter anderem mit ihrem jährlich erscheinenden statistischen Kompendium „Education at a Glance" und den dort verwendeten Indikatoren ist es der OECD gelungen, dieses Ziel im internationalen hochschulpolitischen Diskurs zu verankern.

Eine weitere wichtige Etappe auf dem Weg zu einem weltweit verbindlichen Hochschulmodell ist die alljährliche Publikation internationaler Hochschulrankings, so das *Shanghai-Ranking* (ARWU, seit 2003) und das *Times Higher Education World University Ranking* (THES, seit 2004), bei denen vor allem US-amerikanische und britische Universitäten führend sind, während die deutschen eher bescheiden abschneiden. Ungeachtet aller methodischen Kritik werden diese Rankings in der öffentlichen Wahrnehmung sehr ernst genommen und üben normativen Druck auf die weniger gut Platzierten aus. Sie verbreiten das *Leitbild der World Class Research University*, die aufgrund ihrer Reputation und weltweiten „Sichtbarkeit" die besten Doktoranden und Forscher an sich zieht. Für Deutschland, wo – im Unterschied zu den USA und Großbritannien – ein Großteil der akademischen Forschung in außeruniversitären Forschungsinstituten stattfindet, die nicht in den Universitätsrankings auftauchen, ergibt sich daraus ein Wettbewerbsnachteil. Der amerikanische Hochschulforscher Philip G. Altbach (2011, S. 70) schreibt dazu lapidar: „Research universities are most successful where there is little or no competition from non-university research institutes." Im Umkehrschluss bedeutet das: Wer in den globalen Universitätsrankings erfolgreich sein will, ist gut beraten, ein engeres Zusammenrücken zwischen Forschungsuniversitäten und außeruniversitären Einrichtungen anzustreben. In der Exzellenzinitiative, die man auch als eine Reaktion auf die sich durchsetzende Logik der globalen Forschungsrankings verstehen kann, ist dieser Gesichtspunkt bereits zur Geltung gekommen (Teichler 2014, S. 157).

Für die führenden US-amerikanischen und britischen Forschungsuniversitäten gilt freilich auch, dass sie als *Entrepreneurial Universities* (Clark 1998) agieren, die aus ihrem „Hauptgeschäft", der akademischen Lehre, hohe Einkünfte über Studiengebühren erzielen und die z. T. auch über ein beträchtliches Eigenkapital verfügen. Das unter den Auspizien der *World Trade Organisation* (WTO) entstandene internationale GATS-Abkommen (General Agreement on Trade in Services) eröffnet die Möglichkeit, Hochschulen als weltweit agierende Unternehmen zu verstehen, die Hochschulbildung als ein normales internationales Handelsgut anbieten. Die hochschulpolitischen Auswirkungen von GATS sind allerdings in Deutschland, wo Hochschulbildung als gebührenfreies öffentliches Gut behandelt wird, bisher gering. Der deutsche Hochschulmarkt bleibt für kommerzielle Bildungsanbieter schwierig.

2.3 Deutsche Hochschulen – Akteure im Schatten staatlicher Hierarchie

Da die öffentlich-rechtlichen Hochschulen in Deutschland keine Marktsubjekte sind, die frei investieren und ihr Lehrangebot zu Marktpreisen anbieten können, ist die Bezeichnung „akademischer Kapitalismus" (Slaughter und Rhoades 2009; Münch 2011) für das deutsche Hochschulsystem irreführend. Die Hochschulen unterstehen weiterhin der hierarchischen Kontrolle der sie finanzierenden Bundesländer. Seit den

1990er-Jahren hat sich die traditionelle Form der direkten Steuerung der Hochschulen durch die Ministerien der Länder jedoch verändert. Der gesamte öffentliche Sektor in Deutschland ist damals unter den Druck von Wirtschaftlichkeits- und Spargesichtspunkten geraten. Dieser Druck wurde von den Ministerien an die staatlich finanzierten Hochschulen weitergegeben. Sie wurden von nun an einem indirekten, staatlich vermittelten Ökonomisierungsprozess unterzogen (Kreckel 2006).

Bei der allmählichen indirekten Ökonomisierung der Hochschulen spielte die neue Managementphilosophie des „New Public Management" (NPM) eine wichtige Rolle: Die traditionelle Form der kameralistischen Steuerung der Hochschulen, die im Rahmen von jährlich in den Landesparlamenten verabschiedeten Haushaltsgesetzen die Bedarfslagen der Hochschulen mit einem ausgefeilten System von Haushaltstiteln und Titelgruppen „ex ante" definierte und deren Umsetzung dann mit Hilfe der Landeshaushaltsordnung kontrollierte, sollte schrittweise durch eine ergebnisorientierte „ex post-" bzw. „Output-Steuerung" ersetzt werden. Der Idee nach sollte dabei die direkte staatliche Detailsteuerung und -kontrolle der Hochschulen in eine indirekte Globalsteuerung auf der Grundlage von allgemeinen Zielvorgaben umgewandelt werden. Gleichzeitig sollte den Hochschulen größere Autonomie gegeben werden, um sie in die Lage zu versetzen, die vorgegebenen Ziele in Eigenregie zu verwirklichen. Man strebte nun danach, die staatliche Hochschulfinanzierung mit mehrjährigen vertragsförmigen Zielvereinbarungen zwischen Land und Hochschulen zu verknüpfen. Da die Umsetzung der vereinbarten Ziele in der Eigenverantwortung der Hochschulen liegen sollte, begann man damit, die tatsächliche Zielerreichung mit Leistungsindikatoren, Controlling-Verfahren und Evaluationen zu überprüfen. Auch wenn bei diesem neuen Steuerungsmodell das Wettbewerbsmoment und Kosten-Nutzen-Erwägungen stärker in den Vordergrund treten, hat dies mit einer an echten Preisen, Angebot und Nachfrage ausgerichteten Marktsteuerung kaum etwas zu tun.

Es stellt sich nun freilich das Problem, dass das auf Leistung und Gegenleistung beruhende Steuerungsinstrument der Zielvereinbarung zwischen Land und Hochschule nur einsetzbar ist, wenn auf beiden Seiten wirklich vertragsfähige Partner vorhanden sind. Was die Bundesländer anbetrifft, verhält es sich so, dass Zielvereinbarungen bei Eintreten neuer politischer Gegebenheiten von ihnen einseitig aufgekündigt werden können oder einfach nicht eingehalten werden. Dass Hochschulen in einem derartigen Fall erfolgreich den Klageweg beschreiten, ist aufgrund ihrer finanziellen und rechtlichen Abhängigkeit wenig wahrscheinlich.

Auf Seiten der Hochschulen sieht es anders aus: Noch bis in die 1990er-Jahre hinein waren ihre Leitungsorgane im Grunde nicht vertragsfähig. Es galt dort das traditionelle *Rektoratsmodell* der altdeutschen Universitäten. Das Rektorenamt diente in erster Linie der Repräsentation nach außen, nicht der Führung der Universität. Der Rektor wurde für eine kurze Amtszeit als *primus inter pares* aus dem Kreis seiner Professorenkollegen gewählt, über die er keinerlei Weisungsbefugnisse hatte. Alle akademischen Entscheidungen wurden in Kollegialorganen, also im Senat und in den Fakultäten oder Fachbereichsräten, getroffen. Die Macht des Rektors stützte sich vor allem auf seine persönliche Autorität als Wissenschaftler, weniger auf formelle Befugnisse. Das alte Rektoratsmodell war funktionstüchtig, solange es außerhalb der rein akademischen Angelegenheiten nicht allzu viel zu entscheiden gab. Für Finanz- und Strukturfragen sowie Berufungen waren letztlich ohnehin die Landesregierung und das Parlament zuständig.

Mittlerweile sind nun, wie oben skizziert, eine Reihe von Kompetenzen auf die Universitätsleitungen übertragen worden, die zuvor bei den Ländern gelegen hatten (vgl. dazu Meier 2009, S. 143–154; Pasternack 2011, S. 106–146). Insbesondere sind dabei auch die akademischen Selbstverwaltungsorgane (Konzile, Senate, Fakultätsräte u. ä.) von Entscheidungs- zu Beratungsgremien zurückgestuft worden, Hochschul- und Fakultätsleitungen wurden stattdessen gestärkt. Das neue normative Leitbild ist das *Präsidialmodell.* Akademische Führungspositionen sind heute mit beträchtlicher Entscheidungskompetenz und hoher Eigenverantwortung ausgestattet, die von langjährig amtierenden, gut bezahlten und professionell handelnden Persönlichkeiten wahrgenommen werden sollen. Vielfach tragen sie die Amtsbezeichnung „Präsident" und signalisieren damit ihre Distanz zu dem als überholt geltenden Rektoratsmodell und ihre Affinität zu US-amerikanischen Vorbildern. Hochschulpräsidenten bzw. Rektoren werden zwar normalerweise die Zustimmung ihrer akademischen Gremien suchen, bevor sie z. B. Berufungen aussprechen oder strategische Entscheidungen über Profil- und Schwerpunktbildungen ihrer Hochschule treffen. Aber sie können auch autonom handeln – sogar dann, wenn sie im Namen ihrer Hochschule eine Zielvereinbarung mit der Landesregierung unterzeichnen. Bei ihren Verhandlungen über Zielvereinbarungen sind sie allerdings „von den Vorgaben der übergeordneten Ebene abhängig" (Kamm 2014, S. 54), die über die Finanzierung ihrer Hochschule und damit letztlich über deren Zukunft entscheidet. Im Zweifelsfall kann die Landesregierung auch einseitig Zielvorgaben erlassen (Pasternack 2014, S. 112–113). Das heißt, im Zeichen des *New Public Management* haben die Hochschulleitungen nach innen einen deutlichen Kompetenzzuwachs erfahren, im hochschulpolitischen Außenverhältnis zu ihren Landesregierungen hat sich das Ungleichgewicht hingegen kaum verschoben.

3 Fazit: Hochschulpolitik im Spitze-Breite-Dilemma

Dramatisch verschoben haben sich in den letzten Jahrzehnten allerdings die strukturellen Rahmenbedingungen von akademischer Forschung und akademischer Lehre, den beiden Kernaufgaben des deutschen Hochschulsystems: Die Studierendenzahlen haben sehr stark zugenommen, wohingegen verlässliche neue Finanzierungsquellen für deren Bewältigung nicht eröffnet werden konnten. Gleichzeitig geht der Anteil der regulären Haushaltsmittel, die den Hochschulen für die Forschung zur Verfügung stehen, stetig zurück, während die Drittmittelquote kontinuierlich ansteigt. Das heißt, es besteht im deutschen Hochschulsystem eine strukturelle Unterfinanzierung (Schimank 2014, S. 13). Eine überzeugende hochschulpolitische Antwort gibt es darauf zurzeit nicht. Der im Zuge der New-Public-Management-Reformen unternommene Versuch, durch Rationalisierungsmaßnahmen an den Hochschulen die Kosten zu senken und gleichzeitig das Leistungspotenzial zu erhöhen, mag Teilerfolge erzielt haben. Die strukturell bedingten Finanzengpässe lassen sich damit aber nicht nachhaltig beheben.

Eingangs wurde das grundlegende Kompatibilitätsproblem angesprochen, das in der Leitformel von der „Einheit von Forschung und Lehre" enthalten ist. Das historisch tradierte Spannungsverhältnis zwischen Forschung und Lehre wird durch die im deutschen akademischen System ebenfalls historisch entstandene institutionelle Dreigliederung in Universitäten, Fachhochschulen und außeruniversitäre akademische Forschungseinrichtungen zwar teilweise entschärft; aber mit der neuen internationalen Wettbewerbsorientierung, die vom normativen Idealbild der „World Class Research University" getragen wird, gewinnt es wieder an hochschulpolitischer Brisanz. Das Spannungsverhältnis zwischen akademischer Forschung und Lehre nimmt jetzt die Form eines *Spitze-Breite-Dilemmas* an (Kreckel 2010; Stock 2011): Die Frage stellt sich allen Akteuren des hochschulpolitischen Feldes in Deutschland, wie angesichts wachsender Studierendenzahlen und begrenzter finanzieller Ressourcen die Notwendigkeiten einer qualitativ hochstehenden akademischen Breitenausbildung mit den Erfordernissen einer weltweit konkurrenzfähigen akademischen Spitzenforschung (einschließlich der Qualifikation erstklassischen wissenschaftlichen Nachwuchses) vereinbart werden können.

Seit Mitte der 1990er-Jahre hat sich bekanntlich die Bildungsexpansion nochmals beschleunigt, mit dem Resultat, dass heute über fünfzig Prozent der jungen Erwachsenen in Deutschland ein Hochschulstudium beginnen. Man kann deshalb durchaus sagen: „Abitur und Studium gelten mittlerweile als normaler Verlauf einer Bildungskarriere" (Dräger 2013, S. 45). Gleichzeitig ist das geheiligte Prinzip der engen Verbindung von Forschung und Lehre weiterhin normatives Gemeingut geblieben – so sehr, dass gerade die Fachhochschulen zunehmend nach Angleichung an die Universitäten streben. So haben die Fachhochschulen bereits durchgesetzt, dass sie die gleichen Bachelor- und Masterabschlüsse verleihen können wie die Universitäten; sie kämpfen noch um das Promotionsrecht und um die Erweiterung ihres Forschungsauftrags.

Aber nicht nur von der Fachhochschulseite her wird die institutionelle Dreigliederung des akademischen Systems in Frage gestellt. Auch die Barriere zwischen Forschungsuniversitäten und außeruniversitären Forschungseinrichtungen beginnt durchlässiger zu werden. Es gibt bereits gemeinsame Promotionskollegs und in Gestalt des Karlsruher Instituts für Technologie (KIT) den institutionellen Zusammenschluss einer Universität mit einer außeruniversitären Forschungseinrichtung der Helmholtz-Gemeinschaft. Inszenierte Wettbewerbe wie die Exzellenzinitiative und die internationalen Rankings für Forschungsuniversitäten, aber auch die Ausschreibung von gut dotierten Schwerpunktprogrammen, z. B. durch die DFG, das BMBF oder die Europäische Kommission, fördern und fordern ein engeres Zusammenrücken zwischen Forschungsuniversitäten und außeruniversitären akademischen Forschungseinrichtungen. Als Partner sind dabei in erster Linie Universitäten mit hohem Drittmittelaufkommen gefragt.

So mag es denn sein, dass eines Tages unter einer deutschen „Forschungsuniversität" ein institutioneller Verbund zwischen einer Universität bisherigen Typs mit einer oder mehreren (bisher) außeruniversitären Forschungseinrichtungen zu verstehen sein wird. Deren Chance, in den globalen Universitätsrankings einen der Spitzenplätze einzunehmen und international „sichtbarer" zu werden, würde dadurch wahrscheinlich steigen. Dann hätte sich das heute verbreitete Grundverständnis durchgesetzt, dass die akademische „Spitze" durch besondere Leistungsfähigkeit in der Forschung definiert wird, während die weniger forschungsstarken Hochschulen hauptsächlich für die „Breite", also für die Bewältigung der immer umfangreicheren Lehraufgaben, zuständig wären – mit mannigfachen stratifikatorischen Abstufungen zwischen „ganz oben" und „ganz unten". Die traditionelle Leitidee zur Einheit von akademischer Lehre und Forschung würde dann allenfalls noch in der von Hochschullehrerinnen und Hochschullehrern geforderten Mindestqualifikation weiterleben, der abgeschlossenen Forschungspromotion, zu der weitere wissenschaftliche Leistungen hinzukommen sollen, an denen sich die „Drittmittelfähigkeit" der Betroffenen ablesen lässt.

Dieses Zukunftsszenario wäre eine mögliche, aber nicht unbedingt eine wahrscheinliche Antwort auf die von Ulrich Teichler (2014, S. 25) lapidar gestellte hochschulpolitische Grundfrage: „Was braucht die ‚Wissensgesellschaft': starke Unterschiede zwischen ‚Spitzenuniversitäten' und dem Rest oder eine große Breite in der Qualität?" Das Szenario ist deshalb wenig wahrscheinlich, weil das oben skizzierte föderale Geflecht von hochschulpolitischen Zuständigkeiten, Kräften und Gegenkräften voraussichtlich dafür sorgen wird, dass einseitige Problemlösungen nicht durchsetzbar sind. Denn „Governance" in der deutschen Hochschulpolitik lässt sich schwerlich allein auf das zielsichere Verhalten identifizierbarer Steuerungsinstanzen (bzw. „Gubernatores") mit klar abgegrenzten Kompetenzen zurückführen. Es geht dabei – um in der nautischen Metaphorik zu bleiben – immer auch um ein Navigieren im Sinne des Lavierens und Austarierens von Zielen und Möglichkeiten. Insofern stecken die Formeln „Forschung und Lehre" und „Spitze versus Breite" Dimensionen ab, innerhalb derer die deutsche Hochschulpolitik sich bewegt. Richtungsangaben enthalten sie nicht.

Literatur

Altbach, Philip G. 2011. The past, present and future of the research university. *Economic & Political Weekly* XLVI/16: 65–73.
Ben-David, Joseph. 1977. *Centers of learning. Britain. France, Germany, United States.* New York: McGraw-Hill.
BMBF. 2014. *Bundesbericht Forschung und Innovation 2014.* Bonn: BMBF.
Burkhardt, Anke, Hrsg. 2008. *Wagnis Wissenschaft. Akademische Karrierewege und das Fördersystem in Deutschland.* Leipzig: Akademische Verlagsanstalt.
Charle, Christophe, und Jacques Verger. 2012. *Histoire des universités. XIIe-XXIe siècle.* Paris: Presses Universitaires de France.
Clark, Burton R. 1998. *Creating entrepreneurial universities: Organizational pathways of transformation.* Bingley: Emerald Group Publishing.
DFG. 2012. *Förderatlas 2012.* Weinheim: Wiley-VHC.
Dräger, Jörg. 2013. Der Drang nach höherer Bildung ist unaufhaltsam. Warum sich Hochschulen und Ausbildungssystem dringend wandeln müssen. In *Die Akademiker-Gesellschaft. Müssen in*

Zukunft alle studieren? Hrsg. Tanjev Schultz und Klaus Hurrelmann, 44–53. Weinheim: Beltz-Juventa.
Ellwein, Thomas. 1992. *Die deutsche Universität. Vom Mittelalter bis zur Gegenwart*, 2. Aufl. Königstein: Athenäum.
Enders, Juergen. 2014. The academic arms race: International rankings and global competition for world-class universities. In *The institutional development of business schools*, Hrsg. Andrew M. Pettigrew et al., 155–175. Oxford: Oxford University Press.
Europäische Kommission. 2011. *Wachstum und Beschäftigung unterstützen – eine Agenda für die Modernisierung von Europas Hochschulsystemen*. Brüssel: Europäische Kommission.
Griessen, Thomas, und Dietmar Braun. 2010. Hochschulföderalismus zwischen Kooperationszwang und Blockadegefahr: Deutschland und die Schweiz im Vergleich. *Schweizer Zeitschrift für Politikwissenschaft* 16/4: 715–746.
Hepp, Gerd F. 2011. *Bildungspolitik in Deutschland*. Wiesbaden: VS Verlag für Sozialwissenschaften.
Kamm, Ruth. 2014. *Hochschulreformen in Deutschland. Hochschulen zwischen staatlicher Steuerung und Wettbewerb*. Bamberg: University of Bamberg Press.
Kreckel, Reinhard. 2006. Hochschulentwicklung in Deutschland: Zum Verhältnis von Selbststeuerung, Fremdbestimmung und Selbstlauf. In *Steuerungswissen im Bildungssystem*, Hrsg. Franz Hamburger et al., 13–30. Mainz: Zentrum für Qualitätssicherung.
Kreckel, Reinhard. 2010. Zwischen Spitzenforschung und Breitenausbildung. Strukturelle Differenzierungen an deutschen Hochschulen im internationalen Vergleich. In *Bildungsungleichheit revisited. Bildung und soziale Ungleichheit vom Kindergarten bis zur Hochschule*, Hrsg. Hans Hermann Krüger et al., 235–256. Wiesbaden: VS-Verlag.
Kreckel, Reinhard. 2012. Die Forschungspromotion. Internationale Norm und nationale Realisierungsbedingungen. In *IFQ-Working Paper* 12/2012, 141–160.
Kreckel, Reinhard, und Karin Zimmermann. 2014. *Hasard oder Laufbahn. Akademische Karrierestrukturen im internationalen Vergleich*. Leipzig: Akademische Verlagsanstalt.
Luhmann, Niklas. 1990. *Die Wissenschaft der Gesellschaft*. Frankfurt a. M.: Suhrkamp.
Maier, Frank. 2009. *Die Universität als Akteur. Zum institutionellen Wandel der Hochschulorganisation*. Wiesbaden: VS Verlag für Sozialwissenschaften.
McClelland, Charles E. 1980. *State, society, and University in Germany 1700–1914*. Cambridge: Cambridge University Press.
Münch, Richard. 2011. *Akademischer Kapitalismus. Über die politische Ökonomie der Hochschulreform*. Frankfurt a. M.: Suhrkamp.
OECD. 2002. *Frascati manual. Proposed standard practice for surveys on research and experimental development*. Paris: OECD.
OECD. 2014. *Education at a glance 2014*. Paris: OECD.
Oehler, Christoph. 2000. *Staatliche Hochschulplanung in Deutschland. Rationalität und Steuerung in der Hochschulpolitik*. Neuwied: Luchterhand.
Pasternack, Peer, Hrsg. 2011. *Hochschulen nach der Föderalismusreform*. Leipzig: Akademische Verlagsanstalt.
Pasternack, Peer. 2014. *Qualitätsstandards für Hochschulreformen. Eine Auswertung der deutschen Hochschulreformqualitäten in den letzten zwei Jahrzehnten*. Bielefeld: Universitäts Verlag Webler.
Paulsen, Friedrich. 1902. *Die deutschen Universitäten*. Berlin: Asher & Co.
Peisert, Hansgert, und Gerhild Framheim. 1997. *Das Hochschulsystem in Deutschland*, 2. Aufl. Bonn: BMBF.
Rüegg, Walter, Hrsg. 2004. *Geschichte der Universität in Europa*, Bd. III. München: C.H. Beck.
Schimank, Uwe. 1995. *Hochschulforschung im Schatten der Lehre*. Frankfurt a. M.: Campus.
Schimank, Uwe. 2014. *Hochschulfinanzierung in der Bund-Länder-Konstellation: Grundmuster, Spielräume und Effekte auf die Forschung*. Berlin: BBAW.

Schimank, Uwe, und Stefan Lange. 2006. Hochschulpolitik in der Bund-Länder-Konkurrenz. In *Das Wissensministerium. Ein halbes Jahrhundert Forschungs- und Bildungspolitik in Deutschland*, Hrsg. Peter Weingart und Niels Taubert, 311–346. Weilerswist: Velbrück.

Slaughter, Sheila, und Gary Rhoades. 2009. Academic Capitalism and the New Economy: Markets, State, and Higher Education. Baltimore: Johns Hopkins University Press.

Statistisches Bundesamt. 2014. *Bildung und Kultur. Schnellmeldungsergebnisse der Hochschulstatistik zu Studierenden und Studienanfänger/-innen*. Wiesbaden: Statistisches Bundesamt.

Stichweh, Rudolf. 2010. Universität in der Weltgesellschaft. *Luzerner Universitätsreden* 19:13–29.

Stock, Manfred. 2011. Akademische Bildung und die Unterscheidung von Breiten- und Elitebildung. Elitebildungsprogramme deutscher Hochschulen. *Soziale Welt* 62:129–142.

Teichler, Ulrich. 2010. Europäisierung der Hochschulpolitik. In *Handbuch Wissenschaftspolitik*, Hrsg. Dagmar Simon et al., 51–70. Wiesbaden: VS-Verlag.

Teichler, Ulrich. 2014. *Hochschulsysteme und quantitativ-strukturelle Hochschulpolitik. Differenzierung, Bologna-Prozess, Exzellenzinitiative und die Folgen*. Münster: Waxmann.

Trow, Martin. 2006. Reflections on the transition from elite to mass to universal access: Forms and phases of higher education in modern societies since WWII. In *International handbook of higher education*, Hrsg. James J. F. Forest und Philip Altbach, Bd. I, 243–280. New York: Springer.

vom Brocke, Bernhard. 2001. Die Entstehung der deutschen Forschungsuniversität, ihre Blüte und Krise um 1900. In *Humboldt International. Der Export des deutschen Universitätsmodells im 19. und 20. Jahrhundert*, Hrsg. Rainer Christoph Schwinges, 367–401. Basel: Schwabe & Co.

EU-Forschungspolitik – von der Industrieförderung zu einer pan-europäischen Wissenschaftspolitik?

Tim Flink

Inhalt

1	Einleitung	79
2	Nützlichkeit – das doppelte Legitimationsproblem der EU-Forschungs- und Technologiepolitik	82
3	Die Entstehung eines Forschungsrahmenprogramms	84
4	Eine Kurzgeschichte der europäischen F&T-Politik	88
5	Fazit	94
Literatur		95

1 Einleitung

Seit den 1980er-Jahren kann die Forschungs- und Technologieförderung (F&T) der Europäischen Union (EU) auf eine beachtliche politische Karriere zurückblicken. Sofern man die EU als eine eigenständige überstaatliche Entität (vgl. Jachtenfuchs 1995) betrachtet, lässt sich konstatieren, dass ihre Forschungsrahmenprogramme (FRP)[1] hinsichtlich des Finanzierungsvolumens von F&T, der transdisziplinären und transnationalen Kooperationsdichte und der geförderten Themen weltweit ihresgleichen suchen (Arnold et al. 2011). Nahezu alle Forschungsthemen und -förderformate, wie sie in nationalen F&T-Politiken gang und gäbe sind, werden auch in den FRP aufzufinden sein. Im Vergleich zu anderen Politikfeldern innerhalb der EU kann die F&T-Politik als Schwergewicht bezeichnet werden: Seit den 1990er-Jahren steht

---

[1]Das Rahmenprogramm ist eine EU-Richtlinie, deren genaue Bezeichnung seit den 1980er-Jahren mehrfach geändert wurde. Verwendet wird daher die vereinfachte Schreibweise des Forschungsrahmenprogramms.

T. Flink (✉)
Institut für Sozialwissenschaften, Humboldt-Universität zu Berlin, Berlin, Deutschland
E-Mail: flinktim@cms.hu-berlin.de

© Springer Fachmedien Wiesbaden 2016
D. Simon et al. (Hrsg.), *Handbuch Wissenschaftspolitik*, Springer Reference Sozialwissenschaften, DOI 10.1007/978-3-658-05455-7_6

der für F&E investierte Anteil des EU-Haushaltsrahmens an dritter Stelle, also hinter den Strukturförder- und den Agrarfördermitteln. Derzeitig, d. h. im achten FRP (2014–2020) liegt das Budget für die *indirekten F&T-Maßnahmen* (vulgo: Forschungsförderung) bei rund 80 Mrd. €. Schon immer hoch ist auch der Anteil der für F&T zuständigen Beschäftigten in der Generaldirektion Forschung und Innovation (kurz: GD Forschung) der EU-Kommission gewesen. Rund 1000 Mitarbeiter, d. h. rund 4% der insgesamt rund 23.500 Kommissionsbeschäftigten[2] arbeiten hier derzeitig. Verglichen mit der Anzahl der Beschäftigten aus den anderen 43 Abteilungen und Dienststellen der Kommission belegt die GD Forschung somit den vierten Platz.[3] Würde man die direkten Forschungsmaßnahmen der Gemeinsamen Forschungsstelle[4] der Kommission in die Rechnung miteinbeziehen – hier sind derzeitig knapp 1.800 Mitarbeiter beschäftigt –, so würden F&T den ersten Platz auf ihrem Stellentableau einnehmen.

Beachtlich ist die Karriere des Politikfeldes aber auch deshalb, da es anscheinend seine Kritiker überlebt hat: EU-Forschungspolitik ist schon lange nicht mehr auf eine klandestine Verbundprojektmacherei alteingesessener Konsortien reduzierbar, geschweige denn auf eine à la carte Zufinanzierung für die F&T-Anliegen durchsetzungsstarker EU-Mitgliedstaaten (Grande 2001). Es mögen vereinzelt zwar immer noch Klischees Bestand haben, die GD-Forschung sei ein problematischer Projektträger, der F&T in schwerfälliger, bürokratischer und v. a. intransparenter Weise fördere (Gilbert 2009; Dixon 1993; Nature 1989, 1998). Jedoch sind diese Nachreden wohl spätestens seit dem Start des sechsten FRP (2002 bis 2006) kleinlauter geworden, da sich die GD-Forschung als ernstzunehmender Policy-Entrepreneur[5] positionieren konnte; ihre Maßnahmen gehen hierbei weit über „das bisschen Verbundforschungsförderung" hinaus, wie es einmal geheißen haben mag, und die Beteiligung an der Forschungsförderung der EU wird aufgrund des besseren Zugangs zu einer internationalen Forschungscommunity hochgeschätzt (IDEA Consult et al. 2014, S. 155–156). Es ist nicht zuletzt die Auslobung eines Europäischen Forschungsraums (European Research Area; ERA) (Commission 2000) und dessen

---

[2]In Anbetracht der weitläufigen Zuständigkeiten für derzeit 28 Staaten kann die Kommission als äußerst schlanke Verwaltung bezeichnet werden, auch wenn einem die Anzahl der Beschäftigten (23.500) zunächst hoch erscheint. Zum Vergleich: bereits die Verwaltung der Stadt Köln beschäftigt rund 17.000 Mitarbeiter. Informationen über das Personal der Kommission finden sich unter http://ec.europa.eu/civil_service/about/figures/index_de.htm. Zugegriffen am 10.01.2016.

[3]Ungeschlagen auf Platz eins steht der Übersetzungsdienst der Kommission mit über 2.700 Beschäftigten, gefolgt von der Gemeinsamen Forschungsstelle (1.797 Mitarbeiter) und der Generaldirektion Internationale Zusammenarbeit und Entwicklung (1.026 Mitarbeiter).

[4]Ursprünglich in der Nuklear- und Strahlenschutzforschung, unter dem Euratom-Gemeinschaftsvertrag gegründet, kann die Gemeinsame Forschungsstelle am ehesten als Ressortforschungseinrichtung der EU-Kommission angesehen werden. Sie ist auf sechs Standorte verteilt und liefert wissenschaftlich-technische Dienstleistungen, v. a. in den Bereichen Gesundheits- und Umweltschutz.

[5]Ein Policy-Entrepreneur schafft es selbst innerhalb fester institutioneller Arrangements und dort, wo Erwartungen sich stabilisiert haben, *eigenmächtig* Impulse für Veränderungen zu geben (Garud et al. 2007).

Würdigung auf zwei Ministerratstreffen – 2000 in Lissabon und 2002 in Barcelona – als Teil einer großangelegten wirtschaftlichen Wachstumsagenda (Borrás 2009), die eine Entwicklung einläutete, in der die Kommission ihre Position mutig in der Öffentlichkeit vertreten und forschungspolitische Maßnahmen nationaler, trans- und supranationaler Art koordinieren kann. Das Leitbild des ERA scheint sogar politische Entscheidungsträger aus anderen Regionen der Welt zur Nachahmung zu inspirieren (Stein und Ahmed 2007).

Trotz dieser positiven Affirmationen scheint die Integration von F&E auf der supranationalen Koordinierungsebene hinter ihren Möglichkeiten zu bleiben: Gemessen an den nationalen F&E-Ausgaben in Europa, v. a. denjenigen großer Volkswirtschaften, wirkt der Finanzrahmen der Forschungsförderung aus Brüssel recht klein. So belaufen sich z. B. allein die deutschen Bruttoinlandsausgaben für F&E *eines Jahres* auf mehr als 70 Mrd. € (2011), während hiervon der Anteil der deutschen Programmfinanzierung an den FRP bei circa vier Prozent liegt (BMBF 2014, S. 47–49). Nochmals zum Vergleich: die 80 Mrd. € des aktuell laufenden FRP sind auf sieben Jahre angelegt und prinzipiell unter allen 28 EU-Mitgliedstaaten aufzuteilen, von den assoziierten Staaten ganz zu schweigen. Zudem bleibt seit der Lancierung des ERA nach wie vor die Frage zu beantworten, wer eigentlich in Ultima Ratio das Mandat zur Koordinierung europäischer F&E-Maßnahmen innehat. Zwar mag die EU-Kommission nationale Forschungs- und Fördereinrichtungen (Ministerien, Research Councils usw.) zunehmend in Abstimmungsprozesse eingebunden haben (Kaiser und Prange 2005; skeptisch: Edler et al. 2010), jedoch muss sie sich zur Ausgestaltung ihrer Forschungspolitik an bestehenden nationalen Maßnahmen orientieren. Von einer Delegation nationaler wissenschaftspolitischer Steuerungskompetenzen an die EU-Kommission kann jedenfalls keine Rede sein, denn dies müsste konsequenterweise bedeuten, dass die Kommission nationale F&T-Politiken steuern könnte, was eben nicht der Fall ist.

Die EU-F&T-Politik zeichnet somit eine Paradoxie aus. Zwar konnte sie ein rasantes monetäres, thematisches und programmatisches Wachstum verzeichnen und die Kommission seit der Auslobung des ERA auch stärker politisch koordinierend auf nationale F&T-Politik einwirken. Im Grunde genommen kommt sie aber über die Funktion der Forschungsförderung und der begrenzten Koordinierung kaum hinaus. Der mit dem Aufkommen des ERA formulierten neo-institutionalistischen These einer Wandlungsresistenz dieses Politikfeldes (Banchoff 2002) muss also zu einem großen Teil Recht gegeben werden, weil die EU-F&T-Politik ihrem eigenen Integrationserfolg zum Opfer gefallen zu sein scheint. Von den in ihr angelegten Erwartungen zweckgebundener F&E-Zufinanzierung kann sie kaum (noch) abweichen. Mithin steht die Ausgestaltung dieser supranationalen F&T-Politik immer wieder vor der Herausforderung, dass sie zwar anders als nationalstaatliche F&T-Politik sein soll, nicht aber radikal anders sein kann (Tömmel 2001, 2008). Aus dieser Erwartungsstruktur heraus ergibt sich für die Kommission somit lediglich ein enger Handlungskorridor, innerhalb dessen sie mit den Worten Ingeborg Tömmels (2001) zwischen nationalstaatlicher Angleichung und Abgrenzung *osziliert*. Giandomenico Majone (2005) hatte diese Situation gar als ein Dilemma, d. h. als eine zweigliedrig ausweglose Situation charakterisiert: Einerseits steige mit der zunehmenden Aneignung von Kompetenzen durch die Kommission auch das Misstrauen in diese Institution. Würde die Kommission andererseits in den vielen und verschiedenen Themenbereichen nicht oder immer weniger aktiv Politik (mit-)gestalten, so würde ihr dies ebenso zum Vorwurf gemacht. Verstärkt wird dieses Dilemma dadurch, dass die Integrationsbemühungen der Kommission aufgrund ihres teils klandestinen, teils technokratischen und klientelabhängigen Vorgehens beargwöhnt worden sind. Demokratisierungsbestrebungen der Kommission, z. B. umfragegestützte Meinungsbildungsprozesse, Aufklärungskampagnen und andere Formen der Bürgerbeteiligung (Höpner und Jurczyk 2012) – auch in der F&T-Politik (Abels 2003) – wirken dann entweder wie ein überaus bemühter und vorauseilender Gehorsam oder angesichts der im Hintergrund ohnehin laufenden Bürokratiemaschine eben nur fadenscheinig bzw. ex post legitimatorisch (ebd.).[6]

In der F&T-Politik der EU potenziert sich diese oben beschriebene Legitimationsherausforderung der Kommission durch die gesellschaftlichen Anforderungen an die Wissenschaft selbst, da von beiden, der EU und der Wissenschaft, ein hohes Maß an Nützlichkeit abverlangt wird, und erst diese multiplen Nützlichkeitserwartungen verleihen dem Politikfeld seine Eigentümlichkeiten. Im Ergebnis (vgl. Abschn. 5) können drei Erwartungen an die Wissenschaft innerhalb der EU-F&T-Politik zwar koexistieren, allerdings immer nur in einer sozial-spannungsgeladenen Weise: die der wirtschaftlich orientierten F&T-Förderung, die der bürgerorientierten Problemlösungen und – neuerdings durch den European Research Council (ERC) prominent gemacht – die des selbstbezüglichen Erkenntnisgewinns wissenschaftlicher Wissensproduktion. Es dominiert v. a. die mit dem EU-Binnenmarkt und der Lissaboner Wachstumsagenda eingeforderte Nützlichkeit von F&T für europäische Unternehmen, was für die Etablierung einer allumfassenden Wissenschaftspolitik auf der EU-Ebene eine Herausforderung darstellt.

2 Nützlichkeit – das doppelte Legitimationsproblem der EU-Forschungs- und Technologiepolitik

Aus sozialwissenschaftlichen Beobachtungen heraus wird dem Verhältnis von Wissenschaft und Politik gerne eine konstitutive Spannung zugeschrieben, an deren Endpunkte die dichotom angesehenen Werte von Freiheit und Nützlichkeit gestellt werden (Wilholt 2012). Würde man diese Spannung akteursorientiert umschreiben, ließe sich unterstellen, dass Wissenschaftlerinnen und Wissenschaftler möglichst frei forschen wollten, während ihnen Entscheider aus der Politik um der gesellschaftlichen Gunst willen einen möglichst hohen Nutzen aus öffentlich finanzierter Forschung abverlangten. Es mag zeitweilig immer wieder – und auch außerhalb der Wissenschaft – anerkannt worden sein, dass Wissenschaftler über Forschungsmittel und -zwecke möglichst frei verfügen und bestimmen sollten, sei es aus Effizienz-

---

[6]Betont werden sollte, dass diese Kritik ebenso für nationalstaatliche Kontexte angebracht werden könnte.

gründen oder aus normativen Erwägungen. Allerdings wurde für die letzten Dekaden auch vielfach beobachtet (Bozeman 2000; Knie et al. 2010), dass die Nützlichkeitserwartungen an die Wissenschaft deutlich gestiegen sind. Der Kontext der EU potenziert diese ohnehin angestiegenen Nützlichkeitserwartungen an die Wissenschaft. Es ist insbesondere die Kommission, die gegenüber den Mitgliedstaaten ihr Handeln rechtfertigen muss. Die institutionelle Berechtigung ihrer Forschungsförderung ist – für den Kontext der EU geradezu klassisch – an zwei Bedingungen geknüpft: an die „begrenzt[e] Einzelermächtigung" und an das „Subsidiaritätsprinzip" (Pilniok 2011, S. 112). Hierdurch ergibt sich eine Politik, die im Wesentlichen „auf eine strukturell komplementäre Forschungsförderung durch die Union" hinausläuft (ebd.) und somit „besondere Anforderungen an den europäischen Mehrwert" stellt, „der als sektorspezifische Ausprägung des Subsidiaritätsgrundsatzes verstanden werden kann" (ebd., S. 293). Subsidiarität ist also bei der Ausgestaltung der EU-F&T-Politik als eine Angemessenheitsprüfung zu verstehen: „Gegenüber der getrennten Durchführung der nationalen Forschungsförderprogramme" (Pilniok 2011, S. 342) muss immer wieder aufs Neue gerechtfertigt werden, ob forschungspolitische Herausforderungen von *grenzüberschreitender* Tragweite vorliegen *und* ob Maßnahmen zur Bearbeitung dieser Herausforderungen nicht bereits auf einer niedrigeren Ebene politischer Regulierung (zum Beispiel kommunal, regional, national oder auch transnational) ergriffen werden können, anstatt supranational durch die FRP der EU. Das spezifische Problem der Subsidiarität und des Mehrwerts in der EU-F&T-Politik lässt sich anhand eines Vergleichs illustrieren: Umweltprobleme, die Überfischung der Meere oder auch seltene Krankheiten ebenso wie Epidemien lassen sich relativ gut als grenzüberschreitende Probleme identifizieren, zu deren Bewältigung die Kommission schließlich zum Handeln berechtigt werden kann, sei es durch regulierende, koordinierende oder andere Maßnahmen. Hingegen ist ein Mehr oder Weniger von wissenschaftlicher Forschung, m. a. W. ein in die Zukunft gerichtetes, konstitutiv unsicheres und in seinen Ergebnissen oftmals als gesellschaftlich unnütz angesehenes Unterfangen (Callon 1994) weitaus schwerer zu begründen. Eine der damit verbundenen, zentralen Fragen ist akteurs- und zweckgerichtet: *Wem* (hier: immer in der Mehrzahl zu fragen) sollen die F&E-Maßnahmen der EU dienen und was können sie über einen Staat hinaus bewirken? Eine andere zentrale Frage wird entlang der einzusetzenden Mittel gestellt: Existieren ähnliche F&E-Maßnahmen nicht bereits andernorts, v. a. in einzelnen Nationalstaaten? Somit steht die Kommissionspolitik in Abhängigkeit zu nationalen F&T-Politiken, um ihr „Mehr" an Forschungsförderung und Koordination rechtfertigen zu können. Auch hier eignet sich zur Veranschaulichung der Vergleich: Forschungspolitik *made in London* muss sich prinzipiell nicht nach jener aus Berlin und Bonn richten, wohl aber die F&T-Politik der EU nach den Akteursinteressen aus den EU-Mitgliedstaaten. Diese beschriebenen Eigenschaften haben unter anderem zur Folge, dass die forschungspolitischen Richtlinien der EU prospektiv bei der Themenfindung und retrospektiv durch Evaluationen streng kontrolliert werden. Bei der Programmierung der mehrjährigen Forschungsrahmenprogramme lässt sich dies gut beobachten, deren Entstehung wird im folgenden Abschnitt zusammengefasst.

3 Die Entstehung eines Forschungsrahmenprogramms

Trotz der vielen Namensvariationen der Forschungsrahmenprogramme (z. B. zuletzt „Horizon 2020") und der spezifischen Programme („Marie Curie Activities", „People" usw.) hat sich das Prinzip ihres Aufbaus kaum verändert. Entsprechend sind im Zuge der EG- bzw. EU-Vertragsnovellierungen (s. Abb. 1) die für F&E zuständigen Artikel lediglich im Hinblick auf die Themen, den Adressatenkreis, die Beteiligungsregeln und die Art der Programmförderung im Detail etwas erweitert worden, v. a. aber nur an eine andere Stelle gerückt: Im Vertrag zur Gründung der Europäischen Gemeinschaft (EGV) waren die FRP als indirekte Maßnahmen unter Teil III, Art. 166–172 vorzufinden, mit dem Vertrag von Lissabon (konsolidierte Fassung von 2010) nun unter Titel XIX, Art. 179–190.

Die Entstehung eines Rahmenprogramms erfolgt nach einem relativ festen (idealtypischen) Muster (vgl. Abb. 2), dessen Elemente ineinander verschachtelt sind.

Man könnte hierzu in aufsteigender Relevanz die Faustregel formulieren: keine jährlichen Förderausschreibungen auf der Grundlage der sogenannten jährlichen (1) „Arbeitsprogramme", die sich wiederum aus den einzelnen (2) „Spezifischen Programmen" ableiten, welche wiederum Teilelemente des übergeordneten (3) „Forschungsrahmenprogramms" sind. Hinzu kommt die Festlegung der so genannten „Beteiligungs- und Verbreitungsregeln".

Den Aufwand, mit dem ein FRP im institutionellen Arrangement der EU-Organe etabliert wird, kann man allgemein als hoch einschätzen (Peterson und Sharp 1998; Edler 2000). Im Zentrum steht die Kommission, die – wie gesagt – auf die Erwartungen nationaler und transnationaler Akteure reagiert und ihre Forschungspolitik an besonders eng gesetzte Zwecke binden muss. Die Kommission ist allerdings kein willfähriger Agent nationaler Interessensvorgaben. Durch ihr (nahezu exklusives) Initiativrecht *und* ihr Exekutivrecht hat sie eine konstitutionell herausgehobene Position und kann Initiativen mehr oder weniger gut begründet anstoßen (Cini 1996, S. 144–146). Entsprechend fallen die Rechtfertigungsgründe unterschiedlich aus, ebenso wie der damit verbundene Aufwand, Gründe zu sammeln, zu synthetisieren oder neu zu konstruieren, um sie schließlich in eine politisch gangbare Form einer F&T-Förderinitiative zu gießen. So z. B. sollte die Notwendigkeit, rein erkenntnisorientiert und ergebnisoffen Grundlagenforschung zu fördern, schwieriger darzustellen sein als beispielsweise F&T-Maßnahmen, die konkreten Events folgen, seien es Umweltkatastrophen, Pandemien oder auch Wirtschafts- und Finanzkrisen. Denn letztere Beispiele stellen einen grenzüberschreitenden Beitrag zur Sicherheit, Gesundheit und zum Wohlstand in Europa in Aussicht, während Grundlagenforschungsförderung nicht einmal direkt verwertbare Ergebnisse versprechen kann. Es müssten andere Gründe genannt und Überzeugungstechniken angewendet werden, um Grundlagenforschung auf der supranationalen Ebene fördern zu dürfen; hierzu später.

Zur Einrichtung eines mehrjährigen Forschungsrahmenprogramms (stark vereinfacht dargestellt in Abb. 3) nimmt die Kommission gemäß Art. 182 I des Vertrags über die Arbeitsweise der Europäischen Union (AEUV) zunächst Bezug zum ordentlichen Gesetzgebungsverfahren (nach Art. 289 i.V.m. Art. 294 AEUV; Niedobitek 2014, S. 110–119).

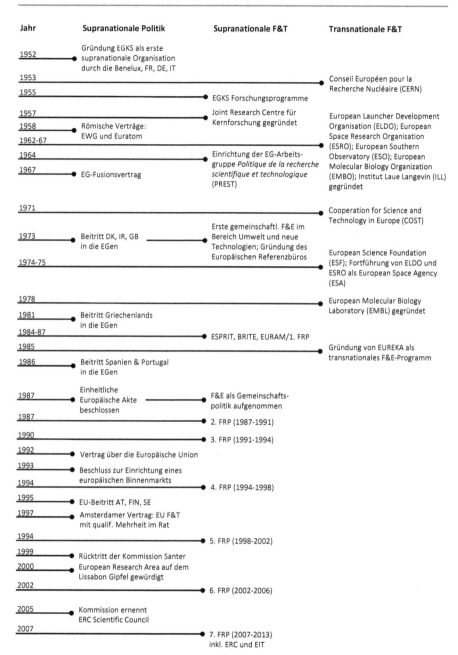

Abb. 1 Chronologie supra- und transnationaler F&T(-Politik) in Europa

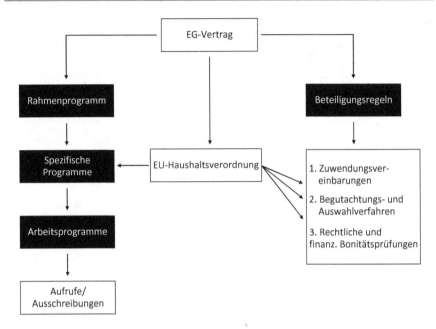

Abb. 2 Vertragliche Grundlagen eines FRP (idealtypisch)

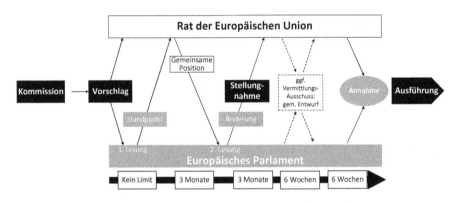

Abb. 3 Policy Prozess zur Etablierung eines FRP (vereinfachte Darstellung)

Die Kommission schlägt kraft ihres Initiativrechts ein mehrjähriges Rahmenprogramm vor, das konsekutiv vom Europäischen Parlament und vom Rat der Europäischen Union in bis zu drei Abstimmungsrunden entschieden wird; der Europäische Wirtschafts- und Sozialausschuss, ein weiteres EU-Organ, ist in diesem Gesetzgebungsverfahren obligatorisch anzuhören. Auch schlägt die Kommission die spezifischen Programme vor – expressis verbis sollen diese die einzelnen Inhalte (Themen und Förderformate) des Rahmenprogramms spezifizieren. So war beispielsweise das siebente FRP in vier spezifische Programme unterteilt: *Cooperation*

(Verbundforschung), *Ideas* (Europäischer Forschungsrat mit zunächst zwei Individualförderlinien), *People* (individuelle und strukturierte Mobilitätsmaßnahmen) und *Capacities* (Forschungsinfrastrukturen, spezielle Förderung für klein- und mittelständische Unternehmen usw.). Das Parlament hat zwar zu den spezifischen Programmen nur ein Anhörungsrecht gegenüber dem Rat, allerdings ist sein Einfluss dennoch beträchtlich, da es gemeinsam mit dem Rat als Haushaltsbehörde fungiert; über die Verhandlung des mehrjährigen EU-Haushaltsrahmens kann das Parlament also Einfluss auf die Struktur und den gesamten Inhalt eines FRP nehmen. Zudem stimmt es gegenüber dem Rat gleichberechtigt über die sogenannten Beteiligungs- und Verbreitungsregeln zur Einrichtung eines FRP ab. Drittens ist sein Einfluss beträchtlich hoch, weil ein Zeitplan bis zum Beschluss des Rahmenprogramms eingehalten werden muss. Das heißt: die Gefährdung eines FRP aufgrund einer Nicht-Einhaltung des Zeitrahmens wäre ein politisches Fiasko für alle drei EU-Organe, somit können Rats- und Parlamentsmitglieder nicht unendlich lange ihre Vetoposition aufrecht erhalten; sie *müssen* zwangsläufig einen Kompromiss finden.

Den Policy-Entstehungsprozess eines FRP zu skizzieren, fällt jenseits der *formalen* Anforderungen an die Kommission schwer. Formal bedeutet hier beispielsweise, dass die Kommission in ihrer Legislativfunktion das Verfahren durch die Veröffentlichungen ihrer Vorschläge zur Einrichtung eines Rahmenprogramms und zur Einrichtung der spezifischen Programme eröffnen *muss*. Sie eröffnet den Gesetzgebungsprozess allerdings aus einem laufenden Rahmenprogramm heraus, somit lässt sich als Faustregel sagen: die Planung eines neuen FRP beginnt spätestens mit der Zwischenevaluation (Midterm-Review) eines bereits laufenden Programms, die wie ein formalisiertes Ritual die ohnehin minutiös evaluierten Projekte und Programme der FRP zusammenführt und ihre Effektivität (Zielerreichung) und Effizienz (Kosten) misst. Die Laufzeit eines FRP hat sich im Zuge ihrer Geschichte von drei auf effektiv sieben Jahre verlängert und wird im Idealfall mit der Laufzeit des mehrjährigen Finanzrahmens (Art. 312 AEUV) synchronisiert. Die Anzahl der Stellungnahmen, seien es formale oder informelle Konsultationen gegenüber der GD Forschung, nimmt in dieser Phase der Policy-Formulierung zu. Die Kommission organisiert aber auch von sich aus öffentliche und nicht-öffentliche Konsultationsprozesse, sei es in Form von Grünbüchern oder als Synthese in Form von Weißbüchern und Mitteilungen und nicht zuletzt durch Verweise auf Zukunftsagenden der über die Kommission organisierten 42 European Technology Platforms oder auf Austauschergebnisse der von ihr organisierten offenen Methode der Koordinierung (Kaiser und Prange 2005). Außerdem kann sie in ihrer Planung auf die bereits bestehenden Fördermaßnahmen mitsamt der vielen um sie situierten Expertennetzwerke aufbauen. Es ergibt sich ein Bild, in dem sich je nach Verhandlungsgegenstand und -abstraktionsgrad eigentümliche Netzwerke um die EU-Organe, allen voran um die Kommission, gebildet haben, deren Akteure innerhalb eines Mehrebenensystems wiederum – und in unterschiedlicher Weise – miteinander verbunden sind (Gornitzka und Svedrup 2008; Grande und Peschke 1999) – und dies in einer äußerst ausdifferenzierten Weise: Von kleinen, regionalbasierten KMU und multinationalen Riesen bis zu universitären und außeruniversitären Forschergruppen sind Akteure des *gesamten* Spektrums klassischer Industrieforschung und -entwicklung und jener des öffentlichen Wissenschaftssystems zu finden. Die große Bandbreite von beteiligten Einrichtungen lässt sich aus der Entwicklung der F&T-Politik der EU erklären. Ihr Ursprung liegt in der Energie- und Industrieförderung, und erst allmählich entwickelte sich ein Politikfeld, in dessen Förderverfahren sich auch traditionelle bzw. akademische Wissenschaften wiederfinden konnten. Entsprechend wird das Politikfeld von einer Reihe teils stark widersprüchlicher Erwartungen und von konfligierenden Akteurskonstellationen strukturiert, was in einer kurzen Genealogie erläutert werden soll.

4 Eine Kurzgeschichte der europäischen F&T-Politik

Dass sich der Begriff der EU-Forschungs- und Technologiepolitik, und nicht der Wissenschaftspolitik eingebürgert hat, kommt nicht von ungefähr. Zunächst fällt im Hinblick auf diese spezifische Begriffsverwendung auf, dass hiermit Handlungen (Forschen) und Objekte bzw. Verfahren (Technologien) und eben keine Systemdifferenzen (Wissenschaft, Wirtschaft usw.) politisch adressiert sind. Im Hinblick auf die Handlung reguliert das Politikfeld also *Forschung*, die als „eine universelle soziale Form [...] über die Grenzen der Funktionssysteme hinweg in Organisationen mit einem anderen funktionalen Primat exportiert werden kann" (Stichweh 2003, S. 20). Betrachtet man zudem die Ziele dieser supranationalen Technologieförderung durch Forschung, so lässt sich hierin kaum ein ausschließlich auf Erkenntnis ausgerichteter wissenschaftlicher Selbstzweck feststellen, und dies ist historisch begründbar. Die supranationale F&T-Förderung startete unter der Ägide der Europäischen Gemeinschaftsverträge: der 1951 in Paris beschlossenen Europäischen Gemeinschaft für Kohle und Stahl (EGKS) sowie der in Rom 1957 beschlossenen Europäischen Atomgemeinschaft (EAG/Euratom) und Europäischen Wirtschaftsgemeinschaft (EWG). Ganz ohne Pathos kann die frühe supranationale F&T-Politik als ein Elitenprojekt zur Friedenssicherung durch supranationale Vergemeinschaftung und Wirtschaftsförderung betrachtet werden (vgl. Bach 2008, S. 25), denn Forschung und Entwicklung (F&E) dienten der zwischenstaatlich geteilten Herstellung und Optimierung von Energieressourcen ehemals verfeindeter Staaten, deren Volkswirtschaften während des nachkriegszeitlichen Wiederaufbaus einen hohen Energiebedarf hatten. Das Projekt der europäischen Wirtschafts*vergemeinschaftung* sollte durch die hierdurch entstehenden Interdependenzen vor nationalen Aggressionen schützen, was z. B. auch für die Planung einer europäischen Verteidigungsgemeinschaft gilt, die allerdings 1954 an der fehlenden französischen Parlamentsmehrheit scheiterte. Man könnte also noch weiter gehen und die unter der EGKS und EAG geförderten F&E-Maßnahmen als – der damaligen politischen Intentionen nach – friedenssichernde Energie- und Sicherheitspolitik bezeichnen. Die Anfänge supranational integrierter F&T-Politik zeigten also zunächst einen geradezu klassischen politikfeldübergreifenden Spill-Over-Mechanismus europäischer Integration (Haas 1958, S. 298). Kohle- und Stahltechnologien sowie zivile Kernkrafttechnologien sollten gemeinschaftlich weiterentwickelt, nationale Forschungsanstrengungen der ehemals sechs EG-Gründungsmitglieder koordiniert und die Betriebssicherheit

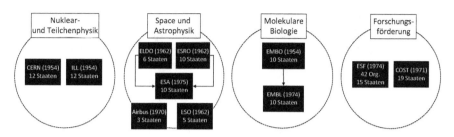

Abb. 4 Transnationale F&E-Kooperationen der 1960er- und 1970er-Jahre (nach Themen)

in den entsprechenden Anlagen und Betrieben erhöht werden, nicht zuletzt durch Standardisierungen und Risikofolgenabschätzung (vgl. EGKS-Vertrag, Art. 55, Abs. 1; EAG/EURATOM-Vertrag, Art. 2b).

Relativ schnell zeichnete sich allerdings ab, dass einzelne, wiedererstarkte Mitgliedstaaten der EG sich einer supranationalen Förderung energie- und somit sicherheitsrelevanter F&E nur bedingt, oder eben gar nicht unterordnen würden; an diese Bedenken waren allerdings auch übergeordnete Fragen über die Reichweite einer supranationalen Integration sowie über transatlantische Sicherheitsinteressen geknüpft, die an dieser Stelle nicht detailliert diskutiert werden können (vgl. Nau 1975; Krige 2000, 2002). Entsprechend präferierten bis zum Ende der 1970er-Jahre nunmehr neun EG-Staaten eher transnationale gegenüber supranationalen Forschungseinrichtungen; als prominente Beispiele seien nur die Europäische Organisation für Kernforschung (CERN), die Europäische Weltraumorganisation (ESA) und die Europäische Molekularbiologische Organisation (EMBO) genannt. Thematisch lassen sich die transnationalen F&E-Kooperationen der 1960er- und 1970er-Jahre wie in Abb. 4 dargestellt einordnen.

Ähnlich stellte sich die Situation für die Forschungsförderung über staatliche Grenzen hinaus dar: Die *European Cooperation in Science and Technology* (COST) und die *European Science Foundation* (ESF) sind zur Zeit der europäischen Integrationskrise in den 1970er-Jahren entstanden und brachten Mitgliedsorganisationen weit über die Grenzen der EG hinaus zusammen. Die organisationale Ausgestaltung der ESF wird in diesem Kontext auch als eine Reaktion kollektiven Misstrauens einiger EG-Mitgliedstaaten gegenüber den Integrationsbestrebungen der Kommission gedeutet (Darmon 1996). Allerdings war die Selbstbezüglichkeit der Staaten zu dieser Zeit ohnehin derart stark ausgeprägt, dass insgesamt der ESF als transnationaler Organisation kaum Bedeutung beigemessen wurde.[7] So ist das Budget der mittlerweile aus 72 Mitgliedsorganisationen bestehenden ESF äußerst gering, und die große Anzahl unterschiedlicher Typen von Mitgliedsorganisationen (öffentliche

---

[7]Gérard Darmon (1997) schreibt, dass die ESF als *transnationale* Unternehmung bereits mit ihrer Entstehung unter den Abschottungsstrategien nationaler F&E-Politik litt: denn die Bereitschaft westeuropäischer Entscheidungsträger, während der Ölkrisen von 1973 und 1979 und der anhaltenden *Stagflationsphase* freie Grundlagenforschung miteinander zu fördern, war in diesem Jahrzehnt nur minimal vorhanden.

Forschungs- und Förderorganisationen sowie Akademien) lähmte die Einrichtung in ihrer Handlungsfähigkeit seit jeher. Mithin differenzierten sich entlang der Kategorien nationaler, trans- und supranationaler F&E-spezifische Erwartungsstrukturen aus: Während transnationalen Einrichtungen noch zugebilligt wurde, Grundlagenforschung zu betreiben bzw. zu fördern, stand die supranationale F&T-Politik der EG spätestens seit den 1960er-Jahren unter einem starken wirtschaftlichen Nützlichkeitsdruck (Mitzner 2013).

Die Nützlichkeitserwartungen an eine supranational organisierte und finanzierte F&T-Politik verschärften sich insbesondere im Zuge der wiederbelebten[8] EG-Integrationsbemühungen. Forschung und Entwicklung wurden Teil einer zunächst fast rein ökonomisch orientierten Integrationspolitik, die mit der Einheitlichen Europäischen Akte von 1987 ihre völkerrechtliche Vertragsgrundlage fand. Bereits drei Jahre zuvor lancierte die Kommission das informell erste Forschungsrahmenprogramm ESPRIT (European Strategic Programme on Research in Information Technology), welches die sogenannte zweite Technologische Lücke[9] der „Big 12"-Unternehmen (Siemens, Olivetti usw.) gegenüber den USA und gegenüber Japan im Bereich der Informations- und Telekommunikationstechnologie schließen sollte (Mytelka und Delapierre 1987; Peterson und Sharp 1998). Dass ESPRIT und die kleineren Förderprogramme BRITE, EURAM und RACE überhaupt implementiert werden konnten, wird darauf zurückgeführt, dass die Kommission die zu begünstigenden Unternehmen bereits während der Programmplanung an den Runden Tisch bringen konnte. In der Annahme, Unternehmen könnten aufgrund des starken Wettbewerbs auf dem Weltmarkt weder die Kosten eigener F&T-Maßnahmen tragen noch hieraus große komparative Wettbewerbsvorteile erzielen (Bozeman 2000), sollte ihnen die Europäische Gemeinschaft F&T-Maßnahmen finanzieren und hierdurch einen technologischen Schub ermöglichen (Luukkonen 2002). Entsprechend waren die ersten FRP zunächst ausschließlich auf industrie- und anwendungsorientierte F&E ausgerichtet. Um Grundlagenforschungsförderung sollte und wollte man sich in den einzelnen Nationalstaaten kümmern. Dass in diesem Bereich in vielen Staaten der EG, d. h. also in der öffentlichen Forschungsförderung von Universitäten und außeruniversitären Forschungsinstituten, finanzielle Engpässe bestanden, wurde zunächst nicht zur Kenntnis genommen (Dosi et al. 2006). Der Ansturm öffentlicher

---

[8]Die oftmals oberflächlich gewählten Formulierungen der *Eurokrise* und der *Eurosklerose* sollten nicht darüber hinwegtäuschen, dass auch in den 1970er-Jahren wichtige Integrationsfortschritte gezeigt wurden. Hierunter zählen unter anderem Urteile des Europäischen Gerichtshofes zur Stärkung der innereuropäischen Warenverkehrsfreiheit, die Einrichtung des Europäischen Parlamentes durch dessen erste Direktwahl von 1979 (vorbereitet durch den Direktwahlakt von 1976) sowie die Implementierung eines Europäischen Rates von 1974.

[9]Die Debatte in Europa um die erste *Technologische Lücke* fand ihren Zenit in den 1960er-Jahren (Servan-Schreiber 1968), insofern die Sorge geäußert wurde, europäisch produzierte Technologien würden gegenüber US-amerikanischen nicht wettbewerbsfähig sein. Aber auch in den USA entbrannte nach der Demütigung durch den Sputnik-Schock von 1957 die Diskussion um eine die Gesellschaft lähmende Mittelmäßigkeit (Peter 2015).

Wissenschaftsakteure auf die Brüsseler Ausschreibungen jedoch, und der mit dem dritten FRP ausgeglichene Anteil öffentlicher und privater Nutznießer an den FRP führten zunächst nicht zu einer Reform der Förderprinzipien der FRP.

Mithin wuchs die Kritik an der Kommission, keine (Grundlagen-)Forschung im Sinne eines primär wissenschaftlichen Erkenntnisinteresses oder im Sinne einer Wissensproduktion als öffentliche Güterproduktion zu fördern; denn dies öffentlich zu tun, galt bis zur Entstehung des ERC als ein europapolitisches Tabu. Eine direkte Nützlichkeit aus der Grundlagenforschungsförderung für Nationalstaaten abzuleiten, ist schwer begründbar, zumal Grundlagenforschung in vielen Staaten durch nationale Programme und Organisationen gefördert wird. Die Auslobung des EU-Binnenmarktes zu Beginn der 1990er-Jahre verengte zudem den Diskurs auf die ökonomische Nützlichkeit von supranational geförderter F&E für die Gemeinschaft. Daran änderte auch die sukzessive Erweiterung der Forschungsthemen wenig, geschweige denn die Ausdifferenzierung der Förderformate oder die des Adressatenkreises. Heute liegt der Anteil geförderter Unternehmen nur noch bei knapp 29%, der Anteil der geförderten öffentlichen Einrichtungen bei mehr als der Hälfte (European Commission 2015, S. 14–15). Auch alternative Innovationsverständnisse, wie z. B. Demand-Pull-Modelle, Forderungen nach einer gesellschaftlich verantwortlichen Wissenschaft, die beispielsweise Bürgeranliegen und -bedenken respektieren müsse (Abels 2003), oder auch die Umsetzung grenzüberschreitender Personenfreizügigkeit in den Marie-Curie-Mobilitätsmaßnahmen wurden technokratisch auf den „Marktimperativ" der EU zugerichtet.

Im Übergang vom sechsten zum siebenten FRP zeigt sich eine allmähliche Veränderung von Erwartungen an die EU-F&T-Politik, auch wenn diese bereits mit der Auslobung des ERA und dessen Würdigung auf höchster politischer Ebene als Teil einer EU-weiten, wirtschaftlichen Wachstumsagenda offensichtlich geworden war: Nicht nur das erheblich gesteigerte Budget[10] der FRP signalisierte, dass nun auch Forschung jenseits der „alten" industriellen Verbünde gefördert werden sollte, die immer stärker gewordene Beteiligung von öffentlichen Forschungseinrichtungen war politisch eben nicht mehr zu ignorieren. Entsprechend wurde auch die Begutachtung im Interesse öffentlicher Wissenschaft angepasst, und zwar dergestalt, dass stärker auf die wissenschaftliche Güte im Vergleich zu anderen politischen Kriterien (z. B. die Durchmischung von Konsortien mit strukturschwachen Akteuren) geachtet wird. Die GD-Forschung selektiert auch viel stärker als zuvor ihre Gutachter nach wissenschaftlicher Qualität. Vor allem aber zeichnet sich die „neue" F&T-Politik der EU durch ihren Koordinierungsgedanken aus. So hatten noch vor dem Millennium nur wenige nationale Forschungsförderorganisationen ein aktives Interesse an der Abstimmung von Themen und Programmen mit der Kommission. Mit dem Konzept des ERA ist diese Art der ganzheitlichen Koordinierung durch den Ministerrat auf höchster politischer Ebene legitimiert worden, so dass man unter der Ägide der

---

[10]Während für das fünfte FRP (1998–2002) noch 15 Mrd. € und das sechste FRP (2002–2006) knapp 18 Mrd. € investiert wurden, konnte das folgende siebente FRP mit über 50 Mrd. € ausgestattet werden.

Kommission nun mehr und mehr Akteure adressieren kann und sich dies zu einem fokalen Orientierungspunkt europäischer Forschungspolitik entwickelt.

Das wohl prominenteste Beispiel für eine neue Qualität der EU-F&T-Politik stellt die Gründung des European Research Council (ERC) aus dem Jahre 2007 dar. Nie zuvor ist der Kommission politisch zugebilligt worden, individuelle Forschungsprojekte über eine rein wissenschaftlich orientierte Begutachtung zu fördern. Bemerkenswert ist allerdings nicht nur, dass der ERC Grundlagenforschungsprojekte von Nachwuchswissenschaftlern in einem frühen oder konsolidierten Karrierestadium und erfahrene Wissenschaftler – so die drei Hauptförderlinien – mit üppigen Summen von 1,5 bis zu 3,5 Mio. € (Förderzeitraum max. fünf Jahre) finanzieren kann. Auch sein wissenschaftliches Begutachtungsverfahren in Form eines rein der wissenschaftlichen Relevanz und Neuheit verpflichteten Peer Reviews sowie seine Governance-Struktur stellen für die F&T-Politik der EU ein absolutes Novum dar. Denn zum ersten Mal in ihrer Geschichte delegiert die GD-Forschung inhaltliche und strukturelle Steuerungskompetenzen an eine Selbstverwaltungseinrichtung der Wissenschaft: an den ERC Scientific Council, einem aus 22 eminenten Wissenschaftlern und Wissenschaftlerinnen bestehenden Gremium, übertrug sie alle wichtigen Kompetenzen, damit dieser die Strategie der neu eingerichteten Förderorganisation festlegen kann, wie z. B. die Ausgestaltung des Begutachtungsverfahrens, die Entscheidung, ob es hinsichtlich der ERC-Förderung eine thematische Einschränkung geben sollte (diese gibt es nicht), dass Gutachterpanels entlang von Themenbereichen (und nicht Disziplinen) organisiert werden sollen usw. Dadurch, dass die Kommission den ERC Scientific Council mit weitreichender Unabhängigkeit ausstattete, konnte die F&T-Politik der EU, so meine These, überhaupt wieder zu hohem Ansehen gelangen. Dies mag auch an der medialen Inszenierungsleistung des ERC selbst liegen. So schmückt sich die Einrichtung gerne mit der Reputation ihrer Antragsteller, sofern diese Träger von Nobelpreisen und Fields-Medaillen sind, und ihre geförderten Projekte – es handelt sich bei ERC-Grants schlichtweg um Verträge zwischen der Kommission und den begünstigten Antragstellern – werden allzu gerne als die wichtigsten Wissenschaftspreise Europas dargestellt. Immerhin: der Wettbewerb um die üppigen und mit hohen Freiheitsgraden ausgestatteten ERC-Grants ist ungemein hoch, was sich in den durchschnittlich niedrigen Erfolgsquoten der Antragsteller wiederspiegelt. Eine dominante soziale Deutung lautet: sich einen ERC-Grant zu verschaffen, heißt sich gegenüber den besten Wissenschaftlern europa- und weltweit erfolgreich durchgesetzt zu haben. Zum anderen mag dem ERC eine hohe Reputation zukommen, da er in Anbetracht der finanziellen Situation in vielen europäischen Staaten dringend benötigte Förderung in Aussicht stellt und *zusätzlich* gegenüber der bisherigen EU-F&T-Förderung eine gern gesehene Differenz markiert. Denn seinen Antragstellern und Nutznießern oktroyiert der ERC eben keine außerwissenschaftlichen Zwecke. In diesem Sinne ist der Kommission mit der Etablierung des ERC ein Clou gelungen, insofern er insgesamt das Ansehen ihrer Forschungsförderung zu steigern vermochte.

Dennoch: Die einzige Möglichkeit der Kommission, diese Grundlagenforschungsfördereinrichtung zu legitimieren, lag in der Negierung, dass der ERC Grundlagenforschungsprojekte fördern würde. Diese unter dem Subsidiaritätsgebot nicht begründbare Forschungsform – zumindest, was die Erwartung betrifft – wurde durch den Begriff der Frontier Research (zu Deutsch: Pionierforschung) substituiert. Diese unter Frontier Research gefassten Begründungsformeln zur Einrichtung des ERC – er solle zuvorderst die Wettbewerbsfähigkeit von *Unternehmen* (sic!) im europäischen Binnenmarkt stärken[11] – offenbaren ein Paradox. Einerseits illustrieren sie die neu gewonnene bzw. offenkundig gewordene Fähigkeit der Kommission, die Legitimationsgrenzen der EU-Forschungspolitik sprachkreativ zu umgehen (Flink 2015), um politische (und wissenschaftliche) Freiheiten erst begründen zu können. Aus der Perspektive mancher Wissenschaftler mag sich das Image der Kommission und ihrer F&T-Förderung im Zuge der ERC-Entstehung verbessert haben (Nedeva 2013). Dass die Kommission jedoch sprachliche Umwege gehen und sich mit der „Frontier" einer aggressiven Semantik der US-amerikanischen Wissenschaftspolitik (Ceccarelli 2013) bedienen musste, zeugt andererseits nach wie vor von ihrem Legitimationsdefizit. Im Ergebnis stellt der ERC eine Hybridorganisation dar, die die Spannung aus Freiheit (Scientific Council) und politisch-administrativer Zweckbindung bzw. Nützlichkeit (kommissionsgeführte Exekutivagentur) in einer eigenartigen Rechtskonstruktion (Groß 2010) nur partiell unterdrücken, nicht aber auflösen kann.

Mit der Entstehung des ERC, ebenso wie mit der des European Institute of Technology wird ein bereits seit dem sechsten FRP begründeter Trend offensichtlich: Die Kommission scheint sich zunehmend aus dem operativen Management der Forschungsförderung, dem Klein-Klein der Individualförderung zurückzuziehen und diese auf externe Agenturen oder gar in Form von institutionellen Ko-Finanzierungsmodellen mit nationalen Projektträgern auszulagern. Zugleich versucht sie sich stärker als politische Gestalterin und Moderatorin zur Koordinierung europäischer F&E zu positionieren. Für diesen Trend ließe sich eine Menge von Beispielen anführen: Forschungsagenden lässt die Kommission durch die bereits angesprochenen European Technology Platforms ausarbeiten, ihre Rolle beschränkt sich somit auf die Finanzierung von Sekretariaten und die Beobachtung der hierdurch bestehenden und entstehenden Interessensvereinigungen. Durch die offene Methode der Koordinierung bringt die Kommission scheinbar unverbindlich nationalstaatliche Vertreter in vielen F&T-Belangen zusammen, damit diese sich zu Best Practices austauschen können und zu einem gemeinsamen Lernen angeregt werden. Studiert man zudem die Organigramme der GD-Forschung in ihrem Zeitverlauf, so zeigt sich, dass der Anteil der Abteilungen für strategische und politische Querschnittsfragen (Koordinierung, Beratung usw.) seit dem Millennium zugenommen und derjenige der thematisch orientierten Forschungsförderung abgenommen hat. Ein weiteres Beispiel soll hervorgehoben werden: Im April 2002 wurde das European Strategy Forum for Research Infrastructures (ESFRI) lanciert, in dem die Mitgliedstaaten eine Liste der zukünftig gemeinschaftlich aufzubauenden Großforschungsinfrastrukturen erstellen sollten. Unter der Moderation der Kommission

---

[11]Siehe den Beschluss über das siebente FRP. http://www.kowi.de/Portaldata/2/Resources/fp7/fp7-fp_de.pdf. Zugegriffen am 30.11.2015.

sollte eine Roadmap erstellt werden. Im Oktober 2006 wurden schließlich in dem Bericht *European Roadmap for Research Infrastructures* 35 Vorhaben identifiziert, auf deren Auf- und Ausbau sich die Mitgliedstaaten verständigten, weitere 16 Vorschläge wurden bis 2010 aufgeführt. Zu Beginn mag das ESFRI aufgrund seines politisch weichen, d. h. unverbindlichen Charakters belächelt worden sein. Die Kommission finanzierte *lediglich* das Sekretariat des Forums, das die Mitgliedstaaten anregen sollte, den Auf- und Ausbau gemeinsamer Forschungsinfrastrukturen vorzuschlagen. Die Abstimmung über die einzelnen Vorhaben hatte hierbei keinerlei rechtsverbindlichen Charakter. Doch mittlerweile hat die Kommission zu ESFRI Fakten geschaffen: Der Auf- und Ausbau europäischer Forschungsinfrastrukturen kann nun in Form einer eigenständigen Rechtsform erfolgen, dem sogenannten European Research Infrastructure Consortium (ERIC), auf dem sich mittlerweile ganze zehn Großvorhaben gründen. Auch die Evaluation der ESFRI-Vorschläge liegt mittlerweile in den Händen der Kommission; in der ersten Hälfte des Jahres 2016 wird sie eine neue Roadmap veröffentlichen. Mithin ist zu erwarten, dass weitere Forschungsinfrastrukturen kommissionskoordiniert aufgebaut werden, das Beispiel zeigt aber v. a., dass die Kommission nicht unbedingt selbst F&E fördern muss und dennoch bedeutsam europäische F&E-Politik gestalten kann. Das Beispiel der ESFRI-Roadmap veranschaulicht, dass eine neue Stärke der F&T-Politik der Kommission wohl weniger in der permanenten Erweiterung ihrer Forschungsförderung liegt als in der Zusammenführung nationaler Akteure und in der Koordinierung ihrer konkreten Unternehmungen und zukünftigen Vorhaben.

5 Fazit

In diesem Beitrag wurden zentrale Strukturprinzipien der EU-F&T-Politik dargestellt, die seit der Etablierung der FRP ein dynamisches Wachstum in finanzieller, programmatischer und thematischer Hinsicht verzeichnen konnten. Diskutiert wurde, dass den sozialen *und* politischen Institutionen trotz bzw. eben aufgrund der Dynamik dieses Politikfeldes zunächst kaum Veränderung zugestanden werden konnte. Die in diesem Zusammenhang ehemals gestellte Frage nach der Reichweite der EU-Integration (besonders prägnant: Kuhlmann 2001; Borrás 2003; Edler et al. 2003), also der Delegation und der mitunter vollständigen Abgabe politischer Kompetenzen an eine supranationale Steuerungsinstanz, scheint sich jedenfalls nicht mehr in der Radikalität zu stellen, wie dies zu Anfang des Millenniums noch möglich war. Zum einen erweist sich das von Stefan Kuhlmann (2001) vorgeschlagene Szenario eines Mittelwegs der Integration als realistisch: Weder hat sich die Integration von F&T zu einem Extrem auf die supranationale Steuerungsebene der EU verlagert noch existiert bloß ein national bzw. regional zerfasertes Nebeneinander von F&T-Politiken. Zum anderen bedarf es angesichts eines Blickes in die Nachrichten derzeit auch keiner hellseherischen Fähigkeiten: Europa ist seit dem Jahr 2007 derart krisengeschüttelt, dass angesichts der notorisch wiedererstarkenden, nationalen Sicherheitsinteressen Szenarien einer großangelegten, europäischen Integration von F&T wohl abwegig erscheinen. Das Beispiel der ESFRI-Roadmap deutet eher auf den Trend hin, dass die EU-F&T-Politik ihre Integrationswirkung in der nächsten Zeit einzig durch eine kluge Koordinierung nationaler Interessen ihre Integrationswirkung weiter entfalten kann. Wie sich diese Integration qua Koordinierung jedoch entwickelt, bleibt empirisch zu erforschen. Doch insgesamt ist im Hinblick auf die Integrationswirkung der EU-F&T-Politik (zunächst) Bescheidenheit geboten: von einer starken Rückwirkung EU-integrierter F&T-Politik auf nationale Kontexte ist einfach zu wenig zu spüren. Die F&T-Politik der EU, so sehr die FRP auch ausgeweitet wurden, scheint also nach wie vor nur innerhalb eines begrenzten Bereichs der Förderung und der Koordinierung ihre Wirkung entfalten zu können. In dieser europäischen Krisenzeit scheint der Diskurs die an die F&T-Politik der EU gekoppelten Wertvorstellungen stärker als zuvor zu pluralisieren. Wissenschaftliche Freiheiten werden hauptsächlich dem ERC und den alten Marie-Curie-Mobilitätsmaßnahmen in einem Teilbereich zugebilligt, der den Titel „Wissenschaftsexzellenz" trägt. Der Hauptanteil der klassischen Verbundforschung wird v. a. unter dem Leitbild der Lissaboner Wirtschaftsreformagenda gefasst; das Leitbild, in dem Europas „[f]ührende Rolle der Industrie" weltweit beschworen wird, ist die alte Tante der F&T-Integrationsgeschichte der EU. Was allerdings früher immer nur implizit in den FRP begründet wurde, nun aber explizit als großer politischer Wurf dargestellt wurde, ist die Bearbeitung großer „gesellschaftlicher Herausforderungen" (so der dritte Teilbereich von Horizon 2020) durch F&T-Maßnahmen. Diese neue Geschichte, mit der die Kommission selbst einen „break from the past" (Commission 2011, S. 2) einläuten will, soll eben von dem Binnenmarktimperativ abrücken, womöglich weil dieses Narrativ in Zeiten krisengebeutelter Staaten deren Gesellschaften nicht mehr überzeugen kann. Entsprechend stellt die Kommission nichts weniger als die prinzipielle Lösung einer Reihe gesellschaftlicher Großprobleme in Aussicht: im Gesundheits-, im Klima-, Demografie- und Energiebereich. Gewissermaßen folgt die Kommission hiermit einigen Strömungen der postmodernen Wissenschaftsforschung, die sozial robustes Wissen und gesellschaftlich definierte bzw. eingebettete Forschung bis hin zu Bürgerwissenschaften einfordern. Ob sie jedoch mit der Forderung, Grand Challenges zu lösen, ein europäisch-integratives Narrativ jenseits des EU-Binnenmarktimperativs und des Leitbilds weltweit anerkannter Spitzenforschung (ERC) bereithalten kann, v. a. im Lichte der neu erstarkenden Nationalismen in Europa, bleibt – nochmals betont! – empirisch durch sozialwissenschaftliche Forschung zu klären.

Literatur

Abels, Gabriele. 2003. The European research area and the social contextualization of technological innovations. the case of biotechnology. In *Changing governance of research and technology policy: The European research area*, Hrsg. Jakob Edler, Maria Behrens und Stefan Kuhlmann, 314–337. Cheltenham: Edward Elgar.

Arnold, Erik, Bea Mahieu, James Stroyan, David Campbell, Malin Carlberg, Flora Giaracca und et al. 2011. *Understanding the long term impact of the framework programme. Final report to the European Commission DG research*. Brighton: Technopolis.

Bach, Maurizio. 2008. *Europa ohne Gesellschaft. Politische Soziologie der europäischen Integration*. Wiesbaden: VS Verlag für Sozialwissenschaften.

Banchoff, Thomas. 2002. Institutions, inertia and European Union research policy. *Journal of Common Market Studies* 40(1): 1–21.
BMBF. (2014). *Bundesbericht Forschung und Innovation 2014*. Bonn/Berlin: Bundesministerium für Bildung und Forschung. http://www.datenportal.bmbf.de/portal/de/bufi.html.
Borrás, Susana. 2003. *The innovation policy of the EU. From government to governance*. Cheltenham: Edward Elgar.
Borrás, Susana. 2009. The politics of the Lisbon strategy: The changing role of the commission. *West European Politics* 32(1): 97–118.
Bozeman, Barry. 2000. Technology transfer and public policy. A review of research and theory. *Research Policy* 29(4–5): 627–655.
Callon, Michel. 1994. Is science a public good? Fifth Mullins Lecture, Virginia Polytechnic Institute, 23 March 1993. *Science Technology Human Values* 19(4): 395–424.
Ceccarelli, Leah. 2013. *On the frontier of science: An American rhetoric of exploration and exploitation*. Michigan: Michigan State University Press.
Cini, Michelle. 1996. *The European Commission. Leadership, organisation and culture in the EU administration*. Manchester: Manchester University Press.
Darmon, Gérard. 1996. European science foundation. A tool for a European science policy. In *Archives internationales d'histoire des sciences*, Bd. 137, 330–354. Turnhout: Brepols.
Darmon, Gérard. 1997. European science foundation. Towards a history. In *History of European scientific and technological cooperation*, Hrsg. John Krige und Luca Guzzetti, 380–403. Luxembourg: Office for Official Publications of the European Communities.
Dosi, Giovanni, Patrick Llerena, und Mauro Sylos Labini. 2006. The relationships between science, technologies and their industrial exploitation. An illustration through the myths and realities of the so-called ‚European Paradox'. *Research Policy* 35(10): 1450–1464.
European Commission. (2000). Towards a European research area. COM (2000) 6, 18 January.
European Commission. 2011. *Horizon 2020 – The framework Programme for research and innovation. Communication from the commission to the European parliament, the council, the European economic and social committee and the committee of the regions*. Brussels: European Commission.
Edler, Jakob. 2000. *Die Genese des Forschungsprogramms BRITE als reflexiver sozialer Prozeß*. Baden-Baden: Nomos.
Edler, Jakob, Maria Behrens, und Stefan Kuhlmann, Hrsg. 2003. *Changing governance of research and technology policy: The European research area*. Cheltenham: Edward Elgar.
Edler, Jakob, Stefan Kuhlmann, und Peter Stegmaier. 2010. Fragmentierung und Koordination – Governance der Wissenschafts- und Innovationspolitik in Deutschland. In *Die Gemeinschaftsaufgaben von Bund und Ländern in der Wissenschafts- und Bildungspolitik. Analysen und Erfahrungen*, Hrsg. Margrit Seckelmann, Stefan Lange, und Thomas Horstmann, 169–194. Baden-Baden: Nomos.
European Commission. 2015. *Seventh FP7 monitoring report 2013*. Brussels: DG Research and Innovation.
Flink, Tim. 2015. *Begriffspolitik Europäischen Regierens: Frontier Research und die Entstehung des Europäischen Forschungsrates*. Bielefeld: Dissertationsmanuskript.
Garud, Raghu, Cynthia Hardy, und Steve Maguire. 2007. Institutional entrepreneurship as embedded agency. An introduction to the special issue. *Organization Studies* 28(7): 957–969.
Gornitzka, Åse, und Ulf Svedrup. 2008. Who consults? The configuration of expert groups in the European Union. *West European Politics* 31(4): 725–750.
Grande, Edgar. 2001. Von der Technologie- zur Innovationspolitik – Europäische Forschungs- und Technologiepolitik im Zeitalter der Globalisierung. In *Politik und Technik – Analysen zum Verhältnis von technologischem, politischem und staatlichem Wandel am Anfang des 21. Jahrhunderts. PVS Sonderheft 31/2000*, Hrsg. Georg Simonis, Renate Martinsen und Thomas Saretzki, 368–387. Wiesbaden: Westdeutscher Verlag.
Grande, Edgar, und Anke Peschke. 1999. Transnational cooperation and policy networks in European science policy-making. *Research Policy* 28(1): 43–61.

Groß, Thomas. 2010. Der Europäische Forschungsrat – ein neuer Akteur im Europäischen Forschungsraum. *Europarecht* 2:299–309.
Haas, Ernst B. 1958. *The uniting of Europe. Political, social and economic forces.* Stanford: Stanford University Press.
Höpner, Martin, und Bojan Jurczyk. 2012. Kritik des Eurobarometers. Über die Verwischung der Grenze zwischen seriöser Demoskopie und interessengeleiteter Propaganda. *Leviathan* 40(3): 326–349.
IDEA Consult, ifQ, und PPMI. 2014. *Study on assessing the contribution of the framework programmes to the development of human research capacity*, Hrsg. European Commission Brussels: European Commission.
Kaiser, Robert, und Heiko Prange. 2005. The open method of coordination in the European research area. A new concept of deepening integration? *Comparative European Politics* 3(3): 289–306.
Knie, Andreas, Dagmar Simon, und Tim Flink. 2010. Akademische Unternehmensgründungen. Über den schwierigen Nachweis der Nützlichkeit öffentlicher Forschungsförderung. *Leviathan* 38(4): 489–508.
Krige, John. 2000. NATO and the strengthening of Western science in the post-Sputnik Era. *Minerva* 38(1): 81–108.
Krige, John. 2002. The birth of EMBO and the difficult road to EMBL. *Studies in History and Philosophy of Science Part C: Studies in History and Philosophy of Biological and Biomedical Sciences* 33(3): 547–564.
Kuhlmann, Stefan. 2001. Future governance of innovation policy in Europe – Three scenarios. *Research Policy* 30(6): 953–976.
Luukkonen, Terttu. 2002. Technology and market orientation in company participation in the EU framework programme. *Research Policy* 31(3): 437–455.
Majone, Giandomenico. 2005. *Dilemmas of European integration. The ambiguities & pitfalls of integration by stealth.* Oxford/New York: Oxford University Press.
Mitzner, Veera. 2013. *Research for growth? The contested origins of European Union research policy (1963–1974).* Florence: European University Institute. Unpublished Dissertation Manuscript.
Mytelka, Lynn K., und Michael Delapierre. 1987. The alliance strategies of European Firms and the role of ESPRIT. *Journal of Common Market Studies* 26(2): 231–251.
Nau, Henry R. 1975. Collective responses to R&D problems in Western Europe. 1955–1958 and 1968–1973. *International Organization* 29(3): 617–653.
Nedeva, Maria. 2013. Between the global and the national: Organising European science. *Research Policy* 42(1): 220–230.
Niedobitek, Matthias. 2014. *Europarecht – Politiken der Union.* Berlin/Boston: de Gruyter.
Peter, Tobias. 2015. *Genealogie der Exzellenz.* Beltz Juventa: Weinheim.
Peterson, John und Margaret Sharp. 1998. *Technology policy in the European Union.* Basingstoke: Macmillan.
Pilniok, Arne. 2011. *Governance im europäischen Forschungsförderverbund. Eine rechtswissenschaftliche Analyse der Forschungspolitik und Forschungsförderung im Mehrebenensystem.* Tübingen: Mohr Siebeck.
Servan-Schreiber, Jean-Jacques. 1968. *The American challenge.* London: Hamilton.
Stein, Josephine Anne, und Allam Ahmed. 2007. The European Union as a model of international co-operation in science, technology and sustainable development. *British Journal of Politics & International Relations* 9(4): 654–669.
Stichweh, Rudolf. 2003. Genese des globalen Wissenschaftssystems. *Soziale Systeme* 9(1): 3–26.
Tömmel, Ingeborg. 2001. *Die Entfaltung des EU-Systems als Prozess von Angleichung und Differenzierung.* Opladen: Leske + Budrich.
Tömmel, Ingeborg. 2008. *Das politische System der EU.* München: Oldenbourg.
Wilholt, Torsten. 2012. *Die Freiheit der Forschung. Begründungen und Begrenzungen.* Suhrkamp: Frankfurt a. M.

Rechtliche Rahmenbedingungen der Wissenschaftspolitik

Margrit Seckelmann

Inhalt

1	Einleitung	99
2	Hochschulpolitik und rechtliche Rahmenbedingungen im Zeichen von Föderalismusreform und Exzellenzinitiative	101
	2.1 Die Neuarrondierung des Wissenschaftsföderalismus zwischen 2006 und 2009	101
	2.2 Beamtenrecht und Recht der Beschäftigten	103
	2.3 Die Neuregelung der Kooperationstatbestände	105
3	Organisationelle Veränderungen der Hochschulen und die Wissenschaftsfreiheit	107
	3.1 Zur Verfassungskonformität der neuen Governance-Strukturen	108
	3.2 Verfassungsrechtliche Rahmenbedingungen	109
	3.3 Vereinbarkeit der neuen Governance-Strukturen mit den organisationsbezogenen Aussagen der Wissenschaftsfreiheit	109
	3.4 Akkreditierung von Studiengängen	112
4	Fazit	113
Literatur		114
	Weiterführende Literatur	115

1 Einleitung

Die Föderalismusreform und die Exzellenzinitiative haben seit 2006 die Verhältnisse im Wissenschaftsrecht „zum Tanzen gebracht".[1] Nunmehr scheint möglich zu sein, was vorher nicht möglich war, insbesondere die Verbindung von universitärer und außeruniversitärer Forschung und deren verstetigte Förderung. Aufgrund des neuen Art. 91b GG können Bund und Länder seit dem 1. Januar 2015 auf Grund von

---

[1]Frei nach Mittelstrass 2014, S. 6.

M. Seckelmann (✉)
Deutsches Forschungsinstitut für öffentliche Verwaltung Speyer, Speyer, Deutschland
E-Mail: seckelmann@foev-speyer.de

Vereinbarungen in Fällen überregionaler Bedeutung bei der Förderung von Wissenschaft, Forschung und Lehre zusammenwirken. Allerdings bedürfen Vereinbarungen, die den Schwerpunkt Hochschulen betreffen, der Zustimmung aller Länder, sofern sie sich nicht auf Forschungsbauten (einschließlich Großgeräte) beziehen.[2]

Die neue Regelung nahm in gewisser Weise das zurück, was zuvor missglückt war, nämlich eine überakzentuierte Entflechtung (Seckelmann 2014, 2015, S. 249). Auf diese Veränderungen und deren rechtliche Konsequenzen wird nachfolgend eingegangen, auch im Hinblick auf die seither veränderten Arbeitsbedingungen an Hochschulen und Forschungsinstituten.

Für die Entwicklung des Wissenschaftsrechts seit der 4. Novelle des Hochschulrahmengesetzes von 1998 war auch etwas anderes kennzeichnend, nämlich die Veränderung der Governance-Struktur der Einrichtungen (vgl. Jansen 2010). Seither hat sich das Organisationsrecht der Hochschulen im binnenorganisatorischen Sinne (Präsidial- oder Rektoratsverfassung, Dekanatsverfassung) und dasjenige der Hochschulen zum Staat (rechtliche Selbständigkeit, Rechtsform, Umfang der Aufsicht) in den Landeshochschulgesetzen verändert (vgl. Bogumil und Heinze 2009; Bogumil et al. 2013; Sieweke 2010). Vergleichbares vollzog sich im außeruniversitären Bereich. Auch dieses wird nachfolgend im Hinblick auf seine Rechtskonformität zu untersuchen sein.

An dieser Stelle kann hingegen nur angedeutet werden, dass das deutsche Wissenschaftssystem immer stärker durch die europäische Ebene beeinflusst wird. Das betrifft nicht nur die Anreizsteuerung durch die Europäische Kommission oder das *European Research Council*. Vielmehr werden in den Mitgliedstaaten der Europäischen Union (unter dem Stichwort der Vereinheitlichung der Studienabschlüsse durch Bachelor- und Masterstudiengänge und durch die Etablierung eines *European Credit Transfer Systems*) die Vereinbarungen auf interministerieller Ebene mit dem Ziel eines einheitlichen europäischen Hochschul- und Forschungsraumes umgesetzt (vgl. Pilniok 2011). Der Einfluss der europäischen Ebene geht noch darüber hinaus. Denn das Recht des Bundes wie auch der Länder wird zunehmend europarechtlich überformt. Das betrifft auch und gerade Regelungen, die die Rahmenbedingungen von Forschung regeln: das Chemikalienrecht, das Arzneimittelgesetz und das Medizinproduktegesetz, aber auch das Gentechnikgesetz tragen inzwischen deutlich europäisch beeinflusste Züge. Auch das Patentgesetz wurde durch die Umsetzung der EU-Biopatentrichtlinie in entscheidender Weise geprägt.

Ebenso würde eine Untersuchung über den Einfluss anderer Rechtsordnungen, deren Elemente im Wege der Imitation Eingang in das deutsche Wissenschaftsrecht fanden, den Rahmen der vorliegenden Untersuchung sprengen. Hingewiesen sei an dieser Stelle nur auf das Arbeitnehmererfindungsrecht, dessen sogenanntes „Professorenprivileg" (§ 42 Arbeitnehmererfindungsgesetz alter Fassung) im Jahre 2002 abgeschafft wurde. Erfindungen von Wissenschaftlerinnen und Wissenschaftlern sind nunmehr dann, wenn sie im Zusammenhang mit ihrer dienstlichen Tätigkeit erfolgen, der Hochschule zur Verwertung anzuzeigen und, wenn diese Interesse

---

[2]BGBl. I/2014, S. 2438.

daran haben sollte, auch zu überlassen (Pahlow und Gärditz 2006, S. 48). Inwieweit die dem amerikanischen Recht nachempfundene Neuregelung die deutschen Hochschulen (abgesehen vom Ausbau ihrer Technologietransferabteilungen) besser für den internationalen Wettbewerb gerüstet sein lässt, wird sich noch zu erweisen haben.

2 Hochschulpolitik und rechtliche Rahmenbedingungen im Zeichen von Föderalismusreform und Exzellenzinitiative

Die aktuellen Tendenzen im wissenschaftsbezogenen Staatsorganisationsrecht und seiner Umsetzung lassen sich durch zwei widerstrebende Bewegungen charakterisieren. Während die erste Stufe der Föderalismusreform von 2006 ganz im Zeichen der Entflechtung von Kompetenzen und der Rückführung von Bundeskompetenzen im Wissenschaftsbereich stand, war die zeitgleich durchgeführte Exzellenzinitiative durch eine starke Stellung des Bundes gekennzeichnet. Überdies wurde mit dem Vorhaben, das „Karlsruher Institut für Technologie" zu gründen, gerade ein Konzept in der „Premium"-Förderlinie der „Zukunftskonzepte" ausgezeichnet, mit dem eine primär vom Land geförderte Hochschule mit einem ganz überwiegend (zu 90%) durch den Bund geförderten Institut der Helmholtz-Gemeinschaft fusionieren sollte. Derartige Kooperationen laufen aber grundsätzlich dem Entflechtungsgedanken der ersten Stufe der Föderalismusreform zuwider. Man könnte die These vertreten, dass die Exzellenzinitiative sich insoweit gleichsam als eine Art „Reparaturbetrieb" der Föderalismusreform auswirkte. Dieser Korrektur auf der operativen Ebene folgte zum 1. Januar 2015 auch eine auf der Ebene der Verfassung, nämlich durch eine Rückkehr zu verstärkten interföderalen Kooperationsmöglichkeiten (dazu sogleich).

2.1 Die Neuarrondierung des Wissenschaftsföderalismus zwischen 2006 und 2009

Die Föderalismusreform hatte das Ziel, in einem bundesstaatlichen Großvorhaben die verwobenen Bund- und Länderkompetenzen im Wissenschaftsbereich zu entflechten (zu den damit verbundenen Problemen Benz 2008). Neben den Gemeinschaftsaufgaben von Bund und Ländern, die 1969 ihren Eingang in das Grundgesetz gefunden hatten, stand das Hochschulrahmengesetz auf dem Prüfstand. Denn zuvor hatte der Bund mit dem Fünften Änderungsgesetz zum Hochschulrahmengesetz aus dem Januar 2002[3] seine Kompetenz zur Rahmengesetzgebung im Hochschulbereich durch Vorgaben zur Abschaffung der Habilitation und mit der Einführung der Juniorprofessur[4] überschritten, wie das Bundesverfassungsgericht 2004 länder-

---

[3]Fünftes Gesetz zur Änderung des Hochschulrahmengesetzes und anderer Vorschriften vom 16. Februar 2002 (BGBl. I, S. 693).
[4]BVerfG vom 27.07.2004, BVerfGE 111, 226, 252.

freundlich entschied (Gärditz 2005b, S. 157; Scharpf 2006, S. 316). Gleiches galt für das Verbot von Studiengebühren durch das Sechste Änderungsgesetz zum Hochschulrahmengesetz vom August 2002,[5] welches das Bundesverfassungsgericht 2005 für verfassungswidrig erklärte.[6]

Diskutiert wurde im Politikfeld Wissenschaft und Forschung vor allem über eine gänzliche Abschaffung der Rahmengesetzgebungskompetenz des Bundes (Lindner 2007, S. 180). Ebenso wurden die Gemeinschaftsaufgaben im Bereich der Verwaltungskompetenzen missbilligt (vgl. exemplarisch Holtschneider und Schön 2007; Meyer 2006). Diese stellen eine grundgesetzlich erlaubte Möglichkeit einer – nach den Art. 30 und 83 GG grundsätzlich ausgeschlossenen – ebenenübergreifenden Kooperation dar. Dabei wurde in Kauf genommen, dass die Zurückschneidung von Mitwirkungspflichten auch eine Reduzierung von Einflussrechten mit sich brachte (vgl. Sager 2007, S. 121).

Einen ständigen Stein des Anstoßes bildete vor 2006 etwa die bestehende *faktische* Bindung der Landesparlamente in haushaltsrechtlichen Fragen an die Vorfestlegungen von Bund-Länder-Gremien, in denen zumeist der Bund kraft besserer finanzieller Ausstattung die Agenda bestimmte. Dies betraf insbesondere den Hochschulbau (vgl. Wiesner 2010). Aufgrund warnender Stimmen der Hochschulbauexperten im Wissenschaftsrat sowie in Bund und Ländern (vgl. von Heyden 2007, S. 49) wurde der Hochschulbau zwar nicht gänzlich aus der gemeinschaftlichen Aufgabenzuständigkeit entlassen. Wohl aber sollte dieser von einer Aufgabe, bei der Bund und Länder zusammenarbeiten *müssen* (Art. 91 a GG) zu einer solchen herabgestuft werden, bei der der Bund mit allen oder einzelnen Ländern oder diese untereinander kooperieren *können* (Art. 91 b GG).

Ebenso auf der Reformagenda der Föderalismuskommission stand die Abschaffung der fakultativen Gemeinschaftsaufgabe „Bildungsplanung" nach Art. 91b GG. Auch dieser Fall erwies sich als problematisch, da die internationalen Bindungen der Bundesrepublik Deutschland, insbesondere die Mitgliedschaft in der Europäischen Union und der OECD, eine vollständige Streichung dieser Kompetenznorm nicht für ratsam erscheinen ließen (Guckelberger 2008, S. 268). Und so wurde der Entwurf in der Föderalismuskommission zwar noch fertiggestellt, es kam allerdings nicht zu seiner Verabschiedung vor der Bundestagswahl 2005.

Einen neuen Anstoß für eine Reform der Kompetenzen von Bund und Ländern brachte die Bildung einer Großen Koalition nach den Wahlen 2005. Im Koalitionsvertrag von CDU/CSU und SPD[7] wurden die wesentlichen Bestimmungen mit geringfügigen Abweichungen (Häde 2006, 931) niedergelegt. Diese wurden (unter weitgehender Ausklammerung des auf die Finanzverfassung bezogenen Teils, der in der Föderalismusreform II von 2009 im Mittelpunkt stand) in ein Gesetz zur

---

[5]Sechstes Gesetz zur Änderung des Hochschulrahmengesetzes vom 8. August 2002 (BGBl. I, S. 3138).
[6]BVerfG vom 26.01.2005, BVerfGE 112, 226, 244.
[7]Koalitionsvertrag zwischen der CDU, der CSU und der SPD vom 11. November 2005, http://www.bundesregierung.de/Anlage920135/Koalitionsvertrag.pdf, S. 93.

Änderung des Grundgesetzes vom 28. August 2006[8] und ein Föderalismusreform-Begleitgesetz[9] umgesetzt, das die einfachgesetzlichen Regelungen betraf. Beide Gesetze traten im September 2006 in Kraft.

Die Rahmengesetzgebungskompetenz wurde gänzlich aufgehoben. Die Neuordnung der Kompetenzen gewährte dem Bund im Bereich des Hochschulrechts die konkurrierende Gesetzgebungskompetenz hinsichtlich der Zulassung zum Studium und der Studienabschlüsse (Art. 74 Abs. 1 Nr. 33 GG), der Regelung der Ausbildungsbeihilfen und der Förderung der wissenschaftlichen Forschung (Art. 74 Abs. 1 Nr. 13 GG). Die restlichen Kompetenzen im Hochschulrecht fielen an die Länder, die im Bereich des Hochschulrechts kompetenziell (aber nicht alle finanziell) gestärkt aus der Föderalismusreform hervorgingen. Die Aufhebung der Rahmengesetzgebung im Beamtenrecht des Art. 74a Abs. 2 GG entsprach ebenfalls dem damaligen Gedanken eines „Wettbewerbsföderalismus", sie hat ebenfalls für Differenzierungen, insbesondere durch die unterschiedliche Höhe der Besoldung in den einzelnen Bundesländern gesorgt. An die Stelle des Beamtenrechtsrahmengesetzes trat (für bestimmte Teile des Beamtenrechts) das sogenannte „Beamtenstatusgesetz",[10] das ausweislich seines § 1 „das Statusrecht der Beamtinnen und Beamten der Länder, Gemeinden und Gemeindeverbände sowie der sonstigen der Aufsicht eines Landes unterstehenden Körperschaften, Anstalten und Stiftungen des öffentlichen Rechts" regelt, also materiell letztlich doch das, was man früher den „Rechtsrahmen" genannt hätte.

2.2 Beamtenrecht und Recht der Beschäftigten

2.2.1 Beamtenrecht

Es kam jedoch deswegen zu wettbewerblichen Problemlagen, da Neueinstellungen von Professoren nach der Besoldungsordnung W (wie Wissenschaft) und nicht mehr nach der Besoldungsordnung C erfolgten. An die Stelle von altersmäßig steigenden Bezügen trat ein System von Grundgehalt plus Leistungsbezügen, was insbesondere die Gewinnung von Wissenschaftlern ermöglichen sollte, die zuvor nicht in der (deutschen) Wissenschaft tätig waren und nach dem Dienstaltersystem strukturell benachteiligt waren.

Im Februar 2012 hat das Bundesverfassungsgericht hierzu entschieden, dass der Übergang von der C- zur W-Besoldung als „Systemwechsel" zwar grundsätzlich von der Gestaltungsfreiheit des Gesetzgebers gedeckt gewesen sei. Allerdings müsse der Gesetzgeber in der Besoldungsordnung dafür Sorge tragen, dass die besoldungsrechtliche Neubewertung eines Amtes immer noch den (unveränderten) Anforde-

---

[8]Gesetz zur Änderung des Grundgesetzes vom 28. August 2006, BGBl. I, S. 2034.
[9]Föderalismusreform-Begleitgesetz vom 5. September 2006, BGBl. I, S. 2098.
[10]Gesetz zur Regelung des Statusrechts der Beamtinnen und Beamten in den Ländern vom 17. Juni 2008 (BGBl. I, S. 1010), geändert durch Artikel 15 Absatz 16 des Gesetzes vom 5. Februar 2009 (BGBl. I, S. 160).

rungen des Amtes gerecht werde (BVerfGE 130, 263, 2. Leitsatz). Es müsse jedem Professor grundsätzlich möglich sein, derartige Leistungsbezüge zu erlangen. Zudem dürfe es nicht dazu kommen, dass diejenigen Professoren, die nach anderen an eine Universität berufen würden, aufgrund von Vorfestlegungen für die bereits Berufenen „allenfalls für niedrig bemessene Leistungsbezüge in Betracht" kommen, „ohne dass dies von der individuellen Leistung des Professors abhängig oder von ihm in irgendeiner Weise beeinflussbar wäre" (BVerfGE 130, 263).

2.2.2 Recht der Beschäftigten

Durch die Aufhebung der Rahmengesetzgebungskompetenz für die allgemeinen Grundsätze des Hochschulwesens in der Föderalismusreform (ex-Art. 75 Abs. 1 Nr. 1a GG) ist eine weitere rahmenrechtliche Regelung der Landeshochschulgesetze nicht mehr möglich. Daher bestehen seit 2008 Bestrebungen, das Hochschulrahmengesetz (HRG), das dank einer Übergangsnorm (Art 125a Abs. 1 S. 1 GG) gleichsam torsohaft als Bundesrecht weitergilt, aufzuheben (zu den damit verbundenen Problemen vgl. Lindner 2007, S. 180); in jedem Fall gehen ihm neuere Regelungen des Landesrechts vor. Die zuvor im Hochschulrahmengesetz enthaltenen Regelungen zu befristeten Beschäftigungsmöglichkeiten an Hochschulen und außeruniversitären Forschungseinrichtungen wurden daher in ein Sonderarbeitsrecht für (vor allem Nachwuchs-)Wissenschaftler überführt.

Das Wissenschaftszeitvertragsgesetz von 2007[11] übernahm aus dem HRG die Sonderregelungen für den wissenschaftlichen (und künstlerischen) Nachwuchs, der sechs Jahre vor und sechs (bei Medizinern: neun) Jahre nach der Promotion *befristet* eingestellt werden kann. Eine unbefristete Einstellung ist hingegen immer möglich, sie wird nur äußerst selten vorgenommen. Bei einer kürzeren Phase vor Abschluss der Promotion als sechs Jahre verlängert sich der Befristungszeitraum nach der Promotion um den „eingesparten" Zeitraum. Das WissZeitVG kennt jedoch einige Ausnahmen (so wird etwa eine Qualifikationsphase im Ausland grundsätzlich nicht angerechnet). Im Unterschied zum HRG enthält es Regelungen zur Vereinbarkeit von Kindererziehung und Qualifizierung: Nach § 2 Abs. 1 Satz 3 WissZeitVG verlängert sich die insgesamt zulässige Befristungsdauer in der Qualifizierungsphase des wissenschaftlichen Personals bei Betreuung eines oder mehrerer Kinder unter achtzehn Jahren um zwei Jahre je Kind. Ebenso bedeutsam ist der neue Befristungstatbestand gem. § 2 Abs. 2 Satz 1 WissZeitVG: Bei einer Beschäftigung aus Drittmitteln kann das wissenschaftliche und künstlerische Personal auch nach dem Ablaufen der zwölf bzw. fünfzehn Qualifikationsjahre befristet beschäftigt werden.

Nach Ausschöpfen dieser Fristen ist (sofern es sich nicht um den soeben erwähnten Fall der Beschäftigung aus Drittmitteln handelt) nur noch eine unbefristete Beschäftigung oder aber eine Befristung nach einem anderen Gesetz möglich.

---

[11] Gesetz über befristete Arbeitsverträge in der Wissenschaft (Wissenschaftszeitvertragsgesetz) vom 12. April 2007, BGBl. I, S. 506.

Hier kommt in erster Linie das Teilzeit- und Befristungsgesetz (TzBfG)[12] in Betracht, nach welchem u. a. kurzfristige Personalverstärkungen oder Vertretungseinstellungen möglich sind (§ 14 Abs. 1 TzBfG). Jedoch kann *pro Arbeitgeber* von dieser Möglichkeit maximal zwei Jahre Gebrauch gemacht werden (§ 14 Abs. 2 TzBfG) und auch nur dann, wenn bei dem konkreten Arbeitgeber keine vorherige Beschäftigung bestand. Die Rechtsprechung dazu ist uneinheitlich: Zum einen hat das Bundesarbeitsgericht es für eine erneute befristete Tätigkeit nach § 14 Abs. 1 TzBfG ausreichen lassen, wenn die Vorbeschäftigung länger als drei Jahre zurückliegt.[13] Zum anderen aber gab es unterschiedliche Urteile dahingehend, ob als Arbeitgeber bei Beschäftigten an öffentlichen Hochschulen das Land oder der Bund (also die Anstellungskörperschaft) anzusehen und dort auch bei einer langfristigen Beschäftigung aus landeseigenen Drittmitteln Rechtsmissbrauch anzunehmen ist.[14] Da die Hochschulen (und Forschungsinstitute) seither alarmiert sind, wahren sie Zurückhaltung bei der Einstellung nach dem TzBfG. Daher hat sich die ursprünglich gut gemeinte Vorschrift ihren Auswirkungen nach in ihr Gegenteil verkehrt und führt oft zu einer ungewollten Wanderschaft von Bundesland zu Bundesland. Derzeit gibt es innerhalb der Wissenschaftsorganisationen wie auch in der GEW Bestrebungen, im Bereich der angestellten Wissenschaftler für bessere Arbeitsbedingungen zu sorgen.

2.3 Die Neuregelung der Kooperationstatbestände

Im Bereich der Verwaltungskompetenzen standen im Politikfeld Bildung und Wissenschaft die Gemeinschaftsaufgaben im Mittelpunkt. Aus einer pflichtigen Gemeinschaftsaufgabe nach Art. 91a Abs. 1 Nr. 1 GG wurde der Hochschulbau zu einer fakultativen Gemeinschaftsaufgabe zum Zusammenwirken bei „Forschungsbauten" nach Art. 91b Abs. 1 Nr. 3 GG (vgl. Schmidt-Aßmann 2007). Bund und Länder können in diesem Gebiet „in Fällen überregionaler Bedeutung" zusammenwirken. Da in diesem Bereich keine Sperrwirkung für die fraglichen Aufgaben entfaltet wird, können die Länder bei den Forschungsbauten daneben auch eigene Lösungen ohne Beteiligung des Bundes und bilateral zwischen Bund und einzelnen Ländern suchen, sofern die aus dem Gedanken der Bundestreue (Bauer 1992; Oeter 1998, S. 233) folgenden Informations- und Konsultationspflichten beachtet werden. Auch inhaltlich gab es eine Veränderung. Der Begriff der Forschungsbauten ist deutlich enger zu verstehen als der frühere Begriff des Hochschulbaus.

Im Sinne einer weiteren Entflechtung wurden konsequenterweise die gemeinsame Rahmenplanung nach Art. 91a Abs. 3 GG alter Fassung sowie das Unter-

---

[12]Gesetz über Teilzeitarbeit und befristete Arbeitsverträge vom 21. Dezember 2000 (BGBl. I S. 1966), zuletzt geändert am 20. Dezember 2011, BGBl. I, S. 2854.
[13]BAG v. 06.04.2011 – 7 AZR 716/09, Neue Zeitschrift für Arbeitsrecht 2011, S. 905.
[14]Während das Arbeitsgericht Gießen dieses angenommen hat (Aktenzeichen 2 Sa 1210/14), wurde es vom hessischen Landesarbeitsgericht verneint.

richtungsrecht nach Art. 91a Abs. 5 GG (dito) abgeschafft. Zur Kompensation für die bisher den Ländern zufließenden Bundesmittel wurde 2006 in Form des Art. 143c GG eine neue Übergangsregelung geschaffen, die für eine Übergangszeit bis Ende 2019 (bzw. im konkreten Verteilungsschlüssel bis 2013) die Höhe der Verteilung der Mittel auf die Länder regelt und durch das Entflechtungsgesetz als Teil des Föderalismusreformbegleitgesetzes weiter konkretisiert wird.

Bei den fakultativen Gemeinschaftsaufgaben nach Art. 91b GG verlor die Bildungsplanung ihren Status als Gemeinschaftsaufgabe (vormals Art. 91b Abs. 1 GG). Nur noch „Einrichtungen und Vorhaben der wissenschaftlichen Forschung außerhalb von Hochschulen" (Art. 91b Abs. 1 Nr. 1 GG) und „Vorhaben der Wissenschaft und Forschung an Hochschulen" sind nach Art. 91b Abs. 1 Nr. 2 GG gemeinschaftlich von Bund und Ländern förderbar. Zudem erlaubt – gleichsam als Kompensation – die Neuregelung des Art. 91b Abs. 2 GG eine gemeinschaftliche Aufgabenwahrnehmung in einem neuen Feld: den Bildungsvergleichen mit den entsprechenden Berichten und Empfehlungen (vgl. Guckelberger 2008, 2010).

Infolge der ersten Stufe der Föderalismusreform und der damit einhergehenden Änderung der Kompetenzen im Wissenschafts- und Bildungsbereich mussten einige der korporativen Akteure und „Kooperationsstrukturen" (Röhl 1996) auf eine neue Rechtsgrundlage gestellt werden. Das betraf insbesondere die Bund-Länder-Kommission für Bildungsplanung und Forschungsförderung (BLK), die in ihren verschiedenen Ausschüssen mit der Abwicklung der Gemeinschaftsaufgaben Bildungsplanung und Forschungsförderung befasst war. Durch die Herausnahme der Bildungsplanung aus der gemeinschaftlichen Aufgabenzuständigkeit von Bund und Ländern stellte sich die Notwendigkeit zur Reform dieses Bund-Länder-Gremiums. Zum 1. Januar 2008 wurde dieses in die neugegründete „Gemeinsame Wissenschaftskonferenz" (GWK) überführt. Diese verfügt im Wesentlichen über diejenigen Kompetenzen, die zuvor die Bund-Länder-Kommission für Bildungsplanung und Forschungsförderung im Bereich der *Forschungsförderung* innehatte.

Die Änderungen des Grundgesetzes nach der Föderalismusreform in ihren beiden Etappen riefen indes immer stärkeren Unmut hervor, je näher das Ende der Übergangsregelungen für die Hochschulbaufinanzierung (31.12.2019) und der Pakte für Forschung und Innovation, der Exzellenzinitiative und des Hochschulpaktes 2020 heranrückte. Das betraf insbesondere den Aspekt der Kooperation von Bund und Ländern, die nach Reduktion der entsprechenden Möglichkeiten durch Veränderung der Artikel 91a und 91b GG zunehmend in „Umgehungsgeschäften" gesucht wurde. Zum Beispiel durch Überführung des 50:50 von Bund und Ländern geförderten Leibniz-Instituts (Geomar) in die zu 90% vom Bund geförderte Helmholtz-Gemeinschaft, um durch das Freiwerden der entsprechenden Landesmittel die (einstweilige) Rettung der Lübecker Universitätsmedizin zu ermöglichen (vgl. Seckelmann 2011b, 2012b).

Diesen teils unwürdigen Schauspielen wurde durch Änderung von Art. 91b GG zum 1. Januar 2015 zumindest teilweise ein Ende bereitet. Seither können, wie eingangs erwähnt, Bund und Länder auf Grund von Vereinbarungen in Fällen überregionaler Bedeutung bei der Förderung von Wissenschaft, Forschung und Lehre zusammenwirken.

Bedauerlich ist in diesem Zusammenhang allerdings, dass die ebenfalls im Rahmen der Föderalismusreform reduzierten Kooperationsmöglichkeiten im Bildungsbereich nicht zurückgenommen wurden, so dass sich bezogen hierauf nach wie vor von einem „Kooperationsverbot" (eigentlich: mangelnde Kooperationserlaubnis nach Art. 104b GG; vgl. Seckelmann 2012b) sprechen lässt.

In diesem Zusammenhang interessant ist auch der Umstand, dass die ursprünglich auf (zeitlich begrenzte) Projektförderung angelegte Exzellenzinitiative letztlich eine Verfassungsänderung zum Zwecke der Verstetigung der erzielten Ergebnisse nach sich gezogen hat. Diese Paradoxie wohnt aber letztlich der Projektforschung selbst inne (vgl. Besio 2009; zur Projektforschung allgemein vgl. Torka 2009).

3   Organisationelle Veränderungen der Hochschulen und die Wissenschaftsfreiheit

Der Wegfall der Rahmengesetzgebungskompetenz und die geplante Aufhebung des Hochschulrahmengesetzes (HRG) verfolgte auch das Ziel, den Wettbewerb zwischen den einzelnen Bundesländern zu stimulieren. Die Länder sollten im Rahmen der (sogleich vorzustellenden) materiellen Aussagen des Grundgesetzes noch freier als bisher über die äußere wie innere Verfasstheit der Hochschulen entscheiden können.

Gewisse Schritte zu einem „Wettbewerb der Hochschulkonzepte" (Schenke 2005, S. 1000) hatte es noch unter der Geltung des HRG gegeben. Denn die 4. Novelle des Hochschulrahmengesetzes von 1998 hatte einen Verzicht auf die bisherigen bundeseinheitlichen Rahmenvorgaben für die Hochschulorganisation mit sich gebracht. Diese führte in vielen Hochschulgesetzen zu einer Stärkung des Rektorats oder zunehmend des Präsidiums. Der Wechsel von der Rektorats- zur Präsidialverfassung war auf Landesebene schon seit der 3. HRG-Novelle vom 1. Juli 1985 möglich. Daneben wurden im Zeichen erster Deregulierungsversuche experimentelle, also in der Regel zunächst befristete, Bereichsausnahmen (vgl. etwa § 10 des TU Darmstadt-Gesetzes von 2004[15]) in bestimmten Bereichen des Haushaltswesens (Haushaltsbewirtschaftung, Personal, Gebäudebewirtschaftung) eingeführt.

In den Landeshochschulgesetzen werden die Hochschulen mit größeren Kompetenzen betraut, um die eigenen Angelegenheiten besser wahrnehmen zu können. In der Diktion des Neuen Steuerungsmodells werden diese gesteigerten (Selbstbewirtschaftungs-) Kompetenzen mit dem Begriff einer gesteigerten (organisationellen) „Autonomie" bezeichnet, dieser Begriff darf jedoch keinesfalls mit der (personalen) wissenschaftlichen Autonomie des Art. 5 Abs. 3 GG verwechselt werden (vgl. Bull und Mehde 2000).

---

[15]Gesetz zur organisatorischen Fortentwicklung der TU Darmstadt (TUD-Gesetz) vom 5. Dezember 2004, GVBl. Hessen I/2004, S. 382.

Die Zuerkennung weiterer Kompetenzen geschieht entweder modellhaft für einzelne Universitäten oder durch eine grundsätzliche Überführung von Hochschulen in die rechtliche Selbstständigkeit und die Reduktion der ministeriellen Aufsichtsrechte auf die Rechtsaufsicht. Die Reduktion der ministeriellen Weisungs- und Aufsichtsrechte der Ministerien wird nach diesem Modell kompensiert durch andere Formen der „Aufsicht", insbesondere durch Hochschulräte und ihre funktionalen Äquivalente (vgl. Fehling 2002, 2009).

Die Zubilligung größerer „Autonomie"-Grade an Hochschulen begann in einzelnen Bundesländern bereits vor der Föderalismusreform (etwa durch die niedersächsischen Stiftungshochschulen von 2002 und das TU-Darmstadt-Gesetz von 2004). Bereits in der vierten HRG-Novelle von 1998 wurde die (zuvor geltende) rahmenrechtliche Bestimmung in § 58 HRG gelockert, wonach die Hochschulen zugleich öffentlich-rechtliche Körperschaften wie staatliche Einrichtungen zu sein hätten (sogenannte Janusköpfigkeit der Hochschule), und in ein Regelbeispiel umgewandelt (§ 58 Abs. 1 S. 1 HRG: „in der Regel"), neben dem die Wahl anderer Rechtsformen möglich sein soll (§ 58 HRG Abs. 1 S. 2 HRG). Zwischen den einzelnen Landeshochschulgesetzen bestehen indes hinsichtlich der Schaffung von Autonomiegraden weiterhin Unterschiede.

3.1 Zur Verfassungskonformität der neuen Governance-Strukturen

Mit den zunehmenden Autonomiegraden der Hochschulen gehen Kompetenzverluste oder zumindest -delegationen von Seiten der Ministerien einher. Um das *Agency*-Problem zu bewältigen, das mit den Informationsasymmetrien zwischen den Ministerien und den Hochschulen einhergeht, wurden neue Formen des Berichtswesens und der (Selbst-)kontrolle eingeführt. Allerdings können hier die klassischen aufsichtsrechtlichen Kategorien und Instrumentarien kaum mehr angewendet werden.

Die (Selbst-)Kontrolle soll oftmals durch (je nach Landesgesetz auch als „Universitätsrat" [Saarland] bezeichnete) Hochschulräte ausgeübt werden, die in vierzehn von sechzehn Bundesländern als Organe der Hochschulen und in Brandenburg als ein für alle geltender Landeshochschulrat eingerichtet wurden (das Bremische Hochschulgesetz verzichtet nach wie vor auf die Einrichtung von Hochschulräten) (zu Hochschulräten vgl. Hüther 2009; Lange 2010). Diese stellen ein Element inner- wie außeruniversitärer Governance von Hochschulen dar und fungieren gleichsam als Scharnier zwischen Hochschule, Ministerium und Gesellschaft. Sie sollen, so etwa der nordrhein-westfälische Landeshochschulrat, „die strategische Ausrichtung der Hochschulen mitbestimmen, zugleich aber auch die Hochschulleitung beaufsichtigen, kontrollieren und – Impulse aus Wirtschaft und Gesellschaft aufnehmend – als „Transmissionsriemen" das erforderliche Beratungswissen für die Entscheidungen der Hochschulleitung vermitteln" (Pallme König 2007, S. 174).

Sofern diese Organe nicht nur mit Beratungs-, sondern auch Entscheidungskompetenzen ausgestattet werden, wird ihre Vereinbarkeit mit den Grundrechten (insbesondere der Wissenschaftsfreiheit aus Art. 5 Abs. 3 S. 1 GG) sowie dem Demokratieprinzip zum Teil bezweifelt (vgl. Frank 2006).

Der nordrhein-westfälische Gesetzgeber hat daher auch im Jahre 2014 die recht weitgehenden Kompetenzen der Hochschulräte eingeschränkt und in seinem „Hochschulzukunftsgesetz" vom 16. September 2014[16] die Hochschulen wieder stärker der ministeriellen Aufsicht unterstellt.

3.2 Verfassungsrechtliche Rahmenbedingungen

Die Bundesrepublik Deutschland ist ein demokratischer und sozialer Bundesstaat (Art. 20 Abs. 1 GG). Alles staatliche Handeln muss auf den Volkswillen rückführbar sein (Art. 20 Abs. 2 GG). Es gibt eine Teilung in die drei Staatsgewalten Gesetzgebung, Verwaltung und Rechtsprechung. Dabei ist der Gesetzgeber an das Recht, und die Verwaltung und Rechtsprechung sind an Gesetz und Recht gebunden (Art. 20 Abs. 3 GG). Neben dem Verwirklichungsgebot des Sozialstaats (Art. 20 Abs. 1 GG), das in Hinblick auf Studiengebühren und -kapazitäten eine Rolle spielen kann, ist darüber hinaus die Staatszielbestimmung des Tier- und Nachweltschutzes (Art. 20a GG) von Bedeutung. Staatszielbestimmungen sichern als Verwirklichungsziel des Grundgesetzes Güter von Verfassungsrang, die sich auf einer Ebene mit den Grundrechten bewegen und auch bei vorbehaltlos garantierten Grundrechten (wie Art. 5 Abs. 3 S. 1 GG) mit diesen kollidieren können. So kann sich im Einzelfall die Staatszielbestimmung des Tierschutzes in einem Spannungsverhältnis zur Wissenschaftsfreiheit des einzelnen Wissenschaftlers befinden, der Tierversuche im Rahmen seiner Forschung oder der akademischen Lehre einsetzen möchte. Kollidieren Grundrechte miteinander oder mit anderen Gütern von Verfassungsrang, so hat der Gesetzgeber diese Kollision zu lösen, da in Grundrechte nur durch ein Gesetz oder aufgrund eines Gesetzes eingegriffen werden darf (Wesentlichkeitstheorie des Bundesverfassungsgerichts, BVerfGE 49, 89, ständige Rechtsprechung). Dies ist namentlich durch das Tierschutzgesetz geschehen.

Die neuen Governance-Strukturen werfen vor allem große Schwierigkeiten hinsichtlich des Demokratieprinzips und der organisationsbezogenen Aussagen der Wissenschaftsfreiheit auf.

3.3 Vereinbarkeit der neuen Governance-Strukturen mit den organisationsbezogenen Aussagen der Wissenschaftsfreiheit

Art. 5 Abs. 3 S. 1 ist seinem Wortlaut nach ein klassisches Abwehrrecht. Es schützt die Freiheit von Wissenschaft, Forschung und Lehre, dabei sind nach ganz überwiegender Meinung „Forschung" und „Lehre" als Unterfälle der Wissenschafts-

---

[16]Hochschulzukunftsgesetz (HZG NRW) vom 16. September 2014, GV NRW 2014, S. 543, vgl. dort insb. § 21 (Hochschulrat).

freiheit anzusehen (BVerfGE 35, 79 [121]; zum Verhältnis von „Forschung" zu „Lehre" vgl. Kempen 2004, Randziffer 64).

Die Wissenschaftsfreiheit ist nach der Rechtsprechung des Bundesverfassungsgerichts indes nicht nur als ein Abwehrrecht gegen staatliche Bevormundung anzusehen, sondern hat im Lichte der sogenannten objektiv-rechtlichen Rechtsprechung des Bundesverfassungsgerichts weitere Folgerungen für das Verhältnis zwischen Staat und Wissenschaft sowie Wissenschaftlern. Sie ist nach der Rechtsprechung des Bundesverfassungsgerichts zu verstehen

1. als klassisches liberales Abwehrrecht gegen staatliche Eingriffe in die Freiheit von Forschung und Lehre,
2. als objektive Wertentscheidung für eine freie Wissenschaft und
3. als Organisationsprinzip, das dem einzelnen Wissenschaftler oder der einzelnen Wissenschaftlerin ein möglichst freies wissenschaftliches Arbeiten gewährleistet. Dem einzelnen Grundrechtsträger erwächst aus der Wertentscheidung des Art. 5 Abs. 3 S. 1 GG ein Recht auf solche staatlichen Maßnahmen, die zum Schutze seines grundgesetzlich gesicherten Freiheitsrechts unerlässlich sind (BVerfGE 35, 79, Leitsätze 1–3; Seckelmann 2012a; zu den einzelnen „Gewährleistungsebenen" vgl. Schulze-Fielitz 1994, Randziffern 6–8).

Zu den letztgenannten staatlichen Maßnahmen kann eine zur Aufgabenbewältigung angemessene Grundausstattung des Lehrstuhls mit Sach- und Personalmitteln ebenso gehören wie eine grundrechtskonforme personelle Zusammensetzung der Hochschulgremien und ein grundrechtskonformes Verfahren ihrer Mitgliederbestimmung (BVerfGE 35, 79 [121]; Gärditz 2009; Krausnick 2012; Fraenkel-Haeberle 2014; zur Übertragbarkeit dieser Grundsätze auf außeruniversitäre Forschungseinrichtungen vgl. Meusel 1999, S. 134; Classen 1994, S. 119).

In einer Entscheidung von 2010 hat das Bundesverfassungsgericht betont, dass sich im Einzelfall auch Fachhochschulprofessoren auf die Wissenschaftsfreiheit berufen können, wenn und soweit ihnen Vertretung eines wissenschaftlichen Faches in Forschung und Lehre übertragen worden ist, und zwar auch im Bereich der „wissenschaftlichen Lehre" (BVerfGE 126, 1, 1. Leitsatz). Damit korrigierte das Bundesverfassungsgericht seine ältere Rechtsprechung, nach der an einer Fachhochschule die Einheit von Forschung und Lehre nicht gegeben sei (BVerfGE 37, 313, 320). Damit hat das Bundesverfassungsgericht dem Umstand Rechnung getragen, dass sich die Fachhochschulen in den letzten Jahren deutlich verändert haben. Zugleich stellte es klar, dass die Lehrfreiheit als Unterfall der Wissenschaftsfreiheit nicht nur demjenigen Wissenschaftler zugutekommt, der die Ergebnisse *eigener* Forschung seinen Studierenden vorträgt, sondern auch demjenigen, der aufgrund seiner Funktionsbeschreibung (als Fachhochschullehrer) die Aufgabe hat, „die Forschungs- und Erkenntnisentwicklungen auf seinem jeweiligen Wissenschaftsgebiet permanent zu verfolgen, zu reflektieren, kritisch zu hinterfragen und für seine Lehre didaktisch und methodisch zu verarbeiten" (BVerfGE 126, 1).

Mit Blick auf die neuen Governance-Strukturen von Hochschulen bzw. die Einführung des neuen Steuerungsmodells stellt sich nun die Frage nach der

Grundrechtsinterpretation durch das Bundesverfassungsgericht und der grundrechtlichen Bewertung dieser neuen Strukturen. Das Bundesverfassungsgericht hat in seinem Beschluss zum Brandenburgischen Hochschulgesetz dem Gesetzgeber einen gewissen Spielraum bei der Ausgestaltung der organisatorischen Anforderungen der Wissenschaftsfreiheit zuerkannt, sofern er einerseits „für funktionsfähige Institutionen eines freien Wissenschaftsbetriebs sorge und anderseits sicherstelle, dass das individuelle Grundrecht der freien wissenschaftlichen Betätigung soweit unangetastet bleibe wie es unter Berücksichtigung der anderen legitimen Aufgaben von Wissenschaftseinrichtungen und der Grundrechte weiterer Grundrechtsträger möglich sei (BVerfGE 111, 333 [333; 353, 355]). Zudem das Gericht nicht mehr jede hypothetische, sondern nur noch eine „strukturelle" Gefährdung der Wissenschaftsfreiheit im Einzelfall zu prüfen habe (BVerfGE 111, 333, 353). Diese Verengung der Betrachtungsweise hat teilweise Kritik in der Literatur hervorgerufen (vgl. Gärditz 2005a, S. 409; Ladeur 2005, S. 758–759; überwiegend zustimmend Kahl 2005).

In einer Entscheidung 2010, zum Hamburgischen Hochschulgesetz hat das Bundesverfassungsgericht seine Rechtsprechung präzisiert und teilweise im Sinne der einzelnen Wissenschaftler wieder erweitert (BVerfGE 127, 87). So hat es das Gericht ausreichen lassen, wenn zwar jede Bestimmung für sich noch nicht in die Wissenschaftsfreiheit des einzelnen Grundrechtsträgers eingreift, wohl aber das Gesamtgefüge der hochschulrechtlichen Regelungen. Das ist dann der Fall, wenn gesteigerte Eingriffsbefugnisse der Universitätsleitung nicht an anderer Stelle (etwa durch Einspruchs- oder zumindest Informationsrechte des einzelnen Grundrechtsträgers bzw. des ihn repräsentierenden akademischen Senats bzw. des Fakultätsrats) kompensiert werden (BVerfGE 127, 87). So jetzt auch die Entscheidung des Bundesverfassungsgerichts von 2014 (BVerfGE 136, 338).

Diese konkrete Betrachtung der Kompetenzen der einzelnen Hochschulmitglieder und -organe wird der traditionellen Vorgehensweise im Wissenschaftsrecht in besonderer Weise gerecht. Denn unter dem Regime der klassischen Universitätsorganisation, nach dem die Hochschulen (bis zur Novelle des HRG von 1998) zugleich Selbstverwaltungskörperschaften wie staatliche Einrichtungen waren, hatte sich eine Dreiteilung der Aufgaben etabliert: Genuin „wissenschaftsrelevante" Aufgaben nahmen die Hochschulen als Selbstverwaltungsangelegenheiten unter der bloßen Rechtsaufsicht der Ministerien (vgl. etwa § 9 des Bremischen Hochschulgesetzes, BremHG) wahr. Demgegenüber wurden die klassischen Verwaltungsangelegenheiten, die den Hochschulen als staatliche Einrichtungen oblagen, von den Hochschulen unter der Fachaufsicht der Ministerien als sogenannte „übertragene" staatliche Aufgaben wahrgenommen (vgl. § 10 und 111 Abs. 8 BremHG). Dabei verblieben zentrale Kompetenzen (etwa bei Berufungen) bei den Ministerien, wobei noch vorwiegend das Prinzip der „Einheitsverwaltung" vorherrschte bzw. herrscht (vergl. § 2 Abs. 1 S. 3 BremHG), welches besagt, dass die Aufgabenkreise der Verwaltung in eigenen und in übertragenen Angelegenheiten von einer einheitlichen Universitätsverwaltung wahrgenommen werden. Typischerweise aber beeinflussen die organisationellen Rahmenbedingungen auch die Forschung und Lehre. Gegenstände dieses sogenannten „Kondominial-" oder „Kooperationsbereichs" wurden im Zusammenwirken der akademischen Selbstverwaltungskörperschaften mit dem

Ministerium bzw. der Universitätsverwaltung vorgenommen (vgl. Kahl 2005, S. 250, grundlegend zur akademischen Selbstverwaltung vgl. Trute 1994). Im Zeichen der Autonomisierung der Hochschulen bzw. der Delegation von Aufgaben an diese durch die Ministerien und des Wandels der Kanzler von leitenden Verwaltungsbeamten auf Lebenszeit (zur bisherigen Rechtsstellung vgl. Ludwig 1984, S. 24; Thieme 2004) zu Wahlbeamten als Vizepräsidenten wandelt sich die Hochschulorganisation. Neue Hochschulorgane werden in Form der bereits erwähnten Hochschulräte an den Hochschulen eingerichtet, die Rektorate in Präsidien umgewandelt bzw. die Universitätsleitungen, in welcher Form auch immer, gestärkt und die Aufgaben zwischen den Organen neu verteilt (Khal 2004, S.100).

Das Bundesverfassungsgericht hat sich in seinem Beschluss zum Brandenburgischen Hochschulgesetz auch mit der Einführung der Kompetenz für Evaluationen und weiterer neuer Steuerungselemente (zu diesen vgl. Kracht 2006, zu einigen Elementen schon Behrens 1996) beschäftigt: Wissenschaftsadäquanz sei, so das Gericht, keinesfalls im Wege einer „Versteinerung" einer einmal festgelegten Hochschulorganisation zu verstehen (BVerfGE 111, 333 Leitsatz 1). Denn die Reform von Organisationsstrukturen und Verfahrensabläufen könne im besonderen Falle sogar zu einer Effektivierung der Wissenschaftsfreiheit des Einzelnen führen (so Kahl 2005, S. 248), sofern die Grenzen zur „strukturellen Gefährdung" nicht überschritten werden, also vor allem ein hinreichendes Partizipationsniveau der Grundrechtsträger sichergestellt ist (BVerfGE 127, 87; Fehling 2002, S. 404, 410; Kahl 2005, S. 253).

Allerdings hat der Gesetzgeber derartige neue Steuerungsformen zu beobachten und zu evaluieren, sonst wird der ihm gerade wegen der Neuartigkeit der Steuerungselemente eingeräumte, gerichtlich nicht nachprüfbare Entscheidungsspielraum (Prärogative) wieder zu Gunsten einer gerichtlichen Nachprüfbarkeit der seiner Entschließungen zugrunde liegenden Systematik (sogenannte „Folgerichtigkeit") eingeschränkt (BVerfGE 127, 87).

3.4 Akkreditierung von Studiengängen

Neben der Einführung des Neuen Steuerungsmodells an Hochschulen und der föderativen Aspekte ist auch der Rückzug des Staates aus der Genehmigung von Studiengängen von rechtlicher Relevanz, da dieser (je nach Hochschulgesetz mehr oder weniger ausgeprägt) der Akkreditierung durch vom Akkreditierungsrat anerkannter Akkreditierungsagenturen überlassen wird (vgl. Martini 2008; Seckelmann 2011a; Immer 2013). Die aktuelle juristische Debatte über die Rechtsnatur der „Akkreditate" (Lege 2005), also deren Zuordnung zum privaten oder öffentlichen Recht (vgl. einerseits Stüber 2009; Wilhelm 2009; Immer 2013 sowie andererseits Pautsch 2005; Bieback 2008), ist in der Praxis jedenfalls insoweit akademisch, als dass auch privatrechtliche „Akkreditate" mit bestimmten rechtlichen Anforderungen verbunden sind und der Staat sich nur unter Sicherstellung seiner Gewährleistungsverantwortung aus grundrechtsrelevanten Feldern zurückziehen kann (Trute 2014; Seckelmann 2011a). Das betrifft in diesem Zusammenhang insbesondere das Fehlen eines Staatsvertrags zur Anerkennung des Handelns der Akkreditierungsagenturen in Ländern außerhalb Nordrhein-Westfalens, da es sich bei dem die Agenturen ihrerseits anerkennenden und reakkreditierenden Akkreditierungsrat um eine Stiftung nach nordrhein-westfälischem Recht handelt (vgl. Seckelmann 2011a).

Das Bundesverfassungsgericht hat in seiner Entscheidung vom 17. Februar 2016 (Aktenzeichen 1 BVL 8/10) daher auch die Frage nach der Rechtsnatur der Akkreditierung offengelassen. Es hat zugleich ausgeführt, das das Grundrecht der Wissenschaftsfreiheit aus Art. 5 Abs. 3 Satz 1 GG Vorgaben zur Qualitätssicherung von Studienangeboten grundsätzlich nicht entgegenstehe, dass aber der Gesetzgeber wesentliche Entscheidungen zur Akkreditierung jedoch nicht weitgehend anderen Akteuren überlassen dürfe; er müsse sie vielmehr unter Beachtung der Eigenrationalität der Wissenschaft selbst treffen.

4 Fazit

Festzuhalten bleibt, dass nicht nur das Wissenschaftssystem, sondern auch das Wissenschaftsrecht derzeit in einer intensiven Bewegung ist, die man sich vor 1998 so wohl nicht hätte vorstellen können. Das Wissenschaftsrecht hat sich in der Zeit nach der 4. Novelle des Hochschulrahmengesetzes (1998) zu einer enorm dynamischen Rechtsmaterie fortgebildet, von der noch weitere rechtstatsächlich wie rechtsdogmatisch herausfordernde Entwicklungen erwartet werden dürfen. Diese betreffen die Folgen aus den im Rahmen der beiden Etappen der Föderalismusreform (2006 und 2009) und der zum 1. Januar 2015 in Kraft getretenen Arrondierungen des Kompetenzgefüges des Bundesstaats. Die langfristigen Wirkungen dieser Kompetenzverschiebungen werden sich erst nach der Aufhebung des Hochschulrahmengesetzes beziehungsweise nach dem Ende der Übergangsbestimmungen für die Hochschulbaufinanzierung ab 2020, der „Pakte" (Hochschulpakt, Pakt für Forschung und Innovation) und der Exzellenzinitiative sowie der Neuregelung des „Solidaritätszuschlags" und nach dem Greifen der „Schuldenbremsen" im Bund und in einigen Bundesländern erweisen. Jetzt schon aber lässt sich erkennen, dass die verschiedenen „Pakte" und teilweise auch die Exzellenzinitiative die zu erwartenden Brüche bzw. das Entstehen eines Gefälles zwischen den Ländern nur verdecken. Die Entscheidung der GWK zur Fortsetzung der Pakte und die (von einer positiven Evaluation) abhängige Verlängerung der Exzellenzinitiative verschiebt diesen Prozess lediglich weiter nach hinten. Demgegenüber vermögen die neuen Kooperationsmöglichkeiten nach Art. 91b GG neuer Fassung potenziell tatsächlich positive Veränderungen zu zeitigen. Dies betrifft insbesondere die gerade im Rahmen der Fortsetzung der Exzellenzinitiative beabsichtigten verstärkten Kooperationen zwischen Universitäten und außeruniversitären Forschungsinstituten.

Erste (Zwischen-)Ergebnisse zur Evaluation der Exzellenzinitiative zeigen bereits jetzt, dass die Initiative es in der Tat vermocht hat, das bislang als relativ statisch empfundene deutsche Hochschulsystem in (quasi-)wettbewerbliche Strukturen zu überführen (vgl. Leibfried 2010). Die Kritik hieran ist nicht ausgeblieben (vgl. Kaube 2009; Münch 2007), scheint sich aber im Laufe der Zeit eher verringert zu haben. Im Zusammenhang mit den in diesem Beitrag analysierten Veränderungen der rechtlichen Rahmenbedingungen ist bei der Exzellenzinitiative vor allem interessant, dass jetzt wieder nach Regelungsstrukturen gesucht wird, die das Erreichte sichern, d. h. verstetigen sollen, etwa durch die Veränderung des Artikel 91b GG zum 1. Januar 2015, aber auch durch die vom Wissenschaftsrat vorgeschlagene Einrichtung sogenannter Liebig-Zentren. Auch die Frage der von der Berlin-Brandenburgischen Akademie der Wissenschaft eingesetzten Steuerungsgruppe nach dem weitgehenden Fehlen eines Arbeitsmarkts für die zahlreichen, von der Exzellenzinitiative „produzierten" Promovierten und Habilitierten ist nicht leicht zu beantworten (vgl. Leibfried 2010).

(3.) Drittens ist, im Hinblick auf die Stimulierung des Wettbewerbs durch Anreizsteuerung und Anreizen zur Herstellung größerer Vergleichbarkeit und Kooperation, die europäische Ebene zu erwähnen. Die Europäische Kommission regt mit ihren Forschungsförderprogrammen die Bildung grenzüberschreitender Kooperationen an (vgl. Pilniok 2011) und trägt damit ebenso zum europäischen Integrationsprozess bei wie die Einführung vereinheitlichter Studienabschlüsse, wenn auch zu deren tatsächlicher Vergleichbarkeit noch ein sehr langer Weg vor den Mitgliedstaaten der Europäischen Union liegt.

Literatur

Bauer, Hartmut. 1992. *Die Bundestreue. Zugleich ein Beitrag zur Dogmatik des Bundesstaatsrechts und zur Rechtsverhältnislehre*. Tübingen: Mohr Siebeck.
Behrens, Thomas. 1996. *Globalisierung der Hochschulhaushalte. Grundlagen, Ziele, Erscheinungsformen und Rahmenbedingungen*. Neuwied: UniversitätsVerlagWebler.
Benz, Arthur. 2008. Föderalismusreform in der Entflechtungsfalle. In *Jahrbuch des Föderalismus 2007. Föderalismus, Subsidiarität und Regionen in Europa*, Hrsg. Europäisches Zentrum für Föderalismus-Forschung, 180–190. Baden-Baden: Nomos.
Bogumil, Jörg, Martin Burgi, Rolf G. Heinze, und et al. 2013. *Modernisierung der Universitäten. Umsetzungsstand und Wirkungen neuer Steuerungsinstrumente*. Berlin: Edition Sigma.
Bogumil, Jörg, und Rolf G. Heinze, Hrsg. 2009. *Neue Steuerung von Hochschulen. Eine Zwischenbilanz*. Berlin: edition sigma.
Bull, Hans Peter, und Veith Mehde. 2000. Reform der Hochschulorganisation – die populären Modelle und ihre Probleme. *Juristenzeitung* 55:650–659.
BVerfGE: Entscheidungen des Bundesverfassungsgerichts, amtliche Sammlung.
Classen, Claus Dieter. 1994. *Wissenschaftsfreiheit außerhalb der Hochschule. Zur Bedeutung von Artikel 5 Absatz 3 Grundgesetz für außeruniversitäre Forschung und Forschungsförderung*. Tübingen: Mohr Siebeck.
Fraenkel-Haeberle, Cristina. 2014. *Die Universität im Mehrebenensystem. Modernisierungsansätze in Deutschland, Italien und Österreich*. Tübingen: Mohr Siebeck.
Gärditz, Klaus Ferdinand. 2009. *Hochschulorganisation und verwaltungsrechtliche Systembildung*. Tübingen: Mohr Siebeck.
Kahl, Wolfgang. 2004. *Hochschule und Staat. Entwicklungsgeschichtliche Betrachtungen eines schwierigen Rechtsverhältnisses unter besonderer Berücksichtigung von Aufsichtsfragen*. Tübingen: Mohr Siebeck.
Kempen, Bernhard. 2004. Grundfragen des institutionellen Hochschulrechts. In *Hochschulrecht. Ein Handbuch für die Praxis*, Hrsg. Michael Hartmer und Hubert Dettmer, 1–45. Heidelberg: C. F. Müller.

Kracht, Stefan. 2006. *Das neue Steuerungsmodell im Hochschulbereich. Zielvereinbarungen im Spannungsverhältnis zwischen Konsens und hierarchischem Verwaltungsaufbau*. Baden-Baden: Nomos.
Krausnick, Daniel. 2012. *Staat und Hochschule im Gewährleistungsstaat*. Tübingen: Mohr Siebeck.
Meusel, Ernst-Joachim. 1999. *Außeruniversitäre Forschung im Wissenschaftsrecht*, 2. Aufl. Köln: Heymanns.
Mittelstrass, Jürgen. 2014. Die Verhältnisse zum Tanzen bringen. *Frankfurter Allgemeine* Zeitung vom 22.09.2014, 6.
Oeter, Stefan. 1998. *Integration und Subsidiarität im deutschen Bundesstaatsrecht. Untersuchungen zur Bundesstaatstheorie unter dem Grundgesetz*. Tübingen: Mohr Siebeck.
Pilniok, Arne. 2011. *Governance im europäischen Forschungsförderverbund: eine rechtswissenschaftliche Analyse der Forschungsförderung und Forschungspolitik im Mehrebenensystem*. Tübingen: Mohr Siebeck.
Scharpf, Fritz W. 2009. *Föderalismusreform: Kein Ausweg aus der Politikverflechtungsfalle?* Frankfurt a. M.: Campus, Schriftenreihe des MPI für Gesellschaftsforschung.
Scharpf, Fritz. 2006. Recht und Politik in der Reform des deutschen Föderalismus. In *Politik und Recht*, Hrsg. Michael Becker und Ruth Zimmerling (PVS-Sonderheft 36), 306–332. Wiesbaden.
Schulze-Fielitz, Helmuth. 1994. Freiheit der Wissenschaft. In *Handbuch des Verfassungsrechts der Bundesrepublik Deutschland*, Hrsg. Ernst Benda, Werner Maihofer und Hans-Jochen Vogel, 1339–1362. Berlin: De Gruyter.
Seckelmann, Margrit. 2015. „Föderalismusreform III" im Wissenschaftsbereich? Zur aktuellen Neuordnung der föderalen Kooperation. *Neue Zeitschrift für Verwaltungsrecht* 34:248–252.
Seckelmann, Margrit. 2012a. Autonomie, Heteronomie und Wissenschaftsadäquanz. Zur Wissenschaftsfreiheit im „Zeitalter der Evaluitis". *Wissenschaftsrecht* 45:200–226.
Seckelmann, Margrit. 2012b. Das sog. „Kooperationsverbot" und die Mittel zu seiner Behebung. *Die Öffentliche Verwaltung* 65:701.
Sieweke, Simon. 2010. *Managementstrukturen und outputorientierte Finanzierung im Hochschulbereich: Zum Instrumentarium des Neuen Steuerungsmodells im Hinblick auf Wissenschaftsfreiheit und Hochschulautonomie*. Baden-Baden: Nomos.
Thieme, W. 2004. *Deutsches Hochschulrecht*, 3. Aufl. Köln/Berlin/München: Heymanns.
Trute, Hans-Heinrich. 1994. *Die Forschung zwischen grundrechtlicher Freiheit und staatlicher Institutionalisierung. Das Wissenschaftsrecht als Recht kooperativer Verwaltungsvorgänge*. Tübingen: Mohr Siebeck.

Weiterführende Literatur

Besio, Cristina. 2009. *Forschungsprojekte. Zum Organisationswandel in der Wissenschaft*. Bielefeld: Transcript.
Bieback, Karin. 2008. *Zertifizierung und Akkreditierung. Das Zusammenwirken staatlicher und nichtstaatlicher Akteure in gestuften Prüfsystemen*. Baden-Baden.
Fehling, Michael. 2002. Neue Herausforderungen an die Selbstverwaltung in Hochschule und Wissenschaft. *Die Verwaltung* 35:399–424.
Frank, Beate. 2006. *Die öffentlichen Hochschulen zwischen Hochschulautonomie und staatlicher Verantwortung*. Bonn: Deutscher Hochschulverband.
Gärditz, Klaus Ferdinand. 2005a. Hochschulmanagement und Wissenschaftsadäquanz. *Neue Zeitschrift für Verwaltungsrecht* 24:407–410.
Gärditz, Klaus Ferdinand. 2005b. Studiengebühren, staatsbürgerliche Gleichheit und Vorteilsausgleich. *Wissenschaftsrecht* 38:157–175.
Gibbons, Michael, Camille Limoges, Helga Nowotny, et al. 2010. *The new production of knowledge*. London 1994.

Guckelberger, Annette. 2008. Bildungsevaluation als neue Gemeinschaftsaufgabe gemäß Art. 91b Abs. 2 GG. *Recht der Jugend und des Bildungswesens* 56:267–282.

Guckelberger, Annette. 2010. Leistungsmessungen im Bildungsbereich – eine neue Gemeinschaftsaufgabe? In *Die Gemeinschaftsaufgaben von Bund und Ländern in der Wissenschafts- und Bildungspolitik*, Hrsg. Margrit Seckelmann, Stefan Lange und Thomas Horstmann, 215–235. Baden-Baden: Nomos.

Häde, Ulrich. 2006. Zur Föderalismusreform in Deutschland. *Juristenzeitung* 61:930–940.

Holtschneider, Rainer, und Walter Schön, Hrsg. 2007. *Die Reform des Bundesstaates. Beiträge zur Arbeit der Kommission zur Modernisierung der bundesstaatlichen Ordnung und bis zum Abschluss des Gesetzgebungsverfahrens 2006*. Baden-Baden: Nomos.

Hüther, Otto. 2009. Hochschulräte als Steuerungsakteure. *Beiträge zur Hochschulforschung* 31:50–73.

Immer, Daniel. 2013. *Rechtsprobleme der Akkreditierung von Studiengängen*. Göttingen: Universitätsverlag Göttingen.

Jansen, Dorothea. 2010. Von der Steuerung zur Governance: Wandel der Staatlichkeit? In *Handbuch Wissenschaftspolitik*, Hrsg. Simon Dagmar, Knie Andreas und Hornbostel Stefan, 39–50. Wiesbaden: VS.

Kahl, Wolfgang. 2005. Hochschulräte – Demokratieprinzip – Selbstverwaltung. Unter besonderer Berücksichtigung des Aufsichtsratsmodells in Baden-Württemberg. *Archiv des öffentlichen Rechts* 130:225–262.

Kaube, Jürgen, Hrsg. 2009. *Die Illusion der Exzellenz. Lebenslügen der Wissenschaftspolitik*, 82–89. Berlin: Wagenbach.

Ladeur, Karl-Heinz. 2005. Die Wissenschaftsfreiheit der „entfesselten Hochschule" – Umgestaltung der Hochschulen nach Ermessen des Staates? *Die öffentliche Verwaltung* 58:753–764.

Lange, Stefan. 2010. Hochschulräte. In *Handbuch Wissenschaftspolitik*, Hrsg. Dagmar Simon, Andreas Knie und Stefan Hornbostel, 347–360. Wiesbaden: VS.

Leibfried, Stephan, Hrsg. 2010. *Die Exzellenzinitiative. Zwischenbilanz und Perspektiven*. Frankfurt a. M.: Campus.

Lege, Joachim. 2005. Die Akkreditierung von Studiengängen. Wissenschaftsfreiheit in den Händen privater Parallelverwaltung? *Juristenzeitung* 60:698–707.

Lindner, Franz. 2007. Darf der Bund das Hochschulrahmengesetz aufheben? *Neue Zeitschrift für Verwaltungsrecht* 26:180–182.

Ludwig, Klaus A. 1984. Die Stellung des Kanzlers an wissenschaftlichen Hochschulen. *Wissenschaftsrecht* 17:24–51.

Mager, Ute. 2005. Die Neuordnung der Kompetenzen im Bereich von Bildung und Forschung – Eine kritische Analyse der Debatte in der Föderalismuskommission. *Recht der Jugend und des Bildungswesens* 53(2005): 312–321.

Martini, Mario. 2008. Akkreditierung im Hochschulrecht – Institutionelle Akkreditierung, Programmakkreditierung, Prozessakkreditierung. *Wissenschaftsrecht* 41:232–252.

Meyer, Hans. 2006. *Die Föderalismusreform 2006*. Berlin: Duncker und Humblot.

Münch, Richard. 2007. *Die akademische Elite. Zur sozialen Konstruktion wissenschaftlicher Exzellenz*. Frankfurt a. M.: suhrkamp.

Pahlow, Louis, und Klaus Ferdinand Gärditz. 2006. Konzeptionelle Anforderungen an ein modernes Recht der Hochschulerfindungen. *Wissenschaftsrecht* 39:48–72.

Pallme König, Ulf. 2007. Implementierung der Hochschulräte an den Hochschulen in NRW. *Nordrhein-Westfälische Verwaltungsblätter*, 21:174–180.

Pautsch, Arne. 2005. Rechtsfragen der Akkreditierung. *Wissenschaftsrecht* 38:200–218.

Röhl, Hans Christian. 1996. Staatliche Verantwortung in Kooperationsstrukturen. Organisationsrechtsfragen am Beispiel des Wissenschaftsrates und der Deutschen Forschungsgemeinschaft. *Die Verwaltung* 29:487–510.

Sager, Krista. 2007. Auswirkungen der Föderalismusreform auf Bildung und Wissenschaft. In *Die Reform des Bundesstaates. Beiträge zur Arbeit der Kommission zur Modernisierung der bun-*

desstaatlichen Ordnung und bis zum Abschluss des Gesetzgebungsverfahrens 2006, Hrsg. Rainer Holtschneider und Walter Schön. Baden-Baden: Nomos.

Scharpf, Fritz W. 2010. Verfassungsreform mit Vetospielern. In *Die Gemeinschaftsaufgaben von Bund und Ländern in der Wissenschafts- und Bildungspolitik: Analysen und Erfahrungen*, Hrsg. Stefan Lange und Thomas Horstmann, 23–36. Baden-Baden: Nomos.

Schenke, Wolf-Rüdiger. 2005. Neue Fragen an die Wissenschaftsfreiheit, Neue Hochschulgesetze im Lichte des Art. 5 III GG. *Neue Zeitschrift für Verwaltungsrecht* 25:1000–1009.

Schmidt-Aßmann, Eberhard. 2007. Die Bundeskompetenzen für die Wissenschaftsförderung nach der Föderalismusreform. In *Staat im Wort, Festschrift für Josef Isensee* Otto Depenheuer et al., Hrsg., 405–421. Heidelberg: C. F. Müller.

Seckelmann, Margrit. 2014. Heraus aus der Entflechtungsfalle!. *Frankfurter Allgemeine* Zeitung vom 12. November 2014, N4.

Seckelmann, Margrit. 2011a. Akkreditierung und Zertifizierung. In *Handbuch zur Verwaltungsreform*, Hrsg. Bernhard Blanke, Frank Nullmeier, Christoph Reichard und Göttrik Wewer, 4. Aufl., 501–509. Wiesbaden: VS.

Seckelmann, Margrit. 2011b. Transparenzschaffung oder neue Intransparenzen? Eine Bilanz der Föderalismusreform (2006/2009) im Bereich der Wissenschaftspolitik *die hochschule* 20:19–37.

Seckelmann, Margrit. 2010. Konvergenz und Entflechtung im Wissenschaftsföderalismus von 1998 bis 2009, insbesondere in den beiden Etappen der Föderalismusreform. In *Die Gemeinschaftsaufgaben von Bund und Ländern in der Wissenschafts- und Bildungspolitik: Analysen und Erfahrungen*, Hrsg. Stefan Lange und Thomas Horstmann, 61–86. Baden-Baden: Nomos.

Stüber, Jessica. 2009. *Akkreditierung von Studiengängen. Qualitätssicherung im Hochschulrecht vor dem Hintergrund der internationalen Entwicklungen im Bildungssektor, insbesondere des Bologna-Prozesses*. Frankfurt a. M.: Peter Lang.

Torka, Marc. 2009. *Die Projektförmigkeit der Forschung*. Baden-Baden: Nomos.

Trute, Hans-Heinrich. 2014. In der Grauzone: Akkreditierung zwischen öffentlich-rechtlicher und privatrechtlicher Rechtsdurchsetzung. *Rechtswissenschaft – Zeitschrift für rechtswissenschaftliche Forschung* 5:341–377.

von Heyden, Wedig. 2007. Die deutsche Forschungspolitik zwischen föderaler Vielfalt und gesamtstaatlicher Verantwortung. In *Bildung und Wissenschaft als Standortfaktoren*, Hrsg. Hermann-Josef Blanke, 49–62. Tübingen: Mohr Siebeck.

Wiesner, Achim. 2010. Der alte und der neue Hochschulbau – die immerwährende Gemeinschaftsaufgabe. In *Die Gemeinschaftsaufgaben von Bund und Ländern in der Wissenschafts- und Bildungspolitik*, Hrsg. Margrit Seckelmann, Stefan Lange und Thomas Horstmann, 195–214. Baden-Baden: Nomos.

Wilhelm, Kerstin. 2009. *Verfassungs- und verwaltungsrechtliche Fragen der Akkreditierung von Studiengängen*. Berlin: Duncker & Humblot.

Deutsche Wissenschaftspolitik im internationalen Kontext

Ulrich Schreiterer

Inhalt

1	Einleitung: Zeitenwende in der Wissenschaftspolitik	119
2	Hauptkampflinien der Wissenschaftspolitik	121
	2.1 Wettbewerb	121
	2.2 Impact und Innovation	126
	2.3 Exzellenz	130
	2.4 Finanzierung	132
3	Fazit: Perspektiven und Herausforderungen	135
	Literatur	136

1 Einleitung: Zeitenwende in der Wissenschaftspolitik

Wissenschaft kennt keine Landesgrenzen. Ihre einzige Grenze ist die der menschlichen Erkenntnis: Dieses Max Planck zugeschriebene Diktum gehört zum festen Arsenal der Selbstbeschreibungen moderner (Natur)Wissenschaft. Es reklamiert eine universelle Gültigkeit wissenschaftlicher Methoden und Erkenntnisse als konstitutive Regel wissenschaftlicher Praxis und normative Basis aller Wissenschaftssysteme. Und doch war und ist Wissenschaft immer national eingefärbt. Das betrifft markante Unterschiede in Denkstilen, Arbeitsweisen und Präferenzen wie auch ihre Strukturen, Finanzierungs- und Organisationsformen, vor allem aber die Wissenschafts- und Forschungspolitik, die stets von nationalen Idiosynkrasien und Pfadabhängigkeiten geprägt wird.

Diese Einsicht ist weder neu noch überraschend. In den letzten beiden Jahrzehnten haben sich jedoch die Leitmotive und Instrumente staatlicher Wissenschaftspolitik in vielen Ländern nahezu zeitgleich in ganz ähnlicher Weise verändert.

U. Schreiterer (✉)
Wissenschaftszentrum Berlin für Sozialforschung gGmbH, Berlin, Deutschland
E-Mail: uli.schreiterer@wzb.eu

Dieser Wechsel spiegelt die globale Expansion von Wissenschaftssystemen und Wissenschaftseinrichtungen, vor allem aber den enormen Bedeutungszuwachs wissenschaftlichen Wissens in der modernen Welt. Heute gehen alle 34 Mitgliedsstaaten der OECD davon aus, dass die Sicherung ihres Reichtums und ihrer Prosperität von wissensintensiven Produkten und Dienstleistungen, hoch qualifizierten Arbeitskräften und Innovationen abhängt, für die Forschung und Entwicklung (FuE) zentral sind. Wissenschaft ist sowohl eine strategische nationale Ressource als auch ein „global field" (Drori et al. 2003, S. 112) geworden: „Developed countries that wish to maintain the standards of living of the citizens need to promote science, excellence in research and commercialization of research results" (Tsipouri 2012, S. 732). Auf Deutsch liest sich das globale Mantra der neuen Wissenschaftspolitik so: „Investitionen in Forschung und Entwicklung (FuE) sind der Schlüssel für gesellschaftlichen und wirtschaftlichen Fortschritt".[1]

Mit der Globalisierung der Wirtschaft korrespondiert die weltweite Diffusion eines „common model of science" mit ähnlichen Strukturelementen und einem eigentümlichen „isomorphism of policy texts" (Drori et al. 2003, S. 196, 107). Tonangebend sind darin vor allem zwei Skripte: Demnach stehen alle Länder erstens in einem scharfen globalen *Wettbewerb* um Märkte, Ressourcen und Wissen, der danach verlangt, dass sie ihre Wettbewerbsfähigkeit ständig verbessern. Dafür müssten sie zweitens selber die *Internationalisierung* von Wirtschaft und Wissenschaft mit Hochdruck vorantreiben. Dieses Vorstellungssyndrom grundiert die wissenschaftspolitische Agenda der OECD Mitgliedsländer und selbstverständlich auch die der Europäischen Union (EU). Es erscheint als alternativlos, selbst wenn Wissenschaftspolitik und Wissenschaftssysteme national sehr verschieden bleiben. Im Zeichen dieser Trope betrachten viele Staaten ihre Ausgaben für FuE als „Zukunftsinvestitionen" und haben sie beträchtlich gesteigert. Der Anteil privater und öffentlicher Mittel für Forschung und Entwicklung (GERD) am Bruttoinlandsprodukt (GDP) eines Landes, dokumentiert in den „Science and Technology Indicators" der OECD, ist längst eine prägnante, weithin akzeptierte Kennzahl für den wissenschaftlich-technischen Leistungsstand eines Landes in einem globalen Ranking geworden.

Deutschland mischt in diesem Spiel kräftig mit. Seit Mitte der 1990er-Jahre kam es in den Zielen und Prioritäten, Semantiken und Leitmotiven der deutschen Wissenschaftspolitik zu einem veritablen Paradigmenwechsel, der die Tektonik des Wissenschaftssystems ebenso nachhaltig verändert hat wie dessen Governance. Seine Schlüsselbegriffe *Wettbewerb*, *Exzellenz*, *Differenzierung*, *Innovation*, *Qualitätssicherung* und *Evaluation* sind keineswegs originell, sondern reflektieren vielmehr einen weltweiten Trend zur Rekalibrierung staatlicher Aufgaben und Aktivitäten weg von detaillierten Regulierungen und hierarchischen Steuerungen hin zu einer „arm's length governance" (Whitley 2011, S. 361) eigenverantwortlicher institutioneller Akteure durch Anreize, Zielvereinbarungen und marktähnliche Koordinationsweisen.

---

[1] „Pakt der Pakte – Weiterentwicklung des deutschen Wissenschaftssystems." Eckpunktepapier der Allianz der Wissenschaftsorganisationen. Bonn, 12. Juni 2013, S. 1 http://www.wissenschaftsrat.de/download/archiv/Allianz_Eckpunktepapier_12062013.pdf. Zugegriffen am 28.06.2015.

In den hochentwickelten Industriestaaten des „Global West", in den „emerging economies" der BRIC-Länder und in den Tigerstaaten Asiens blickt die Wissenschaftspolitik inzwischen längst über den jeweiligen nationalen Tellerrand hinaus. Für die Legitimation ihrer Programme und Aktivitäten sucht sie nach „best practises", validen Leistungsindikatoren und Bewertungsmaßstäben. Benchmarks und „kommunizierte Vergleiche" (Heintz und Werron 2011) dominieren ihre Agenden. Wissenschaftspolitik will keine Klientelpolitik mehr sein, sondern zweckrational und evidenzbasiert der optimalen Förderung des „Wissenschaftsstandortes" dienen. Da es ihr vor allem um den messbaren *impact* der Förderung von Wissenschaft und Forschung geht, führt das zu einer „overemphasis on performance measurement" (Dominique et al. 2013, S. 510). Die Angst davor, im globalen Wettbewerb ins Hintertreffen zu geraten, ist nicht nur in Deutschland zum wichtigsten Motiv und Motor der Wissenschaftspolitik geworden. Damit ist eine kuriose rhetorische Aufrüstung verbunden, die in auffallendem Kontrast zum früher einmal tonangebenden akademischen Diskurs über freie Forschung steht: So lancierte die Obama-Administration 2009 ein „Race to the Top"-Programm in der US-amerikanischen Bildungspolitik, und die deutsche Bundesregierung verabschiedete 2006 ihre erste Hightech-Strategie mit dem erklärten Ziel, „Deutschland auf dem Weg zum weltweiten Innovationsführer voranzubringen" (Die Bundesregierung 2014, S. 3). In England ging das „Arts and Humanities Research Council" 2009 sogar so weit, eine Broschüre über den Wert und Nutzen dieser Disziplinen mit „Leading the world" zu überschreiben.[2] Die EU versteht sich seit 2010 als „Innovationsunion", die nach dem Willen der Kommission in der „frontier research" glänzen und internationale „Innovationsführerschaft" erringen soll. In Programmen und Stellungnahmen klingt die kämpferische Grundtonart der neuen Wissenschaftspolitik überall an: Es geht um globale Positionierungen und Wettbewerbsvorteile, um die Sicherung von Wettbewerbsfähigkeit und Leistungspotenzialen, um kluge Strategien und eine möglichst gute „Aufstellung" der eigenen Bataillone. Die vier Hauptkampflinien der neuen deutschen Wissenschaftspolitik im internationalen Chor heißen Wettbewerb, Impact/Innovation, Exzellenz und Finanzierung.

2 Hauptkampflinien der Wissenschaftspolitik

2.1 Wettbewerb

Als der Wissenschaftsrat 1985 „Empfehlungen zum Wettbewerb im deutschen Hochschulsystem" vorlegte und diesen Begriff damit hierzulande erstmals in den wissenschaftspolitischen Diskurs einbrachte, nahm davon kaum jemand Notiz. Hochschulen und Forschungseinrichtungen standen unter dem engmaschigen Regelwerk der Kameralistik und staatlichen Observanz, deren oberstes Gebot die Gewährleistung

---

[2] http://www.ahrc.ac.uk/News-and-Events/Publications/Documents/Leading-the-World.pdf. Zugegriffen am 28.06.2015.

und Einhaltung einheitlicher, justiziabler Standards für die Durchführung von Lehre und Forschung war. Das änderte sich um die Mitte der 1990er-Jahre, als Begriffe wie Autonomie, Leistungsorientierung, Differenzierung, Qualitätssicherung und Evaluation den wissenschaftspolitischen Diskurs zu bestimmen begannen und eine Welle großer und kleiner Reformen munitionierten. Die Veränderungen addierten sich zu einem grundlegenden Wandel in der Governance der Wissenschaft unter dem Etikett „neues Steuerungsmodell". *Wettbewerb* hat darin einen zentralen Platz. Wie kein anderer signalisiert der Begriff die Abkehr von einer *ex ante* Programmierung staatlichen Handelns und der Arbeit öffentlicher Institutionen durch Rechtsnormen und Verfahrensvorschriften hin zu einer Steuerung *ex post* durch die Messung und Bewertung von *outcomes*. Anreize und Sanktionen sollen zur Leistungsoptimierung beitragen, wettbewerbliche Mechanismen und Quasi-Märkte das Wissenschaftssystem auf längere Sicht effektiver und effizienter werden lassen.

Schon im Jahr 2000 bezeichnete der Wissenschaftsrat in seinen „Thesen zur künftigen Entwicklung des Wissenschaftssystems in Deutschland" die „Stärkung des institutionellen Wettbewerbs" durch Leistungstransparenz, flexible Mittel und Anreize als „entscheidendes Instrument", um die Leistungsfähigkeit des Systems verbessern zu können (WR 2000, S. 40). Liest man seine Positionspapiere und Empfehlungen und die diversen Entwürfe zu den schließlich im Juli 2013 verabschiedeten „Perspektiven des deutschen Wissenschaftssystems", ziehen sich Wettbewerbssemantik und Vergleichskommunikation wie ein roter Faden durch alle Überlegungen: Die deutsche Wissenschaft müsse sich im internationalen Wettbewerb „noch besser behaupten", „wettbewerbliche Anreizstrukturen" sollten eine durchgängige „Leistungs- und Wettbewerbsorientierung" bewirken und die Spannung zwischen rasant steigenden Leistungserwartungen und begrenzten Ressourcen bestmöglich ausbalancieren (WR 2013, S. 24, passim).

Wie stark internationale Vergleiche die nationale wissenschaftspolitische Agenda prägen und für dringlich erachtete Maßnahmen und Aktionsprogramme legitimieren, zeigen nicht zuletzt die Arbeiten der „Expertenkommission Forschung und Innovation" (EFI) der Bundesregierung, die seit 2008 als Pendant zum Sachverständigenrat zur Begutachtung der wirtschaftlichen Entwicklung figuriert. In ihrem Jahresgutachten von 2010 bezeichnete die EFI die „zunehmende Globalisierung" von Forschungsaktivitäten und den „stark intensivierten Wettbewerb" um wirkungsvolle Innovationsstrategien als „entscheidende Herausforderungen" für Wirtschaft und Wissenschaft. Deutschland müsse „eine stärkere Innovationsdynamik als bisher entwickeln, um im schärfer werdenden internationalen Wettbewerb zu bestehen" und seine Forschungs- und Innovationspolitik auf besonders wichtige Bedarfsfelder fokussieren (EFI 2010, S. 34, 8, 21). Auch die Gemeinsame Wissenschaftskonferenz (GWK 2014, S. 19) beginnt ihren „Monitoring-Bericht 2014" zum Pakt für Forschung und Innovation (PFI) mit einem kurzen Abschnitt „Die deutsche Wissenschaft im internationalen Wettbewerb", worin sie zunächst auf ausgewählte bibliometrische Indikatoren verweist, um sich anschließend eingehend dem Wettbewerb innerhalb der vier großen außeruniversitären Forschungseinrichtungen, dem organisationsübergreifenden Wettbewerb durch die Förderverfahren der Deutschen Forschungsgemeinschaft (DFG), der Exzellenzinitiative (EI), dem Abschneiden Deutschlands im Forschungsrahmenprogramm der EU sowie deutschen Erfolgen in den Förderlinien des European Research Council (ERC) zu widmen.

Die DFG bewegt sich ebenfalls in diesem semantischen Feld. Gleich das erste Kapitel ihres „Förderatlas 2012" (DFG 2012, S. 21–23) thematisiert Forschungsförderung und -finanzierung im internationalen Vergleich. Im Bundesbericht Forschung und Innovation 2014 (BMBF 2014, S. 1) taucht „Wettbewerbsfähigkeit" in den Überschriften von drei der sechs ersten Kapitel auf. Und die Max-Planck-Gesellschaft sieht in der „Internationalisierung des deutschen Wissenschaftssystems [...] das entscheidende Instrument zur Steigerung seiner Leistungsfähigkeit", weil der globale Wettbewerb zum Maßstab für die „Leistungskraft unseres Wissenschaftssystems" geworden und eine „nationale Exzellenzkultur [...] die notwendige Bedingung für internationalen Erfolg" sei (MPG 2013, S. 5, 11).

In einschlägigen Stellungnahmen aus anderen Ländern begegnen wir einer nahezu gleichlautenden Semantik zur Dialektik von Wettbewerb und Internationalisierung. Das gilt für Untersuchungen der einflussreichen National Academies of Science der USA über „innovation challenges" (NAS 2012) genauso wie für das „joint statement" der UK National Academies vom April 2013 über „research and innovation as drivers of UK growth and competitiveness", in dem sie die Regierung aufforderten, die Investitionen für FuE dauerhaft zu erhöhen „to keep pace with other leading scientific nations." „Research and innovation" seien „essential fuels for our economy. [...] Research is a jewel in the UK's crown; it offers us a genuine competitive advantage which should be nurtured and developed" (UK national academies 2013, S. 2, 4, 5).

Aber wie wirkt sich das neue Leitmotiv von Wettbewerb und Markt praktisch aus, und wie schlägt es sich auf den Fluren der deutschen Wissenschaft nieder?

Zuerst die gute Nachricht: Unter Bezugnahme auf den scharfen internationalen Wettbewerb hat Deutschland seit 2005 seine Ausgaben für Bildung und Forschung, insbesondere für die gemeinsame Forschungsförderung des Bundes und der Länder, massiv gesteigert. Förderprogramme wie die Exzellenzinitiative (EI) oder der Pakt für Forschung und Innovation (PFI) und das Wissenschaftsfreiheitsgesetz des Bundes von 2012 haben zweifelsohne viel dazu beigetragen, die Leistungsfähigkeit des deutschen Wissenschaftssystems und vor allem die institutionelle Reputation der deutschen Hochschulen zu verbessern. Dank des anschwellenden Wettbewerbsdiskurses kam es in der deutschen Wissenschafts- und Bildungspolitik nach Jahrzehnten materieller Stagnation und leer laufender Reformappelle um das Jahr 2000 herum zu einem plötzlichen Klimawandel. Was die Forschung betrifft, kann man für die Dekade nach 2005 sogar von einem goldenen Jahrzehnt sprechen.

Doch hier die schlechte Nachricht: Trotz erheblicher materieller Anstrengungen hat sich an der gravierenden Unterfinanzierung der Hochschulen nur wenig geändert. Befristete Sonderprogramme unter massiver Beteiligung des Bundes wie der 2007 erstmals geschlossene und inzwischen bis 2020 verlängerte Hochschulpakt (HSP) und der Qualitätspakt Lehre konnten zwar einen Kollaps des Hochschulausbildungssystems verhindern. Die aus der massiven Expansion resultierenden strukturellen Probleme haben sie indes nicht gelöst, sondern lediglich verschoben und temporär verarztet.

Einige Hochschulen haben von der Politik wettbewerblicher Leistungsdifferenzierung über die Forschungsförderung der DFG und Ministerien erheblich profitiert. Die symbolische und materielle Bedeutung von Drittmitteln für Forschungsvorhaben ist enorm gestiegen, ihr Anteil an der Hochschulfinanzierung stark gewachsen. Doch kompetitiv vergebene, projektförmige Drittmittel bieten nicht einmal den darin sehr erfolgreichen Hochschulen eine verlässliche materielle Perspektive. Der politisch gewollte enorme Bedeutungszuwachs von Drittmitteln für die Forschung stellt die Personalpolitik der Universitäten vor erhebliche Probleme und zeitigt massive Kollateralschäden für die Beschäftigungsaussichten im Wissenschaftssystem. Der Trend zu einer quasi informellen, nicht offiziell sanktionierten vertikalen Differenzierung verschiedener Leistungsriegen von Universitäten hat sich damit langsam, aber sicher verfestigt (DFG 2012). Die für viele Hochschulen und politischen Akteure schmerzliche Abkehr vom lieb gewonnenen Prinzip, wonach alle deutschen Universitäten gleich und sogar die Fachhochschulen „andersartig, aber gleichwertig" (WR 1990) sein sollten, scheint inzwischen breite Zustimmung zu finden, und die überfällige Anerkennung real existierender Leistungsunterschiede weithin akzeptiert zu sein, auch wenn die Tragweite und Folgen solcher Unterschiede noch immer politisch kontrovers diskutiert werden. So zeigen etwa die im Juli 2013 verabschiedeten „Perspektiven des deutschen Wissenschaftssystems" (WR 2013) deutlich, wie schwer man sich noch immer mit der Vorstellung einer klaren vertikalen Differenzierung von forschungsstarken Universitäten und anderen Hochschulen tut. In den aktuell anhängigen Beratungen über die Fortsetzung der Exzellenzinitiative mehren sich die Forderungen, künftig eine „vielfältige, mehrdimensionale Exzellenz" zu fördern, statt nur die internationale Spitzenforschung.

Wenn der Wissenschaftsrat eine „Stärkung der konstitutiven Rolle der Hochschulen im Wissenschaftssystem" anmahnt, wofür eine „verlässliche Erhöhung der Grundfinanzierung" notwendig sei, dann reagiert er auf ein Strukturproblem, das vom Politikwandel hin zu mehr Wettbewerb zumindest mit verursacht und deutlich verschärft worden ist. Auch hierin gibt es wieder viele Parallelen zwischen der Wissenschaftspolitik Deutschlands und andernorts (WR 2013, passim). Nahezu überall in der westlichen Welt klagt man über Unzulänglichkeiten in der Hochschulausbildung, über finanzielle Verwerfungen, die Überlastung der Universitäten, falsche Strukturen und Anreize, mangelhafte Ressourcen, schlechte Qualität und Ergebnisse.

In der Studienfinanzierung hat Deutschland allerdings den internationalen Geleitzug wieder verlassen, nachdem Niedersachsen Ende 2013 als letztes Bundesland die hierzulande gerade mal zehn Jahre zuvor eingeführten Studiengebühren wieder abschaffte. Weltweit weist der Trend nämlich ganz eindeutig in Richtung Privatisierung – wenn auch nicht gerade der Hochschulen selber, so doch der Finanzierung einer tertiären Ausbildung durch erhebliche, gegebenenfalls sogar voll kostendeckende Zahlungen der Studierenden. Mit dem kompletten Verzicht auf private Studienbeiträge bildet Deutschland wohlfahrtsstaatlich gleichsam den Antipoden zur Entwicklung in England, wo die Hochschullehre neuerdings vollständig durch die Studierenden finanziert werden soll. Dass das Pendel hierzulande bald wieder zurückschwingen könnte, scheint angesichts verfestigter gesellschaftspolitischer Grundüberzeugungen, Studiengebühren seien sozial ungerecht, extrem unwahrscheinlich. Anders dagegen sieht es hinsichtlich des privaten Hochschulsektors aus, der in den letzten 20 Jahren enorm gewachsen ist, obwohl die 123 privaten Einrichtungen in Deutschland (31% aller Hochschulen) bisher lediglich 6,1% der Studierenden aufnehmen (WR 2014).

Der Umstieg auf Wettbewerb, Märkte und die anreizbasierte Allokation von Ressourcen hatte erhebliche Folgen für das Verhalten fast aller Organisationen und Personen. So nutzen die meisten Bundesländer zur Finanzierung ihrer Hochschulen inzwischen kennzahlengestützte Systeme für eine leistungsorientierte Verteilung von Mitteln (LOM). Im Gefolge dieser neuen Spielregeln nistete sich in Hochschulen und Forschungseinrichtungen eine quasi selbstregulierende Wettbewerbskultur ein, die über die seit langem akzeptierte und für Wissenschaft geradezu konstitutive Konkurrenz um Reputation und Anerkennung weit hinausgeht. Abgestützt und beschleunigt hat diesen Kulturwandel nicht zuletzt auch die 2003 eingeführte leistungsorientierte W-Besoldung für Professorinnen und Professoren.

Die neue Wettbewerbskultur macht sich auch in den außeruniversitären Forschungseinrichtungen und in der Forschungsförderung bemerkbar. Ausmaß und Umfang der Förderaktivitäten der DFG haben seit Mitte der 1990er-Jahre nicht zuletzt deshalb enorm zugenommen, weil ihr in der neuen wissenschaftspolitischen Aufstellung eine zentrale institutionelle Funktion für den qualitätsgeleiteten organisationsübergreifenden Wettbewerb zugewiesen wurde. 2013 betrug ihr Budget ohne die Mittel für die Exzellenzinitiative und für die allein vom Bund getragene Förderpauschale für indirekte Projektkosten 1,78 Mrd. €; vier Jahre zuvor waren es erst knapp 1,5 Mrd. € (BMBF 2014, S. 219). Das alles hat die Hochschulfinanzierung nachhaltig beeinflusst: Während die institutionellen Budgets zwischen 1995 und 2008 um lediglich sechs Prozent wuchsen, stieg der Anteil der Drittmittel an den Hochschulhaushalten im selben Zeitraum von 11 auf 20% auf nahezu das Doppelte.[3] Von den außeruniversitären Forschungseinrichtungen verlangte der Pakt für Forschung und Innovation (PFI) als quid-pro-quo für den Geldsegen mehr organisationsinternen Wettbewerb, strikte Qualitätssicherungsverfahren durch externe Evaluationen sowie eine gezielte Förderung von Frauen. Im wissenschaftspolitischen *newspeak* der GWK (2014, S. 21) heißt es dazu „Ein zentrales Element zur Sicherung der Qualität wissenschaftlicher Leistungen und der Effizienz des Wissenschaftssystems ist der wissenschaftsgeleitete Wettbewerb um Ressourcen". Um den Auflagen der Zuwendungsgeber nachzukommen, vollziehen inzwischen alle vier Schwestern der außeruniversitären Forschung wettbewerbliche Exerzitien, für die sie zwischen 3,1 und (WGL) und 14% (FhG) ihrer jährlichen Grundmittel aufwenden. Inzwischen klagt man vielerorts über den „Fallout" des organisierten Wettbewerb-Hypes und diskutiert über mögliche Korrektive: Der Siegeszug wettbewerblich orientierter Steuerungsmodelle in allen Bereichen der Wissenschaft generiert kontraintuitive Effekte und Transaktionskosten, die sowohl das Paradigma selber als auch seine durchaus positiven Ergebnisse in ein etwas anderes Licht

---

[3]Bericht des Vorsitzenden des Wissenschaftsrates, Wolfgang Marquardt, vom 8. Juli 2011. www.wissenschaftsrat.de/download/archiv/VS_Bericht_Juli_2011.pdf. Zugegriffen am 18.04.2015.

rücken. So begünstigen der Drittmittelzirkus und rigide Evaluationsregimes ironischerweise risikoaverses Verhalten, Projektanträge im Mainstream des jeweiligen Feldes mit halbwegs sicheren Bewilligungschancen und schnelle, mehrfach gestückelte und wieder neu verpackte Publikationen mit optimalen bibliometrischen Effekten, deren Qualität nur selten besser geworden ist. Zugleich verbringen immer mehr Wissenschaftler immer mehr Zeit mit der Begutachtung von Forschungsanträgen, Projektvorhaben, Studienprogrammen und mit der Bewertung von Profilen, strategischen Entwicklungsplänen und Leistungen ganzer Einrichtungen. Die Organisation und fortlaufende Durchführung der vielen Wettbewerbe, Qualitätssicherungsmaßnahmen und Leistungsmessungen verschlingen viel Zeit und Ressourcen, ohne dass letztlich klar ist, ob und wie die Leistungsfähigkeit des Systems insgesamt und die Qualität der einzelnen Forschungsarbeiten davon profitieren. Frei nach Karl Kraus wäre der Wettbewerb also die Krankheit der Wissenschaft, für deren Therapie sie sich hält.

2.2 Impact und Innovation

Forschungsstarke Industrieländer Europas, Nordamerikas und Asiens beschwören heute unisono „globale Herausforderungen" und die proaktive Erforschung, Entwicklung und Vermarktung neuer Materialien, Technologien und Verfahren als Fluchtpunkte und Motor ihrer Wissenschaftspolitik. In der Funktionszuweisung für Forschung und Wissenschaft und bei der Legitimation ihrer öffentlichen Förderung gibt es zwischen ihnen nur minimale Unterschiede. Stets geht es um den erhofften Nutzen wissenschaftlicher Erkenntnisse und um deren Beitrag zur Lösung von Problemen. Wissenschaftspolitik handelt mit dem Versprechen besserer Zeiten für alle dank Forschung und Wissenschaft: Sie gelten als Innovationstreiber, sollen wirtschaftliches Wachstum anregen, Prosperität und Wettbewerbsfähigkeit sichern. Weil Forschung immer aufwändiger und teurer wird, genügt es der Politik nicht länger, dass sie nach ihren eigenen Regeln neues Wissen produziert. Staatlich geförderte Forschung solle vielmehr *nützliches* Wissen generieren und ihre „Wirksamkeit erhöhen": „Wissen muss verwertet werden können, sich manifestieren in Innovationen für nachhaltige Produkte und Dienstleistungen" (BMBF 2014, S. 27, 17). Dafür muss Forschung strategisch geplant und zielführend organisiert werden (Maasen 2008).

Im Windschatten des neuen Nützlichkeits-Narrativs kam es in vielen europäischen Ländern zu einer Reihe weiterer tiefgreifender Veränderungen im Betriebssystem öffentlich finanzierter Forschung. Mit dem Primat von Innovation und Impact hat die neue Wissenschaftspolitik die Machtverhältnisse innerhalb des Wissenschaftssystems nachhaltig verschoben: Die traditionelle akademische Selbstverwaltung wurde geschwächt, die Autorität von „established scientific elites" als „intellectual gatekeepers" erheblich gestärkt (Whitley 2011). Zudem haben viele Länder die Modalitäten der staatlichen Forschungsfinanzierung in den letzten beiden Jahrzehnten radikal umgekrempelt: Institutionelle Budgets wurden eingefroren und zugunsten einer auf strategisch prioritäre Themen und Bereiche fokussierten Projektförderung abgeschmolzen (Lepori et al. 2007). Das neue Arrangement von Staat, Gesellschaft und Wissenschaft manifestiert sich in drei eng miteinander zusammenhängenden Phänomenen: Erstens im Siegeszug eines in der Wissenschaft bislang unbekannten „Managerialismus", einer wachsenden Bedeutung operativer Leitungsfunktionen und Macht von Leitungsorganen sowie einer starken „organizational actorhood" (Krücken und Meier 2006) aller Einrichtungen der Wissenschaft, die allesamt für unerlässlich gehalten werden, damit letztere im Wettbewerb bestehen und die erwarteten Leistungen für die Gesellschaft erbringen können. Zweitens werden Hochschulen und Forschungseinrichtungen als institutionelle Akteure in die Pflicht genommen, die in Verträgen und „Pakten" spezifizierten Leistungsanforderungen zu erfüllen und Aufsichtsorganen und Parlamenten darüber Rechenschaft abzulegen (*accountability*). Fester Teil des neuen Kontrakt-Managements sind drittens standardisierte Instrumente zur Qualitätssicherung in fast allen Aufgabenbereichen (*Total Quality Management*), also etwa die Akkreditierung von Studienangeboten oder regelmäßige Evaluationen. All das soll der Differenzierung, Profilbildung und Vernetzung im Wissenschaftssystem dienen und es beweglicher, vielfältiger und leistungsfähiger werden lassen. Doch die neue Wissenschaftspolitik generiert auch Spannungen und Paradoxien: Unter dem Stichwort „strategische Profilbildung" will sie eine wettbewerbliche Ausdifferenzierung des Wissenschaftssystems vorantreiben, eine Kannibalisierung und Versäulung der einzelnen Einrichtungen jedoch tunlichst vermeiden. Daher muss sie alle Beteiligten zur möglichst engen Kooperation in regionalen Netzwerken, Forschungsclustern und „funktionalen Verbünden" anhalten. Soviel Wettbewerb wie nötig, soviel Kooperation wie möglich wird zur neuen, wenngleich nicht ganz spannungsfreien Maxime.

Der letzte Bundesforschungsbericht markiert in wenigen Sätzen den Erwartungshorizont und die Ansprüche dieser neuen Wissenschaftspolitik: „Es gilt, neue Antworten und Lösungen für die drängenden Probleme unserer Zeit zu entwickeln, die sich weltweit vermarkten lassen und die helfen können, globale Probleme zu lösen. [...] Diese Orientierung an den großen gesellschaftlichen Herausforderungen – unterstützt durch die Förderung einzelner Zukunftstechnologien – ist der große Unterschied zur Forschungs- und Innovationspolitik der Vergangenheit" (BMBF 2014, S. 21). Die der Wissenschaft hier zugeschriebene und von ihr stets wieder neu einzufordernde gesellschaftliche Relevanz bildet „the core of the relationship between academic science and society" (Hessels et al. 2009, S. 398). Sie bestimmt die Auswahl von strategisch wichtigen und deshalb besonders förderungswürdigen Forschungsgebieten, den Zuschnitt großer Förderprogramme und institutionenübergreifender Forschungscluster, legitimiert ambitionierte Projekte der Verbundforschung zu „grand challenges" und markiert die magische Schnittstelle zwischen Forschung und Innovation. Damit wird *impact* zum Buzzword einer innovationsorientierten Wissenschaftspolitik, und wieder gibt die OECD den Ton an: In Fallstudien über einzelne Regionen und in Ländervergleichen hat sie den *impact* von Hochschulen und Forschungsaktivitäten messen oder zumindest sichtbar machen wollen. Im Verteilungskampf um öffentliche Gelder sind solche Kennzahlen überall hoch willkommen. So haben viele Hochschulen und Forschungseinrichtungen empirische

Studien in Auftrag gegeben, um nachzuweisen, dass das für sie ausgegebene Geld gut angelegt ist, vielfältigen Nutzen stiftet und hohe Erträge abwirft.

In England wurde mit dem neuen „Research Excellence Framework" (REF) die Messung des *impact* von Forschungsleistungen seit 2014 zu einer ressourcenwirksamen Kategorie. Im Verfahren für eine wettbewerbliche Grundausstattung der Hochschulen mit Forschungsmitteln schlägt er mit 20% bei der Leistungsbemessung zu Buche. Auf der Homepage des REF heißt es zum Sinn und Zweck des Unternehmens: „The assessment provides accountability for public investment in research and produces evidence of the benefits of this investment".[4] Qualität und Leistungswettbewerb in der Wissenschaft drehen sich damit nicht mehr länger nur um deren akademische Bedeutung, sondern auch um deren „reach" und „significance".

Nach dem „disconnected science model", das der enormen Expansion öffentlich finanzierter erkenntnisgeleiteter Forschung in Eigenverantwortung der *scientific community* nach 1945 zugrunde lag und in den USA offensiv propagiert wurde, sollte der Staat ausschließlich oder vor allem die explorative Grundlagenforschung fördern. Deren letztlich unvorhersehbaren Ergebnisse würden wie durch eine *pipeline* in verschiedenste Anwendungsfelder und Bereiche einfließen, wo sie dann vielfältige, gänzlich ungeplante Wirkungen entfalten könnten (Bonvillian 2014). Oberstes Ziel der Wissenschaftspolitik, der Wissenschaftsorganisationen und Forscher sollte daher nicht die Produktion konkret verwertbaren, nützlichen Wissens sein, sondern die Erzeugung von neuem Wissen, dessen Relevanz in einem Überschuss an Erkenntnis- und Anwendungsmöglichkeiten für die Praxis liege. Die praktische Validierung wissenschaftlichen Wissens galt dabei freilich nicht als originäre Aufgabe der institutionalisierten Wissenschaft. Unter dem neuen Paradigma von Wettbewerb und Innovation ist dieses vielleicht niemals realistische Leitbild obsolet geworden. Welchen Platz ergebnisoffene Grundlagenforschung im Wissenschaftssystem beanspruchen kann, ob und in welcher Höhe sie unter den Auspizien einer knallharten Innovationsförderung überhaupt unterstützt werden soll, ist alles andere als ausgemacht. Das gilt für alle reichen Industrieländer. Fast überall beobachten wir eine kompetitive Koexistenz oder Parallelwelt von zwei disjunkten wissenschaftspolitischen Diskursen: Innovations- und Wachstumsstimulation auf der einen Seite, Exzellenzförderung auf der anderen. Das eindringliche Leitbild einer „frontier research" mit absichtsloser, aber höchst effektiver Innovationsförderung durch die *pipeline* im Gefolge hatte einen gemeinsamen Grund zwischen beiden postuliert. Nun erscheint dieser Link zunehmend als brüchig, und vielerorts ist er schon ganz verloren gegangen.

Die richtige Balance zwischen vorgabenfreier Forschung unter alleiniger Maßgabe wissenschaftsinterner Qualitätsprinzipien und einer programmgesteuerten, anwendungsorientierten Forschung nach Maßgabe politischer Vorgaben, zwischen einer Forschungsförderung *bottom-up* und einer im *directed mode*, war und ist überall immer wieder Gegenstand kontroverser wissenschaftspolitischer Debatten.

---

[4]http://www.ref.ac.uk/. Zugegriffen am 15.01.2015.

Deutschland rühmt sich, bisher sehr zu Recht, einer starken materiellen Unterstützung der zweckfreien Grundlagenforschung durch die DFG und der verbürgten Autonomie von Universitäten und Forschungseinrichtungen. International weist der Trend in eine ganz andere Richtung, nämlich die materielle und politische Priorisierung und Prämierung anwendungsbezogener, problemgetriebener Forschung. Mitunter kommt es allerdings zu einer Gegenbewegung und kontrollierten Renaissance der wissenschaftsgetriebenen Forschungen.

So hatten die EU-Forschungsrahmenprogramme ab 1984 anfangs nur auf die Förderung industrieller Entwicklungen und neuer Technologien abgestellt. Mit dem 5. Forschungsrahmenprogramm (1998–2002) nahm sich die Kommission (EC) erstmals der Forschung im engeren Sinne an. In der Lissabon-Strategie aus dem Jahre 2000 war von Forschungsexzellenz aber noch keine Rede. Das änderte sich erst 2006, als die EC die Gründung eines „European Research Council" (ERC) für die wettbewerbliche Projektförderung exzellenter „frontier research" beschloss. Seither übt sie sich im Spagat zwischen exzellenz- und bedarfsorientierter Forschungsförderung. Maßgeblich für diesen Schwenk zur Exzellenz war zum einen die weltweit aufmerksam verfolgte Karriere globaler Hochschulrankings, zum anderen eine starke Lobbyarbeit hochkarätiger Vertreter der *scientific community* für einen vorgabenfreien, kompetitiv organisierten, strikt qualitätsorientierten „support of basic research of the highest quality" (Luukoonen 2014, S. 34). Als der ERC 2007 seine Arbeit aufnahm, bedeutete das insoweit einen Wendepunkt in der Innovationspolitik der EU. Die Abkehr von einer reinen Industriepolitik unter Zuhilfenahme der Wissenschaft zugunsten einer von *impact*-Anforderungen freien, wissenschaftsgeleiteten Wissenschaftsförderung erfolgte auch mit Blick auf die immer noch herausragende Leistungsfähigkeit der US-amerikanischen Forschung, der die EU nacheifern wollte.

In Deutschland verlief die Ko-Evolution der beiden miteinander kaum kompatiblen wissenschaftspolitischen Linien bisher überraschend friedlich. In erster Linie dürfte das damit zu tun haben, dass dafür jeweils unterschiedliche Akteure und Agenturen verantwortlich zeichnen. Beide werden auskömmlich finanziert, beide haben stark profitiert von den im letzten Jahrzehnt kräftig gestiegenen staatlichen Aufwendungen für FuE-E, und beide haben unter dem Primat wettbewerblicher Fördermechanismen für alle Sektoren des Wissenschaftssystems erheblich an Bedeutung gewonnen. Das betrifft vor allem die DFG als Fördereinrichtung für alle Zweige der Wissenschaft und die vier im Schutz des PFI stehenden außeruniversitären Forschungseinrichtungen, aber auch die über Projektträger organisierte Förderung des Bundesministeriums für Bildung und Forschung (BMBF). Seit 2006 orientiert sich letztere an der von der Bundesregierung beschlossenen High-Tech Strategie, die „thematische Prioritäten bei Forschung und Innovation" setzen, Kräfte bündeln und durch innovationsfreundliche Rahmenbedingungen „eine höhere Innovationsdynamik [...] erzeugen" will. So konzentrieren sich die umfangreichen Programme des BMBF auf sechs Felder, die „von großer Innovationsdynamik geprägt sind und wirtschaftliches Wachstum und Wohlstand versprechen" (Die Bundesregierung 2014, S. 5–6, 13), wofür die Bundesregierung von 2006 bis 2013 wendete rund 27 Mrd. € aufwendete (BMBF 2014, S. 21).

2.3 Exzellenz

Die Wirkmächtigkeit internationaler Vergleiche und des globalen Wettbewerbs-Syndroms in der deutschen Wissenschaftspolitik ist nirgends so deutlich erkennbar wie im Exzellenz-Diskurs und hier vor allem in der 2005/06 gestarteten „Exzellenzinitiative des Bundes und der Länder zur Förderung von Wissenschaft und Forschung an deutschen Hochschulen" (EI). Verdankte sich deren sperriger Titel noch den Idiosynkrasien des deutschen Verfassungsrechts, wonach die Hochschulbildung eine Prärogative der Länder und dem Bund eine Mitwirkung daran verwehrt ist, entsprach die Initiative der Intention und Stoßrichtung nach ähnlichen Programmen anderer Länder aus Südostasien, auch wenn diese sicherlich nicht unmittelbar als Vorbilder dienten. So hatte die Volksrepublik China schon 1998 mit dem üppig ausgestatteten „985-Projekt" eine Handvoll Universitäten durch gezielte Mittelzuweisungen und institutionelle Reformen eher kurz- als langfristig auf „Weltniveau" bringen wollen. Südkorea folgte ein Jahr später mit „Brain Korea 21", und 2002 begann Japan, an einigen wenigen staatlichen Universitäten „Centers of Excellence" aufzubauen. Das Ziel dieser *policies* war stets dasselbe: Durch eine Konzentration von Ressourcen nobelpreisträchtige Orte der Spitzenforschung zu kreieren und sie zusammen mit den jeweiligen Ländern auf der globalen *map of science* zu platzieren.

Spätestens mit der Veröffentlichung der ersten globalen Hochschulrankings 2003 (Shanghai Ranking der Jiaotong-Universität) und 2004 (Times Higher Education Supplement) rückte der weltweite „Great Brain Race"[5] um die obersten Rangplätze in der Premier-League von *Global Universities*, um internationale Sichtbarkeit und um Spitzenleistungen in der Forschung ins Blickfeld und auf den Schirm der deutschen Wissenschaftspolitik. Ironischerweise war es die SPD, die eine vertikale Differenzierung des Hochschulsystems durch Eliteuniversitäten stets strikt abgelehnt hatte, die 2004 mit dem Vorschlag an die Öffentlichkeit trat, die sozialdemokratisch geführte Bundesregierung möge zwei Bundesuniversitäten gründen, die als „Leuchttürme" der Forschung und Hochschulbildung in Deutschland fungieren und mit Harvard oder Oxford gleichziehen könnten. Nach massivem parteiübergreifenden Widerstand aus den Ländern und verfassungsrechtlichen Bedenken gegenüber Bundesuniversitäten wurde das geplante Programm radikal umgebaut und die EI auf drei „Förderlinien" fokussiert. Davon enthielt nur noch die dritte eine institutionelle Komponente („Exzellenzuniversitäten"), während die anderen beiden Instrumente zur Förderung von „Spitzenforschung" darstellten. Mit der Beschränkung auf die gemeinsame *Forschungsförderung* von Bund und Ländern war ein Weg gefunden worden, das Vorhaben verfassungskompatibel auszugestalten. Der Preis dafür lag jedoch im Verzicht auf die gezielte Pflege institutioneller Exzellenz, genau dem also, worum es den asiatischen Ländern zuoberst zu tun ist und was den Anstoß für die deutsche Initiative gegeben hatte. In der Präambel der Bund-Länder-Vereinbarung zur EI vom 18. Juli 2005 (Exzellenzvereinbarung [ExV]) werden eine verbesserte internationale „Wettbewerbsfähigkeit" und „Sichtbarkeit" nach wie vor

---

[5]So der Titel eines Buches von Ben Wildavsky (2010, Princeton University Press).

als explizites Ziel benannt, aber in Ansehung der real existierenden Befindlichkeiten wollten „Bund und Länder eine *Leistungsspirale* (Hervorhebung d. Verf.) in Gang setzen, die die Ausbildung von Spitzen und die Anhebung der Qualität des Hochschul- und Wissenschaftsstandortes Deutschland in der Breite zum Ziel hat".[6]

Die EI steht einerseits für eine Politik der bewussten Markierung von Leistungsunterschieden zwischen den Universitäten, statt solche zu ignorieren oder kompensatorisch auszugleichen. Andererseits fehlt ihr jedoch der Mut zur Ungerechtigkeit und zum wissenschaftspolitischen Dezisionismus, ohne den Spitzenplätze in internationalen Rankings nur schwer zu erreichen sein dürften. Man darf allerdings nicht verkennen, dass auch das „bisschen Exzellenz", das sie den im Wettbewerb um Graduiertenschulen und Exzellenzclustern erfolgreichen Universitäten verschaffen konnte, dort hoch willkommen war und allerorts als Zeichen eines überfälligen wissenschaftspolitischen Aufbruchs begrüßt wurde. So war letzten Endes der Verzicht auf eine institutionelle Exzellenzförderung mithilfe schwerer Bundes-Artillerie der Preis dafür, dass die EI den deutschen Universitäten in den ersten fünf Jahren bis 2011 immerhin 1,8 Mrd. € und in der zweiten Förderphase bis 2017 noch einmal 2,7 Mrd. € an zusätzlichen Mitteln ins Haus bringt. Ein weiterer Effekt der EI liegt in der nachhaltigen Veränderung der wissenschaftspolitischen Semantik durch die Diffusion und „Veralltäglichung" des Exzellenzbegriffs. Heute muss sich jede Forschungseinrichtung und Hochschule daran messen lassen. Mit guter Qualität ist es nicht mehr getan, Exzellenz oder Mittelmaß heißt die neue Leitunterscheidung. Überall blüht eine bunte Exzellenzrhetorik. Soviel Exzellenz war noch nie.

Die Schockwellen des ersten Shanghai-Rankings lösten in anderen Ländern der EU ähnliche Reaktionen aus wie in Deutschland, allerdings ein paar Jahre später und mit ausdrücklichem Verweis auf das deutsche Vorbild. So unternahm Frankreich 2007 eine umfassende Reorganisation seiner Hochschulen und Forschungsinstitutionen. Bis dahin hatte die Regierung in ihrem Bestreben, das Forschungssystem effizienter zu gestalten, stärker auf Innovationsunterstützung auszurichten und näher an internationale Spitzen heranzubringen, vor allem auf diverse Arten von institutionellen und regionalen Clustern gesetzt. 2010 legte sie im Rahmen eines neuen durch Anleihen finanzierten Programms für Zukunftsinvestitionen bis 2030 eine „Initiative d'Excellence" (IDEX) zur Förderung von Spitzenforschung und Innovationen auf. Die mit insgesamt 7,7 Mrd. € ausgestattete IDEX sollte fünf bis zehn multidisziplinäre, territorial fokussierte Exzellenzcluster bzw. Forschungsverbünde von höchster Qualität und starker internationaler Sichtbarkeit zwischen Universitäten, Forschungseinrichtungen und Unternehmen bilden helfen und sie langfristig fördern (Borgwardt 2012, S. 19–24). England trat im großen globalen Exzellenz-Rennen nicht mit einem neuen Programm auf den Plan, ließ es sich aber nicht nehmen, das seit 1986 praktizierte, heftig kritisierte und mehrfach modifizierte Verfahren zur Bemessung der institutionellen Forschungsfinanzierung an Hochschulen 2014 von „Research Assessment Exercise" (RAE) in „Research Excellence

---

[6]http://www.gwk-bonn.de/fileadmin/Papers/exzellenzvereinbarung.pdf. Zugegriffen am 19.01.2015.

Framework" (REF) umzubenennen. Spanien dagegen, dessen Universitäten in Forschung und Lehre denen aus den nordeuropäischen Ländern notorisch hinterherhinken, entschloss sich zu einem großen Sprung nach vorn. 2009 lancierte die Regierung unter dem Namen „Campus de Excelencia Internacional" (CEI) ein zunächst auf zwei Jahre angesetztes und mit knapp 500 Mio. € ausgestattetes Programm zur Modernisierung des Hochschulwesens durch stärkeren Wettbewerb und die Förderung von 12 bis 15 markanten Leuchttürmen.[7]

2.4 Finanzierung

Auf dem materiell wie symbolisch wichtigsten Schauplatz der Wissenschaftspolitik geht es um Finanzierungsfragen. Die Höhe der Aufwendungen für FuE, gemessen als Anteil am Bruttoinlandsprodukt (GDP), dient heute gemeinhin als *proxy* für die „FuE-Intensität" (EFI 2010; OECD 2014), Innovationskraft und Wettbewerbsfähigkeit eines Landes. Finanzdaten sind zentrale Kenngrößen für internationale Vergleiche und Stärke-Schwäche Analysen, mit denen einzelne Länder *policies*, Handlungsprioritäten und *politics* im Feld der Wissenschaft unterfüttern und legitimieren.

Im März 2000 hatten die Regierungschefs der EU auf dem Treffen des Europäischen Rates in Lissabon eine Strategie für die wirtschaftliche Entwicklung bis 2010 beschlossen. Die „Lissabon-Agenda" sollte die EU binnen einer Dekade zur „most competitive and dynamic knowledge-based economy in the world capable of sustainable economic growth with more and better jobs and greater social cohesion" machen.[8] Ein wichtiger Pfeiler dieser Strategie war die Selbstverpflichtung der Mitgliedsländer, ihre Ausgaben für FuE auf drei Prozent des GDP zu steigern, was das Programm „Europa 2020" vom März 2010 noch einmal ausdrücklich bekräftigte. 2012 hatte allerdings nur Finnland mit 3,55% diesen Zielwert übertroffen, alle anderen EU-Länder hatten ihn nicht erreicht oder sogar weit verfehlt, nur Dänemark und Deutschland kamen mit jeweils 2,98% dem Zielwert sehr nahe (WR 2014). Spitzenreiter unter den 34 Mitgliedsstaaten der OECD waren Südkorea (4,36%), Israel (4,2%), Finnland und Japan (3,34%); die FuE-Intensität der USA erreichte den Wert von 2,79%, während er für die Volksrepublik China mit 1,98% genauso hoch lag wie in der EU28.

Die westlichen OECD-Mitgliedsländer beobachten den rasanten Aufstieg südostasiatischer Länder mit großer Sorge. „China is poised to become the top world R&D performer by the end of the decade if recent trends continue. [...] The share of the US, EU and Japan in world R&D, patents and scientific publications is on the wane." (OECD 2014, S. 3–4) Sorgen um eine potenziell nachlassende Wettbewerbs-

---

[7]Christine Arndt, *Campus de Excelencia Internacional*, Forschung und Lehre, Dezember 2010 https://www.academics.de/wissenschaft/_campus_de_excelencia_internacional_43312.html. Zugegriffen am 19.01.2015.

[8]Lisbon European Council 23 and 24 March 2000 http://www.europarl.europa.eu/summits/lis1_en.htm. Zugegriffen am 25.06.2015.

fähigkeit waren denn auch ein wesentliches Motiv dafür, dass die Bundesregierung ihre Ausgaben für FuE von 2005 bis 2013 „um 60% auf rund 14,5 Mrd. € erhöht" hat (BMBF 2014, S. 19). Zwischen 2004 und 2011 übertraf die Ausgabensteigerung in Deutschland mit einem durchschnittlichen jährlichen Zuwachs von 6,1% deutlich die der USA (4,7%), Frankreichs (4,6%) und Großbritanniens (3,1%) (WR 2014). Ob der finanzielle Aufwuchs ausreichen wird, die avisierten langfristigen wirtschafts- und wissenschaftspolitischen Ziele zu erreichen, ist indes fraglich. Von einer gesteigerten FuE-Intensität direkte, messbare Innovations-Effekte zu erwarten, wäre jedenfalls ziemlich naiv. Genauso unklar ist, ob und inwieweit sich höhere FuE-Ausgaben in höherer Forschungsqualität, mehr Spitzenleistungen, Publikationen in hoch gerankten Zeitschriften und Patenten niederschlagen. Dennoch hat es den Anschein, als sei diese Option alternativlos. Im Wettbewerb gefangen, sind alle forschungsstarken Industrieländer sowohl Treiber als auch Getriebene einer sich ständig schneller nach oben drehenden Spirale. So verabschiedete die britische Regierung 2004 ein „Ten Year Science and Innovation Investment Framework", das große Ähnlichkeiten mit der deutschen Hightech-Strategie von 2006 aufwies, und ergänzte es 2008 durch ein Weißbuch mit dem programmatischen Titel „Innovation Nation", in welchem sie klare Ziele vorgab: Einen Anteil von FuE-Ausgaben am BIP von 2,5% (tatsächlich waren es 2012 nur 1,78%), Platz 2 hinter den USA bei wissenschaftlichen Zitationen, einen höheren durchschnittlichen *impact* von Publikationen, eine bessere Verbindung zwischen Wissenschaft und Gesellschaft, eine stärkere Fokussierung von Forschungsaktivitäten auf Innovationen usw (DIUS 2008). Ähnliches finden wir in den USA, wo die Regierung von George W. Bush mit der „American Competitiveness Initiative" 2006 den Boden für höhere FuE-Ausgaben und eine strategisch orientierte staatliche Forschungsförderung bereitet hatte, auf dem die Obama-Administration nach dem Kriseneinbruch von 2008 mit dem „American Recovery and Reinvestment Act" (ARRA) aufbauen konnte. Die Innovationsrhetorik ist überall dieselbe: „The 2015 R&D budget extends the Administration's commitment to make wise, targeted investments in science and technology (S&T) in support for job creation, economic growth, and opportunity for all Americans. It builds upon R&D's proven record of turning ideas into realities, and of generating new technologies, products, and businesses."[9]

In Deutschland zeichnet sich die öffentliche Finanzierung von FuE durch Besonderheiten aus, die mit der föderalen Aufgabenteilung zwischen Bund und Ländern zusammenhängen. Von den Ressortforschungseinrichtungen einzelner Bundesministerien abgesehen, gibt es hier keine mit den National Laboratories oder den National Institutes of Health in den USA oder den Einrichtungen des ETH-Bereichs in der Schweiz vergleichbaren, ausschließlich vom Bund getragenen Forschungseinrichtungen. Allerdings können Bund und Länder auf Grundlage von Artikel 91b GG in Fällen von überregionaler Bedeutung durch vertragliche Vereinbarungen bei der Forschungsförderung zusammenwirken. Die gemeinsame

---

[9] http://www.whitehouse.gov/sites/default/files/microsites/ostp/2015%20Budget%20Release.pdf. Zugegriffen am 19.01.2015.

Finanzierung der DFG und der vier Trägereinrichtungen außeruniversitärer Forschung (FhG, MPG, HGF, WGL) macht inzwischen mehr als ein Viertel aller staatlichen Fördermittel für FuE in Deutschland aus (BMBF 2014, S. 219). Insbesondere wegen der nachlassenden Finanzkraft der Länder hat sich dieses Arrangement als außerordentlich stabil erwiesen. Allerdings begünstigt es die außeruniversitäre Forschung, während die Grundfinanzierung der Universitäten als Sache der Länder gilt und ausgeklammert bleibt. Seit der „Systemevaluation" der DFG und der MPG durch eine hochkarätig besetzte internationale Expertengruppe (Forschungsförderung 1999) gelten diese Asymmetrien als eine strukturelle Schwachstelle des deutschen Wissenschaftssystems. Inzwischen hat es sich die Wissenschaftspolitik aufs Panier geschrieben, mit positiven und negativen Sanktionen auf eine stärkere Vernetzung der verschiedenen institutionellen Akteure hinzuwirken: Mehr Kooperation zwischen universitärer und außeruniversitärer Forschung, Kräfte bündeln und Synergien schaffen stehen seither weit oben auf ihrer Wunschliste. Gleichzeitig setzt sie allerdings nach wie vor große Stücke auf Wettbewerb, Leistungsdifferenzierung und wettbewerbliche Profilbildung. Wenn sie jetzt Kooperationen aller Art auf allen Ebenen und dichte Netzwerke zwischen allen Akteuren fordert, erinnert das an den Versuch, die Geister, die man rief, wieder einzudämmen. Dabei deutet alles darauf hin, dass mehr Kooperation die politisch heikle vertikale Differenzierung des Systems nicht etwa verhindert, sondern im Gegenteil eher wie ein Katalysator dafür wirkt. Die seit 1991 publizierten Förderbilanzen der DFG zeigen jedenfalls eindeutige „Konzentrationseffekte": Von allen Hochschulen, die Forschungsanträge einreichten (2008 bis 2010 waren es 186), entfielen auf die 20 erfolgreichsten in der Regel knapp zwei Drittel der bewilligten Mittel (DFG 2012, S. 73–79). Aus Sicht der ressourcenstarken außeruniversitären Forschung sind diese Hochschulen die attraktivsten Kooperationspartner, und so ist es kein Wunder, dass sie auch im Wettbewerb um Exzellenzcluster und „Zukunftskonzepte" in der EI besonders gut abgeschnitten haben, bei denen großer Wert auf institutionelle Kooperationen zwischen Universitäten und außeruniversitären Forschungseinrichtungen gelegt wurde.

So durchzieht die deutsche Wissenschaftspolitik eine Reihe starker Leitmotive, die auch international eine hohe Valenz besitzen. Dennoch fällt es schwer, so etwas wie einen roten Faden oder eine klare Entwicklungslinie in ihr zu finden. Sie bleibt gelegenheitsgetrieben und inkrementalistisch, verhaftet im engen Geflecht institutioneller Akteure, historischer Pfadabhängigkeiten und komplexer Gemengelage eines Mehrebenen-Systems. Nirgends wird das so deutlich wie in den drei großen „Pakten": dem 2005 gestarteten Pakt für Forschung und Innovation (PFI), der inzwischen bis 2020 fortgeschrieben wurde; der 2006 aufgelegten Exzellenzinitiative (EI), deren zweite Phase 2017 endet und für die es bis 2027 eine Fortsetzung anderer Art geben soll, sowie dem erstmals 2007 geschlossenen Hochschulpakt mit einer aktuellen Laufzeit bis 2018. Die deklarierten Ziele für den PFI bilden ein buntes Potpourri aus Wettbewerbs-, Innovations- und Exzellenzrhetorik, Vernetzungs- und internationalen Kooperationsbegehren sowie gesellschaftspolitischen Anliegen. Als Hilfsprogramm zur Stärkung der ausgebluteten Hochschulforschung segelte die EI eindeutig im Windschatten des PFI, ohne ein dazu komplementäres Programm für die Hochschulen sein zu wollen und zu können. Der Hochschulpakt als der teuerste im Bunde war und ist ein Nothelfer und soll in Reaktion auf den unerwartet starken Anstieg der Studienanfängerzahlen dazu beitragen, das Studienangebot der Hochschulen dem tatsächlichen Bedarf anzupassen. Unter dem Dach des Hochschulpaktes rubriziert schließlich auch die DFG-Programmpauschale, wonach Hochschulen zur Refinanzierung ihrer Gemeinkosten einen Zuschlag von 20% zu eingeworbenen Projektmitteln in freier Verfügung erhalten.

Das breite Spektrum von Anliegen und Zielen, insbesondere aber die finanziellen Dimensionen der drei Pakte und ihrer diversen Ableger erlauben einen guten Einblick in die Gelegenheitsstrukturen und Opportunitätskalküle der Wissenschaftspolitik in Deutschland. Sie steht im Fadenkreuz eines oft sehr kleinlich-kleinteiligen legalen Gerangels zwischen Bund und Ländern, immer stärker auch supranationaler Programmarenen der EU, und ist ein beliebter Exerzierplatz für politische Kompensations- und Koppelgeschäfte zwischen Bund und Ländern einerseits und diversen institutionellen Akteuren andererseits. Dabei bezieht sie ihre Leitmotive meistens aus dem internationalen Kontext und orientiert sich in einem hohen Maße an internationalen Benchmarks, Entwicklungstrends und *policies* wie denen der OECD. „Think global, act local" gerät dabei häufig zu einem prekären Spagat zwischen kurzfristigen Notwendigkeiten und langfristigen Herausforderungen, zumal die Wissenschaftspolitik nicht über eine starke politische Hausmacht in Gestalt einer relevanten Wählerklientel verfügen kann und insoweit dazu verdammt scheint, ein Nischenthema zu bleiben. Mit Ausnahme der zentralistisch regierten, wissenschaftlich erstaunlich erfolgreichen „developmental states" Asiens – China, Südkorea und Japan ist das anderswo in der Welt kaum anders. Gleichwohl stellt sich die wissenschaftspolitische Gefechtslage in Deutschland als besonders unübersichtlich und widersprüchlich dar. Das Dickicht von Pakten und Programmen macht die Grenzen, Kosten und Ambivalenzen des Arrangements augenfällig: Wissenschaftspolitik ist nur ganz selten proaktiv, sondern agiert entgegen ihrer vollmundigen Ankündigungen meist nur reaktiv und akzidentiell, indem sie versucht, durch unterschiedliche Sonderprogramme mit begrenzter zeitlicher und sachlicher Tragweite Abhilfe für akute Probleme zu bieten, die es über die Wahrnehmungsschwelle der Politik geschafft haben. Veränderungen erfolgen über Zuwächse von Ressourcen immer neuen Initiativen und besondere Töpfe für einzelne Maßnahmen, Einrichtungen oder Strukturen. Dieser Attentismus lässt das System immer unübersichtlicher, paradoxerweise aber auch immer träger und in sich stabiler werden, indem die Kompensationspolitik ständig neue Folgeprogramme und Nichtangriffspakte produziert, die zur politischen Rhetorik von Flexibilität, Veränderungen und Innovation nicht recht passen wollen.

3   Fazit: Perspektiven und Herausforderungen

Die wichtigsten Herausforderungen und Baustellen für die Wissenschaftspolitik in Deutschland liegen geradezu auf der Hand: Auf absehbare Zeit wird sie sich vor allem um eine nachhaltige Lösung für die Folgeprobleme der bisherigen *policies* kümmern müssen. Es gilt, einen neuen Bedingungsrahmen zu finden, der die hohen

Transaktionskosten der „Verpaktung" reduzieren, ein attraktives, überzeugendes Narrativ für eine innovationsorientierte nationale Politik im internationalen Kontext und den institutionellen Akteuren verlässliche Perspektiven bieten kann. Indes darf man sich keiner Illusion hingeben: Eine radikale institutionelle Flurbereinigung wäre politisch hoch umstritten und vermutlich kaum darstellbar. Ein grundlegender Kurs- und Schrittwechsel würde die deutsche Wissenschaftspolitik massiv überfordern und ist daher nicht zu erwarten. Wahrscheinlich ist das auch gut so. Denn man kann zwar, wie unlängst Jürgen Mittelstraß in der FAZ, trefflich darüber klagen, dass es „nichts Neues unter der wissenschaftspolitischen Sonne" gebe, sondern sich stets nur „das Rad der Ersatzinitiativen mit Verfallsdatum" weiterdrehe. Doch wie man „die Verhältnisse zum Tanzen bringen" kann, wie er es gern hätte, weiß auch er nicht zu sagen (FAZ 22.09.2014, S. 6). Wenn es gelänge, für die Förderung von FuE und der Hochschulen bis zum Ende dieses Jahrzehnts nachhaltig belastbare Finanzierungs- und Governanceformate jenseits der vielen Zweck- und Sonderprogramme zu finden, wäre das schon ein großer Erfolg.

„Eine neue Architektur des Wissenschaftssystems" in Aussicht zu stellen, wie es vollmundig im Bundesbericht Forschung und Innovation 2014 heißt (BMBF 2014, S. 33), erscheint dagegen beinahe als frivol, weil es über die schwierigen Akteurskonstellationen und vielen Pfadabhängigkeiten in der Wissenschaftspolitik hinwegtäuscht und ihr eine materielle Rationalität andichtet, die sie in Deutschland ebenso wenig besitzt wie in den meisten anderen Ländern. Mit einem intelligenten Durchwursteln, zu dem auch eine Profilschärfung und bessere Governancestrukturen in den vier von Bund und Ländern gemeinsam geförderten außeruniversitären Forschungsorganisationen gehören müssen, wäre für die deutsche Wissenschaft sehr viel mehr gewonnen als mit im Grunde unhaltbaren Versprechungen auf klare Verhältnisse und eine bessere Zukunft für alle. Blickt man über die nationalen Grenzen hinaus, erkennt man schnell, dass Versprechungen und Befürchtungen, die auf Vergleichen mit anderen Ländern beruhen, für Wissenschaftspolitik konstitutiv geworden sind; wie in kaum einem anderen Politikfeld prägen internationaler Kontext und globale Skripten deren jeweilige thematische Prioritäten und Hauptkampflinien. Daraus resultiert eine merkwürdige Dialektik: Die deutsche Wissenschaftspolitik wird einerseits von internationalen Entwicklungen und der Vorstellung eines scharfen globalen Standortwettbewerbs getrieben, mit ihren Themen und Programmen treibt sie diese andererseits aber auch selber weiter an. Umso wichtiger – und schwerer – wird es für sie, mittel- und langfristig einen eigenen Kurs jenseits oder besser unterhalb rasch wechselnder internationaler Konjunkturen für prioritäre Anliegen und Maßnahmen zu finden.

Literatur

Bonvillian, William B. 2014. The new model innovation agencies: An overview. *Science and Public Policy* 41:425–437.

Borgwardt, Angela. 2012. *Internationaler, besser, anders? Die Strukturen des Wissenschaftssystems nach 2017*. Berlin: Friedrich-Ebert-Stiftung.

Bundesministerium für Bildung und Forschung (BMBF). 2014. Bundesbericht Forschung und Innovation 2014. http://www.bmbf.de/pub/bufi_2014.pdf. Zugegriffen am 10.11.2014.

Deutsche Forschungsgemeinschaft (DFG). 2012. *Förderatlas 2012. Kennzahlen zur öffentlich finanzierten Forschung in Deutschland*. Bonn: Wiley-VCH.

Die Bundesregierung. 2014. Die neue Hightech-Strategie. Innovationen für Deutschland. Aug. 2014 http://www.bmbf.de/pub_hts/HTS_Broschure_Web.pdf. Zugegriffen am 25.11.2014.

Dominique, Kathleen C., Ammar Anees Malik, und Valerie Remoquillo-Jenni. 2013. International benchmarking: Politics and policy. *Science and Public Policy* 40:504–513.

Drori, Gili S., John W. Meyer, Francisco O. Ramirez, and Evan Schofer. 2003. *Science in the modern world polity. Institutionalization and globalization*. Stanford: Stanford University Press.

Expertenkommission Forschung und Innovation (EFI), Hrsg. 2010. *Gutachten zu Forschung, Innovation und technologischer Leistungsfähigkeit Deutschlands*. Berlin: EFI

Forschungsförderung in Deutschland. 1999. *Bericht der internationalen Kommission zur Systemevaluation der Deutschen Forschungsgemeinschaft und der Max-Planck-Gesellschaft*. Hannover: VolkswagenStiftung.

Gemeinsame Wissenschaftskonferenz (GWK). 2014. Pakt für Forschung und Innovation. Monitoring-Bericht 2014. http://www.gwk-bonn.de/fileadmin/Papers/GWK-Heft-38-PFI-Monitoring-Bericht-2014.pdf. Zugegriffen am 25.06.2015.

Heintz, Bettina, und Tobias Werron. 2011. Wie ist Globalisierung möglich? Zur Entstehung globaler Vergleichshorizonte am Beispiel von Wissenschaft und Sport. *Kölner Zeitschrift für Soziologie und Sozialpsychologie* 63:359–394.

Hessels, Laurens K., Harro van Lente, und Ruud Smits. 2009. In search of relevance: The changing contract between science and society. *Science and Public Policy* 36:387–401.

Krücken, Georg, und Frank Meier. 2006. Turning the university into an organizational actor. In *Globalization and organization. World society and organizational change*, Hrsg. Gili S. Drori, John W. Meyer und Hokyu Hwang, 241–257. Oxford: Oxford University Press.

Lepori, Benedetto, Peter van den Besselaar, Michael Dinges, Bianca Potì, Emmanuela Reale, Stig Slipersaeter, Jean Thèves, und Barend van der Meulen. 2007. Comparing the evolution of national research policies: What patterns of change? *Science and Public Policy* 34:372–388.

Luukkonen, Terttu. 2014. The European Research Council and the European research funding landscape. *Science and Public Policy* 41:29–43.

Maasen, Sabine. 2008. Exzellenz oder Transdisziplinarität: Zur Gleichzeitigkeit zweier Qualitätsdiskurse. In Exzellente Wissenschaft. Das Problem, der Diskurs, das Programm und die Folgen, Hrsg. Stefan Hornbostel, Dagmar Simon und Saskia Heise, 23–31. Bonn: ifQ-Working Paper No. 4.

Max Planck Gesellschaft (MPG). 2013. Spitzenforschung für die globale Wissensgesellschaft. Die Zukunft des deutschen Wissenschaftssystems im internationalen Vergleich. (Arbeitspapier). http://www.mpg.de/8250298/bbaw-Spitzenforschung-fuer-die-globale-Wissensgesellschaft.pdf. Zugegriffen am 08.10.2014.

National Academies of Science (NAS). 2012. *Rising to the challenge: U.S. Innovation policy for the global economy*. Washington, DC: National Academies Press.

OECD. 2014. Main science and technology indicators full database 1/2014. http://stats.oecd.org/Index.aspx?DataSetCode=MSTI_PUB. Zugegriffen am 18.11.2014.

Tsipouri, Lena. 2012. Comparing innovation performance and science in society in the European member states. *Science and Public Policy* 39:732–740.

UK Department for Innovation, Universities & Skills (DIUS). 2008. Innovation Nation. https://www.gov.uk/government/uploads/system/uploads/attachment_data/file/238751/7345.pdf Zugegriffen am 26.11.2014.

UK National Academies. 2008. Fuelling prosperity. Research an innovation as drivers of UK growth and competitiveness. https://royalsociety.org/~/media/policy/Publications/2013/fuelling-prosperity/2013-04-22-fuelling-prosperity.pdf. Zugegriffen am 26.11.2014.

Whitley, Richard. 2011. Changing governance and authority relations in the public sciences. *Minerva* 49:359–385.

Wissenschaftsrat (WR). 1990. *Empfehlungen zur Entwicklung der Fachhochschulen in den 90er-Jahren*. Köln: Wissenschaftsrat.
Wissenschaftsrat (WR). 2000. *Thesen zur künftigen Entwicklung des Wissenschaftssystems in Deutschland*. Köln: Wissenschaftsrat.
Wissenschaftsrat (WR). 2013. Perspektiven des deutschen Wissenschaftssystems. Braunschweig 12.07.2013: Drs. 3228-13. http://www.wissenschaftsrat.de/download/archiv/3228-13.pdf. Zugegriffen am 03.01.2015.
Wissenschaftsrat (WR). 2014. *Basisdaten zu Hochschulen und Forschungseinrichtungen in Deutschland*. Stand: 19.09.2014.

Teil II

Disziplinäre und interdisziplinäre Zugänge

Wissenschaftssoziologie

Peter Weingart

Inhalt

1 Einleitung 141
2 Wissensproduktion, Kommunikation und Sozialstruktur in der Wissenschaft 143
3 Die Sonderstellung wissenschaftlichen Wissens in der Gesellschaft 146
4 Wissenschaft und Politik – Wissen und Macht 149
5 Wissenschafts- und Innovationspolitik 151
6 Wissenschaft und Öffentlichkeit 153
7 Fazit 154
Literatur 154

1 Einleitung

Die neuzeitliche Wissenschaft hat sich (zumindest in den modernen Gesellschaften) zum einflussreichsten Wissenssystem entwickelt und stellt den institutionellen Kern der sogenannten Wissensgesellschaften dar. Sie ist die Basis gesellschaftlicher und wirtschaftlicher Innovation und aufgrund dessen auch des Wohlstands. Die vereinfachende Redensart von „der Wissenschaft" verdeckt allerdings eine Reihe von komplexen Zusammenhängen. Zum einen ist „die" Wissenschaft ein heterogenes institutionelles Arrangement, das sich zwar nahezu überall auf der Welt finden lässt, aber schon innerhalb einer Nation vielfältige Ausprägungen kennt, von Unterschieden zwischen verschiedenen Gesellschaften ganz zu schweigen. Fragt man nach den Gemeinsamkeiten, die es dennoch Wissenschaftlern aus ganz unterschiedlichen Kulturen erlauben, sich als Wissenschaftler zu bezeichnen, dann sind es die gemeinsamen Gegenstände und die Methoden der Wissensproduktion sowie die Sprache, in der sie miteinander kommunizieren. Selbst das gilt nicht für alle Disziplinen in

---

P. Weingart (✉)
Fakultät für Soziologie, Universität Bielefeld, Bielefeld, Deutschland
E-Mail: weingart@uni-bielefeld.de

vollem Umfang, ist aber doch ausreichend, um die Identität von globalen „scientific communities" zu konstituieren.

Zum anderen ist „die" Wissenschaft als Wissensform und als Handlungszusammenhang auf komplexe Weise mit anderen Gesellschaftsbereichen verbunden. Zwar ist die Produktion von Wissen in der Regel frei, aber das produzierte Wissen wird häufig geheim gehalten oder mit Schutzrechten versehen, wenn es sich als politisch brisant oder ökonomisch vielversprechend erweist. Die Wissenschaft ist also in spezifischer Hinsicht Gegenstand sowohl rechtlicher Regulierungen als auch politischer Konflikte. Die Finanzierung der Wissensproduktion erfolgt seitens des Staates oder der Wirtschaft nach Kriterien des erwarteten Nutzens, der aber nicht im Vorhinein sicher ist. Insofern ist die Wissenschaft Gegenstand einer speziell auf sie gerichteten (Wissenschafts-)politik sowie der Wirtschaftspolitik. Schließlich kann die Wissensproduktion auch unvorhersehbare oder befürchtete Folgen nach sich ziehen; beispielsweise können Laborexperimente gefährliche Substanzen freisetzen, die die Gesundheit der umliegenden Bevölkerung bedrohen, oder sie führen zu Ergebnissen, die die ethischen Prinzipien einer Gesellschaft verletzen. Aufgrund dessen unterliegt die Wissensproduktion zuweilen Regulierungen, die von Risikoabschätzungen bis hin zu Verboten reichen können. Die komplexen Beziehungen zwischen Wissenschaft und den verschiedenen Teilbereichen der Gesellschaft werden auch als (nationales) Innovationssystem bezeichnet (Nelson 1993). Damit wird einerseits auf die kulturelle Spezifik des gesamten institutionellen Arrangements abgestellt, in dem die Wissensproduktion stattfindet, aber auch auf dessen systemischen Charakter. Zum anderen ist der Begriff auf die mögliche Steuerung der Wissenschaft zum Zweck der Erhöhung der (vorrangig ökonomischen) Innovation ausgerichtet.

Je mehr Wissen produziert wird und je wirkmächtiger es in all den genannten Hinsichten wird, desto mehr wird es zu einer umkämpften Ressource in gesellschaftlichen Verteilungskonflikten. Deshalb ist es angezeigt, die wissenschaftliche Erkenntnisproduktion zum Gegenstand der systematischen soziologischen Analyse zu machen. Unter den vielen möglichen Fragen, die in den Einzugsbereich der Wissenschaftssoziologie fallen, sollen hier diejenigen prioritär behandelt werden, die sich auf die Beziehung zwischen Wissenschaft und Politik richten. Jede Politik nämlich, die die Wissenschaft zu ihrem Gegenstand macht und sie zu gestalten und zu regulieren sucht, muss Rücksicht auf die internen Mechanismen der Wissenschaft nehmen. Folglich ist die Kenntnis der *Innenwelt* der Wissenschaft eine Voraussetzung jeder Wissenschaftspolitik. Welche Mechanismen sind für die Stabilisierung und Universalisierung wissenschaftlichen Wissens verantwortlich, wie kommt es zur Bildung einer internen Reputationshierarchie, welche Funktion hat sie für die Wissensproduktion und für die wissenschaftliche Kommunikation?

In zweiter Hinsicht geht es in dem Beitrag um Fragen der Beziehung zwischen Wissenschaft und Politik selbst: Welche Funktionen und Folgen hat wissenschaftliches Wissen für die Politik, wie und mit welchen Zielen versucht die Politik Einfluss auf die Wissenschaft zu nehmen, und mit welchen Folgen für die Wissenschaft?

Zum Schluss geht es um das Verhältnis der Wissenschaft zur Gesellschaft insgesamt. Welche Folgerungen ergeben sich aus dem veränderten Verhältnis zwischen

Wissenschaft und Politik, aus den gestiegenen Erwartungen an die Wissenschaft und aus den veränderten Legitimationszwängen, denen sich die Wissenschaft ausgesetzt sieht?

2 Wissensproduktion, Kommunikation und Sozialstruktur in der Wissenschaft

Die allgemeine Anerkennung wissenschaftlichen Wissens in modernen Gesellschaften als *gesichert*, *wahr* und *universell gültig* ist keine Selbstverständlichkeit. Einige Gesellschaften werden bis auf den heutigen Tag durch unversöhnliche fundamentalreligiöse Glaubenskämpfe geprägt. Welche Bedingungen müssen also gegeben sein, die die Entstehung und Stabilisierung eines weitgehend verbindlichen Wissens ermöglichen? Beruht dieses Wissen auf einem spezifischen Handlungsmodus? Innerhalb welcher organisatorischer Formen wird dieser Wissenstypus produziert?

Als Grundsätze wissenschaftlichen Verhaltens werden von dem amerikanischen Wissenschaftssoziologen Robert K. Merton vier Normen genannt: *Universalismus*, d. h. die Prüfung von Wahrheitsbehauptungen unabhängig von den personalen und sozialen Eigenschaften ihrer Träger; *Kommunismus*, d. h. die Anerkennung von Erkenntnisleistungen als solche der Zusammenarbeit der Gemeinschaft der Wissenschaftler; *Uneigennützigkeit*, d. h. die Abneigung gegenüber den Verlockungen, unerlaubte Mittel zum eigenen Vorteil einzusetzen, also z. B. zu betrügen; schließlich *organisierter Skeptizismus*, d. h. die Zurückhaltung des endgültigen Urteils bis *die Fakten zur Hand sind* und eine unvoreingenommene Prüfung von Glaubenshaltungen und Überzeugungen aufgrund empirischer und logischer Kriterien möglich ist (Merton 1972, S. 51). Interpretiert man das von Robert K. Merton definierte Ethos der Wissenschaft als eine analytische Verdichtung jener zentralen Elemente der sozialen Verhaltenskomplexe, die im 17. Jahrhundert entstanden und in der Folgezeit weiterentwickelt wurden, dann eröffnet sich damit die Forschungsfrage, ob sich diese Verhaltensmuster unter den veränderten Bedingungen der Forschung systematisch verändert haben – und wenn ja, wie und mit welchen Folgen für die Wissenschaft. Ein starkes Indiz für die fortgesetzte Geltung dieser Grundsätze gerade unter der Bedrohung ihrer Erosion sind die Leitlinien guter wissenschaftlicher Praxis, die allenthalben von großen Wissenschaftsorganisationen unter dem Eindruck dramatischer Betrugsfälle bekräftigt werden.

Im Unterschied zu anderen Erklärungsversuchen wissenschaftlichen Verhaltens (z. B. durch Thomas S. Kuhn oder Paul Feyerabend) erklärt Mertons Beschreibung tatsächlich die Besonderheit wissenschaftlichen Wissens gegenüber anderen Wissensformen. Der Universalismus im Hinblick auf die Zurückweisung partikularistischer Kriterien bei der Beurteilung von Wahrheitsbehauptungen hat sich gegen alle historisch kurzlebigen Angriffe durchgesetzt. Das Gleiche gilt für den organisierten Skeptizismus, der in Gestalt der Institutionalisierung von „peer review" ungeachtet all ihrer Probleme zum Verfahrensprinzip aller qualitätsbewussten wissenschaftlichen Fachzeitschriften geworden ist und von Seiten staatlicher Evaluierungsinstanzen zusätzlich gestützt wird. Zusammen mit der Uneigennützigkeit (disinterestedness), die die Methodentreue wissenschaftlichen Arbeitens (z. B. gegenüber Datenmanipulation) gewährleistet, beschreiben schon diese drei Prinzipien wissenschaftliches Wissen als besonders *gehärtet*. Es ist Wissen, zu dessen Begründung Kriterien wie sozialer Status, kulturelle Herkunft oder politische Überzeugung irrelevant sind. Es muss sich allein vor dem Hintergrund methodischer Prinzipien bewähren, die von Wissenschaftlern konsensuell festgelegt wurden. Das konstituiert allerdings auch den esoterischen Charakter dieses Wissens und damit den potenziellen Konflikt zwischen der Wissenschaft und der allgemeinen Öffentlichkeit. Die genannten Prinzipien sind die Grundlage für die funktionale Ausdifferenzierung der modernen Wissenschaft und die Entwicklung eines weitgehend in sich geschlossenen Kommunikationssystems mit eigenen Fachsprachen. Sie hat u. a. zur Etablierung der Forschung als Selbstzweck geführt. Wissenschaftspolitisch entspricht dem die Förderung als Grundlagenforschung.

Hierin ist ein zentraler Konflikt zwischen der sich selbst steuernden Wissenschaft und den utilitaristischen Ansprüchen der Gesellschaft an sie begründet. Bereits Merton hatte kommentiert, dass nichterfüllte Erwartungen der Nützlichkeit wie auch die mangelnde Verantwortung für negative Folgen zu einer Gefahr für die Legitimität der Wissenschaft werden und den Entzug des Vertrauens in ihre Selbstregulierungsmechanismen bedeuten könnten (Merton 1957, S. 545). Genau diese Entwicklung ist derzeit beobachtbar. Allerdings bleibt das Dilemma bestehen, dass eine allzu enge Bindung der Forschung an vorgegebene Ziele der Politik oder der Wirtschaft ohne Freiräume für die Forschung deren Innovationspotenzial schmälern kann. Darauf beruht die fortlaufende Diskussion über das Verhältnis von Grundlagen- und anwendungsorientierter Forschung.

Die Besonderheit des wissenschaftlichen Verhaltensmusters findet eine Parallele in der wissenschaftlichen Kommunikation und der auf ihr gründenden Sozialstruktur der Wissenschaft. Das Wissenschaftssystem operiert unter einem Originalitätsmandat, das heißt, in der wissenschaftlichen Kommunikation zählt nur neues Wissen. Die Beurteilung des Neuigkeitswerts von Wahrheitsbehauptungen liegt ausschließlich bei der spezialisierten Gemeinschaft derer, die dazu aufgrund ihrer Qualifikation in der Lage sind. Mittels ihrer Einschätzung wird Reputation als die einzige wissenschaftsspezifische Belohnung zugeschrieben (vgl. Luhmann 1990). Auf diese Weise gibt es innerhalb jeder Disziplin, innerhalb jedes Spezialgebiets Reputationshierarchien, die sich auf Originalitätseinschätzungen von (in der Regel) publizierten Erkenntnissen beziehen. Diese Reputationshierarchien haben eine wichtige selektive Funktion: Sie fokussieren die Aufmerksamkeit der Mitglieder einer (sub-)disziplinären Gemeinschaft auf wichtige Beiträge, und damit steuern sie auch die Zuweisung von Ressourcen und von Karrierechancen innerhalb des Systems. Zugleich bilden sie die Anknüpfungspunkte für alle Steuerungsbemühungen von außen, d. h. durch die Politik oder die Wirtschaft. Da diese nicht selbst über die Qualifikation zur Bewertung der Güte und Originalität von Forschungsleistungen verfügen, sind sie darauf angewiesen, sich an der Reputation von Wissenschaftlern und Wissenschaftlerinnen als Symptomen zu orientieren. Daraus resultiert, dass eine Steuerung von außen nur indirekt möglich ist. Als ein Merkmal inter-systemischer Beziehungen in funktional differenzierten Gesellschaften ist diese Trennung als Faktum gegeben.

Die Reputationsstruktur der Wissenschaft (bzw. der Disziplinen und Spezialgebiete) spiegelt also die Funktionsweise einer selbstreferentiellen meritokratischen Kommunikation wider. Der zentrale regulative Mechanismus ist die sogenannte Peer review, d. h. die Prüfung von Publikationen *vor* ihrer Veröffentlichung und von Forschungsanträgen *vor* ihrer Bewilligung durch kompetente Kollegen (*peers*) ausschließlich nach universalistischen Kriterien. Er ist die institutionalisierte Form des *organisierten Skeptizismus*. Peer Review hat eine doppelte Funktion. „Nach ‚innen' soll sie das Vertrauen in die Verlässlichkeit und Wechselseitigkeit der wissenschaftlichen Kommunikation zur Sicherung ihrer Offenheit schaffen. Nach ‚außen' gegenüber der Öffentlichkeit soll sie Vertrauen in die Verlässlichkeit des produzierten Wissens herstellen, u. a. um die Ressourcen für die Forschung zu legitimieren" (Weingart 2003, S. 287).

Der idealtypisch meritokratische Charakter der Sozialstruktur der Wissenschaft wirft die Frage nach systematischen Gründen seiner Gefährdung auf. Merton hat schon auf das Phänomen des kumulativen Vorteils hingewiesen und es nach dem Bibelwort des Matthäus, „wer hat dem wird gegeben", als *Matthäus-Effekt* bezeichnet (Merton 1973, S. 446). Reputation innerhalb der Wissenschaft kann in Vertrauen und Glaubwürdigkeit, und diese wiederum in Ressourcenzuweisung umgesetzt werden. Die dadurch ermöglichte Forschung führt im Erfolgsfall wiederum zu neuer Reputation. Reputation beruht immer auf vergangenen Leistungen, die zugleich als Indizien für zukünftige Leistungen dienen, weil es bessere Anhaltspunkte nicht gibt. Reputation ist mithin ein „Wechsel auf die Zukunft", der immer eingelöst werden kann – im Sinn der Überprüfung der Leistungen (Luhmann 1990). Die mögliche Verselbständigung verdienter Reputation in illegitimen Einfluss stellt für das Wissenschaftssystem eine große Gefahr dar, da sie zur Beeinträchtigung der Innovationsfähigkeit, im schlimmsten Fall zur Irreführung des Forschungsprozesses führen würde.

Daraus erklärt sich die große Sensibilität innerhalb der Wissenschaft gegenüber *internen* Fehlfunktionen, in erster Linie Plagiat und Betrug. Eine ebenso große Sensibilität besteht gegenüber Einflüssen von *außen*, die geeignet sind, den Mechanismus der Reputationszuweisung und damit das Erscheinen von Wahrheit (Luhmann 1990) zu unterlaufen. Die Zuweisung von Forschungsgeldern aufgrund politischen Klientelismus, ohne Prüfung durch ein Peer-Review-Verfahren oder die Publikation von Forschungsergebnissen, die im Zusammenhang mit einem ökonomischen Interesse des Autors stehen, gelten innerhalb der Wissenschaft zumindest als *anrüchig*. Politische Einflussnahme auf die Inhalte der Forschung (nicht die selektive Förderung von Forschungsgebieten!) wie etwa die Privilegierung einer *deutschen Physik* unter den Nationalsozialisten oder der Genetik Lyssenkos unter der sowjetischen Regierung sind die immer wieder zitierten krassen Fälle. Zumeist sind die Einflussnahmen subtiler und die Grenzen nicht so eindeutig zu ziehen.

Besonders interessant in diesem Zusammenhang ist der Einfluss der Massenmedien auf die wissenschaftsinterne Reputationsstruktur. Die Sensibilität gegenüber externen Einflüssen gründet in der ausschließlich der engeren Fachgemeinschaft zugeschriebenen Kompetenz der Beurteilung von Erkenntnissen. Nur diese gilt als relevantes und zugleich *legitimes* Publikum innerwissenschaftlicher Diskussionen.

Über den Wahrheitsgehalt von Erkenntnissen können nicht Mehrheiten entscheiden. Wissenschaftler selbst wenden sich aber immer wieder an außerwissenschaftliche Öffentlichkeiten mit dem Ziel, innerwissenschaftliche Konflikte durch gesellschaftliche Zustimmung zu lösen. In besonderen Krisensituationen, die nicht von der *scientific community* selbst gelöst werden können, wie z. B. die Etablierung einer neuen Disziplin, eines kontroversen theoretischen Programms oder der Grenzen zwischen Disziplinen, wählen Wissenschaftler zuweilen den strategischen *Umweg* über die Öffentlichkeit (Bucchi 1996, S. 382).

In dem Maße, in dem die Wissenschaft angehalten ist, sich der Öffentlichkeit gegenüber zu präsentieren und ihrer Rechenschaftspflicht nachzukommen, haben einige Wissenschaftler aktiv die Rolle von Medienstars angestrebt (Goodell 1977). Genau wie die Politik und die Wirtschaft operieren die Medien aber nach anderen Kriterien als die Wissenschaft. Faktisch bedeutet das Auftreten von Wissenschaftlern in den Medien, dass sozialstrukturell das Kriterium *Prominenz* zu dem wissenschaftlicher *Reputation* in Konkurrenz tritt und dadurch zumindest potenziell das Erscheinen von Wahrheit an öffentlicher Zustimmung bzw. Attraktivität orientiert wird. Tatsächlich lässt sich zeigen, dass Wissenschaftler sehr sensibel die Motive unterscheiden, aufgrund derer ihre Kollegen in den Medien auftreten.

3 Die Sonderstellung wissenschaftlichen Wissens in der Gesellschaft

Die verschiedenen Beispiele illustrieren, auf welche Weise die Produktion gesicherten Wissens gegenüber anderen Bereichen der Gesellschaft und damit gegenüber dem für sie spezifischen Wissen (u. a. Ideologien der Politik, Neuigkeiten der Medien, Normen des Rechtssystems, Offenbarungen der Religionen) abgegrenzt wird. Diese institutionelle Abgrenzung markiert zugleich die Sonderstellung dieses Wissens in der Gesellschaft. Wissenschaftliches Wissen erhebt zumindest prinzipiell den Anspruch universeller Geltung, selbst wenn dieser nicht immer gerechtfertigt werden kann. Dieser Anspruch wird nicht einmal primär durch die Demonstrationen richtiger Prognosen und praktischen Funktionierens gerechtfertigt, die nur für einen kleinen Teil der Wissenschaft möglich sind. Er wird vielmehr auch durch spezifische Praktiken untermauert. Symbolhaft ist, dass neues (natur-)wissenschaftliches Wissen meistens in Laboratorien gewonnen wird, in abgeschlossenen Räumen also, in denen experimentell künstliche Welten geschaffen werden können. Wissenschaftstheoretiker haben auf die für die Laborforschung typische Beziehung zwischen Theorien und Hypothesen, Instrumenten und schließlich die zu interpretierenden Daten verwiesen (Hacking 1992). Die damit beschriebene Selbstreferentialität der Forschung, die historisch mit der ab dem frühen 19. Jahrhundert zu beobachtenden operationalen Schließung des Wissenschaftssystems gegeben ist, bedeutet einerseits dessen Ausdifferenzierung in der Gesellschaft und die Begründung ihrer Sonderstellung als Funktionssystem. Zugleich ist andererseits die analytische Leistungsfähigkeit des Systems durch diese Schließung enorm gesteigert worden, da von nun an die

Forschung in der Wahl ihrer Gegenstände nicht mehr auf die reale Lebenswelt beschränkt wird, sondern diese selbst künstlich erschaffen kann.

Der Blick hinter die Türen der Labore, die Beobachtung der tatsächlichen Forschungspraxis, offenbart den Erkenntnisprozess als alltägliche Tätigkeit, die keine mystischen Elemente erkennen lässt. Vielmehr wird erkennbar, wie die Gegenstände der Forschung manipuliert und für spezifische Fragestellungen aufbereitet werden. Die Prozesse des Aufbaus von Experimenten und der Dateninterpretation sind von Aushandlungen unter den Forschern bestimmt und folglich in hohem Maße kontingent (Latour und Woolgar 1979, S. 176).

Wissenschaftssoziologen haben unter Hinweis auf Ähnlichkeit der Verhaltensmuster (Karrierestreben, strategischer Umgang mit Information etc.) in der Forschung und der Politik oder dem Alltag sowie auf die Kontingenz von Entscheidungen im Laborkontext den Schluss gezogen, zwischen wissenschaftlichem und alltäglichem Wissen gäbe es keine relevanten epistemischen Unterschiede (Knorr-Cetina 1981). Die Zirkularität des wissenschaftlichen Wissens, der Umstand, dass es sich auch bei wissenschaftlichem Wissen *nur* um sozial konstruiertes Wissen handele, sei Beleg für seine Relativität und damit Grund genug, die gesellschaftliche Sonderstellung dieses Wissens zu bestreiten.

Die ursprüngliche Radikalität der konstruktivistisch-relativistischen These ist der Ernüchterung gewichen. Nicht die frühe Phase der Wissensgenese, sondern die „soziale Härtung" des Wissens ist offensichtlich entscheidend. Obgleich die dafür verantwortlichen Mechanismen auch historischen Veränderungen unterliegen, ist ihre Entwicklung instruktiv. Die unter lokalen und sozial spezifischen Bedingungen gewonnenen Erkenntnisse werden sogleich einem Verfahren unterworfen, in dem diese Bedingungen sukzessive aus der Kommunikation der Erkenntnisse ausgefiltert werden. Am deutlichsten wird dies durch die von personalen, lokalen und zeitlichen Bezügen und Kontingenzen *bereinigte* Beschreibung des Forschungsprozesses. Obgleich der Autor bzw. die Autoren als solche das Endprodukt – den Artikel in der Fachzeitschrift – verantworten, erscheinen sie in der Regel in der dritten Person. All dies vermittelt den Eindruck universeller Geltung der dargestellten Befunde. Schließlich werden sie vor der endgültigen Veröffentlichung noch der Prüfung durch die Peers unterworfen. Selbst wenn deren Urteile nicht frei von Unsicherheiten und gar Widersprüchen sind, legitimieren sie das fragliche Wissen. Die weitere Universalisierung erfolgt schließlich im daran anschließenden Prozess der Integration des Wissens in den allgemeinen Forschungsprozess, in dem sich einige Forscher darauf stützen und es in ihren eigenen Forschungen als *gesichert* voraussetzen. Auf diese Weise wird es in den umfassenden Kanon wissenschaftlichen Wissens eingebaut, durch Verweise (Zitate) kenntlich gemacht und durch anschließende Kommunikationen zusätzlich bestätigt oder gegebenenfalls schließlich durch neue Forschungen als überholt oder obsolet erwiesen und wieder vergessen.

Allenfalls das Offenbarungswissen der Religionen kommt in die Nähe eines derart aufwändigen und durch soziale Verfahren abgesicherten Prozesses der Kommunikation, der die Sonderstellung dieses Wissens begründet. Sie besteht nicht in irgendeiner mystischen Qualität des Erkenntnisprozesses noch des Wissens selbst, sondern in den Verfahren, mit denen es gesichert wird, und erst diese Verfahren verleihen dem wissenschaftlichen Wissen seine besondere Qualität. Es ist tatsächlich „sozial konstruiert", aber daraus folgt keineswegs seine Relativität und Beliebigkeit.

Die Sonderstellung des wissenschaftlichen Wissens in den modernen Gesellschaften wird nicht allein durch die internen Mechanismen der *Härtung* des Wissens erreicht. Ohne institutionelle Absicherung von *außen*, d. h. in der Gesellschaft, wäre sie keine hinreichende Bedingung. Die Kompetenz, sich an der wissenschaftlichen Kommunikation zu beteiligen, ist schon spätestens seit dem frühen 19. Jahrhundert nicht mehr ohne eine mehrjährige Ausbildung und den Nachweis der erfolgreichen Aneignung des gelehrten Wissensstoffs möglich. Die Universitäten sind die Organisationen, die – übrigens weltweit – für die Erteilung von akademischen Graden in den diversen Disziplinen bzw. Fächern verantwortlich sind. Über sie ist die Ausbildung an den Arbeitsmarkt gebunden: Die klassischen Professionen: Ärzte, Juristen, Theologen sowie Staatsbeamte, insbesondere Lehrer bedürfen für die Zulassung zu ihren Berufen der entsprechenden Lizenzen. Inzwischen ist eine Vielzahl von Berufen dem Beispiel der Professionen gefolgt, der Zugang zu ihnen ist ohne vorherige langjährige Ausbildung mit Abschluss nicht möglich. Dies ist Ausdruck einer fortschreitenden Wissensbasierung. Relevant ist dafür solches Wissen, das im Prinzip aus wissenschaftlicher Forschung hervorgeht. Deshalb befinden auch die an Universitäten organisierten Disziplinen oder Fächer über die Inhalte der Lehre und über die Standards der zu erreichenden Kompetenzen, in vielen Berufen ganz allein durch ihre Berufsverbände, in anderen unter der Aufsicht bzw. in Kooperation mit dem Staat, der dann zugleich die Kontrolle des betreffenden Arbeitsmarktsektors ausübt (z. B. bei Richtern, Ärzten und Lehrern) und Beschäftigung garantiert. Ein Blick auf die Arbeitsmarktstatistiken zeigt, dass die institutionelle Sonderstellung wissenschaftlichen Wissens auch eine Entsprechung im Wirtschaftssystem hat: die akademische Ausbildung und ihre Rückbindung an Forschung garantieren größere Beschäftigungschancen und höheres Einkommen.

Die Ausdifferenzierung und institutionelle Absicherung wissenschaftlichen Wissens hat schließlich auch eine soziale Rolle hervorgebracht: die des Experten. Die Unterscheidung zwischen Experten und Laien hat sich mit der Entwicklung des Wissens grundlegend verändert. Ursprünglich auf die Unterscheidung zwischen Mitgliedern des Klerus und den nicht dazugehörenden Laien beschränkt, folgte sie sodann der Grenzziehung zwischen den Mitgliedern der Professionen (Recht und Medizin). Diese klare Grenzziehung hat sich heute in ein situativ wechselndes, immer neu definiertes Geflecht von Zuschreibungen der Differenz von Experten und Laien aufgelöst. In dem Maß, in dem die Komplexität von Handlungskonstellationen immer komplexer und die durch wissenschaftliches Wissen verfügbaren Optionen immer zahlreicher werden, nimmt der Bedarf an Beratung zu. Da Wissen zum Leitbegriff der Wissensgesellschaft *geworden* und der Wissenserwerb notwendig selektiv ist, werden tendenziell alle zu Experten *für* einen bestimmten Wissensbereich und zu Laien im Hinblick auf den ganzen großen Rest. Die Unterscheidung ist dynamisiert worden, die Grenze zwischen Wissenden und Laien gilt nicht nur zwischen Wissenschaftlern und Nichtwissenschaftlern, sondern auch innerhalb der Wissenschaft.

4 Wissenschaft und Politik – Wissen und Macht

Die Wissenschaft als ausdifferenziertes Funktionssystem steht in mehr oder weniger engen Austauschbeziehungen zu den anderen Funktionssystemen. Sie unterscheiden sich voneinander durch die jeweils involvierten systemspezifischen Rationalitäten.[1] Unter den Beziehungen, die das Wissenschaftssystem zu anderen Teilsystemen der Gesellschaft hat, ist die zur Politik eine besondere: Die Wissenschaft bedarf sowohl materieller Ressourcen als auch der institutionellen Absicherung. Beides ist nur durch die kollektiv bindenden Entscheidungen der Politik zu erhalten. Die Politik kann ihrerseits nicht auf wissenschaftliche Expertise verzichten. Insbesondere die modernen Demokratien des 20. Jahrhunderts unterliegen zwei Legitimationsformen: politische Entscheidungen müssen sowohl durch öffentliche Wahl delegierter Repräsentanten legitimiert als auch rational im Licht vorhandenen wissenschaftlichen Wissens sein. Es handelt sich also einerseits um ein wechselseitiges Abhängigkeitsverhältnis, andererseits um ein Verhältnis wechselseitiger Instrumentalisierung. Beide Aspekte dieser Wissenschaft-Politik-Kopplung werfen unterschiedliche Probleme auf. Zum einen geht es um die Rolle der Wissenschaft in der – und ihre Auswirkungen auf die – Politik, z. B. bei den Folgen des unkontrollierten Einflusses wissenschaftlicher Experten als Berater für demokratisch legitimierte Politik. Zum anderen geht es um die Möglichkeiten und Grenzen des Einflusses der Politik auf die Wissenschaft, konkret um die Instrumente der Wissenschaftspolitik.

Der erste Aspekt verweist auf die *wissenschaftliche Politikberatung*. Noch bis in die Mitte des 20. Jahrhunderts sicherte sich der Staat das für ihn relevante Wissen über die Rekrutierung akademisch ausgebildeter Personen für die Verwaltung, wo sie ressortbezogen *Fach*verstand entwickelten. Mit der fortschreitenden Spezialisierung der Wissenschaft und der Ausweitung der Staatsfunktionen ist auch die staatliche Verwaltung immer mehr auf das Wissen verwiesen, das in den Universitäten und Forschungsinstituten erzeugt und vorgehalten wird. In Form von Beiräten, Sachverständigenkommissionen, ad hoc berufenen Expertenkommissionen und Gutachtern mobilisiert der Staat über die in den eigenen Ressort- und Großforschungseinrichtungen verfügbare Forschungskapazität hinaus wissenschaftliche Expertise. Neben dieser formal organisierten wissenschaftlichen Politikberatung, deren Mandat jeweils auf einer rechtlichen Grundlage (per Gesetz oder ministerieller Verordnung) beruht, hat sich inzwischen ein Beratungsmarkt entwickelt, auf dem unabhängige kommerzielle und Nonprofit-Beratungsorganisationen (*Think Tanks*) um die Aufmerksamkeit für ihr Wissen konkurrieren (Weingart und Lentsch 2008). Eindeutiges Indiz für die Bedeutung wissenschaftlichen Sachverstands ist die Tatsache, dass der Rückgriff auf ihn längst kein Privileg der Exekutiven mehr ist. Nicht nur die Parlamente, auch die Nichtregierungsorganisationen haben sich ihre eigenen Expertenstäbe geschaffen, die sie z. T. an den Universitäten und Instituten rekrutieren und mit denen sie in die politischen Auseinandersetzungen gehen. Jedem

---

[1] Hier wird explizit nur die Beziehung zur Politik behandelt. Zu den „Kopplungen" mit der Wirtschaft und den Medien siehe Weingart 2001.

Experten kann im Bedarfsfall ein Gegenexperte gegenübergestellt werden, um in der politischen Debatte nicht den Regierungsexperten ausgeliefert zu sein.

Die stetige Expansion der Beratungskapazität – sie lässt sich für alle modernen Staaten beobachten – hat ein Legitimationsdilemma verschärft, das der Beziehung zwischen demokratischen Regierungen und wissenschaftlichen Beratern inhärent ist. Berater der Herrschenden sind schon immer suspekt gewesen, weil sie den direkten Zugang zu ihnen haben und gleichzeitig ihr Rat oft undurchschaubar war. Diese Konstellation hat sich nicht grundsätzlich geändert. Die Beratungsgremien sind zwar durch die jeweilige Rechtsgrundlage ihrer Errichtung legitimiert, aber dennoch konkurriert ihre Expertise mit der demokratisch legitimierten Entscheidung der Politiker.

Die Gefährdung der politischen Legitimität durch die Wissenschaft ist durch mehrere parallele Entwicklungen virulent geworden. Der Bedarf der Politik an gesichertem Wissen erstreckt sich auf immer komplexere Bereiche der Sicherheitsgewährleistung. Dadurch wird die Wissenschaft zu Aussagen gezwungen bzw. verführt, die sie immer mehr in den Bereich eigenen Nichtwissens drängen. Die von der Eindeutigkeit und Gewissheit wissenschaftlicher Aussagen erwartete Legitimierung politischer Entscheidungen geht im Streit von Experten und Gegenexperten verloren. Zugleich sind bestimmte Bereiche der Beratung unter die direktere Dauerbeobachtung der Medien geraten. In den Gebieten, in denen sie Sensationen und Skandale vermuten – u. a. Vogelgrippe, radioaktive Niedrigstrahlung, embryonale Stammzellen und beim Dauerbrenner Klimawandel – bemühen sie selbst Experten oder NGOs, deren veröffentlichte Meinungen die Regierungen zu Reaktionen zwingen und so letztlich die politische Agenda mitbestimmen. Nachgefragter und nicht nachgefragter Rat, oder auch nur von der Wissenschaft publizierte Hypothesen und Forschungsergebnisse sind inzwischen ein erheblicher Faktor im politischen Diskurs.

Angesichts dieser Sensibilität der Politik gegenüber der Wissenschaft erweisen sich traditionelle Modelle der Beziehung zwischen Politikern und Beratern *(truth speaks to power)* als unzulänglich. Es ist angemessener zu unterstellen, dass die Wissenschaft selbst als *interessierte* Partei auftritt. Die differenzierungstheoretische Unterscheidung zwischen der an kollektiv bindenden Entscheidungen und Machterhalt orientierten Politik und der an Wahrheit orientierten Wissenschaft lässt sich auf der Ebene der realen Organisation von Beratungsverhältnissen auch in der Weise verstehen, dass die wissenschaftlichen Berater daran interessiert sind, ernstgenommen zu werden, dass ihr Rat auch in Entscheidungen umgesetzt wird und sie aufgrund dessen ihren Ruf in ihrer Zunft sichern. Sie müssen insbesondere ein Interesse daran haben, die Interpretation und Verwendung ihres Rats zu kontrollieren. Umgekehrt haben Politiker ein Interesse am Inhalt des Rates. Steht er im Widerspruch zu ihren Überzeugungen, werden sie ihn zu neutralisieren versuchen, die Unsicherheiten überbetonen und gegebenenfalls *mehr Forschung* verlangen. Bestätigt er hingegen ihre Meinung, werden sie danach trachten, die Unsicherheiten herunterzuspielen und Gegenexpertisen auszuschalten. Die wissenschaftliche Politikberatung unterliegt daher ständig der Gefahr, politisiert zu werden. Die Besetzung von Beratungsgremien, die Wahl der Experten, die Abgrenzung des Beratungsauftrags und die Verwendung der Beratungsergebnisse sind deshalb Gegenstand politischer Konflikte und Kontrollansprüche. Ebenso bemühen sich einschlägige Organisationen um die Kodifizierung der Regeln guter wissenschaftlicher Politikberatung (z. B. BBAW 2008).

5 Wissenschafts- und Innovationspolitik

Der zweite oben genannte Aspekt der Kopplung von Wissenschaft und Politik ist ihre wechselseitige Instrumentalisierung, für die die Wissenschafts- und Technologiepolitik exemplarisch ist. In diesem Politikfeld verfolgt die Politik das Ziel, die Wissenschaft so zu steuern, dass sie möglichst viele Innovationen hervorbringt, die die Grundlage allgemeinen wirtschaftlichen Wohlstands bilden. Tatsächlich unterscheiden sich die Innovationsraten und die Forschungsprofile verschiedener Länder erheblich, und sie korrelieren mit deren Wirtschaftskraft. Deshalb haben Ökonomen versucht, unterschiedliche Typen solcher *nationalen Innovationssysteme* zu unterscheiden und deren Qualitäten genauer zu bestimmen.

Grundsätzlich stehen der Politik zwei Wege offen, die Wissenschaft zu steuern, um ihre Innovativität zu beeinflussen. Sie kann bestimmte Typen von Forschungsorganisationen errichten, und sie kann spezielle Förderprogramme auflegen. Der erste Weg ist langfristiger angelegt, da Organisationen schwerer zu gründen, allerdings auch schwerer wieder zu schließen sind als Förderprogramme. Betrachtet man die wissenschaftliche Institutionenlandschaft in Deutschland (analog in anderen Ländern), dann fällt auf, dass die großen Wissenschaftsorganisationen wie die Max-Planck-Gesellschaft, die Fraunhofer-Gesellschaft, die Helmholtz-Gemeinschaft, die Leibniz-Gemeinschaft, die Ressortforschungseinrichtungen oder nicht zuletzt die Universitäten, alle aus verschiedenen Zeiten stammen, aus verschiedenen Anlässen gegründet wurden und verschiedenen forschungspolitischen Zielen verpflichtet sind. Zum Teil liegen die Gründungen so lange zurück, dass sich die Ziele verschoben haben (wie im Fall der Max-Planck-Gesellschaft) oder es für notwendig gehalten wird, sie zu verändern (wie im Fall der Helmholtz-Gemeinschaft, d. h. der ehemaligen Großforschungsinstitute). Die Wissenschaftsorganisationen repräsentieren also nicht eine Innovationspolitik *aus einem Guss*, sondern sind das Resultat historisch kontingenter Entscheidungen.

Förderprogramme sind dagegen kurzlebiger, gerade deshalb allerdings auch anfälliger für wissenschaftspolitische Moden. Eine Zeitlang wurde die Lösung des Innovationsrätsels in der Datenverarbeitung vermutet, dann wiederum in der Biochemie, neuerdings werden die Hoffnungen in die Nanotechnologie gesetzt. Die programmatischen Moden können sich auch auf die Art der Förderung, statt auf die konkreten Bereiche beziehen. Lange Zeit galt die Überzeugung, dass sich Innovationen in einer linearen Abfolge von Ereignissen ergeben. Am Anfang stehen die Entdeckungen durch Grundlagenforschung. Im nächsten Schritt werden diese in der angewandten Forschung weiterentwickelt. Schließlich entsteht im industriellen Prozess daraus ein Produkt. Dieses Modell ist inzwischen durch ein anderes abgelöst worden, demzufolge Innovationen in allen Kontexten der Wissensproduktion entstehen können (Stokes 1997). Daraus wird die Konsequenz gezogen, dass die Forschung – auch und gerade die an den Universitäten – möglichst eng an den Bedürfnissen der Industrie orientiert sein sollte. Aufgrund dessen wurden Transferagenturen eingerichtet, Technologieparks in der unmittelbaren Nähe von Universitäten in der Erwartung von *Clusterbildungen* errichtet sowie vielfältige Mechanismen steuerlicher und haushaltsrechtlicher Art zur Ermöglichung der Investition von Risikokapital eingeführt.

Innovationsmodelle, seien sie explizit oder nur implizit, bestimmen die Organisation der Wissensproduktion, die Struktur der Einrichtungen, in denen Wissen produziert werden soll, ihr Verhältnis untereinander und nicht zuletzt die Kategorisierung von Forschungstypen für Zwecke der Organisation und Statistik (vgl. Frascati Manual der OECD). Trotz all der Aktivitäten, die die Wissenschaftpolitik entwickelt, sind die Kenntnisse darüber, wie Innovationen entstehen, eher dürftig. Die Bedingungen, unter denen es geschieht, sind zu divers, die beteiligten Akteure zu vielfältig, als dass sich einfache, politisch realisierbare Rezepte finden lassen. Die historische Analyse hat gezeigt, dass sich über einen Zeitraum von 150 Jahren und über vier sehr unterschiedliche politische Systeme, einschließlich der vier Jahrzehnte deutscher Teilung hinweg, das Innovationsprofil des deutschen Wissenschaftssystems nicht maßgeblich verändert hat. Die Autoren kommen deshalb zu dem Schluss, dass sich Innovationskulturen nicht mit den bisher eingesetzten Steuerungsmechanismen verändern lassen (Grupp und Breitschopf 2006, S. 195).

Dieser Befund zeigt, dass die *direkte* Steuerung des Wissenschaftssystems von außen kaum möglich ist, weil sich die Menschen, die es letztlich betrifft, wie in allen anderen Systemen auch reaktiv innerhalb der gegebenen institutionellen Rahmenbedingungen verhalten. Fast alle Interventionen in das System haben folglich unbeabsichtigte Nebenwirkungen, die aus der Unkenntnis der Reaktionsmöglichkeiten entstehen oder auch prinzipiell unvermeidbar sind. Dies ist im Zusammenhang mit den Versuchen seitens der Wissenschaftpolitik besonders augenfällig geworden, die Wissenschaft der Leistungsbewertung zu unterwerfen, um sie transparenter und effizienter zu machen und eine bessere Kontrolle über und Legitimierung der Mittelverwendung zu erreichen. In Ermangelung direkter Maße sind aber sämtliche derartige Maßnahmen auf die Verwendung indirekter Maße, d. h. Indikatoren verwiesen. Diese Indikatoren, z. B. die Menge an Publikationen, die Häufigkeit ihrer Zitierung, die Summe eingeworbener Forschungsgelder in Peer-Review-Verfahren, um die wichtigsten zu nennen, bilden letztlich nur den wissenschaftlichen Kommunikationsprozess ab, wie er oben beschrieben wurde. Allerdings tun sie dies zum einen nur jeweils partiell, und zum anderen – darin besteht die Intervention von außen – werden die quantifizierten Indikatoren an monetäre Zuwendungen gebunden, d. h. persönliche Gehaltserhöhungen oder zusätzliche Haushaltsmittel für einen Lehrstuhl oder ein Institut (vgl. Hornbostel 1997).

Mit der Institutionalisierung der Evaluierungsverfahren sind auch die Reaktionen der Wissenschaftler sichtbar geworden, die den Glauben an die Objektivität der Maße erschüttert haben. Publikationszahlen werden durch die Zerstückelung der Forschungsergebnisse künstlich aufgeblasen, Zitate werden innerhalb kleiner Zirkel strategisch vergeben. Da in einigen Verfahren nicht mehr die Quantität der Publikationen erfasst wird, sondern nur die Zahl der Artikel in den Zeitschriften mit dem höchsten *Impact*-Faktor, werden inzwischen international Zeitschriftenlisten auf dessen Grundlage erstellt. Das hat eine ganze Reihe von wissenschaftlichen Zeitschriften dazu veranlasst, ihre Autoren zur Zitierung von Artikeln aus derselben Zeitschrift aufzufordern.

Alles dies sind Anzeichen dafür, dass das Wissenschaftssystem sensibel auf die Steuerungsversuche von außen reagiert. Noch sind die langfristigen *unbeabsichtigten* Folgen der Anwendung von Indikatoren nur in Ansätzen bekannt bzw. empirisch untersucht wie z. B. die Veränderung des Publikationsverhaltens der Wissenschaftler, gefolgt von der Zunahme an redundanten Veröffentlichungen (vgl. Butler 2010). Schon jetzt ist aber klar zu sehen, dass zwar die Konkurrenz unter Wissenschaftlern oder unter Universitäten intensiver geworden ist, aber damit noch nicht die höhere Innovativität gesichert ist.

6   Wissenschaft und Öffentlichkeit

Ein letzter Aspekt ist das Verhältnis der Wissenschaft zur Gesellschaft insgesamt bzw. genauer zur Öffentlichkeit. Dieses Verhältnis hat sich in mehrfacher Weise verändert. In dem Maß, in dem das Interesse der Politik an und ihr Zugriff auf die Wissenschaft direkter geworden sind, sind auch die Erwartungen an die Wissenschaft gestiegen. Zum einen hat die Wissenschaftspolitik als Politikfeld an Bedeutung gewonnen, insoweit sie mit der Ausbildung im tertiären Bereich und der Innovations- und Technologiepolitik zentrale Ressourcen der Gesellschaft steuert. Die damit anfallenden Kosten nehmen inzwischen einen nicht unerheblichen Teil der Wirtschaftsleistung der westlichen Industrieländer in Anspruch. Daraus ergibt sich wiederum ein Legitimationsproblem für die Wissenschaft, verschärft durch den Umstand, dass deren Steuerung durch die Politik nur indirekt möglich und die Nachvollziehbarkeit ihrer internen Abläufe sowie ihres Nutzens nur sehr gering ist. Dies wird unter dem Topos einer Rechenschaftspflicht der Wissenschaft gegenüber der Öffentlichkeit verhandelt, die von Seiten der einschlägigen Institutionen und der Wissenschaftspolitik selbst in eine Vielzahl von unterschiedlichen Formaten der Wissenschaftskommunikation übersetzt wird.

Diese Formate haben selbst inzwischen eine Entwicklung durchlaufen, von den anfänglichen *Science-Literacy*-Programmen im angelsächsischen Bereich, die auf die Prüfung und Förderung wissenschaftlicher Grundkenntnisse abstellten, hin zu Folgeprogrammen wie dem *Public Understanding of Science* (PUS), dem *Public Engagement with Science and Technology* (PEST) oder im deutschen Bereich zu *Wissenschaft im Dialog* (WiD). Ist schon in der Abfolge dieser Programme eine Entwicklung hin zu einer stärkeren Einbeziehung der Öffentlichkeit zu erkennen, so werden von Seiten der zivilgesellschaftlichen Organisationen Forderungen nach einer Demokratisierung der Wissenschaft erhoben. Sie reichen von der Einflussnahme auf die Prioritätensetzung der Wissenschaftspolitik bis zu verschiedenen Formen einer *citizen science*, deren Realisierbarkeit anhand der Mitwirkung von Laien an Forschungsprozessen illustriert und propagiert wird. Parallel dazu ist auch die Aufmerksamkeit der Medien für die Wissenschaft gestiegen. Allerdings ist auch zu beobachten, dass die Erfüllung der Berichtspflicht durch die Wissenschaft gegenüber der Öffentlichkeit zu einer bloßen um Aufmerksamkeit konkurrierenden Werbekommunikation seitens der Universitäten und Forschungseinrichtungen verflacht ist. Bei der Beurteilung der verschiedenen Formate der Wissenschaftskommunikation ist deshalb genau zwischen einer nur persuasiven und einer informativen Kommunikation zu unterscheiden (vgl. Rödder et al. 2012; Deutsche Akademie der Technikwissenschaft et al. 2014).

7 Fazit

Mit der gewachsenen praktischen Bedeutung der Wissenschaft für die Gesellschaft insgesamt und Politik und Wirtschaft im Besonderen werden die Beziehungen zwischen ihnen enger. Die gestiegenen Erwartungen an die Wissenschaft setzen sie unter Legitimationsdruck mit der Folge einer zum Teil vordergründigen Medienorientierung. Der erwartete Beitrag zu Wissenstransfer und Innovation birgt das Risiko kurzfristiger Ökonomisierung zu Lasten längerfristiger Investitionen in die Forschung. Die Wissenschaftspolitik schließlich versucht die Wissenschaft über die Veränderung ihrer Rahmenbedingungen, insbesondere den Einsatz von quantitativen Indikatoren in Verbindung mit Anreizen zu steuern. Dabei läuft sie Gefahr, durch den Einfluss auf Verhaltensweisen unbeabsichtigte Folgen für das Wissenschaftssystem zu bewirken. Um erfolgreich zu sein, bedarf sie genauer Kenntnisse der Operationsweisen der Wissenschaft sowie des gesamten Innovationssystems. Deshalb ist die Wissenschaft selbst Gegenstand der Forschung.

Literatur

Berlin Brandenburgische Akademie der Wissenschaften. 2008. *Leitlinien Politikberatung*. Berlin: BBAW.
Bucchi, Massimiano. 1996. When scientists turn to the public: Alternative routes in science communication. *Public Understanding of Science* 5:375–394.
Butler, Linda. 2010. Impacts of performance-based research funding systems: A review of the concerns and the evidence. In Performance-based funding for public research in tertiary education institutions. Workshop proceedings, Hrsg. OECD, 127–165. Paris.
Deutsche Akademie der Technikwissenschaft acatech, Union der deutschen Akademien der Wissenschaften, Nationale Akademie der Wissenschaften Leopoldina, Hrsg. 2014. Zur Gestaltung der Kommunikation zwischen Wissenschaft, Öffentlichkeit und den Medien. Empfehlungen vor dem Hintergrund aktueller Entwicklungen, Juni 2014. http://www.leopoldina.org/uploads/tx_leopublication/2014_06_Stellungnahme_WOeM.pdf. Zugegriffen am 16.08.2015.
Goodell, Rae. 1977. *The visible scientist*. Boston: Little, Brown & Co.
Grupp, Hariolf, und Barbara Breitschopf. 2006. Innovationskultur in Deutschland. Qualitäten und Quantitäten im letzten Jahrhundert. In *Das Wissensministerium. Ein halbes Jahrhundert Forschungs- und Bildungspolitik in Deutschland*, Hrsg. P. Weingart und N. Taubert, 169–199. Weilerswist: Velbrück Wissenschaft.
Hacking, Ian. 1992. The self-vindication of the laboratory sciences. In *Science as practice and as culture*, Hrsg. A. Pickering, 29–64. Chicago: University of Chicago Press.

Hornbostel, Stefan. 1997. *Wissenschaftsindikatoren: Bewertungen in der Wissenschaft*. Opladen: Westdeutscher Verlag.
Knorr Cetina, Karin. 1981. *Die Fabrikation von Erkenntnis. Zur Anthropolog ie der Naturwissenschaft*. Frankfurt a. M.: Suhrkamp.
Latour, Bruno, und Steve Woolgar. 1979. *Laboratory life. The social construction of scientific facts*, Sage Library of Social Research, Bd. 80. London: Sage.
Luhmann, Niklas. 1990. *Die Wissenschaft der Gesellschaft*. Frankfurt a. M.: Suhrkamp.
Merton, Robert. 1972. Wissenschaft und demokratische Sozialstruktur. In *Wissenschaftssoziologie 1. Wissenschaftliche Entwicklung als sozialer Prozeß*, Hrsg. P. Weingart, 45–59. Frankfurt a. M.: Athenäum Fischer Verlag.
Merton, Robert K. 1973. *The sociology of science*. Chicago: University of Chicago Press.
Merton, Robert K. 1957. Science and the social order. In *Social theory and social structure*, Hrsg. Robert Merton, 537–549. Glencoe: Free Press.
Nelson, Richard R., Hrsg. 1993. *National innovation systems. A comparative analysis*. New York/ Oxford: Oxford University Press.
Rödder, Simone, Martina Franzen, Peter Weingart, Hrsg. 2012. *The sciences' media connection – public communication and its repercussions*. Sociology of the Sciences Yearbook, 28. Dordrecht et al.: Springer.
Stokes, Donald E. 1997. *Pasteur's quadrant. Basic science and technological innovation*. Washington, DC: Brookings Institution Press.
Weingart, Peter. 2001. *Die Stunde der Wahrheit?* Weilerswist: Velbrück Wissenschaft.
Weingart, Peter. 2003. *Wissenschaftssoziologie*. Bielefeld: Transcript Verlag.
Weingart, Peter, und Justus Lentsch. 2008. *Wissen, Beraten, Entscheiden: Form und Funktion wissenschaftlicher Politikberatung in Deutschland*. Weilerswist: Velbrück Wissenschaft.

Wissenschaftspolitik und Science & Technology Studies

Jörg Potthast

Inhalt

1	Einleitung	157
2	Wissenschaft und Politik neu denken?	158
3	Bestandsaufnahme: Wonach fragt die Wissenschafts- und Technikforschung?	159
	3.1 Die politischen Konsequenzen einer disziplinären Arbeitsteilung	159
	3.2 Kontextualisierung: Die Wissenschafts- und Technikforschung zwischen Geschichte, Ethnologie und Soziologie	161
4	Berührungspunkte zur Wissenschaftspolitik	164
5	Fazit	167
	Literatur	169
	Einführungen, Handbücher, Reader	169
	Zitierte und weiterführende Literatur	170

1 Einleitung

Wissenschafts- und Technikforschung ist die geläufigste deutsche Bezeichnung für einen Forschungszusammenhang, der vor allem im englischen Sprachraum verankert ist und dort *Science and technology studies* genannt wird. Schon die Bezeichnung (*studies*) legt nahe, dass sich die Wissenschafts- und Technikforschung disziplinär nicht zuordnet. Stattdessen beschäftigt sie sich maßgeblich mit disziplinären Grenzen und Grenzüberschreitungen, wobei sie mit Disziplinen eher epistemische Felder und Kulturen meint als die Art und Weise, wie sich diese epistemischen Felder im Hochschulsystem institutionalisiert haben. Im Folgenden geht es zwar weitgehend um Wissenschaftsforschung, dennoch ist der Bezug zur Technikforschung bedeutsam (Pinch und Bijker 1984). Er deutet auf ein spezifisches Verständnis hin. Gegenstand

---

J. Potthast (✉)
Seminar für Sozialwissenschaften, Universität Siegen, Siegen, Deutschland
E-Mail: potthast@soziologie.uni-siegen.de

der Analysen ist Wissenschaft im Vollzug (*science in action*), Wissenschaft als eine praktische und situierte Aktivität, Wissenschaft als ein Repertoire von Kulturtechniken, die sich ihrerseits in vielfältiger Weise mehr oder weniger ausgedehnter sachtechnischer Infrastrukturen bedienen (Laborgeräte etc.). Dieses Verständnis von Wissenschaft resultiert unter anderem aus der Abgrenzung von einer ausgewiesenen wissenschaftssoziologischen Tradition, in der Wissenschaft als eine Institution mit dafür charakteristischen Normen und Rollen bestimmt wird (Merton 1973). In der Tat erscheint in dieser institutionalistischen Forschungslinie wissenschaftliche Praxis als unterbestimmt, d. h. als zeitlos und von gesellschaftlichen Kontexten abgeschnitten.

2 Wissenschaft und Politik neu denken?

Obwohl die als Gründungsdokumente dieses Forschungszusammenhangs zu betrachtenden Studien zur Laborpraxis (Latour und Woolgar 1979; Knorr Cetina 1984) bereits um das Jahr 1980 publiziert wurden, gilt dieser Akzent auf *Doing science* in wissenschaftlichen Kontexten noch immer als neu. Neuheit allein ist jedoch kein Garant für eine originelle Perspektive auf Wissenschaftspolitik oder für eine Bereicherung und Erleichterung wissenschaftspolitischer Praxis. Den meisten Autorinnen und Autoren, die diesem Forschungszusammenhang zuzurechnen sind, liegt die Behauptung sogar eher fern, mit ihren Arbeiten die Wissenschaftspolitik direkt zu adressieren oder Neuerungen in diesem Feld anzustoßen. Wissenschafts- und Technikforschung hat in der Tat wenige Berührungspunkte mit Wissenschaftspolitik, wenn damit – wie im deutschen Sprachraum üblich – ein mit der Schaffung der modernen Universitäten im frühen 19. Jahrhundert entstandenes Politikfeld und damit verbundene Verwaltungsaufgaben gemeint sind. Sie hat sich nur sporadisch und stark selektiv mit Wissenschaftspolitik im Sinn eines politischen Zuständigkeitsbereiches beschäftigt (Cambrosio et al. 1990). Wie im Folgenden gezeigt wird, verfolgt die Wissenschafts- und Technikforschung einen doppelten Anspruch: Sie ist angetreten, Wissenschaft *und* Politik neu zu denken und eine „Neue politische Soziologie der Wissenschaft" (Frickel und Moore 2006) anzuregen. In frühen Jahren war davon die Rede, dass im wissenschaftlichen Labor „die meisten neuen Quellen von Macht geschaffen werden" (Latour 2006 [1983], S. 123). Um dies verständlich zu machen und um zu erklären, was es mit einer Wissenschaftssoziologie politischer Innovationen auf sich hat, ist eine kurze und sehr allgemein gehaltene Skizze der Wissenschafts- und Technikforschung – ihres Gegenstandsbereichs, ihrer interdisziplinären und institutionellen Verankerung – unerlässlich.

Die Wissenschafts- und Technikforschung hat einen Fundus von Studien hervorgebracht, die sich nur selten in eindeutiger Weise disziplinär verorten lassen. Ein wesentlicher Grund dafür liegt darin, dass jede einzelne Studie schon einen doppelten disziplinären Bezug herstellt: einerseits zur disziplinären Kultur des Untersuchungsgegenstandes, andererseits zu den Theorien, Methoden und Konventionen der untersuchenden Disziplin. Es dürfte eine Besonderheit dieses Forschungszusammenhangs darstellen, dass prominente Autorinnen und Autoren oft eine Qualifikation in der beforschten Disziplin und eine Qualifikation in der forschenden Disziplin vorweisen können: Sie verbinden zum Beispiel ein Physikstudium mit einer Promotion in Philosophie oder Medizin mit Geschichte oder eine Ingenieurwissenschaft mit Soziologie. Im Prinzip lässt dieser doppelte Disziplinbezug sehr viele Kombinationen zu. Die vorliegenden Untersuchungen sind jedoch keineswegs gleichmäßig über alle Disziplinen und Subdisziplinen verteilt. Auf der Seite des Untersuchungsgegenstandes hat sich die Wissenschafts- und Technikforschung im Wesentlichen auf wenige naturwissenschaftliche Disziplinen konzentriert: Physik, Biologie, Chemie, Medizin. Feldwissenschaften hatten gegenüber Laborwissenschaften das Nachsehen. Eher schwach vertreten sind Ingenieurwissenschaften; noch seltener zu finden sind Geistes- und Sozialwissenschaften. Umgekehrt gehen die methodischen und theoretischen Ansätze der Wissenschafts- und Technikforschung, die es erlauben, Fremd- oder Zweitperspektiven auf ihren Gegenstand zu entwickeln, vornehmlich auf Anregungen aus Geschichte, Philosophie, Ethnologie und Soziologie zurück. Zwischen der Binnensicht der untersuchten Disziplin(en) und der Fremdperspektive der untersuchenden Disziplin(en) eine Verbindung herzustellen, ist eine Leistung, die in einem starken und theoretisch herausfordernden Sinn als interdisziplinär zu kennzeichnen ist (Barry und Born 2013). Der Ertrag, den diese Forschungen für das Politikfeld Wissenschaftspolitik erbringen, liegt jedoch weniger in den Lösungsvorschlägen für dieses theoretische Problem oder in empirischen Einzelbefunden. Er ist eher in der Fragestellung und der Problemformulierung zu suchen, die diese Forschungen motivieren und anleiten. Der folgende Abschnitt stellt darum heraus: Wonach fragt die Wissenschafts- und Technikforschung? Welche wissenschaftspolitischen Motive lässt diese Fragestellung erkennen?

3 Bestandsaufnahme: Wonach fragt die Wissenschafts- und Technikforschung?

3.1 Die politischen Konsequenzen einer disziplinären Arbeitsteilung

Die Wissenschafts- und Technikforschung verwendet schwache Definitionen der Begriffe Wissenschaft und Disziplin. Worin eine wissenschaftliche Disziplin besteht oder was eine epistemische Kultur auszeichnet, ist eher das Ziel der Analyse. Ihr Ausgangspunkt ist ein Beziehungsproblem: Wie ist das Verhältnis zwischen der untersuchten und der untersuchenden Disziplin zu fassen? Wie lassen sich disziplinäre Kulturen aufeinander beziehen? Wie eingangs erwähnt, gab diese Frage Anlass zur Ausarbeitung unterschiedlicher theoretischer Konzepte: Mal dominieren internalistische Deutungen, die näher an der Binnensicht einer Disziplinentwicklung bleiben. Mal geben Erklärungsmodelle *externalistischen* Deutungen den Vorzug, die beispielsweise auf Interessen oder andere von der Binnenperspektive unabhängige Größen abstellen. Aus den regen Auseinandersetzungen zwischen den genannten Positionen ist wiederum eine Vielzahl von Vorschlägen hervorgegangen, die diese Konfrontation konzeptuell entschärfen. Einen Höhepunkt der Debatten um diesen Balanceakt markiert der Sammelband *Science as practice and culture* (Pickering 1992).

Schon früh wird die Gegenüberstellung von internalistischen und externalistischen Positionen auch als Problem der Vermittlung von Mikro- und Makrostrukturen thematisiert (Knorr Cetina und Cicourel 1981). Durchgehend ist in diesen theoretischen Auseinandersetzungen von mehr oder weniger radikalen (starken) Symmetriepostulaten die Rede. Ein frühes und weithin anerkanntes Postulat verlangt, dass gescheiterte wie gelungene Wahrheitsbehauptungen mit denselben analytischen Kategorien zu erklären sind (Bloor 1976). Andernfalls stelle sich folgende Asymmetrie ein: Erfolg werde der Rationalität disziplinärer Entwicklung zugeschrieben, während für das Scheitern externe, störende Einflüsse geltend gemacht werden. Wichtige Referenzpunkte bleiben über den gesamten hier abgesteckten Zeitraum hinweg die Studien von Ludwik Fleck (1980) und Thomas Kuhn (1976). Sie betonen die tragende Rolle von Gemeinschaften bei der Stabilisierung wissenschaftlicher Tatsachen und stehen insofern dem externalistischen Erklärungsmodell näher. Diese Debatten haben vielfach ein enormes Niveau der Spezialisierung erreicht und waren für die Entwicklung eines zwischen unterschiedlichen Disziplinen aufgefächerten Forschungszusammenhangs von großer Bedeutung.

Auch wenn dabei mitunter starke interne Differenzen zutage getreten sind, sehen sich viele Beteiligte weiterhin einem übergreifenden Projekt verpflichtet, für das der französische Philosoph und Wissenschaftshistoriker Michel Serres ein Bild gefunden hat: Es gehe darum, einen Weg zu finden, der zwischen den beiden Kontinenten der Naturwissenschaften und der Geistes- und Sozialwissenschaften hindurch führt. Diese Reise sei einer Expedition durch die Nordwest-Passage vergleichbar, die den nordamerikanischen vom asiatischen Kontinent trennt, aber nur an wenigen Tagen im Jahr eisfrei und schiffbar ist. Dies sei eine äußerst voraussetzungsvolle Leistung, die von vielen günstigen Umständen abhängig bleibe und nicht vorab geplant werden könne. Wenn diese Mission gelinge, dann liege es nicht nur an methodischen Vorkenntnissen oder kartographischer und meteorologischer Expertise, sondern an einem praktischen Sinn für die lokalen Umstände und an navigatorischem Geschick (Serres 1994b; vgl. Serres 1994a). Michel Serres hat einerseits ein Bild geliefert, das in das Selbstverständnis vieler Beteiligter am Unternehmen Wissenschafts- und Technikforschung eingegangen ist. Andererseits hat er philosophische Meditationen angestellt, die dem Zwischenraum der Passage gegenüber den disziplinär besetzten Kontinenten zu einer gewissen Eigenständigkeit verhelfen.

Der Philosoph und Wissenschaftsanthropologe Bruno Latour hat im Anschluss an Serres diese Aufwertung des *Dazwischen*, der *Übersetzung*, der *Reise* und der *Vermittlung* am konsequentesten verfolgt. Besondere Erwähnung verdienen zwei Texte: „Irreductions" (Teil 2 in Latour 1988), verfasst im Stil eines philosophischen Traktats, und „Wir sind nie modern gewesen" (Latour 1995), ein langes, essayistisch geschriebenes Plädoyer für eine *symmetrische Anthropologie*. Der Autor kritisiert darin einen Reduktionismus, der durch eine disziplinäre Arbeitsteilung zementiert worden sei. Es sei ein Defekt disziplinärer Arbeitsteilung, dass die Entwicklung moderner politischer und gesellschaftlicher Ordnungen hartnäckig als unabhängig von der Entwicklung der Wissenschaften (insbesondere der modernen Naturwissenschaften) angesehen wurde. Die Zweiteilung in soziale Ordnungen auf der einen Seite und natürliche Ordnungen auf der anderen Seite dürfe gerade nicht zur

Grundlage der Abgrenzungen disziplinärer Zuständigkeiten verwendet werden. Der Preis für dieses falsche Verständnis sind nach Auffassung Latours halbierte Disziplinen, aber auch eine halbierte *moderne Verfassung*. Es verleiht seiner Argumentation eine geschichtsphilosophische Färbung, dass er diesen Zustand der Teilung mit dem Kalten Krieg vergleicht. Der Fall der Berliner Mauer habe das Ende der *großen Teilung* eingeleitet (ebd., S. 16–18). Die Welt könne einfach nicht mehr in bipolaren Kategorien gedacht werden; seit dem Ende der politischen Teilung sei unübersehbar, dass sich die schmale Nordwest-Passage zu einem *Reich der Mitte* ausgewachsen habe. Die alte Geopolitik der Disziplinen sei dieser Situation nicht länger angemessen. Im Vordergrund stehen nun Kontinente übergreifende Probleme (z. B. ökologische Krisen), die zugleich einer neuartigen wissenschaftlichen Bearbeitung und einer Erweiterung der politischen Repräsentation bedürfen. Der Autor plädiert daher für die Einrichtung einer zweiten Kammer der politischen Repräsentation (eines *Parlaments der Dinge*; vgl. Latour 2001).

Die bisherigen Ausführungen lassen sich so zusammenfassen: Gegenstand der Wissenschafts- und Technikforschung sind Wechselbeziehungen von innerwissenschaftlicher Dynamik und außerwissenschaftlichen Veränderungen. Erschwert wird deren Erforschung durch eine disziplinäre Ordnung, die diese Wechselbeziehungen unsichtbar macht. Die Wissenschafts- und Technikforschung hat theoretische Konzepte entwickelt, die es erlauben sollen, zwischen (überwiegend naturwissenschaftlichen) binnendisziplinären Sichtweisen und (sozialwissenschaftlichen) fremddisziplinären Sichtweisen zu vermitteln. Die Frage, die diese Forschungen motiviert, fällt allerdings sehr unterschiedlich aus: Steht bei Serres der Charakter einer riskanten wissenschaftlichen Expedition im Vordergrund, ist die Erforschung disziplinärer Ränder und Passagen nach Latour kein Selbstzweck. Sie stehen im Kontext einer als dringend erachteten, grundlegenden Neukonzeption des Politischen. Die Wissenschafts- und Technikforschung beansprucht, das Verhältnis von Wissenschaft und Politik neu zu fassen, indem sie Studien quer zur disziplinären Ordnung vorlegt. Inwiefern tragen Forschungen *quer zur disziplinären Ordnung* oder in den Zwischenräumen der disziplinären Ordnung dazu bei, politische Innovationen nachzuvollziehen oder gar ein neues Verständnis des Politischen zu begründen? Diese Sicht auf das Verhältnis von Wissenschaft und Politik ist ungewohnt und bleibt bisher in vieler Hinsicht auf die Überzeugungskraft exemplarischer empirischer Fallstudien angewiesen.

3.2 Kontextualisierung: Die Wissenschafts- und Technikforschung zwischen Geschichte, Ethnologie und Soziologie

Die Vorstellung, dass sich in jeder der Wissenschafts- und Technikforschung zuzurechnenden Einzelstudie ein Spannungsverhältnis zwischen einer beforschten und einer forschenden Disziplin nachweisen lässt, ist eine Vereinfachung. Dieses Bild bedarf insofern der Korrektur, als die beforschte Disziplin ein bewegliches Ziel darstellt: Oftmals konzentrieren sich Studien mit Bedacht auf ungewöhnlich dynamische Entwicklungen, die über Einzeldisziplinen hinweg ausstrahlen und zu disziplinären Aufspaltungen oder Fusionen führen. Die Aufmerksamkeit für binnendisziplinäre Sichtweisen unterscheidet die Wissenschafts- und Technikforschung von einer bedeutenden wissenschaftssoziologischen Tradition, die eher von der Einheit der Wissenschaft als von der Differenz zwischen disziplinären Kulturen ausgeht. Dieser Kontrast ist für das Verständnis von Wissenschaftspolitik aufschlussreich und wird im Folgenden erläutert.

Wenn sich die Wissenschafts- und Technikforschung an einer etablierten Disziplin orientiert, dann am stärksten an den Geschichtswissenschaften. Zwar übernehmen Beiträge zur Wissenschafts- und Technikforschung nur im Ausnahmefall fertige politik- oder sozialhistorische Skripte und Periodisierungen. Doch zum einen zählen etliche Wissenschaftshistorikerinnen und -historiker zu den Beitragenden dieses Forschungszusammenhangs. Zum anderen haben fast alle anderen prominenten Beitragenden auch historisch ausgerichtete Studien vorgelegt: ein Philosoph und Anthropologe zur bakteriologischen Revolution (Latour 1988), ein Physiker zur Geschichte der Teilchenphysik (Pickering 1984), ein Soziologe zur Sozialgeschichte der Wahrheit anhand einer Umstellung der Experimentalpraxis im 17. Jahrhundert (Shapin 1994), ein Molekularbiologie (und Historiker) zur Biologiegeschichte (Rheinberger 2006), eine Soziologin zur *Grundlagengeschichte des Computers* (Heintz 1993), ein Mathematiker und Soziologe zur simulierten Erprobung ferngesteuerter Nuklearraketen (MacKenzie 1990). Diese Studien bemühen sich um eine Historisierung natur- und ingenieurwissenschaftlicher Erkenntnisproduktion. Ähnlich wie in den erwähnten *Gründungstexten* zum *Alltag im Labor* (Latour und Woolgar 1979) und zur *Fabrikation von Erkenntnis* (Knorr Cetina 1984) wird die Herstellung wissenschaftlicher Tatsachen darin als eine situierte Praxis analysiert. Ort und Modalitäten der Wissenserzeugung werden in diesen Studien neu interpretiert. Entgegen einer Vorstellung von wissenschaftlicher Repräsentation als einem passiven Vorgang, wird hier die Praxis erkenntnisgenerierender Aktivitäten hervorgehoben. Laboratorisierung erlaubt die Kontrolle über und gezielte Variationen von Beobachtungsbedingungen weitgehend unabhängig von zeitlichen, räumlichen und sachlichen Einschränkungen. In ethnographischen Untersuchungen wie in historischen Studien über Schübe der Laboratorisierung ausgewählter naturwissenschaftlicher Disziplinen steht diese Einsicht im Mittelpunkt.

Wenn die Wissenschafts- und Technikforschung ein Zentrum hat oder einen Bezugspunkt, auf den immer wieder rekurriert wird, dann ist es diese Deutung von Prozessen der Laboratorisierung. Dieser Rekurs spielt für die Wissenschafts- und Technikforschung eine andere Rolle als für den differenzierungstheoretischen Ansatz, der im deutschen Sprachraum geläufiger ist. Anhand dieses Kontrastes lassen sich auch zwei unterschiedliche Lesarten des Begriffs Wissenschaftspolitik aufzeigen. Zunächst zur differenzierungstheoretischen Variante: Auch Autorinnen und Autoren, die dieser Forschungslinie zuzurechnen sind, haben sich intensiv mit der Entstehung von Laborwissenschaften beschäftigt. Sie greifen dabei auf Befunde aus wissens- und wissenschaftshistorischen Studien zurück, die Verfahren zur Herstellung von Objektivität analysiert und den Wandel von Objektivitätsvorstellungen nachgewiesen haben (Daston und Galison 2007). Aus den Beobachtungen zur

Etablierung und Stabilisierung von Experimentalpraktiken haben sie unter anderem den Schluss gezogen, dass sich Wissenschaft von anderen sozialen Kontexten löst und ein eigenständiges soziales Feld, ein gesellschaftliches Teilsystem oder einen symbolischen Code entwickelt. In der differenzierungstheoretischen Lesart gewinnen Beobachtungen zur Laboratorisierung, die eine Replikation von Experimenten möglich macht, den Status einer historischen Zäsur. Wissenschaft differenziert sich aus und gewinnt damit an Autonomie gegenüber anderen sozialen Bereichen – etwa der Politik. Wird dieser Vorgang als eine unumkehrbare Entwicklung betrachtet, folgt aus der Rekonstruktion historischer Prozesse der Differenzierung, dass Wissenschaftspolitik als ein Phänomen zweiter Ordnung zu charakterisieren ist. Auf dieser Grundlage haben differenzierungstheoretisch orientierte Autorinnen und Autoren Dilemmata der Governance von Wissenschaft diskutiert (Braun 1997; Guston 2000) und Analysen zur Verwissenschaftlichung der Politik oder zur Politisierung der Wissenschaft angeregt und durchgeführt (Weingart 1983, 2001; vgl. Mayntz et al. 2008). Die Beschränkung auf Beobachtungen zweiter Ordnung besteht darin, dass der wissenschaftlichen Praxis selbst kein politischer Gehalt zugestanden wird. Umgekehrt macht sie sich darin bemerkbar, dass wissenschaftliche Artefakte, die politisches Handeln ermöglichen und strukturieren, von der Analyse ausgenommen bleiben.

Die Forschungen im Bereich der Wissenschafts- und Technikforschung haben sich demgegenüber nicht damit begnügt, die Prämisse der Differenzierung von Wissenschaft und Politik fortzuschreiben. Laboratorisierung wird durchaus als ein Prozess der Ausdifferenzierung gedeutet; allerdings nicht im Sinne einer großen historischen Zäsur, die auf Dauer für eine Trennung von Wissenschaft und Politik gesorgt hat. Die Reproduzierbarkeit von Experimenten – unabhängig von sozialen und politischen Umständen – könne nicht als *gegeben* betrachtet werden, denn sie sei an eine äußerst voraussetzungsreiche soziale Praxis gebunden (Collins 1985). Vereinfacht und anschaulich gesprochen ist die Differenz zwischen Wissenschaft und Politik nicht in trockenen Tüchern. Sie muss nach Auffassung der Wissenschafts- und Technikforschung immer wieder hergestellt werden. Diese Einsicht findet ihre Entsprechung in einer kaum noch überschaubaren Zahl von Fallstudien. Angesichts der eindrucksvollen Variabilität von technischen und experimentellen Praktiken der Erkenntnisproduktion, die darin dokumentiert ist, müsse die Vorstellung einer *Einheit der Wissenschaft* zugunsten einer *Uneinigkeit* (Galison und Stump 1996) und internen Heterogenität aufgegeben werden.[1] Vertreterinnen und Vertreter der Wissenschaftsforschung sind in diesem Sinne differenzierungsskeptisch.

---

[1] Der Physikhistoriker Peter Galison hat die Gründe für diese Umkehrung so zugespitzt: „My question is not how different scientific communities pass like ships in the night [...] It is rather how, given the extraordinary diversity of the participants in physics – cryogenic engineers, radio chemists, algebraic topologists, prototype tinkerers, computer wizards, quantum field theorists – they speak to each other at all" (Galison 1997, S. 63). Vgl. den davon inspirierten Band zur (binnen) wissenschaftlichen *Kooperation im Niemandsland* (Strübing et al. 2004) und die Studien zur Instrumentierung als Garant einer praktischen Universalität quer zu sich immer rascher spezialisierenden Disziplinen (Joerges und Shinn 2001).

Allerdings ist es nicht immer gelungen, Verbindungslinien zwischen der Mikropolitik der Wissenschaft (etwa der wissenschaftlichen Praxis im Labor) und der Makropolitik der Wissenschaft (etwa der Verteilung von Ressourcen und des Designs nationaler Wissenschaftssysteme) sichtbar zu machen (Hasse et al. 1994). Dennoch hat sich diese Vorgehensweise entlang zahlreicher Einzelstudien bewährt. Sie wurde zunächst zu einer Sammlung heuristischer Strategien und schließlich zu einer Theorieoption weiterentwickelt, die unter dem Titel *Akteur-Netzwerk-Theorie* inzwischen in die Lehrbücher Einzug gehalten hat (Latour 2007; vgl. Belliger und Krieger 2006). Dieser Theorieentwurf erreicht zwar nicht den Stand der Ausarbeitung der zuvor genannten Theorie sozialer Differenzierung. Bemerkenswert bleibt, dass für beide Theorieansätze die Entstehung der Laborwissenschaften eine äußerst prominente Rolle spielt. Während dies in einem Fall als Indiz für die Entstehung der modernen Wissenschaft gedeutet wird (Stichweh 1994), ist im anderen Fall stets von Wissenschaften im Plural die Rede. Die Theorie der Akteursnetzwerke ist innerhalb der Wissenschafts- und Technikforschung keineswegs mehrheitsfähig. Aber sie hat es am ehesten vermocht, den Einzelstudien zu den Wechselbeziehungen zwischen der Entwicklung wissenschaftlicher Disziplinen und politischen und sozialen Entwicklungen einen erkennbaren Rahmen zu geben (Callon 1995; vgl. Felt et al. 1995, S. 117–121).

Aus der Skizze zu Fragestellungen und ihrer disziplinären Verortung geht deutlich hervor, dass die Wissenschafts- und Technikforschung, anders als der differenzierungstheoretische Ansatz, auf die Vorstellung von einer Einheit des Gegenstandsbereichs „Wissenschaft" verzichtet. Daraus folgt, dass sie auch keine zentrale Schnittstelle zur Wissenschaftspolitik im Sinne eines politischen Zuständigkeitsbereichs unterhält. Die nun folgenden Ausführungen stehen unter diesem Vorbehalt – und liefern doch eine Liste von Berührungspunkten.

4 Berührungspunkte zur Wissenschaftspolitik

Die Wissenschafts- und Technikforschung ist ein nur schwach *disziplinierter* und vielerorts auch ein schwach institutionalisierter Forschungszusammenhang (dazu Fazit und Infokasten), in dem wenige Personen eine herausragende Rolle spielen. Bruno Latour ist, gemessen an Publikationen und Zitationen, eine besonders wichtige Figur, die wiederholt Impulse zur Entwicklung des Feldes gegeben hat. Darum stand er im Mittelpunkt des vorhergehenden Abschnitts. Im Folgenden wird – ausgehend von vier Leitfragen – ein weniger personenzentriertes Bild des Forschungszusammenhangs und seiner Bezüge zur Wissenschaftspolitik gezeichnet. Diese Leitfragen kehren zu den Grundprinzipien des wissenschaftlichen Ethos zurück und markieren einige Befunde, die besonders deutlich über die klassische Formulierung Robert Mertons (1973) hinausgehen. Dabei geht es weniger darum, die normativen und funktionalistischen Vorannahmen dieser für die institutionalistische Wissenschaftssoziologie grundlegenden Position erneut einer allgemeinen Kritik zu unterziehen. Vielmehr sind Einsprüche und weiterführende Hinweise gefragt, die sich im Rahmen der Wissenschafts- und Technikforschung konkret benennen und empirisch untermauern ließen. Inwiefern genügen wissenschaftliche Gemeinschaften dem Maßstab des Universalismus (Merton) und sind ein Vorbild der *Inklusion*? Wie lässt sich unterhalb des Imperativs zur Publikation wissenschaftlicher Daten und Forschungsergebnisse (Merton: Kommunismus) wissenschaftliche *Kreativität* erkennen und fördern? Wo unterliegt die Produktion wissenschaftlichen Wissens proprietären Gesichtspunkten und wie formieren sich wissenschaftspolitische Akteure, die entgegen solcher Vereinnahmungen für *Partizipation* streiten (Merton: Uneigennützigkeit)? Wenn die Autonomie der Wissenschaften auch eine Frage der Organisation ist (Merton: organisierter Skeptizismus), inwiefern sind die Bedingungen der Entstehung und Veränderung dieser Organisationsformen auf Prozesse der *Koproduktion* mit anderen gesellschaftlichen Feldern zurückführen? Für keine dieser wissenschaftspolitisch relevanten Fragen beansprucht die Wissenschafts- und Technikforschung ein Deutungsmonopol. Aber schon skizzenhafte Antworten und exemplarische Hinweise zeigen, dass sie jeweils instruktive Antworten bereithält.

Inklusion (Universalismus): Mit Inklusion ist die *Binnenpolitik der Wissenschaft* gemeint. Wer Wissenschaft als Funktionssystem betrachtet, geht davon aus, dass sie nicht nach sozialstrukturellen Merkmalen (Alter, Geschlecht, Ethnizität, Klasse) diskriminiert, sondern ein Vorbild an Inklusion darstellt. Wie ist dann aber zum Beispiel die Untervertretung von Frauen zu erklären (Heintz et al. 2004)? Wie geht das zusammen: Hier die Norm der Inklusion, der zufolge Wissen ausschließlich nach sachlichen und nicht nach personenbezogenen Attributen beurteilt wird, dort eine Praxis der Ausgrenzung? Die Wissenschafts- und Technikforschung hat solche Fragen schon lange auf der Agenda. Sie hat dazu in wissenschaftlicher und in politischer Hinsicht Antworten und Perspektiven hervorgebracht, die weit über ihre Grenzen hinaus wahrgenommen wurden (Keller 1985; Haraway 1985). Die schon erwähnte Studie hat herausgestellt, dass die Frage der Unterrepräsentanz von Frauen einer weiteren Differenzierung bedarf. Statt – in bester kritischer Absicht – die kulturelle Homogenität der Wissenschaft zu überschätzen, gelte es, disziplinspezifische Gründe für die Untervertretung von Frauen zu identifizieren. Im Vergleich zeige sich, dass Disziplinen für die Karrieren von Frauen in sehr unterschiedlichem Maße offen sind. Der Befund lautet, dass Inklusion mit dem Grad der Laboratorisierung und dem Grad der Professionsorientierung einer Disziplin variiert (Heintz et al. 2004, 2007).

Kreativität (Kommunismus): Eine Aufgabe der Wissenschaftspolitik liegt darin, als Treuhänderin der öffentlichen Hand Steuergelder möglichst effizient zu verteilen. Sie steht dabei vor einem Problem, das der eingangs geschilderten Herausforderung der Wissenschafts- und Technikforschung ähnlich ist. Wie viel disziplinäre Binnensicht ist notwendig, um begründet davon auszugehen, dass das Geld dort investiert wird, wo Bedingungen wissenschaftlicher Kreativität am günstigsten sind? Es ist zu erwarten, dass gewiefte wissenschaftspolitische Praktikerinnen und Praktiker sehr gut über die externen Produktionsfaktoren Bescheid wissen. Sie haben gute Kenntnisse über Statusverhältnisse und Professionalisierungsformen im Wissenschaftssystem. Aber in welchem Zusammenhang stehen diese Variablen zu kreativer wissenschaftlicher Arbeit? Die Wissenschafts- und Technikforschung bietet weiterhin keine umfassende *Didaktik wissenschaftlicher Arbeit* (Joerges 1977), aber, gestützt auf ihre Untersuchungen zu epistemischen Kulturen (Knorr Cetina 2002), doch zumindest Anhaltspunkte dafür. Neuere Arbeiten über die Praxis des Peer Reviewing als einer „dynamischen Kommunikationsbeziehung" haben etwa gezeigt, wie komplexe *qualitative* Gütekriterien in Räumen „halböffentlicher Sprechhandlungen" zum Tragen kommen und kreativer Leistungen habhaft werden (Hirschauer 2004, S. 77; vgl. Hirschauer 2006). Unter dem Eindruck der unaufhaltsamen Quantifizierung und der damit verbundenen Auslagerung der Evaluation spricht viel dafür, Forschungen, die näher an die Bedingungen wissenschaftlicher Kreativität herankommen, dem aktuellen und dem zukünftigen wissenschaftspolitischen Personal zugänglich zu machen. Um eine wirksame Selektion tatsächlich neuer und kreativer Forschungsleistungen zu gewährleisten, ist es mit einem Zwang zur Publikation allein nicht getan. Dies haben etwa die jüngsten Affären um Plagiate deutlich gemacht, wenn sie nicht als Verstöße einzelner (prominenter) Personen betrachtet werden, sondern als Hinweise auf einen kommunikativ voraussetzungsvollen Prozess des Publizierens, der mit einer „Fixierung" auf das Produkt (ebd.) verborgen bleibt.

Partizipation (Uneigennützigkeit): Die Wissenschafts- und Technikforschung hat sich oft als Advokatin einer kritischen Öffentlichkeit betrachtet, wenn es um die Verteilung von Forschungsmitteln geht. Sie hat herausgestellt, dass sich die Frage dieser Verteilung dort erheblich verkompliziert, wo Wissenschaft nicht mehr in erster Linie öffentliche Güter hervorbringt, sondern *proprietäre* Züge angenommen hat und/oder die Öffentlichkeit untragbaren Risiken aussetzt. Die Stichworte *geistige Eigentumsrechte* und *Risiko* genügen, um darzulegen, dass mit einer pauschalen Forderung nach mehr Partizipation wenig gewonnen ist. Die Wissenschafts- und Technikforschung hat vielfach Partizipationsforderungen vorgebracht (vgl. Lengwiler 2008); ihr besonderes Verdienst liegt jedoch darin, diese Forderungen stark zu kontextualisieren. Ein Schwerpunkt dieser Forschungslinie liegt zweifellos in den Bereichen Biotechnologie und Biomedizin (Cambrosio und Keating 1995). Etliche Beteiligte des Forschungszusammenhangs legen Partizipation noch stärker aus und beteiligen sich an Bündnissen, die im Modus von Laienforschungen Gegenexpertise aufbauen. Sie suchen die Nähe zu *Partisanen* und gehen gezielt Bündnisse mit politischen Aktivisten ein, um auf diesem Weg Daten und Material zu erschließen, das auf anderen Wegen nicht verfügbar wäre (Martin 1996; Wynne 1996).[2] Andere zeichnen die Formierung neuer wissenschaftspolitischer Akteure nach. Der Soziologe Steven Epstein hat z. B. rekonstruiert, wie es engagierten Ärzten und Patientenverbänden gelungen ist, die Agenda der Forschung und Entwicklung von AIDS-Medikamenten zu beeinflussen (Epstein 1996). Auch wenn damit zunächst nur eine

---

[2]In Heft 1 Jahrgang 1996 der Zeitschrift Social Studies of Science erschienen mehrere Artikel zum Verhältnis zwischen Wissenschafts- und Technikforschung und Protestbewegungen. Die Juristin und Wissenschaftsforscherin Sheila Jasanoff (1996) macht z. B. auf unterschiedliche Spielarten der Instrumentalisierung der Wissenschafts- und Technikforschung durch die Politik aufmerksam und empfiehlt Zurückhaltung. In Heft 3 des Jahrgangs 2003 derselben Zeitschrift steht das Verhältnis zur Politik erneut zur Diskussion, ausgelöst durch einen Artikel zur dritten Welle der Wissenschaftsforschung (Collins und Evans 2002).

Instanz für Finanzierungsentscheidungen gemeint ist, erscheint Wissenschaftspolitik, durch die Brille der Wissenschafts- und Technikforschung betrachtet, als ein hochgradig variables Politikfeld mit wechselnden und unerwarteten Akteurskonstellationen.

Koproduktion (organisierter Skeptizismus): Institutionalistische Ansätze sehen die Organisation der Wissenschaft weitgehend auf „organisierten Skeptizismus" beschränkt. Die Wissenschafts- und Technikforschung erweitert diesen Blick, indem sie vorschlägt, den Aufbau soziopolitischer Ordnungen und die Entwicklung der Wissenschaften als Teile desselben Prozesses zu begreifen. In diesem Sinn wurde der Begriff der Koproduktion eingeführt (Jasanoff 2004). Er lenkt den Blick auf die Kontingenz historischer Prozesse, denen Wissenschaft ihre Organisationsstrukturen verdankt. Diese unterliegen, wie es zuvor die Diagnose vom „neuen Modus der Wissensproduktion" (Gibbons et al. 1994) zugespitzt hat, mitsamt ihrer relativen Autonomie dem Wandel, und zwingen dazu, „Wissenschaft neu zu denken" (Nowotny et al. 2004). Wie die genannten Autoren zugespitzt haben, betrifft dies nicht nur die Laborwissenschaften. Gegenüber bisherigen Darstellungen, die sich einschließlich der vorliegenden überwiegend naturwissenschaftlichen Disziplinen widmen, stellt dies eine bemerkenswerte Erweiterung dar. Durch die Formel der Koproduktion sind auch Studien zu anderen Disziplinen zu Aufmerksamkeit gelangt. Wegweisend sind hier Arbeiten zur Genese und Transformation der Statistik *in Koproduktion mit* Prozessen der Staatsbildung (Hacking 1990; Wagner 1990; Porter 1986, 1995; Desrosières 2005, 2014; vgl. Porter und Ross 2003). Die für das Handeln moderner Wohlfahrtsstaaten leitenden Kategorien und Standards sind das Ergebnis einer Koproduktion. Politik und Wissenschaft unterliegt gewissermaßen eine gemeinsame kategoriale *Infrastruktur* (Bowker und Star 1999). Dass dies keine triviale Feststellung ist, zeigt sich, wenn diese Kategorien zur Revision anstehen. Solche Revisionen lassen sich ihrerseits als wissenschaftspolitische Operationen darstellen und analysieren – auf nationalstaatlicher Ebene, aber auch darüber hinaus (Barry 2001, 2006; Godin 2003, 2006). Initiatoren dieser Revisionen sind unter anderem auf Partizipation drängende Protestbewegungen. Die Einlösung von (gut gemeinten) Partizipationsforderungen kann allerdings durchaus zweischneidige Folgen haben, wie etwa am Beispiel der Verschärfung der Auflagen für die klinische Forschung an Biopharmaka gezeigt wurde (Epstein 2007).

5   Fazit

Die Wissenschafts- und Technikforschung ist mit Studien zu Prozessen der Laboratorisierung bekannt geworden. Sie ist aber eindeutig keine Labor-, sondern eine Feldwissenschaft. Als solche teilt sie mit anderen Feldwissenschaften Probleme der Institutionalisierung und steht vor einer ungewissen Zukunft. Sie ist zwar nicht, wie die frühe Ethnologie, auf Militär, Missionsstationen und Kolonialverwaltungen angewiesen, aber sie ist Bündnisse eingegangen: mit Vertreterinnen und Vertretern aus Geschichte, Anthropologie, Soziologie, Politikwissenschaft, Recht, Wissenschaftsphilosophie, etlichen natur- und ingenieurwissenschaftlichen Disziplinen und mit den auf deren Geschichte spezialisierten Fachgemeinschaften. Viele der hier erwähnten und besprochenen Studien zum Verhältnis von Wissenschaft und Politik haben konzeptuell Neuland betreten und sind methodisch ausgesprochen innovativ. Sie verdanken sich ungewöhnlich interdisziplinären Konstellationen und sind häufig unter ungesicherten oder nur schwach institutionalisierten Bedingungen – in Nischen und Anbauten disziplinär zugeschnittener Forschungs- und Lehreinrichtungen – entstanden.

Einige Vertreterinnen und Vertreter des Feldes pflegen nicht nur ein interdisziplinäres, sondern auch ein transdisziplinäres Selbstverständnis. Sie sehen die Wissenschafts- und Technikforschung eher als eine Plattform wissenschaftspolitischer Bewegungen und nicht so sehr als eine akademische Disziplin. Die Wissenschafts- und Technikforschung hat in unterschiedlichen Rollen wichtige Transformationen der Wissenschaftspolitik angeregt und erheblich zur Aufwertung und Erweiterung dieses Politikfelds beigetragen. Besonders weit über den üblichen Ressortzuschnitt hinaus reichen diese Forschungen, insofern sie Mechanismen wissenschaftlicher *Kreativität* in Mikrostrukturen und als Interaktionsprozesse freilegen (etwa bei der Urteilsbildung im Peer Reviewing). Sie informieren die Wissenschaftspolitik nicht nur pauschal darüber, dass disziplinäre Unterschiede für die Binnenpolitik der Wissenschaft von Belang sind, sondern stellen diese Unterschiede – etwa am Beispiel der Unterrepräsentanz von Frauen – in einen erklärenden Zusammenhang (*Inklusion*). Es ist ein besonderes Verdienst der Wissenschafts- und Technikforschung, Varianten von Laienforschung nachdrücklich unterstützt, aber auch systematisch thematisiert und analysiert zu haben (*Partizipation*). Diese fallen, insofern sie keinen Finanzposten darstellen, gewöhnlich durch alle Raster wissenschaftspolitischer Aufmerksamkeit. Ihre wissenschaftlichen und wissenschaftspolitischen Beiträge werden dann allenfalls gewürdigt, wenn sie unter dem Motto des *Public Understanding of Science* ausdrücklich erwünscht sind. War der Wissenschafts- und Technikforschung lange Zeit vorzuhalten, dass sie sich vornehmlich mit Laborwissenschaften beschäftigt hat, so ist dieser Vorbehalt angesichts der unter dem Stichwort der „Koproduktion" vorangetriebenen Ausweitung auf Felder sozialwissenschaftlicher Wissensproduktion zu modifizieren. Es ist nicht mehr so, dass wissenschaftliche Disziplinen, die über kein (eigenes) Labor verfügen, einfach übersehen werden. So fehlt es etwa nicht mehr an der Einsicht, dass die Sozialwissenschaften ihre Experimentierfelder unter anderem mit modernen National- und Wohlfahrtsstaaten teilen. Dieser Form der *Koproduktion* mangelt es nicht mehr an Aufmerksamkeit. Forschungen dazu erscheinen schon deshalb als politisch relevant, weil sie nicht bei der Frage der Reproduktion politischer und sozialer Ordnung stehen bleiben, sondern neue Formen politischen Handelns aufspüren. Die theoretische Integration zwischen dem angestammten Paradigma der auf Laboratorisierung fixierten Forschungen auf der einen Seite und ihren Erweiterungen auf der anderen Seite steht jedoch noch aus. Eine Diskussion darüber wurde über die Thesen zum „neuen Modus der Wissensproduktion" (Gibbons et al. 1994) eine Zeit lang in Gang gehalten, ist aber zuletzt wieder abgeflaut.

Infokasten Fachzeitschriften

Der Forschungszusammenhang Wissenschafts- und Technikforschung stützt sich u. a. auf die folgenden Zeitschriften: Science, Technology & Human Values; Social Studies of Science; Science As Culture; Sociology of the Sciences Yearbook; Minerva; Science in Context; Research Policy; Science and Public Policy; Science & Technology Studies; Science, Technology & Innovation Studies. Fachbeiträge finden sich auch in einer Reihe von wissenschaftshistorischen und technikhistorischen Zeitschriften (u. a. ISIS; History of Science; Annals of Science; Osiris bzw. Technology and Culture; History and Technology).

Infokasten Studiengänge

- An etlichen Universitäten in Großbritannien, in den Niederlanden, in einigen skandinavischen Ländern und zuletzt auch wieder in Deutschland (HU Berlin, TU München) werden Studiengänge in Science & Technology Studies angeboten (zumeist auf Masterniveau oder auf Promotionsstufe). Das Angebot in den meisten übrigen europäischen Ländern ist eher schwach. Demgegenüber finden sich an fast jeder größeren US-amerikanischen Universität „Programme" für Wissenschafts- und Technikforschung. Jenseits von Westeuropa, Nordamerika und Australien nimmt die Institutionalisierung von Wissenschafts- und Technikforschung einen eher zögerlichen Verlauf.
- Studiengänge für Wissenschafts- und Technikforschung sind nur in seltenen Fällen einem eigenständigen Fachbereich zugeordnet (etwa an der University of Colorado at Boulder, der Cornell University, der Universität Amsterdam, am Rensselaer Polytechnic Institute, am University College London). An anderen Universitäten sind sie zu Gast in Fachbereichen für Soziologie, Philosophie, Bioethik und Gesellschaft, Anthropology, Jura, Komparatistik, Justice Studies, Geschichte oder Public Policy. Die Website der Dachorganisation „4S" gibt einen Überblick zu den Lehrinhalten dieser Studiengänge (www.4sonline.org/). Vgl. dazu einen Vorschlag zur Einrichtung eines STS-Instituts in der Schweiz (Nievergelt 1998) und Reflexionen auf den renommierten STS-Promotionsstudiengang am MIT (Fischer 2000).

Literatur

Einführungen, Handbücher, Reader

Bauchspies, Wenda, Jennifer Croissant, und Sal Restivo, Hrsg. 2005. *Science, technology, and society: A sociological approach*. Oxford: Blackwell.
Beck, Stefan, Estrid Sørensen, und Jörg Niewöhner, Hrsg. 2012. *Science and technology studies. Eine sozialanthropologische Einführung*. Bielefeld: Transcript.

Belliger, Andréa, und David J. Krieger, Hrsg. 2006. *ANThology. Ein einführendes Handbuch zur Akteur-Netzwerk-Theorie*. Bielefeld: Transcript.
Biagioli, Mario, Hrsg. 1999. *The science studies reader*. London: Routledge.
Felt, Ulrike, Helga Nowotny, und Klaus Taschwer, Hrsg. 1995. *Wissenschaftsforschung. Eine Einführung*. Frankfurt a. M.: Campus.
Hackett, Edward J., Olga Amsterdamska, Michael Lynch, und Judy Wajcman. 2008. *The handbook of science and technology studies*. Cambridge, MA: MIT Press.
Heintz, Bettina, und Bernhard Nievergelt, Hrsg. 1998. *Wissenschafts- und Technikforschung in der Schweiz. Sondierungen einer neuen Disziplin*. Zürich: Seismo.
Jasanoff, Sheila, Gerald E. Markle, James C. Peterson, und Trevor J. Pinch, Hrsg. 1995. *Handbook of science and technology studies*. London: Sage.
MacKenzie, Donald, und Judy Wajcman, Hrsg. 1999 [1985]. *The social shaping of technology*. Buckingham: Open University Press.
Porter, Theodore M., und Dorothy Ross, Hrsg. 2003. *The Cambridge history of science*, The modern social sciences, Bd. 7. Cambridge, MA: Cambridge University Press.
Serres, Michel, Hrsg. 1994a [1989]. *Elemente einer Geschichte der Wissenschaften*. Frankfurt a. M.: Suhrkamp.

Zitierte und weiterführende Literatur

Barry, Andrew. 2001. *Political machines: Governing a technological society*. London: Athlone Press.
Barry, Andrew. 2006. Technological zones. *European Journal of Social Theory* 9(2): 239–253.
Barry, Andrew, und Georgina Born, Hrsg. 2013. *Interdisciplinarity: Reconfigurations of the social and natural sciences*. London: Routledge.
Bloor, David. 1976. *Knowledge and social imagery*. London: Routledge.
Bowker, Geoffrey C., und Susan Leigh Star. 1999. *Sorting things out: Classification and its consequences*. Cambridge, MA: MIT Press.
Braun, Dietmar. 1997. *Die politische Steuerung der Wissenschaft. Ein Beitrag zum „kooperativen Staat"*. Frankfurt a. M.: Campus.
Callon, Michel. 1995. Four models for the dynamics of science. In *Handbook of science and technology studies*, Hrsg. Sheila Jasanoff et al., 29–63. London: Sage.
Cambrosio, Alberto, und Peter Keating. 1995. *Exquisite specificity: The monoclonal antibody revolution*. New York: Oxford University Press.
Cambrosio, Alberto, Camille Limoges, und Denyse Pronovost. 1990. Representing biotechnology: An ethnography of Quebec science policy. *Social Studies of Science* 20(2): 195–227.
Collins, Harry M. 1985. *Changing order: Replication and induction in scientific practice*. London: Sage.
Collins, Harry, und Robert Evans. 2002. The third wave of science studies. Studies of expertise and experience. *Social Studies of Science* 32(2): 235–296.
Daston, Lorraine, und Peter Galison. 2007. *Objektivität*. Frankfurt a. M: Suhrkamp.
Desrosières, Alain. 2005 [1993]. *Die Politik der großen Zahlen. Geschichte der statistischen Denkweise*. Berlin: Springer.
Desrosières, Alain. 2014. *Prouver et gouverner. Une analyse politique des statistiques publiques*. Paris: La Découverte.
Epstein, Steven. 1996. *Impure science: AIDS, activism, and the politics of knowledge*. Berkeley: California University Press.
Epstein, Steven. 2007. *Inclusion. The politics of difference in medical research*. Chicago: Chicago University Press.

Fischer, Michael. 2000. Calling the future(s) with ethnographic and historiographic legacy disciplines. In *Doing science and culture. How cultural and interdisciplinary studies are changing the way we look at science and medicine*, Hrsg. Roddey Reid und Sharon Traweek, 275–321. London: Routledge.

Fleck, Ludwik. 1980 [1935]. *Entstehung und Entwicklung einer wissenschaftlichen Tatsache*. Frankfurt a. M.: Suhrkamp.

Frickel, Scott, und Kelly Moore. 2006. *The new political sociology of science. Institutions, networks, and power*. Madison: Wisconsin University Press.

Galison, Peter L. 1997. *Image and logic: A material culture of microphysics*. Chicago: Chicago University Press.

Galison, Peter L., und David Stump, Hrsg. 1996. *The disunity of science. Boundaries, contexts, and power*. Stanford: Stanford University Press.

Gibbons, Michael, Camille Limoges, Helga Nowotny, Simon Schwartzmann, Peter Scott, und Martin Trow. 1994. *The new production of knowledge*. London: Sage.

Godin, Benoît. 2003. Measuring science: Is there „basic research" without statistics? *Social Science Information* 42(1): 57–90.

Godin, Benoît. 2006. The linear model of innovation: The historical construction of an analytical framework. *Science, Technology & Human Values* 31(6): 639–667.

Guston, David H. 2000. *Between politics and science. Assuring the integrity and productivity of research*. Cambridge, MA: Cambridge University Press.

Hacking, Ian. 1990. *The taming of chance*. Cambridge, MA: Cambridge University Press.

Haraway, Donna. 1985. A Manifesto for Cyborgs: Science, technology, and socialist feminism in the 1980s. *Socialist Review* 15(2): 65–108.

Hasse, Raimund, Georg Krücken, und Peter Weingart. 1994. Laborkonstruktivismus. Eine wissenschaftssoziologische Reflexion. In *Konstruktivismus und Sozialtheorie*, Hrsg. Gebhard Rusch und J. Siegfried, 220–261. Frankfurt a. M.: Suhrkamp.

Heintz, Bettina. 1993. *Die Herrschaft der Regel. Zur Grundlagengeschichte des Computers*. Frankfurt a. M.: Campus.

Heintz, Bettina, Martina Merz, und Christina Schumacher. 2004. *Wissenschaft, die Grenzen schafft. Geschlechterkonstellationen im disziplinären Vergleich*. Bielefeld: Transcript.

Heintz, Bettina, Martina Merz, und Christina Schumacher. 2007. Die Macht des Offensichtlichen: Bedingungen geschlechtlicher Personalisierung in der Wissenschaft. *Zeitschrift für Soziologie* 36(4): 261–281.

Hirschauer, Stefan. 2004. Peer Review auf dem Prüfstand. Zum Soziologiedefizit der Wissenschaftsevaluation. *Zeitschrift für Soziologie* 33(1): 62–83.

Hirschauer, Stefan. 2006. Publizierte Fachurteile. Lektüre und Bewertungspraxis im Peer Review. *Soziale Systeme* 11(1): 52–82.

Jasanoff, Sheila. 1996. Beyond epistemology: Relativism and engagement in the politics of science. *Social Studies of Science* 26(2): 393–418.

Jasanoff, Sheila. 2004. *States of knowledge. The co-production of science and social order*. London: Routledge.

Joerges, Bernward. 1977. Wissenschaftliche Kreativität: Empirische und wissenschaftspraktische Hinweise. *Zeitschrift für allgemeine Wissenschaftstheorie* 8(2): 383–404.

Joerges, Bernward, und Terry Shinn, Hrsg. 2001. *Instrumentation between science, state and industry*. Dordrecht: Kluwer.

Keller, Evelyn Fox. 1985. *Reflections on gender and science*. New Haven: Yale University Press.

Knorr Cetina, Karin D. 1984 [1981]. *Die Fabrikation von Erkenntnis – Zur Anthropologie der Naturwissenschaft*. Frankfurt a. M.: Suhrkamp.

Knorr Cetina, Karin D. 2002 [1999]. *Wissenskulturen. Ein Vergleich naturwissenschaftlicher Wissensformen*. Frankfurt a. M.: Suhrkamp.

Knorr Cetina, Karin D., und Aaron V. Cicourel, Hrsg. 1981. *Advances in social theory and methodology. Toward an integration of micro- and macrosociologies*. London: Routledge.

Kuhn, Thomas. 1976 [1962]. *Die Struktur wissenschaftlicher Revolutionen*. Frankfurt a. M.: Suhrkamp.
Latour, Bruno. 1988 [1984]. *The pasteurization of France*. Cambridge, MA: Harvard University Press.
Latour, Bruno. 1995 [1991]. *Wir sind nie modern gewesen. Versuch einer symmetrischen Anthropologie*. Berlin: Akademieverlag.
Latour, Bruno. 2001 [1997]. *Das Parlament der Dinge. Für eine politische Ökologie*. Frankfurt a. M.: Suhrkamp.
Latour, Bruno. 2006 [1983]. Gebt mir ein Laboratorium und ich werde die Welt aus den Angeln heben. In *ANThology. Ein einführendes Handbuch zur Akteur-Netzwerk-Theorie*, Hrsg. Andréa Belliger und David J. Krieger, 103–134. Bielefeld: Transcript.
Latour, Bruno. 2007 [2005]. *Eine neue Soziologie für eine neue Gesellschaft*. Frankfurt a. M.: Suhrkamp.
Latour, Bruno, und Steve Woolgar. 1979. *Laboratory life: The social construction of scientific facts*. Beverly Hills: Sage.
Lengwiler, Martin. 2008. Participatory approaches in science and technology. Historical origins and current practices in critical perspective. *Science, Technology & Human Values* 33(2): 186–200.
MacKenzie, Donald A. 1990. *Inventing accuracy. A historical sociology of nuclear missile guidance*. Cambridge, MA: MIT Press.
Martin, Brian. 1996. Sticking a needle into science: The case of polio vaccines and the origin of AIDS. *Social Studies of Science* 26(2): 245–276.
Mayntz, Renate, Friedhelm Neidhardt, Peter Weingart, und Ulrich Wengenroth, Hrsg. 2008. *Wissensproduktion und Wissenstransfer. Wissen im Spannungsfeld von Wissenschaft, Politik und Öffentlichkeit*. Bielefeld: Transcript.
Merton, Robert K. 1973 [1942]. The normative structure of Science. In: *The sociology of science. Theoretical and empirical investigations*, Hrsg. Norman W. Storer, 267–287. Chicago: Chicago University Press.
Nievergelt, Bernhard. 1998. Grundrisse eines interdisziplinären Zentrums für Wissenschafts- und Technikforschung in der Schweiz. In *Wissenschafts- und Technikforschung in der Schweiz. Sondierungen einer neuen Disziplin*, Hrsg. Bernhard Nievergelt und Bettina Heintz, 273–289. Zürich: Seismo.
Nowotny, Helga, Peter Scott, und Michael Gibbons, 2004 [2001]. *Wissenschaft neu denken. Wissen und Öffentlichkeit in einem Zeitalter der Ungewissheit*. Weilerswist: Velbrück.
Pickering, Andrew. 1984. *Constructing quarks: A sociological history of particle physics*. Chicago: Chicago University Press.
Pickering, Andrew, Hrsg. 1992. *Science as practice and culture*. Chicago: Chicago University Press.
Pinch, Trevor J., und Wiebe E. Bijker. 1984. The social construction of facts and artefacts: Or how the sociology of science and the sociology of technology might benefit each other. *Social Studies of Science* 14(3): 399–441.
Porter, Theodore M. 1986. *The rise of statistical thinking, 1820–1900*. Princeton: Princeton University Press.
Porter, Theodore M. 1995. *Trust in numbers: The pursuit of objectivity in science and public life*. Princeton: Princeton University Press.
Rheinberger, Hans-Jörg. 2006. *Epistemologie des Konkreten. Studien zur Geschichte der modernen Biologie*. Frankfurt a. M.: Suhrkamp.
Serres, Michel. 1994b [1980]. *Die Nordwest-Passage. Hermes Band V*. Berlin: Merve.
Shapin, Steven. 1994. *A social history of truth: Civility and science in seventeenth-century England*. Chicago: Chicago University Press.
Stichweh, Rudolf. 1994. *Wissenschaft, Universität, Profession*. Frankfurt a. M.: Suhrkamp.
Strübing, Jörg, Ingo Schulz-Schaeffer, Martin Meister, und Jochen Gläser, Hrsg. 2004. *Kooperation im Niemandsland. Neue Perspektiven auf die Zusammenarbeit in Wissenschaft und Technik*. Opladen: Leske + Budrich.

Wagner, Peter. 1990. *Sozialwissenschaften und Staat. Frankreich, Italien, Deutschland 1870–1980*. Frankfurt a. M.: Campus.
Weingart, Peter. 1983. Verwissenschaftlichung der Gesellschaft – Politisierung der Wissenschaft. *Zeitschrift für Soziologie* 12(3): 225–241.
Weingart, Peter. 2001. *Die Stunde der Wahrheit? Zum Verhältnis der Wissenschaft zu Politik, Wirtschaft und Medien in der Wissensgesellschaft*. Weilerswist: Velbrück.
Wynne, Brian. 1996. May the sheep safely graze? A reflexive view of the expert-lay knowledge divide. In *Risk, environment and modernity. Towards a new ecology*, Hrsg. Scott Lash, Bronislaw Szerszynski und Brian Wynne, 44–83. London: Sage.

Der Beitrag der Innovationsforschung zur Wissenschaftspolitik

Clemens Blümel

Inhalt

1 Einleitung 175
2 Innovationsforschung als Forschungsfeld 176
   2.1 Die Darstellung des Innovationsprozesses in der Innovationsforschung 177
   2.2 Die „systemische Natur" der Innovation 178
   2.3 Befunde der Innovationsforschung: Der räumlich gebundene
       Zugang zu Ressourcen 179
3 Die Innovationsforschung im Kontext der Wissenschaftspolitik 180
4 Bedingungen der wissenschaftspolitischen Rezeption von Innovationsforschung 183
5 Fazit 185
Literatur 186

1 Einleitung

Innovation ist so etwas wie der heilige Gral der Forschungs- und Technologiepolitik. Die Steigerung der Innovationstätigkeit wird nicht nur angestrebt, sie steht im Mittelpunkt des staatlichen Steuerungshandelns im Hinblick auf Wissenschaft (Braun 2004; OECD 2003; Lundvall 2002).

Im wissenschaftspolitischen Kontext wird Innovation vor allem mit neuen Technologien und Dienstleistungen in Verbindung gebracht, die auf einem Zugewinn an Wissen und Erfahrung basieren.[1] Technologische Innovationen werden in diesem Kontext als „wissenschaftsbasiert" dargestellt, als Produkte eines Institutionenge-

---

[1]Die OECD unterscheidet in ihrem „Oslo Manual" zwischen Produkt-, Service- und Prozessinnovationen. „A product innovation is the introduction of a good or service that is new or significantly improved with respect to its characteristics or intended uses. This includes significant

C. Blümel (✉)
Institut für Sozialwissenschaften, Humboldt-Universität zu Berlin, Berlin, Deutschland
E-Mail: bluemelc@hu-berlin.de

füges, das sich durch gezielte (politische) Eingriffe beeinflussen lässt (Lundvall 2002). Auf diese Weise wird das innovationsorientierte Steuerungshandeln zum Bestandteil einer etablierten Rhetorik der gesellschaftlichen Nützlichkeit von Wissenschaft, das weite Teile des politischen Denkens über Wissenschaft und Wissenschaftspolitik bestimmt (Slaughter 1997; Slaughter und Rhoades 1996).

Konzepten der Innovationsforschung kommt an diesem Punkt eine wichtige Funktion zu. Sie orientieren nicht nur die Herstellung von Wissen über die Entstehung von Innovationen, sondern strukturieren auch, was unter Innovation verstanden werden kann. Für die Wissenschaftspolitik hat dieses Wissen sowohl legitimierende als auch orientierende Funktion. Konzepte, Verfahren und Modelle des Innovationsprozesses gehen zunehmend in die Gestaltung wissenschafts- und innovationspolitischer Praxis ein.

Dieser Beitrag beschäftigt sich mit der Innovationsforschung als Forschungsfeld und fragt nach den Gründen für seine Attraktivität und Rezeption im wissenschaftspolitischen Kontext: Aufbauend auf die Darstellung zentraler Begriffe und Befunde der Innovationsforschung werden die Konturen des Forschungsfeldes skizziert (2.). Anschließend werden die Bedingungen der Rezeption von Konzepten der Innovationsforschung im wissenschaftspolitischen Kontext diskutiert (3.) und (4.) nach den Gründen für ihre Attraktivität gefragt, wobei zeitgeschichtliche und Aspekte der Publikumsorientierung sowie der epistemischen Kultur diskutiert werden.

2 Innovationsforschung als Forschungsfeld

Der Beginn der Auseinandersetzung mit Innovation als wissenschaftlichem Gegenstand wird in den meisten Publikationen auf den österreichischen Ökonom und Sozialwissenschaftler Joseph Schumpeter zurückgeführt, der in der ersten Hälfte des 20. Jahrhunderts wirkte (Grupp und Formahl 2010; Fagerberg 2005). Schumpeter hatte Innovation als eine der wichtigsten Antriebskräfte wirtschaftlicher und gesellschaftlicher Prozesse verstanden und sah in den „Entrepreneuren" die eigentlichen Träger gesellschaftlicher und wirtschaftlicher Erneuerung (Schumpeter 1912).

Obwohl die Ideen von Schumpeter früh an Bedeutung gewannen, hat sich die Innovationsforschung als interdisziplinärer Zusammenhang von Konzepten, Modellen und empirischen Befunden über die Herstellung und den Verlauf von Innovationen in den Wirtschafts- und Sozialwissenschaften erst nach dem Zweiten Weltkrieg etabliert. Gegen Ende der 1960er-Jahre setzte eine starke Zunahme der Forschungstätigkeit in der Innovationsforschung ein. Seit dem mit den 1980er-Jahren einsetzenden gesellschaftlichen und ökonomischen Strukturwandel (Piore und Sabel 1998) und der damit verbundenen größeren Aufmerksamkeit für den Begriff der Innovation werden Arbeiten der Innovationsforschung stärker rezipiert. Wie über Innovation gesprochen wird, ist daher maßgeblich auch durch Konzepte

---

Improvements in technical specifications, components and materials, incorporated software, user friendliness or other functional characteristics" (OECD 2005, S. 156).

der Innovationsforschung geprägt. Angesichts der gesellschaftlichen Sichtbarkeit der Innovationsthematik erstaunt die bislang geringe wissenschaftshistorische und soziologische Reflexion. Erst in jüngerer Zeit finden sich Arbeiten, die nach den Entstehungsbedingungen und Rezeption der Innovationsforschung fragen (Fagerberg und Verspagen 2009; Godin 2010; Godin und Lane 2013; Godin 2010).

Das Forschungsfeld der Innovationsforschung lässt sich stark vereinfacht in zwei unterschiedliche Traditionen oder Forschungsstile einteilen. In die US-amerikanische Tradition des „technical change" oder „technological change", die die Einführung von *Produkten* im industriellen Herstellungsprozess auf der Basis von Inputfaktoren ökonometrisch zu erklären versucht, auf der einen, und die institutionalistische (evolutionsökonomische) europäische Tradition auf der anderen Seite (Grupp und Formahl 2010; Godin 2010). Auf diese institutionalistische Tradition bezieht sich die Darstellung der Innovationsforschung in diesem Beitrag. Institutionalistische Ansätze der Innovationsforschung zeichnen sich durch eine Fokussierung auf gesellschaftlich institutionelle Koordinationsstrukturen aus, welche für die regionale, länderspezifische und sektorale Variation von Innovationsmustern als wesentlich erachtet werden (vgl. Hirsch-Kreinsen 2011).

Mit einer stärkeren Fokussierung auf die Entstehungskontexte und institutionellen Arrangements von Innovationen beabsichtigten die Protagonisten wie Freeman (1974) zu Beginn der Institutionalisierung des Forschungsfelds eine breitere Exploration des Phänomens „Innovation". Erklärtes Ziel war es, die „Black box" der Innovation zu öffnen. (Nelson und Winter 1974, S. 893). Dazu wurde zunächst die Unsicherheit des Innovationsereignisses betont: „[...] the central dimension that organizes innovation, if there is one, is uncertainty" (Kline und Rosenberg 1986, S. 294). Zentrale Unterscheidungen lassen sich aus dieser Perspektive auf Innovation als unsicheres Ereignis zurückführen (Freeman 1974, S. 17): Die zwischen der wahrscheinlichen *Invention* als der stetigen „Neuerung" oder „Verbesserung" menschlicher Aktivitäten auf der einen und der unsicheren *Innovation*, dem Prozess der Durchsetzung und der *Anwendung* dieser Neuerung am Markt auf der anderen Seite (Freeman 1974, S. 22). Die Durchsetzung einer Neuerung ist in einer als strukturell träge beschriebenen Gesellschaft die eigentliche Herausforderung (Schumpeter 1912; Fagerberg 2005), und die Beschreibung und Erschließung ihrer Bedingungsfaktoren die zentrale Aufgabe der Innovationsforschung. Die sektorale, regionale oder soziale Variation von Innovationsmustern bildet folglich den Gegenstand der institutionalistischen Innovationsforschung (Breschi und Malerba 1997; Pavitt 1984).

2.1 Die Darstellung des Innovationsprozesses in der Innovationsforschung

Die Fokussierung auf die Entstehungskontexte und Erscheinungsweisen bedingt ein starkes Interesse an historischen, evolutionären Ansätzen, die in der systematischen Beschreibung des Innovationsprozesses ihren Ausdruck finden. Zahlreiche unterschiedliche Modelle des Innovationsprozesses sind entwickelt worden, die ebenso gesellschaftliche wie wissenschaftspolitische Aufmerksamkeit erlangt haben (Bush 1945; Schmookler 1966; Dosi 1982, 1988; Gold 1980; Kline und Rosenberg 1986; Tushman und Anderson 1986; Takeuchi und Nonaka 1986). Unterschieden werden kann zwischen einem linearen Modell (Bush 1945; Schmookler 1966), einem Ketten- (Kline und Rosenberg 1986) und einem Kaskadenmodell (Takeuchi und Nonaka 1986).

Als linear wird zum einen das „technology push" oder auch „science push"-Modell der Innovation bezeichnet (Fagerberg 2005, S. 20). Im Modell des „technology push", das Vannevar Bush (Bush 1945) als Autor zugeschrieben worden ist, wird Innovation als Ergebnis der Abfolge von Grundlagenforschung, Anwendungsforschung und Produktentwicklung in voneinander getrennten, aber aufeinander aufbauenden Phasen begriffen (Godin 2006). Das „technology push"-Modell steht für die Entwicklung radikaler Innovationen, die etablierte Produkte und Dienstleistungen aufgrund ihrer technischen Überlegenheit verdrängen (Braun-Thürmann 2005, S. 32). Als ein weiteres, lineares Konzept des Innovationsprozesses gilt das „demand pull"-Modell, in dem die Kräfte der Nachfrage die Durchsetzung der Innovation beeinflussen (Schmookler 1966, S. 32) und gesellschaftliche Bedürfnisse als Voraussetzung für die Entwicklung technologischer Neuerungen gelten (Mowery und Rosenberg 1979). Beide Modelle wurden stark kritisiert: Galt das „science push"-Modell vielen Kritikern im Hinblick auf die Darstellung des Entstehungsprozesses als unterkomplex (Fagerberg 2005, S. 87; Kline und Rosenberg 1986, S. 286), wurde die Vorstellung des „demand pull"-Mechanismus vor allem wegen seines reduktionistischen Innovationsverständnisses kritisiert. Innovationen wären hier nur als „Black box" analysierbar (Dosi 1982, S. 150).

Heute sehen sich die meisten Autoren in deutlicher *Abgrenzung* zu einem linearen Verständnis von Innovation (Fagerberg 2005, S. 20). So wird im „Chain-linked Innovation Model" von Kline und Rosenberg (1986) der Innovationsprozess als mehrstufig und gleichzeitig als nicht abgrenzbar dargestellt. Zahlreiche Feedbackschleifen sind in das Modell integriert. Dahinter steht die Vorstellung von Innovation als einem organisationalen Lernprozess, der die Bedeutung von Rückschlägen ausdrücklich miteinbezieht (Kline und Rosenberg 1986, S. 286). Auch im Kaskadenmodell der Innovation finden diese Gleichzeitigkeit und Komplexität des Innovationsprozesses ihren Ausdruck (Braun-Thürmann 2005, S. 33; Takeuchi und Nonaka 1986). Trotz der zahlreichen Kontroversen um ihre Gültigkeit oder Angemessenheit haben Darstellungen und Bilder des Innovationsprozesses mediale und gesellschaftliche Bedeutung erlangt. Nicht nur im wissenschaftlichen, sondern auch im wirtschaftlichen (wie etwa in Unternehmensberatungen) und im wissenschaftspolitischen Kontext wurde auf Modelle des Innovationsprozesses Bezug genommen (vgl. dazu 4.).

2.2 Die „systemische Natur" der Innovation

Eine weitere Semantik der Innovation, die von der Innovationsforschung stark geprägt wurde, ist die Semantik des „Innovationssystems". Auch hier spiegelt sich das institutionalistische Verständnis wider, dass Innovationen nicht einzelnen Akteuren, den Entrepreneuren, zugerechnet werden können, sondern durch ein Zusammenspiel unterschiedlicher Akteurstypen, Organisationen und Institutionen entstehen (Edquist 1997; Freeman 1974; Lundvall 2002; Nelson 1993; Porter 1990; Jacobsson und Lauber 2006).

Die Entstehung von Innovationen wird auf verschiedenen Ebenen als System komplexer institutioneller Gefüge, als „Innovationssystem", konzeptualisiert (Edquist 1997). Mit dieser systemischen Betrachtungsweise ist zum einen verbunden, dass die Gefüge und Konstellationen, innerhalb derer Innovationen entstehen, von größerer Dauerhaftigkeit sind (Pavitt 2005). Zum anderen gehen die meisten der Ansätze der Innovationsforschung von einem wechselseitigen Abhängigkeitsverhältnis der Elemente in einem Innovationssystem aus (Edquist 1997). Elemente eines solchen Innovationssystems sind neben den Unternehmen als den zentralen Akteuren auch Forschungseinrichtungen sowie staatliche und zivilgesellschaftliche Akteure.

Das bedeutendste Beispiel einer solchen „systemischen Betrachtungsweise" ist der Ansatz der „National Systems of Innovation" (Nelson 1993). In verschiedenen Nationalstaaten haben sich, aufgrund der staatlichen Bedeutung für die Institutionalisierung von Wissenschaft, unterschiedliche Modi der Interaktion zwischen Staat, Wirtschaft und Wissenschaft herausgebildet (Miettinen 2002). Demzufolge lassen sich unterschiedliche „nationale Typen" von Innovationssystemen unterscheiden (OECD 1999; Soscice 1996), die die Ableitung von Handlungsempfehlungen für politische oder gesellschaftliche Akteure ermöglichen. Der Ansatz der „National Systems of Innovation" hat aufgrund dieser nationalstaatlichen Akzentuierung im wissenschaftspolitischen Kontext besondere Wirkung entfaltet (Lemola 2002; Miettinen 2002; Soscice 1996).

2.3 Befunde der Innovationsforschung: Der räumlich gebundene Zugang zu Ressourcen

Neben der Entwicklung von Modellen und Konzepten der Innovation hat sich die institutionalistische Innovationsforschung einer Fülle von Forschungsthemen zugewandt (Fagerberg und Verspagen 2009). Daraus soll eine Frage herausgegriffen werden, die im gesellschaftlichen und wissenschaftspolitischen Sprechen über Innovation eine besondere Bedeutung erlangt hat: Die Frage des Zugangs zu Ressourcen. Wie erhalten innovierende Organisationen Zugang zu Ressourcen, seien es Zeit, Geld oder Personal? Für Unternehmen sind Beziehungen zu Wissen und Kapital wichtig, um vorhandene Ideen weiter zu entwickeln und andere, beispielsweise politische Akteure (Jacobsson und Lauber 2006) von ihrer Bedeutsamkeit zu überzeugen (Pfeffer und Salanczik 1978).

Das Problem des Ressourcenzugangs in Innovationskontexten wurde empirisch umfangreich beforscht (Owen-Smith und Powell 2004; Brown und Duguid 1991; Jaffe et al. 1993; Cohen und Levinthal 1990). Universitäten und Forschungseinrichtungen als Produzenten von potenziell relevantem Wissen kommt in diesem Kontext zentrale Bedeutung zu (Powell et al. 1996; Malmberg und Maskell 2002; Jaffe et al. 1993; Cohen und Levinthal 1990). Sie liefern nicht nur das für die Umsetzung nötige Wissen, sondern stellen auch das Personal für die Bearbeitung dieser Fragestellungen bereit (Pavitt 2005). Die Fragen des Zugangs zu Ressourcen für die Entstehung von Innovationen werden in der Wissenschaftspolitik umfangreich diskutiert (Bundesministerium für Bildung und Forschung 2014b, S. 40–44).

Ein weiterer Befund, der in diesem Kontext wissenschaftspolitische Bedeutung erlangt hat, ist räumliche Nähe (Pavitt 2005, S. 88). Räumliche Nähe befördert den Austausch und die Weitergabe von unterschiedlichstem Wissen, das für Innovationen notwendig ist (Cooke et al. 2004; Audretsch et al. 2005). Neben dem expliziten, in wissenschaftlichen Publikationen festgehaltenen Wissen ist es das implizite und kontextabhängige Wissen (Polanyi 1985), das für Innovationen bedeutsam und durch räumliche Nähe beeinflusst werden kann (Jaffe et al. 1993). Eine exponierte Position in der Darstellung dieses Phänomens nimmt der Clusteransatz ein (Porter 1990, 1998). Als „Cluster" werden Porter zufolge Regionen bezeichnet, die sich durch eine Konzentration von Unternehmen und Einrichtungen einer Branche auszeichnen (Spezialisierung) und vielfältige Beziehungen auf allen Wertschöpfungsstufen unterhalten (Porter 2000, S. 15). Die Spezialisierungen werden als Ergebnis eines Erfahrungs- und Wissensaustausches interpretiert (Porter 2000, S. 20), der sich positiv auf die Innovationsaktivitäten und auf die ökonomische Performanz dieser Regionen auswirkt (Heidenreich 2000, S. 94). In der Wissenschaftspolitik wurden diese Befunde nicht nur rezipiert, sie sind auch in die Gestaltung von Förderprogrammen eingeflossen (Eickelpasch und Fritsch 2005).

Zur wissenschaftspolitischen Aufmerksamkeit der Innovationsforschung tragen jedoch nicht nur Merkmale ihrer Inhalte, sondern auch die Formen ihrer Darstellung sowie ihre Positionierung in gesellschaftlichen Debatten bei. Im Folgenden wird daher genauer nach der Rezeption und Verarbeitung von Konzepten und Modellen der Innovationsforschung im wissenschaftspolitischen Kontext gefragt.

3 Die Innovationsforschung im Kontext der Wissenschaftspolitik

Wissenschaft als Produzent von potenziell innovationsrelevantem Wissen spielt für die in der Innovationsforschung entwickelten Konstrukte eine wichtige Rolle (Nelson 1993). Verbunden damit sind zahlreiche Vorschläge zur Regulierung und Steuerung des Wissenschaftssystems im Hinblick auf eine Steigerung der Innovationsfähigkeit (Braun 2004; Eickelpasch und Fritsch 2005; Freeman 1987; Lundvall 2002; Senker 2001). Benoit Godin schreibt der modernen Innovationsforschung eine starke Anwendungsorientierung mit Blick auf die Politik zu, eine Anwendungsorientierung, die sie von anderen Forschungsfeldern unterscheidet (Godin 2010, S 27). Dabei ist Wissenschaftspolitik ein vergleichsweise junger Gegenstandsbereich staatlicher Aktivität (Lundvall und Borras 2005, S. 604).

Im Kontext der Institutionalisierung moderner Wissenschaft, im nationalstaatlichen Kontext, dem „goldenen Zeitalter der Wissenschaft" (De Solla Price 1963), war die Bereitstellung von Ressourcen die Hauptaufgabe der Wissenschaftspolitik

(Lundvall und Borras 2005, S. 28). Im Zuge der Krise der Massenproduktion in den 1970er- und 1980er-Jahren (Piore und Sabel 1998) kam es zu einer Neuausrichtung der Wissenschaftspolitik, hin zu einer Ausdifferenzierung in Forschungs- und Technologiepolitik (Godin 2010, S. 28). Die Wissenschaftspolitik der Nachkriegszeit ist um den Bereich einer Forschungs- und Technologiepolitik ergänzt worden, mit dem Ziel, die Herausbildung neuer „wissenschaftsbasierter Industrien" durch die Förderung strategischer Forschung (strategic science) zu ermöglichen (Martin und Irvine 1989; Senker 1991; Rip 2004). In diesem Kontext hat sich das strategische Instrument der „Technologievorausschau" in den meisten industrialisierten Staaten durchgesetzt (Martin und Irvine 1989). Eine weitere Akzentverschiebung hat sich mit der Entwicklung von dezidierten Innovationspolitiken ergeben, die zunehmend als Querschnittspolitiken verstanden werden und das Ziel der Erhöhung von Innovationsaktivitäten auf andere Politikfelder ausweiten, etwa im Bereich der Finanz-, aber auch der Arbeitsmarktpolitik (Hirsch-Kreinsen 2011). Gegenwärtig wird diskutiert, inwiefern Innovationspolitik stärker in Zusammenhang mit Industriepolitik formuliert werden kann, um etwa die Zunahme von Innovationstätigkeiten der Unternehmen durch innovative staatliche Nachfrage zu erhöhen (Wydra und Leimbach 2015). Insgesamt lassen sich in den vergangenen 15 Jahren stärkere wissenschaftspolitische Eingriffe mit dem Ziel der Steigerung der Innovationstätigkeit beobachten (Senker 1991; Elzinga und Jamison 1995; Geuna 2001; Lepori et al. 2007).

Peter Weingart (2010, S. 127) zufolge können diese Eingriffe auf zwei Wegen erfolgen. Einerseits durch die Neueinrichtung von Organisationen, etwa durch die Neugründung von Forschungseinrichtungen oder Technologieagenturen, und andererseits durch das Auflegen von Forschungsförderprogrammen. In beiden Bereichen scheinen sich die wissenschaftspolitischen Aktivitäten zu vermehren, wobei gegenwärtig eine stärkere Programm- und Projektorientierung im Innovationsgeschehen beobachtet wird (Braun 2004).

In diesem wissenschaftspolitischen Kontext ist die Diskussion um die Erhöhung von Innovationstätigkeit verortet, in dem vermehrt auch auf Konzepte der Innovationsforschung zurückgegriffen wird. Dabei hat sich eine Rhetorik der „Nützlichkeit" von Wissenschaft in vielen Bereichen durchgesetzt (Godin 2010, S. 27; Jasanoff 2005). Die Nützlichkeitsrhetorik wird nicht nur von der Wissenschaft, sondern vor allem von der Wissenschaftspolitik als Medium der Rechtfertigung genutzt. Innovation wird damit ebenso zum Ziel der Steuerung auf Seiten der Politik, wie zum Medium der Herstellung von Relevanz durch die Wissenschaft (van Lente und Rip 1998). Die Wissenschaftspolitik wird jedoch mit den daraus resultierenden Ansprüchen konfrontiert.

Um diesen Ansprüchen gerecht zu werden, ist die Wissenschaftspolitik auf eine systematische Analyse und Bewertung ihrer eigenen Praktiken zurückgeworfen worden. Wissenschaftspolitische Entscheidungsstrukturen und Elemente wissenschaftlicher Selbststeuerung sind jedoch in einer solchen Form verflochten, dass bei der Gestaltung und Bewertung von Eingriffen die Autonomie dieser Einrichtungen, die wechselseitigen Abhängigkeiten und Strukturen einbezogen werden müssen. Daher sind in diesem Kontext vor allem übergeordnete Ziele entwickelt worden, die die Tätigkeit wissenschaftlicher Einrichtungen auf die Steigerung der Innovationstätigkeit ausrichten sollen (Matthies et al. 2015).

Als eines der übergeordneten Ziele gilt in Deutschland wie in vielen anderen westeuropäischen Staaten der „Wissens- und Technologietransfer" wissenschaftlicher Einrichtungen (Bozeman 2000; Schmoch 2003). In Deutschland finden sich Programme zum Technologietransfer in den großen außeruniversitären Forschungseinrichtungen (die Einrichtungen der Leibniz-Gemeinschaft, der Fraunhoder-oder der Max-Planck-Gesellschaft), die zum Teil eigene Verwertungsagenturen gegründet haben (Schmoch et al. 2000, S. 126–193). Zunehmend werden jedoch auch Universitäten mit dem Ziel konfrontiert, eigene Technologietransferstrategien zu entwickeln (Meier und Krücken 2011).

In diesem Kontext zwischen wissenschaftlicher Selbstbeschreibung und gesellschaftlicher Erwartung ist Wissenschaftspolitik auf Konzepte und Befunde als Rechtfertigung ihrer inhaltlichen Orientierung angewiesen. Wissenschaftliche Ansätze wie „Systems of Innovation" (Edquist 1997) oder „National Systems of Innovation" (Nelson 1993) adressieren mit der Ableitung von Handlungsempfehlungen staatliche Gestaltungs- und Rechtfertigungsbedürfnisse. Dabei haben diese Ansätze zudem den Vorteil, dass sie die historisch gewachsenen institutionellen Gefüge berücksichtigen und vor diesem Hintergrund eine kontextabhängige Ableitung von Handlungsempfehlungen ermöglichen (Miettinen 2002; Godin 2010, S. 17). Darüber hinaus haben wissenschaftliche Konzepte zur Gestaltung von Innovationspolitiken auch über supranationale Organisationen wie die OECD (1999, 2005) Eingang in nationalstaatliche Kontexte gefunden (Lundvall und Borras 2005; Albert und Laberge 2007). Die OECD hat in diesem Prozess eine wichtige Rolle als „Popularisierer" innovationspolitischer Konzepte (wie z. B. „National Systems of Innovation") durch die Verarbeitung der Konzepte in politischen Empfehlungen gespielt (Albert und Laberge 2007, S. 226). Legitimität verlieh den Vorschlägen der OECD die Beteiligung von Wissenschaftlern an der Konzeptentwicklung, die ihrerseits aufgrund ihrer Expertise von der OECD ausgewählt wurden (Albert und Laberge 2007, S. 229). Einzelne Staaten wie etwa Finnland haben ihre Forschungspolitik dezidiert nach diesen als ideal formulierten Empfehlungen gestaltet, die ihrerseits als Modelle für besonders erfolgreiche Wissenschafts- und Innovationspolitik dienten (Miettinen 2002; Lemola 2002).

Eines der herausragenden Beispiele dafür, wie wissenschaftliche Konzepte im wissenschaftspolitischen Kontext verarbeitet werden, ist das Beispiel des Clusterkonzepts (Jonas 2005). Dass es sich um ein besonders erfolgreiches Konzept zur Erklärung des wirtschaftlichen Erfolgs von Regionen handelt, ist bereits in diesem Beitrag angedeutet worden (vgl. 2.3). Eine besondere gesellschaftliche Bedeutung verleiht dem Konzept jedoch seine Diffusion und Übersetzung in Förderprogramme (Eickelpasch und Fritsch 2005; Fritsch 2005). Eine Vielzahl von Nennungen veranschaulicht den Erfolg dieses Instruments in der Innovationspolitik: In Deutschland tauchten die Ideen zur Förderung von Clustern zuerst in einem Programm mit dem Namen „BioRegio" auf (Staehler et al. 2006). Später wurden weitere Förderprogramme entwickelt, die den Namen „Cluster" im Titel tragen, etwa der „Spitzenclusterwettbewerb" (Bundesministerium für Bildung und Forschung 2015) oder die

„Clusterplattform" (Bundesministerium für Bildung und Forschung 2014a), in der unterschiedliche Clusterprogramme gebündelt werden. Diese Förderinstrumente fußen zumeist auf einer zweifachen Logik (Eickelpasch und Fritsch 2005). Sie sind zum einen Vernetzungsprogramme, das heißt, die Fördermittel werden nicht an eine einzelne Hochschule oder ein einzelnes Unternehmen vergeben, sondern an einen Verbund unterschiedlicher Akteure mit unterschiedlichen institutionellen Hintergründen. Und sie sind zum zweiten wettbewerblich ausgerichtet, das heißt, die Verbünde gehen in einen nach wissenschaftlichen Kriterien gestalteten Wettbewerb. Das Instrument des Clusters wurde nicht nur genutzt, um ökonomisch erfolgreiche Unternehmen und Forschungseinrichtungen zu identifizieren, sondern auch, um diese erst zu schaffen, wie in der Programmfamilie „Unternehmen Region" des BMBF. Der Clusteransatz hat sich daher auch zu einem Ansatz der Regional- und Strukturpolitik entwickelt (Fritsch 2005). Die Annahme, dass die „strategische Vernetzung heterogener Partner aus Wissenschaft und Industrie" (Heinze und Kuhlmann 2008) Ziel einer Wissenschaftspolitik sein kann, hat sich vor allem mit der Etablierung des Clusterbegriffs durchgesetzt.

4 Bedingungen der wissenschaftspolitischen Rezeption von Innovationsforschung

Vor dem Hintergrund der eingangs formulierten historischen Spezifika des institutionalistischen Ansatzes der Innovationsforschung sollen im Folgenden einige Elemente diskutiert werden, die zu ihrer Rezeption im wissenschaftspolitischen Kontext beigetragen haben. Der Erfolg dieser Konzepte hängt jedoch nicht nur mit den Themen zusammen, sondern auch mit ihrer Platzierung und Darstellung, dem „Timing" (Godin 2010, S. 24), mit dem Beratungskontext und mit der Publikumsorientierung der Innovationsforschung.

Als wichtiges Moment für die Bedeutungszunahme der Innovationsforschung in der Wissenschaftspolitik gilt ihre Platzierung innerhalb politischer Agenden: Ihr „Timing" (Godin 2010). Die Herausbildung eines Ansatzes der institutionalistischen Innovationsforschung fällt zeitlich zusammen mit der Transformation der Wirtschaftspolitik: Die erste Krise des Massenkonsums in den 1970er-Jahren mit dem Auftauchen von struktureller Arbeitslosigkeit und sinkendem Wirtschaftswachstum stellte die Politik vor neue Herausforderungen (Piore und Sabel 1998). Gesucht wurden neue, stärker angebotsorientierte Konzepte, die die Entstehung neuer Produkte und Dienstleistungen ermöglichten und nicht nur auf die vorhandene Nachfrage reagierten. Die Besetzung des Innovationsbegriffs als Antwort auf diese Krise (Fagerberg 1987) hatte damit auch eine gesellschaftstheoretische Komponente der Deutung von unternehmerischem und staatlichem Handeln (Freeman 1974, S. 22): Der Begriff der Innovation verweist darauf, dass das Streben des Staates und der Unternehmen nicht nur auf die Befriedigung von Bedürfnissen, sondern auch auf die Schaffung von neuem Begehren ausgerichtet ist. Maßnahmen zur Förderung von Innovationen wurden bereits in den frühen 1980er-Jahren vorgeschlagen, etwa bei der Einführung von „science parks" als strukturpolitischem Instrument (Macdonald

1987; van Dierdonck et al. 1991), später auch in osteuropäischen altindustrialisierten Gebieten im Zuge der Transformation (Balazs 1995; Hassink 2002).

Ein zweites Element für die Rezeption innovationspolitischer Expertise ist die Ausweitung des Beratungskontextes und des damit zunehmenden Einflusses wissenschaftlicher Expertise (Jasanoff 2004; Weingart 2010; Jasanoff 2004, 2005). Der Einfluss wissenschaftlicher Expertise lässt sich jedoch keinesfalls als pure Reaktion auf eine vorhandene Nachfrage interpretieren (Jung et al. 2014). Vielmehr lassen sich sowohl ein stärkerer Politikbezug wissenschaftlicher Akteure als auch eine Verwissenschaftlichung von Politik in zahlreichen Politikfeldern beobachten, die mit der Entstehung von „Grenzorganisationen" (Guston 1999, 2001) einhergehen, welche wissenschaftliche mit politischen Interessen und anderen Ansprüchen vermitteln. Konzepte der Innovationsforschung wurden durch eine Reihe unterschiedlicher Formate an wissenschaftliche und politische Entscheidungsträger adressiert, sei es durch „policy roundtables" oder „Expertenkommissionen" (Jasanoff 1990). Letztere etwa geben nicht nur Berichte heraus, die das Innovationsgeschehen analysieren, sondern formulieren auch Schwerpunkte zukünftigen staatlichen Handelns. Prominentes Beispiel eines solchen Gremiums in Deutschland ist die seit 2008 aktive Expertenkommission Forschung und Innovation (EFI). Im Unterschied zu den meisten anderen wissenschaftlichen Beratungsleistungen besteht das Angebot der Innovationsforschung jedoch weniger in der prognostischen Validierung von Entscheidungen als in der heuristischen Orientierung und Legitimierung der Wissenschaftspolitik.

Ein drittes Moment ist die Publikumsorientierung der Innovationsforschung (Miettinen 2002; Godin 2010). Nicht nur die informellen und formellen Aushandlungen in organisationalen Kontexten und Gremien, auch die schriftlichen Dokumente zeigen eine starke Orientierung auf ein wissenschaftspolitisches Publikum. Dies zeigt sich vor allem in den Formaten der schriftlichen Kommunikationen. Dem Format der „Handlungsempfehlungen" als Textsorte kommt, wie etwa im „Oxford Handbook of Innovation", in dieser Community besondere Bedeutung zu. Eine besonders starke Orientierung auf politische Akteure lässt sich im „Systems of Innovation" (SI) oder „National Systems of Innovations" Ansatz erkennen. So wollen Klein Woolthuis et al. (2005, S. 609) sogar die Ableitungen von politischen Handlungsempfehlungen aus theoretischen Überlegungen heraus anstrengen: „the study designs an SI-policy framework that can provide policy makers with practical leads how to design, analyse and evaluate policy measures in the field of innovation".

Neben dieser intendierten Adressierung politischer Akteure scheint es jedoch weitere, eher epistemische Interpretationen bezüglich des Erfolgs dieser Ansätze zu geben. Ein möglicher Ansatzpunkt ist die hohe Affinität der Innovationsforschung für Bilder und eine bildliche Sprache. In der Wissenschaftspolitik werden vor allem Modelle und Semantiken rezipiert, die eine bestimmte heuristische Orientierung bieten. Dies kann zum Teil mit der Struktur der Rezeption aber auch mit der epistemischen Kultur des Forschungsfeldes erklärt werden. In seiner Analyse zu unterschiedlichen Funktionen von Modellen in der Wissenschaft hat Benoit Godin (2015) die heuristische Modellhaftigkeit als ein besonderes Spezifikum der Innovationsforschung dargestellt. Modelle in der Innovationsforschung werden Godin zufolge nicht dazu genutzt, die Bestandteile eines theoretischen Modells darzustellen, die dann in einen statistischen Algorithmus überführt und geprüft werden können, sondern um Entscheidungen einzuordnen, zu motivieren oder grundsätzlich zu orientieren. Ein besonders eindrückliches Beispiel stellt das lineare Modell der Innovation dar (Godin 2006). Es strukturiert und abstrahiert nicht nur eine Anzahl von Ereignissen, sondern bettet zugleich die Entscheidungen unterschiedlicher Akteure ein. Das lineare Modell der Innovation hatte damit schon seit längerer Zeit einen orientierenden Einfluss auf die Wissenschaftspolitik, auch wenn die Praxis davon abgewichen ist (Edgerton 2004).

Das Wissen der Innovationsforschung wird damit zu einem Ding, etwas, das sich in unterschiedlichen Kontexten anwenden und herumreichen lässt (Star und Griesemer 1989). Modelle und Bilder lassen sich sowohl in wissenschaftlichen Publikationen als auch in Handlungsempfehlungen für politische Entscheidungsträger besser nutzen. Durch ihre Bildlichkeit sind sie sowohl weiten Kreisen zugänglich als auch persuasiv gegenüber rein textuellen Darstellungen im Vorteil. Sie werden zum einen Bedeutungsträger, um den sich Debatten strukturieren lassen. Zum anderen werden sie auch zu abrufbaren Rezepten der Politik, der Prozess- und Organisationsgestaltung. Innovationsmodelle, Heuristiken und Prozessbilder diffundieren so in die unterschiedlichsten Kontexte der Regulierung und Förderung von Wissenschaft. In der Innovations- und Wissenschaftsforschung hat sich für derartige Wissenselemente der Begriff des „Boundary objects" (Star und Griesemer 1989) etabliert. Boundary objects sind Objekte oder begriffliche Konzepte, die sich einerseits durch eine gewisse Geschlossenheit, andererseits durch einen Bedeutungsüberschuss auszeichnen und in einer Vielzahl von Kontexten auf jeweils unterschiedliche Weise verstanden werden können. Innovationsmodelle als so verstandene „Boundary concepts" ermöglichen gerade im Kontext größerer Publikationen die Kommunikation zwischen Laien und Experten (Schauz 2014, S. 54). Die Bedeutungsüberschüsse der Innovationsbegriffe und -modelle bilden die Basis für ihre Verbreitung.

Zu der Frage, warum gerade die Innovationsforschung zu einer besonderen Bildlichkeit neigt, kann nur gemutmaßt werden. Eine Möglichkeit der Interpretation besteht darin, die Interdisziplinarität des Forschungsfelds als Erklärung heranzuziehen. Die Innovationsforschung verfügt kaum über eigene disziplinäre Ressourcen, im Sinne von Abteilungen, Studiengängen oder ähnlichem (Fagerberg und Verspagen 2009, S. 218), vielmehr wird Innovationsforschung in einer Vielzahl unterschiedlicher Einrichtungen mit unterschiedlichen disziplinären Hintergründen betrieben, wenn auch mit einer Dominanz evolutionsökonomischer Ansätze (Grupp und Formahl 2010; Fagerberg und Verspagen 2009). Insofern lässt sich vermuten, dass Bilder und Heuristiken gerade aufgrund der interdisziplinären Struktur als Medium der Verständigung innerhalb des Forschungsfelds fungieren.

5 Fazit

Innovationsforschung wird weiterhin eine besondere Stellung für die Ausrichtung der Wissenschaftspolitik einnehmen. Nicht nur aufgrund der Bedeutsamkeit von Innovationen für die Rechtfertigung und Begründung von Wissenschaftspolitik, sondern auch wegen der Relevanz der Innovationsforschung für die Erzeugung wissenschaftspolitischer Konzepten und Instrumente. Dies betrifft auch und in besonderem Maße die Formen und Darstellung von Ergebnissen bzw. Konzepten aus der Innovationsforschung. Zum einen in der Darstellung von Empfehlungsformaten, zum anderen in der Bildlichkeit und Modellhaftigkeit ihrer Produkte, die vor allem heuristischen Charakter haben. Gegenwärtig entwickelt sich in den Science and Technology Studies eine Forschungsperspektive, die dieser Beschaffenheit von Konzepten in der Wissenschaftspolitik auf den Grund geht. Dabei werden nicht nur die semantischen Unterschiede in der Verwendung der Begriffe, sondern auch ihre Funktion in der Kommunikation mit außerwissenschaftlichen Akteuren thematisiert. Die Auseinandersetzung der Wechselbeziehungen zwischen Wissenschaftspolitik und Innovationsforschung wird damit zunehmend zum Gegenstand einer reflexiven Wissenschaftsforschung.

Literatur

Albert, Mathieu, und Suzanne Laberge. 2007. The legitimation and dissemination processes of the innovation system approach: The case of the Canadian and Quebec Science and Technology Policy. *Science, Technology & Human Values* 32(2): 221–249. doi:10.1177/0162243906296854.

Audretsch, David B., Erik E. Lehmann, und Susanne Warning. 2005. University location and new firm location. *Research Policy* 34:1113–1122.

Balazs, Katalin. 1995. Innovation potential embodied in Research Organizations in Central and Eastern Europe. *Social Studies of Science* 25(4): 655–683. doi:10.1177/030631295025004004.

Bozeman, Barry. 2000. Technology transfer and public policy: A review of research and theory. *Research Policy* 29:627–655. Zugegriffen am 10.11.2014.

Braun, Dietmar. 2004. How to govern research in the „Age of Innovation". Compatibilities and incompatibilities of Policy Rationales. In *New governance arrangements in science policy*, Hrsg. Martin Lengwiler und Dagmar Simon, 11–39. Berlin: WZB.

Braun-Thürmann, Holger. 2005. *Innovation*. Bielefeld: transcript.

Breschi, Stefano, und Franco Malerba. 1997. Sectoral systems of innovation: Technological regimes, Schumpeterian dynamics and spatial boundaries. In *Systems of innovation. Technologies, institutions and organizations*, Hrsg. Edquis Charles. London: Pinter.

Brown, John, und Paul Duguid. 1991. Organizational learning and communities of practice. Towards a unified view of working, learning and innovation. *Organization Science* 2:40–57.

Bundesministerium für Bildung und Forschung. 2014a. Ausgewählte Clustererfolge. Ergebnisse aus der Förderung innovativer Services. Hrsg. Bundesministerium für Bildung und Forschung. Berlin. Zugegriffen am 25.02.2016.

Bundesministerium für Bildung und Forschung. 2014b. Die neue Hightech-Strategie. Innovationen für Deutschland. BMBF. Berlin. Zugegriffen am 25.02.2016.

Bundesministerium für Bildung und Forschung. 2015. Deutschlands Spitzencluster. Berlin. Zugegriffen am 25.02.2016.

Bush, Vannevar. 1945. *Science – The endless frontier*. Washington, DC: The National Science Foundation.

Cohen, Wesley M., und Daniel A. Levinthal. 1990. A new perspective on learning and innovation. *Administrative Science Quarterly* 35:128–152.

Cooke, Philip, Martin Heidenreich, und Hans-Joachim Braczyk, Hrsg. 2004. *Regional innovation systems. The role governance in a globalized world*. 2. Aufl. London/New York: Routledge.

De Solla Price, Derek. 1963. *Little science, big science*. New York: Columbia University Press.

Dosi, Giovanni. 1982. Technological paradigms and technological trajectories. A suggested interpretation of the determinants and directions of technical change. *Research Policy* 11:147–162.

Dosi, Giovanni. 1988. Sources, procedures and microeconomic effects of innovation. *Journal of Economic Literature* XXVI:1120–1171.

Edgerton, David. 2004. The linear model did not exist, reflections on the history and historiography of science and research in industry in the twentieth century. In *The science industry nexus*, Hrsg. Karl Grandin, 31–57. Sagamore Beach: History, Policy, Implications.

Edquist, Charles, Hrsg. 1997. *Systems of innovation. Technologies, institutions and organizations*. London: Pinter.

Eickelpasch, Alexander, und Michael Fritsch. 2005. Contests for cooperation. A new approach in German innovation policy. *Research Policy* 34:1269–1282.

Elzinga, Aant, und Andrew Jamison. 1995. Changing policy agendas in science and technology. In *Handbook of science and technology studies*, Hrsg. Sheila Jasanoff, 572–597. London: Sage.

Fagerberg, Jan. 1987. A technology gap approach to why growth rates differ. *Research Policy* 16:87–99.

Fagerberg, Jan. 2005. Innovation: A guide to the literature. In *The oxford handbook of innovation*, Hrsg. Jan Fagerberg, David C. Mowery und R. R. Nelson, 1–26. New York: Oxford University Press.

Fagerberg, Jan und Bart Verspagen. 2009. Innovation studies – The emerging structure of a new scientific field. *Research Policy* 38:218–233.

Freeman, Christopher. 1974. *The economics of industrial innovation*. Harmondsworth: Penguin Books.

Freeman, Christopher. 1987. *Technology policy and economic performance: Lessons from Japan*. London: Pinter.

Fritsch, Michael. 2005. Regionalization of innovation policy – Introduction to the special issue. *Research Policy* 34:1123–1127.

Geuna, Aldo. 2001. The changing rationale for european university research funding. Are there negative unintended consequences? *Journal of Economic Issues* 35(3): 607–632.

Godin, Benoit. 2006. The linear model of innovation: The historical construction of an analytical framework. *Science, Technology & Human Values* 31:639–667.

Godin, Benoit. 2010. Innovation studies. The invention of a specialty (Part II). Project on the Intellectual History of Innovation. Working Paper, 8.

Godin, Benoit. 2015. Models in innovation research. Humboldt-Universität zu Berlin. Conceptual Approaches to Science, Technology and Innovation. Berlin. 15.06.2015.

Godin, Benoit, und Joseph P. Lane. 2013. Pushes and pulls: Hi(S)tory of the demand pull model of innovation. *Science, Technology & Human Values* 38(5): 621–654. doi:10.1177/0162243912473163.

Gold, Bela. 1980. On the adoptions of technological innovation in industry: Superficial models and complex decision processes. *Omega* 8(5): 505–516.

Grupp, Harriolf, und Dirk Formahl. 2010. Ökonomische Innovationsforschung. In *Handbuch Wissenschaftspolitik*, Hrsg. Dagmar Simon, Andreas Knie und Stefan Hornbostel, 130–150. Wiesbaden: VS Verlag.

Guston, David. 1999. Stabilizing the boundary between US politics and science: The role of the office of technology assessment as a boundary organization. *Social Studies of Science* 29(1): 87–112.

Guston, David. 2001. *Between politics and science. Assuring the integrity and productivity of science*. Cambridge: Cambridge University Press.

Hassink, Robert. 2002. Regional innovation support systems: Recent trends in Germany and East Asia. *European Planning Studies* 10(2): 153–164. doi:10.1080/09654310120114463.

Heidenreich, Martin. 2000. Regionale Netzwerke in der globalen Wissensgesellschaft. In *Soziale Netzwerke – Konzepte und Methoden der sozial-wissenschaftlichen Netzwerkforschung*, Hrsg. Johannes Weyer, 87–110. München: Oldenbourg.

Heinze, Thomas, und Stefan Kuhlmann. 2008. Across institutional boundaries? Research collaboration in German public sector nanoscience. *Research Policy* 37(8): 888–899.

Hirsch-Kreinsen, Hartmut. 2011. Finanzmarktkapitalismus und technologische Innovationen. *Zeitschrift für Soziologie* 40(5): 356–370.
Jacobsson, Staffan, und Volkmar Lauber. 2006. The politics and policy of energy system transformation – Explaining the German diffusion of renewable energy technology. *Energy Policy* 34:256–276.
Jaffe, Adam, Manue Traitenberg, und Rebecca Henderson. 1993. Geographic localization of knowledge spillovers as evidenced by patent citations. *Quarterly Journal Economic* 63:577–598.
Jasanoff, Sheila. 1990. *The fifth branch. Science advisers as policy makers*. Cambridge Massachusetts: Harvard University Press.
Jasanoff, Sheila, Hrsg. 2004. *States of knowledge: The co-production of science and the social order*. London, New York: Routledge.
Jasanoff, Sheila. 2005. *Designs on nature. Science and democracy in Europe and the United States*. London: Routledge.
Jonas, Michael. 2005. Brücken zur regionalen Clusterforschung. Soziologische Annäherungen an ein ökonomisches Erklärungskonzept. *Zeitschrift für Soziologie* 34(5): 270–287.
Jung, Arlena, Rebecca-Lea Korinek, und Holger Straßheim. 2014. Embedded expertise: A conceptual framework for reconstructing knowledge orders, their transformation and local specificities. *Innovation: The European Journal of Social Science Research* 27(4): 398–419. doi:10.1080/13511610.2014.892425.
Kline, Stephen, und Nathan Rosenberg. 1986. An overview of innovation. In *The positive sum Strategy: Harnessing technology for economic growth*, Hrsg. R. Landau und N. Rosenberg, 275–305. Washington, DC: National Academy Press.
Lemola, Tarmo. 2002. Convergence of national science and technology policy. The case of Finland. *Research Policy* 31(8): 1481–1490.
Lepori, Benedetto, Peter van den Besselaar, Michael Dinges, Bianca Poti, Emanuela Reale, Stig Slipersæter, Théves Jean, und Barend van der Meulen. 2007. Comparing the evolution of national research policies: What patterns of change? *Science and Public Policy* 34(6): 372–388.
Lundvall, Bengt-Ake. 2002. *Innovation policy in the globalizing learning economy*. Oxford: Oxford University Press.
Lundvall, Bengt-Ake, und Susana Borras. 2005. Science, technology and innovation policy. In *The oxford handbook of innovation*, Hrsg. Jan Fagerberg, David C. Mowery und R. R. Nelson, 599–631. New York: Oxford University Press.
Macdonald, Stuart. 1987. British science parks: Reflections on the politics of high technology. *R & D Management* 17(1): 25–37. doi:10.1111/j.1467-9310.1987.tb00045.x.
Malmberg, Anders, und Peter Maskell. 2002. The elusive concept of localization economics: Towards a knowledge based theory of spatial clustering. *Environment and Planning* 34:429–449.
Martin, Ben, und John Irvine. 1989. *Research foresight : Priority-setting in science*. London: Pinter.
Matthies, Hildegard, Dagmar Simon und Marc Torka, Hrsg. 2015. *Die Responsivität der Wissenschaft: Wissenschaftliches Handeln in Zeiten neuer Wissenschaftspolitik*. Bielefeld: transcript.
Meier, Frank, und Georg Krücken. 2011. Wissens- und Technologietransfer als neues Leitbild? In *Wissenschaft und Hochschulbildung im Kontext von Wirtschaft und Medien*, Hrsg. Barbara Hölscher und Justine Suchanek, 91–110. Wiesbaden: VS Verlag für Sozialwissenschaften.
Miettinen, Reijo. 2002. *National innovation system: Scientific concept or political rhetoric*. Helsinki: Edita.
Mowery, David C., und Nathan Rosenberg. 1979. The influence of market demand upon innovation. A critical review of some recent empirical studies. *Research Policy* 8(2): 102–153.
Nelson, Richard. 1993. *National innovation systems. A comparative analysis*. New York: Oxford University Press.
Nelson, Richard R., und Sydney G. Winter. 1974. Neoclassical vs. Evolutionary theories of economic change: Critique and prospectus. *Economic Journal* (December):886–905.
OECD. 1999. *Managing national innovation systems*. Paris: OECD Publications.

OECD. 2003. *Governance of public research*. Paris: OECD Publishing.
OECD. 2005. *The measurement of scientific and technological activities: Guidelines for collecting and interpreting innovation data: Oslo manual*, 3. Aufl. Paris: OECD.
Owen-Smith, Jason und Walther W. Powell. 2004. Knowledge as channels and conduits: The effect of spillovers in the Boston biotechnology community. *Organization Science* 15(1): 5–21.
Pavitt, Keith. 1984. Sectoral patterns of technical change. Towards a taxonomy and a theory. *Research Policy* 13: 343–373.
Pavitt, Keith. 2005. Innovation processes. In *The Oxford handbook of innovation*, Hrsg. Jan Fagerberg, David C. Mowery und Richard R. Nelson, 86–114. New York: Oxford University Press.
Pfeffer, Jeffrey, und Gerald Salancezik. 1978. *The external control of organizations. A resource dependence perspective*. New York: Harper & Row.
Piore, Michael, und Charles F. Sabel. 1998. *Das Ende der Massenproduktion. Studie über die Requalifizierung der Arbeit und die Rückkehr der Ökonomie in die Gesellschaft*. Berlin: Wagenbach.
Polanyi, Michael. 1985. *Implizites Wissen*. Frankfurt a. M.: Suhrkamp.
Porter, Michael. 1990. *The competitive advantage of nations*. New York: Free Press.
Porter, Michael. 1998. Cluster and the new economics of competition. *Harvard Business Review* 11(12): 77–90.
Porter, Michael. 2000. Location, competition and economic development: Local clusters in a global economy. *Economic Development Quarterly* 14:15–34.
Powell, Walter, Kenneth W. Koput, und Laurel Smith-Doerr. 1996. Interorganizational collaboration and the locus of innovation. *Administrative Science Quarterly* 41(116–145).
Rip, Arie. 2004. Strategic research, post-modern universities and research training. *High Educ Policy* 17(2): 153–166. doi:10.1057/palgrave.hep.8300048.
Schauz, Désirée. 2014. Wissenschaftspolitische Sprache als Gegenstand von Forschung und disziplinärer Selbstreflexion – Das Programm des Forschungsnetzwerkes CASTI. *E-Journal – Forum Interdisziplinäre Begriffsgeschichte* 3(2): 49–61.
Schmoch, Ulrich. 2003. *Hochschulforschung und Industrieforschung. Perspektiven der Interaktion*. Frankfurt a. M.: Campus.
Schmoch, Ulrich, Georg Licht, und Michael Reinhard. 2000. *Wissens- und Technologietransfer in Deutschland*. Stuttgart: Fraunhofer IRB.
Schmookler, Jacob. 1966. *Invention and economic growth*. Cambridge, MA: Harvard University Press.
Schumpeter, Joseph A. 1912. *Die Theorie der wirtschaftlichen Entwicklung. Eine Untersuchung über den Unternehmergewinn, Kapital, Zins und den Konjunkturzyklus*. Berlin: Duncker & Humblot.
Senker, Jacqueline. 1991. Evaluating the funding of strategic science: Some lessons from British experience. *Research Policy* 20(1): 29–43. doi:10.1016/0048-7333(91)90082-2.
Senker, Jacqueline. 2001. Changing organisation of public-sector research in Europe – Implications for benchmarking human resources in RTD. *Sci. and Pub. Pol.* 28(4): 277–284. doi:10.3152/147154301781781390.
Slaughter, Sheila. 1997. *Academic capitalism: Politics, policies and the entrepreneurial university*. Baltimore: John Hopkins University Press.
Slaughter, Sheila, und Gary Rhoades. 1996. The emergence of a competitiveness research and development policy coalition and the commercialization of academic science and technology. *Science, Technology & Human Values* 21:303.
Soscice, David. 1996. *German technology policy: Innovation and national institutional framework*. Berlin: Edition Sigma.
Staehler, Tanja, Dirk Dohse, und Philip Cooke. 2006. *Evaluation der Fördermaßnahmen BioRegio und BioProfile*. BMBF. Studie im Auftrag des BMBF: Berlin.

Star, Susan Leigh, und James R. Griesemer. 1989. Institutional ecology, translations and boundary objects. Amateurs and professionals in Berkeley's Museum of Vertebrate Zoology, 1907–1939. *Social Studies of Science* 19:387–420.

Takeuchi, Hirotaka, und Ikujiro Nonaka. 1986. The new new product development game. *Harvard Business Review* 1(2): 2–10.

Tushman, Michael L., und Philip Anderson. 1986. Technological discontinuities and organizational environments. *Administrative Science Quarterly* 31(3): 439–455.

van Dierdonck, Roland, Koenraad Debackere, und Michael A. Rappa. 1991. An assessment of science parks: Towards a better understanding of their role in the diffusion of technological knowledge. *R & D Management* 21(2): 109–124. doi:10.1111/j.1467-9310.1991.tb00741.x.

van Lente, Harro, und Arie Rip. 1998. The rise of membrane technology: From rhetorics to social reality. *Social Studies of Science* 28(2): 221–254. doi:10.1177/030631298028002002.

Weingart, Peter. 2010. Wissenschaftssoziologie. In *Handbuch Wissenschaftspolitik*, Hrsg. Dagmar Simon, Andreas Knie und Stefan Hornbostel, 118–129. Wiesbaden: VS Verlag.

Woolthuis, Klein Rosalinde, Maureen Lankhuizen, und Viktor Gilsing. 2005. A system failure framework for innovation policy design. *Technovation* 25(6): 609–619.

Wydra, Sven, und Timo Leimbach. 2015. Integration von Industrie- und Innovationspolitik – Beispiele aus den USA und Israel und Ansätze der neuen EU-Industriepolitik. *Vierteljahrshefte zur Wirtschaftsforschung* 84(1): 121–134.

Beiträge der Pädagogischen Psychologie zur Wissenschaftspolitik

Elke Wild und Wiebke Esdar

Inhalt

1 Einleitung 191
2 Entwicklungen und Herausforderungen in der universitären Lehre aus pädagogisch-psychologischer Sicht 194
    2.1 Lehre in Zeiten der Bologna-Reform 194
    2.2 Lehre im Zeichen einer wachsenden Heterogenität der Studierendenschaft 195
3 Hochschullehre im Spannungsfeld – Erkenntnisse zur Sicht relevanter Gruppen 196
    3.1 Die begrenzte Steuerbarkeit von Lehre aus Leitungssicht 196
    3.2 Was Professor(inn)en motiviert – und was nicht 197
    3.3 Hin- und hergerissen: Nachwuchswissenschaftler/-innen zwischen lehr- und forschungsbezogenen Zielen 198
4 Wissenschaftspolitische Implikationen der empirischen Hochschul- und Bildungsforschung 199
5 Fazit 202
Literatur 202

1 Einleitung

Gängigen Begriffsfassungen zufolge können als zwei klassische Anwendungsfelder der Wissenschaftspolitik – als Teil der Forschungspolitik – die Ausbildung des wissenschaftlichen Nachwuchses (Gülker und Böhmer 2010) sowie verschiedene Formate der Forschungsförderung (Hinze 2010) ausgemacht werden. Im Fokus stehen dabei Fragen wie: „Welche Förderformate tragen dazu bei, dass ‚high potentials' möglichst früh unabhängig forschen können?" oder: „Welche strukturellen

---

E. Wild (✉) • W. Esdar
Fak. für Psychologie und Sportwissenschaft/Abt. Psychologie, Universität Bielefeld, Bielefeld, Deutschland
E-Mail: elke.wild@uni-bielefeld.de; wiebke.esdar@uni-bielefeld.de

Rahmenbedingungen begünstigen einen raschen Transfer von wissenschaftlichem Know-how zum Zwecke des technologischen Fortschritts in der Wirtschaft?"

Die Relevanz solcher Fragen ist evident und unstrittig. Gleichwohl ist der vorliegende Beitrag als ein Plädoyer zu verstehen, den Transfergedanken wie auch die Förderung des wissenschaftlichen Nachwuchses aus einer breiteren – und dezidiert interdependenten – Perspektive zu betrachten. Denn Wissensgesellschaften, in denen der Produktionssektor zugunsten des Dienstleistungsleistungssektors stetig an Bedeutung verliert, profitieren nicht nur von (naturwissenschaftlichen) Patenten oder einer (interdisziplinären) Abschätzung von Technikfolgen im engeren Sinne, sondern gleichermaßen vom Transfer bildungswissenschaftlicher Erkenntnisse in die Politik und Praxis und von einer hohen Qualität der universitären Ausbildung. Dies ist auch in solchen Studiengängen der Fall, die auf eine professionelle Ausübung gesellschaftlich höchst verantwortlicher Tätigkeiten in der Betreuung, Beschulung und außerschulischen Förderung nachkommender Generationen vorbereiten. Zum anderen wird – hierzulande meist unter Bezug auf Humboldt – an der Idee einer Einheit von Forschung und Lehre festgehalten, wobei sich das traditionale Spannungsfeld zwischen diesen Kernaufgaben allein durch steigende Qualitätsanforderungen in beiden Bereichen verschärft (Krücken und Wild 2010). Hinzu kommt, dass Hochschulen als Multi-Funktions-Einrichtungen mit wachsenden anderweitigen Erwartungen wie z. B. im Bereich Transfer, Internationalisierung, *public understanding of science* etc. konfrontiert sind (vgl. Krücken 2003; Webler 2007; Weingart 2005). Diese Erwartungen sind letztlich von den Professor(inn)en und durch Nachwuchswissenschaftler/-innen einzulösen.

Vor diesem Hintergrund werden zentrale Untersuchungsgegenstände der Pädagogischen Psychologie, die für die Wissenschaftspolitik bedeutsam sind, aufgegriffen. In dieser Teildisziplin werden zur Untersuchung von Bedingungen und Folgen des *Lernens* und *Lehrens* in unterschiedlichen Bildungskontexten vielfältige Ansätze und Konzepte herangezogen, die hier nicht umfassend dargestellt werden können. Wir beschränken uns daher auf die Hervorhebung von drei meta-theoretischen Perspektiven, auf die in vielen der nachfolgend erwähnten Studien zu Lehrenden und Lernenden an Hochschulen rekurriert wird. Es handelt sich um rational-choice Ansätze (a), persönlichkeitstheoretische Ansätze (b) und um Angebot-Nutzen-Modelle (c).

a) *Rational-choice-Ansätze* modellieren Handlungen und vor allem Entscheidungen als Ergebnis von mehr oder weniger bewussten oder habitualisierten Kosten-Nutzen-Kalkülen in gegebenen Situationen. Aus dieser Perspektive entscheidet sich also ein Individuum für eine Handlung, die den größten Nutzen (beispielsweise in Form eines guten Klausurergebnisses oder karrierestrategisch hilfreicher Lehrevaluationen) bei gleichzeitig niedrigen Kosten (etwa in Form des aufzuwendenden Lern- oder Betreuungsaufwands) verspricht. Dieser Kerngedanke wird in zahlreichen Theorien aufgegriffen und weiterentwickelt – so zum Beispiel im Erwartung-mal-Wert-Ansatz von Allan Wigfield und Jacquelynne Eccles (Wigfield und Eccles 2000) oder in der Valenz-Instrumentalitäts-Erwartungs-Theorie von Victor H. Vroom (1982). Auch allgemeinpsychologische Zieltheo-

rien und Ansätze der organisationspsychologischen Motivationsforschung folgen diesem rational-choice-Paradigma (Beckmann und Heckhausen 2008).
b) Zu den *persönlichkeitstheoretischen Ansätzen* zählen die Selbstbestimmungstheorie der Motivation (Deci und Ryan 2002), die Interessentheorie (Prenzel et al. 1986) sowie einige sozialpsychologische Identitätstheorien. Sie postulieren, dass Menschen bedürfnisgesteuert agieren und bestrebt sind, sowohl ihren eigenen Werten zu folgen als auch externen Erwartungen und Normen gerecht zu werden, indem sie diese internalisieren und möglichst kohärent in ihr Selbst zu integrieren versuchen. Besonders häufig hat in aktuellen Studien der deutschen Hochschulforschung die Selbstbestimmungstheorie der Motivation (Deci und Ryan 2002) Anwendung gefunden. Wir verweisen an dieser Stelle auf Abs. 3.2, in dem diese im Lichte empirischer Befunde detaillierter erläutert wird.
c) Prominent sind in der Pädagogischen Psychologie ferner *Angebot-Nutzen-Modelle*, die als heuristischer Rahmen zur *Systematisierung* empirisch identifizierter Determinanten der (Schul-)Leistung dienen und zur *Evaluation* von Bildungseinrichtungen herangezogen werden (Helmke 2009; Böttcher et al. 2009; Ditton und Müller 2011). Angebot-Nutzen-Modelle greifen auf das in der internationalen Interventionsforschung geltende Input-Prozess-Output-Paradigma zurück und besagen im Kern, dass (1) die Wirkung bereitgestellter Bildungsangebote sowohl (2) von der Angebotsqualität abhängt, als auch davon, ob bzw. wie sie von der Zielgruppe (3) in Anspruch genommen werden und (4) geeignete Aneignungsprozesse auslösen. Diese werden ihrerseits von (5) Merkmalen der Nutzer selbst, (6) der Angebotsimplementation sowie (7) weiteren Kontextbedingungen beeinflusst. Ein großer Vorteil dieser Modelle besteht darin, dass neben mehr oder weniger rationalen Kosten-Nutzen-Kalkülen aller Beteiligten auch unhinterfragte (unbewusste) Handlungs- und Entscheidungsroutinen sowie komplexe (methodisch als Interaktionseffekte zu fassende) Passungsverhältnisse zwischen Anbietern und Nutzern abgebildet werden können (Wild und Esdar 2014).

Aktuell stellt sich in der Hochschulpraxis die Frage, inwiefern die mit der Bologna-Reform und weiteren bildungspolitischen Erwartungen (z. B. in Sachen des chancengerechten Umgangs mit einer heterogener werdenden Studierendenschaft) einhergehende Innovationserfordernisse zu meistern sind. Auf der *institutionellen* Ebene berührt diese Frage nicht nur die Umstellung auf Bachelor-Masterabschlüsse, sondern auch weitere formale Veränderungsprozesse wie die Erstellung definierter Qualifikationsrahmen, Diploma Supplements oder Joint Degrees kooperierender Hochschulen. Auf der *individuellen* Ebene sind Lehrende gefordert, ihre Lehre studierendenzentriert und kompetenzorientiert zu gestalten und zu diesem Zweck E-Learningangebote und/oder neue Lehrkonzepte wie problemorientiertes Lernen anzubieten. Aus wissenschaftspolitischer Sicht ist dabei insbesondere von Interesse, inwiefern sich im Zuge steigender Anforderungen auch in der Lehre das traditionale Spannungsfeld von Forschung und Lehre verschärft und sich dies nicht nur auf die Qualität der Ausbildung nachkommender Generationen von Akademikern und Akademikerinnen sondern zugleich auf die Attraktivität des „Arbeitsplatzes Hochschule" für (Nachwuchs-)Forscher/-innen auswirkt.

Vor diesem Hintergrund werden im Folgenden (Abschn. 2) auf die Hochschullehre bezogene, aktuelle Entwicklungen und Herausforderungen erörtert. Anschließend werden Befunde zur Sicht der Hochschulleitungen und der Lehrenden auf diese Veränderungen und auf dem Vormarsch befindliche Ansätze zur Steuerung der Lehre an Hochschulen vorgestellt (Abschn. 3). Dies mündet in eine Reflexion strategischer Entscheidungs- und Handlungsfelder innerhalb der Hochschulen und die daraus gemeinsam durch die Wissenschafts-, Hochschul- und Bildungspolitik zu schaffenden Rahmenbedingungen (Abschn. 4).

2 Entwicklungen und Herausforderungen in der universitären Lehre aus pädagogisch-psychologischer Sicht

2.1 Lehre in Zeiten der Bologna-Reform

Die anfängliche Umsetzung der politisch initiierten Bologna-Reform erfolgte in Deutschland bekanntlich unter einem erheblichen Widerstand von Studierenden und Hochschullehrenden. So wurde beispielsweise eine zunehmende „Verschulung" gebrandmarkt, auf die mit der „Nachjustierung" von Bologna 2.0 auch prompt reagiert wurde, obwohl die seinerzeit vorgebrachte Kritik mittlerweile durchaus hinterfragt wird (vgl. Meyer-Guckel 2015; Nida-Rümelin 2015).

Gleichwohl unstrittig ist, dass mit der Bologna-Reform nicht nur politische Ziele (wie die Vereinheitlichung von Abschlüssen und Anrechnungsmodi von Studienleistungen zum Zwecke einer gesteigerten Mobilität und Internationalisierung) verfolgt, sondern auch Änderungen in der inhaltlichen Ausgestaltung der Lehre angestrebt wurden. Allen voran sind hier die Stärkung einer kompetenzorientierten Ausbildung sowie eine regelmäßigere Überprüfung individueller Lernfortschritte zu nennen. Beide Ziele sind aus hochschuldidaktischer Sicht prinzipiell zu begrüßen, da hierdurch die Bedeutung einer auf die sukzessive Akkumulation von Wissen und Fertigkeiten abzielenden Lehre unterstrichen wird und eine fortlaufende Überprüfung von Lernzuwächsen die Grundlage für eine pädagogisch sinnvolle und wechselseitige Feedback-Kultur bietet.

Dass auch die Mehrheit der Hochschullehrenden die Bologna-Reform als grundsätzlich hilfreiches „Vehikel" sieht, um die Optimierung der Lehrqualität voranzutreiben, zeigt eine Reihe von Studien (z. B. Esdar und Gorges 2012; Schomburg et al. 2012; Wild 2014). Sie weisen allerdings zugleich darauf hin, dass die Urteile zur konkreten Umsetzung von Bologna deutlich kritischer ausfallen und auch die Wirkung dieser Reform eher zurückhaltend bis skeptisch beurteilt wird. Ferner zeigen Befragungen bei Studierenden, dass derzeit nur eine knappe Mehrheit mit dem Engagement der Lehrenden zufrieden ist und die Studierendenzufriedenheit in den neuen Bachelor- und Master-Studiengängen gegenüber den alten Diplom- und Magister-Studiengängen geringer ausfällt (Heine 2011). Darüber hinaus scheint sich insbesondere in Fächern mit traditionell hohem Numerus Clausus, wie der Psychologie, eine stark extrinsisch geprägte Haltung zum Studium unter den Studierenden breitzumachen (Margraf 2015), die nicht nur dem „Bulimie-Lernen"[1] Vorschub leistet, sondern auch die (intrinsische) Motivation der Lehrenden untergräbt (Stegmüller 2012).

So wird bis heute diskutiert, was (und was nicht) mit dem Bologna-Prozess intendiert wurde (Teichler 2014), ob bzw. wie Belastungen Studierender durch das neue Studienmodell zugenommen haben (Klug et al. 2013) und welche Rahmenbedingungen die Lehre in Bachelor- und Master-Studiengängen wie beeinflussen. Insgesamt bleibt jedoch festzuhalten, dass die (Weiterverfolgung der) Studienreform mit neuen und diversifizierten Anforderungen an die Hochschullehre verbunden ist (vgl. Schaper et al. 2012).

2.2 Lehre im Zeichen einer wachsenden Heterogenität der Studierendenschaft

Steigende Professionalisierungserwartungen an Hochschullehrende leiten sich nicht allein aus der Studienreform, sondern ebenso aus dem Umstand ab, dass die Zusammensetzung der Studierendenschaft an hiesigen Hochschulen in vielerlei Hinsicht heterogener ist als noch vor 50 Jahren (ausführlich vgl. Wild und Esdar 2014). Dies gilt selbst dann, wenn man in Rechnung stellt, dass die Studienanfängerquote pro Jahrgang in Deutschland mit derzeit 46% immer noch unter dem OECD-Schnitt liegt (OECD 2013) und manche Neuregelungen (etwa zur Zulassung von berufserfahrenen Personen ohne schulische Hochschulzugangsberechtigung) derzeit noch nicht quantitativ zu Buche schlagen. Denn allein deswegen, dass inzwischen fast die Hälfte der Schulabsolventen eine allgemeine oder fachgebundene Hochschulreife erreicht und diese mehrheitlich ein Studium aufnehmen (Autorengruppe Bildungsberichterstattung 2010), aber auch weil im Zuge der Internationalisierung der Wissenschaft Studierende aus anderen Ländern aktiv angeworben werden, ergibt sich sachlogisch eine stärkere sozio-kulturelle Durchmischung der Studierendenschaft.

Auf diese Entwicklung reagieren viele deutsche Hochschulen sichtbar mit einem Auf- und Ausbau ihres „Diversity Managements". Eingehendere Analysen der unter dieser Rubrik verorteten Aktivitäten lassen gleichwohl deutliche Unterschiede im Umfang diesbezüglicher Maßnahmen, ihrer institutionellen Verankerung sowie den damit verfolgten Zielsetzungen erkennen. Letztere reichen von dem Anspruch, Bildungsbenachteiligungen auszugleichen, bis hin zur gezielten Förderung von „high potentials" aus dem Ausland (Wild und Esdar 2014). Ein strategisches Gesamtkonzept zur nachhaltigen Etablierung einer „Kultur der Vielfalt" ist bislang kaum vorzufinden (Heitzmann und Klein 2012). Allerdings setzen viele Hochschul (leitung)en die Frage, wie zunehmend disparate Lerneingangsvoraussetzungen aus-

---

[1]Bulimie-Lernen ist ein Ausdruck, der sich unter Studierenden der Bachelor- und Masterstudiengänge etabliert hat. Er kann definiert werden als „Lernen einer großen Stoffmenge am letzten Tag vor einer Klausur, so dass man diese höchstens in der Klausur noch weiß und danach absolut vergessen hat. Oder anders formuliert: reinfuttern, ausspucken, vergessen" (Deutsche Enzyklopädie 2015).

geglichen und dadurch verbesserte Studienerfolgsquoten und verringerte Studienabbrecherzahlen erreicht werden können, hoch oben auf ihre strategische Agenda (Wild und Esdar 2014).

3   Hochschullehre im Spannungsfeld – Erkenntnisse zur Sicht relevanter Gruppen

Wie die skizzierten Herausforderungen in der Lehre von den verschiedenen Akteuren in der Hochschule wahrgenommen werden, inwiefern sie sich in der jeweiligen Beurteilung des „Arbeitsplatzes Hochschule" niederschlagen und welche Rolle dabei institutionellen Rahmenbedingungen zukommt, erörtern wir im Folgenden anhand vorliegender theoretisch fundierter, empirischer Befunde.

3.1   Die begrenzte Steuerbarkeit von Lehre aus Leitungssicht

Im Zuge der „organisationalen Akteurswerdung" von Universitäten (Krücken und Meier 2006) zeichnet sich – bei allen Unterschieden in den standortspezifischen Führungsphilosophien von Fachhochschulen und verschiedenen Typen von Universitäten (Becker et al. 2011) – ab, dass amtierende Leitungen an (Fach-)Hochschulen externe Steuerungserwartungen durchgängig wahrnehmen und akzeptieren. Dies geschieht häufig in der Überzeugung, durch Rückgriff auf unternehmerische Konzepte des *Lean Managements* bzw. des *New Public Managements* hochschulinterne Prozesse maßgeblich lenken zu können (Becker et al. 2012). Auffassungen, die in der Organisationssoziologie lange Zeit vorherrschten und die Rationalität hochschulischer Steuerung grundlegend in Frage stellen, indem sie Hochschulen als organisierte Anarchien charakterisieren (Cohen et al. 1972), wird damit vor der Hand eine programmatische Abfuhr erteilt. Allerdings wird von Hochschulleitungen vergleichsweise einhellig angemerkt, dass eine mit diesen Mitteln avisierte Steigerung des „outputs" an Grenzen gerät, sofern es um die akademische Lehre geht. Begründet wird die hier konstatierte geringe Steuerungstiefe wesentlich mit einem Fehlen konsensfähiger Kriterien „guter Lehre", aber auch dem Umstand, dass aufgrund rückläufiger Grundfinanzierung vor allem Anreize für Forschungsleistungen und Drittmitteleinwerbungen zu setzen seien (Wild 2014).

In der Konsequenz wird zum einen „über Bande gespielt" (Kloke und Krücken 2012), d. h. der Auf- und Ausbau von Service-Einrichtungen vorangetrieben. Diese stellen hochschuldidaktische Fortbildungen für Hochschullehrende bereit und bieten zudem Unterstützungs- und Beratungsangebote für Studierende sowie Tutoren- und MentorInnenprogramme an, die das curriculare Lehrangebot ergänzen und Lehrende entlasten sollen. Zum anderen verknüpfen viele Hochschulleitungen mit der von ihnen wahrgenommenen – und in der Hochschulforschung wiederholt (s. u.) konstatierten – „intrinsischen" Motivation der Lehrenden die Vorstellung, dass diese institutionelle Anreize obsolet werden lässt. Weitgehend ausgeblendet werden dabei jedoch wissenschaftliche Befunde zu organisationalen Rahmenbedingungen, die als notwendige Bedingungen der Aufrechterhaltung selbstbestimmter Formen der Arbeitsmotivation, des *organisationalen commitments* und der Arbeitszufriedenheit identifiziert wurden. Dabei unterstreichen vorliegende Befunde, dass Strategien des *New Public Managements* bislang nicht zur Steigerung lehrbezogener Qualitätsindikatoren beitragen (Becker et al. 2012) und auch die langfristige Wirksamkeit des Auf- und Ausbaus von Service-Einrichtungen schwer abzuschätzen ist. Hierbei ist zu berücksichtigen, dass die Erweiterung von Service-Leistungen vornehmlich mit eingeworbenen Drittmitteln betrieben wird bzw. werden muss (im Rahmen bundesweiter und fachübergreifender Ausschreibungen etwa zur Exzellenzinitiative Lehre und dem Qualitätspakt Lehre oder auch im Rahmen spezifischer Programme wie der Qualitätsoffensive Lehrerbildung). Obschon deren Bewilligung an belastbare Aussagen der Hochschulleitungen zur Sicherung der Nachhaltigkeit geknüpft wird, wirft die zeitliche Befristung schon jetzt personalpolitische Probleme und neue Fragen im Hinblick auf „die" Nachwuchsförderung auf (vgl. Abschn. 3.3).

3.2 Was Professor(inn)en motiviert – und was nicht

In Ermangelung zuverlässiger Instrumente zur Messung der individuellen Lehrkompetenz (vgl. Fitting et al. 2013; Pasternack 2006) wird die *Lehrmotivation* in zahlreichen Hochschulforschungsstudien als der bislang beste Prädiktor für Haltungen und Verhaltensweisen von Hochschullehrenden und damit auch für die Qualität von Lehre herangezogen. Und auch wenn diese in der interdisziplinären Hochschulforschung teilweise noch immer vergleichsweise global erfasst wird, zeichnet sich doch eine in der (Pädagogischen) Psychologie längst etablierte Beachtung von qualitativ unterschiedlichen Formen der Motivation ab. Bevorzugt wird dabei auf persönlichkeitstheoretische Ansätze und hier speziell auf die Selbstbestimmungstheorie von Deci und Ryan (2002) rekurriert, die Formen der Handlungsregulation auf einem Kontinuum von wahrgenommener Selbst- und Fremdbestimmung anordnet. Die *intrinsische Motivation* repräsentiert dabei aufgrund ihres autotelischen Charakters den „Protoyp" einer selbstbestimmten Motivation: die energetisierende und verhaltenssteuernde Kraft leitet sich hier aus der zweckfreien Freude an der Tätigkeit bzw. dem Interesse am Gegenstand ab. Demgegenüber begründet die *identifizierte Motivation* intentionale, d. h. zielgerichtete Handlungsbereitschaften, die sich aus im eigenen Selbstkonzept bzw. Rollenverständnis verankerten Werten speist. Diese gehen somit ungeachtet ihrer „Zweckgebundenheit" mit einem hohen Selbstbestimmungserleben einher und schlagen sich ebenfalls positiv im Wohlbefinden bzw. in der psychischen Gesundheit (vgl. Fernet et al. 2013) sowie der Ausdauer und Leistung von Personen in unterschiedlichen Funktionszusammenhängen nieder (vgl. Roth et al. 2007). Einbußen zumindest im Befinden und teilweise auch in leistungsrelevanten Haltungen sind hingegen bei *introjiziert* oder *extrinsisch motivierten* Personen erwart- und festellbar. Beide Formen eint die mehr oder weniger bewusste Ausrichtung des Handelns an (nicht oder nur rudimentär internalisierten) externen Erwartungen, die im persönlichen Erleben durchgängig mit einem relativ hohen Grad an wahrgenommener Fremdbestimmung assoziiert ist. Doch während introjizierte Personen zur Vermeidung von

Schuldgefühlen um eine gewisse Loyalität gegenüber ihrer Organisation bemüht sind, agieren extrinsisch Motivierte auf Basis eines subjektiven Kosten-Nutzen-Kalküls, das ultimativ auf die Wahrung persönlicher Vorteile abhebt.

An dieser theoretischen Differenzierung orientierte empirische Studien zeigen für die Gruppe der Hochschullehrerinnen und Hochschullehrer, dass diese im Selbsturteil durchgängig eine hohe intrinsische Motivation mitbringen (vgl. Stegmüller et al. 2012; Wilkesmann 2012). Wissenschaftspolitisch entscheidender als solche deskriptiven Momentaufnahmen ist jedoch der Befund, dass sich Unterschiede in der selbstberichteten Qualität der Lehrmotivation mithilfe theoretisch abgeleiteter Rahmenbedingungen vorhersagen lassen. So kommt Stegmüller (2012) auf Basis einer bundesweiten Interviewstudie mit rund 250 neuberufenen Professor(inn)en in Deutschland und dem deutschsprachigen Ausland zu dem Ergebnis, dass diese ihre Lehrmotivation kaum an vorherrschenden „weichen" Anreizen wie Lehrpreisen festmachen, die aus verschiedenen Gründen hinterfragt und oft nicht einmal bewusst zur Kenntnis genommen werden. Stattdessen werden die Kompetenz und Motivation der Studierenden und die stark institutionell geprägte Kontakt- und Interaktionsdichte mit den Studierenden als maßgebliche Faktoren benannt. Ähnlich ziehen Wilkesmann und Schmid (2014) auf Basis ihres deutschlandweiten Surveys die Quintessenz, dass die intrinsische Lehrmotivation insbesondere durch eine unterstützende Lehrkultur gestützt wird und materielle Anreize diesbezüglich Gefahren bergen. Für die Solidität beider Ergebnisse spricht, dass sie sich in Forschungsbefunde aus dem Ausland einfügen. Beispielsweise kommt Kiziltepe (2008) aufgrund seiner qualitativen Untersuchung von rund 300 Lehrenden einer türkischen Hochschule zu dem Schluss, dass neben karrierebezogenen Faktoren vor allem Merkmale der Studierenden, aber auch ideelle Gründe für die Lehrmotivation der Hochschullehrer/-innen zentral sind. Umgekehrt gehen mangelndes Interesse oder mangelnder Respekt vonseiten der Lernenden, schlechte Rahmen- und Arbeitsbedingungen und ein (zeitliches) Konkurrenzverhältnis zur Forschung zu Lasten der Lehr-Motivation.

3.3 Hin- und hergerissen: Nachwuchswissenschaftler/-innen zwischen lehr- und forschungsbezogenen Zielen

Befragungen des wissenschaftlichen Nachwuchses zeugen, ähnlich wie Studien zu Professor(inn)en, grundsätzlich von einer hohen und selbstbestimmten Lehrmotivation (Esdar und Gorges 2012). Zudem zeichnet sich auch für die Gruppe der Nachwuchswissenschaftler/-innen ab, dass ihre Motivation von Rahmenbedingungen beeinflusst wird, die ganz im Sinne der bereits oben erwähnten Selbstbestimmungstheorie (Deci und Ryan 2002) mit einer Befriedigung bzw. Frustration der psychologischen Grundbedürfnisse nach Autonomie- und Kompetenzerleben sowie sozialer Eingebundenheit einhergehen. So sind Nachwuchswissenschaftler/-innen im Rahmen ihrer Veranstaltungsplanung und -durchführung inhaltliche und organisatorische Gestaltungs-spielräume wichtig, die sie beispielsweise bei wiederholt turnusmäßig abzuhaltenden Einführungsvorlesungen und deren Begleitveranstaltungen oft vermissen (Esdar et al. 2013). Wichtige Quellen für das eigene Kompetenzerleben und damit für die persönliche Lehrmotivation sind sichtbare Lernzuwächse und ein positives Feedback der Studierenden. Das Erleben sozialer Zugehörigkeit macht sich ebenfalls am persönlichen Austausch mit Lernenden, aber auch mit Vorgesetzten und Kolleg(inn)en fest. So wird auch eine fehlende Wertschätzung und Anerkennung von hohem Lehrengagement als besonders demotivierend empfunden (Esdar et al. 2013).

Wissenschaftspolitisch hoch interessant ist dabei zum einen, dass die Mehrheit der Nachwuchswissenschaftler/-innen über häufige bis sehr häufige Zielkonflikte am Arbeitsplatz berichtet und speziell Konflikte zwischen Lehr- und Forschungszielen nicht nur am häufigsten erlebt, sondern auch als besonders belastend empfindet (Esdar et al. 2012). Zum anderen scheinen sich Nachwuchswissenschaftler/-innen bewusst zu sein, dass die vorrangige Verfolgung von Forschungszielen im Vergleich zu eigenen Zielen in der Lehre karrierestrategisch sinnvoll ist, weshalb sie sich ungeachtet ihrer hohen Lehrmotivation auch eine relative Verschiebung der für beide Bereiche aufgewendeten Arbeitszeit zugunsten der Forschung wünschen (Esdar et al. 2012). Qualitativen Interviews zufolge besteht jedoch die vorrangig gewählte Strategie im Umgang mit solchen Zielkonflikten darin, dass eigene Arbeitspensum über die vertraglich geregelte Arbeitszeit hinaus auszudehnen und forschungsbezogene Tätigkeiten in die Freizeit zu verschieben. Gleichzeitig hadern nicht wenige mit der Priorisierung ihrer Forschung oder auch mit ihren Qualitätsansprüchen für die Planung und Durchführung von Lehrveranstaltungen sowie die Betreuung von studentischen Qualifikationsarbeiten (Esdar et al. 2013).

4 Wissenschaftspolitische Implikationen der empirischen Hochschul- und Bildungsforschung

Vorangehend wurde deutlich, dass sich aufgrund bildungspolitischer Reformmaßnahmen sowie der steigenden Heterogenität der Studierendenschaft wachsende Qualitäts- und Professionalisierungsanforderungen im Bereich der Lehre abzeichnen. Darauf reagieren Hochschulleitungen – die mehrheitlich eine geringe Steuerungstiefe in der Lehre konstatieren – vornehmlich indirekt durch die Schaffung zusätzlicher, zentral und dezentral verankerter Service-Einrichtungen. Sie stellen Mittel für hochschuldidaktische Fortbildungen der Lehrenden sowie für weitere Angebote bereit, die die Lehrenden direkt oder indirekt entlasten sollen. Unabhängig davon, ob diese Strategie der Ausweitung von Service-Leistungen der Hochschul(leitung)en in Zukunft zu einer effektiven Bewältigung der genannten Anforderungen führt, wirft sie neue Fragen und Probleme auf.

Mit Blick auf die Gesamtgruppe der Hochschullehrenden fällt auf, dass deren Lehrmotivation wesentlich von der Leistungsfähigkeit und -bereitschaft der Studierenden und der institutionellen Wertschätzung ihres Engagements für die Lehre beeinflusst zu sein scheint. Die Anerkennung von Lehrleistungen im Kollegenkreis leidet jedoch unter der strukturell bedingten höheren Bedeutung und Honorierung von Forschungsleistungen. Diese wird ohne Zweifel auch durch Nachwuchswissenschaftler/-innen wahrgenommen, trifft aber auf eine mehrheitlich hohe und selbstbestimmte Lehrmotivation und mündet daher – ironischerweise – in eine Wahrnehmung von belastenden Zielkonflikten, die vorwiegend mithilfe verschiedener Strategien individuell zu bewältigen versucht werden. Zudem stellt sich im Licht der empirischen Bildungsforschung die Frage, inwiefern das einer heterogenen Studierendenschaft innewohnende Potenzial über die derzeit von zentralen oder dezentralen Service-Einrichtungen verfolgte Bereitstellung extra-curricularer Zusatzangebote auszuschöpfen ist, oder besser durch eine Neuausrichtung der grundständigen Lehre zu erreichen wäre. Im Zweifelsfall bleibt entscheidend, ob die für die Optimierung der akademischen Lehre wichtigste Ressource – das selbstbestimmte Engagement der Lehrenden – schwindet oder gestärkt wird. Da der wissenschaftliche Nachwuchs wesentlich zur Gestaltung der Lehre beiträgt und unter besonders starkem Druck steht, bei der Verfolgung der eigenen Karriere externe Ansprüche einzulösen, zeichnet sich hier ein wissenschaftspolitisch höchst bedeutsames Handlungsfeld ab.

Aus unserer Sicht werden auch und gerade Nachwuchswissenschaftler/-innen mit einer „double bind"-Situation (Watzlawick 1963) konfrontiert, deren Auflösung nicht dem oder der Einzelnen aufgebürdet werden sollte. Denn Zielkonflikte sind in Multi-Funktionseinrichtungen wie der Hochschule strukturell angelegt und verlangen nach einer ebensolchen Lösung, auch weil letztlich alle Hochschullehrenden betroffen sind und die Wettbewerbsfähigkeit des deutschen Hochschulsystems tangiert ist. Hochschulleitungen sind daher vornehmlich in der Entwicklung von Konzepten gefordert, wie sich die Ausbildung zukünftiger Akademiker/-innen zeitgemäß und im sich ausweitenden Konzert externer Erwartungen umsetzen lässt. Hier sind überzeugende Konzeptionen des *change managements* in lernenden Organisationen gefragt, die am jeweiligen Standort möglichst viele Hochschulmitglieder motivieren, aktiv zur Verfolgung kollektiver Ziele beizutragen (Wild et al. 2010). Dazu ist ein ausreichend hohes *organisationales commitment* zu schaffen, das (im privatwirtschaftlichen Sektor gewonnenen Erkenntnissen zufolge), vermittelt über die Arbeitszufriedenheit, die Leistungsbereitschaft und das *organizational citizenship behavior* von Organisationsmitgliedern fördert und so zu einer größeren Produktivität der Organisation beitragen sollte (Meyer et al. 2002; van Dick 2004; Wesche und Muck 2010).

Diese Überlegungen dürften auch und vielleicht sogar besonders mit Blick auf eine sich neu herausbildende, wenngleich nicht trennscharf zu definierende Gruppe von Nachwuchswissenschaftler/-innen gelten: die sogenannten „Hochschulprofessionellen" (Kehm et al. 2010). Diese „HoPros" sind in mehr oder weniger spezialisierten Service-Einrichtungen zur Qualifizierung von Lehrenden (z. B. hochschuldidaktische Zentren, *schools of education*, Einrichtungen zur Personalentwicklung) sowie zum (meist zentralen) Qualitätsmanagement beschäftigt, die in den letzten Jahren an praktisch allen Hochschulen ausgebaut wurden. Das Tätigkeitsspektrum der dort arbeitenden Personen ist divers und leidet nach Einschätzung der Betroffenen unter unklar verteilten Zuständigkeiten, Aufgabenüberschneidungen, einem hohen Informations- und Koordinationsaufwand sowie teilweise unter Akzeptanzproblemen (Kloke und Krücken 2012). Zudem mangelt es an den Standorten häufig an umschriebenen Konzepten zur Qualität von Lehre, daran anknüpfenden Lehrphilosophien und maßgeblichen Qualitätsindikatoren, weshalb „HoPros" oftmals ein eigenes professionelles Selbstverständnis entwickeln (müssen). Genau dies verlangt aber oftmals eine hohe Ambiguitätstoleranz, weil sie als *mana-*

gerial professionals einerseits in der Regel in der Verwaltung angesiedelt sind und dauerhaft anstehende Aufgaben (z. B. im Bereich der akademischen Studienberatung) wahrnehmen, obwohl sie, zumindest in Teilen, eine wissenschaftliche Laufbahn anstreben. Ähnlich wie in Drittmittelprojekten angesiedelte Kolleg(inn)en, müssen sie jedoch ihre Karriere auf befristeten Stellen verfolgen, weil auch viele hochschulpolitische Initiativen im Bereich der Lehre und Qualitätssicherung an temporär bewilligte Drittmittel gebunden sind.

Zusammenfassend zeichnen sich nach gegenwärtigem Erkenntnisstand somit vielfältige, wissenschaftspolitisch bedeutsame Problemstellungen ab, die nicht mit einer „one-size-fits-all-Lösung" zu bewältigen sind – dazu sind die finanziellen, infrastrukturellen und rechtlichen Ausgangslagen bzw. Rahmenbedingungen der Hochschultypen in den verschiedenen Bundesländern zu unterschiedlich. Dennoch unterstreichen die Befunde der Hochschulforschung, dass Steuerungsbemühungen zur Steigerung der Effektivität von Hochschulen als Multifunktionseinrichtungen wesentlich auf eine Mobilisierung des „Humankapitals" gerichtet sein sollten und gerade auch die Lehrenden in der Verfolgung organisationaler Ziele „mitzunehmen" sind. Hierbei wären – neben den bislang etablierten (vorwiegend monetären) Anreizsystemen, deren Wirksamkeit zumindest als Instrument einer Qualitätsverbesserung in der Lehre bislang fraglich ist (vgl. Esdar 2014; Henke und Dohmen 2012; Kopatz und König 2012; Krempkow und Schulz 2012; Wilkesmann und Schmid 2012) – vor allem Maßnahmen zur Stärkung des *organisationalen commitments* angezeigt.

Besonders beachtenswert erscheinen in diesem Zusammenhang Konzepte des *partizipativen Managements* (Nickel 2007), die auf eine umfassende Beteiligung aller Statusgruppen bei der Entwicklung gemeinsamer Qualitätsverständnisse (in Forschung, Lehre, Diversity etc.) sowie auf die Ausformulierung bzw. Umsetzung der zur Sicherung selbst gesetzter Standards erforderlichen Strategien und Maßnahmen abzielen. Welchen Organisationseinheiten dabei welche Entscheidungsbefugnisse eingeräumt werden, kann in Abhängigkeit von den standortspezifischen Steuerungsphilosophien und dem Charisma der jeweiligen Hochschulleitung variieren. Allerdings lassen Erkenntnisse der psychologischen Organisationsforschung erwarten, dass die kollektive Verfolgung übergeordneter strategischer Ziele im Bereich der Forschung, der Lehre und der Nachwuchsförderung am ehesten durch eine *transformationale Führung* vorangetrieben werden dürfte, die die zumeist flache Hierarchie in Hochschulen und das tradierte Prinzip der akademischen Selbstverwaltung anerkennt, aber zugleich gezielte Impulse setzt und „Leitplanken" definiert. Im Rahmen einer transformationalen Führung sind Personen mit Führungsverantwortung fortlaufend bestrebt, den von ihnen Geführten den Sinn und die Bedeutung gemeinsamer Ziele und Ideale zu verdeutlichen, um ihr Bewusstsein und Verhalten auf das „neue" kollektive Ziel hin auszurichten (bzw. zu transformieren). Sie verbinden dabei Elemente einer *ergebnisorientierten Führung mit Charisma:* Erwartungen sind anspruchsvoll und werden klar kommuniziert, eigenständiges Problemlösen und kritisches Hinterfragen von Gewohnheiten und Fähigkeiten zur Erkennung der Stärken der Organisationsmitglieder werden gesehen und befördert. Die Führungsperson ist wertschätzend, geht als Vorbild voran, reißt andere mit ihrem Enthusiasmus mit, erzeugt Zuversicht und Stolz.

5 Fazit

Ziel dieses Beitrags war es, die Relevanz von pädagogisch-psychologisch inspirierten Erkenntnissen der Hochschulforschung für die Wissenschaftspolitik aufzuzeigen. Dabei sollte deutlich geworden sein, dass sich die Bedingungen des *Lehrens* und *Lernens* bereits in den letzten Jahren durch neue Innovationserfordernisse verändert haben, die auch die Attraktivität des Arbeitsplatzes Hochschule betreffen dürften. Fragen der Förderung des wissenschaftlichen Nachwuchses sind daher einmal mehr unter dem Aspekt multipler Anforderungen in der Lehre und anderen Bereichen, insbesondere der Forschung, zu reflektieren.

Um die Hochschullehre zu verbessern, sollten, da die Lehrmotivation bislang als bester Prädiktor für Lehrleistung gilt, motivationsförderliche Rahmenbedingungen geschaffen werden. Diese zeichnen sich weniger durch die Bereitstellung finanzieller oder ideeller Anreize, wie beispielsweise Lehrpreise, aus, sondern vielmehr durch eine unterstützende Lehrkultur und ein gutes Verhältnis zu motivierten und kompetenten Studierenden. Durchgängig positiv wird wahrgenommen, wenn die Lehrenden inhaltliche und organisatorische Gestaltungsspielräume wahrnehmen, sichtbare Lernzuwächse und positives Feedback der Studierenden erfahren und auch im Kolleg(inn)en-Kreis Wertschätzung und Anerkennung ihres Lehr-Engagements erfahren. Dennoch ist nicht allein das unmittelbare Arbeitsumfeld maßgeblich. Vielmehr tragen auch hochschulinterne und wissenschaftspolitische Entscheidungen zur effektiven Umsetzung von Reformen in der Lehre bei. So wird etwa die Einbindung der Beschäftigten in Service-Einrichtungen in den Lehrbetrieb sowohl durch die Form der Hochschulfinanzierung als auch durch die organisationale Verankerung beeinflusst. Für die Lehrmotivation und lehrbezogene Innovationsbereitschaft erweist sich zudem der relative Stellenwert von Forschung und Lehre im System Wissenschaft als bedeutsam. Und schließlich werden tatsächliche und empfundene Karriereunsicherheiten wie auch das Engagement in der Lehre durch Arbeitsbedingungen, die unter anderem am Umfang des Lehrdeputats fest zu machen sind, beeinflusst. Die Fortentwicklung des Wirtschafts- und Wissenschaftsstandortes Deutschland sollte damit nicht zuletzt von einer zielgerichteten Verzahnung hochschul-, wissenschafts- und bildungspolitisch verfolgter Bestrebungen abhängen.

Literatur

Autorengruppe Bildungsberichterstattung. 2010. *Bildung in Deutschland 2010. Ein indikatorengestützter Bericht mit einer Analyse zu Perspektiven des Bildungswesens im demografischen Wandel*. Bielefeld: W. Bertelsmann Verlag.

Becker, Fred G., Wögen N. Tadsen, Ralf Stegmüller, und Elke Wild. 2011. *Motivation und Anreize zu ‚guter Lehre' im Rahmen des Inplacement (MogLI): Konzeption, Durchführung, Auswertung und Diskussion der Interviews mit Hochschulleitungen*. Diskussionspapier Nr. 585. Bielefeld: Universität Bielefeld, Fakultät für Wirtschaftswissenschaften. http://pub.unibielefeld.de/publication/2405710. Zugegriffen am 23.07.2015.

Becker, Fred G., Georg Krücken, und Elke Wild. 2012. *Gute Lehre in der Hochschule: Wirkungen von Anreizen, Kontextbedingungen und Reformen*. Bielefeld: W. Bertelsmann Verlag.

Beckmann, J., und Heinz Heckhausen. 2008. Motivation as a function of expectancy and incentive. In *Motivation and action*, Hrsg. Jutta Heckhausen und Heinz Heckhausen, 99–136. New York: Cambridge University Press.

Böttcher, Wolfgang, Heinz-Hermann Krüger, Timm Liesegang, Rolf Strietholt, und Daniela Winter. 2009. Kooperativ gefördert? Ausgewählte Ergebnisse einer Evaluation des Promotionskollegs der Hans-Böckler-Stiftung. *Erziehungswissenschaft* 20(39): 49–73.

Cohen, Michael D., James G. March, und Johan P. Olsen. 1972. A garbage can model of organizational choice. *Administrative Science Quarterly* 17(1): 1–25.

Deci, Edward L., und Richard M. Ryan. 2002. *Handbook of self-determination research*. Rochester: University Rochester Press.

Deutsche Enzyklopädie. 2015. http://www.enzyklo.de/Begriff/Bulimielernen. Zugegriffen am 22.09.2015.

Ditton, Hartmut, und Andreas Müller. 2011. Schulqualität. In *Empirische Bildungsforschung*, Hrsg. Heinz Reinders, Hartmut Ditton, Cornelia Gräsel und Burkhard Gniewosz, 99–111. Wiesbaden: Verlag für Sozialwissenschaften.

Esdar, Wiebke. 2014. Plädoyer für eine evidenzbasierte Hochschulsteuerung – oder die Frage, wie an der Universität Bielefeld zukünftig das Geld verteilt werden soll. *Sommersemester 2014*:10–13.

Esdar, Wiebke, und Julia Gorges. 2012. Ist Bologna angekommen? Nachwuchswissenschaftler/-innen und die Umsetzung der Studienreform an deutschen Universitäten. In *Gute Lehre in der Hochschule – Wirkungen von Anreizen Kontextbedingungen und Reformen*, Hrsg. Fred G. Becker, Georg Krücken und Elke Wild, 99–114. Bielefeld: W. Bertelsmann Verlag.

Esdar, Wiebke, Julia Gorges, und Elke Wild. 2012. Karriere, Konkurrenz und Kompetenzen. Arbeitszeit und multiple Ziele des wissenschaftlichen Nachwuchses. *die hochschule* 21(2): 273–290.

Esdar, Wiebke, Julia Gorges, und Elke Wild. 2013. Synergieeffekte und Ressourcenkonflikte von Forschung & Lehre auf dem Weg zur Professur. *Zeitschrift für Hochschulentwicklung* 8(3): 29–41.

Fernet, Claude, Stéphanie Austin, Sarah-Geneviève Trépanier, und Marc Dussault. 2013. How do job characteristics contribute to burnout? Exploring the distinct mediating roles of perceived autonomy, competence, and relatedness. *European Journal of Work and Organizational Psychology* 22(2): 123–137.

Fitting, Martin, Christian Horn, Peter Lorson, und Christina Wigger. 2013. Eignung von Erfolgsdeterminanten zur Bewertung der Hochschullehre. *Das Hochschulwesen* 61(1–2): 40–52.

Gülker, Silke, und Susan Böhmer. 2010. Nachwuchspolitik. In *Handbuch Wissenschaftspolitik*, Hrsg. Dagmar Simon, Andreas Knie und Stefan Hornbostel, 176–192. Wiesbaden: VS Verlag für Sozialwissenschaften.

Heine, Christoph. 2011. Studienqualität nach Bologna aus Studierendensicht. Wahrnehmung und Bewertung von Studienbedingungen und Praxisbezug. In *Nach Bologna: Praktika im Studium – Pflicht oder Kür? – Empirische Analysen und Empfehlungen für die Hochschulpraxis*, Hrsg. Wilfried Schubarth, Karsten Speck und Andreas Seidel, 45–78. Potsdam: Universitätsverlag Potsdam.

Heitzmann, Daniela, und Uta Klein. 2012. *Diversity konkret gemacht: Wege zur Gestaltung von Vielfalt an Hochschulen*. Weinheim: Beltz Juventa.

Helmke, Andreas. 2009. *Unterrichtsqualität und Lehrprofessionalität: Diagnose, Evaluation und Verbesserung des Unterrichts*. Kallmeyer: Seelze Velber.

Henke, Justus, und Dieter Dohmen. 2012. Wettbewerb durch leistungsorientierte Mittelzuweisungen? Zur Wirksamkeit von Anreiz- und Steuerungssystemen der Bundesländer auf Leistungsparameter der Hochschulen. *die hochschule* 21(2): 100–120.

Hinze, Sybille. 2010. Forschungsförderung in Deutschland. In *Handbuch Wissenschaftspolitik*, Hrsg. Dagmar Simon, Andreas Knie und Stefan Hornbostel, 163–176. Wiesbaden: VS Verlag für Sozialwissenschaften.

Kehm, Barbara M., Nadine Merkator, und Christian Schneijderberg. 2010. Hochschulprofessionelle?! Die unbekannten Wesen. *Zeitschrift für Hochschulentwicklung* 5(4): 23–39.

Kiziltepe, Zeynep. 2008. Motivation and demotivation of university teachers. *Teachers and Teaching* 14(5–6): 515–530.
Kloke, Katharina, und Georg Krücken. 2012. Der Ball muss dezentral gefangen werden. Organisationssoziologische Überlegungen zu den Möglichkeiten und Grenzen hochschulinterner Steuerungsprozesse am Beispiel der Qualitätssicherung in der Lehre. In *Hochschule als Organisation*, Hrsg. Uwe Wilkesmann und Christian J. Schmid, 311–324. Wiesbaden: VS Verlag für Sozialwissenschaften.
Klug, Cassandra, Micha Strack, und Günter Reich. 2013. Belastungen von Bachelor-und Diplom-Studierenden. *Psychotherapeut* 58(2): 159–164.
Kopatz, Annette C., und Rolf König. 2012. Individualistische Steuerung? Oder Steuerung von Individuen? Ein Beitrag aus dem BMBF-geförderten und vom DLR betreuten Verbundprojekt QualitAS-Lehre. In *Gute Lehre in der Hochschule. Wirkungen von Anreizen, Kontextbedingungen und Reformen*, Hrsg. Fred G. Becker, Georg Krücken und Elke Wild, 51–66. Bielefeld: Bertelsmann.
Krempkow, René, und Patricia Schulz. 2012. Welche Effekte hat die leistungsorientierte Mittelvergabe? Das Beispiel der medizinischen Fakultäten Deutschlands. *die hochschule* 2:121–141.
Krücken, Georg. 2003. Mission impossible? Institutional barriers to the diffusion of the „Third Academic Mission" at German universities. *International Journal of Technology Management* 25(1): 18–33.
Krücken, Georg, und Frank Meier. 2006. Turning the university into an organizational actor. In *Globalization and organization: World society and organizational change*, Hrsg. Gili Drori, John Meyer und Hokyu Hwang, 241–257. Oxford: Oxford University Press.
Krücken, Georg, und Elke Wild. 2010. Zielkonflikte – Herausforderungen für Hochschulforschung und Hochschulmanagement. *Hochschulmanagement* 5(2): 58–62.
Margraf, Jürgen. 2015. Zur Lage der Psychologie. *Psychologische Rundschau* 66(1): 1–30.
Meyer, John P., David J. Stanley, Lynne Herscovitch, und Laryssa Topolnytsky. 2002. Affective, continuance, and normative commitment to the organization: A meta-analysis of antecedents, correlates, and consequences. *Journal of Vocational Behavior* 61(1): 20–52.
Meyer-Guckel, Volker. 2015. Verschulung? Ja, bitte! Universitäten brauchen mehr Systematik in den Studiengängen. Lehrende wie Lernende hätten Vorteile, sagt Volker Meyer-Guckel. *Die Zeit*, 25. April. http://www.zeit.de/2015/15/universitaet-struktur-schule-verschulung. Zugegriffen am 23.07.2015.
Nickel, Sigrun. 2007. *Partizipatives Management von Universitäten: Zielvereinbarungen – Leitungsstrukturen – Staatliche Steuerung*, 2. Aufl. München: Rainer Hampp Verlag.
Nida-Rümelin, Julian. 2015. Die Verschulung des Geistes #. *Die Zeit*, 01 May. http://www.zeit.de/2015/16/geisteswissenschaften-universitaeten-bologna/komplettansicht. Zugegriffen am 23.07.2015.
OECD. 2013. *Education at a glance 2013: OECD indicators*. Paris: OECD Publishing. http://www.oecd-ilibrary.org/education/education-at-a-glance-2013_eag-2013-en. Zugegriffen am 23.07.2015.
Pasternack, Peer. 2006. Leistungsindikatoren als Qualitätsindikatoren – Eine Wegbeschreibung. In *Von der Qualitätssicherung der Lehre zur Qualitätsentwicklung als Prinzip der Hochschulsteuerung. Beiträge zur Hochschulpolitik 1*, 251–260. Bonn: HRK.
Prenzel, Manfred, Andreas Krapp, und Hans Schiefele. 1986. Grundzüge einer pädagogischen Interessentheorie. *Zeitschrift für Pädagogik* 32(2): 163–173.
Roth, Guy, Avi Assor, Yaniv Kanat-Maymon, und Haya Kaplan. 2007. Autonomous motivation for teaching: How self-determined teaching may lead to self-determined learning. *Journal of Educational Psychology* 99(4): 761–774.
Schaper, Niclas, Tobias Schlömer, und Manuela Paechter. 2012. Kompetenzen, Kompetenzorientierung und Employability in der Hochschule. *Zeitschrift für Hochschulentwicklung* 7(4): 1–10.
Schomburg, Harald, Choni Flöther, und Vera Wolf. 2012. *Wandel von Lehre und Studium an deutschen Hochschulen – Erfahrungen und Sichtweisen der Lehrenden. Projektbericht*. Kassel: Internationales Zentrum für Hochschulforschung (INCHER-Kassel), Universität Kassel. http://www.hrk-nexus.de/material/studien-und-statistiken/lessi-studie. Zugegriffen am 23.07.2015.

Stegmüller, Ralph. 2012. *Determinanten der Lehrmotivation von Hochschulprofessoren*. Dissertation. Bielefeld: Universität Bielefeld.

Stegmüller, Ralph, Wögen N. Tadsen, Fred G. Becker, und Elke Wild. 2012. Die Lehrmotivation von Professorinnen und Professoren – Befunde zu ihrer Ausprägung und ihren Bedingungen. In *Lehre in der Hochschule – Wirkungen von Anreizen, Kontextbedingungen und Reformen*, Hrsg. Fred G. Becker, Georg Krücken und Elke Wild, 137–157. Bielefeld: Bertelsmann.

Teichler, Ulrich. 2014. Nach der Bologna-Reform: Was bedeuten die neuen Studiengänge für die Qualität der Hochschullehre? In *Empirische Bildungsforschung*, Hrsg. Birgit Spinath, 125–141. Berlin/Heidelberg: Springer.

Van Dick, Rolf. 2004. *Commitment und Identifikation mit Organisationen*. Göttingen: Hogrefe.

Vroom, Victor H. 1982. *Work and motivation*. Malabar: Robert E. Krieger Publishing Company.

Watzlawick, Paul. 1963. A review of the double bind theory. *Family Process* 2(1): 132–153.

Webler, Wolff D. 2007. Internationalisierung an Hochschulen. *Internationalisierung, Vielfalt und Inklusion in Hochschulen* 1(2): 34–43.

Weingart, Peter. 2005. *Die Wissenschaft der Öffentlichkeit*. Weilerswist: Velbrück.

Wesche, Jenny S., und Peter M. Muck. 2010. Freiwilliges Arbeitsengagement. *Psychologische Rundschau* 61(2): 81–100.

Wigfield, Allan, und Jacquelynne S. Eccles. 2000. Expectancy–value theory of achievement motivation. *Contemporary Educational Psychology* 25(1): 68–81.

Wild, Elke. 2014. Steuerung der Lehre? Was Hochschulleitungen (nicht) beitragen können. In *Bildungsforschung 2020 – Herausforderungen und Perspektiven*, Hrsg. Bundesministerium für Bildung und Forschung (BMBF) Referat Bildungsforschung, 188–211. Bonn/Berlin: BMBF.

Wild, Elke, und Wiebke Esdar. 2014. *Eine heterogenitätsorientierte Lehr-Lernkultur für eine Hochschule der Zukunft*. Fachgutachten im Auftrag des Projektes nexus der Hochschulrektorenkonferenz. http://www.hrk-nexus.de/fileadmin/redaktion/hrk-nexus/07-Downloads/07-02-Publikationen/Fachgutachten_Heterogenitaet.pdf. Zugegriffen am 23.07.2015.

Wild, Elke, Fred G. Becker, Ralph Stegmüller, und Wögen Tadsen. 2010. Die Personaleinführung von Neuberufenen – systematische Betrachtungen zum Human Resource Management von Hochschulen. *Hochschulmanagement* 5(4): 98–104.

Wilkesmann, Uwe. 2012. Auf dem Weg vom Gelehrten zum abhängig Beschäftigten? Zwei deutschlandweite Surveys zur Lehrmotivation von Professoren. In *Hochschule als Organisation*, Hrsg. Uwe Wilkesmann und Christian J. Schmid, 363–381. Wiesbaden: Springer-VS.

Wilkesmann, Uwe, und Christian J. Schmid. 2012. The impacts of new governance on teaching at German universities: Findings from a national survey. *Higher Education* 36(1): 33–52.

Wilkesmann, Uwe, und Christian J. Schmid. 2014. Intrinsic and internalized modes of teaching motivation. *Evidence-based HRM: A Global Forum for Empirical Scholarship* 2(1): 6–27.

Wissenschaftspolitik aus wissenschaftshistorischer Perspektive

Carsten Reinhardt und Marcus B. Carrier

Inhalt

1 Einleitung 207
2 Wissenschaftliche und wissenschaftspolitische Organisationen 208
3 Modelle der Wissenschaftspolitik 214
4 Fazit: Eine aktive Rolle der Wissenschaftsgeschichte in der Wissenschaftspolitik 219
Literatur 219

1 Einleitung

Die Entwicklung der Wissenschaften ist in modernen Gesellschaften eng mit institutionellen und politischen Rahmenbedingungen verbunden. Diese Verknüpfung wirkt in zwei Richtungen. Zum einen sind die Wissenschaft im Ganzen und einzelne Forschungsgruppen im Besonderen abhängig von staatlicher und privater Finanzierung. Wissenschaftliches Arbeiten hat besonders ab dem 20. Jahrhundert Größenordnungen und Komplexitätsstufen erreicht, die ohne gezielte Förderung oft nicht zu bewerkstelligen gewesen wären. Zum anderen nimmt die Wissenschaft selbst Einfluss auf politische Entscheidungen. Dies gilt nicht nur für politische Entscheidungen im Allgemeinen – der Historiker Lutz Raphael sprach in diesem Zusammenhang von der „Verwissenschaftlichung des Sozialen" (Raphael 1996) – sondern besonders

---

C. Reinhardt (✉)
Fak. für Geschichtswissenschaft, Philosophie und Theologie, Universität Bielefeld, Bielefeld, Deutschland
E-Mail: carsten.reinhardt@uni-bielefeld.de

M. B. Carrier
Fakultät für Geschichtswissenschaft, Philosophie und Theologie, Universität Bielefeld, Bielefeld, Deutschland
E-Mail: marcus_benedict.carrier@uni-bielefeld.de

© Springer Fachmedien Wiesbaden 2016
D. Simon et al. (Hrsg.), *Handbuch Wissenschaftspolitik*, Springer Reference Sozialwissenschaften, DOI 10.1007/978-3-658-05455-7_13

für *wissenschafts*politische Entscheidungen. Vor allem wissenschaftliche Gesellschaften, aber auch einzelne Wissenschaftler und Wissenschaftlerinnen sind direkt an Fragen beteiligt, welche Forschung wie gefördert werden soll. Für die Wissenschaftsgeschichte ist die Geschichte der Wissenschaftspolitik also aus zwei Gründen interessant. Erstens stellt Wissenschaftspolitik die Grundlage für viele der betrachteten innerwissenschaftlichen Entwicklungen dar. Zweitens ist die Wissenschaft in der konkreten Ausgestaltung von Wissenschaftspolitik selbst Akteur. Letzteres gilt in einer gesteigerten Form für die Wissenschaftsforschung, die beginnend in den 1960er-Jahren den Anspruch erhob, eine wissenschaftliche Grundlage für wissenschaftspolitische Entscheidungen liefern zu können. Vor allem die Wissenschaftssoziologie, aber auch die Wissenschaftsphilosophie und die Wissenschaftsgeschichte selbst wurden so aus reflektierenden Beobachtern zu aktiv eingreifenden Begleitern der Wissenschaften, die sie untersuchten. Dies gilt vor allem in Hinblick auf die Aufstellung von analytischen Modellen und wissenschaftspolitisch wirksamen Konzepten, wovon einige im dritten Abschnitt dieses Beitrags vorgestellt werden. Darüber hinaus werden im zweiten Abschnitt wesentliche Befunde der Wissenschaftsgeschichte zur Wissenschaftspolitik des 19. und 20. Jahrhunderts vorgestellt. Beispiele dafür stammen v. a. aus dem deutschen Kontext, aber auch der französischen, englischen und US-amerikanischen Tradition. Im Fazit geht es darum, welche aktive Rolle die Wissenschaftsgeschichte für Wissenschaftspolitik spielen kann.

2 Wissenschaftliche und wissenschaftspolitische Organisationen

Traditionell spielt in der Geschichtsschreibung zu wissenschaftlichen Systemen des 19. Jahrhunderts der transnationale Vergleich, vor allem der britischen, französischen und deutschen Systeme, eine große Rolle. Solche Vergleiche können Bedingungen der Wissensproduktion aufzeigen und die Ausprägung nationaler Stile erklären. Während für Frankreich eine enge Verbindung von Wissenschaft und Politik mit bürokratischer Kontrolle der Wissenschaft konstatiert wird, ist für England ein fehlendes staatliches Engagement mit breiter (populär)wissenschaftlicher Bewegung und Fortdauer der Amateurtradition festzustellen. In Deutschland kam es, teilweise bedingt durch das politische System, zur Ausprägung eines dezentralen Universitätssystems mit Wettbewerb, Lehr- und Lernfreiheit sowie dem neuhumanistischen Bildungsbegriff. Dies, so das Argument, begünstigte die Forschungsorientierung, die Ausbildung der Laborwissenschaften und die Disziplinbildung. In Frankreich setzten in Auseinandersetzung mit den deutschen Staaten, vor allem Preußen, seit 1871 Reformversuche ein. In England war es dagegen schon seit den 1830er-Jahren zu Universitätsreformen, staatlicher Wissenschaftsförderung, zur Gründung zahlreicher Fachgesellschaften und schließlich zur Errichtung eines eigenen Ministeriums gekommen (Science and Art Department) (Ben-David 1971, Kap. 5 Rahmenbedingungen von Hochschulpolitik in Deutschland, Kap. 6 Europäische Wissenschafts- und Forschungspolitik, Kap. 7 Rechtliche Rahmenbedingungen der Wissenschaftspolitik; Cardwell 1972).

Die in den deutschen Staaten seit 1800 durchgesetzten Strukturreformen begründeten dort den Führungsanspruch Preußens. Eine damit verknüpfte Herausbildung neuer, an abstraktes Denken und personale Verantwortung gewöhnter Eliten führte zu einer Stärkung des Bildungsbürgertums, verlief aber insgesamt als langsamer Prozess. Es kam zur Ausbildung einer klaren Hierarchie unter den deutschen Universitäten mit Berlin und Leipzig an der Spitze. Die Zeit zwischen 1870 und 1914 war dabei durch die dramatische Ausweitung des Universitätssystems (Anstieg der Studentenzahl um 325% bei 58% Bevölkerungszuwachs) und den Aufstieg der philosophischen Fakultäten (mit den Naturwissenschaften) gekennzeichnet. In dieser Zeit verstärkten sich Spezialisierung und Disziplinbildung, es kam zu den modellhaften Neugründungen der Universitäten Straßburg 1872, Münster 1902 und Frankfurt am Main 1914 (McClelland 1980; Prahl 1978; Turner 1974).

Um 1900 entwickelte sich nach – nur teilweise – deutschem Vorbild der Typus der US-amerikanischen Forschungsuniversität. Die Grundlage war das College-System zur allgemeinen Ausbildung in klassischen Sprachen und Mathematik, das v. a. auf Lehre ausgerichtet war. Zum Vorreiter des Forschungsimperativs wurde die Johns Hopkins University in Baltimore. Die etwa 15 Universitäten, die sich als *research universities* qualifizierten, verbanden sich in der *Association of American Universities*. Das „Geheimnis" ihres Erfolgs: Sie verknüpften *college* (*undergraduate* Ausbildung) mit *graduate schools* (Promotionskollegien) und *professional schools* (v. a. Jura, Medizin, Wirtschaft) und entwickelten sich zu „multiversities" (Geiger 1997).

Nach dem Wissenschaftssoziologen Joseph Ben-David war der Grund für die Vorbildrolle des deutschen und des US-amerikanischen Systems in ihrer dezentralisierten Struktur und der so von ihnen gewährleisteten intellektuellen Freiheit zu suchen. Ben-David verbindet die hier von ihm vertretenen Werte wie Individualismus und Freiheit des Denkens mit wissenschaftlichem Erfolg. Den um 1930 erreichten Vorsprung der USA sieht er in höherer Flexibilität des amerikanischen Systems (*graduate schools* verbinden Forschung und Lehre nach erstem qualifizierenden Abschluß, *departments* mit „flachen Hierarchien" können neue Gebiete besser aufnehmen als die auf einen einzigen „Ordinarius" ausgerichteten deutschen Institute). Vor allem aber wurde in den USA die berufliche Karriere als akademischer Forscher planbar, während sie im Deutschland der 1920er-Jahre zum „akademischen Hasard" (Max Weber) wurde (Ben-David 1971, Kap. 7 Rechtliche Rahmenbedingungen der Wissenschaftspolitik, Kap. 8 Deutsche Wissenschaftspolitik im internationalen Kontext). Diese ältere, wissenschaftshistorische und wissenschaftssoziologische Tradition hat demnach einen direkten Zusammenhang zwischen dem jeweiligen politischen System und der Innovationsfähigkeit der Wissenschaften ausgemacht. Vermittelt wird dies durch (wissenschafts-)politische Entscheidungen hinsichtlich der institutionellen Strukturen, und deren Unabhängigkeit bzw. Abhängigkeit von staatlichen Eingriffen.

Vor diesem Hintergrund konzentriert sich ein wichtiger Zweig der wissenschaftshistorischen Forschung zur Wissenschaftspolitik auf die Geschichte institutioneller Veränderungen. Dabei werden, implizit oder explizit, Pfadabhängigkeiten herausgearbeitet, die in Resonanz und Auseinandersetzung mit der Wahrnehmung konkurrierender Systeme stehen. Für Deutschland liegt ein Schwerpunkt dieser Forschung insbesondere im späten 19. Jahrhundert. Wie die Wissenschaftshistorikerin Margit Szöllösi-Janze konstatiert, lagen den institutionellen Veränderungen dabei zwei Prozesse zugrunde. Erstens habe die Ausdifferenzierung der Wissenschaft im Laufe des 19. Jahrhunderts eine neue Qualität angenommen. Innerhalb der Universitäten bildeten sich neue, naturwissenschaftliche Fakultäten; innerhalb einzelner Disziplinen entstanden gleichzeitig neue Subdisziplinen, wie etwa die physikalische Chemie oder die Biochemie (Szöllösi-Janze 2002, S. 62–63). Zweitens gewannen einzelne Wissenschaften, insbesondere in wirtschaftlicher Hinsicht, während des 19. Jahrhunderts stärkere gesellschaftliche Relevanz. Vor allem in der Chemie- (Reinhardt 1997) und der Elektroindustrie (König 1995) wurden verstärkt Industrielabore eingerichtet und ausgebaut (Szöllösi-Janze 2002, S. 64).

Die Politik reagierte auf beide Veränderungen damit, gezielt in die Organisationen der Wissenschaft einzugreifen, und ihre Rolle von einer eher passiven, verwaltenden in eine aktive und planend eingreifende zu verschieben. Für den Bereich der Universitätsverwaltung ist dies in der wissenschaftshistorischen Forschung besonders für das preußische Beispiel des sogenannten *Systems Althoff* beschrieben worden. Friedrich Althoff (1839–1908) war zwischen 1882 und 1907, zuletzt als Ministerialdirektor und Leiter der Ersten Unterrichtsabteilung, innerhalb des preußischen Kultusministeriums tätig (Brocke 1991, S. 19–20). In seiner Zeit im Kultusministerium griff Althoff strukturbildend in Berufungsprozesse an Universitäten ein. Ein wichtiges Moment seiner Eingriffe war dabei die Ausbildung von Schwerpunkten der Universitäten, womit er auf disziplinäre Entwicklungen reagierte (Tobies 1991), aber auch die allgemeine Bildungs- und Bevölkerungspolitik zu prägen suchte (Calder 1991). Althoffs Beispiel illustriert, in welchem Ausmaß Wissenschaftspolitik gleichzeitig auch Bildungs- und Gesellschaftspolitik war.

Die immer enger werdende Verbindung zwischen Wissenschaft und Wirtschaft war die Grundlage für eine weitere wissenschaftspolitische Maßnahme: die Gründung behördlich organisierter, außeruniversitärer Forschungseinrichtungen, die von der Industrie und vom Staat gefördert wurden. In der Forschungsliteratur ist als frühes Beispiel insbesondere die 1887 gegründete Physikalisch-Technische Reichsanstalt (PTR) behandelt worden (Bortfeld et al. 1987; Cahan 1989). Zu den Aufgaben der PTR gehörten in erster Linie die Festlegung der Eichnormalen, die Normierung und Standardisierung von Instrumenten und Messgeräten sowie die Kontrolle derselben in der Elektroindustrie. Daneben wurde aber auch physikalische Grundlagenforschung durchgeführt. Auch in anderen Bereichen wurde außeruniversitäre, wirtschaftsnahe Forschung staatlich gefördert (Szöllösi-Janze 2002, S. 65–67; Lundgreen et al. 1986).

Dagegen stellte die 1911 gegründete Kaiser-Wilhelm-Gesellschaft zur Förderung der Wissenschaften e. V. (KWG) ein völlig neuartiges Modell außeruniversitärer Forschung dar. Die KWG war in der Rechtsform eines eingetragenen Vereins organisiert, der überwiegend von privaten Stiftern finanziert, dabei aber staatlich beaufsichtigt wurde (Brocke 1996, S. 2–3). Neben einzelnen Instituten spielt in der Geschichtsschreibung der KWG besonders das sogenannte „Harnack-Prinzip" als leitende Organisationsform eine wichtige Rolle. Das nach dem ersten Präsidenten der KWG, dem Theologen Adolf von Harnack (1851–1930) benannte Prinzip beschreibt, dass Institute um bereits etablierte Wissenschaftlerinnen und Wissenschaftler herum errichtet werden sollten, die beim Aufbau des Instituts und in der tatsächlich ausgeübten Forschung dann möglichst frei sein sollten. In der historischen Forschung ging es u. a. um die Frage, ob und mit welchen Folgen dieses Harnack-Prinzip in der KWG tatsächlich zum Einsatz kam (Rasch 1996; Vogt 2007, S. 106–116). Es illustriert, in welchem Maße Wissenschaftspolitik mit Personalpolitik gleichgesetzt wurde. Das Beispiel der KWG zeigt auch, dass nicht nur Wirtschaft, Militär und Staat am Aufbau außeruniversitärer Forschungsinstitute beteiligt waren, sondern solche wissenschaftspolitischen Initiativen auch von der Wissenschaft selbst geführt werden konnten. Die wichtigen Anstöße zur Gründung der KWG kamen von den Chemikern Emil Fischer (1853–1919), Wilhelm Ostwald (1853–1932) und Walther Nernst (1864–1941) (Johnson 1990, S. 22–47).

Diese institutionelle Situation – bestehend aus außeruniversitärer und staatlich finanzierter Ressortforschung, privat finanzierter aber staatlich beaufsichtigter KWG und den wissenschaftlichen Gesellschaften – blieb bis nach dem Ersten Weltkrieg unverändert. Nach dem Krieg kam es durch Inflation und internationale Isolierung zu einer kritischen Situation. Gleichzeitig wurden die Wissenschaften in der deutschen Öffentlichkeit als einziger verbliebener Garant deutscher Vormachtstellung gesehen, nachdem Militär und Wirtschaft versagt hatten. In dieser Situation wurden Stimmen laut, die eine stärkere finanzielle Beteiligung des Reiches, also eine Aushöhlung des Primats der Länder in der Kultur- und Wissenschaftspolitik, forderten. Abgesehen von wenigen reichsweit zuständigen Institutionen war die Finanzierung von Bildung und Forschung Ländersache. Zur Umgehung verfassungsrechtlicher Probleme wurde 1920 die Notgemeinschaft der Deutschen Wissenschaft (NDW) gegründet. In ihr waren die wichtigen Forschungseinrichtungen, wie die Universitäten und KWG, als Mitglieder vertreten. Die NDW sollte dabei mithilfe staatlicher Gelder finanziert werden, gleichzeitig aber auch verstärkt private Mittel für die Wissenschaft einwerben und an ihre Mitglieder weitergeben (Hammerstein 1999).

Einen besonderen Schwerpunkt in der historischen Forschung der letzten Jahre nimmt die Stellung der wissenschaftlichen und wissenschaftspolitischen Institutionen während der Zeit des Nationalsozialismus ein. Hier ist die neuere Forschung von der in der älteren Literatur oft vertretenen These abgewichen, nach der der Nationalsozialismus eine wissenschaftsfeindliche Position eingenommen hätte bzw. ein angenommenes Ämterchaos eine einheitliche Wissenschaftspolitik verhindert hätte (Grüttner 2000; Hachtmann 2007; Maier 2002). Im Sinne des NS-Staates als einer Polykratie von Machtblöcken kann man jedoch insoweit von einer NS-Wissenschaftspolitik sprechen, als die bestehenden Wissenschaftsorganisationen „gleichgeschaltet" wurden (Einführung des Führerprinzips, Entlassung jüdischer und linksgerichteter Beamter). Eine tiefgreifende Neuordnung blieb aber aus. Die vor 1933 bestehenden Wissenschaftsinstitutionen, also die Universitäten, Akademien, die KWG und die 1929 in Deutsche Gemeinschaft zur Erhaltung und Förderung der Forschung oder kurz in Forschungsgemeinschaft (DFG) umbenannte NDW blieben die wichtigsten Organisationen. Aufgrund des „Gesetzes zur Wiederherstellung des Berufsbeamtentums" vom 7. April 1933 wurden an den Universitäten bis 1938 etwa

20% der Professoren entlassen (Grüttner 2000, S. 564). In den von wissenschaftlichen Gesellschaften seit den 1990er-Jahren in Auftrag gegebenen Studien zur Aufarbeitung ihrer Geschichte geht es um die Anpassungszwänge, aber auch um die (ungenutzten) Freiheiten der einzelnen Gesellschaften durch Selbstgleichschaltung und ihren Umgang insbesondere mit jüdischen Mitgliedern und Angestellten (Hoffmann und Walker 2007; Maier 2015).

Die Technologie- und Wissenschaftspolitik der Nationalsozialisten war durch Themen der militärischen Aufrüstung und Autarkie bestimmt, was sich insbesondere im 1936 verkündeten Vierjahresplan zeigte. 1937 wurde zum Zweck der Koordinierung einer zentralisierten Wissenschaftspolitik der Reichsforschungsrat (RFR) gegründet, der zunächst dem 1934 gegründeten Reichsministerium für Wissenschaft, Erziehung und Volksbildung, ab 1941 dem Reichsministerium für Bewaffnung und Munition unterstellt war. Der RFR wurde strukturell eng mit der DFG verknüpft und übernahm teilweise deren Aufgaben. Ziel war die gezielte Steuerung der Wissenschaft hin zu politisch gewollten Forschungszwecken durch die Vergabe von Forschungsmitteln. Hatte die NDW/DFG hauptsächlich die Verwaltung von Mitteln organisiert, oblag dem RFR zusätzlich auch begutachtende und damit inhaltliche Verantwortung für die Ausrichtung natur- und technikwissenschaftlicher Forschung. Dem RFR gelang es zwar nicht, die umfassende zentralisierende Rolle für die Wissenschaft zu übernehmen, die ihm ursprünglich zugedacht war. Wissenschaftspolitisch spielte er aber insofern eine wichtige Rolle, als in ihm explizit ein Primat der Politik für die Forschungsförderung gedacht war, während in allen vorherigen Institutionen verschiedene gesellschaftliche Teilsysteme – Politik, Wirtschaft und Militär – zwar eine wichtige Rolle spielten, zumindest programmatisch aber immer die wissenschaftliche Selbstverwaltung, also ein Primat der Wissenschaft, festgeschrieben war (Flachowsky 2008).

In der Historiografie wissenschaftspolitischer Organisationen in der westdeutschen Nachkriegszeit und frühen Bundesrepublik spielt die Darstellung von Kontinuitäten eine wichtige Rolle. So wurden nach dem Zweiten Weltkrieg – mit Ausnahme des RFR – die wissenschaftspolitischen Organisationen in der BRD beibehalten bzw. neugegründet. Zum Beispiel wurden 1948 die KWG in Max-Planck-Gesellschaft (MPG) und die PTR in Physikalisch-Technische Anstalt bzw. ab 1950 in Physikalisch-Technische Bundesanstalt (PTB) umbenannt, bzw. neu gegründet, ohne ihre Organisations- und Personalstrukturen dabei grundlegend zu verändern. Auch die wissenschaftlichen Gesellschaften bauten zu ihrer Neugründung auf den alten Strukturen auf, die NDW wurde 1949 – wieder unter dem alten Namen Notgemeinschaft – neugegründet. In ihrem Anspruch auf Verwaltung wissenschaftlicher Förderungspolitik stand sie allerdings in Konkurrenz zu dem ebenfalls 1949 gegründeten Deutschen Forschungsrat (DFR). In der Konkurrenz dieser beiden Institutionen spiegelte sich auch ein grundsätzlicher Konflikt zwischen dem Bund und den Bundesländern wider. Der DFR wurde dabei hauptsächlich von Bundeskanzler Konrad Adenauer (1876–1967), die NDW von den Bundesländern unterstützt, die sich gegen die Abgabe landespolitischer Kompetenzen der Kultusministerien auf die Bundesebene wehrten. 1951 schlossen sich die NDW und der DFR unter Federführung der NDW zur Deutschen Forschungsgemeinschaft (DFG) zusammen, womit der Konflikt zunächst zugunsten der Länder und gegen eine zentralstaatlich organisierte Wissenschaftspolitik gelöst wurde (Carson und Gubser 2002; Orth 2011).

Neben solchen Kontinuitäten kam es aber auch zu Gründungen neuer Institutionen der Wissenschaftspolitik, besonders im Zusammenhang mit der Atomforschung, die sich während des Kalten Krieges zu einem forschungspolitischen Schwerpunkt sowohl im West- als auch im Ostblock entwickelte (Krige 2006; Roberg 1998, S. 45–73). Nach der Übertragung der Souveränitätsrechte an die BRD durch die Westalliierten in dem sogenannten „Deutschlandvertrag", der schließlich 1955 als Teil der Pariser Verträge ratifiziert wurde, wurde noch im selben Jahr Franz Josef Strauß (1915–1988) zum Bundesminister für Atomfragen benannt. Diesem neu geschaffenen Bundesministerium, aus dem nach einigen Umbenennungen 1998 das heutige Ministerium für Bildung und Forschung hervorging (Weingart und Taubert 2006, S. 11), oblag nun die gezielte staatliche Förderung in der angewandten Atomforschung (Stamm 1981) und dies war damit der erste Schritt des Bundes, in die von den Ländern dominierte Wissenschaftspolitik einzugreifen (Radkau 2006). Mit dem Wissenschaftsrat wurde 1957 von Bund und Ländern gemeinsam ein wissenschaftspolitisches Instrument zur Koordinierung forschungspolitischer Maßnahmen gegründet, das aus zwei Kammern besteht: Die wissenschaftliche Kommission aus Vertreterinnen und Vertretern der Wissenschaft und die Verwaltungskommission aus Vertreterinnen und Vertretern des Bundes und der Länder, deren Empfehlungen zur Wissenschaftspolitik von den beiden Kommissionen gemeinsam beschlossen werden müssen (Stamm 1981, S. 195–223).

Für die angewandte Forschung kam es 1949 zur Gründung der Fraunhofer-Gesellschaft (FhG). Die Forschung der FhG konzentrierte sich ab Mitte der 1950er-Jahre im Kontext des Kalten Krieges und der Wiederbewaffnung Westdeutschlands insbesondere auf Rüstungsforschung. Einer der wichtigsten Partner der FhG war entsprechend das 1955 nach Wiedererlangung der Souveränität und damit der (teilweisen) Aufhebung des Rüstungsverbots gegründete Bundesverteidigungsministerium. Die dezentrale Struktur der FhG trug auch dazu bei, Parallelen zur zentralisierten nationalsozialistischen Rüstungsforschung in der öffentlichen Wahrnehmung zu vermeiden (Trischler und Bruch 1999, S. 69–76).

Die wohl wichtigste wissenschaftspolitische Neuerung nach dem Zweiten Weltkrieg war die Einführung einer neuen Form der Wissenschaftsorganisation, der Großforschung, oder *Big Science*. Großforschung ist u. a. durch folgende Charakteristika gekennzeichnet: Teamforschung und Großgeräte, Interdisziplinarität, Projektorientierung, staatliche Finanzierung sowie einem Dualismus von politischen Vorgaben einerseits und Selbststeuerung der Wissenschaftler/-innen andererseits. Dies sind Kennzeichen, die nicht nur auf Teilbereiche der Wissenschaft seit dem Zweiten Weltkrieg zutreffen, sondern auch vorher schon vorhanden waren. Das Neue war das Ausmaß, die Interdependenzen der einzelnen Kennzeichen und die Bedeutung, die die Großforschung sowohl für den Staat als auch für die Wissenschaft einnahm. Im Unterschied zu den USA handelte es sich in der BRD um zivile Forschung, die Zentren waren auch keiner zentralen Atombehörde, sondern dem Atomministerium unterstellt. Ähnlich wie in den USA kam es auch in Deutschland zur späteren Diversifizierung in Forschungsbereiche, die nichts mit Kerntechnik zu tun hatten (Weiss 1988; Ritter 1992; Szöllösi-Janze und Trischler 1990).

Mit diesem Überblick über die wichtigsten institutionenhistorischen Arbeiten werden einige langfristig wirksame Muster der Wissenschaftspolitik und ihrer Wirkung deutlich. Erstens war Wissenschaftspolitik (nicht nur) in Deutschland stark vom jeweiligen politischen System beeinflusst, wie der Gegensatz von Zentralisierung und Dezentralisierung zeigt. Hier sind Tendenzen der Zentralisierung zu konstatieren. Wissenschaftspolitik rückte im Verlauf des 20. Jahrhunderts immer stärker in den Fokus zentralstaatlicher (Macht-)politik, sei es aus Gründen der Rüstung, der Wirtschaftsförderung oder auch der Außenpolitik. Zweitens lässt sich eine zunehmende Spezialisierung der Institutionen feststellen. So ist die MPG vorwiegend für Grundlagenforschung und die FhG vorwiegend für die Anwendungsforschung zuständig, eine Trennung, die die KWG vor 1945 so nicht kannte. Dass diese Trennung in der Praxis nicht immer eingehalten wird, schwächt nicht die Wirksamkeit der diesbezüglichen wissenschaftspolitischen Rhetorik. Mit der Spezialisierung verbunden ist die Zunahme der Komplexität der institutionellen Landschaft, denn mit der Gründung neuer wissenschaftlicher und wissenschaftspolitischer Organisationen war in der Regel nicht die Abschaffung alter Institutionen verbunden. Drittens können wir, gerade im transnationalen Vergleich, eine Pfadabhängigkeit erkennen. Die spezifische Ausbildung jedes Systems ist in hohem Grade abhängig von seinem Ausgangszustand, bei aller globalen Konkurrenz. Dass diese nationale Pfadabhängigkeit auch vor dem Hintergrund weitgehend international rezipierter, wissenschaftspolitischer Modelle greift, soll Gegenstand des nächsten Abschnittes sein.

3 Modelle der Wissenschaftspolitik

In Ergänzung zu den bisher vorgestellten institutionenhistorischen Befunden richtet sich das Erkenntnisinteresse in kultur- und diskurshistorischen Arbeiten auf die kulturellen Rahmenbedingungen wissenschaftspolitischer Maßnahmen und Modelle zum Verhältnis von Wissenschaft, Wirtschaft und Politik. Diese gesellschaftlichen Bereiche werden dabei in einem charakteristischen Wechselspiel von Abgrenzung und Anlehnung betrachtet. Oft wird dabei festgestellt, dass die Wissenschaft (aus ethischen, aber auch aus Produktivitätserwägungen) vor dem Eingriff der Politik und den Zwängen der Wirtschaft geschützt werden müsse. Eine andere Denkrichtung geht davon aus, dass Wissenschaft, um ihren gesellschaftlichen Nutzen entfalten zu können, gerade in engem Kontakt mit sozialpolitischen Erfordernissen stehen sollte. Diese beiden Positionen lassen sich traditionellerweise zwei gegensätzlichen Denkschulen zuordnen: eine aus der marxistischen Denktradition herrührende, die eine Steuerung der Forschung aus sozialpolitischen Erwägungen geradezu fordert (Bernal 1939) und eine liberale Position, die dies ablehnt (vgl. Nye 2011; Polanyi 1969; Popper 1966/71; Felt et al. 1995, S. 213–214).

Die Wissenschaftsfreiheit in Deutschland geht als Verfassungsgrundsatz auf die 1848er Revolution zurück und wurde 1919 in die Weimarer Verfassung, 1949 in das

Grundgesetz der BRD aufgenommen (Wilholt 2012, S. 213–214). Schon zuvor wurde das Prinzip der Wissenschaftsfreiheit in den demokratischen Revolutionen der USA und Frankreichs betont (Ruscio 1994; Wilholt 2012, S. 222–224). Wilholt führt dies auf die politische Überzeugung zurück, dass eine freie Wissenschaft für eine demokratische Regierungsform unumgänglich sei, da nur eine unabhängige Wissenschaft an der demokratischen Organisation der Gesellschaft beteiligt sein könne. Entsprechend sieht Wilholt (2012, S. 225) enge Verknüpfungen zwischen der Geschichte der Wissenschaftsfreiheit als politisches Konzept und der Geschichte moderner Demokratien. In der deutschen Universitätspolitik geht die Idee der Wissenschaftsfreiheit auf das Wilhelm von Humboldt (1767–1835) zugeschriebene Prinzip der Freiheit und Einheit von Forschung und Lehre zurück, das im Rahmen der Berliner Universität 1810 in die Tat umgesetzt worden sei. Dieses Humboldt'sche Modell wurde als ein Ideal in verschiedenen historischen Kontexten, unter anderem während der Universitätsreformen der 1960er-Jahre, immer wieder aufgerufen. Verschiedene Autoren haben aber gezeigt, dass dieses Ideal während des 19. Jahrhunderts nicht vollständig umgesetzt wurde und um 1900 an klare Grenzen stieß. So verstieß das oben beschriebene System Althoff mit seiner politisch gesteuerten Schwerpunktbildung gegen das Prinzip möglichst geringer Eingriffe des Staates in die Wissenschaft. Harnack berief sich in seiner Denkschrift zur Gründung der KWG 1909, die ja eine Trennung von Forschung und Lehre bedeutete, sogar explizit auf Humboldt (Bruch 1999). Dies deutet bereits an, dass Humboldt in der Wissenschaftspolitik häufig zitiert, aber selten einheitlich rezipiert wurde. Konrad Jarausch diagnostizierte für den wissenschaftspolitischen Diskurs in der BRD bis 1989 gar ein „Humboldt-Syndrom". Damit beschrieb er die Situation, dass bei einem ständig wachsenden tertiären Bildungssektor gleichzeitig nötige Strukturreformen unter Berufung auf Humboldt blockiert worden seien, nachdem diese Anrufung Humboldts in den frühen Jahren nach 1945 aber für den Wiederaufbau der Wissenschaft und insbesondere für die Distanzierung der Wissenschaftler vom Nationalsozialismus durchaus wichtig gewesen war (Jarausch 1999). Auch in der DDR berief sich die SED bei ihren Hochschulreformen auf Humboldt, während realpolitisch die Universitäten auf politische Ziele ausgerichtet wurden und von diesen abhängig waren. Im Vergleich mit anderen Staaten des Ostblocks stellte John Connelly fest, dass die DDR in dieser Hinsicht von allen diesen Staaten – mit Ausnahme der Sowjetunion selbst – am frühesten und am weitreichendsten ein sowjetisches Hochschulsystem ausbildete (Connelly 1999). Connelly erklärt diesen Widerspruch damit, dass die Anrufung Humboldts in der Konkurrenzsituation zu westdeutschen Universitäten in Anspruch genommen wurde, also weniger als realpolitisches Konzept als vielmehr „für den westlichen Gebrauch gedacht" war (Connelly 1999, S. 98). Diese Widersprüche sind in einer abgewandelten Form auch für die BRD zu konstatieren. So schrieb der Rechtshistoriker und ehemalige Präsident der damaligen Westdeutschen Rektorenkonferenz Helmut Coing 1992, dass die Universitäten in der BRD nach 1945 „nach den Ideen Wilhelm von Humboldts und Althoffs" wiederaufgebaut worden seien. Damit wurde auch in dem inzwischen vereinigten Deutschland versucht, eigentlich gegensätzliche Ideen zu verbinden (Bruch 1999, S. 32–33).

Für die Zeit nach 1945 haben die Untersuchung des sogenannten „linearen Modells" und dessen Folgen für die Wissenschaftspolitik besondere Aufmerksamkeit erhalten. Der Ursprung des linearen Modells wird in der Regel auf den Bericht *Science, the Endless Frontier* des Ingenieurs und Leiters des *Office of Scientific Research and Development* (OSRD), Vannevar Bush (1890–1974) zurückgeführt (Bush 1945; Stokes 1997). Bush unterbreitete dem US-Präsidenten in diesem Bericht Vorschläge zur Forschungsförderung, um Erfahrungen und Ressourcen des Zweiten Weltkriegs auch für die Nachkriegszeit nutzbar zu machen. Dabei argumentierte er für die bedingungslose Förderung von freier Grundlagenforschung, aus der dann über den Zwischenschritt der größtenteils wirtschaftlich geförderten Anwendungsforschung langfristig technologische Neuerungen erwachsen würden, die zum Nutzen der Gesellschaft seien. Bushs Argument basierte zum einen auf der Unvorhersehbarkeit und damit Nichtsteuerbarkeit von Wissenschaft. Zufallsentdeckungen seien nicht steuerbar und am effektivsten zu erreichen, wenn die Wissenschaft nicht durch politische Vorgaben eingeschränkt sei. Zum anderen basierte Bushs Argument auf der Vorstellung, dass jeder technologischen Entwicklung wissenschaftliches Wissen zugrunde liege. Auch wenn Bushs Ideen keineswegs neu waren und somit Bushs Rolle als Urheber des linearen Modells wohl übertrieben wurde (Lax 2015, S. 28–29), zeigten einige Studien, dass die zugrunde liegende begriffliche Trennung zwischen Grundlagen- und Anwendungsforschung sowie das Freiheitsideal bestimmende ideologische Grundlagen für die Wissenschaftspolitik nach 1945 waren (Godin 2011). So zeigte Gregor Lax detailliert, dass sich die Wissenschaft in Westdeutschland in ihrer Selbstdarstellung verstärkt auf die Abgrenzung zwischen „reiner" bzw. „freier" Grundlagenforschung einerseits und Anwendungsforschung andererseits berief, womit sie dazu beitrug, die klare Hierarchisierung zwischen diesen beiden Gebieten zu verfestigen. Grundlagenforschung wurde dabei grundsätzlich positiv konnotiert, z. B. indem einzelne Wissenschaftler explizit auf Vorstellungen und grafische Darstellungen des linearen Modells zurückgriffen, das gleichzeitig in einem massenmedialen Diskurs aufgegriffen wurde. Die zentrale Stellung des Freiheitsideals in Westdeutschland diente der „westlich-demokratischen Kuluridentifikation" und damit der direkten Abgrenzung zum Ostblock (Lax 2015, S. 293).

Hinter dem linearen Modell steht nicht nur die generelle Frage nach der Möglichkeit der Steuerung von Wissenschaft und Forschung sondern die Frage, ob es überhaupt wünschenswert sei, steuernd einzugreifen. Bushs Vorstoß ist gerade vor dem Hintergrund einer sehr weitreichenden Wissenschaftssteuerung in den USA während des Zweiten Weltkrieges zu sehen; mit dem linearen Modell sollte der staatliche Mittelzufluss für die Wissenschaftsförderung langfristig gesichert, gleichzeitig aber der bestimmende Einfluss des Staates zurückgedrängt werden.

Das lineare Modell und die Rezeption Wilhelm von Humboldts in der Wissenschafts- und Bildungspolitik teilen den Versuch, eine zumindest teilweise Unabhängigkeit der Wissenschaftspolitik von politischer und gesellschaftlicher Einflussnahme sicherzustellen. Dabei werden sie von Wissenschaftshistorikern bestimmten Akteurskonstellationen zugeschrieben und sind also zunächst deskriptiv und nur in zweiter Linie präskriptiv zu verstehen. Sicher kann die letztere Trennung nur bedingt aufrechterhalten werden, denn natürlich werden die historisch konstatierten Sachverhalte auch in der Gegenwart politisch eingesetzt – und unter Umständen mit diesem Zweck überhaupt erst festgestellt. Die historische Wissenschaftsforschung beansprucht in manchen Fällen so nicht nur eine reflektierende, sondern eine aktive Rolle in der Wissenschaftspolitik. So versuchte der Wissenschaftshistoriker Derek de Solla Price, über quantitative Analysen verschiedener Faktoren (Anzahl wissenschaftlicher Zeitschriften, Anzahl der Universitäten, Anzahl bekannter chemischer Elemente, etc.) das Wachstum der Wissenschaft zu analysieren. Er kam zu dem Ergebnis, dass ein exponentielles Wachstum der Wissenschaft kein Phänomen nur des 20. Jahrhunderts war, sondern als Trend schon seit dem 17. Jahrhundert bestand. Die 1960er-Jahre seien nun durch das zwangsläufige Ende dieses Wachstums gezeichnet: *Big Science* galt Price als letzte Phase des Wachstums und gar als Krisenerscheinung der Wissenschaft. Beschrieben wird dies von ihm vor allem am Phänomen der von vielen Wissenschaftlern gemeinsam verfassten Publikationen, der Macht- und Mittelkonzentration in den Händen einiger weniger und an den Ungleichgewichten zwischen einzelnen Disziplinen und Ländern. Dies, so Price, löste Transfer- und Migrationsphänomene aus. Prices Plädoyer war, Wissenschaftler zunehmend an demokratischen Entscheidungsprozessen zu beteiligen: Wissenschaftler sollten in die Politik gehen, um eine rationale Entscheidungsfindung zu gewährleisten (Price 1963). Die unter anderem aus dieser Studie erwachsene *Bibliometrie* oder *Scientometrie* versucht, diesem Anspruch gerecht zu werden, indem sie quantitative Parameter für förderpolitische Entscheidungen bereitstellt. Diese mittlerweile fünfzigjährige Tradition hat weiterhin Konjunktur, wie der sich nach Empfehlungen des Wissenschaftsrates in Deutschland augenblicklich im Aufbau befindliche „Kerndatensatz Forschung" zeigt. Es ist deutlich, dass solchen quantitativen Wissenschaftsmessungen auch heute politisch eine hohe Bedeutung zugesprochen wird (Wissenschaftsrat 2013).

Ähnlich wie Price argumentiert John Ziman am Beispiel Großbritanniens, dass sich seit den 1960er-Jahren die Wissenschaftsstruktur rapide wandelte und in einen „Steady state" Zustand überging, der neuen wirtschaftlichen und politischen Anforderungen gehorchen musste. Dieser Wandel verlief schnell und nur wenig gesteuert. Metawissenschaft bzw. Wissenschaftswissenschaft habe bisher nichts zur Abhilfe beigetragen, weil sie sich damit zufrieden gegeben hat, dass keine essenziellen Merkmale wissenschaftlicher Forschung existieren würden. Dem stellt Ziman fünf Vorschläge für solche essenziellen Merkmale entgegen: „social *space* for personal initiative and creativity; *time* for ideas to grow to maturity; *openness* to debate and criticism; hospitality toward *novelty*; and respect for specialized *expertise*" (Ziman 1994, S. 276). Im Gegensatz zur *Scientometrie* Pricéscher Prägung argumentiert Ziman qualitativ und gewinnt aus historischen Daten Handlungsanweisungen für die Gegenwart und Zukunft. Ein weiteres Beispiel für ein solches Vorgehen ist das Konzept der anwendungsbezogenen Grundlagenforschung, wie es historisch argumentierend von Stokes (1997) dargelegt wurde, der diese Mischform aus Anwendungs- und Grundlagenforschung mit der Person Louis Pasteur verband. Stokes' primäre Zielrichtung war es, ein wissenschaftspolitisches Instrumentarium zu schaffen, also darzulegen, wie erfolgreiche Wissenschaftspolitik auszusehen habe.

Ähnliche Zielrichtungen verfolgen neuere Ansätze der Wissenschaftsforschung, darunter das Konzept der Triple Helix (Etzkowitz und Leydesdorff 2000), des Mode 2 (Gibbons et al. 1994), aber auch das Modell der Wissensgesellschaft (Stehr 1994; Weingart 2001). Sie alle richten sich auf eine enge Verzahnung von Wissenschaft, Politik und Wirtschaft und beziehen sich auf die Gegenwart bzw. projizieren Zukunftsszenarien. Das Konzept der Triple Helix geht von einer Interaktion der Bereiche Wissenschaft, Wirtschaft und Politik aus und macht dies vor allem an der globalen Perspektive in Hinblick auf die sich seit den 1980er-Jahren wirtschaftlich rasch entwickelnden Staaten fest. Die Vertreter von Mode 2 argumentieren dagegen immer noch historisch, wenn sie eine Ablösung eines an getrennten Disziplinen langfristig ausgerichteten Mode 1 durch den interdisziplinär und projektorientiert vorgehenden Mode 2 sehen. Beide Modelle haben Auswirkungen auf die Wissenschaftspolitik, denn sie konstatieren eine enge Verzahnung von Wissenschaft, Wirtschaft und Politik dahingehend, dass sie diese Verzahnung als unausweichlich oder auch wünschenswert ansehen. Für die Wissenschaftsgeschichte ergibt sich daraus die Herausforderung, die zum Beispiel zwischen Mode 1 und Mode 2 liegenden Diskontinuitäten zu bestätigen bzw. zu widerlegen und in historischer Perspektive zu verstehen (Reinhardt 2010a).

Ganz anders sieht dies für das soziologische Konzept der Wissensgesellschaft aus, das von der Wissenschaftsgeschichte breit aufgegriffen und in die Vergangenheit übertragen wurde. Obwohl der Begriff aus der zweiten Hälfte des 20. Jahrhunderts stammt, wurde er zum Beispiel auch für die frühe Neuzeit konstatiert (Burke 2001) bzw. als Charakteristikum der Hochmoderne seit etwa 1880 gesehen und damit als definierendes Merkmal der Zeitgeschichte festgelegt (Szöllösi-Janze 2004). Dagegen argumentiert Reinhardt, dass die Wissenschaftsgeschichtsschreibung als reflexive Wissenschaft einerseits zeitgenössische Denkmuster, die, wie zum Beispiel das der Wissensgesellschaft, kontextgebunden sind, zugrunde legen müsse. Andererseits sei es möglich, dass bestimmte Parameter solcher Denkmuster über längere Zeiträume bzw. Epochen vergleichend analysiert werden können (Reinhardt 2010a). So ließe sich vor allem argumentieren, dass das Modell der Wissensgesellschaft ja gerade die Unterschiede der zweiten Hälfte des 20. Jahrhunderts zu vorausgehenden Epochen festzumachen sucht und nur im Kontext der Wissenschafts- und Gesellschaftsforschung derselben Zeit zu verstehen ist. Unbestritten bleibt hier, dass einzelne Merkmale der Wissensgesellschaft (ähnlich wie Merkmale von Mode 2 und Triple Helix) sehr wohl in der Vergangenheit festzustellen sind, allerdings dort nicht in der gleichen Ausprägung und Interaktion wie in der Gegenwart auftreten. Dies gilt nicht nur für die im Mittelpunkt von Mode 2 und der Triple Helix stehende Innovationskraft der Wissenschaft in wirtschaftlicher und technischer Hinsicht. Es gilt vielmehr im Besonderen bei der Regulierung von Wissenschafts- und Technikfolgen. Die hier verwendeten Modelle und die mit ihnen verbundenen Theorien und Methoden setzen in doppelter Hinsicht wissenschaftliches Wissen voraus: die Bewältigung der Krisen und Risiken, die durch Wissenschaft und ihre technischen und sozialen Folgen hervorgerufen wurden, verlangt ihrerseits wissenschaftliche Methoden, die – wenn auch auf anderer Ebene – selbst reguliert werden. Welches wissenschaftliche Wissen erzeugt wird und wem es zugänglich ist, wird durch dessen Anwendbarkeit in der Regulierung zu einer zentralen Frage gesellschaftlichen Handelns. Mit der gesellschaftlichen Regulierung *durch* die Wissenschaften geht folglich auch die Regulierung *von* Wissenschaft und ihrer Folgen einher (Baldwin et al. 2010, S. 4–5; Reinhardt 2010b).

4 Fazit: Eine aktive Rolle der Wissenschaftsgeschichte in der Wissenschaftspolitik

Eine aktive Rolle der Wissenschaftsgeschichte in und für die Wissenschaftspolitik ließe sich nicht verhindern, selbst wenn man es wollte. Zu häufig werden von den jeweiligen wissenschaftspolitischen Akteuren Anleihen bei der Geschichte gemacht. Aber diese aktive Rolle der Wissenschaftsgeschichtsschreibung bleibt nicht bei simplen Anrufungen, konstruierten Kontinuitäten und gelehrten Zitaten stehen. Vielmehr wird die Wissenschaftsgeschichtsschreibung selbst von wissenschafts- und gesellschaftspolitischen Modellen geprägt und beeinflusst. Indem wir Modelle der Gegenwart auf die Vergangenheit übertragen, verleihen wir ihnen Legitimität bzw. verweigern wir ihnen diese. Auch dies lässt sich nicht vermeiden, es sei denn, man glaubte, eine rein empirische, nicht theoriegeleitete Wissenschaftsgeschichtsschreibung sei möglich. Nur sollte die aktive, gegenwartsbezogene Rolle bei historischer Forschung mitbedacht werden. Dies gilt freilich auch für die Wissenschaftspolitik und deren Interpreten und Interpretinnen, wenn sie sich auf wissenschaftshistorische Ergebnisse und Deutungen beziehen.

Literatur

Baldwin, Robert, Martin Cave, und Martin Lodge. 2010. Introduction: Regulation – the Field and the Developing Agenda. In *The Oxford handbook of regulation*, Hrsg. Robert Baldwin, Martin Cave und Martin Lodge, 3–16. Oxford: Oxford University Press.
Ben-David, Joseph. 1971. *The scientist's role in society. A comparative study*. Englewood Cliffs: Prentice-Hall.
Bernal, John D. 1939. *The social function of science*. London: Faber & Faber.
Bortfeld, Jürgen, Wilfried Hauser, und Helmut Rechenberg, Hrsg. 1987. *Forschen – Messen – Prüfen. 100 Jahre PTR/PTB 1887–1987*. Weinheim: Physik-Verlag.
Burke, Peter. 2001. *Papier und Marktgeschrei. Die Geburt der Wissensgesellschaft*. Berlin: Wagenbach.
Bush, Vannevar. 1945. *Science – The endless frontier. A report to the president by Vannevar Bush, director of the office of scientific research and development, July 1945*. Washington, DC: United States Government Printing Office.
Cahan, David. 1989. *An institute for an empire. The physikalisch-technische reichsanstalt, 1871–1918*. Cambridge: Cambridge University Press.
Calder, William M. 1991. Die Rolle Friedrich Althoffs bei den Berufungen von Ulrich von Wilamowitz-Moellendorff. In *Wissenschaftsgeschichte und Wissenschaftspolitik im Industriezeitalter. Das „System Althoff" in historischer Perspektive*, Hrsg. Bernhard vom Brocke, 251–266. Hildesheim: Lax.
Cardwell, D. S. L. 1972. *The organisation of science in England*, 2. Aufl. London: Heinemann.

Carson, Cathryn, und Michael Gubser. 2002. Science advising and science policy in post-war West Germany: The example of the Deutscher Forschungsrat. *Minerva* 40:147–179.

Connelly, John. 1999. Humboldt im Staatsdienst. Ostdeutsche Universitäten 1945–1989. In *Mythos Humboldt. Vergangenheit und Zukunft der deutschen Universitäten*. Wien/Köln/Weimar: Böhlau.

de Solla Price, Derek J. 1963. *Little science, big science*. New York/London: Columbia University Press.

Etzkowitz, Henry, und Loet Leydesdorff. 2000. The dynamics of innovation. From national systems and ‚Mode 2' to a triple helix of university–industry–government relations. *Research Policy* 29:109–123.

Felt, Ulrike, Helga Nowotny, und Klaus Taschwer. 1995. *Wissenschaftsforschung. Eine Einführung*. Frankfurt a. M./New York: Campus.

Flachowsky, Sören. 2008. *Von der Notgemeinschaft zum Reichsforschungsrat. Wissenschaftspolitik im Kontext von Autarkie, Aufrüstung und Krieg*. Stuttgart: Steiner.

Geiger, Roger L. 1997. Science and the University. Patterns from the US experience in the twentieth century. In *Science in the twentieth century*, Hrsg. John Krige und Dominique Pestre, 159–174. Amsterdam: Harwood Academic Publishers.

Gibbons, Michael, Camille Limoges, Helga Nowotny, Simon Schwartzmann, Peter Scott, und Martin Trow. 1994. *The new production of knowledge. The dynamics of science and research in contemporary societies*. London: Sage.

Godin, Benoît. 2011. The linear model of innovation: Maurice Holland and the research cycle. *Social Science Information* 50:569–581.

Grüttner, Michael. 2000. Wissenschaftspolitik im Nationalsozialismus. In *Geschichte der Kaiser-Wilhelm-Gesellschaft im Nationalsozialismus. Bestandsaufnahme und Perspektiven der Forschung*, Hrsg. Doris Kaufmann, Bd. 2, 2. Aufl., 557–585. Göttingen: Wallstein.

Hachtmann, Rüdiger. 2007. *Wissenschaftsmanagement im „Dritten Reich". Geschichte der Generalverwaltung der Kaiser-Wilhelm-Gesellschaft*, Bd. 2. Göttingen: Wallstein.

Hammerstein, Notker. 1999. *Die Deutsche Forschungsgemeinschaft in der Weimarer Republik und im Dritten Reich. Wissenschaftspolitik in Republik und Diktatur 1920–1945*. München: Beck.

Hoffmann, Dieter, und Mark Walker, Hrsg. 2007. *Physiker zwischen Autonomie und Anpassung. Die Deutsche Physikalische Gesellschaft im Dritten Reich*. Weinheim: Wiley-VCH.

Jarausch, Konrad H. 1999. Das Humboldt Syndrom: Die westdeutschen Universitäten 1945–1989. Ein akademischer Sonderweg? In *Mythos Humboldt. Vergangenheit und Zukunft der deutschen Universitäten*, Hrsg. Mitchell G. Ash, 58–79. Wien/Köln/Weimar: Böhlau.

Johnson, Jeffrey A. 1990. *The kaiser's chemists. Science and modernization in imperial Germany*. Chapel Hill/London: University of North Carolina Press.

Krige, John. 2006. *American hegemony and the postwar reconstruction of science in Europe*. Cambridge, MA: MIT Press.

König, Wolfgang. 1995. *Technikwissenschaften. Die Entstehung der Elektrotechnik aus Industrie und Wissenschaft*. Chur: G+B Verlag Fakultas.

Lax, Gregor. 2015. *Das „lineare Modell der Innovation" in Westdeutschland. Eine Geschichte der Hierarchiebildung von Grundlagen- und Anwendungsforschung nach 1945*. Baden-Baden: Nomos.

Lundgreen, Peter, Bernd Horn, Wolfgang Krohn, Günter Küppers, und Rainer Paslack. 1986. *Staatliche Forschung in Deutschland 1870–1980*. Frankfurt a. M./New York: Campus.

Maier, Helmut. 2002. *Rüstungsforschung im Nationalsozialismus. Organisation, Mobilisierung und Entgrenzung der Technikwissenschaften*. Göttingen: Wallstein.

Maier, Helmut. 2015. *Chemiker im „Dritten Reich". Die Deutsche Chemische Gesellschaft und der Verein Deutscher Chemiker im NS-Herrschaftsapparat*. Weinheim: Wiley-VCH.

McClelland, Charles E. 1980. *State, society, and university in Germany, 1700–1914*. Cambridge: Cambridge University Press.

Nye, Mary Jo. 2011. *Michael polanyi and his generation. Origins of the social construction of science*. Chicago: University of Chicago Press.

Orth, Karin. 2011. *Autonomie und Planung der Forschung. Förderpolitische Strategien der Deutschen Forschungsgemeinschaft 1949–1968*. Stuttgart: Steiner.

Polanyi, Michael. 1969. *Personal knowledge. Towards a post-critical philosophy*, 3. Aufl. London: Routledge & Kegan Paul.

Popper, Karl R. 1966/71. The open society and its enemies, Bd. 2, 5. Aufl. Princeton: Princeton University Press.

Prahl, Hans-Werner. 1978. *Sozialgeschichte des Hochschulwesens*. München: Kösel.

Radkau, Joachim. 2006. Der atomare Ursprung der Forschungspolitik des Bundes. In *Das Wissensministerium. Ein halbes Jahrhundert Forschungs- und Bildungspolitik in Deutschland*, Hrsg. Peter Weingart und Niels Taubert, 33–63. Weilerswist: Velbrück.

Raphael, Lutz. 1996. Die Verwissenschaftlichung des Sozialen als methodische und konzeptuelle Herausforderung für eine Sozialgeschichte des 20. Jahrhunderts. *Geschichte und Gesellschaft* 22:165–193.

Rasch, Manfred. 1996. Das Schlesische Kohlenforschungsinstitut der Kaiser-Wilhelm-Gesellschaft: Ein Gegenbeispiel zum angeblichen Harnack-Prinzip. In *Die Kaiser-Wilhelm-/Max-Planck-Gesellschaft und ihre Institute. Studien zu ihrer Geschichte: Das Harnack-Prinzip*, Hrsg. Bernhard vom Brocke und Hubert Laitko, 173–210. Berlin: De Gruyter.

Reinhardt, Carsten. 1997. *Forschung in der chemischen Industrie. Die Entwicklung synthetischer Farbstoffe bei BASF und Hoechst, 1863 bis 1914*. Freiberg: TU Bergakademie.

Reinhardt, Carsten. 2010a. Historische Wissenschaftsforschung, heute. Überlegungen zu einer Geschichte der Wissensgesellschaft. *Berichte zur Wissenschaftsgeschichte* 33:81–99.

Reinhardt, Carsten. 2010b. Regulierungswissen und Regulierungskonzepte. *Berichte zur Wissenschaftsgeschichte* 33:351–364.

Ritter, Gerhard A. 1992. *Großforschung und Staat in Deutschland. Ein historischer Überblick*. München: Beck.

Roberg, Jeffrey L. 1998. *Soviet science under control. The struggle for influence*. Basingstoke: Macmillan.

Ruscio, Kenneth P. 1994. Policy cultures: The case of science policy in the United States. *Science, Technology and Human Values* 19:205–222.

Stamm, Thomas. 1981. *Zwischen Staat und Selbstverwaltung. Die deutsche Forschung im Wiederaufbau 1945–1965*. Köln: Verlag Wissenschaft und Politik.

Stehr, Nico. 1994. *Arbeit, Eigentum und Wissen. Zur Theorie von Wissensgesellschaften*. Frankfurt a. M.: Suhrkamp.

Stokes, Donald E. 1997. *Pasteur's quadrant. Basic science and technological innovation*. Washington: Brookings Institution Press.

Szöllösi-Janze, Margit. 2002. Die institutionelle Umgestaltung der Wissenschaftslandschaft im Übergang vom späten Kaiserreich zur Weimarer Republik. In *Wissenschaften und Wissenschaftspolitik. Bestandsaufnahmen zu Formationen, Brüchen und Kontinuitäten im Deutschland des 20. Jahrhunderts*, Hrsg. Rüdiger vom Bruch und Brigitte Kaderas, 60–74. Stuttgart: Steiner.

Szöllösi-Janze, Margit. 2004. Wissensgesellschaft in Deutschland: Überlegungen zur Neubestimmung der deutschen Zeitgeschichte über Verwissenschaftlichungsprozesse. *Geschichte und Gesellschaft* 30:275–311.

Szöllösi-Janze, Margit, und Helmuth Trischler, Hrsg. 1990. *Großforschung in Deutschland*. Frankfurt a. M.: Campus.

Tobies, Renate. 1991. Wissenschaftliche Schwerpunktbildung: der Ausbau Göttingens zum Zentrum der Mathematik und Naturwissenschaften. In *Wissenschaftsgeschichte und Wissenschaftspolitik im Industriezeitalter. Das „System Althoff" in historischer Perspektive*, Hrsg. Bernhard vom Brocke, 87–108. Hildesheim: Lax.

Trischler, Helmuth, und Rüdiger vom Bruch. 1999. *Forschung für den Markt. Beck: Geschichte der Fraunhofer-Gesellschaft*. München.

Turner, R. L. 1974. University reform and professorial scholarship in Germany, 1760–1806. In *The University in Society*, Hrsg. Lawrence Stone, 2. Aufl., 495–531. Princeton: Princeton University Press.

vom Brocke, Bernhard. 1991. Friedrich Althoff (1839–1908), Forschungsstand und Quellenlage, Bemühungen um eine Biographie. In *Wissenschaftsgeschichte und Wissenschaftspolitik im Industriezeitalter. Das „System Althoff" in historischer Perspektive*, Hrsg. Bernhard vom Brocke, 15–44. Hildesheim: Lax.

vom Brocke, Bernhard. 1996. Die Kaiser-Wilhelm-/Max-Planck-Gesellschaft und ihre Institute zwischen Universität und Akademie. Strukturprobleme und Historiographie. In *Die Kaiser-Wilhelm-/Max-Planck-Gesellschaft und ihre Institute. Studien zu ihrer Geschichte: Das Harnack-Prinzip*, Hrsg. Bernhard vom Brocke und Laitko Hubert, 1–32. Berlin: De Gruyter.

vom Bruch, Rüdiger. 1999. Langsamer Abschied von Humboldt? Etappen deutscher Universitätsgeschichte 1810–1945. In *Mythos Humboldt. Vergangenheit und Zukunft der deutschen Universitäten*, Hrsg. Mitchell G. Ash, 29–57. Wien/Köln/Weimar: Böhlau.

Weingart, Peter. 2001. *Die Stunde der Wahrheit? Zum Verhältnis der Wissenschaft zu Politik, Wirtschaft und Medien in der Wissensgesellschaft*. Weilerswist: Velbrück.

Weingart, Peter, und Niels C. Taubert. 2006. Das Bundesministerium für Bildung und Forschung. In *Das Wissensministerium. Ein halbes Jahrhundert Forschungs- und Bildungspolitik in Deutschland*, Hrsg. Peter Weingart und Niels C. Taubert, 11–29. Weilerswist: Velbrück.

Weiss, Burghard. 1988. Großforschung: Genese und Funktion eines neuen Forschungstyps. In *Die geschichtliche Perspektive in den Disziplinen der Wissenschaftsforschung*, Hrsg. Hans Poser und Clemens Burrichter, 149–175. Berlin: Universitätsbibliothek der Technischen Universität Berlin.

Wilholt, Torsten. 2012. *Die Freiheit der Forschung. Begründungen und Begrenzungen*. Berlin: Suhrkamp.

Wissenschaftsrat. 2013. *Empfehlungen zu einem Kerndatensatz Forschung*. http://www.wissen schaftsrat.de/download/archiv/2855-13.pdf. Zugegriffen am 29.11.2015.

Vogt, Annette. 2007. *Vom Hintereingang zum Hauptportal? Lise Meitner und ihre Kolleginnen an der Berliner Universität und in der Kaiser-Wilhelm-Gesellschaft*. Stuttgart: Steiner.

Ziman, John. 1994. *Prometheus bound. Science in a dynamic steady state*. Cambridge: Cambridge University Press.

Teil III

Governance

Partizipation, Responsivität, Nachhaltigkeit

Zur Realfiktion eines neuen Gesellschaftsvertrags

Sabine Maasen und Sascha Dickel

Inhalt

1 Einleitung 225
2 Der Vertrag zwischen Wissenschaft und Gesellschaft: drei Stationen, drei
  Problematisierungen 226
  2.1 Das lineare Modell 227
  2.2 Das finalisierte Modell 228
  2.3 Das hybridisierte Modell 228
3 Innovations- und Legitimationserwartungen der Gesellschaft an die Forschung 230
4 Responsivität, Partizipation und Nachhaltigkeit – Bausteine eines neuen
  Gesellschaftsvertrags 231
  4.1 Sachdimension: Responsivität 231
  4.2 Sozialdimension: Partizipation 232
  4.3 Zeitdimension: Nachhaltigkeit 233
5 Neuverhandlungen des Vertrags zwischen Wissenschaft und Gesellschaft – zwischen
  normativen Antworten und epistemischen Fragen 235
  5.1 Citizen Science 235
  5.2 Responsible Research and Innovation 236
  5.3 Normative Antworten – epistemische Fragen 236
6 Der Gesellschaftsvertrag: Ambivalenzen einer Realfiktion – ein Fazit 237
Literatur 239

1 Einleitung

Aktuelle wissenschaftspolitische Konzepte wie „Responsible Research and Innovation" (RRI) (Owen et al. 2012) und „Citizen Science" dokumentieren ein neues Verständnis der Beziehung von Wissenschaft und Gesellschaft. In beiden Fällen soll

---

S. Maasen (✉) · S. Dickel
Friedrich Schiedel-Lehrstuhl für Wissenschaftssoziologie, Technische Universität München, München, Deutschland
E-Mail: sabine.maasen@tum.de; sascha.dickel@tum.de

(endlich!) eine neue responsive, partizipative und nachhaltige Forschungskultur entstehen. In beiden Fällen werden Forschung und Innovation als kollaborative Prozesse verstanden, in denen eine ganze Reihe von Akteuren und Akteursgruppen zu einer verlässlichen und verantwortbaren Wissenschaft in der Gesellschaft beitragen sollen.

Was in rezenten wissenschaftspolitischen Konzepten verhandelt wird, kann als Teil eines bereits länger andauernden Diskurses verstanden werden, in dem die Suche nach einem neuen „Vertrag" zwischen Wissenschaft und Gesellschaft zum Ausdruck kommt. Der Begriff des Vertrags ist zunächst als Metapher zu verstehen: Denn obwohl er nirgendwo kodifiziert ist, umfasst er doch eine ganze Reihe von „Arrangements von Vertrauen und Kontrolle, die in verschiedenen Ländern und zu verschiedenen Zeiten getroffen worden sind, und unter denen die Wissenschaft gefördert wird" (Weingart 2011, S. 46). Das Pendel schlägt dabei zunehmend zuungunsten von Vertrauen und zugunsten der Kontrolle aus. Dies kann z. B. an der steigenden Bedeutung von Evaluationen als Governance-Instrument abgelesen werden (Knie und Simon 2008), was sich zum einen durch eine zunehmende und immer umfassendere Regulierung der Forschung und zum anderen durch verstärkte und immer schneller zu realisierende Nützlichkeitsanforderungen ausdrückt.

Im Folgenden skizzieren wir zunächst drei prototypische Stationen des Vertrags zwischen Wissenschaft und Gesellschaft, wie sie sich nach dem Zweiten Weltkrieg ausgebildet haben (2). Alle diese Vertragsvarianten kreisen um zwei Pole: um Innovation und Legitimation, die in einem Verhältnis wechselseitiger Steigerung zueinander stehen (3). Es sind in charakteristischer Weise zunächst weniger epistemische, sondern normative Konzepte, die diese Spannung in neueren Konzepten versöhnen sollen: insbesondere Partizipation, Responsivität und Nachhaltigkeit gelten als mögliche Bausteine eines neuen Gesellschaftsvertrags (4). In jüngster Zeit scheinen sich epistemische Fragen dabei wieder in den Vordergrund zu schieben: Phänomene wie „Citizen Science" und „Responsible Research and Innovation" lassen sich neben ihrem Augenmerk auf Teilhabe und Verantwortung auch als Aufforderungen lesen, nochmals nach dem epistemischen Kern von Wissenschaft zu fragen (5). Das Fazit ist den Folgeproblemen und Ambivalenzen der kontinuierlichen Vertragsarbeit für die Wissenschaft gewidmet: Sie münden in eine zunehmende *Selbst- und Fremdpolitisierung* der Wissenschaft und sorgen zugleich dafür, dass Wissenschaftsforschung und Wissenschaftspolitik mit der Realfiktion eines Vertrags zwischen Wissenschaft und Gesellschaft einen stabilen Gegenstand reflexiver Forschung und Governance ausgebildet haben.

2 Der Vertrag zwischen Wissenschaft und Gesellschaft: drei Stationen, drei Problematisierungen

Das Konzept eines Gesellschaftsvertrags wurde von der Wissenschaftsforschung in verschiedenen Konturierungen verwendet – je nachdem, ob die Gesellschaft insgesamt, das politische System oder weitere Funktionsbereiche als Vertragspartner der Wissenschaft begriffen wurden. Das Problem, das Vertragstheorien adressieren, betrifft die normativen Erwartungen, welche das Verhältnis von Wissenschaft und Gesellschaft prägen bzw. prägen sollen. Wenn wir im Folgenden vom Gesellschaftsvertrag sprechen, verwenden wir den Begriff als metaphorische Kurzformel für die Ordnung der Beziehung zwischen Wissenschaft und Gesellschaft bzw. ihrer Teilsysteme (wobei es wiederum variabel ist, wie der Vertragspartner jeweils spezifiziert wird), und nicht als Idee einer Gesamtordnung gesellschaftlicher Verhältnisse. Das Konzept gilt als fruchtbare Metapher, denn es erlaubt, die Beziehung zwischen sozialen Sphären als normatives Resultat einer Aushandlung zu beobachten. Die Metapher des Gesellschaftsvertrags impliziert, dass

- autonome Parteien ihre Ziele in Form einer Vereinbarung in Einklang bringen wollen,
- jeder Vertragspartner daran Interesse hat, dass ihm die Vereinbarung Vorteile verschafft,
- die Möglichkeit widerstreitender Interessen und möglicher Konflikte erwogen werden muss,
- Neuaushandlungen erforderlich werden, wenn sich Kontextbedingungen ändern (Hessels et al. 2009, S. 389). Analog zu Vertragstheorien der politischen Philosophie gehen solche Vertragskonzepte nicht von einem tatsächlichen Vertragsabschluss aus, sondern vielmehr von einem impliziten Vertrag, der aus wechselseitigen normativen Erwartungen zwischen (hier:) der Wissenschaft und dem Souverän besteht.

2.1 Das lineare Modell

Der implizite Vertrag zwischen Wissenschaft und Gesellschaft nach dem Zweiten Weltkrieg war durch das Leitbild einer losen Kopplung von Politik und Wissenschaft geprägt. Die Aufgabe der Wissenschaft wurde darin gesehen, nach eigenen Regeln Grundlagenwissen zu produzieren, das über kurz oder lang in nützliche Technologien übersetzbar sein sollte. Die Rolle des Gemeinwesens bestand hingegen darin, die Wissenschaft für diese Aufgabe mit Ressourcen auszustatten, nicht aber in deren Selbstregulation einzugreifen.

Dieser „klassische" (am sogenannten linearen Innovationsmodell orientierte) Vertrag zwischen Wissenschaft und Gesellschaft war zutiefst vom Vertrauen in die Eigenrationalität und Selbststeuerungskapazität des Wissenschaftssystems geprägt (Guston 2000). Das Modell basiert auf der Annahme, dass Innovationen durch Wissen entstehen, welches zunächst in der Grundlagenforschung produziert wird und sodann über die Anwendungsforschung in technische und gesellschaftliche Entwicklungen diffundiert. Grundlagenforschung stellt dabei, unabhängig von politischen und wirtschaftlichen Einflüssen, zunächst einen Wissenspool bereit, aus dem sich anschließend die Anwendungsforschung mit Blick auf die Praxis bedienen kann und damit ihrerseits neue Möglichkeiten technologischer und gesellschaftlicher Entwicklungen eröffnet.

Gregor Lax (2015, Kap. 1.1) weist zu Recht darauf hin, dass das sogenannte lineare Innovationsmodell weder definitorisch eindeutig noch mit einheitlichen Genealogien verfochten oder bestritten wird. Fest steht nur, dass die Betonung der Relevanz von Forschung für wirtschaftliches Wachstum etwa Mitte des 20. Jahrhunderts merklich an Bedeutung gewann, und in der Forschung Einigkeit darüber besteht, *dass* es eine wichtige Rolle spielte (Lax 2015, S. 39). Debatten um mögliche externe Zweckbestimmungen wissenschaftlicher Forschung stießen hingegen sowohl in der Wissenschaft selbst als auch im politischen System weithin auf Ablehnung.

2.2 Das finalisierte Modell

Dies demonstriert auch die Debatte um eine „Finalisierung" der Wissenschaft in prägnanter Weise. Das Konzept der Finalisierung der Wissenschaft (Böhme et al. 1973) ist ein Versuch, zu beschreiben, welche Eigenschaften der gegenwärtigen Wissenschaftsstruktur die Voraussetzung dafür schaffen, dass eine von wissenschaftlichen Interessen und sozialen Bedürfnissen gleichermaßen getragene Forschungsplanung möglich ist. Finalisierte Wissenschaft ist durch einen phasenspezifischen Spielraum definiert, in dem sie für soziale oder politische Determinierung ihrer Entwicklungsrichtung offen ist. Die zentrale Idee ist, dass Disziplinen sowohl vor als auch nach ihrer zunehmenden theoretischen Schließung die Richtung der Theorieentwicklung nicht allein determinieren. Insbesondere über die theoretische Relevanz weiterer Arbeit muss daher nach zusätzlichen Kriterien entschieden werden.

Diese starke These einer konstitutiv durch externe Faktoren ko-gesteuerten (natur- und technikwissenschaftlichen) Forschung stieß auf starken Protest innerhalb der Wissenschaftsgemeinde. Im Kern der (auch medialisierten) Kritik stand die Auffassung, dass diese These die Autonomie der Forschung bedrohe und sie der politischen Planung überantworte (Radnitzky und Andersson 1976). Hier interessieren jedoch weniger die Inhalte der Kontroverse (vgl. z. B. Hohn 1998) als vielmehr die von ihr angesprochenen Problemfelder: 1. Die Bedeutung der Idee der Wahrheit für Forschung und offene Gesellschaft; 2. das Verhältnis von Wissenschaft und Gesellschaft; 3. Probleme der Institutionalisierung der Forschung; 4. ökonomische Aspekte der Forschung. Kurz: In Frage steht das angemessene Verhältnis (bzw. der Vertrag) zwischen Wissenschaft und Gesellschaft. Nach Vorstellung der Autoren sollte die Finalisierungsthese zu einer „wissenschaftstheoretischen Kartographie" ausgearbeitet und der Wissenschaftspolitik für eine rationale Forschungsplanung an die Hand gegeben werden (Wieland 2009, S. 14–15).

2.3 Das hybridisierte Modell

Dem Prototyp „radikale Autonomie der Wissenschaft" (Modell der Linearität) und dem Prototyp „Steuerbarkeit einer Wissenschaft in frühen und späten Phasen" (Modell der Finalisierung) folgt ein Prototyp nochmals anderer Art: Es handelt sich um ein, wie wir vorschlagen, Modell der Hybridisierung. Zu Beginn der 1990er-

Jahre machten Michael Gibbons et al. (1994) auf den grundlegenden Umbau des Forschungs- und Wissenschaftssystems aufmerksam, der einen neuen Modus der reflexiven Wissensproduktion („Mode 2") forciere. In allen seinen idealtypischen Charakteristika scheint der Umbau auf Entdifferenzierung und Hybridisierung von Wissenschaft und der übrigen Gesellschaft hinzuweisen (Fretschner 2006):

- *Anwendungsorientierte Wissensproduktion*: Die Wissensproduktion erfolgt in Ausrichtung auf die konkreten Bedürfnisse und Problemlagen der Anwendersysteme, die in die Formulierung der Problemstellung eingebunden werden (Nowotny 1997, S. 12).
- *Transdisziplinarität*: Die Ausrichtung an den konkreten Problemstellungen der Anwendersysteme macht eine Überwindung kognitiv-disziplinärer Grenzen erforderlich und erzwingt eine enge Kooperation über die Fachgrenzen der Disziplinen hinaus (ebd).
- *Institutionelle Heterogenität*: Neben den Universitäten als den klassischen Institutionen der Wissensproduktion etablieren sich zahlreiche weitere Einrichtungen und Unternehmen. Das Spektrum reicht hier von außeruniversitären Forschungseinrichtungen bis hin zu Beratungsunternehmen und *think tanks* (ebd).
- „*Social accountability*" und Reflexivität: Die Verschränkung von Forschungs- und Anwendungskontexten erhöht das Problembewusstsein der beteiligten Akteure und sensibilisiert diese für die gesellschaftlichen, wirtschaftlichen und politischen Folgen der Wissensproduktion (ebd).
- *Nachfrageorientierte Qualitätskontrolle*: Während sich die akademische (Grundlagen-)Forschung überwiegend an den Qualitätskriterien der *scientific community* orientiert und durch *peer group review* kontrollieren lässt, gehen in die Qualitätskontrolle der Modus 2-Forschung auch außerwissenschaftliche Kriterien ein (ebd). Auch wenn über Geltung und Reichweite des Erklärungsanspruchs (Weingart 1997) sowie die Vermischung von normativen und deskriptiven Elementen viel gestritten wurde, so ist auch bei diesem hybriden Modell die Frage relevant, welche Idee dem Vertrag zwischen Wissenschaft und Gesellschaft zugrunde liegt. Im Kontrast zu seinen Vorläufern forciert es weder eine radikale noch eine begrenzte Autonomie der Wissenschaft, sondern vielmehr eine kontinuierliche und umfassende Berücksichtigung externer Ansprüche.

Doch was genau bedeutet eine derart gesteigerte Berücksichtigung externer Ansprüche? In einem sieben Jahre später erschienenen Buch des Autorenkollektivs um Helga Nowotny, das der Präzisierung dieser These einer erneuerten Form der Wissenschaftsproduktion dienen soll, kreist ein wesentliches Argument um die Versicherung, dass es im Diesseits externer Ansprüche noch einen „epistemischen Kern der Wissenschaft" gebe, der sich nicht transwissenschaftlich verhandeln lasse (Nowotny et al. 2001). Diese Spannung zwischen epistemischem Kern und gesteigerter Externalisierung der Wissenschaft wird mit immer neuen normativen und/oder epistemischen Vertragsideen aufzulösen versucht. Bevor wir einigen aktuellen Varianten nachgehen, wollen wir uns mit zwei zentralen Leistungserwartungen an die Wissenschaft in der und für die Gesellschaft befassen.

3 Innovations- und Legitimationserwartungen der Gesellschaft an die Forschung

Von allen Treibern für immer neue Vertragsvarianten sind insbesondere die gestiegene Bedeutung der Forschung für *Innovation* und der zugleich gestiegene Bedarf nach ihrer *Legitimation* hervorzuheben. Die Erwartung von neuem und praktisch relevantem Wissen durch Forschung sowie der Zwang zur Rechtfertigung der eigenen wissenschaftlichen Arbeit prägten die moderne Wissenschaft seit jeher. Mittlerweile werden die Erwartungen an instrumentelle Verwertbarkeit und Rechtfertigung jedoch noch ausdrücklicher an die Forschung herangetragen und zudem in ambivalenter Art und Weise verknüpft: Auf der einen Seite gilt Wissen als wichtige Ressource für Wachstum und Kompetitivität, auf der anderen Seite droht die Gefahr, den Blick auf normative Ansprüche ebenso wie auf epistemische Aspekte guter Forschung zu verlieren: Dabei ist einerseits an normative Ansprüche wie Nachhaltigkeit oder Sicherheit zu denken, andererseits an epistemische Aspekte, die mit „sound science" (SETAC 1999) sowie den entsprechenden Richtlinien für gute wissenschaftliche Praxis (DFG 2013) umschrieben sind (Maasen 2015). Beide Erwartungen: Innovation und Legitimation, treiben die Anforderungen an die Überarbeitungen des Gesellschaftsvertrags mit der Wissenschaft voran.

Innovativität prägt moderne Gesellschaften. Eine wachsende Bedeutung kam und kommt dabei der Wissenschaft zu – unabhängig davon, ob es sich um inkrementelle oder radikale Innovationen handelt. Die Prämisse heutiger Innovationspolitik ist, dass sich im Zeitalter der Globalisierung und der sich verschärfenden Innovationskonkurrenz das Wohlstandsniveau vor allem über die forcierte Entwicklung von Technologien auf Dauer halten lässt; insbesondere Technologiebereiche wie Nanotechnologien, Biotechnologien, optische Technologien, Mikrotechnologien sowie Kommunikations- und Informationstechnologien gelten als „Treibertechnologien", die vielfältige Anwendungen erlauben und ganze Wirtschaftsbranchen verändern können (Hirsch-Kreinsen 2008).

Zugleich verändert die Innovationstätigkeit ihren Charakter. Sie verläuft als heterogen verteilter Prozess und verallgemeinert sich zu einem ubiquitären Phänomen. Die Ubiquität von Innovationsnetzwerken indiziert dabei nicht nur eine organisationale, sondern zugleich eine gesellschaftliche Entgrenzung wissenschaftsbasierter Innovationstätigkeit: In netzwerkförmigen Strukturen formieren sich Innovationen im Zwischenbereich von Wirtschaft, Wissenschaft, Politik und Zivilgesellschaft. In dem Maße, in dem die Produktion neuen Wissens von diesen Querverbindungen und wiederholten *feed-back loops* durchzogen ist, sind technische Innovationen nicht von sozialen Innovationen zu trennen, die sie begleiten und die sich in veränderten Förderstrukturen, Finanzkontrollsystemen und Formen des Organisationslernens niederschlagen.

Schließlich wird Innovativität reflexiv: Sie reflektiert auf ihre Prozesse, ihre Ziele und ihre Produkte. Dies geschieht in Wirtschaft, Politik und Zivilgesellschaft – aber auch in der Wissenschaft selbst. Es geschieht, weil die fortlaufende Selbstdestabilisierung der Gesellschaft durch Wissenschaft und Technologie Unsicherheiten, Risiken und nicht-intendierte Nebenfolgen sichtbar werden ließ, die zwar zunehmend als konstitutiver Teil von Innovationsgesellschaften wahrgenommen werden, die aber zugleich nach Antworten auf die Frage rufen: Welche Unsicherheiten, Risiken und nicht-intendierten Nebenfolgen wollen wir uns leisten? Besser noch: Wie können wir insbesondere das Innovieren so gestalten, dass sich ihre (notwendig unabsehbaren) Folgen für die Gesellschaft in derselben legitimieren lassen?

Ungeachtet der deutlich gewordenen Grenzen wissenschaftlichen Wissens steigen die Erwartungen an DIE Forschung, robustes und nützliches Wissen liefern zu können, und zwar immer schneller und zielgenauer. Und es steigen die Erwartungen an einen gesellschaftlich legitimierbaren Umgang mit Innovativität, ihren Nebenfolgen und dem stets verbleibenden Nichtwissen. Der gesteigerte Bedarf an gesellschaftlicher Legitimation wird deshalb nicht zur Bremse, sondern zum Motor für (reflexive) Innovativität.

4 Responsivität, Partizipation und Nachhaltigkeit – Bausteine eines neuen Gesellschaftsvertrags

Das Spannungsverhältnis zwischen Legitimation und Innovation wird in der gegenwärtigen „Wissenspolitik" (Stehr 2003) vor allem durch normativ ausgeflaggte Konzepte zu bearbeiten versucht. Insbesondere Responsivität, Partizipation und Nachhaltigkeit lassen sich als normative Ansprüche deuten, die für die aktuellen Umarbeitungen des Gesellschaftsvertrags angemeldet werden. Sie werden im Folgenden zwar analytisch nach Sinndimensionen (Sachdimension, Sozialdimension, Zeitdimension) unterschieden (vgl. Luhmann 1984, S. 111–122), doch empirisch zeigt sich, dass diese Bausteine im wissenschaftspolitischen Diskurs typischerweise aufeinander verweisen.

4.1 Sachdimension: Responsivität

Angesichts lokaler und globaler gesellschaftlicher Probleme und Bedarfe gilt das Konzept der Responsivität der Wissenschaft als sachliches Kernelement zur Knüpfung eines neuen Gesellschaftsvertrags. Responsivität wird als Antidot zu wissenschaftlicher Geschlossenheit und Selbstreferentialität positioniert (Stichweh 2012, 2014). Im Hinblick auf Wissenschaft geht es dabei um die Frage, wie Forschung auf wissenschaftsexterne Fragen Antworten finden kann – ein Problem, das den Wissenschaftsdiskurs unter Stichworten wie „Praxis" und „Nützlichkeit" zwar schon seit langem prägt (Kaldewey 2013), nun aber vor allem in Bezug auf Defizite der Wissenschaft fokussiert wird, kollektive und komplexe Probleme zügiger und zielgenauer anzugehen.

Eng verbunden ist Responsivität mit der, wenngleich unscharfen, Idee „Großer Herausforderungen" (Kallerud et al. 2013): Danach gibt es eine Reihe von Themen, die „eine große gesellschaftliche Reichweite haben, von einer Vielzahl von Akteuren sehr ernst genommen werden müssen und besondere Anstrengungen verlangen" (Wissenschaftsrat 2015, S. 15). Zugleich wird ein besonderer Bedarf an strategischer

Ausrichtung sowie Ressourcen signalisiert. Die Erwartung ist, dass auch Problemlagen dieser Komplexität durch menschliches Handeln beeinflusst, begrenzt und durch geeignete und aufeinander abgestimmte Veränderungsprozesse in vielen gesellschaftlichen Bereichen reguliert werden können. Eben dies verlangt nach einer Wissenschaft, die für solche Anliegen bereit, eben responsiv ist.

Eine sozial responsive Wissenschaft soll demnach interne Steuerungskapazitäten ausbilden, um den vielfältigen gesellschaftlichen Erwartungen gerecht zu werden, mit denen Forschung gegenwärtig konfrontiert ist: So soll sie einen Beitrag zur Lösung gesellschaftlicher Großprobleme leisten (z. B. der Energiewende), Technologien entwickeln, um tödliche Krankheiten zu besiegen, den Mobilitätskollaps von Städten und Regionen verhindern und als Motor ökonomischen Wachstums fungieren. Mit dieser Erwartung an die nicht nur analytisch-reflexiven Fähigkeiten, sondern an die genuin-problemlösenden Kapazitäten von Wissenschaft wird die Spannung zwischen Legitimität und Innovation *sachlich* bearbeitet: Wissenschaft ist dann legitim, wenn sie Innovationen hervorbringt, die einen Beitrag zur Lösung außerwissenschaftlicher Probleme leisten.

Das führt jedoch zu der Frage, auf welche Probleme die Wissenschaft fokussieren soll. Die Aushandlung von zum Teil auch in Widerstreit zueinander stehenden Zielen (und damit die Kanalisierung der Außeneinflüsse auf Forschung und Entwicklung) wird im Kontext aktueller Debatten als politische Aufgabe betrachtet. Wer genau ist dabei der Souverän? Zielsetzungen der Forschung sollen nicht etwa durch staatliche Akteure definiert werden. Vielmehr treten „die Bürger" selbst als Vertragspartner in Erscheinung (Owen et al. 2012, S. 755; Wissenschaftlicher Beirat der Bundesregierung Globale Umweltveränderungen 2011). Dieses Ansinnen ist nicht neu: Auch Mode 2 konstatierte bereits „society speaks back" (Nowotny 2003). Insbesondere hinsichtlich der frühzeitigen Berücksichtigung *nicht*-epistemischer Werte (wie Nachhaltigkeit, ethische Akzeptabilität, Profitabilität) erschienen transdisziplinäre Wissensproduktionen sowie politiknahe Beteiligungsformate (z. B. Konsensuskonferenzen) seit den 1990er-Jahren als nicht nur geeignete, sondern auch notwendige Governance-Formen (Maasen und Lieven 2007). Mit ihnen ist das soziale Kernelement eines neuen Vertragsmodells adressiert: Partizipation.

4.2 Sozialdimension: Partizipation

Die *soziale* Öffnung der Wissenschaft durch Partizipation ist einerseits mit dem Ziel verbunden, die wissenschaftsinterne „Betriebsblindheit" zu überwinden und andere Perspektiven einzubeziehen (Owen et al. 2012, S. 755). Die Beteiligung von Betroffenen soll sicherstellen, dass außerwissenschaftliche Ziele in die Programmatik der Wissenschaft sowie die Entwicklung und Gestaltung von Innovationen integriert werden. Andererseits dient Partizipation der Legitimation der Forschung unter Bedingungen von technischen Risiken und ungewissen Nebenfolgen, die für innovationsorientierte Gesellschaften charakteristisch sind (Abels und Bora 2004).

Dabei sind gegenwärtige demokratische Gesellschaften zum einen der Auffassung, dass politische Entscheidungen (etwa in den Handlungsfeldern Gesundheit,

Umwelt, Entwicklung) nicht länger dezisionistisch getroffen werden können. Zum anderen wünschen sie zwar die Autorisierung durch wissenschaftliches Wissen, lehnen jedoch jede Form technokratischer Steuerung ab. Jenseits von Dezisionismus und Technokratie (vgl. Habermas 1969) wird eine transdisziplinär verfasste Wissensproduktion positioniert, die an einer partizipativen Aushandlung divergierender wissenschaftlicher und politischer Ansprüche orientiert ist.

Der Ruf nach (mehr) Partizipation in der Wissensproduktion ist in breitere gesellschaftliche Veränderungsprozesse eingebettet. Im letzten Drittel des 20. Jahrhunderts war ein regelrechter „Aufstand des Publikums" (Gerhards 2001) zu beobachten: eine Herauslösung von Bürgern aus eher passiven und auf höchst selektive Kontexte angelegten Inklusionsmodi (als Wähler, Konsumenten, Patienten, Zuschauer) hin zu Modi aktiver Mitgestaltung und Teilhabe (Stichweh 1988). Partizipation ist ein Leitbild geworden, „dem sich die moderne, demokratisch verfasste Gesellschaft nicht ohne nachhaltigen Legitimitätsverlust entziehen kann" (Abels und Bora 2004, S. 6). Dies gilt zunehmend auch für die Wissenschaft, die lange als Sonderfall eines nur Experten zugänglichen Systems begriffen wurde (Dickel und Franzen 2015).

In der Neubestimmung des Verhältnisses von Wissenschaft und Politik soll daher nicht mehr nur das Zentrum des politischen Systems (Exekutive und Legislative) sondern auch seine Peripherie (soziale Bewegungen, Nichtregierungsorganisationen, lokale Interessengruppen) Vertragspartner werden (Wissenschaftlicher Beirat der Bundesregierung Globale Umweltveränderungen 2011, S. 8). Von einer neuen, transparenten, transdisziplinären und partizipativen Wissenschaft ist die Rede, zu deren neuen Vertragspflichten auch und gerade der ständige Dialog mit Akteuren gehört, die Partikular- oder gar Gemeinwohlinteressen zu vertreten beanspruchen. Das Koordinationsmedium Vertrauen wird dabei durch das Medium kollaborative Absicherung substituiert (Guston 2000). Bei den konkreten institutionellen Kollaborationsmustern, die sich dabei herausgebildet haben, handelt es sich typischerweise um Formen einer Selbstpolitisierung der Wissenschaft, um Modi der „eingeladenen Partizipation", die als Antwort auf „uneingeladene Partizipation" in Form von Fremdpolitisierung durch Protest (Wynne 2007; Wehling 2012; Bogner 2012) konzipiert sind.

Angesichts der Beteiligung pluraler Interessengruppen mit unterschiedlichen Zielen und Werten wird gegenwärtig ein Leitbild ins Spiel gebracht, dem die Aufgabe zufallen soll, normative Orientierung für die Gestaltung der Zukunft zu schaffen. Dieses Leitbild, auf das sich alle vernünftigerweise einigen sollen, ist Nachhaltigkeit.

4.3 Zeitdimension: Nachhaltigkeit

Seit dem Brundtland-Bericht (Hauff 1987) ist Nachhaltigkeit zu einem Schlüsselbegriff globaler wie auch nationaler Politik geworden. Dem Kommissionsbericht liegt die Annahme zugrunde, dass aufgrund der „Verflechtung der Krisen" (ebd.) eine integrierte Lösungsstrategie – eben ein „globales Programm des Wandels" – notwendig, aber auch möglich sei. Mit der Aufstellung von insgesamt 27 Grundsätzen wurden in der darauf folgenden „Rio-Deklaration" (UNCED 1992) die übergeordneten Leitlinien einer „nachhaltigen Entwicklung" und in der „Agenda 21" umwelt- und entwicklungspolitische Handlungsempfehlungen formuliert, die zur Verwirklichung der Ziele der Rio-Deklaration beitragen sollen (Brand und Jochum 2000, S. 21, 15).

Im Kern bewertet der Nachhaltigkeitsbegriff seither gegenwärtige Handlungen unter dem Gesichtspunkt ihrer zukünftigen Folgen. Der Begriff zielt darauf ab, einen normativen Minimalkonsens herzustellen, und zwar durch die Forderung, gegenwärtige Bedürfnisse so zu verfolgen, dass zukünftige Generationen ihre Bedürfnisse ebenfalls befriedigen können (Grunwald und Kopfmüller 2006). Ein breites Verständnis von Nachhaltigkeit bezieht sich auf (ökologischen) Systemerhalt, (soziale) Gerechtigkeit und (ökonomische) Absicherung von Lebensqualität (Renn 2007, S. 41–42). Darüber hinaus wird neben diesen drei Säulen (globale) Ethik als eine weitere benannt und speziell im entwicklungspolitischen Kontext die kulturelle Dimension betont.

Das Memorandum der Deutschen UNESCO-Kommission fordert zur Umsetzung von Nachhaltigkeitszielen einen Umbau der Wissenschaft selbst: Zukünftige Wissenschaft soll eine „Wissenschaft für Nachhaltigkeit" sein: inter- und transdisziplinär organisiert, an nachhaltigen gesellschaftlichen Entwicklungen interessiert, auf Lösungen ausgerichtet und global orientiert. Wissenschaft für Nachhaltigkeit operiert integrativ: Sie führt Erkenntnisse „aus Grundlagenforschung, problemlösungsorientierter Forschung, Technologieentwicklung, gesellschaftlicher Praxis und politischer Entscheidungsfindung" zusammen, um „Wissen über komplexe Zusammenhänge in Mensch-Umwelt-Systemen sowie zu möglichen Pfaden von erwünschten gesellschaftlichen Transformationen zu generieren" (Deutsche UNESCO-Kommission e.V. 2012). Die Orientierung an Nachhaltigkeit bearbeitet damit das Spannungsverhältnis zwischen Innovation und Legitimation in der *zeitlichen* Dimension.

Um die damit verbundenen Erwartungen zu erfüllen, haben sich in der Wissenschaft seit den späten 1960er-Jahren eine ganze Reihe von Programmen ausgebildet: so etwa eine Technikfolgenabschätzung, die sich darauf richtet, prospektiv die zukünftigen Folgen der Entwicklung, Anwendung und Verbreitung von Technologien auf die natürliche Umwelt, die menschliche Gesundheit und auf gesellschaftliche Strukturen und Kulturen zu analysieren, zu prognostizieren und zu bewerten. Insbesondere ökologische Gefährdungen durch Technik werden als moralische Herausforderung betrachtet, die ihrerseits Ethik – auch für die Institutionalisierung der Technikfolgenabschätzung – ins Spiel bringt, später – ausgehend von dem Human Genome Project – ergänzt durch ELSI-Forschung (Ethical, Legal and Social Implications) (Kaiser et al. 2010).

Während sich diese Programme auch in ihren neueren Varianten eher ergänzend und begleitend zur „eigentlichen" Forschung verhalten und ihren sogenannten „epistemischen Kern", die Prozeduren wissenschaftlicher Praxis, wie sie in epistemischen Gemeinschaften verankert sind, nicht oder nur kaum berühren, ändert sich dies, zumindest der Intention nach, im Zuge aktueller Entwicklungen wie Citizen Science und Responsible Research and Innovation (RRI).

5 Neuverhandlungen des Vertrags zwischen Wissenschaft und Gesellschaft – zwischen normativen Antworten und epistemischen Fragen

Wie wir im Folgenden anhand der wissenschaftspolitischen Diskurse um Citizen Science und Responsible Research and Innovation (RRI) exemplarisch zeigen, werden in der Aushandlung des neuen Gesellschaftsvertrags auch neue Wissensansprüche formuliert und alte Wissensfragen neu gestellt. Normative Erwägungen werden damit stärker mit epistemischen Aspekten verknüpft.

5.1 Citizen Science

Mit Citizen Science ist eine Form der Beteiligung von Laien und Amateuren an der Wissensproduktion gemeint, die nicht vorrangig im Rahmen deliberativer Aushandlungsprozesse erfolgt, in denen Bürger als „externe" Akteure in kritische wissenschaftliche Entscheidungen einbezogen werden. Vielmehr werden Bürger im Rahmen der Citizen Science selbst als Wissensproduzenten verstanden, die durch ihre Mitarbeit Beiträge zu Forschung und Entwicklung leisten können (Roy et al. 2012; Sanz et al. 2014). Ein maßgebliches Interface für aktuelle Erscheinungsformen der Citizen Science stellt das Internet dar. Die Aktivitäten der „Citizen Scientists" reichen hier vom Messen des Geräuschpegels der Umgebung via Smartphone über das „Falten" virtueller Proteine in spielerischen Umwelten am heimischen PC bis hin zu Formen wissenschaftsanaloger Amateurforschung (Dickel und Franzen 2015).

Durch Teilnahme an Forschungsprozessen sollen Bürger in ihrer Freizeit auch und gerade *Verantwortung* für gesellschaftliche Großprobleme übernehmen. So appelliert etwa das Citizen Science-Projekt „Cell Slider" an die Verantwortung der Individuen, durch die Online-Analyse medizinischer Bilder einen Beitrag zur Beschleunigung der Krebsforschung zu leisten. Hinter Citizen Science verbergen sich typischerweise Formen einer „eingeladenen" Partizipation, die Spielregeln folgt, welche professionelle Wissenschaftler selbst festlegen. Schon jetzt, zugleich mit dem Ausbau eingeladener Citizen Science, ist aber der Ruf nach der Berücksichtigung „uneingeladener" Bürgerwissenschaft zu hören (Finke 2014). Auch und gerade die Mitgestaltung von Forschungsprojekten und die Aushandlung von Fragestellungen werden als normative Anforderungen anspruchsvoller Varianten von Citizen Science betrachtet (Haklay 2013; Dickel und Franzen 2015).

Egal ob eingeladen oder uneingeladen: In jedem Fall stellen sich mit Citizen Science neue epistemische Fragen – oder besser: alte epistemische Fragen im neuen Gewand, etwa nach Mechanismen zur Sicherung der Qualität von Forschungsergebnissen, an denen Personen beteiligt sind, die nicht über eine entsprechende wissenschaftliche Fachausbildung verfügen, oder nach möglichen Widersprüchen zwischen dem Ideal werturteilsfreier Forschung und gesellschaftlichen Werten und Interessen.

5.2 Responsible Research and Innovation

Wissenschaft wird mittlerweile als dezentraler, mit der übrigen Gesellschaft vielfältig verflochtener und mit inhärenten Unsicherheiten behafteter Prozess anerkannt (Zhang et al. 2011). Das wissenschaftspolitische Programm einer „Responsible Research and Innovation" (RRI) kann als Versuch zur Institutionalisierung einer Innovationspraxis begriffen werden, die Responsivität, Partizipation und Nachhaltigkeit explizit unter dem Gesichtspunkt der Verantwortung verklammert. Mit RRI wird eine Dezentralisierung und Neubestimmung von Verantwortung vorangetrieben, die wissenschaftliche und politische Akteure auf allen Ebenen umfassen soll. Diese Verantwortung betrifft nicht nur das eigene (Forschungs-)Handeln im engeren Sinne. Vielmehr ergeht die Aufforderung zur institutionalisierten Dauerreflexion über gesellschaftliche Zusammenhänge, Kontexte und Folgen (Owen et al. 2012): Wissenschaft soll nicht nur neuen normativen Erwartungen gerecht werden. Sie soll – um diesen gerecht werden *zu können* – im Kontext von RRI auch institutionelle Umbauten vornehmen, die ihr neue Möglichkeiten der Antizipation und Reflexion eröffnen.

Das Konzept RRI stellt einen Versuch dar, die Governance von Wissenschaft und Technik stärker nach „innen" zu verlagern. Statt „upstream" am fiktiven Beginn eines Forschungs- und Entwicklungsprozesses regulierend einzugreifen (und dabei zumindest implizit das lineare Modell zu reproduzieren) oder aber „downstream" erst dann auf Innovationen reagieren zu können, wenn sie bereits produziert und diffundiert sind, soll RRI Möglichkeiten zur „midstream modulation" eröffnen (Fisher et al. 2006).

In diesem Sinne sollen Wissenschaftler – gemeinsam mit anderen gesellschaftlichen Akteuren – im Prozess von Forschung und Entwicklung selbst gesellschaftliche Bedarfe und mögliche Folgen reflektieren und ihre Tätigkeit entsprechend (selbst-) regulieren. Dabei soll es nicht „nur" um Reflexion gehen, sondern um den regelrechten „Einbau" sozialer Werte im Zuge des Designs von Innovationen. Die Berücksichtigung von Werten und gesellschaftlichen Bedürfnissen im Innovationsprozess soll zugleich bessere – da sozial bereits angepasste – Technologien ermöglichen (vgl. European Commission 2013). Damit verstärkt sich (und das ist ein dezidiertes Ziel von RRI) gleichwohl der Druck auf Wissenschaftler, alternatives und komplementäres Wissen (etwa sozialwissenschaftliches Wissen, Alltagswissen) in ihren Wissensvorrat zu integrieren und kontinuierlich in die Forschungs- und Entwicklungsarbeit einzubringen.

5.3 Normative Antworten – epistemische Fragen

Der aktuelle wissenschaftspolitische Diskurs zur Aushandlung eines neuen Gesellschaftsvertrags ist in normativer Hinsicht ein Diskurs der Verantwortung. Als *responsives* Funktionssystem soll die Wissenschaft Verantwortung für kollektive Probleme übernehmen, der Ausbau *partizipativer* Strukturen soll die Wahrnehmung wissenschaftlich-technischer Verantwortung durch Bürger ermöglichen. *Nachhaltigkeit* schließlich markiert Verantwortung in zeitlicher Hinsicht als Verantwortung für die Zukunft.

Der Begriff der Verantwortung ist „eine vergleichsweise neue Kategorie menschlicher Daseinsverständigung" (Kaufmann 1989, S. 204). Seine Konjunktur wird von Franz-Xaver Kaufmann auf eine steigende Komplexität gesellschaftlicher Entscheidungssituationen zurückgeführt, die sich durch große Handlungsspielräume auszeichnen. In diesem Kontext wächst der Bedarf an die Selbstverpflichtung individueller und sozialer Systeme, mit dieser Komplexität verantwortungsvoll umzugehen. Zugleich aber impliziert die (Selbst- oder Fremd-)Zuschreibung von Verantwortung nicht nur das Vorliegen normativer Erwartungen, sondern auch die Unterstellung kognitiver Kompetenzen zur Bewältigung komplexer Anforderungen (ebd.).

In der Citizen Science sollen verantwortungsvolle Bürger die Rolle von Wissenschaftlern einnehmen und die Wissensgesellschaft aktiv mitgestalten (Sutter 2005). Im Kontext der RRI sollen sich die Wissenschaftler selbst als Bürger begreifen, die der Gesellschaft gegenüber verantwortlich sind. Der EU-Slogan bringt es auf den Punkt: *science with and for society*. Die Wissenschaft soll demnach gemeinsam *mit* der Gesellschaft ihrer Verantwortung *für* die Gesellschaft gerecht werden. Diesem Diskurs von Verantwortung können sich Wissenschaftler, Politiker und Bürger kaum entziehen. Er ist zur ubiquitären Formel einer Wissenschaftspolitik geworden, die immer neue Anschlüsse für Fremd- und Selbstverpflichtungen bietet.

Die Legitimationsbedürfnisse der Wissenschaft sind dabei zugleich mit der Genese neuer Wissenspraktiken verknüpft. Man sieht in beiden Diskurszusammenhängen eine Verknüpfung von Legitimations- und Innovationsfragen, von normativen und epistemischen Aspekten. Responsivität, Partizipation und Nachhaltigkeit lassen sich einerseits als Extension der Wissenschaft in sachlicher, sozialer und zeitlicher Hinsicht verstehen, als rezenter Ausdruck einer Verwissenschaftlichung der Gesellschaft. Andererseits rücken normative Erwartungen damit näher als jemals zuvor an den Forschungsprozess selbst – und damit an den epistemischen Kern der Wissenschaft – heran, so dass sich gleichsam von einem neuen Schub von Vergesellschaftung der Wissenschaft sprechen lässt. In beiden Fällen gehen die normativen Erwartungen mit der impliziten oder expliziten Erwartung zur Ausbildung neuer kognitiver Kompetenzen einher: Bürger sollen zur Teilhabe an Forschung befähigt werden. Wissenschaftler sollen sich „Gesellschaftswissen" aneignen und dieses in ihrer Forschung umsetzen lernen. Ob und wie sich epistemische Autorität dabei auch unter den neuen „Vertragsbedingungen" herstellen und sichern lässt und ob die Neuaushandlung des Gesellschaftsvertrags zu einem „epistemischen Drift" (Elzinga 1997) führt, der die Institution Wissenschaft selbst unterminiert, ist dabei bislang eine offene Frage.

6 Der Gesellschaftsvertrag: Ambivalenzen einer Realfiktion – ein Fazit

Ungeachtet dessen setzt sich die Aushandlung neuer Vertragskonzepte stetig fort: Angesichts der erneuerten Diagnose einer gegenwärtig nicht-nachhaltigen Entwicklung forderte der Wissenschaftliche Beirat der Bundesregierung Globale Umweltveränderungen jüngst eine „Große Transformation" der Gesellschaft, die explizit durch die Knüpfung eines neuen Gesellschaftsvertrags ermöglicht werden soll – hier im weiteren Sinne als Neuordnung gesellschaftlicher Verhältnisse insgesamt konzipiert. Als ein Teilelement dieses umfassenden Gesellschaftsvertrags wird auch und gerade „[e]in neuer Vertrag zwischen Gesellschaft und Wissenschaft" (Wissenschaftlicher Beirat der Bundesregierung Globale Umweltveränderungen 2011, S. 342) eingefordert. Der Wissenschaft wird im Sinne einer „transformativen Forschung" (Schneidewind und Singer-Brodowski 2014) die Rolle der Beschleunigerin und Wegbereiterin einer Transformation zugedacht, die dauerhaft nachhaltige Lösungen ermöglichen soll.

Dieser jüngste Vorstoß zeigt und bearbeitet ein weiteres Mal die offenkundig nicht lösbare Spannung zwischen normativen und epistemischen Anforderungen an eine zugleich zuverlässige und verantwortbare Wissenschaft. Mit der Formulierung der Erwartungen, dass eine konsequente Nachhaltigkeitsorientierung (Zeitdimension) interne institutionelle Umbauten für mehr Responsivität (Sachdimension) erfordert und sich externen Praxispartnern (Sozialdimension) öffnen muss, schließt sich mit dem Konzept einer transformativen Wissenschaft der Kreis der drei Bausteine (Responsivität, Partizipation, Nachhaltigkeit) eines neuen Gesellschaftsvertrags in aktuellen wissenschaftspolitischen Diskursen (Schneidewind 2015).

So scheint es. Die Ambivalenzen auch dieses Modells zeichnen sich gleichwohl bereits ab. Um nur drei zu nennen: (1) Statt Protest abzuwehren, können Arrangements „eingeladener Partizipation" Konflikte rund um Wissenschaft und Technik durchaus erst (folgenreich) zutage treten lassen und gar verschärfen (Weingart 1997, S. 604; Bora 1999). (2) Statt bestehende Interessen, Anliegen und Sorgen aufzugreifen, können quasi-experimentelle Settings zur nachhaltigen Technikgestaltung als Scheinlösungen gedeutet werden, die „weitgehend ohne Bezug auf öffentliche Kontroversen, politische Teilhabebestrebungen und individuelle Betroffenheiten" (Bogner 2010, S. 87) operieren. (3) Schließlich belebt eine Wissenschaft, die ihren Sinn vor allem in der rationalen Bearbeitung kollektiver Großprobleme sucht, Befürchtungen eines „Solutionismus" (Nützlichkeit statt Wahrheit) und der Expertokratie (Strohschneider 2014, S. 182–183). Sie kann so „als eine Politik spezifischer De-Politisierung" (Strohschneider 2014, S. 189) erscheinen.

Es geht hier weniger um die Frage danach, welcher Position zuzustimmen sei, sondern um die diskursive Ordnung selbst. Unschwer erkennt man wiederkehrende Themen im Zwischenbereich von Innovation und Legitimation, ebenso erkennt man ein allmähliches Vordringen von normativ orientierten Randbedingungen zum epistemischen Kern der Wissenschaft sowie den Rollenwechsel der Forschung von der „bloßen" Analyse zur Intervention. Forderungen nach Nachhaltigkeit, Partizipation und Responsivität sind aus der Wissenschaftspolitik heute nicht mehr wegzudenken. Der Gesellschaftsvertrag zwischen klar konturierten Funktionssystemen (Wissenschaft und Politik) weicht dabei einem eher diffusen Leitbild verteilter Verantwortung, die die Wissenschaft im Konzert mit der übrigen Gesellschaft tragen soll.

Eine Rekonstruktion des Ausbaus responsiver, partizipativer und nachhaltigkeitsorientierter Mechanismen legt es nahe, Selbst- und Fremdpolitisierung der Wissenschaft als ein wechselseitiges Steigerungsverhältnis zu begreifen, das wiederum auf seine Nebenfolgen befragt werden sollte: Wie ist verantwortlich damit umzugehen, dass Partizipation in der Wissenschaft tendenziell unter dem normativen Ziel einer

Demokratisierung der Wissenschaft laufend auszuweiten wäre? Inwiefern droht Responsivität zum leeren Signifikanten zu werden, wenn „die Gesellschaft" in aktuellen Diskursen nicht re-spezifiziert wird? Überschätzt man die Steuerungs- und Bindungswirkung von Verantwortung in beschleunigten Innovationsgesellschaften und erzeugt durch den Versuch, „organisierte Unverantwortlichkeit" (Beck 1988) zu überwinden, neue Spielarten einer desorganisierten Unverantwortlichkeit in politisch nicht legitimierten Innovationsnetzwerken?

Sicher scheint indes, dass die Arbeit am Gesellschaftsvertrag absehbar kein Ende findet. Dieser Gesellschaftsvertrag ist mehr als nur eine Metapher, er ist eine Realfiktion. Eine *Fiktion* ist er, insofern er nicht einfach empirisch zu erheben, sondern ein analytischer Begriff ist. *Real* ist er, da er Rollenerwartungen entspricht, die in politischen und wissenschaftlichen Diskursen prominent anzutreffen sind. Was die Wissenschaft betrifft, so beschert er der Wissenschaftsforschung ein stabiles Thema für reflexive ebenso wie für regulatorische Fragen. Was die Politik betrifft, so spezifiziert er für Wissenschafts- und Förderpolitik immer neue Zonen der Governance von Wissenschaft.

Zeit für einen Gesellschaftsvertrag zum Umgang mit (realfiktiven) Gesellschaftsverträgen und ihren Ambivalenzen?

Literatur

Abels, Gabriele, und Alfons Bora. 2004. *Demokratische Technikbewertung.* Bielefeld: transcript-Verl.
Beck, Ulrich. 1986. *Risikogesellschaft. Auf dem Weg in eine andere Moderne.* Frankfurt a. M.: Suhrkamp.
Beck, Ulrich. 1988. *Gegengifte. Die organisierte Unverantwortlichkeit.* Frankfurt a. M.: Suhrkamp.
Beck, Ulrich, Wolfgang Bonß, und Christoph Lau. 2001. Theorie reflexiver Modernisierung – Fragestellungen, Hypothesen, Forschungsprogramme. In *Die Modernisierung der Moderne*, Hrsg. Ulrich Beck und Wolfgang Bonß, 11–63. Frankfurt a. M.: Suhrkamp.
Bogner, Alexander. 2010. Partizipation als Laborexperiment. Paradoxien der Laiendeliberation in Technikfragen. *Zeitschrift für Soziologie* 39(2): 87–105.
Bogner, Alexander. 2012. The paradox of participation experiments. *Science, Technology & Human Values* 37(5): 506–527.
Böhme, Gernot. 1993. *Alternativen der Wissenschaft.* Frankfurt a. M.: Suhrkamp.
Böhme, Gernot, Wolfgang von der Deale, und Wolfgang Krohn. 1973. Die Finalisierung der Wissenschaft. *Zeitschrift für Soziologie* 2(2): 128–144.
Bora, Alfons. 1999. *Differenzierung und Inklusion. Partizipative Öffentlichkeit im Rechtssystem moderner Gesellschaften*, 1. Aufl. Baden-Baden: Nomos-Verl.-Ges.
Böschen, Stefan. 2003. Wissenschaftsfolgenabschätzung: Über die Veränderung von Wissenschaft im Zuge reflexiver Modernisierung. In *Wissenschaft in der Wissensgesellschaft*, Hrsg. Stefan Böschen und Ingo Schulz-Schaeffer, 193–219. Wiesbaden: Westdeutscher Verlag.
Brand, Karl Werner, und Georg Jochum. 2000. Der deutsche Diskurs zu nachhaltiger Entwicklung. Abschlussbericht eines DFG-Projekts zum Thema „Sustainable Development/nachhaltige Entwicklung – Zur sozialen Konstruktion globaler Handlungskonzepte im Umweltdiskurs." Münchner Projektgruppe für Sozialforschung e.V., MPS-Texte 1/2000. http://www.sozialforschung.org/wordpress/wp-content/uploads/2009/09/kw_brand_deutscher_nachh_diskurs.pdf. Zugegriffen am 12.10.2015.

Deutsche UNESCO-Kommission. 2012. Wissenschaft für Nachhaltigkeit: Der Durchbruch muss gelingen. Memorandum des Vorstands der Deutschen UNESCO-Kommission vom 29. März 2012. http://unesco.de/infothek/dokumente/erklaerungen-duk/memorandum-wissenschaft-nach halt.html. Zugegriffen am 10.10.2015.
DFG. 2013. Sicherung guter wissenschaftlicher Praxis. Denkschrift. http://www.dfg.de/download/pdf/dfg_im_profil/reden_stellungnahmen/download/empfehlung_wiss_praxis_1310.pdf. Zugegriffen am 10.10.2015.
Dickel, Sascha, und Martina Franzen. 2015. Digitale Inklusion. Zur sozialen Öffnung des Wissenschaftssystems. *Zeitschrift für Soziologie* 44(5): 330–347.
Elzinga, Aant. 1997. The science-society contract in historical transformation: With special reference to 'epistemic drift'. *Social Science Information* 36(3): 411–445.
European Commission. 2013. Options for strengthening responsible research and innovation. Report of the expert group on the state of art in europe on responsible research and innovation. http://ec.europa.eu/research/science-society/document_library/pdf_06/options-for-strengthening_en.pdf. Zugegriffen am 12.10.2015.
Finke, Peter. 2014. *Citizen Science. Das unterschätzte Wissen der Laien*. München: oekom verlag.
Fisher, Erik, Roop L. Mahajan, und Carl Mitcham. 2006. Midstream modulation of technology. Governance from within. *Bulletin of Science, Technology & Society* 26(6): 485–496.
Fretschner, Rainer. 2006. Zwischen Autonomie und Heteronomie – Wissenschaft als Dienstleistung. Eine systemtheoretische und praxeologische Analyse des Strukturwandels der Wissenschaft. Dissertation Bochum. http://www-brs.ub.ruhr-uni-bochum.de/netahtml/HSS/Diss/FretschnerRainer/diss.pdf. Zugegriffen am 10.10.2015.
Gerhards, Jürgen. 2001. Der Aufstand des Publikums. Eine systemtheoretische Interpretation des Kulturwandels in Deutschland zwischen 1960 und 1989. *Zeitschrift für Soziologie* 30(3): 163–184.
Gibbons, Michael, Camille Limoges, Helga Nowotny, Simon Schwartzman, Peter Scott, und Martin Trow. 1994. *The new production of knowledge. The dynamics of science and research in contemporary societies*. London: Sage.
Grunwald, Armin, und Jürgen Kopfmüller. 2006. *Nachhaltigkeit*. Frankfurt a. M./New York: Campus Verlag.
Guston, David H. 2000. Retiring the social contract for science. In *Issues in science technology* (Summer). http://www.issues.org/16.4/p_guston.htm. Zugegriffen am 10.10.2015.
Habermas, Jürgen. 1969. Verwissenschaftlichte Politik und öffentliche Meinung. In *Technik und Wissenschaft als „Ideologie"*, Hrsg. Jürgen Habermas, 120–145. Frankfurt a. M.: Suhrkamp.
Haklay, Muki. 2013. Citizen science and volunteered geographic information: Overview and typology of participation. In *Crowdsourcing geographic knowledge*, Hrsg. Daniel Sui, Sarah Elwood und Michael Goodchild, 105–122. Dordrecht: Springer Netherlands.
Hauff, Volker. 1987. *Unsere gemeinsame Zukunft. Der Brundtland-Bericht der Weltkommission für Umwelt und Entwicklung*. Greven: Eggenkamp Verlag.
Hessels, Laurens K., Harro van Lente, und Ruud Smits. 2009. In search of relevance: The changing contract between science and society. *Science and Public Policy* 36(5): 387–401.
Hirsch-Kreinsen, Hartmut. 2008. Innovationspolitik: Die Hightech-Obsession. Arbeitspapier Nr. 22, Dortmund. http://www.wiso.tudortmund.de/wiso/de/forschung/gebiete/fphirschkreinsen/forschung/soz_arbeitspapiere/AP-SOZ-22.pdf. Zugegriffen am 10.10.2015.
Hohn, Hans-Willy. 1998. *Kognitive Strukturen und Steuerungsprobleme der Forschung*. Frankfurt a. M.: Campus-Verlag.
Kaiser, Mario, Monika Kurath, Sabine Maasen, und Christoph Rehmann-Sutter. 2010. Introduction: Governing future technologies. In *Governing future technologies. Nanotechnology and the rise of an assessment regime*, Hrsg. Mario Kaiser, Monika Kurath, Sabine Maasen und Christoph Rehmann-Sutter, xi–xxiv. Dordrecht/New York: Springer.
Kaldewey, David. 2013. *Wahrheit und Nützlichkeit. Selbstbeschreibungen der Wissenschaft zwischen Autonomie und gesellschaftlicher Relevanz*. Bielefeld: transcript (Science Studies).

Kallerud, Egil, Effie Armanatidou, Paul Upham, Mika Nieminen, Antje Klitkou, Dorothy Sutherland Olsen, Maria Lima Toivanen, Juha Oksanen, und Lisa Scordato. 2013. Dimensions of research and innovation policies to address grand and global challenges. Position paper of the CPRI project.

Kaufmann, Franz-Xaver. 1989. Über die soziale Funktion von Verantwortung und Verantwortlichkeit. In *Verantwortlichkeit und Recht*, Hrsg. Ernst-Joachim Lampe, 204–224. Opladen: Westdt. Verl. (Jahrbuch für Rechtssoziologie und Rechtstheorie, 14).

Knie, Andreas, und Dagmar Simon. 2008. Evaluationen im Governance-Mix. Herausforderungen für das deutsche Wissenschaftssystem. *Wissenschaftsmanagement* 5 (September/Oktober): 24–29.

Kuhn, Hatina. 2006. Zur kulturellen Dimension nachhaltiger Entwicklung – Eine metatheoretische und diskursanalytische Bestandsaufnahme. INFU-DISKUSSIONSBEITRÄGE 28/06. http://www.leuphana.de/fileadmin/user_upload/Forschungseinrichtungen/infu/files/infureihe/28_06_000.pdf. Zugegriffen am 10.12.2015.

Lax, Gregor. 2015. *Das „lineare Modell der Innovation" in Westdeutschland: eine Geschichte der Hierarchiebildung von Grundlagen- und Anwendungsforschung nach 1945*. Baden-Baden: Nomos.

Luhmann, Niklas. 1984. *Soziale Systeme. Grundriß einer allgemeinen Theorie*. Frankfurt a. M.: Suhrkamp.

Maasen, Sabine. 2015. The quest for reproducibility: Viewed in the context of innovation societies. In *Reproducibility: Principles, problems, practices, and prospects. A handbook*, Hrsg. Harald Atmanspacher und Sabine Maasen. New York: Wiley Publishers.

Maasen, Sabine, und Oliver Lieven. 2007. „Transdisziplinäre Forschung: Vorbote eines ‚New Deal' zwischen Wissenschaft und Gesellschaft". In *GAIA. Ökologische Perspektiven für Wissenschaft und Gesellschaft*, 16(1): 35–40.

Nowotny, Helga. 1997. Im Spannungsfeld der Wissensproduktion und Wissensvermittlung. http://www.unicom.unizh.ch/magazin/archiv/1-97/wissensproduktion.htm. Zugegriffen am 10.10.2015.

Nowotny, Helga. 2003. Democratizing expertise and socially robust knowledge. *Science and Public Policy* 30(3): 151–156.

Nowotny, Helga, Peter Scott, und Michael Gibbons. 2001. *Re-thinking science*. Oxford: Polity Press.

Owen, Richard, Phil Macnaghten, und Jack Stilgoe. 2012. Responsible research and innovation: From science in society to science for society, with society. *Science and Public Policy* 39(6): 751–760.

Radnitzky, Gerard, und Gunnar Andersson. 1976. Was wahr ist, was frei macht. ZEIT-online. http://www.zeit.de/1976/18/was-wahr-ist-was-frei-macht/komplettansicht. Zugegriffen am 10.12.2015.

Renn, Ortwin. 2007. Leitbild Nachhaltigkeit. Eine normativ-funktionale Konzeption und ihre Umsetzung. Unter Mitarbeit von Jürgen Deuschle, Alexander Jäger und Wolfgang Weimer-Jehle. 1. Aufl. Wiesbaden: VS Verlag für Sozialwissenschaften (Indikatoren und Nachhaltigkeit, 5).

Roy, H. E., M. J. O. Pocock, C. D. Preston, D. B. Roy, J. Savage, J. C. Tweddle, und L. D. Robinson. 2012. Understanding citizen science and environmental monitoring. Final report on behalf of UK environmental observation framework. NERC Centre for Ecology & Hydrology & Natural History Museum. http://www.ceh.ac.uk/products/publications/documents/citizenscien cereview.pdf. Zugegriffen am 10.12.205.

Sanz, Fermín Serrano, Teresa Holocher-Ertl, Barbara Kieslinger, Francisco Sanz García, und Cândida G. Silva. 2014. White paper on citizen science for Europe. http://www.socientize.eu/sites/default/files/white-paper_0.pdf. Zugegriffen am 15.10.2015.

Schneidewind, Uwe. 2015. Transformative Wissenschaft – Motor für gute Wissenschaft und lebendige Demokratie. *GAIA – Ecological Perspectives for Science and Society* 24(2): 88–91.

Schneidewind, Uwe, und Mandy Singer-Brodowski, Hrsg. 2014. *Transformative Wissenschaft. Klimawandel im deutschen Wissenschafts- und Hochschulsystem*, 2. Aufl., rev. Ausg. Weimar (Lahn): Metropolis.

SETAC. 1999. Sound science. httpc.ymcdn.com/sites/www.setac.org/resource/resmgr/publicati ons_and_resources/setac_tip_ soundsci.pdf. Zugegriffen am 10.10.2015.
Stehr, Nico. 2003. *Wissenspolitik: die Überwachung des Wissens*. Frankfurt a. M.: Suhrkamp.
Stichweh, Rudolf. 1988. Inklusion in Funktionssysteme der modernen Gesellschaft. In *Differenzierung und Verselbständigung. Zur Entwicklung gesellschaftlicher Teilsysteme*, Hrsg. Renate Mayntz, 261–293. Frankfurt a. M., New York: Campus Verlag (Schriften des Max-Planck-Instituts für Gesellschaftsforschung, Köln, 1).
Stichweh, Rudolf. 2012. Regionale Diversifikation und funktionale Differenzierung der Weltgesellschaft. Zum Arbeitsprogramm des „Forum Internationale Wissenschaft Bonn". Universität Bonn.
Stichweh, Rudolf. 2014. Paradoxe Autonomie. Zu einem systemtheoretischen Begriff der Autonomie von Wissenschaft und Universität. In *Autonomie revisited. Beiträge zu einem umstrittenen Grundbegriff in Wissenschaft, Kunst und Politik*, Hrsg. Martina Franzen, Arlena Jung, David Kaldewey und Jasper Korte, 29–40. Weinheim: Beltz Juventa.
Strohschneider, Peter. 2014. Zur Politik der Transformativen Wissenschaft. In *Die Verfassung des Politischen. Festschrift für Hans Vorländer*, Hrsg. André Brodocz, Dietrich Herrmann, Rainer Schmidt, Daniel Schulz und Julia Schulze-Wessel, 175–192. Wiesbaden: Springer.
Sutter, Barbara. 2005. Von Laien und guten Bürgern: Partizipation als politische Technologie. In *Wozu Experten? Ambivalenzen der Beziehung von Wissenschaft und Politik*, Hrsg. Alexander Bogner und Helge Torgersen, 220–240. Wiesbaden: Verlag für Sozialwissenschaften.
UNCED (Konferenz der Vereinten Nationen über Umwelt und Entwicklung). 1992. *Rio-Erklärung über Umwelt und Entwicklung*. Rio de Janeiro: Vereinte Nationen.
Wehling, Peter. 2012. From invited to uninvited participation (and back?). Rethinking civil society engagement in technology assessment and development. *Poiesis & Praxis* 9(1–2): 43–60.
Weingart, Peter. 1997. From 'Finalization' to 'Mode 2': old wine in new bottles? *Social Science Information* 36(4): 591–613.
Weingart, Peter. 2011. Die Wissenschaft der Öffentlichkeit und die Öffentlichkeit der Wissenschaft. In *Wissenschaft und Hochschulbildung im Kontext von Wirtschaft und Medien,* Hrsg. Barbara Hölscher und Justine Suchanek, 45–61. Wiesbaden: VS Verlag für Sozialwissenschaften
Wieland, Thomas. 2009. *Neue Technik auf alten Pfaden? Forschungs- und Technologiepolitik in der Bonner Republik. Eine Studie zur Pfadabhängigkeit des technischen Fortschritts*. Bielefeld: transcript.
Wissenschaftlicher Beirat der Bundesregierung Globale Umweltveränderungen. 2011. *Welt im Wandel. Gesellschaftsvertrag für eine Große Transformation. Hauptgutachten*. Berlin: Wiss. Beirat d. Bundesregierung Globale Umweltveränderungen (Welt im Wandel).
Wissenschaftsrat. 2015. Zum wissenschaftspolitischen Diskurs über große gesellschaftliche Herausforderungen, Positionspapier.
Wynne, Brian. 2007. Public participation in science and technology: Performing and obscuring a political–conceptual category mistake. *Easts* 1(1): 99–110.
Zhang, Joy Y., Claire Marris, und Nikolas Rose 2011. The transnational governance of synthetic biology. Scientific uncertainty, cross-borderness and the 'art' of governance. BIOS working paper 4, Hrsg. Biomedicine biotechnology and society London school of economics and political science BIOS centre for the study of bioscience. http://www.synbioproject.org/process/assets/files/6601/_draft/lsesumnbiogovernance.pdf. Zugegriffen am 10.12.2015.

(Forschungs-)Evaluation

Stefan Hornbostel

Inhalt

1	Einleitung	243
2	Abgrenzungen	244
3	Evaluation: Wissenschaft oder Kunstlehre	246
4	Wissenschaft als Objekt von Evaluationen	247
5	Evaluitis oder notwendiges Element einer Selbststeuerung?	249
6	Ziele, Formen und Verfahren	252
	6.1 Gegenstandsbereiche	252
	6.2 Intern – Extern	253
	6.3 Formativ – Summativ	254
	6.4 Qualitativ – Quantitativ	254
	6.5 Punktuell – Regelmäßig	255
7	Effekte von Evaluationen	255
8	Fazit	256
Literatur		256

1 Einleitung

> Evaluation – more than any science – is what people say it is, and people currently are saying it is many different things (Glass und Ellet 1980, S. 211).

Der Begriff Evaluation ist in relativ kurzer Zeit zu einer inhaltlich weitgehend unklaren catch-all-phrase geworden, die gerade durch die begriffliche Unschärfe hervorragend geeignet ist, sowohl fundamentale Kritik anzubringen, wie eschatolo-

---

S. Hornbostel (✉)
Department 2 „Research System and Science Dynamics", Deutsches Zentrum für Hochschul- und Wissenschaftsforschung, Berlin, Deutschland

Department of Social Sciences, Humboldt-Universität zu Berlin, Berlin, Deutschland
E-Mail: hornbostel@dzhw.eu

gische Hoffnungen und Visionen damit zu verbinden (Beywl und Widmer 2009; Kromrey 2001). Die begriffliche Ambiguität ist vermutlich darauf zurückzuführen, dass eine sehr alte, fast ubiquitäre soziale Praxis (das Bewerten von Waren, Objekten, Menschen, Handlungen, Theorien usw.) seit dem 16. Jahrhundert aus unterschiedlichsten Anlässen als verfahrensmäßig besonders ausgestaltetes Prozedere für (Selbst-)Steuerungszwecke eingesetzt wurde. Auch wenn sich die Spuren von Evaluation bis in das 16. Jahrhundert zurückverfolgen lassen, ist die systematische Entwicklung und Verbreitung von Evaluationen doch ein Phänomen des 20. Jahrhunderts (vgl. Hornbostel 2007; Biagioli 2002; Shapin 1999). Die frühen Anfänge entwickelten sich in der Zeit nach dem Zweiten Weltkrieg relativ schnell, so dass bereits in den 1950er-Jahren Programmevaluationen in den USA weit verbreitet waren und in den späten 1960er-Jahren Evaluation bereits als eine Wachstumsindustrie bezeichnet wird. In den 1970er-Jahren etablierte sich in den USA die Evaluationsforschung als eigenständiges Feld innerhalb der Sozialwissenschaften, mit eigenen Journalen und ersten professionellen Organisationen (Rossi et al. 2004). In Europa fand diese Entwicklung verzögert statt, allerdings lassen sich auch in Deutschland – ähnlich der Entwicklung in den USA, wenn auch nicht unter dem Begriff Evaluation – erste systematische Wirkungskontrollen im Gefolge großer politischer Reformprogramme bereits seit Ende der 1960er-Jahre ausmachen (Wollmann 2012). Trotz erheblicher Unterschiede in der Zielsetzung und den eingesetzten Verfahren haben sich seit den 1980er-Jahren Evaluationen – im weitesten Sinne – auch in Europa über fast alle gesellschaftlichen Bereiche ausgebreitet, was sich im plakativen Begriff der „Audit-Society" (Power 1997) niederschlug. Ein wesentlicher Antrieb für diese Ausbreitung lag in vielen europäischen Ländern in der Einführung neuer Steuerungsmodelle für die staatliche Administration (New Public Management – NPM). Auch wenn es sich dabei nicht um ein kohärentes Konzept handelt, finden sich in fast allen europäischen Ländern Reformbestrebungen, die zumindest Elemente dieses Konzepts enthalten. Zentraler Bestandteil des NPM ist die Einführung von Wirkungskontrollen, mithin die Verschiebung von einer Input-orientierten Steuerung zu einer am Output oder Outcome orientierten Steuerung. Genau hierbei spielt Evaluation eine zentrale Rolle.

Die höchst unterschiedlichen Traditionen und Ziele organisierter Bewertungen und ihrer verfahrensförmigen Ausgestaltung schlagen sich bis heute in einer recht vagen Definition dessen nieder, was unter Evaluation verstanden werden soll: Evaluation ist die systematische Untersuchung des Nutzens oder Wertes eines Gegenstandes. Solche Evaluationsgegenstände können z. B. Programme, Projekte, Produkte, Maßnahmen, Leistungen, Organisationen, Politik, Technologien oder Forschung sein. Die erzielten Ergebnisse, Schlussfolgerungen oder Empfehlungen müssen nachvollziehbar, auf empirisch gewonnenen qualitativen und/oder quantitativen Daten beruhen (DeGEval 2008; vgl. auch Sanders 1999).

2 Abgrenzungen

Evaluationen können, abhängig von den verfolgten Zwecken, Fragestellungen und Verfahren, sehr unterschiedliche Funktionen haben:

Die *Erkenntnisfunktion* ähnelt sozialwissenschaftlicher Forschung, sie liefert allen am Evaluationsprozess Beteiligten Informationen über Beschaffenheiten, Wirkungen, Effizienz usw.

Die *Kontrollfunktion* ähnelt hingegen den betriebswirtschaftlichen Controlling- und Auditing-Verfahren und bezieht sich wesentlich auf die Prüfung der Einhaltung normativ vorgegebener Sollwerte.

Die *Dialogfunktion* bezeichnet einen häufig beobachteten Nebeneffekt von Evaluationen, nämlich die Stimulierung von Selbstverständigungs- und Kommunikationsprozessen unter den Beteiligten, die in der Alltagsroutine nicht stattfinden. Zu dieser Funktion lässt sich auch die Ritualisierung von Evaluationen oder die Etablierung einer Evaluationskultur rechnen. Ritualisierung meint eine „kollektive Handlung zur Verständigung und Vergewisserung über geteilte Werte" (Schwarz 2006, S. 228), die allerdings nicht frei von disziplinierenden Elementen ist (Sauder und Espeland 2009).

Weiterhin dienen Evaluationen der *Legitimationsbeschaffung* für Entscheidungen und der Rechenschaftslegung. Ob dabei Evaluationsergebnisse zum Ausgangspunkt von Maßnahmen werden oder Evaluation lediglich argumentatives Material für bereits getroffene Entscheidungen liefert, hängt stark von der kontextuellen Einbettung der Evaluation ab.

Evaluationen werden auch zur *Evidenzbeschaffung* eingesetzt. Derartige Evaluationsverfahren benutzen in der Regel Metaanalysen wissenschaftlicher Untersuchungen, um Handlungsempfehlungen zu generieren, die zu „evidenzbasierten" Entscheidungen führen. Diese Form der Evaluation etabliert sich zunehmend in Form spezialisierter Organisationen wie etwa dem Bundesinstitut für Risikobewertung (BfR) oder dem Institut für Qualität und Wirtschaftlichkeit im Gesundheitswesen (IQWIG).

Schließlich können Evaluationen eine *Öffentlichkeitsfunktion* haben. Bei Rankings und Ratings ist – bei aller Unterschiedlichkeit der Verfahren – diese Funktion konstitutiv. Je nach Ausgestaltung überwiegt entweder eine Informationsfunktion (die Nutzer wählen die Kriterien des Rankings) oder eine Reputationsfunktion (die Ranginganbieter legen scores fest). Die unterschiedlichen Funktionen von Evaluationen erklären auch, warum es nur schwer möglich ist, Evaluationen trennscharf von Managementtechniken (inklusive Qualitätsmanagement, Controlling, Auditing) abzugrenzen. Die Versuche, eine Demarkationslinie zu ziehen – etwa anhand der Frage, ob primär organisationsinterne Wirkungen beabsichtigt sind, Verfahren kontinuierlich oder punktuell eingesetzt werden, intendierte oder auch nicht-intendierte Wirkungen berücksichtigt werden, quantitative oder qualitative Daten erhoben werden (Stockmann 2006; Buschor 2002; Cook und Wittmann 1998; Beywl und Taut 2000) – scheitern bereits an der Vagheit des Evaluationsbegriffs. Für jeden Abgrenzungsversuch lässt sich exemplarisch ein Evaluationsverfahren oder eine Managementtechnik benennen, die sich der Abgrenzung nicht fügt. Es empfiehlt sich daher, Evaluation als einen Oberbegriff zu sehen, unter dessen Dach eine ganze Reihe sehr unterschiedlicher Techniken und Verfahren, Erhebungsdesigns und mehr oder weniger starke Verknüpfungen mit Konsequenzen versammelt sind. Je nachdem, welche Funktionen besonders betont werden, verschieben sich auf einem Kontinuum Nutzen und Wirkungen ebenso wie intendierte und nicht-intendierte Effekte von Evaluationen.

3 Evaluation: Wissenschaft oder Kunstlehre

Zur Selbstverständigung über Standards und Definitionen als auch zur Abgrenzung gegenüber Managementtechniken wird regelmäßig auf den wissenschaftlichen Charakter von Evaluationen Bezug genommen: „Das Alleinstellungsmerkmal der Evaluation besteht darin, dass sie über wissenschaftliche Verfahren verfügt, die Wirkungen und Ergebnisse von Programmen bei den Zielgruppen oder in sozialen Systemen methodisch abgesichert zu beschreiben und zu bewerten sowie Grundlagen für wirkungsorientierte Programmsteuerung zu schaffen" (Beywl und Taut 2000, S. 359). Derartig hohe Ansprüche sind generell nur schwer umsetzbar, bei Evaluationen liegt jedoch das Primat in der Praxis, so dass im Zweifelsfall die wissenschaftlichen Ansprüche zurücktreten müssen (Kromrey 2001). Evaluationsforschung ist hingegen ein Bereich, der sich der Entwicklung von Verfahren und Indikatoren, der Überprüfung von Evaluationsverfahren (Metaevaluation), der Untersuchung der Auswirkungen von Evaluationen usw. widmet, mithin eine anwendungsorientierte Grundlagenforschung. Evaluationen selbst sind im Regelfall jedoch keine Forschung, sondern lediglich die Anwendung von (im günstigen Fall) wissenschaftlich fundierten Verfahren. Diese Unterscheidung ist insofern wichtig, als Evaluation und damit auch ihre Ergebnisse und gegebenenfalls Empfehlungen selbst nur bedingt wissenschaftliche Ergebnisse sind. Die praktische Durchführung von Evaluationen ist stark von Erfahrungen und implizitem Wissen um die Verfahrensorganisation geprägt, so dass sie – im Unterschied zur Evaluationsforschung – eher den Charakter einer Kunstlehre trägt. Die Frage, welche Folgerungen und Konsequenzen aus einer Evaluation zu ziehen sind, ist daher im eigentlichen Sinne eine politische Frage, die auf einer guten Informationsbasis zu entscheiden ist.

Evaluationen müssen sich an den feldspezifischen Kriterien für erfolgreiches Handeln orientieren und diese sind in der Entwicklungspolitik andere als in der Wirtschaft, den verschiedenen wissenschaftlichen Disziplinen oder der Arbeitsmarktpolitik. Diese feldspezifischen Unterschiede implizieren in der Regel auch unterschiedliche Verfahren der Datenerhebung, des Evaluationsdesigns und der Organisation des Evaluationsverfahrens und machen spezifische Kenntnisse der Evaluatoren notwendig. Allerdings gibt es eine anhaltende Debatte darüber, inwieweit die zweifellos auch vorhandenen Gemeinsamkeiten (insbesondere die Nutzung des sozialwissenschaftlichen Methodenrepertoires) sowie die Formulierung von Standards und Kompetenzanforderungen bereits eine Profession oder eine Disziplin konstituieren (Brandt 2009). Allerdings sprechen sowohl die weitgehend abstrakten und überwiegend unspezifischen Standards, wie auch das Fehlen eines eigenständigen wissenschaftlichen Paradigmas oder zumindest einer spezifischen Methodik gegen eine solche Vorstellung. Evaluation kann sinnvollerweise als angewandte Sozialforschung verstanden werden. Allerdings wirft die Debatte um die Professionalisierung der Evaluation ein Schlaglicht auf eine andere, bisher ungelöste Frage, nämlich wie die Kompetenz der Evaluatoren und die Solidität der eingesetzten Verfahren sichergestellt werden kann (Torka 2011).

4 Wissenschaft als Objekt von Evaluationen

In der Wissenschaft gehört das Bewerten von Leistungen, Personen und Institutionen zum Alltagsgeschäft, gleichwohl ist aber gerade in diesem Feld die Evaluation besonders umstritten, methodisch herausfordernd und in ihren Folgewirkungen unklar. Die Ursache dafür liegt vor allem darin, dass die Bewertung der im Wissenschaftssystem erbrachten Leistungen zu einem großen Teil nur innerhalb des Wissenschaftssystems erfolgen kann. Das Wissenschaftssystem hat dazu eine Fülle von internen Bewertungsprozessen entwickelt (etwa das Peer Review System für die Manuskriptbeurteilung oder die Begutachtung von Forschungsprojekten, das Berufungsverfahren für Professoren usw.). All diese Verfahren sind selbst nicht unumstritten, denn Zielsetzungen wie Innovation, Originalität, Fortschritt, Forschungsqualität, internationale Sichtbarkeit, Erkenntnisgewinn oder Anwendungspotenzial etc. sind nur schwer zugängliche Konstrukte, die auch innerhalb der scientific community nicht unbedingt konsensual beurteilt werden. Bedingt durch diese Selbstreferenzialität und Bezugnahme auf selbst innerwissenschaftlich kontroverse Positionen geraten auch die traditionellen wissenschaftsinternen Bewertungsverfahren immer wieder in die Kritik (Overbeke und Wager 2003; Hornbostel und Simon 2006; Daniel et al. 2007). Trotz der geradezu endemischen Kritik an den wissenschaftsinternen Verfahren ist der Bedarf an Evaluation im Wissenschaftssystem massiv gestiegen (Pawson 2013). Maßgeblich dafür ist ein ganzes Bündel von Gründen:

- Die wissenschaftsinterne kritische Reflexion der eigenen Entscheidungs- und Bewertungsprozesse ist eine Triebkraft für die Entwicklung von Evaluationsverfahren. So gehen z. B. die heute in Evaluationen gebräuchlichen Techniken bibliometrischer Analyse nicht zuletzt auf die Kritik am Peer Review zurück. Eine Funktion von Evaluation liegt daher in der Erzeugung von Transparenz und systematischer Reflexion ohnehin ablaufender Bewertungen und Allokationsentscheidungen. In diesem Sinne haben Evaluationen im Wissenschaftssystem eine Rationalisierungsfunktion (vgl. z. B. Hornbostel 1997). Da es aber nicht nur um Mittelverteilungen und öffentliche Aufmerksamkeit, sondern immer auch um die wissenschaftsinterne Währung Reputation geht, sind Evaluationen im Wissenschaftssystem immer in das soziale Machtgefüge der Wissenschaft eingelassen. Die Auseinandersetzung um Verfahren, Kriterien, Standards und Methoden sind daher nicht nur ein Streit um Angemessenheit, sondern auch ein Streit um Definitionsmacht im jeweiligen Feld (vgl. Bourdieu 1988).
- Seit dem Zweiten Weltkrieg ist weltweit das Wissenschaftssystem schnell gewachsen (de Solla Price 1963) und hat sowohl wissenschaftsintern den Druck auf die Effizienzsteigerung erhöht als auch die Legitimationsmuster gegenüber Politik und Öffentlichkeit in Richtung eines steigenden Bedarfs an Rechenschaftslegung verändert. Knapper werdende öffentliche Mittel führten in Europa zunächst in Großbritannien und den Niederlanden zur Einführung von Evaluationsverfahren, teils verbunden mit an die Evaluationsergebnisse gekoppelten

Mittelallokationen und der Entwicklung einer outputorientierten Wissenschaftspolitik (value for money). In diesem Kontext sind Evaluationen vor allen Dingen zur differenziellen Mittelallokation und deren Legitimation eingesetzt worden. Die Erwartungen, die mit Evaluationen in diesem Zusammenhang verbunden sind, beziehen sich nicht nur auf Qualitätsstandards und Effizienzsteigerungen, sondern zunehmend auch auf die Abschätzung „gesellschaftlicher Nützlichkeit" der Forschung.

- Das Größenwachstum des Wissenschaftssystems war in Deutschland durch eine Mischung aus funktionaler Differenzierung (Einführung der Fachhochschulen, Ausbau der außeruniversitären Forschung) und segmentärer Differenzierung (Neugründung von Hochschulen und Fakultäten) begleitet. Beide Prozesse evozierten wissenschaftspolitische Steuerungsprobleme: An den Grenzen der funktional abgegrenzten Bereiche entstand eine beständige Legitimationsproblematik (Upgrading der Fachhochschulen, Begründung der Aufgabenbereiche der außeruniversitären Forschung und ihrer Ressourcenausstattung etc.). Die Lösung für die Probleme wurde vor allen Dingen in einer Verstärkung der wettbewerblichen Elemente des Hochschulsystems gesehen (Wissenschaftsrat 1985, 2003). Diese Orientierung ist – lange vor der Einführung umfangreicher Evaluationen – bereits seit den 1970er-Jahren an einem beständigen Anstieg der wettbewerblich vergebenen Drittmittel an den Etats der Hochschulen erkennbar. Evaluationen haben in diesem Zusammenhang die Funktion, vergleichende Informationen über Wettbewerbsposition bereitzustellen.
- Wettbewerb setzt handlungsfähige Organisationen voraus. Die Reformmaßnahmen des letzten Jahrzehnts liefen auf eine Erhöhung der Autonomie der Hochschulen hinaus (Globalhaushalte, veränderte Leitungsstrukturen, Berufungsrecht etc.). Autonomie stellt jedoch an die Management- und Strategiefähigkeit der Organisationen ungewohnt hohe Anforderungen. In diesem Rahmen haben Evaluationen insbesondere eine auf die organisatorische Binnenperspektive gerichtete Aufgabe. Auch wenn dieser Prozess meist unter dem Label Qualitätsmanagement verhandelt wird, geht es hier um eine Mischung aus Evaluation (Bestandsaufnahme, Wirkungskontrolle, Soll-Ist-Vergleich) und Management (Strategieentwicklung, Zieldefinition, Umsetzung). In diesem Kontext werden Evaluationsverfahren als Informationsbasis für das Management, und zwar im weiten Spektrum von Berufungspolitiken über Leistungsmonitoring der Organisationseinheiten bis hin zur strategischen Profilbildung, genutzt.
- Das Größenwachstum des Wissenschaftssystems in der Nachkriegszeit ging einher mit erheblichen Veränderungen der Wissensproduktion einerseits und der Vernetzung von Wissenschaft und Gesellschaft andererseits. Schlagworte wie *little Science, big Science* oder *Verbetrieblichung der Forschung* deuten bereits Ende der 1960er-Jahre den Wandel an. Die zunehmende Wissensbasierung der Wirtschaft, aber auch anderer Teile der Gesellschaft und die zunehmende Akademisierung der Berufswelt haben neben der Grundlagenforschung die Anwendungsseite von Forschung und die Kompetenzentwicklung für außerakademische Zwecke in der Lehre stark in den Vordergrund gerückt. Damit rückten nicht nur Transferprozesse (meist als Nützlichkeit der Forschung apostrophiert)

systematisch in das Aufgabenspektrum von Forschungseinrichtungen, auch die Abschätzung von Folgen wissenschaftlicher und technologischer Entwicklungen (Technology Assessment) gehört in diesen Bereich. Anders als bei der reinen Grundlagenforschung liegt in diesen Feldern auch die Bewertungskompetenz nicht mehr allein in der Wissenschaft selbst, sondern bezieht Nutzer und Anwender (Fremdrationalität) von wissenschaftlichem Wissen mit ein. Umstritten ist dabei, inwieweit Evaluationen zu einem Steuerungsinstrument werden, das in (zu) starkem Maße außerwissenschaftliche Kriterien transportiert. Die alten Debatten um eine „Finalisierung der Wissenschaft" (Krohn und Küppers 1989) oder eine grundlegende Veränderung der Produktionsweise von Wissen à la mode 2 (Nowotny et al. 2004; Gibbons et al. 1994) zeigten bereits das Spannungsverhältnis zwischen einer Ausrichtung von Wissenschaft und Technik auf gesellschaftliche Bedarfe und die Gefahr, die zweckfreie Grundlagenforschung und die nicht planbaren Serendipitätseffekte zu gefährden (Schmoch 2003; Osterloh und Frey 2008).

- Schließlich bleibt zu erwähnen, dass Evaluationen im Wissenschaftsbereich sich nicht auf die Produzenten von wissenschaftsnahen Dienstleistungen, Forschungsergebnissen oder Lehrleistungen beschränken, sondern zunehmend auch die Infrastruktur des Wissenschaftssystems erfassen. Forschungsförderer, Wissenschaftsstiftungen, Forschungspolitiken und -programme geraten selbst unter den Druck der Rechenschaftslegung und werden auf unterschiedlichste Weise evaluiert, stellen aber gleichzeitig die Dokumentation ihrer eigenen Aktivitäten als Daten für andere Evaluationen zur Verfügung. Evaluationen können auf diese Weise durchaus Ausstrahlungseffekte erzeugen, ohne unmittelbar mit Sanktions- oder Belohnungsmechanismen verknüpft zu sein. Das gilt insbesondere für die öffentliche, massenmediale Aufmerksamkeit, die von Evaluation und wettbewerblichen Steuerungsverfahren (derzeit prominent die Exzellenzinitiative) beeinflusst wird und die die Sichtbarkeit von wissenschaftlichen Einrichtungen erheblich beeinflusst.

5 Evaluitis oder notwendiges Element einer Selbststeuerung?

In Deutschland begann Ende der 1970er-Jahre eine akademische Debatte um neue Techniken der Forschungsevaluation (insbesondere die Bibliometrie), aber mit Beginn der 1990er-Jahre setzte eine Bewegung ein, die schnell zu einer kaum überschaubaren Flut von Evaluationen unterschiedlichster Art führte. Die treibenden Kräfte waren einerseits die Medien, die mit Hochschulrankings eine öffentliche Debatte um die Leistungsfähigkeit der Hochschulen auslösten (Hornbostel 1999; Campbell 2003; Krücken 2001; Hazelkorn 2015), und andererseits der Wissenschaftsrat, der mit der Evaluation der ehemaligen Institute der Akademie der Wissenschaften der DDR, aber auch des Hochschulpersonals, eine bis dahin nicht gekannte Welle systematischer Begutachtungen in Gang brachte (Mayntz 1994).

Im weiteren Verlauf vervielfachte sich die Zahl der Akteure, der Ziele, Formen und Gegenstandsbereiche von Evaluationen. Neben die anfangs dominierende Lehrevaluation trat die Evaluation von Forschungs- und Dienstleistungen, neben Rankings und institutionelle Evaluationen, Programm-, Querschnitts-, und Systemevaluationen.

Auf die wachsende Rankingflut der Medien reagierte die Hochschulrektorenkonferenz 1994 zusammen mit der Bertelsmann-Stiftung mit der Gründung des Centrum für Hochschulentwicklung (CHE), das seit 1998 jährlich ein Hochschulranking veröffentlicht. Die Deutsche Forschungsgemeinschaft (DFG) folgte 2003 mit einem eigenen Ranking. Im gleichen Jahr wurde das internationale Schanghai Ranking veröffentlicht, 2004 folgte The Times Higher World University Ranking, das mehrfach Methode und Datenbasis änderte. Der Wissenschaftsrat (WR) legte 2008 für die Fächer Chemie und Soziologie die Ergebnisse seiner Pilotstudie „Forschungsrating" vor, die Universitäten und außeruniversitäre Forschungseinrichtungen umfasst (WR 2008; Neidhardt 2008; Auspurg et al. 2015). Im Jahr 2012 erschien erstmals das Leiden Ranking; von der Europäischen Kommission gefördert, folgte 2014 das europaweite Multi U Ranking (van Vught und Ziegele 2012). Heute herrscht eine kaum mehr überschaubare Fülle von Rankings unterschiedlichster methodischer Qualität, fachlicher und (inter-)nationaler Abdeckung. Auch das verwendete Datenmaterial reicht inzwischen von Befragungsdaten über bibliometrische Indikatoren, verlinkten WEB-Seiten, Arbeitsmarktdaten, hochschulstatistischen Daten bis hin zu nutzergenerierten Daten (Altmetrics) (Hazelkorn 2015; Langville und Meyer 2012; Bornmann 2014; Erkkilä 2014; Münch und Schäfer 2014; Rauhvargers 2014; de Rijcke et al. 2015a; Saisana et al. 2011).

Auch wenn die Entwicklung sehr uneinheitlich ist, lassen sich doch einige Trends festhalten: Anstelle sehr simpler Hochschulranglisten treten zunehmend fachliche Differenzierung oder Normalisierung der Daten, so dass Fachspezifika neutralisiert werden. Anstelle eindimensionaler Listen werden mehrdimensionale Rankings konstruiert, die entweder mit einer Verrechnungsformel einen Rangplatz errechnen oder dem Nutzer die Spezifikation und Gewichtung der zu bewertenden Dimensionen überlassen. Schließlich treten anstelle von Scheingenauigkeiten zunehmend Gruppenbildungen (was die Unterschiede zwischen Rangfolgen und den schulnotenähnlichen Ratings nivelliert) oder es werden statistische Informationen zur Einschätzung der Signifikanz von Unterschieden angeboten (Konfidenz- oder Stabilitätsintervalle).

Gleichwohl führte die Unübersichtlichkeit und die für den Laien schwer beurteilbare Aussagekraft der Rankings zu Reaktionen: Im Jahr 2009 schloss sich eine bestehende informelle Gruppe von Rankingexperten zum IREG Observatory (International Ranking Expert Group) zusammen und begann Rankings zu auditieren und zu zertifizieren. Die International Mathematical Union nahm 2008 kritisch zu den Forschungsmetriken Stellung (Adler et al. 2008). Im Jahr 2012 nahm eine Gruppe von Herausgebern und Editoren die Kritik abermals auf und verabschiedete auf der Jahrestagung der American Society for Cell Biology die San Francisco Declaration on Research Assessment (DORA), eine Erklärung zum Umgang mit bibliometrischen Daten, und empfahl insbesondere, den Journal Impact Factor nicht zur

Leistungsbewertung heranzuziehen. In der Folge wurde die Kritik an bestehenden Bewertungspraxen und die Forderung nach Qualitätsstandards mehrfach wiederholt, etwa 2015 im Leiden Manifest (Hicks et al. 2015). Der Wissenschaftsrat diagnostizierte 2011 in seinen Empfehlungen zur Bewertung und Steuerung von Forschungsleistung eine sehr grundsätzliche und hitzige Kontroverse um alle Formen der Leistungsbewertung und mahnte eine Versachlichung der Debatte an. Die Frontstellungen hingen „mit grundlegenden Differenzen in der Bewertung und Wahrnehmung des heutigen Wissenschaftssystems zusammen, die sich mit den Schlagworten ‚New Public Management' auf der einen und ‚Humboldt-Ideal' auf der anderen Seite verbinden lassen" (WR 2011, S. 9).

In der Auseinandersetzung werden sowohl Peer Review-gestützte wie metrische Verfahren kritisiert, besonderes Gewicht liegt aber auf befürchteten Fehlsteuerungen durch „Governance by numbers" (Hornbostel 2015; de Rijcke et al. 2015b; Weingart 2016).

Auch auf der Ebene der Bundesländer wurden auf dem Gebiet der Lehr- und Forschungsevaluation neue Institutionen bzw. Strukturen geschaffen, die die Qualitätssicherung im Hochschulsystem als Kernaufgabe begreifen. Bereits 1994 schlossen sich sieben norddeutsche Universitäten zum Nordverbund zusammen, um die angebotenen Studienfächer gemeinsam zu evaluieren. Im Bundesland Niedersachsen wurde 1999 die Wissenschaftliche Kommission Niedersachsens gegründet, welche die Landesregierung auf der Basis von Qualitätsprüfungen in Belangen der Hochschulpolitik berät. Im Jahr 2000 gründete das Bundesland Baden-Württemberg gemeinsam mit den Hochschulen des Landes die EvalAg (Evaluationsagentur Baden-Württemberg), welche ebenfalls flächendeckende Evaluationsverfahren zur Sicherung und Verbesserung der Lehr- und Forschungsqualität etabliert hat. Im Jahr 2001 setzte der Wissenschaftsrat den Evaluationsausschuss ein, der als Steuerungsorgan für Evaluationsaufgaben einschließlich methodischer und quantitativer Fragen fungiert (WR 2009), 2005 wurde das Institut für Forschungsinformation und Qualitätssicherung (iFQ, seit 2016 DZHW) durch die DFG mit dem Auftrag gegründet, empirisch fundierte Aussagen über Ergebnisse und Erfolge der deutschen Forschung im nationalen und internationalen Vergleich zu treffen.

Eine ganze Reihe weiterer Anbieter von Evaluationsdienstleistungen entstanden im Kontext der rechtlichen Festschreibung von Evaluationen im Hochschulrahmengesetz (1998), wonach die „Arbeit der Hochschulen in Forschung und Lehre […] regelmäßig bewertet werden" soll. Bereits 1996 verabschiedete die Kultusministerkonferenz einen Beschluss zum Thema leistungsorientierte Finanzierung der Hochschulen, was in vielen Landeshochschulgesetzen zu Regelungen über eine leistungs- und belastungsorientierte Mittelvergabe führte (Hornbostel 2008; Kuhlmann und Heinze 2004). Parallel zu dieser Entwicklung in der Forschungs- und Lehrevaluation entstanden eine Reihe von wissenschaftlichen Einrichtungen in anderen Sektoren, die für spezifische Politikfelder Evaluations- und Qualitätssicherungsverfahren entwickeln; so z. B. 2002 das BfR mit Fokus auf Lebens- und Futtermittelsicherheit, 2004 das IQWiG mit Fokus auf Qualität und Wirtschaftlichkeit im Gesundheitswesen, 2010 das Deutsche Evaluierungsinstitut der Entwicklungszusammenarbeit.

Von Kritikern werden insbesondere die wenig kalkulierbaren, sich in der Datenerhebung häufig überlappenden und in der Relevanz für die Betroffenen schwer einschätzbaren Evaluationen, Mittelverteilungssysteme und Rankings als Evaluations-Hype empfunden, der sich nicht mehr auf die Qualitätsentwicklung beziehen lässt. Verursacht ist diese Lage allerdings nicht nur durch die unkoordinierte Anforderung von Daten und Informationen durch die Evaluatoren, sondern auch durch eine nach wie vor unterentwickelte und ebenso zersplitterte Fähigkeit der Forschungseinrichtungen, basale Performanzdaten zu pflegen und bereitzustellen (Hornbostel 2006). Trotz aller Kontroversen um die jeweils angemessene und methodisch vertretbare Form von Evaluation, ist es daher inzwischen Konsens, dass ein Mindestmaß an Daten über Input und Output des Forschungsprozesses notwendig ist (WR 2016, S. 10, 2013). Um uneinheitliche Definitionen, widersprüchliche Informationen und Mehrfacherhebungen zu vermeiden und ein gewisses Maß an Standardisierung von Informationen zum Forschungsprozess sicherzustellen, verabschiedete der Wissenschaftsrat 2016 Empfehlungen zur Spezifikation des Kerndatensatzes Forschung. Damit werden Definitionen, Austauschformate und ein Datenmodell empfohlen, nicht jedoch Indikatoren, die mit diesen Daten berechnet werden können (Biesenbender und Hornbostel 2016).

6 Ziele, Formen und Verfahren

In der Literatur findet sich inzwischen eine Fülle von Vorschlägen, Evaluationen hinsichtlich ihres Gegenstandsbereiches, ihrer Funktion, ihrer Organisation, ihrer Datenbasis, der eingesetzten Verfahren und der mit ihr verknüpften Konsequenzen zu systematisieren. Häufig werden dabei Charakterisierungen gewählt, die sich in eine dichotome Form bringen lassen und dann die Möglichkeit bieten, Matrizen unterschiedlicher Komplexität zu bilden. Diese Art der Klassifizierung eignet sich allerdings nur als Heuristik, in der Evaluationspraxis lassen sich reine Formen nur selten finden. Vielmehr führt gerade das Bemühen um Gegenstands- und Zieladäquanz des Evaluationsverfahrens dazu, dass vielfältige Mischtypen zum Einsatz kommen. Dennoch seien hier die wichtigsten Dimensionen benannt, die allerdings nicht für alle Gegenstandsbereiche gleichermaßen gelten:

6.1 Gegenstandsbereiche

Typischerweise beziehen sich Evaluationen im Wissenschaftssystem auf unterschiedlich zugeschnittene Aggregateinheiten: *Individuelle Forschungs- und Lehrleistungen* werden einerseits im Rahmen organisationsinterner Evaluationsverfahren (darunter auch Berufungen, leistungsorientierte Besoldung) erhoben, sie dienen andererseits aber auch als Basis für die Bewertung größerer Einheiten. Teilweise werden aber auch Wissenschaftler einem öffentlichen und methodisch fragwürdigen Ranking in den Massenmedien unterzogen. *Institutionelle Evaluationen* beziehen sich in der Regel auf handlungsfähige Organisationseinheiten (Institute, Fakultäten,

Hochschulen), weil nur dort die Fähigkeit zur Umsetzung von Evaluationsempfehlungen vorhanden ist. Allerdings werden zunehmend auch Einheiten, die nicht mit der organisationalen Struktur zur Deckung zu bringen sind, Gegenstand von Evaluationen (interdisziplinäre Arbeitsgruppen, virtuelle Zentren oder artifiziell gebildete Einheiten, die fachlich homogen sind). *Programmevaluationen* beziehen sich auf Förderprogramme oder innerinstitutionell definierte Forschungsprogramme. Hier steht die Evaluation der Erreichung der (Förder-)Programmziele im Vordergrund. *Querschnittsevaluationen* befassen sich mit fachübergreifenden Forschungsschwerpunkten oder disziplinären Forschungsleistungen und -bedingungen. Dabei kommen Institutionen, Förderprogramme, Kooperationen und internationale Vergleiche zum Tragen. *Systemevaluationen* haben die institutionellen Strukturen des Wissenschaftssystems im Blick und legen neben der Leistungsfähigkeit einzelner Institutionen das Schwergewicht auf die Gesamtwirkungen, das Zusammenwirken verschiedener Akteure im Wissenschaftssystem. *Strukturevaluationen* betrachten bestimmte Funktionsbereiche wie etwa das Begutachtungswesen, Qualitätssicherungs- oder Steuerungsverfahren.

6.2 Intern – Extern

Beide Begriffe sind nicht scharf abgegrenzt. Üblicherweise wird unter internen Evaluationen verstanden, dass eine Organisation oder Organisationseinheit selbst eine Evaluation veranlasst und diese entweder vollständig selbst durchführt oder nach eigenen Auswahlkriterien externe Expertisen hinzuzieht. Dabei hat die evaluierte Einrichtung selbst die Verfahrenshoheit und entscheidet auch über die Verwertung der Ergebnisse, kann aber in der Regel dabei auf externe Standards und Erwartungen nicht verzichten. Als externe Evaluation wird hingegen eine von Außen veranlasste und organisierte Evaluation verstanden. Je nach Verfahren haben dabei die Evaluierten mehr oder weniger großen Einfluss auf die Auswahl der Gutachter und über Selbstdarstellungsberichte, Anlass und Gelegenheit, die interne Situation zu reflektieren und darzulegen. Bezogen auf große Organisationen wird die Trennung von intern und extern komplizierter, weil solche Organisationen (z. B. WGL) intern Einheiten unterhalten, die eine externe Evaluation organisieren und in die Organisation rückbinden. Als problematisch erweist sich die Gutachterrolle im Spannungsfeld von intern und extern bei institutionellen Evaluationen. Bei einer ausschließlich externen Gutachterberufung besteht die Gefahr, dass nicht hinreichend kontextuelles Wissen für eine sachgerechte Beurteilung zur Verfügung steht, bei einer rein intern gesteuerten Berufung ergibt sich in der Regel hohe Konzilianz der Gutachter, was sich in deutlich positiveren Gutachtervoten niederschlägt. In Evaluationsverfahren gilt es daher meist, zwei widersprüchliche Anforderungen auszutarieren: Auf der einen Seite der Gutachter als „Critical Friend" (Rallis und Rossman 2000; Fricke 2005), auf der anderen Seite der Gutachter als Sachwalter professioneller Standards, der vor den Freunden beschützt werden muss.

6.3 Formativ – Summativ

Dieses – gelegentlich heftig debattierte – Begriffspaar markiert mit dem einen Pol die Vorstellung einer die evaluierte Einrichtung unterstützenden, beratenden Evaluation (formativ, prozessbegleitend), während der andere Pol eine eher mit Bewertung, Kontrolle und Rechenschaftslegung assoziierte Funktion beschreibt. Hier gilt, dass formative Evaluationen in der Regel auch auf Bewertungen anhand von außen vorgegebener Standards zurückgreifen müssen und umgekehrt summative Evaluationen in der Regel einen intensiven internen Prozess der Ursachenforschung in Gang setzen. Formative Evaluationen sind nur schwer gegen Beratung und Organisationsentwicklung abzugrenzen. Wenn formative und summative Elemente vermischt werden, wiederholt sich das aus der Wirtschaft bekannte Problem der Trennung von Beratung und Prüfung.

Am anderen Pol des Spektrums stehen summative Verfahren, die im Wesentlichen auf den Vergleich von Einrichtungen abstellen. Während Wissenschafts-Ratings (z. B. das britische Research Assessment Exercise oder das Rating des Wissenschaftsrates) in einem aufwändigen Prozess Peer-Urteile über wissenschaftliche Einrichtungen auf der Basis von bibliometrischen Indikatoren, statistischem Material, eingesandten Publikationen und Selbstdarstellungen der Einrichtungen generieren, nutzen formelbasierte Verfahren (z. B. leistungsorientierte Mittelvergabe – LOM) ein Set von Kennzahlen und Gewichtungsfaktoren primär zur Allokation von Mitteln. Derartige formelbasierte Verfahren geraten häufig in die Situation, dass die Datenverfügbarkeit und nicht das eigentliche Evaluationsziel das Kennzahlenset definiert und sich so nicht-intendierte Steuerungseffekte einstellen.

6.4 Qualitativ – Quantitativ

Qualitative Daten, also aus Gesprächen, Interviews, Begehungen, Dokumenten oder Selbstdarstellungen gewonnene Informationen unterliegen ähnlichen Anforderungen an Validität und Reliabilität wie dies für statistische, bibliometrische Daten oder Drittmittelstatistiken gilt. Insofern ist mit der Differenz zunächst nicht mehr bezeichnet als die Nutzung unterschiedlicher Methoden, die für die jeweilige Fragestellung mehr oder weniger geeignet sind. Die Probleme beider Verfahren ähneln sich durchaus. Sie betreffen auf der Seite der qualitativen Verfahren vor allen Dingen die Notwendigkeit, einen subjektiven Urteilsbias kontrollierbar zu machen, auf der Seite der quantitativen Verfahren das Problem, die aus weitgehend entkontextualisierten Informationen und einer voraussetzungsreichen Operationalisierung generierten Indikatoren auf ihre Aussagefähigkeit und Eignung zu prüfen. Dabei ist immer wieder zu beobachten, dass entweder die Magie der Zahlen zu einer unreflektierten Nutzung von Indikatoren führt oder die Unmittelbarkeit des persönlichen Eindrucks die kritische Distanz zum eigenen Urteil trübt. In der Praxis setzen sich daher zunehmend Mischverfahren durch (etwa das *informed peer review*), um Schwächen und Stärken der jeweiligen Verfahren austarieren zu können.

Die verstärkte Nutzung quantitativer Informationen hat einen ganz pragmatischen Hintergrund. Die enorme Ausdehnung von Evaluationen und Begutachtungsverfahren in allen Teilen des Wissenschaftssystems führt tendenziell zu einer Überlastung des Peer Review Systems und der Fachgutachter. Das wirft die Frage auf, wie Peers für ein Engagement in Evaluationsverfahren motiviert werden können. International sehr uneinheitlich werden finanzielle Entschädigungen eingesetzt, wobei gilt: je enger Evaluationen mit der Aufgabe wissenschaftlicher Selbstverwaltung in Verbindung gebracht werden, desto geringer die Bedeutung finanzieller Entschädigung. So lehnen beispielsweise die DFG-Fachkollegiaten mehrheitlich eine finanzielle Entschädigung der Gutachter ab (Hornbostel und Olbrecht 2007).

6.5 Punktuell – Regelmäßig

Evaluationen werden entweder als anlassbezogene, punktuelle Verfahren durchgeführt oder in einen längerfristigen Prozess der Qualitätsentwicklung integriert. Letzteres ähnelt Monitoringverfahren, die kontinuierlich Informationen über bestimmte Leistungsparameter bereitstellen und periodisch durch externe Evaluationen ergänzt werden. Typisch für die Entwicklung eines derartigen Verfahrens ist die Evaluation der Mitgliedseinrichtungen der Leibniz-Gemeinschaft. Ein eigenes Evaluationsreferat unterstützt und organisiert dort die spätestens alle sieben Jahre stattfindenden externen Evaluationen. In der Zwischenzeit führen die Beiräte regelmäßige Audits durch, deren Ergebnisse Bestandteil der externen Evaluation sind.

7 Effekte von Evaluationen

Welche langfristigen Wirkungen Evaluationen auf das Wissenschaftssystem haben, ist ebenso umstritten wie empirisch ungeklärt. Dies hat mehrere Gründe: Erstens ist es methodisch äußerst schwierig, kausale Beziehungen zwischen einer Evaluation und der Veränderung der kognitiven Strukturen, des Outputs oder Outcomes oder der Effizienz in einer wissenschaftlichen Einrichtung, einer Disziplin oder in einem nationalen Wissenschaftssystem herzustellen. Evaluationen sind nur ein Element mit orientierender Wirkung in einem komplexen Governance-Arrangement, in das sehr viele weitere steuernde und orientierende Größen eingehen. Sehr deutlich zeigte sich dies etwa bei der Evaluation der Exzellenzinitative (Internationale Expertenkommission Exzellenzinitiative 2016; Hornbostel und Möller 2015).

Zweitens gilt zumindest für Deutschland, dass eine Fülle interner und externer Evaluationen, Mittelverteilungsverfahren, Reputationsrankings und -ratings koexistieren, die sich zwar in ihren Ergebnissen nicht neutralisieren, aber auch keinesfalls deckungsgleich sind und auch für die betroffenen Einrichtungen und Wissenschaftler von unterschiedlicher Bedeutung sind (Weingart 2005). Drittens setzt eine unmittelbare Wirkung von Evaluationen Adaptionswilligkeit und -fähigkeit ebenso voraus wie klare Steuerungssignale durch die Evaluation. Beides ist keinesfalls immer gegeben. Hinzu kommt, dass man zwischen Kurzzeiteffekten (z. B. steigt die

Publikationshäufigkeit an britischen Universitäten vor dem RAE/REF regelmäßig deutlich an), mittelfristigen Effekten (z. B. Änderungen der Publikationsstrategie, Anstieg der Drittmittel) und Langfristeffekten unterscheiden muss. Schließlich ist zu bedenken, dass die Wirkungen von Evaluationen sich mit der Zeit verändern. Nach Initialeffekten stellt sich meist ein Plateau ein, das durch weitere Evaluationen nur wenig verändert wird. So konnte z. B. in Großbritannien seit der Einführung des RAE für die meisten Einrichtungen eine erhebliche Verbesserung der Bewertungen im Laufe der nachfolgenden Evaluationen registriert werden. Für Australien wurden zeitweise eher nicht-intendierte Effekte des formelbasierten Verteilungssystems mitgeteilt: Steigende Publikationszahlen, bei gleichzeitig sinkender Zitationshäufigkeit (bedingt durch das Ausweichen auf weniger angesehene Journals) (Butler 2003; Gläser et al. 2008) als Ergebnis eines wesentlich auf Publikationsquantitäten, nicht aber auf den Impact abstellenden Finanzierungssystems. Für Deutschland lassen sich derartige Effekte nicht nachweisen: Seit Beginn der 1990er-Jahre ist vielmehr eine steigende Qualität (gemessen in Zitationen und dem Anteil nicht zitierter Publikationen) der Publikationen festzustellen (Leitner et al. 2007; Hornbostel und Möller 2015; GWK 2015). Es gibt eine Fülle von Evidenzen dafür, dass Wissenschaftsevaluationen, den Intentionen entsprechend, sowohl Quantität als auch Qualität und Effizienz des Forschungsoutputs erhöhen können. Es gibt aber auch Hinweise darauf, dass sich abhängig von der Art des Evaluationsverfahrens und der unmittelbaren Steuerungswirkung nicht-intendierte Effekte negativer wie positiver Art einstellen (Simon 2007; Felt 1999).

8 Fazit

Auch vehemente Kritiker von Wissenschaftsevaluationen stellen die Notwendigkeit von Evaluationen nicht in Frage (Osterloh und Frey 2008). Strittig ist vielmehr die Häufigkeit von Evaluationen, die Angemessenheit der gewählten Verfahren und Indikatoren, ihre Steuerungswirkung und die Frage, wie sich die Ergebnisse in ein institutionelles Qualitätsmanagement integrieren lassen. Dabei zeichnet sich einerseits sehr deutlich ab, dass Evaluationen sparsam eingesetzt und sinnvoll in ein kontinuierliches Monitoring zentraler institutioneller Ziele integriert werden müssen. Andererseits bedürfen die Ausgestaltung von Evaluationen und ihre Auswirkungen (inklusive der Reaktivität der Verfahren) genauer Beobachtung und Analyse, denn Evaluationen sind zu einem festen Bestandteil des wissenschaftlichen Selbststeuerungsprozesses geworden, ohne dass die erzielten Effekte bereits hinreichend sicher bilanziert werden könnten.

Literatur

Adler, Robert, John Ewing, und Peter Taylor. 2008. Citation statistics. A report from the International Mathematical Union (IMU) in cooperation with the International Council of Industrial and Applied Mathematics (ICIAM) and the Institute of Mathematical Statistics (IMS).

Auspurg, Katrin, Andreas Diekmann, Thomas Hinz, und Matthias Näf. 2015. Das Forschungsrating des Wissenschaftsrats für die Soziologie in Deutschland revisited. *Soziale Welt* 66(2): 177–192.
Beywl, Wolfgang, und Sandy Taut. 2000. Standards: Aktuelle Strategie zur Qualitätsentwicklung in der Evaluation. *Vierteljahreshefte zur Wirtschaftsforschung* 69(3): 358–370.
Beywl, Wolfgang, und Thomas Widmer. 2009. Evaluation. in Expansion: Ausgangslage für den intersektoralen Dreiländer-Vergleich. In *Evaluation Ein systematisches Handbuch*, Hrsg. Thomas Widmer, Wolfgang Beywl und Fabian Carlo, 13–23. Wiesbaden: VS Verlag für Sozialwissenschaften.
Biagioli, Mario. 2002. From book censorship to academic peer review. *Emergences* 12(1): 11–45.
Biesenbender, Sophie, und Stefan Hornbostel. 2016. The research core dataset for the German science system: Challenges, processes and principles of a contested standardization project. *Scientometrics* 106(2): 837–847.
Bornmann, Lutz. 2014. On the function of university rankings. *Journal of the American Society of Information Science and Technology* 65(2): 428–429.
Bourdieu, Pierre. 1988. *Homo Academicus*. Frankfurt a. M.: Suhrkamp.
Brandt, Tasso. 2009. *Evaluation in Deutschland – Professionalisierungsstand und -perspektiven*. Münster: Waxmann.
Buschor, Ernst. 2002. Evaluation und new public management. *Zeitschrift für Evaluation* 2002(1): 61–73.
Butler, Linda. 2003. Explaining Australia's increased share of ISI publications – The effects of a funding formula based on publication counts. *Research Policy* 32:143–155.
Campbell, David F. J. 2003. The evaluation of university research in the United Kingdom and the Netherlands, Germany and Austria. In *Learning from science and technology policy evaluation*, Hrsg. Philip Shapira und Stefan Kuhlmann, 98–131. Cheltenham/Northampton: Edward Elgar.
Cook, Thomas D., und Werner W. Wittmann. 1998. Lessons Learned about evaluation in the United States and some possible implications for Europe. *European Journal of Psychological Assessment* 14(2): 97–115.
Daniel, Hans-Dieter, Sandra Mittag, und Lutz Bornmann. 2007. The potential and problems of peer evaluation in higher education and research. In *Quality assessment for higher education in Europe*, Hrsg. Alessandro Cavalli, 71–82. London: Portland Press.
de Rijcke, Sarah, Iris Wallenburg, Paul Wouters und Roland Bal. 2015a. Comparing comparisons. On rankings and accounting in hospitals and universities. In *Practising comparison: Logics, relations, collaborations*, Hrsg. M. Guggenheim, J. Deville und Z. Hrdlickova. Manchester: Mattering Press.
de Rijcke, Sarah, Paul Wouters, Alex D. Rushforth, Thomas P. Franssen, und Björn Hammarfelt. 2015b. Evaluation practices and effects of indicator use – A literature review. *Research Evaluation*. doi:10.1093/reseval/rvv038.
de Solla Price, Derek. 1963. *Little science, big science*. New York: Columbia University Press.
DeGEval – Gesellschaft für Evaluation e.V., Hrsg. 2008. *Standards für Evaluation*. Mainz. http://www.degeval.de/fileadmin/user_upload/Sonstiges/STANDARDS_2008-12.pdf. Zugegriffen am 07.03.2016.
Erkkilä, Tero. 2014. Global University rankings, transnational policy discourse and higher education in Europe. *European Journal of Education* 49(1): 91–101.
Felt, Ulrike. 1999. Evaluation im wissenschaftspolitischen Kontext. In *Qualitätsförderung durch Evaluation? Ziele, Aufgaben und Verfahren von Forschungsbewertungen im Wandel*, Hrsg. Martina Röbbecke und Dagmar Simon. Dokumentation des Workshops vom 20. und 21. Mai 1999. WZB-Discussion paper, S. 99–003, 11–31.
Fricke, Werner. 2005. Sozialwissenschaftler in Entwicklungsprozessen. Zur Funktion „wissenschaftlicher Begleitung" in Modellversuchen aus Sicht eines Aktionsforschers. In *Wissenschaftliche Begleitung bei der Neugestaltung des Lernens*, Hrsg. Heinz Holz und Dorothea Schemme, 40–51. Bonn: Bundesinstitut für Berufsbildung.

Gibbons, Michael, Camille Limoges, Helga Nowotny, Simon Schwartzman, Peter Scott, und Martin Trow. 1994. *The new production of knowledge. The dynamics of science and research in contemporary societies*. London: SAGE.

Gläser, Jochen, Stefan Lange, Grit Laudel, und Uwe Schimank. 2008. Evaluationsbasierte Forschungsfinanzierung und ihre Folgen. In *Wissensproduktion und Wissenstransfer*, Hrsg. Renate Mayntz, Friedhelm Neidhardt, Peter Weingart und Ulrich Wengenroth, 145–170. Bielefeld: transcript.

Glass, Gene V., und Frederick S. Ellet Jr. 1980. Evaluation research. *Annual Review of Psychology* 31:211–228.

GWK – Gemeinsame Wissenschaftskonferenz. 2015. *Pakt für Forschung und Innovation. Monitoring-Bericht 2015*, Bonn. http://www.gwk-bonn.de/fileadmin/Papers/GWK-Heft-42-PFI-Monitoring-Bericht-2015.pdf. Zugegriffen am 15.12.2015.

Hazelkorn, Ellen. 2015. *Rankings and the reshaping of higher education*. London: Palgrave Macmillan.

Hicks, Diana, Paul Wouters, Ludo Waltman, Sarah de Rijcke, und Ismael Rafols. 2015. Bibliometrics: The Leiden Manifesto for research metrics. *Nature* 520(7548): 429–431.

Hornbostel, Stefan. 1997. *Wissenschaftsindikatoren. Bewertungen in der Wissenschaft*. Opladen: Westdeutscher Verlag.

Hornbostel, Stefan. 1999. Das SPIEGEL-Ranking deutscher Hochschulen und die Folgen, Interaktionsprozesse zwischen Öffentlichkeit und Wissenschaft. In *Die Eigenwilligkeit sozialer Prozesse. Friedhelm Neidhardt zum 65. Geburtstag*, Hrsg. Jürgen Gerhards und Ronald Hitzler, 174–205. Opladen: Westdeutscher Verlag.

Hornbostel, Stefan. 2006. From CRIS to CRIS. Integration and Intreroperability. In *Enabling Interaction and quality. Beyond the Hanseatic League. 8th international conference on current research information systems*, Hrsg. Anne Gams, Steine Asserson und Eduard J. Simons, 29–38. Leuven: University Press.

Hornbostel, Stefan. 2008. Exzellenz und Differenzierung. In *Hochschule im Wandel. Die Universität als Forschungsgegenstand*, Hrsg. Barbara Kehm, 253–266. Frankfurt a. M./New York: Campus.

Hornbostel, Stefan. 2015. Das Zitat als Währung. In *Zitat, Paraphrase, Plagiat. Wissenschaft zwischen guter Praxis und Fehlverhalten*, Hrsg. Christiane Lahusen und Christoph Markschies, 307–316. Frankfurt a. M./New York: Campus Verlag.

Hornbostel, Stefan. 2007. Neue Evaluationsregime? Von der Inquisition zur Evaluation. In *Wissenschaft unter Beobachtung – Effekte und Defekte von Evaluationen*, Hrsg. Hildegard Matthies, 59–82. LEVIATHAN Sonderheft 24/2007.

Hornbostel, Stefan, und Dagmar Simon. Hrsg. 2006. *Wie viel (In-)Transparenz ist notwendig? – Peer review revisited*. iFQ-Working Paper No. 1. Bonn.

Hornbostel, Stefan, und Meike Olbrecht. 2007. *Peer Review in der DFG: die Fachkollegiaten*. iFQ-Working Paper No. 2. Bonn.

Hornbostel, Stefan, und Torger Möller. 2015. *Die Exzellenzinitiative und das deutsche Wissenschaftssystem: Eine bibliometrische Wirkungsanalyse. Wissenschaftspolitik im Dialog*, 12. Aufl. Berlin: Berlin-Brandenburgische Akademie der Wissenschaften.

Internationale Expertenkommission Exzellenzinitiative. 2016. Evaluation der Exzellenzinitiative. Endbericht der Internationalen Expertenkommission, Berlin. http://www.gwk-bonn.de/fileadmin/Papers/Imboden-Bericht-2016.pdf. Zugegriffen am 29.01.2016.

Krohn, Wolfgang, und Günter Küppers. 1989. *Die Selbstorganisation der Wissenschaft*. Frankfurt a. M.: Suhrkamp.

Kromrey, Helmut. 2001. Evaluation – ein vielschichtiges Konzept. Begriff und Methodik von Evaluierung und Evaluationsforschung. Empfehlungen für die Praxis. *Sozialwissenschaften und Berufspraxis* 24:105–129.

Krücken, Georg. 2001. Wissenschaft im Wandel? Gegenwart und Zukunft der Forschung an deutschen Hochschulen. In *Die Krise der Universitäten. Leviathan Sonderheft 20/2001*, Hrsg. Erhard Stölting und Uwe Schimank, 326–345. Opladen: Westdeutscher Verlag.

Kuhlmann, Stefan, und Thomas Heinze. 2004. Evaluation von Forschungsdienstleistungen in Deutschland: Erzeuger und Bedarf. Tl.1: Konzeptionelle Grundlagen. *Wissenschaftsrecht* 37, No.1, S. 53–69;.Tl.2: No.2, S. 125–149.

Langville, Amy N., und Carl D. Meyer. 2012. *Who's #1? The science of rating and ranking*. Princeton: Princeton University Press.

Leitner, Karl-Heinz (ARC), Hölzl, Werner (WIFO), Nones, Brigitte (JoanneumResearch) und Streicher, Gerhard (Joanneum Research). 2007. *Studie 2007: Finanzierungsstruktur von Universitäten. Internationale Erfahrungen zum Verhältnis zwischen Basisfinanzierung und kompetitiver Forschungsfinanzierung*. Wien: BMWF.

Mayntz, Renate. 1994. *Deutsche Forschung im Einigungsprozeß: Die Transformation der Akademie der Wissenschaften der DDR 1989 bis 1992. Schriften des Max-Planck-Institut für Gesellschaftsforschung Köln*, 17. Aufl. Frankfurt a. M./New York: Campus-Verlag.

Münch, Richard, und Len Ole Schäfer. 2014. Rankings, diversity and the power of renewal in science. A comparison between Germany, the UK and the US. *European Journal of Education* 49(1): 60–76.

Neidhardt, Friedhelm. 2008. Das Forschungsrating des Wissenschaftsrates. Einige Erfahrungen und Befunde. *Soziologie* 37:421–432.

Nowotny, Helga, Peter Scott, und Michael Gibbons. 2004. *Wissenschaft neu denken: Wissen und Öffentlichkeit in einem Zeitalter der Ungewißheit*. Weilerswist: Velbrück Wissenschaft.

Osterloh, Margit, und Bruno S. Frey. 2008. Anreize im Wissenschaftssystem. Working Paper, Institute for Empirical Research in Economics, University of Zurich. www.dzk-a.de/wkorg/images/Dateien/WK_ORG_2009/beitrag_osterloh_frey.pdf. Zugegriffen am 06.06.2009.

Overbeke, John, und Elizabeth Wager. 2003. The state of the evidence: What we know and what we don't know about journal peer review. In *Peer review in health sciences*, Hrsg. Fiona Godlee und Tom Jefferson, 45–61. London: BMJ Books.

Pawson, Ray. 2013. *The science of evaluation: A realist manifesto*. London: Sage.

Power, Michael. 1997. *The audit society: Rituals of verification*. Oxford: Oxford University Press.

Rallis, Sharon F., und Gretchen B. Rossmann. 2000. Dialogue for learning: Evaluator as critical friend. *New Directions for Evaluation*, 2000 (86), Special Issue: How and why language matters in evaluation. San Francisco: Jossey-Bass, S. 81–92.

Rauhvargers, Andrejs. 2014. Where are the global rankings leading us? An analysis of recent methodological changes and new developments. *European Journal of Education* 49(1): 29–44.

Rossi, Peter H., Mark W. Lipsey, und Howard E. Freeman. 2004. *Evaluation a systematic approach*, 7. Aufl. Thousand Oaks: Sage.

Saisana, Michaela, Béatrice d'Hombres, und Andrea Saltelli. 2011. Rickety numbers. Volatility of university rankings and policy implications. *Research Policy* 40(1): 165–177.

Sanders, James R. 1999. *Handbuch der Evaluationsstandards. Die Standards des Joint Committee on Standards for Educational Evaluation*. Opladen: Leske u. Budrich.

Sauder, Michael, und Wendy Nelson Espeland. 2009. The discipline of rankings. *American Sociological Review* 741:63–82.

Schmoch, Ulrich. 2003. *Hochschulforschung und Industrieforschung: Perspektiven der Interaktion*. Frankfurt a. M.: Campus Verlag.

Schwarz, Christine. 2006. *Evaluation als modernes Ritual*. Münster: Lit Verlag.

Shapin, Steven. 1999. Vorurteilsfreie Wissenschaft und gute Gesellschaft. Zur Geschichte eines Vorurteils. In: Transit – Europäische Revue 16. www.iwm.at/index.php?option=com_content&task=view&id=248&Itemid=424. Zugegriffen am 15.06.2009.

Simon, Dagmar. 2007. Als Konsequenz mehr Kohärenz?. In *Wissenschaft unter Beobachtung – Effekte und Defekte von Evaluationen*, Hrsg. Hildegard Matthies und Dagmar Simon, 178–189. LEVIATHAN Sonderheft 24/2007.

Stockmann, Reinhard. 2006. *Evaluation und Qualitätsentwicklung*. Münster: Waxmann.

Torka, Marc. 2011. Der Evaluator. Positionierungen, Strategien, Deutungs-, Handlungs- und Urteilsweisen von Wissenschaftlern in Prozessen der Wissenschaftsevaluation. *Sozialer Sinn. Zeitschrift für hermeneutische Sozialforschung* 12(1): 115–138.

van Vught, Frans, und Frank Ziegele, Hrsg. 2012. *Multidimensional ranking. The design and development of U-Multirank*. Dordrecht/New York: Springer.
Weingart, Peter. 2005. *Die Wissenschaft der Öffentlichkeit. Essays zum Verhältnis von Wissenschaft, Medien und Öffentlichkeit*. Weilerswist: Velbrück.
Weingart, Peter. 2016. Nostalgia for the world without numbers. *Soziale Welt* 2:243-250-192.
Wissenschaftsrat (WR). 1985. *Wettbewerbsempfehlung des WR. Empfehlungen zum Wettbewerb im deutschen Hochschulsystem*. Köln.
Wissenschaftsrat (WR). 2003. *Strategische Forschungsförderung. Empfehlungen zu Kommunikation, Kooperation und Wettbewerb im Wissenschaftssystem*. Köln.
Wissenschaftsrat (WR). 2008. *Bericht der Steuerungsgruppe zur Pilotstudie Forschungsrating Chemie und Soziologie*. Köln.
Wissenschaftsrat (WR). 2009. *Aufgaben, Kriterien und Verfahren des Evaluationsausschusses des Wissenschaftsrates, Stand Januar 2009*. Köln.
Wissenschaftsrat (WR). 2011. *Empfehlungen zur Bewertung und Steuerung von Forschungsleistungen*. Köln.
Wissenschaftsrat (WR). 2013. Empfehlungen zur Zukunft des Forschungsratings, Köln. http://www.wissenschaftsrat.de/download/archiv/3409-13.pdf. Zugegriffen am 15.12.2015.
Wissenschaftsrat (WR). 2016. *Empfehlungen zur Spezifikation des Kerndatensatz Forschung*, Köln. http://www.wissenschaftsrat.de/download/archiv/5066-16.pdf. Zugegriffen am 22.01.2016.
Wollmann, Hellmut. 2012. Herkünfte, Phasen und Ansätze der Evaluationsforschung. In *Bürokratie im Irrgarten der Politik Zum Gedenken an Hans-Ulrich Derlien*, Hrsg. Dieter Schimank et al., 321–333. Baden-Baden: Nomos.

Selbststeuerung der Wissenschaft durch Peer-Review-Verfahren

Friedhelm Neidhardt

Inhalt

1	Einleitung	261
2	Steuerungsaufgaben von Peer Review	262
3	Zum Stand der Forschung	264
4	Probleme und Problemlösungsversuche im Begutachtungsprozess	265
	4.1 Konsens als Gütekriterium? Zur Reliabilität von Peer Review	265
	4.2 Voraussetzungen für Fairness – das Kollegialitätsproblem	267
	4.3 Zur Sozialökonomie des Gutachterwesens	269
5	Organisationsinteressen und Wettbewerbsfunktionen im Begutachtungssystem	271
	5.1 Partizipation und Transparenz	271
	5.2 Selbstkontrollmechanismen	273
	5.3 Pluralismus im System	274
6	Geltungsprobleme von Peer Review – ein Fazit	275
Literatur		276

1 Einleitung

Peer Review ist ein Kernelement in der Selbststeuerung von Wissenschaft. Peer Review heißt, dass die Begutachtung von wissenschaftlichen Leistungen und Akteuren in geregelten Verfahren von Fachkollegen vorgenommen wird. Betroffen sind Forschungsanträge, Manuskripte und Kandidaturen für Stellen und Preise. Gesichert werden soll, dass wissenschaftliche Qualität wissenschaftlich kompetent eingeschätzt und dass die knappen Mittel (Reputation, Publizität und Geld) von den Organisationen, die diese verteilen, leistungsgerecht zugeteilt werden. Unter wel-

F. Neidhardt (✉)
Wissenschaftszentrum Berlin für Sozialforschung (WZB), Berlin, Deutschland
E-Mail: friedhelm.neidhardt@wzb.eu

chen Bedingungen gelingt dies? Und welche Bedeutung ergibt sich daraus für die Steuerung von Wissenschaft?

2 Steuerungsaufgaben von Peer Review

Zu den Differenzierungsprozessen, mit denen moderne Gesellschaften entstanden sind, gehörte die Befreiung der Wissenschaft von kirchlicher und staatlicher Vormundschaft. Es entstand, was Polanyi (1962, S. 54) als „the republic of science" idealisierte, gelenkt durch „standards of scientific merit accepted by the scientific community" sowie durch Autoritäten, die sich mit akademischer Reputation legitimieren. Verfassungsrechtliche Garantien der Freiheit von Wissenschaft, Forschung und Lehre sollten für eine Institutionalisierung akademischer Autonomie sorgen.

Autonomie der Wissenschaft bedeutet natürlich keine vollständige Lösung von äußeren Einflüssen auf den Gang der Wissenschaft. Deren Leistungsbedingungen blieben durch berufs- und organisationsrechtliche Regulierungen sowie durch die staatliche Alimentierung von Forschung und Lehre politisch mitgestaltet. Im deutschen Universitätssystem drückt sich die Doppelbestimmung der Wissenschaftsprozesse durch den „Dualismus von Regulierungsanspruch und korporatistischer Selbstverwaltung" (Braun 1997, S. 100) aus. Der Regulierungsanspruch wurde durch die *staatliche Grundfinanzierung* der Institutionen und Positionen materiell abgesichert. Die korporatistische Selbstverwaltung strukturierte sich mit dem *Kollegialprinzip*, das die Offenheit der Wissenschaft im Innenbereich hierarchiefrei halten sollte. Freiheit der Wissenschaft bedeutete unter diesen Bedingungen vor allem die Freiheit der Wissenschaftler, genauer: Ordinarienfreiheit.

Mit der zunehmenden gesellschaftlichen Bedeutung der Wissenschaft und mit dem wachsenden Finanzbedarf von Forschung und Lehre geriet dieses Governancemodell unter den Druck steigender Effizienzansprüche (Schimank 2005). Das dezentralisierende Kollegialprinzip, das in den Universitäten auf der Ebene der Professoren eine Masse individueller Vetopositionen schuf, erwies sich als zu träge, um die fälligen Entwicklungen der Universitäten vorantreiben zu können. Um die Auswanderung der Forschung aus den Universitäten zu stoppen und den Wettbewerb zwischen ihnen zu fördern, sorgte die universitäre Adaption von Elementen des „*New Public Management*" mit der Einrichtung aufsichtsratsähnlicher Steuerungsgremien und mit der Stärkung der Positionen von Präsidenten und Dekanen für entscheidungsfähigere Strukturen an den Hochschulen. Dies ging einher mit einem stetigen Abbau der Grundfinanzierung von Forschung und Lehre, auch deshalb, weil die Grundfinanzierung mit ihrer Tendenz zur Gleichverteilung der Mittel nicht hinreichend geeignet erschien, motivierend hin zu überdurchschnittlichen Leistungen zu wirken und diese zu belohnen. In den 1990er-Jahren setzte in der Bundesrepublik eine fortschreitende Umstellung auf leistungsabhängige Mittelzuweisungen in und zwischen den Universitäten sowie eine kräftig zunehmende Finanzierung der Forschung über Drittmittel ein. Insgesamt ergaben sich damit sowohl auf individueller als auch institutioneller Ebene Bedingungen eines wachsenden Wettbewerbs um knappe Ressourcen, um Ansehen, Karrierechancen, Publikationsmöglichkeiten und Forschungsgelder. Diese Entwicklung schuf die strukturellen Voraussetzungen für den ansteigenden Bedarf an Peer Review.

Seitdem sich Wissenschaft verselbstständigen konnte, spielte *Peer Review* allerdings immer schon eine gewisse Rolle, zuerst vor allem bei der Berufung von Personal sowie bei der Qualitätsprüfung von Manuskripten vor ihrer Veröffentlichung. Die Betriebsbedingungen von Forschung und Lehre führten zusammen mit der Durchsetzung des Prinzips leistungsgerechter Verteilung personeller und materieller Ressourcen zu einer allgemeinen Institutionalisierung des Prinzips von *Peer Review*. Die Binnensteuerung von Wissenschaft ließ sich nicht mehr nach dem Modell selbsttätig wirkender Selbstregulierungen einer „republic of science [...] guided by an 'invisible hand'" (Polanyi 1962, S. 55–58) und auch nicht allein über die charismatische Strahlkraft einzelner wissenschaftlicher Autoritäten sichern. Sie bedurfte der zunehmenden Professionalisierung des Begutachtungsprozesses und einer wachsenden Organisation eines Evaluationsregimes, dessen akademisches Kernelement *Peer Review* darstellt.

Mit *Peer Review* geht es um den Versuch, Qualitätskontrollen in der Wissenschaft professionell und konstruktiv zu gestalten. Zwei Funktionen von *Peer Review* spielen dabei eine Rolle: Es geht einerseits um *Selektionsfunktionen*, nämlich um die Auswahl von Personen, Projekten und Texten für den Zuschlag knapper symbolischer und materieller Ressourcen. Da entsprechende Entscheidungen aber in der Regel nicht im Sinne schlichter Ja/Nein-Muster und in einem Zug zu treffen sind, werden sie häufig konditioniert und prozessualisiert, nämlich an Überarbeitungsauflagen gebunden, deren Erfüllung oder Nichterfüllung über den Ausgang der Evaluation entscheiden. Ein beträchtlicher Teil von Forschungsmitteln und Publikationschancen werden erst nach Korrektur von Anträgen und Manuskripten vergeben, zu denen Beanstandungen und Empfehlungen der Gutachter Anlass gaben (Hargens 2006, S. 19–20; Nickerson 2005; Weller 2001, S. 165–180). Neben die Selektionsfunktionen von *Peer Review* treten andererseits auch *Konstruktionsfunktionen*. Die Peers greifen als Gutachter sowohl prohibitiv als auch produktiv in den Wissenschaftsprozess ein, um die von ihnen wahrgenommenen Fachstandards durchzusetzen. Umfangreiche Erhebungen zeigen, dass Wissenschaftler, die von Peer Review abhängen, gutachterliche Einlassungen als Anregungen betrachten, schätzen und verwerten (Mulligan et al. 2013, S. 138, S. 146). Erst über *Peer Review* konstituieren sich insoweit Wissenschaftsdisziplinen und Forschungsfelder als Scientific *Communities* (Gläser 2006; Gülker et al. 2013).

Spielt *Peer Review* also in zunehmendem Maße eine konstitutive Rolle für die Wissenschaften, stellt sich umso mehr die Frage, ob es als professionelles Steuerungsprinzip tatsächlich hinreichend funktioniert, und wenn ja, im Rahmen welcher Organisationen. Unter welchen Bedingungen reicht seine eigene Qualität aus, um die Qualität von Personen, Projekten und Texten wissenschaftsgerecht einzuschätzen und konditionieren zu können?[1]

---

[1]Die folgenden Ausführungen folgen teilweise einem früheren Text des Verfassers (Neidhardt 2008).

3 Zum Stand der Forschung

Das *Peer-Review*-Prinzip gilt heute als nicht ersetzbar, wenn es um Fragen der Evaluation von Wissenschaft geht. Es erfährt auch bei den Betroffenen eine überwiegend positive Resonanz (Mulligan et al. 2013, S. 136–139, S. 149; Bornmann 2011, S. 203). Es gibt allerdings immer wieder Beispiele für eklatante Irrtümer von *Peer Review*, zum Beispiel skandalisierbare Fälle von Erkenntnisbetrug, die von Fachgutachtern nicht aufgedeckt wurden, seit langem auch eine generelle Kritik am Konservatismus der Bewertungsmaßstäbe und vor allem an häufig mangelnder Gutachterübereinstimmung (Reliablität) sowie am Vorkommen geschlechtsspezifischer Urteilsverzerrungen (Fairness) (zusammenfassend Weller 2001; Bornmann und Daniel 2003, S. 209–216; Hornbostel und Olbrecht 2007; Bornmann 2011). Die Erwägung einer totalen Abschaffung von Peer-Review-Verfahren blieb aber randständig (Fröhlich 2003, S. 37). Dies hängt auch damit zusammen, dass die Ergebnisse der Forschung über die Qualität des Gutachterwesens, auf die sich die Kritiker berufen, überwiegend uneindeutig sind. Mustert man den Stand der Forschung über Reliabilität und Fairness sowie über die damit zusammenhängende Validität des Peer-Review-Verfahrens, dann rechtfertigt die Bilanzierung der Befunde keine Verwerfung des Prinzips (Weingart 2005, S. 110–114). Sie kann allerdings auch nicht beruhigen, wenn man bedenkt, dass es bei *Peer Review* um praktisch folgenreiche Entscheidungen geht und die Fehlertoleranzen gering sein müssen, die man den Gutachtern konzedieren darf.

Auffällig am gegebenen Forschungsstand ist, in welch starkem Maße die Befunde der diversen Projekte einander widersprechen, ohne dass vergleichend untersucht würde, worauf die Unterschiede zurückgehen. Ein großes Manko stellt insbesondere die Vernachlässigung der prozessualen und institutionellen Bedingungen dar, unter denen Begutachtungen sehr ungleich in der Wissenschaft ablaufen (vgl. Hirschauer 2004; Reinhart 2012, S. 126–153). „Peer review is organized in very many different ways..." (Langfeld 2006, S. 36). Die Vernachlässigung dieses Sachverhalts ergibt sich aus einer sozialpsychologischen Verengung der dominierenden Forschungsansätze. Diese unterschätzen theoretisch und empirisch die nachhaltig wirksamen Organisations- und Systemzusammenhänge des *Peer-Review*-Regimes.[2] *Peer Review* funktioniert nicht allein über die Ausdifferenzierung gutachtender *Peers*: Diese müssen in unterschiedlich gestalteten Verfahren bestellt, beschäftigt und kontrolliert werden. Sie sind Teil mehrstufig organisierter Begutachtungssysteme, die zur Steuerung von Personal-, Forschungsförderungs- und Publikationsentscheidungen eingerichtet sind und im Wettbewerb miteinander für ihre eigene Geltung

---

[2]Dies trifft auch auf die Zusammenfassung des Forschungsstands in der ansonsten verdienstvollen Studie von Lutz Bornmann zu. Er erwähnt zwar mehrere der varianzerzeugenden Organisationsunterschiede zwischen den zahlreichen PR-Verfahren (Bornmann 2011, S. 201); er geht diesen aber nicht nach, obwohl es auch dazu etwas zu berichten gäbe (siehe unten Kap. Wissenschaftspolitik in Deutschland und Kap. Governance der Wissenschaft). Es passt zu dieser Befangenheit, dass Bornmann (2011, S. 225–234) auch bei seinen Vorschlägen zur Verbesserung der PR-Forschung in deren Mainstream, also sozialpsychologisch verengt bleibt.

sorgen. Darüber gibt es nur ansatzweise empirische Forschung, obwohl erst in Kenntnis institutioneller Randbedingungen von *Peer Review* die Prägungen und Wirkungen des Gutachterwesens sowohl bewertet als auch beeinflusst werden können. Im Hinblick darauf lassen sich drei Ebenen unterscheiden, auf die im Folgenden eingegangen werden soll. Auf der untersten Ebene fungieren (a) die Gutachter mit ihren individuellen Motivationen und Kompetenzen (*Mikroebene*); sie werden bestellt, und ihre Bewertungen werden kontrolliert und gegebenenfalls korrigiert (b) –im Rahmen mehr oder weniger ausgebauter Organisationen (*Mesoebene* von Förderungseinrichtungen, Redaktionen etc.), welche (c) in einer mehr oder weniger großen Anzahl nationaler und internationaler Förderungs- und Publikationssysteme miteinander kooperieren und konkurrieren (*Makroebene*). Stellen die Gutachter die wissenschaftlich zentralen Akteure in einem Mehrebenenzusammenhang dar, so setzen Organisationen und Forschungssysteme die entscheidenden politischen und wirtschaftlichen Randbedingungen ihres Wirkens. *Peer Review* ist eingebettet in institutionelle Kontexte, und das Ausmaß und die Art seiner Steuerungsleistungen können nur in diesem Rahmen bestimmt werden.

4 Probleme und Problemlösungsversuche im Begutachtungsprozess

Jede kritische Betrachtung von *Peer Review* hat von der Tatsache auszugehen, dass sich die Wahrheitsfähigkeit von Wissenschaftlern und der Erkenntnisgehalt ihrer Projekte und Texte nicht objektiv bestimmen lassen (Hornbostel 1977). Die Wissenschaftstheorie stellt deshalb auch nicht den Anspruch, zureichende Geltungskriterien für „richtige" Wissenschaft bestimmen zu können. Aber sie hat den Verzicht auf absolute Maßstäbe für wissenschaftliche Qualität mit der Annahme aufgefangen, hervorragende Experten seien imstande, „vernünftige Wetten" (Toulmin 1983, S. 312) darüber abzugeben, ob bestimmte Vorhaben und Befunde etwas taugen oder nicht.

4.1 Konsens als Gütekriterium? Zur Reliabilität von Peer Review

Es wird angenommen, dass „vernünftige Wetten" von Experten dann einen besonders eindrucksvollen Gewissheitsersatz darstellen, wenn sie in ihren Einschätzungen unabhängig voneinander übereinstimmen. Und in der Tat hat diese Übereinstimmung in der Forschung als *Reliabilitätskriterium* eine große Bedeutung erlangt.

Misst man nun aber die Häufigkeit von Gutachterübereinstimmungen im *Peer Review* – und das ist häufig geschehen – dann entstehen auf den ersten Blick keine beruhigenden Befunde (Weller 2001, S. 181–205). „Most studies report a low level of agreement between reviewer's judgements" (Bornmann 2011, S. 225). Dies hat nicht nur zur Kritik des *Peer-Review*-Systems geführt, sondern auch zu Versuchen, die Konsensbedingungen durch Verfahrensänderungen organisatorisch zu verbessern. Dabei spielte zuerst die Forderung nach differenzierteren Ziel- und klareren Definitionsvorgaben für die jeweiligen Gutachter eine gewisse Rolle. Im Hinblick auf Reliabilitätsmessungen erscheinen darüber hinaus zwei grundlegendere Verfahrenskorrekturen interessant.

Als ergiebig erwiesen sich Verfahren, bei denen die Unabhängigkeit der Urteilsbildung von Gutachtern, die für einen ersten Verfahrensschritt vorgesehen ist, nachfolgend mit der Einrichtung eines „trial systems" ergänzt wurden (Marsh et al. 2008, S. 165–166). Die sich auf der zweiten Verfahrensstufe abspielende Kommunikation der Gutachter über ihre unabhängig voneinander erstellten Erstgutachten führt offensichtlich zu einer erheblichen Annäherung ihrer Einschätzungen, wenn deren Übereinstimmung vorher nicht gegeben war. Teilweise sind verfahrensförmig nachgeschaltete Qualitätskontrollen entstanden, wie etwa bei den Rollendifferenzierungen im Fachkollegiatensystem der DFG. Dort attestieren die gewählten Fachkollegiaten etwa einem Viertel der Gutachten zu Drittmittelanträgen eine unzureichende Qualität und greifen korrigierend ein (Hornbostel und Olbrecht 2007).[3]

Regelmäßig erweist sich auch das zunehmend praktizierte „informed peer review" als funktional. Dabei werden Gutachter für die jeweiligen Entscheidungsfälle systematisch mit zusätzlichen Daten informiert, für die unterstellt wird, dass ihnen die Qualität von Leistungsindikatoren zukommt, Daten etwa über bisherige Drittmitteleinwerbungen und Veröffentlichungen, insoweit diese selbst auf das Votum von Gutachtern zurückgehen. In fast allen Disziplinen werden zunehmend bibliometrische Daten aus Zitationsanalysen verwendet. Solche prozessproduzierten Daten bedürfen im Hinblick auf ihre Zuverlässigkeit und Validität einerseits der kundigen Auslegung durch die jeweils engagierten Gutachter. Sie orientieren und kontrollieren andererseits aber auch deren Urteilsbildung (Weingart 2005) mit dem Effekt, dass die Wahrscheinlichkeit ihrer Übereinstimmungen steigt.

Unabhängig davon ist festzuhalten, dass der Konsens der Gutachter die Verteilungsentscheidungen in den Einrichtungen, in denen sie fungieren, nicht determiniert (Hirschauer 2004, S. 68–69). Die Voten der *Peers* sind nur Zwischenprodukte in den regelmäßig mehrstufigen Prozessen über die Verteilung von Ressourcen, nämlich Vorlagen für Referenten, Personal- und Finanzausschüsse, Verleger und Herausgeber. Diese und nicht die Gutachter sind es, welche in einem mehr oder weniger betriebsförmigen Verfahren und unter Berücksichtigung zusätzlicher Gesichtspunkte letztlich die Entscheidungen treffen. Diese Entscheidungen folgen den Gutachtervoten zwar in vielen Fällen (Bornmann 2011, S. 201; mit Verweis auf mehrere Studien) und vor allem dann, wenn diese voll übereinstimmen. Aber es gibt folgenreiche Ausnahmen, da sowohl Dissens als auch Konsens der Gutachter nachfolgend einer kritischen Prüfung der Entscheidungsträger unterzogen werden (Hargens und Herting 2006, S. 18–20). Dabei ist zu berücksichtigen, dass ein Gutachterdissens nicht selten dadurch entsteht, dass bewusst Gutachter mit divergierenden Wissenschaftsperspektiven und Spezialkompetenzen berufen werden. Gutachterdissens ist in komplexen Entscheidungsprozessen insofern funktional, als er mit seiner Vielfalt an Aspekten die Urteilsbildung der Entscheidungsträger anreichert

---

[3]Vgl. zu diesen Varianten auch die Gestaltung von *Peer Review* im Forschungsrating des Wissenschaftsrats (Neidhardt 2008a).

und vor schneller Schließung bewahrt (Weller 2001, S. 193–197). Dies wird in der Forschung über die Leistungsfähigkeit von *Peer Review* verkannt, wenn die institutionellen Bedingungen ausgeblendet werden, unter denen *Peer Review* stattfindet. Ein nur auf Gutachterkonsens abstellendes Reliabilitätskriterium wird in der *Peer-Review*-Debatte dann systematisch überschätzt.

Mit Blick darauf ist zu überlegen, ob Reliabilitätsmessungen nicht nur auf die Mikroebene der Gutachter zu beziehen sind. Empirisch korrekt wäre, bei der Beurteilung von Anträgen, Bewerbungen und Manuskripten auf der Mesoebene der mehrstufig verfassten Begutachtungsorganisationen auch die Übereinstimmung der beteiligten Akteure zu messen und dabei nicht nur die Übereinstimmung zwischen Gutachtervoten, sondern auch zwischen deren Voten und den Empfehlungen und Entscheidungen der weiteren Beteiligten am Begutachtungsprozess auszuweisen (Reinhart 2012, S. 153). Dabei ist davon auszugehen, dass am Ende dieses Prozesses eindeutige Entscheidungen über Förderungen, Berufungen, Veröffentlichungen etc. gefordert sind und dass im Hinblick darauf Gutachterdissens im Folgeprozess paralysiert werden muss. Besonders aufschlussreich muss sein, wenn die Entscheidungen am Ende trotz vorliegendem Gutachterkonsens von deren gemeinsamer Tendenz abweichen. In solchen Fällen ist zu fragen, aus welchen Gründen die Autonomie der Wissenschaft, welche sich im Gutachterkonsens ausdrücken soll, verletzt worden ist. Anzunehmen ist, dass hierzu häufig Finanzierungsgesichtspunkte maßgeblich sind. Nicht nur, aber vor allem in internationalen Vergleichen würden aber gewiss auch Varianzen sichtbar, welche prekäre Verfassungseinschränkungen der Wissenschaftsfreiheit und der akademischen Selbststeuerungskapazität indizieren. Die Peer-Review-Forschung ist aber sowohl im Hinblick auf die Messung der Reliabilitäts- und Organisationsvariablen als auch bei der vergleichenden Analyse internationaler Studien rückständig geblieben.

Bemerkenswert ist, dass die Messung von *Validität*, welche die Effekte von *Peer Review* messen soll, anders als die Reliabilitätsmessung in der vorliegenden Forschung sowieso nicht nur auf der Mikroebene durchgeführt wird, weil es wenig Sinn macht, Veröffentlichungs- oder Karriereerfolge einzelnen Gutachtervoten zuzurechnen, die im Rahmen früherer Begutachtungsprozesse entstanden sind. Effektmessungen erscheinen nicht für Gutachten, sondern für effektive Verteilungsentscheidungen sinnvoll zu sein. Führt man diese nun durch, dann stellte sich bisher heraus, dass die Mesogrößen der Validität die überwiegend mäßigen Mikrogrößen von Reliabilität zumindest teilweise erfolgreich übertreffen (Bornmann 2011, S. 210–213). Dies ließe sich als Hinweis darauf nehmen, dass Gutachterdissens in den nachfolgenden Stufen des Begutachtungsbetriebs teilweise therapiert bzw. produktiv genutzt werden kann. Allerdings sind die Messprobleme in der Validitätsforschung bislang noch nicht überzeugend gelöst.

4.2 Voraussetzungen für Fairness – das Kollegialitätsproblem

Die Qualität sowohl übereinstimmender als auch voneinander abweichender Urteile hängt auf der Mikroebene wesentlich von der fachlichen Kompetenz der Gutachter ab. Allerdings ist es nicht einfach, kompetente Gutachter zu rekrutieren, auf deren Urteil in den anstehenden Fällen auch vertraut werden kann. Immer tritt bei Gutachterrekrutierungen insofern ein Problem auf, dass es eine offenkundig inverse Beziehung zwischen Expertise und Befangenheit gibt. Die Bemühung um fachliche Kompetenzsteigerung führt in einem ersten Schritt oft zu Gutachtern mit problematischer Nähe sowohl zu den Forschungsthemen als auch zu deren Bearbeitern. Große Nähe bringt mit hoher Wahrscheinlichkeit Interessen und Affekte ins Spiel, die einen Bewertungsbias auslösen können.[4] Um diesen zu begrenzen, gibt es einen Bedarf an mittleren Distanzen zwischen den Experten und den Gegenständen, Gruppen und Personen, die sie zu benoten haben. Gutachter müssen der Sache nahe genug und den Kollegen, um die es geht, fern genug sein, damit man ihre unbefangene Urteilskraft erwarten kann.

Strittig ist, mit welchen Folgen zu rechnen ist, wenn hinreichende Unbefangenheit im Begutachtungsprozess nicht gesichert ist. Eine zu große Nähe zu den Gegenständen und Akteuren kann gegensätzliche Effekte auslösen, je nachdem, ob mit den Nahbeziehungen eher Konkurrenz oder eher Kooperation einhergeht. Die vorherrschende Meinung unterstellt, dass der vorhandene Gutachterbias vor allem zu Lasten der Antragsteller ausschlägt, und der Argwohn erscheint verbreitet, dass Gutachter unerkannt „Ideenklau" betreiben. Sogar fast 40 % der von ihren „scientific communities" gewählten DFG-Fachkollegiaten stimmen dieser Vermutung zumindest teilweise zu (Hornbostel und Olbrecht 2007, S. 33). Nun wird „Ideenklau" gewiss vorkommen, aber es spricht wenig dafür, dass es aus diesen Gründen regelmäßig eine signifikante Benachteiligung von Kandidaten, Antragstellern und Autoren in den Verteilungsprozessen gibt. In aller Regel ist nämlich die Beziehung zwischen Gutachtern und Begutachteten nicht vom Format eines Nullsummenspiels. Es wird nicht oft vorkommen, dass Gutachter annehmen müssen, der Erfolg eines Antragstellers verknappe ihre eigenen Förderungs- oder Veröffentlichungschancen. Eher ist anzunehmen, dass im Peer-Review-System eine gutachterliche Tendenz zugunsten der Begutachteten angelegt ist. Bei eigenen Untersuchungen über Gutachterurteile bei der Deutschen Forschungsgemeinschaft ergaben sich deutliche Indizien für die normative Wirksamkeit von *Kollegialität* (Neidhardt 1986, S. 5–10). Kollegialität lässt sich als ein Subkulturmuster begreifen, das nach innen für eine Begrenzung des Wettbewerbs sorgt und nach außen eine Vorzugsbehandlung der eigenen Mitglieder befördert. Ließen sich die bei der DFG für vier Disziplinen ermittelten Befunde generalisieren, dann läge das Biasproblem also weniger auf der Seite, auf der es in der Regel als Unfairness gegenüber *individuellen* Antragstellern und Manuskriptanbietern des eigenen Faches gedeutet wird. „Kollegenrabatte" (Erving Goffman) führen, wenn sie vorkommen, eher zu *kollektiven* Nachteilen für die Entwicklung der Wissenschaft, da sie sich in der Tendenz ausdrücken, dass zu großzügig veröffentlicht und gefördert wird.

---

[4] Australische Untersuchungen ergaben, dass sich das Urteil von Gutachtern, die von Antragstellern selber benannt worden waren und ihnen, lässt sich vermuten, persönlich nahestanden, in hohem Maße als „biased, inflated, unreliable, and invalid" erwiesen (Marsh et al. 2007, S. 33).

Im Zusammenhang mit dem Kollegialitätssyndrom werden auch die Funktionen eines für Gutachter in Anspruch genommenen *Anonymitätsprinzips* deutlich, das von Betroffenen immer wieder kritisiert wird (vgl. die „Nature Peer Review Debatte" 2008). Die Anonymität der Gutachter stellt einen Schutz vor den Bedienungsinteressen der Kollegen dar und unter den Kollegen vor allem einen Schutz vor den Freunden und den Mächtigen im Fach. Eine Aufgabe des Anonymitätsprinzips würde einerseits dazu führen, dass ein nicht geringer Teil von Gutachterkandidaten die Mitwirkung bei den Begutachtungen verweigern würde. In der großen Umfrage von Mulligan et al. (2013, S. 148) waren es etwas mehr als die Hälfte der über 4.000 Befragten. Darüber hinaus würde ein Anonymitätsverzicht zwei Vorwürfen Nahrung geben, die schon jetzt gegen das Gutachtersystem erhoben werden. Es würde die Wahrscheinlichkeit erhöht, dass die Statusschwächeren im Fach diskriminiert werden. Damit zusammenhängend würde die Neigung unterstützt, in der Begutachtung inhaltlich den „Mainstream" zu bedienen und die riskantere Förderung des Kreativ-Ungewöhnlichen zu scheuen. Beide Tendenzen lassen sich nicht völlig vermeiden. Aber die Anonymisierung der Gutachter lässt sich als Versuch verstehen, sie dagegen zu immunisieren.

Die wirksamste Vorkehrung gegen Gutachterbefangenheit dürfte dann gegeben sein, wenn nicht nur ihre eigenen Namen verschwiegen, sondern ihnen selber auch die Namen der Antragsteller verborgen werden. In der Tat wird dieses *„double blind"*-Verfahren im Begutachtungsbetrieb zunehmend praktiziert. Es wird auch von den jeweils Betroffenen am entschiedensten gewünscht. In der Studie von Mulligan et al. (2013, S. 138) äußerten 76% der Befragten „double blind peer review" sei „the most effective method". Ihre Anwendung gehört zu der Vielzahl der Fehlerkontrollen, mit denen den Begutachtungsproblemen auf der Mikroebene von den beteiligten Organisationen auf der Mesoebene begegnet wird (ausführlich vgl. 5.).

4.3 Zur Sozialökonomie des Gutachterwesens

Es gibt angesichts des seit Jahren ansteigenden Gutachtenbedarfs in der Wissenschaft gute Gründe, anzunehmen, dass mangelnde Sorgfalt zu einem der Hauptprobleme des Gutachterhandelns geworden ist. Mit der zunehmenden Belastung der Gutachter wächst die Wahrscheinlichkeit, dass die Qualität ihrer Gutachten sinkt (Finetti 2000, S. 32). Dieser Effekt lässt sich auch dadurch nicht vermeiden, dass immer mehr Mitglieder der scientific community als Gutachter in Anspruch genommen werden, da man nicht unterstellen kann, dass gutachterliche Fachkompetenz in den Forschungsfeldern gleichverteilt und unbegrenzt vorhanden ist. Stellt das Gutachterpotenzial eine endliche Größe dar und wird dies bei Gutachterbestellungen berücksichtigt, dann bleibt das Überlastungsproblem bei einer überschaubaren Gruppe von *Peers* vorhanden.

Generell muss man davon ausgehen, dass Gutachter als rationale Akteure ihren gutachterlichen Einsatz an allgemeinen Kosten-Nutzen-Kalkülen orientieren, auch wenn nachweislich intrinsische Motivationen für ein Gutachterengagement in der „scientific community" verbreitet sind (Mulligan et al. 2013, S. 144). Was die

Kosten angeht, so ist evident, dass die Erstellung hochwertiger Gutachten in vielen Forschungsfeldern einen erheblichen Zeitaufwand mit sich bringt. Von einer bestimmten Belastungsgrenze an steigen die Opportunitätskosten exponentiell bis zu einem in der Wissenschaft relativ nahen Punkt, an dem der Gutachtereinsatz selbstdestruktiv wird: Die durch Gutachterei eingeschränkte Gelegenheit zu eigener Forschung führt zum Verfall der Gutachterkompetenz.

Dieser Effekt wird kaum dadurch verschwinden können, „dass Gutachter sich vom Ideenfundus der Einreichenden anregen lassen und diese als ‚eigene Ideen' nutzen" (Fröhlich 2003, S. 35). Die Ausbeutbarkeit von Projektanträgen und Manuskripten ist nicht nur dadurch begrenzt, dass ein beachtlicher Teil von ihnen nicht gut genug ist, um für diese Zwecke zu taugen. Sie ist auch in dem Maße limitiert, indem Gutachter, um ihre kollegiale Befangenheit zu vermindern, absichtsvoll nicht aus der unmittelbaren sozialen und fachlichen Nähe der zu Begutachtenden gewählt werden.

Auch eine weitere Suche nach potenziellen Gewinnchancen für engagierte Gutachter bringt keine überzeugenden Resultate.[5] Gutachterarbeit mit Honoraren zu entgelten, brächte eine systemfremde Gratifikationsform in die Scientific Community, wäre flächendeckend wohl auch gar nicht finanzierbar. Denkbar wäre, herausgehoben fungierende und besonders belastete Gutachter nicht nur durch einen gewissen Reputationsgewinn, sondern handfest auch dadurch zu entschädigen, dass man ihnen, wenn sie Universitätsleute sind, auf Zeit Deputatsnachlässe gibt oder ihnen gar Freisemesterangebote macht. Auch das wäre im föderalistischen Wissenschaftssystem der Bundesrepublik angesichts der unterschiedlichen Länderinteressen wohl kaum durchsetzbar.

Insofern bleibt das Gutachterwesen auf den ehrenamtlichen Einsatz der Gutachter angewiesen, und da ist es gut zu wissen, dass zum Beispiel auch von der DFG „eine große Bereitschaft zur ehrenamtlichen Tätigkeit" berichtet werden kann (Koch 2006). So lange die Wissenschaft als Scientific Community mehr ist als eine Marktgesellschaft, und so lange sie in einem bestimmten Maße kollegiale Reziprozitätsmuster habitualisiert hat, so lange kann sie von ihren Mitgliedern erfolgreich Gemeinsinn einfordern und muss es auch, um sich vor Überfremdung zu schützen. Es geht aber darum, Kollegialität nicht zu überfordern. Wenn Gemeinsinn heroisch wird, kann man schwerlich mit ihm rechnen. Die wissenschaftspolitische Tendenz, die Steuerung des Wissenschaftssystems immer mehr auf Evaluationen umzustellen und für Evaluationen *Peer Review* zentral zu halten, kann also zu einer problematischen Überlastung des Gutachterwesens und zu der Gefahr eines Niveauverfalls führen.

---

[5]Uneinheitliche Vorstellungen über Möglichkeiten von „Gegenleistung für die Arbeit als Gutachter" geben auch die befragten DFG-Fachkollegiaten zu Protokoll (Hornbostel und Olbrecht 2007, S. 19).

5 Organisationsinteressen und Wettbewerbsfunktionen im Begutachtungssystem

Nach allem bisher Gesagten erscheint es evident, dass eine Analyse des Gutachterwesens unvollständig wäre, blieben die Möglichkeiten, den Qualitätsproblemen des *Peer Review* in deren Organisationen wirksam zu begegnen, außer Acht. Stößt man auf der Gutachtenebene (Mikroebene) auf Verzerrungen, so ist damit noch nicht festgestellt, dass diese in den diversen institutionellen Kontexten, in denen Gutachter tätig sind (Mesoebene), auf das Ergebnis von Förder- bzw. Publikationsentscheidungen tatsächlich durchschlagen. Im Folgenden wird der Frage nachgegangen, ob und in welcher Qualität institutionelle Voraussetzungen der Kontrolle von Ungereimtheiten bei den Begutachtungen entwickelt sind oder aber, wenn nicht vorhanden, möglich erscheinen.

Dabei ist es sinnvoll, zu fordern, dass „organisationssoziologische Perspektiven in der *Peer-Review*-Forschung zu forcieren sind" (Reinhart 2012, S. 152). Unternimmt man dies, ist anzunehmen, dass sowohl bei der Berufung der Gutachter als auch bei der Definition ihrer Arbeitsvorgaben sowie bei der Verarbeitung der gutachterlichen Voten Organisationsinteressen ins Spiel kommen, die sich daraus ergeben, dass die Institutionen, welche Anerkennung, Geld und Publizität zu verteilen haben, für eine wirksame Erledigung ihrer Aufgaben sich selbst im Wettbewerb mit anderen Institutionen Reputation erwerben und sichern müssen, also zuerst einmal auf ihr eigenes Überleben bedacht sind (Reinhart 2012, S. 127–129). Ihr Einfluss folgt den Gesetzen einer „governance by reputation" (Schuppert 2010, S. 94),[6] und im Hinblick darauf müssen im Wissenschaftsbereich nicht nur Grundsätze der Wissenschaft (Reliabilität, Validität und Fairness der urteilsbegründenden Gutachten), sondern auch Interessen und Erwartungen externer Bezugsgruppen von Politik und Wirtschaft (zuverlässige Entscheidungen im Rahmen effizienter Verfahren) balanciert werden (Makroebene). In gestuften Verfahren spielen für die Bedingungen, Abläufe und Folgen von *Peer Review* dann nicht nur Gutachter, sondern auch Referenten, Verwaltungen und Entscheidungsgremien sowie die Regulierung ihrer Beziehungen zueinander eine maßgebliche Rolle. Im Falle der Fachzeitschriften sind unter Umständen auch die Verlage einflussreich. Das Funktionieren der Gutachter wird immer nur in solchen Organisationskontexten exekutiert.

5.1 Partizipation und Transparenz

Angesichts der praktischen Folgen, die sich aus Rekrutierungs-, Förder- und Publikationsentscheidungen für die Arbeit und den persönlichen Status der Betroffenen ergeben, entsteht die Frage, ob nicht auch der Sachverstand, den die Begutachteten in eigener Sache besitzen, im Begutachtungsprozess genutzt werden kann. Geschähe dieses, würden sich die Fördereinrichtungen manchen Einspruch ihrer akademischen

---

[6]Ich habe diese am Beispiel des Wissenschaftsrats genauer analysiert (Neidhardt 2012).

Klientel ersparen. Es ist nun aber zu berücksichtigen, dass dieser Sachverstand mit starker Befangenheit einhergeht. Es kann sich bei der möglichen Inklusion von Antragstellern in den Begutachtungsprozess also nicht um die Einladung handeln, mit ihrer Selbsteinschätzung für die Beurteilung ihres eigenen Begehrens maßgeblich zu werden. Es kann nur darum gehen, mit ihrer Hilfe sachliche Fehleinschätzungen der Gutachter zu vermeiden. In diesem Sinne hat eine internationale Kommission 1999 zum Beispiel der DFG empfohlen, den Antragstellern die Gutachterkritik zu deren Anträgen zuzuleiten und ihnen Gelegenheit zur Stellungnahme einzuräumen, bevor über die Anträge definitiv entschieden wird. Fördereinrichtungen wären gut beraten, in einem Feldexperiment zu erforschen, mit welchem Aufwand sich für welche Teilmenge der Fälle der Einbau einer entsprechenden Schleife einrichten lässt und in welchem Maße dies zur Fehlervermeidung gutachterlicher Einschätzungen führt, ohne dass dadurch der eigene Betrieb ungut belastet würde.

Partizipationsansprüche werden über die Betroffenen hinaus verallgemeinert, wenn man den Begutachtungsprozess auch gegenüber Außenstehenden öffnen will. Entsprechende Forderungen haben sich in den vergangenen Jahren mit Konzepten wie „open access", „open science" oder „citizen science" verstärkt (vgl. dazu Taubert sowie Franzen in diesem Band). Es geht dabei zum Beispiel (im Falle von Forschungsförderung und Stipendienvergaben) um die Veröffentlichung der Gutachten oder auch (im Falle von Zeitschriften) um die Öffnung des *Peer-Review*-Systems per Internet mit dem Ziel, beliebige Interessierte zu Urteilen einzuladen, bevor über Anträge und Manuskripte endgültig entschieden wird. In beiden Fällen würde *Öffentlichkeit* hergestellt.

Öffentlichkeit herzustellen heißt, ein im Prinzip unbestimmbar großes Publikum in Kommunikationsprozesse einzubeziehen. Niemand kann ausgeschlossen werden. Damit werden aber auch mancherlei Geräuschentwicklungen wahrscheinlich, die einer rationalen Kommunikation nicht unbedingt dienlich sind. Je stärker sich der Einfluss öffentlicher Meinungsbildung auch auf die kognitiven Entscheidungsprozesse der Wissenschaft durchsetzen würde, umso weniger ließe sich ausschließen, dass sachliche Gesichtspunkte nach dem Muster medialer Öffentlichkeitsarbeit mit gefälliger oder aber polemischer Rhetorik überlagert oder gar verdrängt werden. Nicht auszuschließen ist überdies, dass selbst dann, wenn ein bestimmender Einfluss von *Peers* bei Begutachtungen erhalten bliebe, schon das Wissen um die Veröffentlichung der Gutachten deren Qualität ungut verändern kann. Gutachter wären wohl nur schlecht vor dem Motiv zu schützen, ihr Urteil kollegialen und medialen Correctness-Vorstellungen anpassen zu wollen.[7] Insofern gilt für die Organisationen der Wissenschaft, was sogar für den Binnenbereich demokratischer Politiksysteme rechtlich geschützt ist, nämlich ein relativer Anspruch auf *„Nicht-Öffentlichkeit als Bedingung von Offenheit"* (Jestaedt 2001, S. 231, Hervorh. i.O.). Für das Funktio-

---

[7]Die praktischen Erfahrungen mit „open review" zeigen, dass ein positiver Effekt offenbar von bisher wenig erforschten Randbedingungen abhängig ist (Pöschl 2006, Nature Peer Review Debatte, Hornbostel und Olbrecht 2007); ob diese, wenn bekannt, auch kontrollierbar wären, ist ungewiss.

nieren aller gesellschaftlichen Funktionssysteme sind nicht nur die Erfordernisse von Transparenz, sondern auch die Funktionen von Intransparenz ernst zu nehmen. Das trifft auch auf Begutachtungseinrichtungen zu, die beim *Peer Review* zur Diskussion stehen (Reinhart 2012, S. 139).

5.2 Selbstkontrollmechanismen

Außenkontrollen und darunter auch die möglichen Korrekturfunktionen von Öffentlichkeit lassen sich allerdings nur in dem Maße vernachlässigen, in dem die etablierten Selbstkontrollmechanismen der Wissenschaft zuverlässig funktionieren. Wo diese grob versagen – zum Beispiel in skandalisierbaren Fällen von Betrug in der Wissenschaft –, gehen Kontrollfunktionen mit Recht auf externe Instanzen über, zu denen neben Gerichten auch Massenmedien und die von ihnen beeinflusste öffentliche Meinung gehören. Welcher institutionellen Vorkehrungen bedarf das akademische Gutachterwesen, um skandalisierbare Vorfälle in der Wissenschaft möglichst zu vermeiden?

Peer Review, das wurde schon ausgeführt, ist gerade bei Steigerung von fachlicher Expertise anfällig für Befangenheiten, denen durch „double blind"-Verfahren recht wirksam begegnet wird. Die Befangenheiten könnten aber weiter reichen, nämlich weniger einzelne Kollegen (und Konkurrenten), sondern auch ihren, mit dem Gutachter gemeinsamen, Forschungsbereich berühren, um dessen Chancen es im interdisziplinären Wettbewerb um Publizität und Fördermittel geht. Um sich dagegen zu schützen und vorhandene Tendenzen zu einer disziplinären Selbstbedienung zu kontrollieren, werden in den Evaluationsprozessen mancher Begutachtungseinrichtungen die eingesetzten Gutachtergruppen nicht nur mit *Peers*, sondern in kleineren, aber fallabhängig wechselnden Anteilen auch mit Experten aus benachbarten Disziplinen besetzt, denen es zwar an Spezialkenntnissen über den jeweils einschlägigen Stand der Forschung mangeln wird, nicht aber am Wissen über die allgemeinen Bedingungen triftiger Evaluationen von Projekten und Texten. Mit ihnen baut man Kontrollen unmittelbar in den Begutachtungsprozess ein, und das kann eine nützliche Vorkehrung gegen die Inzüchtigkeit von Peerinteressen nicht nur in den Fällen sein, in denen eine Forschung interdisziplinäre und anwendungspraktische Bedeutung besitzt. Im letzteren Falle wird es überdies geboten sein, auch den Experten aus einschlägigen Praxisbereichen eine gutachterliche Mitbestimmung zuzurechnen; man kann dann anstatt von *Peer* Review allgemeiner von *Expert Review* sprechen.

Besonders relevant erscheinen neben den Mustern gutachterlicher Rollenrekrutierungen auch Art und Ausmaß von Rollendifferenzierungen im Entscheidungsprozess über Fördermittel und Publikationen. Entscheidend ist die Frage, ob Gutachter von Anträgen und Manuskripten auch Entscheider über deren Erfolg sind. Dies ist in der Regel weder bei Fördereinrichtungen noch bei Zeitschriften der Fall, auch wenn im Einzelnen unterschiedliche Formen von „*Mehrinstanzlichkeit*" (Hirschauer 2004, S. 74, Hervorh. i.O.) in Begutachtungsprozessen eingerichtet sind. Wichtig ist, dass jenseits der Gutachterebene der *Peers* Kontrollorgane fungieren, vor deren interner

Prüfung die Gutachtervoten bestehen müssen, bevor sie nach außen wirksam werden. Nicht zu unterschätzen ist in diesem Zusammenhang neben allen anderen auch die intermediäre Rolle von Referenten und Assistenten: Sie sind oft maßgeblich für die Wahl von Gutachtern und die Herstellung der Entscheidungsvorlagen, die sich aus deren Gutachten ergeben (Reinhart 2012, S. 105–107, 133).

Im Einzelnen hängt die Selbstkontrollkapazität der Begutachtungssysteme von den Varianten ab, mit denen die Rollendifferenzierung in den Begutachtungsprozessen einer Organisation geregelt wird (vgl. Langfeld 2006). In der Deutschen Forschungsgemeinschaft zum Beispiel gab es oberhalb der Ebene der Gutachter immer schon Kontrollbefugnisse eines Fachausschussvorsitzenden und des am Ende über die Förderung entscheidenden Hauptausschusses des Senats. Die internen Kontrollmechanismen sind vor wenigen Jahren durch die Einrichtung von gewählten Fachkollegien, die gegenüber den jeweils eingesetzten Gutachtern Funktionen von Moderation und Supervision erfüllen, noch verstärkt worden (Koch 2006; Hornbostel und Olbrecht 2007, S. 7–9). Auch das Forschungsrating des Wissenschaftsrats ist mehrstufig angelegt, dies allerdings nach anderem Muster (Neidhardt 2008b, S. 427–429). Bei Fachzeitschriften erscheinen vergleichbare Formen von „Mehrinstanzlichkeit" mit Rollendifferenzierungen zwischen Gutachtern, Redaktionssekretären, Herausgebern und evtl. auch Verlagen, zum Teil ebenfalls sog. Beiräten.

Selbstkontrollmechanismen können die Güte fehleranfälliger Begutachtungsprozesse steigern, aber sicher nicht derart verbessern, dass folgenreiche Ungereimtheiten unmöglich würden. In welchem Maße sie Reliabilität, Validität und Fairness von Gutachten steigern können, hängt von den institutionellen Kontexten ab, in denen Gutachter fungieren. Deshalb sind diese institutionellen Kontexte in den Forschungen über *Peer Review* als unabhängige Variable stärker zu berücksichtigen, als dies bislang der Fall war.

5.3   Pluralismus im System

Zu einer kritischen Analyse von *Peer Review* gehört darüber hinaus, jenseits der Individualebene von Gutachtern und auch jenseits der Organisationsebene von Fördereinrichtungen, Evaluationsinstanzen und Zeitschriftenredaktionen eine *Makroebene* einzubeziehen, mit der das Gesamtsystem der Wissenschaft in den Blick gerät. Die für die Selbststeuerung von Wissenschaft zentrale Frage ist, ob dieses System so differenziert ist, dass es die nicht ausschließbaren Fehleinschätzungen und Einseitigkeiten seiner einzelnen Teile auszugleichen vermag. Es geht im Begutachtungssystem um die Vermeidung von Monopolbildungen, nämlich darum, dass bei der Verteilung von Forschungsmitteln und Stipendien nicht nur eine einzige Fördereinrichtung und bei der Entscheidung über Zeitschriftenpublikationen nicht nur eine einzige Redaktion den Ton angeben. Nur ein institutioneller Pluralismus in den Finanzierungs- und Veröffentlichungsregimen der Wissenschaft kann dafür sorgen, dass sie der „Bedeutung der Konkurrenz im Gebiete des Geistigen" (Mannheim 1929) gerecht werden kann. Deshalb bleibt zum Beispiel darauf zu achten, dass im deutschen Fördersystem jenseits der immer mächtiger gewordenen Deutschen Forschungsgemeinschaft ein differenziertes und ausgewogenes Ensemble von Fördereinrichtungen erhalten bleibt und dass auf den Fachzeitschriftenmärkten der Wissenschaftsdisziplinen nicht nur jeweils eine Zeitschrift mit ihrem „impact" die herrschende Meinung im Fach ausdrückt und gestaltet.

6 Geltungsprobleme von Peer Review – ein Fazit

Das Prinzip von *Peer Review* stellt trotz aller Kritik ein weitgehend anerkanntes Gütemerkmal für Entscheidungsprozesse dar, in denen die Qualität von Wissenschaft zur Diskussion steht. Die Kritik an *Peer Review* gereicht vor allem zu zahlreichen Versuchen, die Mikroprobleme auf der Gutachterebene auf der Mesoebene jener Organisationen zu bearbeiten, in denen Gutachter wirken. Eine überlegene Alternative ist nicht in Sicht. Dies trifft nicht nur für Entscheidungsprozesse im Binnenbereich der Wissenschaft zu, sondern auch bei deren praktischer Nutzung in diversen Anwendungsfeldern der Wissenschaft. In der Bundesrepublik spricht für den Geltungsgewinn von *Peer Review* zum Beispiel die Tatsache, dass der Wissenschaftsrat die akademische Dignität von Projekten und Forschungseinrichtungen nun auch im großen Bereich der sog. Ressortforschung von Ministerien überprüft und damit dem *Peer-Review*-Prinzip sogar im Bereich politiknaher Wissenschaft eine zentrale Bedeutung verliehen hat.

Einen Geltungsgewinn dieses Prinzips kann man auch darin sehen, dass mit der Durchsetzung von Prinzipien des „New Public Management" in den Universitäten die Outputsteuerung der Wissenschaft zunehmend an Leistungskennziffern (z. B. Publikations- und Drittmitteldaten) orientiert wird, die auf *Peer-Review*-Entscheidungen über Veröffentlichungen und Drittmittel sowie akademische Rufe und Preise zurückgehen. Die Problematik der Nutzung von Kennziffern liegt allerdings darin, dass ihre Anwendung auf die zu bewertenden Projekte, Forscher und Forschungsgruppen jenseits von Routinefällen selber der Prüfung durch *Peers* bedarf, um zu sichern, dass sie verlässliche und valide Indikatoren der Leistungen darstellen, die gemessen werden sollen; das aber wird keineswegs durchweg (z. B. in den Universitätsverwaltungen eher selten) praktiziert.

Ein für die Problematik instruktives Beispiel stellen der sog. *Zitationsindex* und die daraus abgeleiteten Derivate (siehe den „Hirsch Index") dar, die inzwischen in vielen Disziplinen als bestimmende Gütemaße für die Qualität von Forschern, Forschergruppen und Forschungsinstituten gelten. Der Zitationsindex wird überwiegend aus den Daten der beiden großen kommerziellen Datenbanken (Web of Science oder Scopus) über die Zitierungen in (mehrheitlich englischsprachigen) Fachzeitschriften ermittelt, von denen unterstellt wird, dass die von ihnen veröffentlichten Beiträge auf *Peer Review* zurückgehen. Aber, erstens sind Fachzeitschriften nicht in allen Disziplinen die zentralen und repräsentativen Organe der wissenschaftlichen Kommunikation und zweitens fehlt es an eindeutigen operationellen Definitionen dafür, was bei ihnen *Peer Review* heißen soll. Das gilt erst recht für Zitationsindizes, die aus dem Internet (z. B. von Google Scholar) bezogen werden. Ein beliebiger Einsatz von gutachtenden Lesern kann zumal dann, wenn diese anonym bleiben, nicht ausreichen, um kompetente Qualitätskontrollen annehmen zu dürfen; es kommt dann zu einer Konfundierung von Qualität und Prominenz. Es fehlen aber verbindliche Standardisierungen der Bedingungen, mit denen *Peer Review* selbst als leistungsfähig gelten kann. Das gilt nicht nur für den Bereich der Bibliometrie, sondern mehr noch für die Bestimmung „qualitätsgeprüfter" Drittmittel.

Der Begriff von *Peer Review* hat sich zu einer Blankoformel entwickelt, mit der die wissenschaftliche Reputation von Personen, Projekten und Institutionen auch fingiert werden kann. Dabei werden laxe Verfahren, in denen die Unbefangenheit der Gutachter und die Solidität der Bewertungsverfahren zweifelhaft sind, sicher weniger in den Kernbereichen des Wissenschaftssystems vorzufinden sein. Es kommt zu Ungereimtheiten bis hin zu eklatanten Täuschungen am ehesten in den Randbereichen der Wissenschaft, in denen die wissenschaftspolitisch favorisierten Formen von „*public-private-partnership*" zu Spannungsverhältnissen zwischen wissenschaftlichen Standards und kommerziellen Interessen führen – also zum Beispiel bei den multidisziplinären Projekten im Bereich der Ernährungs- und Pharmaforschung. Die Problematik wird hier nicht schon darin liegen, dass Spannungsverhältnisse aufkommen und zu balancieren sind. Die Gefahr entsteht, wenn bei der Einschätzung von Forschungen und Forschungsergebnissen das Prinzip von „organized skepticism" (Robert Merton), auf das die Wissenschaft verpflichtet ist, von ökonomischen Interessen unterlaufen wird, ohne dass dies von unbefangenen Experten in einem korrekten *Peer Review* erkennbar und kontrollierbar wäre. Es scheint, dass die Selbststeuerung der Wissenschaft, zu deren Kernelementen *Peer Review* gehört, zunehmend eher kommerziell als politisch eingeschränkt wird – und zwar dort, wo kommerzialisierbare Wissenschaftsprodukte gewinnträchtig zu vermarkten sind. In diesen Fällen ist eine Korrumpierung von Peer Review nicht ausgeschlossen.

Literatur

Bornmann, Lutz. 2011. Scientific peer review. *Annual Review of Information Science and Technology* 45:199–245. Chapter 5.

Bornmann, Lutz, und Hans-Dieter Daniel. 2003. Begutachtung durch Fachkollegen in der Wissenschaft. Stand der Forschung zu Reliabilität, Fairness und Validität des Peer-Review-Verfahrens. In *Universität auf dem Prüfstand*, Hrsg. Stefanie Schwarz und Ulrich Teichler, 207–225. Frankfurt a. M.: Campus.

Braun, Dietmar. 1997. *Die politische Steuerung der Wissenschaft. Ein Beitrag zum „kooperativen Staat"*. Frankfurt a. M.: Campus.

Finetti, Marco. 2000. Die überforderten Türhüter. *Gegenworte* Frühling 2000 5:32–35.

Fröhlich, Gerhard. 2003. Anonyme Kritik: Peer Review auf dem Prüfstand der Wissenschaftsforschung. *medizin – bibliothek – information* 3:33–39.

Gläser, Jochen. 2006. *Wissenschaftliche Produktionsgemeinschaften. Die soziale Ordnung der Forschung*. Frankfurt a. M.: Campus.

Gülker, Silke, Dagmar Simon, und Marc Torka. 2013. Externe Kontrolle und kollegiale Rückmeldung. Zu einer konstitutiven Spannung in institutionellen Evaluationen der Wissenschaft. *Zeitschrift für Evaluation* 12(2): 209–233.

Hargens, Lowell L., und Jerald R. Herting. 2006. Analyzing the association between referees' recommendations and editors' decisions. *Scientometrics* 67:15–26.

Hirschauer, Stefan. 2004. Peer Review Verfahren auf dem Prüfstand. *Zeitschrift für Soziologie* 33:62–83.

Hornbostel, Stefan. 1977. *Wissenschaftsindikatoren. Bewertungen in der Wissenschaft.* Opladen: Westdeutscher Verlag.

Hornbostel, Stefan, und Meike Olbrecht. 2007. Peer review in der DFG: Die Fachkollegiaten. iFQ-Working Paper No. 2. Bonn.

Jestaed, Matthias. 2001. Das Geheimnis im Staat der Öffentlichkeit. *Archiv des öffentlichen Rechts* 126:205–238.

Koch, Stefan. 2006. Das Begutachtungsverfahren der Deutschen Forschungsgemeinschaft nach Einführung der Fachkollegien. In *Wie viel (In-)Transparenz ist notwendig? Peer Review revisited*, Hrsg. Stefan Hornbostel und Dagmar Simon, 15–26. Bonn: IFQ-Workingpaper, No. 1

Langfeld, Liv. 2006. The policy challenges of peer review: Managing bias, conflict of interest and interdisciplinary assessments. *Research Evaluation* 15:31–41.

Mannheim, Karl. 1929. Die Bedeutung der Konkurrenz auf dem Gebiet des Geistigen. In *Verhandlungen des Sechsten Deutschen Soziologentages vom 17. bis 19. September in Zürich*, 35–83. Tübingen: Mohr.

Marsh, Herbert W., Nigel W. Bond, und Upsali W. Jayasinghe. 2007. Peer review process: Assessments by applicant-nominated referees are biased, inflated, unreliable and invalid. *Australian Psychologist* 42:33–38.

Marsh, Herbert W., Upsali W. Jayasinghe, und Nigel W. Bond. 2008. Improving the peer-review process for grant applications. *American Psychologist* 62:160–168.

Mulligan, Adrian, Louise Hall, und Ellen Raphael. 2013. Peer review in a changing world: An international study measuring the attitudes of researchers. *Journal of the American Society for Information Science and Technology* 64(1): 132–161.

Nature Peer Review Debatte. http://www.nature.com/nature/peerreview /debate/index.html Zugegriffen am 27.01.2014.

Neidhardt, Friedhelm. 1986. Kollegialität und Kontrolle am Beispiel der Gutachter der Deutschen Forschungsgemeinschaft (DFG). *Kölner Zeitschrift für Soziologie und Sozialpsychologie* 38:3–12.

Neidhardt, Friedhelm. 2008a. Fehlerquellen und Fehlerkontrollen in den Begutachtungssystemen der Wissenschaft. In *Wie viel (In-)Transparenz ist notwendig. Peer review revisited*, Hrsg. Stefan Hornbostel und Dagmar Simon, 7–13. Bonn: iFQ-Working paper, No.1

Neidhardt, Friedhelm. 2008b. Das Forschungsrating des Wissenschaftsrats. Einige Erfahrungen und Befunde. *Soziologie* 76:421–432.

Neidhardt, Friedhelm. 2012. Institution, Organisation, Interaktion. Funktionsbedingungen des Wissenschaftsrats. *Leviathan* 40:271–296.

Nickerson, Richard S. 2005. What authors want from journal reviewers and editors. *American Psychologist* 60:661–662.

Polanyi, Michael. 1962. The republic of science. Its political and economic theory. *Minerva* 1:54–73.

Pöschl, Ulrich. 2006. Open access & collaborative peer review: Öffentliche Begutachtung und interaktive Diskussion zur Verbesserung von Kommunikation und Qualitätssicherung in Wissenschaft und Gesellschaft. In *Wie viel (In-)Transparenz ist notwendig*, Hrsg. Stefan Hornbostel und Dagmar Simon. Peer review revisited, 43–46. Bonn: iFQ-Working paper, No.1.

Reinhart, Martin. 2012. *Soziologie und Epistemologie des Peer Review.* Baden-Baden: Nomos.

Schimank, Uwe. 2005. 'New Public Management' and the academic profession: Reflections of the German situation. *Minerva* 43:361–376.

Schuppert, Gunnar Folke. 2010. *Staat als Prozess.* Frankfurt a. M.: Campus.

Toulmin, Stephen. 1983. *Kritik der kollektiven Vernunft.* Frankfurt a. M.: Suhrkamp.

Weingart, Peter. 2005. Das Ritual der Evaluierung und die Verführbarkeit der Zahlen. In: ders.: *Die Wissenschaft der Öffentlichkeit,* 102–122. Weilerswist: Velbrück.

Weller, Ann. 2001. *Editorial peer review. Its strength and weaknesses.* Medford: ASIST.

Open Science als wissenschaftspolitische Problemlösungsformel?

Martina Franzen

Inhalt

1 Einleitung 279
2 Zur Verwendung des Begriffs Open Science 281
3 Open Science: Dimensionen des Wandels der wissenschaftlichen Forschungspraxis 282
    3.1 Beteiligung an Wissenschaft – Open Participation 282
    3.2 Transparente Begutachtung – Open Review 284
    3.3 Teilen von Daten – Open Data 285
    3.4 Pluralisierung der Bewertungskriterien und Altmetrics 286
4 Wissenschaft in der Krise 288
5 Fazit 292
Literatur 294

1 Einleitung

Open Science ist ein moralisch aufgeladener Begriff, der eine weitgehende Öffnung der Wissenschaft für das Gemeinwohl postuliert und damit über die gegenwärtige Forschungspraxis hinausgeht. Unter den Bedingungen von Digitalisierung umfasst das Programm von Open Science die Öffnung der wissenschaftlichen Wissensproduktion in sozialer, zeitlicher, räumlicher und sachlicher Hinsicht. Der Kreis der Proponenten von Open Science setzt sich zusammen aus Wissenschaftlern, politischen Entscheidungsträgern, Industrievertretern, Informatikern, Bibliothekaren und Mitgliedern der Zivilgesellschaft (Fecher und Friesike 2013; Leonelli 2013). Dabei lassen sich sowohl bottom-up-Ansätze als auch top-down-Ansätze zur Umsetzung von Open Science identifizieren.

M. Franzen (✉)
Wissenschaftszentrum Berlin für Sozialforschung (WZB), Forschungsgruppe Wissenschaftspolitik, Berlin, Deutschland
E-Mail: martina.franzen@wzb.eu

Zu den Zielen von Open Science gehören der offene Zugang zu wissenschaftlichen Informationen (Open Access von Publikationen und Forschungsdaten), die Erhöhung von Transparenz in Begutachtungsverfahren (Open Review), die konsequente Umsetzung von Wissenschaftskommunikation, die prinzipiell jeden erreicht und inkludiert (Open Participation) sowie die Entwicklung komplementärer Bewertungskriterien von wissenschaftlichen Leistungen, die statt auf den wissenschaftsbezogenen auf den gesellschaftlichen Impact abstellen.

Am weitesten fortgeschritten ist die Umsetzung von Open Science im Bereich des Publikationswesens – weg von subskriptionspflichtigen Angeboten hin zu Open Access. Zahlreiche Förderinstitutionen sehen sich den Zielen von Open Access, wie sie u. a. im Bethesda Statement (2003) oder der Berlin Declaration (2003) formuliert wurden, verpflichtet, was eine Übernahme der anfallenden Publikationskosten miteinschließt. Beim offenen Zugang auf Forschungsdaten steht die Entwicklung dagegen noch eher am Anfang, wenngleich auch hier die wissenschaftspolitischen Empfehlungen in Richtung eines flächendeckenden Ausbaus von Forschungsinfrastrukturen gehen (WR 2011, 2012).

Anders als die Öffnung der Verbreitungswege von Publikationen im Modus von Open Access bedeutet die Veröffentlichung von Forschungsdaten einen Wandel der bislang üblichen sozialen Praxis. Da das wissenschaftliche Anerkennungssystem auf individuelle Prioritätensicherung ausgelegt ist, birgt das öffentliche Teilen von aufwändig erhobenen Daten aus Sicht der (Fach-)Wissenschaftler die Gefahr, dass der Aufbau individueller Forschungsprogramme erschwert wird, was vor allem Forscher am Anfang ihrer Karriere betrifft (Gewin 2016). Die damit verbundene Unsicherheit besteht u. a. darin, ob die wissenschaftlich erbrachten Leistungen bei der Zweitverwertung der Daten angemessen honoriert werden (Munthe und Welin 1996). Die wissenschaftliche Gratifikation setzt einerseits die Herstellung von Zitierfähigkeit von Daten, andererseits die Durchsetzung entsprechender Zitationskonventionen voraus. Vorschläge einer Erweiterung der Zitationsnormen erstrecken sich bis auf (Mikro-)Reviews (Kriegeskorte 2012). Mit Open Review werden wiederum die bislang als vertraulich behandelten Begutachtungsprozesse einsehbar – mit dem Ziel, die Transparenz wissenschaftlicher Entscheidungsverfahren zu erhöhen. In wissenschaftlichen Zeitschriften wird derzeit mit diversen Optionen von Open Review experimentiert (Paglione und Lawrence 2015).

Zugleich erleben wir mit der digitalen Wende eine Erhöhung der Wissenschaftskommunikationsaktivitäten über zahlreiche Kanäle. Mithilfe digitaler Infrastrukturen lassen sich wissenschaftliche Ergebnisse je nach Zielgruppe multimedial aufbereiten und über soziale Netzwerke global verbreiten. Die avisierte Erweiterung des Publikums bedeutet zugleich eine Informalisierung wissenschaftlicher Informationen z. B. in Science Blogs. Die wissenschaftspolitische Agenda umfasst heute aber nicht allein das Ziel, Wissenschaft an die allgemeine Öffentlichkeit zu vermitteln, sondern sie aktiv in die Wissensproduktion miteinzubeziehen, Stichwort Citizen Science. Im Begriff von Citizen Science steckt die Idee, die Asymmetrie zwischen Experten und Laien formal einzuebnen (Finke 2014). Die Inklusion des „Jedermann" in die Forschungsarbeit stellt hierbei wohl den gravierendsten Einschnitt in das bis dato gültige Modell professioneller Wissenschaft dar (Dickel und Franzen

2015). Die soziale Öffnung von Wissenschaft geht zusätzlich einher mit der Entwicklung alternativer Bewertungssysteme von Wissenschaft, die sich nicht mehr allein auf wissenschaftsinterne, sondern auch auf gesellschaftliche Relevanzkriterien erstrecken sollen.

Bevor im Folgenden die aktuellen Entwicklungslinien von Open Science skizziert werden, ist eine Klärung nötig, was der schillernde Begriff von Open Science konkret beinhaltet.

2 Zur Verwendung des Begriffs Open Science

Augenfällig ist, dass das semantische Feld von Open Science nicht klar abgesteckt ist. Vieles an konzeptioneller oder empirischer Literatur, die sachlich dem Feld von Open Science zuzurechnen ist, wird unter benachbarten Begriffen wie Science 2.0, Citizen Science, Open Access, Open Data oder allgemeiner im Zusammenhang mit der ubiquitären Forderung nach Transparenz im Sinne von Rechenschaftslegung und Verantwortlichkeit (Accountability) verhandelt. Diese Begriffskonfusion um Open Science wurde u. a. auch in den Strategieplänen der EU-Kommission zur Umgestaltung der Wissenschaft angesprochen. Als Ergebnis einer öffentlichen Beratung zur Ausgestaltung des Programms „Science in Transition" wurde die ursprünglich technikforcierte Bezeichnung „Science 2.0" durch den breiteren Begriff „Open Science" ersetzt (European Commission 2015, S. 6).

Allein der Gebrauch unterschiedlicher Begriffe erschwert die Taxierung dessen, was die Wende hin zu Open Science genau impliziert. „It appears that the 'open' in Open Science can refer to pretty much anything: The process of knowledge creation, its result, the researching individual, or the relationship between research and the rest of society." (Fecher und Friesike 2013, S. 1). In einer systematischen Aufbereitung der Literatur zu Open Science unterscheiden Fecher und Friesike (2013) fünf verschiedene Denkschulen ('Schools of Thought'), die sie u. a. in ihren Zielsetzungen gegenüberstellen. Diese lassen sich wie folgt zusammenfassen:

(1) *Demokratische Schule*: Wissen soll für jeden frei verfügbar gemacht werden.
(2) *Pragmatische Schule*: Der Wissensproduktionsprozess soll offener gestaltet werden.
(3) *Schule der Infrastruktur*: Webbasierte Plattformen, Anwendungen und Dienstleistungen sollen für die Forschung frei zur Verfügung stehen.
(4) *Schule der Öffentlichkeit*: Wissenschaft soll dem Bürger zugänglich sein.
(5) *Schule der Bewertung*: Zur Messung wissenschaftlichen Impacts soll ein alternatives Bewertungssystem entwickelt werden.

Aus dieser Diskursbeschreibung von Fecher und Frieseke wird das normative Leitbild von Open Science in seinen multiplen Facetten deutlich erkennbar. Um die realen Veränderungen der Forschungspraxis näher zu untersuchen und ihre Implikationen zu benennen, ist vorab eine analytische Eingrenzung des Konzepts von Open Science nötig.

3 Open Science: Dimensionen des Wandels der wissenschaftlichen Forschungspraxis

Im Folgenden werden die sich abzeichnenden Tendenzen einer Veränderung der Wissenschaft in Richtung Open Science in vier Feldern genauer charakterisiert (Abb. 1).

Zur Strukturierung von Open Science als Forschungsgegenstand wird auf das methodische Konstrukt der Sinndimensionen nach Luhmann (1984) zurückgegriffen. Mit der Unterscheidung von Sozial-, Sach- und Zeitdimension, ergänzt um eine vierte Dimension des Raumes (Nassehi 2006), lässt sich der Wandel der Forschungspraxis hin zu Open Science in folgende vier Felder unterteilen, die es im Einzelnen näher zu bestimmen gilt: (1) *Open Participation*, (2) *Open Review*, (3) *Open Data*, (4) *Open Metrics/Altmetrics*.

3.1 Beteiligung an Wissenschaft – Open Participation

Mit der Ausdifferenzierung der Wissenschaft im 19. Jahrhundert ging eine Spezialisierung in Fachgemeinschaften einher, die ihre eigenen Sprachen ausbildeten und so einer Allgemeinverständlichkeit entgegenwirkten. Mit zunehmendem Abstraktionsgrad war selbst die wissenschaftliche Problemwahl nicht mehr öffentlich vermittelbar. Der Kritik an der Distanz zwischen Wissenschaft und Öffentlichkeit wurde ausgehend von Großbritannien seit den 1980er-Jahren durch wissenschaftspolitische Programme begegnet, die für eine Hinwendung der Wissenschaft in Richtung Öffentlichkeit plädierten, um Wissenschaft wieder verständlich und zustimmungsfähig zu machen (Franzen et al. 2012). Auf politisch-administrativer Ebene ersetzte

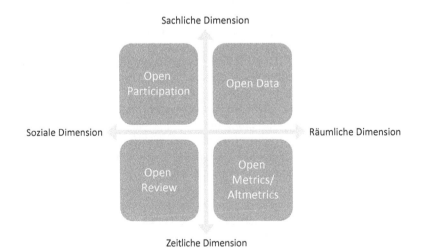

Abb. 1 Open Science: Dimensionen des Wandels

in den 1990er-Jahren ein Dialogmodell „Public Engagement *with* Science and Technology" das zuvor lancierte lineare Modell des Public Understanding of Science, das noch auf der Annahme eines allgemeinen wissenschaftlichen Wissensdefizit aufbaute, das es zu überwinden galt. Trotz der formalen Abkehr vom linearen Modell der Wissensvermittlung änderte sich an den entsprechenden Aktivitäten der wissenschaftlichen Politikberatung und Wissenschaftskommunikation zunächst nicht viel. Praktisch zeigte sich, dass selbst ein Mehr an Wissen nicht notwendig zu einer höheren gesellschaftlichen Akzeptanz führte. Erst Open Science, respektive Citizen Science, schafft hier einen Paradigmenwechsel, insofern das Problem der Distanz zwischen Wissenschaft und Gesellschaft nicht mehr allein als ein Kommunikationsproblem (Wie?), sondern als ein Inklusionsproblem (Wer?) behandelt wird.

Die Emergenz des Web 2.0 schafft hier die kommunikationstechnischen Voraussetzungen für die Realisierung eines interaktionistischen Modells der Wissenschaftskommunikation, technisch gesprochen von einer Kommunikation des one-to-many zu many-to-many. Elektronische Kommentarspalten in den (Wissenschafts-) Medien regen zur öffentlichen Kritik an und unterliegen nicht mehr den Platzbeschränkungen des Print-Mediums. Science (Mikro)Blogs adressieren nicht nur Spezialisten aus dem Feld, sondern erlauben es prinzipiell, eine unbestimmte Öffentlichkeit stärker in die Reflexion der Ergebnisse und in die Problemwahlen der Wissenschaft miteinzubeziehen. Der Ansatz von Citizen Science geht noch darüber hinaus, da es wie der Begriff bereits suggeriert darum geht, die Öffentlichkeit in den Prozess wissenschaftlicher Wissensproduktion neu zu integrieren. Neue Förderinitiativen loten derzeit die Implementationsmöglichkeiten von Citizen Science aus. Für Deutschland lässt sich hier das Bausteinprogramm zur Entwicklung von Citizen-Science-Kapazitäten in Deutschland „BürGEr schaffen Wissen – WiSSen schafft Bürger (GEWISS)" anführen, ein Konsortiumsprojekt von Einrichtungen der Helmholtz- und der Leibniz-Gemeinschaft mit ihren universitären und außeruniversitären Partnern, gefördert vom Bundesministerium für Bildung und Forschung. Einen zentralen Baustein bildet die Internet-Plattform buerger-schaffenwissen.de. In der EU-Kommission wird parallel an einem Rahmenpapier „Citizen-Science-Strategie 2020 für Europa" gearbeitet.

Mit Citizen Science erlebt die Partizipation von Nicht-Wissenschaftlern an Wissenschaft eine Renaissance. Unterscheiden lassen sich allgemein Formen der „eingeladenen" und „uneingeladenen" Partizipation an Wissenschaft (Wehling 2012; Dickel und Franzen 2015). Während Formen *eingeladener Partizipation* häufig eine punktuelle Integration in spezielle Forschungsprojekte betreffen, vorrangig im Bereich der Datenerhebung und -auswertung (Stichwort: Crowd Sourcing), bewegen sich Formen *uneingeladener Partizipation* in der Linie einer gegenkulturellen Praxis, welche bestehende Institutionen infrage stellt – ein prägnantes Beispiel bildet hier die Community der Biohacker (Delfanti 2013). Der Wissenschaftstheoretiker Peter Finke bezeichnet die zuletzt genannte, empirisch dominante Form von Citizen Science als Crowd-Sourcing mit dem Zusatz „Citizen Science light" und favorisiert dagegen das Modell „Citizen Science proper" als Motor einer sozial robusten Wissenschaft (Finke 2014). Mit der potenziellen Inklusion von jedermann in die wissenschaftliche Wissensproduktion wird zumindest auf begrifflicher Ebene die Differenz zwischen Experten und Laien aufgehoben. In der Praxis zeigt sich jedoch, dass Statushierarchien weiterhin gewahrt bleiben, wenn sogenannte Citizen Scientists vorrangig als „Zuarbeiter" der professionellen Wissenschaft fungieren, um vorgefertigte Aufgaben in der Datenproduktion und -auswertung zu übernehmen und die Wissenschaft von routineförmigen Aufgaben zu entlasten (Dickel und Franzen 2015). In Bezug auf die konsequente Umsetzung von Citizen Science bleibt die Frage offen, wie Gewissheit hergestellt wird, wenn professionelle Zertifizierungsinstanzen womöglich an Einfluss verlieren. Eine Neuverhandlung epistemischer Autorität scheint daher unerlässlich" (Dickel und Franzen 2016, S. 13).

3.2 Transparente Begutachtung – Open Review

Peer Review stellt den Kern wissenschaftlicher Qualitätssicherung dar und kommt in verschiedenen Kontexten zum Einsatz (Berufungsverfahren, Projektförderung, Evaluationen, Konferenzpräsentationen). Der Prototyp des Peer Review jedoch ist die Begutachtung wissenschaftlicher Manuskripte zwecks Veröffentlichung (Hirschauer 2004). Zur Begutachtung von Manuskripten werden in der Regel mindestens zwei ausgewiesene Experten konsultiert, die anhand des jeweiligen Zeitschriftenprofils eine Empfehlung über die Annahme oder Ablehnung einer Einreichung abgeben. In den letzten Dekaden wurde die Fehleranfälligkeit des Peer Review breit diskutiert und darüber die Selbstregulationsfähigkeit der Wissenschaft angezweifelt. Eine steigende Anzahl an Widerrufen, insbesondere von Publikationen in den sogenannten High-Impact Journalen führen zu einem sinkenden Vertrauen in das traditionelle Verfahren der Qualitätsauswahl (Franzen 2016 [i. E.]). Seit der Umstellung auf elektronisches Publizieren in den 1990er-Jahren werden in unterschiedlichen Settings diverse Ansätze erprobt, wie sich das Peer Review-Verfahren optimieren und entsprechend Vertrauen zurückgewinnen lässt (Franzen 2011, S. 246 ff.). Die Devise lautet gemeinhin: mehr Transparenz. Die Formen des sogenannten Open Review sind zahlreich: Die neue Transparenz betrifft u. a. die Identität der Gutachter, den Inhalt der Gutachten oder die Bewertung von Gutachten. In der Zeitdimension gilt es zwischen der Begutachtung *vor* einer Veröffentlichung (Pre-Publication Peer Review) und *nach* einer Veröffentlichung (Post-Publication Peer Review) zu differenzieren. Markierten im Zeitalter des Buchdrucks Veröffentlichungen noch eine fixierte Form wissenschaftlicher Überlegungen, schafft das digitale Zeitalter eine kontinuierliche Revidierbarkeit wissenschaftlicher Argumente in Echtzeit. Es entsteht ein Kontinuum der Publikation. Jenseits klassischer Zeitschriftenpublikationen sind zahlreiche Pre-Print Server etabliert worden, am bekanntesten ist das arxiv. org vorrangig für die Gebiete der Mathematik und Physik, auf denen Entwürfe hochgeladen, archiviert und bereits vor ihrer Einreichung von Fachkollegen kommentiert werden können. Auch auf den neuen globalen und multidisziplinären Netzwerkplattformen wie Academia.edu mit über 30.000.000 registrierten Nutzern (Stand Januar 2016) bildet die informelle Begutachtung ein zunehmend genutztes Tool unter Autoren. In Form sogenannter Sessions werden Kolleg(inn)en per

Notifications eingeladen, neue Entwürfe in einem bestimmten Zeitraum zu kommentieren.

War das Peer Review System bislang eine Black Box (Hirschauer 2004), an deren Enden nur die (positiven) Ergebnisse sichtbar wurden, bedeutet Open Review, die Urteile der Gutachter sichtbar und damit potenziell der öffentlichen Kontrolle zugänglich zu machen. Einen Vorreiter im Bereich Open Review stellt das EMBO Journal dar, das 2010 unter seinem Chefredakteur Bernd Pulverer entschied, die (anonymisierten) Gutachten parallel zur Heftausgabe zu veröffentlichen (Pulverer 2010). Andere Journale beschreiben den umgekehrten Weg, die Namen der Gutachter zu ent-anonymisieren und als Referenz an den entsprechenden Artikel zu heften (wie die Journale der Open Science Plattform Frontiers), mit dem Ziel, die personelle Verantwortlichkeit für die wissenschaftliche Qualitätssicherung zu erhöhen. Durch die Einrichtung elektronischer Kommentarfunktionen wurden in zahlreichen Journalen das Interaktivitätslevel und die Auseinandersetzung mit den publizierten Inhalten erhöht. Daneben sind Post-Publication Peer Review Plattformen entstanden, die sich mit der Relevanz einzelner Veröffentlichungen über alle Publikationsorte hinweg beschäftigen. Eine besondere Prominenz hat hier das Blog PubPeer entfaltet, das ursprünglich als Online Journal Klub gegründet wurde, sich in der Folge aber vor allem in Richtung Aufdeckung wissenschaftlicher Ungereimtheiten bis hin zur Anzeige von Fälschungsvorwürfen entwickelte. Eine Besonderheit solcher digitalen Plattformen ist, dass die Ankläger in der Regel anonym bleiben – im Gegensatz zu den Autoren, um deren Veröffentlichungen es geht. Entlang der Kriterien von Open Access und Open Review hat Kriegeskorte (2012) ein umfassendes Konzept zur zukünftigen Gestaltung des wissenschaftlichen Publikationssystems vorgelegt. Kern dessen ist ein mehrstufiges Ex-post-Evaluationskonzept wissenschaftlicher Publikationen, das die Gatekeeper-Funktion von Zeitschriften zukünftig ersetzen soll.

3.3 Teilen von Daten – Open Data

Open Science zielt des Weiteren auf die Transparenz der Wissensproduktion, um den Wahrheitswert einzelner Studien zu validieren und damit die bestehende Kluft zwischen der Herstellung und Darstellung von Wissen im Rahmen von Publikationen zu überbrücken (Franzen 2011, 2016 [i. E.]). In diesem Kontext geht es primär um die Veröffentlichung von Forschungsdaten, die einen Nachvollzug der Ergebnisse erlauben und weitere Forschung anregen. Hinzu kommt die forcierte Veröffentlichung weiterer Materialien, die zum Verständnis der Studien beitragen, wie z. B. in den Lebenswissenschaften die Veröffentlichung von Laborprotokollen. Für letzteres wurden inzwischen eigene Repositorien eingerichtet wie *Protocol Exchange* der Nature Publishing Group mit einem Schwerpunkt auf biologischer und biomedizinischer Forschung.

Daneben wurden eigene Daten-Journale gegründet, wie z. B. *Scientific Data* von der Nature Publishing Group (2014). Um allgemeine Informationsbarrieren abzubauen, wird allerorten am Ausbau von Forschungsinfrastrukturen gearbeitet. Forschungsdaten werden in Datenrepositorien gelagert, die wiederum ihre eigenen

Standards ausgebildet haben und häufig fachspezifisch strukturiert sind, wie ICPSR (Sozialwissenschaften) oder DYRAD (Biowissenschaften). Zu den Zielen von Open Science gehören jedoch nicht allein die Informationsbereitstellung und die Zweitverwertung, sondern wie im Bereich des Publikationswesens insgesamt ein möglichst uneingeschränkter Zugriff auf Daten im Modus von Open Access. In der Verknüpfung verschiedener Datensätze, Big Data, liegt das große Innovationspotenzial für die Wissenschaft, was ebenso ökonomisch relevant wird. Schätzungen gehen davon aus, dass Big Data und Open Data im Jahr 2020 einen Anteil von 1,9% am Bruttoinlandsprodukt der EU-28 ausmachen werden (EU Commission 2014, S. 6). Nicht alle derzeit verfügbaren Forschungsdatenbanken sind aber öffentlich zugänglich. Gerade im biomedizinischen Kontext existieren zahlreiche kommerzielle Datenbanken, was dem Open Access Gedanken widerspricht. Leonelli (2013, S. 10) weist darauf hin, dass die National Science Foundation in den USA die Betreiber öffentlich geförderter Datenbanken inzwischen aufgefordert hat, ein sich selbst tragendes Geschäftsmodell vorzulegen.

Auch in Deutschland wird am Ausbau der Forschungsinfrastrukturen gearbeitet (BMBF 2013). In der deutschen Soziologie beispielsweise steht seit Ende 2015 der sogenannte Replikationsserver bereit, der vom GESIS – Leibniz-Institut für Sozialwissenschaften – betreut wird und in Kooperation mit der Zeitschrift für Soziologie und der Sozialen Welt entstanden ist. Mit der Publikationszusage verpflichten sich die Autoren seither, ihre (quantitativen) Daten hochzuladen. Die Ergebnisse von Herb (2015) belegen für die Soziologie allerdings, dass Open Data in der Forschungspraxis bislang kaum verbreitet ist, was mit dem Status von Daten im Fach zusammenhängen mag. Während dem Push hin zu Open Data in der biomedizinischen Forschung beispielsweise die Annahme zugrundliegt, Daten seien für alle möglichen Forschungsfragen offen (Leonelli 2013, S. 7), gilt dies für sozialwissenschaftliche Daten, insbesondere für qualitative Daten nur bedingt. Die Teilungsbereitschaft von Daten variiert aber nicht nur zwischen den Fächern (Tenopir et al. 2011), sondern auch zwischen den Typen von Forschung. Haeussler (2011) hat in ihrer Untersuchung zu motivationalen Anreizen von Open Data herausgestellt, dass die Teilungsbereitschaft bei Wissenschaftlern im Bereich öffentlich geförderter Forschung zwar erwartungsgemäß höher ausfällt als im Bereich Industrieforschung, die Teilungsbereitschaft auf beiden Seiten aber umso größer ist, je stärker sich die Akteure dem Open Science Gedanken verpflichtet fühlen und je höher die Reziprozitätserwartung ist. Die Teilungsbereitschaft sinkt jedoch umgekehrt auf beiden Seiten, je größer der Wettbewerbsvorteil der angeforderten Daten eingeschätzt wird.

3.4 Pluralisierung der Bewertungskriterien und Altmetrics

Wenn sich im digitalen Raum das Spektrum an forschungsrelevanten Publikationsformen erweitert (Blogposts, Datensätze, Mikro-Reviews), werden neue Anerkennungsmechanismen benötigt. Zum einen geht es darum, neue Publikationsformen diesseits der traditionellen Formate in der wissenschaftlichen Community und unter Forschungsförderorganisationen als originäre intellektuelle Beiträge anzuerkennen

(Nosek et al. 2015). Zum anderen geht es darum, etablierte Zitationsnormen wissenschaftlicher Literatur auf Rohdaten, Codes oder andere Forschungsmaterialien zu übertragen.

Zitationsbasierte Indikatoren der Leistungsmessung, die wie der personenzentrierte h-index oder der Journal Impact Factor an (Zeitschriften-)Publikationen geknüpft sind, greifen angesichts der Diversität an Publikationsformen zu kurz. Welche Arten von Forschungsprodukten jedoch zukünftig als anrechenbare Leistungen gelten, steht derzeit an vielen Stellen noch zur Verhandlung (Assante et al. 2015; EU Commission 2014, S. 9). Hinzu kommt der Ansatz, die wissenschaftliche Leistungsbewertung von eindimensionalen, zitationsbasierten Indikatoren zu lösen, um ein leistungsgerechteres wissenschaftliches Bewertungssystem zu schaffen (z. B. Priem 2013). Auf dem Hintergrund der „Demokratisierung der Wissenschaft" erfahren sogenannte Altmetrics derzeit eine dynamische Verbreitung (Franzen 2015). Zu den *alternativen* Metriken gehören demnach zahlreiche Resonanzfaktoren, die das digitale Nutzungsverhalten im Umgang mit wissenschaftlichen Produkten (Artikel, Bücher, Forschungsdaten etc.) widerspiegeln und zu einem algorithmisch erzeugten Wert kondensiert werden. Der bekannteste Dienst dieser Art heißt Altmetric.com mit Sitz in London. Mithilfe einer Programmierschnittstelle (im Englischen kurz: API für „application programming interface") lassen sich Altmetrics in jedes Publikationsangebot integrieren. Als Quellen werden u. a. Twitter, Wikipedia, Blogs, Reddit, Mendeley u. a. ausgelesen. Im Altmetric-Score werden die erzielten Resonanzquoten nach einem unbekannten Algorithmus gewichtet. Durch eine farbliche Zuordnung der Quellen wird das Resonanzspektrum pro Publikation in verschiedenen Formen visualisiert, besonders beliebt ist hier der so bezeichnete Donut Badge. Die wissenschaftlichen Großverlage wie Springer, Wiley, Elsevier oder die Nature Publishing Group haben den Altmetric-Score bereits in ihr Portfolio integriert. Die Proponenten von Altmetrics, allen voran Jason Priem, Informationswissenschaftler und Initiator des im Jahr 2010 veröffentlichten Altmetrics-Manifesto (Priem et al. 2010), sehen in Altmetrics die Chance, das wissenschaftliche Reputationssystem zu revolutionieren (Priem 2013). Im normativen Regulativ von Open Science stößt Altmetrics auf breite Akzeptanz. Doch was Altmetrics eigentlich messen, bleibt notorisch unterbelichtet. Bedeutet z. B. der Download von Artikeln im Netz, dass diese tatsächlich gelesen wurden? In welchem Verhältnis stehen Tweets und Re-Tweets zu Qualität oder Relevanz der Produkte? Beeinflussen sich herkömmliche Zitierungen und Altmetrics wechselseitig?

Diese und ähnliche Fragen rund um Altmetrics beschäftigen derzeit vor allem die Bibliometriker. So hat Altmetrics eine „wissenschaftliche Revolution in der Szientometrie" (Bornmann 2014a) ausgelöst, dokumentiert durch eine wachsende Anzahl an Tagungen und Publikationen zum Problemkreis (Bornmann 2014b). Altmetrics-Dienstleister machen sich die Möglichkeiten des Web 2.0 zunutze, die Datenspuren eines jeden Internetnutzers auszulesen und damit das wissenschaftliche Rezeptionsverhalten transparent zu machen. Was nebenbei vollkommen intransparent bleibt, ist der Algorithmus, den Unternehmen wie Altmetric.com oder analog auch Research Gate (RG Score) der Berechnung des numerischen Werts zugrunde legen, mit denen Wissenschaftler und ihre Produkte öffentlich vermessen werden.

Open Science bedeutet aber auch, den gesellschaftlichen Impact von Forschung zu erhöhen und Wissenschaft nicht nur nach rein wissenschaftsinternen Kriterien und Indikatoren, sondern entlang von gesellschaftlichen Relevanzkriterien zu evaluieren (Bornmann 2012). Wie dies praktisch umgesetzt werden kann, zeigt das nationale Evaluationsregime in Großbritannien. Im Research Excellence Framework (REF) 2014, das die Research Assessment Exercise (RAE) ablöste, wurde erstmalig der gesellschaftliche Impact als Grundlage der Leistungsbewertung mit erfasst. Dieser Vorstoß traf in der Wissenschaft auf hohen Widerstand, da man den Ausverkauf der Wissenschaft zugunsten kurzfristiger Nutzungserwägungen befürchtete (Hung 2011). Hochschuleinrichtungen waren aufgefordert, den gesellschaftlichen Impact ihrer Forschung in Form von Case Studies zu formulieren. Die Bewertungen des Societal Impacts gingen mit einem Anteil von 20% in das sogenannte Qualitätsprofil einer Hochschulinstitution ein. Knapp 7.000 Case Studies wurden eingereicht, wovon 84% mit den beiden höchsten Noten versehen wurden (King's College London and Digital Science 2015).

Angesichts des enormen Aufwands, der sowohl mit der Erstellung von Impact Case Studies als auch mit ihrer Evaluation einherging, wird für die nächste Evaluationsrunde 2020 erneut über metrics-basierte Verfahren von Impact-Messungen nachgedacht (Wilsdon et al. 2015). Altmetrics werden dabei allerdings, nicht zuletzt aufgrund ihres hohen Gaming-Potenzials, als nicht valide genug eingestuft (Wouters et al. 2015).

4 Wissenschaft in der Krise

In den zuvor referierten Ansätzen von Open Science spiegeln sich nicht nur die Richtungsoptionen einer weitreichenden Transformation wissenschaftlicher Praxis, sondern ebenso die Krisensymptome des gegenwärtigen Wissenschaftssystems. Diese Krisendiagnosen gilt es im Folgenden einmal dezidiert zu entfalten: Wenn Open Science die Lösung ist, was ist das Problem?

(1) Eines der vordergründigen und viel diskutierten Probleme der gegenwärtigen Wissenschaft ist ihre fortschreitende Legitimationskrise (Weingart 2001), die das Problem von *Nähe* und *Distanz* der Wissenschaft zur Gesellschaft markiert. Mit der Ausdifferenzierung einer autonomen Wissenschaft als Ort gesellschaftlicher Wissensproduktion geht auch eine fortschreitende Binnendifferenzierung einher, die sich in der Entwicklung von Spezialgebieten und der Gründung von Fachzeitschriften zeigt (Stichweh 1994). Sowohl die eine Fachentwicklung begleitenden Terminologien als auch die Abstraktheit ihrer Problemwahlen verhindern eine Allgemeinverständlichkeit wissenschaftlicher Erkenntnisse und damit eine externe Evaluation wissenschaftlichen Fortschritts. Die Folge ist ein hierarchisches Gefälle zwischen Experten und Laien in der Wissensgesellschaft. Mit der Expansion der Wissensproduktion steigt zugleich auch der Bereich des Nichtwissens und die Nebenfolgen wissenschaftlich-technischen Fortschritts rücken verstärkt in den Blick (Beck 1986). Die sich seit den

1980er-Jahren entwickelnden öffentlichen Kontroversen um Atomenergie, grüne Gentechnik, Stammzellforschung oder Klimawandel verdeutlichen vielmehr, dass der wissenschaftlich-technische Fortschritt diskursiver Aushandlungen bedarf. Aufbauend auf dem sogenannten Defizit-Modell wurden gesellschaftliche Akzeptanzprobleme mit neuen Technologien zunächst als Problem eines Wissensdefizits erklärt und auf wissenschaftspolitischer Ebene entsprechend der Ausbau von Wissenschaftskommunikationsaktivitäten gefördert. Die zunehmende öffentliche Rechenschaftspflicht hat umgekehrt die Orientierung der Wissenschaft an den Massenmedien zur Folge, – mit den nicht intendierten Nebenfolgen eines Glaubwürdigkeitsverlusts der Wissenschaft im Zuge ihrer Medialisierung (Weingart 2012).

In dem Moment, in dem die öffentliche Kommunikation in und über Wissenschaft nicht mehr an Medienorganisationen gebunden ist, sondern die Wissensproduktion und -rezeption auch jenseits der etablierten Institutionen (Verlage, Pressestellen) über das Internet vermittelt wird und etablierte Rollenmuster im Zuge von Citizen Science an Trennschärfe verlieren (Wissenschaft versus Öffentlichkeit), greifen die traditionellen Modelle der Wissenschaftskommunikation grundsätzlich zu kurz (Scheufele 2014). Dies gilt einerseits für die wissenschaftseigene Form der Kommunikation, die Publikation, die sich in neuen Formaten wie Science Blogs zunehmend pluralisiert und es gilt anderseits für die Formen der Popularisierung von Wissen, in denen die Kategorien Information, Werbung und Unterhaltung genauso verschwimmen wie die etablierte Differenz zwischen Push- und Pull-Mechanismen der Wissenschaftskommunikation. Auch die Rolle der journalistisch geprägten Massenmedien, d. h. die Funktion des Wissenschaftsjournalismus, muss im Lichte der vielfältigen Angebote im Web 2.0 neu reflektiert werden (Neuberger 2014). Doch die gegenwärtig artikulierte Krise des Wissenschaftsjournalismus, die Qualitäts- und Existenzkrise zugleich ist (Blattmann et al. 2014), hängt nicht zuletzt mit der Glaubwürdigkeitskrise der Wissenschaft zusammen.

(2) Als ein akutes Problem der Wissenschaft wird im gegenwärtigen Diskurs die *fehlende Replizierbarkeit* zahlreicher wissenschaftlicher Studien behandelt. Metastudien fanden heraus, dass beispielsweise im Bereich der Krebsforschung hochrangig publizierte Ergebnisse nie reproduziert wurden und vermutlich fehlerhaft sind, obwohl sie viele Zitierungen auf sich vereinen (Begley und Ellis 2012). Zu ähnlichen Schlussfolgerungen gelangen Studien in den Bereichen Ökonomie (Chang und Li 2015) oder Psychologie (Open Science Collaboration 2015). Die Bezifferung von Reproduzibilitäts-Problemen zusammen mit der medienöffentlichen, skandalisierenden Thematisierung von Widerrufen wissenschaftlicher Artikel sowie der punktuellen Aufdeckung von Wissenschaftsbetrug sorgen für eine Glaubwürdigkeitskrise der Wissenschaft nach innen und außen. Die 2012 gegründete „Reproducibility Initiative", eine kollaborative Unternehmung zwischen dem Serviceunternehmen Science Exchange und dem Journal PLOS ONE in Kooperation mit fighare als Datenserverplattform, widmet sich dem Problemfeld, indem sie über drittmittelfinanzierte Forschungsprojekte und ihr spezielles Serviceangebot die Reproduzibilität einzelner Studien empirisch

testet. Im Erfolgsfall verleiht die Reproducibility Initiative ein „Certificate of Reproducibility", das mit einem Kostenaufwand von etwa 20% der Originalstudie verbunden ist.

Um dem Reproduzibilitätsproblem nachhaltig zu begegnen, wurden kürzlich neue redaktionelle Maßnahmen zur Struktursicherung eingeführt (vgl. im Detail Franzen 2016 [i. E.]). Eines der Kernelemente zur Sicherstellung von Qualität und Integrität in der Wissenschaft ist die Verpflichtung zur begleitenden Veröffentlichung von Rohdaten bzw. Forschungsdaten in entsprechenden Repositorien. Mit Blick auf die gesamte Publikationslandschaft differieren in dieser Hinsicht derzeit Publikationsschwellen pro Fach und Zeitschrift enorm. Vor diesem Hintergrund haben Nosek et al. (2015) Richtlinien zur Standardisierung vorgeschlagen, genannt Transparency and Openness Promotion (TOP) Guidelines. Hierin differenzieren sie zwischen acht Dimensionen und drei Levels einer transparenten wissenschaftlichen Redaktionspolitik. Ihr Modell spiegelt die Diskussion des gleichnamigen Komitees wider, das sich aus Mitgliedern der Sozial- und Verhaltenswissenschaften zusammensetzt. Die Richtlinien betreffen abgestufte Empfehlungen zur Einhaltung von Zitationsstandards über die Verfügbarmachung von Forschungsdaten bis hin zur Vorab-Registrierung von Studien. Erklärtes Ziel dieser Initiative ist, die Anreizmechanismen für transparentes Forschungshandeln zu erhöhen, um die Glaubwürdigkeit von Wissenschaft sicherzustellen: „Many individual researchers lack strong incentives to be more transparent, even though the credibility of science would benefit if everyone were more transparent." (Nosek et al. 2015, S. 1422–1423).

(3) Ein drittes Problem, das mit dem zuvor erläuterten assoziiert ist, betrifft einen internen Vertrauensverlust in Bezug auf eine *faire Leistungszurechnung*. In dem Maße, in dem wissenschaftliche Karrierechancen an hochrangige Publikationsorte gekoppelt sind (Franzen 2011; Reich 2013), fallen punktuelle Korrumpierungen wie Wissenschaftsbetrug, aber auch die zuvor benannten Replikationsprobleme umso mehr ins Gewicht. Auch unterhalb der Schwelle fehlender Integrität lassen sich wissenschaftliche Anpassungsstrategien identifizieren, anhand derer erkennbar wird, dass wissenschaftliche Karrieren nicht allein aufgrund der wissenschaftlichen Substanz, sondern zusätzlich über die erfolgreiche Selbstvermarktung und andere wissenschaftsfremde Kriterien entschieden werden, was demoralisierende Effekte erzeugt (Rogge 2015). Das Ideal einer wissenschaftlichen Meritokratie bleibt auch dann systemdefinierend, wenn zunehmend in Blogs wie Retraction Watch oder PubPeer auf wissenschaftliche Verfehlungen hingewiesen wird. Ziel der laufenden Transparenzoffensive ist an dieser Stelle vielmehr, die wissenschaftlichen Entscheidungsprozesse so offenzulegen, dass mögliche Verzerrungsmechanismen kontrolliert werden können. In den Katalog vertrauensbildender Maßnahmen gehören einerseits der gesamte Bereich von Open Review, d. h. die Veröffentlichung von Gutachten und die Offenlegung der Identität der Gutachter plus Angabe von Interessenkonflikten und andererseits die Erhöhung der Möglichkeit der Zurechnung von Leistungen auf einzelne Autoren über die dezidierte Kennzeichnung des jeweils erbrachten Beitrags. Neben der Forderung nach transparenten organisationalen Entschei-

dungsprozessen und Publikationspraktiken geht es im Sinne einer fairen Leistungsbewertung umgekehrt auch darum, die Identität des Autors und damit sein Portfolio so transparent wie möglich zu gestalten. Die digitale Wissenschaftler-ID wurde zwar schon vor einigen Jahren entwickelt und zunehmend genutzt, aber erst jetzt im Jahr 2016 erklärten sie einige Zeitschriften wie PLOS oder EMBO zur obligatorischen Publikationsbedingung (ORCID 2016). Die Open Researcher and Contributor ID (ORCID), eine Open-Source Variante einer Wissenschaftler-ID (im Unterschied zum Produkt ResearcherID des Web of Science Betreibers Thomson Reuters), sorgt für die eindeutige elektronische Identifikation von wissenschaftlichen Autoren. Dies bedeutet aber auch, dass Autorenprofile öffentlich einsehbar werden, was eine individuelle Leistungskontrolle und direkte Vergleiche, auch durch Dritte, ermöglicht.

(4) Ein viertes Problem betrifft die wahrgenommenen *Fehlleistungen indikatorengestützter Bewertungssysteme* der Wissenschaft. Da zitationsbasierte Indikatoren wie der Journal Impact Factor oder der personenzentrierte h-index inzwischen Einzug in zahlreiche Verfahren der Leistungsbewertung gehalten haben, von der Forschungsevaluation hin zu Berufungsverfahren, werden nicht nur die Anwendungsfehler deutlich, sondern auch die Grenzen ihrer Aussagefähigkeit verstärkt in der Wissenschaft thematisiert. Besonders prägnant wurden die Probleme in der San Francisco Declaration on Research Assessment im Jahr 2013 formuliert, die über 13.000 individuelle und institutionelle Unterzeichner umfasst und eine Debatte über den angemessenen Gebrauch von Metriken in der Wissenschaft angestoßen hat (DORA 2013). Ergebnisse der Evaluationsforschung zeigen, dass jede Output-Kontrolle über Kennziffern mit einer Vernachlässigung der Inhalte einhergeht und zu Zielkonflikten im System führt (Osterloh 2010). Zielkonflikte können im „performance paradox" münden, indem Indikatoren ihre Distinktionsfähigkeit zwischen guter und schlechter Performanz verlieren. Als „perverse learning" bezeichnen Meyer und Gupta (1994) in diesem Zusammenhang die individuelle Optimierung der Evaluationsergebnisse über eine erfolgreiche Anpassung an die Performanzindikatoren anstelle einer realen Perfomanzsteigerung. Im Bereich quantitativer Output-Indikatoren der Wissenschaft reicht die in der Literatur diskutierte Bandbreite an sogenannten Gaming-Strategien von fragwürdigen Publikationsstrategien wie Salami-Taktik und Mehrfachpublikation, über die karriereorientierte Ausrichtung am Mainstream der Forschung hin zur Adaption massenmedialer Selektionskriterien in der Darstellung der Ergebnisse zwecks Zitationssteigerung (Franzen 2011; Münch 2011; Osterloh 2010; Schimank 2010).

Zusätzlich zu den methodologisch bedingten Einschränkungen zitationsbasierter Indikatoren, die numerische Vergleiche über Rankings in den meisten Fällen unseriös erscheinen lassen, gesellt sich die generelle Frage, ob eindimensionale Indikatoren nicht prinzipiell zu kurz greifen. Altmetrics als multidimensionales Konzept sind als Reaktion auf die gewachsene Kritik am Journal Impact Factor entwickelt worden und bauen auf ein breiteres Resonanzspektrum wissenschaftlicher Publikationen, das über reine Zitierungen in wissenschaftlichen Medien hinausgeht. Altmetrics sind ein Konglomerat aus nutzergenerierten

Daten im Web 2.0, die den Umgang mit wissenschaftlichen Publikationen auch unterhalb der Zitierungsschwelle abbilden sollen. Bedeutet ORCID die Transparenzwerdung des wissenschaftlichen Autors, so bedeutet Altmetrics die Transparenzwerdung des wissenschaftlichen Rezipienten. Im Internet lässt sich jede Form des individuellen Such- und Rezeptionsverhaltens anhand von Klicks und Verweildauern registrieren und auswerten. Diese Datenspuren werden von entsprechenden Altmetrics-Dienstleistern ausgelesen und produktförmig angeboten, wie der Altmetric-Score vom gleichnamigen Unternehmen Altmetric.com. Beschworen als „Revolution" des wissenschaftlichen Anerkennungssystems (Priem 2013), trifft das Altmetrics-Konzept auf den ersten Blick auf vielerlei Zuspruch unter Wissenschaftlern und Wissenschaftsadministratoren. Darüber, welche Folgen die Anwendung von Altmetrics haben wird, die zunächst als „Narzissmustechnologie" Verbreitung findet und von dort zur „Kontrolltechnologie" mutieren kann (Wouters und Costas 2012), lässt sich bislang nur spekulieren (Franzen 2015). Fest steht jedoch, dass die geforderte Transparenz über den *tatsächlichen Impact* wissenschaftlicher Produkte auch über den Einbezug neuer digitaler Quellen nicht eingelöst werden kann.

Fasst man diese vier Diskursstränge zusammen, haben wir es derzeit mit einer *Glaubwürdigkeitskrise* der Wissenschaft zu tun. Deren Ursachen sind einerseits in einem forschungsrelevanten *Informationsdefizit* und anderseits in *falschen Anreizsystemen* der wissenschaftlichen Leistungsmessung zu suchen. Die artikulierte Glaubwürdigkeitskrise gerinnt zur Bedrohung der Legitimität der Wissenschaft als Institution, was zu politischen *Legitimationsproblemen* gegenüber der allgemeinen Öffentlichkeit führt und mit dem Instrument der Herstellung von Transparenz bearbeitet wird. Open Science lässt sich demnach als ein Maßnahmenbündel beschreiben, mit dem zum einen versucht wird, das verlorengegangene Sozial- und Systemvertrauen in die Wissenschaft durch die Einführung umfassender Kontrollmechanismen wiederherzustellen. Zum anderen wird Open Science, respektive Open Data mit einer wissenschaftlichen Effizienzsteigerung im wissenschaftspolitischen Diskurs verbunden, die es auf allen Stufen zu fördern gilt.

5 Fazit

Wissenschaft lässt sich im modernen Verständnis als ein System begreifen, das der Gewinnung und Zertifizierung neuen Wissens gilt, verbunden mit der professionellen Berufsrolle des Wissenschaftlers und praktiziert in institutionalisierten Settings. Unter dem normativen Leitbild einer Demokratisierung von Wissen wird die Zukunft der Wissenschaft derzeit neu verhandelt. Open Science ist einerseits Kennzeichen und Treiber der digitalen Transformation der Wissenschaft, andererseits wissenschaftspolitisches Instrument. Dabei soll die Öffnung der Wissenschaft zum Gemeinwohl und zur Wohlstandsmaximierung beitragen und die Effizienz und Effektivität der Investitionen in Forschung erhöhen. Ob dies gelingt, muss sich erst erweisen.

Feststeht, dass eine vollständige Transparenz eine Illusion ist, Luhmann sprach in diesem Zusammenhang einmal vom „Paradox der Transparenz der Intransparenz" (Luhmann 1990). Mit Blick auf die Zielerreichung von Open Science, stellt sich vielmehr die generelle Frage, ob die Einführung von Transparenzpolitiken nicht umgekehrt ein „hiding behaviour" erzeugt, das den Grad der Intransparenz noch steigert, wie es organisationssoziologische Studien nahelegen (Bernstein 2012). Statt den Grad der Gewissheit zu erhöhen, scheint die forcierte Öffnung der Wissenschaft das Vertrauensproblem in einigen Bereichen eher noch zu verstärken (Nature 2015; Franzen 2016 [i. E.]).

Im vorliegenden Beitrag wurde der Merkmalsraum von Open Science in sozialer, zeitlicher, räumlicher und sachlicher Hinsicht strukturiert. Dadurch wurde einerseits die Bandbreite an Veränderungen sichtbar und andererseits verdeutlicht, wie die einzelner Felder miteinander interagieren: So zeigt sich etwa, dass offene Bewertungsverfahren in der Wissenschaft nicht losgelöst von transparenten Produktions- und Rezeptionsweisen praktiziert und interpretiert werden können. Feststeht, dass die Umstellung hin zu Open Science alle Etappen der Wissensproduktion umfasst. „[These changes] have an impact on the entire research cycle, from the inception of research to its publication, as well as on the way in which this cycle is organised" (EU Commission 2014). Die EU-Kommission stellt zugleich deutlich heraus, dass dieser Prozess radikal und irreversibel ist.

Open Science, so die Proponenten, sei jedoch keineswegs als Alternative zur traditionellen Wissenschaft zu denken, sondern vielmehr als Programm ihrer Neuerfindung im Zuge der zweiten wissenschaftlichen Revolution (Chambers und Nosek 2015). Ob und inwiefern sich das neue Transparenzgebot hinsichtlich der Produktion, Dissemination, Rezeption und Bewertung von Wissen in allen Bereichen durchsetzen wird, bleibt empirischen Studien vorbehalten zu prüfen. Fest steht jedoch schon heute, dass wissenschaftliche Fachkulturen zu einem unterschiedlichen Grad dem Gebot der Offenheit folgen (Leonelli et al. 2015). So zeigen sich Umfragen zufolge beispielsweise in Bezug auf die Veröffentlichung von Forschungsdaten besondere Resistenzen auf Seiten der Sozialwissenschaften einerseits und der medizinischen Forschung andererseits (Tenopir et al. 2011). In beiden Fällen hängt dies mit der Sensitivität personengebundener Daten zusammen, die datenschutzrechtlichen und forschungsethischen Bedingungen unterliegt. Ein anderer Fall betrifft das Ungleichgewicht zwischen öffentlich geförderter Forschung und Industrieforschung. Die Industrieforschung profitiert zwar von Open Data, hält ihre Daten und Ergebnisse aber in der Regel unter Verschluss, ein prägnantes Beispiel ist hier Google Research. Trotz der allgemein positiven Konnotation von Open Science existieren aber moralisch ebenso triftige Gründe, wissenschaftliche Informationen manchmal bewusst zurückzuhalten, nicht zuletzt aus Sicherheitsgründen (Munthe und Welin 1996). Die Frage, an welchen Stellen Öffnung oder Schließung funktional für die Wissensproduktion ist, bleibt demnach in der Prüfung empirischen Studien vorbehalten.

In Fragen der Governance der Wissenschaft gilt es daher, die Ziele und Praktiken von Open Science umfassend in Bezug auf ihre Nebenfolgen zu reflektieren. Um den Wandel wissenschaftspolitisch sinnvoll zu gestalten, ist der Einbezug wissenschafts-

und gesellschaftsreflexiver Erkenntnisse nötig. Die sozialwissenschaftliche Wissenschaftsforschung ist hier gefragt, ihre Forschungsanstrengungen zu erhöhen und relevantes Orientierungswissen zu liefern, das über einseitige normative Positionsbestimmungen hinausgeht.

Literatur

Assante, Massimiliano, Leonardo Candela, Donatella Castelli, Paolo Manghi, und Pasquale Pagano. 2015. Science 2.0 Repositories. Time for a Change in Scholarly Communication. *D-Lib Magazine* 21(1/2). doi:10.1045/january2015-assank.
Beck, Ulrich. 1986. *Risikogesellschaft. Auf dem Weg in eine andere Moderne.* Frankfurt a. M.: Suhrkamp.
Begley, Glenn C., und Lee M. Ellis. 2012. Drug development: Raise standards for preclinical cancer research. *Nature* 483:531–533.
Berlin Declaration on Open Access to Knowledge in the Sciences and Humanities. 2003. http://openaccess.mpg.de/Berliner-Erklaerung. Zugegriffen am 15.01.2016.
Bernstein, Ethan S. 2012. The transparency paradox: A role for privacy in organizational learning and operational control. *Administrative Science Quarterly* 57:181–216.
Bethesda Statement on Open Access Publishing. 2003. Initiiert von Patrick O. Brown et al. http://www.earlham.edu/~peters/fos/bethesda.htm. Zugegriffen am 15.01.2016.
Blattmann, Heidi, Otfried Jarren, Ulrich Schnabel, Peter Weingart, und Holger Wormer. 2014. Kontrolle durch Öffentlichkeit: Zum Verhältnis Medien – Wissenschaft in der Demokratie. In *Wissen – Nachricht – Sensation*, Hrsg. Peter Weingart und Patricia Schulz, 391–412. Weilerswist: Velbrück Wissenschaft.
Bornmann, Lutz. 2012. Measuring the societal impact of research: Research is less and less assessed on scientific impact alone – we should aim to quantify the increasingly important contributions of science to society. *EMBO Reports* 13:673–676.
Bornmann, Lutz. 2014a. Is there currently a scientific revolution in Scientometrics? *Journal of the Association for Information Science and Technology* 65(3): 647–648.
Bornmann, Lutz. 2014b. Do altmetrics point to the broader impact of research? An overview of benefits and disadvantages of altmetrics. *Journal of Informetrics* 8(4): 895–903.
Bundesministerium für Bildung und Forschung (BMBF). 2013. Roadmap für Forschungsinfrastrukturen. Pilotprojekt des BMBF. https://www.bmbf.de/pub/roadmap_forschungsinfrastrukturen.pdf. Zugegriffen am 15.09.2015.
Chambers, Chris, und Brian Nosek. 2015. The first imperative: Science that isn't transparent isn't science. The Guardian. 25. Juni 2015. http://www.theguardian.com/science/head-quarters/2015/jun/25/the-first-imperative-science-that-isnt-transparent-isnt-science. Zugegriffen am 15.09.2015.
Chang, Andrew C., und Phillip Li. 2015. Is economics research replicable? Sixty published papers from thirteen journals say 'Usually Not'. In *Finance and economics discussion series, 2015–083.* Washington: Board of Governors of the Federal Reserve System. doi:10.17016/FEDS.2015.083.
Delfanti, Alessandro. 2013. *Biohackers. The politics of open science.* London: Pluto Press.
Dickel, Sascha, und Martina Franzen. 2015. Digitale Inklusion: Zur sozialen Öffnung des Wissenschaftssystems. *Zeitschrift für Soziologie* 44(5): 330–347.
Dickel, Sascha, und Martina Franzen. 2016. „Das 'Problem of Extension' revisited: Neue Modi digitaler Partizipation in der Wissenschaft". *JCOM* 15(01):A06_de.
DORA. 2013. American Society for Cell Biology: San Francisco declaration on research assessment. http://am.ascb.org/dora. Zugegriffen am 15.09.2015.
European Commission. 2014. Background document: Public Consultation 'Science 2.0': Science in transition. Directorates-General for Research and Innovation (RTD) and Communications

Networks, content and Technology (CONNECT) http://ec.europa.eu/research/consultations/science-2.0/background.pdf. Zugegriffen am 15.09.2015.

European Commission. 2015. Validation of the results of the public consultation on Science 2.0: Science in Transition. https://ec.europa.eu/research/consultations/science-2.0/science_2_0_final_report.pdf. Zugegriffen am 15.09.2015.

Fecher, Benedikt, und Sascha Friesike. 2013. Open science: One term, five schools of thought. RatSWD WP 218. http://ssrn.com/abstract-227036. Zugegriffen am 15.05.2016.

Finke, Peter. 2014. *Citizen Science: Das unterschätzte Wissen der Laien*. München: oekom verlag.

Franzen, Martina. 2011. *Breaking News. Wissenschaftliche Zeitschriften im Kampf um Aufmerksamkeit*. Baden-Baden: Nomos.

Franzen, Martina. 2015. Der Impact Factor war gestern. Altmetrics und die Zukunft der Wissenschaft. *Themenheft: Der impact des impact factors, Soziale Welt* 66(2): 225–242.

Franzen, Martina. 2016 (i. E.). Science between trust and control: Non-Reproducibility in scholarly publishing. In *Reproducibility: Principles, problems, practices and prospects*, Hrsg. Harald Atmanspacher und Sabine Maasen, 468–485. New York: Wiley.

Franzen, Martina, Simone Rödder, und Peter Weingart. 2012. Wissenschaft und Massenmedien: Von Popularisierung zu Medialisierung. In *Handbuch Wissenschaftssoziologie*, Hrsg. Sabine Maasen, Mario Kaiser, Martin Reinhardt und Barbara Sutter, 355–364. Wiesbaden: Springer.

Gewin, Virgina. 2016. An open mind on open data. *Nature* 529:117–119.

Haeussler, Carolin. 2011. Information-sharing in academia and the industry: A comparative study. *Research Policy* 40(1): 105–122.

Herb, Ullrich. 2015. *Open Science in der Soziologie. Eine interdisziplinäre Bestandsaufnahme zur offenen Wissenschaft und eine Untersuchung ihrer Verbreitung in der Soziologie. Schriften zur Informationswissenschaft,* Bd. 67. Glückstadt: Verlag Werner Hülsbusch. doi:10.5281/zenodo.31234.

Hirschauer, Stefan. 2004. Peer Review Verfahren auf dem Prüfstand. Zum Soziologiedefizit der Wissenschaftsevaluation. *Zeitschrift für Soziologie* 33(1): 62–83.

Hung, Jochen. 2011. Großbritannien: Aufregung im Elfenbeinturm. duz Deutsche Universitätszeitung vom 19.08.2011.

King's College London and Digital Science. 2015. The nature, scale and beneficiaries of research impact: An initial analysis of Research Excellence Framework (REF) 2014 impact case studies. Research Report 2015/01.

Kriegeskorte, Nikolaus. 2012. Open evaluation: A vision for entirely transparent post-publication peer review and rating for science. *Frontiers in Computational Neuroscience* 6:79. doi:10.3389/fncom.2012.00079.

Leonelli, Sabina. 2013. Why the current insistence on open access to scientific data? Big data, knowledge production and the political economy of contemporary biology. *Bulletin of Science, Technology and Society* 33(1–2): 6–11.

Leonelli, Sabina, Daniel Spichtinger, und Barbara Prainsack. 2015. Sticks and carrots: Encouraging open science at its source. *Geography and Environment* 2(1): 12–16.

Luhmann, Niklas. 1984. *Soziale Systeme. Grundriß einer allgemeinen Theorie*. Frankfurt a. M.: Suhrkamp.

Luhmann, Niklas. 1990. *Die Wissenschaft der Gesellschaft*. Frankfurt a. M.: Suhrkamp.

Meyer, Marshall W., und Vipin Gupta. 1994. The performance paradox. *Research in Organizational Behavior* 16:309–369.

Münch, Richard. 2011. *Akademischer Kapitalismus. Über die politische Ökonomie der Hochschulreform*. Berlin: Suhrkamp.

Munthe, Christian, und Stellan Welin. 1996. The morality of scientific openness. *Science and Engineering Ethics* 2(4): 411–428.

Nassehi, Armin. 2006. *Der soziologische Diskurs der Moderne*. Frankfurt a. M.: Suhrkamp.

Nature Editorial. 2015. Rise of the citizen scientist. *Nature* 534:265.

Neuberger, Christoph. 2014. Social Media in der Wissenschaftsöffentlichkeit. Forschungsstand und Empfehlungen. In *Wissen – Nachricht – Sensation. Zur Kommunikation zwischen Wissenschaft,*

Öffentlichkeit und Medien, Hrsg. Peter Weingart und Patricia Schulz, 315–368. Weilerswist: Velbrück.
Nosek, Brian A., et al. 2015. Promoting an open research culture. *Science* 348(6242): 1422–1425.
Open Science Collaboration. 2015. Estimating the reproducibility of psychological science. *Science* 349(6251): aac4716
ORCID. 2016. Requiring ORCID in Publication Workflows: Open Letter. https://orcid.org/content/requiring-orcid-publication-workflows-open-letter. Zugegriffen am 19.01.2016.
Osterloh, Margrit. 2010. Governance by numbers: Does it really work in research? *Analyse und Kritik* 32:267–283.
Paglione, Laura, und Rebecca N. Lawrence. 2015. Data exchange standards to support and acknowledge peer-review activity. *Learned Publishing* 28(4): 309–316.
Priem, Jason. 2013. Beyond the paper. *Nature* 495:437–440.
Priem, Jason, Dario Taraborelli, Paul Groth, und Cameron Neylon. 2010. Alt-metrics: A manifesto. http://altmetrics.org/manifesto. Zugegriffen am 15.10.2015.
Pulverer, Bernd. 2010. Transparency showcases strength of peer review. *Nature* 468:29–31.
Reich, Eugenie Samuel. 2013. Science publishing: The golden club. *Nature* 502(7471): 291–293.
Rogge, Jan-Christoph. 2015. Soziale Bedingungen und Effekte der quantitativen Leistungsmessung, Themenheft: Der impact des impact factors. *Soziale Welt* 66(2): 205–214.
Scheufele, Dietram. 2014. Science communication as political communication. *Proceedings of the National Academy of Sciences* 111(Suppl. 4): 13585–13592.
Schimank, Uwe. 2010. Reputation statt Wahrheit: Verdrängt der Nebencode den Code? *Soziale Systeme* 16:233–242.
Stichweh, Rudolf. 1994. Differenzierung der Wissenschaft. In *Wissenschaft, Universität, Professionen. Soziologische Analysen*, Hrsg. R. Stichweh, 15–51. Frankfurt a. M.: Suhrkamp.
Tenopir, Carol, et al. 2011. Data sharing by scientists: Practises and perceptions. *PLoS ONE* 6(6), e21101.
Wehling, Peter. 2012. From invited to uninvited participation (and back?): Rethinking civil society engagement in technology assessment and development. *Poiesis & Praxis* 9(1–2): 43–60.
Weingart, Peter. 2001. *Die Stunde der Wahrheit? Zum Verhältnis der Wissenschaft zu Politik, Wirtschaft und Medien in der Wissensgesellschaft*. Weilerswist: Velbrück Wissenschaft.
Weingart, Peter. 2012. The lure of the mass media and its repercussions on science. In *The sciences' media connection – Communication to the public and its repercussions*. Sociology of the sciences yearbook, Bd. 28, Hrsg. Simone Rödder, Martina Franzen und Peter Weingart, 17–32. Dordrecht: Springer.
Wilsdon, James, et al. 2015. The Metric Tide: Report of the independent review of the role of metrics in Research Assessment and Management. doi:10.13140/RG.2.1.4929.1363.
Wissenschaftsrat (WR). 2011. *Empfehlungen zu Forschungsinfrastrukturen in den Geistes- und Sozialwissenschaften*. Drs. 10465–11. Berlin: Wissenschaftsrat.
Wissenschaftsrat (WR). 2012. *Empfehlungen zur Weiterentwicklung der wissenschaftlichen Informationsinfrastrukturen in Deutschland bis 2020*. Drs. 2359–12. Berlin: Wissenschaftsrat.
Wouters, Paul, und Rodrigo Costas. 2012. Users, narcissism and control – tracking the impact of scholarly publications in the 21st century, Utrecht. http://research-acumen.eu/wp-content/uploads/Users-narcissism-and-control.pdf. Zugegriffen am 15.09.2015.
Wouters, Paul, et al. 2015. The Metric Tide: Literature review (Supplementary report I to the independent review of the role of metrics in research assessment and management). HEFCE. doi:10.13140/RG.2.1.5066.35.

Qualitätssicherung und Qualitätsmanagement an Hochschulen

Anke Rigbers

Inhalt

1 Einleitung 297
2 Zur Entwicklung von Qualitätssicherung und -management 298
3 Zum Verhältnis von externer und interner Qualitätssicherung 302
4 Die Ebene der Organisation 304
    4.1 Institutionalisierung von Qualitätssicherung und Qualitätsmanagement 304
    4.2 Handlungsweisen und Einstellungen von Organisationsmitgliedern 309
    4.3 Mikropolitik und Organisationskultur 310
5 Fazit: Erfolgsfaktoren für den Aufbau eines Qualitätsmanagements 311
Literatur 313

1 Einleitung

Zu dem Thema Qualitätssicherung und Qualitätsmanagement an Hochschulen (und Forschungseinrichtungen) liegt eine unüberschaubare Zahl an Veröffentlichungen vor. Jedoch hat ein erheblicher Teil der Zeitschriften- und Buchbeiträge eher beschreibenden bzw. den Charakter von Selbstbeschreibungen mit mehr oder minder reflektierenden bzw. theoretischen Bezügen. Dabei sind die Verständnisse von Qualitätssicherung und Qualitätsmanagement sowie von Qualitätsentwicklung und Qualitätskultur als weitere in der Qualitätsdiskussion verwendete Begrifflichkeiten vielfältig. In einer ersten definitorischen Annäherung werden hier und im Folgenden unter „Qualitätssicherung" alle Verfahrens- und Vorgehensweisen verstanden, die sich auf die Prüfung bzw. Bewertung von Qualität beziehen. Dazu können so unterschiedliche Verfahren wie Abschlussprüfungen oder Berufungsverfahren

---

A. Rigbers (✉)
Stiftung des öffentlichen Rechts, evalag (Evaluationsagentur Baden-Württemberg), Mannheim, Deutschland
E-Mail: rigbers@evalag.de

gehören, ebenso wie Evaluationen (von Fächern oder Hochschuleinrichtungen) oder Benchmarking (von Verwaltungsprozessen o. ä.). „Qualitätsmanagement" als ein Teilbereich des Hochschulmanagements bezieht sich auf ein zielgerichtetes und systematisches Steuerungshandeln zur Schaffung und Stabilisierung qualitätsförderlicher Kontexte in Hinblick auf die Gesamtheit der qualitätsbezogenen Aktivitäten einer Organisation und legt das Regelkreisprinzip von Planung, Umsetzung und Überprüfung der Ergebnisse zugrunde (plan-do-check-act). Häufig wird in diesem Zusammenhang auch von Qualitätsmanagementsystemen im Sinne einer von seiner Umgebung abgrenzbaren, aber nicht abgeschlossenen Einheit (System) mit mehr oder weniger geordneten Strukturen, Prozessen und Austauschbeziehungen zur Umgebung gesprochen. „Qualitätsentwicklung" bezieht sich auf die Entwicklung von Verfahren oder auf Aktivitäten zur Schaffung bzw. Verbesserung qualitätsförderlicher Kontexte, während sich „Qualitätskultur" auf die Gesamtorganisation wie etwa eine Hochschule bezieht und idealerweise ein funktionsfähiges und systematisches Qualitätsmanagement mit entsprechenden Einstellungen, Werten und Normen umfasst, die auf einem gemeinsamen Qualitätsverständnis der Mitglieder sowie der Leitung als dem wesentlichen „Motor" fußen.

2 Zur Entwicklung von Qualitätssicherung und -management

Mit Qualitätssicherung und Qualitätsmanagement werden heute Anforderungen an die Hochschulen formuliert, die sich im Kern auf den wachsenden Stellenwert von akademischer Bildung auf föderal-nationaler, europäischer und globaler Ebene zurückführen lassen. Damit sind komplexe und miteinander verwobene Entwicklungen verbunden, von denen das New Public Management, die Schaffung eines europäischen Hochschulraumes oder die Internationalisierung nur die prominentesten sind. Sie trafen in Deutschland wie in anderen Staaten auf zum Teil krisenhafte Entwicklungen (Zunahme der Studierendenzahlen, Studiendauer und Studienabbruch, unzureichende Finanzierung, Ausdifferenzierung der Fächer in Forschung und Lehre, Wachstum der Hochschulen ohne Organisationsentwicklung etc.) und veranlassten die Politik, und in Deutschland auch Fördereinrichtungen (z. B. Stifterverband, VolkswagenStiftung), seit den 1980er-Jahren zu Reforminitiativen. Sie waren zunächst vorrangig externer und insgesamt eher punktueller Natur.

Seit Anfang der 1990er-Jahre sollten die mit dem New Public Management (NPM) in die Hochschulen eingeführten privatwirtschaftlichen Instrumente und Verfahren das (Steuerungs-) Handeln in Richtung von „Ziel- und Leistungsorientierung, Organisations- und Wirkungsorientierung (Evaluation, Audit)" (Pasternack 2006) verändern. Dazu gehörten auch die sogenannte leistungs- und belastungsorientierte Mittelverteilung, Änderungen der Budgetbewirtschaftungsregelungen (Globalhaushalte, Aufhebung des Jährlichkeitsprinzips) und Zielvereinbarungen, die durch Reformen der rechtlichen Rahmenbedingungen (vgl. Seckelmann in diesem Band) zur Erhöhung der Hochschulautonomie ergänzt wurden. Zeitgleich gewann die Internationalisierung bei Forschungskooperationen, beim Austausch in der Lehre sowie beim Auslandsstudium einen zunehmenden Stellenwert und mündete mit der Einführung vergleichbarer Bildungsabschlüsse (Bologna-Prozess) schließlich in die Schaffung eines europäischen Hochschulraumes. Damit wurde Qualitätssicherung für die Hochschulen und andere Wissenschaftseinrichtungen zu einem grundlegenden Referenzmaßstab.

Dass es in den Hochschulen schon immer Verfahren und Instrumente der Qualitätssicherung (in Studium und Lehre sowie in der Forschung) gab, ist bekannt und belegt (Pasternack 2006). Auch mit dem Ausbau der Hochschulen entstanden bereits in den 1970er-Jahren hochschuldidaktische Initiativen zur Bewertung von Lehrveranstaltungen; es folgten in den 1980er-Jahren Empfehlungen des Wissenschaftsrates (Wissenschaftsrat 1985, 1996) und schließlich in den 1990er-Jahren Pilotprojekte zur Evaluation von Lehrveranstaltungen. Sie wurden sukzessive flächendeckend eingeführt und um Evaluationen, auch von Fächern und Organisationseinheiten ergänzt. Nicht zuletzt wurde mit „den Empfehlungen des Wissenschaftsrates zu den ‚Perspektiven für Wissenschaft und Forschung auf dem Weg zur Deutschen Einheit' und der anschließenden Evaluation der Akademie-Institute der DDR [...] ein neues Kapitel aufgeschlagen, dem anschließend sich auch das westdeutsche Wissenschaftssystem nicht entziehen konnte" (Krull 2011, S. 20–21). Mit der gesetzlichen Einführung der Akkreditierung kam 1998 (Hochschulrahmengesetz) ein weiteres Verfahren hinzu, das nach der Unterzeichnung der Bologna-Deklaration 1999 zum Primat für die Qualitätssicherung von Studiengängen wurde. Diese Entwicklung ist auch in anderen europäischen Staaten zu beobachten: „if state approval and accreditation schemes in the years 1998 und 2003 are compared, an overwhelming movement towards accreditation is observed. In fact, all recently implemented quality systems are based on accreditation (e. g. Austria, Germany, Norway), while old systems based on quality assessment were replaced by accreditation systems under the aegis of independent accreditation agencies" (Rosa et al. 2012a, S. 134).

Nachdem sich die Evaluation von Studiengängen (und Fächern) Ende der 1990er-Jahre in den Hochschulen gerade etabliert zu haben schien, entstand nun eine jahrelange Konkurrenz zwischen beiden Verfahren. Sie bezog sich nicht nur auf die vermeintlich unterschiedlichen Zwecke (Verbesserungsorientierung von Evaluationen versus Nachweis von Mindeststandards durch Akkreditierung) und auf die Folgen (Motivation durch Empfehlungen zur Weiterentwicklung [Evaluation] versus Sanktion bei Nichterfüllung der Mindeststandards in Akkreditierungsverfahren), sondern auch auf die Akteure (Hochschulen versus Qualitätssicherungsagenturen). Das Verhältnis der Verfahren von (Programm-)Akkreditierung und Evaluation hat sich erst mit der Einführung der Systemakkreditierung (2007/2008) langsam gewandelt; insbesondere die Universitäten haben Evaluationen mit unterschiedlichen Verfahrensdesigns zur eigenen internen Qualitätsbewertung entwickelt.

Mit dieser punktuellen und schrittweisen Einführung verschiedenster Instrumente und Verfahren der Qualitätssicherung wie die Lehrveranstaltungsbefragungen, Evaluationen und Akkreditierung kam Ende der 1990er-Jahre auch die Diskussion um die Tauglichkeit oder Übernahme von Qualitätsmanagement-Modellen aus der Wirtschaft wie DIN ISO oder TQM bzw. EFQM auf (siehe Informationskasten).

DIN ISO 9001 legt acht Grundsätze als Mindestanforderungen für ein Qualitätsmanagementsystem fest: Kundenorientierung, Verantwortlichkeit der Führung, Einbeziehung der beteiligten Personen, prozessorientierter Ansatz, systemorientierter Managementansatz, kontinuierliche Verbesserung, sachbezogener Entscheidungsfindungsansatz, Kundenbeziehungen zum gegenseitigen Nutzen.

Grundlage ist ein prozessorientierter Ansatz mit vier Hauptprozessen, die in ein Regelkreisprinzip von Plan-do-check-act (PDCA-Zyklus) eingebunden sind.

Total Quality Management basiert als Konzept auf einer „umfassenden" (Qualitäts-)Ausrichtung für den langfristigen Erfolg einer Organisation: Eine die gesamte Organisation erfassende und gelebte Qualitätsphilosophie beinhaltet die Produkt- und Servicequalität, die Erfüllung von Forderungen der Mitarbeitenden und aller anderer Anspruchsgruppen sowie die Verantwortung für die Gesellschaft.

Das meistverbreitete TQM-Konzept in Deutschland ist das *EFQM-Modell* für Excellence der *European Foundation for Quality Management* (*EFQM*).

Es zeigte sich, dass diese Führungskonzepte aus der Wirtschaft für Hochschulen eher nur eine Anregung zur Systematisierung ihres Organisationshandelns bieten konnten (Tegethoff 2007).

Der belgische Organisationsforscher Berings (2009) hat die grundlegenden Prinzipien des TQM mit den Prinzipien der akademischen Kultur verglichen und mit seinem „competing value model for TQM in Higher Education" drei Widersprüche zwischen akademischer Kultur und TQM herausgestellt:

- Innovation versus Tradition: Organisationen wie Universitäten, in denen Forschung auf Erkenntnis, Innovation und Norm-Überschreitung ausgerichtet ist, zeigen ein generelles Streben nach bewährten Handlungsweisen und somit eher einen Widerstand gegenüber institutionellen Veränderungen. Die Forderung nach ständiger Verbesserung im Rahmen von Qualitätsmanagement widerspricht diesem Beharrungsvermögen.
- Individuelle Spezialisierung versus Kollektivorientierung: Der hohe Grad an individueller Autonomie der einzelnen Wissenschaftler/-innen in einer Universität gilt als Voraussetzung für die Ausübung ihrer Expertentätigkeit, die sich an der wissenschaftlichen Community orientiert. Dies führt zu einer geringen Identifikation mit und damit zu einem geringen Engagement in der Organisation.
- Systemkontrolle versus Selbstbestimmung: In wissenschaftlichen Organisationen werden Subeinheiten um fachliche Profile herumorgansiert, was die Organisationsdynamik stark bestimmt. Die Gesamtorganisation ist gegebenenfalls eher ein Netzwerk mehr oder weniger autonomer Teileinheiten, die zudem fachkulturell bedingt unterschiedliche Arbeitslogiken haben.

Rosa et al. (2012b) haben die Frage der Anwendbarkeit von TQM-Modellen auf wissenschaftliche Einrichtungen im Bereich Higher Education hinsichtlich der Umsetzung der European Standards and Guidelines for Quality Assurance (ESG) wieder aufgenommen und ebenfalls den Aspekt der Organisationsangemessenheit von „quality management models" herausgestellt, „so that they cover what lies at the heart of higher education: teaching and learning." (Rosa et al. 2012b, S. 142–143).

Die European Standards and Guidelines for Quality Assurance in the Higher Education Area (ESG) wurden 2005 in Bergen von der Europäischen Bildungsministerkonferenz verabschiedet (vgl. Hochschulrektorenkonferenz 2006) und sind seitdem zu allgemein anerkannten Leitlinien für die hochschulinterne- und externe Qualitätssicherung wie auch für die Verfahren der Qualitätssicherung der Agenturen geworden. Die ESG wurden für die Qualitätssicherungsagenturen schnell eine maßgebliche Arbeitsgrundlage und wirkten, vermittelt über ihren Einfluss auf nationale Vorgaben, auf die Hochschulen im Bereich Studium und Lehre zunächst eher indirekt. Leisyte et al. (2013) weisen in diesem Zusammenhang darauf hin, dass die Einflussmöglichkeiten von Anspruchsgruppen (stakeholder), die nach ESG-Maßgabe in die Qualitätssicherung von Studium und Lehre einzubinden sind, aber eher bescheiden ausfallen. Das trifft vor allem auf die (externen) stakeholder (Studierende und Vertreter/-innen der Berufspraxis) in den intern hoch kontext- und disziplinabhängigen Verfahren zu und hängt wiederum wesentlich mit dem Verhältnis von interner und externer Qualitätssicherung zusammen (vgl. 3.).

Anders als bei den Qualitätssicherungsagenturen wurden die ESG von den Hochschulen lange Zeit nicht wahrgenommen (Bollaert 2014, S. 18), und erst in den vergangenen Jahren ist hier ein Wandel zu beobachten (Pohlenz und Mauermeister 2013). Ausgelöst durch die Herausforderung, die zunehmende Komplexität in Lehre und Forschung und in anderen Leistungsbereichen „steuerungsfähig" zu machen, mussten bzw. müssen die Verfahren der Qualitätssicherung und des Qualitätsmanagements dem spezifischen Organisationscharakter von Hochschulen Rechnung tragen. Der Organisationscharakter von Hochschulen begann sich aber erst in den 1990er- und folgenden Jahren zu verändern, als die Hochschulen anfingen, „sich als korporative Akteure neu zu formieren" (Nickel 2012, S. 290) bzw. sich als „Expertenorganisationen" mit polizentrischen (loosely coupled) und anarchischen Organisationsstrukturen (Pellert 1999), in Richtung einer professionellen Organisation zu entwickeln (Zechlin 2012). Diese Prozesse der „Organisationswerdung", wozu insbesondere die Stärkung der zentralen Strukturen und Gremien gehört, haben die Selbststeuerungsfähigkeit der Hochschulen teilweise gesteigert, sind aber noch lange nicht abgeschlossen (vgl. Pellert 1999; Kloke und Krücken 2012; Symanski 2012). Sie bilden den organisationalen Kontext, in dem die „Qualität" von Lehre und Studium definiert und die Verfahren der Qualitätssicherung bzw. des Qualitätsmanagements heute in den Hochschulen umgesetzt werden (vgl. 4.).

3 Zum Verhältnis von externer und interner Qualitätssicherung

Heute „ist Qualität zum Leitparadigma des Hochschulmanagements avanciert: Möglichst überdurchschnittliche beziehungsweise exzellente Leistungen gelten inzwischen als der entscheidende Faktor für die Sicherung der mittelfristigen Organisationserfolge von Universitäten und Fachhochschulen" (Nickel 2008, S. 16). Die Treiber für diese Entwicklung seit den 1990er-Jahren sind vielfältig. Es sind Einrichtungen, Netzwerke und Foren entstanden, in denen die Qualitätssicherung von Studium und Lehre wie die der Forschung, Nachwuchsförderung, Internationalisierung und Serviceleistungen zentrale Themen sind. Es wurden Übereinkommen getroffen wie die (oben genannten) European Standards and Guidelines for Quality Assurance in the Higher European Area (ESG), politische Initiativen gegründet wie z. B. das European Register of Quality Assurance (EQAR), Förderprogramme eingerichtet und gesetzliche Festlegungen getroffen. Die Hochschulen, die als die Hauptakteure die Verantwortung für die Qualität ihrer Leistungen tragen, sind heute in ein europäisches und teilweise globales Netzwerk von Akteuren der Qualitätssicherung eingebunden. Es reicht von der europäischen Ebene mit der European University Association (EUA), European Register of Quality Assurance (EQAR), Bologna Follow-up Group (BFUG), European Quality Assurance Forum (EQAF), European Association of Quality Assurance (ENQA), European Science Foundation (ESF) etc. über nationale wissenschaftspolitische Organisationen wie Wissenschaftsrat, Akkreditierungsrat, Kultusministerkonferenz, Hochschulrektorenkonferenz, Akkreditierungsagenturen etc. und Bundesländer mit hochschulgesetzlichen Regelungen zu Evaluation, Qualitätssicherung bzw. Qualitätsmanagement.

Dabei haben sich die Debatten zwischen Politik, Hochschulen sowie Wissenschaftlern und Wissenschaftlerinnen in den letzten anderthalb Jahrzehnten sukzessive von grundsätzlicher Ablehnung hin zu kritischen Diskursen über Bürokratisierung, über Eingriffe in die Wissenschaftsfreiheit, zu Fragen der Effizienz und Effektivität (durch die Entstehung von Quasi-Märkten) sowie der Wirkungen von Qualitätssicherung gewandelt. Hochschulpolitischen Akteuren gilt Qualitätssicherung mittlerweile als eine allgemeine Norm, über die sie die Aufklärung von Missständen (z. B. Plagiatsaffären bei Promotionen, Datenfälschung in der Forschung) oder die Durchsetzung von politischen Forderungen (z. B. lebenslanges Lernen, Internationalisierung) versuchen umzusetzen (Europäische Kommission 2014). Qualität bzw. Qualitätssicherung werden in den Diskursen von der Politik zumeist nicht näher inhaltlich spezifiziert, von Hochschulen und Forschungseinrichtungen als Erwartungshaltung, gegebenenfalls mit einem durchaus anderen Verständnis, aufgenommen; nicht selten werden damit quasi externe Anforderungen mehr oder weniger verinnerlicht.

Das Zusammenspiel von internen und externen Aktivitäten und Perspektiven ist jedoch für die Qualitätssicherung in der Lehre wie in der Forschung grundlegend. Bereits Harvey (2005) wies darauf hin, dass der Mehrwert für die hochschulische Qualitätssicherung aus der Interaktion von externer Perspektive und interner Selbstbewertung entsteht. Hierzu wurden im Bereich von Lehre und Studium in den vergangenen drei Jahrzehnten Evaluationsverbünde oder Akkreditierungsagenturen gegründet (Serrano-Velarde 2008), die in der Regel auf der Grundlage von Standards arbeiten (DeGEval, ESG). Im Bereich der Forschung wird die externe Perspektive durch Forschungsförderorganisationen oder aber auch durch Forschungseinrichtungen selbst organisiert. Für private Hochschulen übernimmt in Deutschland der Wissenschaftsrat die institutionelle Akkreditierung. In der externen Qualitätssicherung stehen die Verfahren der Evaluation (von Fächern, Organisationseinheiten, Programmen bzw. Projekten usw.) und der Akkreditierung (Studiengänge, Systeme des Qualitätsmanagements in Studium und Lehre, Institutionen) im Vordergrund. Im Zusammenhang mit der Kritik am Peer Review (vgl. Neidhardt in diesem Band; Hornbostel und Simon 2006), das bis heute den Kern dieser Verfahren bestimmt, aber auch im Hinblick auf die schnellere Rezeption quantitativer Bewertungen, ergänzen heute Rankings und Benchmarking, aber auch das Rating (Wissenschaftsrat 2013) das Spektrum der externen Qualitätssicherung.

Das Zusammenspiel von externer und interner Qualitätssicherung war lange Zeit vor allem durch zwei Missverhältnisse charakterisiert: (1) hinsichtlich der *Funktionen* externer Qualitätssicherung zwischen Kontrolle/Rechenschaftslegung (eher Akkreditierung) versus Ausrichtung auf Verbesserungen (eher Evaluation) sowie (2) zwischen den externen und internen *Kompetenzen und Kapazitäten*.

(1) Die dichotome Funktionszuschreibung von Kontrolle und Rechenschaftslegung versus Ausrichtung auf Verbesserungen ist erst in den letzten Jahren einer nuancierten Betrachtung gewichen. Als Funktionen der Qualitätssicherung werden mittlerweile neben Kontrolle/Rechenschaftslegung und Verbesserung auch Information, Kommunikation sowie die Prüfung der Standarderfüllung und Transformation, die diese Verfahren in unterschiedlicher Gewichtung für die Beteiligten erfüllen, mit einbezogen (Rosa et al. 2012b). Inwiefern proklamierte und die durch die Betroffenen bei der jeweiligen Verfahrensdurchführung wahrgenommenen Funktionen deckungsgleich sind, hängt insbesondere auch von der Ausgestaltung der Verfahren, der Professionalität der Durchführung und der Machtbalance zwischen den hochschulinternen und -externen Akteuren ab. Auch das Ziel, durch Qualitätssicherung Verbesserungen zu induzieren, ist nicht kontextunabhängig. Qualitätsverbessernde Empfehlungen müssen, wenn sie nicht durch die Veränderungen externer Gegebenheiten bessere Rahmenbedingungen (mehr Ressourcen, Freiräume etc.) schaffen können, realisierbare Handlungsalternativen vorschlagen und nicht nur Wünschenswertes; und dies muss gegebene Einstellungen und die Organisationskultur (Kommunikation, Information, Kooperation, Austausch) mit einbeziehen (Kleijnen et al. 2014).
(2) Das Verhältnis von internen und externen Qualitätssicherungsverfahren war insbesondere in Deutschland lange durch das o. g. Missverhältnis von Kompetenz und Kapazität erheblich belastet. Während andere europäische Länder die Akkreditierung nach der Bologna-Deklaration vor dem Hintergrund einer

jahrelangen Erfahrung der Hochschulen in der Qualitätssicherung einführten, geschah dies in Deutschland zunächst vor allem durch den Aufbau von Akkreditierungs- und Evaluationsagenturen und durch gesetzliche Festlegungen zur Akkreditierung (Serrano-Velarde 2008). Die Hochschulen hatten zu diesem Zeitpunkt kaum eine funktionierende Qualitätssicherung und erhielten auch keine oder nur sehr geringe zusätzliche Ressourcen zu deren Aufbau. Mittlerweile ist das Missverhältnis in der Professionalität von externer und interner Qualitätssicherung weitgehend überwunden und die Frontstellungen von Evaluation versus Akkreditierung durch eine differenzierende Integration abgelöst worden. Zudem lassen erste Beobachtungen von Folgen der Systemakkreditierung – sowohl in der Vorbereitung wie auch im Durchlaufen des Begutachtungsverfahrens und der sich anschließenden weiteren Entwicklung – vermuten, dass damit ein enormer Schub der Organisationsentwicklung in den Hochschulen einhergeht. Empirische Belege gibt es derzeit aber nur durch vereinzelte Fallstudien und Selbstbeschreibungen.

Darüber hinausgehend hat sich das Verhältnis von interner und externer Qualitätssicherung durch die Beteiligung weiterer Akteure und Dialogformen sehr stark verändert. Während bei den Verfahren der Programm- und Systemakkreditierung die Verfahrensregeln im Sinne einer höheren Akzeptanz sukzessive modifiziert wurden, zeigt sich bei Evaluationsverfahren eine enorme Ausdifferenzierung im Hinblick auf Gegenstände und Methoden der Evaluation. Zudem werden zunehmend mehr Verfahren zur Kompetenzentwicklung wie die (kollegiale) Beratung oder andere Unterstützungsformen (z. B. Workshops, Benchlearning[1]) von den Hochschulen extern angefragt und neben den Akkreditierungs- und Evaluationsorganisationen agieren auch Hochschulen im Rahmen von Hochschulverbünden (U15, TU9, MGU usw.)[2] selbst als externe Akteure für die Qualitätsentwicklung.

4 Die Ebene der Organisation

4.1 Institutionalisierung von Qualitätssicherung und Qualitätsmanagement

Die Ebene der Hochschule (als Einheit) stellt für Qualitätssicherung die Schnittstelle der von außen einwirkenden Makro- und der nach innen gerichteten Mikropolitik dar. Den Leitungsfunktionen von Hochschulen kommt dabei als Vermittler von Erwartungen und Anforderungen nach innen wie nach außen eine zentrale Rolle

---

[1]Benchlearning bezeichnet den systematischen Austausch von Erfahrungen, um auf der Basis gegenseitigen Lernens Verbesserungsprozesse auszulösen.
[2]U15 ist ein Verband von 15 (forschungsstarken) deutschen Universitäten. TU9 ist ein Zusammenschluss von neun führenden Technischen Universitäten. MGU steht für das Netzwerk mittelgroßer Universitäten.

zu. Zum Stand der Institutionalisierung von Qualitätssicherung und -management in den Hochschulen liegen verschiedenartige Quellen vor (Schneijderberg et al. 2014; Hochschulrektorenkonferenz 2010; Nickel und Ziegele 2010, S. 53, 191). Auf dieser Basis sowie anhand einer Vielzahl von Berichten kann angenommen werden, dass Zuständigkeiten für Qualitätssicherung oder Qualitätsmanagement heute in allen Hochschulen funktional verortet sind. Dabei kann sich dies nur auf wenige Leistungsbereiche wie z. B. Lehre und Studium oder Forschung beziehen. Es gibt aber auch eine Reihe von umfassenden Ansätzen und damit Zuständigkeiten für die Qualitätssicherung und das Qualitätsmanagement. Es lassen sich eher zentrale oder dezentrale Organisationsformen unterscheiden (Schneijderberg et al. 2014, S. 18), die sich zumeist an der bestehenden Gremienstruktur orientieren und gegebenenfalls einige wenige neue Gremien schaffen. Allerdings gibt es große Unterschiede dahingehend, ob es ein Rektorats- bzw. Präsidiumsmitglied mit expliziter Zuständigkeit nur für diesen Bereich gibt, unterstützt durch eine mehrköpfige Stabsstelle oder Abteilung, oder ob die Zuständigkeiten als erweiterter Aufgabenkatalog, gegebenenfalls auch nur auf dezentraler Ebene, wahrgenommen werden. Mit dieser Vielfalt der institutionellen Verortung gehen entsprechende Variationen in der Rollenauffassung und dem Selbstverständnis einher.

Die Vielfalt von Organisationsformen wie auch der jeweilige Reife- bzw. Professionalisierungsgrad sind sowohl durch die Eigenheiten von Hochschulen als auch ihre jeweilige „Entstehungsgeschichte" begründet: Jede Hochschule verfügt über ein „Arsenal an tradierten Normen, Werten und Verfahren, etwa Methodenbindung, Forschungskommunikation, Kritik oder Prüfungsverfahren" und eine Organisationskultur (Pasternack 2006, S. 301). Bogumil et al. (2013) haben im Zusammenhang mit der Entwicklung des Hochschulmanagements auf Diskrepanzen zwischen formalen Strukturen und ihrer tatsächlichen Handhabung durch die Organisationsmitglieder hingewiesen. Diese Feststellung lässt sich auch auf das Qualitätsmanagement übertragen. Mit der Funktionszuschreibung von Qualitätssicherung, -management und -entwicklung werden mittlerweile unzählige Instrumente und Verfahren in Hochschulen eingesetzt. In Tab. 1 ist eine Auswahl aufgeführt, die neben vielen schon lange bestehenden Verfahrensweisen (z. B. Berufungsverfahren) auch relativ neuere wie Akkreditierung oder Evaluation auflistet. Wie in der Legende zu Tab. 1 erläutert, handelt es sich um eher traditionelle Verfahren, die „modernisiert" wurden, Entwicklungen aus den Reformen der 1960er- und 1970er-Jahre mit entsprechenden Weiterentwicklungen; um Instrumente und Verfahren, die originär mit dem New Public Management in Zusammenhang stehen und hochschulbezogene Anpassungen durchlaufen haben sowie um Instrumente und Verfahren, die im Rahmen des Bologna-Prozesses eingeführt wurden.

Die Vielzahl von Instrumenten und Verfahrensweisen, die zur Kontrolle oder Bewertung interner Prozesse und Ergebnisse sowie zur Qualitätsentwicklung und zielbezogenen Steuerung eingesetzt werden (können), in geordnete und aufeinander bezogene (systematische) Strukturen zu überführen ist die derzeit größte Herausforderung. Diese Strukturen oder Verfahrensweisen bedeuten zunächst, zu den relevanten Entscheidungsanlässen alle verfügbaren Informationen und Bewertungsgrundlagen zeitnah und aktuell sowie widerspruchsfrei (bzw. mit entsprechenden

Tab. 1 Instrumente und Verfahren der Qualitätsentwicklung, der Qualitätssicherung und des Qualitätsmanagements

Qualitätssicherung	Qualitätsentwicklung	Qualitätsmanagement
Zieldefinition / Strategieentwicklung		
		Leitbild(entwicklung)
		Struktur- und Entwicklungsplan(ung)
		Zielvereinbarung
		Academic / Balanced Scorecard
	Qualifikationsziele der Studiengänge	
Modulhandbücher		
		SWOT-Analyse
	Benchmarking / Benchlearning	
		Kennzahlen / Indikatoren
		Statistiken
Gestaltung der Rahmenordnung		
		Grundordnung
	Evaluationssatzung	
Studien-/Prüfungsordnung		
Personalpolitik		
	Berufungsverfahren	
	Einstellungsverfahren	
	Mitarbeitergespräche	
	Fortbildung	
	Betriebliches Vorschlagswesen	
Ressourcenverteilung		
		Leistungsorientierte Mittelvergabe
Aufbau- und Ablauforganisation		
Aufbauorganisation		
Prozessdokumentationen		
QM-Handbuch		
Ergebniserfassung		
Jahresberichte		
	Semester-/Lehr-/Qualitätsberichte	
Protokolle		
Prüfungen		
Aufnahmeprüfungen		
Kompetenzorientierte Prüfungen		
	Abschlussarbeiten	
	Promotionen	
	Habilitationsverfahren	
Bewertungen / Befragungen		
Studentische Lehrveranstaltungsbefragung		
	Studierendenbefragung	
	Abbrecherbefragung	
	Absolventenbefragung	
Evaluation von Lehre und Studium, Fächern usw.		
	Akkreditierung	
		Unternehmensbefragung
		Ranking / Rating
Institutionalisierte Kommunikation		
Besprechung mit Studierenden / Doktorand/-in		
Modulbesprechung / Qualitätszirkel		
	Dienstbesprechung (Studiengang, Fakultät, Abteilung)	
	Fakultätsratssitzung	
	Senatssitzung	
		Industriebeirat
Prüfungsausschuss		
Studienberatung		

Legende:

„traditionelle" Instrumente / Verfahren

Ursprung in den 1970er-Jahren

Instrumente / Verfahren aus dem New Public Management

Instrumente / Verfahren aus dem Bologna-Prozess

Klärungen) vorliegen zu haben. Bei den Entscheidungsanlässen kann es sich um die Festlegung von zukünftigen Studienrichtungen und -gängen, die Ausrichtung von Forschungsschwerpunkten im Rahmen eines Struktur- und Entwicklungsplanes, Daten für die Vorbereitung von Zielvereinbarungen oder die Verhandlung mit einem neu zu berufenden Professor handeln, oder aber auch um die Prüfung der Schließung eines Studiengangs.

Bisher ist der Alltag in Hochschulen und Forschungseinrichtungen zum großen Teil noch durch das Nebeneinander oder die Dopplung von Erhebungen mit nicht immer klar bestimmten oder regelmäßig geprüften Zwecksetzungen, einer Vielzahl von Daten, Informationen und weiteren Aktivitäten geprägt, die von den Organisationsmitgliedern nicht selten als „Bürokratisierung" wahrgenommen werden. Auf der Grundlage eigener Beratungserfahrungen der Autorin unter Heranziehung der Fachliteratur in Form von Fallstudien und -beschreibungen (Beise et al. 2014; Nickel 2007, 2008, 2014; Winde 2010) lässt sich die heute vorzufindende Vielfalt des Qualitätsmanagements grob in eher monitoring- oder eher evaluationsorientierte Ansätze einteilen.

– Bei *monitoringorientierten Ansätzen* haben Daten und Kennzahlen in der Regel einen hohen Stellenwert und die Qualitätssicherung, beispielsweise in Studium und Lehre, erfolgt kontinuierlich durch die Kombination von verschiedenen Instrumenten und Verfahren; dazu gehören (Studierenden-)Befragungen, Statistiken, Lehrveranstaltungsbefragungen, aber durchaus auch Evaluationen. Monitoringorientierte Ansätze werden häufiger von Fachhochschulen und Hochschulen für angewandte Wissenschaften genutzt, wo sich nicht selten auch eine starke Prozessorientierung der Qualitätssicherung findet (Beispiel: FH Fulda bei Janssen et al. 2011, S. 25–38).
– *Evaluationsorientierte* Ansätze finden sich eher bei Universitäten, wo es häufig ein zentrales, in mehrjährigen Abständen durchgeführtes Evaluations- oder Auditverfahren gibt, das sich auf einen oder mehrere Studiengänge oder eine Organisationseinheit bezieht und begleitet wird von Befragungen, Lehrveranstaltungsbefragungen, Statistikauswertungen usw. Die Strukturierung einiger grundlegender Prozesse, wie Berufungsverfahren oder die Einrichtung eines Studiengangs, findet sich auch hier (Beispiel: Universität Greifswald bei Fritsch et al. 2013).

Im Ergebnis ihrer vergleichenden Studie zu Universitäten und Fachhochschulen identifizierte Nickel (2007; 2008) den strategischen mittel- bis langfristigen „Erfolg einer Organisation durch qualitativ hochwertige Leistungen" als den Hauptzweck institutioneller QM-Systeme. „Für Universitäten geht es oft um nicht mehr und nicht weniger als die ‚Absicherung des Exzellenzanspruchs' (*Humboldt-Universität zu Berlin 2002*) durch eine hohe Qualität in Forschung, Lehre, Management und Dienstleistung. Für Fachhochschulen geht es ganz pragmatisch darum, *„Bedingungen für eine hohe Leistungsfähigkeit zu schaffen"* (Nickel 2007, S. 42, 2008, S. 20; Hervorh. i.O.).

Das von Nickel (2014) entwickelte „Basis-Modell hochschuladäquates QM-System" (siehe Abb. 1) hat für viele Hochschulen einen Orientierungsrahmen geboten. Dabei handelt es sich um eine recht abstrakte Darstellung, die die Komplexität der

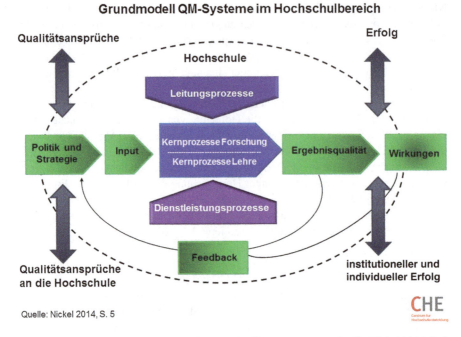

Abb. 1 Basismodell für ein hochschuladäquates Qualitätsmanagement. Quelle: Nickel 2014, S. 5 „Grundmodell QM-Systeme im Hochschulbereich"

Organisation Hochschule auf wenige Kategorien von erfolgskritischen Prozessen reduziert: Lehre und Forschung, Dienstleistungs- und Leistungsprozesse. Diese werden unter Input-, Prozess-, Output- und Wirkungsaspekten betrachtet, wobei die externen und internen Möglichkeiten und Rahmenbedingungen weitere wesentliche Modell-Elemente darstellen. Aufgrund der Abstraktion ist das Modell für viele Hochschulen passfähig und erlaubt dennoch die Berücksichtigung hochschulischer Besonderheiten, z. B. im Rahmen der Ausgestaltung des Modells.

Das Modell kann als Orientierung dienen, verlangt aber erhebliche „Übersetzungen" in die hochschulische Wirklichkeit. Dies kennt man auch als Organisationsentwicklung. Die Schaffung eines funktionsfähigen Qualitätsmanagements, d. h. die Etablierung von regelmäßigen Verfahren der Qualitätsbewertung und die Ableitung von Maßnahmen sowie die Integration in das Management der Gesamteinrichtung ist die aktuelle Herausforderung, vor der die Hochschulen stehen: Wie viel Qualitätsbewertung ist möglich bzw. nötig? In welcher Form kann Verbindlichkeit geschaffen werden? Wo mündet Verbindlichkeit in Formalismus und Bürokratie? Inwieweit dabei eine stringente Steuerung für Hochschulen (und Forschungseinrichtungen) qualitätsförderlich ist und wie viel Raum für Unverbindlichkeit, Kreativität und Zufall bleibt, sind offene Fragen. In diesem Zusammenhang zeigen die Erfahrungen mit dem Aufbau und aus der Praxis des Qualitätsmanagements, dass die organisationalen Besonderheiten von Hochschulen beachtet werden müssen. Berings und Grieten (2012, S. 1) plädieren daher für einen dialektischen Zugang: „dialectical reasoning" as a way of reconciling managerial paradoxes.

4.2 Handlungsweisen und Einstellungen von Organisationsmitgliedern

Obwohl Qualität als Maßstab für hochschulisches Handeln und Qualitätssicherung sowie die Notwendigkeit diesbezüglicher Aktivitäten inzwischen unbestritten und verbreitet sind, bleiben sie in der Praxis konfliktträchtig. So sind bei diesen den Handlungsweisen von Hochschulmitgliedern zugrundeliegenden Einstellungen und Motiven, soweit sie identifizierbar sind, manchmal große Diskrepanzen festzustellen. Oft hängen sie mit den wahrgenommenen Funktionen als Wissenschaftler/-in versus Leitungsmitglied zusammen und sind damit auch interessegeleitet (Schimank 2011). Das kann auch mit Identitätskonflikten zusammenhängen, die aus einem differierenden Verständnis von Wissenschaft und akademischer Bildung entstehen und die Interessenskonflikte noch verstärken können (Schimank 2011, S. 9–10; Kaufmann 2012, S. 223). Weiterhin finden sich auf individueller Ebene Widersprüche zwischen verbalen Äußerungen und tatsächlichem Handeln; z. B. Wissenschaftler/-innen, die Begutachtungsverfahren teilweise vehement ablehnen, aber dennoch daran teilnehmen. Dies liegt zum einen sicherlich darin begründet, dass die mit der Leitidee Qualität zwar gegebene Anschlussfähigkeit von Qualitätssicherungs- und Qualitätsmanagementaktivitäten gleichzeitig eine Verschiebung von Macht mit sich gebracht hat, etwa durch sich ändernde Governance-Strukturen und die Etablierung neuer Akteurskonstellationen und Akteure wie unter anderem Qualitätsmanagementbeauftragte. Ablehnung begründet sich dann im Vorwurf der Bürokratie, des Eingriffs in die Wissenschaftsfreiheit wie auch im erforderlichen Zeitaufwand, für den kein adäquater Nutzen gesehen wird. In diesem Zusammenhang wurde z. B. von Bogumil et al. 2013 auch auf das Auseinanderklaffen von Formal- und Aktivitätsstrukturen in Organisationen (Meyer und Rowan 1977) verwiesen. Auch die relative Wirkungslosigkeit einer qualitätsorientierten Studiengangsentwicklung, die beim Bologna-Prozess insbesondere im ersten Jahrzehnt vielfach festzustellen war, kann sicherlich zu einem großen Teil auf dieses Missverhältnis zwischen „Reden und Handeln" zurückgeführt werden (Suchanek et al. 2013, S. 24).

Um derartige Entwicklungen zu vermeiden oder zu überwinden, wird die frühzeitige und umfassende Einbeziehung der Organisationsmitglieder beim Aufbau von Qualitätsmanagement in verschiedenen Fallbeschreibungen als erfolgskritisch benannt (Nickel 2014; Schmidt 2012). Da die Organisationswerdung bzw. Entwicklung der Hochschulen zu korporativen Akteuren (vgl. oben 3.) letztlich aber auch mit einer Einschränkung der individuellen Autonomie durch die Verpflichtung, als „Organisationsmitglied zum Zwecke der Organisation beizutragen", einhergeht, ist der Erfolg vermutlich durch die bloße Einbindung der unterschiedlichen Mitglieder

der Organisation Hochschule nicht zu erreichen (Vettori und Lueger 2011). Es ist also nach weiteren Bedingungen für den Aufbau eines wirksamen Qualitätsmanagements zu fragen.

4.3 Mikropolitik und Organisationskultur

Zunächst ist festzustellen, dass erst in den letzten Jahren die lange dominierende technisch-rationale Betrachtungsweise (Ramirez 2013; Vettori und Lueger 2011) durch eine verstärkte Aufmerksamkeit auf die mikropolitischen Aspekte ergänzt wurde. So weisen auch Kloke und Krücken (2012) auf die damit initiierte Organisationsentwicklung hin: „Einrichtungen der Qualitätssicherung [...] kommunizieren organisationale Ziele an die einzelnen Wissenschaftler/-innen, [...] stellen das Bindeglied zwischen der Hochschulleitung und den Fakultäten dar und sind [...] Promotoren, dass die Hochschule ein durch gemeinsame Anstrengungen [...] verbundener strategiefähiger organisationaler Akteur ist" (Kloke und Krücken 2012, S. 320). Kleijnen et al. 2014 haben darüber hinausgehend in einer qualitativen Studie festgestellt, dass die Effektivität des Qualitätsmanagements vor allem von der institutionellen Kultur, insbesondere von den in einer Organisation verankerten Werten und davon abhängig ist, wie diese im Organisationsalltag gelebt werden (Kleijnen et al. 2014, S. 104). Sie kommen zu der Schlussfolgerung, dass „an organisational culture within which the human relations values and the open-system values are made dominant in practice provides a good seedbed for quality. [...] Nevertheless, [...] values can be blocked by defence mechanisms and structural barriers, such as lack of trust due to labour instability, lack of consistency in organisational policies or strategies, faulty communication channels, dissatisfaction with the results of actions, a strong hierarchical structure or financial constraints" (Kleijnen et al. 2014, S. 122).

Während diese Forschungsliteratur mehr und mehr die organisationalen Prozesse und die Organisationskulturen in den Horizont der Qualitäts-Thematik gerückt haben, sind die hochschulpolitischen Debatten wie auch Publikationen der hochschulpolitisch relevanten Institutionen bis heute noch durch eine Dominanz verfahrenstechnisch-rationaler Aspekte geprägt. Gleichwohl wird auch hier der Stellenwert gemeinsamer Überzeugungen und Sichtweisen (Qualitätsverständnis) für ein funktionsfähiges Qualitätsmanagement langsam anerkannt. So initiierte z. B. die EUA in der Zeitspanne von 2002–2013 eine Reihe von Projekten rund um das Thema „Quality culture": „Quality culture signals the need to ensure a grassroots acceptance, to develop a compact within the academic community through effective community building, as well as a change in values, attitude and behaviour within an institution" (EUA 2006, S. 6). Eines dieser Projekte (Quality Culture Project 2002–2006), in das 134 Hochschulen in 18 Netzwerken involviert waren, zeigte, dass die Einführung eines Qualitätsmanagements wegen der Verteilung von Macht und Autorität, der Vieldeutigkeit und Komplexität der Aufgaben und Ziele sowie aufgrund der nur schwer messbaren Wirkungen besondere Herausforderungen mit sich bringt. Sie wurden in dem Zusammenspiel zwischen manifesten, formalen

Qualitätssicherungsprozessen und den „latent and informal values and assumptions that lie at the heart of enhancing an institutional quality culture" identifiziert (Vettori 2012, S. 8; Berings 2009, S. 2).

Was kann daraus abschließend über Erfolgsfaktoren bei der Implementation von Qualitätssicherungs- und Qualitätsmangement-Systemen festgehalten werden?

5 Fazit: Erfolgsfaktoren für den Aufbau eines Qualitätsmanagements

Prozesse der Qualitätssicherung sind hochgradig „values laden" (Houston und Paewai 2013, S. 277–278). Allein die Anwendung von Instrumenten und Methoden kann Qualität nicht sichern. Vielmehr müssen ihre Determinanten in den je spezifischen organisationalen Entscheidungs- und in den kulturellen Organisationskontexten entwickelt und Qualitätssicherung konstruiert werden als „a systemic process of enquiry, reflection and the creative integration of knowledge and evidential data" (ebd.).

Die Unschärfe des Qualitätsbegriffs – außerhalb konkreter Kontexte – verweist also eher auf sein Potenzial: Qualität wird immer ein (temporäres) Ergebnis von Aushandlungen betroffener Akteure über ihr Handeln und ihre Ergebniserwartungen sein. Es bedarf einer systematisch wiederkehrenden (Selbst-)Verunsicherung, damit diese Aushandlungen im Sinne von Selbst-Vergegenwärtigungen das Qualitätsbewusstsein beständig aufrechterhalten. Qualität ist letztlich das Nicht-Normierbare, und dieser Spielraum muss durch das Qualitätsmanagement gesichert werden.

Beim Aufbau eines systematischen, umfassenden und funktionsfähigen Qualitätsmanagements als Teil des Hochschulmanagements – die derzeitig größte Herausforderung, vor der die Hochschulen stehen – gilt es, adäquate und kreative Lösungen zu finden. Letztlich müssen die folgenden Fragen beantwortet werden: Wie kann man einen systematischen Zugang zum Qualitätsmanagement finden, ohne individuelle Autonomie und Kreativität unzulässig einzuschränken? Wie kann man Veränderungen unter Berücksichtigung von Traditionen und existierenden Praktiken gestalten? Wie kann man eine Balance herstellen zwischen den kollektiven Zielen einerseits und den individuellen Bedarfen und Forderungen von hochspezialisierten Wissenschaftlerinnen und Wissenschaftlern andererseits? Der Aufbau eines Qualitätsmanagements (und einer Qualitätskultur) benötigt Organisationsstrukturen und -prozesse, die unter Einbindung der Organisationsmitglieder so gestaltet werden, dass sie als arbeitsförderlich empfunden werden (Künzel 2008). Gleichzeitig ist ein einheitlicher Orientierungsrahmen erforderlich. Für die Schaffung und Umsetzung von beidem wird es ratsam sein, die kulturbildenden Organisationslogiken, die im Zuge der Einführung aufeinandertreffen, zu explizieren und damit Bewusstsein und das nötige Verständnis für die dadurch gegebenen Widersprüche zu schaffen. Denn letztere sind Voraussetzungen und Basis für die Kooperation, um einen für alle beteiligten Seiten akzeptablen Weg zu finden. Werden die Widersprüche ignoriert, besteht die Gefahr, dass sich Widerstände gegen sinnvolle Maßnahmen aufbauen oder Konflikte entstehen, die der Institution wichtige Ressourcen entziehen.

Die in den vergangenen Jahrzehnten in den Hochschulen induzierten Reformen wurden fast immer extern veranlasst und haben bekanntlich sehr dynamische Veränderungsprozesse ausgelöst. Dies wurde zumeist durch schlagwortartige politische Botschaften, mediale Inszenierungen und Pilotprojekte unterstützt und hat damit zwar die Aufmerksamkeit erhöht sowie die Umsetzung erleichtert, aber Ablehnung und Skepsis einer grundsätzlich kritischen Wissenschaftlergemeinde nicht vermeiden können. Der Wandel in den Hochschulen ist dennoch enorm, weist aber mittlerweile auf Wirkungen einer „Übersteuerung" hin (z. B. der hohe Anteil von Projekten und befristeter Arbeitsverhältnisse), die durchaus auch die Qualitätssicherung tangiert. Auch wenn es unstrittig sein dürfte, dass es einen Stillstand oder ein „Rückwärts" der eingeleiteten Systematisierung der Qualitätssicherungs- und Steuerungsprozesse in Hochschulen kaum geben wird, wird die Frage der adäquaten Ausgestaltung sicherlich auch die kommenden Jahre dominieren. Dabei wird die Aufmerksamkeit auf die Integration der Aktivitäten von Qualitätssicherung und -management in die Steuerung von Hochschulen (und Forschungseinrichtungen) gerichtet werden müssen. Letztlich sind Qualitätssicherung und das Qualitätsmanagement Aspekte der Prozesse in und Leistungen von Hochschulen. Die Unterschiede zwischen den Hochschulen nach Hochschulart, Organisationskultur und Rahmenbedingungen spielen dabei aktuell eine wesentliche Rolle. So ist für Kunsthochschulen die Schaffung und Stabilisierung von (qualitäts-)förderlichen Bedingungen eine ganz andere Herausforderung als bei Massenstudiengängen oder in der angewandten Forschung.

Nur als integraler Bestandteil der Gesamtsteuerung können letztlich auch die externen Impulse innerhalb der Organisation verarbeitet werden, die durch politische Rahmensetzungen auf Hochschulen wirken. Dies zeigen beispielsweise die aktuellen Entwicklungen bei den Landeshochschulgesetzen, wo neben der (Neu-)Justierung der Rechenschaftspflichten und Kontrollmöglichkeiten mit der Leitidee Qualität auch andere Themen gesetzt werden wie die Learning-outcome-Orientierung, Internationalisierung, Durchlässigkeit etc. Die externe Qualitätssicherung wird auch weiterhin die Funktion von Kontrolle und Rechenschaftslegung wahrnehmen. Unübersehbar sind aber der zunehmende Reifegrad von Qualitätssicherung und -entwicklung in Hochschulen und das hohe Maß an organisationaler Selbststeuerung, die mittlerweile erreicht wurden. Nichtsdestotrotz ist, wie in anderen Ländern zu beobachten ist, eine entgegengesetzte politische „Pendelbewegung" hin zu mehr Kontrolle irgendwann nicht mehr auszuschließen. Anlass ist dann in der Regel das Misstrauen in die Wirksamkeit bestehender Instrumente und Verfahren.

So wird das Thema der Wirksamkeit bereits seit einigen Jahren sowohl auf der Systemebene wie auch der Ebene der Hochschulen recht umfänglich diskutiert. Die Zahl der Wirkungsstudien hingegen ist bis heute überschaubar (vgl. z. B. Stensaker et al. 2011; Suchanek et al. 2013; Leiber 2014) und lässt angesichts der Komplexität von Ursache-Wirkungszusammenhängen den Nachweis eindeutiger Belege kaum zu. Für die politische Kontextgestaltung wird die Zurechnung von Wirkungen der Qualitätssicherung bislang nicht wirklich in Frage gestellt (Europäische Kommission 2014; Bollaert 2014). Derzeit ist die Frage offen, ob es gelingen kann, durch methodologisch aufwändige Untersuchungen Wirkungen von Aktivitäten der Qualitätssicherung und des Qualitätsmanagements aufzuzeigen.

Es bleibt als Fazit festzuhalten, dass es der Hochschule als Einrichtung in ihrer jahrhundertealten Geschichte immer wieder gelungen ist, sich den gesellschaftlichen Anforderungen zu stellen und ihre Selbstorganisation anzupassen bzw. neu zu gestalten. Diese Prozesse waren – wie gezeigt wurde – nicht widerspruchsfrei und konfliktbeladen. Das wird auch weiterhin gelten: Aus diesen Diskursen erwachsen eben letztlich auch die systemadäquaten „Lösungen".

Literatur

Beise, Anna Sophie, Imke Jungermann, und Klaus Wannemacher. Hrsg. 2014. *Qualitätssicherung von Studiengängen jenseits der Programmakkreditierung. Neue Herausforderungen für Hochschulsteuerung und Organisationsentwicklung*. Hannover: Deutsches Zentrum für Hochschul- und Wissenschaftsforschung GmbH (DZHW).

Berings, Dries. 2009. Reflection on quality culture as a substantial element of quality management in higher education. Paper presented at the Fourth European Quality Assurance Forum (EQAF 2009). Copenhagen. 19–21.11.2009.

Berings, Dries, und S. Grieten. 2012. Dialectical reasoning around quality culture. Presentation at the 7th European quality assurance forum. European University Association (EUA). *How Does Quality Make a Difference*. Estland: Tallinn University. 22–24.11.2012.

Bollaert, Lucien. 2014. Qualitätssicherung in Europa (2005–2015). In *Handbuch Qualität in Studium und Lehre*, Bd. 3.7, Hrsg. Winfried Benz, Jürgen Kohler, und Jürgen Landfried. Berlin: Raabe Verlag.

Bogumil, Jörg, Martin Burgi, Rolf G. Heinze, Sascha Gerber, Ilse-Dore Gräf, Linda Jochheim, Maren Schickentanz, und Manfred Wannöffel. 2013. *Modernisierung der Universitäten. Umsetzungsstand und Wirkungen neuer Steuerungsinstrumente*, Sonderband, Bd. 41. Berlin: edition sigma.

EUA. 2006. *Quality culture in European universities: A bottom-up approach. Report on the three rounds of the quality culture project 2002–2006*. Brussels: EUA Publications.

Europäische Kommission. 2014. *Bericht der Kommission an das Europäische Parlament, den Rat, den Europäischen Wirtschafts- und Sozialausschuss und den Ausschuss der Regionen*. Brüssel: Bericht über die Fortschritte bei der Qualitätssicherung in der Hochschulbildung.

Fritsch, Andreas, Pauline Glawe, und Martha Kuhnhenn. 2013. Hochschulinterne Rollenteilung und Gewährleistung von Studienqualität. In *Handbuch für Qualität in Studium und Lehre*, Hrsg. Winfried Benz, Jürgen Kohler, und Jürgen Landfried. Berlin: Raabe Verlag. C.3.5.

Harvey, Lee. 2005. Quality assurance in higher education: Some international trends. In *Calidad, eficiencia y evaluación de la Educación Superior*, Serie Universidad Contemporar, Hrsg. Wietse de Vries, 183–214. Spain: Netbiblio.

Hochschulrektorenkonferenz. 2006. Standards und Leitlinien für die Qualitätssicherung im europäischen Hochschulraum. Beiträge zur Hochschulpolitik Nr. 9. Bonn.

Hochschulrektorenkonferenz. 2010. *Wegweiser 2010. Qualitätssicherung an Hochschulen*, Beiträge zur Hochschulpolitik 8/2010. Bonn: HRK. http://www.hrk.de/fileadmin/redaktion/hrk/02-Dokumente/02-10-Publikationsdatenbank/Beitr-2010-08_Wegweiser_2010.pdf. Zugegriffen am 04.10.2014.

Hornbostel, Stefan, und Dagmar Simon. Hrsg. 2006. Wie viel (In-)Transparenz ist notwendig? Peer Review revisited. iFQ-Working paper No. 1. Berlin.

Houston, Don, und Shelley Paewai. 2013. Knowledge, power and meanings shaping quality assurance in higher education: A systemic critique. *Quality in Higher Education* 19(3): 261–282.

Janssen, Johan, Carsten Feller, Elke Sass, Olaf Dahlmann, und Monem Abdullahian. 2011. Hochschule als Prozessorganisation denken – wie geht das? In *Prozessorientierung in Hochschulen –*

mehr als Tools und Referenzmodelle, Hrsg. Peter Altvater, Martin Hamschmidt und Friedrich Stratmann, HIS: Forum Hochschule, 25–38. 12/2011. Hannover.

Kaufmann, Benedikt. 2012. *Akkreditierung als Mikropolitik. Zur Wirkung neuer Steuerungsinstrumente an deutschen Hochschulen*. Wiesbaden: Springer VS.

Kleijnen, Jan, Diana Dolmans, Jos Willems, und Hans Van Hout. 2014. Effective quality management requires a systematic application and a flexible organisational culture: A qualitative study among academic staff. *Quality in Higher Education* 20(1): 103–126.

Kloke, Katharina, und Georg Krücken. 2012. „Der Ball muss dezentral gefangen werden." – Organisationssoziologische Überlegungen zu den Möglichkeiten und Grenzen hochschulinterner Steuerungsprozesse am Beispiel der Qualitätssicherung in der Lehre. In *Hochschule als Organisation*, Hrsg. Uwe Wilkesmann und Christian Schmidt, 311–324. Wiesbaden: Springer VS.

Krull, Wilhelm. 2011. Bewertung, Begutachtung und Evaluation in Wissenschaft und Forschung. In *Evaluation: New Balance of Power*, Hrsg. Stefan Hornbostel und Anna Schelling. IFQ-Working Paper No. 9. Berlin. S. 15–23.

Künzel, Rainer. 2008. Aktive Qualitätssicherung und -entwicklung in Lehre und Studium. Institutionelle und organisatorische Bedingungen. In *Handbuch Qualität in Studium und Lehre*, Hrsg. Winfried Benz, Jürgen Kohler, und Jürgen Landfried. Berlin: Raabe Verlag. E 2.2.

Leiber, Theodor. 2014. Zur Methodologie der Wirkungsevaluation von Qualitätssicherung an Hochschulen. In *Handbuch Qualität in Studium und Lehre*, Hrsg. Winfried Benz, Jürgen Kohler, und Jürgen Landfried. Berlin: Raabe Verlag. E 7.13.

Leisyte, Liudvika, Don F. Westerheijden, Elisabeth Epping, Marike Faber, und Egbert de Weert. 2013. *Stakeholders and Quality assurance in Higher Education*. Paper for 26th Annual CHER Conference.

Meyer, John W., und Brian Rowan. 1977. Institutional organizations: Formal structure as myth and ceremony. *American Journal of Sociology* 83(2): 340–363.

Nickel, Sigrun. 2007. *Institutionelle QM-Systeme an Universitäten und Fachhochschulen. Konzepte, Instrumente, Umsetzung*. Gütersloh: CHE.

Nickel, Sigrun. 2008. Qualitätsmanagementsysteme an Universitäten und Fachhochschulen: Ein kritischer Überblick. *Beiträge zur Hochschulforschung* 30(Heft 1): 16–39.

Nickel, Sigrun. 2012. Engere Kopplung von Wissenschaft und Verwaltung und ihre Folgen für die Ausübung professioneller Rollen in Hochschulen. In *Hochschule als Organisation*, Hrsg. Uwe Wilkesmann und Christian Schmidt, 279–292. Wiesbaden: Springer VS.

Nickel, Sigrun. Hrsg. 2014. *Implementierung von Qualitätsmanagementsystemen: Erfahrungen aus der Praxis*, Arbeitspapier, Bd. 163. Gütersloh: CHE.

Nickel, Sigrun, und Frank Ziegele. 2010. *Karriereförderung im Wissenschaftsmanagement – nationale und internationale Modelle*, Bd. 1. Gütersloh: CHE.

Pasternack, Peer. 2006. *Qualität als Hochschulpolitik? Leistungsfähigkeit und Grenzen eines Policy-Ansatzes*. Bonn/Berlin: Lemmens Medien.

Pellert, Ada. 1999. *Die Universität als Organisation. Die Kunst, Experten zu managen*. Wien: böhlau.

Pohlenz, Philipp, und Sylvia Mauermeister. 2013. Die European standards and guidelines als Referenzpunkt für die Entwicklung von Qualitätsmanagementsystemen. In *Handbuch der Qualität in Studium und Lehre*, Hrsg. Winfried Benz, Jürgen Kohler, und Jürgen Landfried. Berlin: Raabe Verlag. C. 3.6.

Ramirez, Gerardo Blanco. 2013. Studying quality beyond technical rationality: Political and symbolic perspectives. *Quality in Higher Education* 19(2): 126–141.

Rosa, Maria J., Claudia Sarrico und Alberto Amaral. 2012a. Implementing quality management systems in higher education institutions. In *Quality assurance and management*. Hrsg. Mehmet Savsar, 129–146 InTech. Kuwait.

Rosa, Maria J., Claudia Sarrico, und Alberto Amaral. 2012b. Academics perceptions on the purposes of quality assessment. *Quality in Higher Education* 18(3): 349–366.

Schimank, Uwe. 2011. Qualitätssicherung der Lehre: Makro- und mikropolitische Konfliktlinien. In *Handbuch Qualität in Studium und Lehre*, Hrsg. Winfried Benz, Jürgen Kohler, und Jürgen Landfried. Berlin: Raabe Verlag. C 2.4.

Schmidt, Uwe. 2012. Die Komplementarität von Handlungen und Akteuren. Über Evaluation und Akkreditierung zur sozialen Dimension des Qualitätsmanagements. *Wissenschaftsmanagement* 1(12): 28–31.

Schneijderberg, Christian, Natalia Schneider, und Ulrich Teichler. 2014. *Die Berufssituation von Hochschulprofessionellen. Aufgaben, Tätigkeiten, Kompetenzen, Rollen und berufliche Identität*. Kassel: International Center for Higher Education Research Kassel (INCHER).

Serrano-Velarde, Kathia. 2008. *Evaluation, Akkreditierung und Politik. Zur Organisation von Qualitätssicherung im Zuge des Bolognaprozesses*. Wiesbaden: VS Verlag für Sozialwissenschaften.

Stensaker, Bjorn. 2007. Impact of quality assurance. In: *Embedding quality culture in higher education*. A selection of papers from the 1st European forum for quality assurance, 59–62. Brüssel.

Stensaker, Bjorn, Liv Langfeldt, Lee Harvey, Jeroen Huismann, und Don Westerheijden. 2011. An in-depth study on the impact of external quality assurance. *Assessmen & Evaluation in Higher Education* 36(4): 465–478.

Suchanek, Justine, Manuel Pietzonka, Rainer H.F. Künzel, und Torsten Futterer. 2013. Die Wirkung der Akkreditierung auf die (Bologna-)Reform der Studiengänge in Deutschland. In *Handbuch Qualität in Studium und Lehre*, Hrsg. Winfried Benz, Jürgen Kohler, und Jürgen Landfried. Berlin: Raabe Verlag. F 1.12.

Symanski, Ute. 2012. Und wie tickt Ihre Hochschule ...? *Wissenschaftsmanagement. Zeitschrift für Innovation* 6(12): 52–56.

Tegethoff, Hans-Georg. 2007. Qualitätsmanagementsysteme für Fachbereiche an Hochschulen – Warum sie nötig sind und wie man die aufbauen kann. *Qualität in der Wissenschaft (QiW)* 1 (2007): 3–9.

Vettori, Oliver. 2012. *Examinig quality culture part III: From self-reflection to enhancement*. Brussels: EUA Publications.

Vettori, Oliver, und Manfred Lueger. 2011. No short cuts in quality assurance – theses from a sensemaking perspective. In Building bridges: Making sense of quality assurance in European, national and institutional contexts. A selection of papers from the 5th European Quality Assurance Forum, 50–55. EUA Case Studies 2011.

Winde, Matthias, Hrsg. 2010. *Von der Qualitätsmessung zum Qualitätsmanagement. Praxisbeispiele an Hochschulen*. Stifterverband für die deutsche Wissenschaft. Edition Stifterverband. Essen.

Wissenschaftsrat. 1985. *Empfehlungen zum Wettbewerb im deutschen Hochschulsystem*. Köln.

Wissenschaftsrat. 1996. *Empfehlungen zur Stärkung der Lehre in den Hochschulen durch Evaluation*. Drs. 2365/96. Köln.

Wissenschaftsrat. 2013. *Empfehlungen zur Zukunft des Forschungsratings*. Drs. 3409-13. Mainz.

Zechlin, Lothar. 2012. Zwischen Interessenorganisation und Arbeitsorganisation. Wissenschaftsfreiheit, Hierarchie und Partizipation in der „unternehmerischen Hochschule". In *Hochschule als Organisation*, Hrsg. Uwe von Wilkesmann und Christian Schmidt, 41–59. Wiesbaden: Springer VS.

Wissenschaftliche Politikberatung: Organisationsformen und Gestaltungselemente

Justus Lentsch

Inhalt

1 Einleitung: Wissenschaftliche Politikberatung im Spannungsfeld zwischen Wissenschaft und Politik 317
2 Das Verhältnis von wissenschaftlicher Beratung und ihren Auftraggebern 321
3 Qualitätskriterien wissenschaftlicher Beratungsleistungen 322
4 Formen und Modelle wissenschaftlicher Politikberatung 323
    4.1 Begriffsklärung: Was ist eine wissenschaftliche Politikberatungseinrichtung? 324
    4.2 Typologie und Modelle wissenschaftlicher Beratungseinrichtungen 325
5 Die politische Funktion wissenschaftlicher Politikberatung 329
6 Fazit 331
Literatur 332

1 Einleitung: Wissenschaftliche Politikberatung im Spannungsfeld zwischen Wissenschaft und Politik

Der französische Soziologe und Wissenschaftsforscher Bruno Latour beginnt sein Buch „Existenzweisen" mit einer Anekdote. Gefragt von Industriellen und Skeptikern hinsichtlich des Klimawandels: „Warum sollen wir Ihnen glauben, warum sollen wir ausgerechnet Ihnen mehr glauben, als irgendjemand anderem?" antwortet der Klimaexperte: „Wenn die Menschen den Institutionen der Wissenschaft nicht mehr vertrauen, dann geraten wir in ernsthafte Schwierigkeiten" (Latour 2013, Übersetzung d. Verf.) und fährt fort, die komplizierten Verfahren zur Verifizierung der Daten, die Modelle und ihre Fallstricke und das System des *Peer Review* zu erläutern – kurz: die Institution Wissenschaft, jenseits derer es keine höhere Autorität gibt.

J. Lentsch (✉)
Stabsstelle Forschung und wiss. Nachwuchs, Goethe-Universität Frankfurt am Main, Frankfurt a. M., Deutschland
E-Mail: lentsch@wissenschaftsmediation.org

Mit dieser Anekdote bringt Latour auf den Punkt, worum es eigentlich im Kern der Debatte um wissenschaftliche bzw. wissenschaftsbasierte Politikberatung geht: nämlich um Vertrauen und damit um die Regelsysteme, gesellschaftlichen Praktiken und Organisationsformen, die zum einen sicherstellen, dass die Ergebnisse politikberatender Prozesse gültig, robust und allgemein geteilt sind, und zum anderen, dass die politischen Entscheidungen, die unter Bezugnahme auf die wissenschaftliche Beratung zustande kommen, als legitim anerkannt werden. Die Diskussion um die wissenschaftliche Politikberatung ist somit immer auch eine Diskussion um Veränderungen im Verhältnis zwischen Wissenschaft und Politik und deren Dynamiken.

Wissenschaft ist eine wichtige Ressource für die Politik. Zum einen erwartet die Politik von der Wissenschaft Beiträge zur Lösung gesellschaftlicher Probleme – der *Grand Challenges*. Zum anderen ist Wissenschaft eine wichtige Ressource für die Legitimation politischer Entscheidungen. Schließlich geht es in der Politik, vereinfacht ausgedrückt, in erster Linie um Macht und Machterhalt. Macht wird dann ausgeübt, wenn jemand intentional auf jemand anderen in einer Weise einwirkt, dass er oder sie tut oder denkt, was sie ansonsten nicht täte. Wissenschaft ist daher nicht nur eine Legitimations-, sondern auch eine Ressource für die Machtausübung, z. B. indem sie Deutungshorizonte aufspannt oder Gründe und Rechtfertigungen liefert. Die wissenschaftliche Politikberatung ist der Modus und die Institutionalisierungsform, in der dies umgesetzt wird.

Politik ist auch in der Wissenschaft selbst zu einer wichtigen Fremdreferenz geworden: In ihren Fragen und Themen orientiert sie sich, zumindest in ihrer expliziten Programmatik, zunehmend an externen, insbesondere durch Programmförderung vorgegebenen Fragen (vgl. z. B. Braun 2008; Whitley 2014) und die Beratungsfunktion wird zunehmend in das Leistungsspektrum von Wissenschaftsorganisationen aufgenommen. Dies ist nicht ohne Risiken – für die Wissenschaft ebenso wie für die Politik. Denn Kontroversen und Meinungsverschiedenheiten sind konstitutiv für die Wissenschaft: Dissens ist ein wesentlicher Treiber für den wissenschaftlichen Fortschritt. In der Politik hingegen wird von der Wissenschaft oft ein Beitrag zur Schließung einer gesellschaftlichen oder politischen Debatte erwartet – mit der Folge, dass politische Meinungsverschiedenheiten als wissenschaftliche Kontroverse gerahmt und dann in die Wissenschaft getragen werden (vgl. z. B. Hulme 2009 zu Dissens in der Debatte um den Klimawandel). Peter Weingart hat diese Veränderungen auf die Formel der rekursiven Kopplung zwischen Wissenschaft und Politik gebracht, die eine Politisierung der Wissenschaft einerseits und damit einhergehend: eine zunehmende Verwissenschaftlichung der Politik andererseits bedingt (Weingart 2001, S. 132).

Im Einzelnen lassen sich folgende Treiber der Veränderung des Verhältnisses zwischen Wissenschaft und Politik und ihre Bedeutung für die wissenschaftliche Politikberatung ausmachen: Erstens ein quantitatives Wachstum und eine Zunahme der Nachfrage nach wissenschaftsbasierter Politikberatung einerseits und eine qualitative Veränderung im Beratungsangebot andererseits, die einhergeht mit einer Ausdifferenzierung und Diversifizierung der Einrichtungen wissenschaftlicher Politikberatung. Dieser Prozess vollzog sich parallel zu einer Ausweitung der Staatsfunktionen über die sicherungs- und ordnungspolitischen Funktionen hinaus auf die

Aufgaben der Zukunftssicherung; diese Ausweitung der Staatsfunktionen hat wiederum neue Beratungsbedarfe generiert. Zweitens wird eine Veränderung in den Kontextfaktoren der wissenschaftlichen Politikberatung konstatiert; insbesondere betrifft dies eine zunehmende öffentliche Beobachtung und „Medialisierung" (Grande et al. 2013, S. 34–35) der Politikberatung. Drittens wird eine Pluralisierung der Akteure und der Formen wissenschaftlicher Politikberatung festgestellt (s. u.). Viertens ist in vielen Bereichen eine zunehmende Verrechtlichung der wissenschaftlichen Politikberatung und ihrer Anwendungskontexte zu beobachten. Dies reicht von unverbindlichen vorrechtlichen Codices (für Deutschland vgl. BBAW 2008), die aber durch ihre Rezeption eine Bindungswirkung entfalten können, bis hin zu umfangreichen Verordnungen zu Prüfmethoden, Versuchsanordnungen etc., wie etwa die Europäische REACH-Verordnung, die Bereiche rechtlich verregeln, die ansonsten dem Wissenschaftssystem selbst zugeordnet sind (Trute 2015, S. 120–121).

Öffentliche Kontroversen über wissenschaftsbezogene Fragen oder die Folgen von wissenschaftlich-technologischen Entwicklungen – wie Lebensmittelsicherheit, Klimawandel und die Energiewende, Fracking, die Risiken genetisch veränderter Pflanzen oder das Versagen der Wirtschaftswissenschaften und ihrer Risikomodelle bei der Vorhersage und Bewältigung der Finanzkrise – zeigen, dass die Glaubwürdigkeit und Legitimität wissenschaftlicher Politikberatung entscheidend von ihrer Qualität und Transparenz abhängen. Die Qualität und ihre Sicherung sind inzwischen zu einem zentralen Kriterium für die wissenschaftliche Politikberatung geworden. Allerdings sind die Qualität und die Qualitätssicherung wissenschaftlicher Politikberatung jeweils weder ein einfaches, noch ein wohldefiniertes und für alle Kontexte gleichermaßen anwendbares Konzept. Zunehmend anerkannt wird die Bedeutung von politik- oder beratungsbezogener wissenschaftsbasierter Expertise, die im Beratungskontext bzw. -prozess selbst entsteht und z. B. in Konzepten wie regulatorische Wissenschaft (Irwin et al. 1997), Modus-2 Wissenschaft (Gibbons 1994; Nowotny et al. 2001) oder post-normale Wissenschaft (Funtowicz und Ravetz 1990) beschrieben wird (s.u.). Damit erweitert sich der Fokus von Qualität im engeren Sinne (nach Verfahren wissenschaftlicher Qualitätssicherung) um Kriterien, die für beratungsorientierte wissenschaftliche Expertise spezifisch sind, wie Relevanz und Reliabilität oder Robustheit. Während Kontroversen um wissenschaftsbezogene Fragen schon länger auf der Tagesordnung der gesellschaftlichen und politischen Debatte stehen, stehen Fragen nach der Institutionalisierung wissenschaftlicher Politikberatung erst seit kurzem im Fokus der Debatte.

Konstatiert wird eine zunehmende Pluralisierung der Formen, Akteure und institutionellen Arrangements ebenso wie von Wissensansprüchen und Funktionen wissenschaftlicher Politikberatung und ihrer Anwendungskontexte (Trute 2015, S. 117). Es wird deutlich, dass Politikberatung Teil eines Ökosystems aus Wissensproduktion, Beratung und Entscheidung ist. Neben die etablierten Formen der Politikberatung treten (insbesondere im internationalen Kontext) vermehrt Wissensakteure wie Stiftungen (Rohe und Hausmann 2015). Zudem hat die Debatte um Governance und neue Formen des Regierens deutlich werden lassen, dass politische, kollektiv bindende Entscheidungen vielfach das Ergebnis von Mehrebenen-Prozessen mit multiplen

Akteurskonstellationen sind. Statt Politikberatung im engeren Sinne wäre dann eher von einer „Governance des Wissens" zu sprechen, in der es nicht nur um die staatlichen, sondern auch um andere Formen der Handlungskoordination geht, in denen wissenschaftliche bzw. wissenschaftsbasierte Expertise eine entscheidende Rolle spielt (Trute 2015, S. 115–116). Die Bedeutung wissenschaftlicher Expertise in diesen neuen Formen der Handlungskoordination ist dann, über eine Beratungsrelation hinausgehend, eher als „Koproduktion" von Wissen, politischen Gestaltungsoptionen und Entscheidungen sowie rechtlichen Rahmenbedingungen zu fassen. Einen interessanten Fall für Koproduktion zwischen wissenschaftlicher Expertise, rechtlichen Normen und Politikgestaltung stellen die Europäischen Agenturen, wie etwa die Europäische Agentur für Lebensmittelsicherheit (EFSA) sowie die sie unterstützenden und ihnen zuarbeitenden Netzwerke nationaler Beratungseinrichtungen dar. Durch diese Struktur kann die EFSA auf eine pluralisierte Wissensbasis zugreifen, die einerseits Unabhängigkeit sichern hilft (nicht zuletzt durch ein System wechselseitigen Peer Reviews) und andererseits die Produktion von Expertise eng an die Entstehung rechtlicher Regelungen im europäischen Rahmen rückkoppelt, da die Expertise durch Ressortforschungseinrichtungen produziert wird, die auf nationaler Ebene in ministerielle Entscheidungshierarchien eingebunden sind (Trute 2015, S. 122–123; für die Europäische Umweltagentur EEA vgl. Waterton und Wynne 2004).

Einige auch in der internationalen Öffentlichkeit breit diskutierte Fälle haben die Bedeutung klarer Regeln wie der rechtlichen, institutionellen und organisatorischen Rahmenbedingungen für die Ausgestaltung des Öko-Systems wissenschaftlicher Politikberatung deutlich werden lassen. Einer der sicher am breitesten diskutierten Fälle ist die institutionelle Reform des Intergovernmental Panel on Climate Change (IPCC) und die öffentliche Debatte um den Review-Bericht des Interacademy Council (IAC) (InterAcademy Council 2010). Vor allem hat die Debatte drei Aspekte deutlich werden lassen: erstens die Notwendigkeit, auf transparente Weise mit Interessenkonflikten in der Politikberatung umzugehen, zweitens die Notwendigkeit angemessener formaler Verfahren des Umgangs mit möglichen Fehlern oder Bias, sowie drittens die Bedeutung, die das Mandat eines Beratungsgremiums hat (und damit die Frage, ob es tatsächlich im Rahmen seines Mandats agiert).

Wissenschaftliche Politikberatung als ein *Mode of Governance*, als eine Form der politischen Koordinierung, erfährt zunehmend Popularität. In Deutschland ist die Debatte vor allem unter der Überschrift „Government by Commission" im Zusammenhang mit zahlreichen Kommissionen in der Neuausrichtung der Wirtschafts- und Arbeitsmarktpolitik geführt worden (Dyson 2005). International hat z. B. das Generalsekretariat der Vereinten Nationen einen wissenschaftlichen Beirat mit dem Mandat eingerichtet, die Organisationen der UN an den Schnittstellen zwischen Wissenschaft, Politikgestaltung und Gesellschaft zu beraten,[1] und auch die EU-Kommission will ihre wissenschaftsbasierte Politikberatung neu organisieren. Anstelle eines „Chief Scientific Adviser" wird sie (neben den etablierten Organisationsformen wie den Joint Research Centers, JRC) eine „High Level Group"

---

[1] http://www.sab-2014-berlin.de. Zugegriffen am 01.05.2015.

einrichten, die dem Kommissar für Forschung und Innovation berichtet und dabei u. a. auf die Expertise der nationalen Akademien der Wissenschaften zurückgreifen soll (vgl. Wilsdon et al. 2015). In Deutschland drehte sich die Debatte um Mandat und Rolle wissenschaftlicher Expertise in der Politikberatung zuletzt um die Einrichtung einer Nationalen Akademie der Wissenschaft (Lentsch 2010a, b).

2 Das Verhältnis von wissenschaftlicher Beratung und ihren Auftraggebern

Wesentlich für wissenschaftliche Politikberatung und ihre Organisation ist die Gestaltung des Verhältnisses von Beratenden bzw. Beratungsorganisationen und ihren Auftraggebern. Bereits Habermas (2014) hat darauf hingewiesen, dass „wissenschaftliche Rationalität und wertbestimmte Entscheidung durch gleichberechtigte Kommunikationen aufeinander bezogen [werden müssen]" (Weingart und Lentsch 2008, S. 35). Zur idealtypischen Beschreibung dieses Verhältnisses entwickelt Habermas das sogenannte „pragmatische Modell" der Politikberatung, indem er das „technokratische Modell" mit dem „dezisionistischen Modell" kontrastiert. Im technokratischen Modell ist der Experte souverän gegenüber dem Politiker und politische Entscheidungen sind dem „Sachzwang" untergeordnet, während im „dezisionistischen Modell" praktische Fragen allein durch politische Willensbildung entschieden werden müssen (Habermas 2014, S. 126–127). Nur das pragmatische Modell, in dem Politiker und Experten in einer „durch interaktive Kommunikation bzw. Deliberation charakterisierten Beziehung gegenüber [stehen]" scheint geeignet zu sein, den Prozess der wechselseitigen Abstimmung zwischen wissenschaftlich-technologisch basierten oder durch diese eröffneten Handlungs- oder Entscheidungsoptionen einerseits und wert- und interessenbestimmten Begrenzungen oder Orientierungen andererseits angemessen zu beschreiben (Weingart und Lentsch 2008, S. 35). Die meisten der in der Literatur diskutierten Modelle (wie z. B. das „analytisch-deliberative Modell" (NRC 1996) oder das von Ottmar Edenhofer vorgeschlagene „enlighted pragmatic Model" (Edenhofer und Kowarsch 2015) sind Varianten oder Weiterentwicklungen von Habermas' „pragmatischem Modell". Auch wenn es sich um ein idealisiertes oder *stylised model* handelt und sich daraus kaum direkte Implikationen für die Organisation von wissenschaftlicher Politikberatung ableiten lassen, lässt es sich als Hintergrundfolie verwenden, um grundlegende Qualitätsanforderungen an wissenschaftliche Politikberatung zu diskutieren. Die vielleicht zentrale Qualitätsanforderung an wissenschaftliche Politikberatung ist dabei, inwieweit wissenschaftliche Politikberatung die Resilienz gesellschaftlicher Systeme stärken kann. Diese Anforderung lässt sich in zwei grundlegende Qualitätskriterien spezifizieren, die beide erfüllt sein müssen: erstens *epistemische Robustheit*, das heißt, die Belastbarkeit und Verlässlichkeit von Expertise selbst unter unbekannten und variierenden Anwendungs- bzw. Praxisbedingungen. Die epistemische Robustheit muss dabei mit *politischer Robustheit* einhergehen; erst dadurch kann die Anschlussfähigkeit und Responsivität gegenüber Kriterien politischer Legitimation hergestellt werden (Lentsch und Weingart 2011a, S. 354–355).

3 Qualitätskriterien wissenschaftlicher Beratungsleistungen

Vielfach muss Expertise für politische Entscheidungen erst produziert bzw. muss wissenschaftliches Wissen erst systematisch aufbereitet, in „Beratungswissen" transformiert und „gehärtet", das heißt, bestimmten Qualitätssicherungsverfahren unterzogen werden, damit es für die wissenschaftliche Politikberatung verwendet werden kann – also epistemisch ebenso wie politisch robust ist. Denn die Produktion wissenschaftlichen Wissens im wissenschaftlichen Forschungsprozess folgt anderen Fragen, Anreizstrukturen, Relevanz- und Gültigkeitskriterien als Expertisen für politische Entscheidungsprozesse. Statt um „Wahrheit" geht es hier vielmehr um „dienstbare Wahrheiten" (*serviceable truths*) (Jasanoff 1990) oder „usable knowledge" (Haas 2004), „fit for function" (Funtowicz 2001). Gerade für die Evaluation von wissenschaftlichen Politikberatungseinrichtungen bzw. politik- und beratungsorientierten Forschungseinrichtungen ist die Bewertung der Qualität der wissenschaftsbasierten Beratungsleistungen ein bis dato nicht wirklich gelöstes Problem (zur Qualitätssicherung wissenschaftlicher Politikberatung vgl. Lentsch 2008). Die für die Politikberatung eigens produzierte wissenschaftliche Expertise als ein eigener Wissenstyp mit epistemischen Besonderheiten wird in der Literatur unter verschiedenen Konzepten diskutiert wie „regulatory science" (Jasanoff 1990; Irwin et al. 1997), „mandated science" (Salter und Levi 1988), „mode-2-science" (Gibbons et al. 1994), „post-normal science" (Funtowicz und Ravetz 1990), „post-academic science" (Ziman 1996) oder „fiducial science" (Hunt und Shackley 1999). Collins und Evans (2010) stellen weiterhin eine Klassifikation von Expertise auf und identifizieren den für Beratungszwecke relevanten Wissenstyp als „interactional expertise" (Collins und Evans 2007).

Alle diese unterschiedlichen Beschreibungen stimmen darin überein, dass sich die beratungsorientierte Expertise in wesentlichen Hinsichten von rein wissenschaftlicher Expertise unterscheidet. Erstens durch ihre *Fragestellungen*, die an Problemen orientiert sind und auf Antworten zielen, die „fit for function" (Funtowicz 2001) sind (statt wahrheitsorientierte, theorieinduzierte oder aus dem wissenschaftlichen Diskurs heraus entwickelte Fragestellungen) und sich zudem vielfach durch einen hohen Grad an Inter- oder Transdisziplinarität auszeichnen. Zweitens durch ihre *Formen und Produkte* in Form von Analysen, Berichten, *policy briefs* etc. (statt Publikationen in wissenschaftlichen Zeitschriften etc.). Drittens durch ihre *Zeittakte und Zyklen*, die oftmals von äußerst kurzen zeitlichen Vorgaben und von einer spezifischen Situationsbezogenheit geprägt sind sowie viertens durch eine *erweiterte Rechenschaftspflicht* (accountability) gegenüber der Öffentlichkeit und der Zivilgesellschaft, die impliziert, dass beratungsorientierte Wissenschaft Verantwortung hinsichtlich der Folgen der Anwendung ihrer Ergebnisse übernimmt (ausf. vgl. Weingart und Lentsch 2008, S. 20–21).

Die Produktion wissenschaftlichen Beratungswissens für die Politik findet entsprechend in anderen organisatorischen Arrangements (Think-Tanks, Ressortforschung oder spezielle Institute, Einheiten, Kommissionen) sowie unter anderen institutionellen Rahmenbedingungen statt. Insbesondere erfordert die Produktion wissenschaftlichen Beratungswissens andere Kriterien und Verfahren der Qualitätssicherung und der Rechenschaftslegung *(accountability)* als dies bei der rein akademisch ausgerichteten Wissensproduktion der Fall ist. Denn das Verfahren des wissenschaftlichen *peer review* orientiert sich beispielsweise vor allem an Kriterien wie Originalität und dem Beitrag, den eine Aussage zum wissenschaftlichen Fortschritt macht. Dies hat zur Konsequenz, dass eine Begutachtung nach wissenschaftlichen Kriterien nicht sicherstellen kann, dass die besonderen Anforderungen an die Qualität wissenschaftlichen Beratungswissens erfüllt sind, wie beispielsweise die Verlässlichkeit der Expertise unter den relevanten Nebenbedingungen des Anwendungskontextes, Unvoreingenommenheit und Freiheit von Bias oder die angemessene Berücksichtigung oder Offenlegung von Wert- und Interessenkonflikten (vgl. Douglas 2009). Interessenkonflikte oder Bias sind ohne Frage auch in der Wissenschaft selbst problematisch. Allerdings beruht Wissenschaft erstens wesentlich auf Vertrauen (z. B. dass Experimente unvoreingenommen und methodisch korrekt durchgeführt werden). Entsprechend sind Aspekte wie Unvoreingenommenheit oder Freiheit von Bias kein primärer Gegenstand wissenschaftlicher Qualitätssicherung. Zweitens besteht, vereinfacht gesprochen, vielfach die implizite Annahme, dass sich eine falsche Hypothese (z. B. aufgrund von Bias) im weiteren Fortgang des wissenschaftlichen Prozesses als solche (nämlich als falsche) erweisen wird. Ein Fehler kann demnach wissenschaftlichen Fortschritt zwar eventuell verzögern, aber letztendlich nicht verhindern. Für Beratungszwecke kann ein Fehler oder ein Bias hingegen fatal sein, da er unter Umständen in der Anwendung weitreichende Konsequenzen haben kann.

In der Literatur haben sich drei Kriterien für die Bewertung der Qualität von Beratungswissen durchgesetzt: Relevanz *(salience)*, Glaubwürdigkeit *(credibility)* und Legitimität *(legitimacy)* (Clark und Majone 1985; Cash et al. 2003). *Salience*, Politikrelevanz bezieht sich auf die Relevanz der wissenschaftlichen Beratungsleistung für die Bedürfnisse der politischen Entscheider, *credibility* auf die Glaubwürdigkeit und inhaltliche Sachangemessenheit der Expertise und das Kriterium der Legitimität auf die gesellschaftliche Legitimität beratungsrelevanter Expertise und die Frage, inwiefern die Expertise die verschiedenen Werte und Überzeugungen der Beteiligten und die der politischen Entscheidungsträger angemessen und unvoreingenommen berücksichtigt (vgl. Weingart und Lentsch 2008, S 33–34).

4 Formen und Modelle wissenschaftlicher Politikberatung

Die Öko-Systeme und die Einrichtungen der wissenschaftlichen Politikberatung in unterschiedlichen Ländern weisen eine große Vielfalt auf. Diese hängt von der jeweiligen historisch-politischen Konstellation ab, in der diese Beratungsgremien eingerichtet wurden, ebenso wie von den jeweiligen Erwartungen an die Funktion wissenschaftlicher Politikberatung. Wissenschaftliche Beratungsorganisationen variieren nach Organisationsform, aber auch nach ihrer Funktion entsprechend der jeweiligen Kontexte und der Governance-Regime, in die sie eingebettet sind. Legitimität und Glaubwürdigkeit wissenschaftlicher Expertise hängen stark von den „nationalen Beratungsstilen" (Renn 1995) oder der *civic epistemology*, den institutionellen und gesellschaftlichen Praktiken ab, durch die Expertenaussagen in einer gegebenen Gesellschaft oder politischen Community konstruiert, validiert, aber auch infrage gestellt werden können (Jasanoff 2005; Miller 2008).

Unterschiede sind aber nicht nur durch den jeweiligen nationalen oder gesellschaftlichen Kontext sondern ebenso durch das jeweilige Politikfeld bedingt. Bei allen Unterschieden und bei aller Vielfalt lassen sich jedoch im internationalen Vergleich Modellorganisationen oder Prototypen von Beratungseinrichtungen anhand des Grads und der Form der Institutionalisierung unterscheiden (vgl. Lentsch und Weingart 2011b). Verfolgt man ihre Entstehungsgeschichte, so zeigt sich eine Verbreitung durch institutionellen Isomorphismus: einzelne Gremien sind zum Vorbild für die Etablierung ähnlicher Gremien in anderen Ländern geworden, wie etwa die britischen Royal Commissions für die Etablierung von Enquete-Kommissionen des Deutschen Bundestags (wobei Enquete-Kommissionen gemischte Kommissionen sind, d. h. sowohl Experten als auch Parlamentarier, also Vertreter der Legislative und damit des „Auftraggebers" umfassen). Ausgehend von nationalen und internationalen Erfahrungen hat die Berlin-Brandenburgische Akademie der Wissenschaften mit ihren „Leitlinien Politikberatung" (BBAW 2008), einen Orientierungsrahmen für die Einrichtung und Arbeit wissenschaftlicher Beratungsgremien verabschiedet, der Referenzpunkt auf nationaler ebenso wie auf internationaler Ebene ist (Arimoto und Sato 2012).

4.1 Begriffsklärung: Was ist eine wissenschaftliche Politikberatungseinrichtung?

Wodurch ist eine Politikberatungseinrichtung als Organisation charakterisiert? Wissenschaftliche Beratungsorganisationen zeichnen sich in ihrem organisationalen Design durch einen hohen Grad der organisationalen Autonomie aus, also durch das Maß, indem eine Beratungsorganisation in ihrer Arbeitsweise durch ihre internen Regeln selbst bestimmt und nicht von außen determiniert ist. Zweitens ist die Produktion wissenschaftsbasierter Beratungsleistungen konstitutiv für die Identität einer wissenschaftlichen Beratungsorganisation. Ausgehend von dieser grundlegenden Unterscheidung wird im Folgenden unter einer wissenschaftlichen Politikberatungseinrichtung eine soziale Struktur verstanden, die sich durch vier Merkmale charakterisieren lässt (Weingart und Lentsch 2008, S. 48):

1. *Formale Struktur*: Eine Politikberatungseinrichtung ist institutionalisiert, also eine formale Organisation (auch wenn sie nur temporär besteht) – im Unterschied zu nicht formalisierter Politikberatung etwa durch einzelne Wissenschaftler/-innen oder Netzwerke.
2. *Beratung als Organisationszweck*: Das Beratungsmandat ist konstitutiv; die Erbringung von wissenschaftsbasierten Beratungsleistungen für ihre Auftraggeber ist der primäre Organisationszweck. Wesentlich ist dabei die Orientierung an den Bedarfen des Adressaten (Beratung; vgl. dazu z. B. Buchholz 2008). Wissenschaftliche Politikberatungseinrichtungen adressieren dabei die Exekutive, die

Legislative oder politische Akteure. Speziell für wissenschaftliche, oder treffender formuliert: für wissenschaftsbasierte Politikberatungsorganisationen ist der normative Rückbezug auf die wissenschaftliche Gemeinschaft wesentlich.
3. *Autonomie in der Arbeitsweise*: eine Politikberatungsorganisation ist in ihrer Arbeitsweise unabhängig von dem jeweiligen Auftraggeber, insbesondere sind die Wahl der Methoden und mitunter auch die Rekrutierung ihrer Mitglieder nach den der Organisation jeweils eigenen Regeln bestimmt. Eine wesentliche Herausforderung für die Organisation wissenschaftlicher Politikberatung besteht darin, die institutionelle Unabhängigkeit der Beratung zu sichern. Die Unabhängigkeit kann dabei durchaus auch innerhalb einer Organisation umgesetzt sein, wie z. B. im Modell des Chief Scientific Adviser, der zwar ein Angestellter der jeweiligen Regierung ist, aber in der Wahrnehmung seiner Arbeit unabhängig. Ein zentraler Punkt in der Debatte um die Frage nach der Unabhängigkeit ist der Umgang mit Interessen- oder Perspektivengebundenheit. Hier lassen sich zwei Leitvorstellungen unterscheiden. Erstens die Vorstellung, Unabhängigkeit institutionell, durch den Ausschluss von Interessen herzustellen, wie sie in Deutschland leitend ist, oder die Vorstellung, Unabhängigkeit prozedural, durch die Berücksichtigung eines möglichst breiten Spektrums partieller Interessen oder Perspektiven bei wechselseitiger Kritik herzustellen, wie etwa beim National Research Council in den USA. Weiterhin impliziert Unabhängigkeit einen gewissen Grad an Öffentlichkeit hinsichtlich des Mandats und der Ergebnisse.
4. *Wissenschaftsbasierung der Beratungsleistungen*: Wissenschaftliche Beratungsgremien erstellen ihre Beratungsleistungen unter Rekurs auf wissenschaftliche Methoden und Standards und unter Verwendung wissenschaftlicher Expertise.

4.2 Typologie und Modelle wissenschaftlicher Beratungseinrichtungen

Aus einer Organisationsperspektive lassen sich im Wesentlichen vier Typen bzw. Modelle von Beratungsorganisationen unterscheiden (ausf. Lentsch und Weingart 2011b; Weingart und Lentsch 2008): (a) kollegiale Beratungsgremien wie Beiräte oder Beratungskommissionen, (b) hierarchisch organisierte forschungsbasierte Beratungsorganisationen entlang eines breiten Spektrums von politikorientierten Think-Tanks über intermediäre Organisationen (wie z. B. die Europäischen Agenturen) bis hin zu Forschungseinrichtungen wie die Bundes- oder Landesressortforschung in Deutschland sowie (c) die Akademien der Wissenschaften und (d) das Modell eines Chief Scientific Advisers.

(a) *Kollegiale Beratungsgremien* setzen sich aus Wissenschaftlerinnen und Wissenschaftlern zusammen, teilweise aber auch aus Vertreterinnen und Vertretern anderer Sektoren, z. B. der Wirtschaft oder gesellschaftlicher Bereiche (sogenannte gemischte Gremien). Einige dieser Gremien verfügen über eigene Ressourcen, insbesondere eine Geschäftsstelle und mitunter auch ein eigenes wissenschaftliches Sekretariat. Charakteristisch ist der kollegiale Entscheidungsmodus und damit das wohlausgewogene Urteil, eine Einschätzung von Sachverhalten und die Erarbeitung von Szenarien oder Optionen und weniger die Produktion spezifischer Expertise (die die kollegialen Gremien mitunter in Form spezieller Gutachten und Expertisen in Auftrag geben können). Einige kollegiale Gremien (Sachverständigenkommissionen) haben hingegen die vielfach auch gesetzlich verankerte Funktion, die Wissensbasis z. B. über gesundheitliche oder andere Risiken festzustellen, die dann Grundlage der Bewertung von Risiken und der Festlegung von Grenzwerten ist (z. B. die Ständige Senatskommission zur Prüfung gesundheitsschädlicher Arbeitsstoffe (MAK-Kommission) der Deutschen Forschungsgemeinschaft (DFG).

Die Spannbreite der Organisationsformen kollegialer Gremien ist breit. Die Formen der Organisation unterscheiden sich in erster Linie nach ihrem Mandat. Es kann ein zeitlich befristeter konkreter Beratungsauftrag sein (Expertenkommissionen wie etwa die Hartz-Kommission in Deutschland oder die EFI-Kommission für die Wissenschaftspolitik), es kann ein statuarisches Gremium mit einem generellen, aber definierten Dauerauftrag sein (Sachverständigenkommissionen wie die Zentrale Kommission für Biologische Sicherheit [ZKBS] in Deutschland oder die International Commission on Radiation Protection), oder es kann ein generelles, politikfeldbezogenes Mandat mit unabhängiger Wahl der konkreten Fragen sein (politikfeldbezogene Sachverständigenräte, wie der Wissenschaftliche Beirat für Globale Umweltveränderungen (WBGU) in Deutschland oder die Royal Commissions in Großbritannien). Weiterhin kann ein Mandat Empfehlungen vorsehen, in vielen Fällen aber auch, um die Bindungswirkung (oder „policy presription") von öffentlicher Beratung zu reduzieren oder explizit Empfehlungen auszuschließen (wie im Falle des Sachverständigenrats zur Begutachtung der gesamtwirtschaftlichen Entwicklung SVR in Deutschland). Ein besonderer Fall kollegialer Beratungsgremien sind parlamentarische Beratungskommissionen wie die Enquete-Kommissionen in Deutschland. Ein zweiter Parameter, nach dem sich die Organisation kollegialer Beratungsgremien unterscheidet, ist die Rekrutierung ihrer Mitglieder, also die Frage, ob sich die Gremien selbst ergänzen und ihre Mitglieder selbst bestimmen, oder ob die Mitglieder extern bestimmt werden (z. B. durch den Auftraggeber – wie bei den Expertenkommissionen sind das die Regierung oder das Parlament). Ein besonderer Typus kollegialer Beratungsgremien sind internationale Assessments, Bestandsaufnahmen und Bewertungen des Standes der Wissenschaft in Bezug auf ein Policy-Problem durch Wissenschaftler. Das bekannteste ist das International Panel on Climate Change (IPCC), das wiederum Impulse für andere globale Assessments gegeben hat, wie jüngst für die 2012 eingerichtete Intergovernmental Platform on Biodiversity & Ecosystem Services (IPBES).

Einen Sonderfall kollegialer Beratungsgremien stellen Beratungsgremien der Wissenschaftspolitik dar. Politikberatung in der Wissenschaftspolitik ist, abgesehen von der empirischen Wissenschafts- und Hochschulforschung (zu den generellen Perspektiven vgl. Wissenschaftsrat 2014) beispielsweise im Rahmen des Deutschen Zentrums für Hochschul- und Wissenschaftsforschung (DZHW), vielfach kollegial organisiert, da Wissenschaftspolitik an wissenschaftsinterne

Prozesse und Agenden rückgebunden sein muss (zur Beratung in der Wissenschafts- und Technologiepolitik vgl. Patzwald und Buchholz 2006) und es vielfach weniger um spezielle Expertise, sondern um Einschätzungen zu Zukunftsthemen und Fragen des Agenda-Settings geht. Die Rückbindung der Beratung in der Wissenschaftspolitik an wissenschaftsinterne Prozesse und Agenden hat allerdings zur Folge, dass oftmals schwer zwischen Interessenvertretung, Beratung und Mitwirkung zu trennen ist. Beispiele für kollegiale Beratungsgremien der Wissenschaftspolitik sind in Deutschland die Expertenkommission Forschung und Innovation (EFI-Kommission) oder der 1957 gegründete Wissenschaftsrat (Stucke 2011). Der Wissenschaftsrat stellt dabei insofern eine Besonderheit in der Beratungslandschaft dar, als er zwar formal eine Beratungsfunktion hat, seine Empfehlungen aber durch die Zwei-Kammer-Konstruktion zwischen wissenschaftlicher und Verwaltungskommission „verhandelt" sind. Daher besteht seine *de facto* vielleicht wichtigste Funktion nicht allein in der Beratung, sondern in der Vermittlung zwischen Wissenschaft und politischen Akteuren im Mehr-Ebenen-System der Wissenschafts- und Hochschulpolitik von Bund und Ländern in Deutschland (Stucke 2011, S. 170–171). Internationale Beispiele wissenschaftspolitischer Beratungsgremien sind das britische Council on Science and Technology, das US-amerikanische President's Council of Advisers on Science and Technology (PCAST) oder das Science Council of Japan.

(b) *Hierarchisch organisierte forschungsbasierte Beratungsorganisationen*: Viele Forschungsorganisationen leisten neben anderen Aufgaben auch Beratung. Allerdings ist Beratung hier vielfach nur eine abgeleitete oder nachgeordnete Funktion neben der Forschung. Forschungsbasierte Beratungsorganisationen betreiben hingegen Forschung zur Produktion forschungsbasierter Expertise und Beratungsleistungen. Die Bezeichnung „Think-Thanks", die die Diskussion dominiert, bezieht sich allerdings größtenteils auf Organisationen, die nicht wirklich genuine Forschungseinrichtungen sind, sondern eher extern generiertes wissenschaftliches Wissen zu Beratungsleistungen aufbereiten, also in diesem Sinne keine forschungsbasierten Beratungsorganisationen darstellen. In Deutschland sind dies vor allem die Einrichtungen der Landes- und Bundesressortforschung, Forschungsinstitute mit dezidiertem Beratungsauftrag im Aufgabenbereich eines Regierungsressorts, die ein Bundesland oder der Bund zur Unterstützung der Wahrnehmung wissenschaftsintensiver Ressortaufgaben in Politik, Gesetzgebung und Verwaltung unterhält (Weingart und Lentsch 2008, S. 164–201). Allerdings „unterscheiden sich die Anteile der einzelnen Aufgaben [wie Politikberatung, forschungsbasierte Dienstleistungen. Normung etc., Anm. d. Verf.] am Tätigkeitsportfolio sowie die FuE-Anteile zwischen den einzelnen Einrichtungen teilweise erheblich" (Wissenschaftsrat 2010, S. 14). Die Rechtsformen solcher Einrichtungen variieren dabei von unabhängigen Agenturen (wie dem Bundesinstitut für Risikobewertung) bis hin zu privatrechtlich organisierten Instituten. Eine Besonderheit in Deutschland stellen die Wirtschaftsforschungsinstitute dar, die zwar formal nicht weisungsgebunden sind, aber für den Bereich der Wirtschaftspolitik Funktionsäquivalente zur Ressortforschung darstellen und sich zu wesentlichen Teilen auch darüber finanzieren. Internationale Beispiele sind die Joint Research Center der Europäischen Kommission, ein interner forschungsbasierter wissenschaftlicher Dienst (Sucha et al. 2015). Ein weiteres Modell der forschungsbasierten Politikberatung stellt das niederländische Modell dar, in den Wirtschaftswissenschaften z. B. mit dem Trias Central Bureau of Statistics (unabhängige Datenerhebung), dem Central Planning Bureau (makroökonomische Modellierung), oder dem Socio-economic Council (gesellschaftliche Verhandlunsarena) (den Butter 2011). Für ein weiteres Modell der Politikberatung auf europäischer Ebene stehen die Europäischen Agenturen. Sie wurden zur Unterstützung Expertise-basierter Regulation eingerichtet und sind eher als Boundary Organisations in dem Sinne zu betrachten, dass sie zwischen Wissenschaft und Politik bzw. Europäischer Kommission vermitteln.

(c) *Akademien der Wissenschaften*: Unter den Wissenschaftsakademien sind grob zwei Typen zu unterscheiden (Lentsch 2010a, b): die Gelehrtensozietät, welche die Politikberatung überwiegend proaktiv, durch selbstinitiierte Stellungnahmen vor allem zu gesellschaftlichen Zukunftsfragen, ethischen oder gesellschaftlich kontroversen Themen betreibt, die sie in internen Arbeitsgruppen erarbeitet. Viele dieser Akademien haben eine lange Tradition als Beratungseinrichtungen, wie etwa die 1660 gegründete englische Royal Society. Auch die Leopoldina, die mit Beschluss der Gemeinsamen Wissenschaftskonferenz 2008 zur Nationalen Akademie der Wissenschaften in Deutschland ernannt wurde, ist diesem Typus zuzurechnen.[2] Das Motiv hinter der Etablierung einer Nationalen Akademie in dem eigentlich pluralen Beratungssystem in Deutschland war „das Sprechen mit einer Stimme unter Ausschaltung des Spiels von Experten und Gegenexperten"; dieses Kalkül geht allerdings insofern nicht auf, als die Konflikte nach außen dringen und dann öffentlich verhandelt werden (Weingart 2015, S. 113).

Einen weiteren Typus von Akademie, nämlich eine Forschungsorganisation mit einer Gelehrtensozietät als Kern, stellen zweitens das französische und das sowjetisch-osteuropäische Modell dar. Andere Akademien wurden dezidiert im Hinblick auf ihre Beratungsfunktion gegründet, wie in den USA z. B. die National Academy of Science (NAS), die dezidiert mit einem Beratungsmandat im Kontext des amerikanischen Bürgerkriegs gegründet wurde.

Akademien sind allein den Prinzipien der wissenschaftlichen Unabhängigkeit und der Exzellenz bei der Auswahl ihrer Mitglieder verpflichtet. Sie genießen deshalb einen herausgehobenen gesellschaftlichen Status wie kaum eine andere Organisation. Neben ihrer Rolle als Wissenschaftseinrichtungen prädestiniert sie dies zur Wahrnehmung von Funktionen eines „ehrlichen Wissensmaklers" bzw. eines „Honest Broker" (Pielke 2007) oder auch als „Anwalt gesellschaftlicher Interessen, die nicht meinungsstark organisiert sind" (Hüttl 2007) sowie als Akteure der Wissenschaftsdiplomatie.

---

[2]Die Leopoldina nimmt diese Funktion gewissermaßen im Konsortium, koordiniert durch einen ständigen Ausschuss, mit der Union der Länderakademien in Deutschland (die Berlin-Brandenburgische Akademie der Wissenschaften [BBAW] hat einen festen Sitz im ständigen Ausschuss) und der Deutschen Akademie für Technikwissenschaften – acatech – wahr.

(d) *Das Modell des Chief Scientific Adviser*: Dieses Modell eines wissenschaftlichen „Chefberaters" der Regierung ist vor allem in den angelsächsischen Ländern prominent. Bereits 1957 wurde mit James R. Killian in den USA der erste „Science Adviser" des Präsidenten berufen (Pielke und Klein 2009, 2010), sieben Jahre später unter Präsident Churchill der erste „Chief Scientific Adviser" der britischen Regierung. Mittlerweile gibt es Wissenschaftsberater der Regierung in einer Vielzahl von Ländern angefangen bei Australien über Kuba bis hin zu Indien, Neuseeland und (bis vor kurzem) auch in der Europäischen Kommission. Im August 2014 haben sich Chief Scientific Advisers (CSA) aus 48 Ländern in Neuseeland getroffen und ein Netzwerk der Chief Scientific Advisers gegründet.[3]

Das offiziell Rationale des Modells des Wissenschaftsberaters der Regierung besteht in der Vorstellung des „Speaking Truth to Power" und darin, sicherzustellen, dass die Regierung ihre Entscheidungen auf ein evidenz-basiertes Beratungssystem stützen kann. Seine Aufgabe sei es, so Sir David King, ehemaliger Wissenschaftsberater der britischen Regierung, wissenschaftsbezogene Fragen so zu verstehen und zu durchdringen, wie es eben nur ein herausragender Wissenschaftler kann, und die Nuancen zu verstehen, wie Wissenschaft arbeitet, etwa wenn es um Vorhersagen oder die Risikoanalyse geht (Weingart und Lentsch 2006, S. 11–12). De facto aber halten Regierungen in ihren Agenturen oder Ressortforschungseinrichtungen genügend spezialisierte wissenschaftlich-technische Expertise vor, so dass ein Wissenschaftsberater kaum mit derartigen Fragen konfrontiert wird. Stattdessen hat ein Wissenschaftsberater andere, versteckte, eher prozessbezogene Funktionen wie die eines „embedded lobbyist" für die Wissenschaft in der Regierung, oder die Beratung insbesondere in disziplinen- und sektorenübergreifenden Fragen zu organisieren oder Politikoptionen zu rahmen (Pielke und Klein 2009, S. 25–26).

5 Die politische Funktion wissenschaftlicher Politikberatung

Wissenschaftsorganisationen gehören nicht nur dem Wissenschaftssystem an, sondern haben auch eine Funktion im politischen System. Aus dieser Perspektive ist wissenschaftliche Beratung nicht allein als eine Leistung des Wissenschaftssystems gegenüber dem politischen System zu konzeptualisieren, sondern darüber hinaus als eine Binnen-Funktion des politischen Systems. In diesem Sinne können wissenschaftsbezogene Organisationen durchaus als politische Organisationen agieren. Dass sie dies können, verdanken sie allerdings wiederum ihrer Verankerung in der wissenschaftlichen Gemeinschaft, die ihnen eine einzigartige gesellschaftliche Rolle gibt. Diese ermöglicht es ihnen, Funktionen innerhalb des politischen Systems zu erfüllen, die ansonsten keine andere Organisation in dieser Weise wahrnehmen könnte. Eine solche Funktion ist die eines „ehrlichen Maklers" oder die eines „Treuhänders" wissenschaftsbezogener öffentlicher Interessen, die ansonsten keine

---

[3] http://www.globalscienceadvice.org. Zugegriffen am 01.05.2015.

Lobby haben. Prominentes Beispiel in Deutschland ist der Legitimationsdiskurs um die Einrichtung und öffentliche Finanzierung von Nationalen Akademien der Wissenschaften (z. B. der Leopoldina und acatech).

Die Erfahrung mit der „Ethikkommission für eine sichere Energieversorgung" zeigt erstens, dass Beratungsorganisationen mitunter explizit als politische Gremien fungieren. Die Ethikkommission für eine sichere Energieversorgung ist durch die deutsche Bundeskanzlerin 2011 im Zuge der durch die Havarie des japanischen Atomkraftwerks in Fukoshima ausgelösten Debatte um die Zukunft der Atomenergie eingesetzt worden. Das Beispiel dieser Kommission zeigt zweitens, dass es in Wahrnehmung ihrer Verantwortung qua ihrer herausgehobenen gesellschaftlichen Rolle auch die Aufgabe der Wissenschaft und ihrer Organisationen sein kann, politische Prozesse zu befördern, indem sie als politische Akteure agieren. Auf diese Weise können wissenschaftsbezogene Organisationen oder Politikberatungsorganisationen beispielsweise dazu beitragen, politische Blockaden, *lock-ins* oder „ausweglose Glaubwürdigkeitsfallen", in denen sich die Politik verfangen hat, aufzulösen und auf diese Weise „eingefrorene kollektive Lernprozesse in Gang bringen" (Renn 2015, S. 32).

Wissenschaftliche Beratung kann somit unabhängig vom Wahrheitsgehalt ihrer Beratungsleistungen zu einer qualitativen und substanziellen Verbesserung politischer Entscheidungen beitragen. Dies lässt sich an einem der erfolgreichsten Beispiele von Politikberatung in der Menschheitsgeschichte überhaupt illustrieren, der antiken babylonischen Wahrsagekunst im Alten Orient durch Sterndeutung und Opferschau. „Die mit geradezu wissenschaftlicher Systematik betriebene Opferschau diente vor allem den Machthabern als letzte und wichtigste Legitimationsinstanz für Entscheidungen politischer, militärischer und kultisch-religiöser Art" (Maul 2014, S. 25). Politikberatung in Form prognostischer Verfahren, die „Wahrsagekunst", galt bereits in der griechischen und römischen Geschichtsschreibung als ein wesentlicher Faktor der über viele Jahrhunderte währenden bemerkenswerten politischen Stabilität der Reiche im Zweistromland.

Doch wie kann es sein, dass auf der „Grundlage unbestreitbar falscher Prämissen i. d. R. vernünftige Entscheidungen zustande kamen" (Maul 2014, S. 317)? Eine Frage, die in Deutschland heute vor allem in Bezug auf ökonomische Prognosen gestellt wird. Das Beispiel der altorientalischen Wahrsagekunst zeigt, dass der Prozess der Beratung einen Qualitätszirkel im politischen Gestaltungs- und Entscheidungsprozess in Gang setzt, der zu einer systematischen und methodengeleiteten Analyse von Problemen, einer kontinuierlichen, kritischen Überprüfung und gegebenenfalls Modifikation von Entscheidungen und zu einer größeren Transparenz der Verfahren und damit insgesamt zu einer Qualitätsverbesserung politischer Entscheidungen führen kann – ein Befund, der letztendlich auch verdeutlicht, warum beispielsweise ökonomische Prognosen, auch wenn sie selten wirklich genauso eintreffen, dennoch wichtige Beiträge für die Qualität politischer Prozesse leisten können. Als Akteure der „Wissenschaftsdiplomatie" können Politikberatungseinrichtungen darüber hinaus politische und Verständigungsprozesse im internationalen und transnationalen Kontext selbst dort befördern, wo die Instrumente klassischer Diplomatie an ihre Grenzen stoßen. Diese politischen Funktionen können

Beratungseinrichtungen allerdings nur aufgrund ihres speziellen Status wahrnehmen, der heute allerdings nicht mehr wie im antiken Zweistromland in der Kunst der Sterndeutung gründet, sondern in der Wissenschaft und ihrem Ethos.

6 Fazit

Wissenschaftliche Politikberatung ist diejenige Schnittstelle zwischen Wissenschaft und Politik, an der die Unterschiedlichkeit und die Spannung zwischen den jeweiligen Systemlogiken deutlich sichtbar werden. Diese Spannung lässt sich nicht aufheben, wohl aber in den unterschiedlichen konkreten Organisationsformen wissenschaftlicher Politikberatung bearbeitbar machen. Wesentliche Gestaltungselemente einer organisierten wissenschaftlichen Politikberatung sind dabei deutlich geworden: Die Qualitätssicherung von Beratungswissen und Beratungsleistungen, das Mandat und damit das Verhältnis von Berater und Auftraggeber oder die Sicherung der institutionellen Unabhängigkeit einer Beratungsorganisation. Im Kontext der Governance-Diskussion ist weiterhin deutlich geworden, dass wissenschaftliche Politikberatung in vielen Kontexten nicht auf das Verhältnis zwischen Berater und Beratenem reduziert werden kann, sondern vielmehr Governance-Arrangements in den Blick genommen werden müssen, in denen es um Expertise-basierte Formen der Handlungskoordination geht. Gestaltungselemente der wissenschaftlichen Politikberatung sind in diesem Kontext strukturelle Anforderungen, wie beispielsweise im Bereich der Regulation gesundheitlicher Risiken die Trennung zwischen Risikobewertung und Risikomanagement. Dabei zu berücksichtigen ist, dass sich das Verhältnis zwischen Wissenschaft und Politik verändert – mit entsprechenden Implikationen für die Funktion, Wirkung und die gesellschaftliche und politische Rolle wissenschaftlicher Politikberatung.

Treiber der jüngsten Veränderungsprozesse im Verhältnis von Wissenschaft und Politik sind eine zunehmende öffentliche Beobachtung und Medialisierung der Beratung, eine Pluralisierung der Beratungsakteure ebenso wie der Formen von Beratung und eine zunehmende Verrechtlichung der Produktions- und Anwendungskontexte wissenschaftlicher Politikberatung. Schließlich ist deutlich geworden, dass Politikberatungsorganisationen nicht nur Grenzorganisationen (Boundary Organisations) sind, in denen Wissenschaft und Politik gekoppelt wurden, sondern auch eine immanente Funktion im politischen System haben, mithin die Funktion von politischen Organisationen erfüllen, wie das Beispiel der Ethikkommission für eine sichere Energieversorgung zeigt. Denn das Rationale für die wissenschaftliche Politikberatung ist ihr potenzieller Beitrag zum Zustandekommen und zur Verbesserung politischer, d. h. kollektiv bindender Entscheidungen. Dass dabei die Prozessdimension zentral ist und der Beitrag politischer Beratung zur Verbesserung bzw. Steigerung der Qualität politischer Entscheidungen nicht immer zwingend mit dem Wahrheitsgehalt der Expertise korreliert, zeigt eines der ältesten und erfolgreichsten Beispiele Expertise-basierter (wenn auch nicht wissenschaftlicher) politischer Beratung: die Sterndeutung in den Kulturen des Alten Orients.

Literatur

Arimoto, Tateo, und Yasushi Sato. 2012. Rebuilding public trust in science for policy-making. *Science* 737:1176–1177.
Berlin Brandenburgische Akademie der Wissenschaften. 2008. Leitlinien Politikberatung, Berlin (erhältlich unter http://www.bbaw.de/service/publikationen-bestellen/manifeste-und-leitlinien/ BBAW_PolitischeLeitlinien.pdf. Zugegriffen am 01.05.2015.
Braun, Dietmar. 2008. The role of funding agencies in the cognitive development of science. *Research Policy* 27:807–821.
Buchholz, Kai. 2008. *Professionalisierung der wissenschaftlichen Politikberatung?: Interaktions- und professionssoziologische Perspektiven*, Science studies (Bielefeld, Germany), 1. Aufl. Bielefeld: Transcript.
Cash, David W., William Clark, Frank Alcock, Nancy Dickson, Noelle Eckley, David Guston, Jill Jäger, und Ronald B. Mitchell. 2003. Knowledge systems for sustainable development. *PNAS* 100(14): 8086–8091.
Clark, Willia, und Giandomenico Majone. 1985. The critical appraisal of scientific inquiries with policy implications. *Science, Technology & Human Values* 10:6–19.
Collins, Harry, und Robert Evans. 2010. *Rethinking Expertise*. The University of Chicago Press, Chicago.
den Butter, Frank. 2011. The industrial organisation of economic policy preparation in the Netherlands. In *The politics of science advice: Institutional design for quality assurance*, 177–214. Cambridge, MA: Cambridge University Press.
Douglas, Heather E. 2009. *Science, policy, and the value-free ideal*. Pittsburgh: University of Pittsburgh Press.
Dyson, Kenneth. 2005. Binding hands as a strategy for economic reform: Government by commission. *German Politics* 14:224–247.
Edenhofer, Ottmar, und Martin Kowarsch. 2015. Cartography of pathways: A new model for environmental policy assessments. *Environmental Science & Policy* 51:56–64.
Funtowicz, Silvio O. 2001. Peer review and quality control. In *International encyclopedia of the social & behavioural sciences*. Amsterdam: Elsevier.
Funtowicz, Silvio, und Jerome R. Ravetz. 1990. *Uncertainty and quality in science for policy*, Theory and decision library, Bd. 15. Dordrecht/Norwell: Kluwer.
Gibbons, Michael, Hrsg. 1994. *The new production of knowledge: The dynamics of science and research in contemporary societies*. London/Thousand Oaks: Sage.
Gibbons, Michael, Camille Limoge, Helga Nowotny, Simon Schwartzmann, Peter Scott, und Martin Trow. 1994. *The new production of knowledge: The dynamics of science and research in contemporary societies*. London: Sage. Reprinted.
Grande, Edgar, Dorothea Jansen, Ottfried Jarren, Arie Rip, Uwe Schimank, und Peter Weingart, Hrsg. 2013. *Neue Governance der Wissenschaft: Reorganisation – externe Anforderungen – Medialisierung*, Science studies. Bielefeld: Transcript.
Haas, Peter. 2004. When does power listen to truth? A constructivist approach to the policy process. *Journal of European Public Policy* 11:569–592.
Habermas, Jürgen. 2014 [1968]. *Technik und Wissenschaft als „Ideologie"*, 20. Aufl. Suhrkamp 287. Frankfurt a. M.: Suhrkamp.
Hulme, Mike. 2009. *Why we disagree about climate change*. Cambridge, MA: Cambridge University Press.
Hunt, Jane, und Simon Shackley. 1999. Reconceiving science and policy: Academic, fiducial and bureaucratic knowledge. *Minerva* 37:141–164.
Hüttl, Reinhard. 2007. Brauchen wir eine Nationale Akademie der Wissenschaften? *Gegenworte* 18: 39–41.
InterAcademy Council. 2010. Climate change assessments review of the processes and procedures of the IPCC. Amsterdam: InterAcademy Council. http://bibpurl.oclc.org/web/42011 http://reviewipcc.interacademycouncil.net/report.html. Zugegriffen am 01.05.2015.

Irwin, Alan, Henry Rothstein, Steven Yearley, und Elaine McCarthy. 1997. Regulatory sceince – Towards a sociological framework. *Futures* 29(1): 1–31.
Jasanoff, Sheila. 1990. *The fifth branch: Science advisers as policymakers*. Cambridge, MA: Harvard University Press.
Jasanoff, Sheila. 2005. *Designs on nature: Science and democracy in Europe and the United States*. Princeton: Princeton University Press.
Latour, Bruno. 2013. An inquiry into modes of existence: An anthropology of the moderns. Cambridge, MA: Harvard University Press. http://www.modesofexistence.org.
Lentsch, Justus. 2008. Qualitätssicherung in der wissenschaftlichen Politikberatung. In *Politikberatung*, Hrsg. Stephan Bröchler und Rainer Schützeichel, 194–216. Stuttgart: Lucius & Lucius (UTB).
Lentsch, Justus. 2010a. Akademien der Wissenschaften. Wissensmakler für Politik und Gesellschaft. In *Handbuch Wissenschaftspolitik* von Dagmar Simon et al. Hrsg., 406–426. Wiesbaden: VS Verlag.
Lentsch, Justus. 2010b. National academies: Knowledge brokers in a pluralist world. *GAIA Ecological Perspectives in Science and Society* 19(2): 110–113.
Lentsch, Justus, und Peter Weingart. 2011a. Quality control in the advisory process: Towards an institutional design for robust science advice. In *Institutional design for quality assurance*, Hrsg. Justus Lentsch und Peter Weingart 353–374. Cambridge, MA: Cambridge University Press.
Lentsch, Justus, und Peter Weingart. 2011b. *The politics of science advice: Institutional design for quality assurance*. Cambridge, MA: Cambridge University Press.
Maul, Stefan M. 2014. *Die Wahrsagekunst im Alten Orient: Zeichen des Himmels und der Erde*, Historische Bibliothek der Gerda-Henkel-Stiftung. München: Beck.
Miller, Clark. 2008. Civic epistemologies: Constituting knowledge and order in political communities. *Sociological Compass* 2(6): 1896–1919.
Nowotny, Helga, Peter Scott, und Michael Gibbons. 2001. *Re-thinking science. Knowledge and the public in an age of uncertainty*. Cambridge, MA: Polity Press.
Patzwald, Katja, und Kai Buchholz. 2006. Politikberatung in der Forschungs- und Technologiepolitik. In *Handbuch Politikberatung*, 460–471. Wiesbaden: VS Verlag.
Pielke Jr., Roger. 2007. *The honest broker: Making sense of science in policy and politics*. Cambridge, MA: Cambridge University Press.
Pielke Jr., Roger, und Roberta A. Klein. 2009. The rise and fall of the science advisor to the president of the United States. *Minerva* 47(1): 7–29.
Pielke, Roger A., und Roberta A. Klein, Hrsg. 2010. *Presidential science advisors: Perspectives and reflections on science, policy and politics*. Dordrecht/New York: Springer.
Renn, Ortwin. 1995. Styles of using scientific expertise: A comparative framework. *Science and Public Policy* 22:147–156.
Renn, Ortwin. 2015. Ethikkommission: Wie legitim ist die Legitimation der Politik durch die Wissenschaft? In *Wissenschaftliche Politikberatung im Praxistest*, 17–34. Weilerswist: Velbrück Wissenschaft.
Rohe, Wolfgang, und Jeannine Hausmann. 2015. The role of foundations at the science-policy interface. In *Future directions for scientific advice in Europe*, 108–114. Cambridge University, MA: Selbstverlag: Centre for Science and Policy (CSaP), Cambridge University.
Salter, Liora, und Edwin Levi. 1988. *Mandated science: Science and scientists in the making of standards*. Dordrecht: Kluwer.
Stern, Paul C., und Harvey V. Fineberg, Hrsg. 1996. Understanding Risk. Informing Decisions in a Democratic Society. National Research Council. National Academy Press, Washington D.C.
Stucke, Andreas. 2011. Quality assurance through procedures – Centre for Science and Policy advice by the German science council. In *The politics of science advice: Institutional design for quality assurance*, 15–73. Cambridge, MA: Cambridge University Press.
Sucha, Vladimir, David Wilkinson, David Mair, Martin Ahbe, und Stephen Davies. 2015. The in-house science service: The evolving role of the joint research centre. In *Future directions for scientific advice in Europe*, 42–51. Cambridge University, MA.

Trute, Hans-Heinrich. 2015. Governance des Wissens. In *Wissenschaftliche Politikberatung im Praxistest*, 115–35. Weilerswist: Velbrück.

Waterton, Claire, und Wynne Bryan. 2004. In the eye of the hurricane: Knowledge and political order in the European environment agency. In *States of knowledge: The co-production of science and social order*, Hrsg. Jasanoff von Sheila, 87–108. London: Routledge.

Weingart, Peter. 2001. *Die Stunde der Wahrheit? Zum Verhältnis der Wissenschaft zu Politik, Wirtschaft und Medien in der Wissensgesellschaft*, 1. Aufl. Weilerswist: Velbrück Wissenschaft.

Weingart, Peter. 2015. Wissenschaftliche Politikberatung zu ethischen Fragen – die Rolle der Akademien. In *Wissenschaftliche Politikberatung im Praxistest*, 107–114. Weilerswist: Velbrück Wissenschaft.

Weingart, Peter, und Justus Lentsch, Hrsg. 2006. Standards and ‚best practices' of scientific policy advice: Cambridge University, A round table discussion with sir David King, chief scientific adviser to the British Government. In *Akademie-Debatten*. Berlin.

Weingart, Peter, und Justus Lentsch. 2008. *Wissen – Beraten – Entscheiden: Form und Funktion wissenschaftlicher Politikberatung in Deutschland*. Weilerswist: Velbrück.

Whitley, Richard. 2014. How do institutional changes affect scientific innovations? The effects of shifts in authority relations, protected space, and flexibility. In *Organizational transformation and scientific change: The impact of institutional restructuring on universities and intellectual innovation*, Hrsg. Richard Whitley und Jochen Gläser, 367–406. Bingley: Emerald.

Wilsdon, James, Rob Doubleday, und James Hynard. 2015. Future directions for scientific advice in Europe. In *Future directions for scientific advice in Europe*, 8–23. Cambridge University, MA.

Wissenschaftsrat. 2010. Empfehlungen zur Profilierung der Einrichtungen mit Ressortforschungsaufgaben des Bundes. Lübeck (Drs. 10295–10).Wissenschaftsrat. 2014. Institutionelle Perspektiven der empirischen Wissenschafts- und Hochschulforschung in Deutschland.

Ziman, John. 1996. Is science losing its objectivity? *Nature* 382:751–754.

Internationalisierung der Forschung

Enno Aufderheide und Berthold Neizert

Inhalt

1 Einleitung 335
2 Internationalität und Mobilität: Entwicklung und aktuelle Herausforderungen 336
3 Internationalisierungsstrategien der staatlichen Seite 338
4 Finanzielle Förderung der Mobilität der Forschenden 342
5 Internationalität durch Mobilität, Vernetzung und Repräsentanz 343
    5.1 Mobilität 344
    5.2 Vernetzung 348
    5.3 Präsenz und Repräsentanz 348
6 Fazit 351
Literatur 352

1   Einleitung

In den folgenden Ausführungen wird das große Themenfeld der Internationalität und Mobilität speziell für die bereits promovierten Forschenden beleuchtet. Die Mobilität der Studierenden ist ein mindestens ebenso komplexes Feld, für das auf andere Quellen verwiesen werden muss (z. B. Wissenschaft weltoffen 2015). Mobilität wird hier, anders als in der öffentlichen Diskussion, nicht im Sinne einer Gewinn-Verlust-Rechnung diskutiert, in der, wer kommt, ein Gewinn ist, und wer geht, ein Verlust. Die herrschende Angst vor dem „Brain Drain" scheint heute unbegründet.

E. Aufderheide (✉)
Alexander von Humboldt-Stiftung (AvH), Bonn, Deutschland
E-Mail: enno.aufderheide@avh.de

B. Neizert
Abt. Forschungspolitik und Außenbeziehungen, Generalverwaltung der Max-Planck-Gesellschaft, München, Deutschland
E-Mail: neizert@gv.mpg.de

In Europa sprechen schon die Wanderungssalden (vgl. 5.) gegen einen systemischen Verlust; auch andere Länder sind weniger gefährdet als oft angenommen: In der entwicklungspolitischen Diskussion setzt sich mehr und mehr die Ansicht durch, dass Länder (nicht nur sich entwickelnde) auch von abgewanderten Akademikern profitieren, weil diese neue Fähigkeiten erwerben und sie ihren Heimatländern durch Beratung, Kooperationen oder durch ihre Rückkehr zur Verfügung stellen (Newland 2013, S. 11). Die Mobilität der Forschenden ist damit heute für Nationen „alternativlos": Ein Abschotten aus Angst vor Verlusten hat einen höheren Preis als deren Inkaufnahme.

„Internationalität" der Forschung definiert sich in dieser Betrachtung als Forschung, die sich als selbstverständlicher Bestandteil eines internationalen Netzwerks versteht. Charakteristika sind der Austausch von Wissen und Personen sowie die gemeinsame Bearbeitung von Forschungsfragen über Landesgrenzen hinweg, gegebenenfalls ergänzt durch weitere Schritte wie die institutionelle Präsenz im Partnerland.

„Mobilität" bedeutet im Folgenden stets die Mobilität von promovierten Forschenden, die sich zu Zwecken der Forschung – nicht nur des Besuchs oder der Diskussion – in ein anderes Land begeben.

Diese Definitionen decken sich mit der Benutzung der Begriffe auch in den im Folgenden zitierten Quellen, sofern im Text nicht ausdrücklich Anderes erwähnt wird.

2 Internationalität und Mobilität: Entwicklung und aktuelle Herausforderungen

Internationalität und Mobilität, so könnte es scheinen, seien eine Folge der Verfügbarkeit von Massentransportmitteln und des allgemeinen Trends der Globalisierung. Tatsächlich aber fand ein Austausch zwischen Forschenden über große Distanzen schon lange vorher statt. Als etwa 1679 der englische Astronom Edmond Halley mit einer Förderung durch die Royal Society den polnisch-deutschen Astronomen Johannes Hevelius in Danzig besuchte, hatte dies ein klares wissenschaftliches Ziel: Durch gemeinsame Messungen mit Hevelius sollte ein Streit zwischen diesem und englischen Astronomen um Robert Hooke entschieden werden (Hockey, Thomas 2007, S. 502).

Für den im 18. und 19. Jahrhundert eminent wichtigen Forschungszweig der Forschungs- und Entdeckungsreisen steht vor allem Alexander von Humboldt (1769–1859): Mobilität war hier quasi Forschungsmethode. Humboldt etablierte einen neuen Typus der Forschungsreise. Da er sie selbst finanzierte, konnte er ganz der eigenen Neugierde folgen, die ihn systematisch Wirkzusammenhänge in der belebten und unbelebten Natur sowie zwischen beiden suchen ließ. Die staatliche Förderung Humboldts beschränkte sich auf den unschätzbar wertvollen Reisepass des spanischen Königs, der ihm unbegrenzten Zutritt zu den spanischen Vize-Königreichen der Neuen Welt verschaffte. In diesen Reisen verband Humboldt bereits die Ziele der wissenschaftlichen Erkundung und des wissenschaftlichen Austauschs (vgl. Botting 1973). Für die Auswertung seiner Sammlung an Daten und Objekten aus Amerika wählte Humboldt Paris, das damalige Weltzentrum der Wissenschaft. Mit der Erfahrung dieses Austauschs bereicherte er später das Königreich Preußen – z. B. als er 1828 in Berlin den bis dahin größten wissenschaftlichen Kongress, die 7. Versammlung der Gesellschaft Deutscher Naturforscher und Ärzte (GDNÄ) organisierte. Schon hier regte Humboldt an, die GDNÄ in fachlichen Sektionen zu organisieren und legte so den Grundstein für das Kongresswesen, das im 20. Jahrhundert zum Standard wissenschaftlichen Austauschs werden sollte (vgl. Hoffmann 2008).

Max Planck, ein Jahr vor Humboldts Tod geboren und im Jubiläumsjahr 1922/23 Präsident der GDNÄ, konnte Mobilität bereits in gebahnten Strukturen leben, etwa als er sich 1909 im Rahmen des deutsch-amerikanischen Professoren-Austauschs als Gastprofessor an der Columbia University aufhielt.

Wissenschaftliche Mobilität war der Normalfall geworden, jedenfalls für international anerkannte Forscher. Wissenschaft, Wirtschaft und der Staat, der u. a. 1925 in Deutschland die zweite (und erste öffentlich finanzierte) Alexander von Humboldt-Stiftung zur Förderung des Wissenschafteraustausches gründete (Impekoven 2013), trugen dazu bei. Auch das Harnack-Haus in Berlin-Dahlem illustriert den damaligen Trend zur Internationalisierung der Forschung durch den Austausch mit internationalen Gästen (Schroeder-Gudehus 1990). Was sich zu Zeiten Max Plancks andeutete, ist in der modernen Wissenschaft zur Regel geworden: die internationale Kooperation von Wissenschaftlern und Wissenschaftlerinnen für die gemeinsame Bearbeitung von Forschungsthemen (Bozeman et al. 2013).

In der modernen Wissenschaft haben die Bedeutung des internationalen Wettbewerbs – gemessen etwa an der Entwicklung der Exportquoten der industrialisierten Länder (OECD 2014, S. 51) – und die Bereitschaft der Forschenden, sich durch Mobilität die besten Bedingungen zu suchen, ohne Zweifel zugenommen. Dies hat vor allem drei Gründe (Ziman 2000, S. 69–71):

(1) Da für viele Forschungsvorhaben teure Geräte und Daten notwendig sind, die nicht allen zur Verfügung stehen, gibt es eine immer größere Bereitschaft, zu kooperieren. Dies betrifft insbesondere große Infrastrukturen, die mittlerweile von einem Land nicht mehr allein finanziert werden können. Beispiele hierfür sind das Beschleunigerlabor CERN in Genf oder die Europäische Südsternwarte in Garching mit Teleskopen in Chile.
(2) Viele Fragestellungen, mit denen sich Wissenschaftler beschäftigen, lassen sich nur noch interdisziplinär lösen. Hochleistungsfähige Partner in der jeweils besten Spezialisierung können dabei oft nur in internationaler Kooperation gefunden werden.
(3) Für die Bearbeitung komplexer Forschungsthemen, die in der Regel globaler Natur sind, ist es angesichts des weltweit verteilten Wissens oft unerlässlich, Wissenschaftler nicht nur aus unterschiedlichen Disziplinen, sondern auch aus unterschiedlichen Institutionen und Ländern in ein Forschungsvorhaben zu integrieren. Beispiele hierfür sind die Sicherung des Friedens und die Bewahrung natürlicher Ressourcen, Gesundheit, Energieversorgung oder Klimawandel.

Wie bibliometrische Analysen zeigen, wird in Kooperationen komplementäres wissenschaftliches Wissen besser verarbeitet bzw. Mehrwert stiftend miteinander kombiniert (Adams 2012). Kooperationen sind zugleich in einem signifikanten Maße internationaler geworden (The Royal Society 2011; Science Board 2012). Darüber hinaus erfährt die Wissenschaft durch folgende Trends eine zunehmende Dynamik in ihrer internationalen Ausrichtung:

- Der weltweite Wettbewerb um die besten Köpfe steigt erheblich an (Douglass et al. 2009). Herausragende Forscher gehören heute zu den transnationalen Eliten, die dort arbeiten, wo sie die optimalen Bedingungen für ihre Forschung finden.
- Der wissenschaftliche Kommunikations- und Publikationsprozess unterliegt einem signifikanten Wandel: Durch *Open Access* steigt die weltweit unmittelbare Verfügbarkeit (und Überprüfbarkeit) von erzeugtem Wissen.
- Die weltweite Mobilität von Forscherinnen und Forschern hat erheblich zugenommen (Van Noorden 2012).

Im weltweiten Schnitt stieg der Anteil an Publikationen mit Co-Autorschaft aus verschiedenen Ländern von 1996 bis 2008 von ca. 25 auf ca. 35%, für Großbritannien oder Deutschland sogar von ca. 30 auf gut 45% (The Royal Society 2011, S. 46–48). Gleichzeitig werden Publikationen in internationaler Ko-Autorenschaft signifikant häufiger zitiert als solche, die in einem Land allein entstehen. Je nach Herkunftsländern können Zitationsraten internationaler Publikationen die jeweiligen nationalen Zitationsraten um das Doppelte bis Vierfache übersteigen: Internationalität ist also eine Voraussetzung für den Erfolg und die Leistungsfähigkeit nationaler Wissenschaftssysteme (The Royal Society 2011, S. 59–70).

Weltweit werden verstärkte Anstrengungen zur Erhöhung von Investitionen in Forschung und Entwicklung unternommen. Neue Wachstums- und Leistungszentren in der Wissenschaft bilden sich insbesondere in Asien aus, die neue Optionen für Kooperationen zum gegenseitigen Nutzen bieten. Damit erhöht sich der Wettbewerbsdruck (und damit der Druck zur Internationalisierung) auf nationale Wissenschaftssysteme und deren Forschungseinrichtungen, insbesondere in den traditionellen Wissenschaftsregionen Nordamerikas, Europas und Japans. Die nationalen Wissenschaftspolitiken reagieren mit (neuen) forschungspolitischen Rahmensetzungen und Internationalisierungsstrategien. Das gilt auch für Deutschland.

3 Internationalisierungsstrategien der staatlichen Seite

Die Einflussmöglichkeiten der Politik auf die Entwicklung eines Forschungssystems sind vielfältig. Insofern ist es von Interesse, mit welchen Schwerpunkten, Instrumenten und in welchem Zeitrahmen die deutsche Politik eine Internationalisierung der Forschung fordert und fördert. Dies wird im Folgenden anhand der ersten großen politischen Willensbekundungen zur Internationalisierung von Wissenschaft und Forschung, nämlich der Strategie der Bundesregierung 2008 und des darauf folgenden Aktionsplans des BMBF 2014 sowie anhand der forschungspolitisch wohl wirkmächtigsten Initiativen der letzten 15 Jahre betrachtet: Exzellenzinitiative und Pakt für Forschung und Innovation.

Möglicherweise war es die Einsicht, dass Forschung per se international ist, die dazu führte, dass die Frage der Internationalisierung bis in dieses Jahrtausend hinein nur vereinzelt aufgegriffen wurde. So veröffentlichte 1992 der Wissenschaftsrat seine „Empfehlungen zur Internationalisierung der Wissenschaftsbeziehungen", die damals schwerpunktmäßig den Themen Auslandsstudium, Ausländerstudium und Hochschulkooperationen sowie den Perspektiven der Forschungsförderung auf europäischer Ebene gewidmet waren (Wissenschaftsrat 1992).

Eine allen Ministerien gemeinsame Internationalisierungsstrategie für Wissenschaft und Forschung veröffentlichte die Bundesregierung erst im Jahr 2008 (Bundesregierung 2008). In dieser Strategie setzt sich die Bundesregierung vier übergreifende Ziele:

(1) Die Forschungszusammenarbeit mit den weltweit Besten zu stärken,
(2) Innovationspotenziale international zu erschließen,
(3) die Zusammenarbeit mit Entwicklungsländern in Bildung, Forschung und Entwicklung nachhaltig zu stärken sowie
(4) international Verantwortung zu übernehmen und globale Herausforderungen zu bewältigen.

Die Notwendigkeit für ein gesamtstrategisches Vorgehen in diesen Punkten begründete die Bundesregierung – neben allgemeinen Hinweisen zum globalen Wettbewerb und den großen Herausforderungen der Menschheit – mit dem Wettbewerb um Standorte der Forschung von Wirtschaftsunternehmen, die einer exzellenten öffentlich finanzierten Forschung und Graduiertenausbildung folgen, sowie mit entwicklungspolitischen Argumenten: Die Industrieländer trügen auch eine Verantwortung, dass ärmere Länder durch eigene Forschung am internationalen Fortschritt teilhaben, um sich nachhaltig zu entwickeln.

Damit stellt die Strategie der Bundesregierung 2008 aus der Vielzahl möglicher Erwägungen überraschend konkrete Punkte heraus. Sie sind vor allem auf die Forschungszusammenarbeit mit den Besten (Ziel 1) konzentriert, die gleichzeitig eine Maßnahme zur Erreichung der Ziele zwei bis vier ist. Insbesondere zur Mobilität werden klare Forderungen formuliert, die zum einen die Rahmenbedingungen für Mobilität ansprechen, zum anderen aber auch Maßnahmen zur Verhinderung eines „Brain Drain" und konkret zur verstärkten Anwerbung ausländischer Professoren für deutsche Hochschulen. Erwähnt wird auch die Bedeutung einer Willkommenskultur für die außenkulturpolitische Wirkung internationaler Mobilität.

Bemerkenswert ist, dass nicht nur „Außenstellen", sondern auch „eigenständige Niederlassungen" der deutschen Forschung im Ausland als wünschenswert für die Flankierung der Mobilität der Forschenden erklärt werden, obwohl solche „eigenständigen Niederlassungen", zumindest mit Forschungsbezug, 2008 de facto kaum eine Rolle spielten. Deutsche Hochschulgründungen im Ausland waren praktisch ausschließlich der Lehre verpflichtet, die Fraunhofer-Gesellschaft führte ihre ausländischen Arbeitsgruppen explizit als Außenstellen deutscher Institute und nur die Max Weber Stiftung und die Max-Planck-Gesellschaft (MPG) unterhielten in ihrer wissenschaftlichen Arbeit unabhängige Auslandsinstitute. Die neueren Institutsgründungen der MPG in den Vereinigten Staaten (Florida) und in Luxemburg bahnten sich damals gerade erst an. Zudem zeigte die spätere Diskussion, dass vor allem die Bundesländer die Umsetzung der Vision der Bundesregierung da mit Skepsis sahen, wo sie mit finanziellen Aufwendungen verbunden war.

Dieser ersten politischen Willensbekundung der Bundesregierung zur Internationalisierung der deutschen Wissenschaft und Forschung von 2008 folgte 2014 der „Aktionsplan" des BMBF (BMBF 2014). Auch hier spielt die Förderung der Mobilität der Studierenden und Forschenden zwischen Deutschland und dem Ausland die Schlüsselrolle: Sie wird nicht nur als erstes Ziel definiert, sondern stellt auch das einzige spezifische Ziel dar, neben den eher allgemeinen Zielen der Steigerung der Effizienz, der Effektivität, der Fokussierung und der Eigenwohlorientierung der staatlichen Maßnahmen für die internationale Kooperation.

Nicht so stark auf die Mobilität fokussiert ist der Ansatz von Bund und Ländern in der 2013 von der Gemeinsamen Wissenschaftskonferenz (GWK 2013) verabschiedeten Strategie für die Internationalisierung der Hochschulen. Die GWK forderte, „Internationalisierung in allen Bereichen, d. h. in Forschung, Lehre und Weiterbildung, im Management und in der Verwaltung sowie in den unterstützenden Serviceeinheiten, konsequent ‚mitzudenken'". De facto werden aber fast ausschließlich die Internationalisierung des Studiums und die studentische Mobilität behandelt, während die Internationalisierung der Forschung der Hochschulen eher am Rande und mit starkem Bezug zur Lehre erwähnt wird.

Ein Pionier der Internationalisierung der deutschen Wissenschaft ist in gewisser Hinsicht das Auswärtige Amt (AA). Schon kurz nach der Gründung der Bundesrepublik Deutschland – und damit weit vor der Formulierung einer gesamtstaatlichen Forschungspolitik – betonte das Auswärtige Amt die Bedeutung des internationalen Wissenschaftleraustauschs für die auswärtige Kulturpolitik. Es rief 1950 den Deutschen Akademischen Austauschdienst (DAAD) wieder ins Leben und gründete 1953 die heutige (dritte) Alexander von Humboldt-Stiftung (AvH). Im Vordergrund stand, neben den gängigen wirtschaftlichen Erwägungen, das Bemühen, für den Wiedereintritt Deutschlands in die internationale Staatengemeinschaft die wissenschaftliche Tradition und das wissenschaftliche Potenzial zu nutzen, um die auf anderen Feldern bestehenden Ressentiments zu überwinden (Jansen 2004). Auch heute sind kulturpolitische Ziele handlungsleitend für das AA, werden aber intrikater formuliert: „eine Kulturpolitik gestalten, die über die Repräsentation, die Darstellung unseres Landes hinausgeht, die Kooperation ermöglicht und die die gemeinsame Arbeit an der Weltvernunft, die Koproduktion von Bildung, Wissen und Kultur zu ihrem Schwerpunkt macht und dadurch auch die Trennung von Innen und Außen zu überwinden hilft" (Steinmeier 2015). Gleichwohl erfolgt auch hier die Förderung in vielen Fällen, so im Fall der Alexander von Humboldt-Stiftung, über wissenschaftsgeleitete, exzellenzorientierte Verfahren, so dass sich außenkulturpolitischer und forschungspolitischer Nutzen nicht trennen lassen.

Die für die Internationalisierung der Forschung wichtigsten Entwicklungen der letzten circa 15 Jahre sind mit dem Pakt für Forschung und Innovation und mit der

Exzellenzinitiative verbunden. In der am 24.06.2005 vom damaligen Bundeskanzler Gerhard Schröder und den Ministerpräsidentinnen und -präsidenten der Länder beschlossenen Bund-Länder-Vereinbarung über die Exzellenzinitiative spielten Fragen der Internationalisierung zunächst kaum eine Rolle. Die Exzellenzinitiative wurde vor allem mit dem generellen Ziel ins Leben gerufen, „eine Leistungsspirale in Gang (zu) setzen"(BLK 2005a). Damit sollte auch die internationale Wettbewerbsfähigkeit gesteigert werden, explizit erwähnt wird der Aspekt des Internationalen aber nur als Teil eines der Bewertungskriterien, nach dem auch das jeweilige „Gesamtkonzept zur Vernetzung der Disziplinen und zur internationalen Vernetzung in der Forschung" bewertet werden soll. Insofern gibt es nur schwache Hinweise, dass den damaligen Gremien bewusst war, dass Internationalisierung ein unverzichtbarer Bestandteil einer „Leistungsspirale" sein müsse. Aber bereits in einer ersten Bewertung 2008 und 2009 wurde etwa der Rekrutierung von Wissenschaftlern aus dem Ausland erhebliches Gewicht beigemessen (Hornbostel und Sondermann 2009) – die Verbindung war also spätestens hier anerkannt.

In dem Beschluss zum Pakt für Forschung und Innovation von 2005 spielte Internationalisierung zunächst ebenfalls keine Rolle (BLK 2005b). In der zugrunde liegenden Erklärung der BLK kommt der Wortbestandteil „international" genau zweimal vor, einmal in Bezug auf die Position Deutschlands im internationalen Vergleich, einmal in Bezug auf das Ziel einer „international konkurrenzfähige(n) Förderung des wissenschaftlichen Nachwuchses". Die Erklärungen der geförderten Organisationen nehmen dementsprechend auf Internationales fast nur im Kontext von Wettbewerb Bezug – allein die MPG und die Helmholtz-Gemeinschaft (HGF) betonen die internationale Besetzung von Gutachtergremien, die Leibniz-Gemeinschaft (WGL) erwähnt das Ziel internationaler Kooperation. Dass Internationalisierung aber in der Politik rasch an Gewicht gewann, wird u. a. damit verdeutlicht, dass die Zuwendungsgeber (Bund und Länder) einen Berichtspunkt „Internationalisierung" zunächst nicht vorgesehen hatten, dann doch bereits im ersten Monitoring-Bericht der damaligen Bund-Länder-Kommission (BLK, später GWK) aus dem Jahr 2007 der Internationalisierung ein eigenes Kapitel widmeten (BLK 2007). Die Zuwendungsgeber erzeugten mit ihrer Aufforderung an die Paktorganisationen (Deutsche Forschungsgemeinschaft [DFG], Max-Planck-Gesellschaft [MPG], Fraunhofer Gesellschaft [FhG], Leibniz-Gemeinschaft [WGL], Helmholtz-Gemeinschaft [HGF]), zu diesem zuvor nicht vereinbarten Punkt zu berichten, offenbar keinen Zwist – konnten die Wissenschaftsorganisationen hier doch über ohnehin bestehende Aktivitäten berichten.

Mit der Wahl der Internationalisierungsaspekte (Kooperationen, Mitteleinwerbungen bei der EU und Ausländeranteil des Personals) legte die damalige BLK ein umfassendes Verständnis von Internationalisierung zugrunde. Im Monitoring-Bericht 2015 (GWK 2015) gewinnt die Internationalisierung mit vier Unterpunkten eine größere Bedeutung. Gerade in der zweiten Hälfte der 2000er-Jahre erkannte die Politik die Bedeutung internationaler Vernetzung für die Leistungsfähigkeit der Forschung und förderte diese in größerem Maße. Die Wissenschaftsorganisationen nutzten dies zum einen zur Verstärkung ihrer Aktivitäten, legten zum anderen aber auch deutlich systematischer Rechenschaft über ihre Strategien und Planungen sowie über die erzielten Ergebnisse ab.

4 Finanzielle Förderung der Mobilität der Forschenden

Die Förderung der Internationalität von Wissenschaft und Forschung in Deutschland erfährt eine vielseitige finanzielle Förderung. Wichtigste Fördererorganisationen im Bereich der Forschung sind die Deutsche Forschungsgemeinschaft, der Deutsche Akademische Austauschdienst sowie die Alexander von Humboldt-Stiftung.

Gegenstand der Förderung ist vor allem die Mobilität von Forschenden im eingangs definierten Sinn. Mehr als 50.000 ausländische Gastwissenschaftler/-innen hielten sich 2013 mit Förderung durch eine deutsche Organisation in Deutschland auf, wobei die Aufenthaltsdauer zwischen wenigen Tagen und mehreren Jahren liegt. Kurzzeitaufenthalte werden dabei vor allem durch den DAAD und die Helmholtz-Gemeinschaft (im Kontext wissenschaftlicher Großgeräte ihrer Zentren) gefördert, wichtigste Förderer für Aufenthalte Promovierter von mehr als einem Jahr Dauer dürften die DFG, die MPG und die AvH sein (Wissenschaft weltoffen 2015, S. 110). Die Förderung von internationaler Forschungszusammenarbeit jenseits des Personalaustausches ist schwerer zu beziffern. Die DFG fördert in ihren strukturierten Programmen auch bei internationaler Zusammenarbeit stets nur den deutschen Anteil. Das BMBF nennt als Ausgaben von 2009 bis 2013 für „internationale Projekte, internationale Forschungsprogramme und FuE-Infrastrukturen" rund 3,4 Mrd. € (BMBF 2014). Ein kleiner Teil dieser Mittel kommt auch ausländischen Partnern zugute, sofern diese für die Arbeit der deutschen Partner unverzichtbare Beiträge erbringen. Daneben unterhalten insbesondere die MPG und die Max Weber Stiftung, in geringerem Umfang auch HGF und WGL, Einrichtungen im Ausland, die ganz oder teilweise aus dem Haushalt der jeweiligen Organisation finanziert werden. Die finanziellen Aufwendungen hierfür werden von den Organisationen nicht gesondert ausgewiesen. Die FhG unterhält ebenfalls Niederlassungen im Ausland, um an wichtigen Innovationsstandorten mit eigener Forschungskapazität präsent zu sein und Erträge zu erwirtschaften.

Gut bezifferbar sind die Ausgaben bei DAAD und AvH: Der DAAD wendete im Jahr 2013 430 Mio. € auf, vor allem für die Förderung internationaler Kooperationen und die Mobilität von knapp 120.000 Personen. Bei knapp einem Fünftel dieser Personen handelte es sich um bereits promovierte Forschende, Kurzzeitaufenthalte standen hier im Vordergrund. Die Förderung des DAAD erstreckt sich zudem auf Kooperationsstrukturen wie etwa Hochschulpartnerschaften oder internationale Promotionsstudiengänge, auf Auslandsstandorte deutscher Hochschulen und auf Veranstaltungen wie etwa Sommerschulen.

Ausschließlich auf den Bereich der promovierten Wissenschaftler/-innen ist die AvH spezialisiert. Kern ihres Handelns ist die Vergabe von Forschungsstipendien (an jüngere) und Forschungspreisen (an etablierte Forschende). Rund 85% der Stipendien werden für längere Forschungsaufenthalte in Deutschland an promovierte Forschende aus dem Ausland vergeben. Die übrigen Stipendien unterstützen Deutsche, die einen längeren Forschungsaufenthalt bei einer „Humboldtianerin" oder einem „Humboldtianer", also bei Alumni der Stiftung, im Ausland verbringen. Seit rund fünfzehn Jahren finanziert die Stiftung auch Programme, die die längerfristige bis dauerhafte Anwerbung von führenden Forschenden zum Ziel haben, vor allem die Alexander von Humboldt-Professur. Diese wurde – letztlich in Umsetzung der Internationalisierungsstrategie der Bundesregierung (vgl. 3.) – 2008 durch das BMBF ins Leben gerufen und unterstützt deutsche Hochschulen darin, für weltweit führende Forschende aus dem Ausland attraktive Angebote für eine Lebenszeitprofessur zu machen. Rund 25% des Budgets der Stiftung dienen heute diesem Ziel. Das Budget der AvH betrug im Jahr 2015 rund 120 Mio €, finanziert überwiegend aus Bundesmitteln. Es ist damit seit dem Jahr 2010 um 17 Mio € oder 16,5% gestiegen – ein Wachstum, das deutlich über der Inflationsrate (von rund sieben Prozent im betrachteten Zeitraum), aber unterhalb des Wachstums für die in den Pakt für Forschung und Innovation (vgl. 3.) eingeschlossenen Einrichtungen (von 27,6% im betrachteten Zeitraum) liegt.

Die Ausgaben der Bundesministerien für die Internationalisierung der Forschung sind insgesamt erheblich. Das BMBF steigerte seine Ausgaben für Internationalisierung (die die Mittel für DAAD und AvH ebenso einschließen wie etwa die Beteiligung an internationalen Forschungsinfrastrukturen wie dem CERN, die Finanzierung ausländischer Beiträge zu deutschen Forschungsverbünden oder Mittel zur Anbahnung von Kooperationen) in den Jahren 2010 bis 2013 von 695 auf 746 Mio €, was insgesamt aber einen Rückgang des Anteils an den Gesamtausgaben des BMBF bedeutet.

Innerhalb der Mittel des AA für die „Pflege kultureller Beziehungen zum Ausland" sind die forschungsbezogenen Beträge de facto nicht abgrenzbar. Das AA verfügte 2012 hierfür über Mittel in Höhe von 784,79 Mio. € (Bundesregierung 2014). Neben Mitteln für Schul-, Sprachförderungs- und Kulturprojekte standen hieraus 191,5 Mio. € für Stipendien- und Austauschprogramme des Bereichs Wissenschaft und Hochschulen (einschließlich des studentischen und administrativen Austauschs) zur Verfügung, überwiegend zur Finanzierung der Programme von DAAD und AvH.

5 Internationalität durch Mobilität, Vernetzung und Repräsentanz

In den bisherigen Ausführungen ist vor allem eine Erscheinungsform der Internationalität von Wissenschaft angesprochen geworden: Die *Mobilität* der Forschenden, die im Verlauf ihres Werdegangs durch Arbeit in unterschiedlichen Ländern einen Austausch der Ideen, Perspektiven und Fähigkeiten herbeiführen. Daneben ist für die Internationalisierung der Wissenschaft die *Vernetzung* zwischen Forschenden im In- und Ausland wichtig, ausgedrückt durch wissenschaftliche Kooperationen über räumliche Distanz.

Eine dritte Erscheinungsform wird im Weiteren ebenfalls Gegenstand der Betrachtung sein: Die *Repräsentanz*. Denn die Internationalität der Wissenschaft bringt es mit sich, dass Institutionen manche ihrer Ziele nicht mehr allein durch Mobilität und Kooperation ihrer Forschenden erreichen können, sondern durch Präsenz im Ausland, um sich besser in ausländische Forschungsprozesse einzubringen und ihre Bekanntheit und Attraktivität zu erhöhen, die auch die Rekrutierungschancen für die heimischen Einrichtungen steigern.

5.1 Mobilität

Wissenschaft wird von Menschen geprägt und vorangetrieben: Schließlich sind es die Forscherinnen und Forscher, deren Drang, weiße Flecken auf der Landkarte des Wissens zu erschließen, unser Wissen erweitern. Sie benötigen den Austausch mit Fachkollegen, Zugang zu optimalen Forschungsbedingungen, Zugang zu komplementärem Wissen. Damit sind sie im Spannungsverhältnis von Konkurrenz und Kooperation gefordert, verstärkt internationale Netzwerke aufzubauen. Dies wird trotz der vielfältigen Möglichkeiten, die die heutigen Kommunikationsinstrumente bieten, immer noch am effektivsten durch international mobile Forschende gewährleistet, die bereit sind, bei der Wahl ihres Arbeitsplatzes nationale Grenzen zu überschreiten.

Die *Motive* für die Mobilität junger Forschender wurden unter anderem im Rahmen des *GlobSci Survey* (Franzoni et al. 2012) untersucht, bei welchem rund 16.000 Forscher/-innen aus 16 Nationen befragt wurden. Die Umfrage zeigte als wichtigste Mobilitätsmotive die Verbesserung von Karrierechancen, die Möglichkeit, in herausragenden Forscherteams mitarbeiten zu können, das Ansehen der gewählten Gastinstitutionen, aber auch die Gelegenheit, internationale Netzwerke auszubauen und zu vertiefen. Aspekten wie bessere Lebensqualität oder höhere Gehälter werden nach den Ergebnissen des *GlobSci Survey* weniger Bedeutung beigemessen.

Die im Auftrag der EU-Kommission durchgeführte MORE 2-Analyse (IDEA Consult et al. 2013), die gleichfalls auf Befragungen beruht, bestätigt diesen Befund: Für junge Forscher nach Abschluss der Promotion ist die weitere Karriereentwicklung das wichtigste Motiv für einen Wechsel ins Ausland, gefolgt von der Möglichkeit, im Ausland mit weltweit führenden Wissenschaftlern und Wissenschaftlerinnen zusammenarbeiten oder Zugang zu Forschungsinfrastrukturen erhalten zu können. Für erfahrene Wissenschaftler in höheren Karrierestufen, die im Vergleich zu Nachwuchswissenschaftlern eine generell niedrigere Mobilitätsbereitschaft zeigen, sind eher Forschungsfreiheit, aber auch persönliche, familiäre oder kulturelle Faktoren maßgeblich für internationale Mobilität.

Um von diesem Trend zur internationalen Mobilität zu profitieren, müssen Nationen förderliche Rahmenbedingungen schaffen: Der Zugang zu Fördermitteln für internationale Mobilität, Erleichterungen beim Erhalt von Visa oder Arbeitsgenehmigungen, Beschäftigungsmöglichkeiten, vor allem auch für mitreisende Partner im Gastland sowie Zugang zur Forschungsförderung im Gastland.

Interessanterweise bestätigen beide Studien, dass Wissenschaftler, die im Ausland tätig sind, in einem erheblichen Maß Kontakt zu ihren jeweiligen Heimatländern halten und somit einen Beitrag dazu leisten, deren wissenschaftliches Niveau auf internationalem Standard zu halten. Mobile Wissenschaftler transferieren somit ihr im Ausland erworbenes Wissen in ihre Heimatländer bzw. -institutionen, welche folglich von ihren „Emigranten" profitieren. Darüber hinaus ist der Wunsch, nach einem Auslandsaufenthalt ins Heimatland zurückzukehren, sehr stark verbreitet. Ein „Verlust" guter Forschender ist also langfristig betrachtet niemals ohne Gewinn.

Nach dem *GlobSci Survey* sind – relativ betrachtet – die bedeutendsten Länder, deren Wissenschaftler/-innen eine Karriere im Ausland verfolgen, Indien, die Schweiz, die Niederlande, Großbritannien, Kanada und Deutschland (China war nicht betrachtet worden). Umgekehrt sind nach dieser Umfrage die Schweiz, Kanada, Australien, die USA, Schweden und Großbritannien die Länder, die die höchsten Anteile ausländischer Forscher/-innen aufweisen.

Von den weltweit Mobilen zieht es nach dem *GlobSci Survey* anteilsmäßig die meisten in die USA. Amerikaner wiederum wählen Kanada als bevorzugtes Zielland, gefolgt von Großbritannien. Auch die Autoren der MORE 2-Studie schätzen, dass von den zu Beginn dieses Jahrzehnts rund 34.000 im Ausland tätigen europäischen Forschenden sich fast die Hälfte (15.000) in den USA aufhielten. Gleichzeitig waren rund 70.000 nicht-europäische Forschende in der EU beschäftigt, davon 13% aus China, 12% aus Indien und 11% aus den USA. Von diesen gingen über 50% nach Großbritannien und Deutschland. Diese Länder wiederum stellen unter den europäischen Ländern die höchste Zahl der in den USA arbeitenden Akademiker/-innen (National Science Board 2014, Tab. 3–36).

Für die Analyse von *Mobilitätsmustern* werden, neben den genannten und auf Befragungen beruhenden Studien, zunehmend Untersuchungen auf bibliometrischer Datenbasis durchgeführt. Dabei wird die akademische Zugehörigkeit von Forschenden, die in Fachzeitschriften veröffentlichen und dort ihre Adresse angeben, über einen längeren Zeitraum hinweg verfolgt (Appelt et al. 2015; Elsevier SciVal Analytics Team 2013).

In der Abb. 1 werden die oben aufgeführten Befunde veranschaulicht. Dazu wurden aus Publikationsdaten (Verfolgung von Adressen wissenschaftlicher Autoren und Autorinnen aus der Datenbank Scopus) bilaterale Wanderungsflüsse von einem Land in ein anderes im Zeitraum von 1996 bis 2011 ermittelt (OECD 2013). Die jeweilige Position der einzelnen Länder (Knoten) zueinander wird durch die Anzahl der bilateralen Wanderungsbewegungen bestimmt; die Größe der Knoten reflektiert die Anzahl der Wissenschaftler, die in dem betreffenden Land tätig sind; die Breite der Pfeile, die die Länder miteinander verbinden, ist ein Maß für die Anzahl der Bewegungen von Autor(inn)en zwischen diesen Ländern und misst die bilaterale Wissenschaftlermobilität; unterschiedliche Pfeilgrößen weisen auf Unterschiede in den Wanderungsbewegungen hin.

Deutlich wird, dass unter forschungsstarken Ländern die wechselseitige bilaterale Mobilität in der Regel in einer quantitativ vergleichbaren Größenordnung stattfindet. Diese Tatsache deutet auf eine komplexere „brain circulation" hin, die in der Mobilität von Wissenschaftlern über mehrere Karrierestufen hinweg, vom Studium bis zur Professur, begründet ist. Die Abb. 1 zeigt ferner Affinitäten bei der bilateralen Mobilität zwischen Ländern, die sich sprachlich, kulturell, historisch und politisch nahe stehen.

Ein spezifischer, Europa betreffender Aspekt sollte an dieser Stelle nicht unerwähnt bleiben: Wie ein Bericht von ScienceEurope zeigt (Elsevier SciVal Analytics Team 2013), unterscheiden sich die Mobilitätsmuster zwischen den USA und Europa und auch innerhalb der beiden Forschungsregionen erheblich. Insbesondere

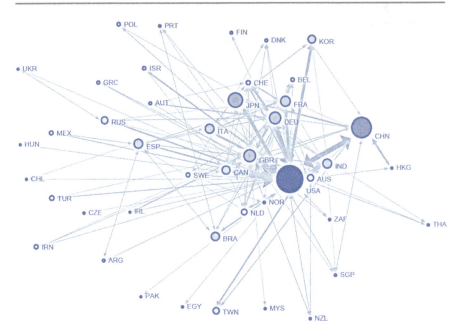

Abb. 1 Internationale Mobilitätsnetzwerke (OECD 2013. http://www.oecd.org/sti/researchers-on-the-move-the-impact-of-brain-circulation.pdf)

ist die Mobilität innerhalb der USA (interstate mobility) signifikant, d. h. etwa drei Mal so hoch wie innerhalb Europas. Eine auf US-Bundesstaaten bzw. europäische Staaten bezogene genauere Analyse zeigt, dass in den USA die Mobilität von Wissenschaftlern aus forschungsschwächeren Bundesstaaten deutlich größer ist als die aus forschungsstarken Bundesstaaten. In Europa ist es genau umgekehrt: Wissenschaftler aus forschungsschwächeren Ländern Mittel-, Ost- und Südeuropas sind signifikant weniger mobil als solche aus den forschungsstarken Ländern Westeuropas. Im Durchschnitt führt dies zu einem deutlich höheren Grad an „Sesshaftigkeit" europäischer Wissenschaftler gegenüber den US-Kollegen. Die Gründe hierfür mögen mannigfaltig sein; ein Grund kann in den in der EU bestehenden „mangelnden Möglichkeiten zur Mitnahme von Sozialversicherungsansprüchen" liegen (Hochschulrektorenkonferenz 2009).

Der *Nutzen der Mobilität* ist evident. Denn international mobile Wissenschaftler/-innen sind, gemessen an der Wirkung ihrer Veröffentlichungen, erkennbar erfolgreicher: Im Durchschnitt ist die an der Zitationsrate gemessene Wirkung von Veröffentlichungen von Forschenden, die im Ausland tätig sind, um 20% höher als die der Forschenden, die im Inland verbleiben (OECD 2013).

In Abb. 2 werden die Wirkungen (impact) des unterschiedlichen Mobilitätsverhaltens von Forschenden dargestellt. Die Darstellung beruht auf Publikationen von Autor(inn)en in 36 Ländern im Zeitraum von 1996 bis 2011. Dabei wird unterschieden zwischen Autoren, die in diesem Zeitraum ihre Länderaffiliation nicht geändert haben (Stayers), die im Zielland veröffentlichen, aber zuvor im Untersuchungszeit-

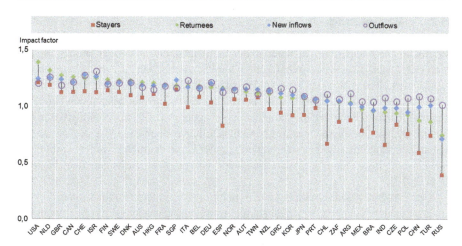

Abb. 2 Mobilitätsverhalten von Forschenden (OECD 2013. http://www.oecd.org/sti/researchers-on-the-move-the-impact-of-brain-circulation.pdf)

raum im Ausland waren (Returnees), die neu aus dem Ausland kommen (New inflows) und die nicht mehr in das Land ihrer ersten Publikation zurückkehren (Outflows).

Sowohl rückkehrende (Returnees) als auch ein Zustrom internationaler Wissenschaftler und Wissenschaftlerinnen (New inflows) tragen erkennbar zu einer Verbesserung wissenschaftlicher Wirkung und Leistungsfähigkeit eines Landes bei. Die Abb. 2 zeigt, dass im überwiegenden Maße in den führenden Forschungsnationen, darunter Deutschland, die Wirkung der Abwanderung von Wissenschaftlern (Outflows) durch Neuzugänge (New inflows) ausgeglichen wird. Die USA, Großbritannien und Australien profitieren von der Zuwanderung. Länder wie Russland, Brasilien, Polen oder China verlieren an Leistungsfähigkeit durch die Abwanderung (Outflows).

Für die Gastinstitutionen bedeutet ein hoher Anteil ausländischer Forscher einen Reputationsgewinn, da dies als ein Zeichen für internationale Wettbewerbsfähigkeit und Sichtbarkeit gewertet wird. In internationalen Universitätsrankings (U-Multirank 2015; World University Ranking 2015) spielen Indikatoren zur internationalen Ausrichtung eine wichtige Rolle. In Deutschland findet das „Humboldt-Ranking", ermittelt über die Zahl der AvH-geförderten Gastwissenschaftler/-innen, allgemeine Beachtung (AvH 2014).

Schließlich profitieren die Forschenden selbst von internationaler Mobilität, wie in der MORE 2-Studie berichtet wird: Insbesondere diejenigen Wissenschaftler/-innen, die aktiv und aus eigenem Antrieb ihre Karriere im Ausland fortsetzen, berichten mehrheitlich (60%) von einer deutlichen Verbesserung ihrer wissenschaftlichen Leistungen, einer Erweiterung von Fähigkeiten und Kenntnissen (80%) sowie positiven Auswirkungen auf ihren beruflichen Werdegang (55%). Von den Geförderten der Alexander von Humboldt-Stiftung stufen sogar 66% ihre Zeit in Deutschland als sehr bedeutend für ihre Karriere ein.

5.2 Vernetzung

Internationale Kooperationen haben in der Vergangenheit stark zugenommen. So hat sich der Anteil aller wissenschaftlichen Veröffentlichungen, die in internationaler Zusammenarbeit entstanden sind, in den letzten 20 Jahren verdoppelt. Dabei bildete sich ein dichteres globales Netzwerk, in welches eine steigende Anzahl von Ländern, Institutionen und Personen eingebunden ist (Wagner et al. 2015). Dominierten in der Vergangenheit vor allem (wenige) europäische Länder und die USA die internationalen Kooperationen, so hat sich heutzutage der Kreis deutlich erweitert – um etwa 50 Länder, die zu dem globalen Netzwerk wirkungsvoll beitragen (Leydesdorff et al. 2013).

Der Gewinn aus internationaler Kooperation ist evident: Publikationen, die in internationalen Kollaborationen entstehen, erzielen eine größere Wirkung (gemessen über den „citation impact" als ein Teilaspekt ihrer Qualität) als Publikationen ohne länderübergreifende Zusammenarbeit. So wurde im Rahmen der bereits genannten EuroScience-Studie ermittelt, dass die in transkontinentalen EU-USA-Kooperationen entstandenen Publikationen im Vergleich zu solchen, die auf nationaler oder innereuropäischer Kooperation beruhen, den höchsten *impact factor* aufweisen (Elsevier SciVal Analytics Team 2013).

Darüber hinaus profitieren auch Länder insgesamt von der internationalen wissenschaftlichen Zusammenarbeit: Veröffentlichungen aus Ländern, die ein hohes Maß an internationaler Zusammenarbeit aufweisen, haben tendenziell einen höheren *impact* im Vergleich zu Veröffentlichungen aus Ländern mit geringerer internationaler Einbindung. Die folgende Abb. 3 zeigt den Zusammenhang zwischen der Wirkung (normalisierter *impact*) von Publikationen (Ordinate) und dem Grad der internationalen Zusammenarbeit (Abszisse). Die Größe der Kreise ist ein Maß für die Anzahl von Veröffentlichungen eines Landes.

Vor diesem Hintergrund der zunehmenden Bedeutung einer Internationalisierung für den wissenschaftlichen Erfolg haben alle deutschen Wissenschaftsorganisationen (und auch viele Hochschulen) als Teil ihrer Internationalisierungsstrategien missionsspezifische Instrumente entwickelt, um über die individuelle Mobilität und wissenschaftliche Zusammenarbeit hinaus erweiterte Optionen für eine nachhaltige wissenschaftliche Vernetzung zu bieten. Zu den Instrumenten der Wissenschaftsorganisationen gehören das Max Planck Center, das Fraunhofer Project Center oder die Helmholtz International Research Groups.

5.3 Präsenz und Repräsentanz

Angesichts der zunehmenden Bedeutung der Internationalisierung für den wissenschaftlichen Erfolg wurden auf allen institutionellen Ebenen der Wissenschaft entsprechende Strategien entwickelt. Dabei lassen sich grundsätzlich zwei Varianten unterscheiden, die auch kombiniert implementiert werden können:

Die erste Strategievariante kann als *„Internationalization at Home"* also als eine nach innen gerichtete Strategie bezeichnet werden. Sie umfasst Maßnahmen, die ein

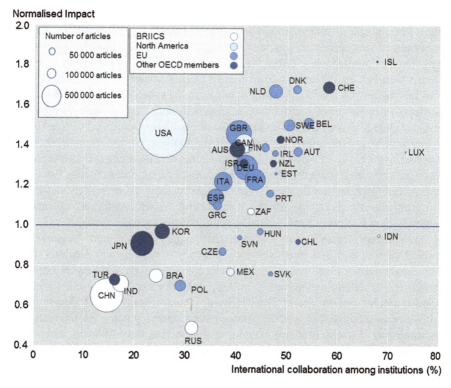

Abb. 3 Impact von Publikationen und Grad der internationalen Vernetzung, (Quelle: OECD 2013)

Wissenschaftssystem und die darin beteiligten Institutionen leistungsfähig und damit attraktiv, insbesondere für die Gewinnung von ausländischen Talenten – einem „knappen Gut" – gestalten.

Die zweite Strategievariante kann als *„Internationalization Abroad"*, also als eine nach außen gerichtete Strategie aufgefasst werden. Diese Variante umfasst Maßnahmen, die dazu dienen, internationale Kooperationen bis hin zu Auslandspräsenzen (Heinrichs 2014) zu ermöglichen.

Signifikante Beispiele sind

- „International Branch Campuses (IBC)" von Universitäten,
- wissenschaftliche Auslandspräsenzen und Auslandsinstitute von Forschungseinrichtungen,
- Auslandsrepräsentanzen von Wissenschaftsorganisationen und Universitäten.

„Offshore"-Einrichtungen bzw. „International Branch Campuses (IBC)" von Universitäten an bestimmten Standorten wie dem Nahen und Mittleren Osten oder in Asien dienen vor allem dazu, Studierende im Ausland zu gewinnen, die sich anderweitig nicht an der „Mutteruniversität" einschreiben würden. Für viele Universitäten sind diese Außenstellen auch Teil einer ökonomischen Wachstumsstrategie.

Wissenschaftliche Auslandspräsenzen oder Auslandsinstitute dienen in erster Linie dazu, Forschungsgegenständen räumlich nahe zu kommen, die mangels der hierfür notwendigen Umgebungsbedingungen im Inland nicht bearbeitet werden können. In jüngerer Zeit werden sie darüber hinaus auch geschaffen, um die internationale Zusammenarbeit zu stärken und Zugänge zur internationalen Spitzenforschung und zum Innovationspotenzial im Ausland zu eröffnen. Sie sollen helfen, das Forschungsportfolio einer Forschungseinrichtung zu erweitern, ihre internationale Sichtbarkeit und die Qualifikationschancen für den wissenschaftlichen Nachwuchs zu erhöhen. Schließlich bergen internationale Präsenzen die Option, Wachstumsdynamiken im Ausland zu nutzen und Zugang zu Fördermitteln für die Forschung und internationale Kooperationen zu erschließen. Letztlich können Auslandspräsenzen auch dazu beitragen, Erfolgsprinzipien bewährter Forschungsstrukturen zu verbreiten und damit ihre internationale „Anschlussfähigkeit" zu sichern. Wissenschaftliche Auslandspräsenzen wirken also positiv auf ein nationales Forschungssystem zurück.

Auslandsrepräsentanzen von Wissenschaftsorganisationen und Universitäten schließlich sind eher Teil einer „science diplomacy" einerseits und Ausdrucksform eines strategischen Forschungs- und Bildungsmarketings im Wettbewerb um wissenschaftliche Talente andererseits. Ein Beispiel hierfür sind die Deutschen Wissenschafts- und Innovationshäuser (DWIH), die das Auswärtige Amt im Rahmen seiner Außenwissenschaftspolitik und der Strategie der Bundesregierung zur Internationalisierung von Wissenschaft und Forschung fördert (Deutsche Wissenschafts- und Innovationshäuser 2015). Mit den DWIH, die weltweit an fünf Standorten eingerichtet wurden, sollen die Sichtbarkeit des deutschen Innovationsstandorts gestärkt, Synergien geschaffen und Verbindungen zwischen deutschen und ausländischen Innovationsträgern gefördert werden (Auswärtiges Amt 2015). Primäre Aufgaben der DWIH sind:

- Werbung für den Wissenschafts-, Technologie- und Innovationsstandort Deutschland,
- Zusammenarbeit mit innovativen deutschen Organisationen und Unternehmen,
- Förderung des Dialogs und des Austausches, Vertiefung der wissenschaftlich-technologischen Zusammenarbeit,
- Beratung und Unterstützung deutscher und ausländischer Forschungsinstitutionen und Unternehmen.

Für diese Auslandsrepräsentanzen besteht eine grundsätzliche Schwierigkeit in der Vermittlung der Stärke, die den Standort Deutschland ausmacht, nämlich seine institutionelle Vielfalt, die sich auch in der großen thematischen Breite und hohen Qualität seiner Forschung niederschlägt. So besteht, auch vor dem Hintergrund der Finanzierungsstruktur der DWIH, die Herausforderung stets darin, im täglichen Handeln eine Balance zwischen den Interessen der einzelnen beteiligten bzw. vor Ort präsenten Akteure und dem Gesamtinteresse zu finden, für den Wissenschaftsstandort talentierte Nachwuchskräfte und Kooperationspartner zu gewinnen.

Alle diese strategischen Maßnahmen, seien sie nach innen zur Stärkung der eigenen nationalen oder institutionellen Forschungsbasis oder nach außen auf die wissenschaftliche und wirtschaftliche Expansion und Erhöhung der Sichtbarkeit gerichtet, sind eingebettet in den Trend einer zunehmend internationalen Wissenschaft. Zugleich unterliegen sie im Rahmen einer ständigen Konkurrenz um finanzielle Ressourcen einer kritischen Beobachtung durch die Gesellschaft, durch eine traditionell eher national orientierte Finanzverwaltung aber auch durch die *academic community* selbst. Der Rechtfertigungsdruck ist also hoch. Ihre Einzelwirkungen allerdings lassen sich vielleicht nicht bzw. nicht immer vollständig messen, aber in ihrer Gesamtheit bieten die Maßnahmen zusätzliche Optionen für eine „produktive Wechselwirkung" auf internationaler Skala (de Jong et al. 2014).

6 Fazit

Die in den vorangegangenen Ausführungen dargestellten Untersuchungen weisen auf den vielfältigen Nutzen der internationalen Mobilität von Forschenden hin. Nationale Forschungspolitiken sollten daraus die richtigen Schlussfolgerungen ziehen: Die Stärkung des Wissenschaftssystems durch eine klare Prioritätensetzung für Forschung und Innovation und die Intensivierung der internationalen Orientierung, vor allem zur Gewinnung von besonders guten Forschenden aus dem Ausland sowie die gezielte Förderung der Mobilität von Wissenschaftler/-innen aus Deutschland in andere Länder.

Wenn grundsätzlich festgehalten werden kann, dass Internationalität und Mobilität in der Wissenschaft allen nützt und die Kategorien von „Brain Drain" und „Brain Gain" überholt sind, so muss ein exportorientiertes Hochtechnologie-Land wie Deutschland stark an der eigenen Attraktivität interessiert sein, um in möglichst vielen Bereichen eine wissenschaftliche Spitzenposition zu etablieren. Die für den Wissenschaftsraum und -standort in Deutschland notwendigen Wirkungen können – wie in jedem anderen Land – vor allem durch die Förderung einzelner Forscher/-innen erzielt werden, für die sich verbesserte Ausbildungs-, Kooperations-, und Karrierechancen durch die Öffnung von Zugängen zu den weltweit besten Forschungseinrichtungen und Wissensträgern bieten. Die unter Wissenschaftler/-innen weit verbreitete Bereitschaft zur internationalen Mobilität muss folglich von der Politik durch die Gewährleistung geeigneter Rahmenbedingungen und Anreizsysteme unterstützt werden:

- Die Wissenschaft muss attraktiv und leistungsfähig sein, um wissenschaftliche Spitzenkräfte aus aller Welt anzuziehen und die Zusammenarbeit mit den weltweit Besten vor Ort zu ermöglichen.
- Durch die Realisierung des europäischen Forschungsraums müssen grenzüberschreitende Kooperation gefördert, die Mobilität verstärkt und vereinfacht sowie Karrierechancen durch abgestimmte Karriereentwicklungsmöglichkeiten vergrößert werden.

Durch die Realisierung dieser Ziele werden die deutschen Wissenschaftsorganisationen in die Lage versetzt, internationale Spitzenwissenschaftler/-innen auf allen

Karrierestufen (einschließlich der Promovierenden) an ihre Einrichtungen zu binden. Im Fokus steht dabei der wissenschaftliche Nachwuchs, für den international ausgerichtete Förderprogramme entwickelt werden. Gerade in diesem Sektor arbeiten die in der Allianz der Wissenschaftsorganisationen vereinten Institutionen, unterstützt durch die institutionelle Förderung im Rahmen der Pakte (Exzellenzinitiative, Pakt für Forschung und Innovation) und im Kontext der Internationalisierungsstrategie der Bundesregierung eng zusammen.

Diese Bestrebungen müssen durch eine von Politik und Gesellschaft getragene Willkommenskultur flankiert werden, die alle Bereiche, auch die öffentliche Verwaltung, erfasst. Denn Wissenschaft braucht ein weltoffenes Klima (Allianz der Wissenschaftsorganisationen 2015). Eine Willkommenskultur muss weiterhin attraktive Optionen für die Einwanderung bieten, gerade vor dem Hintergrund der aktuell steigenden Zahlen bei den Studierenden aus dem Ausland. Auch wenn innerhalb der EU Freizügigkeit herrscht und die Politik für die Wissenschaft schon zahlreiche Verbesserungen umgesetzt hat, wie etwa durch den Aufenthaltstitel für Forschende, die Senkung der Gehaltsgrenze für die unbefristete Niederlassungserlaubnis für Hochqualifizierte oder die „Blaue Karte EU", so müssten weiterhin bestehende rechtliche Regelungen zusammengeführt, vereinfacht und transparent gemacht werden. Aktuell ist es für internationale Fachkräfte nicht einfach, sich bei mehr als fünfzig verschiedenen Aufenthaltstiteln zurechtzufinden (Hochschulrektorenkonferenz 2014). Als wissenschaftsspezifische Verbesserungen könnten etwa Bearbeitungszeitbegrenzungen eingeführt werden, um die Erlangung von Einreise oder Aufenthaltstiteln für Wissenschaftler/-innen und ihre Familienangehörigen zu beschleunigen, oder Forschervisa auch für ausländische Doktorand(inn)en auszustellen, die ihre Dissertation im Rahmen einer Forschungstätigkeit anfertigen.

Letztlich ist es also ein ganzes Paket von Strategien und Maßnahmen auf politischer, gesetzgeberischer und institutioneller Ebene, das durch die Kombination komplementärer und arbeitsteiliger Ansätze die Internationalisierung der Wissenschaft in Deutschland entscheidend voranbringt.

Literatur

Adams, Jonathan. 2012. Collaborations: The rise of research networks. *Nature* 490(7420): 335–336.

Allianz der Wissenschaftsorganisationen. 2015. Wissenschaft braucht ein weltoffenes Klima. http://www.mpg.de/8979909/wissenschaft-braucht-ein-weltoffenes-klima.pdf. Zugegriffen am 19.08.2015.

Appelt, Silvia, Brigitte van Beuzekom, Fernando Galindo-Rueda, und Roberto de Pinho. 2015. Which factors influence the international mobility of research scientists? OECD Science, Technology and Industry Working Papers, No. 2015/02. Paris: OECD Publishing. http://dx.doi.org/10.1787/5js1tmrr2233-en. Zugegriffen am 19.08.2015.

Auswärtiges Amt (AA). 2015. Deutsche Wissenschafts- und Innovationshäuser. http://www.auswaertiges-amt.de/DE/Aussenpolitik/Aussenwirtschaft/ForschungTechnologie/DWIH_node.html. Zugegriffen am 18.08.2015.

Alexander von Humboldt-Stiftung (AvH). 2014. www.humboldt-foundation.de/web/2805807.html. Zugegriffen am 20.07.2015.
Bund-Länder-Kommission für Bildungsplanung und Forschungsförderung (BLK). 2005a. Bund-Länder-Vereinbarung gemäß Artikel 91 b des Grundgesetzes über die Exzellenzinitiative des Bundes und der Länder – Exzellenzvereinbarung (ExV) – vom 18. Juli 2005 – BAnz, 13347.
Bund-Länder-Kommission für Bildungsplanung und Forschungsförderung (BLK). 2005b. Pakt für Forschung und Innovation. http://www.gwk-bonn.de/fileadmin/Papers/pakt_fuer_forschung_und_innovation.pdf. Zugegriffen am 06.08.2015.
Bund-Länder-Kommission für Bildungsplanung und Forschungsförderung (BLK). 2007. Pakt für Forschung und Innovation, Monitoring *2007*–19.11.2007. http://www.gwk-bonn.de/fileadmin/Papers/Monitoring-Bericht-PFI-2007.pdf. Zugegriffen am 10.08.2015.
Bundesministerium für Bildung und Forschung (BMBF). 2014. Internationale Kooperation; Aktionsplan des Bundesministeriums für Bildung und Forschung, Berlin.
Bundesregierung. 2008. Deutschlands Rolle in der globalen Wissensgesellschaft stärken. Strategie der Bundesregierung zur Internationalisierung von Wissenschaft und Forschung, vorgelegt im Februar 2008. https://www.bmbf.de/pub/Internationalisierungsstrategie.pdf. Zugegriffen am 14.10.2015.
Botting, Douglas. 1973. *Humboldt and the Cosmos*. London: Michael Joseph.
Bozeman, Barry, Daniel Fay, und Catherine P. Slade. 2013. Research collaboration in universities and academic entrepreneurship: The-state-of-the-art. *The Journal of Technology Transfer* 38(1): 1–67.
Bundesregierung. 2014. 17. Bericht der Bundesregierung zur Auswärtigen Kultur- und Bildungspolitik, Bundestags-Drucksache 18/579.
de Jong, Stefan, Katharine Barker, Deborah Cox, Thordis Sveinsdottir, und Peter Van den Besselaar. 2014. Understanding societal impact through productive interactions: ICT research as a case. *Research Evaluation* 2014:1–14. doi:10.1093/reseval/rvu001.
Deutsche Wissenschafts- und Innovationshäuser. 2015. http://www.germaninnovation.info/deutsch.html. Zugegriffen am 18.08.15.
Douglass, John Aubrey, und Richard Edelstein. 2009. The global competition for talent, CSHE Research and Occasional Paper Series: CSHE.8.09, October 2009.
Elsevier SciVal Analytics Team. 2013. Comparative benchmarking of European and US research collaboration and researcher mobility. Amsterdam: Elsevier.
Franzoni, Chiara, Giuseppe Scellato, und Stephan Paula. 2012. Foreign born scientists: Mobility patterns for sixteen countries. *Nature Biotechnology* 30(12): 1250–1253.
Gemeinsame Wissenschaftskonferenz (GWK). 2013. Strategie der Wissenschaftsminister/-innen von Bund und Ländern für die Internationalisierung der Hochschulen in Deutschland. http://www.gwk-bonn.de/fileadmin/Papers/Beschluss-Internationalisierungsstrategie.pdf. Zugegriffen am 04.08.15.
Gemeinsame Wissenschaftskonferenz (GWK). 2015. Pakt für Forschung und Innovation, Monitoring-Bericht 2015; Materialien der GWK, Heft 42, Bonn 2015.
Heinrichs, Gerold. 2014. Präsenz im Ausland als Instrument der Internationalisierung von Forschungseinrichtungen, *ITB* Infoservice, 8. Schwerpunktausgabe 07/14, Hrsg. Deutsches Zentrum für Luft- und Raumfahrt e.V. und VDI Technologiezentrum GmbH.
Hockey, Thomas. 2007. *Biographical encyclopedia of astronomers*, Hrsg. Thomas Hockey, Katherine Bracher, Marvin Bolt, Virginia Trimble, JoAnn Palmeri, Richard Jarrell, Jordan D. Marché und F. Jamil Ragep. Springer 2007.
Hochschulrektorenkonferenz (HRK). 2009. Mobilität von Wissenschaftlern und Wissenschaftlerinnen in Europa – Aufgaben und Forderungen; Empfehlungen der 6. Mitgliederversammlung am 21.04.2009.
Hochschulrektorenkonferenz (HRK). 2014. *Deutsches Aufenthaltsrecht für Wissenschaftler/innen aus Nicht-EU-Staaten*. http://www.hrk.de/uploads/media/HRK-Faltblatt_Aufenthaltstitel_3._Aufl._DE.pdf. Zugegriffen am 08.10.2015.
Hoffmann, Dieter. 2008. *Max Planck. Die Entstehung der modernen Physik*. München: Verlag. H. Beck. ISBN 978-3-406-56242-6.

Hornbostel, Stefan, und Michael Sondermann. 2009. *Personalrekrutierung in der Exzellenzinitiative*. http://www.forschungsinfo.de/iq/iq_inhalt.asp?agora/ExIn/ExIn_inc.htmlXXXPersonalrekrutierung in der Exzellenzinitiative. Zugegriffen am 06.08.2015.

IDEA Consult. 2013. Support for continued data collection and analysis concerning mobility patterns and career paths of researchers. http://ec.europa.eu/euraxess/pdf/research_policies/more2/Final%20report.pdf. Zugegriffen am 16.08.2015.

Impekoven, Holger. 2013. *Die Alexander von Humboldt-Stiftung und das Ausländerstudium in Deutschland 1925–1945*. Bonn: University Press. ISBN 978-3-89971-869-0.

Jansen, Christian. 2004. *Exzellenz weltweit*. Köln: DuMont-Literatur- und Kunst-Verlag.

Leydesdorff, Loet, Caroline S. Wagner, Han-Woo Park, und Jonathan Adams. 2013. International collaboration in science: The global map and the network. *El profesional de la información* 22 (1): 87–94.

National Science Board. 2012. Science and engineering indicators 2012. Arlington: National Science Foundation (NSB 12–01).

National Science Board. 2014. Science and engineering indicators 2014. Arlington.

Newland, Kathleen. 2013. What we know about Migration and Development. MPI Policy Brief (9, 2013). http://www.migrationpolicy.org/research/what-we-know-about-migration-and-development. Zugegriffen am 14.10.2015.

OECD. 2013. *Researchers on the move:* The impact of brain circulation. http://www.oecd.org/sti/researchers-on-the-move-the-impact-of-brain-circulation.pdf. Zugegriffen am 16.08.2015.

OECD. 2014. National accounts at a glance. OECDiLibrary. http://www.oecd-ilibrary.org/economics/national-accounts-at-a-glance-2014_na_glance-2014-en. Zugegriffen am 14.10.2015.

Schroeder-Gudehus, Brigitte. 1990. Wissenschaftsbeziehungen und auswärtige Kulturpolitik 1919–1933. In *Forschung im Spannungsfeld von Politik und Gesellschaft – Geschichte und Struktur der Kaiser Wilhelm-/Max-Planck-Gesellschaft*, Hrsg. Rudolf Vierhaus und Bernhard vom Brocke, 858–885. Stuttgart: Deutsche Verlagsanstalt.

Springborg, Patricia, Hrsg. 2007. *The Cambridge Companion to Hobbes's Leviathan*. Cambridge: Cambridge University Press.

Steinmeier, Frank-Walter. 2015. Rede von Außenminister Frank-Walter Steinmeier bei der Konferenz des Goethe-Instituts „Dialog und die Erfahrung des Anderen", 23.02.2015. https://www.goethe.de/de/uun/ver/dia.html. Zugegriffen am 14.10.2015.

The Royal Society. 2011. Knowledge, networks and nations: Global scientific collaboration in the 21st century. RS Policy Document 03/11.

U-Multirank. 2015. http://www.umultirank.org. Zugegriffen am 16.08.2015.

van Noorden, Richard. 2012. Science on the move. *Nature* 490(7420): 326–329.

Wagner, Caroline S, Han Woo Park, und Loet Leydesdorff. 2015. The continuing growth of global cooperation networks in research: A conundrum for national governments. PLoS ONE 10(7). http://www.ncbi.nlm.nih.gov/pmc/articles/PMC4510583/. Zugegriffen am 14.10.2015.

Wissenschaft weltoffen. 2015. In *Daten und Fakten zur Internationalität von Studium und Forschung in Deutschland*, Hrsg. DAAD und DZHW. Bielefeld: Bertelsmann Verlag.

Wissenschaftsrat 1992. Empfehlungen zur Internationalisierung der Wissenschaftsbeziehungen, Köln.

World University Rankings. 2015. https://www.timeshighereducation.co.uk/world-university-rankings/. Zugegriffen am 16.08.15.

Ziman, John. 2000. *Real science. What it is, and what it means*. Cambridge, UK: Cambridge University Press.

Wissenschaftspolitik und wissenschaftliche Karriere

Jan-Christoph Rogge und Jakob Tesch

Inhalt

1 Einleitung 355
2 Beschäftigungs- und Qualifikationsbedingungen in der deutschen Wissenschaft 357
   2.1 Die Besonderheiten des deutschen Karrieremodells 357
   2.2 Quantitative Entwicklung des wissenschaftlichen Arbeitsmarktes 359
3 Aktivitäten der Wissenschaftspolitik in den verschiedenen Phasen der
   wissenschaftlichen Karriere 364
   3.1 Studium und Promotion 364
   3.2 Post-Doc Phase 367
4 Karriereorientierungen des wissenschaftlichen Personals 369
5 Fazit 370
Literatur 371

1 Einleitung

Wissenschaftspolitik beeinflusst maßgeblich die Rahmenbedingungen wissenschaftlicher Karrieren. Dies lässt sich an vielerlei Beispielen illustrieren: Die Zahl der Stellen wird durch das Budget für Bildung und Forschung und die Stellenkategorien werden durch die Länder mitbestimmt, die Zahl der Professuren durch die Stellenpläne der Hochschulen festgelegt, die Vertragsmodalitäten durch das Wissenschaftszeitvertragsgesetz (WissZeitVG) und die Bezahlung durch die Tarifverträge für den

---

J.-C. Rogge (✉)
Forschungsgruppe Wissenschaftspolitik, Wissenschaftszentrum Berlin für Sozialforschung (WZB), Berlin, Deutschland
E-Mail: christoph.rogge@wzb.eu

J. Tesch
Institut für Forschungsinformation und Qualitätssicherung e.V. (iFQ), Berlin, Deutschland
E-Mail: tesch@forschungsinfo.de

öffentlichen Dienst im Bund und in den Ländern geregelt. Vor allem aber verfügen die öffentlichen und staatlich anerkannten Universitäten über ein exklusives Promotions- und Habilitationsrecht und stellen damit gewissermaßen das organisationale Nadelöhr des wissenschaftlichen Qualifizierungswegs in Deutschland dar. Ohne den Bezug zur Institution Universität ist eine wissenschaftliche Karriere nicht denkbar. Eine starke Bindung an eine einzelne Universität lässt sich daraus jedoch nicht ableiten. Wissenschaftliche Karrieren vollziehen sich in Deutschland traditionellerweise nicht innerhalb einer Organisation, sondern innerhalb der wissenschaftlichen Fachgemeinschaft.

Damit sind bereits zwei wichtige Unterschiede zu den Karrierebedingungen in anderen gesellschaftlichen Bereichen, z. B. in Wirtschaftskonzernen, angesprochen. Lange Zeit wurde in der Wirtschaft die „organisationale Karriere" (vgl. Glaser 1968) als Regelmodell angesehen, die sich im Kern als hierarchischer und finanzieller Aufstieg innerhalb einer Organisation begreifen lässt. Seit Mitte der 1990er-Jahre haben jedoch vor allem im US-amerikanischen Kontext solche Ansätze Konjunktur, die eine Verflüssigung fester Karriererahmen innerhalb von Organisationen postulieren. Stichworte sind hier die „boundaryless career" (Arthur und Rousseau 1996), die „protean career" (Hall und Mirvis 1996) und die „post-corporate career" (Peiperl und Baruch 1997). Aufgrund des nachlassenden Einflusses von Organisationen auf individuelle Karrieren wurde sogar darüber spekuliert, ob die akademische Karriere auch für andere Bereiche das Modell der Zukunft sei (vgl. Baruch und Hall 2004). Umgekehrt erlangen allerdings Elemente des in der Wirtschaft üblichen Karrieremodells auch in der Wissenschaft an Bedeutung. Der zunehmende Einsatz von Steuerungsanreizen, die auf extrinsische Motivation setzen, wie z. B. die leistungsorientierte Bezahlung (Stichwort: W-Besoldung) und quantitative Indikatoren der Leistungsmessung sowie die Verlagerung von Steuerungs- und Koordinationsmacht auf die Leitungsebene der Wissenschaftsorganisationen, deuten dies an (Funken et al. 2015). Derzeit nutzen aber lediglich einige wenige finanzstarke Hochschulen ihren hinzugewonnenen Spielraum und experimentieren mit neuen Karriereoptionen. Den größten Einfluss auf die Lage des sogenannten wissenschaftlichen Nachwuchses in Deutschland haben nach wie vor die einzelnen Professor(inn)en und andere leitende Wissenschaftler/-innen sowie die politischen Akteure in Bund und Ländern. Während erstere auf dezentraler Ebene für Auswahl, Betreuung und Anleitung zuständig sind, setzen letztere die Rahmenbedingungen der wissenschaftlichen Karriere.

Angesichts des vielfach beschworenen internationalen Wettbewerbs um die „besten Köpfe" ist dem sogenannten wissenschaftlichen Nachwuchs in den letzten 15 Jahren von Seiten der Wissenschaftspolitik eine verstärkte Aufmerksamkeit zuteil geworden. Immer wieder ist eine Reform des wissenschaftlichen Berufsweges in Deutschland Gegenstand heftiger Diskussionen. Die Einführung der Juniorprofessur und verschiedener Nachwuchsgruppenprogramme sind Beispiele für erste zaghafte Schritte in diese Richtung. An der Grundstruktur der wissenschaftlichen Karriere in Deutschland wurde bislang jedoch nicht gerüttelt. Parallel haben die zusätzlichen Investitionen in Bildung und Forschung im Kontext der Lissabon-Strategie der Europäischen Union, der Exzellenzinitiative und der diversen Pakte (für Lehre sowie für Forschung und Innovation) in Deutschland zu einer massiven Expansion der Stellen unterhalb der Professur geführt. Die aktuelle Entwicklung der akademischen Laufbahn ist demnach durch eine Gleichzeitigkeit von *Diversifizierung* (der Zugangswege zur Professur) und neuerlicher *Zuspitzung* (auf die Endposition Professur) gekennzeichnet. Beide Prozesse stehen in einem Spannungsverhältnis zueinander: Einerseits können immer mehr Personen eine wissenschaftliche Karriere beginnen und sich auf verschiedenen Wegen für das Karriereziel Professur qualifizieren (Nachwuchsgruppenleitung, Juniorprofessur, Projektmitarbeit, Stipendien etc.). Andererseits sind die Chancen, eine ordentliche Professur zu erreichen, seit der Nachkriegszeit kaum je so schlecht gewesen wie heute. War es beispielsweise in den 1980er-Jahren aufgrund der Berufung einer großen Zahl von jungen Wissenschaftler/-innen in den 1970er-Jahren (vgl. Turner 1981) und wegen der hohen Entfristungsquoten (vgl. Waaijer 2015) wesentlich schwieriger, überhaupt den Einstieg in die wissenschaftliche Berufslaufbahn zu finden, so liegt die Schwierigkeit heute vielmehr darin, diesen Weg bis zum Ende verfolgen zu können.

Parallel zu den Entwicklungen in der Wissenschaft gewinnen wissenschaftliche Qualifikationen auch für eine Laufbahn in anderen gesellschaftlichen Bereichen außerhalb der Academia an Bedeutung. Die Arbeitsmarktlage und der Sektor des beruflichen Verbleibs der Promovierten variieren jedoch stark nach Fächern und Disziplinen. Hinzu kommt, dass die Personalkategorien und Karriereoptionen in der Wissenschaft die verschiedenen Orientierungen des wissenschaftlichen Personals nicht reflektieren. Eine systematische Vermittlung von Kenntnissen und Kompetenzen, die auch für andere Berufsfelder von Bedeutung sind, fehlen ebenso wie etablierte und anerkannte Wege für Quer- und Wiedereinsteiger/-innen in die Wissenschaft (vgl. Wentland et al. 2012).

Wie agiert die Wissenschaftspolitik in dieser Gemengelage? Wird die Politik des bruchstückhaften Inkrementalismus der letzten Jahre fortgesetzt oder sind Anzeichen einer grundlegenden Reform erkennbar, die sich am gesamten Karriereverlauf orientiert? Diesen Fragen wollen wir uns in den folgenden Schritten widmen: Zunächst werden die strukturellen Besonderheiten des deutschen Karrieremodells und die quantitative Entwicklung auf dem akademischen Arbeitsmarkt dargestellt. Daran schließt sich eine Erörterung der aktuellen Aktivitäten und Entwicklungen der Wissenschaftspolitik in den verschiedenen Phasen der wissenschaftlichen Karriere an. Zum Schluss werden die Karriereorientierungen des wissenschaftlichen Personals in Deutschland auf der Basis aktueller Studien zum Thema gemacht.

2 Beschäftigungs- und Qualifikationsbedingungen in der deutschen Wissenschaft

2.1 Die Besonderheiten des deutschen Karrieremodells

Der wissenschaftliche Beruf in Deutschland ist seit je durch die Zuspitzung auf das Karriereziel Professur gekennzeichnet (vgl. Weber 1995/1919). Lange Qualifikationsphasen – erst zur Promotion, dann zur Habilitation – und die meist bis ins fünfte

Lebensjahrzehnt reichende berufliche Unsicherheit (das durchschnittliche Berufungsalter lag 2014 immer noch bei 41 Jahren) sind Kernelemente des sogenannten *Habilitationsmodells* der wissenschaftlichen Karriere, das in abgewandelter Form auch in Österreich und der Schweiz strukturbildend ist. Dieses Modell ist idealtypisch durch vier markante Spezifika gekennzeichnet (vgl. im Folgenden Kreckel und Zimmermann 2014, S. 36–38): (1) Namensgebend ist die herausgehobene Bedeutung der *Habilitation* als Berufungsvoraussetzung. In fast allen Disziplinen (eine prominente Ausnahme sind die Ingenieurswissenschaften) markiert traditionell erst die erfolgreiche Absolvierung dieser höchsten deutschen Hochschulprüfung das Ende der Qualifizierung und die Berechtigung zur selbstständigen Forschung und Lehre. (2) Eine weitere Besonderheit des deutschen Systems ist das *Hausberufungsverbot*, das die Berufung eines Mitglieds der eigenen Hochschule nur in begründeten Ausnahmefällen ermöglicht. Wenngleich entsprechende Regelungen in einigen Landeshochschulgesetzen seit Einführung der Juniorprofessur gelockert wurden, zeigt sich nach wie vor eine „große informell-normative Wirkung des deutschen Hausberufungsverbots" (Hüther und Krücken 2011, S. 314). (3) Deutsche Universitäten sind nach dem *Lehrstuhlprinzip* organisiert, d. h. die Stellen für das nicht-berufene wissenschaftliche Personal sind in der Regel an einen Lehrstuhl gebunden und gewissermaßen Teil von deren „Ausstattung". Nicht zuletzt aus diesem Grund haben weder die Institute noch die Fakultäten und Universitäten großes Interesse an der Entfristung des wissenschaftlichen Mittelbaus, da auf diesem Weg Stellen langfristig vergeben (bzw. Gelder gebunden) werden, die bei der nächsten Runde von Berufungs- und Bleibeverhandlungen der disponiblen Verhandlungsmasse entzogen würden. (4) Damit hängt zusammen, dass alle Stellen unterhalb der Professur als *Qualifikationsstellen* erachtet werden, die nur befristet zu besetzen sind. Der Großteil der wissenschaftlichen und künstlerischen Mitarbeiter/-innen an Hochschulen ist direkt einer Professur zugeordnet und weisungsgebunden beschäftigt.

Im internationalen Vergleich ist der Antipode des Habilitationsmodells das Tenure-Track-Modell, für das prototypisch Großbritannien und die USA, aber auch die Niederlande und Schweden stehen. Dieses Modell geht von der „Normvorstellung aus, dass der Hochschullehrerberuf von hauptberuflichen und vollzeitbeschäftigten Hochschullehrern und -lehrerinnen" (Kreckel und Zimmermann 2014, S. 58) ausgeübt wird, die schon früh die Möglichkeit zu eigenständiger Forschung und Lehre bekommen. Im Regelfall erhalten Wissenschaftler/-innen in diesen Ländern bereits nach der Promotion eine unbefristete Stelle (Tenure) oder haben nach einer Bewährungsfrist von vier bis sieben Jahren und einer erfolgreichen Leistungsevaluation die Aussicht auf eine spätere Festanstellung (Tenure Track).

In Deutschland wird das Tenure-Track-Modell in der öffentlichen Diskussion über eine Reform des wissenschaftlichen Karrierewegs oft zum Inbegriff für berechenbare(re) Karrierewege stilisiert. Indizien dafür sind einerseits die gesicherten Aufstiegsmöglichkeiten bei positiver Bewertung und andererseits der hohe Anteil von Professor(inn)en am wissenschaftlichen Personal. Zwar offenbart eine genauere Inspektion der Situation in den USA große Unterschiede zwischen den verschiedenen Hochschularten und einen generellen Rückgang des Anteils von Personen auf Tenure- und Tenure-Track-Stellen am wissenschaftlichen Personal. An den *Research* und *Doctoral Universities*, die das internationale Bild der US-amerikanischen Hochschullandschaft dominieren und „mit den deutschen Universitäten am ehesten vergleichbar" (Kreckel und Zimmermann 2014, S. 64) sind, beläuft sich der Anteil der Vollzeit-Beschäftigten auf Tenure-Track-Positionen aber 2009 noch auf 84,7% (Kreckel und Zimmermann 2014, S. 66). Zudem darf nicht vergessen werden, dass der Flaschenhals im US-amerikanischen System durch die höhere Eingangsselektivität bereits am Beginn einer wissenschaftlichen Laufbahn ansetzt (vgl. Janson et al. 2007). Der geringe Anteil an Professor(inn)en am wissenschaftlichen Personal und die hohe Anzahl der Wissenschaftler/-innen ohne alternative akademische Karriereperspektive in Deutschland sind jedoch international einzigartig.

Wissenschaftliche Karrieren in Deutschland – und damit auch die Wissenschaftspolitik – oszillieren zwischen den beiden Polen Unsicherheit bzw. Flexibilität auf der einen und Planbarkeit bzw. Starrheit auf der anderen Seite. In keinem anderen nationalen Wissenschaftssystem sind die Gegensätze zwischen diesen beiden Polen so extrem ausgeprägt und gleichzeitig die Proportionen so ungleich verteilt (vgl. Kreckel und Zimmermann 2014). Einerseits steigt die Zahl der befristeten Beschäftigungsverhältnisse und die durchschnittliche Vertragslaufzeit sinkt (Jongmanns 2011), andererseits sind die unbefristeten Beschäftigungsverhältnisse mit den Professuren an der Spitze durch das deutsche Beamtenrecht prinzipiell auf Lebenszeit unkündbar. Wurden die hohen Befristungsanteile unterhalb der Professur lange Zeit mit den Argumenten Flexibilität und Qualifizierung gerechtfertigt, so gilt demgegenüber die traditionell hohe Autonomie der Professor(inn)en und die Verbeamtung auf Lebenszeit vielen als notwendig für die verfassungsrechtlich verankerte Freiheit von Forschung und Lehre (Art. 5 Abs. 3 GG, vgl. Herrmann 2012).

Während also das deutsche Modell noch immer in hohem Maße durch die strukturell verankerte Abhängigkeit des sogenannten wissenschaftlichen Nachwuchses in Forschung und Lehre sowie eine harte Barriere zwischen berufenem und nicht-berufenem Personal geprägt ist, stützt sich das US-amerikanische Modell auf frühe Selbstständigkeit, mehr oder weniger transparente Leistungsevaluationen und ein Stufenmodell nach dem Prinzip „up or out": Aufstieg oder Ausstieg (Kreckel und Zimmermann 2014, S. 59). In der jüngeren Vergangenheit hat es zwar einige Anläufe gegeben, den wissenschaftlichen Karriereweg in Deutschland zu reformieren, und immer wieder wurde dabei das US-amerikanische System als Vorbild herangezogen, am Grundmuster der Personalstruktur hat sich – abgesehen von einigen wenigen Pilotprojekten zum Tenure-Track an einzelnen Universitäten – bislang jedoch kaum etwas geändert.

2.2 Quantitative Entwicklung des wissenschaftlichen Arbeitsmarktes

Der Begriff des wissenschaftlichen Nachwuchses ist in der Wissenschaftspolitik allgegenwärtig, wenngleich die Vorstellungen darüber, wer dazu zu zählen ist und wer nicht, keineswegs einheitlich sind. Traditionell werden alle Wissenschaftler/-innen, die an einer Hochschule oder einer außeruniversitären Forschungseinrichtung arbeiten und sich für eine wissenschaftliche Laufbahn qualifizieren, unter diesem Label zusammengefasst (vgl. WR 1980, S. 3). Neuere Definitionen beziehen auch Personen mit ein, die in NGOs oder Wirtschaftsunternehmen in Forschung und Entwicklung arbeiten (European Commission 2011; Hetmeier et al. 2014, S. 14). Da Personalstatistiken derzeit aber weder Auskunft über die Qualifikation noch über die Qualifikationsabsicht der Beschäftigten geben und auch der Beschäftigungsort bzw. die Art der Tätigkeit nur mit erheblicher Unschärfe ermittelt werden können, ist jede Quantifizierung nicht mehr als ein Annäherungsversuch. Deshalb wird des Öfteren auch vom „Potenzial" für den wissenschaftlichen Nachwuchs gesprochen, das, unabhängig von der tatsächlichen Tätigkeit und dem Karriereziel, alle Hochschulabsolvent(inn)en in Deutschland, die nicht älter als 35 Jahre sind, und alle Promovierten, die nicht älter als 45 Jahre sind, einschließt (Hetmeier et al. 2014, S. 13).

Im Wesentlichen ist der Begriff des wissenschaftlichen Nachwuchses demnach eine unscharfe Zuschreibungskategorie, mit der alle jungen Wissenschaftler/-innen bezeichnet werden sollen, die eine wissenschaftliche Karriere anstreben und (noch) keine Professur innehaben, und die zum Ausdruck bringt, „dass das deutsche Wissenschaftssystem prinzipiell nur Professoren kennt und solche, die es noch werden wollen" (Dörre und Neis 2008, S. 674). Historisch lässt sich die Relevanz der kollektiven Betrachtung einer Gruppe, die als wissenschaftlicher Nachwuchs bezeichnet wird, zwar durch die bis heute gültige Zuspitzung des akademischen Karrierewegs auf die Professur und die hohe Bedeutung des Meister-Schüler-Verhältnisses erklären, mit der gegenwärtig zu beobachtenden Ausdifferenzierung des wissenschaftlichen Karrierewegs (siehe unten) ist dieser Begriff jedoch nur noch schwerlich zu vereinbaren.

Wagen wir trotz aller Unschärfe eine statistische Betrachtung und richten den Blick dabei zunächst auf die allgemeinen Beschäftigungsoptionen von Hochschulabsolvent(inn)en und Promovierten, so zeigt sich in puncto Erwerbsbeteiligung ein positives Bild. Im Vergleich zu anderen Qualifikationsgruppen weist diese Gruppe die niedrigsten Erwerbslosen- und die höchsten Erwerbstätigenquoten auf, wobei Promovierte gegenüber Nicht-Promovierten noch einmal besser abschneiden. Allerdings sind die wenigsten von ihnen dauerhaft in der Wissenschaft tätig. Absolventenstudien zeigen z. B. für 2011, dass schon anderthalb Jahre nach der Promotion nur noch 25% der Promovierten an einer Hochschule oder einer außeruniversitären Forschungseinrichtung und 18% wissenschaftsnah in anderen Bereichen beschäftigt sind. In dieser Hinsicht gibt es jedoch eine starke Varianz zwischen den verschiedenen Fächern: Während 44% der Promovierten aus der Fächergruppe Geisteswissenschaften (einschließlich Psychologie) und 30% aus der Biologie an einer Hochschule oder außeruniversitären Forschungseinrichtung angestellt sind, trifft dies nur auf 6% in den Rechtswissenschaften und 4% in der Medizin (ohne Veterinärmedizin) zu. Mit 25% weist die Chemie den größten Anteil an Promovierten im privaten Forschungs- und Entwicklungsbereich auf (Konsortium Bundesbericht Wissenschaftlicher Nachwuchs 2013, S. 289–290). Insgesamt waren 2011 19% aller erwerbstätigen Promovierten unter 65 Jahren forschend tätig (Krenner und Horneffer 2013).

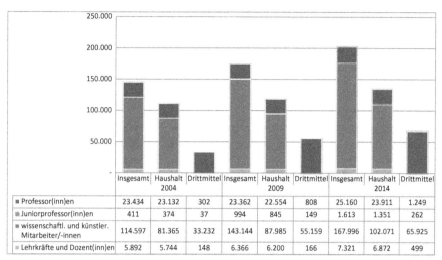

Quelle: DZHW-ICE-Systeme (Sonderauswertung des Statistischen Bundesamtes), eigene Darstellung

Erläuterung: Finanzierungsform Haushalt inkl. Finanzierung aus dem Stellenplan, sonstigen Haushaltsmitteln und Studiengebühren sowie ohne Angabe der Finanzierung. Wissenschaftliche und künstlerische Mitarbeiter/-innen inkl. (Ober-)Assistent(inn)en, Akademische Räte, Ingenieure. Lehrkräfte und Dozent(inn)en: inkl. Hochschul- und Universitätsdozent(inn)en und Lektor(inn)en, Lehrer(inn)en, Studienräte und Fachlehrer(inn)en

Abb. 1 Hauptberufliches wissenschaftliches Personal an Universitäten und gleichgestellten Hochschulen nach Finanzierungsform in den Jahren 2004, 2009 und 2014

Innerhalb der öffentlich finanzierten Wissenschaft hat sich die Beschäftigungssituation des wissenschaftlichen Personals in den letzten zehn Jahren erheblich verändert, was sich vor allem an einer massiven Expansion der Beschäftigtenzahlen im wissenschaftlichen Mittelbau, gestiegenen Anteilen von Drittmittelbeschäftigungen und einer Differenzierung des Aufgabenfelds (vgl. Wissenschaftsrat 2014) zeigt. Zwischen 2004 und 2014 hat sich der sogenannte Mittelbau (Dozent(inn)en und Assistent(inn)en, die wissenschaftlichen und künstlerischen Mitarbeiter/-innen sowie die Lehrkräfte für besondere Aufgaben) an den deutschen Universitäten und gleichgestellten Hochschulen von 120.489 auf 175.317 Personen, d. h. um rund 30 %, vergrößert.[1] Die Zahl der ordentlichen Professor(inn)en hingegen ist nur um 7 % von 23.434 auf 25.160 Personen gewachsen (Abb. 1). Die 1.613 Juniorprofessor(inn)en im Jahr 2014 fallen bei dieser Betrachtung kaum ins Gewicht. Der Anteil der Professor(inn)en am hauptberuflichen wissenschaftlichen Personal ist damit zwischen 2004 und 2014 von 16 % auf 12 % gefallen. Zum Vergleich: 1985 lag dieser Wert noch bei 23 % (Statistisches Bundesamt 1987).

Besonders stark ist die Zahl der Personen im Mittelbau gewachsen, die über Drittmittel finanziert werden – was vor allem eine Folge der gestiegenen Ausgaben

---

[1] Soweit nicht anders angegeben, beziehen sich die verwendeten Zahlen auf die Daten des Statistischen Bundesamtes (2005, 2015a).

des Bundes im Bereich Forschung und Entwicklung sein dürfte. Traf dies 2004 nur auf 27% zu, sind es zehn Jahre später 38%. Diese Entwicklung ist auch bei den Professor(inn)en zu beobachten, wenngleich auf geringerem Niveau. Hier hat sich die Zahl der drittmittelfinanzierten Personen zwischen 2004 und 2014 von 1% auf 5% auf etwa 1.200 Personen erhöht (das entspricht auch der Zahl der befristeten Professuren). Von den Juniorprofessor(inn)en werden mittlerweile 16% aus Drittmitteln finanziert.

Darüber hinaus schlagen sich die gestiegenen Studierendenzahlen in einer wachsenden Zahl von (hauptberuflich beschäftigten) Lehrkräften und Dozent(inn)en nieder. Von 2004 bis 2014 ist diese Gruppe an deutschen Universitäten (und gleichgestellten Hochschulen) um 20% von 5.892 auf 7.321 angestiegen. Noch stärker ist die Zahl der nebenberuflich beschäftigten Lehrbeauftragten gewachsen: von 2004 bis 2014 um 34% von 20.009 auf 30.268 (an Fach- und Verwaltungsfachhochschulen sogar um 140% von 20.922 auf 52.569).

Die öffentlich verfügbaren Zahlen für das wissenschaftliche Personal an außeruniversitären Forschungseinrichtungen sind mit denen für die Hochschulen nur schwer zu vergleichen, da erstere nur in Vollzeitäquivalenten (VZÄ) ausgewiesen werden. Gemessen in VZÄ sind 43% des gesamten wissenschaftlichen Personals in der öffentlich finanzierten Wissenschaft im außeruniversitären Sektor tätig, die allermeisten davon in den Instituten der vier großen deutschen Wissenschaftsorganisationen, der Max-Planck-Gesellschaft (MPG), der Helmholtz-Gemeinschaft (HGF), der Leibniz-Gemeinschaft (WGL) und der Fraunhofer-Gesellschaft (FhG) (Statistisches Bundesamt 2015b).

Die zunehmende Zahl drittmittelfinanzierter Stellen geht einher mit einer steigenden Zahl befristeter Arbeitsverträge und so überrascht es nicht, dass der Anteil von unbefristeten Stellen im akademischen Mittelbau an deutschen Universitäten und gleichgestellten Hochschulen zwischen 2004 und 2014 von 25% (30.477 von 120.489) auf 16% (28.639 von 175.317) gesunken ist. Zum erneuten Vergleich: 1980 waren 48% der akademischen (Ober-)Räte und der wissenschaftlichen und künstlerischen Mitarbeiter/-innen an deutschen Universitäten unbefristet beschäftigt (Waaijer 2015). Aufgrund der stetig wachsenden Anzahl der befristet Beschäftigten im wissenschaftlichen Bereich ist statistisch gesehen nicht nur das Erreichen einer Professur, sondern auch des Karriereziels wissenschaftlicher Mitarbeiter oder -mitarbeiterin im unbefristeten Anstellungsverhältnis für junge Wissenschaftler/-innen immer unwahrscheinlicher geworden. Mit Ausnahme der Hochschulkliniken hat sich der Anteil des befristet beschäftigten Personals im Zeitraum von 2004 bis 2014 in allen anderen Leistungsbereichen – in der Lehre, an den Zentraleinrichtungen der Universitäten (Hochschulverwaltung, Rechenzentren, Zentralbibliotheken sowie zentralen wissenschaftlichen Einrichtungen etc.) und an den Fakultäten – signifikant erhöht (vgl. Abb. 2).

Auch an den außeruniversitären Forschungseinrichtungen sind die Befristungsanteile stark gestiegen. Dabei gibt es jedoch große Unterschiede zwischen den verschiedenen Einrichtungen. Während der Anteil befristeter Stellen bei der Fraunhofer-Gesellschaft (FhG) und bei der Helmholtz-Gemeinschaft (HGF) bei knapp über 60% liegt, beträgt er bei der Leibniz-Gemeinschaft (WGL) und bei der

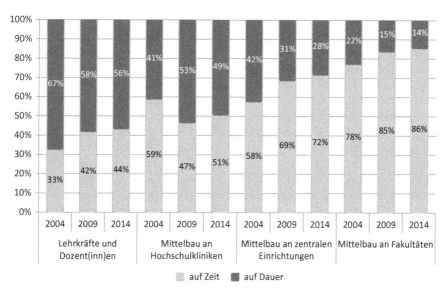

Quelle: Sonderauswertung des Statistischen Bundesamtes, eigene Darstellung

Erläuterung: Lehrkräfte und Dozent(inn)en: inkl. (außerordentlicher) Hochschul- und zent(inn)en und Lektor(inn)en, Lehrer(inn)en, Studienräte und Fachlehrer(inn)en. Die Gruppen Mittelbau an Hochschulkliniken, zentrale Einrichtungen sowie Fakultäten umfassen die Personalkategorien wissenschaftliche und künstlerische Mitarbeiter/-innen inkl. der Assistent(inn)en und akademischen Räte bzw. Mitarbeiter/-innen.

Abb. 2 Vertragssituation des Mittelbaus nach Leistungsbereichen an Universitäten und gleichgestellten Hochschulen in den Jahren 2004, 2009 und 2014 in Prozent

Max-Planck-Gesellschaft (MPG) 75%. Vermutlich ist das Anwachsen auch hier durch die zunehmenden Mitarbeiterstellen der Entgeltgruppe 13 bestimmt, in denen über 90% (HGF 86%) befristet beschäftigt sind. In den Entgeltgruppen 15 und 14 liegen die Befristungsanteile der HGF, WGL und FhG mit rund 10% bzw. rund 30% (MPG 39% bzw. 69%) deutlich niedriger (Gemeinsame Wissenschaftskonferenz 2015, S. 117).

Angesichts der Zunahme der Mittelbaustellen ist auch ein Anstieg der Promotionen zu erwarten. Tatsächlich ist die Zahl der Promotionen zwischen 2004 und 2014 von 23.138 auf 28.147 gestiegen, mit rund 20% jedoch weit weniger stark als die Zahl der Stellen im akademischen Mittelbau. Es ist eine offene empirische Frage, warum das Wachstum der Promotionen hinter dem der Mittelbaustellen zurückbleibt. Die Zahl der Habilitationen ist zwischen 2004 und 2014 von 2.283 auf 1.627 um 30% zurückgegangen. Durch die Einführung der Juniorprofessur und die gestiegene Zahl an Nachwuchsgruppen ist diese Zahl aber nicht als ein Rückgang von Wissenschaftlern und Wissenschaftlerinnen in der Bewährungsphase zu interpretieren, sondern als ein Bedeutungsverlust der Habilitation angesichts einer Ausdifferenzierung der Karrierewege.

3 Aktivitäten der Wissenschaftspolitik in den verschiedenen Phasen der wissenschaftlichen Karriere

Neben der Zuspitzung auf die Professur lässt sich seit Anfang der 1990er-Jahre auch eine politisch induzierte Diversifizierung der Zugangswege zur Professur feststellen. Der traditionelle „Königsweg" zur Professur, die Promotion und Habilitation auf universitären Assistentenstellen, gerät dabei immer stärker unter Druck. Sowohl in der Promotions- als auch in der Post-Doc-Phase zeigt sich eine Ausdifferenzierung der Finanzierungsmöglichkeiten und Beschäftigungsformen. Diese (neue) Unübersichtlichkeit ist (auch) die Folge einer Fülle an Einzelprogrammen und -initiativen, die sich jeweils auf spezifische Karrierephasen beziehen. Statt einer grundlegenden Reform des akademischen Karrierewegs hat es in den letzten Jahren eine Vielzahl kleinerer, zum Teil widersprüchlicher und selbstreflexiver Maßnahmen gegeben. Ein prominentes Beispiel ist die bereits erwähnte Juniorprofessur. Sie wurde zunächst mit großen Ambitionen eingeführt und blieb dann im Dickicht der „Politikverflechtung" (Scharpf) zwischen Bund und Ländern hängen. Durch die weitgehend fehlenden hausinternen Aufstiegsmöglichkeiten für die Stelleninhaber/-innen hat sie ihr Veränderungspotenzial zusätzlich eingebüßt und wurde kürzlich unter dem Pseudonym „Tenure-Track-Professur" vom Wissenschaftsrat (2014) wiederbelebt.

Im Folgenden werden die verschiedenen Qualifizierungs- und Beschäftigungsoptionen in der deutschen Wissenschaft und die aktuellen Aktivitäten der Wissenschaftspolitik in den verschiedenen Phasen der wissenschaftlichen Karriere kurz dargestellt.

3.1 Studium und Promotion

Der erste Schritt einer wissenschaftlichen Karriere ist oft die Anstellung als studentische bzw. wissenschaftliche Hilfskraft. In dieser Phase werden vielfach bereits wichtige Weichenstellungen für den späteren Karriereweg vorgenommen (vgl. Lenger 2009, S. 119; Schneickert 2013). Am Übergang vom Studium zur Promotion sind im Zuge der Bologna-Reformen, d. h. der Umstellung auf das zweistufige Bachelor-Master-System, an einigen wenigen Universitäten Möglichkeiten für junge Wissenschaftler/-innen geschaffen worden, einen „Fast-Track" zur wissenschaftlichen Karriere zu wählen. Die Zeit des Master-Studiums ist in diesem Modell Teil eines am US-amerikanischen Vorbild der Ph.D.-Ausbildung ausgerichteten Promotionsstudiengangs, für den zum Beispiel bei der MPG auch spezielle Stipendien vergeben werden.

Nach Abschluss des Studiums gibt es heutzutage viele Wege, wissenschaftlich tätig zu werden. Die am breitesten gefächerte und am weitesten verbreitete Stellenkategorie ist die der wissenschaftlichen und künstlerischen Mitarbeiter/-innen, die sowohl als Qualifikations- als auch als Funktionsstelle fungieren kann, sowohl drittmittel- als auch grundmittelfinanziert und sowohl an Hochschulen als auch an außeruniversitären Forschungseinrichtungen angesiedelt sein kann. Abseits von

Forschungsaufgaben kann sie auch noch eine Vielzahl anderer Tätigkeitsprofile umfassen. Daneben gibt es, mit Abweichungen zwischen den einzelnen Bundesländern, weitere Stellenkategorien, die entweder für bestimmte Karrierephasen reserviert sind – z. B. die Position als akademischer Oberrat bzw. akademische Oberrätin in Bayern (Promotion vorausgesetzt). Oder sie sind auf Lehrtätigkeiten fokussiert, z. B. Lehrkräfte für besondere Aufgaben.

Gesetzliche Grundlage für den Abschluss von befristeten Arbeitsverträgen mit dem wissenschaftlichen und künstlerischen Personal an staatlichen Hochschulen und Forschungseinrichtungen ist das 2007 erlassene und jüngst reformierte Wissenschaftszeitvertragsgesetz (WissZeitVG), das der Wissenschaft einen Sonderstatus hinsichtlich der Flexibilität von Arbeitsverträgen einräumt. Abweichend vom Teilzeit- und Befristungsgesetz (TzBfG), das Befristungen ohne sachlichen Grund nur bis zu einer Dauer von zwei Jahren erlaubt, sind Befristungen in der Wissenschaft bis zu sechs Jahre vor und bis zu sechs Jahre nach der Promotion (in der Medizin bis zu neun Jahre) möglich, bei der Betreuung von Kindern unter 18 Jahren verlängert sich diese Zeit um zwei Jahre je Kind. Für Beschäftigte, die überwiegend aus Drittmitteln finanziert werden (einschließlich des nichtwissenschaftlichen und nichtkünstlerischen Personals), gibt es keine zeitliche Beschränkung der Befristung. Im Gegensatz zum TzBfG ist das WissZeitVG außerdem nicht auf den Arbeitgeber, sondern auf die Person bezogen: Alle von einer Person eingegangenen Arbeitsverhältnisse im Geltungsbereich werden mit einbezogen. (Jongmanns 2011, S. 45).

Eine andere Finanzierungsquelle für die wissenschaftliche Arbeit sind Stipendien. Nach einem anfänglich starken Anwachsen ist der Anteil der Promovierenden, die mit öffentlichen Mitteln über Stipendien gefördert werden, seit Jahren bei etwa einem Viertel konstant geblieben (Enders und Bornmann 2001, S. 52). Im Wintersemester 2010/11 haben sich etwa 26% aller Promovierenden (ca. 52.300 von 200.000) über Stipendien finanziert (Statistisches Bundesamt 2012, S. 27–28). Das Spektrum der existierenden Fördermaßnahmen ist breit und umfasst verschiedene Formate von der Kurzzeitförderung über Büchergeld, ergänzende Unterstützungen bis hin zu langjähriger Förderung. Neben der Deutschen Forschungsgemeinschaft (DFG) und dem Deutschen Akademischen Austauschdienst (DAAD) übernehmen die 13 Begabtenförderwerke (u. a. die der parteinahen Stiftungen) einen Großteil der Förderung und organisieren die Vergabe der überwiegend vom Bundesministerium für Bildung und Forschung (BMBF) finanzierten Stipendien. Die Begabtenförderwerke nehmen insofern eine Sonderstellung ein, als sie neben der Förderung wissenschaftlicher Arbeit eine ideelle Zielsetzung verfolgen, indem die Persönlichkeitsentwicklung der Promovierenden sowie gesellschaftliches und politisches Engagement unterstützt werden. Daneben existiert eine Reihe kleinerer Stiftungen, die oftmals jedoch nicht mehr als eine Handvoll Stipendien pro Jahr vergeben. Hinzu kommt die Vergabe von Stipendien im Rahmen der Graduiertenförderung der Bundesländer sowie von einzelnen Instituten der MPG, WGL und der HGF. Insbesondere die DFG und mittlerweile auch die MPG sind jedoch dazu übergegangen, ihre Graduiertenförderung zunehmend in Form von sozialversicherungspflichtigen Mitarbeiterstellen auszugestalten.

Mit der Absicht, die Promotionsphase gegenüber dem traditionellen „Training-on-the-job"-Modell stärker zu strukturieren, die Promotionsdauer zu senken und die starke Bedeutung der individuellen Betreuung in einem exklusiven Meister-Schüler-Verhältnis durch mehrere Betreuer/-innen abzuschwächen (Korff und Roman 2013, S. 171), wurden in den letzten Jahren an den Universitäten zunehmend Programme wie Graduiertenschulen oder -kollegs und Promotionsstudiengänge eingerichtet. Im Zentrum dieser Programme steht eine teilweise sehr grob skizzierte Forschungsprogrammatik, in der die Doktorand(inn)en ihre Qualifikationsarbeiten thematisch verorten können. Angestoßen durch die Exzellenzinitiative, mehren sich zudem Formate wie Graduiertenakademien, die sich nicht auf einen Forschungsschwerpunkt konzentrieren, sondern für alle Promovierenden der jeweiligen Hochschule (und z. T. auch explizit für Post-Docs) Betreuungs-, Beratungs- und Zusatzqualifikationsangebote bereitstellen und eigene Stipendien vergeben. Zur hochschulinternen Koordination der Promotionsprogramme sind mit den „Graduate Schools" und Graduiertenakademien überdies zusätzliche Dachstrukturen entstanden, die fakultätsübergreifend die Registrierung von Doktorand/-innen organisieren und die Qualitätssicherung der Promotionsprogramme auf Basis einer Haushaltsfinanzierung kontinuierlich, auch über initiale Förderphasen hinaus, gewährleisten sollen (Lehmann und Fräßdorf 2014). Im Jahr 2012 verfügten zwei Drittel der promotionsberechtigten Hochschulen Deutschlands über solche Metastrukturen (Mittag 2013). Die Heterogenität der unterschiedlichen Programmformate in Bezug auf Zugangswege, Finanzierungsformen, inhaltliche Programmatik und die Stellung innerhalb der Universität ist groß.

Außerhalb der Universitäten sind mit den International Max Planck Research Schools bei der MPG, den Leibniz Graduate Schools bei der WGL sowie den Helmholtz-Kollegs und Helmholtz-Graduiertenschulen bei der HGF eigene Graduiertenprogramme entstanden. Auch hier lassen sich am Beispiel der HGF vergleichbare Entwicklungen erkennen: Während die Helmholtz-Kollegs einzelnen Zentren zugeordnet sind und in Kooperation mit einer Universität lokale Angebote für eine kleine Gruppe von thematisch eng kooperierenden Promovierenden machen, stellen die Helmholtz-Graduiertenschulen disziplinübergreifende Dachorganisationen mit dem Schwerpunkt auf Vermittlung überfachlicher Kompetenzen dar.

Erste Forschungsergebnisse deuten darauf hin, dass sich die mit den strukturierten Promotionsprogrammen eingeführte „Standardisierung unter einem Deckmantel von Struktur" (Korff und Roman 2013, S. 180) auch auf die Formen traditionellen Promovierens auswirkt, da Promovierende ohne Mitgliedschaft in strukturierten Promotionsprogrammen ebenfalls unter Bedingungen promovieren, die mit strukturierten Programmen assoziiert werden (Hauss et al. 2012). Viele Angebote der hochschulübergreifenden Programme stehen darüberhinaus auch Post-Docs offen. Die FhG bietet sogar ein überwiegend auf Post-Docs ausgerichtetes Programm an.

Ein großer Teil der Promovierenden, insgesamt fast ein Drittel (ca. 62.000), ist Schätzungen zufolge der Gruppe der externen Promovierenden zuzurechnen. Darunter fallen all jene Promovierenden, die entweder ohne Beschäftigung oder in einem nichtwissenschaftlichen Bereich angestellt sind (Schmiedel und Wolters 2013, S. 228). Diese Promotionsform ist insbesondere in den Rechts-, Wirtschafts-, Kunst- und

Erziehungswissenschaften verbreitet (Hauss et al. 2012). Bei der Interpretation dieser Zahlen muss jedoch die karrierefördernde Wirkung der Promotion in Deutschland auch über die Grenzen der Academia hinaus (Huber et al. 2012) berücksichtigt werden.

3.2 Post-Doc Phase

Neben der wissenschaftlichen Mitarbeiterstelle, die sowohl von Promovierenden als auch von Promovierten besetzt werden kann, gibt es eine Reihe von Positionen, die explizit für promovierte Wissenschaftler/-innen bestimmt sind. Im Modell der in den 1970er-Jahren eingeführten Besoldungsordnung C waren die Besoldungsstufen C1 und C2 als Habilitationsstellen vorgesehen. Im Zuge der Umstellung von einer an Dienstjahren orientierten Gehaltsbemessung auf eine stärker leistungsorientierte Vergütung mit Einführung der W-Besoldung im Jahr 2005 sind diese Stellen in wissenschaftliche Mitarbeiterstellen umgewandelt worden. Das heißt: Im deutschen Habilitationsmodell der wissenschaftlichen Karriere gibt es seitdem de facto keine Stellen für Habilitand(inn)en mehr. Zwischen 2004 bis 2014 ist die Zahl der Dozent(inn)en und Assistent(inn)en von 13.393 auf 3.431 gesunken (Statistisches Bundesamt 2005, 2015a).

Mit der Etablierung der Juniorprofessur im Jahr 2002 sollten die Bedeutung der Habilitation als Berufungsvoraussetzung abgeschwächt, die Karrierewege planbarer gestaltet und eine frühere Selbstständigkeit in Forschung und Lehre ermöglicht werden. Jedoch haben unter anderem verfassungsrechtliche Auseinandersetzungen zwischen Bund und Ländern dafür gesorgt, dass weit weniger Juniorprofessuren geschaffen wurden als ursprünglich geplant – statt der bei der Einführung mittelfristig anvisierten 6.000 waren es 2014 lediglich 1.613. Hinzu kommt, dass die Juniorprofessuren nur in den wenigsten Fällen tatsächlich mit einem Tenure Track, d. h. der Möglichkeit eines universitätsinternen Aufstiegs auf eine ordentliche Professur, verbunden sind. Einer aktuellen Studie der Jungen Akademie zufolge sind lediglich 13% der Juniorprofessuren mit einem Tenure-Track ausgestattet (Schularick et al. 2015, S. 12). Unter den derzeitigen Bedingungen stellt die Juniorprofessur demnach in den meisten Fällen lediglich einen zusätzlichen, wenn auch meist erfolgversprechenden Schritt auf dem Weg zur Professur dar. Eine weitere Karriereoption für Postdoktorand(inn)en sind die Nachwuchsgruppenprogramme, die neben der eigenen Stelle auch weitere Mitarbeiter/-innen-Stellen sowie die Ausstattung für die Etablierung, respektive Konsolidierung einer Forschergruppe, finanzieren (Emmy-Noether-Programm der DFG, ERC Starting Grants, Programme der HGF, MPG etc.). Die ersten Nachwuchsgruppen wurden bei der MPG bereits 1969 eingeführt, seit Mitte der 1990er-Jahre haben dann die anderen Forschungs(förder)organisationen nachgezogen und die Leitung einer selbstständigen Nachwuchsgruppe sukzessive als alternativen Qualifizierungsweg etabliert. Nachwuchsgruppenprogramme ähneln sich hinsichtlich der Zielgruppe (herausragende Wissenschaftler/-innen), ihrer Förderdauer von regulär fünf Jahren und in ihrem Förderumfang (Schnalzger 2013). Im Vergleich mit den Juniorprofessor(inn)en schätzen Nachwuchsgruppenleiter/-innen zwar ihre Ausstattung und ihre Autonomie in Forschung und Lehre höher ein, Schwachstellen sehen sie jedoch in ihrem unklaren Status zwischen Mittelbau und Professor(inn)enschaft und in der schlechten Integration in die institutionellen Strukturen (Huber und Böhmer 2012, S. 75).

Für formal bereits berufbare aber noch nicht berufene Postdoktorand(inn)en gibt es außerdem eine Fördermöglichkeit durch sogenannte Überbrückungsstipendien (z. B. das Heisenberg-Stipendium der DFG). Davon müssen Programme wie die Heisenberg- und die Humboldt-Professur unterschieden werden, die mit einem Berufungsverfahren verbunden sind und von der aufnehmenden Hochschule verlangen, eine Professor(inn)enstelle zu schaffen und diese nach der initialen fünfjährigen Förderung dauerhaft zu finanzieren. Ebenfalls auf die Übernahme durch eine Universität ausgerichtet sind das Juniorprofessur-Programm des Stifterverbands für die deutsche Wissenschaft sowie die Lichtenberg-Professuren der VolkswagenStiftung. Vergleichsweise neu sind Förderformate wie die Freigeist-Fellowships der VolkswagenStiftung, die explizit risikohafte Forschung unterstützen.

In Summe sind – trotz des Ausbleibens einer grundlegenden, am gesamten Karriereverlauf orientierten und auf die Etablierung alternativer Karriereziele abzielenden Reform – die Zeichen der Veränderung nicht zu übersehen: Mittlerweile führt die positive Evaluation der Juniorprofessur oder Nachwuchsgruppe mit höherer Wahrscheinlichkeit zur Professur als die Habilitation (alleine). Angaben der Max-Planck-Gesellschaft (o. A.) zufolge haben mehr als zwei Drittel der Forschungsgruppenleiter/-innen „den Schritt auf eine W2- oder W3-Stelle oder auf eine vergleichbare Position an einer Universität oder Forschungseinrichtung geschafft". Bei den Juniorprofessor(inn)en wird von ähnlich hohen Erfolgsquoten berichtet: Eine im Winter 2014 durchgeführte Befragung von 37 Hochschulen mit Promotionsrecht ergab einen Durchschnittswert von 72% (Nickel et al. 2015, S. 311). Über den Erfolg von Habilitand(inn)en lässt sich lediglich spekulieren: Das Verhältnis von Habilitationen und ausgeschriebenen Professuren lag 2011 bei fast 1 zu 1 (1.563 zu 1.538). Diese Gegenüberstellung ist jedoch aus mehreren Gründen nicht sehr aussagekräftig: Zum einen entfallen mehr als die Hälfte der Habilitationen, aber nur ein Fünftel der ausgeschriebenen Professuren auf die Fächergruppe Humanmedizin/Gesundheitswissenschaften. Zu erklären ist dies damit, dass die Habilitation in der Medizin nicht nur für eine wissenschaftliche Karriere, sondern auch für klinische Leitungspositionen qualifiziert. Zum anderen bewerben sich auch viele Professor(inn)en auf frei werdende Professuren, sei es um den Standort zu wechseln und/oder die eigene finanzielle Position zu verbessern. Die Zahl der ausgeschriebenen Professuren entspricht also nicht der Zahl der verfügbaren Stellen für noch nicht berufene Wissenschaftler/-innen. Hinzu kommt, dass durch den Erfolg der Juniorprofessor(inn)en und Nachwuchsgruppenleiter/-innen (mit oder ohne Habilitation) die Erfolgschancen der Habilitierten, die keine dieser Positionen bekleiden, zwangsläufig sinken. Schätzungen zufolge liegt das Verhältnis von Personen, die durch eine Habilitation, Juniorprofessur oder Nachwuchsgruppe die Berufungsfähigkeit erlangt haben, zu freiwerdenden Professuren derzeit auf das Jahr gerechnet bei etwa 3 zu 1 (Burkhardt 2014, S. 11).

Durch die Diversifizierung erhöht sich auch die Heterogenität der Karrierewege im Vergleich der Disziplinen. So weicht z. B. die Verteilung der Juniorprofessuren über die Fächer stark von der Verteilung der Habilitationen ab. Außerdem ist die Zahl der Juniorprofessor(inn)en, die sich parallel habilitieren (wollen), von Fach zu Fach sehr unterschiedlich (Berndt et al. 2014, S. 8). An diesen Verteilungen lassen sich also zum einen starke fachkulturelle Unterschiede, zum anderen aber auch eine hohe Unsicherheit im Hinblick auf die notwendigen Voraussetzungen für eine erfolgreiche Karriere ablesen. Dies dürfte die Folge einer Nachwuchspolitik sein, die sich bislang nur langsam strukturell vom Habilitationsmodell entfernt und punktuell Elemente des Tenure-Track-Modells eingeführt hat.

4   Karriereorientierungen des wissenschaftlichen Personals

Die Durchsicht der Literatur der letzten zehn Jahre zu den Karriereorientierungen und dem beruflichen Erfolg des wissenschaftlichen Personals in Deutschland fördert eine beeindruckende Fülle an Studien zutage. Die Basis für eine Reihe von Untersuchungen zu unterschiedlichen Themenbereichen bilden der „ProFile"-Datensatz des Instituts für Forschungsinformation und Qualitätssicherung (iFQ), der WinBus-Online-Accesspanel des Deutschen Zentrums für Hochschul- und Wissenschaftsforschung (DZHW, früher HIS) und die Befragung des europäischen Doktorandennetzwerks EURODOC (als Nachfolge der 2004 vom deutschen Doktorandennetzwerk THESIS durchgeführten Befragung). Einblick in die Situation der Wissenschaftler/-innen in bestimmten Karrierephasen geben die folgenden Untersuchungen: zu den Promovierenden (Ateş et al. 2011; Hauss et al. 2015; Jakeztat et al. 2012), zu Wissenschaftlern und Wissenschaftlerinnen in DFG-geförderten Projekten (Güdler et al. 2009), Juniorprofessor(inn)en (Berndt et al. 2014; Nickel et al. 2015) und zu Nachwuchsgruppenleiten und -leiterinnen (Böhmer et al. 2008; Böhmer und Hornbostel 2009). Das einhellige Ergebnis der vielen Studien, die nach der Motivlage junger Wissenschaftler/-innen fragen, ist, dass diese en gros einerseits hochgradig zufrieden mit der wissenschaftlichen Arbeitsweise und den Arbeitsinhalten sind, andererseits aber ebenso hochgradig unzufrieden mit den Aufstiegsmöglichkeiten, der Arbeitsplatzsicherheit und der Planbarkeit der Karriere (beispielhaft Jakeztat et al. 2010, S. 15–19; Jongmanns 2011, S. 81–84).

Daneben sind in den letzten Jahren einige, vorwiegend qualitative Studien zur Situation junger Wissenschaftler/-innen im deutschen Wissenschaftssystem veröffentlicht worden. Die Ergebnisse dieser Arbeiten werden meist in Form von Typologien präsentiert, die sich mit verschiedenen Abstufungen und Foki zwischen den Polen Aufstiegs- und Ausstiegsorientierung bewegen. Dass dabei die Beschreibungen der Typen und die identifizierten Gründe für die eine oder andere Orientierung voneinander abweichen, ist wohl darauf zurückzuführen, dass die Studien teilweise auf verschiedene Disziplinen und Karrierephasen fokussieren. Während der Ausstieg aus der Wissenschaft am Übergang von der Promotions- zur Post-Doc-Phase aus unterschiedlichen Gründen erfolgt – schlechte Erfahrungen in der Promotionszeit, Wunsch nach mehr Praxisnähe, Promotion als Teil der Berufsausbildung für die außerwissenschaftliche Arbeit etc. (Kahlert 2012; Klecha und Reimer 2008; Korff 2015), erscheint er mit zunehmendem Abstand zur Promotion als die aufgezwungene Konsequenz einer gefühlten Inkompatibilität der eigenen Ansprüche mit den (vergeschlechtlichten) Strukturen des Wissenschaftssystems – und zwar trotz einer hohen Leistungsbereitschaft und Motivation für die Wissenschaft (Funken et al. 2015). Insgesamt lässt sich erkennen, dass sowohl die berufliche Förderung und Unterstützung durch Betreuer/-innen und andere Mentor(inn)en (Fitzenberger und Schulze 2014, S. 300; Kahlert 2012, S. 71; Klecha und Reimer 2008, S. 57; Rogge 2015, S. 699) als auch die soziale Herkunft (vgl. Möller 2013; Jaksztat 2014) eine große Rolle für die Einschätzung der individuellen Karrierechancen und den beruflichen Erfolg spielen. Dabei zeigen sich jedoch auch fachspezifische Unterschiede: So kommen Jungbauer-Gans und Gross (2013), die Erfolgsfaktoren für den Übergang von der Habilitation bis zur Berufung für die Fächer Rechtswissenschaft, Soziologie und Mathematik untersucht haben, zu dem Schluss, dass der Einfluss von Partnerschaftskonstellationen, Publikationsindizes, Geschlecht und sozialem Kapital von Fach zu Fach variiert. Während habilitierte Frauen in der Soziologie unter sonst gleichen Bedingungen bessere Chancen auf eine Berufung haben als Männer und das Geschlecht in den beiden anderen Fächern keinen signifikanten Einfluss zu haben scheint, ist die Bedeutung der sozialen Herkunft nur in der Mathematik und der Rechtwissenschaft, nicht aber in der Soziologie, nachweisbar.

5 Fazit

Die wissenschaftliche Karriere in Deutschland steckt derzeit irgendwo im Dickicht zwischen den beiden Idealtypen des Habilitations- und des Tenure-(Track)-Modells fest – eine Situation, die durch die Gleichzeitigkeit einer Diversifizierung der Zugangswege zur Professur einerseits und der Zuspitzung auf das Karriereziel Professur als Endposition andererseits charakterisiert ist. Mitunter wirken die aktuellen Karrierebedingungen des sogenannten wissenschaftlichen Nachwuchses wie eine bizarre Mischung aus den Nachteilen beider Systeme. Seit 2013/14 hat die Debatte über die Attraktivität des wissenschaftlichen Berufsweges jedoch merklich an Fahrt aufgenommen. Die zentralen Akteure der deutschen Wissenschaftspolitik, die Repräsentant(inn)en der Wissenschaftsorganisationen, die Gewerkschaften und die politischen Parteien sind sich mittlerweile fast einig in der Problemanalyse. Uneinigkeit besteht aber noch über die Mittel der Veränderung. Kaum je war die Gefahr, dass ein Handbuchbeitrag von der politischen Wirklichkeit überholt wird, größer als in diesen Tagen. Eine Novelle des Wissenschaftszeitvertragsgesetzes ist verabschiedet worden und die Diskussion über einen sogenannten „Pakt für den wissenschaftlichen Nachwuchs" im vollen Gange. Parallel ist der Bund bestrebt, die Datenlage im Bereich wissenschaftlicher Nachwuchs zu verbessern und hat in diesem Bereich eine Machbarkeitsstudie zur Doktorandenerfassung (Hornbostel 2012) sowie Sondererhebungen in Auftrag gegeben, die die Promovierenden (Statistisches Bundesamt 2012) sowie nicht promovierte Hochschulabsolvent(inn)en und Promovierte (Krenner und Horneffer 2013) entlang wichtiger Strukturmerkmale beschreiben. Im Juli 2014 hat der Wissenschaftsrat außerdem die bereits mit der Einführung der Juniorprofessur verbundenen Ziele erneuert und erweitert. In seinen

„Empfehlungen zu Karrierezielen und -wegen an Universitäten" (2014, S. 14) fordert er bundesweit einen Aufwuchs um 7.500 Professuren an Universitäten und gleichgestellten Hochschulen und einen Anteil an Tenure-Track-Professuren an allen Professuren von etwa einem Fünftel. Während diese Forderung derzeit vergleichsweise großen Widerhall in der wissenschaftspolitischen Diskussion hervorruft, wird die ergänzende Empfehlung, neben der Professur weitere Karriereziele für das wissenschaftliche Personal, wie z. B. die unbefristete Anstellung als wissenschaftlicher Mitarbeiter oder wissenschaftliche Mitarbeiterin anzubieten, jedoch kaum diskutiert.

Es ist also vieles in Bewegung, ob sich aber in absehbarer Zeit die Beschäftigungs- und Qualifizierungsbedingungen in der deutschen Wissenschaft verbessern, wird wohl vor allem davon abhängen, ob sich die politischen Aktivitäten wie bisher in vielfältigen Einzelmaßnahmen und -programmen erschöpfen oder ob ein großflächiger Umbau des wissenschaftlichen Berufsweges gelingt. Dazu müssen Bund und Länder stärker als bisher zusammenarbeiten. Nur wenn die Gelder des Bundes nicht mehr (fast) ausschließlich zur Finanzierung von befristeten Stellen genutzt werden, sondern die Investitionen von Bund und Ländern besser aufeinander abgestimmt sind und sich am gesamten Karriereverlauf der Wissenschaftler/-innen orientieren, ist eine nachhaltige Reform realistisch.

Schlussendlich steht die deutsche Wissenschaft nicht nur vor der Aufgabe, den wissenschaftlichen Karriereweg grundlegend zu reformieren, sondern in einer wissensbasierten Ökonomie auch die Ausbildungsfunktion der Hochschulen für verschiedene gesellschaftliche Bereiche konsequent zu reflektieren. Dazu gehören neben der Kompetenzvermittlung für den außerwissenschaftlichen Bereich eine vorausschauende Personalpolitik im Sinne einer besseren Planung und Planbarkeit der individuellen Karrieren sowie die Förderung der Durchlässigkeit in andere berufliche Sektoren. Stattdessen sind Ein- und Ausstiege aus einer wissenschaftlichen Tätigkeit in Deutschland bislang fast vollständig individuellen Entscheidungen und strukturellen Zwängen überlassen. Dies zu verändern ist eine Aufgabe, die sowohl die Wissenschaftspolitik als auch die Hochschulen und außeruniversitären Forschungseinrichtungen und die Wissenschaftler/-innen selbst adressiert. In Zeiten, in denen die Studienanfängerquote in Deutschland bei über 50% liegt (OECD 2015, S. 447), die Zahl der Akademiker/-innen am Arbeitsmarkt stetig ansteigt und mehr Personen denn je, zumindest für einen Teil ihres Erwerbslebens, wissenschaftlich tätig sind, ist eine stärkere Debatte über die Adäquanz und Durchlässigkeit der wissenschaftlichen Ausbildung dringend vonnöten.

Literatur

Arthur, Michael B., und Denise M. Rousseau, Hrsg. 1996. *The boundaryless career. A new employment principle for a new organizational era*. New York: Oxford University Press.

Ateş, Gülay, Karoline Holländer, Nadia Koltcheva, Snežana Kristić, und Filomena Parada. 2011. *Eurodoc survey I. The first Eurodoc survey on doctoral candidates in twelve European countries: descriptive report*. Brüssel: Eurodoc.

Baruch, Yehuda, und Douglas T. Hall. 2004. The academic career: A model for future careers in other sectors? *Journal of Vocational Behavior* 64(2): 241–262.

Berndt, Sarah, Anke Burkhardt, und Annika Rathmann. 2014. *„Ein tolles Sprungbrett ... in einen leeren Pool?" Juniorprofessur und Nachwuchsgruppenleitung im Meinungsbild von Postdocs*. Wittenberg: Institut für Hochschulforschung (HoF).
Böhmer, Susan, und Stefan Hornbostel. 2009. Postdocs in Deutschland. Nachwuchsgruppenleiterprogramme im Vergleich. iFQ-Working Paper 6. Bonn: iFQ.
Böhmer, Susan, Stefan Hornbostel, und Michael Meuser. 2008. Postdocs in Deutschland: Evaluation des Emmy Noether-Programms. iFQ-Working Paper 3. Bonn: iFQ.
Burkhardt, Anke. 2014. Zu Chancen und Risiken einer wissenschaftlichen Karriere. *Wissenschaftlerinnen-Rundbrief* 1:10–11.
Dörre, Klaus, und Matthias Neis. 2008. Geduldige Prekarier. Unsicherheit als Wegbegleiter wissenschaftlicher Karrieren. *Forschung & Lehre* 15(10): 672–674.
Enders, Jürgen, und Lutz Bornmann. 2001. *Karriere mit Doktortitel? Ausbildung, Berufsverlauf und Berufserfolg von Promovierten*. Frankfurt a. M./New York: Campus.
European Commission. 2011. *Towards a European framework for research careers*. Brüssel: European Commission.
Fitzenberger, Bernd, und Ute Schulze. 2014. Up or out: Research incentives and career prospects of postdocs in Germany. *German Economic Review* 15(2): 287–328.
Funken, Christiane, Jan-Christoph Rogge, und Sinje Hörlin. 2015. *Vertrackte Karrieren. Zum Wandel der Arbeitswelten in Wirtschaft und Wissenschaft*. Frankfurt a. M.: Campus.
Gemeinsame Wissenschaftskonferenz. 2015. *Pakt für Forschung und Innovation: Monitoring-Bericht 2015*. Bonn: Gemeinsame Wissenschaftskonferenz.
Glaser, Barney G., Hrsg. 1968. *Organizational careers. A sourcebook for theory*. Rutgers: Transaction Publishers.
Güdler, Jürgen, Alexis-Michel Mugabushaka, Dominik Sack, und Beate Wilhelm. 2009. *Nachwuchswissenschaftlerinnen und Nachwuchswissenschaftler in DFG-geförderten Forschungsprojekten. Rekrutierungen, Erfahrungen, Perspektiven*. Bonn: Deutsche Forschungsgemeinschaft (DFG).
Hall, Douglas T., und Philip H. Mirvis. 1996. The new protean career: Psychological success and the path with a heart. In *The career is dead – Long live the career. A relational approach to careers*, Hrsg. Douglas T. Hall, 15–45. San Francisco: Jossey-Bass Publishers.
Hauss, Kalle, Marc Kaulisch, Manuela Zinnbauer, Jakob Tesch, Anna Fräßdorf, Sybille Hinze, und Stefan Hornbostel. 2012. Promovierende im Profil: Wege, Strukturen und Rahmenbedingungen von Promotionen in Deutschland. Ergebnisse aus dem ProFile-Promovierendenpanel. iFQ-Working Paper 13. Berlin: iFQ.
Hauss, Kalle, Marc Kaulisch, und Jakob Tesch. 2015. Against all odds: Determinants of doctoral candidates' intention to enter academia in Germany. *International Journal for Researcher Development* 6(2): 122–143.
Herrmann, Dirk. 2012. Das Professorenamt auf Zeit. *Forschung & Lehre* 19(5): 390–391.
Hetmeier, Heinz-Werner, Miriam Wolters, Karl-Heinz Minks, Anke Schwarzer, Johannes Geffers, Andrä Wolter, Stefan Hornbostel, Anna Fräßdorf, Jakob Tesch, Anke Burkhardt, Karsten König, Carlotta Bonny, Anna Kosmützky, Ulrich Teichler, Mirco Wipke, und Charlotte Pfeil. 2014. *Indikatorenmodell für die Berichterstattung zum wissenschaftlichen Nachwuchs. Endbericht 2014*.
Hornbostel, Stefan. 2012. Wer promoviert in Deutschland? Machbarkeitsstudie zur Doktorandenerfassung und Qualitätssicherung von Promotionen an deutschen Hochschulen. iFQ-Working Paper 14. Berlin: iFQ.
Huber, Natalie, und Susan Böhmer. 2012. Karrierewege von Promovierten in der Wissenschaft. In *Der Doktortitel zwischen Status und Qualifikation*, 69–84. Berlin: iFQ.
Huber, Natalie, Anna Schelling, und Stefan Hornbostel. 2012. Der Doktortitel zwischen Status und Qualifikation. iFQ-Working Paper 12. Berlin: iFQ.
Hüther, Otto, und Georg Krücken. 2011. Wissenschaftliche Karriere und Beschäftigungsbedingungen. Organisationssoziologische Überlegungen zu den Grenzen neuer Steuerungsmodelle an deutschen Hochschulen. *Soziale Welt* 62: 305–325.

Jaksztat, Steffen. 2014. Bildungsherkunft und Promotionen: Wie beeinflusst das elterliche Bildungsniveau den Übergang in die Promotionsphase? *Zeitschrift für Soziologie* 43(4): 286–301.
Jaksztat, Steffen, Nora Schindler, und Kolja Briedis. 2010. *Wissenschaftliche Karrieren. Beschäftigungsbedingungen, berufliche Orientierungen und Kompetenzen des wissenschaftlichen Nachwuchses*. Hannover: HIS.
Jaksztat, Steffen, Kolja Briedis, und Nora Preßler. 2012. *Promotionen im Fokus. Promotions- und Arbeitsbedingungen Promovierender im Vergleich*. Hannover: HIS.
Janson, Kerstin, Harald Schomburg, und Ulrich Teichler. 2007. *Wege zur Professur. Qualifizierung und Beschäftigung an Hochschulen in Deutschland und den USA*. Münster: Waxmann.
Jongmanns, Georg. 2011. *Evaluation des Wissenschaftszeitvertragsgesetzes (WissZeitVG). Gesetzesevaluation im Auftrag des Bundesministeriums für Bildung und Forschung*. Hannover: HIS.
Jungbauer-Gans, Monika, und Christiane Gross. 2013. Determinants of Success in University Careers: Findings from the German Academic Labor Market. *Zeitschrift für Soziologie* 42(1): 74–92.
Kahlert, Heike. 2012. Was kommt nach der Promotion? Karriereorientierungen und -pläne des wissenschaftlichen Nachwuchses im Fächer- und Geschlechtervergleich. In *Einfach Spitze? Neue Geschlechterperspektiven auf Karrieren in der Wissenschaft*, Hrsg. Sandra Beaufaÿs, Anita Engels, und Heike Kahlert, 57–86. Frankfurt a. M.: Campus.
Klecha, Stephan, und Melanie Reimer. 2008. Wissenschaft als besonderer Arbeitsmarkt. Grundtypologien des Umgangs mit unsicherer Beschäftigung beim wissenschaftlichen Personal. In *Die Beschäftigungssituation von wissenschaftlichem Nachwuchs*, Hrsg. Stephan Klecha und Wolfgang Krumbein, 13–87. Wiesbaden: VS Verlag für Sozialwissenschaften.
Konsortium Bundesbericht Wissenschaftlicher Nachwuchs. 2013. *Bundesbericht Wissenschaftlicher Nachwuchs 2013. Statistische Daten und Forschungsbefunde zu Promovierenden und Promovierten in Deutschland*. Bielefeld: Bertelsmann.
Korff, Svea. 2015. *Lost in Structure*. Wiesbaden: Springer VS.
Korff, Svea, und Navina Roman. 2013. *Promovieren nach Plan? Chancengleichheit in der strukturierten Promotionsförderung*. Wiesbaden: Springer VS.
Kreckel, Reinhard, und Karin Zimmermann. 2014. *Hasard oder Laufbahn. Akademische Karrierestrukturen im internationalen Vergleich*. Leipzig: AVA.
Krenner, Daniela, und Birgit Horneffer. 2013. *Hochqualifizierte in Deutschland. Erhebung zu Karriereverläufen und internationaler Mobilität von Hochqualifizierten 2011*. Wiesbaden: Statistisches Bundesamt.
Lehmann, Brigitte, und Anna Fräßdorf. 2014. Qualitätssicherungsmaßnahmen der Humboldt Graduate School. *Qualität in der Wissenschaft (QiW)* 8(4): 90–92.
Lenger, Alexander. 2009. Ökonomisches, kulturelles und soziales Kapital von Promovierenden. Eine deskriptive Analyse der sozialen Herkunft von Doktoranden im deutschen Bildungswesen. *die hochschule* 2:104–125.
Max-Planck-Gesellschaft. o. A. Max-Planck-Forschungsgruppen. Frühe Autonomie mit eigenem Budget. http://www.mpg.de/max_planck_forschungsgruppen. Zugegriffen am 13.07.2015.
Mittag, Sandra. 2013. Strukturierte Doktorandenausbildung an Hochschulen jenseits von Drittmittelfinanzierung. In *Bundesbericht Wissenschaftlicher Nachwuchs 2013. Statistische Daten und Forschungsbefunde zu Promovierenden und Promovierten in Deutschland*, 143–147. Bielefeld.
Möller, Christina. 2013. Wie offen ist die Universitätsprofessur für soziale Aufsteigerinnen und Aufsteiger. *Soziale Welt* 64(4): 341–360.
Nickel, Sigrun, Vitus Püttmann, und Sindy Duong. 2015. Karrierewege im Vergleich – aus Sicht ehemaliger Postdocs. In *Die Juniorprofessur. Neue und alte Qualifizierungswege im Vergleich*, Hrsg. Anke Burkhardt und Sigrun Nickel, 293–402. Baden-Baden: Nomos.
OECD. 2015. *Bildung auf einen Blick 2015*. Paris: OECD-Indikatoren.
Peiperl, Maury, und Yehuda Baruch. 1997. Back to square zero: the post-corporate career. *Organizational Dynamics* 25(4): 7–22.

Rogge, Jan-Christoph. 2015. The winner takes it all? Die Zukunftsperspektiven des wissenschaftlichen Mittelbaus auf dem akademischen Quasi-Markt. *KZfSS Kölner Zeitschrift für Soziologie und Sozialpsychologie* 67(4): 685–707.
Schmiedel, Sven, und Miriam Wolters. 2013. Promovierende in Deutschland. In *Bundesbericht Wissenschaftlicher Nachwuchs 2013. Statistische Daten und Forschungsbefunde zu Promovierenden und Promovierten in Deutschland*, 219–231. Bielefeld: Bertelsmann.
Schnalzger, Barbara. 2013. Entwicklungen und Trends in der Förderpraxis. In *Bundesbericht Wissenschaftlicher Nachwuchs 2013. Statistische Daten und Forschungsbefunde zu Promovierenden und Promovierten in Deutschland,* 88–104. Bielefeld: Bertelsmann.
Schneickert, Christian. 2013. *Studentische Hilfskräfte und MitarbeiterInnen.* Konstanz: UVK.
Schularick, Moritz, Jule Specht, und Sibylle Baumbach. 2015. *Berufungspraxis bei Juniorprofessuren in Deutschland 2005–2013. Studie der AG Wissenschaftspolitik der Jungen Akademie.* Junge Akademie.
Statistisches Bundesamt. 1987. *Fachserie 11 Reihe 4.4 – Bildung und Kultur. Personal an Hochschulen 1985.* Wiesbaden.
Statistisches Bundesamt. 2005. *Fachserie 11 Reihe 4.4 – Bildung und Kultur. Personal an Hochschulen 2004.* Wiesbaden.
Statistisches Bundesamt. 2012. *Promovierende in Deutschland.* Wiesbaden.
Statistisches Bundesamt. 2015a. *Fachserie 11 Reihe 4.4 – Bildung und Kultur. Personal an Hochschulen 2014.* Wiesbaden.
Statistisches Bundesamt. 2015b. *Fachserie 14 Reihe 3.6* – Finanzen und Steuern: Ausgaben, Einnahmen und Personal der öffentlichen und öffentlich geförderten Einrichtungen für Wissenschaft, Forschung und Entwicklung 2013. Wiesbaden.
Turner, George. 1981. Die Hochschulen in den 80er-Jahren. *Physikalische Blätter* 37(7): 161–166.
Waaijer, Cathelijn J. F. 2015. The coming of age of the academic career: Differentiation and professionalization of German academic positions from the 19th century to the present. *Minerva* 53(1): 43–67.
Weber, Max. 1995/1919. *Wissenschaft als Beruf.* Stuttgart: Reclam.
Wentland, Alexander, Andreas Knie, Lisa Ruhrort, Dagmar Simon, Jürgen Egeln, Birgit Aschhoff und Christoph Grimpe. 2012. *Forschen in getrennten Welten. Konkurrierende Orientierungen zwischen Wissenschaft und Wirtschaft in der Biotechnologie.* Baden-Baden: Nomos.
Wissenschaftsrat (WR). 1980. *Empfehlung zur Förderung des wissenschaftlichen Nachwuchses.* Köln.
Wissenschaftsrat (WR). 2014. *Empfehlungen zu Karrierezielen und -wegen an Universitäten.* Dresden.

Neue Wissenschaftspolitik der Gleichstellung in Deutschland

Karin Zimmermann

Inhalt

1 Einleitung 375
2 Statistische Befunde zur Chancenungleichheit in Forschung und Wissenschaft 377
3 Diskurse um die Inklusion von Exzellenz und Gender 379
4 Gleichstellungsstandards im Kontext von New Public Management 380
    4.1 Geld für die Berufung von Professorinnen 383
    4.2 Quasi-Wettbewerb um die Reputation der DFG 385
    4.3 Zielquoten ohne Sanktion und Verlust von Reputation 387
5 Fazit 388
Literatur 391

1 Einleitung

Der kognitive Widerstand gegenüber dem Befund der Ungleichbehandlung von Männern und Frauen ist gerade in der Wissenschaft groß. Die unzureichende Repräsentanz von Frauen vor allem in den Führungspositionen in Wissenschaft und Forschung gehört nach wie vor zu den gravierendsten Defiziten der wissenschaftlichen Einrichtungen in Deutschland (WR 2007a, S. 39).

Mit diesen Feststellungen beschloss der Wissenschaftsrat seine „Empfehlungen zur Chancengleichheit von Wissenschaftlerinnen und Wissenschaftlern" (WR 2007a). Zu ihrer Vorbereitung und um die Dringlichkeit der Probleme auch medienwirksam zu signalisieren, hatte der Wissenschaftsrat im November 2006 Entscheidungsträger aus Hochschulen und Forschungsorganisationen, der Wissenschafts- und Forschungspolitik sowie Expertinnen aus Geschlechterforschung und

---

K. Zimmermann (✉)
Wissenschaftszentrum Berlin für Sozialforschung gGmbH, Berlin, Deutschland
E-Mail: karin.zimmermann@wzb.eu

Gleichstellungspolitik zur Tagung „Exzellenz in Wissenschaft und Forschung. Neue Wege in der Gleichstellungspolitik" (WR 2007b) geladen. Das wichtigste Ergebnis der Tagung war die „Offensive für Chancengleichheit von Wissenschaftlerinnen und Wissenschaftlern" (WR 2007b, S. 151–165). Darauf verständigten sich die großen Wissenschafts- und Forschungsorganisationen. Dazu gehören die Deutsche Forschungsgemeinschaft (DFG) und die vier außeruniversitären Forschungsorganisationen: die Fraunhofer (FhG) und die Max-Planck-Gesellschaft (FhG/MPG) sowie die Helmholtz- und die Leibniz-Gemeinschaft (HGF/WGL). Sie verpflichteten sich selbst, den Anteil von Frauen vor allem in den Führungspositionen ihrer Organisationen im Zeitraum von fünf Jahren deutlich anzuheben. Fünf Jahre später stellte der Wissenschaftsrat fest, dass ihre „Offensive" zwar erste Impulse gesetzt, zentrale Ziele jedoch nicht erreicht habe. Vor allem fehle es der Entwicklung an Dynamik. Der Wissenschaftsrat empfahl daher, die gleichstellungspolitischen Ziele „konkreter als 2006 zu formulieren, überprüfbarer zu strukturieren und mit organisationsinternen finanziellen Anreizen auszugestalten" (WR 2012, S. 39).

Im Folgenden stehen die seit Mitte der 2000er-Jahre ergriffenen Aktivitäten der Wissenschaftsorganisationen (DFG, WR und außeruniversitäre Forschungsorganisationen) in der Konstellation mit den staatlichen Akteuren (Bund und Länder) im Vordergrund. Die Wissenschaftsorganisationen wurden seit den 2000er-Jahren stärker denn je als gleichstellungspolitische Akteure sichtbar, während sich die Gleichstellungspolitik im Wissenschaftsbereich seit den 1980er-Jahren *bottom up,* ausgehend von den Frauen- und Gleichstellungsbeauftragten in den Hochschulen entwickelte (Matthies und Zimmermann 2010; Blome et al. 2013). Hier stehen die großen Wissenschaftsorganisationen als neue Akteure einer staatlichen Gleichstellungspolitik im Wissenschaftsbereich und die gleichstellungspolitischen Effekte ihrer Politik im Zentrum. Als empirisches Anschauungsmaterial dienen die beiden Pakte zwischen Wissenschaft und Staat: die Exzellenzinitiative, der Pakt für Forschung und Innovation sowie das von Bund und Ländern aufgelegte Professorinnen-Programm und die von der DFG implementierten forschungsorientierten Gleichstellungsstandards.

Im Ergebnis erweist sich die neue deutsche Wissenschaftspolitik der Gleichstellung als der Versuch, internationale Standards einer inklusiven Exzellenz und eine quasi-wettbewerbliche staatliche Gleichstellungspolitik zu integrieren (Zippel et al. 2016).[1] Dabei produziert sie Widersprüchlichkeiten und stößt an Grenzen, die die fehlende Entwicklungsdynamik, die der Wissenschaftsrat den Wissenschaftsorganisationen bereits 2007 (s. o.) attestiert hatte, in die Zukunft verlängert. Erklärungen dafür werden im Fazit organisationstheoretisch reflektiert. Die folgenden statistischen Befunde sollen einige der bestehenden Defizite verdeutlichen, mit denen jede Wissenschaftspolitik der Gleichstellung strukturell konfrontiert ist.

---

[1]Dieser Beitrag profitiert von meiner Forschungskooperation mit Kathrin Zippel und Myra Marx-Ferree und der daraus hervorgegangenen Publikation „Gender Equality in German Universities: Vernacularizing the Battle for the Best Brains" (Zippel et al. 2016). Beiden Kolleginnen gilt mein Dank. Die Verantwortung für den Text liegt allein bei der Autorin.

2 Statistische Befunde zur Chancenungleichheit in Forschung und Wissenschaft

Befunde zur Unterrepräsentanz von Frauen in der Wissenschaft in Deutschland werden von der Gemeinsamen Wissenschaftskonferenz (GWK) regelmäßig als „Fortschreibung des Datenmaterials zu den Frauenanteilen in Hochschulen und außerhochschulischen Forschungseinrichtungen" publiziert.

Für die letzten circa 20 Jahre (1993 bis 2012) weist die GWK-Statistik für die deutschen Hochschulen von den Studienabschlüssen bis zur Professur zum Teil erhebliche Anstiege der Frauenanteile aus (vgl. Abb. 1). Das gilt insbesondere für Promotionen. Zwischen 1993 und 2012 stieg der Frauenanteil an den Promovierten von knapp 29 auf gut 45%. Der Promotionsanteil dient der Gleichstellungspolitik, z. B. entsprechend dem Kaskaden-Modell (vgl. 4.3), oft als Richtschnur für die Steigerung der Anteile bei den Postdoc-Positionen (z. B. Habilitation) und bei den Professuren. Auch hier waren in den letzten 20 Jahren Anstiege zu verzeichnen. Dennoch besteht das gravierende Defizit der geringen Frauenanteile bei den Professuren an den deutschen Hochschulen wie auch in den Führungspositionen der außeruniversitären Forschungsorganisationen fort. Auch in den außeruniversitären Forschungsorganisationen lag der Frauenanteil an den Promovierten 2012 bei etwa 45% (GWK 2014a, S. 29, 31), in den Führungspositionen hingegen bei 19,8% (MPG), 15,8% (WGL), 12,7% (HGF) und nur 4,0% (FhG).

Mit diesen vergleichsweise geringen Frauenanteilen an der Spitze der deutschen Wissenschaft steht der *latecomer* Deutschland vor allem im forschungspolitischen Kontext der Europäischen Union (EU) seit Jahren in der Kritik. Die seit 2009 von

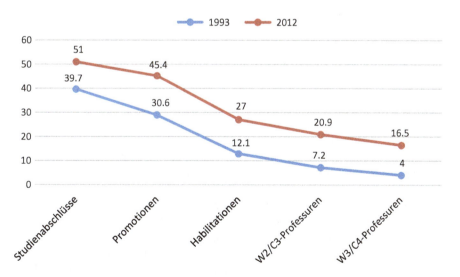

Abb. 1 Frauenanteile im Karriereverlauf 1993 und 2012, Deutschland, nur Hochschulen. Quelle: GWK 2014a, S. 10 und Tab. 4.1, eigene Darstellung

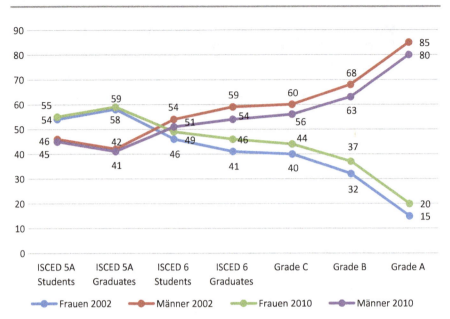

Abb. 2 Frauen- und Männeranteile im Karriereverlauf 2002 und 2010, EU 27. Quelle: EC 2012, She Figures, S. 88, Abb. 3.1, eigene Darstellung

der EU im Ländervergleich publizierten She Figures (zuletzt EC 2012) weisen einen Frauenanteil von durchschnittlich 33 % am europäischen Forschungspersonal insgesamt aus. Deutschland (25 %) gehört mit Luxemburg (21 %) und den Niederlanden (26 %) zu den Schlusslichtern (EC 2012, S. 26, Abb. 1.6).

Obwohl sich die Frauenanteile in der EU wie auch hierzulande in den Qualifikationsstufen vor der Professur langsam erhöht haben, öffnet sich im wissenschaftlichen Karriereverlauf zwischen Männern und Frauen nach wie vor eine Schere. Die scherenförmige Auseinanderentwicklung vom Studium über die Qualifikationsphasen bis zur Professur zeigt die strukturelle vertikale Segregation an, die in Abb. 2 im Durchschnitt der EU 27-Staaten im Vergleich der Jahre 2002 und 2010 dargestellt ist: von den Studienabschlüssen über die Promotion (ISCED 6 Graduates) bis zur höchstdotierten Professur (Grade A) nimmt die Unterrepräsentanz der Frauen zu. Während ihr Anteil bei den Promovierten (ISCED 6 Graduates) 2010 im EU 27-Durchschnitt bei 46 % lag, betrug der Anteil bei den Grade A (das sind in Deutschland die W3/C4-Professuren) nur noch 20 % (EC 2012, S. 88, Abb. 3.1).

Neben dieser vertikalen verläuft eine horizontale, geschlechtsspezifische Segregationslinie zwischen den Fächern. Bei z. T. großen Unterschieden zwischen den Fächern stellt sich auch die horizontale Segregation in Deutschland (vgl. BuWiN 2013, S. 243–249) und in der Europäischen Union strukturähnlich dar: In den Geistes- und Sozialwissenschaften liegen die Frauenanteile generell höher als in den MINT-Fächern (Mathematik, Ingenieurwissenschaften, Naturwissenschaften, Technik). Zum Beispiel lagen im EU-Durchschnitt die Frauenanteile (2010) bei den *Grade A* Positionen (Professuren) in den Geisteswissenschaften bei 28,4%, in den Sozialwissenschaften bei 19,4% und in MINT-Bereich bei nur knapp 8% (EC 2012, S. 6).

Mit beiden strukturellen Defiziten, der geschlechtsspezifischen horizontalen und der vertikalen Segregation, ist jede Wissenschaftspolitik der Gleichstellung in ganzer Breite konfrontiert. Dabei war und ist sowohl für die EU wie auch für die deutsche Gleichstellungspolitik im Wissenschaftsbereich eine Fokussierung auf MINT und damit nicht zuletzt die Ausklammerung von Defiziten in den anderen Bereichen festzustellen. Den forschungspolitischen EU-Akteuren gelten die geringen Frauenanteile in MINT als ein ausschlaggebender Faktor, der die globale Konkurrenzfähigkeit der Wissensökonomien und damit den Aufbau des Europäischen Forschungsraums wesentlich begrenzt (EC 2012, S. 6, 90). Die Aufforderung der EU zur Mobilisierung der *human resources* und die Botschaft insbesondere an die *latecomer* unter den EU-Mitgliedstaaten lautet daher sehr klar: „policies and incentives are needed to fasten the pace of women's catching-up" (EC 2012, S. 87).

3   Diskurse um die Inklusion von Exzellenz und Gender

Das Ziel einer effizienten und effektiven Nutzung des „weiblichen" Forschungspotenzials zum Aufbau des europäischen Forschungsraums verbanden die EU-Akteure bereits seit der zweiten Hälfte der 1990er-Jahre mit einem politischen Diskurs um „excellence through mainstreaming gender equality" (EC 2000, 2005, 2014) und wurden damit zu einem Treiber der Entwicklung (Abels 2012; Zimmermann und Metz-Göckel 2007). Diskurse der Exzellenz unter dem Einschluss von Gender (Equality) spielten in Deutschland bis Mitte der 2000er-Jahre noch keine Rolle. Das änderte sich erst mit der Exzellenzinitiative seit etwa 2005. Dadurch erhielt die Wissenschaftspolitik der Gleichstellung in Deutschland entscheidende Anstöße, Impulse aus dem europäischen und internationalen Diskurs um die Inklusion von Exzellenz and Gender (Equality) aufzunehmen.

Exzellenz-Diskurse sollen erstens zum Wettbewerb anspornen, z. B. um das beste unter den Zukunftskonzepten der deutschen Exzellenz-Universitäten; zweitens bieten sie Gelegenheiten, normative Ziele wie die Gleichstellung von Frauen und Männern in Forschung und Wissenschaft in Veränderungsprozesse einzuspeisen. Und zwar dann, wenn internationale Inklusionsdiskurse von wissenschaftlichen Organisationen, präzise: von den großen Forschungsförderorganisationen aufgegriffen werden, die in den nationalen wissenschaftspolitischen Systemen etabliert und gesellschaftlich anerkannt sind (Zippel et al. 2016). Diese Rolle der Impulsgeberin spielte auch in Deutschland die DFG.

Mit dem internationalen ist dem deutschen Gender- und Exzellenz-Diskurs gemeinsam, dass der Gleichstellung bzw. Chancengleichheit eine „strukturelle Funktion" zugeschrieben wird. Sie zielt „aus gesamtgesellschaftlicher Perspektive auf generelle Änderungen im System ab, die es erlauben, das Kreativitäts- und Innovationspotenzial der Gesellschaft maximal auszuschöpfen und nicht nur auf die Hälfte des Talentpools zurückzugreifen" (WR 2007a, S. 7). Auch in Deutschland wurde die „unzureichende Beteiligung von Frauen am wissenschaftlichen Erkenntnisprozess" als ein „Effizienz- und Exzellenzdefizit" kritisiert (z. B. HRK 2006 zit. n. DFG 2008) und von der DFG aufgegriffen: Unter dem Gesichtspunkt der Effizienz verspreche eine „erfolgreiche Gleichstellungsstrategie [...] einen erheblichen Mehrwert", wenn „Talente aus einer größeren Grundgesamtheit geschöpft" werden können (DFG 2008).

Auf das Defizit einer zu kleinen Grundgesamtheit aus Wissenschaftlerinnen in den für die Förderung des wissenschaftlichen Erkenntnisprozesses entscheidenden Positionen hatten die internationalen Gutachterinnen in den Anträgen der Universitäten zur Förderung als Exzellenzuniversität (wie von Exzellenzclustern und Graduiertenschulen) hingewiesen. Die internationalen Gutachter fanden kaum Wissenschaftlerinnen unter dem die Forschung leitenden Personal (zur Unterrepräsentanz von Wissenschaftlerinnen in der Exzellenzinitiative vgl. Engels et al. 2015) und attestierten der deutschen Exzellenzinitiative zwei große Defizite: bei der Gleichstellung von Frauen und Männern in der Wissenschaft und einen Mangel an Internationalität der deutschen Wissenschaft. Dem folgte die Schelte des damaligen Präsidenten der DFG und dessen Aufforderung an die Universitätspräsidenten, „konkrete Ziele und positive Maßnahmen zu ergreifen, damit die deutsche Wissenschaft auf das Niveau der internationalen Spitzenuniversitäten aufschließen kann" (Winnacker 2006). Unter dem Internationalisierungsdruck war dies ein deutliches Signal gegen den „kognitiven Widerstand" (WR 2007a, S. 39), Befunde der Ungleichbehandlung und Unterrepräsentanz von Frauen in der Wissenschaft auch in Deutschland endlich zur Kenntnis zu nehmen. Als Gegenmaßnahme beschloss die DFG mit den „Forschungsorientierten Gleichstellungsstandards" eine „selbstverpflichtende Gleichstellungsstrategie" (DFG 2008), für deren Konkretisierung und Umsetzung die DFG-Mitgliedshochschulen selbst verantwortlich sind.

4 Gleichstellungsstandards im Kontext von New Public Management

Als wissenschaftspolitischer Akteur agierte die DFG zu dem Zeitpunkt nicht nur im Rahmen der Umsetzung der Exzellenzinitiative an den Hochschulen, sondern war, wie auch die vier außeruniversitären Forschungsorganisationen (FhG, HGF, MPG, WGL), seit 2005 in den Pakt für Forschung und Innovation mit den politischen Akteuren aus Bund und Ländern eingebunden. Mit ihren „Forschungsorientierten Gleichstellungsstandards" (DFG 2008) übernahm die DFG eine Vorreiterrolle und hätte damit auch für die anderen Pakt-Organisationen neue Standards setzen können.

Die „forschungsorientierten Gleichstellungsstandards" der DFG (DFG 2008) rekurrieren auf Normen einer modernen, international darstellbaren Wissenschaftspolitik der Gleichstellung mit vier Merkmalen: Kompetenz, Durchgängigkeit, Transparenz, Wettbewerbsfähigkeit und Zukunftsorientierung.

- *Kompetenz* steht in den forschungsorientierten DFG-Gleichstellungsstandards zentral für wissenschaftliche Organisationen und ihr wissenschaftliches Personal.

Ihre Qualität bestimmt sich durch die „nachprüfbare Absicherung der Kompetenz zur vorurteilsfreien Begutachtung" von Personen und ihren wissenschaftlichen Leistungen, im Hinblick auf geschlechts- und diversitätsbezogene Aspekte in der Forschung sowie die Vermeidung von Verzerrungseffekten durch geschlechtsbezogene Stereotypisierungen *(gender bias)* Moderne wissenschaftliche Organisationen zeichnen sich entsprechend dadurch aus, „konkrete Maßnahmen zu ergreifen, um dies zu sichern", indem eine „Vielfalt von Forschungsperspektiven (Diversity)" gefördert und dadurch „die blinden Flecken zur Bedeutung von Gender in den Forschungsinhalten und -methoden beseitigt werden können" (DFG 2008).

Entgegen dem bisherigen wissenschafts- und gleichstellungspolitischen Diskurs, in dem argumentiert wird, dass die Berücksichtigung von Gender der Qualität der Erkenntnisprozesse und ihren Resultaten schade und dadurch der Objektivität und (Geschlechts-)Neutralität von Wissenschaft, darf der Kompetenz-Standard als besonders fortschrittlich (modern) gelten. Denn er räumt ein, dass es in der Wissenschaft auch unfaire Wettbewerbsbedingungen, *peer reviews*, Personalauswahlen etc. gibt, die auf subtile Diskriminierungen aufgrund des sozialen Geschlechts zurückgeführt werden können. Zu diesem internationalen Forschungsstand hat die DFG 2012 eigens eine Expertise eingeholt (Ranga et al. 2012; DFG 2012). Der Kompetenz-Standard bricht die strukturelle Bedeutung von Wissenschaft für die Gesellschaft bis auf die Forschung (Inhalte und Methoden) und auf die wissenschaftliche und persönliche Kompetenz von Wissenschaftlern und Wissenschaftlerinnen herunter und fordert dazu auf, erstens sensibel für Verzerrungseffekte im eigenen Forschungshandeln und in der alltäglichen Praxis (z. B. bei der Nachwuchsrekrutierung) zu sein, sowie zweitens konkrete (Gegen-)Maßnahmen aktiv zu ergreifen.
– Der DFG-Standard der *Durchgängigkeit* sieht vor, Gleichstellung in die Verfahren der Qualitätssicherung zu integrieren. Er adressiert die Leitung und das Management wissenschaftlicher Organisationen, alle Steuerungsmaßnahmen im Hinblick auf Gleichstellung zu prüfen und eine Gleichstellungsorientierung systematisch zu berücksichtigen, bei Personalmaßnahmen, Organisationsentwicklung, strategischen, ressourcen- und personenbezogenen Entscheidungen etc.
– Der Standard der *Transparenz* soll die wissenschaftlichen Einrichtungen in die Lage versetzen, „eigene Ziele für die Erreichung echter Gleichstellung" nicht nur zu definieren sondern auch zu realisieren.

Transparenz bezieht sich auf die fortlaufende Erhebung von Daten auf allen Ebenen der Organisation und Stufen der wissenschaftlichen Laufbahn. Bezugsgröße soll dabei das sogenannte Kaskaden-Modell wissenschaftlicher Karrieren sein. Es knüpft an die geschlechterdifferenten Segregationslinien an (vgl. Abb. 1 und 2) und nimmt den Frauenanteil der jeweils niedrigeren Karrierestufe als Richtschnur für die Erhöhung der Frauenanteile in der jeweils nächsten Stufe.
– Der Standard der *Wettbewerbs- und Zukunftsorientierung* fordert, für die Vereinbarkeit von Familie und wissenschaftlicher Karriere für Männer und Frauen zu sorgen, dabei individuelle Lebensentwürfe zu berücksichtigen und veralteten Rollenstereotypen entgegenzuwirken. Auch hier werden fairer Wettbewerb und

ein faires *peer review* gefordert sowie „eingedenk der EU-Standards" die Beteiligung von Wissenschaftlerinnen an Verfahren der Wissenschafts- und Forschungsförderung, insbesondere an denen der Begutachtung von Forschungsförderanträgen an die DFG.

Hiermit wird die Kritik der internationalen Gutachterinnen und Gutachter der Exzellenzinitiative aufgenommen und mit dem Standard der Wettbewerbs- und Zukunftsorientierung explizit an EU-Standards angeschlossen, zu denen ebenfalls die Norm eines fairen *peer review* und die Rekrutierung von Wissenschaftlerinnen als Gutachterinnen, z. B. in den Forschungsrahmenprogrammen der EU, zählen.

In der EU-Forschungsförderpolitik wurden diese Standards mit dem 6. Forschungsrahmenprogramm (2002–2006) erstmals implementiert (vgl. Zimmermann und Metz-Göckel 2007; Zimmermann 2010) und seither weiterentwickelt. Die Leitbilder, die die EU-Standards und die DFG-Gleichstellungsstandards transportieren, ähneln sich einerseits, andererseits unterscheiden sie sich. Während der DFG-Standard der Wettbewerbs- und Zukunftsorientierung z. B. auch individuelle Lebensentwürfe zur Geltung bringen will, ist Wettbewerb auf EU-Ebene stärker an dem Leitbild des New Public Management exzellenter Forschungsorganisationen orientiert, die sich entlang politischer Zielvorgaben (Zielvereinbarungen) im Rahmen einer organisationsinternen hierarchischen Selbststeuerung mit professionellen Leitungsrollen selbst managen und auf Quasi-Märkten um die effiziente und effektive Allokation von „Humanressourcen" (Forschungspersonal, Studierende etc.) konkurrieren. Gleichwohl adressiert auch die DFG mit dem Standard der Durchgängigkeit die Organisationsleitung und fordert ein professionelles Management sowie den Einsatz administrativer Instrumente, welche dann Transparenz durch permanente Datenerhebungen und -publiktionen etc. herstellen sollen.

Die Ähnlichkeiten bestehen nicht zufällig. In der politikwissenschaftlichen Governance-Forschung werden Ähnlichkeiten im Ländervergleich mit einer internationalen „policy diffusion über mimetischen und normativen Isomorphismus" erklärt (Schimank 2015; Meyer und Rowan 1977; Meyer und Scott 1983). Das heißt, über die Diffusion von Umsetzungsstrategien anderer Länder durch die wechselseitige Beobachtung und das Kopieren dessen, was jeweils als Vorbild bzw. Erfolgsmodell adaptiert wird. Mit dem Konzept der internationalen policy diffusion lassen sich auch die Ähnlichkeiten und die in den Ländern doch unterschiedlichen Umsetzungsstrategien von Gleichstellungspolitiken verstehen.

Wie das New Public Management, so ist auch Gender Mainstreaming eine transnationale politische Strategie. Gender Mainstreaming wurde von den Vereinten Nationen (UN Frauenkonferenz Beijing 1995) als eine *top down* zu implementierende Gleichstellungspolitik konzipiert. Mit dem Amsterdamer Vertrag von der EU angenommen (1997) und von der damaligen Generaldirektion Forschung im 6. Forschungsrahmenprogramm (2002–2006) erstmals angewandt, diffundierte Gender Mainstreaming in die EU-Staaten (EC 2014). Als *top down*-Strategie beinhaltet Gender Mainstreaming u. a. die *ex ante*-Prüfung von auch negativen Effekten gleichstellungspolitischer Programme. Dies wurde bis heute in keinem Land und auch nicht auf EU-Ebene konsequent umgesetzt, führte aber zu Adaptionen gleichstellungspolitischer Strategien bzw. Instrumente (Meier und Celis 2011; Nielsen 2014; Aulenbacher et al. 2015). Zu den die Ähnlichkeiten verursachenden Adapationen im Kontext des transnationalen New Public Management gehören:

- die *administrativen Instrumente* der permanenten Datenerhebung und -sammlung, Kennzahlen, Indikatoren, Monitoring, Rankings, Ratings, Evaluationen etc.;
- eine Art informeller *Wettbewerb in Sachen Gleichstellung*, wie es der deutsche Wissenschaftsrat (WR 2007a, S. 36) formulierte;
- dass politische Akteure nicht durch staatliche, gleichstellungspolitische Vorgaben direktiv eingreifen, sondern indirekt über die Errichtung von *Quasi-Märkten* mit dem Kalkül der Steigerung von Effizienz und Effektivität im Wettbewerb (z. B. zwischen Organisationen);
- das Pendant zur indirekten gleichstellungspolitischen Steuerung bzw. Governance: der *Managerialism* bzw. die „unternehmerische Hochschule" (vgl. Kreissl et al. 2015; Riegraf und Weber 2013; Binner et al. 2013; Nielsen 2014; Teelken und Demm 2013; Slaughter und Lesslie 1999).

Elemente davon finden sich verstreut in allen hier betrachteten, seit Mitte der 2000er-Jahre implementierten Programmen: beim Professorinnen-Programm von Bund und Ländern (4.1), bei der Umsetzung der Gleichstellungsstandards der DFG (4.2) und bei der Definition von Zielquoten zur Erhöhung der Frauenanteile in den außeruniversitären Forschungsorganisationen (4.3).

4.1 Geld für die Berufung von Professorinnen

Das Professorinnen-Programm von Bund und Ländern wurde erstmals mit der Bund-Länder-Vereinbarung 2007 für einen Zeitraum von fünf Jahren (2008–2012) beschlossen und 2012 bis 2017 fortgeschrieben (BMBF 2012, BMBF-Homepage mit aktualisierten Informationen): Wenn Hochschulen erstmals eine Wissenschaftlerin auf eine unbefristete W2- oder W3-Professur berufen, wird die Stelle für maximal fünf Jahre vom Bund und den Ländern finanziert.

Die Intention der gezielten Berufung von Frauen auf Professuren repräsentiert insofern einen neuen Politikansatz, als dass Gleichstellung bzw. Chancengleichheit durch quantitative Veränderungen erreicht werden sollen, die zudem materiell belohnt werden. Damit lässt sich das Professorinnen-Programm auch als eine Antwort auf die aktuellen Anforderungen aus der EU-Forschungspolitik verstehen, die (im EU-Durchschnitt) besonders geringen Frauenanteile an der Spitze der deutschen Wissenschaft merklich zu steigern und dabei wettbewerbliche Mechanismen einzubauen. Zugleich hält das Programm an dem traditionellen Terminus der Frauenförderung fest, was historisch in der seit Mitte der 1980er-Jahre erfolgten Institutionalisierung von Frauenbeauftragten an den deutschen Hochschulen (Blome et al. 2013; Matthies und Zimmermann 2010) begründet und mit der Erfahrung verbunden ist, dass bei einer weit verbreiteten Frauenförderrhetorik die tatsächliche

Integration der Frauen in die Wissenschaft auch in den 1990er-Jahren marginal blieb (Wetterer 1994).

Gleichstellungsrechtlich ist das Professorinnen-Programm eine „personenbezogene" und zugleich „strukturorientierte Maßnahme", da Frauenförderung an strukturelle Gleichstellungsmaßnahmen gekoppelt ist, indem ein Gleichstellungskonzept gefordert wird, in dem die Hochschulen strukturelle, organisationsbezogene Aktivitäten zusagen (Baer 2009, S. 43). Beide Programmelemente, Gleichstellungskonzepte und die Besetzung von Professuren mit Frauen, sind normative, an die Hochschulen von außen herangetragene Erwartungen, Gleichstellung als strategische Leitungsaufgabe zu definieren und in die hochschulinternen Steuerungsinstrumente des New Public Management zu integrieren. So fordert das Professorinnen-Programm z. B., dass die Gleichstellungskonzepte eine quantitative Situations- und Defizit-Analyse enthalten (ähnlich dem DFG-Standard der Transparenz), die Gleichstellungsziele in der Personalentwicklung verankert sein sollen, es Zielvereinbarungen (zwischen Hochschulleitung und Fakultäten) sowie ein Qualitätsmanagement gibt, und dass die Leitung für die Umsetzung verantwortlich ist (ähnlich dem DFG-Standard der Durchgängigkeit).

Die Vorlage von Gleichstellungskonzepten und ihre positive Bewertung durch ein Expertengremium (aus Wissenschaft, Hochschulleitung und Hochschulpolitik) waren die Eintrittskarte in den Wettbewerb um die Fördergelder aus dem Programm. Weiterhin galt das Prinzip *first come – first served* (Windhundprinzip), bei dem ein Stichtag den entscheidenden Ausschlag für die materielle Förderung gibt. Hier war es das Datum der Rufannahme durch die zu fördernde Professorin. Die damit beabsichtigte Beschleunigung der Berufungsverfahren, die bekanntlich Jahre dauern können, brachte einen Wettbewerb um die schnellsten Berufungen in Gang. Im Ergebnis profitierten die großen Universitäten und die großen Fachhochschulen mit vielen laufenden Berufungsverfahren. Festzustellen war außerdem, dass die Hochschulen durch den anteiligen Finanzierungsmodus in ein Finanzierungsgeflecht aus Bundes- und Landesmitteln eingebunden wurden und dabei noch Eigenmittel aufwenden und weitere Drittmittel, bei generell großer und an den Hochschulen steigender Drittmittelkonkurrenz, einwerben mussten, damit sie die in den Gleichstellungskonzepten in Aussicht gestellten Aktivitäten zur strukturellen Förderung von Gleichstellung finanzieren konnten (Zimmermann 2012, S. 51). Unter diesem Gesichtspunkt der verschärften Konkurrenz um Geld für Gleichstellung war das Professorinnen-Programm, ganz im Sinne seiner Erfindung, ein Erfolg (hier kann nur die Umsetzung zwischen 2008 und 2012 beurteilt werden).

Im Ergebnis wurden zwischen 2008 und 2012 gut 260 „Professorinnen-Vorhaben" an 109 Hochschulen gefördert (an 56 Universitäten, 48 Fachhochschulen und fünf künstlerischen Hochschulen). Dabei hatten insgesamt 152 Hochschulen Gleichstellungskonzepte eingereicht, wovon 124 Konzepte von dem Expertengremium als förderungsfähig bewertet wurden. Das entsprach einer Erfolgsquote von 81,6 % (Zimmermann 2012, S. 20). Diese sehr hohe Erfolgsquote relativiert die wettbewerblichen Effekte des Programms wiederum deutlich. Sie spricht weniger für Wettbewerb mit klaren, nachprüfbaren Qualitätskriterien der von den Hochschulen als Eintrittskarte vorgelegten Gleichstellungskonzepte als für ein Wettrennen um die

Fördergelder nach dem Windhund-Prinzip. Das Verfahren schuf aber eine Art Quasi-Markt für die möglichst schnelle Abschöpfung des aktuell berufungsfähigen Potenzials an (habilitierten) Frauen.

4.2 Quasi-Wettbewerb um die Reputation der DFG

Anders als beim Professorinnen-Programm ging es bei der Implementation der „forschungsorientierten Gleichstellungsstandards" der DFG an den Hochschulen nicht primär um materielle Ressourcen, sondern um die Zuschreibung der wissenschaftlichen Reputation, dem höchsten Gut wissenschaftlicher Gemeinschaften. Analog dem Verfahren beim Professorinnen-Programm reichten die Hochschulen auch bei der Umsetzung der DFG-Standards (ab 2009) Gleichstellungskonzepte ein und es wurde zu deren Begutachtung eine Expertengruppe eingesetzt, bestehend aus Rektoren bzw. Präsidentinnen sowie Wissenschaftlerinnen aus dem Bereich der Bildungs-, Wissenschafts- und Geschlechterforschung (zu Verfahren und Ergebnissen vgl. die DFG online Dokumentation). Die Expertengruppe entwickelte ein Vier-Stadien-Modell zur Bewertung des Grades der Umsetzung der DFG-Standards an den Hochschulen (vgl. Abb. 3).

In dem Ergebnis (2013) wird Dynamik kaum deutlich, da es, wie in ratingartigen Verfahren eigentlich üblich, z. B. die Möglichkeit, sich zu verschlechtern, so gut wie nicht gab. Ein Quasi-Wettbewerb fand hier dennoch statt: auf der symbolischen Ebene der Reputation, die eine maximale Anerkennung durch die DFG bieten und sich wieder in materielle Ressourcen (Fördergelder) transformieren kann (Simon 2013, S. 60, 2011).

Die DFG selbst sah das Ergebnis als erfolgreiche Umsetzung ihres Durchgängigkeits-Standards: Die fast durchgängige Wahrnehmung von Gleichstellung als Leitungsaufgabe sowie die Stärkung der strategischen Bedeutung von Gleichstellung seien erreicht worden. Unter dem Gesichtspunkt erhöhter Frauenanteile hingegen

Stadium	Zugeordnete Hochschulen	
	2010	2013
(1) Erste Schritte zur Umsetzung wurden eingeleitet	10	0
(2) Einige erfolgversprechende Maßnahmen sind bereits etabliert, weitere befinden sich noch in der Planung	20	19
(3) Ein überzeugendes Gesamtkonzept ist überwiegend bereits implementiert	21	19
(4) Ein bereits erfolgreich etabliertes Konzept wird weitergeführt und durch weitere innovative Ansätze ergänzt	12	22

Abb. 3 Stadien der Umsetzung der „forschungsorientierten Gleichstellungsstandards" der DFG 2010 „Erstberichte" und 2013 „Abschlussberichte". Quelle: http://www.dfg.de/foerderung/grundlagen_rahmenbedingungen/chancengleichheit/forschungsorientierte_standards/umsetzungsprozess/index.html#micro29007360, eigene Darstellung

schnitten die Hochschulen, aus Sicht der DFG, nicht gut ab. In der Konsequenz beschloss die DFG 2013 eine „Weiterentwicklung" der Implementation ihrer Gleichstellungsstandards, indem sie ab 2014 die „tatsächliche Entwicklung der Frauenanteile" fokussierte.

Damit erfolgte eine Zäsur: Die Berichterstattung zur Umsetzung der Gleichstellungskonzepte an den Hochschulen und das 2010 begonnene DFG-Rating wurden ausgesetzt und erst 2017 sollte über das weitere Verfahren der Implementation der DFG-Standards erneut beschlossen werden. Die seitens der DFG als Weiterentwicklung bezeichnete Zäsur kommt faktisch einer Unterbrechung der 2008 begonnenen DFG-Standardpolitik gleich, wenn sie nicht sogar ihre Beendigung bedeutet, was sich 2017 zeigen wird.

Bis dahin wurde eine zweite Phase der Umsetzung der Standards (2014 bis 2017) eingeläutet, in der der Schwerpunkt auf den Transparenz-Standard verlagert wurde: fortlaufend Daten auf allen Ebenen der Organisation und Stufen der wissenschaftlichen Laufbahn zu erheben und zu veröffentlichen. Dafür wurde ab 2014 ein „zielquotengesteuertes Chancengleichheits-Monitoring" eingerichtet (DFG 2014) – mit einem DFG-internen Monitoring und einer jährlichen Abfrage der Frauenanteile bei den Hochschulen durch die DFG.

- Das *DFG-interne Monitoring* beschränkt sich auf diejenigen DFG-Förderverfahren, bei denen die Hochschulen Antragsteller sind (z. B. DFG-Sonderforschungsbereiche und Graduiertenkollegs), die der DFG den Status quo und ihre Ziele zur Erhöhung der Frauenanteile in den Forschungsverbünden berichten. Dass hier das Management der Hochschulen und nicht die Professionellen (einzelne Wissenschaftler und Wissenschaftlerinnen) die Verantwortung übernehmen, könnte künftig „ein gewisses Sanktionspotenzial" (Simon 2013, S. 60) mit sich bringen.
- Zu der *jährlichen Abfrage der Frauenanteile bei den Hochschulen* berichtete die DFG im Rahmen der Pakt-Monitoring-Berichte umfassender (für 70 DFG-Mitgliedshochschulen) erstmals für das Berichtsjahr 2014 (vgl. GWK 2015, Pakt Monitoring-Bericht der DFG, S. 35–37; DFG Förderatlas 2015). Berichtet werden die realen und die erwarteten Frauenanteile für das hauptberuflich tätige wissenschaftliche und künstlerische Personal an den Hochschulen sowie für die Professuren. Die Abbildungen in Form von Balkendiagrammen stellen Transparenz i. d. S. her, dass sich die quasi selbsterklärende Anschaulichkeit der Balken durchaus für ein *naming and shaming* eignet, das die schlechten von den guten Hochschulen mit hohen Frauenanteilen trennt.

Sobald im Ergebnis der jährlichen Abfragen bei den Hochschulen Zahlen für mehrere Berichtsjahre vorliegen, sollen diese künftig in Form von Zeitreihen und gegebenenfalls eines Benchmarking aufgearbeitet werden. Dafür bedarf es der weiteren Harmonisierung der erhobenen Daten einschließlich der Definition von Zielzahlen und entsprechender Datenerhebungen der außeruniversitären Forschungsorganisationen.

4.3 Zielquoten ohne Sanktion und Verlust von Reputation

Neben der DFG, und durch deren Förderhandeln indirekt auch die Hochschulen, waren die vier außeruniversitären Forschungsorganisationen (FhG, HGF, MPG, WGL) seit 2005 in den Pakt für Forschung und Innovation (PFI) zwischen Bund und Ländern einbezogen. Das übergeordnete Ziel des inzwischen bis 2020 verlängerten Pakts besteht darin, „den Wissenschaftsstandort Deutschland nachhaltig zu stärken und seine internationale Wettbewerbsfähigkeit weiter zu verbessern" (Pakt Monitoring-Bericht 2015, S. 5).

Als Pakt-Organisationen werden (neben der DFG) die vier außeruniversitären forschungsorganisationen (FhG, HGF, MPG, WGL) institutionell gefördert. Das heißt, sie erhalten im Rahmen von Zielvereinbarungen mit den Zuwendungsgebern (Bund und Länder), vertreten durch die Gemeinsame Wissenschaftskonferenz (GWK), kontinuierliche Etatsteigerungen und sind im Gegenzug aufgefordert, „Gesamtkonzepte zur umfassenden Nutzung des wissenschaftlichen Potenzials von Frauen zu etablieren" (Pakt Monitoring-Bericht 2014, S. 48). Dabei ist es die Aufgabe der GWK, die Forschungsorganisationen „im Rahmen der institutionellen Forschungsförderung entsprechend den in den Gleichstellungsgesetzen des Bundes und der Länder zum Ausdruck kommenden Grundsätzen zu fördern und auf die Beseitigung bestehender sowie die Verhinderung künftiger Diskriminierungen wegen des Geschlechts hinzuwirken" (Ausführungsvereinbarung Gleichstellung, AV-Glei, § 1). Erst nachdem keine nennenswerten Erhöhungen der Frauenanteile bei den vier außeruniversitären Forschungsorganisationen erkennbar waren und sie der jährlich seit Beginn der Pakt-Laufzeit (2005) von der GWK erneuerten Forderung, dem Vorbild der DFG zu folgen und „Zielquoten" für die Erhöhung der Frauenanteile zu implementieren, nicht nachkamen, erfolgte die Aufforderung dazu qua GWK-Beschluss im November 2011 (gestützt auf AV-Glei). Aufgrund von Intransparenz und daher weiteren „Nachjustierungen bezüglich Transparenz der Ableitung der Zielquoten" erklärte die GWK schließlich: „Mit den Kaskadenmodellen der Forschungsorganisationen ist die Forderung nach selbstgesetzten Zielquoten erfüllt" (GWK 2014b, S. 15).

Im Ergebnis dieses langjährigen Prozesses der Aushandlung von Zielgrößen für die Erhöhung der Frauenanteile lässt sich als wichtigster gleichstellungspolitischer Effekt des Paktes für Forschung und Innovation festhalten, dass das Kaskaden-Modell durchgesetzt wurde. Allerdings lediglich als Richtschnur. Sie soll der staatlichen Wissenschaftspolitik anhand möglichst einheitlicher Kennzahlen Informationen über die Leistungen im Sinne der effizienten Erhöhung der Frauenanteile bei den institutionell geförderten außeruniversitären Forschungsorganisationen, der DFG und den Hochschulen übermitteln.

Wie erwähnt (vgl. 2.) ist bei dem Kaskaden-Modell der Frauenanteil in einer Karrierestufe (z. B. Promotion) die Richtschnur für die Erhöhung des Frauenanteils in der jeweils nächsten Stufe (z. B. Professur). Damit knüpft es direkt an die strukturellen Defizite der geschlechtsspezifischen Segregation an und ist schon von daher als Richtschnur für die Erhöhung der Frauenanteile höchst umstritten (vgl. z. B. Kahlert 2013). Zudem ist die Definition von Zielquoten kein adäquates Mittel, weil es an der konsequenten Nachprüfung der Zielerreichung mangelt. Der Wissenschaftsrat hatte das Kaskaden-Modell wiederholt zur Anwendung empfohlen (vgl. WR 1998, 2007, 2012) und es war auch in den 2008 verabschiedeten DFG-Standards vorgesehen. Dort heißt es auch: „Falls das Verhältnis von Männern und Frauen auf einer Karrierestufe signifikant von dem der jeweils darunterliegen-Stufe abweicht, werden die Mitgliedseinrichtungen der DFG festlegen und publizieren, um welchen Anteil dieser Abstand innerhalb von fünf Jahren verringert werden soll" (DFG 2008). Die Nachprüfung der Abstandsverringerung wurde seitens der DFG als auch von der GWK bis 2017 ausgesetzt.

Das Jahr 2017 markiert somit ein um weitere Jahre verlängertes Moratorium für eine Richtschnur-Politik qua Kaskaden-Modell, die weder Reputationsverlust noch Sanktionsmöglichkeiten bei Nichtbeachtung selbst gesetzter Ziele vorsieht. Die Ursachen für dieses fehlende Commitment und die daraus resultierende geringe gleichstellungspolitische Dynamik sind vielfältig. Anhaltspunkte für die Erklärung und Perspektiven der neuen Wissenschaftspolitik der Gleichstellung in Deutschland werden im Fazit organisationstheoretisch diskutiert.

5 Fazit

Ein Anhaltspunkt für die Erklärung der Defizite ergibt sich aus der bisherigen Handhabung von Kennzahlen als flexible Zielvorgaben. In rechtlicher Hinsicht sind flexible Zielzahlen zulässig. Perspektivisch könnte eine aktive gleichstellungsorientierte Wissenschaftspolitik des Bundes hier anschließen. Sie müsste – nach der europäischen Rechtsprechung – dann aber auch „,wirksame und abschreckende' Sanktionen" für den Fall vorsehen, dass Ziele nicht erreicht oder keine ausreichenden Anstrengungen zu ihrer Erreichung unternommen werden (Baer 2009, S. 43). Sanktionen mit finanziellen (haushaltsrechtlichen) Konsequenzen waren im Rahmen der gemeinsamen Wissenschafts- und Forschungsförderung von Bund und Ländern bislang nicht auf der Agenda, trotz eines mit dem Allgemeinen Gleichbehandlungsgesetz (AGG 2006) erweiterten rechtlichen Rahmens infolge der Umsetzung der vom Europäischen Rat (2000 und 2004) verabschiedeten Gleichstellungs- bzw. Antidiskriminierungsrichtlinien. Die EU-Richtlinien zielen im Kern auf die „Gewährleistung der vollen Gleichstellung in der Praxis" (Baer 2009, S. 17). Das heißt, die Gleichstellungs- bzw. Antidiskriminierungsrichtlinien verpflichten erstens auf die Beseitigung jeder Diskriminierung, auch hinsichtlich diverser struktureller Ungleichheiten („Diversity", neben dem Geschlecht, Alter, sexuelle Orientierung, Religion etc.) und sehen zweitens Sanktionen bei Verstößen gegen das Gleichbehandlungsgebot explizit vor. Der staatliche Handlungsauftrag in dem Bereich von Forschung und Wissenschaft ist dann „insbesondere" ein Handlungsauftrag zum Abbau von Vorurteilen („bias") und von strukturellen Hürden („barriers"), die der Realisierung von Chancengleichheit in der Wissenschaft bislang entgegenstehen (Baer 2009, S. 11).

Genau hier setzt der Standard der Kompetenz zur vorurteilsfreien Beurteilung und Bewertung der „forschungsorientierten Gleichstellungsstandards" der DFG an. Problematisch hinsichtlich der tatsächlichen Umsetzung des Kompetenz-Standards ist, dass die Norm der Chancengleichheit in wissenschaftlichen Organisationen bislang generell an Grenzen stößt, weil die Chancengleichheits-Norm in der Regel als eine außerwissenschaftliche, gesellschaftliche Relevanzerwartung wahrgenommen wird. Anzunehmen, dass die von Akteuren bzw. Organisationen genannten rationalen, programmatischen Ziele auch die tatsächlich angestrebten sind, und Grenzen von Gleichstellungspolitik mit Rationalitäts- oder Implementationsdefiziten bzw. einer Zweck-Mittel-Inadäquanz zu erklären, greift daher zu kurz (Müller 2010, S. 47).

Auf der Grundlage eines neo-institutionalistischen Erklärungsmodells ist vielmehr von einer Entkoppelung zwischen der Formalstruktur (Erwartungen aus der Organisationsumwelt) und der Aktivitätsstruktur von Organisationen (interne formale und informelle Regeln und Routinen) auszugehen (Müller 2010; Meyer und Rowan 1977; Meyer and Scott 1992; Krücken 2008). Mit der Entkoppelung von Aktivitäts- und Formalstruktur werden Situationen erklärbar, in denen Organisationen einen normativen Wandel durchaus unterstützen können, ohne die organisationsinternen Regeln und Routinen (Aktivitätsstruktur) tatsächlich verändern zu müssen. Ein nicht-normatives Handeln ist für Organisationen sogar typisch. Entscheidender sind die kognitive Wahrnehmung bzw. Beobachtung anderer Organisationen und deren Handeln, die für die eigene Organisation als relevant eingeschätzt werden. Die Beobachtung von Veränderungen in der Organisationsumwelt erzeugt Unsicherheit und Legitimationsdruck, zum Beispiel wenn die forschungspolitische Erwartung besteht, den Standort Deutschland international wettbewerbsfähig zu machen und dabei nicht nur auf die (männliche) Hälfte des Talentpools zurückgegriffen werden soll. Organisationen in sich verändernden Umwelten versuchen dann Ressourcen zu ihrem eigenen Überleben zu mobilisieren und bauen gesellschaftlich legitimierte „rationale" Elemente in ihre Formalstruktur ein. Diese strukturelle Konformität mit äußeren Erwartungen wird belohnt, wenn argumentiert werden kann, dass die organisationsinternen Regeln und Routinen den Standards entsprechen, den professionelle Vereinigungen erwarten (Müller 2010). So etwa bei der ministeriellen Förderung der W2/W3-Professuren aus dem Professorinnen-Programm, wenn das von dem kollegialen Expertengremium für gut befundene Gleichstellungskonzept signalisiert, dass die in Aussicht gestellten Gleichstellungsmaßnahmen organisationsintern tatsächlich integriert werden, vielleicht weil eine Hochschule darauf verweisen kann, für die Überprüfung der Wirksamkeit der Maßnahmen über ein „rationales" Controlling, Qualitätsmanagement etc. zu verfügen. Damit hätte sie im Kontext von Managerialism und New Public Management zumindest erfolgversprechende organisationsinterne Voraussetzungen (Aktivitätsstruktur), um im Rahmen von Quasi-Markt-Regulierungen im Wettbewerb um Geld für Professuren, Drittmittel etc. zu bestehen.

Entgegen dieser idealtypischen Vorstellung von Organisationsverhalten in Zeiten des New Public Management zeigte sich eine entkoppelte Aktivitäts- und Formalstruktur bei den vier außeruniversitären Pakt-Organisationen deutlich. Sie legten ein enormes Beharrungsvermögen gegenüber dem normativen Druck an den Tag, dem Vorbild der anderen Pakt-Organisation (DFG) zu folgen und die in Selbstverpflichtungen versprochenen organisationsspezifischen Zielquoten ohne zusätzlichen politischen Druck (dem Beschluss der GWK 2011) vorzulegen. Eine so erzwungene strukturelle Konformität (Formalstruktur) lässt ein verändertes Organisationshandeln (Aktivitätsstruktur) nicht erwarten, z. B. die flexiblen Zielzahlen tatsächlich erreichen zu wollen.

Zudem treffen in der Akteurs-Konstellation Bund-Länder-Wissenschaftsorganisationen sehr unterschiedliche Gestaltungsintentionen aufeinander. Aus einer Governance-Perspektive lassen sich Gestaltungsintentionen im Regelfall nicht erfolgreich realisieren. Der Regelfall ist „Transintentionalität": ein mehr oder weniger weitreichendes Scheitern von Gestaltungsintentionen an der Widerständigkeit anderen Gestaltungshandelns (Schimank 2015). In der Trias Bund-Länder-Wissenschaftsorganisationen scheiterte ein gemeinsames gleichstellungspolitisches Gestaltungshandeln, insofern sich die Gestaltungsintentionen gegenseitig aushebelten, weil die Bezugskontexte und Handlungsrahmen der beteiligten Akteure weit auseinander liegen. Versteht man jedes beobachtete Handeln als eine Antwort auf etwas (Responsivität), dann kann sich der „Bezugskontext deutlich von der normativen, funktionalen oder regulativen Handlungsrahmung unterscheiden und muss nicht mit dieser zusammenfallen" (Torka 2015, S. 20). Während die politischen Akteure gleichstellungspolitische Leistungen durch quasi-wettbewerbliche Mechanismen steigern und in Kennzahlen überführen wollten und sich die vier außeruniversitären Forschungsorganisationen[2] seit 2005 permanent weigerten, in einen Wettbewerb um mehr „weibliches" Forschungspotenzial und Frauen in ihren Führungspositionen einzutreten, waren die Gestaltungsintentionen der DFG anders strukturiert.

Mit ihrem Beschluss der forschungsorientierten Gleichstellungsstandards griff die DFG den internationalen Diskurs um eine gender-inklusive Exzellenz auf und brachte damit ein absolutes Novum in die deutsche Trias der Akteure aus Bund-Ländern-Wissenschaftsorganisationen. Das Novum impliziert die Erkenntnis, dass Wissenschaft auch nach Geschlecht selektiert und steht den bisherigen Auffassungen grundlegend entgegen, die sowohl in der Wissenschaftsforschung als auch in der Wissenschaftspolitik weit verbreitet ist: Chancengleichheit und die Verfolgung gleichstellungspolitischer Ziele stelle eine rein außerwissenschaftliche Relevanzerwartung dar. Mit der Erkenntnis, dass dem nicht so ist, könnten die deutschen Wissenschafts- und Forschungsorganisationen ihrem bis dato gravierenden Defizit,

---

[2]Nicht zuletzt aufgrund ihrer gesicherten Ressourcenausstattung als institutionell geförderte Pakt-Organisationen, die ihnen auch im internationalen Kontext eine einzigartige Position sichert. Kein Wissenschaftssystem westlicher Prägung hat einen so ausgeformten außeruniversitären und öffentlich geförderten Sektor wie Deutschland und ein im Ländervergleich so geringes Stellenkontingent an Professuren an den Hochschulen, auf die auch die Unabhängigkeit in Forschung und Lehre im Prinzip begrenzt ist. Im Habilitationsmodell akademischer Karrieren Deutschlands sind lediglich circa 12% aller Stellen der selbstständigen Forschung und Lehre gewidmet (vgl. Kreckel und Zimmermann 2014). Zu den geschlechtsspezifischen Ungleichheiten, die sich auf die Personalstrukturen zurückführen lassen vgl. Metz-Göckel et al. 2014.

ihrem „kognitiven Widerstand" (WR 2007a, S. 39), entgegenwirken und internationalen Standards näherkommen.

Eine der entscheidenden Zukunftsfragen ist daher, inwieweit die Gestaltungsintentionen der DFG über ihre Dauerbeobachtung der Hochschulen via Kennzahlen hinausgehend wirksam werden. Am meisten umkämpft wird die Implementation des für Wissenschafts-und Forschungsorganisationen zentralen Standards der Kompetenz der vorurteilsfreien Begutachtung von Personen, wissenschaftlichen Leistungen und Fairness im *peer review* sein. Die Modernität des Kompetenz-Standards in die organisationsinternen Routinen der Wissenschafts- und Forschungsorganisationen zu übersetzen muss von den Organisationen und ihrem Führungspersonal geleistet werden, die das Problem entkoppelter Aktivitäts- und Formalstrukturen im Kampf um die Durchsetzung ihrer jeweils eigenen Interessen zu lösen haben. Ent-Dynamisierung, Minimal-Konsense und erneutes Scheitern sind vorprogrammiert.

Literatur

Abels, Gabriele. 2012. Research by, for, and about women: Gendering science and research policy. In *Gendering the European Union: New approaches to old democratic deficits*, Hrsg. Gabriele Abels und Joyce M. Mushaben, 187–208. Houndmills: Palgrave Macmillan.

Aulenbacher, Brigitte, Kristina Binner, Birgit Riegraf, und Lena Weber. 2015. Wandel der Wissenschaft und Geschlechterarrangements. Organisations- und Steuerungspolitiken in Deutschland, Österreich, Großbritannien und Schweden. *Beiträge zur Hochschulforschung* 3: 22–39.

Ausführungsvereinbarung Gleichstellung (AV-Glei) - Ausführungsvereinbarung zum GWK-Abkommen über die Gleichstellung von Frauen und Männern bei der gemeinsamen Forschungsförderung vom 27. Oktober 2008, BAnz Nr. 18a vom 4. Februar 2009. http://www.gwk-bonn.de/fileadmin/Papers/AV_Glei.pdf. Zugegriffen am 04.09.2015.

Baer, Susanne, unter Mitarbeit von Sandra Obermeyer. 2009. *Rechtliche Grundlagen für Maßnahmen zur Förderung der Chancengleichheit in der Wissenschaft*. Hrsg. v. Bundesministerium für Bildung und Forschung. http://www.uni-heidelberg.de/md/gsb/gesetze/bmbf2010_rechtliche_grundlagen_chancengleichheit_wissenschaft.pdf. Zugegriffen am 04.09.2015.

Binner, Kristina, Bettina Kubicek, Anja Rozwandowicz, und Lena Weber, Hrsg. 2013. *Die unternehmerische Hochschule aus der Perspektive der Geschlechterforschung*. Zwischen Aufbruch und Beharrung. Münster: Westfälisches Dampfboot.

Blome, Eva, Alexandra Erfmeier, Nina Gülcher, und Sandra Smykalla. 2013. Handbuch zur Gleichstellungspolitik an Hochschulen. Von der Frauenförderung zum Diversity Management? 2., vollst. überarb. u. erw. Aufl. Wiesbaden: Springer VS.

Bundesbericht Wissenschaftlicher Nachwuchs (BuWiN). 2013. Statistische Daten und Forschungsbefunde zu Promovierenden und Promovierten in Deutschland. Bielefeld: W. Bertelsmann Verlag.

Bundesministerium für Bildung und Forschung (BMBF). 2012. Bekanntmachung von Richtlinien zur Umsetzung des Professorinnenprogramms des Bundes und der Länder zur Förderung der Gleichstellung von Frauen und Männern in Wissenschaft und Forschung an deutschen Hochschulen – Professorinnenprogramm II – vom 06.12.2012. http://www.bmbf.de/foerderungen/20980.php. Zugegriffen am 04.09.2015.

Deutsche Forschungsgemeinschaft (DFG). 2008. *Forschungsorientierte Gleichstellungsstandards der DFG*. http://www.dfg.de/download/pdf/foerderung/grundlagen_dfg_foerderung/chancengleichheit/forschungsorientierte_gleichstellungsstandards.pdf. Zugegriffen am 04.09.2015.

Deutsche Forschungsgemeinschaft (DFG). 2012. Stellungnahme zur Literaturstudie „Gendereffekte in der Forschungsförderung". http://www.dfg.de/download/pdf/dfg_im_profil/zahlen_fakten/programm_evaluation/stellungnahme_dfg_gender_effects.pdf. Zugegriffen am 04.09.2015.
Deutsche Forschungsgemeinschaft (DFG). 2014. Chancengleichheits-Monitoring 2013. Antragstellung und -erfolg von Wissenschaftlerinnen bei der DFG. http://www.dfg.de/foerderung/grundlagen_rahmenbedingungen/chancengleichheit/chancengleichheits_monitoring/index.jsp. Zugegriffen am 04.09.2015.
Engels, Anita, Sandra Beaufaÿs, Nadine V. Kegen, und Stephanie Zuber. 2015. *Bestenauswahl und Ungleichheit. Eine soziologische Studie zu Wissenschaftlerinnen und Wissenschaftlern in der Exzellenzinitiative*. Frankfurt a. M./New York: Campus.
European Commission. 2000. *Science policies in the European Union: Promoting excellence through mainstreaming gender equality. A Report from the ETAN Expert Working Group on Women and Science*. Luxembourg: Publications Office of the European Union.
European Commission. 2005. *Women and science: Excellence and innovation – Gender equality in science*. Luxembourg: Publications Office of the European Union.
European Commission. 2012. *She Figures 2012. Gender in Research and Innovation. Statistics and Indicators*. Luxembourg: Publications Office of the EU.
European Commission. 2014. *Gender Equality Policies in Public Research. Based on a survey among Members of the Helsinki Group on Gender in Research and Innovation, 2013*. Luxembourg: European Union Publications Office.
Gemeinsame Wissenschaftskonferenz (GWK). 2014a. Chancengleichheit in Wissenschaft und Forschung. 18. Fortschreibung des Datenmaterials (2012/2013) zu Frauen in Hochschulen und außerhochschulischen Forschungseinrichtungen. *Materialien der GWK*. 40. Bonn.
Gemeinsame Wissenschaftskonferenz (GWK). 2014b. Pakt für Forschung und Innovation. Monitoring-Bericht 2014. *Materialien der GWK*. 38. Bonn.
Gemeinsame Wissenschaftskonferenz (GWK). 2015. Pakt für Forschung und Innovation. Monitoring-Bericht 2015. *Materialien der GWK*. 42. Bonn.
Kahlert, Heike, unter Mitarbeit von Doreen Kruppa. 2013. Riskante Karrieren. Wissenschaftlicher Nachwuchs im Spiegel der Forschung. Opladen, Berlin, Toronto: Verlag Barbara Budrich.
Kreckel, Reinhard, und Karin Zimmermann. 2014. *Hasard oder Laufbahn. Akademische Karrierestrukturen im internationalen Vergleich*. Leipzig: Akademische Verlagsanstalt.
Kreissl, Katharina, Angelika Striedinger, Birgit Sauer, und Johanna Hofbauer. 2015. Will Gender Equality Ever Fit In? Contested Discursive Spaces of University Reform. *Gender and Education* 27(3): 221–238.
Krücken, Georg. 2008. Zwischen gesellschaftlichem Diskurs und organisationalen Praktiken: Theoretische Überlegungen und empirische Befunde zur Wettbewerbskonstitution im Hochschulbereich. In *Perspektiven der Hochschulforschung*, Hrsg. Karin Zimmermann, Marion Kamphans und Sigrid Metz-Göckel, 165–175. Wiesbaden: VS Verlag.
Matthies, Hildegard, und Karin Zimmermann. 2010. Gleichstellung in der Wissenschaft. In *Handbuch Wissenschaftspolitik,* Hrsg. Dagmar Simon, Andreas Knie und Stefan Hornbostel, 193–209. Wiesbaden: VS Verlag.
Meier, Petra, und Karen Celis. 2011. Sowing the seeds of its own failure: Implementing the concept of gender mainstreaming. *Social Politics* 18(4): 469–489.
Metz-Göckel, Sigrid, Kirsten Heusgen, Christina Möller, Ramona Schürmann, und Petra Selent. 2014. *Karrierefaktor Kind*. Zur generativen Diskriminierung im Hochschulsystem. Opladen: Verlag Barbara Budrich.
Meyer, John W., und W. Richard Scott. 1983. *Organizational environments: Ritual and rationality*. Beverly Hills: Sage.
Meyer, John W., und Brian Rowan. 1977. Institutionalized organizations: Formal structure as myth and ceremony. *American Journal of Sociology* 83(2): 340–363.
Müller, Ursula. 2010. Organisation und Geschlecht aus neoinstitutionalistischer Sicht. Betrachtungen am Beispiel von Entwicklungen in der Polizei. *Feministische Studien* 28(1): 40–55.
Nielsen, Mathias Wullum. 2014. Justifications of gender equality in academia: Comparing gender equality policies of six Scandinavian universities. *NORA-Nordic Journal of Feminist and Gender Research* 22(3): 187–203.

Ranga, Marina, Namrata Gupta, und Henry Etzkowitz. 2012. Gender Effects in Research Funding. A review of the scientific discussion on the gender-specific aspects of the evaluation of funding proposals and the awarding of funding. *Gutachten für die DFG*. http://www.dfg.de/download/pdf/dfg_im_profil/zahlen_fakten/programm_evaluation/studie_gender_effects.pdf. Zugegriffen am 04.09.2015.

Riegraf, Birgit, und Lena Weber. 2013. Governance in der Wissenschaft unter einer Gender-Perspektive. In *Neue Governance der Wissenschaft. Reorganisation – externe Anforderungen – Medialisierung*, Hrsg. Edgar Grande, Dorothea Jansen, Otfried Jarren, Arie Rip, Uwe Schimank und Peter Weingart, 235–253. Bielefeld: Transkript.

Schimank, Uwe. 2015. Governance der Wissenschaft. In *Handbuch Wissenschaftspolitik*, Hrsg. Dagmar Simon, Andreas Knie und Stefan Hornbostel. Springer NachschlageWissen. doi: 10.1007/978-3-658-05677-3_4-1.

Simon, Dagmar. 2011. Gleichstellungspolitik als Element der Hochschulentwicklung. Anmerkungen zu den forschungsorientierten Gleichstellungsstandards. In *Gleichstellung im Reformprozess der Hochschulen. Neue Karrierewege für Frauen?* Hrsg. Birgit Blättel-Mink, Astrid Franzke und Anja Wolde, 109–120. Sulzbach: Ulrike Helmer Verlag.

Simon, Dagmar. 2013. Organisation und Evaluation: gleichstellungspolitische Optionen durch die „neue" Hochschule. In *Die unternehmerische Hochschule aus der Perspektive der Geschlechterforschung*, Hrsg. Kristina Binner, Bettina Kubicek, Anja Rozwandowicz und Lena Weber, 51–66. Münster: Westfälisches Dampfboot.

Slaughter, Sheila, und Larry L. Lesslie. 1999. *Academic Capitalism: Politics, Policies, and the Entrepreneurial University*. Baltimore: Johns Hopkins University Press.

Teelken, Christine, und Rosemary Deem. 2013. All are equal, but some are more equal than others: Managerialism and gender equality in higher education in comparative perspective. *Comparative Education* 49(4): 520–535.

Torka, Marc. 2015. Responsivität als Analysekonzept. In *Die Responsivität der Wissenschaft. Wissenschaftliches Handeln in Zeiten neuer Wissenschaftspolitik*, Hrsg. Hildegard Matthies, Dagmar Simon und Marc Torka, 17–49. Bielefeld: Transcript Verlag.

Wetterer, Angelika. 1994. *Rhetorische Präsenz – faktische Marginalität*. Zur Situation von Wissenschaftlerinnen in Zeiten der Frauenförderung. *Zeitschrift für Frauenforschung* 1994(1+2): 93–110.

Winnacker, Ernst-Ludwig. 2006. Im Wettbewerb um neues Wissen: Exzellenz zählt. *forschung. Das Magazin der Deutschen Forschungsgemeinschaft* 2: V–XI.

Wissenschaftsrat (WR). 1998. *Empfehlungen zur Chancengleichheit von Frauen in Wissenschaft und Forschung*. Drs. 3534–98. Mainz.

Wissenschaftsrat (WR). 2007a. *Empfehlungen zur Chancengleichheit von Wissenschaftlerinnen und Wissenschaftlern*. Drs. 8036–07. Berlin.

Wissenschaftsrat (WR), Hrsg. 2007b. *Exzellenz in Wissenschaft und Forschung – Neue Wege in der Gleichstellungspolitik*. Dokumentation der Tagung am 28./29.11.2006. Köln. http://www.wissenschaftsrat.de/download/archiv/ChancGleichDoku.pdf. Zugegriffen am 04.09.2015.

Wissenschaftsrat (WR). 2012. *Fünf Jahre Offensive für Chancengleichheit von Wissenschaftlerinnen und Wissenschaftlern – Bestandsaufnahme und Empfehlungen*. Drs. 2218–12. Bremen.

Zimmermann, Karin. 2010. Genderknowledge under construction. The case of European Union's science and research policy. In *GenderChange in Academia*, Hrsg. Birgit Riegraf, Brigitte Aulenbacher, Edit Kirsch-Auwärter und Ursula Müller, 173–187. Wiesbaden: VS Verlag.

Zimmermann, Karin. 2012. Bericht zur Evaluation des „Professorinnenprogramms des Bundes und der Länder". (HoF-Arbeitsbericht 6/2012), Institut für Hochschulforschung (HoF), Halle-Wittenberg. http://www.hof.uni-halle.de/dateien/ab_6_2012.pdf. Dokumentationen zum Evaluationsbericht http://www.hof.uni-halle.de/dateien/ab_6_2012_anhang.pdf. Zugegriffen am 04.09.2015.

Zimmermann, Karin, und Sigrid Metz-Göckel. 2007. *„Vision und Mission" – die Integration von Gender in den Mainstream europäischer Forschung*. Wiesbaden: VS Verlag.

Zippel, Kathrin, Myra Marx Ferree, und Karin Zimmermann. 2016. Gender equality in German universities: vernacularising the battle for the best brains. *Gender and Education*. doi: 10.1080/09540253.2015.1123229.

Wissensregulierung durch Ethik-Kommissionen?

Hella von Unger und Dagmar Simon

Inhalt

1 „Ethisierung" und Forschungsethik 395
2 Governance und Regulierung der Wissenschaft 397
3 Wie wurde „Forschungsethik" zum Thema? Eine historische Annäherung 398
4 Die Etablierung forschungsethischer Prüfverfahren in den USA 399
5 Die Einrichtung medizinischer Ethik-Kommissionen in Deutschland 400
6 Die Situation in den deutschen Sozialwissenschaften 402
7 Kritik an institutionalisierten Prüfverfahren 403
8 Fazit 406
Literatur 407

1 „Ethisierung" und Forschungsethik

Debatten um „Forschungsethik" befassen sich mit Fragen nach dem gesellschaftlichen Nutzen und den Risiken wissenschaftlicher Forschung. Insbesondere neue Entwicklungen und Möglichkeiten biomedizinischer Forschung oder auch die Abschätzung von Folgen neuer Umwelttechnologien stehen immer wieder im Zentrum des öffentlichen und wissenschaftspolitischen Interesses. Diese gesteigerte Aufmerksamkeit für ethische Fragen wird mit dem Begriff der „Ethisierung" beschrieben (Becker et al. 2003; Bogner 2011, 2013). Ein Ausdruck dieser Entwicklung ist die Einrichtung von Ethikräten: So wurde in der Bundesrepublik Deutschland im Jahr 2001 der „Nationale Ethikrat" gegründet, der nach Verabschiedung des

---

H. von Unger (✉)
Ludwig-Maximilians-Universität (LMU) München, München, Deutschland
E-Mail: unger@lmu.de

D. Simon
Wissenschaftszentrum Berlin für Sozialforschung gGmbH, Berlin, Deutschland
E-Mail: dagmar.simon@wzb.eu

Ethikratgesetzes (EthRG) 2007 in den „Deutschen Ethikrat" überführt wurde. Dieser „verfolgt die ethischen, gesellschaftlichen, naturwissenschaftlichen, medizinischen und rechtlichen Fragen sowie die voraussichtlichen Folgen für Individuum und Gesellschaft, die sich im Zusammenhang mit der Forschung und den Entwicklungen insbesondere auf dem Gebiet der Lebenswissenschaften und ihrer Anwendung auf den Menschen ergeben" (EthRG § 1 [2]). Der Ethikrat debattiert zum Beispiel über Biobanken, Big Data, Stammzellforschung sowie gentechnisch manipulierte Organismen und berät die Bundesregierung zu politischen und gesetzgeberischen Aspekten im Umgang mit diesen Fragen.

Parallel zu diesen öffentlich geführten Debatten werden die ethischen Prinzipien, die das Forschungshandeln leiten (sollen) – und damit verbunden die Formen und Verfahren politischer, rechtlicher und akademischer Regulierung der Forschung auch *innerhalb* der Wissenschaft debattiert. In diesem Kontext kommt der Einrichtung von institutionalisierten Prüfverfahren durch Ethik-Kommissionen (im Englischen auch: Institutional Review Boards (USA), Research Ethics Boards (Kanada) oder Research Ethics Committees (GB) ein besonderer Stellenwert zu. Diese Gremien übernehmen die Aufgabe, Forschungsvorhaben, an denen Personen oder Daten von Personen beteiligt sind, auf die Einhaltung forschungsethischer Grundsätze zu prüfen. Es sind Organe der akademischen Selbstkontrolle und -verwaltung: Die Kommissionen werden von Forschungsinstitutionen eingerichtet und mit Angehörigen derselben Einrichtung besetzt, d. h. mit Wissenschaftlern und Wissenschaftlerinnen, die dort auch beschäftigt sind. Die Beteiligung von externen Mitgliedern ist sehr begrenzt und beschränkt sich oft auf eine Person, die über eine datenschutzrechtliche Expertise verfügt (Jurist/-in). Die Kommissionen unterscheiden sich in ihren Verfahren, Zusammensetzungen und Geschäftsordnungen von Einrichtung zu Einrichtung und auch zwischen wissenschaftlichen Disziplinen und Fachgemeinschaften. Sie zeichnen sich jedoch durch eine Gemeinsamkeit aus: Es sind Organisationen des Wissenschaftssystems, denen, nach Fachgemeinschaften organisiert, „die Funktion zukommt, externe Erwartungen in wissenschaftsbezogene Entscheidungen zu übersetzen" (Bora 2012, S. 345). Dieses Verständnis der Funktion von Ethik-Kommissionen eröffnet eine Perspektive, die es erlaubt, die Einrichtung dieser Kommissionen im Kontext neuer Formen der Regulierung von Wissenschaft zu betrachten.

Um eine solche Governance-Perspektive auf Ethik-Kommissionen zu entfalten, skizzieren wir zunächst einige Grundgedanken zum Thema Governance und Regulierung von Wissenschaft. In einem zweiten Schritt wird die historische Entwicklung von Ethik-Kommissionen in der medizinischen und sozialwissenschaftlichen Forschung rekonstruiert. Anschließend stellen wir die Kritik an den institutionalisierten Prüfverfahren innerhalb der Sozialwissenschaften dar, die insbesondere im angloamerikanischen Raum und in der qualitativen Sozialforschung formuliert wird. Abschließend nehmen wir eine Einschätzung der aktuellen Situation in den deutschen Sozialwissenschaften vor, wo eine Hinwendung zur Einführung von Ethik-Kommissionen zu verzeichnen ist, und verstehen diese Entwicklung und die damit einhergehenden Kontroversen vor dem Hintergrund der eingangs aufgezeigten Governance-Perspektive als ein Regulierungs- und Standardisierungsproblem.

2 Governance und Regulierung der Wissenschaft

In den Diskursen über die Governance der Wissenschaft (Grande et al. 2014; Schuppert und Voßkuhle 2008; Knie und Simon 2008) wird selten über Regulierung gesprochen. Möglicherweise weil Regulierung im Sinne externer Eingriffe dem Grundverständnis von der Erzeugung und Distribution wissenschaftlichen Wissens widerspricht, die vornehmlich den *scientific communities* und ihren zentralen Instanzen der Selbststeuerung – insbesondere dem *peer review* – vorbehalten bleiben (Simon 2014, 2015). Auch der Begriff der Steuerung trifft angesichts der Grundnormen wissenschaftlichen Handelns, wie sie einmal Robert K. Merton geprägt hat, in den Fachgemeinschaften auf Skepsis, die die Autonomie wissenschaftlicher Akteure als Grundvoraussetzung für ihre Erkenntnisproduktion immer wieder einfordern. Spätestens seit dem „New Public Management" als neuer Governanceform in der Wissenschaft, die vereinfacht gesagt auf eine Output-Steuerung der zentralen Institutionen des Wissenschaftssystems setzt, und die Hochschulen und außeruniversitären Forschungseinrichtungen auf mehr wettbewerbliche Förderverfahren, Leistungsmessungen und Bewertungsverfahren wie Evaluationen verpflichtet, wird über die Frage einer wissenschaftsangemessenen Governance gestritten, die die Spezifika der akademischen Erkenntnisproduktion und zugleich die Nützlichkeit und gesellschaftliche Relevanz von Forschung berücksichtigt (Grande et al. 2014). Nützlichkeit, Wettbewerb und Kontrolle sind die entscheidenden Stichworte in den aktuellen Diskursen über die Governance der Forschung (Matthies et al. 2015). Es geht im Kern um die Frage, unter welchen Rahmenbedingungen und mit welchen Mitteln eine Leistungssteigerung der Wissenschaft erreicht werden und insbesondere wie, also mit welchen Kriterien und Indikatoren wissenschaftliche Qualität, heutzutage ausgedrückt in „Exzellenz", und zunehmend auch ihre gesellschaftliche Relevanz beurteilt werden kann (Simon und Knie 2013; Simon 2015).

Der Begriff der Regulierung wird im Verständnis der Steuerung von Ereignissen und Verhalten (Braithwaite et al. 2007) bislang stärker im Kontext von (neuen) Wissensformen, Produkten oder Prozessen (Innovationsregulierung) verwendet. Neben etablierten Instrumenten wie der Technikfolgenabschätzung hat die Innovationsregulierung eine starke rechtliche Komponente, es geht vor allem um vorausblickende Regulierungen von zukünftigen Innovationen (Hoffmann-Riem 2011). Gerade im Kontext innovationsfördernder Regulierung entwickeln sich jedoch Diskursstränge, die auf die Governance-Ansätze rekurrieren. „Nach dieser Auffassung bleibt Regulierung nicht beschränkt auf kontrollierende und begrenzende Interventionen im Sinne regulatorischen Rechts, sondern umfasst sowohl begrenzende und risikominimierende als auch fördernde und ermöglichende Maßnahmen" (Bora 2012, S. 352). Dabei kann sich der Regulierungsbegriff in Bezug auf Wissenschaft auf zwei verschiedene Konzepte beziehen: Regulierung anderer gesellschaftlicher Bereiche mit Hilfe der Wissenschaft, zum anderen die Regulierung von Wissenschaft mit politischen Mitteln, wobei in dem uns interessierenden Kontext auf letztere fokussiert wird.

Der Zusammenhang zwischen (Innovations-)Regulierung und Governance ergibt sich auch durch zwei weitere Entwicklungen: Die Wissenschaft steht in den letzten Dekaden unter einem stärkeren Druck, Innovationen und verwertbare Produkte aus der Wissensproduktion – und allgemeiner ausgedrückt – gesellschaftlich relevante Erkenntnisse zu generieren. Die Wissenschaftspolitik sieht sich mit dem Dilemma konfrontiert, hierfür die adäquaten Rahmenbedingungen bereitzustellen („societal impact", „societal relevance"), die aber die Selbststeuerungsmechanismen der Wissenschaft respektieren.

Darüber hinaus finden sowohl durch institutionelle Evaluationsverfahren als auch insbesondere durch unterschiedliche Formen der Leistungsmessung und Leistungsbewertung in quantitativ angelegten Rankings und Ratings Standardisierungsprozesse statt. Praktiken, die einer Regulierung wissenschaftlichen Wissens nahekommen, die disziplinären und institutionellen Eigenheiten wenig Raum lassen (Heintz 2010; Simon 2014). Eine ähnliche Tendenz zur Standardisierung geht mit den Verfahren der institutionalisierten Prüfung von forschungsethischen Aspekten von Forschungsvorhaben einher, und dieser Umstand führt, wie wir im Folgenden zeigen werden, zu besonderen Kontroversen in den Sozialwissenschaften.

Wenden wir uns nun dem Thema der Ethik-Kommissionen in der Wissenschaft zu, die in den letzten Jahren stark an Bedeutung gewonnen haben, ausgehend von lebens- und naturwissenschaftlichen Fächern, vor allem der Medizin, bis neuerdings hin zu den Sozialwissenschaften. Die Betrachtung der Entwicklung, Bedeutung und Rolle von Ethik-Kommissionen in der Medizin und in den Sozialwissenschaften, die beide im Kontext von Forschung „am Menschen" (bzw. „mit" Menschen oder „über" Menschen) stehen, soll auch die Frage beantworten, inwieweit Ethik-Kommissionen als eine Form der Wissensregulierung im Konzert der Wissenschafts-Governance betrachtet werden können und inwiefern eine solche Perspektive für das Verständnis der auftretenden Widerstände und Kontroversen aufschlussreich ist.

3 Wie wurde „Forschungsethik" zum Thema? Eine historische Annäherung

Die Debatte um Forschungsethik, die im Zentrum dieses Beitrags steht, nahm Ende des Zweiten Weltkrieges ihren Anfang. Die Auseinandersetzung mit den Verbrechen des Nationalsozialismus, insbesondere die Aufarbeitung der medizinischen Forschung während der NS-Zeit mit ihren grausamen Menschenversuchen, Tötungen und Sterilisationen, gilt als zentraler Grundstein der Debatte (Altner 1998, S. 685; Israel und Hay 2006, S. 27–28). Als Reaktion auf den Nürnberger Ärzteprozess wurde im Jahre 1947 der „Nürnberger Kodex" verfasst (vom I. Amerikanischen Militärgerichtshof als Stellungnahme zu „zulässigen menschlichen Versuchen"). In diesem Kodex wurden zum ersten Mal forschungsethische Prinzipien und Richtlinien formuliert, wie z. B. dass die Teilnahme an medizinischer Forschung freiwillig und auf Basis einer informierten Einwilligung (informed consent) erfolgen muss.

Diese forschungsethischen Grundsätze wurden in den Folgejahren vom Weltärztebund aufgegriffen und weiterentwickelt: Sie flossen in die international nach wie vor sehr einflussreiche „Deklaration von Helsinki" ein, die erstmals 1964 veröffentlicht und seitdem mehrfach erweitert und überarbeitet wurde (Bundesärztekammer 2013). In der Fassung von 1975 wurde unter anderem festgelegt, dass

Forschungsvorhaben von unabhängigen Ethik-Kommissionen geprüft werden sollen. Dieser Beschluss korrelierte mit Debatten und Veränderungen der Forschungsinfrastruktur, die zeitgleich in den USA stattfanden (vgl. 4.). Die neue „Vorgabe" der Helsinki-Deklaration war auf internationaler Ebene ein entscheidender Faktor für die Einrichtung und Etablierung von medizinischen Ethik-Kommissionen in vielen Ländern inklusive Deutschland. Vor diesem Hintergrund argumentieren Vertreter/-innen der medizinischen Fachgemeinschaft gern, dass die Einrichtung von Ethik-Kommissionen in der medizinischen Forschung keine primäre Erfindung der Politik oder des Rechts gewesen sei, sondern aus der professionellen Selbstkontrolle der Medizin hervorging (Wölk 2002, S. 253). Allerdings waren die fachlichen Debatten in der Medizin sehr stark von der US-amerikanischen Wissenschaftspolitik und Rechtsprechung beeinflusst, die ihrerseits von den kritischen Debatten in der medialen Öffentlichkeit beeinflusst wurden. Vor diesem Hintergrund erscheint die eingangs erwähnte Governance-Perspektive passend, nach der die Einrichtung von Ethik-Kommissionen als Ausdruck des Wandels im Verhältnis von Wissenschaft und Gesellschaft begriffen werden kann, der zur Bildung neuer Organisationen und Gremien innerhalb der Wissenschaft führte, die wie eingangs erwähnt „externe Erwartungen in wissenschaftsbezogene Erwartungen übersetzen" (Bora 2012, S. 348) und dabei gleichzeitig das Prinzip der Selbstkontrolle der Wissenschaft wahren.

Bemerkenswert ist in diesem Zusammenhang, dass Richtlinien, die ursprünglich für den spezifischen Kontext medizinischer Forschung am Menschen entwickelt wurden, eine Wirkungskraft entfaltet haben, die weit über den Bereich der medizinischen Forschung hinausreicht. Für diesen Umstand waren vor allem die Entwicklungen in den USA entscheidend, wo der Geltungsanspruch von (bio-)medizinischen Richtlinien auf jegliche Forschung mit Menschen ausgedehnt wurde.

4 Die Etablierung forschungsethischer Prüfverfahren in den USA

In den USA wurden Ethik-Kommissionen *(Institutional Review Boards)* zur Prüfung von Forschungsvorhaben, die eine Forschung „am Menschen" zum Gegenstand haben, in den 1970er-Jahren eingeführt und als Einrichtungen der wissenschaftlichen Selbstkontrolle an Forschungsinstitutionen verankert. Im Vorfeld hatten mehrere Skandale über unethische Studien in den USA die öffentlich-medialen Debatten erschüttert und politischen Handlungsdruck erzeugt: Anfang der 1960er-Jahre wurde das *Jewish Chronic Disease Hospital* angezeigt, weil dort Krebsversuche an alten und chronisch kranken Patient(inn)en durchgeführt wurden (McNeill 1993, S. 57). Die Experimente des Psychologen Stanley Milgram zu Autoritätshörigkeit und Gewaltbereitschaft sorgten für Aufregung und wurden kontrovers diskutiert (Baumrind 1964; Milgram 1963, 1964; Stuwe und Timaeus 1980). Zudem wies ein kritischer Fachartikel des Arztes Henry Beecher (1966) auf ethische Probleme in einer Vielzahl von experimentellen medizinischen Studien in den USA hin, der als *Beecher-Report* bekannt und breit rezipiert wurde (Israel und Hay 2006, S. 32). Es war jedoch vor allem der Skandal um die sogenannte Tuskegee-Syphilis-Studie (Jones 1993), bei der afroamerikanischen Landarbeitern zu Forschungszwecken u. a. eine (lebensrettende) medizinische Behandlung vorenthalten wurde, der im Jahre 1972 eine breite Welle von Protesten (insbesondere der *Civil Rights*-Bewegung in den USA) auslöste und dazu führte, dass die US-amerikanische Politik Maßnahmen für strukturelle Veränderungen zur Regulierung der Wissenschaft ergriff.

Im Jahre 1974 wurde ein „National Research Act" verabschiedet, auf dessen Basis eine Kommission (die *National Commission for the Protection of Human Subjects in Biomedical and Behavioural Research*) den „Belmont Report" (1979) erarbeitete (vgl. Israel und Hay 2006, S. 32–33). Die Kommission war zuständig für die Institutionalisierung der ethischen Prüfung von biomedizinischen und verhaltenswissenschaftlichen Forschungsvorhaben durch *Institutional Review Boards* (IRBs). Der „Belmont Report: Ethical Principles and Guidelines for the Protection of Human Subjects of Research" benennt drei zentrale Prinzipien, nach denen sich die forschungsethische Begutachtung von Studien mit menschlichen Untersuchungsteilnehmer/-innen richten soll: Respekt gegenüber Menschen (inklusive der Förderung der Selbstbestimmung), Fürsorge (inklusive Schadensvermeidung) und Gerechtigkeit (Israel und Hay 2006, S. 34–37; National Commission for the Protection of Human Subjects of Biomedical and Behavioral Research 1979). Seitdem wurden weitere Richtlinien erarbeitet und Strukturen entwickelt, aber die entscheidende Weichenstellung fand zu diesem Zeitpunkt in den 1970er-Jahren statt, als diese Strukturen im Wissenschaftssystem verankert und die Prinzipien und Prüfverfahren der biomedizinischen Forschung auf sozialwissenschaftliche Forschung ausgeweitet wurden. Seitdem muss in den USA jede Forschung, bei der Personen oder Daten von Personen involviert sind, von einem IRB geprüft und bewilligt werden, bevor sie umgesetzt werden kann.

5 Die Einrichtung medizinischer Ethik-Kommissionen in Deutschland

In Deutschland wurden die ersten medizinischen Ethik-Kommissionen (EKs) in den 1970er-Jahren eingerichtet: nachdem 1973 auf Veranlassung der Deutschen Forschungsgemeinschaft (DFG) eine EK eingerichtet worden war, sprachen sich verschiedene Organe der medizinischen Profession (wie z. B. die Bundesärztekammer) für die Errichtung weiterer EKs aus. Zentrale Referenzpunkte hierbei waren die o. g. Helsinki-Deklaration, die Entwicklungen in den USA und der Umstand, dass „amerikanische Vorschriften auch für internationale Studien galten, deren Daten in den USA in Zulassungsverfahren verwendet oder publiziert werden sollten" (Wölk 2002, S. 254). Eine (berufs-)rechtliche Basis erhielten die medizinischen EKs dann im Jahre 1985, als die Musterberufsordnung der Ärzte (MBO-Ä) festlegte, dass Ärzte und Ärztinnen sich vor der Durchführung von klinischer Forschung am Menschen von einer EK „beraten" lassen sollten (Wölk 2002, S. 254). Diese Soll-Bestimmung wurde 1988 in eine Muss-Bestimmung geändert. Darüber hinaus wurde die Prüfung durch eine Ethikkommission im Medizinproduktegesetz (MPG) und in den 1990er-Jahren im Arzneimittelgesetz (AMG) verankert.

Seitdem werden in Deutschland alle Projekte medizinischer Forschung mit Menschen vor ihrem Beginn von einer Ethik-Kommission beurteilt: das betrifft jegliche Studien, die von Ärzten und Ärztinnen oder an medizinischen Einrichtungen durchgeführt werden und Eingriffe am menschlichen Körper vornehmen, Methoden unmittelbar am Menschen anwenden, körpereigenes Gewebe entnehmen und/oder nutzen, Fragebögen einsetzen oder personenbezogene Daten verwenden (vgl. Arbeitskreis medizinischer Ethik-Kommissionen e.V.). Geprüft werden die wissenschaftliche Qualität, die rechtliche Zulässigkeit und die ethische Vertretbarkeit des Vorhabens. Interessant ist dabei, dass die Prüfung rechtlich vorgeschrieben ist, formal, d. h. auf dem Papier, einen Beratungscharakter hat,[1] aber de facto „genehmigungsähnliche Wirkungen" (Wölk 2002, S. 255) entfaltet. Diese Mischform der Regulierung scheint ein weiteres, besonderes Kennzeichen neuerer Formen der Regulierung von Wissenschaft zu sein (Bora 2012).

Medizinische EKs wurden in Deutschland an verschiedenen Institutionen eingerichtet, vor allem an medizinischen Fakultäten von Universitäten und bei Landesärztekammern. Einzelne Bundesländer (Berlin, Bremen und Sachsen-Anhalt) haben zudem EKs bei den Landesverwaltungen angesiedelt, zuständig für klinische Prüfungen von Arzneimitteln. Ferner gibt es EKs in Krankenhäusern, Pharmaunternehmen, Arzneimittelprüfungsinstitutionen, in Sonderforschungsbereichen der DFG, an weiteren Institutionen und „freie" EKs in Städten wie z. B. Freiburg (Altner 1998, S. 683). Es besteht ein „buntes Bild" (Wölk 2002, S. 258), denn die verschiedenen EKs unterscheiden sich stark im Hinblick auf ihre Trägerschaft, Zusammensetzung, Zuständigkeit, Geschäftsordnung und Verfahrensweise.

Um die Tätigkeit der (nach Landesrecht gebildeten) EKs bundesweit zu vereinheitlichen (bzw. in ihren eigenen Worten zu „harmonisieren"), wurde 1983 der „Arbeitskreis Medizinischer Ethik-Kommissionen in der Bundesrepublik Deutschland e.V." unter Führung der Bundesärztekammer gegründet. Dieser Arbeitskreis hat keine Verfügungsgewalt, sondern kann nur über Vernetzung, Beratung, Öffentlichkeitsarbeit und Empfehlungen auf das dezentrale System der EKs einwirken. Dies wird auch in einem Bericht der Bundesregierung deutlich, in dem die Erfahrungen mit der Tätigkeit der EKs und des Arbeitskreises beurteilt werden. Es wird festgestellt, dass sich das „Verfahren mit Ethik-Kommissionen grundsätzlich bewährt" habe und es wird angemahnt „im Sinne einer transparenten und ökonomischen Verfahrensweise" eine möglichst „lückenlose Anwendung" der vom Arbeitskreis erarbeiteten Empfehlungen anzustreben (Bundesregierung 2007, S. 14). Die Höhe und Unterschiede bei der Gebührenerhebung der EKs werden kritisiert, aber da die Festsetzung der Gebührenordnung für die Tätigkeit von EKs bei den jeweiligen Trägern der EKs

---

[1]Der beratende Charakter wird wie folgt beschrieben: „Ethik-Kommissionen haben keine – das muss im Rückblick auf die dokumentierten Verfahrensgrundsätze unterstrichen werden – genehmigende Funktion. Sie beraten aufgrund der Beurteilung fachlicher, ethischer und rechtlicher Aspekte. Dabei steht im Zentrum die Frage nach der Zulässigkeit medizinischer Forschung am Menschen" (Altner 1998, S. 684).

liegt, und es für eine „freiwillige Vereinbarung einer gemeinsamen Gebührenordnung auf Landesebene [...] keine Hinweise" (Bundesregierung 2007, S. 15) gebe, bleibt es bei dieser Feststellung. Hier offenbart sich deutlich der Regulierungscharakter: es gibt keine zentrale Instanz mit Entscheidungsmacht und Steuerungsfunktion, sondern ein dezentrales System, das sich selbst über Netzwerke wie den Arbeitskreis sowie diverse rechtliche und nichtrechtliche Strukturen reguliert.

Zusammenfassend lässt sich festhalten, dass seit den 1970er- und 1980er-Jahren bundesweit medizinische Ethik-Kommissionen zur Prüfung von medizinischen Forschungsvorhaben gegründet wurden. Auch andere Disziplinen haben berufsethische Richtlinien formuliert und diese zunehmend im Hinblick auf forschungsethische Aspekte überarbeitet und spezifiziert. Dies gilt beispielsweise für die Psychologie und auch, wie wir im Folgenden am Beispiel der Soziologie zeigen werden, für die Sozialwissenschaften. Allerdings wurden nicht in der gleichen Weise wie im anglo-amerikanischen Raum Review-Verfahren zur Prüfung von sozialwissenschaftlichen Forschungsvorhaben eingeführt. Der Bereich des Datenschutzes wurde dezidiert (und rechtlich) geregelt, aber die Auseinandersetzung mit darüber hinausgehenden forschungsethischen Fragen fand in den Sozialwissenschaften hierzulande nur sehr eingeschränkt statt.

6 Die Situation in den deutschen Sozialwissenschaften

In der deutschen Soziologie wurde Anfang der 1990er-Jahre von der Deutschen Gesellschaft für Soziologie (DGS) und dem Bundesverband deutscher Soziologinnen und Soziologen (BDS) in Anlehnung an den Kodex der Amerikanischen Soziologischen Vereinigung (ASA) ein Ethik-Kodex entwickelt (Lamnek 1992). Dieser trat 1993 in Kraft (BDS und DGS 1993) und gilt aktuell in der 2014 überarbeiteten Fassung (DGS 2014). Mit Inkrafttreten des Kodex wurde im selben Jahr (1993) eine gemeinsame Ethikkommission der beiden Fachgesellschaften eingerichtet, die keine rechtliche Grundlage hatte, sondern ein reines Gremium der akademischen Selbstkontrolle war. Sie war weniger für die Prüfung von Forschungsvorhaben zuständig, sondern beschäftigte sich im ersten Jahr vor allem mit Fragen von Autor(inn)enschaft und Plagiat (Lamnek 1994a, 1994b). Der Ethik-Kodex der Soziolog(inn)en bot eine Vorlage für Ethik-Kodizes anderer Sozialwissenschaften (wie z. B. für die Politikwissenschaft, deren Fachgesellschaft den Text fast wortwörtlich übernahm; vgl. DVPW).

Ende der 1990er-Jahre flaute das Interesse an der Forschungsethik in den Sozialwissenschaften etwas ab und erst im neuen Millennium nahm die Debatte wieder Schwung auf. In der medialen Öffentlichkeit wurden prominente Plagiatsfälle diskutiert, das Internet brachte neue Chancen und Herausforderungen auch für die Sozialwissenschaften mit sich und internationale Forschungsförderer, Forschungskooperationen und Fachzeitschriften setzten das Thema zunehmend auf die Tagesordnung. Eine Einrichtung griff das Thema auf – der Rat für Sozial- und Wirtschaftsdaten (RatSWD). Der RatSWD wurde 2004 von der Bundesregierung eingerichtet, um die deutsche Forschungsinfrastruktur für die empirischen Sozial-,

Verhaltens- und Wirtschaftswissenschaften weiterzuentwickeln und die Bundesregierung zu beraten. In einem RatSWD Working Paper, das die bundesdeutsche Situation mit der in Großbritannien und in den USA vergleicht, wurde ein Handlungsbedarf für die Regelung und Prüfung forschungsethischer Fragen in den Sozial- und Wirtschaftswissenschaften identifiziert (Oellers und Wegener 2009). Es folgten verschiedene andere Veröffentlichungen und Stellungnahmen zu benachbarten Themen wie Datenschutz und digitale Archivierung, und im Jahr 2015 wurde eine Arbeitsgruppe eingerichtet, die das Ziel verfolgt, Empfehlungen für die Einrichtung von und Verfahrensabläufe bei sozial- und wirtschaftswissenschaftlichen Ethik-Kommissionen zu entwickeln.

Parallel dazu fanden auch im Arbeitsbereich der Sozialwissenschaftler/-innen intensive Debatten um Forschungsethik statt. Forderungen nach einer digitalen Archivierung von qualitativen Daten werden kontrovers diskutiert (Hirschauer 2014; von Unger 2015) und neue Fragen zur (Un-)Möglichkeit der Anonymisierung in Zeiten des Internets und Social Media-Forschung werden aufgeworfen (Siri 2013), die teilweise auch im englischsprachigen Raum diskutiert werden (Tilley und Woodthorpe 2011). Auf der einen Seite werden eine verstärkte „forschungsethische Reflexivität" (von Unger et al. 2012; von Unger et al. 2014) von Forschenden praktiziert und proklamiert sowie eine verbesserte Integration forschungsethischer Grundsätze und Fragen in die Methodenausbildung und Betreuung von empirischen Qualifikationsarbeiten eingefordert (von Unger et al. 2014, S. 6; von Unger 2014, S. 31–36). Auf der anderen Seite schaffen externe Auflagen und Erwartungshaltungen einen Handlungsbedarf: insbesondere Sozialwissenschaftler/-innen, die eine finanzielle Förderung bei der EU oder internationalen Fördereinrichtungen beantragen und/oder die in internationalen Fachzeitschriften veröffentlichen möchten, werden zunehmend aufgefordert, einen *ethics review* ihrer Studien vorzulegen. Bislang haben diese Forscher/-innen sehr eingeschränkte Optionen: Sie können sich an die Ethik-Kommission ihrer Fachgesellschaft richten oder an die lokale Ethik-Kommission anderer Disziplinen (wie z. B. der Medizin oder der Psychologie). Hier fehlt jedoch in der Regel die methodische und disziplinspezifische Fachexpertise, um sozialwissenschaftliche Studien angemessen zu beurteilen. Vor diesem Hintergrund werden teilweise lokale sozialwissenschaftliche Ethik-Kommissionen an deutschen Forschungseinrichtungen gegründet. In diesem Kontext wird allerdings auch darauf hingewiesen, dass eine solche Entwicklung aus internationalen Erfahrungen lernen und die Kritik an bestehenden Prüfverfahren berücksichtigen sollte, die in der angloamerikanischen Debatte und vor allem in der qualitativen Forschung formuliert wird (von Unger 2014, S. 31–32).

7 Kritik an institutionalisierten Prüfverfahren

Die institutionalisierten Prüfverfahren durch Ethik-Kommissionen, die nicht nur, aber auch im angloamerikanischen Raum (z. B. in den USA, Kanada und GB) zur Forschungsinfrastruktur gehören, werden vielfältig kritisiert. Zum einen findet in der medizinischen Wissenschaft eine kritische Diskussion um die Verfahren und die

Ergebnisse der „Beratung" durch Ethik-Kommissionen statt, die Studiendesigns (zum Negativen) verändern, die wissenschaftliche Qualität unterlaufen und sich durch obskure Praktiken auszeichnen würden (Eichler 1995). Allerdings handelt es sich hier eher um einzelne Stimmen – die grundlegende Berechtigung von Ethik-Kommissionen wird nicht in Frage gestellt. Anders in den Sozialwissenschaften: Mark Israel und Ian Hay beschreiben in ihrer internationalen Bestandsaufnahme die Situation einer zugespitzten Kontroverse, insbesondere in englischsprachigen Ländern:

> „Social scientists are angry and frustrated. They believe their work is being constrained and distorted by regulators of ethical practice who do not necessarily understand social science research. In the United States, Canada, United Kingdom, New Zealand and Australia, researchers have argued that regulators are acting on the basis of biomedically driven arrangements that make little or no sense to social scientists" (Israel und Hay 2006, S. 1).

Es wird also kritisiert, dass die Prinzipien und Verfahren, die im medizinischen Kontext entwickelt wurden, nicht umstandslos auf sozialwissenschaftliche Forschung übertragen und angewendet werden können. Die schärfste und fundamentalste Kritik kommt aus dem Lager der qualitativen, angloamerikanischen Forscher/-innen, die sich sehr kritisch mit institutionalisierten Ethik-Auflagen und Prüfverfahren auseinandersetzen (Christians 2011; Canella und Lincoln 2011; Iphofen 2011; Perry 2011; van den Hoonaard 2002, 2011). Wesentliche Kritikpunkte sind, neben dem bürokratischen Aufwand und der rechtlichen Formalisierung (insbesondere in den USA, wo die Prüfverfahren hauptsächlich der rechtlichen Absicherung der Institutionen zu dienen scheinen), die Ausrichtung der Verfahren an einer medizinisch-klinischen Forschungssituation und quantitativen Methodologien. Diese Ausrichtung führt zu einer mangelnden Passfähigkeit der Auflagen und fehlender Expertise von Kommissionsmitgliedern im Hinblick auf sozialwissenschaftliche und insbesondere qualitative Verfahren. Daher wird ganz grundsätzlich gefragt, wie hilfreich oder hinderlich institutionalisierte Prüfverfahren für qualitative sozialwissenschaftliche Forschung sind. Canella und Lincoln kritisieren die Behandlung von ethischen Fragen in den USA als „regulatory enterprise", das nicht wirklich forschungsethisches Handeln befördere, sondern nur eine „Illusion von ethischer Praxis" erzeuge (Canella und Lincoln 2007, S. 315). In Kanada beschreibt van den Hoonaard eine Verarmung und „Homogenisierung" sozialwissenschaftlicher Forschung, die daraus resultiert, dass qualitative Forschung durch die *ethics reviews* in quantitative Formate gedrängt oder gar ganz unmöglich gemacht wird (van den Hoonaard 2011, S. 3). Auch Forscher/-innen, die institutionalisierte Prüfverfahren grundsätzlich befürworten und aktiv daran mitwirken, weisen auf Schwächen im Verfahrensalltag hin, wie z. B. inkompetente, widersprüchliche und wenig abgestimmte Rückmeldungen und Auflagen (Roth 2005). Kritik äußern auch Vertreter/-innen der partizipativen Forschung; sie lehnen ein institutionalisiertes Verfahren zwar nicht grundsätzlich ab, fordern aber eine Anpassung der forschungsethischen Prinzipien und eine stärkere Einbindung von Communities in ethische Review-Prozesse (Flicker et al. 2007; Strauss et al. 1993).

Die Frage der Passfähigkeit von forschungsethischen Grundsätzen aus der medizinischen Forschung für sozialwissenschaftliche Studien lässt sich am Beispiel des informierten Einverständnisses gut nachvollziehen. Der Grundsatz der informierten Einwilligung ist insbesondere vor dem Hintergrund seiner historischen Entstehung für die meisten Forschenden durchaus nachvollziehbar und vom Prinzip her einleuchtend. In der praktischen Umsetzung in der Sozialforschung wirft er jedoch vielfältige Fragen auf. In quantitativen Befragungen muss entschieden werden, in welchem Umfang *und wie* die Teilnehmenden z. B. auch über theoretische Vorannahmen und methodische Verfahren informiert werden. Bei qualitativen Interviewstudien ist der Forschungsverlauf aus methodologischen Gründen insgesamt offener und dadurch weniger planbar. Dadurch können die Teilnehmenden nicht in ähnlicher Weise vor Beginn ihrer Teilnahme über das Vorgehen informiert werden, denn zu Beginn der Studie kann noch gar nicht fest stehen, welche Schritte zum Beispiel im Rahmen eines *theoretical sampling* notwendig sind und zu welchen Ergebnissen die Studie kommen wird. Das informierte Einverständnis muss daher als prozesshaft (Narimani 2014) und – je nach Projektzusammenhang und Bedürfnissen der teilnehmenden Personen – möglicherweise als rein mündlicher, dialogischer Prozess verstanden werden (Warin 2011).

Bei der ethnographischen Feldforschung stellt sich die Frage, inwiefern der Grundsatz überhaupt umgesetzt werden kann. Feldforschung findet in den Lebens- und Arbeitswelten der Menschen statt und hier kann das informierte Einverständnis nicht in derselben Weise von anwesenden Individuen eingeholt werden wie in einer Interviewstudie. Zum Beispiel ist es bei einer teilnehmenden Beobachtung bei einem Fußballspiel weder möglich noch methodologisch akzeptabel, die Abläufe zu unterbrechen und alle Personen einzeln anzusprechen, um eine Unterschrift auf einer Einverständniserklärung einzuholen. Das heißt jedoch nicht, dass der Grundsatz gar nicht beachtet werden kann. Bei der ethnographischen Feldforschung gibt es in der Regel Schlüsselpersonen, die den Forschenden Türen öffnen (oder verschließen), die von ihnen informiert werden und andere informieren und die somit eine Schlüsselrolle auch für Prozesse der Information und des Einverständnisses mit der Forschung spielen (können). Dazu muss der Grundsatz jedoch kollektiver und prozesshafter verstanden werden als in einer Forschungssituation, die in einem „künstlichen Setting" wie einem Büro, einer Klinik oder einem Labor im Dialog unter Einzelpersonen stattfindet.

Diese und weitere Kritikpunkte und Herausforderungen werden in der aktuellen Diskussion in Deutschland von Forscherinnen und Forschern vorgebracht. Hierbei fällt auf, dass in den meisten Fällen nicht grundsätzlich das Thema Forschungsethik oder der Schutz von teilnehmenden Personen strittig ist. Im Gegenteil – in der qualitativen Forschung kommen überwiegend „Nah-Methoden" (Breuer et al. 2002, Abs. 3) zum Einsatz, die den Aufbau von Vertrauensbeziehungen erfordern, so dass qualitative Forscher/-innen grundsätzlich aufmerksam und sensibel auf die Anliegen und Bedürfnisse ihrer Teilnehmer/-innen eingehen *müssen* – denn sonst kommt die Forschung in der Regel gar nicht erst zustande. Vor diesem Hintergrund ist die Bereitschaft zur Reflexion forschungsethischer Fragen nicht nur groß, sondern Bestandteil des Alltagsgeschäfts. Nichtsdestotrotz wünschen sich viele Forscher/-innen mehr Austausch und Orientierung – gerade zu neuen forschungsethischen Fragen, die sich beispielsweise im Zusammenhang mit digitalen Technologien, *social media* und Veränderungen der Forschungssituation durch das Internet ergeben. Große Vorbehalte bestehen allerdings gegenüber der Einrichtung von Ethik-Kommissionen, da befürchtet wird – und vor dem Hintergrund der internationalen Erfahrungen zu Recht –, dass diese Verfahren einseitig an quantitativen Kriterien, rechtlichen Diskursen und bürokratischen Logiken ausgerichtet werden. De facto würde das darauf hinauslaufen, qualitative Forschung und Wissensgenerierung zu beschränken – und zwar nicht, weil diese unethisch wäre, sondern weil Prozesse und Formate erwartet werden, die für die Methoden, Theorien und Forschungssituationen der qualitativen Forschung unpassend sind.

8 Fazit

Welche Schlüsse lassen sich aus diesen Debatten ziehen? Wir haben argumentiert, dass die Einrichtung von Ethik-Kommissionen in der Wissenschaft aus Governance-Perspektive als Ausdruck neuer Formen der Regulierung von Wissenschaft gelesen werden kann. Durch die Einrichtung von Ethik-Kommissionen reagiert die Wissenschaft auf externe Anforderungen (und Kritik), und übersetzt diese in eine Verfahrenslogik, die dem akademischen Bedürfnis nach Selbstkontrolle treu bleibt. So hält beispielsweise der rechtliche Diskurs des Datenschutzes Einzug in die Beurteilung von Forschungsvorhaben und findet auch auf diesem Weg Beachtung. Durch die Besetzung und Verfahrensweisen der Ethik-Kommissionen wird jedoch verhindert, dass der datenschutzrechtliche Diskurs das alleinige Prüfkriterium darstellt. Statt dessen werden grundsätzlich forschungsethische *Abwägungen* vorgenommen (Marckmann 2000), die einerseits sicherstellen, dass der rechtliche Rahmen eingehalten wird, aber andererseits die bestehenden Handlungs- und Interpretationsspielräume genutzt werden, um auch Kriterien der wissenschaftlichen Güte und die spezifischen ethischen Prinzipien und Grundsätze der eigenen Fachgemeinschaft zu berücksichtigen.

Im Hinblick auf die Kontroverse um Ethik-Kommissionen in den Sozialwissenschaften ist deutlich geworden, dass diese zum einen aus dem Problem erwachsen, dass Verfahren aus der einen Fachgemeinschaft (Medizin) auf andere Fachgemeinschaften (die Sozialwissenschaften) übertragen wurden. Diese Übertragung erzeugt eine fehlende Passung, die damit zusammenhängt, dass sich die Forschungstraditionen, -situationen und -methoden der Fachgemeinschaften wesentlich unterscheiden. Grundsätze, die für den einen Kontext und die eine Fachgemeinschaft funktionieren, eignen sich nicht automatisch in der gleichen Form für andere Fachgemeinschaften und Forschungskontexte, wie wir am Beispiel des informierten Einverständnisses dargelegt haben.

Des Weiteren ist die Einrichtung von institutionalisierten Prüfverfahren in der Form von Ethik-Kommissionen in der internationalen Erfahrung mit Prozessen der Verrechtlichung und Bürokratisierung verbunden, infolge derer die Verfahren de facto in das Gegenteil dessen umschlagen können, was ursprünglich beabsichtigt war. Statt beispielsweise dazu beizutragen, Personen, die an Studien teilnehmen, zu schützen, führen die aufwändigen Verfahren der schriftlichen Einwilligung an US-amerikanischen Forschungseinrichtungen eher dazu, die beteiligten Einrichtungen vor möglichen Klagen der Studienteilnehmer/-innen zu schützen.

Im Hinblick auf die Situation in den deutschen Sozialwissenschaften stellen sich mehrere Fragen: Zum einen bleibt offen, inwiefern es gelingen kann, die international formulierte Kritik aufzunehmen und für die Gestaltung der neuen forschungsethischen Infrastruktur produktiv nutzbar zu machen. Hier stehen Standardisierungsbestrebungen in einem klaren Spannungsverhältnis zu dem Methodenpluralismus der Sozialwissenschaften. Wird es in den Ethik-Kommissionen möglich sein, Verfahren zu entwickeln, die auf diese Vielfalt angemessen reagieren? Werden sie ausreichend Flexibilität bieten, um die jeweiligen Fachdiskussionen zu berücksichtigen und zu „wissen", wann es angebracht ist, beispielsweise eine schriftliche informierte Einwilligung einzufordern und wann nicht? In einem Punkt sollte man die Erwartungshaltung an Ethik-Kommissionen sicher nicht zu hoch hängen: Sie werden es nicht vermögen, im Alltagsgeschäft Lösungen für die drängenden neuen Fragen zu finden, die beispielsweise mit der Digitalisierung der sozialen Wirklichkeiten und Forschungslandschaften einhergehen. Denn was für die medizinischen Ethik-Kommissionen festgestellt wurde, wird in anderen Bereichen kaum anders sein: Ethik-Kommissionen „sind in erster Linie Instanzen der Regeldurchsetzung. Als Instanzen der Normbildung fallen sie weitgehend aus. Sie können professionelles Verhalten an etablierten normativen Standards kontrollieren. Aber sie sind nicht eine Quelle ethischer Orientierung in Handlungsfeldern, in denen solche Standards fehlen oder fraglich geworden sind" (van den Daele 1990, S. 21). Das bedeutet, dass Ethik-Kommissionen, auch wenn ihre Verfahren flexibel gestaltet werden und bei ihrer Zusammensetzung und ihrer Tätigkeit darauf geachtet wird, ein breites und angemessenes Spektrum an methodischer Expertise hinzuziehen, nicht der Ort sein können, an dem Lösungen für drängende, neue Probleme in forschungsethischer Hinsicht gefunden werden. Sie sind in erster Linie Orte der Regulierung, nicht Orte der Vision oder Innovation. Für die Diskussion um die Governance der Forschung bzw. der Wissenschaft eröffnen sich durch die Einrichtung von Ethik-Kommissionen neue Forschungsfragen vor allem zum Verhältnis von Steuerung, Koordination und Regulierung in der Wissenschaft.

Literatur

Altner, Günter. 1998. Ethik-Kommissionen. In *Lexikon der Bioethik*, Hrsg. Wilhelm Korff et al., 682–691. Gütersloh: Gütersloher Verlagshaus.
Arbeitskreis Medizinischer Ethik-Kommissionen in der Bundesrepublik Deutschland e.V. http://www.ak-med-ethik-komm.de/index.php/de/. Zugegriffen am 09.09.2015.
Baumrind, Diana. 1964. Some thoughts on ethics of research: After reading Milgram's 'Behavioral Study of obedience'. *American Psychologist* 19(6): 421–423.
BDS und DGS. 1993. Ethik-Kodex der Deutschen Gesellschaft für Soziologie (DGS) und des Berufsverbands Deutscher Soziologinnen und Soziologen (BDS). *DGS-Informationen* 1/93, 13–19.

Becker, Katja, Eva-Maria Engelen, und Miloš Vec, Hrsg. 2003. *Ethisierung – Ethikferne. Wie viel Ethik braucht die Wissenschaft?* Berlin: Akademie.
Beecher, Henry K. 1966. Ethics and clinical research. *The New England Journal of Medicine* 274(24): 1354–1360.
Bogner, Alexander. 2011. *Die Ethisierung von Technikkonflikten: Studien zum Geltungswandel des Dissenses*. Weilerswist: Velbrück Wissenschaft.
Bogner, Alexander, Hrsg. 2013. *Ethisierung der Technik – Technisierung der Ethik. Der Ethik-Boom im Lichte der Wissenschafts- und Technikforschung*. Baden-Baden: Nomos.
Bora, Alfons. 2012. Wissenschaft und Politik: Von Steuerung über Governance zu Regulierung. In *Handbuch Wissenschaftssoziologie*, Hrsg. Sabine Maasen et al., 341–353. Wiesbaden: Springer.
Braithwaite, John, David Levi-Faur, und Cary Coglianese. 2007. Can regulation and governance make a difference? *Regulation & Governance* 1(1): 1–7.
Breuer, Franz, Katja Mruck, und Wolff Michael Roth. 2002. Subjektivität und Reflexivität: Eine Einleitung [10 Absätze]. *Forum Qualitative Sozialforschung/Forum: Qualitative Social Research*, 3(3), Art. 9. http://nbn-resolving.de/urn:nbn:de:0114-fqs020393. Zugegriffen am 28.10.2015.
Bundesärztekammer. 2013. WMA Deklaration von Helsinki – Ethische Grundsätze für die medizinische Forschung am Menschen. Weltärztebund (World Medical Association); Deutsche Fassung. http://www.bundesaerztekammer.de/downloads/DeklHelsinki2013.pdf. Zugegriffen am 04.12.2014.
Bundesregierung. 2007. Bericht der Bundesregierung zu Erfahrungen mit dem Verfahren der Beteiligung von Ethik-Kommissionen bei klinischen Prüfungen. Deutscher Bundestag, Drucksache 16/7703. http://dipbt.bundestag.de/extrakt/ba/WP17/117/11782.html. Zugegriffen am 09.09.2015.
Canella, Gaile S., und Yvonna S. Lincoln. 2007. Predatory vs. dialogic ethics: Constructing an illusion or ethical practice as the core of research methods. *Qualitative Inquiry* 13(3): 315–335.
Canella, Gaile S., und Yvonna S. Lincoln. 2011. Ethics, research regulations and critical social science. In *The sage handbook of qualitative research*, Hrsg. Norman K. Denzin und Yvonna S. Lincoln, 81–89. Los Angeles: Sage.
Christians, Clifford G. 2011. Ethics and politics in qualitative research. In *The sage handbook of qualitative research*, Hrsg. Norman K. Denzin und Yvonna S. Lincoln, 61–80. Los Angeles: Sage.
DGS. 2014. Ethik Kodex der Deutschen Gesellschaft für Soziologie (DGS) und des Bundesverbandes deutscher Soziologinnen und Soziologen (BDS). http://www.soziologie.de/de/die-dgs/ethik/ethik-kodex.html. Zugegriffen am 09.09.2015.
DVPW. Ethikkodex. http://www.dvpw.de/wir/profil/ethikkodex.html. Zugegriffen am 10.09.2015.
Eichler, Hans-Georg. 1995. Hazards of misguided ethics committees. *Lancet* 364:1115–1116.
Flicker, Sarah, Robb Travers, Adrian Guta, Sean McDonald, und Aileen Meagher. 2007. Ethical dilemmas in community-based participatory research: Recommendations for institutional review boards. *Journal of Urban Health* 86(4): 478–493.
Grande, Edgar, Dorothea Jansen, Arie Rip, und et al., Hrsg. 2014. *Neue Governance der Wissenschaft. Reorganisation – externe Anforderungen – Medialisierung*. Bielefeld: Transcript.
Heintz, Bettina. 2010. Numerische Differenz. Überlegungen zu einer Soziologie des Vergleichs. *Zeitschrift für Soziologie* 3:162–181.
Hirschauer, Stefan. 2014. Sinn im Archiv? Zum Verhältnis von Nutzen, Kosten und Risiken der Datenarchivierung. *Soziologie* 43(3): 300–312.
Hoffmann-Riem, Wolfgang. 2011. *Die Governance-Perspektive in der rechtswissenschaftlichen Innovationsforschung. Schriften des Münchner Zentrums für Governance-Forschung*. Baden-Baden: Nomos.
Iphofen, Ron. 2011. Ethical decision making in qualitative research. *Qualitative Research* 11(4): 443–446.
Israel, Mark, und Ian Hay. 2006. *Research ethics for social scientists: Between ethical conduct and regulatory compliance*. London etc: Sage.

Jones, James H. 1993. *Bad blood. The tuskegee syphilis experiment*. New York: The Free Press.
Knie, Andreas, und Dagmar Simon. 2008. Peer und Politics. Wissenschaftsevaluationen in der Audit-Society. In *Governance von und durch Wissen*, Hrsg. Gunnar F. Schuppert und Andreas Voßkuhle, 1737ndash;185. Baden-Baden: Nomos Verlag.
Lamnek, Siegfried. 1992. Zur Genesis und Geltung des Deutschen Ethik-Kodex: eine qualitative Längsschnittuntersuchung. *Sozialwissenschaften und Berufspraxis* 15(3): 249–268.
Lamnek, Siegfried. 1994a. Bericht der Ethik-Kommission für das Jahr 1994. *Sozialwissenschaften und Berufspraxis* 17(4): 341–352.
Lamnek, Siegfried. 1994b. Konfliktregelung im außerrechtlichen Raum. Ein Jahr Arbeit der Ethik-Kommission. *Soziologie* 2:22–42.
Marckmann, Georg. 2000. Was ist eigentlich prinzipienorientierte Medizinethik? *Ärzteblatt Baden-Württemberg (ÄBW)* 74:12.
Matthies, Hildegard, Dagmar Simon, und Marc Torka. 2015. Einleitung. In *Die Responsivität der Wissenschaft – Wissenschaftliches Handeln in Zeiten neuer Wissenschaftspolitik*, Hrsg. Hildegard v. Matthies, Dagmar Simon und Marc Torka. Bielefeld: Transcript Verlag, im Erscheinen.
McNeill, Paul Murray. 1993. *The ethics and politics of human experimentation*. Cambridge: Press Syndicate of the University of Cambridge.
Milgram, Stanley. 1963. Behavioral study of obedience. *Journal of Abnormal and Social Psychology* 67:371–378.
Milgram, Stanley. 1964. Issues in the study of obedience: A reply to Baumrind. *American Psychologist* 19(11): 848–852.
Narimani, Petra. 2014. Zustimmung als Prozess: Informiertes Einverständnis in der Praxisforschung mit von Ausweisung bedrohten Drogenabhängigen. In *Forschungsethik in der qualitativen Forschung: Reflexivität, Perspektiven, Positionen*, Hrsg. Hella von Unger, Petra Narimani und Rosaline M'Bayo, 41–58. Wiesbaden: Springer VS.
Oellers, Claudia und Eva Wegner. 2009. Does Germany need a (new) research ethics for the social sciences?. RatSWD Working Paper 86. Berlin: Rat für Sozial- und Wirtschaftsdaten (RatSWD). http://www.ratswd.de/download/RatSWD_WP_2009/RatSWD_WP_86.pdf. Zugegriffen am 25.02.2014.
Perry, Kristen H. 2011. Ethics, vulnerability and speakers of other languages: How university IRBs (do not) speak to research involving refugee participants. *Qualitative Inquiry 17*(10): 899–912
Roth, Wolff-Michael. 2005. Ethik als soziale Praxis: Einführung zur Debatte über qualitative Forschung und Ethik. *Forum Qualitative Sozialforschung/Forum: Qualitative Social Research* 6(1), Art. 9. http://www.qualitative-research.net/index.php/fqs/article/view/526/1138. Zugegriffen am 10.09.2015.
Schuppert, Gunnar Folke, und Andreas Voßkuhle, Hrsg. 2008. *Governance von und durch Wissen*. Baden-Baden: Nomos.
Simon, Dagmar. 2014. Wissensregulierung durch Evaluationen? Aushandlung oder Standardisierung in der Qualitätsbewertung von Wissenschaft. In *Wissensregulierung und Regulierungswissen*, Hrsg. Alfons v. Bora, Anna Henkel und Carsten Reinhard, 65–82. Weilerswist: Velbrück Wissenschaft.
Simon, Dagmar. 2015. Messen, bewerten, vergleichen: Evaluationen und die (nicht-) intendierten Folgen – Leistungskontrolle an einer deutschen Hochschule. In *Zitat, Paraphrase, Plagiat – Wissenschaft zwischen guter Praxis und Fehlverhalten*, Hrsg. Christiane v Lahusen und Christoph Markschies. Frankfurt a. M./New York: Campus Verlag, im Erscheinen.
Simon, Dagmar, und Andreas Knie. 2013. Can evaluation contribute to the organizational development of academic institutions? An international comparison. *Evaluation – The International Journal of Theory, Research and Practice* 19(4): 402–418.
Siri, Jasmin. 2013. Sense and Sensibility #1: Der Grundsatz der Anonymisierung unter digitalen Bedingungen. Sozblog (Blog der Deutschen Gesellschaft für Soziologie) 10.06.2013. http://soziologie.de/blog/2013/06/sense-and-sensibility-1-der-grundsatz-der-anonymitat-unter-digitalen-bedingungen/. Zugegriffen am 28.10.2015.

Strauss, Ronald P., Sohini Sengupta, Sandra Crouse Quinn, Jean Goeppinger, Cora Spaulding, Susan Kegeles, und Gregorio Millet. 1993. The role of community advisory boards: Involving communities in the informed consent process. *American Journal of Public Health* 91(12): 1938–1943.

Stuwe, Winfried, und Ernst Timaeus. 1980. Bedingungen für Artefakte in Konformitätsexperimenten: Der Milgram-Versuch. In *Die „gute" Versuchsperson denkt nicht*, Hrsg. Walter Bungard, 237–250. München: Urban & Schwarzenberg.

The National Commission for the Protection of Human Subjects of Biomedical and Behavioral Research. 1979. *The Belmont Report. Ethical Principles and Guidelines for the Protection of Human Subjects of Research*. Washington: US Department of Health, Education, and Welfare. http://www.hhs.gov/ohrp/humansubjects/guidance/belmont.html. Zugegriffen am 28.10.2015.

Tilley, Liz, und Kate Woodthorpe. 2011. Is it the end for anonymity as we know it? A critical examination of the ethical principle of anonymity in the context of 21stcentury demands on the qualitative researcher. *Qualitative Research* 11(2): 197–212.

van den Daele, Wolfgang. 1990. Die Ethik der Forschung in den Ethik-Kommissionen. In *Normative Voraussetzungen und ethische Implikationen sozialwissenschaftlicher Forschung*, Hrsg. Max-Planck-Institut für Bildungsforschung, 13–21. Berlin: MPI.

van den Hoonaard, Will C. 2002. Introduction: Ethical norming and qualitative research. In *Walking the tightrope. Ethical issues for qualitative researchers*, Hrsg. Will C. van den Hoonaard, 3–16. Toronto etc: University of Toronto Press.

van den Hoonaard, Will C. 2011. *The seduction of ethics. Transforming the social sciences*. Toronto etc: University of Toronto Press.

von Unger, Hella. 2014. Forschungsethik in der qualitativen Forschung: Grundsätze, Debatten und offene Fragen. In *Forschungsethik in der qualitativen Forschung: Reflexivität, Perspektiven, Positionen*, Hrsg. Hella von Unger, Petra Narimani und Rosaline M'Bayo, 15–39. Wiesbaden: Springer VS.

von Unger, Hella. 2015. Qualitative Forschung/Forschungsethik/Streitpunkt: Digitale Archivierung. Sozblog (Blog der Deutschen Gesellschaft für Soziologie) 16.08.2015. http://soziologie.de/blog/2015/08/qualitative-forschung-forschungsethik-streitpunkt-digitale-archivierung/. Zugegriffen am 28.10.2015.

von Unger, Hella, und Petra Narimani. 2012. Ethische Reflexivität im Forschungsprozess: Herausforderungen in der Partizipativen Forschung. WZB Discussion Paper SPI 2012–304. Wissenschaftszentrum Berlin für Sozialforschung (WZB). http://bibliothek.wzb.eu/pdf/2012/i12-304.pdf. Zugegriffen am 10.09.2015.

von Unger, Hella, Petra Narimani, und Rosaline M'Bayo. 2014. Einleitung. In *Forschungsethik in der qualitativen Forschung: Reflexivität, Perspektiven, Positionen*, 1–14. Wiesbaden: Springer VS.

Warin, Jo. 2011. Ethical mindfulness and reflexivity: Managing a research relationship with children and young people in a 14-year Qualitative Longitudinal Research (QLR) study. *Qualitative Inquiry* 17(9): 805–814.

Wölk, Florian. 2002. Zwischen ethischer Beratung und rechtlicher Kontrolle – Aufgaben- und Funktionswandel der Ethik-Kommissionen in der medizinischen Forschung am Menschen. *Ethik in der Medizin* 14:252–269.

Teil IV
Wissenschaftsförderung

Forschungsförderung und ihre Finanzierung

Sybille Hinze

Inhalt

1	Einleitung	413
2	Überblick	414
3	Die Finanzierung von Forschung und Entwicklung	416
4	Die Akteure in Forschung und Entwicklung	421
5	Schwerpunktsetzungen in der Forschungsförderung	423
6	Aktuelle Entwicklungen	424
7	Fazit	426
	Literatur	426

1 Einleitung

Die institutionelle oder Grundmittelfinanzierung und die Projektförderung sind die wesentlichen komplementären Instrumente der Forschungsförderung in Deutschland. Im Zuge der Veränderungen des deutschen Forschungssystems seit den 1990er-Jahren hat insbesondere die Projektförderung und damit die Förderung durch Drittmittel sowohl von öffentlichen als auch privaten Förderern an Bedeutung gewonnen. Drittmittel dienen einerseits der Finanzierung von Forschungsaktivitäten und werden andererseits zunehmend als Ausdruck der Leistungsfähigkeit und Qualität der Forschung, insbesondere der Hochschulen, betrachtet und zu deren Bewertung herangezogen. So gehen die Drittmittel als ein Indikator in Verfahren der leistungsorientierten Mittelverteilung ein.

Im Folgenden wird die Entwicklung der öffentlichen Forschungsförderung zunächst im Überblick dargestellt. Dabei wird sowohl auf die verschiedenen, die Forschung finanzierenden Akteure eingegangen als auch auf die die Forschung durchführenden Akteure.

S. Hinze (✉)
Institut für Forschungsinformation und Qualitätssicherung e.V., Berlin, Deutschland
E-Mail: hinze@forschungsinfo.de

2 Überblick

Deutschland zeichnet sich durch ein breit gefächertes und ausdifferenziertes Forschungssystem aus (Abb. 1). Forschung wird in einer Vielzahl verschiedener Institutionen durchgeführt. Aufgrund der föderalen Struktur der Bundesrepublik Deutschland ist die staatliche Forschungsförderung zudem arbeitsteilig zwischen Bund und Ländern organisiert.

Auf Bundesebene ist das Bundesministerium für Bildung und Forschung (BMBF) der wichtigste Akteur in der Forschungspolitik (siehe Abb. 2). Das BMBF trägt 59% der Mittel des Bundes für die Förderung von Forschung und Entwicklung bei. Weitere wichtige Akteure sind das Bundesministerium für Wirtschaft und Technologie (21%) und das Bundesministerium für Verteidigung (6%). Letzteres ist für die Verteidigungs- und Sicherheitsforschung verantwortlich; der Anteil des Verteidigungsministeriums sank in den vergangenen Jahren deutlich, von 14% im Jahr 2000 auf aktuell 6% (Soll im Jahr 2015). Diese drei Ressorts finanzieren insgesamt 86% der Mittel des Bundes für Forschung und Entwicklung.

Bund und Länder teilen sich die Verantwortung hinsichtlich der Finanzierung der institutionellen Förderung großer außeruniversitärer Forschungsorganisationen (Deutsche Forschungsgemeinschaft, die Einrichtungen der Helmholtz-Gemeinschaft, der Leibniz-Gemeinschaft, der Fraunhofer-Gesellschaft und der Max-Planck-Gesellschaft). Die Anteile, die jeweils von Bund und Ländern übernommen werden, fallen unterschiedlich aus (siehe auch Abb. 1).

Der Koordination der Aktivitäten des Bundes und der Länder dient die Gemeinsame Wissenschaftskonferenz (GWK). Die GWK wurde im Zuge der Neuorganisation einer gemeinsamen Wissenschafts- und Forschungsförderung von Bund und Ländern Anfang 2008 als Nachfolgerin der Bund-Länder-Kommission (BLK) gegründet (vgl. BMBF 2007). Ihre Gründung ist ein Ergebnis der im September 2006 in Kraft getretenen Föderalismusreform, in der die Zuständigkeiten von Bund und Ländern neu geregelt wurden. Das Zusammenwirken von Bund und Ländern in Wissenschaft und Forschung ist in Artikel 91b des Grundgesetzes fixiert. Mit Inkrafttreten der Neufassung von Artikel 91b am 1.1.2015 ist nunmehr auch die langfristige gemeinsame institutionelle Förderung von Hochschulen oder deren Einrichtungen möglich. Zuvor beschränkte sich diese gemeinsame institutionelle Förderung auf die außeruniversitären Forschungseinrichtungen. An den Hochschulen konnte sich der Bund zuvor nur durch die Förderung von Projekten engagieren (siehe Artikel 91 b Grundgesetz, zuletzt geändert durch Gesetz vom 23. Dezember 2014, BGBl. I S. 2438).

Die GWK diskutiert wichtige wissenschaftspolitische Fragestellungen und fasst die damit im Zusammenhang stehenden Beschlüsse. Im Mittelpunkt stehen insbesondere strategisch orientierte Fragen, die das Wissenschaftssystem insgesamt betreffen. Die Mitglieder der GWK sind die Forschungs- und Finanzminister/-innen des Bundes und der Länder.

Eine ebenfalls beratende Funktion hat der Wissenschaftsrat (WR). Er unterstützt die Bundesregierung und die Regierungen der Länder in „Fragen der inhaltlichen und strukturellen Entwicklung der Wissenschaft, der Forschung und des Hochschulbereiches

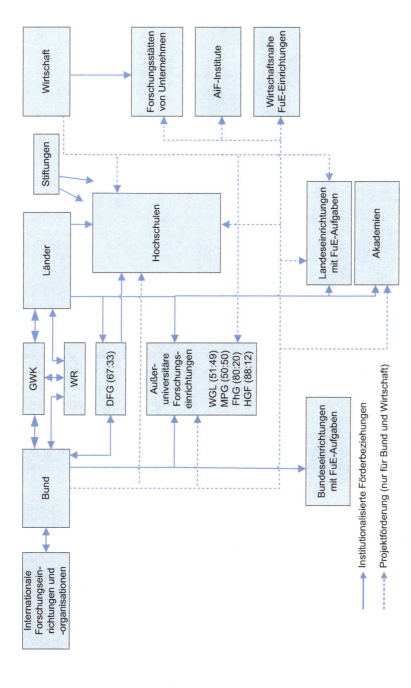

Abb. 1 Die Akteure des deutschen Forschungssystems und die Struktur der Finanzierung (Quelle: In Anlehnung an BMBF (2004): Bundesbericht Forschung 2004. S. 8, aktualisierte Daten: Bundesministerium für Bildung und Forschung. Datenportal des BMBF. http://www.datenportal.bmbf.de/portal/de/regnrtabs.html, Tabelle 1.2.2, Revisionsstand 04/2015. Dieses Werk ist lizenziert unter einer Datenlizenz Deutschland Namensnennung 2.0.)

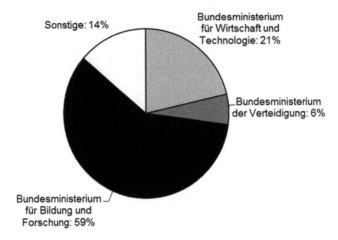

Abb. 2 Die für die Forschungsförderung wichtigsten Ressorts auf Bundesebene. (Quelle: Bundesministerium für Bildung und Forschung. Datenportal des BMBF. http://www.datenportal.bmbf.de/portal/de/regnrtabs.html, Tabelle 1.1.4, Revisionsstand 03/2015. Dieses Werk ist lizenziert unter einer Datenlizenz Deutschland Namensnennung 2.0.)

(Wissenschaftsrat 2014)". Der Wissenschaftsrat gibt Empfehlungen und Stellungnahmen ab: zur Struktur und Leistungsfähigkeit, Entwicklung und Finanzierung von wissenschaftlichen Institutionen (Universitäten, Fachhochschulen und außeruniversitären Forschungseinrichtungen) und zu übergreifenden Fragen des Wissenschaftssystems, insbesondere zu ausgewählten Strukturaspekten von Forschung und Lehre einzelner Bereiche und Fachgebiete. Der Wissenschaftsrat besteht aus zwei Kommissionen, der Wissenschaftlichen Kommission und der Verwaltungskommission. Die Mitglieder der Wissenschaftlichen Kommission werden vom Bundespräsidenten auf Vorschlag der großen Wissenschaftsorganisationen bzw. des Bundes und der Länder berufen. Die Verwaltungskommission setzt sich zusammen aus Vertretern der Länder und des Bundes. Die Beschlüsse des Wissenschaftsrates werden in der Vollversammlung gefasst, in der beide Kommissionen zusammenkommen (Verwaltungsabkommen zwischen Bund und Ländern 1957).

3 Die Finanzierung von Forschung und Entwicklung

Gemessen an den jährlichen Aufwendungen für Forschung und Entwicklung (FuE) ist das deutsche FuE-System das größte innerhalb der Europäischen Union. Die Bruttoinlandsausgaben für FuE betrugen 2012 79,1 Mrd. € (siehe Abb. 3; Stifterverband Wissenschaftsstatistik; BMBF Datenportal 2015a). Die jährlichen FuE-Aufwendungen stiegen zwischen 2000 und 2012 im Durchschnitt um 3,8%. Während zwischen 2000 und 2005 das Wachstum pro Jahr nur knapp 2% betrug, gab es seit 2005 mit 5,1% einen deutlichen Anstieg der jährlichen Forschungsaufwendungen. Insgesamt haben im Zeitraum 2000 bis 2012 die Aufwendungen aus dem

Forschungsförderung und ihre Finanzierung

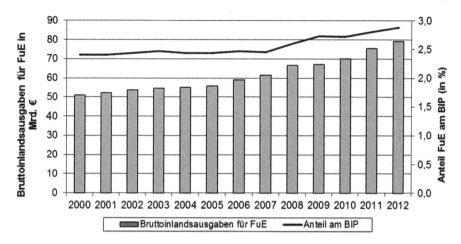

Abb. 3 Gesamtausgaben für FuE in der Bundesrepublik Deutschland und Anteil am Bruttoinlandsprodukt. (Quelle: Stifterverband Wissenschaftsstatistik; Statistisches Bundesamt; Bundesministerium für Bildung und Forschung. Datenportal des BMBF. http://www.datenportal.bmbf.de/portal/de/regnrtabs.html, Tabelle 1.1.1, Revisionsstand 02/2015)

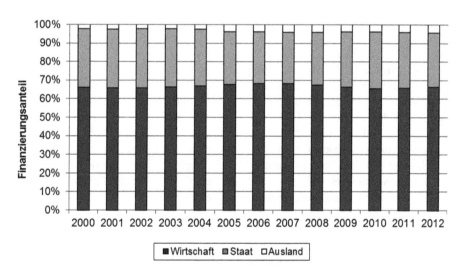

Abb. 4 Finanzierung der Bruttoinlandsausgaben für FuE. (Quelle: Stifterverband Wissenschaftsstatistik; Statistisches Bundesamt; Bundesministerium für Bildung und Forschung. Datenportal des BMBF. http://www.datenportal.bmbf.de/portal/de/regnrtabs.html, Tabelle 1.1.1 Revisionsstand 02/2015; eigene Berechnungen)

Ausland mit durchschnittlich 10% am stärksten zugenommen, deren Anteil derzeit bei etwa 4% (2012) der Gesamtaufwendungen liegt (siehe auch Abb. 4).

Deutschland wendet derzeit insgesamt 2,88% des Bruttoinlandsprodukts für FuE auf und liegt damit im internationalen Vergleich auf Rang sieben (OECD 2014). Das ursprünglich für 2010 gesetzte Lissabon-Ziel, 3% des Bruttoinlandsproduktes für

FuE zu verwenden, konnte trotz der genannten Steigerungen bisher noch nicht erreicht werden, was auch an veränderten Berechnungsmethoden gemäß dem neuen europäischen System der Volkswirtschaftlichen Gesamtrechnungen liegt (GWK 2015a), wird aber weiterhin angestrebt. Es wurde 2010 unverändert als Teilziel in die vom Europäischen Rat beschlossene Strategie „Europa 2020" übernommen (European Council 2010).

Der Staat finanziert derzeit 29% der FuE-Aufwendungen, die Wirtschaft trägt 66% (siehe Abb. 4); wie oben bereits erwähnt, kommen aktuell 4% der Mittel aus dem Ausland, was einer Verdoppelung seit 2000 entspricht. Bezogen auf den Umfang der Förderung kommt nichtstaatlichen Organisationen in Deutschland im Vergleich zu anderen Ländern insgesamt eine geringere Bedeutung zu (Wissenschaftsrat 2003, S. 51). Ihr Anteil an den FuE-Ausgaben betrug 2012 ca. 0,4%. Dennoch kommt ihnen eine wichtige Rolle zu. Sie tragen durch ihre, bezogen auf die öffentlichen Förderer, komplementäre Ausrichtung dazu bei, sowohl strukturelle als auch thematische Defizite auszugleichen (Wissenschaftsrat 2003, S. 52).

Wie bereits angesprochen, tragen sowohl der Bund als auch die Länder zur Finanzierung der Forschung bei. Entsprechend der Regelungen im Grundgesetz stellen die Länder den überwiegenden Teil der Mittel für die Hochschulen bereit. Insgesamt stellt der Bund etwa 57% der Mittel der öffentlichen Forschungsfinanzierung zur Verfügung, die Länder 43% (Stifterverband Wissenschaftsstatistik; Statistisches Bundesamt; Bundesministerium für Bildung und Forschung Datenportal 2015, Tabelle 1.1.1; eigene Berechnungen).

Nachdem die FuE-Ausgaben des Staates zwischen 2000 bis 2005 stagnierten, stiegen diese 2006 wieder an, bis 2012 jährlich durchschnittlich um fast 6%. Das Wachstum der vom Bund bereitgestellten Mittel fällt etwas stärker aus als dies für die Mittel der Länder der Fall ist. Im Ergebnis hat der Anteil der vom Bund finanzierten FuE seit 2002 (53%) zugenommen (2012: 57%) (BMBF 2009, S. 5; Stifterverband Wissenschaftsstatistik; Statistisches Bundesamt; Bundesministerium für Bildung und Forschung Datenportal 2015, Tabelle 1.1.1; eigene Berechnungen).

Die Wirtschaft spielt in Deutschland eine zentrale Rolle bei der Finanzierung von FuE. Sie stellt mehr als zwei Drittel der Mittel zur Verfügung. Insgesamt sind die FuE-Gesamtaufwendungen der Wirtschaft im Zeitraum 2000 bis 2012 etwas stärker gestiegen als die vom Staat bereitgestellten Mittel (3,8% Wachstum der Mittel aus der Wirtschaft im Vergleich zu 3,1% der Mittel des Staates). Insbesondere im Zeitraum 2000 bis 2005, den Jahren, in welchen die Aufwendungen der öffentlichen Hand eher stagnierten, war dennoch ein Wachstum der FuE-Aufwendungen der Wirtschaft zu beobachten, im Mittel um 2,4% jährlich. Im aktuellen Zeitraum (2006 bis 2012) hingegen hat die öffentliche Hand ihr Engagement stärker ausgebaut (5,9% Wachstum der Aufwendungen des Staates im Vergleich zu 4,5% der Mittel aus der Wirtschaft). Insgesamt bleibt der Anteil der FuE-Aufwendungen aus der Wirtschaft relativ stabil bei 66%, der Anteil der staatlich finanzierten FuE-Aufwendungen ist leicht gesunken, von 32% in 2000 auf 29% in 2012 (Abb. 4).

Die FuE-Mittel des Staates werden als institutionelle Förderung und als Projektförderung bereitgestellt. Im Rahmen der institutionellen Forschungsförderung stellen Bund und Länder Mittel für den Betrieb von Forschungseinrichtungen insgesamt zur Verfügung. Gefördert werden beispielsweise die großen Forschungsorganisationen (siehe auch Abb. 1). Die Projektförderung hingegen dient der Unterstützung konkreter Forschungsvorhaben und erfolgt in der Regel im Rahmen von Förderprogrammen. Letztere sind häufig thematisch definiert, können aber auch als Querschnittsmaßnahmen themenübergreifend angelegt sein. In den letzten Jahren hat die Projektförderung deutlich an Bedeutung gewonnen. Zwischen 2006 und 2010 sind diese Mittel um durchschnittlich 11% pro Jahr gestiegen, von 2012 auf 2013 gar um 17%. Das Wachstum der institutionellen Förderung hingegen betrug im gleichen Zeitraum im Durchschnitt etwa 5%. Somit hat es auch Verschiebungen zwischen den Anteilen, die für die institutionelle bzw. die Projektförderung aufgewendet wurden, gegeben. Wurden 2005 noch 41% der Mittel des Bundes projektbasiert vergeben, so waren es 2013 schon 50% (BMBF Datenportal 2015b, Tab. 1.1.7). Dies ist nicht zuletzt Ausdruck einer stärkeren Hinwendung zur wettbewerblichen Vergabe von Forschungsmitteln. Im Zuge der Veränderungen der Organisations- und Entscheidungsstrukturen im universitären wie im außeruniversitären Sektor spielt die leistungsabhängige Ressourcenallokation eine zunehmend wichtige Rolle und der Wettbewerb um Mittel zwischen den Forschungseinrichtungen nimmt zu.

Eine wichtige Aufgabe in der öffentlichen Forschungsförderung kommt der Deutschen Forschungsgemeinschaft (DFG) zu. Die DFG ist die zentrale Selbstverwaltungsorganisation der deutschen Wissenschaft. Ihre Aufgabe besteht in der Förderung der Forschung, insbesondere an Hochschulen, aber auch an öffentlich finanzierten Forschungsinstitutionen in Deutschland. Die Mittel für die DFG werden anteilig vom Bund und den Ländern bereitgestellt. Die DFG-Fördermittel werden wettbewerblich im Rahmen der Einzelförderung, aber zunehmend vor allem im Rahmen koordinierter Programme (Schwerpunktprogramme, Forschergruppen, Sonderforschungsbereiche, Forschungszentren, Graduiertenkollegs etc.) vergeben (Abb. 5). Betrug der Anteil der Einzelförderung im Jahr 2000 noch 45%, so sank er auf 41% im Jahr 2005 und nach Start der Exzellenzinitiative nochmals deutlich auf derzeit 36% (2013) (DFG Sonderauswertung 2014).

Die DFG ist zugleich der wichtigste Drittmittelgeber der Hochschulen. Von ihr erhalten die Hochschulen etwa ein Drittel ihrer Drittmittel (2012: 32,8%, 2006: 29,3%). Seit 2006 ist der Anteil der Drittmittel deutlich gesunken, welchen die Hochschulen aus der Industrie erhalten. War die Industrie 2006 mit 26% noch der zweitwichtigste Drittmittelgeber, so waren es 2012 nur noch 20%. Zugenommen hat hingegen der Anteil der Mittel, die der Bund bereitstellt, dieser ist gestiegen von 19,5% in 2006 auf 25,5% in 2012. Relativ konstant geblieben ist der Anteil der Mittel, die bei der Europäischen Union (EU) eingeworben werden. Dieser beträgt knapp 10% während der Anteil, der bei den verschiedenen Stiftungen eingeworben wurde, von 8,4% in 2006 auf 6,3% in 2012 gesunken ist (Statistisches Bundesamt 2014).

Die Europäische Union spielt eine wichtige Rolle in der deutschen Forschungsförderung. Durch die EU-Forschungsrahmenprogramme werden beträchtliche finanzielle Mittel bereitgestellt. Deutschland war, gemessen an den absoluten Mitteln als auch bezogen auf die Zahl der geförderten Einrichtungen das erfolgreichste Land bei der Einwerbung von Mitteln aus dem 7. Forschungsrahmenprogramm. Mit Bewilligungsquoten von 23,3% bezogen auf die gewährten Mittel und 24,1% bezogen auf

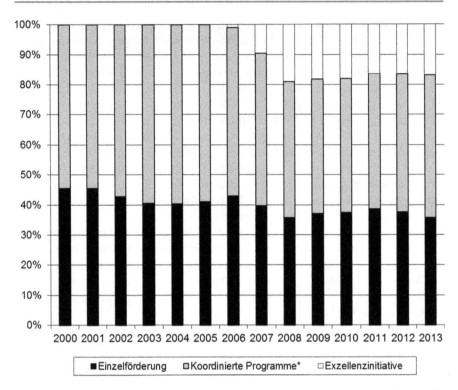

Abb. 5 Anteil der Programmgruppen an den jährlichen Bewilligungssummen der DFG. (Quelle: DFG Sonderauswertung 2014; * ohne Exzellenzinitiative)

die geförderten Einrichtungen nimmt Deutschland den vierten bzw. fünften Platz unter allen EU-Mitgliedsstaaten ein und erzielt Werte deutlich oberhalb der Durchschnittswerte für die EU-28 Mitgliedsstaaten (European Commission 2015, Annex F, pp. 110–174, Country Profile Germany).

In Deutschland gibt es mehr als 20.000 Stiftungen (Bundesverband Deutscher Stiftungen 2014). Etwa 13% dieser Stiftungen engagieren sich in Wissenschaft und Forschung (Speth 2010, S. 392–393). Ein Vorteil der Stiftungen ist die Flexibilität, mit der sie auf sich ändernde Rahmenbedingungen und Anforderungen reagieren können. Auch wenn der Anteil, den Stiftungen zur Finanzierung von FuE an den Hochschulen beitragen, leicht rückläufig war (siehe oben), kommt ihnen nach wie vor eine wichtige Bedeutung zu. Die größten deutschen Stiftungen, gemessen an ihren Gesamtausgaben, sind die VolkswagenStiftung, die Robert-Bosch-Stiftung und die Bertelsmann Stiftung (Bundesverband Deutscher Stiftungen 2015).

Vom Wissenschaftsrat wird die Bedeutung der Stiftungen insbesondere hervorgehoben, da sie aufgrund ihrer Flexibilität in der Lage sind, „Anstöße zu Veränderungen zu geben oder Hindernisse, die Reformen entgegenstehen, überwinden helfen" (Wissenschaftsrat 2003, S. 52). Eine Reihe von Förderinstrumenten, die ursprünglich von Stiftungen initiiert wurden, haben später Eingang in die öffentliche

Forschungsförderung gefunden, beispielsweise die Förderung von Graduiertenkollegs oder Nachwuchsgruppen. Neben der individuellen und der Projektförderung engagieren sich Stiftungen auch zunehmend in der institutionellen Förderung. Eingerichtet wurden private Stiftungshochschulen (in der Regel mit zusätzlicher Unterstützung durch die öffentliche Hand) und Forschungsinstitute. Häufig stellen Stiftungen hier eine Anstoßfinanzierung für einen begrenzten Zeitraum zur Verfügung (Wissenschaftsrat 2003, S. 53–54).

4 Die Akteure in Forschung und Entwicklung

Die Wirtschaft ist nicht nur zentraler Akteur, wenn es um die Finanzierung von FuE geht. Der größte Teil (siehe Abb. 6) der FuE in Deutschland, mit Schwerpunkt in der angewandten Forschung und Entwicklung, wird in den Unternehmen realisiert. Neben den Unternehmen selbst, die FuE durchführen, ist hier auch die Arbeitsgemeinschaft industrieller Forschungsgemeinschaften (AiF) zu nennen. Diese vor allem durch Beiträge mittelständischer Unternehmen finanzierte Gemeinschaft führt im Rahmen branchenorientierter Programme angewandte Forschung und Entwicklung durch, die speziell den Interessen der kleinen und mittleren Unternehmen gerecht werden sollen.

Von zentraler Bedeutung für die Durchführung von Forschung und Entwicklung sind des Weiteren die Universitäten und Hochschulen. Insgesamt gibt es in Deutschland etwa 425 Hochschulen, darunter 107 Universitäten, 215 Fachhochschulen, 52 Kunsthochschulen, 29 Verwaltungsfachhochschulen, 16 Theologische Hochschulen und 6 Pädagogische Hochschulen (Statistisches Bundesamt 2015a), etwa 90 sind staatlich anerkannte Hochschulen in privater Trägerschaft, die deutliche

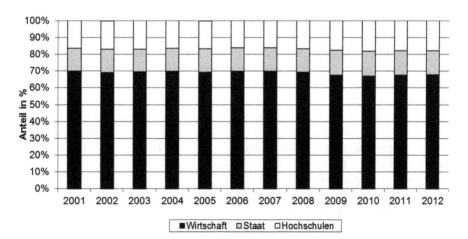

Abb. 6 FuE durchführende Sektoren. Anteil der Bruttoinlandsausgaben für FuE nach durchführenden Sektoren. (Quelle: Stifterverband Wissenschaftsstatistik; Statistisches Bundesamt; Bundesministerium für Bildung und Forschung, Daten-Portal des BMBF: Tabelle 1.1.1: www.datenportal.bmbf.de/1.1.1. Letzte Aktualisierung: 02/2015)

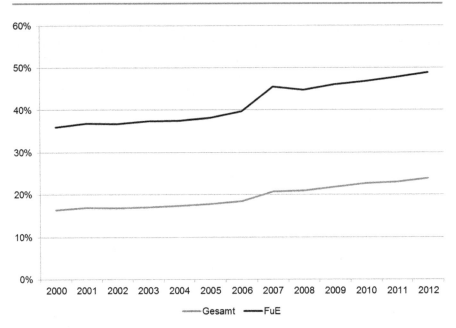

Abb. 7 Anteil der Drittmittel an den Finanzen der Universitäten. (Quelle: Statistisches Bundesamt 2015b, Sonderauswertung)

Mehrzahl davon Fachhochschulen (Stifterverband für die Deutsche Wissenschaft 2010, S. 6).

Während die primäre Finanzierung der Hochschulen durch die Länder abgedeckt wird, sind insbesondere für die Finanzierung von Forschungsaktivitäten der Universitäten Drittmitteleinnahmen zunehmend wichtig geworden. Wurden im Jahr 2000 etwa 16% der an Universitäten erforderlichen Ausgaben insgesamt über Drittmitteleinnahmen finanziert, so waren es 2012 bereits fast 24% (ohne Kliniken). Bezogen auf die Ausgaben für FuE stieg der Anteil der Drittmittel in diesem Zeitraum von 36% auf fast 49% (Statistisches Bundesamt 2015b, Sonderauswertung). Besonders deutlich fällt dieses Wachstum, wie Abb. 7 zeigt, zwischen 2006 und 2007 aus, nicht zuletzt aufgrund des Wirksamwerdens der neuen Förderinstrumente: der Exzellenzinitiative aber auch des Hochschulpaktes 2020. Letzterer stellt unter anderem Mittel für die Finanzierung von Programmpauschalen bereit (vgl. 6.). Die Hochschulen konzentrieren ihre Forschungsaktivitäten überwiegend auf die Grundlagen- und langfristig anwendungsorientierte Forschung.

Darüber hinaus verfügt Deutschland über ein großes, institutionell und organisatorisch vielfältiges System der außeruniversitären Forschung. Zu nennen sind insbesondere die Max-Planck-Gesellschaft (MPG), die Fraunhofer-Gesellschaft (FhG), die Helmholtz-Gemeinschaft (HGF) und die Leibniz-Gemeinschaft, die jeweils ein spezifisches Profil aufweisen. Während die MPG vorwiegend in der grundlagenorientierten Forschung aktiv ist, liegt der Schwerpunkt der Fraunhofer-Gesellschaft im Bereich der anwendungsorientierten Forschung und Entwicklung.

Die Helmholtz-Gemeinschaft betreibt langfristig orientierte Forschung, die den Einsatz von Großgeräten erfordert. Die Institute der Leibniz-Gemeinschaft betreiben an gesellschaftlicher Relevanz orientierte strategische, themenorientierte Forschung.

5 Schwerpunktsetzungen in der Forschungsförderung

Das BMBF nutzt bereits seit Anfang der 1990er-Jahre Methoden und Prozesse der Technologievorausschau und -beobachtung als Input, um Prioritäten in der Forschungs- und Technologiepolitik zu setzen. Zu den ersten Aktivitäten gehörte die Studie „Technologie am Beginn des 21. Jahrhunderts" (1991–1992), darauf folgte die erste deutsche Delphi-Studie zur Entwicklung von Wissenschaft und Technik (1992–1993) in Anlehnung an die entsprechenden Aktivitäten in Japan. So wurde diese erste Delphi-Studie auch in enger Kooperation mit dem in Japan für den Foresight-Prozess zuständigen Nationalen Institut für Wissenschafts- und Technologiepolitik (NISTEP) durch das Fraunhofer-Institut für System- und Innovationsforschung erarbeitet. Der ersten Delphi-Studie folgte zwischen 1996 und 1998 die zweite entsprechende Analyse. In der Folge setzte das BMBF stärker auf einen partizipativen Ansatz und startete 2001 den „Forschungsdialog Futur", der bis 2005 lief. Ziel war es, mit Akteuren aus allen Bereichen der Gesellschaft Forschungsthemen zu erarbeiten. Im Rahmen des neuen, 2007 gestarteten Prozesses zur Technologievorausschau, dessen zweiter Zyklus 2012 startete, sollen neue Forschungs- und Technologieschwerpunkte identifiziert werden. Ein Schwerpunkt liegt darauf, Gebiete zu benennen, die hinsichtlich der Forschungs- und Innovationsfelder übergreifende Aktivitäten erfordern. Darüber hinaus werden Potenziale für strategische Partnerschaften ermittelt. Der Prozess soll letztlich dazu dienen, forschungspolitische Prioritätensetzungen vorzunehmen.

Wie bereits oben dargestellt erfolgt die Forschungsförderung primär in Form von institutioneller oder Projektförderung, wobei der Anteil der Projektförderung zunimmt. Hinzu kommt, dass die Projektförderung in der Regel im Rahmen von spezifischen Förderprogrammen erfolgt, die thematisch fokussiert sind oder spezifische strukturelle Ziele verfolgen. Dies gilt für die Förderung durch das BMBF, aber auch zunehmend für die Forschungsförderung der DFG. Diese hat in den letzten Jahren etliche sogenannte koordinierte Programme aufgelegt. Der Anteil der koordinierten Programme ist, unter Berücksichtigung der Mittel, die für die Exzellenzinitiative verausgabt werden, zwischen 2000 und 2013 von 55% auf 65% gestiegen (siehe Abb. 5) (DFG Sonderauswertung 2014). Eine Reihe der koordinierten Programme ist darauf gerichtet, Wissenschaftler/-innen in bestimmten Stufen ihrer Karriereentwicklung zu fördern, beispielsweise das Emmy-Noether-Programm zur Förderung von Nachwuchswissenschaftlern und -wissenschaftlerinnen (insbesondere Postdocs), Graduiertenkollegs zur Förderung von Promovierenden etc. Ähnliche Programme zur Nachwuchsförderung gibt es auch bei anderen Akteuren, beispielsweise bei der VolkswagenStiftung.

6 Aktuelle Entwicklungen

Im Rahmen einer Systemevaluierung wurde das deutsche Forschungssystem einerseits als leistungsfähig bewertet (Internationale Kommission 1999, S. 6), andererseits wurde eine Reihe von Schwächen identifiziert. Häufig in der Kritik stand die sogenannte „Versäulung" des Forschungssystems, die durch eine mangelnde Nutzung vorhandener Komplementaritäten und Synergiepotenziale zwischen den verschiedenen Akteuren des Systems gekennzeichnet ist, wodurch die vorhandenen Leistungspotenziale nicht optimal ausgeschöpft werden können (Kuhlmann 2009, S. 75). In der Folge gab es eine Reihe von Politikmaßnahmen, die zu einer Modernisierung des Wissenschaftssystems Deutschlands beitragen sollen, um den Standort attraktiver und leistungsfähiger zu machen. Ein wichtiger Aspekt mit Blick auf die Versäulungsdebatte ist dabei die Förderung der Zusammenarbeit über Sektor-Grenzen hinweg. Erfolge zeigen sich, zumindest in den steigenden Anteilen der gemeinsam von Universitäten und außeruniversitären Forschungseinrichtungen verfassten Publikationen bzw. gemeinsamen Berufungen (vgl. Hornbostel und Möller 2015; GWK 2015b).

Zur Verbesserung der Situation an den Hochschulen, insbesondere der steigenden Nachfrage nach Studienmöglichkeiten Rechnung tragend, soll der im Juni 2007 erstmals beschlossene „Hochschulpakt 2020" (Laufzeit der ersten Phase 2007–2010) beitragen, der sich derzeit in der zweiten Förderphase (2011–2015) befindet und auch über 2015 hinaus in einer dritten Phase (2016–2020) fortgeführt werden wird. Durch den Pakt werden Mittel für den Ausbau der Studienmöglichkeiten bereitgestellt. In der ersten Phase stellte der Bund insgesamt rund 566 Mio. € zur Verfügung, in der zweiten Phase 3,2 Mrd. €. Insgesamt sollen im Vergleich zu 2005 insgesamt etwa 760.000 zusätzliche Studienplätze geschaffen werden (vgl. Verwaltungsvereinbarungen zwischen Bund und Ländern 2007, 2009, 2014). Um auch die Forschung an den Hochschulen zu stärken, werden Mittel für die Finanzierung von Programmpauschalen bereitgestellt. Dies soll die Vollkostenfinanzierung von Forschungsprojekten sicherstellen. Mit Beginn der dritten Phase des Hochschulpaktes werden 22% statt bisher 20% Overheadpauschale für DFG-Projekte gewährt.

Ein weiterer Baustein mit dem Ziel, die Wettbewerbsfähigkeit des Wissenschaftsstandorts Deutschland, insbesondere der Hochschulen, zu stärken, ist die „Exzellenzinitiative". Ziel ist eine stärkere Ausdifferenzierung der Hochschullandschaft durch die Herausbildung von Spitzenuniversitäten. Sowohl hinsichtlich der strukturbildenden Ausrichtung als auch hinsichtlich des Fördervolumens reicht die Exzellenzinitiative deutlich über bekannte Förderprogramme hinaus (Sondermann et al. 2008, S. 9). Für die erste Programmphase (2005–2011) wurden 1,9 Mrd. € zur Verfügung gestellt und 75% der Mittel vom Bund getragen. Für die zweite Programmphase (Laufzeit bis 2017) wurden die bereitgestellten Mittel nochmals deutlich erhöht auf 2,7 Mrd. €. Damit konnte nach intensiven Debatten darüber (aufgrund der Finanz- und Wirtschaftskrise), ob die beabsichtigte Aufstockung und langfristige Bindung der Mittel realistisch und realisierbar sei, ein wichtiges wissenschaftspolitisches Zeichen gesetzt werden, das die Bedeutung von Forschung und Entwicklung für die Volkswirtschaft nachhaltig unterstreicht. Ende 2014 wurden mit einem Grundsatzbeschluss die Weichen für die Fortführung der Exzellenzinitiative über 2017 hinaus gestellt. Die Ausgestaltung dieser dritten Phase der Exzellenzinitiative wird derzeit sehr intensiv diskutiert. Input für die Entscheidung wird von der derzeit laufenden Evaluation der Exzellenzinitiative erwartet, die Anfang 2016 abgeschlossen werden soll.

Die Exzellenzinitiative umfasst in der ersten und zweiten Förderphase drei Förderlinien, die Graduiertenschulen zur Förderung des wissenschaftlichen Nachwuchses, die Exzellenzcluster zur Förderung der Spitzenforschung und die Zukunftskonzepte zum projektbezogenen Ausbau der universitären Spitzenforschung. Die Fördermaßnahme strahlt nicht nur auf die geförderten, sondern auch auf die nicht geförderten Einrichtungen aus, wurden doch die erarbeiteten Konzepte, wenn auch nicht vollumfänglich, so doch in Teilen durch Erschließung alternativer Finanzierungsmöglichkeiten realisiert, beispielsweise durch Förderoptionen der Länder und interne Prioritätensetzungen. Angestoßen wurden unter anderem neue Kooperationsmodelle zwischen Hochschulen, Forschungseinrichtungen und der Wirtschaft. Das bekannteste Beispiel ist die Zusammenführung der Universität Karlsruhe und des Forschungszentrums Karlsruhe zum Karlsruher Institut für Technologie (KIT).

Auf die Stärkung insbesondere der außeruniversitären Forschung zielt der „Pakt für Forschung und Innovation". Während im Rahmen der Exzellenzinitiative die Mittel wettbewerblich vergeben werden, erhalten die von Bund und Ländern gemeinsam geförderten Forschungseinrichtungen (Fraunhofer-Gesellschaft, Helmholtz-Gemeinschaft, Max-Planck-Gesellschaft und Leibniz-Gemeinschaft) und die Deutsche Forschungsgemeinschaft im Rahmen des Paktes für Forschung und Innovation jährlich zusätzliche Mittel in Höhe von 3% (Phase I, 2006–2010) bzw. seit 2011 von jährlich 5%. Der Pakt soll zur dynamischen Entwicklung des Wissenschaftssystems beitragen, eine stärkere Vernetzung der verschiedenen Akteure erreichen und durch die Nutzung von Synergieeffekten zur Leistungssteigerung beitragen. Zudem werden neue Strategien der internationalen Zusammenarbeit wie auch zur Zusammenarbeit zwischen Wissenschaft und Wirtschaft entwickelt und umgesetzt. Die Forschungsorganisationen ihrerseits haben Erklärungen vorgelegt, wie sie diese forschungspolitischen Ziele umsetzen wollen (GWK 2010).

Die Steigerung der Attraktivität des Wissenschaftsstandortes Deutschland soll darüber hinaus durch das „Wissenschaftsfreiheitsgesetz" forciert werden, das im Dezember 2012 in Kraft trat. Dieses soll nicht zuletzt dazu dienen, die Autonomie der großen außeruniversitären Forschungseinrichtungen zu stärken, indem ihnen zusätzliche Freiräume bei der Bewirtschaftung ihrer Finanzen und dem Personal gewährt werden.

Die Beschlüsse zur Weiterführung der Exzellenzinitiative, des Paktes für Forschung und Innovation und des Hochschulpaktes 2020 werden in der aktuellen Diskussion insgesamt als positive Zeichen gewertet. Die Expertenkommission für Forschung und Innovation etwa, die das BMBF regelmäßig zu Fragen und zu den Perspektiven des deutschen Forschungs- und Innovationssystems berät, begrüßt in seinem aktuellen Gutachten grundsätzlich die Fortführung dieser Maßnahmen (EFI 2015, S. 20–22). Die Fortführung dieser Programme verbessert die Planungssicherheit für die Wissenschaft und trägt dazu bei, die angestoßenen Veränderungen nachhaltiger zu gestalten. Insbesondere die Abschaffung des Kooperationsverbotes von Bund und Ländern im Hochschulbereich mit Änderung von Artikel 91b des Grundgesetzes wird positiv bewertet (EFI 2015, S. 20).

7 Fazit

Insgesamt gesehen zeichnet sich das deutsche Wissenschafts- und Forschungssystem derzeit durch eine Reihe von Veränderungen aus. Zunehmend, wenn auch nicht neu, ist der externe Wettbewerb um Mittel für die Forschung. Hinzu kommt eine Vielzahl politischer, finanzieller und rechtlicher Maßnahmen, durch die Bund, Länder, aber auch private Akteure (u. a. Stiftungen) Steuerungsimpulse setzen. Diese Maßnahmen sind untereinander wenig koordiniert. Neue Governance-Prinzipien kommen zum Einsatz, ein Wechsel von einer Inputsteuerung hin zu einer zielbasierten Outputsteuerung ist zu beobachten. Dies gilt zwischen, aber zunehmend auch innerhalb der Forschungseinrichtungen. Das heißt, in den letzten Jahren wurde insgesamt eine Reihe von wissenschaftspolitischen Maßnahmen in Gang gesetzt, die das Wissenschaftssystem deutlich verändern und zu einer Dynamisierung und steigenden Leistungsfähigkeit beitragen sollen. Insgesamt, so zeigen aktuelle Analysen (vgl. Mund et al. 2014; Hornbostel und Möller 2015), befindet sich das deutsche Wissenschaftssystem durchaus auf einem positiven Entwicklungspfad seiner Leistungsfähigkeit.

Literatur

BMBF. 2004. *Bundesbericht Forschung 2004*. Bonn/Berlin: BMBF.
BMBF. 2007. Bekanntmachung des Verwaltungsabkommens zwischen Bund und Ländern über die Errichtung einer Gemeinsamen Wissenschaftskonferenz (GWK-Abkommen) vom 19. September 2007. Veröffentlicht im Bundesanzeiger Nr. 195 vom 18. Oktober 2007, 7787.
BMBF. 2009. *Forschung und Innovation für Deutschland*. Bilanz und Perspektive. Bonn/Berlin: BMBF.
BMBF Datenportal. 2015a. http://www.datenportal.bmbf.de/portal/de/regnrtabs.html, Tabelle 1.1.1, Revisionsstand 02/2015. Zugegriffen am 24.08.2015.
BMBF Datenportal. 2015b. http://www.datenportal.bmbf.de/portal/de/regnrtabs.html, Tabelle 1.1.7, Revisionsstand 03/2015. Zugegriffen am 24.08.2015.
Bundesverband Deutscher Stiftungen. 2014. Umfrage unter den Stiftungsaufsichtsbehörden, Stichtag: 31. Dezember 2014. http://www.stiftungen.org/uploads/tx_templavoila/Stiftungen_in_Zahlen_2014.jpg. Zugegriffen am 18.08.2015.
Bundesverband Deutscher Stiftungen. 2015. Die größten gemeinnützigen Stiftungen privaten Rechts nach Gesamtausgaben. http://www.stiftungen.org/fileadmin/bvds/de/Forschung_und_Statistik/Statistik_2015/Stiftungen-nach-Ausgaben-2014.pdf. Zugegriffen am 18.08.2015.
Deutsche Forschungsgemeinschaft (DFG). 2014. Sonderauswertung zu den Förderdaten 2000–2013. Persönliche Kommunikation.
European Commission. 2015. Seventh FP7 monitoring report. Monitoring report 2013. Luxembourg. http://ec.europa.eu/research/evaluations/pdf/archive/fp7_monitoring_reports/7th_fp7_monitoring_report.pdf. Zugegriffen am 18.08.2015.

European Council. 2010. EUCO 13/10. Brussels 17 June 2010. http://ec.europa.eu/eu2020/pdf/council_conclusion_17_june_en.pdf. Zugegriffen am 24.08.2015.
Expertenkommission für Forschung und Innovation (EFI). 2015. *Gutachten zur Forschung, Innovation und technologischer Leistungsfähigkeit 2015*. Berlin: EFI.
Gemeinsame Wissenschaftskonferenz (GWK). 2010. Pakt für Forschung und Innovation. Beschluss der GWK vom 22.04.2009. Fortschreibung 2011–2015. http://www.gwk-bonn.de/fileadmin/Papers/PFI-2011-2015.pdf. Zugegriffen am 24.08.2015.
Gemeinsame Wissenschaftskonferenz (GWK). 2015a. Steigerung des Anteils der FuE-Ausgaben am nationalen Bruttoinlandsprodukt (BIP) als Teilziel der Strategie Europa 2020. Heft 41. S. 1. http://www.gwk-bonn.de/fileadmin/Papers/GWK-Heft-41-Strategie-Europa-2020.pdf. Zugegriffen am 24.08.2015.
Gemeinsame Wissenschaftskonferenz (GWK). 2015b. Pakt für Forschung und Innovation. Monitoring Bericht 2015. Heft 42. http://www.gwk-bonn.de/fileadmin/Papers/GWK-Heft-42-PFI-Monitoring-Bericht-2015.pdf. Zugegriffen am 02.10.2015.
Grundgesetz für die Bundesrepublik Deutschland, Artikel 91b (zuletzt geändert durch Gesetz vom 23. Dezember 2014, BGBl. I 2438).
Hornbostel, Stefan, und Torger Möller. 2015. *Die Exzellenzinitiative und das deutsche Wissenschaftssystem. Eine bibliometrische Perspektive*, BBAW-Reihe Wissenschaftspolitik im Dialog No. 12. Berlin: BBAW.
Internationale Kommission. 1999. *Forschungsförderung in Deutschland. Bericht der Internationalen Kommission zur Systemevaluation der Deutschen Forschungsgemeinschaft und der Max-Planck-Gesellschaft*. Hannover: VolkswagenStiftung.
Kuhlmann, Stefan. 2009. Die außeruniversitäre Forschung unter Reformdruck – Aufbrechen der Versäulung oder Entdifferenzierung? In *Neue Governance für die Forschung*, Hrsg. Dorothea Jansen, 75–81. Baden-Baden: Nomos.
Mund, Carolin, Sonja Conchi, und Rainer Frietsch. 2014. 4. Indikatorbericht. Bibliometrische Indikatoren für den PFI Monitoring Bericht 2015. https://www.bmbf.de/files/4_Indikatorbericht_Bibliometrische_Indikatoren_fuer_den_PFI-Monitoring_Bericht_2015.pdf. Zugegriffen am 02.10.2015.
OECD. 2014. Die OECD in Zahlen und Fakten 2014. 153. Via http://www.keepeek.com/Digital-Asset-Management/oecd/economics/die-oecd-in-zahlen-und-fakten-2014_factbook-2014-de#page155. Zugegriffen am 24.08.2015.
Sondermann, Michael, Dagmar Simon, Anne-Marie Scholz, und Stefan Hornbostel. 2008. Die Exzellenzinitiative: Beobachtungen aus der Implementierungsphase. iFQ-Working Paper No.5. Bonn.
Speth, Rudolf. 2010. Stiftungen und Think-Tanks. In *Handbuch Wissenschaftspolitik*, Hrsg. Dagmar Simon, Andreas Knie und Stefan Hornbostel, 390–405. Wiesbaden: VS Verlag für Sozialwissenschaften.
Statistisches Bundesamt. 2014. Bildung und Kultur. Monetäre hochschulstatistische Kennzahlen. Fachserie 11. Reihe 4.3.2. Wiesbaden. https://www-ec.destatis.de/csp/shop/sfg/bpm.html.cms.cBroker.cls?cmspath=struktur,vollanzeige.csp&ID=1023039. Zugegriffen am 24.08.2015.
Statistisches Bundesamt. 2015a. Bildung und Kultur. Studierende an Hochschulen. Fachserie 11, Reihe 4.1, WS 2014/2015, Vorbericht, Wiesbaden. https://www.destatis.de/DE/Publikationen/Thematisch/BildungForschungKultur/Hochschulen/StudierendeHochschulenVorb2110410158004.pdf?__blob=publicationFile), 5. Zugegriffen am 24.08.2015.
Statistisches Bundesamt. 2015b. Sonderauswertung zu den Drittmitteln der deutschen Hochschulen. Persönliche Kommunikation.
Stifterverband für die Deutsche Wissenschaft. 2010. *Rolle und Zukunft privater Hochschulen*. Essen: Stifterverband für die Deutsche Wissenschaft. http://stifterverband.info/publikationen_und_podcasts/positionen_dokumentationen/private_hochschulen/rolle_und_zukunft_privater_hochschulen_in_deutschland.pdf. Zugegriffen am 24.08.2015.
Verwaltungsabkommen zwischen Bund und Ländern über die Einrichtung eines Wissenschaftsrates vom 5. September 1957 in der ab 1. Januar 2008 geltenden Fassung. http://www.wissenschaftsrat.de/download/archiv/Verwaltungsabkommen.pdf. Zugegriffen am 24.08.2015.

Verwaltungsvereinbarungen zwischen Bund und Ländern. 2007. http://www.gwk-bonn.de/doku mentepublikationen/bund-laender-vereinbarungen/. Zugegriffen am 24.08.2015.
Verwaltungsvereinbarungen zwischen Bund und Ländern. 2009. http://www.gwk-bonn.de/doku mentepublikationen/bund-laender-vereinbarungen/. Zugegriffen am 24.08.2015.
Verwaltungsvereinbarungen zwischen Bund und Ländern. 2014. http://www.gwk-bonn.de/doku mentepublikationen/bund-laender-vereinbarungen/. Zugegriffen am 24.08.2015.
Wissenschaftsrat. 2003. Strategische Forschungsförderung. Empfehlungen zu Kommunikation, Kooperation und Wettbewerb im Wissenschaftssystem, Drs. 5654/03. Essen.
Wissenschaftsrat. 2014. http://wissenschatsrat.de/ueber.uns/aufgaben.de. Zugegriffen am 02.04.2016.

Wissenschaftsförderung als gesellschaftliche Aufgabe privater Stiftungen

Wolfgang Rohe

Inhalt

1	Einleitung	429
2	Grundfragen des Gebens	431
3	Rechtliche Grundlagen, Förderlandschaft und Selbstbeschreibungen	432
4	Wissenschaftsförderung durch Stiftungen: drei Rollenmodelle	435
5	Gesellschaftspolitisches Engagement und seine Legitimation	438
6	Impact, Investment, Venture Philanthropy	441
7	Fazit	442
	Literatur	443

1 Einleitung

Die Betrachtung von Stiftungen in einem Handbuch zur Wissenschaftspolitik kann die reichhaltige Forschungsliteratur über Stiftungen um eine neue und reizvolle Perspektive ergänzen, weil der Titel des Handbuchs einen Zusammenhang von Stiftungen und (wissenschafts-)politischem Handeln als sinnvoll postuliert, der sich keineswegs von selbst versteht. Die besondere Rolle von privat finanzierten Stiftungen als Akteuren zwischen Wissenschaft, Politik und Gesellschaft mag es verdienen, einmal ins Zentrum der Betrachtung gerückt zu werden. Auf diese besondere Rolle von Stiftungen sowie auf die mit ihr verbundenen Handlungsoptionen, Wirkungsmöglichkeiten und Legitimationsfragen richtet der Beitrag seinen Fokus.

Die Selbstbeschreibungen der meisten die Wissenschaft fördernden Stiftungen in Deutschland nehmen primär auf die Institutionen, Praktiken, Standards und Organisationsformen der Wissenschaft selbst Bezug. Auf diese Weise erscheinen jene die Wissenschaft fördernden Stiftungen primär als Institutionen des Wissenschaftssys-

W. Rohe (✉)
Stiftung Mercator GmbH, Essen, Deutschland
E-Mail: wolfgang.rohe@stiftung-mercator.de

tems, vergleichbar etwa öffentlichen Wissenschaftsförderern wie Forschungsorganisationen, Hochschulen oder Akademien. Das trifft funktional zunächst einmal durchaus zu, denn Wissenschaft ist das System, auf das sich auch die Intentionen und Wirkungserwartungen privater Stiftungen primär richten. Doch ist damit die Rolle von Stiftungen als zivilgesellschaftliche Akteure nicht vollständig erfasst. Zwischen einem engeren Wissenschaftsbezug des Stiftungshandelns und einem weiter gefassten gesellschaftlichen Auftrag von Stiftungen besteht ein Abstand. Zwar kann man argumentieren, Wissenschaft sei Teil der Gesellschaft und diese insofern auch dort immer mit adressiert, wo es explizit und ausschließlich um Wissenschaftsförderung gehe. Es bleibt dann aber zu fragen, wie sich der unvermeidliche Gesellschaftsbezug von Wissenschaft in der Stiftungsarbeit auswirkt. Es eröffnen sich die beiden Grundvarianten, Wissenschaft primär in ihrer Selbstreferenz, z. B. im Hinblick auf Qualität, Innovation, Interdisziplinarität oder Nachwuchsförderung zu adressieren oder ausdrücklich auch in ihrer Fremdreferenz im Hinblick auf gesellschaftliche Konflikt- und Problemlagen.

Es besteht also ein Abstand zwischen einem engeren Wissenschafts- und einem weiteren Gesellschaftsbezug im Stiftungshandeln. Dieser tritt immer dann besonders prägnant hervor, wenn politische Akteure den Möglichkeitsraum des Stiftungshandelns im Sinne eines Gesellschaftsbezugs deutlich großzügiger bemessen als Stiftungen selbst ihn vielfach interpretieren oder nutzen. Vor allem Bundespräsidenten haben diesen Möglichkeitsraum von Stiftungen in Reden immer wieder hervorgehoben. Die darin mitschwingende Anerkennung erleichtert es Stiftungen, die an sie formulierten Ansprüche situativ zwar anzunehmen, sie garantiert deren Einlösung aber noch keineswegs. So trat Roman Herzog an Stiftungen mit der Erwartung heran, „zu Motoren des Wandels, zu Ideen-Agenturen für die Lösung der Probleme unserer Gesellschaft zu werden" (Herzog 1998, S. VII). Ganz ähnlich formulierte Joachim Gauck diese Erwartung in seiner Festrede aus Anlass des 50. Jubiläums der Robert Bosch Stiftung. Stiftungen, so der Bundespräsident, „sollen probieren, was geht in unserer Gesellschaft, was sich anstoßen und bewegen lässt. Inkubatoren für das Neue, Innovationsmotoren für den Wandel in Staat, in Zivilgesellschaft und Wirtschaft – das sollen Stiftungen im besten Sinne sein" (Gauck 2014, S. 3). Beide Appelle bestimmen die Funktion von Stiftungen – ebenso lakonisch wie ambitioniert – in Relation zum Ganzen der Gesellschaft. Auch die die Wissenschaft fördernden Stiftungen werden hier in einen Funktionszusammenhang gerückt, in dem Ziele und Leistungserwartungen über die Grenzen des Wissenschaftssystems hinausreichen.

Wie weit und in welcher Weise sich Stiftungen auf gesellschaftliche Ziele und Erwartungen einlassen können und sollen, wird – wie sich im Verlauf des Beitrags zeigen wird – seit langem engagiert diskutiert. Ihre Rolle als Motoren des gesellschaftlichen Wandels wird dabei oft als nicht realistisch, gelegentlich als schwach legitimiert und bisweilen geradezu als die Demokratie gefährdend angesehen. Nicht zuletzt hängt die Wahrnehmung ihrer Rolle auch davon ab, welchen Spielraum die Satzung einer Stiftung bei der strategischen Anlage und Auslegung ihrer Wissenschaftsförderung gibt. Jedenfalls gehen wissenschaftsfördernde Stiftungen ganz unterschiedliche Wege, um das ihnen unterstellte Wirkungspotenzial für die Gesellschaft auszuschöpfen.

Diese Wege werden im Folgenden in Differenz zu den sie begleitenden Selbstbeschreibungen privater Stiftungen analysiert und zu drei Modellen verdichtet, die sich nach dem Grad der Mittelbarkeit ihres Gesellschaftsbezugs unterscheiden. Im Anschluss werden Chancen, Risiken und Handlungsregeln einer ausdrücklich gesellschaftspolitisch engagierten Wissenschaftsförderung näher untersucht.

2 Grundfragen des Gebens

In den vergangenen zwei Jahrzehnten wurden die Methoden der Qualitätsbewertung von Wissenschaft und die Verfahren ihrer Förderung mehr und mehr standardisiert. Das hat zu einer Professionalisierung der Förderpraxis insgesamt geführt, aber auch den Unterschied vermindert zwischen der Zuwendung seitens eines öffentlichen Förderers (etwa der DFG) und der Zuwendung durch eine privat finanzierte Stiftung. Um den Blick wieder zu öffnen für die mögliche Differenzqualität der Wissenschaftsförderung durch private Stiftungen gegenüber einer solchen durch die öffentliche Hand, hilft eine Erinnerung an die das Stiftungshandeln im Kern ausmachende Idee des Gebens.

Für die kulturanthropologische Deutung des Gebens ist bis heute Marcel Mauss' epochales Werk „Die Gabe" (1923) und dessen grundlegende Einsicht erhellend geblieben: Dem Akt des Gebens kommt fundamentale Bedeutung in sehr unterschiedlichen sozialen Kontexten zu, im religiösen wie im ökonomischen Kontext, im rechtlichen wie im politischen. Der eine Vorgang des Gebens muss sich dabei keineswegs auf eine dieser Dimensionen beschränken. Sie schließen sich vielmehr wechselseitig nicht aus und können einen einzigen Akt des Gebens mehrfach kodieren.

Diese Polyvalenz wohnt bis heute auch dem Agieren von Stiftungen inne. Darum müssen Wirkungen von Stiftungshandeln und erst recht dessen soziale Deutungen keineswegs eingeschränkt bleiben auf das, was einem Akt des Gebens jeweils intentional zugrundegelegen haben mag. Dieses führt in der Betrachtung, zumal der wissenschaftlichen Betrachtung von Stiftungshandeln, je nach Standpunkt zu multiplen, vielfach inkompatiblen Beobachtungen und Urteilen über das Handeln von Stiftungen. Dass das Handeln von Stiftungen zugleich eine wissenschaftliche, eine politische, eine sozial-karitative, eine rechtliche, eine religiöse oder/und eine ökonomische Dimension besitzen kann, weist auf ihren besonderen institutionellen Ort zwischen den gesellschaftlichen Systemen bzw. an ihren Schnittstellen hin. Wie sich im Folgenden zeigen wird, ist es dieser hybride Ort, der das eigentlich bedeutendste gesellschaftliche Kapital (und Potenzial) von Stiftungen ausmacht. Dieses gesellschaftliche Kapital unterscheidet der Möglichkeit nach das Handeln wissenschaftsfördernder Stiftungen von öffentlicher Wissenschaftsförderung.

Bereits Marcel Mauss stellte zwei fundamentale Fragen, die ihre Produktivität in der Stiftungsforschung bis heute erweisen. *Die eine Frage*: Ist das Geben ein radikal individueller Akt, der einer besonderen öffentlichen Begründung nicht bedarf oder muss er sich hinsichtlich seiner gesellschaftlichen Folgen, gar seiner Effektivität überprüfen lassen? Jan Philipp Reemtsma hat im Anschluss an Friedrich August von

Hayek entschieden die erste Position vertreten. Legitimation gewinne das Stiften nicht aufgrund eines guten Zwecks, den es befördere, sondern aufgrund einer Nützlichkeit, die dem Akt des Stiftens als solchem innewohne: „Nützliches ist, was der Stifter dafür hält" (Reemtsma 2012, S. 13). Seinen sozialen Sinn gewinnt demnach das Stiften allein, indem es den kulturellen Fortschritt einer Gesellschaft aus einer Kraft individuell-exzentrischer Positionen heraus fördert und auf diese Weise ideosynkratisch an Nützlichkeit gebunden wird. *Die andere Frage* ergibt sich aus der von Marcel Mauss postulierten Reziprozität im Akt des Gebens, aus der Dialektik von Gabe und Gegengabe: Sind in diesem Sinne die Zuwendungen einer Stiftung initiale Gaben oder stellen sie eher Rückgaben an die Gesellschaft dar? Dürfen die Zuwendungen einer Stiftung ihrerseits wiederum auf Gegengaben oder Gegenleistungen vonseiten der gesellschaftlichen Empfänger Anspruch erheben? Von hier aus führt ein direkter Weg zur aktuellen Debatte über „Venture Philanthropy" sowie zu Impact- und Output-Messungen, die in der einen oder anderen Form den für berechtigt gehaltenen „Social Return on Investment" glauben berechnen zu dürfen. Diese Debatte wird am Ende des Beitrags wieder aufgegriffen.[1]

3 Rechtliche Grundlagen, Förderlandschaft und Selbstbeschreibungen

„Die Rechtsform Stiftung legt weder Aktivität noch Identität dieser Organisation im engeren Sinne fest. Nicht einmal ihre Gemeinnützigkeit tut dies. Zwar sind über 95% der Stiftungen in Deutschland gemeinnützig, doch ist dies eine Frage der steuerrechtlichen Anerkennung, die auch andere Organisationen bekommen können. Stiftungen sind inhaltlich unterdeterminierte Institutionen, und die Grenzen zu anderen gemeinnützigen Organisationen können durchaus fließend sein" (Adloff 2004, S. 273). Entsprechend reichhaltig und differenziert ist die juristische Fachliteratur zu Stiftungen (vgl. den Überblick bei von Campenhausen und Richter 2014). Die Fachliteratur im Rahmen dieses Handbuchartikels zusammenzufassen oder wiederzugeben ist weder möglich noch erscheint es sinnvoll. Denn so wichtig rechtliche Distinktionen sind, sie liefern kaum einen Aufschluss über die wissenschaftspolitischen Rollen oder Strategien von Stiftungen. Die Strategien können trotz einheitlicher Rechtsform – z. B. als privatrechtliche Stiftung zu gemeinnützigen Zwecken – sehr unterschiedlich sein, wie ein Vergleich etwa der themenanwaltlichen, primär für gesellschaftspolitische Themen engagierten Bertelsmann Stiftung mit der auf die Förderung bestimmter Wissenschaftsgebiete konzentrierten Fritz Thyssen Stiftung zeigt. Die Funktionen können indes trotz abweichender Rechtsformen wiederum punktuell sehr ähnlich sein, vergleicht man etwa die Robert Bosch Stiftung als

---
[1]Hier steht u. a. die (steuer-)rechtlich sehr schwierig zu entscheidende Frage im Hintergrund, inwieweit von Geförderten Gegenleistungen überhaupt erwartet werden dürfen bzw. dies zu einem „Leistungsaustausch" führt, der die Förderung umsatzsteuerpflichtig machte. Solche u. a. juristischen Themen bedürften einer eigenen Darstellung und können in diesem Beitrag nicht aufgegriffen werden.

unternehmensverbundene Stiftung in der Rechtsform einer GmbH mit der privatrechtlichen VolkswagenStiftung. Eine im Hinblick auf das tatsächliche Handeln aussagekräftige Typologie von Stiftungen kann sich mithin nicht an rechtlichen Kategorien orientieren.

Bessere Orientierung bietet eine Differenzierung anhand von unterschiedlichen Förderstrategien, die wiederum mit unterschiedlichen Vorstellungen von gesellschaftlicher Wirkung einhergehen können. An Unterscheidungen Ken Prewitts orientiert (Prewitt 2006, S. 366–370), könnten Stiftungen gesellschaftliche Wirkung anstreben, indem sie die Produktion neuen Wissens oder dessen Anwendung fördern, öffentliche Themenanwaltschaft übernehmen oder politische Analysen vorlegen, indem sie soziale Bewegungen ertüchtigen oder soziale Einrichtungen unterstützen. Zu solchen Alternativen können im Folgenden nur Hinweise gegeben werden, denn eine konsistente Analyse von Stiftungen oder des Stiftungshandelns im Rahmen einer stringenten Gesellschaftstheorie liegt bisher nicht vor.

Einen ersten Aufschluss zur gesellschaftlichen Rolle und Wirkung privater Stiftungen liefert die Betrachtung ihrer Situation innerhalb der Förderlandschaft. Unter den Förderzwecken deutscher Stiftungen rangierten Wissenschaft und Forschung 2014 nur auf dem vierten Rang (12,4%) nach der Förderung sozialer Zwecke (28,8 %), der Förderung von Bildung und Erziehung (15,4%) sowie der von Kunst und Kultur (15,2%) (Bundesverband Deutscher Stiftungen 2014, S. 101). Zwar finden sich unter den nach Ausgaben 15 größten deutschen Stiftungen fast ausschließlich solche, die auch Wissenschaft und Forschung fördern, doch entsprechen die Aufwendungen von Stiftungen für Wissenschaft insgesamt nur rund einem Prozent der Ausgaben der öffentlichen Hand in diesem Bereich (Bundesbericht Forschung und Innovation 2014, S. 537). Herfried Münkler bemerkte schon 2006, der „Versuch, die Finanzierung des Sozialbereichs und des Wissenschaftsbetriebs von steuergedeckten Staatszuwendungen auf ein zivilgesellschaftliches Stiftungswesen umzustellen, würde zu deren unmittelbarem Zusammenbruch führen" (Münkler 2006, S. 37). Ganz ähnlich der Situation in Deutschland zeigen Erhebungen der europäischen Statistikbehörde Eurostat, dass auch über alle EU-Staaten hinweg der Anteil der finanziellen Aufwendungen aus dem Non-Profit-Sektor (die Statistik zählt neben Stiftungen auch NGOs und Think-Tanks hinzu) im Mittel nur 1,5% aller Ausgaben für Wissenschaftsförderung ausmacht (EFC 2009, S. 132).

Weder in Deutschland noch im Blick auf Europa kann von einer für die Finanzierung des Wissenschaftssystems essenziellen Rolle von Stiftungen gesprochen werden. Dieser Befund bedarf der Differenzierung in mancherlei Hinsicht. Er verdeckt, weil er Durchschnittswerte abbildet, erstens die mindestens im Drittmittelmarkt durchaus systemrelevante Bedeutung einzelner Stiftungen in nationalen Kontexten und zweitens die Rolle, die Stiftungen im Hinblick auf bestimmte Wissenschaftsgebiete spielen können. So bewegte sich z. B. in Großbritannien 2014 der Etat des Wellcome Trusts in der biomedizinischen Forschung mit 674 Mio. £ durchaus in der Nähe der öffentlichen Förderung des Medical Research Councils (2014: 845 Mio. £). In Deutschland stellen die Förderungen für die Geisteswissenschaften z. B. durch die Fritz Thyssen Stiftung und durch die Gerda Henkel Stiftung durchaus eine relevante Ressource dar.

Eine weitere notwendige Differenzierung im Hinblick auf jene die Wissenschaft und Forschung fördernden Stiftungen in Deutschland ergibt sich aus deren eigener strategischer Auseinandersetzung mit der Relation zum Aufwand der öffentlichen Wissenschaftsförderung. Dass die Stiftungen keine konstitutive Rolle bei der Finanzierung des Systems insgesamt spielen, heißt nicht, dass sie keine signifikanten Funktionen wahrnehmen können. Um aber ihre Rolle in einem so dominant öffentlich finanzierten Wissenschaftssystem wie dem deutschen zu finden, muss sich heute gerade im Wissenschaftsbereich „jede Stiftungstätigkeit in ein Verhältnis zum staatlichen Handeln setzen" (Adloff 2010, S. 381). Die wissenschaftspolitischen Entscheidungen von Bund und Ländern und die damit einhergehenden Systemveränderungen schaffen einen Referenzrahmen, in dem Stiftungen zwar keine grundfinanzierenden Funktionen übernehmen können. Sie können aber wirkungsvoll in dem Sinne agieren, dass sie Ziele adressieren, die mit öffentlichen Mitteln nicht oder nicht so direkt verfolgt werden können. Solche Ziele und Funktionen zu bestimmen erfordert allerdings eine dauerhafte Reflexion auf eben jene Systemveränderungen, die es seit etwa einer Dekade in erheblichem Umfang, mit wachsender Geschwindigkeit und ohne absehbares Ende gibt. Um nur einige zu nennen: veränderte Entscheidungsspielräume von Hochschulen, neue institutionelle Kooperationsformen zwischen Hochschulen und Forschungseinrichtungen, die Internationalisierung bzw. Europäisierung der Förderung, die drastische Zunahme befristeter Projektförderungen, die Erweiterung des Hochschulzugangs und damit einhergehend eine hohe Diversität der Studierenden. Das Auffinden und die Übernahme von Funktionen, die der Staat auch dann nicht erfüllen könnte, wenn er die Mittel dazu hätte, verlangt mehr und mehr eine vertiefte und kontinuierliche Analyse des sich ändernden Wissenschaftssystems. Welche Funktionen dann im Einzelnen gewählt werden, ist am Ende immer noch eine strategische Entscheidung jeder einzelnen Stiftung, die sie im Einklang mit ihrer Satzung zu treffen hat. Ohne eine solche strategische Entscheidung, die immer auch mit Konzentration und Fokussierung einhergeht, wird aber keine Stiftung auskommen, wenn sie sich in der Wissenschaftsförderung mit einer eigenen Wirkung engagieren will.

Der Annäherung an mögliche und mit den permanenten Veränderungen des Wissenschaftssystems Schritt haltenden Funktionen und Strategien von Stiftungen, steht gelegentlich im Weg, wie sie selbst ihr Handeln beschreiben. Es gibt ein für Stiftungen typisches Repertoire von Attributen in der Selbstbeschreibung ihres Handelns. Dieses erhebt notorisch Anspruch darauf, innovativ, risikobereit, mutig, kreativ oder unkonventionell zu sein. Diese Attribute wiederholen zunächst nur, was jede Wissenschaft bzw. jede wissenschaftliche Tätigkeit – nicht nur die von Stiftungen geförderte – dem Begriff nach sein sollte. Gewiss treffen diese Attribute nicht auf die gesamte gegenwärtige Wissenschaftsproduktion zu, doch wird der Nachweis schwer zu führen sein, dass gerade die öffentliche Förderung – etwa die durch die DFG oder die MPG – jene Eigenschaften häufiger verfehlt. Ebenso wenig erscheint es erfolgversprechend, sich bei der Definition der eigenen Rolle gegenüber den öffentlichen Förderern als flexibler, schneller, unbürokratischer oder kostengünstiger profilieren zu wollen. Auch hier ist der Nachweis kaum zu führen. Die lakonischen Bemerkungen, die Ken Prewitt in seiner großartigen primär auf tiefe Kenntnis des

US-amerikanischen Stiftungssektors basierenden Darstellung formulierte, treffen auch auf den deutschen Stiftungssektor zu: „Of even less use is foundations' rhetoric about their accomplishments. [...] We would have a surer sense of what has and can be achieved if foundations' language better matched the realities" (Prewitt 2006, S. 373–374). Kritischer als das Selbstbild fällt denn auch die Einschätzung der Stiftungen durch ihre Antragsteller aus: 36,5% bestätigen ihnen den Ruf, innovativ zu sein, 33,6% transparent zu sein und nur 24,5% wird attestiert, flexibel auf Unvorhergesehenes zu reagieren (Learning from Partners 2015, S. 35).

So hat sich im Sprachgebrauch wissenschaftspolitischer Betrachtung das Konzept einer „Komplementarität" von Stiftungssektor und öffentlicher Förderung als eine Art vielsagende, aber wenig aussagekräftige Formel durchgesetzt. Der Wissenschaftsrat etwa formulierte, als er sich zuletzt 2003 einlässlicher zur Funktion von Stiftungen im Wissenschaftssystem äußerte, deren Fördermaßnahmen seien „in der Regel komplementär zur öffentlichen Forschungsförderung ausgerichtet und sollen helfen, strukturelle oder thematische Defizite zu überwinden" (Wissenschaftsrat 2003, S. 52). Die Rolle von Stiftungen sei es, „Anstöße zu Veränderungen zu geben oder Hindernisse, die Reformen entgegenstehen, überwinden zu helfen" (Wissenschaftsrat 2003, S. 52). Worin aber könnte mehr als ein Jahrzehnt später im Einzelnen eine Komplementarität gegenüber der öffentlichen Wissenschaftsförderung bestehen, die nicht allein im kleineren Maßstab wiederholt, was die öffentlichen Finanzierer mit gestiegenem Finanzvolumen und mit fortgeschrittener Differenzierung der Förderinstrumente ohnehin betreiben?

4 Wissenschaftsförderung durch Stiftungen: drei Rollenmodelle

Betrachtet man das aktuelle Stiftungshandeln in der Wissenschaftsförderung in Deutschland anhand der dokumentierten Aktivitäten (Bundesverband deutscher Stiftungen 2013, S. 146–195), dann sind es vor allem drei Funktionen und damit verbunden drei strategische Optionen, mit denen ein Unterschied zum staatlichen Handeln gemacht oder doch gesucht wird (vgl. Rohe 2010). Diese drei Optionen schließen sich im konkreten Förderhandeln nicht aus: (1) die Konzentration auf ein spezifisches Fach- oder Themenspektrum, (2) das Adressieren spezifischer wissenschaftsstruktureller Ziele oder Defizite, und (3) das Verbinden der Wissenschaft mit gesellschaftspolitischen Zielen.

(1) Maßgeblich profiliert durch ein *spezifisches Fach- und Themenspektrum* sind zum Beispiel die Else Kröner-Fresenius-Stiftung (medizinische Forschung) und die Gerda Henkel Stiftung (historische Geisteswissenschaften) profiliert. In diesem Themengebiet engagiert sich auch die Geschwister Boehringer Ingelheim Stiftung für Geisteswissenschaften, während die Boehringer Ingelheim Stiftung in der lebenswissenschaftlichen Grundlagenforschung vor allem durch die Förderung eines Instituts für molekulare Biologie an der Universität Mainz einen Akzent gesetzt hat. Diese Form eines langfristigen finanziellen Engage-

ments (hier 100 Mio. € für zehn Jahre) findet sich ähnlich im Hertie-Institut für klinische Hirnforschung an der Universität Tübingen, das die Gemeinnützige Hertie-Stiftung seit 2001 mitfinanziert. Noch weiter gehen institutionelle Gründungen, in denen Stiftungen sich dauerhaft in einem spezifischen Wissenschaftsgebiet engagieren: die Hertie School of Governance in Berlin ist dafür ebenso ein Beispiel wie die durch die ZEIT-Stiftung Ebelin und Gerd Bucerius geförderte Bucerius Law School in Hamburg.

(2) Die beiden letztgenannten Beispiele – die Bucerius Law School und die Hertie School of Governance – leiten über zu einem auf *strukturelle Ziele* im Wissenschaftssystem gerichteten Förderhandeln von Stiftungen. Beide Gründungen intendieren nicht allein inhaltliche Akzentsetzungen in den Rechts- bzw. in den Politikwissenschaften, vielmehr zielen sie auf Innovationen in der Hochschulorganisation und bei der Ausbildung von Studierenden: auf mehr Internationalität, mehr Interdisziplinarität und stärkere Praxisverbindung. Einem solchen Engagement für strukturelle Veränderungen im Wissenschaftssystem liegt in der Regel eine Defizit- und Chancenanalyse zugrunde. Ist die geleistet, können Initiativen sehr unterschiedliche Ziele anvisieren. Auf eine Veränderung hochschulischer Governance- und Organisationsstrukturen zielte z. B. die Initiative „Hochschule der Zukunft" der VolkswagenStiftung. Der Förderung des wissenschaftlichen Nachwuchses, insbesondere in der heiklen Phase hin zu einer dauerhaften Professur, widmen sich die VolkswagenStiftung (insbesondere durch die „Lichtenberg-Professuren"), die Robert Bosch Stiftung oder die Daimler und Benz-Stiftung. Ein weiterer wichtiger Bereich der Wissenschaft, dessen inzwischen verbesserte öffentliche Finanzierung Stiftungen mit vorbereitet haben, ist die Hochschullehre. Sie stand hinsichtlich ihrer Förderung und ihrer Rolle beim Reputationserwerb stets hinter der Forschung zurück. Mit den Empfehlungen des Wissenschaftsrats zur Qualitätsverbesserung von Lehre und Studium (Juli 2008) ging eine Reihe von Initiativen (u. a. des Stifterverbands für die Deutsche Wissenschaft, der Deutschen Telekom Stiftung, der Alfred Toepfer Stiftung F.V.S., der VolkswagenStiftung und der Stiftung Mercator) einher. Sie verankerten die Lehre im Qualitätsprofil der Hochschulen und unterstützten den von Bund und Ländern 2010 beschlossenen „Qualitätspakt Lehre", der auch die Finanzierung derzeit bis 2020 auf eine deutlich verbesserte Grundlage stellte.

(3) Eine dritte Option für Stiftungen ist es, ihre über das Wissenschaftssystem im engeren Sinne hinausreichende *gesellschaftliche Funktionalität* offensiv für eine Bearbeitung gesellschaftspolitischer Fragen und Themen zu nutzen. Dieses explizit zum Handlungsmotiv zu machen unterscheidet diese dritte Option von einem impliziten Gesellschaftsbezug, der in einem allgemeinen Sinne auch dem thematisch oder wissenschaftsstrukturell engagierten Förderhandeln immer eigen ist. Es wird in der Literatur immer wieder die besondere Fähigkeit von Stiftungen betont, eine Vermittlungsrolle zwischen verschiedenen gesellschaftlichen Funktionssystemen zu spielen. Frank Adloff etwa sieht Stiftungen „an den Übergängen zwischen verschiedenen gesellschaftlichen Handlungslogiken lokalisiert: Sie sind gleichsam ‚Grenzüberbrücker'" (Adloff 2010, S. 369). Tatsächlich können Stiftungen in ihrer Wissenschaftsförderung über den Horizont

von nur auf das Wissenschaftssystem bezogenen Zielen hinausgehend auf gesellschaftspolitische Ziele ausgreifen, z. B. auf solche in der Außen-, Integrations-, Bildungs-, Klima- oder Umweltpolitik. Stiftungen können gesellschaftliche Anliegen und Desiderate vermehrt in den internen Interessenhorizont der Wissenschaften rücken, um auf diesem Wege den Beitrag der Wissenschaften zur Lösung drängender gesellschaftlicher Fragen zu stärken. Indem sie gewissermaßen den Import der Gesellschaft und ihrer drängenden Anliegen in die Wissenschaft hinein fördern, vermögen sie jene „Rekontextualisierung der Wissenschaft in der Gesellschaft" zu befördern, die Helga Nowotny für ein drängendes Anliegen der Gegenwart hält (Nowotny 2011, S. 28). Beispiel für eine solche Wissenschaftsförderung mit gesellschaftspolitischem Ziel ist der 2008 gegründete „Sachverständigenrat deutscher Stiftungen für Integration und Migration" (SVR), der gegenwärtig von sieben deutschen Stiftungen getragen wird. Er legt Gutachten und Empfehlungen vor, regt wissenschaftliche Studien zur Integration und Migration an und führt solche in seinem Forschungsbereich auch selbst durch. Neben der wissenschaftlichen Qualität der Produkte steht deren Nutzung im öffentlichen Diskurs und für die politische Entscheidungsvorbereitung in Integrations- und Migrationsfragen im Zentrum. Im Feld der Klima- und Energiepolitik sind Gründungen wie die „Agora Energiewende" (Stiftung Mercator mit European Climate Foundation) oder das „Mercator Research Institute on Global Commons and Climate Change. MCC" (Stiftung Mercator mit dem Potsdam-Institut für Klimafolgenforschung) als Versuche anzusehen, wissenschaftliche Forschung und die Ausarbeitung von Handlungsoptionen für politische Entscheidungsprozesse zu verbinden. Ein anderes Beispiel für eine an gesellschaftlichen Themen orientierte Wissenschaftsförderung ist die Robert Bosch Juniorprofessur „Nachhaltige Nutzung natürlicher Ressourcen". Sie „soll zur Lösung drängender Umweltprobleme beitragen, die besondere Relevanz für Entwicklungs- oder Transformationsländer haben". Das Theseus-Programm der Fritz Thyssen Stiftung will den „offenen und konstruktiven Dialog zwischen Wissenschaftlern und Politikern über die zukünftigen Herausforderungen für Europa" unterstützen. Im Programm „Sicherheit, Gesellschaft und Staat" fördert die Gerda Henkel Stiftung Forschung zur Zukunft des Nationalstaats angesichts globaler Sicherheitsbedrohungen durch Terrorismus und organisierte Kriminalität.

Allen drei Rollenmodellen ist gemeinsam, dass ihnen die Entscheidung zugrunde liegt, nicht jede Wissenschaft in jedweder Hinsicht zu fördern. Es wird eine zunächst nicht an wissenschaftlicher Qualität orientierte primäre Entscheidung getroffen, entweder bestimmte Fächer (z. B. Geschichtswissenschaften) oder in bestimmter Hinsicht (z. B. Nachwuchsförderung) oder mit bestimmtem gesellschaftlichen Anliegen (z. B. Integration von Migranten) zu fördern. Jede dieser Setzungen wird ihre Wirkung zunächst vor allem im engeren Rahmen des Wissenschaftssystems entfalten. In der Möglichkeit zu solchen Setzungen und ihrer fortlaufenden Nachjustierung liegt eine Chance für private Stiftungen, tatsächlich einen komplementären Beitrag zur öffentlich finanzierten Wissenschaftsförderung zu leisten.

Gelegenheiten für ein Stiftungshandeln zu erkennen, das nicht nur öffentliche Förderung repetiert, stellt eine permanente reflexive Aufgabe für privat finanzierte Stiftungen dar. Diese Aufgabe wahrzunehmen setzt Aufmerksamkeit, Kenntnis des Wissenschaftssystems und Entschlusskraft voraus. Es ist eine offene Frage, ob eine von der öffentlichen sich unterscheidende Wissenschaftsförderung durch private Stiftungen auch zu einer Veränderung des Wissenschaftssystems beitragen kann. Wenn Jürgen Kocka postuliert, es sei „darauf zu bestehen, dass die Fördermaßnahmen Privater nach den Regeln des Wissenschaftssystems umgesetzt werden" (Kocka 2011, S. 200), so ist dem im Hinblick auf die Freiheit der Wissenschaft gegenüber politischer oder privater Beeinflussung gewiss zuzustimmen. Indes besteht kein Anlass, den „Regeln des Wissenschaftssystems" ohne Weiteres eine generelle Geltung einzuräumen. Schon von der Wissenschaft selbst wird nicht jede Regel als hilfreich und den Erkenntnisprozess fördernd bestätigt. So sind etwa Pfadabhängigkeiten bei der Formulierung jeweiliger Anschlussfragestellungen, redundante oder nicht reproduzierbare Wissenschaftsprodukte, die Erschöpfung des Peer Review-Systems oder Tendenzen zur Verabsolutierung bibliometrischer Daten bei qualitätsgeleiteten Auswahlprozessen wissenschaftsinterne Phänomene, die der Korrektur bedürften. Was sollte Stiftungen hindern, auf Basis einer wissenschaftlichen Kritik etablierter Regeln des Wissenschaftssystems neue Verfahren der Ausschreibung, Auswahl und Durchführung wissenschaftlicher Projekte zu erproben? Hier bieten sich Kooperationen von Stiftungen mit öffentlichen Wissenschaftseinrichtungen an, wie sie z. B. schon von der VolkswagenStiftung mit der Leopoldina in einer Workshop-Reihe „Governance of Science" gepflegt wird (zuletzt 2015 zum Thema „The [Mis-]Measurement of Science").

5 Gesellschaftspolitisches Engagement und seine Legitimation

Weitet man den Bezugsrahmen des Wissenschaftssystems und sucht, im Sinne der u. a. von Bundespräsidenten favorisierten gesamtgesellschaftlichen Rolle von Stiftungen, nach Wirkungen über die Wissenschaft hinaus, so ist das politische System bzw. „die Politik" ein ebenso oft genannter wie umstrittener Adressat. Als ein solcher Adressat kann die Politik zunächst einmal im Horizont aller drei oben genannten Rollenmodelle vorkommen. Auch Stiftungen, die ihre Wissenschaftsförderung primär oder gar ausschließlich auf thematische oder strukturelle Ziele im Wissenschaftssystem ausrichten, kommen an dem Umstand nicht vorbei, dass Politik, als zentrales gesellschaftliches Aushandlungsmedium, am Ende die legislativ verfassten Voraussetzungen und Rahmenbedingungen der Wissenschaft definiert. Man kann sich in der Förderung des wissenschaftlichen Nachwuchses kaum ohne Kenntnis der gesetzlichen Rahmenbedingungen engagieren oder ohne Kenntnis der Bologna-Reform bei der Förderung der Hochschullehre. Die Wissenschaft ist ein auch durch politische Entscheidungen konstituiertes Feld, in dem sich Stiftungen mit ihrer Förderung bewegen. Dieses kann Stiftungen dazu bewegen, sich im Feld der Wissenschafts- und Bildungspolitik explizit zu positionieren, wie es seit 2012 die

Bertelsmann Stiftung, die Robert Bosch Stiftung und die Deutsche Telekom Stiftung gemeinsam in der Frage der Kompetenzregelung zwischen Bund und Ländern getan haben. In einem gemeinsamen Positionspapier „Bildungsföderalismus mit Zukunft" setzten sie sich unter anderem für eine Grundgesetzänderung und für die Schaffung eines Nationalen Bildungsrats ein (Bertelsmann Stiftung, Robert Bosch Stiftung und Deutsche Telekom Stiftung 2014).

Entscheidend erweitert wird der Bezugsrahmen von Stiftungsprojekten dort, wo durch die Themenfelder, auf die sich die Wissenschaftsförderung richtet, auch Politikfelder adressiert werden – jenseits der Wissenschafts- und Bildungspolitik: z. B. die Klima- und Energiepolitik, die Integrationspolitik oder die Außen- und Sicherheitspolitik (vgl. hierzu sowie im Folgenden Rohe und Lorentz 2013; Rohe und Hausmann 2015). Gesellschaftliche Ziele jenseits der Wissenschaft zu adressieren hat gerade für Stiftungen eine lange Tradition; Gesundheit, Wohlfahrt, Völkerverständigung, europäische Einheit oder auch Bauwerkserhaltung und Naturschutz gehören dazu. Eine neue Lage tritt dort ein, wo Wissenschaftsförderung auch im Interesse jener Ziele betrieben wird und ausdrücklich eine politikberatende Funktion wahrnehmen soll. Dieses ist in Projekten wie dem Sachverständigenrat deutscher Stiftungen für Migration und Integration (SVR) ebenso der Fall wie z. B. bei der Agora Energiewende oder dem Mercator Research Institute on Global Commons and Climate Change. Die Nähe von Wissenschaftsförderung und politischer Praxis, die dadurch entsteht, bedarf klarer Regeln, damit Stiftungen ihre Glaubwürdigkeit als gemeinnützige Organisationen bewahren. Das Gemeinnützigkeitsrecht (§§ 51 ff. der Abgabenordnung) duldet zwar ein grundsätzliches gesellschaftspolitisches Engagement von Stiftungen, setzt ihm aber Grenzen im Hinblick auf maßgebliche politische Einflussnahme, Beeinflussung der allgemeinen politischen Meinungsbildung sowie parteipolitische Maßnahmen (vgl. Spak 2015). Ein Überschreiten dieser Grenzen würde den Verlust der Gemeinnützigkeit nach sich ziehen. Worin liegen weitere Risiken und wie lassen sie sich beherrschen?

Ein weiteres Risiko besteht darin, dass Stiftungen „ihren Verantwortungsbereich sehr politisch definieren und mit teilweise erheblichen, demokratisch nicht kontrollierten Mitteln gezielt und praktisch [...] zugunsten bestimmter politisch-ideologischer Optionen in den politischen Wettbewerb eintreten" (Kocka 2011, S. 200). Dabei wächst das Risiko für unternehmensverbundene Stiftungen, wenn sie sich in einem Themenfeld engagieren, das für das Unternehmen zugleich ein Geschäftsfeld ist. Hier setzt vielfach Kritik an (Schuler 2010; Holland-Letz 2015), die in der Regel ein Stiftungsengagement auf die ökonomischen Interessen des thematisch verbundenen Unternehmens zurückführt. Von erheblich größerem Gewicht als eine solche punktuelle Skepsis sind die von Jürgen Kocka formulierten prinzipiellen demokratietheoretischen Bedenken gegenüber einem Stiftungshandeln mit gesellschaftspolitischem Impuls. Im Folgenden soll es daher um die Berechtigung, vielleicht sogar um die Notwendigkeit eines solchen Impulses gehen und um die Regeln, denen seine Umsetzung zu folgen hat. Was macht einen gesellschaftspolitischen Zielhorizont für die Wissenschaftsförderung von Stiftungen aktuell und vielversprechend?

Es ist erstens das zunehmende Ausmaß, in dem die Politik bei der Bewältigung gesellschaftlicher Herausforderungen auf wissenschaftliches Wissen angewiesen ist. Gerade weil Stiftungen sich vieler dieser Herausforderungen seit langem stellen, ist deren Beitrag zur Lösung auch durch Förderung einschlägigen wissenschaftlichen Wissens besonders naheliegend. Zweitens ist aus der Politik heraus seit Jahren eine steigende Erwartung an die Zivilgesellschaft zu beobachten, zu der keineswegs nur, aber eben doch auch Stiftungen gehören. Die Gründe für diese von der Politik gesuchte Nähe sind wissenschaftlich breit analysiert worden (Michelsen und Walter 2013; Anheier 2014; Blühdorn 2013). In der laufenden Legislaturperiode hat jedenfalls kaum ein Bundesministerium seinen Dialog mit der Zivilgesellschaft versäumt und dabei vor allem auch Stiftungen einbezogen. Exemplarisch hat Außenminister Frank-Walter Steinmeier in Anlehnung an Ralf Dahrendorf von einer „Außenpolitik der Gesellschaften" gesprochen und programmatisch erklärt: „Außenpolitik ist ohne Zivilgesellschaft in dieser vernetzten und verwobenen Welt gar nicht denkbar!" (Steinmeier 2015, S. 3). Diese Konstellation aus einerseits einem vermehrten Wissensbedarf in der Politik und einem andererseits von der Politik selbst wahrgenommenen Kooperationsbedarf mit Stiftungen als Akteuren der Zivilgesellschaft eröffnet einen Raum für Stiftungen als intermediäre Akteure (Empfehlungen der Kommission zur Strategieüberprüfung der Stiftung Mercator 2014, S. 6–7).

Die Nutzung dieses Raums kann profitieren von den Fortschritten, die die Forschung bei der wissenschaftlichen Durchdringung des Verhältnisses von Wissenschaft und Politik und insbesondere beim Entwurf einer theoretisch begründeten und praktisch umsetzbaren wissenschaftlichen Politikberatung gemacht hat (Pielke 2007; Edenhofer und Kowarsch 2015; Wilsdon und Doubleday 2013, 2015; Lentsch und Weingart 2011; Weingart und Wagner 2015). Diesen Untersuchungen gemeinsam ist ein Demokratieverständnis, das die Prärogative der demokratisch legitimierten Institutionen in allen politischen Entscheidungen konsequent anerkennt und jede Begrenzung der Spielräume etwa durch das Argument wissenschaftlicher Faktengewalt ablehnt. Wenn Stiftungen Wissenschaft auch mit dem Ziel fördern, zu einer besseren politischen Entscheidungsfindung beizutragen, sollten sie das mit Regeln tun, die diesen Erkenntnisstand respektieren. Die transparente Publikation aller Produkte ihrer Förderung ist eine solche Regel. Eine zweite betrifft die Art der angestrebten Produkte. Die kategoriale Differenz von Wissenschaft und Politik ist nicht aufhebbar. Darum hat das wissenschaftlich Richtige keinen Anspruch auf politische Durchsetzung, das politisch Durchgesetzte erwirbt keinen Anspruch auf die Weihen wissenschaftlicher Richtigkeit. Gute wissenschaftliche Politikberatung offeriert daher nicht die eine richtige Lösung, sondern sie erforscht Konsequenzen, die sich aus alternativen Handlungsoptionen ergeben. Wissend, dass die nächste von der Politik getroffene Entscheidung neue wissenschaftlich sondierungsfähige Optionen erschließen wird. Ein solches Vorgehen hat Vorteile für beide Seiten, für die Wissenschaft und für die Politik. Es respektiert nämlich das demokratisch verbürgte Recht auf Letztentscheidung in der Politik (unter welcher Beteiligung von Zivilgesellschaft gegebenenfalls auch immer) und es respektiert die Freiheit der Wissenschaft dadurch, dass alternative Szenarien erforscht werden. Die Wissenschaftsfreiheit bleibt gewahrt, indem zwar ein gesellschaftlicher Problemzusammenhang definiert wird (z. B. ansteigende Treibhausgasemissionen), nicht aber präferierte Lösungswege zu dessen Bewältigung bewiesen werden müssen. Eine bekannte Formel, welche die Arbeit des Intergovernmental Panel on Climate Change (IPCC) in der Klimapolitik beschreiben soll, lautet, die Beiträge sollten „policy relevant but not policy prescriptive" sein. Diese Formel ließe sich im Hinblick auf eine Wissenschaftsförderung mit gesellschaftspolitischer Ambition so modifizieren: policy relevant but not science prescriptive.

6 Impact, Investment, Venture Philanthropy

Wenn in dieser Zwischenüberschrift drei englischsprachige Stichworte auftauchen, dann trägt dieses dem Umstand Rechnung, dass die US-amerikanische Stiftungsdiskussion der letzten 15 Jahre auch den Diskurs über Stiftungen in Deutschland erheblich beeinflusst hat. Anregend rezipiert finden sich Impulse aus den USA in der Studie „Shape the Future" (2014), die von Roland Berger Consultants im Auftrag der Robert Bosch Stiftung zu ihrem 50. Jubiläum erstellt wurde.

Der Diskussion zugrunde liegt die Frage nach einer Erfassung und Messung der Wirkung von Stiftungshandeln, eine Frage, die zur Grundkonstellation des von Marcel Mauss analysierten Gebens und einer erwarteten Gegengabe zurückführt (vgl. 2.). Dass hier ein theoretisches und empirisches Defizit vorliegt, mag folgendes Zitat illustrieren. In der Dokumentation „Zivilgesellschaft in Zahlen" (2011) wird zunächst im Indikativ vorgetragen: „Stiftungen leisten als soziale Innovatoren wertvolle Impulse für gesellschaftliche Entwicklungen. Sie stoßen eine Vielzahl neuer Impulse und Projekte an, fördern das Aufkommen innovativer Technologien und Partnerschaften, unterhalten gemeinnützige Einrichtungen und eröffnen Arenen des Austauschs von Argumenten. Sie nehmen eine von Markt und Staat unabhängige Perspektive ein, und richten den Fokus auf eine philanthropische Förderung des Gemeinwohls". Dann fahren die Autoren fort: „Welche politischen, sozialen und ökologischen Wirkungen Stiftungen bei der Lösung gesellschaftlicher Problemlagen besitzen, kann jedoch nicht beziffert werden. Es ist auch unbekannt, wie genau dieses philanthropische Kapital für die Gesellschaft eingesetzt wird und wie effizient Förderstiftungen ihre Spendengelder einsetzen" (Zivilgesellschaft in Zahlen 2011, S. 31). In den auch hier lakonisch treffsicheren Worten Ken Prewitts: „Es gibt einfach keine begriffliche oder empirische Grundlage, auf der zu beurteilen wäre, ob der Stiftungssektor seine Sache gut macht" (Prewitt 2011, S. 98).

Es verwundert also nicht, dass seit einigen Jahren Versuche sowohl zu einer Präzisierung der Wirkungszusammenhänge beim Stiftungshandeln wie zur Wirkungsmessung unternommen werden. Diese Versuche bedienen sich vielfach der Analogisierung, bisweilen auch der Implementierung ökonomischer Handlungsmodelle in den Stiftungssektor. Der Beitrag von Porter und Kramer (1999) kann als ein gewisser Aufschlag zu dieser Diskussion gelesen werden, das Buch „The Business of Giving" (Grant 2012) kann als der bisher vielleicht stringenteste Versuch gelten, ökonomische Handlungsmodelle in den Stiftungssektor einzuführen, „Social Return on Investment" (Schober und Then 2015) liefert dazu ein Praxishandbuch.

Zwei interessante Ergebnisse der Diskussion um eine strategische Planung des Stiftungshandelns und der Quantifizierung seiner Wirkungen lassen sich schon konstatieren. Zum einen ist eine Fülle von Philanthropie-Konzepten entstanden, die sich mithilfe immer neuer Attribute differenzieren. Es stehen u. a. zur Auswahl venture philanthropy, entrepreneurial philanthropy, strategic philanthropy, catalytic philanthropy, outcome oriented philanthropy, creative philanthropy. Ob diesen Konzepten eine Praxis jenseits des akademischen Diskurses entspricht, ist unklar (Prewitt 2014). Ein zweites Ergebnis liegt in der Erkenntnis, dass über die Präzisierung und Quantifizierung von ‚Wirkungen' jedenfalls kein Weg zu einer besseren Legitimation des Stiftungshandelns führt. Das gilt im Falle der Wissenschaft, weil ihre strategische Förderung im Kontext der Lösung gesellschaftlicher Herausforderungen umso eher die Wissenschaftsfreiheit verletzt als sie die Förderung konkreter Leistungserwartungen und Wirkungspfade vorab definiert. Einem solchen Vorgehen fehlt nicht nur die Legitimität, es wäre auch töricht. Denn auch dort, wo ein gesellschaftliches Thema mit Recht gesetzt werden darf, liefert Wissenschaft kaum je das Beste, wenn sie das Bestellte liefert. Aber auch über die Wissenschaft hinaus darf generell gefolgert werden: „Alles in allem ist also die These, dass Stiftungen ihre Legitimität durch ihr Wirken erhalten, unzulänglich" (Prewitt 2011, S. 94). Wenn die Chance des Impact-Diskurses also nicht darin liegt, Stiftungshandeln besser zu legitimieren, so eröffnet dieser doch den Blick auf Verfahren, gemeinsam mit Förderpartnern die Effektivität des Handelns zu verbessern. Solche Verfahren haben ihren Ausgangspunkt in neuen Formen der Partnerschaft, wenn Stiftungen und Kooperationspartner Ziele und Wege zu deren Erreichung gemeinsam vereinbaren.

7   Fazit

Für die weitere wissenschaftliche Beschäftigung mit dem Stiftungshandeln erscheinen zwei Richtungen besonders wichtig und fruchtbar, die zugleich zur Erweiterung des Spektrums tatsächlicher Handlungsoptionen von Stiftungen beitragen könnten. Zum einen fehlen Studien, die das Handeln von Stiftungen im konsistenten Rahmen umfassender Gesellschaftstheorien beobachtbar machen. Die „thinness of our theory of foundation activity", die Prewitt (2006, S. 370) konstatiert, ist cum grano salis auch für die deutsche Situation zutreffend. Es liegen eher historisch rekonstruktiv argumentierende Gesamtdarstellungen vor als theoretisch konsistente Beschreibungen im Zusammenhang einer Gesellschaftstheorie, sei diese systemtheoretisch oder handlungstheoretisch fundiert. Zum anderen ließen sich dann auf dieser Grundlage Studien in Angriff nehmen, die die Wirkungen von Stiftungshandeln auf der Grundlage eines sozialwissenschaftlich robusten Wirkungsmodells analysieren und gegebenenfalls deren Messbarkeit untersuchen.

Literatur

Adloff, Frank. 2004. Wozu sind Stiftungen gut? Zur gesellschaftlichen Einbettung des deutschen Stiftungswesens. *Leviathan* 32(2): 269–285.

Adloff, Frank. 2010. *Philanthropisches Handeln. Eine historische Soziologie des Stiftens in Deutschland und den USA*. Frankfurt a. M.:/New York: Campus.

Anheier, Helmut K. 2014. Welche Rolle kann die Zivilgesellschaft in Zukunft spielen? In *Grundlagen und Herausforderungen des Sozialstaats. Denkschrift 60 Jahre Bundessozialgericht*, Hrsg. Peter Masuch, Wolfgang Spellbrink, Ulrich Becker und Stephan Leibfried, 615–628. Berlin: Erich Schmidt.

Bertelsmann Stiftung, Deutsche Telekom Stiftung, und Robert Bosch Stiftung. 2014. *Bildungsföderalismus mit Zukunft*. Gemeinsames Positionspapier. www.bosch-stiftung.de/content/language1/downloads/StiftungsPoPa_Bildungsf_9_2014.pdf. Zugegriffen am 12.12.2015.

Blühdorn, Ingolfur. 2013. *Simulative Demokratie. Neue Politik nach der postdemokratischen Wende*. Berlin: Suhrkamp.

Bundesbericht Forschung und Innovation. 2014. Bundesministerium für Bildung und Forschung. Berlin. http://www.datenportal.bmbf.de/portal/de/bufi.html. Zugegriffen am 12.12.2015.

Bundesverband Deutscher Stiftungen, Hrsg. 2013. *Private Stiftungen als Partner der Wissenschaft. Ein Ratgeber für die Praxis*. Berlin.

Bundesverband Deutscher Stiftungen. 2014. *Zahlen, Daten, Fakten zum deutschen Stiftungswesen*. Berlin. http://www.stiftungen.org/fileadmin/bvds/media/ZDF_EBOOK_final_Webgr%C3%B6%C3%9Fe.pdf. Zugegriffen am 12.12.2015.

Edenhofer, Ottmar, und Martin Kowarsch. 2015. Ausbruch aus dem stahlharten Gehäuse der Hörigkeit: Ein neues Modell wissenschaftlicher Politikberatung. In *Wissenschaftliche Politikberatung im Praxistest*, Hrsg. Peter Weingart und Gert G. Wagner, 83–106. Weilerswist: Velbrück.

Empfehlungen der Kommission zur Strategieüberprüfung der Stiftung Mercator. 2014. Einführung, S. 6–8. https://www.stiftung-mercator.de/de/publikation/empfehlungen-der-kommission-zur-strategieueberpruefung-der-stiftung-mercator/. Zugegriffen am 12.12.2015.

European Foundation Centre (EFC). 2009. Understanding European Research Foundations – Findings from the fore map project. London.

Gauck, Joachim. 2014. Rede bei der Konferenz „Zeit der Bürger" anlässlich des 50. Jubiläums der Robert Bosch Stiftung. Bundespräsidialamt. Pressemitteilung vom 16. Oktober 2014. Berlin. http://www.bosch-stiftung.de/content/language1/downloads/Rede_des_Bundespraesidenten_20141016.pdf. Zugegriffen am 12.12.2015.

Grant, Peter. 2012. *The business of giving. The theory and practice of philanthropy, grantmaking and social investment*. Basingstoke: Palgrave MacMillan.

Herzog, Roman. 1998. Geleitwort. Zur Bedeutung von Stiftungen in unserer Zeit. In *Handbuch Stiftungen. Ziele, Projekte, Management, Rechtliche Gestaltung*, Hrsg. Stiftung Bertelsmann, V–VIII. Wiesbaden: Gabler.

Holland-Letz, Matthias. 2015. *Scheinheilige Stifter: Wie Reiche und Unternehmen durch gemeinnützige Stiftungen noch mächtiger werden*. Köln: Backstein Verlag.

Kocka, Jürgen, und Günter Stock, Hrsg. 2011. *Stiften, Schenken. Prägen. Zivilgesellschaftliche Wissenschaftsförderung im Wandel*. Frankfurt a. M.:/New York: Campus.

Kocka, Jürgen. 2011. Ziviles Engagement für die Wissenschaft: Ergebnisse und Ausblick. In *Stiften, Schenken. Prägen. Zivilgesellschaftliche Wissenschaftsförderung im Wandel*, Hrsg. Jürgen Kocka und Günter Stock. 193–201. Frankfurt a. M.:/New York: Campus.

Learning from Partners – Gesamtreport, Hrsg. 2015. *Centrum für soziale Investitionen und Innovationen*. Heidelberg. https://www.stiftung-mercator.de/de/publikation/learning-from-partners-gesamtreport-2015/. Zugegriffen am 12.12.2015.

Lentsch, Justus, und Peter Weingart, Hrsg. 2011. *The politics of scientific advice. Institutional design for quality assurance*. Cambridge: Cambridge University Press.

Michelsen, Danny, und Franz Walter. 2013. *Unpolitische Demokratie. Zur Krise der Repräsentation*. Berlin: Suhrkamp.
Münkler, Herfried. 2006. Anstifter, Unruhestifter – wie Stiftungen Veränderungen bewegen. In *Gerd Bucerius zum 100. Geburtstag. Facetten seines Wirkens*, 27–45. Hamburg: ZEIT-Stiftung Ebelin und Gerd Bucerius.
Nowotny, Helga. 2011. Die Früchte der Neugier: Innovationskultur und Wissenschaftsförderung aus europäischer und amerikanischer Perspektive. In *Stiften, Schenken. Prägen. Zivilgesellschaftliche Wissenschaftsförderung im Wandel*, Hrsg. Jürgen Kocka und Günter Stock. 21–33. Frankfurt a. M.:/New York: Campus.
Pielke, Roger. 2007. *The honest broker. Making sense of science in policy and politics*. New York: Cambridge University Press.
Porter, Michael E., und Mark R. Kramer. 1999. Philanthropy's new agenda: Creating calue. *Harvard Business Review* 77(6): 121–130.
Prewitt, Kenneth. 2006. Foundations. In *The nonprofit sector. A research handbook*, Hrsg. Walter W. Powell und Richard Steinberg, 2. Aufl., 355–377. New Haven/London: Yale University Press.
Prewitt, Kenneth. 2011. Die Legitimität philanthropischer Stiftungen aus amerikanischer Sicht. In *Stiften, Schenken. Prägen. Zivilgesellschaftliche Wissenschaftsförderung im Wandel*, Hrsg. Jürgen Kocka und Günter Stock. 85–100. Frankfurt a. M.:/New York: Campus.
Prewitt, Kenneth. 2014. Response to 'strategic philanthropy for a complex world'. *Stanford Social Innovation Review*. http://ssir.org/up_for_debate/strategic_philanthropy/kenneth_prewitt. Zugegriffen am 12.12.2015.
Reemtsma, Jan Philipp. 2012. Ihre Willkür soll euch willkommen sein. *Süddeutsche Zeitung* vom 30.11.2012.
Rohe, Wolfgang. 2010. Engere Spielräume für Stiftungen. *Frankfurter Allgemeine Zeitung* vom 28.10.2010.
Rohe, Wolfgang, und Bernhard Lorentz. 2013. Im Verhältnis von Wissenschaftsförderung und wissenschaftlicher Politikberatung ist noch Raum vorhanden. In *Private Stiftungen als Partner der Wissenschaft. Ein Ratgeber für die Praxis*, Hrsg. Bundesverband Deutscher Stiftungen, 42–48. Berlin: Bundesverband Deutscher Stiftungen.
Rohe, Wolfgang, und Jeannine Hausmann. 2015. The role of foundations at the science-policy interface. In *Future directions for scientific advice in Whitehall*, Hrsg. James Wilsdon und Robert Doubleday, 108–114. http://www.csap.cam.ac.uk/media/uploads/files/1/fdsaw.pdf. Zugegriffen am 12.12.2015.
Schober, Christian, und Volker Then, Hrsg. 2015. Praxishandbuch Social Return on Investment. Wirkung sozialer Investitionen messen. Stuttgart: Schäffer-Poeschel.
Schuler, Thomas. 2010. *Bertelsmann-Republik Deutschland. Eine Stiftung macht Politik*. Frankfurt a. M.:/New York: Campus.
Shape the Future. Zukunft des Stiftens. 2014. Studie von Roland Berger Strategy Consultants im Auftrag der Robert Bosch Stiftung. Stuttgart. http://www.bosch-stiftung.de/content/language1/downloads/RBS_Studie_Zukunft_des_Stiftens_de.pdf. Zugegriffen am 12.12.2015.
Spak, André. 2015. Politisch und (trotzdem) gemeinnützig? Wie sich steuerbegünstigte Körperschaften politisch engagieren können. *Stiftung und Sponsoring* 2:38–39.
Steinmeier, Frank-Walter. 2015. Auf dem Weg zu einer Außenpolitik der Gesellschaften. Strategischer Dialog zwischen Auswärtigem Amt und Stiftungen. Rede am 30.11.2015. http://www.auswaertiges-amt.de/DE/Infoservice/Presse/Reden/2015/151130-BM-Stiftungskonferenz.html. Zugegriffen am 12.12.2015.
von Campenhausen, Axel, und Andreas Richter, Hrsg. 2014. Stiftungsrechtshandbuch. 4. aktualisierte Aufl. München: C.H. Beck.
Weingart, Peter, und Gert G. Wagner, Hrsg. 2015. *Wissenschaftliche Politikberatung im Praxistest*. Weilerswist: Velbrück.

Wilsdon, James und Robert Doubleday. 2013. Future directions for scientific advice in Whitehall. University of Cambridge. http://www.csap.cam.ac.uk/media/uploads/files/1/fdsaw.pdf. Zugegriffen am 12.12.2015.

Wilsdon, James und Robert Doubleday. 2015. Future directions for scientific advice in Europe. University of Cambridge. http://www.csap.cam.ac.uk/media/uploads/files/1/future-directions-for-scientific-advice-in-europe-v10.pdf. Zugegriffen am 12.12.2015.

Wissenschaftsrat. 2003. *Strategische Forschungsförderung. Empfehlungen zu Kommunikation, Kooperation und Wettbewerb im Wissenschaftssystem*. Drs. 5654/03.

Zivilgesellschaft in Zahlen. 2011. *Daten zur Zivilgesellschaft. Eine Bestandsaufnahme*. Bd. 2. http://stifterverband.info/-statistik_und_analysen/zivilgesellschaft_in_zahlen/daten_zur_zivilgesellschaft.pdf. Zugegriffen am 12.12.2015.

Neue Herausforderungen für die öffentliche und private Forschungsförderung

Wilhelm Krull und Antje Tepperwien

Inhalt

1	Einleitung	447
2	Die neuen Herausforderungen	449
	2.1 Forschungsfinanzierung	449
	2.2 Verbesserte Qualitätsbewertung und Qualitätssicherung als Grundlage effektiver Forschungsförderung	452
	2.3 Formen der Forschungsförderung	455
	2.4 Förderung von Wissenschaftskarrieren	458
	2.5 Infrastrukturen für die Wissenschaft	460
3	Ausblick: Globalisierung der Wissenschaft	461
Literatur		462

1 Einleitung

Wissenschaft wird in Deutschland von Staat, Industrie und von privaten Geldgebern finanziert. Wirtschaftsunternehmen und öffentliche Hand unterstützen Forschung und Entwicklung jährlich mit Milliardenbeträgen. Die Ausgaben für Forschung und Entwicklung, d. h. in erster Linie für angewandte Forschung, werden zu zwei Dritteln von der Wirtschaft bestritten. 2011 belief sich der Beitrag der Wirtschaft auf knapp 50 Mrd. € (Bundesbericht Forschung und Innovation 2014, S. 46). Mittel für die Finanzierung von (Grundlagen-)Forschung und Lehre in Hochschulen und außeruniversitären Forschungseinrichtungen stellt in erster Linie der Staat zur Verfügung. Allein der Bund investierte 2015 rund 15,3 Mrd. € in Bildung und Forschung, etwa ein Drittel dieser Summe (rund 5,3 Mrd. €) fließt in die institutionelle Forschungsförderung. Zum Vergleich: Die größte forschungsfördernde Stiftung in

---

W. Krull (✉) • A. Tepperwien
VolkswagenStiftung, Hannover, Deutschland
E-Mail: krull@volkswagenstiftung.de; tepperwien@volkswagenstiftung.de

Deutschland, die VolkswagenStiftung, hat pro Jahr ein Fördervolumen von rund 190 Mio €. Das Kapital der Stiftung von derzeit 2,9 Mrd. € entspricht in etwa dem Jahresetat der Deutschen Forschungsgemeinschaft. Insgesamt tragen sogenannte „Private Institutionen ohne Erwerbszweck" etwas weniger als 1% der jährlichen Ausgaben für Forschung und Entwicklung (Bundesbericht Forschung und Innovation 2014, S. 46).

Die Finanzkraft öffentlicher und privater Forschungsförderer unterscheidet sich somit ganz erheblich – gemeint sind hiermit im Folgenden ausschließlich gemeinnützige, private –. Die Herausforderungen, vor denen sie stehen, gleichen sich hingegen.

Auch vor dem Wissenschaftsbetrieb haben die tiefgreifenden Veränderungen der letzten Jahrzehnte nicht haltgemacht. Forschung und Forschungs(infra)strukturen unterliegen ebenso dem großen mit Globalisierung, Digitalisierung und Ökonomisierung einhergehenden Wandlungsprozess wie die Bereiche Wirtschaft und Gesellschaft. Sie unterliegen damit einem erhöhten Kosten- und Effizienzdruck, den Beschleunigungsfolgen der neuen Kommunikationstechnik sowie der Notwendigkeit, mit Blick auf eine sich verschärfende, globale Wettbewerbssituation die internationale Sichtbarkeit der eigenen Aktivitäten zu erhöhen. Wissenschaftspolitische Impulse wie der Bologna-Prozess und die Exzellenzinitiative haben die Veränderungsdynamik im deutschen Wissenschaftssystem zudem weiter beschleunigt.

Alle Akteure im Wissenschaftssystem – also auch die Forschungsförderer – müssen passende Antworten auf die Herausforderungen finden, die dieser umfassende Veränderungsprozess mit sich bringt. Dies gilt besonders dann, wenn sie zugleich den Anspruch haben, den erforderlichen Wandel aktiv mitzugestalten.

Einerseits haben die deutschen Universitäten seit der Jahrtausendwende durch diverse Hochschulgesetzreformen an Autonomie gewonnen, andererseits haben sie durch die zunehmend wettbewerbliche Vergabe von Forschungsmitteln an strategisch einsetzbaren Eigenmitteln verloren.

Der rasante Anstieg projektbasierter Finanzierung zu Lasten einer auskömmlichen Grundausstattung stellt Universitäten und Forschungsförderer gleichermaßen vor große Herausforderungen. Der mit dieser Entwicklung einhergehende Trend zu großen kollektiven Förderformen bietet Universitäts- und Institutsleitungen zwar für begrenzte Zeiträume eine gewisse finanzielle Sicherheit, birgt jedoch zugleich die Gefahr, die Risikobereitschaft und Kreativität des einzelnen Forschers oder der einzelnen Forscherin auf bereits vorgebahnte Wege zu beschränken.

Die oftmals nur kurzfristige, auf Förderzeiträume von zwei bis drei Jahren fokussierte wettbewerbliche Mittelvergabe lässt die Antragsmaschinerie „heiß laufen" und bringt damit nicht nur einen gestiegenen administrativen Aufwand mit sich, sondern wirft auch drängende Fragen nach angemessenen Formen der Qualitätsbewertung und -sicherung in dem hochkompetitiven Feld der Forschungsförderung auf.

Im Zuge großangelegter Forschungsförderprogramme wie der Exzellenzinitiative werden ebenfalls neue Stellen für den wissenschaftlichen Nachwuchs geschaffen, die Zahl der Professuren hingegen stagniert, so dass die Zukunftsaussichten für den wissenschaftlichen Nachwuchs in Deutschland – zumal in Ermangelung zuverlässiger Karriereperspektiven – vergleichsweise düster aussehen. Auch hier sind öffentliche und private Forschungsförderer in der Pflicht.

Mit dem technischen Fortschritt gehen steigende Kosten für Forschungsinfrastrukturen einher. Zugleich sind für den Erhalt bestehender Infrastrukturen hohe Investitionen erforderlich. Diese wachsenden (Finanzierungs-)Aufgaben machen einen klugen Einsatz der beschränkten Mittel für die Forschungsförderung umso bedeutsamer.

Die öffentlichen Wissenschaftsförderer müssen nicht nur in die Forschung investieren, sondern auch die Kosten für Lehre und den Unterhalt von Infrastrukturen tragen. Angesichts von Schuldenberg und Schuldenbremse werden die Mittel, die für Forschungsförderung bereitgestellt werden, in den kommenden Jahren nur begrenzt wachsen, umso wichtiger ist es zu überdenken, wie und für was diese Mittel investiert werden sollen.

In Zeiten der Globalisierung müssen zudem auch öffentliche und private Forschungsförderer – trotz einer weitgehenden Fokussierung auf den Wissenschaftsstandort Deutschland – einen Blick über den nationalen Tellerrand hinaus wagen und zunehmend auch selbst transnationale Kooperationen initiieren.

Die genannten neuen Herausforderungen für die öffentliche und private Forschungsförderung sollen in diesem Beitrag analysiert und kritisch beleuchtet werden.

2 Die neuen Herausforderungen

2.1 Forschungsfinanzierung

Eine der größten Herausforderungen für wissenschaftliche Einrichtungen und Forschungsförderer gleichermaßen ist die seit knapp zwei Jahrzehnten zu beobachtende Verschiebung weg von einer auskömmlichen Grundfinanzierung hin zu einer zunehmend wettbewerblichen und projektbasierten Mittelvergabe (vgl. Winterhager 2015, S. 35–36). Für die wissenschaftlichen Einrichtungen bedeutet dieser Trend nicht nur die Beschränkung frei verfügbarer und strategisch einsetzbarer Mittel, sondern auch ein zunehmendes Problem mit Blick auf die Finanzierung der durch die Projekte entstehenden, sogenannten „Overhead"-Kosten. Die Forschungsförderer stehen vor der Herausforderung, die Mittel so zu vergeben, dass sie tatsächlich die von ihnen gewünschte Impulswirkung für die Wissenschaft entfalten und nicht nur Mainstream-Forschung, sondern insbesondere auch risikoreiche, transformative Grundlagenforschung ermöglichen und befördern, d. h. Forschung ohne „Erfolgsgarantie", die jedoch im Erfolgsfall radikal neue Erkenntnisse bringt.

Das Ausmaß, das die Verschiebung in Richtung „Drittmittel" inzwischen angenommen hat, illustrierte der damalige Vorsitzende des Wissenschaftsrates Wolfgang Marquardt bereits in seinem bei der Sommersitzung des Wissenschaftsrates 2011 gegebenen Bericht über „Neuere Entwicklungen der Hochschulfinanzierung in Deutschland" mit eindrucksvollen Zahlen: Die Grundmittel der Hochschulen sind zwischen 1995 und 2008 nur um 6% gestiegen, die Drittmitteleinwerbungen hingegen überproportional gewachsen. In absoluten Zahlen haben sich die Drittmittelausgaben der Hochschulen zwischen 1995 und 2008 mehr als verdoppelt. 1995 hat der

Anteil der Drittmittel am Gesamtbudget noch bei 11% gelegen, bis 2008 ist er auf 20% angewachsen. Mit Blick auf die Forschungsfinanzierung bedeutet diese Entwicklung folgendes: Einem Euro Drittmittel standen 1995 noch knapp zwei Euro Grundmittel für die Forschung gegenüber, 2008 waren es nur noch 85 Cent (Marquardt 2011).

Die Ausgaben für Wissenschaftsförderung sind in den letzten Jahrzehnten zwar gestiegen (Bundesbericht Forschung und Innovation 2014, S. 441–444, 479), profitiert haben davon jedoch in erster Linie die außeruniversitären Forschungseinrichtungen. Der zunehmende Drittmittelanteil an den Universitätshaushalten ist weniger auf einen Zuwachs an Mitteln als vielmehr auf eine Umschichtung zurückzuführen. Das bedeutet, dass die den Universitäten für projektbasierte Forschung zusätzlich zur Verfügung gestellten Gelder an anderer Stelle fehlen.

Ganz konkret und an deutschen Universitäten deutlich spürbar fehlen die Mittel für die „Gemeinkosten", die sogenannten Overheads, d. h. die Gelder für Räume, Heizung und Sachmittel aller Art. Die Folgen sind ein zunehmender Sanierungsstau und ein stetig sinkender Anteil frei verfügbarer und strategisch einsetzbarer Forschungsmittel.

Aufgrund dieser Entwicklung werden auch private Forschungsförderer immer häufiger mit der Forderung konfrontiert, pauschale Overheadkosten für von ihnen geförderte Projekte zu zahlen. Der Bundesverband Deutscher Stiftungen lehnt diese Forderung jedoch ab; denn Stiftungen wirken „komplementär und nicht kompensatorisch" (Bundesverband deutscher Stiftungen 2014) zur öffentlichen Hand.

Die ausreichende Finanzierung der Hochschulen ist und bleibt eine staatliche Aufgabe. Um auch über den Weg der wettbewerblichen Mittelvergabe zu dieser Finanzierung beizutragen, führten Bund und Länder 2007 im Rahmen des „Hochschulpaktes 2020" eine sogenannte indirekte Programmkostenpauschale von 20% ein, die zunächst von der DFG, ab 2011 auch vom BMBF für bewilligte Projekte gezahlt wurde und wird.

Der damalige Präsident der DFG, Matthias Kleiner, begrüßte diesen Schritt, betonte jedoch zugleich, dass es sich dabei nur um einen „Einstieg in die Vollkostenfinanzierung" handle und betone, dass „mittelfristig eine Erhöhung auf durchschnittlich 40% anzustreben" sei (DFG 2007). 2014 einigten sich Bund und Länder nach langem Ringen auf eine Fortsetzung der DFG-Programmpauschale bis 2020 und eine Erhöhung von 20 auf 22%.

Dass diese zusätzlichen Mittel bei weitem nicht ausreichen, um die ständig steigenden Kosten für die Durchführung von Forschungsprojekten zu tragen, haben die in dem Verein „German U15" zusammengeschlossenen Forschungsuniversitäten in einer 2013 veröffentlichten Erklärung unterstrichen. Um eine Vollkostendeckung für Forschungsleistungen zu erreichen, hielten sie eine Anhebung der Programmpauschale auf 60 bis 70% für unabdingbar und forderten zugleich eine international konkurrenzfähige Grundfinanzierung (German U15 2013).

Dass die Balance zwischen Grundfinanzierung und projektbasierter Finanzierung nicht nur in Deutschland aus dem Lot geraten ist, belegt eine 2012 vorgelegte Studie der Royal Swedish Academy of Sciences zu den geeigneten Rahmenbedingungen für die Förderung wissenschaftlicher Durchbrüche. Deren Autoren kamen nach einem Vergleich des schwedischen, dänischen, finnischen, niederländischen und schweizerischen Wissenschaftssystems zu dem Schluss: „The current imbalances between internal and external resources must be remedied. The balance should be at least 60/40 in favour of internal funding versus external resource streams. Thus, if universities wish to expand externally, they should do so on the basis of internal considerations and resource strategy, rather than the other way around as happens today" (Öquist and Benner 2012, S. 65).

So wichtig die wettbewerbliche Vergabe von Mitteln für die notwendige Ausdifferenzierung des deutschen Hochschulsystems ist: In den letzten Jahren ist sie aus dem Ruder gelaufen. Die deutsche Wissenschaftspolitik steht vor der Herausforderung, die öffentliche Wissenschaftsförderung so aufzustellen, dass eine Balance zwischen auskömmlicher Grundfinanzierung und wettbewerblich vergebenen (Zusatz-)Mitteln hergestellt wird.

Ein wichtiger Schritt auf diesem Weg war 2014 die Zustimmung von Bundestag und Bundesrat zu einer Neufassung von Artikel 91b Absatz 1 des Grundgesetzes. Die damit einhergehende Lockerung des sogenannten Kooperationsverbotes ermöglicht dem Bund künftig mit Zustimmung der Länder, Hochschulen direkt und langfristig finanziell zu unterstützen.

Langfristigere Finanzierungshorizonte leisten auch einen wichtigen Beitrag dazu, dass sich Wissenschaftlerinnen und Wissenschaftler auf ihre eigentlichen Aufgaben, das Forschen und Lehren, konzentrieren können. Die zunehmend projektbasierte Forschungsfinanzierung verschlingt ein hohes Maß an zeitlichen Ressourcen für die Gewinnung zusätzlicher, für die jeweilige Forschung unverzichtbarer finanzieller Ressourcen. Um forschen zu können, müssen also Wissenschaftler/-innen immer wieder ihre Forschung zurückstellen. Denn mit dem Trend zur wettbewerblichen Mittelvergabe wächst für sie der Zwang, erfolgreich Drittmittel einzuwerben – nicht zuletzt, weil zunehmend auch die inneruniversitäre Mittelvergabe an diesen Faktor geknüpft wird (Böhmer et al. 2011, S. 90).

Das Statistische Bundesamt hat für das Jahr 2012 ermittelt, dass Professor(inn)en an deutschen Universitäten (ohne medizinische Einrichtungen) im Durchschnitt Drittmittel in Höhe von 243.700 € eingeworben haben, an Fachhochschulen lag die durchschnittliche Summe bei 27.100 € pro Professor/-in. Insgesamt wurden an deutschen Universitäten 2012 fast 6,3 Mrd. € eingeworben, von denen 26,2% auf medizinische Einrichtungen entfielen. Die Höhe der eingeworbenen Drittmittel unterscheidet sich je nach Fach sehr stark: Spitzenreiter sind die Ingenieurwissenschaften mit durchschnittlichen Drittmitteleinnahmen von 604.100 €, gefolgt von den Medizin- und Gesundheitswissenschaften (555.000 €). Das Schlusslicht bilden die Sprach- und Kulturwissenschaften mit Drittmitteleinnahmen von durchschnittlich 109.100 € pro Professor/-in. Rechnet man die medizinischen Einrichtungen heraus, so ergibt sich für die Universitäten 2012 folgendes Drittmittelranking: Spitzenreiter ist die RWTH Aachen, gefolgt von der TU München (Statistisches Bundesamt 2014). Diese Spitzenpositionen verwundern nicht, haben doch beide Universitäten ein starkes ingenieurwissenschaftliches Profil. Sie zeigen jedoch auch, dass der Indikator „Drittmittel pro Professor/-in" sich nur eingeschränkt für die Qualitätsbewertung – und damit auch für die interne Mittelvergabe – eignet. Dass ingenieurwissenschaftliche Forschung um ein Vielfaches teurer ist als geistes- und sozialwissenschaftliche leuchtet ein. Die jeweiligen Zahlen müssen daher in Relation zu den im Fach üblichen Drittmitteleinnahmen und nicht in Relation zu wesentlich kostenintensiveren Fächern betrachtet werden.

Der Druck, erfolgreich Drittmittel einzuwerben, steigt in allen Fachgebieten. In einer vom Institut für Forschungsinformation und Qualitätssicherung 2010 durchgeführten Wissenschaftler-Befragung gaben 61% der befragten Professor(inn)en an, der Zwang zur Einwerbung von Drittmitteln sei zu hoch oder gar viel zu hoch, 58% antworteten zudem, dass aus ihrer Sicht der Antragsaufwand für Drittmittelprojekte im Verhältnis zum Ertrag zu hoch sei (Böhmer et al. 2011, S. 185).

Das Heißlaufen der Antragsmaschinerie hat eine ganze Reihe von unerwünschten Nebeneffekten: die Überlastung der Antragsteller/-innen, Gutachter/-innen und Forschungsförder, das externe (Forschungs-)Agendasetting und die Kurzatmigkeit der Förderung (Förderzeiträume von zwei bis drei Jahren). Zudem stellt es öffentliche und private Forschungsförderer gleichermaßen vor eine große Herausforderung: Über immer mehr Anträge muss in möglichst kurzer Zeit entschieden werden, gleichzeitig wird die kostbare Ressource „Gutachter/-in" knapp. Es wird nach Bewertungsmaßstäben und Begutachtungsverfahren gesucht, die die Entscheidungsfindung erleichtern. Die Qualitätsbewertung in der Wissenschaft gewinnt eine ganz neue Bedeutung.

2.2 Verbesserte Qualitätsbewertung und Qualitätssicherung als Grundlage effektiver Forschungsförderung

Die Themen Qualitätsbewertung und Qualitätssicherung stehen derzeit weit oben auf der Agenda der deutschen und internationalen Wissenschaftsszene. In Deutschland begann 2011 im Zuge der Plagiatsaffäre um den ehemaligen Verteidigungsminister Karl Theodor zu Guttenberg eine – durch die folgenden Plagiatsfälle immer wieder neu entfachte – öffentliche Diskussion über Zweck, Ziel, Qualität und strukturelle Rahmenbedingungen der Promotion. Im Zuge dieser Debatte legten mehrere Wissenschaftsorganisationen Positionspapiere zu dieser Thematik vor. Auch wenn sich die jeweiligen Analysen und Empfehlungen in einigen Punkten unterscheiden, so kreisen sie doch im Wesentlichen um folgende Punkte: Die klare Definition von Forschungs- und Bildungszielen, die Notwendigkeit einer intensiveren, kompetenteren Betreuung und transparenteren Bewertung, die Schaffung von Ombudsgremien zur Mediation in Konfliktfällen und die klare Unterscheidung zwischen wissenschafts- und professionsbasierter Promotion. In jedem Fall stehen hier die betroffenen Institutionen – d. h. die Universitäten und ihre Fakultäten – in der Verantwortung.

Öffentliche und private Forschungsförderer müssen darauf drängen, dass die neu formulierten Qualitätsmaßstäbe auch tatsächlich eingehalten werden, zumal die Promotion den Grundstein für spätere wissenschaftliche Karrieren legt. In diesem frühen Karrierestadium ist eine Sensibilisierung für die Notwendigkeit der Einhaltung von Qualitätsmaßstäben und für die Implikationen wissenschaftlichen Fehlverhaltens von großer Bedeutung.

Das Thema Qualitätssicherung in der Wissenschaft hat derzeit sowohl innerhalb als auch außerhalb der wissenschaftlichen Community Konjunktur. Im Oktober 2013 titelte das Wochenmagazin „Economist" mit der Überschrift: „How Science Goes Wrong". Die Autoren wiesen u. a. darauf hin, dass die Wissenschaft heutzutage zu wenige Ressourcen in die Replikation von Untersuchungsergebnissen investiere. Als Gründe dafür sahen sie u. a. den hohen Konkurrenzdruck, die gängige Publikationspraxis – nur scheinbar spektakuläre Ergebnisse werden publiziert – und mangelnde Statistik- und Methodenkompetenz an. Auch die üblichen Peer-Review-Verfahren sahen die Autoren kritisch und regten an, sie durch „post-publication evaluation" zu ergänzen oder sogar zu ersetzen. Fachmagazine und auch Forschungsförderer nannten sie explizit als Teil dieses Systems und damit auch des Problems (The Economist 2013).

In den Fachmagazinen selbst erscheinen zunehmend Artikel, die die gegenwärtige Praxis der Qualitätssicherung und -bewertung anprangern. Greift man das Beispiel der biomedizinischen Forschung heraus, so wird hier vielfach der „Translational Roadblock" in Richtung klinische Forschung bemängelt: Die Erfolgsraten bei systematischen Replikationen liegen bei unter 20%. Vor diesem Hintergrund hat eine „Waste Debate" eingesetzt, die inzwischen auch Wissenschaftsorganisationen und -förderer erreicht hat (Dirnagl 2014). Schließlich muss diesen zu denken geben, dass ein großer Teil der von ihnen in Forschung investierten Mittel verschwendet wird, wenn bestimmte Qualitätsmaßstäbe nicht eingehalten werden. Als Ursachen für ungenaue und nicht reproduzierbare Forschungsergebnisse werden der hohe Konkurrenz- und Publikationsdruck sowie die begrenzten zeitlichen, finanziellen und personellen Ressourcen angeführt (Dirnagl 2014 und Macleod et al. 2014). Als mögliche „Gegenmaßnahmen" werden u. a. die Verbesserung von Begutachtungsverfahren und der gängigen Veröffentlichungspraxis genannt. Zudem wird betont, dass das gegenwärtige „Belohnungssystem" überdacht und modifiziert werden müsse, wenn man wirklich eine Verbesserung der Forschungsqualität erzielen wolle (Ioannidis 2014).

An diesem Punkt kommen die öffentlichen und privaten Forschungsförderer ins Spiel. Das gegenwärtige System setzt falsche Anreize: Belohnt werden möglichst zahlreiche Publikationen in möglichst hochkarätigen Fachzeitschriften. Diese publizieren ihrerseits in erster Linie – zumindest auf den ersten Blick – spektakuläre und bahnbrechende – z. T. jedoch nicht haltbare – Forschungsergebnisse.

Die Kurzatmigkeit der Förderung (zwei bis drei Jahre für ein Forschungsprojekt) und die üblichen Begutachtungsverfahren (Bewertung auf Grundlage bisheriger Erfolge) zwingen die Wissenschaftler/-innen dazu, einerseits vor Antragstellung umfangreiche Vorarbeiten zu leisten und andererseits innerhalb kurzer Zeit Ergebnisse zu liefern, auf deren Grundlage der nächste Antrag gestellt werden kann. Oft fehlt die Zeit, zu überprüfen, ob diese Ergebnisse tatsächlich brauch- und belastbar sind.

Die größte Herausforderung für Forschungsförderer besteht derzeit darin, ein alternatives Anreizsystem zu etablieren, das originelle Ideen und Ausdauer belohnt und das Risiko zu Fehl- und Rückschlägen mitträgt.

Ein Ansatzpunkt ist das Überdenken der üblichen Begutachtungsverfahren. Auf den ersten Blick scheint es keine Alternative zu den gängigen Peer Review-Verfahren, d. h. der Beurteilung der Tragfähigkeit von Projektideen und der wissenschaftlichen Leistungsfähigkeit von Antragstellerinnen und Antragstellern, zu geben. Nur auf Grundlage der Bewertung durch „Peers" scheint sichergestellt zu sein, dass Stellenbesetzungen, Stipendien- und Preisvergaben, Projektförderungen und die Auswahl von Publikationen nach wissenschaftlichen Qualitätsstandards erfolgen. Dennoch steht die „Peer Review" in der Kritik. So wird ihr vorgeworfen, unzuverlässig, nicht valide, ja unfair zu sein und Mainstreamforschung gegenüber besonders innovativer, risikoreicher Forschung zu begünstigen.

Tatsächlich ist das Peer Review-Verfahren primär ein Instrument der Qualitätssicherung und weniger eines der risikofreudigen Förderung von ganz neuen, gar inter- oder transdisziplinären Ideen. Dennoch sind Forschungsförderer auf den Rat von Wissenschaftlerinnen und Wissenschaftlern angewiesen, um aus der Vielzahl von Anträgen die förderungswürdigsten auszuwählen. Es liegt an ihnen, die von ihnen zu Rate gezogenen Gutachterinnen und Gutachtern gezielt und immer neu auszusuchen, sie in ungewohnten, fachliche Grenzen überschreitenden Konstellationen zusammenzubringen und den Expertinnen und Experten zu vermitteln, welche Förderphilosophie sie verfolgen und welche Maßstäbe der Qualitätsbewertung sie entsprechend angelegt wissen wollen, aber auch ihre Risikobereitschaft aktiv zu kommunizieren. Ein Beispiel hierfür ist der Umgang mit bibliometrischen Auswertungen (vgl. dazu Blockmans et al. 2014).

Seit Jahrzehnten ist die sogenannte Bibliometrie auf dem Vormarsch. Sie wird inzwischen sowohl zur Bewertung ganzer Forschungseinrichtungen und -systeme als auch zur Einschätzung der Leistungsfähigkeit einzelner Wissenschaftlerinnen und Wissenschaftler angewandt.

Im technisch-naturwissenschaftlichen Bereich eignen sich bibliometrische Analysen, um die Dynamik bestimmter Forschungsfelder oder die Schwerpunkte einzelner Forschungseinrichtungen zu verdeutlichen. Ihre – oft laienhafte – Anwendung wird jedoch problematisch, wenn es um die Bewertung der Forschungsleistung und vor allem auch des Forschungspotenzials individueller Wissenschaftler/-innen, zumal von Geisteswissenschaftlerinnen und Geisteswissenschaftlern, geht.

Die im Dezember 2012 am Rande der Jahrestagung der „American Society for Cell Biology" in San Francisco entstandene „San Francisco Declaration on Research Assessment" macht die Grenzen bibliometrischer Auswertungen, und zwar insbesondere des „Journal Impact Factor", deutlich. Die von Forschungsförderern und wissenschaftlichen Einrichtungen unterzeichnete Erklärung betont die Notwendigkeit, Forschung auf Grundlage ihrer tatsächlichen Qualität und nicht auf Grundlage der Reputation der Fachzeitschrift, in der die Forschungsergebnisse veröffentlicht wurden, zu bewerten. Forschungsförderer werden von den Unterzeichnern aufgefordert, die Kriterien, die der Bewertung von Forschungsanträgen zugrunde liegen, deutlich zu machen und – insbesondere gegenüber Nachwuchswissenschaftlerinnen und -wissenschaftlern – zu betonen, dass der wissenschaftliche Gehalt einer Publikation deutlich gewichtiger ist als die Reputation oder der „Impact-Faktor" der Fachzeitschrift, in der sie veröffentlicht wurde (San Francisco Declaration 2012).

Die Herausforderung für öffentliche wie private Forschungsförderer besteht darin, einen vernünftigen Umgang mit den Möglichkeiten und Grenzen bibliometrischer Berechnungen zu finden, diese nicht überzugewichten, sondern alternative Qualitätsmaßstäbe wie z. B. die Originalität einer Forschungsidee zu etablieren.

Auch wenn *Peer Review* unverzichtbar ist, so liegt es doch an denjenigen, die diese Form der Begutachtung für die Vergabe von Fördermitteln verwenden, dieses Verfahren möglichst transparent, zügig und fair zu gestalten und an die jeweiligen Erfordernisse eines bestimmten Förderangebots anzupassen. Wenn es z. B. um die mehrjährige Förderung von Nachwuchswissenschaftler/-innen geht, werden im Begutachtungsprozess die individuelle Wissenschaftlerpersönlichkeit und ihre Befähigung für eine wissenschaftliche Karriere im Fokus stehen – ein ausführlicher schriftlicher Antrag und eine persönliche Präsentation vor einem Gutachterkreis sind hier für die Auswahl der geeignetsten Kandidat(inn)en unabdingbar. Will man hingegen – wie z. B. die VolkswagenStiftung mit ihren Förderinitiativen „Experiment!" und „Originalitätsverdacht?" – eine originelle Forschungsidee prämieren und für ihre Validierung eine Anschubfinanzierung zur Verfügung stellen, ist eine anonyme Begutachtung hilfreich, geht es hier doch weniger darum, bereits erfolgreiche Wissenschaftler/-innen auszuzeichnen, sondern vielmehr darum, risikoreiche Forschung zu unterstützen und auch den Ideen von Forschern und Forscherinnen, die sich außerhalb der etablierten Netzwerke bewegen, eine gleiche Chance zu geben.

In jedem Fall ist ein transparenter, jede Art von Interessenkonflikten vermeidender Entscheidungsprozess für die Reputation der beteiligten Einrichtungen, Förderformen und Personen von nicht zu unterschätzender Bedeutung. Förderentscheidungen sollten ausschließlich aufgrund von qualitativen, nach internationalen Maßstäben festgestellten Unterschieden getroffen werden. Nur wenn sie hohe Anforderungen an Qualitätsbewertung und -sicherung in der Wissenschaft stellen, können Forschungsförderer gewährleisten, dass sie ihre Mittel richtig investieren.

Wenn es um die möglichst optimale Investition von Fördermitteln geht, ist allerdings nicht nur das Auswahlverfahren von hoher Bedeutung, sondern auch die Wahl geeigneter Formen der Forschungsförderung.

2.3 Formen der Forschungsförderung

Öffentliche Geldgeber können sowohl durch direkte Zuwendungen an die Universitäten und außeruniversitären Forschungseinrichtungen als auch durch die wettbewerbliche Vergabe von Forschungsmitteln Wissenschaft fördern. Eine Form der Forschungsförderung kann somit sein, die Grundausstattung der Universitäten aufzustocken und ihnen mehr Mittel für die interne Vergabe von Forschungsgeldern – und damit auch für mehr Autonomie und für einen größeren strategischen Spielraum – zur Verfügung zu stellen. Eine solche Umschichtung würde die Universitäten institutionell stärken und zugleich auch mehr in die Verantwortung nehmen. Fragen der Qualitätssicherung und Qualitätsbewertung müssten universitätsintern weiter in den Vordergrund rücken und zwischen den und innerhalb der Fakultäten und Departments ausgehandelt werden, ohne dass zugleich die aufgeblähte Antrags- und Begutachtungsmaschinerie in die Universitäten zurückverlagert würde. Insgesamt würde die Planungssicherheit der Universitäten durch eine solche Mittelumschichtung erhöht.

Dass das aus dem Gleichgewicht geratene Verhältnis zwischen auskömmlicher Grundausstattung und wettbewerblicher Mittelvergabe – in erster Linie für Forschungsprojekte – wieder in die Balance geraten sollte, bedeutet jedoch nicht, dass die projektbasierte Förderung auf ein Minimum zurückgefahren werden sollte. Sie müsste wichtige Impulse setzen und sollte auch künftig mit dem Wettbewerb zugleich die Wettbewerbsfähigkeit des Wissenschaftssystems und seiner Akteure unterstützen.

Die Frage, vor der öffentliche und private Forschungsförderer stehen, ist, in welcher Weise sie die Mittel vergeben sollen: Zentren und große Forschungscluster finanzieren, einzelne Wissenschaftlerpersönlichkeiten gezielt fördern oder Anschubfinanzierungen für originelle Forschungsideen zur Verfügung stellen?

Schon seit einiger Zeit geht der Trend bei den öffentlichen Forschungsförderern hin zur Unterstützung von Zentren und großen Forschungsclustern – sei es im Rahmen der Exzellenzinitiative, der Förderung von Sonderforschungsbereichen und Zentren durch die DFG oder der strategischen Forschungsförderung des Bundesministeriums für Bildung und Forschung.

Diese Form der Förderung ist bei Universitäts- und Institutsleitungen durchaus beliebt, eröffnet sich doch eine gewisse, zumeist fünfjährige finanzielle Planungssicherheit. Allerdings treffen die drittmittelbasierten Cluster und Zentren an den Universitäten auf bereits vorhandene, überwiegend grundfinanzierte Strukturen: die Fakultäten und Fachbereiche. Nicht selten ergibt sich statt der gewünschten Komplementarität eine erbitterte Konkurrenz – um Räume, Finanzmittel und andere Ressourcen, so dass sich die Frage stellt: Wie kann man verhindern, dass hinzukommene und bereits vorhandene Strukturen gegeneinander arbeiten, gewissermaßen Parallelwelten aufbauen und auf diese Weise Energie und Ressourcen verschwenden? Mit dieser Frage sind insbesondere die Universitäten selbst konfrontiert, doch auch diejenigen, die Cluster und Zentren finanzieren, müssen sich dieser Problematik stellen und die unerwünschten Risiken und Nebenwirkungen dieser Förderform entsprechend abfedern. Die zentrale Herausforderung besteht darin, die neuen Strukturen zugleich flexibel und nachhaltig zu gestalten.

Die drittmittelfinanzierten Cluster sollen der Forschung neue Impulse geben und fakultätenübergreifende, transformativ-interdisziplinäre Forschung ermöglichen. Durch sie sollen neue Verbindungen geknüpft und vielversprechende (Forschungs-)Konstellationen geschaffen werden. Diese Impulsfunktion werden sie jedoch naturgemäß mit den Jahren einbüßen – neue Forschungsthemen werden auf die Agenda kommen. Die Clusterförderung würde ihr Ziel verfehlen, sollte es nicht gelingen, die Forschungsverbünde strukturell so zu gestalten, dass sie zur wissenschaftsstrategischen Erneuerungsfähigkeit von Universitäten beitragen und diese nicht behindern.

Das bedeutet auch: Groß aufgestellte, kollektive Förderformate benötigen einerseits einen mittel- bis langfristig angelegten, möglichst nachhaltigen Finanzierungshorizont, um ihr Potenzial voll entfalten zu können, andererseits sollten auf lange Sicht ausgearbeitete Exit-Strategien sowohl von den öffentlichen Forschungsförderern als auch von den wissenschaftlichen Einrichtungen frühzeitig mitbedacht werden.

Die Unterstützung großer, zumal interdisziplinärer Forschungsverbünde ist für die breit angelegte Exploration und konzentrierte Vertiefung neuer Themenfelder zweifelsohne bedeutsam, dennoch bietet diese Förderform nicht in jedem Fall ausreichend Spielraum für das Verfolgen individueller Forschungsfragen. Letztlich muss sich jedes Förderformat für die Grundlagenforschung daran messen lassen, welche Freiräume es für die kreativsten Forscher/-innen eröffnet, um zu grundlegend neuen Erkenntnissen zu gelangen.

Insbesondere private Forschungsförderer haben sich in den letzten Jahren daher erneut die Unterstützung einzelner Forscherinnen und Forscher auf die Fahnen geschrieben. Der britische Wellcome Trust beispielsweise, einer der größten privaten Forschungsförderer weltweit, stellt mit seinen „Investigator Awards" herausragenden jungen oder etablierten Wissenschaftlerinnen und Wissenschaftlern bis zu 3 Mio. £ für bis zu sieben Jahre zur Verfügung. Die US-amerikanische Stiftung Howard Hughes Medical Institute bekennt sich explizit zu der Förderphilosophie „people, not projects" und unterstützt derzeit im Rahmen ihres „Investigator Programs" rund 320 Spitzenforscher/-innen über einen Zeitraum von mindestens fünf Jahren. Weitere Beispiele für eine solche Individualförderung sind die „Wallenberg Academy Fellows" der schwedischen Wallenberg-Stiftung, die „Lichtenberg-Professuren" und die „Freigeist-Fellowships" der VolkswagenStiftung. Gemeinsam ist diesen Programmen neben der Fokussierung auf die Förderung einzelner Wissenschaftlerpersönlichkeiten der längere, über fünf bis acht Jahre gehende Förderzeitraum, der es den Geförderten ermöglicht, explorative Risiken einzugehen und sich jenseits der Mainstream-Forschung neue Forschungsfelder zu erschließen. Diese Formate setzen auch Risikofreude seitens der Forschungsförderer voraus – und die Bereitschaft, vermeintliches „Scheitern" anders und in jedem Einzelfall neu zu bewerten.

Sowohl die Finanzierung von Forschungsclustern als auch die längerfristige Unterstützung individueller Forscherinnen und Forscher bedeuten eine gewisse – und für den Erfolg von Forschungsförderung überaus notwendige – Abkehr von der Kurzatmigkeit zwei- bis dreijähriger Förderung für kleine bis mittlere Forschungsprojekte. Neben diesen langfristigen – und mit einem entsprechend aufwändigen Auswahlverfahren verbundenen – Formaten sollten Forschungsförderer jedoch auch kurzfristig und möglichst unbürokratisch begrenzte Mittel für das Erproben origineller Forschungsideen zur Verfügung stellen. Nur so können sie ihrem Anspruch gerecht werden, der Wissenschaft nicht nur selbst Impulse zu geben, sondern auch Impulse aus der Wissenschaft aufzugreifen.

Insgesamt geht es bei den Formen der Forschungsförderung nicht um ein „Entweder-oder", sondern um ein „Sowohl-als-auch". Es bedarf sowohl einer auskömmlichen Grundausstattung – und damit auch der Möglichkeit für Universitäten eigene Akzente bei der Ausbildung des Forschungsprofils zu setzen – als auch einer wettbewerblichen Mittelvergabe, die die notwendige Ausdifferenzierung der deutschen Hochschullandschaft unterstützt. Es sollten sowohl größere Forschungsverbünde als auch herausragende Forscherpersönlichkeiten gefördert werden. Langfristige Förderzeiträume für diese Förderformate sind ebenso wichtig wie die kurzfristige Bereitstellung von Mitteln für Anschubfinanzierungen.

Ein spezieller Aspekt der wettbewerblichen Mittelvergabe stellt sowohl Forschungsförderer als auch den gesamten Wissenschaftsbetrieb vor eine große Herausforderung: die rasant wachsende Zahl drittmittelfinanzierter, befristet zu besetzender Stellen insbesondere für den wissenschaftlichen Nachwuchs.

2.4 Förderung von Wissenschaftskarrieren

Verantwortliches Förderhandeln impliziert stets die grundlegende Klärung der Frage, welchen Beitrag die jeweiligen Fördermöglichkeiten zur Verbesserung der Qualifizierungschancen und der Karriereaussichten des wissenschaftlichen Nachwuchses leisten. Derzeit scheint es um diese Aussichten nicht gut bestellt.

Schon vor knapp 100 Jahren kam Max Weber in seinem Vortrag über „Wissenschaft als Beruf" (1917/19) zu dem Schluss: „Das akademische Leben ist also ein wilder Hazard." (vgl. Weber 1919, S. 481) Auch heute lassen sich noch immer viele junge Wissenschaftler/-innen auf dieses Risiko ein und begeben sich auf den langen und mühsamen Weg zur Professur. Trotz allem Idealismus wollen sie jedoch nicht nur für, sondern auch von der Wissenschaft leben.

Das wird in Deutschland zunehmend schwierig. Der wachsenden Zahl an befristeten Projekt- und Drittmittelstellen steht eine gleichbleibende Zahl an unbefristeten Professuren gegenüber. Das heißt konkret, immer mehr talentierte junge Menschen versuchen sich nach der Promotion an einer wissenschaftlichen Karriere und scheitern auf dem Weg zur Professur oder wandern ins Ausland ab.

2010 hat die Gewerkschaft für Erziehung und Wissenschaft das sogenannte „Templiner Manifest" vorgelegt, in dem sie u. a. forderte, Postdocs verlässliche Perspektiven zu geben, Daueraufgaben mit Dauerstellen zu erfüllen und prekäre durch reguläre Beschäftigung zu ersetzen (GEW 2010). Inzwischen haben sich mehrere Wissenschaftsorganisationen dieses Themas angenommen:

Im November 2013 hat die Junge Akademie das Positionspapier „Nach der Exzellenzinitiative: Personalstruktur als Schlüssel zu leistungsfähigeren Universitäten" vorgelegt und darin die Abschaffung des Lehrstuhlsystems und die Umwidmung von Mitarbeiterstellen in echte Tenure-Track W1-Professuren und unbefristete W2- und W3-Professuren vorgeschlagen.

Im Mai 2014 verabschiedete die Mitgliederversammlung der Hochschulrektorenkonferenz einen „Orientierungsrahmen zur Förderung des wissenschaftlichen Nachwuchses nach der Promotion und akademischer Karrierewege neben der Professur". Auch die HRK kritisiert in ihrer Empfehlung das durch die erheblich gestiegene Drittmittelförderung und die deutlich gesunkene Grundausstattung immer ausgeprägter werdende Missverhältnis zwischen befristeten und Dauerstellen und die damit einhergehende Minderung der Verbleibs- und Aufstiegschancen für einen großen Teil des hochqualifizierten wissenschaftlichen Nachwuchses.

Im Juli 2014 schließlich veröffentlichte der Wissenschaftsrat 2014 „Empfehlungen zu Karrierezielen und -wegen an Universitäten". Auch der Wissenschaftsrat sieht auf diesem Gebiet einen großen Reformbedarf und empfiehlt u. a., einen größeren Anteil der wissenschaftlichen Mitarbeiterinnen und Mitarbeiter unbefristet zu beschäftigen und die Zahl der Professuren zu erhöhen.

In allen drei Positionspapieren wird der Zuwachs an Drittmitteln und das Absinken der universitären Grundausstattung kritisiert. „Nachwuchsprogramme", so betont beispielsweise die Junge Akademie, sind „mehr als ausreichend vorhanden" (Menke et al. 2013, S. 6). Die Chance der qualifizierten Nachwuchswissenschaftler/-innen auf eine Professur ist jedoch gering. Derzeit, so rechnet die Junge Akademie vor, konkurrieren rund 1.200 Junior-Professoren, über 750 Nachwuchsgruppenleiter und jährlich rund 1.700 neu Habilitierte um ca. 600 bis 700 pro Jahr neu zu besetzende Professuren. Das Fazit der Jungen Akademie lautet: „Die Zahl berufungsfähiger und hochqualifizierter Wissenschaftler weiter zu steigern, ist angesichts dieser Perspektiven nicht zu verantworten" (Menke et al. 2013, S. 6).

Dieser Tatsache müssen sich auch die öffentlichen und privaten Forschungsförderer stellen, sind sie doch als Drittmittelgeber Teil des Systems und damit Teil des eben skizzierten Problems. Sie finanzieren – stets zeitlich begrenzt – Projekte und Stellen junger Wissenschaftler/-innen und übernehmen damit auch ein gewisses Maß an Verantwortung für deren weiteren wissenschaftlichen Werdegang. Sie stehen – gemeinsam mit der Wissenschaftspolitik und den Hochschulen – vor der Herausforderung, frühzeitig alternative Karrierewege zur Wissenschaft aufzuzeigen, die talentiertesten jungen Wissenschaftler/-innen in ihrer Karriere zu unterstützen und zugleich darauf hinwirken, das gegenwärtige System der „Überproduktion" und Perspektivlosigkeit zu reformieren.

Bundeswissenschaftsministerin Johanna Wanka hat Anfang 2015 einen wichtigen Vorstoß in diese Richtung getan, indem sie in einem Interview mit der „Süddeutschen Zeitung" die prekären Beschäftigungsverhältnisse insbesondere junger Wissenschaftler(innen) mit Vertragslaufzeiten von unter einem Jahr kritisiert und eine Novellierung des Wissenschaftszeitvertragsgesetzes angekündigt hat (Wanka 2015).

Wissenschaft kommt nicht ohne Wettbewerb aus – und diesem Wettbewerb müssen sich auch Nachwuchswissenschaftler/-innen stellen. Nicht jede(r), der oder die sich auf den Weg zur Professur macht, bringt die entsprechende Eignung mit und wird die mit diesem Karriereweg verbundenen Hürden meistern. Zugleich ist der immer wieder zu erneuernde Zwang zur Auswahl des Besten geradezu eine Grundbedingung für den Erfolg eines Wissenschaftssystems. An dieser Auswahl sind öffentliche und private Forschungsförderer selbstverständlich mit beteiligt. Sie müssen sicherstellen, dass die damit verbundenen Förderentscheidungen in transparenten und nachvollziehbaren Verfahren erfolgen. Gegenüber den Antragstellerinnen und Antragstellern müssen die Förderorganisationen von vornherein klar kommunizieren, nach welchen Kriterien und in welchem zeitlichen Rahmen

Förderentscheidungen getroffen werden. Die Vorauswahl kann auf Grundlage der eingereichten Unterlagen erfolgen. Für die eigentliche Auswahl jedoch sollten aussichtsreiche Kandidatinnen und Kandidaten ihr Forschungsprojekt vor einem Expertengremium präsentieren und sich den Fragen und dem Feedback der Gutachter/-innen unmittelbar stellen. Auf diese Weise erhalten die jungen Wissenschaftler/-innen rechtzeitig ein Signal zu den Erfolgsaussichten ihrer wissenschaftlichen Ambitionen.

2.5 Infrastrukturen für die Wissenschaft

Für die erfolgreiche Durchführung von Forschungsprojekten bedarf es nicht nur exzellenter Wissenschaftlerinnen und Wissenschaftler – diese müssen auch die entsprechende Infrastruktur vorfinden. Intakte Infrastrukturen – eingeschlossen auch intakte Gebäude – sind eine Voraussetzung für erfolgreiches Forschen. Die Bereitstellung ausreichender finanzieller Mittel zum Erwerb und Unterhalt einer erstklassigen Infrastruktur (Groß-)Geräte, Bibliotheken, IT, aber auch Hörsaalgebäude, Büroräume und Labore) ist für innovative Spitzenforschung in Universitäten unabdingbar. Doch allein schon im Bereich der Gebäudeinstandhaltung klaffen Finanzbedarf und tatsächlich bereitgestellte Finanzmittel weit auseinander.

An den Berliner Universitäten beispielsweise müsste ein Milliardenbetrag investiert werden, um notwendige Gebäudesanierungsarbeiten durchführen zu können. Die Humboldt-Universität beklagt derzeit einen Investitionsstau von rund 440 Mio. €. Zudem muss sie jährlich 10,5 Mio. € für Raummieten aufbringen, da etwa 30.000 Quadratmeter eigener Nutzungsfläche baupolizeilich gesperrt sind oder das Geld für ihre Sanierung fehlt (Der Tagesspiegel 2014).

Auch in anderen Teilen der Bundesrepublik klagen Universitätsleitungen über mangelhafte Ressourcen zur Gebäudeinstandhaltung. Hier ist zunächst die öffentliche Hand gefragt. Die Hochschulen müssen in die Lage versetzt werden, die notwendigen Infrastrukturen für die Durchführung öffentlich finanzierter Forschungsprojekte zur Verfügung zu stellen. Overheadzahlungen in Höhe von 20 oder 22% reichen hier bei weitem nicht aus. Auch eine Umschichtung der für Forschungsförderung bereitgestellten Finanzmittel wird das Problem auf mittlere Sicht nicht lösen. Durch die Schuldenbremse und die hohen Kosten für die Finanzmarkt- und Wirtschaftskrise werden die Mittel der öffentlichen Hand weiter abnehmen. Die Hochschulen müssen künftig verstärkt Brücken in die Zivilgesellschaft schlagen und sich neuen Formen des Fundraisings öffnen. Die Instandhaltung und der Neubau von Universitätsgebäuden machen zudem nur einen Bruchteil der Kosten aus, die für Forschungsinfrastrukturen anfallen.

Unter diesen Begriff fallen auch sogenannte Großgeräte und Serviceeinrichtungen für die Forschung. Technische Innovationen ermöglichen und erfordern neue Großgeräte. Die Kosten für den Bau und Unterhalt dieser Geräte steigen rasant an und belasten bzw. überfordern den jeweiligen Universitätshaushalt. Selbst die bislang vergleichsweise kostengünstigen Buchwissenschaften haben durch die rasch voranschreitende Digitalisierung einen erhöhten Investitionsbedarf, um die Kosten für die zur Erstellung und Auswertung digitaler Daten erforderliche technische Ausstattung zu decken. Um die entsprechenden Investitionen ermöglichen zu können, muss die öffentliche Forschungsförderung darauf zielen, die Mauern zwischen universitärer und außeruniversitärer Forschung weiter einzureißen und in noch weitaus höherem Maße als bisher Großgeräte gemeinsam anzuschaffen und zu nutzen.

Die Finanzierung von besonders kostspieligen Großforschungsanlagen erfolgt oft im internationalen Verbund. Einen Überblick über die aktuell mit deutscher Beteiligung (an-)laufenden Großinfrastrukturprojekte gibt die vom BMBF 2013 herausgegebene „Roadmap für Forschungsinfrastrukturen". Um einen Eindruck von der Größenordnung dieser Projekte zu bekommen, seien zwei Beispiele genannt: Das EELT-European Extremely Large Telescope und die XFEL – European X-Ray Free-Electron Laser Facility GmbH. Für das Teleskop werden Aufbaukosten von 1,083 Mrd. € veranschlagt, für den Freie-Elektronen-Laser 1,276 Mrd. €. An der Finanzierung des Teleskops sind derzeit 15, an der des Freie-Elektronen-Lasers 12 Länder beteiligt.

Diese Projekte sind nur ein Hinweis auf die zunehmende Globalisierung der Wissenschaft, die auch in der wachsenden Mobilität von Wissenschaftler/-innen ihren Ausdruck findet.

3 Ausblick: Globalisierung der Wissenschaft

Die Globalisierung der Wissenschaft stellt auch die öffentliche und private Forschungsförderung vor neue Herausforderungen: Breit angelegte Förderformate sind heutzutage auf große Offenheit für internationale Zusammenarbeit angewiesen. Dies schließt auch die Notwendigkeit ein, die Mitfinanzierung ausländischer Wissenschaftler/-innen und Forschungsgruppen auf möglichst unkomplizierte Weise zu gewährleisten. Neben der Vernetzung von Forscherinnen und Forschern gewinnt dabei zugleich die transnationale Kooperation von öffentlichen ebenso wie privaten Förderorganisationen immer mehr an Bedeutung. Beispielhaft sei hier auf die Zusammenarbeit des Wellcome Trust, der schwedischen Reichsbankstiftung und der VolkswagenStiftung bei der gemeinsamen Ausschreibung zum Themenfeld „Europe and Global Challenges", auf die transatlantische Kooperation der Mellon Foundation und der VolkswagenStiftung im Bereich der Geisteswissenschaften sowie auf die gemeinsame Initiative von gleich fünf europäischen Stiftungen bei der Förderung von Forschungsvorhaben zu vernachlässigten Tropenkrankheiten verwiesen. Letztlich dürfte dies dazu führen, dass in den kommenden Jahren die Forschung und ihre Förderung mehr und mehr in globaler Perspektive gedacht und konfiguriert werden müssen. Transnational angelegte, komplexe Projektstrukturen ziehen wiederum höhere Kosten und längere Förderzeiträume nach sich. Zugleich erfordern diese neuen Formen der Forschungskooperation auch ein eng abgestimmtes, konstruktives Zusammenwirken der jeweiligen Förderorganisationen; eine doppelte Herausforderung, die es anzunehmen und kreativ zu nutzen gilt.

Literatur

Blockmans, Wim, Lars Engwall, und Denis Weaire, Hrsg. 2014. *Bibliometrics: Use and abuse in the review of research performance*, 1. Aufl. London: Portland Press Limited.
Böhmer, Susan, Jörg Neufeld, Sybille Hinze, Christian Klode, und Stefan Hornbostel. 2011. Wissenschaftler-Befragung 2010: Forschungsbedingungen von Professorinnen und Professoren an deutschen Universitäten. iFQ-Arbeitspapier Nr. 8.
Borgwardt, Angela. 2012. *Plagiatsfälle in der Wissenschaft. Wie lässt sich Qualitätssicherung an Hochschulen verbessern?* Berlin: Schriftenreihe Hochschulpolitik der Friedrich-Ebert-Stiftung.
Bundesministerium für Bildung und Forschung. 2013. *Roadmap für Forschungsinfrastrukturen. Pilotprojekt des BMBF*. Bonn: Bundesministerium für Bildung und Forschung.
Bundesministerium für Bildung und Forschung. 2014. *Bundesbericht Forschung und Innovation 2014*. Berlin/Bonn: Bundesministerium für Bildung und Forschung.
Bundesverband deutscher Stiftungen, Hrsg. 2013. *Private Stiftungen als Partner der Wissenschaft. Ein Ratgeber für die Praxis*, 1. Aufl. Berlin: Bundesverband deutscher Stiftungen.
Bundesverband deutscher Stiftungen. 2014. *Stiftungen fordern: Mehr Geld für Grundfinanzierung der Hochschulen*. http://www.stiftungen.org/index.php?id=993&tx_leonhardtdyncontent_pi1%5Bid%5D=4260. Zugegriffen am 06.02.2015.
Der Tagesspiegel. 2014. *Berlins Hochschulen brauchen ein Bauprogramm*. 30.7.2014. http://www.tagesspiegel.de/wissen/gastbeitrag-berlins-hochschulen-brauchen-ein-bauprogramm/10265396.html. Zugegriffen am 06.02.2015.
Deutsche Forschungsgemeinschaft. 2007. *DFG begrüßt Einführung der Overhead-Finanzierung*. Pressemitteilung Nr. 35, 14. Juni 2007. http://dfg.de/service/presse/pressemitteilungen/2007/pressemitteilung_nr_35/index.html. Zugegriffen am 09.02.2015.
Deutsche Forschungsgemeinschaft. 2013. *Vorschläge zur Sicherung guter wissenschaftlicher Praxis. Denkschrift*, Ergänzte Aufl. Weinheim: Wiley-VCH.
Deutsche Forschungsgemeinschaft. 2014. *Jahresbericht 2013. Aufgaben und Ergebnisse*. Bonn: Deutsche Forschungsgemeinschaft.
Dirnagl, Ulrich. 2014. Sind die meisten Forschungsergebnisse tatsächlich falsch? *Laborjournal* 7–8/2014: 38–41.
Forschungsförderung in Deutschland. 1999. *Bericht der internationalen Kommission zur Systemevaluation der Deutschen Forschungsgemeinschaft und der Max-Planck-Gesellschaft*. Hannover.
German U 15. 2013. *Statement Universitätsfinanzierung*. http://www.german-u15.de/statements/Hochschulfinanzierung/index.html. Zugegriffen am 09.02.2015.
Gewerkschaft für Erziehung und Wissenschaft. 2010. *Templiner Manifest*. http://www.templiner-manifest.de/. Zugegriffen am 06.02.2015.
Hochschulrektorenkonferenz. 2012. *Zur Qualitätssicherung in Promotionsverfahren. Empfehlung des Präsidiums der HRK an die promotionsberechtigten Hochschulen vom 23.04.2012*. Bonn: Hochschulrektorenkonferenz.
Hochschulrektorenkonferenz. 2014. *Orientierungsrahmen zur Förderung des wissenschaftlichen Nachwuchses nach der Promotion und akademischer Karrierewege neben der Professur. Empfehlung der 16. Mitgliederversammlung der HRK am 13. Mai 2014 in Frankfurt am Main*. http://www.hrk.de/uploads/tx_szconvention/HRK_Empfehlung_Orientierungsrahmen_13052014.pdf. Zugegriffen am 06.02.2015.
Ioannidis, John P.A. 2014. How to make more published research true. *PLoS Medicine* 11(10): 1–5.
Konsortium Bundesbericht wissenschaftlicher Nachwuchs, Hrsg. 2013. *Bundesbericht Wissenschaftlicher Nachwuchs 2013. Statistische Daten und Forschungsbefunde zu Promovierenden und Promovierten in Deutschland*. Bielefeld: W. Bertelsmann Verlag.
Leibfried, Stephan, Hrsg. 2010. *Die Exzellenzinitiative. Zwischenbilanz und Perspektiven*. Frankfurt a. M.: Campus Verlag.
Macleod, Malcolm R. et al. 2014. Biomedical research: Increasing value, reducing waste. www.thelancet.com. Zugegriffen am 08.01.2014.

Marquardt, Wolfgang. 2011. *Neuere Entwicklungen der Hochschulfinanzierung in Deutschland. Bericht des Vorsitzenden zu aktuellen Tendenzen im Wissenschaftssystem*. Köln: Wissenschaftsrat.
Menke, Cornelis et al. 2013. *Nach der Exzellenzinitiative: Personalstruktur als Schlüssel zu leistungsfähigeren Universitäten*. http://www.diejungeakademie.de/fileadmin/user_upload/Dokumente/Personalstruktur_2013.pdf. Zugegriffen am 06.02.2015.
Öquist, Gunnar, und Mats Benner. 2012. *Fostering breakthrough research*. Stockholm: The Royal Swedish Academy of Sciences.
San Francisco Declaration on Research Assessment. 2012. http://am.ascb.org/dora/. Zugegriffen am 06.02.2015.
Statistisches Bundesamt. 2014. *Mehr als 243.000 Euro an Drittmitteln je Universitätsprofessor/-in im Jahr 2012. Pressemitteilung vom 27. November 2014 – 422/14*.
Stifterverband für die deutsche Wissenschaft. 2013. *FuE-Datenreport 2013. Analysen und Vergleiche*. Essen: Stifterverband für die deutsche Wissenschaft.
The Economist. 2013. *How science goes wrong. Scientific research has changed the world. Now it needs to change itself.* 19. Oktober 2013. http://www.economist.com/news/leaders/21588069-scientific-research-has-changed-world-now-it-needs-change-itself-how-science-goes-wrong. Zugegriffen am 06.02.2015.
UniWiND. 2011. Junge Forscherinnen und Forscher. Empfehlungen zur Promotion an deutschen Universitäten. http://www.uniwind.org/assets/files/UniWiNDPositionspapier2011.pdf. Zugegriffen am 06.02.2015.
Wanka, Johanna. 2015. „*Der Bund ist nicht der Ausputzer der Länder.*" Interview von Bundesministerin Johanna Wanka mit der Süddeutschen Zeitung. http://www.bmbf.de/de/25673.php. Zugegriffen am 06.02.2015.
Weber, M. 1919 [2002]. *Wissenschaft als Beruf*, Hrsg. Dirk Kaesler, 1894–1922. Stuttgart: Alfred Kröner Verlag.
Winterhager, Nicolas. 2015. *Drittmittelwettbewerb im universitären Forschungssektor*, 1. Aufl. Wiesbaden: Springer VS.
Wissenschaftsrat. 2003. *Strategische Forschungsförderung. Empfehlungen zu Kommunikation, Kooperation und Wettbewerb im Wissenschaftssystem*. Köln: Wissenschaftsrat.
Wissenschaftsrat. 2011. *Anforderungen an die Qualitätssicherung der Promotion. Positionspapier*. Köln: Wissenschaftsrat.
Wissenschaftsrat. 2014. *Empfehlungen zu Karrierezielen und -wegen an Universitäten*. Köln: Wissenschaftsrat.

Die drei Pakte und ihre Wirkung: Die Exzellenzinitiative, der Hochschulpakt 2020 und der Pakt für Forschung und Innovation

Karl Ulrich Mayer

Inhalt

1 Einleitung	465
2 Definitionen und Philosophien	466
2.1 Pakt für Forschung und Innovation (PFI)	466
2.2 Exzellenzinitiative (EXI)	466
2.3 Hochschulpakt 2020	467
3 Vorgeschichte	467
4 Mittelumfang und zeitlicher Ablauf	469
4.1 Pakt für Forschung und Innovation (PFI)	469
4.2 Exzellenzinitiative	472
4.3 Hochschulpakt 2020	473
5 Wirkungen	474
5.1 Investitionen in Forschung und Entwicklung	474
5.2 Systemveränderungen	474
5.3 Internationale Sichtbarkeit und Vorbildfunktion	475
5.4 Wissenschaftliche Leistungsfähigkeit	476
5.5 Unbeabsichtigte Nebenfolgen der drei Pakte und „vierter Pakt"	477
6 Ausblick	477
Literatur	479

1 Einleitung

Der Pakt für Forschung und Innovation (PFI), die Exzellenzinitiative (EXI) und der Hochschulpakt Lehre haben in den Jahren seit 2006 für die öffentlich geförderte Wissenschaft in Deutschland nicht nur mehr als 20 Mrd. € zusätzlich zur Verfügung

K.U. Mayer (✉)
Max-Planck-Institut für Bildungsforschung, Berlin, Deutschland
E-Mail: mayer@mpib-berlin.mpg.de

© Springer Fachmedien Wiesbaden 2016
D. Simon et al. (Hrsg.), *Handbuch Wissenschaftspolitik*, Springer Reference Sozialwissenschaften, DOI 10.1007/978-3-658-05455-7_19

gestellt. Die drei Pakte haben auch die Gewichte zwischen den Bundesländern und dem Bund in der Wissenschaftspolitik dauerhaft zugunsten des Bundes verschoben. Während politisch mit der Verfassungsänderung von 2005 („Kooperationsverbot") und der Abschaffung des Hochschulrahmengesetzes eine Stärkung der Bundesländer beabsichtigt war, ging die tatsächliche Entwicklung in die entgegengesetzte Richtung. Sowohl mit der bundesbetonten Finanzierung der Exzellenzinitiative, des Hochschulpaktes 2020, der Programmpauschale für die Deutsche Forschungsgemeinschaft (DFG) und des Paktes für Forschung und Innovation als auch mit der Grundgesetzänderung des Art. 91b, Abs. 1 vom 1. Januar 2015 wurde der Einfluss des Bundes de facto und de jure verstärkt. Ob sich damit die institutionelle Ordnung des Wissenschaftssystems in der Bundesrepublik hinsichtlich der Differenzierung zwischen den Universitäten, im Hinblick auf das Verhältnis von Hochschulen und außeruniversitären Forschungsorganisationen und hinsichtlich des Gewichtes der thematisch gebundenen Programmforschung wandeln wird, ist gegenwärtig offen, aber eher wahrscheinlich.

2 Definitionen und Philosophien

2.1 Pakt für Forschung und Innovation (PFI)

Der Pakt für Forschung und Innovation (PFI) ist eine im Juni 2005 beschlossene Forschungsförderinitiative des Bundes und der Länder, der fünf Forschungsorganisationen (Deutsche Forschungsgemeinschaft, Fraunhofer-Gesellschaft, Leibniz-Gemeinschaft, Helmholtz-Gemeinschaft und Max-Planck-Gesellschaft) finanzielle Planungssicherheit durch kontinuierliche Etatsteigerungen geben soll. Im Gegenzug verpflichten sich die Forschungsorganisationen auf forschungspolitische Ziele. Zu diesen Zielen zählen u. a. die Erschließung neuer Forschungsfelder, die Bewertung eigener Stärken und Schwächen, die Stärkung der Internationalisierung, die Gleichstellung zwischen Frauen und Männern, die Nachwuchsförderung, die Vernetzung nach innen und außen sowie der Wissens- und Technologietransfer. Ein wesentliches Element des Paktes für Forschung und Innovation ist ferner eine Berichts- und Rechenschaftspflicht im Hinblick auf die Verwendung der Mittel und die Erfüllung der Ziele in der Form der jährlichen Pakt-Monitoring-Berichte.

2.2 Exzellenzinitiative (EXI)

Laut Präambel der Verwaltungsvereinbarungen zwischen Bund und Ländern vom Juli 2005 und Juni 2009 soll die Exzellenzinitiative „den Wissenschaftsstandort Deutschland nachhaltig stärken, seine internationale Wettbewerbsfähigkeit [...] verbessern und Spitzen im Universitäts- und Wissenschaftsbereich sichtbar machen. Dabei wollen Bund und Länder die begonnene Leistungsspirale fortführen, die die Ausbildung von Spitzen und die Anhebung der Qualität des Hochschul- und

Wissenschaftsstandortes Deutschland in der Breite zum Ziel hat."[1] Die Exzellenzinitiative hat seit ihrem Start im Jahr 2005 drei Förderlinien: die erste Förderlinie betrifft „Exzellenz"-Graduiertenschulen, die zweite Förderlinie „Exzellenzcluster" als Forschungszentren und die dritte Förderlinie sogenannte „Zukunftskonzepte" „zum projektbezogenen Ausbau der universitären Spitzenforschung", die bei zusätzlicher Zuerkennung von mindestens zwei Exzellenzclustern und einer Exzellenzgraduiertenschule zugleich den „informellen" Rang von Exzellenz- (sprich: Elite) Universitäten definieren.

2.3 Hochschulpakt 2020

Die Ziele des Hochschulpaktes 2020, auch als Hochschulpakt Lehre bezeichnet, bestehen laut Präambel der Verwaltungsvereinbarungen zwischen Bund und Ländern (2007, 2009 und 2013) darin, „die Chancen der jungen Generation zur Aufnahme eines Studiums zu wahren, den notwendigen wissenschaftlichen Nachwuchs zu sichern und die Innovationskraft in Deutschland zu erhöhen. [...] Mit dem Hochschulpakt Lehre wollen Bund und Länder Impulse für die Zukunftsvorsorge bis in das nächste Jahrzehnt setzen. Dabei soll dem wachsenden Fachkräftebedarf auf dem Arbeitsmarkt begegnet und der vor allem wegen der demographischen Entwicklung, der steigenden Bildungsbeteiligung und der doppelten Abiturjahrgänge steigenden Zahl von Studienberechtigten in den Jahren 2011 bis 2020 ein qualitativ hochwertiges Hochschulstudium gewährleistet werden. Zudem soll die mit der ersten Verwaltungsvereinbarung über den Hochschulpakt begonnene Finanzierung von Programmpauschalen für indirekte, zusätzliche und variable Projektausgaben bei der Förderung von Forschungsprojekten durch die DFG fortgesetzt und damit die Forschung insbesondere an Hochschulen weiter gestärkt werden" (Präambel der Verwaltungsvereinbarungen, GWK). Die dritte Säule des Hochschulpakt 2020 ist der „Qualitätspakt Lehre" zur Stärkung der Lehre „in der Breite", in dessen Rahmen ab 2011 186 Universitäten, Fachhochschulen und Kunst- bzw. Musikhochschulen gefördert wurden. Obgleich aus verfassungsrechtlichen Gründen wiederum zeitlich befristet angelegt, ist mit dem „Qualitätspakt Lehre" die Schaffung nachhaltig besserer Strukturen angestrebt.

3 Vorgeschichte

Die Vorgeschichte der drei Pakte hat zwei Quellen. Der eine Anstoß kam von der Europäischen Union mit der Lissabon-Strategie (2000) und daran anschließend (2002) mit der Festlegung des Ziels, 3% des Bruttoinlandsproduktes für Forschung

---

[1]Zu den Verwaltungsvereinbarungen zwischen Bund und Ländern zu den drei Pakten vgl. Gemeinsame Wissenschaftskonferenz (GWK:). http://www.gwk-bonn.de/dokumentepublikationen/bund-laender-vereinbarungen/. Zugegriffen am 06.05.2015.

und Innovation aufzuwenden (vgl. Commission 2002). Der zweite, wahrscheinlich davon unabhängige Anstoß kam aus den von Bundeskanzler Schröder initiierten Innovationszirkeln, die unter Leitung des Unternehmensberaters Roland Berger die Idee von Eliteuniversitäten für die Bundesrepublik lancierten. Diese Idee wurde dann sehr rasch von der damaligen Bildungs- und Forschungsministerin Edelgard Bulmahn (u. a. in einer Rede vor der Akademie der Künste in Berlin) aufgenommen und fand in den Weimarer Leitlinien der SPD vom Januar 2004 ihren Niederschlag (Pasternak 2010). Kurzfristig wurde auch die Idee von Bundesuniversitäten in der SPD ventiliert (wohl u. a. von Peter Glotz aufgrund seiner Erfahrungen als Universitätspräsident in St. Gallen und von Olaf Scholz), aber wegen verfassungsrechtlicher Bedenken u. a. der Ministerpräsidenten der Länder rasch wieder fallengelassen. Widerstand gegen die Idee von Eliteuniversitäten kam von der Hochschulrektorenkonferenz (HRK) und der Kultusministerkonferenz (KMK), die das Ziel guter Hochschulen in der Breite und mit jeweiligen Stärken in einzelnen Fächern vertraten, und von der Deutschen Forschungsgemeinschaft (DFG), die sich wegen ihrer Zuständigkeit für Forschung, aber nicht für die Universitäten in ihren Interessen tangiert sah.

Aufgrund dieser Interessen- und Verfassungslage wurde dann rasch klar, dass sich der Bund nur im Bereich der Forschung engagieren konnte. Damit war die Idee des Paktes für Forschung und Innovation (PFI) geboren – als Programm mehrjähriger linearer Aufwüchse für die außeruniversitären Forschungsorganisationen. Diese Paktidee blieb freilich zunächst in der Schublade, bis die Regierungschefs Anfang 2005 ein Ergänzungsprogramm für die Hochschulen ins Auge fassten. Zunächst sollte es neben der Forschung auch die Lehre umfassen, was insbesondere von Baden-Württemberg vertreten wurde. Dem widersprach mit verfassungsrechtlichen Bedenken in massiver Weise die hessische Staatskanzlei. In diesem Kontext wurde dann die Exzellenzinitiative mit ihren drei Förderlinien geboren. Beide Pakte wurden am 19. Juni 2005 von den Regierungschefs verabschiedet und traten am 1. Januar 2006 in Kraft. Die Ausgestaltung von PFI und EXI wurde stark bestimmt durch die Verfassungsänderung von 2006, nach der gemäß GG Artikel 91 b, 1 nun nur „Vorhaben der wissenschaftlichen Forschung" gefördert werden durften, und natürlich durch die Bereitschaft des Bundes, 75 % der Kosten der Exzellenzinitiative zu übernehmen.

Der Anstoß zum dritten Pakt, dem Hochschulpakt 2020, kam von Überlegungen, nach denen der temporäre Ausbau der Studienplätze für die doppelten Abiturjahrgänge und die Abschaffung der Wehrpflicht kompensiert werden sollte, er wurde ab 2008 umgesetzt. Wiederum wegen verfassungsrechtlicher Bedenken richtete sich das spätere Bundesprogramm zur Förderung der „Qualität der Lehre" an den Hochschulen eingeschränkt auf die Verbesserung der Lehre und ausdrücklich nicht auf den Ausbau von Studienplätzen. Dennoch zeigt sich beim Hochschulpakt 2020 deutlich, dass die „Trennung Bund/Forschung und Länder/Lehre" nicht durchzuhalten war (Seckelmann 2012, S. 705).

Drei Dinge sind an dieser Vorgeschichte bemerkenswert. Erstens kam der Anstoß für die drei Pakte aus der Politik und nicht aus der Wissenschaft. Der Wissenschaftsrat hat zwar in seinen „Thesen zur künftigen Entwicklung des deutschen Wissenschaftssystems" (WR 2000) die Philosophie der Exzellenzförderung auch propagiert, aber die konkreten Initiativen kamen aus der Politik (Markova 2013). Die Wissenschaft hat sich dann in Gestalt der Akteure DFG und Wissenschaftsrat ins Spiel gebracht. Dies hat die Verfahren der Exzellenzinitiative insofern befördert, als nach dem Modell des DFG-Hauptausschusses Politik und Wissenschaft gemeinsam entscheiden und die Politik bei Einigkeit der Wissenschaft sogar überstimmt werden kann. Jedenfalls wären die Ergebnisse über die Auswahl der „Exzellenzuniversitäten" undenkbar gewesen, wenn sie als Länderkompromiss hätten entschieden werden müssen.

Zweitens haben die verfassungsrechtlichen Rahmenbedingungen und die Interessen der Akteure (Bund, Länder, DFG, Wissenschaftsrat, GWK) die Konturen der Exzellenzinitiative in eine ganz spezifische Richtung gedrängt: von Eliteuniversitäten zu „Vorhaben", von der Lehre zur Forschung, und statt institutioneller Förderung die Förderung von Projekten. „In einem konfliktreichen bildungsföderalen Umfeld avancierte der ‚Ausbau der universitären Spitzenforschung' zu einer Zauberformel, dank derer es schließlich gelang, die Entscheidungsblockade zwischen verschiedenen Lagern im Bund und in den Ländern zu überwinden. Unter den gegebenen Bedingungen hatte die Exzellenzinitiative eine Realisierungschance nur als Gesamtkunstwerk mit drei Förderlinien" (Schreiterer 2010, S. 85). Dies bezog sich sowohl auf den Ausgleich der Interessen zwischen den Ländern und zwischen Bund und Ländern als auch auf eine Arbeitsteilung zwischen der DFG und dem Wissenschaftsrat bei den Auswahlverfahren zur Exzellenzinitiative, die den satzungsgemäßen Aufgaben der beiden Organisationen entsprach (Exzellenz- und Vorhabenförderung bei der DFG, Beratung bei Strukturfragen im Wissenschaftsrat). Gleichwohl konnte die DFG für die Exzellenzinitiative einen Unterausschuss des Hauptausschusses ohne Satzungsänderung begründen, während der Wissenschaftsrat für den Bewilligungsausschuss eine Satzungsänderung vornehmen musste.

Drittens kamen die Anstöße zur Förderung der Spitzenforschung politisch von einer Seite, von der man es am wenigsten erwartet hätte, nämlich von der traditionell eher „anti-elitären" SPD. Hinzu kommt, dass sowohl mit der großen Koalition von 2000 bis 2005 als auch danach mit der heimlichen großen Koalition zwischen Annette Schavan (CDU), Jürgen Zöllner (SPD) und Peter Frankenberg (CDU) Verständigungsmöglichkeiten und Handlungschancen gegeben waren, die bis dahin kaum denkbar erschienen.

4 Mittelumfang und zeitlicher Ablauf

4.1 Pakt für Forschung und Innovation (PFI)

Der PFI wurde im Juni 2005 von den Regierungschefs des Bundes und der Länder für eine Laufzeit von vier Jahren von 2006 bis 2010 beschlossen. Bund und Länder wollten die Etats der vier großen Forschungsorganisationen Fraunhofer-Gesellschaft, Helmholtz-Gemeinschaft, Leibniz-Gemeinschaft und Max-Planck-Gesellschaft sowie der Deutschen Forschungsgemeinschaft jährlich um drei Prozent aufstocken. 2008 wurde eine Verlängerung bis 2015 vereinbart, verbunden mit einer jährlichen Aufstockung der Mittel um jeweils fünf Prozent. Die zusätzlichen Gelder flossen bei der Max-Planck-Gesellschaft und bei der Fraunhofer-Gesellschaft in deren zentrale Etats, bei der Helmholtz-Gemeinschaft in den Etat der Dachorganisation und bei der Leibniz-Gemeinschaft direkt in die Etats der einzelnen Institute, die ihrerseits die Geschäftsstelle finanzieren (3 bis 5,5 Mio. € jährlich) sowie in Abgaben für den Leibniz-Wettbewerb (jährlich 20–30 Mio. € für kompetitive Forschungsvorhaben, die von externen Gutachtern geprüft werden). Für eine dritte Bewilligungsphase bis 2020 hat der Bund mit der Koalitionsvereinbarung vom Dezember 2013 einen jährlichen Aufwuchs von wiederum drei Prozent angekündigt, den er zu 100% übernehmen will.

In den Jahren bis 2010 erbrachte dies eine Steigerung um 22% für die fünf Wissenschaftsorganisationen auf der Grundlage von Artikel 91b, Abs. 1 GG. Hinzu kommen erhebliche Investitionszuschüsse für die außeruniversitären Forschungseinrichtungen aus den 2008 beschlossenen und bis 2010 durchgeführten Konjunkturpaketen des Bundes (Beschäftigungssicherheit durch Wachstum).

Neu am Pakt für Forschung und Innovation war, dass mit dem Versprechen der mehrjährigen linearen Aufwüchse sowohl die Vereinbarung von Zielen als auch eine Berichts- und Rechenschaftspflicht verbunden waren (im Gegensatz z. B. zu dem 5%-Programm in den 1980er-Jahren, wo es solche Auflagen nicht gab). Die MPG wehrte sich 2005 mit Erfolg gegen sehr konkrete Zielvereinbarungen. Dies hatte u. a. zur Folge, dass die Pakt-Ziele bis 2015 relativ allgemein gehalten waren und trotz einiger Anläufe in diese Richtung für die einzelnen Forschungsorganisationen nicht spezifiziert wurden, so dass diese bei der Umsetzung relativ große Freiheiten behielten. 2015 haben sich die Forschungsorganisationen – sicher nicht ganz freiwillig – erstmals sehr konkrete, teilweise sogar mit quantitativen Indikatoren hinterlegte Ziele gesetzt.

Während der ersten drei Bewilligungsphasen formulierten Bund und Länder mit geringen Veränderungen folgende Zielvorgaben:

Dynamisierung des Wissenschaftssystems/Stärkung des Wettbewerbs;
Erschließung neuer Forschungsfelder (z. B. durch *research foresight*);
bessere Vernetzung der außeruniversitären Forschungsorganisationen sowohl mit den Hochschulen als auch untereinander;
Internationalisierung;
nachhaltige Vertiefung der Beziehungen zwischen Wissenschaft, Wirtschaft und Gesellschaft (Wissens- und Technologietransfer);
Rekrutierung der besten Köpfe, Förderung des wissenschaftlichen Nachwuchses und der Gleichstellung sowie
Mitwirkung am gesellschaftlichen Diskurs (vgl. GWK, Bund-Länder-Vereinbarungen zum PFI 2005–2015).

2015 wurde das Gleichstellungsziel erweitert (familienfreundliche Umwelten) und durch die Vorgaben des sogenannten „Kaskadenmodells" mit Zielquoten für die Gleichstellung zwischen Wissenschaftlern und Wissenschaftlerinnen erheblich konkretisiert.

Insgesamt ist es wohl eine faire Einschätzung, dass die Forschungsorganisationen zumindest bis zur jüngsten Periode die Paktziele im Rahmen ihrer Strukturmerkmale und Entwicklungen interpretiert haben, ohne dass dies zu einschneidenden Änderungen geführt hätte. So blieb z. B. die Vorgabe eines *research foresight* praktisch folgenlos. Die Ausnahme ist die Leibniz-Gemeinschaft, die gewissermaßen erst durch den Pakt neben ihrer Evaluierungsfunktion Gestaltungsfähigkeit nach innen und außen gewann. So wurden etwa in der Leibniz-Gemeinschaft die Pakt-Ziele direkt in die Förderlinien eines internen, aber extern begutachteten zentralen Wettbewerbsverfahrens (den „Leibniz-Wettbewerb") übersetzt.

Die jährlichen Pakt-Monitoring-Berichte wurden mit den Teilberichten der einzelnen Forschungsorganisationen und dem Gesamtbericht der GWK nicht nur immer länger, sondern auch in der Gestaltung aufwändiger und in den Aussagen konkreter. Die Pakt-Monitoring-Berichte boten den ersten Einstieg in einen quantitativen, auf Indikatoren gestützten Vergleich zwischen den außeruniversitären Forschungsorganisationen. Statt verlässlicher Vergleiche kamen aber vor allem Probleme der Darstellung und Probleme der Statistiken ans Tageslicht. So bezieht sich die Darstellung der GWK in der Gesamtübersicht weithin nur auf absolute Größen, was bei den unterschiedlichen Budgets und Mitarbeiterzahlen der Forschungsorganisationen zwangsläufig zu Fehlinterpretationen Anlass geben muss. Ferner zeigten sich große Diskrepanzen zwischen den Angaben der Forschungsorganisationen und den Daten des Statistischen Bundesamtes. Die Bundesregierung forderte in diesem Zusammenhang zum ersten Mal für alle außeruniversitären Forschungsorganisationen vergleichende bibliometrische Auswertungen, die allerdings wegen methodischer Probleme keinen direkten Eingang in die Pakt-Monitoring-Berichte fanden (Mayer 2013, S. 41–43; vgl. Schmoch et al. 2011; Schulze et al. 2012; Michels et al. 2013).

Trotz der einheitlichen Aufwuchsquoten divergierten die tatsächlichen Etatentwicklungen der vier außeruniversitären Forschungsorganisationen – u. a. wegen Sonderfinanzierungen des Bundes für die Fraunhofer-Gesellschaft und die Max-Planck-Gesellschaft, wegen Verschiebungen von Leibniz-Instituten in die Helmholtz-Gemeinschaft (Leibniz-Institut für Meeresforschung Kiel und Forschungszentrum Dresden-Rossendorf) und wegen der evaluationsbedingten Schließung von Leibniz-Instituten. In den Jahren 2005 bis 2013 stieg die Grundfinanzierung der MPG um 41 %, der FHG um 59 %, der HGF um 61 % und die Grundfinanzierung der Leibniz-Gemeinschaft um 55 % (Statistisches Bundesamt 2013).

Was wurde mit diesen zusätzlichen Mitteln aus dem PFI gemacht? Alle außeruniversitären Forschungsorganisationen haben ihre zentralen Aktivitäten gestärkt, u. a. durch zentrale Projekttöpfe, die wettbewerblich zwischen den Instituten verteilt wurden oder zur Finanzierung von Graduiertenschulen dienten (e.g. International Max Planck Research Schools, Leibniz Graduate Schools). Helmholtz-Gemeinschaft und Fraunhofer-Gesellschaft haben Innovationsfonds eingerichtet, deren Mittel unabhängig von den Institutsetats im Wettbewerb vergeben werden. Die Helmholtz-Gemeinschaft hat darüber hinaus sogenannte „Helmholtz-Institute" an Universitäten und eine Führungsakademie eingerichtet. Die Max-Planck-Gesellschaft und die Leibniz-Gemeinschaft haben neue Institute gegründet bzw. aufgenommen und damit neue Forschungsfelder erschlossen (etwa durch die Leibniz-Institute für Photonische Technologien, für interaktive Materialien, für Bildungsverläufe, für Präventivmedizin und Epidemiologie sowie das Max-Planck-Institut für empirische Ästhetik).

4.2 Exzellenzinitiative

Für die Exzellenzinitiative wurde im Juni 2005 von den Regierungschefs ein Staatsvertrag für die Jahre 2006 bis 2012 abgeschlossen, parallel zu dem Pakt für Forschung und Innovation. Für diese sieben Jahre war ein Fördervolumen von 1,9 Mrd. € vorgesehen. Die DFG ist für die Umsetzung der ersten und zweiten Förderlinie verantwortlich („Exzellenzcluster" und „Graduiertenschulen"), der Wissenschaftsrat für die dritte Förderlinie („Zukunftskonzepte"). Die Prämiierung von „Zukunftskonzepten", also von „Exzellenz"-Universitäten, wurde an die Bedingung geknüpft, dass eine Universität in den ersten beiden Förderlinien erfolgreich war, also mindestens ein Exzellenzcluster und eine Graduiertenschule einwerben konnte.

Um Neuanträgen und Fortsetzungsanträgen aus den beiden ersten Förderrunden eine gleiche Chance zu geben, wurde das Fördervolumen um 30% auf rund 2,7 Mrd. € mit einer Laufzeit bis 2017 gesteigert. In den drei Förderlinien wurden in den drei Ausschreibungsrunden 2006, 2007 und 2012 insgesamt 4,6 Mrd. € bewilligt. Für die zweite Phase der Exzellenzinitiative von 2013 bis 2017 stellen Bund und Länder nochmals 2,7 Mrd. € bereit.

Bei den Exzellenzclustern gab es in den Auswahlrunden der Jahre 2005 und 2006 280 Antragsskizzen, 81 Vollanträge und 37 Bewilligungen für eine Förderdauer von fünf Jahren. Von den 37 bewilligten Clustern entfielen 14 auf die Natur- und Ingenieurwissenschaften, 17 auf die Lebenswissenschaften und sechs auf die Geistes- und Sozialwissenschaften. Bezogen auf die Antragsskizzen lag die Förderquote bei 13%, bezogen auf die Vollanträge bei 46% (Simon et al. 2010, S. 163). Im Jahr 2015 gab es 43 Exzellenzcluster, davon bestanden 14 seit 2006, 16 seit 2007 und 12 seit 2012. Damit scheiterten sieben von 37 mit ihrem Fortsetzungsantrag.

Bei den Graduiertenschulen gab es nach 118 Antragsskizzen insgesamt 39 Förderzusagen, davon elf in den Geistes- und Sozialwissenschaften. Aus diesen Mitteln wurden (Stand Februar 2009) 976 Doktoranden und Postdoktoranden finanziert. Bemerkenswert ist, dass die überwiegende Anzahl der geförderten Doktoranden und Postdoktoranden auf die anderen beiden Förderlinien entfiel (1911 Exzellenzcluster, 844 Zukunftskonzepte) (Koenig 2010, S. 206–207).

Bis 2015 wurden insgesamt 45 Graduiertenschulen gefördert, davon 15 seit 2006, 24 seit 2007 und 12 seit 2012. Von den in den beiden ersten Auswahlrunden Erfolgreichen scheiterten damit sechs in der zweiten Förderphase. Bei der dritten Förderlinie „Zukunftskonzepte" gab es in den ersten beiden Auswahlrunden 47 Antragsskizzen und 18 Aufforderungen zu Vollanträgen. In der ersten Auswahlrunde waren Aachen, Karlsruhe und die TU München erfolgreich. In der zweiten

Auswahlrunde kamen 2007 die FU Berlin, die Universitäten Freiburg, Göttingen, Heidelberg, Konstanz und die LMU München dazu. In der dritten Auswahlrunde waren 12 „Exzellenz"-Universitäten erfolgreich. Die Universitäten Freiburg, Göttingen und Karlsruhe schieden aus, Dresden, die HU Berlin, Tübingen und Bremen kamen dazu.

Die deutsche Exzellenzinitiative hat sowohl national wie international eine außerordentlich hohe Aufmerksamkeit erzielt und damit den geförderten Universitäten nicht nur mehr Mittel und Prestige, sondern auch eine erhöhte Anziehungskraft unter Studierenden und Professoren verschafft. So berichten Universitätsrektoren über eine höhere Attraktivität für private Stiftungsmittel. Sie diente international mehrfach als Vorbild für vergleichbare, aber in der Regel geringer dotierte Programme (Gläser und Weingart 2010). National wurde sie ergänzt durch Exzellenzprogramme der Länder (Simon et al. 2010).

Eine sehr hohe positive Bewertung erfuhr die Exzellenzinitiative nicht zuletzt durch die erste Evaluierung im Jahr 2013 u. a. durch viele der internationalen Mitglieder der Evaluierungskommissionen. Allerdings wurden bislang – mit der partiellen Ausnahme der Exzellenzcluster – nur Konzepte, nicht Ergebnisse evaluiert. Im Sommer 2014 wurde wie von vornherein vorgesehen eine Evaluierung des Gesamtprogramms in Gang gesetzt und eine Kommission unter Vorsitz des Schweizer Physikers und Wissenschaftsmanagers Dieter Imboden eingesetzt. Sie soll ihre Ergebnisse auf der Basis eines Sachberichts von DFG und Wissenschaftsrat bis Anfang des Jahres 2016 darlegen.

4.3 Hochschulpakt 2020

Für die Jahre 2011 bis 2015 stellte allein der Bund zunächst 3,2 Mrd. € zur Verfügung, die er inzwischen auf die Fördersumme von 4,7 Mrd. € angehoben hat (BuBeFO 2012, S. 33). Bis 2015 wurden damit über 100.000 Studienplätze zusätzlich geschaffen, bis zum Jahr 2020 sollen es insgesamt 270.000 sein. Über die Gesamtlaufzeit von 2007 bis 2023 werden der Bund 20,3 Mrd. € und die Länder 18,3 Mrd. € für den Ausbau der Studienplätze aufwenden. Ab 2016 soll ein Teil der jährlich zur Verfügung gestellten Mittel für Maßnahmen zur Senkung des Studienabbruchs verwandt werden. Ferner haben sich die Länder verpflichtet, mehr beruflich Qualifizierten den Zugang zum Studium zu öffnen. Neu an der letzten Verwaltungsvereinbarung vom Dezember 2011 ist auch, dass die Länder verpflichtet wurden jährlich Bericht zu erstatten (vgl. Verwaltungsvereinbarung zum Hochschulpakt III).

Teil der Hochschulpakte ist die sogenannte Programmpauschale – pauschale Zuschläge von 20% zur Deckung der mit der DFG-Förderung verbundenen indirekten Projektausgaben – die zunächst vom Bund zu 100% finanziert wurde. Nach langem Ringen wurde die Fortsetzung der Programmpauschale, nun mit einer Erhöhung um zwei von den Ländern getragenen Prozent, beschlossen.

5 Wirkungen

Im Folgenden möchte ich einige Überlegungen über die Auswirkungen der drei Pakte anstellen. Man kann dabei grob unterscheiden zwischen „Inputs" und „Outputs", d. h. zwischen den eingesetzten Mitteln und den Resultaten sowie zwischen beabsichtigten und unbeabsichtigten Folgen. Ferner ist die Frage nach institutionellen Strukturveränderungen und deren Nachhaltigkeit aufzuwerfen (siehe auch Weigmann 2015).

5.1 Investitionen in Forschung und Entwicklung

Die drei Pakte waren ganz ohne Zweifel außerordentlich erfolgreich darin, die öffentlichen Ausgaben für Forschung und Entwicklung zu erhöhen. Damit hat Deutschland nicht nur das Ziel einer Steigerung der Ausgaben für Forschung und Entwicklung (F&E) auf drei Prozent des BSP fast erreicht, sondern in Reaktion auf die Finanzkrise die entsprechenden Anstrengungen sogar verstärkt. Dies ist bemerkenswert vor allem im Vergleich mit anderen entwickelten Industrienationen, die ihre Ausgaben für Forschung eingefroren oder gekürzt haben. Besonders anschaulich ist das im Bundeshaushalt, innerhalb dessen der Etat des BMBF seit 2005 von ca. 6 Mrd. € auf nunmehr 15 Mrd. € gewachsen ist. Aber auch die Beteiligung der Länder beim Aufwuchs des Paktes für Forschung und Innovation (PFI) und die bislang 25% Beteiligung der Länder bei der Exzellenzinitiative (EXI) haben die Länder auf eine außerordentlich wirksame Weise für die Ausweitung ihrer Wissenschaftsausgaben in die Pflicht genommen. Dazu zählen auch die vielfältigen zusätzlichen Exzellenzprogramme in den Ländern, die die EXI vorbereiten und – im Fall des Scheiterns – ergänzen sollten (Simon et al. 2010, S. 285–290). Allerdings hatte diese Länderbeteiligung an PFI und EXI auch ihre Kehrseite. Denn zum einen kürzten manche Länder ihre Hochschuletats, um die durch Staatsvertrag sanktionierten Ausgaben tätigen zu können oder sie benutzten die zusätzlichen Mittel zur Finanzierung der Grundausstattung der Universitäten (Wixroth 2012). Letzten Endes waren die drei Pakte aber ein außerordentlich erfolgreicher Mechanismus, um den Bund sehr viel stärker für Forschung und Lehre in den Hochschulen zu engagieren und eine Verfassungsänderung zu befördern, die es dem Bund erlauben wird, Hochschulen auch institutionell unter bestimmten Rahmenbedingungen (überregionale Bedeutung, bei Einstimmigkeit der Länder) zu fördern. Dieses Engagement des Bundes erscheint freilich unausweichlich, da zum einen die Föderalismuskommission 2005 ihre dritte Aufgabe der Umverteilung des Steueraufkommens zwischen Bund und Ländern nicht erfüllt hat und angesichts der Schuldenbremse für die Länder ab 2020.

5.2 Systemveränderungen

Insbesondere die Exzellenzinitiative hat die deutschen Universitäten in einem hohen Maße mobilisiert und in ihren Strukturen teilweise verändert. Die wiederholten

Antragsverfahren, an denen sich insgesamt mehr als 60 Universitäten beteiligten, haben die Kooperationsbeziehungen zwischen den Hochschullehrern vertieft, z. T. erst gestiftet und die Gestaltungschancen der Hochschulleitungen bei der Profilbildung der Universitäten sowie die Zusammenarbeit zwischen Fachbereichen und Rektoraten bzw. Präsidien massiv verstärkt (OECD 2014). Die Exzellenzinitiative und der Pakt für Forschung und Innovation haben darüber hinaus zu einer deutlich intensiveren Zusammenarbeit zwischen Universitäten und außeruniversitären Forschungseinrichtungen geführt. Nur eine einzige Hochschule – Konstanz – hat es geschafft, den Exzellenzstatus ohne solche Kooperationsbeziehungen zu bekommen (Hertel 2010). Die Kooperation mit außeruniversitären Forschungseinrichtungen gilt für die Hochschulen als Bonus bei allen drei Förderlinien der Exzellenzinitiative und für die außeruniversitären Forschungsorganisationen als Erfolgsindikator bei den Pakt-Monitoring-Berichten (und z. B. bei den Leibniz-Instituten auch als Kriterium bei den Evaluierungen im 7-Jahresturnus). Die Intensität dieser Zusammenarbeit bleibt freilich offen. Mitunter wurde darüber geklagt, dass man die außeruniversitären Forschungsinstitute am Ort zwar gerne bei den Antragsverfahren dabeihabe, sie aber in der Governance und bei den Projekten kaum beteilige. In der Prestigekonkurrenz bei den Antragsverfahren waren Max-Planck-Institute besonders geschätzt – nicht zuletzt bei den Exzellenzclustern – während die Leibniz-Institute insbesondere bei Kooperationen mit Exzellenz-Graduiertenschulen gut vertreten sind.

Ob und wie sich die Struktur der deutschen Hochschullandschaft auf Grund der drei Pakte dauerhaft verändern wird, bleibt abzuwarten. Die EXI hat wesentlich zur zumindest zeitweiligen Durchsetzung des „Differenzierungsparadigmas" beigetragen, nach dem die faktische Ungleichheit in der Qualität der Hochschulen insgesamt und innerhalb der Gruppe der Universitäten offiziell validiert und durch eine differenzielle Ressourcenausstattung unterfüttert wird. Aber bereits die Kombination der „Exzellenz"-Universitäten mit den viel breiter gestreuten Exzellenz-Graduiertenschulen und den Exzellenzclustern war freilich ein gewisser Kompromiss, der den Kreis der Begünstigten deutlich erweiterte. Gegenwärtig ist wiederum in intensiver Diskussion, ob bei Fortführung der EXI auch „regionale Cluster" und die Fachhochschulen einbezogen und neben der Forschungsexzellenz weitere Dimensionen prämiert werden sollen (Lehre, Technologietransfer) (Deutsche Forschungsgemeinschaft und Wissenschaftsrat 2008; Wissenschaftsrat 2013).

5.3 Internationale Sichtbarkeit und Vorbildfunktion

Die Exzellenzinitiative hat die internationale Sichtbarkeit der darin erfolgreichen Universitäten verstärkt, u. a. wegen der hohen Beteiligung ausländischer Gutachter und aufgrund der besseren Ressourcen und höheren Attraktivität für aus dem Ausland zurückkehrende Wissenschaftler und Wissenschaftlerinnen. Die EXI hatte für eine Reihe ähnlicher, wenn auch zumeist weniger ambitionierter Programme im Ausland einen gewissen Vorbildcharakter (z. B. für Frankreich, Südkorea,

Dänemark) als neue Form der Forschungsförderung zwischen Projektförderung und institutioneller Förderung. Umstritten ist freilich, ob die programmatisch ausgerichteten und auf mittlere Fristen angelegten Exzellenzinitiativen (bislang mit dem Gewicht auf der Evaluierung von Konzepten) in den wissenschaftlichen Ergebnissen erfolgreicher sind im Vergleich zu den Evaluierungen von Forschungsleistungen in Kombination mit institutioneller Förderung, wie z. B. dem Research Assessment in Großbritannien (Glaeser und Weingart 2010). Da die letztere Form in Deutschland bislang wegen der verfassungsrechtlichen Rahmenbedingungen ausgeschlossen war, stellt sich diese Frage nach der Verfassungsänderung vom 1. Januar 2015 neu. In beiden Fällen geht es um das Ziel der Steigerung der wissenschaftlichen Leistungsfähigkeit im internationalen Wettbewerb.

5.4 Wissenschaftliche Leistungsfähigkeit

Ob und in welchem Ausmaß die Exzellenzinitiative und der Pakt für Forschung und Innovation zur Erhöhung der wissenschaftlichen Leistungsfähigkeit beigetragen haben, ist derzeit (2015) nur schwer zu bewerten. Dies liegt, neben den generellen methodischen Problemen bibliometrischer Messungen, zum einen an der relativ kurzen Laufzeit der Pakte und zum anderen daran, dass die bibliometrischen Daten nur bis 2012 und z. T. nur bis 2010 verfügbar sind. Die Gesamtzahl der wissenschaftlichen Publikationen ist in Deutschland im Zeitraum 2002 bis 2012 jährlich im Mittel um 2,1% angestiegen und lag damit unter dem weltweiten Wachstum von 4,9%. Deutschlands Anteil ist damit insbesondere wegen dem Aufschwung Chinas rückläufig und liegt hinter den USA und China zusammen mit Japan auf dem dritten Rang. Es geht also ohnehin eher darum, einigermaßen mitzuhalten als weiter an die Spitze zu rücken. Da sich die auf die Anzahl der Forscher normierten Publikationszahlen insgesamt und zwischen den Organisationen kaum geändert haben, ist der Anstieg weitgehend der Erhöhung der Personalzahlen zuzuschreiben.

Der Anteil Deutschlands unter den Ländern mit den weltweit 10% am meisten zitierten Artikeln war leicht rückläufig (von 6 auf 5,9% zwischen 1997–1999 und 2007–2009). Deutschland nimmt hier hinter den USA, Großbritannien und Frankreich den vierten Rang ein (SBFI 2015). Mit 17% aller innerhalb des Landes produzierten Artikel in der Gruppe der Top 10 der am meisten zitierten Artikel liegt Deutschland auf dem fünften Rang – hinter Großbritannien (18%), den USA (20,5%), den Niederlanden (21,5%) und der Schweiz (22%) – und hat sich damit vom achten Rang weg deutlich verbessert (von 14 auf 17%). Dies ist weitgehend den hohen Anteilen und dem Aufwuchs in der Max-Planck-Gesellschaft mit einem Anstieg von 21 auf 24% zwischen 2002 und 2010 geschuldet (Michel et al. 2013). Für die Exzellenzcluster wird auch von einem Anteil von 25% unter den 10% der am meisten zitierten Artikel berichtet. Das wäre in der Tat ein spektakulärer Erfolg.

5.5 Unbeabsichtigte Nebenfolgen der drei Pakte und „vierter Pakt"

Die gravierendste Nebenfolge der Exzellenzinitiative (EXI) ist die Ausweitung der öffentlichen Forschungsgelder in der Form von projektbezogenen Drittmitteln. Ein großer Teil dieser Drittmittel floss ebenso wie ein erheblicher Teil der Aufwüchse beim PFI in die Finanzierung von Promotionsvorhaben. So wurden z. B. über die Hälfte der Mittel aller drei Förderlinien der EXI für Promovierende aufgewandt. Zwar wird in diesem Zusammenhang häufig argumentiert, der Zuwachs an Promovierten sei u. a. deshalb nicht so gravierend für deren Karrierechancen als ihnen neben der Wissenschaft viele andere Bereiche in der Privatwirtschaft und im öffentlichen Dienst offenstünden. Es kann aber gar keinen Zweifel daran geben, dass gerade der im Rahmen der EXI und des PFI ausgewählte und besonders gut betreute wissenschaftliche Nachwuchs Aspirationen auf eine wissenschaftliche Laufbahn hat und auch haben dürfen sollte.

Die sich verschlechternden Karrierechancen des wissenschaftlichen Nachwuchses[2] wurden von der Politik lange ignoriert (u. a. als exklusive Angelegenheit der Bundesländer) (Mayer 2014). Die im Koalitionsvertrag vom November 2013 auf Drängen der SPD verabredete Novellierung des Wissenschaftszeitvertragsgesetzes hat sich nun aber als der Hebel erwiesen, die Lage des wissenschaftlichen Nachwuchses auf die politische Agenda zu setzen. Entsprechend haben die Vorstände der Koalitionsfraktionen auf ihrer Göttinger Klausurtagung am 16. April 2015 beschlossen, neben den 4 Mrd. € für eine zehnjährige Fortsetzung der EXI eine zusätzliche Milliarde € für den wissenschaftlichen Nachwuchs auszugeben. Neben Verbesserungen der Vertragsbedingungen sind insbesondere Programme für die breitere Einführung von *tenure track* Berufungsverfahren, laut Bundesforschungsministerin Johanna Wanka auf der Jahrestagung des Hochschullehrerverbandes am 17. April 2015, im Gespräch.

6 Ausblick

Über die rollierende Fortsetzung des Paktes für Forschung und Innovation und des Hochschulpaktes 2020 konnte zwischen Bund und Ländern sehr rasch Einigung erzielt werden – mit einer hohen Zustimmung der „Betroffenen", also der Hochschulen, der DFG und der außeruniversitären Forschungsorganisationen. Allerdings wurde damit eine Reihe offener Probleme in die Zukunft verschoben. So z. B. die Frage, ob sich der Bund auf Dauer bei der Finanzierung von Studienplätzen engagieren muss und wird und ob er seine Zielsteuerung der „Pakt-Organisationen" fortsetzen und verstärken wird.

---

[2]Laut Heike Schmoll in „Forschung & Lehre" vom 5. Mai 2015 hat sich durch die drei Pakte die Anzahl der Qualifikationsstellen von 108.000 auf 158.000 erhöht. http://www.forschung-und-lehre.de/wordpress/?p=18619. Zugegriffen am 04.06.2015.

Hingegen war in den Monaten nach der Bildung der Großen Koalition im November 2013 lange Zeit unklar, wie es mit der Exzellenzinitiative weitergehen soll. Einerseits ergibt sich aus dem Auslaufen im Jahr 2017 ein erheblicher Druck, rechtzeitig Entscheidungen über die Zeit danach zu treffen. Andererseits ist für das Jahr 2015 eine Evaluierung der Exzellenzinitiative vorgesehen, deren Ergebnisse Johanna Wanka abwarten will. Die GWK und Regierungschefs haben schließlich im November 2014 bzw. im Dezember 2014 – nach erheblichem Druck u. a. von Seiten der Allianz der Forschungsorganisationen – die grundsätzliche Fortsetzung im bisherigen finanziellen Umfang beschlossen. Allerdings sind sowohl die genaue Ausformung der Förderlinien und Auswahlverfahren als auch die Verteilung der Aufbringung der Mittel zwischen Bund und Ländern weiterhin ungeklärt.

Hohe Erwartungen – zumal der unmittelbar Betroffenen – gibt es über eine Fortführung der 2012 erstmals geförderten Vorhaben. Sie wollen die Chance auf eine gleiche Laufzeit wie die bisherigen Vorhaben, wobei sowohl das „Ob" als auch das „Wie" offen bleiben. Auch die Fortführung, sprich Verstetigung ausgewählter Exzellenzcluster scheint wenig umstritten, aber dennoch keineswegs gesichert. Hier würde ein Ende der Exzellenzinitiative auch am stärksten zu Investitionsruinen führen. Höchst umstritten ist allerdings die institutionelle Form. Die DFG möchte laut den Ausführungen ihres Präsidenten auf dem Neujahrsempfang 2015 ihrem Programmprofil die Exzellenzcluster mit auf sieben Jahre verlängerten Evaluierungsperioden hinzufügen. Damit würde die DFG de facto in die institutionelle Förderung einsteigen. Die Leibniz-Gemeinschaft hat die Idee von „Leibniz-Forschungszentren in Universitäten" ins Spiel gebracht (Kleiner 2015). Die DFG möchte auch die Förderlinie Graduiertenschulen aus der Exzellenzinitiative in ihr Programmportfolio übernehmen. Dagegen regt sich allerdings insofern Widerspruch, als die Ausweitung der Doktorandenförderung zunehmend in die Kritik gerät, weil die strukturierte Doktorandenförderung zu den Daueraufgaben der Universitäten gehört (Dörhage 2015). Zunehmende Kritik erfahren die Exzellenz-Graduiertenschulen auch wegen ihrer thematischen Engführung und überzogenen Interdisziplinarität. Hoch umstritten ist die Fortsetzung der dritten Förderlinie der „Zukunftskonzepte" – nicht zuletzt, weil sich Universitäten nicht beliebig an neuen Organisationskonzepten ausrichten können. Die Hochschulrektorenkonferenz (2015) befürwortet die Fortsetzung eines Wettbewerbs um strategische Konzepte, kann sich aber wegen ihrer inneren Heterogenität auf keine Strukturkonzeption einigen. In diesem letzteren Zusammenhang ist heute auch noch offen, aber eher unwahrscheinlich, dass es eine dauerhaftere und weniger evaluationsbelastete Auswahl von „Exzellenzuniversitäten" geben wird. Wahrscheinlicher sind „Profiluniversitäten" mit Exzellenzschwerpunkten in einzelnen Fachgebieten oder thematisch fokussierte „Wissenschaftsregionen", an denen dann auch Fachhochschulen beteiligt sein könnten. Das wäre dann freilich das Ende der Exzellenzinitiative als Mechanismus der Herausbildung international sichtbarer und wettbewerbsfähiger Forschungsuniversitäten.

Schließlich ist augenscheinlich noch gar nicht ausgemacht, wie der Bund seine neuen verfassungsrechtlichen Möglichkeiten gestalten will und wird, und wie er sie finanzieren kann. Er will nicht in eine flächendeckende Finanzierung des Hochschulbereichs einsteigen, und offensichtlich hat er zumindest derzeit auch keine erkennbaren hochschulpolitischen Interessen oder Ziele. Im Bereich der Forschung liegt es dagegen auf der Hand, dass die Programmforschung im Sinne der thematischen Festlegung von Forschungsfeldern ein größeres Gewicht bekommen wird, weil der Bund in sehr viel höherem Maße als die Länder unter einem inhaltlichen *Policy-Druck* steht – nicht zuletzt auch im Kontext der europäischen Forschungspolitik.

Die drei Pakte haben damit die materiellen Rahmenbedingungen des deutschen Wissenschaftssystems für absehbar fast zwei Jahrzehnte gesichert. Mit der Grundgesetzänderung des Artikel 91 b Abs. 1 vom 1. Januar 2015 wurden zugleich die Voraussetzungen dafür geschaffen, sachgerechte Förderungslösungen nicht mehr dem Prokrustesbett verfassungsrechtlicher Vorgaben zu opfern. Dessen ungeachtet bleiben aber eine Reihe von grundsätzlichen Problemen der institutionellen Ordnung von Forschung und Lehre ungelöst bzw. wurden zum Teil durch die drei Pakte sogar verschärft. Dazu zählen die interne Differenzierung zwischen den Hochschulen, die Herausbildung international führender deutscher Universitäten, das Verhältnis von universitärer und außeruniversitärer Forschung, das Verhältnis von Exzellenz in der „Spitze" und in der „Breite", die Ziele und Formen der wissenschaftlichen Karriereverläufe sowie das Verhältnis von Grundlagenforschung und Programmforschung. Es wird abzuwarten sein, ob die Pfadabhängigkeiten des Föderalismus auch in Zukunft nur zweitbeste Lösungen zum Ergebnis haben werden.[3]

Literatur

BuBeFO. 2012. *Bundesbericht Forschung*. Bonn: Bundesministerium für Bildung und Forschung.
Commission of the European Communities. 2002. More research for Europe. Towards 3% of GDP, COM (2002) 499 final. Brussels, 11.09.2002. http://ec.europa.eu/research/era/pdf/com3per cent_en.pdf. Zugegriffen am 06.05.2015.
Deutsche Forschungsgemeinschaft. http://www.dfg.de/foerderung/programme/index.jsp. Zugegriffen am 24.06.2015.
Deutsche Forschungsgemeinschaft und Wissenschaftsrat. 2008. Bericht der Gemeinsamen Kommission zur Exzellenzinitiative an die Gemeinsame Wissenschaftskonferenz. Bonn.
Dörrhage, Walter. 2015. Nachhaltiges Fördern. *Deutsche Universitätszeitung* 4:18–19.
Gemeinsame Wissenschaftskonferenz (GWK). 2011. Pakt für Forschung und Innovation Monitoring-Bericht 2014. Materialien der GWK, Heft 23. Bonn, 2011. http://www.gwk-bonn.de/fileadmin/Papers/GWK-Heft-23-PFI-Monitoring-Bericht-2011.pdf. Zugegriffen am 04.06.2015.
Gemeinsame Wissenschaftskonferenz (GWK). 2012. Pakt für Forschung und Innovation Monitoring-Bericht 2014. Materialien der GWK, Heft 28. Bonn, 2011. http://www.gwk-bonn.de/fileadmin/Papers/GWK-Heft-28-PFI-Monitoring-Bericht-2012.pdf. Zugegriffen am 04.06.2015.
Gemeinsame Wissenschaftskonferenz (GWK). 2013. Pakt für Forschung und Innovation Monitoring-Bericht 2014. Materialien der GWK, Heft 33. Bonn, 2013. http://www.gwk-bonn.de/fileadmin/Papers/GWK-Heft-33-PFI-Monitoring-Bericht-2013.pdf. Zugegriffen am 04.06.2015.

---

[3]Für vorbereitende Informationsgespräche, zahlreiche Hinweise und Kritik an unterschiedlichen Versionen dieses Beitrages danke ich ganz herzlich Christiane Neumann, Margit Bülow-Schramm, Jürgen Schlegel, Ulrich Schreiterer und Karin Zimmermann. Die Verantwortung für den Text liegt aber allein beim Autor.

Gemeinsame Wissenschaftskonferenz (GWK). 2014. Pakt für Forschung und Innovation Monitoring-Bericht 2014. Materialien der GWK, Heft 38. Bonn, 2014. http://www.gwk-bonn.de/fileadmin/Papers/GWK-Heft-38-PFI-Monitoring-Bericht-2014.pdf. Zugegriffen am 04.06.2015.
Gemeinsame Wissenschaftskonferenz (GWK). Bund-Länder-Vereinbarungen zum Pakt für Forschung und Innovation. 2005, 2009, 2015. http://www.gwk-bonn.de/dokumentepublikationen/bund-laender-vereinbarungen/. Zugegriffen am 06.05.2015.
Gemeinsame Wissenschaftskonferenz (GWK). Verwaltungsvereinbarung zwischen Bund und Ländern gemäß Artikel 91 b, Abs. 1,2 Grundgesetz über den Hochschulpakt 2020 (Hochschulpakt III). http://www.gwk-bonn.de/dokumentepublikationen/bund-laender-vereinbarungen/. Zugegriffen am 04.06.2015.
Gläser, Jochen, und Peter Weingart. 2010. Die Exzellenzinitiative im internationalen Kontext. In *Die Exzellenzinitiative. Zwischenbilanz und Perspektiven*, Hrsg. Leibfried Stefan, 233–258. Frankfurt a. M.: Campus.
Hertel, Ingolf Volker. 2010. Und sie bewegen sich doch – Zur Kooperation von Universitäten und außeruniversitären Forschungseinrichtungen im Exzellenzwettbewerb. In *Die Exzellenzinitiative. Zwischenbilanz und Perspektiven*, Hrsg. Stefan Leibfried, 139–160. Frankfurt a. M.: Campus Verlag.
Hochschulrektorenkonferenz (HRK). 2015. „Zur Fortführung der Exzellenzinitiative". Entschließung der 18. HRK-Mitgliederversammlung am 12. Mai 2015 in Kaiserlautern. http://www.hrk.de/positionen/beschluesse-nach-thema/convention/zur-fortfuehrung-der-exzellenzinitiative/. Zugegriffen am 04.06.2015.
Kleiner, Matthias. 2015. Nur so ein Vorschlag. In: Leibniz-Journal 2015/1. http://www.leibniz-gemeinschaft.de/fileadmin/user_upload/downloads/Presse/Journal/Bildung/9_LG_Journal_1_2015_Kolumne.pdf. Zugegriffen am 04.06.2015.
Koenig, Matthias. 2010. Nachwuchsförderung im Rahmen der Exzellenzinitiative. In *Die Exzellenzinitiative. Zwischenbilanz und Perspektiven*, Hrsg. Stefan Leibfried, 201–218. Frankfurt a. M.: Campus Verlag.
Leibfried, Stefan, Hrsg. 2010. *Die Exzellenzinitiative. Zwischenbilanz und Perspektiven*. Frankfurt: Campus Verlag.
Markova, Hristina. 2013. *Exzellenz durch Wettbewerb und Autonomie? Deutungsmuster hochschulpolitischer Eliten am Beispiel der Exzellenzinitiative*. Konstanz: UVK Verlagsgesellschaft.
Mayer, Karl Ulrich. 2013. Produktive Pfadabhängigkeiten. Ein Diskussionsbeitrag zum Verhältnis universitärer und außeruniversitärer Forschung im Kontext der Exzellenzinitiative. Berlin-Brandenburgische Akademie der Wissenschaften: Wissenschaft im Dialog 3/2012, 2. überarbeitete und erweiterte Aufl. 2013.
Mayer, Karl Ulrich. 2014. Kollateralschäden föderaler Wissenschaftspolitik. Berlin-Brandenburgische Akademie der Wissenschaften: Debatte, Heft 13, 80–91. Berlin. http://www.bbaw.de/publikationen/debatten/debatte-13. Zugegriffen am 04.06.2015.
Michels, Carolin, Sonia Conchi, und Rainer Frietsch. 2013. 3. Indikatorbericht. Bibliometrische Indikatoren für den PFI Monitoring Bericht 2014. Fraunhofer-Institut für System- und Innovationsforschung ISI Karlsruhe; Institut für Forschungsinformation und Qualitätssicherung IfQ Berlin; Universität Bielefeld, Institute for Interdisciplinary Studies of Science, 15.10.2013. http://www.bmbf.de/pubRD/3_Indikatorbericht_PFI-Monitoring_Bericht_2014. Zugegriffen am 04.06.2015.
Organisation for Economic Co-operation and Development (OECD). 2014. *Promoting research excellence: New approaches to funding*. Paris: OECD Publishing.
Pasternak, Peer. 2010. Die neue Differenzierung – Exzellenz als Soundtrack der Hochschulreform. *SPW. Zeitschrift für sozialistische Politik und Wirtschaft* 6:19–22.
Schmoch, Ulrich, Nicole Schulze, Carolin Michels, und Peter Neuhäusler. 2011. 1. Indikatorbericht. Bibliometrische Indikatoren für dne PFI Monitoring Bericht 2011. Fraunhofer-Institut für System- und Innovationsforschung ISI Karlsruhe; Institut für Forschungsinformation und Qualitätssicherung IfQ Berlin; Universität Bielefeld, Institute for Interdisciplinary Studies of Science, 22.09.2011.

Schmoll, Heike. 2015. Ein Lob der Vielfalt. Karrierewege zur Professur. In „Forschung & Lehre" vom 5. Mai 2015. http://www.forschung-und-lehre.de/wordpress/?p=18619. Zugegriffen am 04.06.2015.

Schreiterer, Ulrich. 2010. Exzellente Zukunft – Beobachtungen zur Dritten Förderlinie. In *Die Exzellenzinitiative. Zwischenbilanz und Perspektiven*, Hrsg. Stefan Leibfried, 85–113. Frankfurt: Campus Verlag.

Schulze, Nicole, Carolin Michels, Rainer Frietsch, und Sonia Conchi. 2012. 2. Indikatorbericht. Bibliometrische Indikatoren für den PFI Monitoring Bericht 2012. Fraunhofer-Institut für System- und Innovationsforschung ISI Karlsruhe; Institut für Forschungsinformation und Qualitätssicherung IfQ Berlin; Universität Bielefeld, Institute for Interdisciplinary Studies of Science, 06.07.2012.

Seckelmann, Margit. 2012. Das sog. „Kooperationsverbot" und die Mittel seiner Behebung – Sollen Art. 91 b bzw. 104 b GG modifiziert werden? *Die öffentliche Verwaltung. Zeitschrift für öffentliches Recht und Verwaltungswissenschaft* 18:701–709.

Simon, Dagmar, Patricia Schulz, und Michael Sondermann. 2010. Abgelehnte Exzellenz – Die Folgen und die Strategien der Akteure. In *Die Exzellenzinitiative. Zwischenbilanz und Perspektiven*, Hrsg. Stefan Leibfried, 161–197. Frankfurt a. M.: Campus Verlag.

Staatssekretariat für Bildung, Forschung und Innovation (SBFI). 2015. *Meistzitierte Publikationen: Leistung der Schweiz 1997–2011. Bericht des Staatssekretariats für Bildung, Forschung und Innovation*. Bern: Eidgenössisches Department für Wirtschaft, Bildung und Forschung.

Statistisches Bundesamt. 2013. Ausgaben, Einnahmen und Personal der öffentlichen und öffentlich geförderten Einrichtungen für Wissenschaft, Forschung und Entwicklung. Fachserie14, 3.6. https://www.destatis.de/DE/Publikationen/Thematisch/BildungForschungKultur/Forschung/AusgabenEinnahmenPersonal.html. Zugegriffen am 04.06.2015.

Weigmann, Katrin. 2015. Lessons learned in Germany. *EMBO-Reports, Science & Society* 16(2): 142–145.

Wissenschaftsrat. 2000. Thesen zur künftigen Entwicklung des Wissenschaftssystems in Deutschland. Drs. 4594/00. Berlin. http://www.wissenschaftsrat.de/download/archiv/4594-00.pdf. Zugegriffen am 04.06.2015.

Wissenschaftsrat. 2013. Perspektiven des deutschen Wissenschaftssystems. Drs. 3228-13, Braunschweig. http://www.wissenschaftsrat.de/download/archiv/3228-13.pdf. Zugegriffen am 04.06.2015.

Wixroth, Jürgen. 2012. Langfristige Entwicklungen der außeruniversitären Forschungsförderung. *Wirtschaftsdienst* 92(3): 193–201.

Teil V
Akteure und Orte

Staatliche Akteure der Wissenschaftspolitik

Andreas Stucke

Inhalt

1 Einleitung 485
2 Besonderheiten der Wissenschaftspolitik in Deutschland 486
   2.1 Strukturmerkmale 486
   2.2 Politikarenen 490
   2.3 Instrumente 492
3 Stabilität und Wandel 494
   3.1 Veränderungen des wissenschaftspolitischen Ordnungsrahmens 495
   3.2 Das Beispiel Exzellenzinitiative 497
4 Fazit 499
Literatur 500

1 Einleitung

Die Entwicklungschancen des Wissenschaftssystems in Deutschland werden durch institutionelle Grundlagen und politische Verhandlungssysteme beeinflusst, die in ihrer Ausprägung und in ihrem Zusammenspiel als nationale Besonderheiten gelten müssen. Die „Kulturhoheit" der 16 Länder und die Etablierung eines gleichwohl eigens für Bildung und Forschung zuständigen, diese Zuständigkeiten letztlich stetig erweiternden Bundesministeriums gehören ebenso zu diesen Besonderheiten wie der große außeruniversitäre Sektor mit handlungsfähigen Organisationen sowie einflussreiche Selbstverwaltungsorganisationen der Wissenschaft. Damit ist der Raum, um wissenschaftspolitisch zu gestalten, in einer später näher zu erläuternden Weise vorgeprägt. Die Dynamiken, die diese Besonderheiten entfalten (oder auch nicht) werden darüber hinaus durch allgemein beobachtbare Tendenzen des Regierens in

---

A. Stucke (✉)
Geschäftsstelle des Wissenschaftsrates, Köln, Deutschland
E-Mail: stucke@wissenschaftsrat.de

modernen Gesellschaften überformt. Wenn sozialwissenschaftliche Arbeiten – zum Beispiel geleitet durch die Theoriechiffre „Governance" (Benz et al. 2007) – den Stellenwert und die Wirkungen „dezentraler Steuerungsmechanismen" für modernes staatliches Handeln betonen, so greifen sie damit die Erfahrung auf, dass der Normalfall des Regierens heute nicht mehr als „Durchregieren" einer staatlichen Exekutive gegenüber gesellschaftlichen Akteuren verstanden werden kann. Regieren bedeutet vielmehr, unabhängig davon, ob es auf dem Feld der Sozial-, Wirtschafts-, oder eben der Wissenschaftspolitik geschieht, ein Zusammenspiel verschiedener staatlicher und gesellschaftlicher Akteure mit jeweils unterschiedlichen Absichten, Interessen und Machtchancen in wechselnden „Konstellationen", „Gremien", „Systemen", „Netzwerken" usw. Für die Wissenschaftspolitik leuchtet das in besonderer Weise ein, da diese nur in wenigen Fällen als Normsetzungspolitik (z. B. in Gestalt ethisch begründeter Forschungsverbote) auftritt, sondern vor allem durch Förderprogramme und Organisationsentscheidungen zu wirken versucht, also durch Instrumente, die das Handeln von Akteuren im Wissenschaftssystem anregen und ermöglichen wollen. Wissenschaftspolitiker aus Legislative und Exekutive tun daher gut daran, sich eng mit den Repräsentanten und Organisationen der Wissenschaft zu vernetzen. Tatsächlich geschieht diese Vernetzung von Bund, Ländern und organisierter Wissenschaft in Deutschland übergeordnet vor allem in zwei Politikarenen: dem Wissenschaftsrat (WR) als dem nationalen Beratungsgremium für wissenschaftspolitische Fragen und der Gemeinsamen Wissenschaftskonferenz des Bundes und der Länder (GWK) als dem Gremium, das staatliche Entscheidungen unmittelbar vorbereitet bzw. trifft.

Im Folgenden werden zunächst vier institutionelle Strukturmerkmale näher beschrieben, die für die deutsche Ausprägung von Wissenschaftspolitik im Handlungsfeld von Bund, Ländern und organisierter Wissenschaft kennzeichnend sind und die in einem gewissen Maße sowohl die Handlungsinstrumente, derer sich die staatliche Wissenschaftspolitik in der Regel bedient, als auch die Verhandlungskonstellationen in WR und GWK vorgeben. Anschließend wird am Beispiel der Föderalismusreform und der Exzellenzinitiative versucht zu verdeutlichen, wie prägend die Akteurskonstellation von Bund, Ländern und Wissenschaft in Deutschland für politische Entscheidungen ist.

2 Besonderheiten der Wissenschaftspolitik in Deutschland

2.1 Strukturmerkmale

Als die Entwicklung des Wissenschaftssystems prägendes Merkmal gar nicht zu überschätzen ist die *geteilte Verantwortung von Bund und Ländern in Fragen der Wissenschaftspolitik*. Seit Gründung der Bundesrepublik 1949 bildet die „Kulturhoheit der Länder" den grundgesetzlich verankerten Rahmen für staatliches Handeln in der Wissenschaftspolitik. Das bedeutet, dass die dauerhafte institutionelle Förderung von Hochschulen zuerst und vorrangig Länderangelegenheit ist und der Bund auf diesem Gebiet vor der jüngsten Grundgesetzreform Ende 2014 kein eigenes Initiativ-

und institutionelles Gestaltungsrecht geltend machen konnte (Hohn und Schimank 1990; Stamm 1981; Stucke 1993, 2006a). Bis heute existiert, ausgenommen die Sonderfälle der Bundeswehrhochschulen und der Verwaltungsfachhochschulen, und anders als in anderen föderalen Staatssystemen (z. B. Schweiz: ETH Zürich), keine Hochschule in Trägerschaft des Bundes in Deutschland. Die eingeschränkten Fördermöglichkeiten des Bundes führten dazu, dass der Bund seine wissenschaftspolitischen Programmziele in der Vergangenheit (zunächst: Atom- und Weltraumforschung bzw. Datenverarbeitung) wie auch in jüngerer Zeit (z. B. Klima- und Umwelt- oder Gesundheitsforschung) wesentlich durch Gründung und Weiterentwicklung außeruniversitärer Forschungseinrichtungen (vor allem der HGF-Institute, der vormaligen „Großforschung") und durch Projektförderung an den Hochschulen zu verwirklichen sucht(e). Denn auf diesen Gebieten hatte sich der Bund in den 1950er- und 1960er-Jahren, zunächst geregelt durch befristete Verwaltungsabkommen, eine politische Zuständigkeit „erarbeiten" können, bevor 1969 die kooperative Verantwortung von Bund und Ländern für bestimmte Tatbestände (wie die institutionelle Finanzierung der außeruniversitären Forschung aber auch die gemeinsame Finanzierung des Hochschulbaus) neu Eingang in das Grundgesetz gefunden hatte. Mit Ausnahme der Abschaffung des Hochschulbaus als Gemeinschaftsaufgabe von Bund und Ländern im Rahmen der Föderalismusreform 2006, hatte sich substanziell durch die Verfassungsreform gar nicht so viel geändert. Tatsächlich wurden dem Bund mit der Möglichkeit „Vorhaben der Wissenschaft und Forschung an Hochschulen" sowie „Forschungsbauten" und „Großgeräte" an Hochschulen mitzufinanzieren, auch für den Hochschulsektor weitreichende, auch infrastrukturelle Gestaltungsmöglichkeiten eingeräumt. Auf dieser Grundlage konnten Bund und Länder zum Beispiel gemeinsam den „Hochschulpakt 2020" oder die „Exzellenzinitiative" mit jeweils mehrjährigen Laufzeiten finanzieren. Die Föderalismusreform von 2006 war insofern besser als ihr Ruf; auch wird sich bei differenzierter Betrachtung die in der wissenschaftspolitischen Öffentlichkeit verbreitete Rede vom „Kooperationsverbot" von Bund und Ländern in der Hochschulpolitik so pauschal nicht aufrechterhalten lassen. Der Bund hatte vielmehr, wie oben geschildert, schon in der Vergangenheit projektförmig sehr weitreichende Möglichkeiten der Mitgestaltung und Mitfinanzierung an Hochschulen und hat diese auch genutzt. Allein die dauerhafte institutionelle Mitfinanzierung von Hochschulen war ihm bislang verwehrt, insofern bedeutet die jüngste Grundgesetzänderung von 2014, die ihm künftig erlaubt, Hochschulen dauerhaft mitzufinanzieren, eine echte Zäsur und eine substanzielle Erweiterung seiner Handlungsmöglichkeiten.[1] Ob und wie er diese Möglichkeiten künftig nutzt, wird man abwarten müssen. Es wird zu beobachten sein, wie stark sich ein politischer Gestaltungswille des Bundes artikulieren wird, welche finanzpolitischen Spielräume dem Bund künftig zur Verfügung stehen und ob sich die Bundes-

---

[1]Der 2014 reformierte Art. 91b GG lautet nun: „Bund und Länder können aufgrund von Vereinbarungen in Fällen überregionaler Bedeutung bei der Förderung von Wissenschaft, Forschung und Lehre zusammenwirken. Vereinbarungen, die im Schwerpunkt Hochschulen betreffen, bedürfen der Zustimmung aller Länder. Dies gilt nicht für Vereinbarungen über Forschungsbauten einschließlich Großgeräten."

länder über ihre gemeinsamen wie ihre eigenen Interessen in einer Weise verständigen, die eine dauerhafte Bundesmitwirkung bei der Gestaltung der Hochschulen „regeln" hilft. An dem grundlegenden Muster aber, dass ohne die finanzielle Mitbeteiligung des Bundes die Ziele der Wissenschafts- und Forschungspolitik nicht zu verwirklichen sind, der Bund in seinen programmatischen Gestaltungsmöglichkeiten aber auf die Abstimmung mit den Ländern verwiesen ist, wird sich nichts ändern, solange es eine rechtlich verankerte gemeinsame Verantwortung für die wesentlichen Fördertatbestände im außeruniversitären und im Hochschulbereich gibt. Daraus werden sich auch in Zukunft Abstimmungsnotwendigkeiten ergeben, die innerhalb bestimmter „intermediärer" Gremien, vor allem im Wissenschaftsrat und der Gemeinsamen Wissenschaftskonferenz von Bund und Ländern, abgearbeitet werden müssen.

Eine zweite Besonderheit deutscher Wissenschaftspolitik ist die Rolle *fokaler, eigens für die Förderung von Wissenschaft und Forschung zuständiger Akteure auf Länder-, vor allem aber auf der Bundesebene*. International betrachtet ist die Existenz eines eigenen Ministeriums für „Bildung und Forschung", das nach wie vor immerhin rund 50% aller Mittel für Forschung und Entwicklung auf Bundesebene verausgabt, eine Besonderheit. Zwar haben auch andere entwickelte Nationen, in der Regel sogar früher als die Bundesrepublik, eine gesamtstaatliche Wissenschaftspolitik mit entsprechenden exekutiven Befugnissen eingeführt. Diese Befugnisse verteilen sich dort jedoch in der Regel sehr viel breiter auf unterschiedliche Ressorts (Verteidigung, Wirtschaft, Verkehr usw.), zum Teil koordiniert durch den Regierungschef (der sich wiederum durch einen „chief scientific adviser", wie in Großbritannien, beraten lässt). Das erzeugt eine engere Anbindung der Wissenschaftspolitik an direkte politische Zwecksetzungen (der wirtschaftlichen Innovations- und Technologieförderung, der Verkehrs- oder Verteidigungspolitik). Das Bundesministerium für Bildung und Forschung der Bundesrepublik agiert demgegenüber, auch in seinen großen Förderprogrammen, weitaus grundlagenorientierter. Das wird auch daran deutlich, dass eine seiner Aufgaben darin besteht, im Rahmen der beschriebenen gemeinsamen Verantwortung von Bund und Ländern die institutionelle Mitfinanzierung der großen außeruniversitären Forschungseinrichtungen, und zwar nicht nur im anwendungsnahen Bereich (Fraunhofer Gesellschaft), sondern auch im Grundlagenbereich (Max-Planck-Gesellschaft) zu gestalten und zu administrieren. Die politische Zurückhaltung des BMBF, seine Forschungsförderung unmittelbar politischen Zwecken zu unterwerfen, erklärt sich historisch auch als Resultat langjähriger Zuständigkeitsaushandlungen mit den Ländern, die eine zentrale politische Steuerung „ihrer" Einrichtungen nicht akzeptiert hätten. Der hohe Anteil staatlicher Grundfinanzierung durch das BMBF verhindert aber auch die zu starke Abhängigkeit der Forschungseinrichtungen von Zuwendungen der anderen Ressorts, die Anwendungsinteressen sehr viel dezidierter vertreten. Die Existenz eines die Forschungsautonomie „achtenden" fokalen wissenschaftspolitischen Akteurs auf Bundesebene ist also ein wesentlicher Garant für die relative Autonomie der Forschungsorganisationen in Deutschland.

Die großen Forschungseinrichtungen in Deutschland sind aber nicht nur bei der Wahl ihrer Forschungsschwerpunkte und -themen relativ autonom, sie haben im

Lauf der Zeit auch eine *hohe korporative Handlungsfähigkeit, einzeln und gemeinsam als „Allianz", gegenüber den staatlichen Akteuren aus Bund und Ländern* aufbauen können. Damit ist eine weitere institutionelle Ausgangskonstellation angesprochen, die die Steuerungs-, Entwicklungs- oder Reformfähigkeit des deutschen Wissenschaftssystems prägt. Festmachen lässt sie sich vor allem an den Selbstverwaltungsorganisationen der Wissenschaft: der Deutschen Forschungsgemeinschaft (DFG) als Förderorganisation der zweckfreien Grundlagenforschung, der Max-Planck-Gesellschaft (MPG) als Trägerorganisation für die Grundlagen- sowie der Fraunhofer-Gesellschaft (FhG) als Trägerorganisation für die angewandte Forschung. Anders, als die übrigen außeruniversitären Sektoren des Forschungssystems (Helmholtz-Gemeinschaft [HGF], Wissenschaftsgemeinschaft Gottfried Wilhelm Leibniz [WGL], erhalten DFG, MPG und FhG eine Globalfinanzierung, was ihnen als korporative Akteure eine weitaus größere Steuerungsmöglichkeit zum Beispiel bei der Etablierung neuer Förderprogramme oder der Gründung neuer Institute gibt. Zwar sitzen Vertreter des Bundes und der Länder mit Stimmrecht in den Entscheidungsgremien dieser Gesellschaften; ein „Durchregieren" der staatlichen Akteure ist aber formal nur schwer möglich und kommt praktisch nicht vor, auch da es dem bewährten wechselseitigen „Komment" nicht entspricht. Für die staatlichen Akteure, vor allem den Bund, bedeutet dieses: Er kann aus seiner Sicht wichtige forschungspolitische Entscheidungen, zum Beispiel über neue Schwerpunktsetzungen, weder direkt, noch indirekt erzwingen. Er muss vielmehr darauf setzen, dass eigene Programminteressen (z. B. Stärkung der Alternsforschung) in den Forschungsorganisationen wissenschaftlich und organisatorisch sowie in den Ländern bzw. dem Sitzland anschlussfähig sind. Erst wenn diese Voraussetzung gegeben ist, erweisen sich zusätzliche finanzielle Anreize des Bundes (z. B. Unterstützung beim Aufbau der Infrastruktur) als sinnvoll, um das eigene Anliegen zu befördern. Für den Bund ist eine thematische Steuerung leichter, insbesondere gegenüber den Zentren der Helmholtz-Gemeinschaft, die er zu 90% institutionell finanziert, aber auch im Verhältnis zur Leibniz-Gemeinschaft (50% Mitfinanzierung des Bundes). Beide Organisationen besitzen vor allem keine Hoheit über die Budgets „ihrer" Einrichtungen; diese unterstehen vielmehr unmittelbar Bund und Ländern, die auf diese Weise direkt Einfluss ausüben können. Dennoch ist es auch den Dachorganisationen HGF und WGL im Laufe der Zeit gelungen, eine beschränkte korporative Handlungsfähigkeit aufzubauen, die Bund und Länder in vielfältige Abstimmungsprozesse führen.

Diese und ähnliche Prozesse verweisen auf ein viertes Merkmal bundesdeutscher Wissenschaftspolitik, das ausdrücklich genannt werden soll: den *hohen formalen Verflechtungsgrad staatlicher und wissenschaftlicher Akteure* (Mayntz 1994, S. 31–39). Parallel zu den tatsächlichen vielfältigen Interdependenzen, in denen die staatlichen Akteure untereinander und vor allem aber im Verhältnis zu den entsprechenden gesellschaftlichen (vor allem wissenschaftlichen) Akteuren stehen, haben sich eine Reihe von stabilen formellen und informellen Beziehungen zwischen diesen Akteuren herausgebildet. Hinsichtlich ihrer Reichweite und ihres Formalisierungsgrades reichen diese von regelmäßigen, aber darüber hinaus nicht regulierten wechselseitigen Informationsgesprächen, der formalen Mitgliedschaft staatlicher Akteure in den Aufsichtsgremien der meisten wissenschaftlichen Akteure bis hin zur wechselseitigen Abstimmung von Bund, Ländern und Wissenschaft in den zentralen Beratungs- und Entscheidungsarenen. Hervorzuheben sind in diesem Zusammenhang wiederum zwei Politikarenen, die alle relevanten Akteure der deutschen Wissenschaftspolitik regelmäßig zusammenführen: der Wissenschaftsrat und die Gemeinsame Wissenschaftskonferenz von Bund und Ländern.

2.2 Politikarenen

Die wichtigste Beratungsarena für wissenschaftspolitische Fragen in der Bundesrepublik ist der 1957 gegründete Wissenschaftsrat, in dem Wissenschaftlerinnen und Wissenschaftler aus allen institutionellen Bereichen des Wissenschaftssystems, Persönlichkeiten des öffentlichen Lebens sowie Vertreter aus den Wissenschaftsministerien von Bund und Ländern regelmäßig zusammenkommen. Dem Wissenschaftsrat kommt aufgrund seiner Unabhängigkeit ein eigener Akteurstatus zu (zur Funktionsweise des Wissenschaftsrats vgl. Neidhardt 2012; Bartz 2007; Stucke 2006b). Das Proprium des Wissenschaftsrates, das ihn auch international zu einer singulären Einrichtung macht, liegt darin, dass er zwar zum einen als Beratungsorgan von Bund und Ländern fungiert (und dementsprechend von unmittelbarer Entscheidung entlastete Empfehlungen aussprechen kann, die über den Status quo hinausweisen), die staatlichen Adressaten seiner Beratung aber mit Stimmrecht an der Verabschiedung seiner Empfehlungen mitwirken. Auf diese Weise kann man mit einem gewissen Recht die Umsetzung seiner Empfehlungen durch die Politik erwarten. Das hindert den Wissenschaftsrat nicht daran, auch zu übergreifenden mittel- und langfristigen Entwicklungen des Wissenschaftssystems Stellung zu nehmen und dabei neue Ideen zu kreieren, die nicht schon durch staatliche Konzepte und Programme vorbereitet sind. Seine Wirkung entfaltet er, begünstigt durch seine „hybride" Zusammensetzung mit Vertretern von Staat und Wissenschaft, aber vor allem dann, wenn es gilt, bestimmte wünschenswerte institutionelle Entwicklungen des Wissenschaftssystems (z. B. Maßnahmen zur Verbesserung der Situation des wissenschaftlichen Nachwuchses an den Hochschulen) zwischen den wichtigen Akteurgruppen verbindlich zu notifizieren. Staatlichen Akteuren steht mit dem Wissenschaftsrat mithin eine Gelegenheit zu Verfügung, wissenschaftspolitische Programmideen (mit) zu entwickeln, im wissenschaftspolitischen Diskurs zu „testen", mit anderen Akteuren abzustimmen und auf diese Weise mit einer erhöhten Legitimität zu versehen. Zu praktisch allen wichtigen Fragen der institutionellen Entwicklung des Wissenschaftssystems (Europäisierung von Ausbildung und Forschung, Qualitätssicherung in Lehre und Forschung, Zukunft der Universitäten und Fachhochschulen und Entwicklung des außeruniversitären Sektors) liegen Empfehlungen des Wissenschaftsrates vor bzw. werden solche gegenwärtig vorbereitet.

Die wichtigste Arena für die Vorbereitung staatlicher Entscheidungen in der Wissenschaftspolitik ist die Gemeinsame Wissenschaftskonferenz des Bundes und der Länder (GWK). Gegründet als „Bund-Länder-Kommission für Bildungsplanung" (BLK), ist sie unmittelbar Ergebnis der 1969 neu in das Grundgesetz aufgenommenen Gemeinschaftsaufgaben zur Förderung der Forschung von überregionaler Bedeutung (Art. 91b GG; alt). Die wesentlichen Aufgaben der GWK lassen sich in zwei Aufgabenfelder gruppieren: Zum einen hat sie u. a. die Haushalte der gemeinsam von Bund und Ländern finanzierten außeruniversitären Forschungseinrichtungen (MPG, FhG, aber auch HGF und WGL), der Akademien (acatech und Nationale Akademie Leopoldina) sowie der DFG zu beschließen. Zum anderen bereitet sie die Entscheidungen zu in aller Regel finanzwirksamen Programmen der Wissenschaftsförderung vor, die, zumal wenn sie die Hochschulen betreffen, der Zustimmung des Bundes und aller Länder bedürfen. Wichtige aktuelle Beispiele sind der Hochschulpakt, der Pakt für Forschung und Innovation, das Programm Forschungsbauten an Hochschulen oder die Exzellenzinitiative. Mit ihrer Entscheidungskompetenz in Finanzfragen von Wissenschaft und Forschung ist die GWK damit das zentrale Bezugsgremium für die korporativen Akteure der Wissenschaft, die ihre Forderungen in diesem Kontext anmelden und begründen müssen (vgl. Husung 2014).

Wissenschaftsrat und Gemeinsame Wissenschaftskonferenz können somit als die institutionellen Orte der deutschen Wissenschaftspolitik gelten, an denen sich Akteure aus Bund, Ländern und Wissenschaft immer wieder über zentrale Fragen abstimmen, die keiner von ihnen allein entscheiden bzw. erfolgreich in politische Programme umsetzen kann. In den letzten Jahrzehnten haben sich auf diese Weise durch immer wiederkehrende Verhandlungskonstellationen relativ stabile Interaktionsmuster im Verhältnis der staatlichen Akteure untereinander (Bund und Länder) bzw. im Verhältnis der staatlichen Akteure zu den Akteuren aus der Wissenschaft herausgebildet. Es ist an dieser Stelle nicht möglich, die dahinter stehenden Handlungslogiken und Prozesse im Einzelnen in ihrem Entwicklungsverlauf nachzuzeichnen, dazu liegt inzwischen eine Reihe von Arbeiten vor (Hohn und Schimank 1990; Schimank 2014). Als Ergebnis lässt sich festhalten: Im Binnenverhältnis der staatlichen Akteure, Bund und Länder, beruhen die relativ stabilen Interaktionsziehungen wesentlich auf einem Tausch von Geld (Bund) gegen Gestaltungsoptionen (Länder). Das bedeutet, dass sich der finanzstärkere Bund nur mit zusätzlichem Geld wissenschaftspolitische Mitwirkungsrechte auf verfassungsrechtlich den Ländern vorbehaltenen Gebieten (vor allem Förderung der Hochschulen) „erkaufen" konnte und kann. Umgekehrt waren die Länder immer wieder bereit, im Gegenzug zur Bereitstellung erheblicher Bundesmittel, den Bund an der Finanzierung seiner Forschungseinrichtungen und Hochschulen zu beteiligen. Im Verhältnis der staatlichen Akteure zu den wissenschaftlichen Akteuren war und ist es vor allem ein Tausch von finanziellen Ressourcen (Staat) gegen Orientierung an staatlichen Programmen (Wissenschaft), der das wesentliche Muster der Interaktion beider Akteurgruppen darstellt. Dahinter steht, dass die massiv ressourcenabhängige moderne Forschung sich immer auch an den allgemeinen Erwartungen staatlicher Akteure und Programme orientiert und in diesem Sinne, wenigstens teilweise, eine Einschränkung ihrer Autonomie hinnehmen muss, will sie langfristig die Bearbeitung ihrer Forschungsfragen sichern. Auf der anderen Seite stehen staatliche Akteure unter dem öffentlichen Druck, vor allem solche Forschung zu fördern, die, wenn schon keinen unmittelbaren, dann doch einen nachvollziehbaren Langfristnutzen für die Gesellschaft erbringt. Staatliche Akteure erwarten deshalb zunehmend von der

Wissenschaft, dass diese ihre Forschung gesellschaftlich „einbettet" und hinsichtlich ihrer Qualität und „Nebenfolgen" (auch ethischer Art) regelmäßiger Überprüfung unterzieht. Beispiele dafür lassen sich in der Bundesrepublik vor allem im Zuge der Expansion und programmatischen Ausdifferenzierung des Wissenschaftssystems ab den 1970er-Jahren des vorigen Jahrhunderts finden. Peter Weingart und andere (Weingart et al. 1976; Küppers et al. 1978) haben die Zunahme der Interaktionen von Wissenschaft und Politik und die Bereitschaft, den Systemlogiken der jeweils anderen Seite Rechnung zu tragen, intensiv am Beispiel der aufkommenden „Umweltforschung" untersucht. Es lassen sich eine Reihe weiterer Beispiele praktisch zu allen wichtigen Teilbereichen der modernen Gesellschaft nennen, zum Beispiel auch die Themen Bildung und Bildungsforschung, bei denen politisches und staatliches Handeln und wissenschaftliche Entwicklungsdynamiken eng korrespondieren. Dies kulminiert derzeit gewissermaßen in der generellen Erwartung an die Wissenschaft, sich an der Bewältigung sogenannter „großer gesellschaftlicher Herausforderungen" zu beteiligen (Wissenschaftsrat 2015) – und in der Befürchtung, dass Wissenschaft, die sich wesentlich auf das Ziel der „transformativen" Umgestaltung der Gesellschaft verpflichtet, im Begriff ist, den evolutionären Gewinn eines stets erkenntnisoffenen, primär auf neue Erkenntnis ausgerichteten Wissenschaftssystems aufzugeben (vgl. Strohschneider 2014). Was alle die genannten Entwicklungen im Detail für die Autonomie wissenschaftlichen Handelns bedeuten, wird sich pauschal und ohne hinreichende empirische Grundlage nicht beantworten lassen. Eine direkte staatliche Steuerung der Forschung resultiert daraus jedoch nicht, da staatliche Akteure dazu gar nicht über das notwendige Detailwissen verfügen. Forschungssteuerung erfolgt vielmehr im Wesentlichen indirekt als *Organisations*steuerung, d. h. durch die Etablierung neuer Organisationen und Infrastrukturen sowie die Bereitstellung von temporären finanziellen Ressourcen. Damit schaffen staatliche Akteure einen Möglichkeitsraum für bestimmte Forschung und engen den Raum für andere alternative Forschungsaktivitäten ein.

2.3 Instrumente

Aus dem Tatbestand, dass eine direkte staatliche Steuerung der Wissenschaft nicht möglich ist, ergeben sich Folgen für das Handeln staatlicher Akteure. Denn staatliche Akteure sind nicht nur damit überfordert, an den internen Kommunikationen der Wissenschaft teilzunehmen; sie müssen vielmehr umgekehrt die Wissenschaft schon bei der Definition der praktisch-politischen Probleme beteiligen, die mit Hilfe wissenschaftlichen Wissens gelöst werden sollen.

> „Gesellschaftliche Probleme müssen in wissenschaftliche übersetzt, Qualität muss an den Standards der Fachgemeinschaften gemessen werden. Dazu ist jeweils ein kompetentes Urteil über die Inhalte der Wissensproduktion erforderlich. Deshalb werden Wissenschaftler systematisch in die Governance der Forschung einbezogen und damit betraut, wissenschaftsexterne Erwartungen in wissenschaftliche Ziele und Kriterien zu übersetzen, die dann im Peer Review zur Grundlage von Entscheidungen über Forschungsinhalte werden" (Gläser und Lange 2007, S. 446).

Staatlichen Akteuren stehen ausschließlich institutionelle, bzw. institutionell wirksame Instrumente zur Verfügung, um Entwicklungen des Wissenschaftssystems zu beeinflussen. Dabei kommt ihnen zu Gute, dass moderne Forschung, vor allem in den Lebens-, Natur- und Ingenieurwissenschaften, in hohem Maße organisations- und ressourcenabhängig ist, so dass eine Beteiligung staatlicher Akteure bei der Entscheidung über neue Forschungsprogramme inzwischen eine Selbstverständlichkeit geworden ist. Im Wesentlichen sind es drei wissenschaftspolitische Steuerungsinstrumente, die staatliche Akteure nutzen, um die wissenschaftlichen Akteure dazu „anzureizen", die programmatischen Interessen der Politik mit zu berücksichtigen:

– *Schaffung von „Gelegenheitsstrukturen"* für Forschung, d. h. in der Regel die Gründung von Instituten, Institutsverbünden und die Bereitstellung einer entsprechenden Forschungsinfrastruktur und deren dauerhafte Finanzierung. Auf dieses Instrument hat der Bund in der Vergangenheit in erheblichem Maße zurückgegriffen; die Ausweitung der außeruniversitären Forschung in Deutschland, vor allem im Rahmen der früheren „Großforschung" (jetzt: Helmholtz-Gemeinschaft [HGF]) sowie der „Blaue-Liste-Institute" (Wissenschaftsgemeinschaft Leibniz [WGL]) verdankt sich der Anwendung dieses Instruments. Aber auch wenn auf der Grundlage der Empfehlungen des Wissenschaftsrates über Anträge für neue Forschungsbauten entschieden wird, wirkt dieses Instrument, das selektiv Forschungsmöglichkeiten schafft, langfristig strukturbildend.
– Ein zweites Instrument ist die *Bereitstellung zusätzlicher finanzieller Anreize* (Projektmittel) für bestimmte temporäre Forschungen, Forschungslinien und Initiativen. Dieses Instrument hat in den letzten Jahren in allen Sektoren des Wissenschaftssystems an Bedeutung gewonnen, vor allem an den Hochschulen, die zunehmend neben der Grundfinanzierung zusätzliche Forschungsinteressen über Mittel der DFG, der Stiftungen oder auch der staatlichen Akteure finanzieren. Das BMBF ist seit langem neben der DFG und der Wirtschaft einer der größten Drittmittelgeber für die Hochschulen. Die Exzellenzinitiative des Bundes und der Länder ist ebenfalls ein Beispiel für dieses Instrument. Aber auch in der außeruniversitären Forschung wird in der Steuerung auf zusätzliche Leistungsanreize gesetzt, so müssen sich beispielsweise die Helmholtz-Zentren seit einigen Jahren um einen Teil ihrer staatlichen Mittel im Rahmen der „programmorientierten Förderung" bewerben.
– Schließlich können staatliche Akteure dadurch die Steuerung des Wissenschaftssystems beeinflussen, dass sie den wissenschaftlichen Akteuren bestimmte *interne Governance-Formen* (z. B. weitgehende Autonomie) verordnen. Die Delegation von Entscheidungskompetenzen der Ministerien an die Hochschulen in Fragen der Budgethoheit, der Errichtung oder Abschaffung von Studiengängen oder der Einstellung von Professoren sind Beispiele für eine verordnete Selbststeuerung, die ganz neue strukturprägende Akteure, wie Hochschulräte, auf die Bühne der Hochschulpolitik gebracht hat. Damit wird den Hochschulen die Möglichkeit eröffnet, ihre Handlungsfähigkeit zu steigern und sich zu starken korporativen Akteuren zu entwickeln. Dass damit die Interessen der Organisation Hochschule insgesamt – und weniger die Belange einzelner Institute oder

Professoren zum Bezugspunkt wissenschaftspolitischer Entscheidungen werden, liegt auf der Hand und ist gewollt. Als mögliche Folge ist jedoch auch ein „Gemeinschaftsversagen" der Wissenschaft insgesamt denkbar, das daraus resultiert, dass die lokale Optimierung des wissenschaftlichen Profils der einzelnen Hochschulen im Sinne „marktgängiger" Fächer (ungewollt) zu einem nationalen „Aussterben" der kleinen, keineswegs nur geisteswissenschaftlichen Fächer führt. Für die Beobachtung derartiger Effekte stehen im deutschen Wissenschaftssystem insbesondere die intermediären Organisationen, und hier als Beratungseinrichtung vor allem der Wissenschaftsrat, zur Verfügung.

3 Stabilität und Wandel

Diese Strukturmerkmale und Akteurskonstellationen bundesdeutscher Wissenschaftspolitik geben einen institutionellen Rahmen vor, der die staatliche Problemlösungsfähigkeit entscheidend prägt. Es ist also nicht mehr die grundsätzliche Frage „Do institutions matter?", die es zu beantworten gilt, sondern vielmehr die konkrete und weiterführende Frage, in welcher Weise der vorhandene Ordnungsrahmen der Wissenschaftspolitik Handlungsmuster und Entscheidungen hervorbringt, die bestimmte Typen von Stabilität und Wandel wahrscheinlich machen. In praktisch politischer Absicht liegt dabei auch die Frage nahe, ob das bundesdeutsche System der Wissenschaftspolitik möglicherweise „zu stabil" ist, um als notwendig erkannte Maßnahmen rasch umsetzen zu können und wie – falls man die gestellte Frage bejaht – vorhandene institutionelle Dynamiken durchbrochen oder mindestens schrittweise verändert werden können. Bei der Beantwortung dieser Fragen empfiehlt es sich, zwei Ebenen möglicher Stabilität bzw. Veränderung zu unterscheiden. Die Ebene des wissenschaftspolitischen Ordnungsrahmens, also das System der zum Teil formal geregelten und durch langjährige Praxis eingeübten Beziehungen zwischen Bund, Ländern und wissenschaftlichen Akteuren und die Ebene der wissenschaftspolitischen Entscheidungen, d. h. der institutionellen Reformen mit dem Ziel, das deutsche Wissenschaftssystem in bestimmten Hinsichten noch leistungsfähiger zu machen.

Was Veränderungen auf der Ebene des wissenschaftspolitischen Ordnungsrahmens anbelangt, so lässt sich feststellen, dass sich im Verhältnis der drei wesentlichen Akteurgruppen im deutschen Wissenschaftssystem (Bund, Länder, Wissenschaftsorganisationen) über die letzten Dekaden ein dauerhaft stabiles Gleichgewicht herausgebildet hat. Es konnte exogene Ereignisse – wie die Vereinigung der beiden deutschen Staaten 1990 oder die Föderalismusreform von 2006, die zu einer Bedrohung dieses Gleichgewichts hätten führen können – bislang erfolgreich integrieren. „Erfolgreich integrieren" meint in diesem Fall, dass diese Ereignisse mit Hilfe des etablierten wissenschaftspolitischen Handlungsrahmens so verarbeitet werden konnten, dass bestehende Interessen und Aushandlungsmuster, einschließlich der gesetzlichen und administrativen Grundlagen im Prinzip unverändert geblieben sind. Damit wird noch nichts über die Wünschbarkeit eines solchen stabilen Gleichgewichts zwischen den wichtigsten korporativen Akteuren gesagt, zumal sich dieses aus Sicht der beteiligten

Staatliche Akteure der Wissenschaftspolitik

"etablierten" Akteure anders darstellen wird als aus der Sicht von "Außenseitern", die von einer Veränderung des Status quo hätten profitieren können. Ob dieses auch für die jüngste Verfassungsreform von 2014 gilt, die dem Bund künftig auch institutionelle Mitfinanzierungsmöglichkeiten an den Hochschulen einräumt, bleibt abzuwarten. Da diese Reform eine wesentliche Veränderung des wissenschaftspolitischen Ordnungsrahmens in Deutschland darstellt, soll sie zunächst mit ihren wesentlichen Triebkräften dargestellt werden, bevor am Beispiel der Exzellenzinitiative typische Entwicklungsmuster bundesdeutscher Wissenschaftspolitik dargestellt werden.

3.1 Veränderungen des wissenschaftspolitischen Ordnungsrahmens

Die "Maßnahmen zur Modernisierung der bundesstaatlichen Ordnung" (Föderalismusreform I; 2003–2006) sind ein exogenes Ereignis, welches das etablierte wissenschaftspolitische Gleichgewicht stören und dauerhaft hätte verändern können. Bei der Föderalismusreform handelt es sich um ein *exogenes* Ereignis, bei dem die politische Initiative, im Gegensatz zu der erneuten Reform des Art. 91b GG von 2014, nicht von den wissenschaftspolitischen Akteuren ausging. Vielmehr folgte sie allgemeinen staats- und verfassungspolitischen Zielen, die Zuständigkeiten von Bund und Ländern zu entflechten, um auf diese Weise die Entscheidungskompetenzen beider Ebenen zu stärken und die Gesetzgebungsverfahren zu vereinfachen (Heyden 2007). Damit war die jahrzehntelang gemeinsame Wissenschaftspolitik von Bund und Ländern in Frage gestellt, was für keine der beteiligten Akteurgruppen in diesem Politikfeld praktisch von Vorteil gewesen wäre. Eine völlige Entflechtung der Aufgaben von Bund und Ländern hätte bedeutet, dass der Bund seine Gestaltungsmöglichkeiten auf bestimmte Bereiche der Förderung der außeruniversitären Forschung beschränkt hätte, die Länder wesentliche Bereiche der Wissenschaftsförderung (wie den kompletten Hochschulsektor einschließlich Hochschulbauten und Infrastruktur) in Zukunft allein hätten finanzieren müssen und die Wissenschaft (je nachdem) ausschließlich von einem staatlichen Akteur, dessen Steuerungsabsichten und Finanzkraft abhängig gewesen wäre. Damit waren erhebliche Unsicherheiten in Perspektive, so dass die Wissenschaftspolitiker aus Bund, Ländern und Wissenschaftsorganisationen im Prozess der Aushandlung der Föderalismusreform 2006 Argumente vorbrachten und ihren Einfluss geltend machten, um die gemeinsame staatliche Handlungsfähigkeit für die Förderung der Wissenschaft zu erhalten. Im Ergebnis kann man dieses aus Sicht der engagierten Akteure (und vor dem Hintergrund des *worst case*, einer völligen Entflechtung) als gelungen betrachten. Auf der einen Seite kam es zwar tatsächlich zu einer Entflechtung der Zuständigkeiten von Bund und Ländern (zum Beispiel Abschaffung der Hochschulrahmengesetzgebung durch den Bund sowie der Gemeinschaftsaufgabe Hochschulbau). Auf der anderen Seite wurden die verfassungsrechtlichen Voraussetzungen geschaffen, dass Bund und Länder nicht nur weiterhin bei der gemeinsamen Förderung der außeruniversitären Forschungsorganisationen, sondern auch im Hochschulsektor bei der Förderung von Forschungsbauten und Großgeräten sowie bei allgemeinen

Vorhaben von Wissenschaft und Forschung (z. B. im Bereich Lehre und Studium) zusammenarbeiten konnten. Man kann es als Erfolg der drei wissenschaftspolitischen Akteurgruppen und Resultat ihres funktionierenden wissenschaftspolitischen Netzwerks betrachten, dass die Föderalismusreform 2006 zwar zu einer Veränderung einzelner materieller Grundlagen ihrer Zusammenarbeit, nicht aber zu einer Veränderung der grundlegenden Kooperations- und Verhandlungsstrukturen geführt hat. Dieser Erfolg wurde dadurch noch einmal gekrönt, dass es Bund, Ländern und Wissenschaftsorganisationen späterhin gelang, öffentlich für die Aufhebung des sogenannten „Kooperationsverbots" von Bund und Ländern bei der Förderung der Wissenschaft zu werben. Ein „Verbot", das so, wie dargestellt, zwar nie bestanden hat, das aber den wissenschaftspolitischen Akteuren über mehrere Jahre eine Argumentationsfolie für eine verbesserte Förderung von Wissenschaft und Forschung bereitstellte. Hinter diesen Bestrebungen stand durchaus ein sehr reales Problem: der Tatbestand, dass die außeruniversitäre Forschung in Deutschland über Jahrzehnte, verfassungsrechtlich sanktioniert, kontinuierlich mit Bundesmitteln ausgebaut werden konnte, während die Hochschulen ähnliche Aufwüchse aus ihren Länderhaushalten nicht erwarten konnten und zusätzliche Forschungsaktivitäten nur über befristete Zusatzmittel, wesentlich auch vom Bund, verwirklichen konnten. Damit war, was die Entwicklungschancen von außeruniversitärer Forschung und Hochschulen anbelangte, von vornherein eine Asymmetrie eingebaut, die die Forderung, Hochschulen sollten die „Organisationszentren der Wissenschaft" (WR 2006) sein, zu einer rhetorischen Figur verkümmern ließ. Sachlich ging es also mit der erneuten Verfassungsreform um das durchaus nachvollziehbare Anliegen, dass der Bund die verfassungsrechtliche Gelegenheit erhalten sollte, Hochschulen nicht nur projektförmig, sondern künftig auch institutionell zu fördern. Dahinter stand aktuell auch die konkrete Erwartung, einen Teil der im Rahmen der Exzellenzinitiative neu geschaffenen, aber befristeten, Forschungsstrukturen mit Hilfe des Bundes künftig dauerhaft finanzieren zu können. Ergebnis der angestrebten Verfassungsreform ist der neue Art. 91b GG, der eben diese Mitfinanzierungsmöglichkeit des Bundes erstmalig eröffnet. Damit hatte sich das wissenschaftspolitische „Akteursdreieck" – Bund, Länder, Wissenschaftsorganisationen – einmal mehr als handlungsfähig und das etablierte wissenschaftspolitische Gleichgewicht als stabil erwiesen.

Dass sich die Verhandlungsmuster und Austauschrelationen der drei Akteurgruppen über die letzten Jahrzehnte als handlungsfähig und relativ stabil erwiesen haben, sagt allerdings, trotz der bemerkenswerten Aufwüchse für diesen Politikbereich in der letzten Dekade, noch nichts über die Bewertung dieses Tatbestandes. Weder Stabilität noch Wandel noch Haushaltsaufwüchse sind Werte an sich und je nachdem welchen Gesichtspunkt man annimmt, kann man aus dem spezifischen Ordnungssystem der Wissenschaftspolitik in Deutschland funktionale und dysfunktionale Wirkungen ableiten. Gemeinhin wird der Vorteil der relativ stabilen Austauschbeziehungen zwischen Bund, Ländern und wissenschaftlichen Akteuren darin gesehen, dass damit für die Beteiligten hohe wechselseitige Erwartungssicherheit gegeben ist. Dabei ist natürlich immer auch zu fragen, ob das Wissenschaftssystem jenseits der etablierten Förderer, Benefiziare und Programme ausreichend responsiv und flexibel ist, um neue Herausforderungen und Themen rasch aufgreifen zu können. Dafür, dass diese Flexibilität zum Teil gegeben ist, kann durchaus die Exzellenzinitiative als Beleg gelten, da Bund, Länder und Wissenschaftsorganisationen mit dieser Initiative letztlich sehr einmütig, verbindlich und über einen relativ langen Zeitraum einen neuen und innovativen Impuls für die Förderung der Spitzenforschung an den Hochschulen gegeben haben. Gleichzeitig wird sich am Beispiel der Exzellenzinitiative möglicherweise aber auch das Gegenteil zeigen lassen, nämlich dass innovative Ideen zur Weiterentwicklung der Initiative auch deshalb nicht aufgegriffen werden, weil sie in den etablierten Verhandlungskontexten von Bund, Ländern und organisierter Wissenschaft als unwahrscheinlich gelten müssen. Die Diskussionen und Entscheidungen über die Fortsetzung der Exzellenzinitiative, die gegenwärtig (August 2015) im Gange sind, werden mit zeitlichem Abstand vielleicht einmal in nuce auch die Schwierigkeiten offenbaren, ein eingeschwungenes Wissenschaftssystem auf neue Aufgaben vorzubereiten.

3.2 Das Beispiel Exzellenzinitiative

Die Exzellenzinitiative ist zunächst ein gutes Beispiel dafür, wie die vielfältigen Interdependenzen zwischen Bund und Ländern sowie zwischen staatlichen und wissenschaftlichen Akteuren während der Phase der Programmkonzipierung und -implementierung in der ersten Hälfte der 2000er-Jahre zunächst zu einer Entscheidungsverlangsamung führten, die aber den Erfolg der Initiative erst möglich gemacht hat. Es gibt inzwischen eine breit geteilte Auffassung, dass es ausgesprochen dysfunktional gewesen wäre, wenn sich der Bund 2004 mit seinem ursprünglichen Plan durchgesetzt und mit seinen zusätzlichen Finanzmitteln rasch ein Programm „Spitzenuniversitäten" implementiert hätte, mit dem binnen weniger Monate in vereinfachten Verfahren eine Reihe von „Spitzenuniversitäten" identifiziert worden wären. Es waren die Länder im Kontext der Föderalismusreform, die dieses auf der Grundlage ihrer verfassungsrechtlichen Kompetenzen in Hochschulfragen verhinderten und die großen Wissenschaftsorganisationen (DfG, HRK, WR), die dazu argumentativ sekundierten und Alternativkonzepte konzipierten. Diese Interventionen führten dazu, dass das Programm zwar 2005 mit Verzögerung startete, dann aber als eine nach wissenschaftlichen Kriterien geleitete Projektförderung konzipiert war, die eine hohe Verfahrenslegitimität und Akzeptanz für sich beanspruchen konnte. Das war in diesem Fall insofern besonders wichtig, als die Exzellenzinitiative unter Zielvorgaben und einem Erwartungsdruck und damit in einem Maße unter öffentlicher Beobachtung stand, wie keine vergleichbare einzelne Fördermaßnahme im deutschen Wissenschaftssystem zuvor. Es war von vornherein klar, dass eine Fördermaßnahme, die die institutionelle Differenzierung des Wissenschaftssystems primär über einen Prozess der Leistungsdifferenzierung in der Forschung vorantreiben und sie damit sichtbar machen würde, auch „Gewinner" und „Verlierer" hervorbringen und Fragen nach dem künftigen Verhältnis von „Breite" und „Spitze" oder der Rolle von (guter) Lehre und Ausbildung etc. aufwerfen würde.

Damit erzeugte diese Initiative von vornherein einen erheblichen Legitimationsbedarf auf allen Entscheidungsebenen.

Zwischen 2005 und 2012 standen während der ersten Förderphase für die drei Förderlinien (Graduiertenschulen, Exzellenzcluster und Zukunftskonzepte) insgesamt 1,9 Mrd. € zur Verfügung und für die Weiterführung bis 2017 noch einmal 2,7 Mrd. €. Davon finanzieren der Bund 75 und das jeweilige Sitzland 25%.

Es bleibt abzuwarten, wie das Ergebnis der inzwischen abgeschlossenen Förderrunden verarbeitet werden wird, das vor allem mit der dritten Förderlinie („Zukunftskonzepte") wenige Universitäten deutlich hervorhob und damit eine öffentlich sichtbare Leistungsdifferenzierung des Hochschulsystems eingeleitet hat. Zeigen wird sich dieses auch bei den Entscheidungen über die Fortsetzung der Exzellenzinitiative, die wiederum nur in enger Abstimmung zwischen Bund, Ländern und beteiligten Wissenschaftsorganisationen möglich sein wird. Darauf, dass es eine Fortführung der Exzellenzinitiative nach 2017 grundsätzlich geben solle, hatten sich Bund und Länder bereits im Herbst 2014 verständigt (Grundsatzbeschluss 2014), auch um die Wissenschaft zu beruhigen und eine allgemeine Erwartungssicherheit zu schaffen. Daneben haben Bund und Länder eine internationale Evaluierungskommission eingesetzt und beauftragt, bis Anfang 2016 ihrerseits Einschätzungen und Empfehlungen zur Exzellenzinitiative abzugeben. Es zeigt sich darin das bereits aus der Genese des Programms bekannte erfolgreiche Muster, einen breiten Konsens zum einen durch Abstimmung auf der staatlichen Seite (Bund und Länder) und dann zwischen staatlichen Akteuren und Wissenschaft zu erreichen. Noch einmal: dass sich keiner der staatlichen Akteure, Bund wie Länder, in dieser Frage allein und die staatliche Seite insgesamt gegen die Wissenschaft direkt hat durchsetzen können und wollen, ist durchaus funktional: es stärkt wissenschaftliche Qualitäts- gegenüber politischen Opportunitätskriterien und sichert eine breit legitimierte Basis der Entscheidungen. Ob damit für eine Neuauflage der Exzellenzinitiative ab 2016 das bestmögliche oder vielleicht nur ein gegenwärtig konsensuell machbares Programm herauskommt, wird Gegenstand von Diskussionen sein. Kontroverse Fragen, um die es hier gehen könnte, betreffen zum Beispiel die Einbeziehung ganzer Wissenschaftsregionen statt einzelner Einrichtungen in die Förderung der Exzellenzinitiative, die Berücksichtigung von Leistungsdimensionen jenseits der Forschung, also die Berücksichtigung von Leistungen in der Lehre, beim Wissenstransfer und Aufbau von Forschungsinfrastrukturen sowie die Einbeziehung der Fachhochschulen.[2]

---

[2]Der Wissenschaftsrat (2013) hatte in seinen Grundsatzempfehlungen zu den „Perspektiven des deutschen Wissenschaftssystems" vom Juli 2013 angeregt, die Schwerpunktbildung in anderen Leistungsbereichen der Hochschulen zu fördern und dabei auch die Fachhochschulen einzubeziehen. Der Grundsatzbeschluss von Bund und Ländern zur Fortführung der Exzellenzinitiative nennt entsprechend als erstes Ziel „die Hochschulen in der Ausbildung fachlicher und strategischer Profile zu unterstützen, die sich auf *alle* Leistungsbereiche der Hochschule beziehen können" (Grundsatzbeschluss 2014, Hervorh. d. Autors).

4 Fazit

Zieht man abschließend ein Fazit zu den Steuerungschancen staatlicher Akteure im Wissenschaftssystem und dazu, wie die Wissenschaftspolitik neuen Herausforderungen begegnet, zeigt sich, dass das Politikfeld Wissenschaft in Deutschland von großer Stabilität und Kontinuität geprägt ist und insgesamt eher evolutionären Entwicklungslinien folgt. Wenn man sich neben den drei grundlegenden Steuerungsformen, die staatlichen Akteuren überhaupt zur Verfügung stehen (Schaffung von Gelegenheitsstrukturen, Bereitstellung zusätzlicher finanzieller Anreize, Verordnung von Governance-Formen), noch einmal die hochgradig verflochtenen Interaktionsstrukturen im deutschen Wissenschaftssystem in Erinnerung ruft, wird sehr deutlich, dass auch in Zukunft keine sprunghafte, sondern immer nur eine evolutionäre Weiterentwicklung des Wissenschaftssystems wahrscheinlich ist und institutionelle Innovationen (wie die Exzellenzinitiative) aufgrund der verflochtenen Entscheidungsstrukturen stets einer längeren Vorbereitung und Abstimmung bedürfen.

Bei der Bewertung dieses Tatbestandes sollten aber nicht nur die Kosten, sondern auch die Vorteile dieses stabilen Politiknetzwerkes aus Bund, Ländern und organisierter Wissenschaft in Rechnung gestellt werden. Immerhin ist es auf diese Weise in den letzten Jahrzehnten gelungen, auch im internationalen Vergleich erhebliche Wachstumsraten für Wissenschaft und Forschung in Deutschland zu erzeugen. Darüber hinaus fließt ein Großteil der Mittel für die Forschung in Deutschland nach wie vor in die Grundlagenforschung und wird in den allermeisten Fällen durch die Akteure im Wissenschaftssystem selbst verteilt und administriert. Damit korrespondiert ein Selbstverständnis der staatlichen Akteure der Wissenschaftspolitik, sich mit direkten Interventionen in das Wissenschaftssystem zurückzuhalten und bei zentralen wissenschaftspolitischen Entscheidungen die Verständigung mit der Wissenschaft zu suchen. Durch die enge Abstimmung von Bund, Ländern und Wissenschaftsorganisationen hat sich ein System der *checks and balances* herausgebildet, das vor allem die Autonomie des Wissenschaftssystems stärkt. Darin kann man auch eine Systemtugend sehen. Denn ein relativ autonomes Wissenschaftssystem, das auf Erwartungssicherheit und Vertrauen im Verhältnis zu den staatlichen Akteuren setzt, kann sein Leistungsvermögen auf lange Sicht am besten ausspielen.

Diese grundlegenden Vorteile eines stabilen wissenschaftspolitischen Akteursnetzwerks werden vor dem Hintergrund diskretionärer „tagespolitischer" Entscheidungen und Nicht-Entscheidungen und bei nie vollständig zu befriedigenden Ressourcenbedarfen – irgendwo werden immer Mittel für Infrastruktur, Nachwuchs oder gute Lehre fehlen – leicht übersehen. Und tatsächlich hat ein derartig verflochtenes, in seinen Abläufen bewährtes System der Entscheidungsvorbereitung auch Kosten. Diese liegen nicht nur dort, wo notwendige Entscheidungen und Mittelflüsse nicht schnell genug organisiert werden können, weil vorher aufwendige Abstimmungsprozesse stattfinden müssen. Sie zeigen sich vor allem dort, wo über Jahre „akkumulierte" wissenschaftspolitische (Förder-) Entscheidungen Strukturen geschaffen haben, die nicht mehr ohne weiteres revidierbar sind, selbst wenn sie im Nachhinein als suboptimal angesehen werden. Derartige „Pfadabhängigkeiten" existieren in mehrfacher Hinsicht im deutschen Wissenschaftssystem. Ein markantes Beispiel für Effekte pfadabhängiger

Prozesse ist die Asymmetrie der Entwicklungschancen von Universitäten und außeruniversitären Forschungseinrichtungen. Diese gehört ohne Zweifel zu den „Kosten" der über Jahrzehnte praktizierten Politikverflechtung von Bund und Ländern im Bereich der Wissenschaft. Denn durch die bis 2014 bestehende Unmöglichkeit durch den Bund Hochschulen auch institutionell zu fördern, hat er seine institutionellen Förderaktivitäten (mit Ausnahme der Förderung der DFG) ausschließlich auf den außeruniversitären Sektor gerichtet, der entsprechend bis zuletzt relativ hohe Wachstumsraten aufweist. Demgegenüber weisen die primär von den jeweiligen Länderhaushalten abhängigen Hochschulen über Jahrzehnte hinweg Entwicklungsrückstände auf nahezu allen Gebieten auf. Zu den interessanten Fragen dürfte deshalb gehören, ob hier in Zukunft durch die Reform des Art. 91b GG Ende 2014 eine Änderung eintreten wird. Damit im Zusammenhang steht die Frage, ob die Förderung durch die Exzellenzinitiative, die angetreten war, die Hochschulen zu stärken, diesen beabsichtigten Effekt auch tatsächlich wird erreichen können, indem geförderte Strukturen tatsächlich eine nachhaltige Perspektive an den Hochschulen erhalten – oder aber zur Verstetigung von unstreitig hervorragender Forschung wieder nur der Weg in die außeruniversitäre Forschung bleibt, was einer perversen Verkehrung der ursprünglichen Förderziele gleichkäme.

Dennoch: Will man sich, um solchen Effekten der Politikverflechtung von Bund und Ländern von vornherein zu entgehen, einen von allen Fesseln des kooperativen Föderalismus befreiten finanzstarken und steuerungswilligen politischen Akteur wirklich wünschen? Wahrscheinlich nur dann, wenn er gleichzeitig die Autonomie des Wissenschaftssystems respektiert – was auf Dauer aber nicht sehr wahrscheinlich ist. Auch die Wissenschaft hat deshalb gute Gründe, eher auf die inkrementelle Weiterentwicklung des Wissenschaftssystems durch eine geteilte Verantwortung der staatlichen Akteure in Bund und Ländern zu setzen.

Literatur

Bartz, Olaf. 2007. *Der Wissenschaftsrat. Entwicklungslinien der Wissenschaftspolitik in der Bundesrepublik Deutschland 1957–2007*. Stuttgart: Franz Steiner Verlag.
Benz, Arthur, Lütz, Susanne, Schimank, Uwe, und Georg Simonis. 2007. Hrsg. *Handbuch Governance. Theoretische Grundlagen und empirische Anwendungsfelder*. Wiesbaden: VS Verlag.
Gläser, Jochen, und Stefan Lange. 2007. Wissenschaft. In *Handbuch Governance. Theoretische Grundlagen und empirische Anwendungsfelder*, Hrsg. Arthur Benz, Susanne Lütz, Uwe Schimank und Georg Simonis, 437–452. Wiesbaden: VS Verlag.
Grundsatzbeschluss für eine neue Bund-Länder-Initiative (Nachfolge Exzellenzinitiative) vom 11. Dezember 2014.
Hohn, Hans-Willy, und Uwe Schimank. 1990. *Konflikte und Gleichgewichte im Forschungssystem. Akteurkonstellationen und Entwicklungspfade in der staatlich finanzierten außeruniversitären Forschung*. Frankfurt a. M.:/New York: Campus.
Husung, Hans-Gerhard. 2014. Die Förderung von Wissenschaft und Forschung als Gestaltungsaufgabe von Bund und Ländern: Die Gemeinsame Wissenschaftskonferenz (GWK). In *Handbuch Qualität in Studium und Lehre: Evaluation nutzen – Akkreditierung sichern – Profil schärfen*, Hrsg. Winfried Benz, Jürgen Kohler und Klaus Landfried, (B 4.3).
Küppers, Günter, Peter Lundgreen, und Peter Weingart. 1978. *Umweltforschung – Gesteuerte Wissenschaft?* Frankfurt a. M.: Suhrkamp.

Mayntz, Renate unter Mitarbeit von Hans-Georg Wolf. 1994. *Deutsche Forschung im Einigungsprozeß,* Die Transformation der Akademie der Wissenschaften der DDR 1989 bis 1992. Frankfurt a. M./New York: Campus.

Neidhardt, Friedhelm. 2012. Institution, Organisation, Interaktion – Funktionsbedingungen des Wissenschaftsrats. *Leviathan* 40(2): 271–296.

Schimank, Uwe. 2014. Hochschulfinanzierung in der Bund-Länder-Konstellation: Grundmuster, Spielräume und Effekte auf die Forschung. In *Wissenschaftspolitik im Dialog*. Eine Schriftenreihe der Berlin-Brandenburgischen Akademie der Wissenschaften, Heft 11/2014.

Stamm, Thomas. 1981. *Zwischen Staat und Selbstverwaltung. Die deutsche Forschungspolitik im Wiederaufbau 1945–1965*. Köln: Verlag Wissenschaft und Politik.

Strohschneider, Peter. 2014. Zur Politik der Transformativen Wissenschaft. In *Die Verfassung des Politischen. Festschrift für Hans Vorländer*, Hrsg. A. Brodocz, D. Herrmann, R. Schmidt, D. Schulz und J. Schulze Wessel, 175–194. Wiesbaden: Springer.

Stucke, Andreas. 1993. *Institutionalisierung der Forschungspolitik. Entstehung, Entwicklung und Steuerungsprobleme des Bundesforschungsministeriums*. Frankfurt a. M./New York: Campus.

Stucke, Andreas. 2006a. Brauchen wir ein Forschungsministerium des Bundes? In *Das Wissensministerium. Ein halbes Jahrhundert Forschungs- und Bildungspolitik in Deutschland*, Hrsg. Peter Weingart und Niels C. Taubert, 299–307. Weilerswist: Velbrück.

Stucke, Andreas. 2006b. Der Wissenschaftsrat. In *Handbuch Politikberatung*, Hrsg. Svenja Falk, Dieter Rehfeld, Andrea Römmele und Martin Thunert, 248–255. Wiesbaden: VS Verlag.

von Heyden, Wedig. 2007. Die deutsche Hochschulpolitik zwischen föderaler Vielfalt und gesamtstaatlicher Verantwortung. In *Bildung und Wissenschaft als Standortfaktoren*, 49–62. Tübingen: Mohr Siebeck.

Weingart, Peter, Günter Küppers, und Peter Lundgreen. 1976. Wissenschaftspolitik und Wissenschaftsentwicklung – eine Analyse der Beziehung zwischen politischer Wissenschaftssteuerung und wissenschaftlicher Entwicklungsdynamik. In *Wissenschaftsproduktion und soziale Struktur*, Hrsg. Peter Weingart, 166–205. Frankfurt a. M.: Suhrkamp.

Wissenschaftsrat. 2006. Empfehlungen zur künftigen Rolle der Universitäten im Wissenschaftssystem, Drs. 7067-06. Berlin, 27.01.2006.

Wissenschaftsrat. 2013. Perspektiven des deutschen Wissenschaftssystems. Drs. 3228-13. Braunschweig 12.07.2013.

Wissenschaftsrat. 2015. Zum wissenschaftspolitischen Diskurs über große gesellschaftliche Herausforderungen, Positionspapier, Drs. 4594–15. Stuttgart 25.04.2015.

Differenzierung im deutschen Hochschulsystem

Jürgen Enders

Inhalt

1	Einleitung	503
2	Historische und quantitative Entwicklung des deutschen Hochschulsystems	504
3	Differenzierung und Entdifferenzierung von Hochschultypen	506
4	Ausdifferenzierung und Stratifizierung	510
5	Fazit	513
	Literatur	515

1   Einleitung

In den letzten Jahrzehnten sind Fragen der institutionellen Struktur des Hochschulsystems immer wieder Gegenstand der politischen und wissenschaftlichen Aufmerksamkeit gewesen. Im Vordergrund steht die Frage, welches Ausmaß an Einheitlichkeit und Vielfalt der institutionellen Landschaft einem modernen und leistungsfähigen Hochschulsystem angemessen ist: Wie viel Differenzierung ist nützlich oder schädlich für die Leistungsfähigkeit einzelner Hochschulen und des Hochschulsystems insgesamt? Welche Rolle kommt der horizontalen Differenzierung (etwa nach Größe, Aufgaben oder fachlichem Profil der Hochschulen) und der vertikalen Differenzierung (etwa nach Aufgaben in der Forschung oder der Lehre, der Qualität und Reputation der Hochschulen) zu? Wie stabil oder instabil sind einmal geschaffene institutionelle Ordnungen, welche Eigendynamik der Angleichung oder Differenzierung entwickelt sich im Hochschulsystem, und was ist die Rolle staatlicher Steuerung? Lässt sich die Frage nach der angemessenen institutionellen Ordnung überhaupt noch national beantworten, wenn Prozesse der europäischen und globalen Kooperation und Konkurrenz an Bedeutung gewinnen?

J. Enders (✉)
Higher Education Management, University of Bath, Bath, Großbritannien
E-Mail: J.Enders@bath.ac.uk

In der Forschung zu Stabilität und Wandel der institutionellen Struktur des Hochschulsystems wird auf verschiedene Aspekte hingewiesen, die für die institutionelle Dynamik der Hochschulentwicklung eine besondere Rolle spielen (Meek et al. 1996, 2000). Dazu gehören die spannungsreiche Koppelung der Aufgaben der Hochschulen im Bildungs-, Wissenschafts- und Innovationssystem, die Expansion des Hochschulsystems im Übergang von der Elite- zur Massenuniversität, die Forderung nach einer stärkeren praxis- und berufsrelevanten Ausbildung, der Bedeutungsgewinn grundlagen- und anwendungsorientierter Forschung und deren Koppelung sowie die Rolle der Hochschulen in der regionalen und nationalen Entwicklung und im internationalen Wettbewerb.

Zugleich werden in der international vergleichenden Forschung unterschiedliche Ansätze zu der Frage vertreten, welche Entwicklungsdynamik hinsichtlich der institutionellen Ordnung der Hochschulsysteme zu beobachten sei (Krücken und Meier 2006; Scott 1995; Teichler 1988, 2005). Vertreter des *Kontinuitätsansatzes* weisen darauf hin, dass sich nationale Hochschulsysteme trotz gleichartiger Herausforderungen strukturell sehr unterschiedlich entwickeln und die vielfältigen Modelle der nationalen Hochschulsysteme ein erstaunliches Beharrungsvermögen besitzen. Vertreter des *Stratifizierungsansatzes* verweisen auf Evidenzen eines zunehmenden internationalen Trends der horizontalen und vertikalen Differenzierung zwischen den Hochschulen. Vertreter des *Konvergenzansatzes* beobachten internationale Angleichungstendenzen, wobei die Imitation der besten (Forschungs) Universitäten Maßstab und Ziel für alle anderen Hochschulen ist.

Die Entwicklung des westdeutschen Hochschulsystems liefert empirisches Material für alle drei Ansätze. Bis Mitte der 1960er-Jahre stand die Restauration und Wahrung des tradierten Universitätsmodells Humboldtscher Prägung im Vordergrund. Ende der 1960er-Jahre traten im Zuge der Bildungsexpansion die Fachhochschulen als Hochschulen neuen Typus hinzu, deren Aufgaben durch staatliche Rahmensetzungen deutlich von denen der Universitäten abgesetzt wurden. Dies führte zu einer stärkeren Differenzierung der Hochschullandschaft entlang zweier Typen, wobei an der Vorstellung der Gleichwertigkeit der Universitäten festgehalten wurde. In den letzten 15 Jahren geriet diese institutionelle Struktur durch Prozesse der Ausdifferenzierung innerhalb der jeweiligen Hochschultypen und der Entdifferenzierung zwischen den beiden Hochschultypen erheblich in Unordnung (Wissenschaftsrat 2006). Hinzu kommt eine wachsende Zahl von Hochschulen in privater Trägerschaft (Stifterverband für die deutsche Wissenschaft 2010; Wissenschaftsrat 2012) sowie private und staatliche duale Hochschulen, die verschiedene Modelle der Verzahnung hochschulischer Ausbildung und beruflicher Praxis anbieten (Wissenschaftsrat 2013).

2 Historische und quantitative Entwicklung des deutschen Hochschulsystems

Für die Entwicklung und das Selbstverständnis der Universitäten im 20. Jahrhundert in Deutschland war lange ein Leitbild prägend, das sich auf die Tradition der Humboldtschen Reformen des 19. Jahrhunderts berief und so einen weitgehend ungebrochenen Wiederaufbau der westdeutschen Universitäten nach dem Zweiten Weltkrieg entlang dieser Tradition ermöglichte. Bis in die 1950er-Jahre hinein expandierte das Hochschulsystem durch Vergrößerung der bestehenden Einrichtungen unter Wahrung des herkömmlichen Universitätsmodells, wobei der Begriff „Universität" in Westdeutschland nur für bestimmte multi-disziplinäre Einrichtungen der Lehre und Forschung verwendet wurde. Neben den 18 Universitäten bestanden in den 1950er-Jahren 13 spezialisierte Hochschulen mit Programmen in den Bereichen Ingenieurwesen, Medizin, Agrarwissenschaften und Betriebswissenschaften sowie mehr als 100 zumeist kleine Einrichtungen der Lehrerausbildung, Kunst und Musik sowie der Theologie. In den 1960er- bis Mitte der 1970er-Jahre wurden neben einer Reihe neuer Universitäten spezialisierte Hochschulen mit Universitätsstatus gegründet und die Einrichtungen der Lehrerausbildung nach und nach in die Universitäten integriert. Diese Expansion und Ausweitung der Universitäten stellte aber das Leitbild weitgehend gleichwertiger Universitäten und eine entsprechende Praxis staatlicher Steuerung und Finanzierung kaum in Frage.

Nach dem 1964 ausgerufenen „Bildungsnotstand" standen in Deutschland die gesellschafts- und wissenschaftspolitischen Zeichen auf „Bildung für alle" und den Ausbau des Hochschulsystems in der Fläche. Neben dem Ausbau der Universitäten wurde in Reaktion auf die Expansion der Bildungsnachfrage Ende der 1960er-Jahre durch staatlichen Beschluss ein neuer Hochschultyp geschaffen: die Fachhochschulen. Nunmehr ging es um einen Ausbau und eine Neugestaltung des Hochschulsystems, die zu einer stärkeren Differenzierung des Hochschulsystems entlang zweier Typen führte. Auf Beschluss der Konferenz der Ministerpräsidenten vom Oktober 1968 wurde der Fachhochschulsektor eingeführt, um Einrichtungen des tertiären Bereichs zusammenzufassen und zu schaffen, der die Studierenden stärker praxis- und berufsorientiert ausbilden sollte. Die Fachhochschulen sollten sich deshalb insbesondere durch einen intensiven Anwendungsbezug in der Ausbildung und durch kürzere Studienzeiten von den Universitäten unterscheiden. Die Forschung stand zunächst nicht auf dem von staatlicher Seite festgeschriebenen Profil der Fachhochschulen. Offenkundig war mit der Etablierung der Fachhochschulen von staatlicher Seite auch die Absicht verbunden, Hochschulen zu schaffen, die die wachsende Bildungsnachfrage kostengünstiger befriedigen konnten als die lehr- und forschungsbezogenen Universitäten. 1975 bestanden in Westdeutschland bereits 97 Fachhochschulen (einschließlich Verwaltungsfachhochschulen), an denen aber nur etwa 18% der Studierenden eingeschrieben waren, sowie 90 Universitäten (einschließlich Gesamthochschulen, Pädagogische und Theologische Hochschulen) und 26 Kunsthochschulen.

Der „Öffnungsbeschluss" von 1977 läutete eine weitere Phase der Hochschulexpansion ein, die aber kaum mehr zur Etablierung neuer Hochschulen führte. Bund und Länder vereinbarten in diesem Beschluss, die Hochschulen angesichts demographisch bedingter Zuwächse trotz unzureichender räumlicher und personeller Kapazitäten prinzipiell offen zu halten. Die resultierende Überlast musste von den Hochschulen, insbesondere den Universitäten, aus der vorhandenen Substanz getragen werden – mit den bis heute sichtbaren Konsequenzen für die Betreuungsverhältnisse und die Forschung. So zählte das westdeutsche Hochschulsystem im Jahr 1990 94 Universitäten, 31 Kunsthochschulen sowie 122 Fachhochschulen, an denen etwa 23% der Studierenden eingeschrieben waren. Die steigende Zahl der Fachhochschulen und der steigende Anteil von Studierenden an Fachhochschulen war dabei vor allem der Integration und Neugründung von Verwaltungsfachhochschulen zuzuschreiben.

Nach der Wiedervereinigung entstanden in der ersten Hälfte der 1990er-Jahre im Zuge der Transformation des ostdeutschen Hochschul- und Wissenschaftssystems 19 Universitäten, 11 Kunsthochschulen sowie 32 Fachhochschulen (Kehm 1999). Im Jahr 2015 umfasste das Hochschulsystem der Bundesrepublik insgesamt 121 Universitäten, 58 Kunst- und Musikhochschulen sowie 222 Fachhochschulen, an denen etwa 34% der Studierenden eingeschrieben waren.

Zweifellos haben die Fachhochschulen damit eine wichtige Funktion in der Absorption der steigenden Nachfrage an Hochschulausbildung übernommen. Ihre Kapazitäten bleiben aber auch heute begrenzt und hinter den etwa vom Wissenschaftsrat bereits Anfang der 1990er-Jahre geforderten Ausbauplänen mit einem Studierendenanteil von 40% zurück. Bislang waren die politischen Kräfte, die eine Erweiterung des Fächerspektrums der Fachhochschulen auch gegen den Willen der Universitäten forderten, nicht erfolgreich. Gleichzeitig ist das Profil der Studierenden an Universitäten und Fachhochschulen in mancherlei Hinsicht ähnlicher geworden: mehr Studierende an Fachhochschulen besitzen die Zugangsvoraussetzungen für ein Universitätsstudium und stammen aus einem Akademiker-Elternhaus; zugleich bilden die Universitäten wachsende Zahlen von Studienanfängern aus, deren Studienmotivation primär berufs- und karrierebezogen ist. Der begrenzte Ausbau der Fachhochschulen im Zuge der Hochschulexpansion erwies sich für die Universitäten denn auch als zweischneidig. Einerseits konnten die Universitäten traditionelle Besitzstände verteidigen. Andererseits waren und sind sie zunehmend gefragt, die Praxisorientierung ihrer Studiengänge zu entwickeln. Ihre Forschungsfunktion geriet unter den Bedingungen der Massenuniversität zunehmend in den „Schatten der Lehre" (Schimank 1995). Parallel hierzu haben die Fachhochschulen mehr und mehr Aufgaben in der anwendungsorientierten Forschung übernommen, die durch Änderungen des Hochschulrechts und staatliche Programmförderung wachsende Anerkennung gefunden haben.

3 Differenzierung und Entdifferenzierung von Hochschultypen

Bis in die Mitte der 1980er-Jahre hinein wurde von staatlicher Seite durch rechtliche Rahmenregelungen und Finanzierungssysteme der Versuch unternommen, die Unterschiede zwischen den Fachhochschulen und Universitäten zu zementieren. Aufgaben und Profil der Fachhochschulen sollten sich deutlich von denen der Universitäten abheben. So hatten die Fachhochschulen keinerlei Aufgaben in der Förderung des wissenschaftlichen Nachwuchses und im Gegensatz zu den Universitäten und ihnen gleichgestellten Hochschulen kein Promotions- und Habilitationsrecht. Die Forschung zählte zunächst ebenfalls nicht zu den Profilmerkmalen der Fachhochschulen. Im Vordergrund stand (und steht) die Lehre, und Fachhochschulprofessoren haben mit 18 Semesterwochenstunden ein deutlich höheres Lehrdeputat als ihre Kollegen an den Universitäten und eine längere Vorlesungszeit innerhalb des Semesters. Wenngleich die politische Rhetorik immer wieder betonte, dass mit den Fachhochschulen Institutionen geschaffen wurden, die im Vergleich zu den Universitäten „andersartig, aber gleichwertig" seien, war vielen Akteuren klar, dass die Fachhochschulen den Universitäten faktisch nicht gleichgestellt waren. Dies hat zu Angleichungsbestrebungen der Fachhochschulen an die Universitäten geführt, wie sie international unter dem Begriff des *academic drift* (Burgess 1972; Neave 1989) nicht-universitärer Hochschuleinrichtungen diskutiert werden.

Vor dem Hintergrund einer wesentlich geringeren finanziellen und personellen Ausstattung als Universitäten sie aufweisen, hat sich die anwendungsorientierte Forschung und Entwicklung im Zuge der weiteren Entwicklung der Fachhochschulen thematisch wie auch inhaltlich deutlich verbreitert, und die Fachhochschulen näherten sich damit den Universitäten an. Dazu haben zum einen Bestrebungen der Fachhochschulen selbst beigetragen, die durch eine Hochschullehrerschaft unterstützt werden, die sich zum größten Teil aus ehemaligen Nachwuchswissenschaftlern der Universitäten und Personal der außerhochschulischen Forschung und Entwicklung rekrutiert (Enders und Teichler 1995). Zum anderen haben Verbesserungen im strukturellen Umfeld wie auch im Angebot an Förderprogrammen für die Forschung, die auf Fachhochschulen zugeschnitten sind oder die solchen Einrichtungen offen stehen, eine Rolle gespielt.

Bis in die 1980er-Jahre hinein waren die Hochschulgesetze eher zurückhaltend darin, Forschung und Entwicklung als Aufgaben der Fachhochschulen festzuschreiben. Mit der Novellierung des Hochschulrahmengesetzes 1985 gehören die anwendungsorientierte Forschung und Entwicklung zu den Aufgaben der Fachhochschulen. In den letzten Jahren erfolgten Novellierungen der Landeshochschulgesetze, die der anwendungsorientierten Forschung an Fachhochschulen ein immer größeres Gewicht zumessen. Mittlerweile machen die Länder mehrheitlich anwendungsbezogene Forschung und Entwicklung per Gesetz zur Pflichtaufgabe von Fachhochschulen. Viele Bundesländer und der Bund haben Förderprogramme aufgelegt, um anwendungsbezogene Forschung und Entwicklung an Fachhochschulen zu unterstützen. Als neue Leistungen der Fachhochschulen sind in diesem Zusammenhang insbesondere auch Aktivitäten im Technologie- und Wissenstransfer hinzugekommen, die die Bedeutung der Fachhochschulen für die regionale Wirtschaft stärken sollen. So hat der Bund eine Schwerpunktverlagerung seiner Fördertätigkeit hin zur Unterstützung wirtschaftsnaher regionaler Forschungsverbünde an Fachhochschulen vorgenommen. Diese Neuausrichtung der förderpolitischen Zielsetzungen ist gerichtet auf eine stärkere interdisziplinäre und hochschulübergreifende Zusammenarbeit von Fachhochschulen, bei der diese mit Partnern aus der regionalen Wirtschaft, der Wissenschaft (Forschungseinrichtungen, Universitäten) und Partnern aus anderen Bereichen kooperieren.

Zwar limitieren nach wie vor die finanzielle Ausstattung und ein kaum vorhandener akademischer Mittelbau die Anstrengungen der Fachhochschulen in der Forschung. Vonseiten der Fachhochschulen gibt es aber Bestrebungen, die Beschränkung auf die anwendungsbezogene Forschung aufzuheben und die Personalstruktur sowie Ausstattung der Fachhochschulen zu verbessern.

Eine komplementäre Angleichungsbewegung findet auf Seiten der Universitäten statt, deren Forschungskapazitäten in Zeiten der Massenuniversität unter Druck gerieten und die sich gleichzeitig einer wachsenden Nachfrage an praxis- und berufsorientierter Ausbildung gegenübersehen (Wissenschaftsrat 2006). Der *professional drift* (Harmen 1977) der Universitäten zur praxisorientierten Lehre und Forschung steht in unmittelbarem Zusammenhang mit dem beschränkten Ausbau der Fachhochschulen und den permanenten Überlastbedingungen an den Universitäten.

Der Ausbau der Fachhochschulen ist zwar von Land zu Land unterschiedlich verlaufen, in der Summe jedoch hinter den ursprünglich angestrebten Zielen deutlich zurückgeblieben. Eine systematische Verlagerung einzelner Fächer von den Universitäten an die Fachhochschulen hat ebenfalls nicht stattgefunden, so dass auch die Universitäten im Zuge der Expansion der Hochschulen erheblich mehr Studierende aufnehmen mussten. Zugleich kumulieren an den Universitäten die Folgen staatlicher Finanzverknappung bei gleichzeitiger Expansion der Studierendenzahlen für die Forschung: „Aufgrund des mit der Grundausstattung der Hochschulen gegebenen gemeinsamen Ressourcenpools von Forschung und Lehre kann erstere immer wieder durch letztere unter Verdrängungsdruck gesetzt werden. Die Lehre beansprucht immer dann, wenn die Lehrnachfrage zunimmt, ohne dass die dafür nötigen Ressourcen der Grundausstattung entsprechend wachsen, einen immer größeren Anteil dieser Ressourcen und schmälert dadurch die Ressourcenbasis der Forschung. Eben dies geschah seit Mitte der siebziger Jahre an den deutschen Hochschulen" (Schimank 1995, S. 96). Schließlich fand eine typenbezogene Aufteilung der Studierenden auf Universitäten und Fachhochschulen nach Neigung und Ausbildungsziel nur zum kleinen Teil statt. Umfragen zeigen, dass sich die Mehrheit der Studierenden an Universitäten einen stärkeren Anwendungs- und Praxisbezug ihres Studiums wünscht. In der Praxis bedienen die Universitäten also in erheblichem Umfang eine Nachfrage, die zu bedienen nach der binären Typendifferenzierung auch Aufgabe der Fachhochschulen sein könnte (Wissenschaftsrat 2006). Dieser Trend wird seit einiger Zeit durch Bestrebungen der Universitäten unterstützt, durch praxisbezogene Studiengänge im Wettbewerb um Studierende zu punkten.

Es ist wiederholt versucht worden, diesen Angleichungstendenzen zwischen Universitäten und Fachhochschulen entgegenzuwirken und zu einer eindeutigeren Typenunterscheidung zurückzukehren. Stattdessen hat die Einführung gestufter Bachelor- und Masterstudiengänge im Rahmen des Bologna-Prozesses eine erhebliche Beschleunigung dieser Angleichungstendenzen ausgelöst. Anfangs beinah unbemerkt rüttelte der Bologna-Prozess an einer der Grundfesten jeder typenbezogenen Differenzierung im Hochschulsystem, an der Frage, welche Abschlüsse und Titel Hochschulen des jeweiligen Typs verleihen können – und dem damit verbundenen Status der Institution (Teichler 2005; Witte et al. 2008). Wenn sich die Struktur von Studiengängen und Abschlüssen verändert, schafft dies ein Einfallstor für eine Restrukturierung von Rolle und Status der Hochschultypen. Wie wir gesehen haben, war ein Prozess informeller Angleichung zwischen Universitäten und Fachhochschulen bereits vor der Einführung von Bachelor- und Masterstudiengängen zu beobachten. Dies hat vermutlich mit dazu beigetragen, dass die Umsetzung des Bolognaprozesses ohne erfolgreichen Widerstand gegen die „Harmonisierung der Abschlüsse" an Universitäten und Fachhochschulen verlief (Witte 2006).

Die maßgeblichen Strukturvorgaben der Kultusministerkonferenz legen jedenfalls fest, dass der Bachelor – unabhängig vom Hochschultyp – ein eigenständiger berufsqualifizierender Abschluss sein und für die Mehrzahl der Studierenden zu einem ersten Berufseintritt führen soll. Erst auf der Masterstufe wird die Basis für eine Unterscheidung zwischen stärker anwendungsbezogenen und stärker forschungsbezogenen Studiengängen gelegt (KMK 1999). In 2003 entschied die Kultusministerkonferenz, dass Studiengänge beider Profiltypen entsprechend den unterschiedlichen Aufgaben der Hochschulen sowohl an Universitäten als auch an Fachhochschulen angeboten werden können. Bachelor- und Masterstudiengänge sollen an unterschiedlichen Hochschulen und unterschiedlichen Hochschularten konsekutiv studiert werden können (KMK 2003). Auch hinsichtlich der Studiendauer gibt es Vorgaben für die Bachelor- und für die Masterphase, die nicht nach Hochschultypen unterscheiden. Manches deutet darauf hin, dass nun auch eine der letzten Bastionen der Universitäten fällt. Bislang konnten Fachhochschulabsolventen nur in kooperativen Verfahren zwischen Fachhochschulen und Universitäten promovieren, wobei letztere das Monopol auf die Verleihung der Doktortitel hielten. Ein weiterer Schritt in Richtung Angleichung zwischen Universitäten und Fachhochschulen wird mittlerweile durch Planungen und erste Beschlüsse verschiedener Bundesländer vollzogen, den Fachhochschulen das Promotionsrecht zu verleihen. Damit entfallen wichtige Merkmale – unterschiedliche Studienabschlüsse, Promotionsrecht – an denen sich eine institutionelle Typenunterscheidung im deutschen Hochschulsystem festmachen ließe. Damit sind die deutschen Hochschulen weitere Schritte in Richtung auf ein „Einheitssystem" (Hüther und Krücken 2016, S. 106) gegangen, wenngleich bislang der Typenzwang formal erhalten bleibt. Zugleich haben sich die Fachhochschulen frühzeitig in der Einführung von Bachelor- und Masterstudiengängen sowie in der europäischen und auch in der außereuropäischen Zusammenarbeit im Hochschulbereich engagiert. Durch Ausweitung und Intensivierung ihrer Auslandsbeziehungen haben sie eine merkliche Internationalisierung ihres Studienangebotes erreicht. Dies verdeutlicht, dass das Profil nicht-universitärer Hochschulen keineswegs auf eine regionale Rolle begrenzt sein muss.

Schließlich haben sich sich jenseits der klassischen binären Struktur der Universitäten und Fachhochschulen Hochschulen neuen Typs entwickelt, die noch Nischenplätze besetzen. Die dualen Hochschulen, wie sie zum Beispiel durch Zusammenschluss der Berufsakademien in Baden-Württemberg entstanden sind, bieten verschiedene neue Formen der Integration von hochschulischer Ausbildung und beruflicher Ausbildung/Praxis an. Diese Hochschulen neuen Typs haben ein deutliches Wachstum erfahren und erfreuen sich unter Studierenden und Arbeitgebern wachsender Nachfrage. Auch hat das Modell der dualen Hochschule die Fachhochschulen angeregt, selbst duale Studienangebote zu etablieren. In 2013 entfielen zwar nur etwa 6% der Studienangebote und 3,3% der Studierenden auf duale Studienangebote. Gleichwohl hat sich hier ein weiterer Farbtupfer in der vielfältigeren Landschaft des deutschen Hochschulsystems etabliert.

Mit der Etablierung von mittlerweile 121 privaten Hochschulen hat sich außerdem eine Differenzierung entlang der Trägerschaft der Hochschulen ergeben. Die Zahl solcher meist kleinen privaten Hochschulen hat sich in den letzten beiden Jahrzehnten deutlich erhöht, wobei vor allem Fachhochschulen in privater Trägerschaft etabliert worden sind. Die Zahl ihrer Studierenden ist ebenfalls angestiegen und belief sich in 2012 auf 6% aller Studierenden, aber immerhin auf 21% der Studierenden an Fachhochschulen. Es ist zu erwarten, dass weitere neue Anbieter in diesen „Markt" vordringen, der aber – schon allein aus Kosten-Nutzen Erwägungen heraus – bislang vor allem auf wenige „gewinnversprechende" Fächer begrenzt ist, praktisch keine Funktion für die Forschung wahrnimmt, und in Deutschland bislang nur schwerlich kostendeckende Studiengebühren erheben kann.

4 Ausdifferenzierung und Stratifizierung

Innerhalb des Universitätssektors waren staatliche Steuerung und Finanzierung bis Anfang der 1990er-Jahre von der Vorstellung beherrscht, dass Universitäten zwar unterschiedliche fachliche Schwerpunkte aufweisen mögen, in ihrer Qualität im Wesentlichen aber untereinander gleichwertig seien. In den 1990er-Jahren nahmen Forderungen nach einer stärkeren Differenzierung im deutschen Hochschulsystem immer mehr zu und es wurden vielfältige Maßnahmen ergriffen, um Autonomie, Wettbewerb und Profilbildung im Hochschulsystem zu stärken. Verschiedene Argumente für eine solche Reform des deutschen Hochschulsystems sind seither ins Feld geführt worden, die nicht zuletzt durch international wirkungsmächtige Leitbilder der Reform des öffentlichen Sektors im Allgemeinen und der Hochschulen im Besonderen inspiriert wurden. So wird eine Abkehr von einer einheitlichen und flächendeckenden staatlichen Feinsteuerung und Input-Kontrolle der Hochschulen gefordert, um Raum für eine stärkere Selbststeuerung des Systems durch teilautonome Hochschulen im Wettbewerb um Studierende, Forschungsmittel und wissenschaftliches Personal zu schaffen. Voraussetzung hierfür sei einerseits, dass sich der Staat zurückziehe und andererseits die Hochschulen in die Lage versetzt werden, als strategische Akteure tatsächlich handlungsfähig zu werden. Staatliche Steuerung aus der Distanz bei gleichzeitiger Stärkung der Selbststeuerungskräfte der Hochschulen soll nicht nur die Steuerungsprobleme des Staates lösen, sondern auch Effizienz- und Effektivitätssteigerungen ermöglichen (de Boer et al. 2007; Krücken und Meier 2006). Bislang ist allerdings empirisch kaum untersucht, ob die Stärkung der Rolle der Hochschulen tatsächlich zu substanziellen Leistungsverbesserungen in Lehre, Forschung und Wissenstransfer führt (Enders 2008). Zugleich wird angenommen, dass die funktionale Überforderung der Hochschulen in Lehre, Forschung, Nachwuchsförderung, Wissenstransfer, regionaler Entwicklung, internationalem Wettbewerb etc. und der hieraus resultierende „Zielwirrwarr" (Schimank 2001) nur durch funktionale Arbeitsteilungen und daraus resultierende Profilbildungen zu bewältigen sei. Schließlich spielen auch finanzpolitische Erwägungen eine Rolle, da in Zeiten knapper Kassen der öffentlichen Hand eine flächendeckende Finanzierung jeglicher Bereiche aller Hochschulen nicht zu gewährleisten sei.

Die Lockerung rechtlicher Rahmensetzungen, die Umstellung kameralistischer Finanzierung auf Globalhaushalte, die Umverteilung staatlicher Mittel von der Grundfinanzierung hin zu mehr Wettbewerb um Projekte und Programme, die Stärkung der Rolle von Hochschulleitung und -management sind besonders sichtbare Maßnahmen, durch die von staatlicher Seite die Voraussetzungen geschaffen werden sollten, um solche Autonomisierungs- und Differenzierungsprozesse zu ermöglichen. Zahlreiche Hochschulkonzepte in den verschiedenen Bundesländern treffen heute Aussagen zu Profilbildungsprozessen, und auch die Bundesregierung setzt auf die Profilbildung der Hochschulen. Wiederum sind also staatliche Steuerung und Finanzierung für die Gestaltung der institutionellen Ordnung des deutschen Hochschulsystems von zentraler Bedeutung – diesmal sollen allerdings Prozesse der Differenzierung und Profilbildung unterstützt werden, die an vielen Hochschulen in der Tat auch zu beobachten sind.

Dabei ist für ein Profil charakteristisch, dass die Hochschule besondere Merkmale – fachliche Stärken und spezifische Potenziale – hervorhebt und entwickelt, die besonders wichtig für ihre Leistungen sind. Die unterschiedlichen Profile können sich in der Lehre, der Forschung, dem Wissens- und Technologietransfer, den internationalen Hochschulbeziehungen, der Ausbildung des wissenschaftlichen Nachwuchses, und auch in Hochschulorganisation und -management zeigen. Die Grundlagen für ein spezifisches Profil bilden in der Regel aber Prioritätensetzungen für Forschungsschwerpunkte und spezifische Lehrangebote. Die Entscheidung für ein bestimmtes Profil hat dabei möglicherweise weitreichende hochschulinterne Auswirkungen. Durch Prioritätensetzung wird nicht mehr die möglichst konfliktfreie interne Verteilung der Mittel gefördert, sondern die profilstärkende strategische Steuerung mit Betonung von zentralen und weniger zentralen Disziplinen, Fakultäten oder Forschungsbereichen.

Um Prozesse der Schwerpunktbildung innerhalb der Hochschulen als ein Instrument der Profilbildung zu unterstützen, werden in vielen Bundesländern gezielt hochschulübergreifende Verbünde – sowohl von Universitäten oder Fachhochschulen untereinander als auch zwischen Universitäten und Fachhochschulen und/oder außeruniversitären Forschungseinrichtungen – gefördert und in manchen Ländern Hochschulen fusioniert. Einige Hochschulen haben sich zu Benchmarking-Clubs zusammengeschlossen oder sind internationalen Konsortien von Hochschulen beigetreten. Als Folge der Profilbildung gehen Hochschulen also mit unterschiedlichen oder sich ergänzenden Profilen verstärkt Kooperationen auf verschiedensten Ebenen ein. Solche Verbünde haben in zunehmendem Maße auch Einfluss auf die organisatorische Binnendifferenzierung der Universitäten.

„Die neue Freiheit der Hochschulen" (Brinckmann 1998) ist aber keineswegs grenzenlos. Die Bindung der Haushaltsmittel schränkt die finanziellen Spielräume der Unterstützung von Schwerpunktbildungen deutlich ein. Staatliche Instanzen steuern durch Profil-, Ziel- und Leistungsvereinbarungen mit den Hochschulen sowie die Einführung von Evaluationen und Akkreditierungen kräftig mit, wenn es um Profilbildung geht. Interne Umverteilungen führen zu erheblichen Konflikten und Gegenbewegungen der Besitzstandswahrung innerhalb der Hochschulen (Bleiklie et al. 2014). Schließlich sind die Kosten der Positionierung der Hochschulen auf staatlich induzierten Quasi-Märkten um output-gesteuerte Grundfinanzierungen, wettbewerblich vergebene Forschungsmittel und Programmtöpfe aller Art nicht zu unterschätzen. Offen ist derzeit denn auch, welches Ausmaß an Profilbildung tatsächlich erreicht werden kann, und wie viel Differenzierung wünschenswert ist. Ob Autonomie und Wettbewerb, wie vielfach vermutet, in jedem Fall zu größerer Vielfalt führen, ist aus organisationstheoretischer Perspektive bezweifelt worden (Krücken 2004; Schimank 2001; Enders 2014). Jüngere empirische Studien (Rogge et al. 2013; Flink und Simon 2015) weisen in der Tat auf die Grenzen der bislang realisierten Profilbildung im deutschen Hochschulsystem hin. Der Wissenschaftsrat stellte schon 2006 fest, dass sich Hochschulen gerade unter hohem Wettbewerbsdruck risikoavers verhalten können, „und eine Form der Risikoaversion ist, andere Organisationen, die man für erfolgreich hält, zu imitieren. Wenn mehr Differenzierung gewünscht ist, genügt es demnach nicht, wettbewerbliche Elemente zu stärken; Wettbewerb im Hochschulwesen muss auch unter geeigneten Rahmenbedingungen und nach Regeln stattfinden, die die gesellschaftlichen Kontextbedingungen berücksichtigen" (Wissenschaftsrat 2006, S. 19).

Durch die Exzellenzinitiative von Bund und Ländern hat jedoch die Wünschbarkeit einer stärkeren vertikalen Differenzierung innerhalb des forschungsintensiven Bereichs des Hochschulsystems und damit einer „Imitation der Besten" einen deutlichen Schub erhalten. Beschlossen wurde die Bewilligung von insgesamt 1,9 Mrd. € Fördergeldern (75% davon vom Bund und 25% vom jeweiligen Sitzland der geförderten Einrichtung) für den Zeitraum von 2006 bis 2011 zur Finanzierung von ca. 40 Graduiertenschulen, ca. 30 Exzellenzclustern sowie bis zu zehn Zukunftskonzepten zum projektbezogenen Ausbau der universitären Spitzenforschung. In 2012 startete eine zweite Förderphase, für die ein Gesamtfördervolumen von 2,7 Mrd. € bis 2017 zur Verfügung steht. Inzwischen ist eine dritte Föderrunde beschlossen worden, eine Evaluation der Exzellenzinitiative in Vorbereitung, und im Januar 2016 wird eine internationale Kommission Empfehlungen vorlegen, wie diese dritte Förderrunde ausgestaltet werden sollte.

Verschiedene ausländische Rankings nationaler Hochschulsysteme und insbesondere Rankings der weltweit in der Forschung führenden Universitäten haben erheblich mit beigetragen, Fragen der Differenzierung des Hochschulsystems nicht mehr allein als nationalstaatliche Angelegenheit zu begreifen, sondern als globalen Wettbewerb um Qualität und Sichtbarkeit. Solche Rankings – wie das Times Higher Education Ranking oder das Shanghai Ranking – sind aus methodischer Sicht zwar erheblicher Kritik ausgesetzt, haben aber eine enorme politische Aufmerksamkeit gefunden (Enders 2014).

Nachdem in den 1980er- und 1990er-Jahren relativ wenig getan wurde, um die Auswirkungen der Massenuniversität auf die Forschung zumindest zu kompensieren ist mit der Exzellenzinitiative eine beachtliche hochschul- und wissenschaftspolitische Kehrtwende der Selektion und Förderung der Spitzenforschung an den Universitäten eingetreten. Betrachtet man die hierfür bereitgestellten Mittel und vergleicht sie mit den Etats weltweit führender Universitäten, handelt es sich zwar um einen vergleichsweise bescheidenen Schritt. Für das deutsche System, in dem die vertikale Differenzierung innerhalb des forschungsintensiven Hochschulbereichs traditionell besonders gering gewesen ist, bedeutet die Exzellenzinitiative jedoch einen beachtlichen Paradigmenwechsel. Einen wichtigen Impuls hat die Exzellenzinitiative ebenfalls für die stärkere strategische Nutzung und Institutionalisierung der Zusammenarbeit zwischen Universitäten und außeruniversitären öffentlichen Forschungseinrichtungen und damit für die Überwindung der vielfach beklagten „Versäulung" des deutschen Wissenschaftssystems gegeben. Umstritten ist dagegen, wie Exzellenz eigentlich gemessen bzw. bewertet werden kann und ob mit der Exzellenzinitiative wirklich die in der Forschung führenden Bereiche und Universitäten ausgewählt wurden (Münch 2006, 2007). Sondermann et al. (2008) haben vorgeschlagen, das Times Higher Education Ranking als eine Art fachunspezifische „Sichtbarkeitsmessung" für „ganze" Hochschulen zu nutzen, um – wohl wissend um deren methodische Defizite – mögliche kurzfristige Effekte der Exzellenzinitiative in der globalen Aufmerksamkeit zu erfassen. Danach „ergeben sich derzeit noch keine Indizien dafür, dass die dritte Förderlinie der Exzellenzinitiative, die Zukunftskonzepte zum projektbezogenen Ausbau der universitären Spitzenforschung, in besonderem Maße die internationale Sichtbarkeit der geförderten Einrichtungen voranbringen soll, bereits messbare Effekte hervorgerufen hat" (Sondermann et al. 2008, S. 113). Hornbostel und Möller (2015) haben im internationalen Vergleich untersucht, wie sich seit der Exzellenzinitiative der Anteil der Spitzenpublikationen deutscher Wissenschaftler entwickelt hat. Die Studie zeigt einen positiven Trend seit dem Jahr 2000. „Dieser Trend wurde vermutlich durch die Exzellenzinitiative befördert. Der Effekt ist jedoch vor dem Hintergrund, dass die Exzellenzmittel nur 3,2% der gesamten Forschungsmittel für die Hochschulen ausmachen, nicht so groß, wie man zunächst annehmen würde" (Hornbostel und Möller 2015, S. 7).

5 Fazit

Die institutionelle Landschaft des Hochschulsystems in Deutschland ist in Bewegung geraten. Lange Zeit dominierten relativ feste und stabile Zuschreibungen der Rollen und Aufgaben von Universitäten einerseits und Fachhochschulen andererseits. Die Universitäten sollten in ihrem Kern wissenschaftsbasierte Lehre und grundlagenorientierte Forschung sowie die Förderung des wissenschaftlichen Nachwuchses betreiben, während die Fachhochschulen sich auf die stärker praxisbezogene Lehre und eine deutlich anwendungsbezogene Forschung allenfalls als add-on konzentrieren sollten. Gleichzeitig wurde in der hochschulpolitischen Praxis unterstellt, dass die jeweiligen Profile und Leistungen von Universitäten einerseits und Fachhochschulen andererseits gleichwertig seien.

Diese wirkungsmächtige Akteursfiktion einer weitgehend stabilen Arbeitsteilung innerhalb eines binären Hochschulsystems bei gleichzeitig geringer Binnendifferenzierung innerhalb der beiden Teilsysteme lässt sich heute nicht mehr halten. Das Streben der Fachhochschulen sich auch in der Forschung zu profilieren hat zunehmende politische Anerkennung und Unterstützung erfahren. Die Universitäten haben im Gegenzug gesteigerte Anstrengungen unternommen, die Praxisorientierung ihrer Studiengänge zu verstärken. Die Umsetzung des Bolognaprozesses und die Exzellenzinitiative haben besonders deutlich zu einem Paradigmenwechsel in der Gestaltung der institutionellen Ordnung des Hochschulsystems beigetragen. Hinzutreten mit den dualen Hochschulen und den privaten Hochschulen Institutionen neuen Typs. Die Profilbildung einzelner Universitäten und Fachhochschulen trägt ebenso zu einer – jedenfalls für deutsche Verhältnisse – bisher unbekannten Unordnung bei, wie auch zunehmende Kooperationen zwischen Universitäten und Fachhochschulen in der Lehre sowie vermehrte Kooperationen mit den außeruniversitären Einrichtungen in der Forschung.

Diese neue Unübersichtlichkeit geht mit durchaus widerstreitenden Anforderungen und hochschulpolitischen Trends einher, die keineswegs ein einheitliches Bild der zukünftigen institutionellen Ordnung des Hochschulsystems ergeben. Jede Prognose der weiteren Entwicklung wird hierdurch eher schwieriger als leichter.

Man kann sich zum Beispiel durchaus vorstellen, dass es sowohl unter den Universitäten wie auch unter den Fachhochschulen dauerhaft Gewinner und Verlierer geben wird, dass einige Einrichtungen schlicht verschwinden, in neuen Zusammenschlüssen aufgehen, den Sprung in eine andere Liga schaffen. Man kann sich auch vorstellen, dass die Fachhochschulen sehr viel stärker ausgebaut werden, um die Universitäten oder einen Teil von ihnen für die Forschung zu entlasten, und dass sich duale Hochschulen und private Hochschulen weiter ausbreiten. Innerhalb einer formalisierten binären Struktur könnte dann deutlicher noch als bisher eine praktisch viel bedeutendere vielschichtige horizontale und vertikale Differenzierung in einem bunten Flickenteppich dominant werden. Vorstellbar ist mittlerweile auch, dass die binäre Zweiteilung des Hochschulsystems, wie in Großbritannien, formal abgeschafft wird, in der Praxis aber erhalten bleibt, und die überwältigende Anziehungskraft des Leitbilds der „weltweit führenden Forschungsuniversitäten" zu einer Stratifizierung führt, die alle anderen Dynamiken überschattet. Was die Dynamik des Wachstums privater Hochschulen betrifft ist die deutsche Entwicklung der britischen gar schon voraus. Zwar dominieren Idee und Praxis der Hochschulbildung als „Markt" schon seit Jahrzehnten die britische Hochschulpolitik, aber das Projekt der Öffnung für private Anbieter wird erst unter der gegenwärtigen konservativen Regierung wieder in Angriff genommen.

In jedem Fall wird der Bedarf an staatlichem Monitoring der Entwicklung und Leistungsfähigkeit des Hochschulsystems im Zuge der Differenzierung teilautonomer Hochschulen im Wettbewerb zunehmen. Es ist keineswegs gesagt, dass die Summe der staatlichen Regelungen und Programme im deutschen föderalen System sowie die strategischen Positionierungen einzelner Hochschulen insgesamt ein leistungsfähiges Hochschulsystem ergeben. Für die Forschung bedeutet dies, dass sie sich stärker als in der Vergangenheit der Frage stellen muss, ob und inwieweit die institutionelle Ordnung eines Hochschulsystems denn überhaupt eine Determinante ihrer Performanzen bildet.

Literatur

Bleiklie, Ivar, Jürgen Enders, und Benedetto Lepori. 2014. Organizations as penetrated hierarchies. Environmental pressures and control in professional organizations. *Organization Studies* 36(7): 873–896.

de Boer, Harry, Jürgen Enders, und Liudvika Leisyte. 2007. Public sector reform in Dutch higher education: The organisational transformation of the university. *Public Administration* 85(1): 27–46.

Brinckmann, Hans. 1998. *Die neue Freiheit der Universität. Operative Autonomie für Lehre und Forschung an Hochschulen.* Berlin: Edition Sigma.

Burgess, Tyrrel. Hrsg. 1972. *The shape of higher education.* London: Cornmarket Press.

Enders, Jürgen. 2008. Hochschulreform als Organisationsreform. In *Hochschule im Wandel. Die Universität als Forschungsgegenstand,* Hrsg. M. Barbara und S. Kehm, 231–242. Frankfurt a. M./New York: Campus.

Enders, Jürgen. 2014. The academic arms race: International rankings and global competition for world-class universities. In *The institutional development of business schools,* Hrsg. Andrew M. Pettigrew, Erik Cornuel und Ulrich Hommel, 155–175. Oxford: Oxford University Press.

Enders, Jürgen, und Ulrich Teichler. 1995. *Der Hochschullehrerberuf im internationalen Vergleich.* Bonn: Bundesministerium für Bildung, Wissenschaft, Forschung und Technologie (BMBWFT).

Flink, Tim, und Dagmar Simon. 2015. Profilbildung an deutschen Universitäten: Herausforderungen, Optionen und Grenzen der Hochschulgovernance. In *Hochschulgovernance in Deutschland,* Hrsg. Pia Bungarten und Marei John-Ohnesorg, 29–54. Berlin: FES Schriftenreihe Hochschulpolitik.

Harmen, Grant. 1977. Academic staff and academic drift in Australian colleges of advanced education. *Higher Education* 6(3): 313–335.

Hornbostel, Stefan, und Torger Möller. 2015. Die Exzellenzinitiative und das deutsche Wissenschaftssystem. In *Wissenschaftspolitik im Dialog,* Bd. 12. Berlin: Berlin Brandenburgische Akademie der Wissenschaften.

Hüther, Otto, und Georg Krücken. 2016. *Hochschulen. Fragestellungen, Ergebnisse und Perspektiven der sozialwissenschaftlichen Hochschulforschung.* Wiesbaden: Springer VS.

Kehm, Barbara M. 1999. *Higher education in Germany. Developments, problems, and perspectives.* Wittenberg/Bucharest: Institute for Higher education Research/UNESCO European Center for Higher Education.

Krücken, Georg. 2004. Hochschulen im Wettbewerb – eine organisationstheoretische Perspektive. In *Organisationstheorie,* Hrsg. Wolfgang Böttcher und Ewald Terhardt, 286–301. Wiesbaden: Verlag für Sozialwissenschaften.

Krücken, Georg, und Frank Meier. 2006. Turning the university into an organizational actor. In *Globalization and organization. World society and organizational change,* Hrsg. Gili S. Drori, John W. Meyer und Hokyu Hwang, 241–257. Oxford: Oxford University Press.

Kultusministerkonferenz (KMK). 1999. *Strukturvorgaben für die Einführung von Bachelor-/Bakkalaureus- und Master-/Magisterstudiengängen.* Beschluss vom 05.03.1999. Bonn: Kultusministerkonferenz.

Kultusministerkonferenz (KMK). 2003. *10 Thesen zur Bachelor- und Masterstruktur in Deutschland.* Beschluss vom 12.06.2003. Bonn: Kultusministerkonferenz.

Meek, Lynn, Leo Goedegebuure, Osmo Kivinen, und Risto Rinne. 1996. *The mockers and the mocked: Comparative perspectives on differentiation, convergence and diversity in higher education.* Oxford: Pergamon.

Meek, Lynn, Leo Goedegebuure, und Jeroen Huisman, Hrsg. 2000. *Diversity, differentiation and markets. Higher education policy,* Sonderheft 13(1): 1–118.

Münch, Richard. 2006. Wissenschaft im Schatten von Kartell, Monopol und Oligarchie. Die latenten Effekte der Exzellenzinitiative. *Leviathan* 34(4): 466–486.

Münch, Richard. 2007. *Die akademische Elite*. Frankfurt a. M.: Suhrkamp.
Neave, Guy. 1989. Foundation or roof? The quantitative, structural and institutional dimensions of higher education. *European Journal of Education* 24(3): 211–222.
Rogge, Jan-Christoph, Tim Flink, Simon Roßmann, und Dagmar Simon. 2013. Auf Profilsuche. Grenzen einer ausdifferenzierten Hochschullandschaft. die hochschule. *Journal für Wissenschaft und Bildung* 2:69–84.
Scott, Peter. 1995. *The meanings of mass higher education*. Buckingham: Open University Press.
Schimank, Uwe. 1995. *Hochschulforschung im Schatten der Lehre*. Frankfurt a. M.: Campus.
Schimank, Uwe. 2001. Festgefahrene Gemischtwarenläden – Die deutschen Hochschulen als erfolgreich scheiternde Organisationen. In *Die Krise der Universitäten*. Leviathan Sonderheft, Bd. 20, Hrsg. Erhard Stölting und Uwe Schimank. 223–242. Opladen: Westdeutscher Verlag.
Sondermann, Michael, Dagmar Simon, Anne-Marie Scholz, und Stefan Hornbostel. 2008. *Die Exzellenzinitiative: Beobachtungen aus der Implementierungsphase. iFQ Working Paper* 2008 (5), Bonn: iFQ.
Stifterverband für die Deutsche Wissenschaft. 2010. *Rolle und Zukunft privater Hochschulen in Deutschland*. Essen: Edition Stifterverband.
Teichler, Ulrich. 1988. *Changing patterns of the higher education system: The experience of three decades*. London: Jessica Kingsley.
Teichler, Ulrich. 2005. *Hochschulstrukturen im Umbruch: Eine Bilanz der Reformdynamik seit vier Jahrzehnten*. Frankfurt a. M./New York: Campus.
Wissenschaftsrat. 2006. *Empfehlungen zur zukünftigen Rolle der Universitäten im Wissenschaftssystem*. Berlin: Wissenschaftsrat (Drucksache 7067–06).
Wissenschaftsrat. 2012. *Private und kirchliche Hochschulen aus Sicht der Institutionellen Akkreditierung*. Köln: Wissenschaftsrat.
Wissenschaftsrat. 2013. *Empfehlungen zur Entwicklung des dualen Studiums*. Köln: Wissenschaftsrat.
Witte, Johanna. 2006. *Change of degrees and degrees of change. Comparing adaptations of European higher education systems in the context of the Bologna-Process*. Dissertation. Enschede: CHEPS/UT.
Witte, Johanna, Marijk Van der Wende, und Jeroen Huisman. 2008. Blurring boundaries: How the Bologna process changes the relationship between university and non-university higher education in Germany, the Netherlands and France. *Studies in Higher Education* 33(3): 217–231.

Hochschulleitung und Hochschulmanagement

Albrecht Blümel

Inhalt

1	Einleitung	517
2	Hochschulleitungs- und Verwaltungsorganisation	519
3	Wandel der Hochschulleitungsorganisation	521
4	Funktionen und Karrierewege im Hochschulmanagement	523
5	Fazit	527
	Literatur	528

1 Einleitung

In jedem Jahr kürt der Deutsche Hochschulverband (DHV) den „Rektor/Präsident des Jahres" und die Wochenzeitung *Die Zeit* gemeinsam mit dem Centrum für Hochschulentwicklung (CHE) den bzw. die „Hochschulmanager/-in des Jahres". Ungeachtet aller Vorbehalte gegen den Modus derartiger Auslesen der besten Führungskräfte im Hochschulwesen, verdeutlichen solche Auszeichnungen die mithin gewachsenen Erwartungen an die Leitung von Wissenschaftseinrichtungen. Im Zuge aktueller Veränderungen des Wissenschaftsbetriebes sind Hochschulleitungen verstärkt zur Projektionsfläche im öffentlichen Diskurs geworden (Kleimann 2016, S. 209) und avancieren stärker selbst zum Akteur der Mediatisierung von Hochschulen (Friedrichsmeier und Fürst 2012; Kohring et al. 2013). (Miss-)Erfolge wie z. B. bei der Exzellenz-Initiative werden demnach immer häufiger auch mit der Führungskompetenz von Hochschulleitungen und der Konfiguration gesamtorganisatorischer Entscheidungsprozesse im Hochschulmanagement in Verbindung gebracht.

A. Blümel (✉)
International Centre for Higher Education Research Kassel (INCHER), Kassel, Deutschland
E-Mail: bluemel@incher.uni-kassel.de

Diese verstärkte Fokussierung auf die Leitung und das institutionelle Management an Hochschulen ergibt sich aus dem Zusammenspiel unterschiedlicher Veränderungsprozesse und gesellschaftlicher Zuschreibungen. Traditionell waren die Gestaltungs- und Entscheidungsspielräume von Hochschulleitungen – zumal im Kontext der als „akademische Oligarchie" (Clark 1983, S. 139) charakterisierten Konstellation im deutschen Wissenschaftssystem – aufgrund der starken Stellung der akademischen Selbstverwaltung sowie einer umfassenden Regulierung durch die staatlichen Instanzen der Hochschulpolitik substanziell eingeschränkt. In dieser Konstellation sind Maßgaben für die Hochschulentwicklung und Verteilungskonflikte nur selten auf der Ebene der Hochschulleitung, sondern zumeist durch die Ministerien und die Instanzen der akademischen Selbstverwaltung entschieden worden (Schimank 2001, S. 224). Seit Ende der 1990er-Jahre haben umfassende Gesetzesreformen im deutschen Hochschulsektor nach den Leitideen des New Public Management (NPM) zur Stärkung der Finanz- und Organisationsautonomie auf der institutionellen Ebene der Hochschulen geführt (Bogumil et al. 2013). Ungeachtet der erheblichen Unterschiede bei den formalen Festlegungen zur Hochschulorganisation in den Landeshochschulgesetzen lässt sich im Zuge der seit 1998 erfolgten Novellierungen übergreifend eine Erweiterung der Entscheidungskompetenzen der Hochschulleitungen konstatieren (Hüther 2010, S. 442).

In der international vergleichenden Hochschulforschung sind Veränderungen des institutionellen Managements an Hochschulen zu einem zentralen Gegenstand zahlreicher Analysen avanciert (Bleiklie et al. 2011; Huisman et al. 2015). Die Konfiguration der Hochschulleitungsstrukturen wird dabei als wichtige Ebene des Vergleichs der Hochschul-Governance in unterschiedlichen Hochschulsystemen betrachtet (De Boer et al. 2008). In der auf Hochschulen bezogenen Organisationsforschung sind die Hierarchisierung formaler Entscheidungsstrukturen sowie die Wahrnehmung differenzierter Managementrollen auf der Ebene der Hochschulleitungen als wichtige Aspekte in den Diskussionen zum Status von Hochschulen als vollständige Organisationen bzw. organisationale Akteure erörtert worden (Brunsson und Sahlin-Andersson 2000; Krücken und Meier 2006; Wilkesmann und Schmid 2012). In der durchaus umstrittenen Debatte (Musselin 2007; Whitley und Gläser 2014) ist dahingehend argumentiert worden, dass Hochschulen von ihrer gesellschaftlichen Umwelt zunehmend als handlungsfähige Gesamtorganisation adressiert werden. Damit sie als handlungsfähige Gesamtorganisationen fungieren bzw. wahrgenommen werden können, kommt der Hochschulleitung, sowohl hinsichtlich der Vertretung nach außen – z. B. in der Interaktion mit Ministerien und intermediären Organisationen – als auch hinsichtlich der Herstellung kollektiv bindender Entscheidungen für die Gesamtorganisation innerhalb der Hochschule, eine maßgebliche Bedeutung zu (Schimank 2008).

Doch wie hat sich die Hochschulleitungs- und Verwaltungsorganisation in Deutschland entwickelt? Worin bestehen die Besonderheiten und Veränderungen der zentralen Funktionen des institutionellen Hochschulmanagements? Diesen Fragen folgend gibt der Beitrag einen Überblick zu wichtigen Aspekten der Hochschulleitungsorganisation. Dabei wird deutlich, dass es im Zuge der Umsetzung der NPM-Reformen an deutschen Hochschulen durch die Etablierung neuer Leitungspositionen und Funktionen im Hochschulmanagement zu einem Ausbau formaler Leitungsstrukturen gekommen ist.

Im Folgenden werden zunächst (2.) wichtige Besonderheiten der Leitungs- und Verwaltungsorganisation in Deutschland erörtert. Danach erfolgt (3.) eine kurze Bestandsaufnahme zum Wandel der Hochschulleitungsorganisation unter Einbezug der Entwicklung in anderen europäischen Hochschulsystemen. Unter (4.) werden empirische Befunde zu neuen Funktionen und zu Karrieren im Hochschulmanagement thematisiert.

2 Hochschulleitungs- und Verwaltungsorganisation

Obschon Universitäten als vergleichsweise alte Organisationsformen gelten, ist die Entwicklung einer eigenständigen Leitungs- und Verwaltungsorganisation historisch ein eher jüngeres Phänomen (Kluge 1958). Dabei waren Entwicklungsphasen der Leitungs- und Binnenorganisation von Universitäten seit Beginn des 20. Jahrhunderts eng an die Wachstumsschübe im Hochschulsystem sowie an Veränderungen wissenschaftspolitischer Steuerungsideologien des Staates gekoppelt (Kahl 2004). Nach 1945 waren die in den Empfehlungen der hochschulpolitischen Kommissionen der Besatzungsmächte eingeforderte Neujustierung des Verhältnisses zwischen Hochschule und Staat sowie die Stärkung der Hochschul-Selbstverwaltung der Hochschulen wichtige Impulse für die Entwicklung der Hochschulleitungsorganisation (Schuster 1996, S. 143). Der dramatische Anstieg der Zahlen von Studierenden und wissenschaftlichen Positionen, verbunden mit den im Nachgang der Studentenunruhen sich auch in der Hochschulpolitik durchsetzenden Demokratisierungsforderungen, führten Anfang der 1970er-Jahre zu einer an paritätischer Mitbestimmung orientierten Reform der akademischen Selbstverwaltung (Lobkowicz 1996, S. 207).

Die Entwicklung der Leitungs- und Verwaltungsorganisation an Hochschulen ist in umfassender Weise in den institutionellen Kontext des landesspezifischen Verhältnisses zwischen Staat und Hochschule eingebettet (Henkel und Little 1999; Bleiklie und Lange 2010). Für die Entwicklung der Leitungsorganisation an deutschen Hochschulen ist insbesondere die föderale Zuständigkeit der Bundesländer prägend gewesen, die mit der 4. Novelle 1998 und der Aufhebung des Hochschulrahmengesetzes (HRG) 2007 für eine weitere Ausdifferenzierung unterschiedlicher Modelle der Hochschulleitungsorganisation gesorgt hat (Kamm und Köller 2010). Wesentliche Grundlage hierfür sind die im internationalen Vergleich hohe Regulierungsdichte im deutschen Hochschulsektor und die umfassenden Vorgaben für die Hochschulleitungs- und Verwaltungsorganisation in der Hochschulgesetzgebung, die Gegenstand einer umfangreichen rechtswissenschaftlichen Literatur sind (vgl. Schuster 1996).

Die im Hochschulrahmengesetz (HRG) 1973 erstmals festgeschriebenen Richtlinien für die Leitungsstrukturen an deutschen Hochschulen sahen eine eng an die akademische Selbstverwaltung gebundene Hochschulleitung vor, zu der neben Präsident/-in bzw. Rektor/-in auch die gewählten Vizerektor(inn)en bzw. Vizepräsident(inn)en gehören sowie – im Falle einer kollegialen Hochschulverfassung – leitende

Verwaltungsbeamte und -beamtinnen. Die Landeshochschulgesetze (LHG) beinhalten jedoch durchaus unterschiedliche Vorgaben zur Leitungs- und Verwaltungsorganisation, die sich im Zuge der Deregulierung des HRG seit 1998 noch weiter differenziert haben (Sandberger 2011; Hüther 2010). Im Hinblick auf den Wahlmodus, die Amtszeiten, die wesentlichen Entscheidungsbefugnisse und die Zusammensetzung der Hochschulleitung wird zwischen *monokratischer* und *kollegialer* Hochschulleitung sowie der Leitung durch Rektor/-in oder Präsident/-in unterschieden (Hartmer 2004, S. 197). Monokratische Grundtypen sind die Rektoren- und Präsidentenverfassung; kollegiale Grundtypen sind die Rektorats- und die Präsidialverfassung. Ein wesentlicher Unterschied zur präsidial geführten Hochschule besteht darin, dass hier für dieses Amt an der Spitze auch Personen rekrutiert werden können, die vorher nicht Mitglied der jeweiligen Hochschule gewesen sind. Entsprechend der Vorgaben in den Hochschulgesetzen und -verfassungen verfügte die Hochschulleitung über nur sehr eingeschränkte Entscheidungsbefugnisse. Als *primus inter pares* kamen Rektor(inn)en bzw. Präsident(inn)en vor allem die Rolle als Repräsentant oder Vermittler hochschulinterner Entscheidungsprozesse zu (Beckmeier und Neysel 1994, S. 85).

Zudem war die Entwicklung der Hochschulleitungs- und Verwaltungsstrukturen in Deutschland sehr wesentlich geprägt durch die seit der preußischen Kuratorialverwaltung des 19. Jahrhunderts eingeführte Aufgabentrennung zwischen akademischen Angelegenheiten und staatlicher Ressourcenverwaltung im Sinne eines *dualen Organisationsprinzips* (Oppermann 1996, S. 1010; Heß und Leuze 2005). Demnach sind Hochschulen, in Anlehnung an die in der Hochschulgesetzgebung des HRG festgelegte duale Rechtsstellung, sowohl als Körperschaften als auch als öffentliche Anstalten organisiert, womit hinsichtlich der gesamtorganisatorischen Verantwortung eine Unterscheidung zwischen wissenschaftlicher Selbstverwaltung und staatlicher Ressourcenverwaltung verbunden ist (Oppermann 1996, S. 1012).

Dieses duale Organisationsprinzip spiegelte sich auch im Hinblick auf die formale Struktur der Hochschulleitung wider: Dem Rektor oder Präsidenten, als dem durch die Selbstverwaltung der Hochschule gewählten akademischen Oberhaupt der Hochschule, ist für die institutionelle Leitung der Hochschulverwaltung ein zumeist durch das Ministerium ernannter Kanzler zur Seite gestellt worden (Schuster 1996, S. 840). Verantwortlich für die Wirtschafts- und Personalverwaltung sowie den Haushalt der Hochschule nahmen der Kanzler bzw. die Kanzlerin im Unterschied zur zwei- bis dreijährigen Amtszeit von Präsident/-in und Rektor/-in ihr Amt zumeist als Beamte auf Lebenszeit wahr. Aufgrund seiner Ernennung durch den Minister sowie des umfassenden Abstimmungsbedarfs mit dem jeweiligen Ministerium oblag dem Hochschulkanzler vor allem auch eine vermittelnde Funktion. Die nach dem Prinzip der Einheitsverwaltung organisierte Hochschulverwaltung an deutschen Hochschulen umfasst traditionell eine nach Dezernaten – wie etwa für Rechtsfragen, Finanzen und Studierendenverwaltung – untergliederte Zentralverwaltung sowie die dezentralen Fachbereichs- und Institutsverwaltungen und die Servicebereiche, wie z. B. Rechenzentrum, Fremdsprachenzentrum und Bibliothek (Oppermann 1996, S. 476).

3 Wandel der Hochschulleitungsorganisation

Ähnlich wie in den meisten europäischen Wissenschaftssystemen haben umfassende Veränderungen der Hochschul-Governance auch in Deutschland die traditionellen Strukturen der Hochschulorganisation seit Ende der 1990er-Jahre maßgeblich in Bewegung gebracht (Paradeise et al. 2009; Dobbins und Knill 2014). Damit sind vielfältige Veränderungen in der Hochschulleitungs- und Verwaltungsorganisation in Gang gesetzt worden, die mittlerweile Gegenstand zahlreicher Studien sind, immer häufiger auch in international vergleichender Perspektive (Amaral et al. 2003; Paradeise et al. 2009; Bleiklie und Lange 2010; Seeber et al. 2015; Huismann et al. 2015).

Insbesondere für die Entwicklung in den kontinental-europäischen Hochschulsystemen, in denen die zentrale Leitungsebene der hochschulischen Selbstorganisation traditionell schwach ausgebildet war, wird im Hinblick auf die zentrale Leitungsebene eine stärkere Hierarchisierung der formalen Entscheidungsstrukturen, im Sinne einer an Management-Modellen orientierten Konfiguration der Hochschulleitungsorganisation, konstatiert (Lange und Schimank 2007). Zudem sind mit der gewachsenen Breite und Komplexität der Leitungsaufgaben im Hochschulmanagement auch eine Ausdifferenzierung von Hochschulleitungspositionen und die Einführung neuer Leitungsfunktionen einhergegangen (Smith et al. 2007, S. 24; Logue 2010).

In Deutschland, als „Latecomer" bei der Umsetzung der NPM-Reformen im Hochschulsektor (Lange und Schimank 2007), sind vor allem im Nachgang der Deregulierung formaler Organisationsvorgaben im HRG seit 1998 und den daran anknüpfenden Novellierungen der Landeshochschulgesetze (LHG) bisweilen weitreichende Reformen der Hochschulleitungsorganisation erfolgt (Sandberger 2011). Ungeachtet der Unterschiede zwischen den formalen Vorgaben in den LHGs und deren Umsetzung innerhalb der Hochschulen kam es übergreifend zur Stärkung der Entscheidungskompetenzen der Hochschulleitungen sowie zu Besetzungsveränderungen der Hochschulleitungsorgane. Indem dem Hochschulleiter in den meisten LHGs eine Richtlinienkompetenz innerhalb der Hochschulleitung zugewiesen wird, sind viele Hochschulen im Hinblick auf die Entscheidungsprinzipien zumindest formal von der tradierten Rolle des Rektors bzw. Präsidenten als *primus inter pares* abgekommen. In einer Analyse der Entscheidungskompetenzen von Hochschulleitungen in den LHGs konstatiert Hüther (2010, S. 437), dass der Koordinationsmechanismus der Hierarchie zwar in fast allen Bundesländern gestärkt wurde, er das Kollegialitätsprinzip jedoch keineswegs vollständig ersetzt hat. Dabei finden sich unterschiedliche Mischformen zwischen kollegialem und managerialem Konfigurationsmodell. Besonders deutlich ist die Stärkung der Kompetenzen der Hochschulleitung gegenüber der akademischen Selbstverwaltung erfolgt (Hüther 2010, S. 430). Nach wie vor verfügt die Hochschulleitung jedoch insbesondere an staatlichen Universitäten in Deutschland gegenüber den professoralen Hochschulmitgliedern über nur sehr geringe Handlungsspielräume und Sanktionspotenziale (Röbken 2006b, S. 131; Hüther und Krücken 2011, S. 315).

Darüber hinaus lässt sich ein Ausbau der formalen Leitungsstrukturen an Hochschulen hinsichtlich der Etablierung neuer Leitungsfunktionen oder Beauftragtenpositionen und administrativer Supportstrukturen durch Stabsstellen des Präsidiums bzw. Rektorats beobachten. Die Mehrheit der Hochschulgesetze und Hochschulordnungen sieht mittlerweile eine kollegiale Hochschulleitung mit mehreren Vizepräsidenten vor. Dazu gehören mittlerweile zumeist ein hauptamtlicher sowie weitere nebenberufliche Vizepräsidenten und -rektoren; als weitere Funktionen sind vorhanden: Präsident/-in bzw. Rektor/-in, Kanzler/-in bzw. Vizepräsident/-in für Finanzen und Personal. Bei dem an Hochschulen in Bayern eingeführten Modell der erweiterten Hochschulleitung fungieren auch die Dekane bzw. Fachsbereichsleitungen zumeist als beratende Mitglieder der Hochschulleitungen. Der Einbezug weiterer hauptamtlicher Vizepräsident(inn)en bzw. Rektor(inn)en sowie die hochschulübergreifende Einführung des *Ressortprinzips* implizieren daher eine stärker nach Aufgabenverantwortlichkeiten differenzierte Hochschulleitung (Knauff 2008). Das Ressortprinzip sieht vor, dass den Mitgliedern der Hochschulleitung im Rahmen der Geschäftsordnung eine jeweils umfassende Zuständigkeit für spezifische Bereiche der Hochschulentwicklung übertragen wird. Allerdings finden sich an den Hochschulen sehr unterschiedliche Umsetzungsformen des Ressortprinzips (Knauff 2008). Während an einigen Hochschulen dem/der Vizepräsident/-in bzw. Vizerektor/-in lediglich inhaltliche Verantwortung ohne umfassende Direktivrechte im jeweiligen Geschäftsbereich übertragen wird, sieht die umfassende Anwendung des Ressortprinzips eine weisungs- und zeichnungsbefugte Zuständigkeit auch für die zuarbeitenden administrativen Organisationseinheiten der Hochschulverwaltung vor.

Auch die Stellung des Kanzlers als Hochschulverwaltungsleiter und Haushaltsbeauftragter durchläuft durch die Einführung einer zunehmend nach Ressortverantwortlichkeiten organisierten Hochschulleitung sowie durch die Befristung des Amtes als Beamter auf Zeit einen Wandel (Battis 2009; Blümel 2015). Insofern ist es in den letzten Jahren zu einer Annäherung der Verwaltungsleitung an die Ämter der anderen Hochschulleitungsmitglieder gekommen. Im Zuge dessen wurden Sonderrechte des Hochschulkanzlers aufgegeben sowie die Regeln zur Wahl- und Abwahl des Kanzlers an die anderen Leitungsmitglieder angeglichen (Hüther 2010, S. 309). Damit ist in den meisten Landeshochschulgesetzen eine „formale Integration" des Kanzlers in die Hochschulleitung vollzogen worden. In einigen Bundesländern und Hochschulen wird dies auch an der (Um)Benennung als Vizepräsident/in für die Finanz- und Personalverwaltung deutlich.

Ein im Zuge der Novellierungen der Landeshochschulgesetze hochschulübergreifend eingeführtes Element im deutschen Hochschulsektor – im Sinne einer strategischen oder gesellschaftlichen Außensteuerung –, sind die Hochschulräte, wobei es in einigen Bundesländern auch andere Varianten des Hochschulrates gibt, wie z. B. das Kuratorium in Berlin, den Aufsichtsrat in Baden-Württemberg oder den Landeshochschulrat in Brandenburg (Lange 2009; Hüther 2010). Dabei findet sich nicht nur ein nach Bundesland und Hochschulordnung sehr unterschiedlicher Zuschnitt der Aufgaben, sondern auch eine sehr hohe Heterogenität hinsichtlich ihrer Zusammensetzung (Bogumil et al. 2007; Röbken und Schütz 2013). Hochschulräte an deutschen Hochschulen sind mit Aufsichts- und Kontrollfunktionen beauftragte Organe, die sich in der Mehrzahl in einer dualen Besetzung mit hochschulinternen und -externen Mitgliedern konstituieren (Bogumil et al. 2007, S. 23). Zahlenmäßig dominieren bei den externen Mitgliedern der Hochschulräte Vertreter aus Forschung und Lehre mit 47 % sowie Vertreter aus der Wirtschaft mit 26 % (Röbken und Schütz 2013, S. 101).

Auch die Hochschulverwaltungen haben angesichts komplexerer Service-Anforderungen im Hochschulsektor und der Einführung von Managementinstrumenten merkliche Reorganisationsentwicklungen durchlaufen. An vielen Hochschulen ist es zur Einrichtung neuer administrativer Organisationseinheiten, Stabsstellen und Servicebereiche gekommen, z. B. für Qualitätsmanagement, Berufungswesen, Forschungsförderung oder Career-Service gekommen, die der Unterstützung sowie Beratung der Hochschulleitung sowie der Wissenschaftler/-innen und Studierenden im Umgang mit neuen Anforderungen und Managementinstrumenten dienen (Krücken et al. 2013, S. 423; Schneijderberg et al. 2013). Damit erfährt die vormals stark nach innen orientierte Binnenorganisation der Hochschulverwaltung eine stärkere Ausdifferenzierung und Vernetzung mit Umweltakteuren.

In der Gesamtschau der formalen Veränderungsprozesse der Leitungs- und Verwaltungsorganisation wird das Bemühen deutlich, Organisationsstrukturen stärker im Sinne eines „gesamtorganisatorischen Zielsystems" der Hochschule zu entwickeln. Dabei impliziert der Wandel der Leitungs- und Verwaltungsstrukturen auch eine Integration von bis dato eher getrennten akademischen und administrativen Organisationsbereichen.

4 Funktionen und Karrierewege im Hochschulmanagement

Vor dem Hintergrund der gewachsenen Anforderungen an die Ämter der Hochschulleitungen und an die Tätigkeiten in den Hochschulverwaltungen ist von unterschiedlichen Seiten eine „Professionalisierung" und Etablierung von Karrierewegen im Wissenschafts- und Hochschulmanagement nahegelegt worden (HRK 2004; Nickel und Ziegele 2006). Nullmeier (2001) verweist hinsichtlich der Professionalisierung im Hochschulmanagement mit Verberuflichung, Qualifizierung, Spezialisierung, Verwissenschaftlichung sowie Steigerung der Attraktivität von Leitungspositionen an Hochschulen auf unterschiedliche Ansätze und Erwartungen für organisationale bzw. berufliche Entwicklungsmodelle. Im Folgenden werden vor allem die unterschiedlichen Funktionen und Karrieren im Hochschulmanagement aufgezeigt.

Die Entwicklung von (neuen) Funktionen im Hochschulmanagement ergibt sich sowohl aus der angeführten organisatorischen Rekonfiguration von Hochschulen im Zuge der Managementreformen als auch aus dem Wachstum und dem komplexer gewordenen Koordinations- und Kommunikationsbedarf des Wissenschaftssystems mit anderen gesellschaftlichen Teilsystemen. Im Sinne einer institutionellen Perspektive auf das Hochschulmanagement als ein Berufs- und Tätigkeitsfeld können alle hochschulinternen Führungspositionen in der Hochschulleitung und in der Hochschuladministration gefasst werden, die mit der Planung, Steuerung,

Tab. 1 Bereiche und Karrierestufen im Hochschulmanagement (nach Nickel und Ziegele 2010, S. 12)

	Akademischer Bereich	Verwaltungsbereich
Einstiegspositionen	• Junior-Manager/-innen • Fakultätsgeschäftsführer/-innen • Manager/-innen von *graduate schools* oder Forschungsverbünden	• Manager/-innen in verschiedenen Funktionsbereichen (Planung, Controlling, Marketing, HR Management…)
Mittleres Management	• Dekaninnen und Dekane • Leiter/-innen von *graduate schools* oder Forschungsverbünden • Studienprogrammleiter/-innen	• Referats- und Abteilungsleiter/-innen
Top-Management	• Rektor(inn)en, Präsident(inn)en • Vize-Rektor(inn)en	• Kanzler/-innen • Leiter/-innen zentraler Einrichtungen (Bibliothek, IT…)

Umsetzung und Kontrolle von Angelegenheiten der Hochschulentwicklung befasst sind. Dabei ist es wichtig, zwischen akademischem und administrativem Hochschulmanagement (Krücken et al. 2010, S. 2) sowie unterschiedlichen Funktionalbereichen und Karrierestufen zu unterscheiden (Nickel und Ziegele 2010, S. 12). In Anlehnung an Nickel und Ziegele (2010) lässt sich das Hochschulmanagement sowohl im akademischen als auch im administrativen Bereich zwischen drei Hierarchiestufen differenzieren: Einstiegspositionen, mittleres Management und Top-Management (vgl. Tab. 1). Dabei ist zu bemerken, dass insbesondere die Abgrenzung zwischen Einstiegspositionen und mittlerem Management bisweilen schwierig ist und womöglich von der jeweiligen Einrichtung bzw. dem Zuschnitt der Position abhängt.

Zum *akademischen Hochschulmanagement* gehören alle akademischen Leitungspositionen, die zumeist auf der Basis von Wahl, Berufung oder Turnus durch die Selbstverwaltungsgremien zumeist für eine befristete Periode eingerichtet werden. Das akademische Hochschulmanagement umfasst vor allem die Ämter von Präsident, Rektor oder Dekan sowie die wissenschaftlichen Leitungen von Instituten und dezentralen Forschungseinrichtungen an Hochschulen.

Ähnlich wie in anderen europäischen Hochschulsystemen ist es in den letzten Jahren auch in Deutschland zu einer Lockerung der formalen Qualifikationsanforderungen an die Amtsanwärter für die Hochschulleitung gekommen (Estermann et al. 2011, S. 21). Mittlerweile finden sich in den gesetzlichen Vorgaben der meisten Länder weder Festlegungen hinsichtlich einer explizit internen Rekrutierung noch hinsichtlich einer umfassenden akademischen Laufbahn. Unter diesen Voraussetzungen stünde es den Hochschulen demnach formal weitgehend frei, auch stärker auf Führungskräfte aus anderen Organisationsbereichen zurückzugreifen.

Allerdings verweisen Studien zum Profil von Hochschulleitungen auf die eng an die Provenienz in der Forschung und die Erfahrung in der akademischen

Selbstverwaltung orientierte Besetzung von Positionen im akademischen Hochschulmanagement (Smith et al. 1999; Smith et al. 2007; Röbken 2006a; Breawell und Tytherleigh 2008). Mit einem Durchschnittsalter von 52 Jahren haben die als Hochschulleiter an Universitäten in Großbritannien fungierenden Vice-Chancellors in der überwiegenden Mehrheit eine längere und reputierliche akademische Ausbildung durchlaufen, bei über einem Drittel auch mit Stationen an den Elite-Universitäten von Oxbridge und London (Breawell und Tytherleigh 2008, S. 118). In ihrer Studie zum biografisch-fachlichen Hintergrund und zu Amtszeiten von Hochschulpräsident(inn)en in Deutschland zeigt Röbken (2006a), dass das Amt der Universitätsleitung zum Erhebungszeitpunkt bei einem Altersdurchschnitt von 53,7 Jahren zumeist von erfahrenen Wissenschaftlern und Wissenschaftlerinnen übernommen wird. Der fachliche Hintergrund spiegelt dabei in vielen Fällen das fachliche Profil der jeweiligen Universität wieder. Eine externe Rekrutierung von Präsident(inn)en ist mit 16,5% in der deutschen Hochschullandschaft bis dahin eher selten der Fall gewesen. In der überwiegenden Mehrheit werden diese aus der eigenen Professorenschaft rekrutiert.

Dass Forschungsreputation eine wichtige Voraussetzung für Hochschulpräsidenten ist, zeigt Goodall (2009), die in ihrer international vergleichenden Studie auf der Basis bibliometrischer Daten den Zusammenhang zwischen Forschungserfolg einer Hochschule und der wissenschaftlichen Reputation von Hochschulleitungen verdeutlicht. Hattke und Blaschke (2015) gehen in ihrer Studie davon aus, dass disziplinäre Heterogenität bei der Zusammensetzung der Mitglieder von Universitätsleitungen positive Effekte auf die Erfolgswahrscheinlichkeit bei der Einwerbung großer Drittmittelprojekte im Rahmen der Exzellenzinitiative hatte.

Ein übergreifendes Merkmal der Profile von Hochschulleitungen, insbesondere im deutschen Wissenschaftssystem, ist die Dominanz von Männern in den Leitungspositionen (Breakwell und Tytherleigh 2008; White et al. 2012). So kommen Breakwell und Tytherleigh (2008) in ihrer Studie zur Entwicklung der soziodemografischen Merkmale der Vizekanzler/-innen in Großbritannien von 1996 bis 2006 zu dem Ergebnis, dass die meisten dieser seit 1997 ernannten Personen weiß und männlich sind. Dennoch weisen unterschiedliche Studien auf einen mittlerweile gestiegenen Anteil von Frauen hin, wobei starke Unterschiede hinsichtlich der unterschiedlichen Funktionen in der Hochschulleitung bestehen. Die Analysen der GWK (2014) zum Frauenanteil an akademischen Führungspositionen in deutschen Wissenschaftseinrichtungen verdeutlichen, dass der Anteil von Frauen in der Hochschulleitung zwar gegenüber 1996 um 14,2% gestiegen ist, allerdings 2013 nach wie vor mit nur 22,5% gering ist. Dabei sind Frauen als Rektorin bzw. Präsidentin mit einem Anteil von 14,5% am wenigsten vertreten, hingegen ist der Anteil von Frauen in der Funktion der Prorektorin, Vizepräsidentin oder Kanzlerin deutlich höher.

Zum *administrativen Hochschulmanagement* gehören alle Leitungsmitarbeiter/-innen, die durch die Hochschulleitung als Dienstherr rekrutiert und eingestellt werden und in ihrer Tätigkeit bzw. nach Stellenbeschreibung vor allem administrative Aufgaben und Funktionen erfüllen. Im Hinblick auf die staatlichen Hochschulen in Deutschland sind das: Hochschulkanzler/-in bzw. Vizepräsident/-in für Haushalt und Personal. Ihm/ihr kommt durch die Mitgliedschaft in der zentralen Hochschulleitung eine besondere Stellung im Hochschulmanagement zu. Darüber hinaus gehören zum administrativen Hochschulmanagement die Dezernate, die Abteilungsleitungen, die Stabsstellenleitungen sowie die administrative Geschäftsführung von Fakultäten, Instituten und anderen wissenschaftlichen Einrichtungen sowie Serviceeinrichtungen. Zudem lassen sich unterschiedliche Funktionalbereiche wie z. B. Finanz-, Personal- und Qualitätsmanagement unterscheiden.

Überdies ist es an Hochschulen zur Entwicklung neuer Funktionen und Berufsgruppen an der Schnittstelle zwischen Wissenschaft, Verwaltung und Hochschulleitung gekommen, die weder der Routine-Administration noch unmittelbar der Forschung und Lehre zuzuordnen sind (Whitchurch 2008; Krücken et al. 2010). Von einigen Beobachtern werden diese sich neu entwickelnden hybriden Tätigkeits- und Berufsgruppen als „neue Hochschulprofessionen" (Schneijderberg et al. 2013) oder „Third Space Professionals" verstanden (Whitchurch 2008). Darunter verstehen diese Autoren Koordinatoren, Referenten und mitunter auch Leitungsfunktionen umfassende Berufspositionen wie z. B. im Bereich der Forschungsförderung und -planung, der Lehrkoordination und der Studien- und Karriereberatung, für die bislang weder eine klare Begrifflichkeit noch ein klares Berufsbild existiert. Obschon die unter „Third Space" und neuen Hochschulprofessionen subsumierten Arbeitsbereiche nicht immer neu sind, ist der beträchtliche Zuwachs dieser Positionen (Krücken et al. 2010) und eine sich offensichtlich etablierende Spezialisierung auf Themen der Hochschulentwicklung durchaus beachtlich (Schneijderberg et al. 2013, S. 390). Dabei bleibt jedoch unklar, ob es sich um eine vorübergehende Entwicklung angesichts beträchtlicher Reformen handelt oder um eine dauerhafte Etablierung dieses Bereiches, der nach Ansicht einiger Beobachter eine neue Personalkategorie notwendig machen würde (Zellweger-Moser und Bachmann 2010, S. 7).

Hinsichtlich des Werdegangs im administrativen Hochschulmanagement in Deutschland lässt sich übergreifend eine Entwicklung konstatieren, die im Unterschied zum traditionellen Juristenmonopol in der Hochschulverwaltung auf eine stärkere Heterogenität von beruflichen Hintergründen bei Führungskräften im Hochschulmanagement abstellt. So ist es parallel zu den erläuterten Veränderungen innerhalb der Stellung des Hochschulkanzlers durch den Wegfall der Qualifikationsanforderung einer rechtswissenschaftlichen Ausbildung für die Position der Hochschulverwaltungsleitung zu einem Rückgang des vormals sehr hohen Anteils von Jurist(inn)en auf 40 % im Jahr 2015 gekommen (Blümel und Hüther 2015). Zugleich ist der Anteil der Kanzler/-innen mit einem wirtschaftswissenschaftlichen Studienhintergrund auf 22 % merklich angestiegen. Weiterhin ist auch der Anteil der Kanzler/-innen mit einer längeren Berufserfahrung im Management privatwirtschaftlicher Unternehmen bei jüngeren Amtsinhaberinnen und Amtsinhabern deutlich größer geworden. Dies verweist auf die im Zuge der zunehmenden Anwendung wirtschaftlicher Instrumente wichtiger gewordenen Qualifikationen und Kenntnisse im Bereich des Hochschulmanagements. Hinsichtlich einer Rekrutierung der Kanzler(inn)en zeichnet sich zudem eine Entwicklung ab, bei der die bisherige Dominanz der externen Rekrutierung aus Ministerien und Einrichtungen der öffentlichen Verwaltung zunehmend durch eine hochschulinterne Rekrutierung abgelöst zu werden scheint (Blümel und Hüther 2015).

Auch für die anderen Bereiche im administrativen Hochschulmanagement lässt sich eine deutliche Heterogenität der fachlichen Hintergründe konstatieren. Den Ergebnissen einer deutschlandweiten Befragung von leitenden Mitarbeitern und Mitarbeiterinnen in unterschiedlichen Funktionalbereichen des administrativen Hochschulmanagements zufolge verfügen die meisten von ihnen über Studienabschlüsse im Bereich der Geistes- und Sozialwissenschaften (Krücken et al. 2010). Zudem scheint es mit zunehmender Nähe zu den Kernaktivitäten Forschung und Lehre auf sehr gute Kenntnisse der Forschungszusammenhänge in der jeweiligen Disziplin anzukommen, denn 29,6% der befragten leitenden Mitarbeiter/-innen im administrativen Hochschulmanagement verfügen über eine Promotion. Auch die Studien des CHE im Bereich des Fakultätsmanagements zeigen, dass hier leitende Mitarbeiter mit über einem Drittel promoviert haben und ihren Studienabschluss oft in einer ihrem Fachbereich nahen Disziplin absolvierten (Fedrowitz et al. 2014). Demnach wird disziplinäres Wissen für die Umsetzung strategischer Planungen im Fakultätsmanagement als besonders wichtig erachtet. Die Rekrutierung leitender Mitarbeiter/-innen aus dem privatwirtschaftlichen Sektor in die Funktionen im administrativen Hochschulmanagement ist, anders als die Entwicklung z. B. im angelsächsischen Hochschulsektor, an deutschen Hochschulen bisher eher eine Seltenheit (Krücken et al. 2010, S. 4). Die Ergebnisse dieser Studien verdeutlichen, dass insbesondere in den forschungsnahen Bereichen des administrativen Hochschulmanagements Werdegänge der Mitarbeiter zumeist durch eine hohe Affinität zu Forschung und Lehre charakterisiert sind.

5 Fazit

Die Veränderungen der Funktionen von Hochschulleitungen und im Hochschulmanagement sind Knotenpunkt und Projektionsfläche für die Wissenschaftspolitik. Dies betrifft vor allem die durch die Landeshochschulpolitiken im Zuge der Gesetzesreformen angestoßenen Reorganisationsprozesse der Leitungs- und Verwaltungsorganisation an den deutschen Hochschulen. Vonseiten der Politik erhofft (e) man sich davon den Abbau von hochschulinternen Entscheidungsblockaden und die Durchsetzbarkeit einer stärker an Wettbewerbsmaximen und Profilierungspolitiken orientierten Hochschulentwicklung.

Inwiefern diese formalstrukturellen Änderungen sich in einen Wandel der Rollenwahrnehmung und des Entscheidungshandelns von Hochschul- und Fachbereichsleitungen übersetzen, darf im Lichte bisheriger Erfahrungen und erster empirischer Studien an deutschen Hochschulen en gros eher bezweifelt werden (Meier und Schimank 2010; Kleimann 2016; Blaschke et al. 2014; Flink und Simon 2015). So verstehen sich Präsident(inn)en und Rektor(inn)en Befragungen zufolge nur selten als strategisch entscheidende Führungskräfte, sondern vor allem als verhandelnde Vermittler/-innen unterschiedlicher Ziele (Scherm et al. 2014; Flink und Simon 2015). Zudem bedienen sie sich selbst dann verhandlungs- und überzeugungsorientierter Entscheidungsmuster von Universitätspräsidenten, wenn sie eigentlich formal über weitreichende Entscheidungskompetenzen verfügen (Kleimann 2016, S. 225; von Stuckrad und Gläser 2012, S. 239).

Einschränkend ist anzumerken, dass diese Einschätzungen zum deutschen Hochschulsektor bislang auf nur wenigen Studien zum Entscheidungshandeln von Hochschulleitungen beruhen, deren empirische Basis in den meisten Fällen Interviews sind. Länger angelegte Analysen zur Leitungspraxis, bei denen die praktizierten Interaktionsformen von Hochschulleitungsmitgliedern stärker im Fokus der Untersuchungen stehen, könnten möglicherweise weitergehende Aufschlüsse geben. Besonders interessant dürfte dabei die Ebene der wissenschaftlichen Fachbereichsleitungen und der Dekane sein, da hier die Ambivalenz zwischen managerialer Verantwortung auf Zeit und Zusicherung kollegialer Kooperation im Falle von Allokationsentscheidungen besonders virulent werden kann (Meek et al. 2010; Scholkmann 2010). So beschreiben Hancock und Hellawell (2003) das Vorgehen von Dekan(inn)en als ein „Versteckspiel", bei dem sie ihre Rolle als Entscheidungsinstanz gegenüber den Fachkolleg(inn)en eher kaschieren und zugleich gegenüber der zentralen Hochschulleitung als starke Umsetzer auftreten.

Generell ist festzustellen, dass die weitreichenden Erwartungen an die Professionalisierung und insbesondere hinsichtlich der Verberuflichung im Hochschulmanagement in Deutschland bislang kaum zur verbreiteten Praxis geworden sind. Nach wie vor wird die deutliche Mehrheit der Präsident(inn)en und Rektor(inn)en an deutschen Hochschulen aus den eigenen Reihen der Professor(inn)en rekrutiert. Bis auf wenige Ausnahmen ist ein Wechsel vom Präsidentenstuhl einer Hochschule bzw. Universität auf den einer anderen eher eine Seltenheit. Eine stärkere Institutionalisierung scheint der Austausch über strategische Themen der Hochschulentwicklung und die Praxis der Hochschulführung in Netzwerken und Expertenkommissionen erfahren zu haben. Sowohl auf Landesebene als auch im Kontext der deutschen Hochschulrektorenkonferenz, der Allianzen zwischen Universitäten aber auch der European University Association finden sich etablierte Arbeitsgruppen, in denen Erfahrungen und Fachwissen im Bereich des Hochschulmanagements ausgetauscht werden. Im Bereich des administrativen Hochschulmanagements lässt sich Professionalisierung vor allem in Hinblick auf die Etablierung von Berufsverbänden und spezialisierten Studien- und Fortbildungsprogrammen im Wissenschafts- und Hochschulmanagement beobachten (Pausits und Pellert 2009). So gibt es neben den traditionellen Vereinigungen der Universitäts- und Hochschulkanzler mittlerweile auch einen Bundesverband „Netzwerk-Wissenschaftsmanagement".

Literatur

Amaral, Alberto, Lynn Meek, und Ingvild Larsen, Hrsg. 2003. *The higher education managerial revolution?* Dordrecht: Kluwer Academic Publishers.
Battis, Ulrich. 2009. Das Amt des Universitätskanzlers: Ein Auslaufmodell? *Die Öffentliche Verwaltung* 62(13): 518–522.
Beckmeier, Carola, und Aylâ Neusel. 1994. Leitungsstrategien und Selbstverständnis von Hochschulpräsidenten und -rektoren. Eine Pilotstudie an zehn ausgewählten Hochschulen. Kassel: Wissenschaftliches Zentrum für Berufs- und Hochschulforschung der Universität Gesamthochschule Kassel (Werkstattberichte, 35).

Blaschke, Steffen, Jetta Frost, und Fabian Hattke. 2014. Towards a micro-foundation of leadership, governance, and management in universities. *Higher Education* 68(5): 711–732.
Bleiklie, Ivar, und Stefan Lange. 2010. Competition and leadership as drivers in German and Norwegian university reforms. *Higher Education Policy* 23:173–193.
Bleiklie, Ivar, Jürgen Enders, Benedetto Lepori, und Christine Musselin. 2011. New public management, network governance and the University as a changing professional organization. In *The Ashgate research companion to new public management*, Hrsg. T. Christensen und P. Laegried, 2001, 161–176. Farnham: Ashgate.
Blümel, Albrecht. 2015. *Von der Hochschulverwaltung zum Hochschulmanagement Wandel der Hochschulorganisation am Beispiel der Verwaltungsleitung*. Wiesbaden: VS-Verlag.
Blümel, Albrecht, und Otto Hüther. 2015. Verwaltungsleitung an deutschen Hochschulen. Deskriptive Zusammenfassung der in 2015 stattgefundenen Befragung der Kanzlerinnen und Kanzler an deutschen Hochschulen. INCHER-Working Paper.
Bogumil, Jörg, Stefan Grohs, und Sascha Gerber. 2007. Hochschulräte als neues Steuerungsinstrument? Eine empirische Analyse der Mitglieder und Aufgabenbereiche. Abschlussbericht der Kurzstudie http://homepage.rub.de/Joerg.Bogumil/Downloads/hr_bericht_druck.pdf. Zugegriffen am 09.01.2016.
Bogumil, Jörg, Martin Burgi, und Rolf Heinze. 2013. *Modernisierung der Universitäten. Umsetzungsstand und Wirkungen neuer Steuerungsinstrumente*. Berlin: edition sigma.
Breakwell, Glynis, und Michelle Tytherleigh. 2008. UK University leaders at the turn of the 21st century: Changing patterns in their socio-demographic characteristics. *Higher Education* 56(1):109–127.
Brunsson, Nils, und Kerstin Sahlin-Andersson. 2000. Constructing organizations: The example of the public sector reform. *Organization Studies* 21(4): 721–746.
Clark, Burton. 1983. *The higher education system: Academic organization in cross-national perspective*. Berkeley, CA: University of California Press.
De Boer, Harry, Jürgen Enders, und Uwe Schimank. 2008. Comparing higher education governance systems in four European countries. In *Governance and performance of education systems*, Hrsg. N. Soguel und P. Jaccard, 35–54. Dordrecht: Springer.
Dobbins, Michael, und Christoph Knill. 2014. *Higher education governance and policy change in Western Europe*. Basingstoke: Palgrave.
Estermann, Thomas, Terhi Nokkala, und Monika Steinel. 2011. *University autonomy in Europe II. The Scorecard*. EUA Publications: Brussels.
Fedrowitz, Jutta, Hannah Leichsenring, und Thimo von Stuckrad. 2014. *Professionalisierung ohne Profession? Ergebnisbericht Fakultätsmanagement-Befragung 2013*. Gütersloh: CHE.
Flink, Tim, und Dagmar Simon. 2015. Responsivität beim Organisieren von Wissenschaft. In *Die Responsivität der Wissenschaft. Wissenschaftliches Handeln in Zeiten neuer Wissenschaftspolitik*, Hrsg. Hildegard Matthies, Dagmar Simon und Marc Torka, 97–131. Bielefeld: transcript.
Friedrichsmeier, Andres, und Silke Fürst. 2012. Neue Governance Als Wettbewerb um Sichtbarkeit. Zur veränderten Dynamik der Öffentlichkeits- und Medienorientierung von Hochschulen. *Die Hochschule* 21(2): 46–64.
Gemeinsame Wissenschaftskonferenz (GWK). 2014. Chancengleichheit in Wissenschaft und Forschung 18. Fortschreibung des Datenmaterials zu Frauen in Hochschulen und außerhochschulischen Forschungseinrichtungen. Heft 40.
Goodall, Amanda. 2009. Highly cited leaders and the performance of research universities. *Research Policy* 38(7): 1079–1092.
Hancock, Nick, und David Hellawell. 2003. Academic middle-management in higher education: A game of hide and seek? *Journal of Higher Education Policy and Management* 25(1): 5–12.
Hattke, Fabian, und Steffen Blaschke. 2015. Striving for excellence: The role of top management team diversity in universities. *Team Performance Management* 21(3/4): 121–138.
Henkel, Mary, und Brenda Little, Hrsg. 1999. *Changing relationships between higher education and the state*. London/Philadelphia: Jessica Kingsley Publishers.

Heß, Jürgen, und Dieter Leuze, Hrsg. 2005. Die janusköpfige Rechtsnatur der Universität – ein deutscher Irrweg? *Wissenschaftsrecht Beiheft* 15:119–139.

HRK, Hochschulrektorenkonferenz. 2004. Professionalisierung als Leitungsaufgabe. Entschließung des 202. Plenums der HRK am 08.06.2004. Bonn.

Huisman, Jeroen, Harry de Boer, David Dill, und Manuel Souto-Otero, Hrsg. 2015. *The Palgrave international handbook of higher education policy and governance*. New York/London: Palgrave Macmillan.

Hüther, Otto. 2010. *Von der Kollegialität zur Hierarchie? Der New Managerialism in den Landeshochschulgesetzen*. Wiesbaden: VS-Verlag.

Hüther, Otto, und Georg Krücken. 2011. Wissenschaftliche Karriere und Beschäftigungsbedingungen – organisationssoziologische Überlegungen zu den Grenzen neuer Steuerungsmodelle an deutschen Hochschulen. *Soziale Welt* 62(3): 303–323.

Kahl, Wolfgang. 2004. *Hochschule und Staat – Entwicklungsgeschichtliche Betrachtungen eines schwierigen Rechtsverhältnisses unter besonderer Berücksichtigung von Aufsichtsfragen*. Tübingen: Mohr Siebeck.

Kamm, Ruth, und Michaela Köller. 2010. Hochschulsteuerung im deutschen Bildungsföderalismus. *Swiss Political Science Review* 16(4): 649–686.

Kleimann, Bernd. 2016. *Universitätsorganisation und präsidiale Leitung. Führungspraktiken in einer multiplen Hybridorganisation*. Wiesbaden: Springer VS-Verlag.

Kluge, Alexander. 1958. *Die Universitäts-Selbstverwaltung*. Frankfurt a. M.: Vittorio Klostermann.

Knauff, Matthias. 2008. Das Ressortprinzip im neuen nordrhein-westfälischen Hochschulrecht. *Die Öffentliche Verwaltung* 7:269–277.

Kohring, Matthias, Frank Marcinkowski, Christian Lindner, und Sarah Karis. 2013. Media orientation of university leaders and the executive influence of public relations. *Public Relations Review* 39(3): 171–177.

Krücken, Georg, und Frank Meier. 2006. Turning the university into an organizational actor. In *Globalization and organization*, Hrsg. Gili S. Drori, John W. Meyer und Hokyu Hwang, 241–257. Oxford: Oxford University Press.

Krücken, Georg, Albrecht Blümel, und Katharina Kloke. 2010. Hochschulmanagement – auf dem Weg zu einer neuen Profession? *WSI-Mitteilungen* 5:234–241.

Krücken, Georg, Albrecht Blümel, und Katharina Kloke. 2013. The managerial turn in higher education? On the interplay of organizational and occupational change in German Academia. *Minerva* 51(4): 417–442.

Lange, Stefan, und Uwe Schimank. 2007. Zwischen Konvergenz und Pfadabhängigkeit: New Public Management in den Hochschulsystemen fünf ausgewählter OECD-Länder. In *Transfer, Diffusion und Konvergenz von Politiken*, Hrsg. Katharina Holzinger, Helge Jörgens und Christoph Knill, 522–548. Wiesbaden: VS Verlag für Sozialwissenschaften.

Lange, Stefan. 2009. Hochschulräte. In *Handbuch Wissenschaftspolitik*, Hrsg. Stefan Hornbostel, Andreas Knie und Dagmar Simon, 347–362. Wiesbaden: VS Verlag für Sozialwissenschaften.

Lobkowicz, Nikolaus. 1996. Die Hochschule und der Staat – eine vertrackte Beziehung: Überlegungen zur Hochschulreform. In *Der Verwaltungsstaat im Wandel. Festschrift für Franz Knöpfle zum 70. Geburtstag*, Hrsg. Detlef Merten, Reiner Schmidt und Ruppert Stettner, 205–217. München: Beck.

Logue, Danielle. 2010. The diffusion of management innovations: Understanding 90 years of global organisational change in Universities. Completed Dissertation, Dec 2010. Said Business School, University of Oxford.

Meek, V. Lynn, Leo Goedegebuure, Santiago Rui, und Teresa Carvalho, (Hrsg.). 2010. *The changing dynamics of higher education middle management*. Dordrecht: Springer.

Meier, Frank, und Uwe Schimank. 2010. Mission now possible: Profile building and leadership in German universities. In *Reconfiguring knowledge production. Changing authority relationships in the sciences and their consequences for intellectual innovation*, Hrsg. R. Whitley, J. Gläser und L. Engwall, 211–236. Oxford: Oxford University Press.

Musselin, Christine. 2007. Are Universities Specific Organisations? In *Towards a Multiversity? Universities Between Global Trends and National Traditions*, Hrsg. Georg Krücken, Anna Kosmützky und Marc Torka, 63–86. Bielefeld: Transcript Verlag.

Nickel, Sigrun, und Frank Ziegele. 2010. *Karriereförderung im Wissenschaftsmanagement – nationale und internationale Modelle. Eine empirische Vergleichsstudie im Auftrag des BMBF.* Bd 1 u. 2. Gütersloh: CHE.

Nickel, Sigrun, und Frank Ziegele. 2006. Profis ins Hochschulmanagement – Plädoyer für die Schaffung von hauptamtlichen Karrierewegen für Hochschul- und Fakultätsleitungen. *Hochschulmanagement* 1(1): 2–7.

Nullmeier, Frank. 2001. Professionalisierung. In *Grundbegriffe des Hochschulmanagements*, Hrsg. Anke Hanft, 362–368. Neuwied, Kriftel: Luchterhand Fachverlag.

Oppermann, Thomas. 1996. Selbstverwaltung und staatliche Verwaltung. In *Handbuch des Wissenschaftsrechts*, Hrsg. C. Flämig, O. Kimminich, H. Krüger, E. J. Meusel, H. Rupp, D. Scheven, H. Schuster und F. Stenbock-Fermor, 2. Aufl., 1009–1038. Berlin/Heidelberg: Springer.

Paradeise, Catherine, Emanuela Reale, Ivar Bleiklie, und Ewan Ferlie, Hrsg. 2009. *University governance. Western European comparative perspectives*. Berlin: Springer.

Pausits, Attilla, und Ada Pellert. 2009. Winds of change: Higher education management program-482 mes in Europe. *Higher Education* 34(3): 34–49.

Röbken, Heinke. 2006a. Profile deutscher Hochschulleitungen. *Beiträge zur Hochschulforschung* 4:6–29.

Röbken, Heinke. 2006b. Der Handlungsspielraum von Universitätsleitungen. *Die Hochschule* 2:123–137.

Röbken, Heinke, und Marcel Schütz. 2013. Hochschulräte. Eine empirische Bestandsaufnahme ihrer Zusammensetzung. *Die Hochschule* 2:96–162.

Sandberger, Georg. 2011. Die Neuordnung der Leitungsorganisation der Hochschulen durch die Hochschul-Rechtsnovellen der Länder. *Wissenschaftsrecht* 44:118–15.

Scherm, Ewald, Marcell de Schrevel, und Ursula M. Müller. 2014. Strategisches Universitätsmanagement: Ergebnisse einer Befragung. In *Management unternehmerischer Universitäten: Realität, Vision oder Utopie?* Hrsg. Ewald Scherm, 99–118. München: Mering.

Schimank, Uwe. 2001. Festgefahrene Gemischtwarenläden – Die deutschen Hochschulen als erfolgreich scheiternde Organisationen. In *Die Krise der Universitäten*, Hrsg. Erhard Stölting und Uwe Schimank, 223–242. Wiesbaden: Westdeutscher Verlag.

Schimank, Uwe. 2008. Double Talk von Hochschulleitungen. In *Universität und Lebenswelt*, Hrsg. Wieland Jäger, Rainer Schützeichel und Heinz Abels, 154–172. Wiesbaden: VS.

Schneijderberg, Christian, Nadine Merkator, Ulrich Teichler und Barbara M. Kehm, Hrsg. 2013. *Verwaltung war gestern? Neue Hochschulprofessionen und die Gestaltung von Studium und Lehre*. Frankfurt a. M.: Campus Verlag.

Scholkmann, Antonia 2010. *Zwischen Handlungszwang und Kollegialität: Universitätsdekane als Manager und Repräsentanten ihrer Fakultät*. Münster: LIT.

Schuster, Hermann J. 1996. Leitungsorganisation. In *Handbuch des Wissenschaftsrechts*, Hrsg. 627 C. Flämig, et al., Bd. 1, 839–858., Berlin/Heidelberg: Springer.

Seeber, Marco, Benedetto Lepori, Martina Montauti, Jürgen Enders, Harry de Boer, Elke Weyer und Emanuela Reale. 2015. European universities as complete organizations? Understanding identity, hierarchy and rationality in public organizations. *Public Management Review* 17(10): 1444–1474.

Smith, David, Jean Bargh, Catherine, Bocock, und Peter Scott. 1999. New leaders at the top? The educational and career paths of UK university vice-chancellors (1960–1996). *Higher Education Management* 11(2): 113–135.

Smith, David, Jonathan Adams, und David Mount. 2007. *UK universities and executive officers: The changing role of pro-vice-chancellors*. London: Leadership Foundation for Higher Education.

Von Stuckrad, Timo, und Jochen Gläser. 2012. „Es ist höchstens eine Kollegenschelte möglich, aber die bringt nichts." Kontingente und strukturelle Handlungsbeschränkungen der intra-universitäten Forschungs-Governance. In *Hochschule als Organisation*, Hrsg. Uwe Wilkesmann und Christian Schmid, 223–244. Wiesbaden: VS.

Whitchurch, Celia. 2008. Shifting identities and blurring boundaries: The emergence of third space professionals in UK higher education. *Higher Education Quarterly* 62(4): 377–396.

White, Kate, Barbara Bagilhole, und Sarah Riordan. 2012. The gendered shaping of university leadership in Australia, South Africa and the United Kingdom. *Higher Education Quarterly* 66(3): 293–307.

Whitley, Richard, und Jochen Gläser. 2014. *Organisational transformation and scientific change: The impact of institutional restructuring on universities and intellectual innovation, research in the sociology of organizations*, Bd. 42. Bingley: Emerald Group.

Wilkesmann, Uwe, und Christian J. Schmid. 2012. *Hochschule als Organisation*. Wiesbaden: VS Verlag für Sozialwissenschaften.

Zellweger-Moser, Franziska, und Gudrun Bachmann, Hrsg. 2010. Zwischen Administration und Akademie – Neue Rollen in der Hochschule. *Zeitschrift für Hochschulentwicklung* 5(4).

Das Bundesministerium für Bildung und Forschung (BMBF) als wissenschaftspolitischer Akteur

Matthias Kölbel

Inhalt

1 Einleitung	533
2 Geschichte des Ministeriums	534
3 Rolle und Aufgaben des BMBF	537
3.1 Institutionelle Forschungsförderung	538
3.2 Hochschul- und Studienfinanzierung	539
3.3 Förderung von Forschungs- und Entwicklungsprojekten	540
3.4 Internationale Zusammenarbeit in der Wissenschaftspolitik	541
4 Wissenschaftspolitische Initiativen	542
4.1 Hochschulpakt und Aufhebung des Kooperationsverbotes	542
4.2 Pakt für Forschung und Innovation	544
4.3 Exzellenzinitiative	545
4.4 Stärkung der Geisteswissenschaften und der Wissenschaftsautonomie	545
4.5 Hightech-Strategie der Bundesregierung	546
5 Fazit	547
Literatur	548

1 Einleitung

Das heutige Bundesministerium für Bildung und Forschung (BMBF) blickt auf eine abwechslungsreiche Geschichte zurück. Vom 1955 gegründeten Bundesministerium für Atomfragen bis zum heutigen BMBF wandelten sich Aufgaben und Schwerpunkte des Hauses. Das Repertoire der Förderinstrumente wurde kontinuierlich erweitert und hat in der institutionellen Grundfinanzierung der Wissenschaftsorganisationen, der Projektförderung und den Bund-Länder-Programmen eine Vielfalt

---

Der Beitrag gibt die persönliche Meinung des Autors wieder. Es handelt sich nicht um eine offizielle Selbstdarstellung des Bundesministeriums für Bildung und Forschung.

M. Kölbel (✉)
Bundesministerium für Bildung und Forschung, Berlin, Deutschland
E-Mail: matthias.koelbel@gmx.de

© Springer Fachmedien Wiesbaden 2016
D. Simon et al. (Hrsg.), *Handbuch Wissenschaftspolitik*, Springer Reference
Sozialwissenschaften, DOI 10.1007/978-3-658-05455-7_18

von Ausdrucksformen gefunden. Minister und Staatssekretäre, aber auch viele in der Öffentlichkeit unbekannte Mitarbeiter prägten die Rolle des BMBF als Impulsgeber.

2 Geschichte des Ministeriums

Das heutige Bundesministerium für Bildung und Forschung wurde am 20. Oktober 1955 als Bundesministerium für Atomfragen gegründet (Weingart und Taubert 2006). Die heute etwas eigenwillig anmutende Bezeichnung deutet auf den Gründungskontext hin: Die noch junge Bundesrepublik Deutschland wurde 1955 durch die Pariser Verträge teilsouverän und durfte wieder an die Kernforschung der 1930er- und 1940er-Jahre anknüpfen. Der erste Minister war Franz Josef Strauß, der später als Verteidigungsminister für eine atomare Bewaffnung der Bundeswehr eintrat. Die Kernforschung bedurfte großer Beschleunigeranlagen, die rasch das Budget der Bundesländer überforderten, die nach dem Grundgesetz damals eigentlich allein für die Finanzierung von Wissenschaft und Forschung zuständig waren. Der Bund hingegen verfügte in den 1950er-Jahren dank des „Wirtschaftswunders" über konstante Budgetüberschüsse und bot sich als Finanzier für die Großforschung an. So entstanden in den 1950er-Jahren die Kernforschungsanlagen in Karlsruhe, Jülich und Geesthacht, die der Bund zusammen mit dem jeweiligen Sitzland finanzierte. Die Großforschungseinrichtungen – heute unter dem Dach der Helmholtz-Gemeinschaft zusammengeführt – blieben über Jahrzehnte das Rückgrat für die wissenschaftspolitische Einflussnahme des Bundes.

Die Aufgaben des Ministeriums erweiterten sich im Laufe der Zeit, wie sich unschwer an den sich wandelnden Bezeichnungen des Ministeriums ablesen lässt, die in Tab. 1 wiedergegeben sind (BMBF 2013, S. 34–35). Neben die Beherrschung der Atomtechnik traten bald weitere Aufgaben der Zukunftsvorsorge, bei denen man einen Lösungsbeitrag von der Forschung erhoffte. Nach dem Vorbild der Kernforschungsanlagen wurden für die neuen Themenbereiche ebenfalls Großforschungseinrichtungen gegründet, darunter die Deutsche Forschungsanstalt für Luft- und Raumfahrt (DLR), die Gesellschaft für Mathematik und Datenverarbeitung (GMD) und das Deutsche Krebsforschungszentrum (DKFZ). Im Jahr 1962 wurde die Zuständigkeit für allgemeine Forschungsfragen vom Bundesministerium des Inneren übernommen und die Bezeichnung in „Bundesministerium für wissenschaftliche Forschung" geändert. Bei der Grundgesetzänderung 1969 wurden die Gemeinschaftsaufgaben Hochschulbau sowie Bildungsplanung und Forschungsförderung als Artikel 91a bzw. 91b im Grundgesetz verankert. Infolge der wachsenden Bundeskompetenzen wurde dann 1972 das Ministerium aufgeteilt in das „Bundesministerium für Bildung und Wissenschaft" (BMBW) und das „Bundesministerium für Forschung und Technologie" (BMFT). Bildung und Zukunftstechnologien waren gesellschaftliche Kernthemen, denen sich aufstrebende Politiker als Minister oder Staatssekretäre widmeten, die das Ministerium als Sprungbrett für ihre weitere Karriere nutzten. Beispiele sind Björn Engholm, der später Ministerpräsident von Schleswig-Holstein und Parteivorsitzender der SPD wurde, oder Gerhard Stoltenberg, der später zum Finanzminister aufstieg.

Tab. 1 Namen des Ministeriums sowie der Minister und Ministerinnen seit 1955

Bundesministerium für Atomfragen	Franz Josef Strauß	CSU	1955–1956
	Siegfried Balke	CSU	1956–1957
Bundesministerium für Atomkernenergie und Wasserwirtschaft	Siegfried Balke	CSU	1957–1961
Bundesministerium für Atomkernenergie	Siegfried Balke	CSU	1961–1962
Bundesministerium für wissenschaftliche Forschung	Hans Lenz	FDP	1962–1965
	Gerhard Stoltenberg	CDU	1965–1969
Bundesministerium für Bildung und Wissenschaft	Hans Leussink	parteilos	1969–1972
Teilung des Ministeriums im Jahr 1972			
Bundesministerium für Bildung und Wissenschaft	Klaus von Dohnany	SPD	1972–1974
	Helmut Rohde	SPD	1974–1978
	Jürgen Schmude	SPD	1978–1981
	Björn Engholm	SPD	1981–1982
	Dorothee Wilms	CDU	1982–1987
	Jürgen Möllemann	FDP	1987–1991
	Rainer Ortleb	FDP	1991–1994
	Karl-Hans Laermann	FDP	1994–1994
Bundesministerium für Forschung und Technologie	Horst Ehmke	SPD	1972–1974
	Hans Matthöfer	SPD	1974–1978
	Volker Hauff	SPD	1978–1980
	Andreas von Bülow	SPD	1980–1982
	Heinz Riesenhuber	CDU	1982–1993
	Matthias Wissmann	CDU	1993–1993
	Paul Krüger	CDU	1993–1994
Wiederzusammenlegung des Ministeriums im Jahr 1994			
Bundesministerium für Bildung, Wissenschaft, Forschung und Technologie	Jürgen Rüttgers	CDU	1994–1998
Bundesministerium für Bildung und Forschung	Edelgard Bulmahn	SPD	1998–2005
	Annette Schavan	CDU	2005–2013
	Johanna Wanka	CDU	2013–

Ergänzend zur institutionellen Finanzierung der außeruniversitären Forschung wurde in den 1960er- und 1970er-Jahren die Projektförderung eingeführt. Man hatte erkannt, dass Deutschland in zentralen Innovationsbereichen wie der Datenverarbeitung – heute würde man von IT sprechen – vor allem gegenüber den USA zurücklag, und versuchte den Rückstand durch mehrjährig angelegte Forschungsförderprogramme zu verkürzen (vgl. Thomas 2006). Innerhalb der politisch definierten Themen der Förderprogramme wurden Unternehmen, Hochschulen und Forschungsinstituten – entweder allein (Einzelprojekte) oder gemeinsam (Verbundprojekte) – öffentliche Fördermittel für die Durchführung von Forschungs- und Entwicklungsprojekten bewilligt. Es wurden sowohl industriepolitisch motivierte Förderprogramme für Spitzentechnologien wie z. B. Datenverarbeitung und Mikroelektronik aufgelegt als auch Programme z. B. zur Gesundheitsforschung und zur „Humanisierung des Arbeitslebens", die sich an gesellschaftlichen Vorsorgeaufgaben orientierten.

Der administrative Aufwand für die Bewilligung, Auszahlung und Verwendungsprüfung der Fördermittel überstieg bald die personellen Kapazitäten des Ministeriums. Man richtete daher bei den Großforschungseinrichtungen sogenannte Projektträger ein, die die administrative Betreuung der Förderprojekte übernahmen. Das System der Projektträger besteht bis heute fort, auch wenn sich die Rechtsbeziehungen zwischen Ministerium und Projektträgern geändert haben: Aufgrund rechtlicher Vorgaben der EU für die Vergabe öffentlicher Aufträge werden seit einigen Jahren alle Projektträgerschaften europaweit ausgeschrieben und vertraglich vereinbart. Neben den Helmholtz-Zentren gibt es auch privatwirtschaftlich organisierte Projektträger, etwa VDI-TZ als Tochterunternehmen des Vereins Deutscher Ingenieure (VDI). Die Projektträger beraten interessierte Antragsteller, nehmen Fördermittelanträge entgegen, organisieren den Begutachtungsprozess und bereiten die Förderentscheidung vor, zahlen die Fördermittel aus und prüfen deren sachgemäße Verwendung. In vielen Fällen sind die Projektträger seit den 1990er-Jahren beliehen, d. h. die Projektträger dürfen als sogenannte „selbstständige Verwaltungshelfer" eigenständig Förderbescheide erlassen. Das BMBF übt die Fach- und Rechtsaufsicht über die Projektträger aus, die zahlenmäßig längst weit mehr Personal beschäftigen als die Fachreferate des BMBF, die über die Themen und Richtlinien für die Förderung bestimmen. Das Ministerium ist durch die Aufgabenverlagerung an die Projektträger stärker in den Hintergrund getreten und für viele Empfänger von Projektfördermitteln gar nicht mehr direkt erkennbar.

Heinz Riesenhuber, der das BMFT von 1982 bis 1993 leitete, ist noch heute als langjähriger Bundesforschungsminister bekannt. Unter seiner Ägide wurden technologische Großprojekte wie der Transrapid forciert und mit neuen Instrumenten der Innovationsförderung wie etwa den Beteiligungskapitalprogrammen für Unternehmensgründungen oder dem 1.000-Dächer-Programm für Photovoltaik-Anlagen experimentiert. Minister Riesenhuber verstand es, wissenschaftliche Durchbrüche seiner Zeit wie etwa die Entdeckung der Hochtemperatursupraleitung, in die Öffentlichkeit zu tragen. Sein Counterpart im BMBW, Jürgen Möllemann, war nicht minder rührig: Mit dem Hochschulsonderprogramm (HSP) testete er die Möglichkeiten des Grundgesetzes bei der Finanzierung der Hochschulen durch den Bund aus. Mit dem Hochschulsonderprogramm finanzierte der Bund zeitlich befristet zusätzliche Personalstellen, damit der Hochschulzugang auch in besonders nachgefragten Studiengängen offen gehalten werden konnte. Das von Jürgen Möllemann durchgesetzte erste HSP ebnete den Weg für weitere Hochschulsonderprogramme. Auch spätere Bundesprogramme wie der Hochschulpakt oder die Exzellenzinitiative wären ohne die Vorbildwirkung des HSP kaum denkbar gewesen, denn mit dem HSP hatten die Länder eine deutliche Ausdehnung der Bundeskompetenzen in der Hochschulfinanzierung implizit akzeptiert.

Als Bundeskanzler Helmut Kohl nach der Bundestagswahl 1994 eine Kabinettreform vornahm und die Zahl der Bundesministerien von 22 auf 14 verkleinerte, wurden die beiden Bundesministerien für Bildung und Wissenschaft sowie für

Forschung und Technologie wieder zusammengelegt. Der erste Minister nach dieser Zusammenlegung, Jürgen Rüttgers, legte sich den Titel „Zukunftsminister" zu. Da er mit sinkenden Budgets konfrontiert war, konzentrierte er seine Aktivitäten auf wenige Felder: Mit den „Leitprojekten" versuchte er, die knappen Mittel in der Forschungsprojektförderung auf zentrale gesellschaftliche Herausforderungen wie z. B. nachhaltige Mobilität zu fokussieren. Minister Rüttgers startete 1995 mit „BioRegio" den ersten Cluster-Wettbewerb in der deutschen Forschungspolitik und verlieh damit der Kommerzialisierung der Biotechnologie den entscheidenden Schub. Nach diesem Erfolg wurde die Förderung regionaler Innovationsstrukturen (Cluster) bzw. thematisch definierter Forschungsnetzwerke (Kompetenznetze) zu einem breit eingesetzten Förderinstrument des BMBF.

Mit dem 1991 vom Deutschen Bundestag beschlossenen Bonn-Berlin-Gesetz wurde Berlin zur Bundeshauptstadt. Das Gesetz regelt auch, dass in Bonn weiterhin Regierungsaufgaben wahrgenommen werden. So hat das Bundesministerium für Bildung und Forschung unverändert seinen Hauptsitz in Bonn. Dort sind drei Viertel der rund 1.000 Beschäftigten des BMBF tätig. Ministeriumssitz sind die Kreuzbauten in der Bonner Heinemannstraße, die in den 1970er-Jahren errichtet und kürzlich grundlegend saniert wurden. Die rund 250 in Berlin tätigen Mitarbeiterinnen und Mitarbeiter haben im Jahr 2014 ein neues Dienstgebäude unweit vom Berliner Hauptbahnhof am Spreeufer vis-a-vis des Kanzleramtes bezogen. Das Gebäude wurde in einer Öffentlich-Privaten-Partnerschaft (ÖPP) von einem privaten Investor errichtet und vom Bund für die Berliner Mitarbeiterinnen und Mitarbeiter des BMBF langfristig angemietet. In diesem Gebäude wäre auch Platz für alle 1.000 Beschäftigten des BMBF, falls eines Tages ein Komplettumzug nach Berlin beschlossen werden sollte.

3 Rolle und Aufgaben des BMBF

Ein bekanntes Bonmot besagt: „Politik hat die Macht der Worte, des Geldes und der Gesetze." Das BMBF setzt, wie im Folgenden deutlich wird, vor allem das Instrument des Geldverteilens ein. Mit rund 14 Mrd. € Etat verfügte das BMBF im Jahr 2014 – nach dem Arbeitsministerium, dem Finanzministerium, dem Verteidigungsministerium und dem Verkehrsministerium – über den fünftgrößten Etat der Bundesministerien (BMF 2014).

Wissenschaft lässt sich bekanntlich von außen nur schwer steuern. Der Wissenschaftspolitik steht als Steuerungsinstrument im Wesentlichen das Zuteilen bzw. Versagen von Finanzierung zur Verfügung. Nur in seltenen Fällen kann die Wissenschaftspolitik durch institutionelle Rahmensetzungen – etwa durch die Gründung neuer Institute, die Vereinbarung spezieller Evaluationsverfahren wie bei der Leibniz-Gemeinschaft oder leistungsorientierter Finanzierungsmodi wie bei der Fraunhofer-Gesellschaft – strukturell steuernd in die Wissenschaft eingreifen. Gesetzliche Vorgaben scheiden in der Wissenschaftspolitik weitgehend aus, denn die Freiheit von Wissenschaft und Forschung ist durch Artikel 5 des Grundgesetzes verfassungsmäßig garantiert. Diese grundgesetzliche Garantie findet ihr Abbild in der institutionellen Grundfinanzierung der großen Wissenschaftsorganisationen, bei der die konkrete Mittelverwendung der Selbststeuerung der Wissenschaft überlassen bleibt. Die in der föderalen Verfassung Deutschlands angelegte gemeinschaftliche Grundfinanzierung der Wissenschaftsorganisationen durch Bund und Länder sichert deren Autonomie in starker Weise ab.

Andererseits sind Wissenschaft und Forschung zum Motor der technologischen und damit auch der wirtschaftlichen Entwicklung sowie zudem für das Erkennen und Behandeln gesellschaftlicher Problemlagen unverzichtbar geworden. Neben den Modus der Selbststeuerung sind daher weitere Steuerungsmodi getreten, um die Forschungsagenda der Wissenschaft auf Bedarfe aus anderen Gesellschaftsbereichen auszurichten (Kölbel 2004, S. 125–150). Das BMBF setzt hier einerseits Zielvereinbarungen in der institutionellen Förderung ein – etwa die programmorientierte Förderung der Helmholtz-Zentren – und andererseits das Instrument der Projektförderung innerhalb politisch definierter Forschungsförderprogramme.

3.1 Institutionelle Forschungsförderung

Mit rund fünf Mrd. € (2014) schlägt die institutionelle Finanzierung der außeruniversitären Forschungsorganisationen sowie der Deutschen Forschungsgemeinschaft im BMBF-Etat zu Buche. Die Grundfinanzierung der außeruniversitären Forschungsorganisationen erfolgt auf der Grundlage von Vereinbarungen nach Artikel 91b des Grundgesetzes gemeinsam durch Bund und Länder. Die Finanzierungsschlüssel und damit auch der Bundeseinfluss variieren:

Die Max-Planck-Gesellschaft (MPG) wird je zur Hälfte von Bund und Ländern finanziert, wobei der Länderanteil nach dem sogenannten Königsteiner Schlüssel auf die 16 Bundesländer aufgeteilt wird. Gemäß ihrem Auftrag, erkenntnisgetriebene Grundlagenforschung an der internationalen Forschungsfront zu betreiben, genießt die MPG hohe Autonomie.

Bei den Helmholtz-Zentren teilen sich der Bund mit 90 % und das jeweilige Sitzland mit 10 % die Grundfinanzierung. Der Bund und das Sitzland sind bei den meisten Helmholtz-Zentren zudem gesellschaftsrechtliche Eigentümer mit entsprechenden Rechten und Pflichten. Das BMBF stellt in vielen Helmholtz-Zentren auf Abteilungsleiter-Ebene den Aufsichtsratsvorsitz. Auf Betreiben des damaligen BMBF-Staatssekretärs Uwe Thomas wurden die früheren Großforschungszentren im 2001 gegründeten Verein der Helmholtz-Gemeinschaft gebündelt und eine Programmorientierte Förderung (PoF) der Helmholtz-Zentren eingeführt.

Bei der Fraunhofer-Gesellschaft (FhG) macht die Grundfinanzierung, die der Bund zu 90 % trägt, weniger als 30 % des Gesamtetats aus, da die Fraunhofer-Gesellschaft vorrangig Auftragsforschung und angewandte Forschungsprojekte mit Firmenpartnern betreibt. Vertreter des BMBF sind Mitglieder im Senat der Fraunhofer-Gesellschaft, sowie vereinzelt in den Kuratorien der Fraunhofer-Institute.

Bei den Instituten der Leibniz-Gemeinschaft (WGL) finanziert das Sitzland 25 % des laufenden Grundetats, weitere 25 % werden von der Ländergemeinschaft beigesteuert – verteilt nach dem Königsteiner Schlüssel. Der Bund überweist seinen 50 %-

Anteil als Zuweisung an das entsprechende Sitzland, das den Gesamtbetrag an das jeweilige Institut überweist und damit als einziger Zuwendungsgeber gegenüber dem Institut auftritt. Das BMBF ist bei ungefähr zwei Dritteln der Leibniz-Institute auf Referatsebene in den Aufsichtsgremien der Institute vertreten, bei den übrigen Leibniz-Instituten wird diese Aufsichtsfunktion durch Vertreter anderer Bundesministerien wahrgenommen, aus deren Etat der Bundesanteil des jeweiligen Leibniz-Instituts finanziert wird.

Die Deutsche Forschungsgemeinschaft (DFG) unterhält selbst keine Forschungsinstitute, sondern fördert projektbezogen Grundlagenforschung, vor allem an Hochschulen. Die Grundfinanzierung der DFG teilen sich Bund und Länder seit 2002 im Verhältnis 58 zu 42. Hinzu kommen verschiedene Sonderprogramme (wie etwa die Exzellenzinitiative), die von der DFG betreut werden. Das BMBF ist im Hauptausschuss und in den Bewilligungsausschüssen der DFG vertreten, übt hier jedoch mit Blick auf die grundgesetzlich garantierte Forschungsfreiheit nur sehr zurückhaltend Einfluss aus.

3.2 Hochschul- und Studienfinanzierung

Seit 2005 deutlich angestiegen sind die Bundesmittel für die Studien- und Hochschulfinanzierung. Während im Jahr 2005 dafür rund 2,2 Mrd. € im BMBF-Etat zur Verfügung standen, waren es im Jahr 2014 bereits rund 5,7 Mrd. € (ohne DFG-Grundfinanzierung, eigene Berechnungen auf Basis der Bundeshaushalte 2005 bzw. 2014). In den nächsten Jahren wird dieser Betrag absehbar weiter steigen. Ab 2015 finanziert der Bund die Leistungen nach dem Bundesausbildungsförderungsgesetz (BAföG) allein, während bis dahin die Kosten zwischen Bund und Ländern nach dem Schlüssel 65 zu 35 geteilt wurden. Neben dem BAföG wurden die Stipendien der Begabtenförderwerke über die letzten Jahre deutlich ausgebaut. Die mittlerweile 13 vom BMBF finanzierten Begabtenförderwerke decken dabei alle wesentlichen gesellschaftlichen Strömungen in Deutschland ab – von den konfessionellen Förderwerken über die parteinahen Stiftungen bis zur unabhängigen Studienstiftung des deutschen Volkes. Unter Annette Schavan kam ergänzend das Deutschlandstipendium hinzu: Herausragende Studierende können einkommensunabhängig 300 € monatlich erhalten, die jeweils zur Hälfte vom Bund und zur anderen Hälfte von privaten Stiftern stammen. Die Werbung der privaten Stifter, die Auswahl der Stipendiaten und die Auszahlung der Stipendien obliegen den Hochschulen.

In der Hochschulfinanzierung engagiert sich der Bund vor allem über zeitlich befristete Sonderprogramme wie dem Hochschulpakt (2014: rund 2,2 Mrd. €), die Exzellenzinitiative (2014: 380 Mio. €) und dem Qualitätspakt Lehre (2014: 200 Mio. €). Zwischen den Grundgesetzänderungen 1969 und 2006 hat der Bund zudem die Gemeinschaftsaufgabe Hochschulbau hälftig mitfinanziert; bis 2019 fließen den Ländern weiterhin 695 Mio. € jährlich als Kompensationsmittel für die Abschaffung dieser Gemeinschaftsaufgabe zu. Nach der Föderalismusreform 2006 ist die Bund-Länder-Finanzierung von Forschungsbauten und Großgeräten an Hochschulen verblieben, für die das BMBF rund 300 Mio. € pro Jahr bereitstellt.

3.3 Förderung von Forschungs- und Entwicklungsprojekten

Rund zwei Mrd. € pro Jahr setzt das BMBF für die Projektförderung von Forschungs- und Entwicklungsvorhaben ein. Mittlerweile engagieren sich neben dem BMBF aber auch weitere Bundesministerien in der Forschungsprojektförderung – insbesondere das Wirtschafts- und das Landwirtschaftsministerium. Denn an den Steigerungen der Bundesmittel für Forschung haben in den letzten Jahren neben dem BMBF auch weitere Ministerien partizipiert. Hinzu kommt, dass das BMBF in den zurückliegenden 20 Jahren mehrfach Zuständigkeiten an andere Ministerien verloren hat: 1993 wurde die Fachagentur Nachwachsende Rohstoffe (FNR) im Geschäftsbereich des Landwirtschaftsministeriums gegründet und erhielt vom damaligen BMFT die Forschungsfördermittel für das Thema nachwachsende Rohstoffe. Nach den Bundestagswahlen 1998 und 2005 wurden u. a. die Zuständigkeiten für die Energie- und Verkehrsforschung (inklusive Raumfahrt, Schiffs- und Meerestechnik) sowie weite Teile der Mittelstands- und Gründungsförderung ins Bundeswirtschaftsministerium verlagert. Da dem BMBF die Aufgabe der Forschungskoordinierung innerhalb der Bundesministerien zukommt, orientieren sich die Förderverfahren der anderen Bundesministerien weiterhin an der Praxis des BMBF.

Den Rahmen für die Projektförderung stecken im Regelfall auf fünf bis zehn Jahre angelegte, thematisch definierte Forschungsförderprogramme ab. In der Vergangenheit gab es dabei eine Dualität von Förderbereichen, die sich einerseits an Handlungsfeldern staatlicher Zukunftsvorsorge wie Umweltschutz und Gesundheit orientierten und sich andererseits der Förderung von Schlüsseltechnologien wie Biotechnologie, Informations- und Kommunikationstechnologien, Mikrosystemtechnik, optische Technologien oder Produktionstechnik widmeten. In den letzten Jahren wurden neue Förderprogramme vorrangig an gesellschaftlichen Bedarfsfeldern ausgerichtet. Der thematische und programmatische Rahmen der Forschungsförderprogramme wird durch eine Vielzahl von sukzessive erscheinenden Förderbekanntmachungen ausgefüllt, zu denen Projektvorschläge eingereicht werden können. Die Förderziele, die Antragsberechtigten, der Umfang der möglichen Förderung und das Auswahlverfahren sind von Fördermaßnahme zu Fördermaßnahme sehr unterschiedlich. Um potenziellen Antragstellern in der Vielfalt der Förderangebote, die Ungeübten manchmal als „Förderdschungel" erscheint, Orientierung und Hilfestellung zu bieten, wurde die Förderberatung „Forschung und Innovation" des Bundes als Erstanlaufstelle geschaffen. Einen umfassenden Überblick über die Forschungsförderung des BMBF und der anderen Bundesministerien gibt zudem der alle zwei Jahre erscheinende „Bundesbericht Forschung und Innovation" (früher „Bundesbericht Forschung"). Dieser Bericht enthält umfangreiches statistisches Material, das vom BMBF selbst bzw. vom Stifterverband für die Deutsche Wissenschaft erstellt wird (BMBF 2014a).

Die Förderaktivitäten der Fachabteilungen des BMBF werden durch zentral koordinierte Aktivitäten ergänzt. Seit den 1990er-Jahren wurden im Auftrag der Strategieabteilung des BMBF verschiedene Foresight-Prozesse durchgeführt, um neue Forschungsthemen zu identifizieren und die bestehenden Prioritäten zu überprüfen. Die Strategieabteilung ist zudem in die Evaluierung und Konzipierung von Förderprogrammen eingebunden. Sowohl in der Strategieabteilung als auch in den Fachabteilungen werden Querschnittsaufgaben wie die Erhöhung des Frauenanteils in der Wissenschaft oder die Förderung des Interesses an den naturwissenschaftlich-technischen Fächern bearbeitet. Durch Innovations- und Technikanalyse (ITA) werden soziale, ethische und rechtliche Aspekte neuer Entwicklungen in Wissenschaft und Technik untersucht. Über die letzten 20 Jahre deutlich ausgebaut wurden die Aktivitäten zur Wissenschaftskommunikation: Das BMBF veröffentlicht eine große Zahl an Broschüren, betreibt themenspezifische Internetportale, lässt mobile Labore auf Marktplätzen und Schulhöfen vorfahren und unterstützt Initiativen wie die Wissenschaftsjahre. Der Dialog mit der Öffentlichkeit wird verstärkt als Aufgabe begriffen.

3.4 Internationale Zusammenarbeit in der Wissenschaftspolitik

Eine Besonderheit des BMBF gegenüber anderen Fachministerien ist seine Abteilung für internationale und europäische Zusammenarbeit. Wissenschaftsaußenpolitik wird nicht nur vom Auswärtigen Amt, sondern auch vom Fachressort BMBF selbst betrieben. So werden beispielsweise Beschäftigte des BMBF als Wissenschaftsreferenten in elf diplomatische Vertretungen ins Ausland delegiert. Neben der Ständigen Vertretung Deutschlands bei der EU in Brüssel sind darunter nicht nur die Botschaften bei den europäischen Nachbarn wie Frankreich und Polen oder bei bedeutenden Wissenschaftsnationen wie den USA, sondern auch Botschaften in Schwellenländern wie Indonesien und Brasilien. Der ursprüngliche Grund für die Auswahl dieser Schwellenländer – der erhoffte Verkauf deutscher Atomtechnik dorthin – ist längst obsolet geworden, aber die guten wissenschaftlichen Beziehungen bestehen fort. Die Bundesrepublik unterhält mit einer Vielzahl von Ländern internationale Abkommen über die wissenschaftlich-technische Zusammenarbeit (WTZ). In deren Rahmen finden regelmäßige Treffen und Delegationsreisen statt. Für die Anbahnung wissenschaftlicher Kooperationen stellt das BMBF über sein internationales Büro Reise- und Personalmittel bereit. Größere Bedeutung für den Wissenschaftleraustausch haben gleichwohl die Alexander-von-Humboldt-Stiftung (AvH) und der Deutsche Akademische Austauschdienst (DAAD), die sowohl vom Auswärtigen Amt als auch vom Bundesministerium für Bildung und Forschung finanziell unterstützt werden. Ähnlich wie das BMBF nationale Forschungsorganisationen institutionell finanziert, beteiligt sich Deutschland zudem mit jährlich rund 300 Mio. € an der Finanzierung europäischer und internationaler Forschungszentren wie dem Teilchenbeschleuniger CERN in Genf, der Europäischen Südsternwarte ESO oder dem Europäischen Molekularbiologielaboratorium EMBL.

4 Wissenschaftspolitische Initiativen

In der letzten Dekade hat das BMBF in seinen zentralen Handlungsfeldern (Hochschulen, außeruniversitäre Forschungsorganisationen und Projektförderung) wegweisende Initiativen gestartet, die sich für das aktuelle politische Handeln als prägend erwiesen haben und daher hier näher vorgestellt werden sollen.

Im Fokus der wissenschaftspolitischen Initiativen des BMBF standen in den letzten Jahren unbestritten die Hochschulen. Mit der *Exzellenzinitiative* und dem *Hochschulpakt 2020* hat der Bund sein Engagement in der Hochschulpolitik massiv ausgeweitet. Die institutionelle Finanzierung der Wissenschaftsorganisationen – Deutsche Forschungsgemeinschaft (DFG), Fraunhofer Gesellschaft (FhG), Helmholtz-Gemeinschaft Deutscher Forschungszentren (HGF), Max-Planck-Gesellschaft (MPG) und (WGL) – wird seit 2005 durch den mehrfach erneuerten *Pakt für Forschung und Innovation* abgesichert. Und die mittlerweile in dritter Auflage von der Bundesregierung beschlossene *Hightech-Strategie* gibt der Projektförderung eine innovationspolitische Einbettung.[1]

4.1 Hochschulpakt und Aufhebung des Kooperationsverbotes

Wissenschaftspolitiker betonen immer wieder, die Hochschulen seien das Herzstück des Wissenschaftssystems. Trotzdem klagen die Hochschulrektoren seit Jahrzehnten über eine Unterfinanzierung ihrer Hochschulen. Verschärft hat sich die Situation durch die in den letzten Jahren massiv angestiegenen Studierendenzahlen von 1,8 Mio. in den 1990er-Jahren auf 2,7 Mio. im Jahr 2014. Ein Grund für den Anstieg sind die Doppeljahrgänge aufgrund der Verkürzung der Gymnasialzeit von neun auf acht Schuljahre in vielen Bundesländern und der Abschaffung der Wehrpflicht. Hinzu kommt die deutlich gestiegene Studierneigung, d. h. mehr Abiturienten als früher wählen ein Studium anstelle einer Berufsausbildung. Während die Studienanfängerquote im Jahr 2005 noch bei 37% lag, nimmt heute rund die Hälfte der jungen Menschen in Deutschland ein Studium auf.

Bundesministerin Schavan (Amtszeit 2006–2013) war sehr daran gelegen, den Hochschulen bei der Bewältigung der steigenden Studierendenzahlen zu helfen und den Ländern finanziell unter die Arme zu greifen, die nach der Kompetenzordnung des Grundgesetzes in erster Linie für den Bildungsbereich zuständig sind. Im Jahr 2007 wurde der erste Hochschulpakt geschlossen: Diese Vereinbarung von Bund und Ländern nach Artikel 91b des Grundgesetzes sah eine finanzielle Beteiligung des Bundes in Höhe von 565 Mio. € für den Zeitraum 2007 bis 2010 vor, um rund 91.000 zusätzliche Studienanfänger an den Hochschulen aufnehmen zu können. Bestandteil des Hochschulpaktes war auch die Einführung einer sogenannten „Pro-

---

[1]Ausführliche Informationen zu den genannten Wissenschaftspakten sind auf den Internetseiten der Gemeinsamen Wissenschaftskonferenz unter www.gwk-bonn.de/themen/wissenschaftspakte/ zu finden; aktuelle Nachrichten zur Hightech-Strategie bietet www.hightech-strategie.de.

grammpauschale" in der Forschungsprojektförderung der DFG, d. h. eines Aufschlags von 20% auf die direkten Projektkosten, um die indirekten Projektkosten zumindest teilweise zu decken. Traditionell wurden in Deutschland von Projektfördermittelgebern nur die projektspezifischen Ausgaben für Personal, Sachmittel und gegebenenfalls Investitionen an Hochschulen finanziert. Räumliche und technische Infrastruktur, Grundausstattung und administratives Personal (Overhead) mussten die Hochschulen selbst bereitstellen, was durch die Zunahme der Drittmittelprojekte in Relation zur Grundfinanzierung zu einem wachsenden Problem für die Hochschulen wurde. In vielen Ländern sind Forschungsförderer daher zunehmend zu einer zumindest anteiligen Overhead-Finanzierung oder sogar einer Vollkostenfinanzierung übergegangen. Bei der Deutschen Forschungsgemeinschaft wurde ein Overhead-Zuschlag erstmals mit der Exzellenzinitiative 2005 eingeführt und dann 2007 mit dem Hochschulpakt auf alle Förderlinien ausgeweitet; seit 2011 gewährt auch das BMBF in seiner Forschungsprojektförderung den Hochschulen eine Projektpauschale von 20% auf die direkten Projektmittel.

Der Hochschulpakt wurde 2009 für den Zeitraum bis 2015 verlängert. Die amtlichen Prognosen der Kultusministerkonferenz für den Anstieg der Studierendenzahlen wurden in der Realität weit übertroffen, sodass der Hochschulpakt mehrfach aufgestockt werden musste. Die dritte und abschließende Phase des Hochschulpaktes wurde von Bund und Ländern dann Ende 2014 vereinbart. Bund und Länder werden in den kommenden Jahren bis zu 760.000 zusätzliche Studienplätze gemeinsam finanzieren. Allein der Bund wird hierfür 9,9 Mrd. € bis 2023 bereitstellen. Die Länder haben zugesagt, vergleichbare zusätzliche finanzielle Leistungen zu erbringen und die Gesamtfinanzierung sicherzustellen. Im Zuge des Hochschulpakts III wird auch die Programmpauschale bei der DFG ab 2016 auf 22% aufgestockt, wobei die Länder die Aufstockung übernehmen.

Das BMBF und seine Ministerinnen und Minister waren trotz ihrer begrenzten verfassungsmäßigen Kompetenzen immer wieder Impulsgeber in der Hochschulpolitik. Zu nennen sind hier etwa die Bologna-Reform mit der Umstellung auf die Abschlüsse Bachelor und Master, die Einführung der Juniorprofessur, das Professorinnen-Programm zur Erhöhung des Frauenanteils in der Professorenschaft oder die diversen Programme für akademische Rückkehrer aus dem Ausland, die Abschaffung des Hochschullehrerprivilegs im Arbeitnehmererfindergesetz und die damit verbundene Schaffung der Patentverwertungsagenturen, die Befristungsregelungen für das wissenschaftliche Personal oder der (gescheiterte) Versuch zur Abschaffung der Habilitation. Die hochschulpolitischen Ambitionen der Bundespolitik waren manchem selbstbewussten Ministerpräsidenten in den 16 deutschen Bundesländern ein Dorn im Auge, was zu Auseinandersetzungen vor dem Bundesverfassungsgericht z. B. über die vom Bund vorgesehene Abschaffung der Habilitation führte und zum Wunsch, die Bundeskompetenzen im Bildungsbereich zu beschneiden. In der Konsequenz wurden bei der Föderalismusreform im Jahr 2006 die Gemeinschaftsaufgabe Hochschulbau und die Rahmengesetzgebungskompetenz des Bundes für die Hochschulen im Grundgesetz gestrichen. Bald stellte sich aber heraus, dass die Länder finanziell mit den Aufgaben im Bildungsbereich überfordert sind, wenn sie die Vorgaben der Schuldenbremse im Grundgesetz einhalten müssen und auf der Einnahmenseite bei den Steuern keine eigenen Gestaltungsspielräume haben. Daher wurde unter dem Schlagwort „Abschaffung des Kooperationsverbots" der Ruf laut, die Möglichkeiten des Bundes bei der Bildungsfinanzierung zu erweitern. Unter den 16 Ländern bestand aber Dissens, ob diese Erweiterung nur für den Hochschulbereich oder auch für den Schulbereich erfolgen sollte. Die seit 2013 amtierende Bundesministerin Johanna Wanka konnte dann Ende 2014 erreichen, dass der Artikel 91b GG dahingehend geändert wurde, dass Bund und Länder „auf Grund von Vereinbarungen in Fällen überregionaler Bedeutung bei der Förderung von Wissenschaft, Forschung und Lehre zusammenwirken" können. Damit kann der Bund nun erstmals Forschung und Lehre an Hochschulen auch dauerhaft finanzieren. Der Vorbehalt, dass einer Bund-Länder-Vereinbarung nach Artikel 91b GG, die im Schwerpunkt Hochschulen betrifft, alle (!) Länder zustimmen müssen, ist jedoch erhalten geblieben. Es bleibt abzuwarten, wie der Bund seine hinzugewonnenen Möglichkeiten zu nutzen verstehen wird.

4.2 Pakt für Forschung und Innovation

Bundeskanzler Gerhard Schröder kündigte im März 2003 bei einer Rede vor dem Deutschen Bundestag die Reformen der „Agenda 2010" an, die heute vorwiegend mit den „Hartz-Gesetzen" assoziiert werden. Weniger Beachtung fand seine Ankündigung am Ende der Rede, zum Zwecke der Erhaltung des Wohlstandsniveaus verstärkt in Bildung und Forschung investieren zu wollen und die Grundfinanzierung der außeruniversitären Forschungseinrichtungen um drei Prozent jährlich zu steigern (Schröder 2003). Die damalige Bundesforschungsministerin Edelgard Bulmahn entwickelte daraus den „Pakt für Forschung und Innovation", der den außeruniversitären Forschungsorganisationen und der DFG verlässliche Steigerungen ihrer institutionellen Grundfinanzierung über mehrere Jahre zusicherte und im Gegenzug eine Verpflichtung auf bestimmte forschungspolitische Ziele verlangte. Diese Verpflichtung auf forschungspolitische Ziele stellte eine deutliche Erweiterung gegenüber dem „5 x 5% Beschluss" der 1990er-Jahre dar, der seinerzeit den Forschungsorganisationen über fünf Jahre einen jährlichen Aufwuchs von fünf Prozent garantierte. Der erste „Pakt für Forschung und Innovation" wurde nach längeren Verhandlungen von den Ministerpräsidenten der Länder und Bundeskanzler Schröder am 23. Juni 2005 abschließend gebilligt. Die Laufzeit betrug 2006 bis 2010, die jährlichen Etatsteigerungen beliefen sich auf drei Prozent. Zu den vereinbarten forschungspolitischen Zielen gehörten der Ausbau der organisationsübergreifenden Kooperation, die vorausschauende strategische Erschließung neuer Forschungsbereiche und die Erhöhung der Chancen für unkonventionelle Forschungsansätze, die verstärkte Zusammenarbeit mit der Wirtschaft, z. B. durch gemeinsame Planungsprozesse und Innovationspartnerschaften, der Ausbau der Instrumente zur Förderung von Ausgründungen aus Forschungseinrichtungen sowie die Förderung von Frauen und wissenschaftlichem Nachwuchs.

Die Forschungsorganisationen haben individuelle Erklärungen abgegeben, wie sie diese Ziele erreichen wollen, und berichten jährlich gegenüber Bund und

Ländern über ihre Schritte zur Erreichung der vereinbarten forschungspolitischen Ziele. Diese Fortschrittsberichte werden von der Gemeinsamen Wissenschaftskonferenz (GWK), der Nachfolgerin der früheren Bund-Länder-Kommission für Bildungsplanung und Forschungsförderung (BLK), veröffentlicht. Im Jahr 2009 wurde der „Pakt für Forschung und Innovation" bis 2015 verlängert, wobei die forschungspolitischen Ziele modifiziert und die Steigerungsraten auf jährlich fünf Prozent angehoben wurden. Bei den Koalitionsverhandlungen nach der Bundestagswahl 2013 wurde vereinbart, dass der Bund ab 2015 die Steigerungen für die Forschungsorganisationen allein trägt und die Länder an dieser Stelle entlastet. Ende 2014 wurde die Fortschreibung des Pakts für Forschung und Innovation III für den Zeitraum 2016–2020 förmlich in der GWK und anschließend von den Regierungschefs von Bund und Ländern beschlossen.

4.3 Exzellenzinitiative

Zum Jahresbeginn 2004 rief die damalige Spitze der SPD das „Jahr der Innovationen" aus, um neben den Auseinandersetzungen über die Reformen der „Agenda 2010" auch ein positives Thema zu besetzen. Spitzenpolitiker brachten die Idee einer Eliteförderung für Hochschulen durch den Bund ins Spiel, das Wort einer „Bundesuniversität" machte die Runde. Die damalige Bundesforschungsministerin Bulmahn stellte dann bei dem eigens dafür organisierten Kongress „Deutschland. Das von morgen" ihr Konzept eines Wettbewerbes „Brain up! Deutschland sucht seine Spitzenuniversität" vor (Bulmahn 2004). In intensiven Diskussionen mit den Wissenschaftsministern der Länder und Vertretern der Wissenschaft wurde daraus die Exzellenzinitiative mit den drei Säulen Graduiertencluster, Exzellenzcluster und Zukunftskonzepte. Die Organisation des Wettbewerbs wurde in die Hände der Deutschen Forschungsgemeinschaft und des Wissenschaftsrats gelegt. Die Meinungen über die Auswirkungen der Exzellenzinitiative auf die Hochschullandschaft gehen weit auseinander – festhalten lässt sich aber sicher, dass die Exzellenzinitiative die am meisten diskutierte wissenschaftspolitische Initiative in Deutschland in den letzten Jahrzehnten war. Ohne die Aufbruchsignale von Exzellenzinitiative und Pakt für Forschung und Innovation wären die erheblichen kontinuierlichen Aufwüchse bei den Wissenschaftsausgaben des Bundes in den zurückliegenden zehn Jahren politisch kaum durchsetzbar gewesen.

4.4 Stärkung der Geisteswissenschaften und der Wissenschaftsautonomie

Ein besonderes Anliegen von Bundesforschungsministerin Annette Schavan in ihrer Amtszeit von 2005 bis 2013 war die Stärkung der Geisteswissenschaften. So wurden die jährlichen Steigerungen im Akademien-Programm, mit dem vor allem geisteswissenschaftliche Langzeitvorhaben an den deutschen Akademien der Wissenschaft finanziert werden, an die Steigerungsraten des „Paktes für Forschung und Innovation" angeglichen. Außerdem startete sie Initiativen wie die Internationalen Kollegs für geisteswissenschaftliche Forschung. Die seit den 1990er-Jahren schwelende Debatte über die Gründung einer Nationalen Akademie beendete Annette Schavan, indem sie die älteste deutsche Akademie Leopoldina zur Nationalen Akademie ausrief. Außerdem gewährte sie der neu gegründeten Deutschen Akademie der Technikwissenschaften (acatech) ab dem Jahr 2008 eine Grundfinanzierung. Die Deutsche Akademie der Naturforscher Leopoldina, die Deutsche Akademie der Technikwissenschaften und die Berlin-Brandenburgische Akademie der Wissenschaften erhielten gemeinsam eine privilegierte Rolle bei der wissenschaftlichen Politikberatung.

Mit ihrer Wissenschaftsfreiheitsinitiative entlastete Ministerin Schavan die Forschungsorganisationen von einigen bürokratischen Vorgaben. Die Gründung des Berliner Instituts für Gesundheitsforschung sollte das Zusammenrücken von außeruniversitären Forschungseinrichtungen und Hochschulen befördern, ähnlich wie die Gründung der Deutschen Zentren für Gesundheitsforschung und zuvor das Zusammengehen vom Forschungszentrum Karlsruhe und der Technischen Hochschule Karlsruhe bei deren Antrag in der ersten Runde der Exzellenzinitiative.

4.5 Hightech-Strategie der Bundesregierung

Mit der im Jahr 2006 erstmals vorgelegten Hightech-Strategie der Bundesregierung (BMBF 2006) wurde der Anspruch einer ressortübergreifenden Innovationspolitik aus einem Guss formuliert. Dahinter steht die Erkenntnis, dass Forschungsresultate nicht automatisch den Weg in die Anwendung finden, sondern dafür zahlreiche hemmende und förderliche Faktoren entscheidend sind, die von anderen Politikfeldern gestaltet und beeinflusst werden. Folgerichtig waren an der Erstellung der Hightech-Strategie nicht nur das Bundesforschungsministerium und das Bundeswirtschaftsministerium als Kernressorts beteiligt, sondern alle von den einzelnen Innovationsfeldern betroffenen Ministerien. Die Umsetzung der Hightech-Strategie wird durch ein hochrangig besetztes Beratungsgremium begleitet. In der Praxis erweist es sich aber als unverändert schwierig, innovationspolitische Gesichtspunkte in Politikfelder außerhalb der Forschungs- und Wirtschaftspolitik einzubringen. Die Hightech-Strategie wurde 2010 und 2014 (BMBF 2010, 2014b) überarbeitet und in neuer Fassung von den jeweiligen Bundesregierungen beschlossen. Neben der Benennung innovationspolitischer Handlungsbedarfe gibt die Hightech-Strategie einen Überblick über die Prioritäten der Bundesregierung bei der Förderung anwendungsorientierter Forschungs- und Entwicklungsprojekte. Im Kontext der verschiedenen Auflagen der Hightech-Strategie wurden auch neue Förderinstrumente in der Projektförderung des BMBF eingeführt, die sich vorzugsweise an den Gliedern der Innovationskette ausrichten und im Unterschied zu den üblichen Fachprogrammen nicht themengebunden sind. Dazu zählen das Programm „Validierung des Innovationspotenzials – VIP" und der Spitzencluster-Wettbewerb, der in der Tradition des BioRegio-Wettbewerbs aus der Amtszeit von Jürgen Rüttgers steht.

5 Fazit

Das Motto „Gestalten statt Verwalten" beschreibt das Selbstbild des BMBF vielleicht ganz treffend: Minister und Staatssekretäre, aber auch zahllose in der Öffentlichkeit unbekannte Abteilungsleiter, Referatsleiter und Referenten haben sich als Impulsgeber und Gestalter der Forschungs- und Wissenschaftspolitik gesehen. Das BMBF ist ein Haus von Autodidakten und Individualisten. Im Unterschied zu anderen Ministerien wird es nicht von Juristen geprägt, sondern von einer bunten Mischung verschiedenster Bildungshintergründe und Lebensläufe – von Architekten bis Zoologen ist alles vertreten. Viele Mitarbeiterinnen und Mitarbeiter des BMBF haben schon andere berufliche Stationen hinter sich gebracht, bevor sie ins Ministerium eingetreten sind. Jedoch kaum ein Mitarbeiter des BMBF verfügt über eine wissenschaftssoziologische Ausbildung; eine einheitliche Doktrin wissenschaftspolitischer Glaubenssätze und Herangehensweisen gibt es nicht im BMBF. Im Haus herrscht eine Kultur des „Learning by doing": Man probiert forschungspolitische Initiativen aus, beobachtet ihre Auswirkungen und reagiert auf die eingetretenen Wirkungen – in dem vollen Bewusstsein, dass angestoßene Initiativen nicht immer nur den intendierten Effekt bewirken, sondern sich auch ganz anders entwickeln können. Manche stützen sich bei der Entwicklung ihrer Initiativen auf den Rat von außen und lassen sich eingehend von Gremien oder einzelnen Vertretern aus Wissenschaft und Wirtschaft beraten – andere vertrauen mehr ihrem eigenen Sachverstand und setzen um, was sie selbst für richtig erkannt haben. Pluralität ist nicht nur ein Kennzeichen des föderal geprägten deutschen Wissenschaftssystems, sondern auch des Handelns im BMBF.

Der unvollendete Traum von Innovationspolitikern wie Heinz Riesenhuber oder des Staatssekretärs Uwe Thomas war ein integriertes Bundesministerium für Forschung und Innovation. Stattdessen hat das BMBF in den zurückliegenden 20 Jahren sukzessive Zuständigkeiten an andere Ministerien verloren. An den hohen Steigerungen der Bundesmittel für Forschung haben in den letzten Jahren neben dem BMBF auch weitere Ministerien partizipiert und eine eigenständige Förderung von Forschungsprojekten in ihrem jeweiligen Zuständigkeitsbereich aufgebaut. Das BMBF besitzt auf Bundesebene in der Forschungsförderung kein Monopol mehr, aber unverändert die Leitrolle. Diese Zersplitterung ist oft beklagt worden, hat aber auch den positiven Nebeneffekt, dass die Zusammenarbeit zwischen dem Forschungsministerium und z. B. dem Wirtschaftsministerium heute einfacher und besser funktioniert als früher.

Im Vergleich zu den 1970er- und 1980er-Jahren wird heute die Bedeutung der Projektförderung unterschätzt – als Impulsgeber für das Aufgreifen neuer wissenschaftlicher Gebiete, als Korrektiv für die Trägheit der wissenschaftlichen Selbststeuerung, als Schmiermittel für interdisziplinäre Kooperationen, als Motor für die Zusammenarbeit von Wissenschaft und Wirtschaft, als politisches Gestaltungsmittel für die Auseinandersetzung mit gesellschaftlichen Herausforderungen. Gegenüber forschungs- und technologiepolitischen Anliegen haben bildungs- und hochschulpolitische Themen in den zurückliegenden Jahren die Agenda des BMBF dominiert. Die seit 2014 erweiterten verfassungsrechtlichen Möglichkeiten des Bundes in der Hochschulpolitik werden diesen Trend sicher eher noch verstärken.

Literatur

BMBF. Hrsg. 2006. *Die Hightech-Strategie für Deutschland*. Bonn: BMBF.
BMBF. Hrsg. 2010. *Ideen. Innovation. Wachstum. Hightech-Strategie 2020 für Deutschland*. Bonn: BMBF.
BMBF. Hrsg. 2013. *Das Bundesministerium für Bildung und Forschung. Stand April 2013*. Berlin: BMBF.
BMBF. Hrsg. 2014a. *Bundesbericht Forschung und Innovation 2014*. Bonn: BMBF.
BMBF. Hrsg. 2014b. *Die neue Hightech-Strategie. Innovationen für Deutschland. Stand August 2014*. Berlin: BMBF.
BMF. Hrsg. 2014. *Bundeshaushalt 2014. Stand August 2014*. Berlin: BMF.
Bulmahn, Edelgard. 2004. Rede anlässlich des Kongresses „Deutschland. Das von morgen". http://www.bmbf.de/pub/0126RedeKongress.pdf. Zugegriffen am 04.01.2015.
Kölbel, Matthias. 2004. *Wissensmanagement in der Wissenschaft*, 1. Aufl. Berlin: wvb.
Schröder, Gerhard. 2003. *Regierungserklärung Mut zum Frieden und zur Veränderung. Plenarprotokoll 15/32*. Berlin: Deutscher Bundestag.
Thomas, Uwe. 2006. Drei Jahrzehnte Forschungspolitik zur Modernisierung der Volkswirtschaft. In *Das Wissensministerium*, Hrsg. Peter Weingart und Niels C. Taubert, 1. Aufl.,158–165. Weilerswist: Velbrück Wissenschaft.
Weingart, Peter, und Niels C. Taubert, Hrsg. 2006. *Das Wissensministerium*, 1. Aufl. Weilerswist: Velbrück Wissenschaft.

Governance-Strukturen und institutioneller Wandel des außeruniversitären Forschungssystems Deutschlands

Hans-Willy Hohn

Inhalt

1 Einleitung	549
2 Struktur und Genese des außeruniversitären Forschungssystems	552
2.1 Die politische Logik und arbeitsteilige Struktur	552
2.2 Der Entwicklungspfad	555
3 Stärken und Schwächen der außeruniversitären Forschung	558
4 Institutionelle Stabilität und Reformresistenzen	560
5 Wandel der Governance-Strukturen	562
5.1 Wandel durch Selbstanpassung	562
5.2 Neue forschungspolitische Instrumente und ihre Folgen	564
6 Fazit	569
Literatur	570

1 Einleitung

Nach dem Zweiten Weltkrieg hat sich innerhalb des deutschen Forschungssystems eine duale Struktur herausgebildet. Forschung wird in Deutschland vorwiegend an den Hochschulen und Universitäten betrieben. Darüber hinaus ist in der Nachkriegszeit ein eigenständiges System von außeruniversitären Forschungseinrichtungen entstanden. Dieses System expandierte schneller als die Hochschulen und verfügt heute über einen Etat, der etwa 60% der Mittel ausmacht, die der universitären Forschung zur Verfügung stehen. Während die universitäre Forschung bis zum Jahr 2014 so gut wie ausschließlich im Kompetenzbereich der Länder lag und dem Bund nur ein eng begrenztes und temporäres Engagement in diesem Bereich erlaubt war,

H.-W. Hohn (✉)
Deutsches Forschungsinstitut für öffentliche Verwaltung Speyer, Speyer, Deutschland
E-Mail: hohn@foev-speyer.de

zählt das außeruniversitäre Forschungssystem seit den späten 1960er-Jahren zu den Gemeinschaftsaufgaben von Bund und Ländern.

Im Zuge der Beilegung eines forschungspolitischen Kompetenzkonfliktes zwischen Bund und Ländern um die Förderung der außeruniversitären Forschungseinrichtungen und als Folge seiner föderal verflochtenen Entscheidungsstruktur entstand im Verlauf der 1960er- und 1970er-Jahre innerhalb dieses Systems eine arbeitsteilige Struktur von Organisationen, die auf bestimmte Typen von Forschung in abgegrenzten Domänen spezialisiert sind und über eine hohe Autonomie verfügen.

Diese arbeitsteilige Struktur von spezialisierten Akteuren hat sich über viele Jahrzehnte auf einen stabilen Konsens sowohl in der Forschungspolitik von Bund und Ländern als auch unter den Forschungsorganisationen stützen können und wurde selbst durch die deutsche Wiedervereinigung nicht erschüttert. Im Prozess der Wiedervereinigung haben die westdeutschen Forschungsorganisationen erfolgreich Widerstand gegen institutionelle Veränderungen geleistet und einen Transfer der Struktur des außeruniversitären Sektors in die neuen Länder bewirken können (Robischon et al. 1995).

Im Verlauf der 1990er-Jahre und insbesondere durch die Systemevaluationen der großen deutschen Forschungsorganisationen am Ende dieses Jahrzehnts geriet dann allerdings – als Kehrseite der arbeitsteiligen Struktur in diesem Sektor – der hohe Grad seiner Segmentierung in die Kritik. Die Systemevaluationen attestierten den großen deutschen Forschungsorganisationen erhebliche Stärken. Sie machten aber auch gravierende Schwächen und Rigiditäten aus und konstatierten vor allem eine starke *Versäulung* der außeruniversitären Forschungslandschaft sowie eine geringe Vernetzung der Forschungseinrichtungen mit den Hochschulen und auch untereinander.

Heute zeichnet sich ein sehr viel komplexeres und gründlich gewandeltes Bild von dieser Forschungslandschaft ab. Die Versäulung des außeruniversitären Forschungssystems ist nicht überwunden, zugleich aber sind die föderalen und interorganisatorischen Grenzen sehr viel durchlässiger geworden als dies noch in den 1990er-Jahren zu beobachten war. Eine grundlegende und noch bis in die jüngste Zeit von kaum jemandem erwartete institutionelle Innovation besteht zudem darin, dass die Länder nicht mehr über die alleinige Zuständigkeit zur Förderung der universitären Forschung verfügen, sondern diese Kompetenz im Zuge einer Verfassungsreform nunmehr auch dem Bund eingeräumt wurde. Beides ist nicht darauf zurückzuführen, dass das deutsche Forschungssystem von einem plötzlichen „Ruck"[1] erfasst worden wäre und einen radikalen Pfadwechsel vollzogen hätte, sondern beruht vielmehr auf einer Vielzahl von inkrementellen Anpassungen und unintendierten Effekten forschungspolitischer Reformen, die zu tiefgreifenden und nachhaltigen Veränderungen geführt haben.

---

[1] Wie dies Alt-Bundespräsident Roman Herzog 1997 in seiner berühmten Berliner Rede für das Gesellschaftssystem Deutschlands gefordert hatte.

Der institutionelle Wandel dieses Systems wurde zunächst einmal durch die Reaktionen der großen deutschen Forschungsorganisationen auf die seit den 1990er-Jahren rasant gestiegenen gesellschaftlichen Leistungserwartungen an die Wissenschaft und die wachsende Ökonomisierung und Internationalisierung der Forschung induziert. Dies hat die Forschungsorganisationen einem zunehmend intensiveren Wettbewerb um Ressourcen und Reputation sowie einem wachsenden Druck ausgesetzt, die wirtschaftliche und technologische Relevanz ihrer Forschungsaktivitäten nachweisen zu müssen. Die *alten* Domänengrenzen des außeruniversitären Forschungssystems gerieten durch diese *neuen* Anforderungen zunehmend in Konflikt und die deutschen Forschungsorganisationen in steigendem Maße unter organisationalen Reformdruck. In der Folge haben die großen Forschungsorganisationen Strategien entwickelt, im Rahmen von Prozessen der Selbstorganisation und Selbstanpassung inkrementelle An- und Umbauten an ihren Governance-Strukturen vorzunehmen und diese neu zu justieren.

So hat etwa die Europäisierung der Forschungsförderung dazu geführt, dass sich grundlagenorientierte Einrichtungen technologieorientierten Projekten nicht mehr generell verschließen können, wenn sie im internationalen Wettbewerb um Ressourcen und Reputation mithalten wollen. Zugleich haben sich einst monopolisierte Domänen in der öffentlichen und industriellen Auftragsforschung heute nicht selten zu Drittmittelmärkten entwickelt, auf denen sich Einrichtungen der unterschiedlichen Forschungsorganisationen als Konkurrenten gegenüberstehen (Heinze und Arnold 2008).

Neben neuen Formen des Wettbewerbs haben sich aber auch neue Formen von Kooperation entwickelt. Die lange Zeit vorherrschende Indifferenz zwischen den großen Forschungsorganisationen ist zumindest Versuchen gewichen, mehr „Kooperation unter heterogenen Partnern" (Kuhlmann et al. 2003) herzustellen. Vor allem ist die Vernetzung zwischen außeruniversitären Forschungseinrichtungen und Hochschulen stark angestiegen und Zahl sowie Intensität von Kooperationsbeziehungen sind in den vergangenen Jahren stetig gewachsen.

Die Forschungspolitik des Bundes hat diese Entwicklung in der jüngeren Vergangenheit durch eine Vielzahl von Maßnahmen wie insbesondere den Pakt für Forschung und Innovation forciert. Mit diesen Maßnahmen stellte die Forschungspolitik des Bundes ihre Reformversuche auf indirekte Instrumente der Steuerung durch Anreizstrukturen um. Während die großen deutschen Forschungsorganisationen noch in den späten 1990er-Jahren staatliche Reformprojekte, die auf direkte Eingriffe in ihre Governance-Strukturen abzielten, erfolgreich blockiert oder weitgehend unterlaufen haben, setzten sie diese neuen Maßnahmen der indirekten Steuerung einem Druck zu mehr Wettbewerb und Kooperation aus, der es ihnen erschwert hat, ihre Alleinstellungsmerkmale zu behaupten und ihre Domänenmonopole zu verteidigen.

Die bislang folgenreichsten Veränderungen in der institutionellen Architektur des deutschen Forschungssystems gehen aber auf ursprünglich in diesem Ausmaß nicht erwartete Effekte der Exzellenzinitiative zurück. Gedacht als Instrument zur Differenzierung der Hochschullandschaft, gingen von der Initiative in unvorhergesehener Weise starke Anreize auf die außeruniversitären Forschungsorganisationen aus, sich mit universitären Einrichtungen zu vernetzen. In vielen Fällen führte dies zu langfristig angelegten Allianzen, die sich unter dem expliziten Ziel zusammenschlossen, Modelle für die Überwindung der föderalen Grenzen innerhalb des deutschen Forschungssystems zu schaffen. Damit war zugleich ein neuer Typus von Forschungsorganisation wie das Karlsruhe Institute of Technology (KIT) oder die Jülich Aachen Research Alliance (JARA) entstanden, der dieses System unter einen wachsenden Reformdruck *von unten* setzte.

So wenig diese Folgen der Exzellenzinitiative vorherzusehen waren, so sehr wurden sie jetzt begrüßt. Die weithin unerwartete institutionelle Mobilisierung des deutschen Forschungssystems ließ den Ruf nach der Fortsetzung der Initiative und einer Lockerung des sogenannten Kooperationsverbotes von Bund und Ländern durch eine Reform von Art. 91b GG aufkommen. Sie legalisierte eine institutionelle und dauerhafte Förderung der Hochschulforschung durch den Bund und schuf zugleich Rechtssicherheit für die bereits existierenden und für künftige Allianzen zwischen universitären und außeruniversitären Forschungseinrichtungen. Was als eine zeitlich befristete Maßnahme zur Differenzierung der Hochschulen gedacht war, führte damit zu einer geradezu revolutionären institutionellen Innovation in der deutschen Forschungspolitik. In einem an Konflikten und Kontroversen erstaunlich armen Prozess einigten sich Bund und Länder gegen Ende des Jahres 2014 mit der erforderlichen Zweidrittelmehrheit auf die Verfassungsreform und schufen damit prinzipiell die Voraussetzung für umfassende Umbauten am deutschen Forschungssystem. Schien die Zukunft des deutschen Forschungssystems bis vor kurzem noch als weitgehend geschlossen, so präsentiert sie sich jetzt als weitgehend offen und kontingent.

Die nun folgenden Abschnitte gehen in einem ersten Schritt auf den institutionellen Status quo des Systems der außeruniversitären Forschung in Deutschland und dessen Genese ein (vgl. 2). In einem zweiten Schritt behandeln sie die institutionellen Stärken und Schwächen der außeruniversitären Forschung (vgl. 3) und wenden sich im Anschluss daran sowohl Reformblockaden (vgl. 4) als auch den wichtigsten aktuellen Veränderungen ihrer Governance-Strukturen zu (vgl. 5).

2 Struktur und Genese des außeruniversitären Forschungssystems

2.1 Die politische Logik und arbeitsteilige Struktur

Es zählt zu den konstitutiven Merkmalen des politischen Entscheidungssystems Deutschlands, dass die staatliche Souveränität auf so gut wie allen relevanten Feldern durch die föderale Verflechtung (vgl. Scharpf et al. 1976) zwischen Bund und Ländern und durch weitgehend autonome korporative Akteure wesentlich stärker als in anderen Nationen geprägt und eingeschränkt wird. Deutschland ist ein „semi-souveräner Staat" (Katzenstein 1987), in dem sich politische Entscheidungsprozesse in sektoralen Politiknetzwerken auf dem Wege von Aushandlungen und Abstimmungen zwischen staatlichen und gesellschaftlichen Akteuren vollzie-

Forschungsorganisation	Domäne	Finanzierungsform	Finanzierungsquelle
Max-Planck-Gesellschaft (MPG)	Akademische Grundlagenforschung	100% öffentliche Grundförderung	50% Bund 50% Sitzland
Helmholtz-Gemeinschaft Deutscher Forschungszentren (HGF)	Staatliche Vorsorgeforschung	100% öffentliche Grundförderung	90% Bund 10% Sitzland
Fraunhofer-Gesellschaft (FhG)	Industrielle Vertragsforschung	40% öffentliche Grundförderung – global und erfolgsabhängig	90% Bund 10% Sitzland
Wissenschaftsgemeinschaft Gottfried Wilhelm Leibniz (WGL), ehemals „Blaue Liste"	Thematische Forschung	Nach Instituten variierend	Nach Instituten variierend

Abb. 1 Die außeruniversitären Forschungsorganisationen im Überblick. Ohne Berücksichtigung der Ressortforschung (vgl. Barlösius 2015).

hen, die sich wechselseitig leicht blockieren können und deshalb auf der Basis von „politics of the middle way" (Schmidt 1989) zur Kooperation gezwungen sind.[2]

Diese generelle Charakterisierung des politischen Systems in Deutschland gilt in besonderem Maße für die Forschungspolitik und den Sektor der außeruniversitären Forschung. Gerade dieser Sektor vereint in hohem Umfang die Prinzipien von föderalem und korporatistischem „joint decision making" (Scharpf 2004). Das außeruniversitäre Forschungssystem Deutschlands weist ein im internationalen Vergleich einmalig hohes Maß an föderaler Verflechtung auf. Es besitzt eine arbeitsteilige Struktur von korporativen Akteuren, deren Grad an Autonomie und Spezialisierung auf bestimmte Typen von Forschung wie Grundlagenforschung, anwendungsorientierte Vorsorgeforschung oder industrielle Vertragsforschung (vgl. Abb. 1) international ebenfalls seinesgleichen sucht.

So ist die Max-Planck-Gesellschaft (MPG) innerhalb dieses Systems für die akademische Grundlagenforschung zuständig. Die MPG wird je zur Hälfte durch die Gemeinschaft der Länder und den Bund finanziert und verfügt über einen Globalhaushalt, der keine Zweckbindungen vorsieht. Die interne Allokation dieser Mittel liegt in der Autonomie der MPG und ist weitgehend frei von politischen und

---

[2]Renate Mayntz sieht im Phänomen des kooperativen Staats den wichtigsten Grund für die Erweiterung der Steuerungstheorie durch die Governancetheorie. „Am Ende dieser Erweiterung des steuerungstheoretischen Paradigmas stand das Modell des kooperativen Staats, in dem die klare Unterscheidbarkeit von Steuerungsobjekt und Steuerungssubjekt verschwindet" (Mayntz 2009, S. 43).

wirtschaftlichen Einflüssen. Die Forschung an ihren Instituten richtet sich dementsprechend im Wesentlichen an innerwissenschaftlichen Kriterien und einem besonders hohen Maßstab an Exzellenz aus.

Den Großforschungseinrichtungen unter dem Dach der Helmholtz-Gemeinschaft kam als vertikal integrierte und staatlich koordinierte Organisationen bislang konzeptionell die Aufgabe zu, im Rahmen einer hohen Fertigungstiefe an das in der Grundlagenforschung erzeugte Wissen anzuknüpfen und den gesamten Transferprozess bis hin zu den industriellen Prototypen zu organisieren. Ihre Aktivitäten umfassen hauptsächlich technologisch orientierte Projekte, die für die langfristige Sicherung der Wettbewerbsfähigkeit der deutschen Industrie als strategisch bedeutsam gelten. Der finanzielle Bedarf dieser Einrichtungen wird ebenfalls im Verhältnis neunzig zu zehn Prozent durch Mittel des Bundes und des jeweiligen Sitzlandes gedeckt, die im Unterschied zu den Haushalten der MPG und FhG allerdings zweckgebunden sind.

Die Institute der Fraunhofer-Gesellschaft (FhG) wiederum betreiben angewandte Vertragsforschung für private Auftraggeber und die öffentliche Hand. Die Gesellschaft erhält ebenfalls einen Globalhaushalt, der zu neunzig Prozent vom Bund und zu zehn Prozent vom jeweiligen Sitzland finanziert wird und in erfolgsabhängiger Weise an das Volumen ihrer eigenen Erträge aus der Vertragsforschung gebunden ist. Diese Anreizfinanzierung macht die FhG zu einem Adressatenmodell von Forschungsorganisation, das sich hauptsächlich an der Nachfrage nach Forschungsleistungen sowie am Transfer und an der Diffusion von Technologien orientiert.

Die Wissenschaftsgemeinschaft Gottfried Wilhelm Leibniz (WGL) nimmt die Rolle eines „Newcomers" im außeruniversitären Forschungssystem Deutschlands ein. Sie weist die größte Heterogenität unter den außeruniversitären Forschungsorganisationen auf und umfasst ein Spektrum von Einrichtungen, das von der Grundlagenforschung über Dienstleistungen in der Aus- und Weiterbildung bis hin zu Museen reicht. Sie ging aus der sogenannten „Blauen Liste" hervor, auf der Bund und Länder in den frühen 1970er-Jahren alle Einrichtungen versammelten, die keinen Platz unter dem Dach der MPG, der heutigen HGF und der FhG fanden. Ihre Hauptaufgabe bestand bislang darin, die Institute, die sich unter ihrem Dach befinden, zu evaluieren und politische Entscheidungen über deren künftige Finanzierung vorzubereiten. Allerdings hat die WGL seit dem Jahr 2003, in dem sie in dieser Funktion den Wissenschaftsrat ablöste, bereits Metamorphosen durchlaufen und sich zunehmend der Organisation von thematisch orientierten und zeitlich befristeten Kooperationsnetzwerken und Forschungsverbünden zugewandt. Sie versucht damit eine neue Domäne innerhalb des außeruniversitären Forschungssystems zu definieren und zu besetzen. Obwohl der Grad ihrer organisatorischen Autonomie und strategischen Handlungsfähigkeit im Vergleich zu ihren außeruniversitären Nachbarorganisationen noch relativ gering ausfällt, hat sich die WGL in den Augen vieler Beobachter bereits als weiterer korporativer Akteur und vierte Säule dieses Systems etabliert. Zudem ist es möglich, dass sie sich durch die Lockerung des Kooperationsverbotes zu einem fokalen Akteur der deutschen Forschungspolitik entwickeln, ihre Organisationsstruktur stärker zentralisieren und zum Netzwerkkoordinator zwischen der universitären und außeruniversitären Forschung avancieren könnte.

Aus der Sicht der großen Forschungsorganisationen setzt die föderale Verflechtung dieses Sektors der staatlichen Politik gewissermaßen *benefical constraints*. Der Entscheidungsgrundsatz, dass keine einzelne Regierung ohne die Zustimmung anderer Regierungen handeln kann, nimmt die Forschungspolitik weitgehend von parlamentarischen und parteipolitischen Kontroversen aus. Sie verlagert ihre Formulierung und Umsetzung von der Arena der politischen Parteien auf die Ebene intermediärer Institutionen wie etwa des Wissenschaftsrats (WR). Die Forschungspolitik verleiht den korporativen Akteuren in der außeruniversitären Forschung großen Spielraum zur Selbstorganisation, der es ihnen ermöglicht, kontinuierliche Forschungsstrategien und langfristig angelegte Forschungsziele zu verfolgen. Zugleich schränkt diese Konstellation das Reformpotenzial der staatlichen Forschungspolitik erheblich ein. Während sich die politischen Strategien des Bundes und der Länder im verflochtenen Sektor der außeruniversitären Forschung wechselseitig weitgehend blockieren, verfügen die großen deutschen Forschungsorganisationen über faktische Vetopositionen, die sie zum Schutz ihrer organisatorischen Strukturen einsetzen können. Politisch induzierten Veränderungen steht aber auch entgegen, dass die staatliche Forschungspolitik schon im Vorfeld möglicher Reformen ihren Widerstand antizipiert und auf entsprechende Initiativen verzichtet.

Aber auch inkrementelle Veränderungen lassen sich im System der außeruniversitären Forschung vielfach nicht oder nicht im angestrebten Umfang durchsetzen. Als Organisationen, die jeweils auf bestimmte Typen von Forschung spezialisiert sind, haben sie auch spezifische und ihrem jeweiligen Tätigkeitsfeld angepasste interne Governance-Strukturen ausdifferenziert. Dies befähigt sie dazu, Effizienzvorteile zu realisieren, über die Forschungsorganisationen mit multiplen Orientierungen nicht zu verfügen scheinen (Krupp 1990, S. 124). Diese Adaption schafft zugleich aber auch Probleme, sich anderen Anforderungen anzugleichen, als sie der jeweilige Typus von Forschung stellt, an den ihre Governance-Struktur gerade angepasst ist.

2.2 Der Entwicklungspfad

Die Genese dieser arbeitsteiligen Struktur innerhalb des außeruniversitären Forschungssystems ging nicht auf ein forschungspolitisches Konzept, sondern auf einen verfassungspolitischen Konflikt zwischen Bund und Ländern zurück, in dem sich die Strategien beider Seiten auf dem Feld der Forschungspolitik wechselseitig neutralisierten. Dieser verfassungspolitische Konflikt beruhte auf einer ambivalenten Institutionalisierung der forschungspolitischen Kompetenzen nach dem Zweiten Weltkrieg, die zu einer lang anhaltenden Auseinandersetzung zwischen Bund und Ländern um die Förderung der MPG als Rechtsnachfolgerin der 1911 gegründeten Kaiser-Wilhelm-Gesellschaft (KWG) führte. Die Länder reklamierten nach dem Zweiten Weltkrieg nicht nur die Kompetenz für die Hochschulen, sondern mit Unterstützung der Alliierten auch ihre alleinige Zuständigkeit für die außeruniversitäre Forschung. Da die Förderung der MPG als eine Aufgabe von *gesamtstaatlichem Interesse* galt, entschlossen sich die Länder, anders als im Fall der Hochschulen, zu einer gemeinschaftlichen Finanzierung der Gesellschaft. Mit dem sogenannten Königsteiner Staatsvertrag erklärten sie im Jahr 1949 ihre alleinige und gemeinsame Zuständigkeit für den Sektor der außeruniversitären Forschung und erkannten dem künftigen Bund nur eine eigene Ressortforschung zu.

Der Preis, den die Länder für ihre gemeinschaftliche Zuständigkeit für die Forschungspolitik entrichteten, bestand allerdings darin, dass sie darauf verzichteten, in die Forschungsagenda der MPG einzugreifen und die Gesellschaft in Form von Globalhaushalten fördern mussten. Das Königsteiner Abkommen hatte zu der Situation geführt, dass der MPG als einem korporativen, nach innen und außen strategie- und handlungsfähigen Akteur elf Regierungen gegenüberstanden, die trotz divergierender Interessen zu konzertiertem Handeln gezwungen waren. Kam bereits das Abkommen selbst einem kollektiven Kraftakt gleich, so war das Konsenspotenzial der Länder vollends überfordert, als es darum ging, die Forschungsprioritäten der MPG zu bestimmen. Die Gesellschaft wiederum sah sich in der strategisch günstigen Situation, als „Tertium gaudens" auf eine globale Finanzierung insistieren zu können. Nach einer Reihe von ungelösten Konflikten untereinander gewährten ihr die Länder dann ab 1951 globale Haushalte, über deren interne Allokation die Gesellschaft autonom entschied (Hohn und Schimank 1990).

Zugleich setzte zu dieser Zeit ein rund zwanzig Jahre anhaltender forschungspolitischer Konflikt zwischen Bund und Ländern um die Finanzierung der MPG ein, der mit der Beteiligung des Bundes am Königsteiner Staatsvertrag der Länder dann allerdings zu einem überaus stabilen und bis heute gültigen Kompromiss führte. Der Bund bestritt wie erwartet den Ländern das Recht auf ihre alleinige Kompetenz in der Forschungspolitik, sah aber angesichts der verfassungsrechtlichen Situation seine Hände gebunden, da ein entsprechendes Gesetz zur Forschungsförderung den Bundesrat hätte passieren müssen. Stattdessen entwickelte sich auch auf dem Gebiet der Forschungspolitik seit etwa Mitte der 1950er-Jahre die für das politische System der Bundesrepublik generell charakteristische Kompromisslogik des kooperativen Föderalismus. Auch und gerade in der Forschungspolitik entstand ein System von *Dotationen*, mit dem der Bund den Ländern mehr und mehr *goldene Zügel* anlegte. Im Fall der MPG geschah dies mit regelmäßigen und stetig steigenden Sonderzuwendungen des Bundes, die zum festen Bestandteil der Forschungsfinanzierung wurden, und in deren Folge sich die Länder nicht mehr in der Lage sahen, die Finanzierung der Gesellschaft alleine zu bestreiten. Mit dem „Verwaltungsabkommen zwischen Bund und Ländern zur Förderung der wissenschaftlichen Forschung" stimmten sie im Jahr 1964 dem Beitritt des Bundes zum Königsteiner Staatsvertrag zu und einigten sich mit dem Bund darauf, die MPG je zur Hälfte global zu finanzieren. Das Abkommen konstituierte ein bis heute stabiles Interessengleichgewicht und zog mit Artikel 91a und b eine Grundgesetzänderung nach sich, welche die Forschungsförderung zur Gemeinschaftsaufgabe von Bund und Ländern erklärte. Diese Entwicklung fand ihren Abschluss im Jahr 1975 durch die bis heute gültige „Rahmenvereinbarung Forschungsförderung" (vgl. Bentele 1979).

Das Verwaltungsabkommen leitete zugleich auch die funktionale Gliederung des außeruniversitären Forschungssystems Deutschlands ein. Es eröffnete den großen deutschen Forschungsorganisationen, sich auch ungeachtet faktischer interorganisatorischer Schnittmengen über bestimmte *Missionen* in der Grundlagenforschung oder industriellen Auftragsforschung zu definieren und gegenüber der Politik und in der Öffentlichkeit ihre jeweiligen Profile strategisch durch spezielle Alleinstellungsmerkmale voneinander abzugrenzen.

Nach dem Abschluss dieses Staatsvertrags zog sich die MPG mehr und mehr aus der angewandten Forschung zurück und unterstützte die Institutionalisierung der FhG zu einer Organisation, die sich der angewandten Forschung widmete. Eine solchermaßen komplementäre Einrichtung in der industrienahen Forschung konnte die MPG selbst künftig davor schützen, auf unmittelbar anwendungsorientierten Gebieten tätig werden zu müssen. Der zeitgleich erfolgende Auf- und Ausbau der kerntechnischen Forschung durch den Bund fügte sich dieser Vorstellung eines Systems von einander ergänzenden Forschungseinrichtungen. Mit der kerntechnischen Großforschung schien der Bund über ein generalisierbares Modell von Forschungsorganisation zu verfügen, das genau an den Schnittstellen zwischen der freien Grundlagenforschung und der industriellen Entwicklung angesiedelt war und eine interorganisatorische Wertschöpfungskette von der Grundlagenforschung hin zu industriellen Anwendungen komplettierte (Hohn 1999). Eine Reihe von Instituten und Einrichtungen, die sich nicht dieser Kette von spezialisierten Forschungsorganisationen zurechnen ließen, fassten Bund und Länder mit der Rahmenvereinbarung von 1975 in der „Blauen Liste", der heutigen WGL, zusammen.

Der Bund baute das Modell der Großforschung, ein Bereich, in dem er seine größte Hausmacht besaß, zum finanziell weitaus bedeutsamsten Organisationstypus innerhalb der außeruniversitären Forschung aus. Nachdem die Ära der Großforschung in Deutschland Anfang der 1960er-Jahre mit dem Kernforschungszentrum Karlsruhe (KfK) und der Kernforschungsanlage Jülich (KfA) begonnen hatte, weitete der Bund dieses Modell im darauf folgenden Jahrzehnt zu insgesamt 15 Einrichtungen auch auf Feldern wie der Informationstechnik, Krebsforschung oder Biologie aus (Hohn 1998).

Zugleich gab der Bund mit der „Haunschild-Doktrin" nach dem Abschluss der Rahmenvereinbarung die Projektförderung als Instrument der forschungspolitischen Steuerung weitgehend preis. Mit dieser bis heute gültigen Doktrin legte er sich, als Konzession an die Länder, die Selbstbeschränkung auf, den Umfang der Projektförderung an den von Bund und Ländern gemeinsam finanzierten Einrichtungen gering zu halten und sie auf Ausnahmen zu begrenzen. Dies sollte verhindern, dass der Bund gewissermaßen auf schleichendem Wege die Agenda dieser Einrichtungen übernahm.[3]

---

[3]Es ist wenig bekannt über die Funktionsweise und Wirkung der Projektförderung des Bundes. Eine Studie, die diese Problematik am Rande thematisiert, deutet darauf hin, dass sie als Folge der hohen institutionellen Finanzierung und Autonomie der Zuwendungsnehmer stark klientelistisch orientiert ist und oft einer Aufstockung der Grundförderung der Institute dient (ZWM und ZEW 2007).

3 Stärken und Schwächen der außeruniversitären Forschung

Was als Wertschöpfungskette gedacht war, präsentierte sich im Verlauf der späten 1980er- und 1990er-Jahre zunehmend als eine weitgehend segmentierte Struktur spezialisierter korporativer Akteure, unter denen insbesondere die Großforschungseinrichtungen die ihnen zugewiesene Funktion nicht erfüllen konnten. Auf dem Feld der Kernenergieforschung hatte sich das Konzept der Wertschöpfungskette durchaus bewährt. Auf diesem Gebiet existierten stabile *Lieferbeziehungen* zwischen der Grundlagenforschung und der technischen Entwicklung, die es ermöglichten, den Technologietransfer auf der Basis serieller interorganisatorischer Schnittstellen zu bewältigen (Hohn 1998). Die Übertragung dieses Konzepts auf andere Forschungsfelder erwies sich jedoch vielfach als problematisch und nicht funktionstüchtig.

So geriet das Modell der Großforschung schon am Ende der 1980er-Jahre in die Kritik, dem zunehmend dynamischen technologischen Wandel nicht gewachsen zu sein. Faktisch war dieses Modell auf den Bau großer Anlagen mit hoher Fertigungstiefe zugeschnitten. Die Stärken der Großforschung liegen, ihrer vertikal integrierten Struktur entsprechend, in der langfristigen und kontinuierlichen „In house"-Entwicklung komplexer großtechnischer Systeme.[4] Wo es dagegen um die Bewältigung einer Vielzahl kleinteiliger Technologien, von raschem und diskontinuierlichem technischen Wandel und um die Kombination von heterogenem und dezentral verteiltem Wissen geht, stößt das Modell rasch an Grenzen seiner Problemlösungskapazitäten. Dies zeigte sich vor allem auf dem Gebiet der Informationstechnik, auf dem das Modell geradezu auf der ganzen Linie scheiterte (Hohn 1999).

Der Verlust der *großen*, integrativen Aufgaben wie des Baus von Kernreaktoren hatte zur Folge, dass die Forschungsziele, die der Bund mit dem Modell der Großforschung verfolgte, zunehmend diffus wurden, sich die Zentren seit den frühen 1980er-Jahren intern mehr und mehr diversifizierten und zugleich vielfach in die Grundlagenforschung zurückzogen. Dennoch hielt der Bund an allen einmal gegründeten Einrichtungen einschließlich der informationstechnischen Großforschung fest.

Während die Großforschungszentren in die Kritik gerieten, *zu weit weg* vom Bedarf der Industrie zu operieren, setzte sich die FhG seit den frühen 1990er-Jahren dagegen dem Vorwurf aus, *zu nahe* mit der Industrie zu kooperieren und zu starke Bindungen mit ihr einzugehen. Die FhG ist das große Erfolgsmodell des deutschen Innovationssystems. Durch die Umstellung der FhG auf das Prinzip der erfolgsabhängigen Grundfinanzierung hatte der Bund die Gesellschaft als eine bis zur Mitte der 1970er-Jahre eher unbedeutende Forschungseinrichtung am Beginn der 1980er-Jahre in eine prosperierende Organisation für die Vertragsforschung verwandelt und eine Wachstumsdynamik freigesetzt, die alle Erwartungen übertraf.

---

[4]Wie im Fall der Entwicklung der beiden Brutreaktoren SNR-300 und THTR, die in der Öffentlichkeit besser unter den Namen „Schneller Brüter" und „Kugelhaufenreaktor" bekannt wurden, an den beiden Großforschungseinrichtungen Kernforschungszentrum Karlsruhe (heute Forschungszentrum Karlsruhe) und an der Kernforschungsanlage Jülich (heute Forschungszentrum Jülich).

Die Performanz des Modells Fraunhofer beruht auf einer Kombination von dezentraler Autonomie und hierarchischer Koordination. Die Institute der FhG fungieren als Profit-Center, die am Markt für die Auftragsforschung weitgehend autonom operieren. Sie tun dies allerdings *im Schatten* einer hierarchischen Koordination durch die Zentrale, die ihre Leistungen an den Erträgen aus der Auftragsforschung bemisst und die Höhe ihrer Grundförderung von diesen Erträgen abhängig macht. Zudem verfügt die Zentrale über die Befugnis, in die Politik der Institute zu intervenieren und die Strategien und Zielvorgaben neu zu justieren, wenn das Volumen der Vertragsforschung hinter den Erwartungen zurückbleibt (Hohn 2006).

Diese Governance-Struktur macht die FhG zu einem Adressatenmodell von Forschungsorganisation, das sich hauptsächlich an der Nachfrage nach Forschungsleistungen sowie am Transfer und an der Diffusion von unmittelbar anwendungsbezogenen Technologien orientiert. Sie bindet die Organisation in enge Kooperationsbeziehungen mit den Anwendern ein und richtet ihre Vorhalteforschung an deren Problemen aus. Genau darin aber liegt auch eine Schwäche des Modells Fraunhofer. Das Prinzip der Anreizfinanzierung kann die Institute dazu verleiten, gewissermaßen zu viel industrielle Auftragsforschung und nicht genügend Vorlaufforschung zu betreiben und sich damit zu sehr an der industriellen Nachfrage und zu wenig an der Entwicklung neuer Produkte und Verfahren zu orientieren. Forschungspolitiker und Beobachter des deutschen Innovationssystems sahen seit dem Beginn der 1990er-Jahre denn auch die Gefahr, dass sich Institute der FhG zu *verlängerten Werkbänken* der Industrie entwickeln.

Die Systemevaluationen der großen deutschen Forschungsorganisation nahmen am Ende der 1990er-Jahre eine ähnlich kritische Perspektive auf das außeruniversitäre Forschungssystem Deutschlands ein. Im speziellen Fall der FhG bemängelte der Bericht der Internationalen Kommission (1999), dass die Gesellschaft vor allem im Bereich der Informationstechnik einen zu hohen Anteil an industrieller Auftragsforschung und nicht genügend Grundlagenforschung betreibe und sich zu sehr an der industriellen Nachfrage und zu wenig an der angebotsseitigen Entwicklung neuer Produkte und Verfahren orientiere (FhG 1998). Dementsprechend empfahl die Kommission, die Grundlagenforschung innerhalb der Gesellschaft auszubauen.

Generell konstatierten die Systemevaluationen der großen deutschen Forschungsorganisation am Ende der 1990er-Jahre eine „Segmentierung des Wissenschafts- und Forschungssystems in Deutschland" und eine „Dominanz institutioneller Eigeninteressen" (Internationale Kommission 1999, S. 7). Sie prägten den Begriff von der „Versäulung" der außeruniversitären Forschungslandschaft, forderten durchlässigere organisatorische Grenzen und sprachen sich für mehr Wettbewerb und Kooperation zwischen den Säulen des außeruniversitären Forschungssystems aus.

Das von den Systemevaluationen konstatierte Phänomen der „Versäulung" korrespondiert eng mit dem Interesse der großen deutschen Forschungsorganisationen, einen Domänenwettbewerb zu vermeiden. Stabile Domänengrenzen versetzen sie in die Lage, Verteilungskonflikte zwischen Projekten, Instituten und Forschungsprogrammen um knappe Ressourcen organisationsintern zu regeln. Solche Grenzen schränken die zulässige Varianz und das Spektrum der Forschungsinteressen, die innerhalb einer Organisation verfolgt werden können, auf bestimmte Typen ein. Indem sie damit das Konfliktpotenzial um die interne Allokation der Mittel begrenzen, bilden sie zugleich eine Voraussetzung für die Handlungsfähigkeit der Forschungsorganisationen als korporative Akteure. Stabil definierte Domänen erlauben es ihnen zudem, sich in ihren jeweils intern bestimmten Zielen und Präferenzen wechselseitig zu unterstützen und eine Allianz zu bilden, die für das finanzielle Wachstum und die organisatorische Autonomie der gesamten organisierten Wissenschaft eintritt (Mayntz und Scharpf 1990, S. 72).

4 Institutionelle Stabilität und Reformresistenzen

Tatsächlich gaben die Systemevaluationen nach einer rund dreißigjährigen Phase reformpolitischer Zurückhaltung vor allem beim Bund dem Wunsch nach einer Reorganisation der organisatorischen Struktur der außeruniversitären Forschung Auftrieb. So entwickelte die Bundesregierung im Anschluss an die Evaluationen zunächst das Konzept, grundsätzlich alle Forschungsorganisationen in diesem Sektor auf eine programmorientierte Förderung umzustellen, in der keine Organisation mehr über eine bestimmte Monopolstellung, sondern nur mehr über einen entsprechenden Schwerpunkt innerhalb nationaler Forschungsprogramme verfügen sollte. Die Bundesregierung nahm dieses *große* Reformziel aber alsbald wieder zurück und die MPG von einer programmorientierten Förderung aus. Um grundsätzliche Veränderungen der Finanzierungsform der MPG zu bewirken, bedürfte es einer Neudefinition der forschungspolitischen Gemeinschaftsaufgaben von Bund und Ländern. Dies aber ließ die Befürchtung aufkommen, gleichsam die Büchse der Pandora zu öffnen und all die föderalen Konflikte wieder heraufzubeschwören, die mit dem Staatsvertrag zwischen Bund und Ländern in der Mitte und der Änderung des Grundgesetzes am Ende der 1960er-Jahre so mühsam beigelegt wurden. So wurde denn auch die gemeinsame Förderung der Gesellschaft durch Bund und Länder von der Kommission zur „Modernisierung der bundesstaatlichen Ordnung" (Scharpf 2004) am Beginn der Debatte von einer möglichen Entflechtung ausgenommen.

Die vom Bund verfolgte *kleinere* Lösung bestand nun darin, die programmorientierte Förderung auf den Bereich der Großforschungszentren unter dem Dach der HGF zu beschränken und zugleich die Gesellschaft für Mathematik und Datenverarbeitung (GMD) als der Großforschungseinrichtung des Bundes auf dem Gebiet der Informationstechnik mit der FhG zu fusionieren (Hohn 2006).

Die Einführung der programmorientierten Förderung für die Großforschungseinrichtungen läuft darauf hinaus, das Modell der „staatlich geplanten Big Science" mit seiner vertikal integrierten „In-house Production" auf eine interorganisatorische Matrixstruktur mit mittelfristigen Kooperationsprojekten umzustellen, um die sie untereinander in Wettbewerb stehen. Dazu hat der Bund eine neue Steuerungsebene im Bereich der Großforschung geschaffen und das Präsidium und den Senat der HGF zu Koordinationsinstanzen für zentrenübergreifende Forschungsprogramme ausgestaltet, über die durch Evaluationsverfahren im Rhythmus von fünf Jahren entschieden wird.

Die Evaluation dieser evaluationsgesteuerten Form von Forschungsförderung steht noch weitgehend aus. Eine erste Untersuchung zu ihrer konzeptionellen Entwicklung, Operationalisierung und administrativen Umsetzung kommt allerdings zu folgendem Ergebnis: „In der Ausgangssituation der Reform zeichnen die Machtverhältnisse geradezu idealtypisch das System des kooperativen Föderalismus in Deutschland nach, in welchem dem Staat nur eine semi-souveräne Machtposition zukommt" (Helling-Moegen 2008, S. 167). Als Folge der Vielzahl der am Prozess beteiligten Akteure und ihrer heterogenen Interessen sind auf der Leitungsebene der HGF eine „ausgeweitete Gremienstruktur" und „ein erhöhter Aufwand und Reibungsverluste zu verzeichnen" (Helling-Moegen 2008, S. 167). Ein weiteres Problem besteht in den ambivalenten und sich überschneidenden Zuständigkeiten, die durch die Reform auch auf der Ebene der Zentren selbst geschaffen wurden. Die Reorganisation der HGF hat die rechtliche Selbstständigkeit der Zentren intakt gelassen und zugleich eine Art Nebenhierarchie in den Einrichtungen installiert. Dies gibt vielfach Anlass zu Konflikten zwischen dem Präsidium und den Vorständen der Forschungsorganisationen bei der Umsetzung der Programme und belässt den Zentren zugleich große Spielräume zur Verteidigung ihrer Autonomie und für das Unterlaufen externer Vorgaben. Ähnliches gilt für die Ebene der einzelnen Institute und Forschergruppen, die sich häufig dem Wettbewerb zu entziehen suchen oder Scheinkooperationen eingehen. Es gibt auch bislang keine Anzeichen dafür, dass sich im Zuge der programmorientierten Förderung eine nennenswerte Umschichtung der finanziellen Mittel zwischen den Zentren eingestellt hätte (Helling-Moegen 2008, S. 174). Die Frage, ob dieses reformpolitische Konzept dazu in der Lage ist, mehr Wettbewerb und Kooperation unter den Zentren zu mobilisieren oder weitgehend ins Leere läuft, lässt sich derzeit nicht beantworten.

Die politische Entscheidungslogik des semi-souveränen Staats unterlag auch dem Versuch, die Organisation der informationstechnischen Forschung in Deutschland durch die Fusion der GMD mit der FhG zu reformieren. Mit dieser Fusion verfolgte die Forschungspolitik das Ziel, die Stärken beider Organisationen miteinander zu verbinden und ihre Schwächen zu kompensieren. Im Verlauf ihrer rund dreißigjährigen Existenz hatte sich die GMD weitgehend von einer marktorientierten Forschung entfernt und stattdessen hohe Kompetenzen in der informationstechnischen Grundlagenforschung erworben. Ihre Fusion mit der FhG sollte nun einerseits dazu dienen, die GMD in höherem Maße am Markt zu orientieren und andererseits ganz im Sinne der Empfehlungen der Systemevaluation die Grundlagenforschung in der FhG zu stärken. Die FhG sollte durch die Fusion auf ein Portfoliomodell von Forschungsorganisation umgestellt werden, das unterschiedliche Institutstypen mit unterschiedlichen Anteilen an Grundförderung und damit an Grundlagenforschung umfasste.

Da eine solche differenzielle Institutsstruktur aber interne Verteilungskonflikte innerhalb der FhG heraufbeschworen hätte, traf die Reform auf einen entschiedenen Widerstand der Gesellschaft. Die FhG widersetzte sich von Beginn an einer Fusion unter Gleichen und verfügte faktisch auch über die Möglichkeit, eine solche Fusion abzuwenden, indem sie den Beistand der Länder mobilisierte. Die Länder befürchteten ihrerseits, dass sich der Bund durch die Reform einen stärkeren Einfluss auf die Forschungsagenda der FhG zu verschaffen suchte, und legten ihr Veto gegen ein

Portfoliomodell ein. Nach einem etwa zwei Jahre andauernden Konflikt vollzog sich die Eingliederung der GMD in die FhG schließlich zu den Konditionen und unter der Federführung der FhG. Die früheren GMD-Institute weichen in ihren Akquisitions- und Forschungsstrategien heute nicht mehr von der Norm des Modells Fraunhofer ab (Hohn 2006).

5 Wandel der Governance-Strukturen

An dem gescheiterten Versuch, die FhG auf ein Portfoliomodell umzustellen, manifestierte sich einmal mehr die Vetomacht der großen deutschen Forschungsorganisationen gegenüber der Forschungspolitik. Gleichwohl haben diese Organisationen in den vergangenen Jahren im Rahmen von Prozessen der Selbstorganisation und Selbstanpassung inkrementelle An- und Umbauten an ihren Governance-Strukturen vorgenommen – mit dem Ziel, ihre Wettbewerbs- und Kooperationsfähigkeit auszubauen. Diese Prozesse laufen auf eine Art defensive Vorwärtsstrategie hinaus, durch die sie den Forderungen der Forschungspolitik ein Stück weit entgegenkommen und zugleich die Kontrolle über den institutionellen Wandel bewahren. Parallel dazu hat die staatliche Forschungspolitik insbesondere mit dem Pakt für Forschung und Innovation und der Exzellenzinitiative neue Maßnahmen ergriffen, die dazu dienen sollen, diesen selbstorganisierten Wandel zu forcieren. Diese neuen Maßnahmen setzen auf *weiche* Instrumente und Anreize statt auf unilaterale Interventionen in die Governance der Einrichtungen.

5.1 Wandel durch Selbstanpassung

Die Strategie der selbstkontrollierten Reorganisation ihrer Governance-Struktur schlug auch die FhG im Anschluss an ihre Fusion mit der GMD ein. Nachdem sie die Umstellung auf ein Portfoliomodell erfolgreich abgewehrt hatte, entwickelte die FhG einen organisationsinternen Lösungsansatz für das von den Systemevaluationen monierte Problem der „Überakquisition" von industriellen Aufträgen, das aus ihrer Sicht mit der Governance-Struktur der Gesellschaft verträglicher war als das von der Bundesregierung favorisierte Konzept. Statt auf eine differenzielle Grundförderung der Institute, setzte sie auf eine Strategie der Vereinheitlichung des Akquisitionsverhaltens ihrer Einrichtungen. Die FhG hat die lineare Koppelung der Grundförderung an die Erträge aus der Auftragsforschung durch eine Regelung ersetzt, die sowohl zu niedrige als auch zu hohe Anteile der Vertragsforschung am Haushalt eines Instituts negativ sanktioniert. Das Ziel dieser Reformmaßnahme besteht darin, ein stabiles Gleichgewicht von industrieller Auftrags- und institutseigener Vorlaufforschung zu schaffen. Ob dieses modifizierte Finanzierungssystem das Problem einer zu schwach institutionalisierten Grundlagenforschung innerhalb der FhG tatsächlich zu lösen vermag, lässt sich derzeit nicht sagen.

Zudem hat die FhG im Anschluss an die Fusion Forschungsverbünde geschaffen und Institute, die auf benachbarten Feldern angesiedelt sind, zu internen Clustern zusammengefasst. Diese Verbundstruktur soll dazu dienen, ihnen die Abstimmung und Koordination ihrer Forschungs- und Akquisitionsstrategien zu erleichtern, ihre Forschungsaktivitäten stärker zu vernetzen und sie im besten Fall zu einer gemeinsamen Vorlaufforschung zu befähigen. In welchem Maße dies gelingt, ist eine ebenfalls derzeit empirisch weitgehend offene Frage. Das Präsidium der FhG hat die Verbünde zum Teil gegen den Widerstand von Instituten eingerichtet, die um ihre Autonomie fürchteten. Tatsächlich scheint dieser Strategie einer hierarchisch koordinierten Vernetzung der Institute auf unterschiedlichen Feldern denn auch unterschiedlicher Erfolg beschieden zu sein. Diese Strategie scheint sich vor allem in der Materialforschung zu bewähren, wo sich die Institute entlang von Wertschöpfungsketten organisieren können, für die sie komplementäre Technologien bereitstellen. Als problematischer erweist sich die Verbundstruktur aber etwa in der Informationstechnik, in der die einzelnen Einrichtungen stärker im Wettbewerb miteinander stehen bzw. voneinander unabhängige Forschungs- und Akquisitionsstrategien verfolgen. Möglicherweise werden sich künftig differenzielle Lösungen für die Kooperationsprobleme der Institute innerhalb der FhG entwickeln.

Ein ungelöstes Problem für die Gesellschaft besteht vor allem darin, dass sie ihr Domänenmonopol in den vergangen Jahren streckenweise eingebüßt hat. Viele Einrichtungen der WGL und HGF operieren seit einigen Jahren ebenfalls auf den Märkten für die öffentliche und industrielle Auftragsforschung und haben sich zu Konkurrenten von Fraunhofer-Instituten entwickelt (Heinze und Arnold 2008). Nicht selten entsteht durch den zunehmenden Wettbewerb der Forschungsorganisation um Drittmittel zudem ein nicht gedeckter Bedarf an interorganisatorischer Koordination und Kooperation. So gibt es heute eine Vielzahl von Projekten, in denen Fraunhofer-Institute und Helmholtz-Zentren parallel ein und dieselbe Technologie entwickeln. Die organisatorischen Grenzen der Einrichtungen stehen aber einer Koordination dieser Projekte entgegen.

Auch innerhalb der MPG hat sich ein partieller Wandel vollzogen. Die Gesellschaft war weder Gegenstand spezieller forschungspolitischer Reformmaßnahmen noch hat sich an ihrer auf Autonomie und wissenschaftliche Exzellenz ausgerichteten Strategie Grundsätzliches geändert. Gleichwohl hat sie dem Reformdruck, der seit etwa der zweiten Hälfte der 1990er-Jahre auf ihr lastet, in mehrfacher Hinsicht nachgegeben. Die MPG reagierte auf die Systemevaluationen zunächst mit einem Ausbau ihrer Öffentlichkeitsarbeit, in der sie die praktische Relevanz und wirtschaftliche Bedeutung ihrer Forschungsaktivitäten zunehmend hervorgehoben hat.

Zugleich aber hat sie ihre Kooperation mit den Universitäten vor allem durch die derzeit 60 *Research Schools* kontinuierlich erweitert. Neben der Doktorandenförderung in diesen gemeinsam mit den Hochschulen betriebenen Graduiertenkollegs hat sie ihre Vernetzung mit den Universitäten auch im Rahmen von Sonderforschungsbereichen der DFG ausgebaut. Seit dem Jahr 2005 ist die MPG darüber hinaus insgesamt 35 Kooperationsprojekte mit der FhG eingegangen, deren Ziel darin besteht, die in der „Grundlagenforschung gewonnenen Erkenntnisse zur kreativen Anwendung zu führen und damit einen direkten Beitrag zur Entwicklung neuer Technologien leisten" (MPG 2014, S. 56).

Zeitgleich mit diesen Entwicklungen hat die Ausweitung der europäischen Forschungspolitik eine Reihe der Max-Planck-Institute etwas näher an anwendungsbezogene Forschungsthemen herangerückt. Der Anteil der Drittmittel am Haushalt der MPG ist von rund zehn Prozent im Jahr 1998 auf knapp fünfzehn Prozent im Jahr 2014 moderat angestiegen (MPG 1999, 2014). Die Gesellschaft weist damit im Vergleich zu ihren Nachbarorganisationen in der außeruniversitären Forschung nach wie vor den geringsten Anteil an Drittmitteln auf. Das Wachstum der Drittmittel geht neben ihren Beteiligungen an Sonderforschungsprogrammen der DFG vor allem auf einen Anstieg von Forschungsgeldern aus den Rahmenprogrammen der Europäischen Union zurück. Der Anteil der von der DFG gewährten Zuschüsse zu den Drittmitteln der MPG liegt mit 22% etwa gleichauf mit dem der EU von 21% (MPG 2014, S. 131).

Diese Entwicklungen haben durchaus auch Ambivalenzen in die Gesellschaft hineingetragen. Es liegt im Interesse vieler Institute, sich dem Wettbewerb auf der europäischen Ebene zu stellen, wenn sie ihre wissenschaftliche Reputation und Position erhalten wollen. Zugleich aber wird innerhalb der Gesellschaft, zwischen den Instituten und Institutsabteilungen kritisch diskutiert, dass sich die Drittmittelforschung gewissermaßen als Einfallstor für eine zunehmend externe Bestimmung der Forschungsagenda der Gesellschaft erweisen könnte.

Die Gesellschaft nimmt in diesem Zusammenhang die Position ein, dass die Autonomie der Institute als oberste Maxime ihrer Politik zu fungieren habe. Dazu zähle es auch, wie dies einer ihrer leitenden Repräsentanten im Interview ausdrückte, dass „die Direktoren von Max-Planck-Instituten das Recht besitzen, keine Drittmittel einzuwerben". Zugleich hat die Gesellschaft von ihrem lange Zeit unbestritten funktionalen Monopol in der Grundlagenforschung einiges eingebüßt. So wie der FhG durch Institute der WGL und HGF auf den Märkten der Auftragsforschung Konkurrenz entstanden ist, haben sich andere Einrichtungen dieser beiden Organisationen mittlerweile fest in der Grundlagenforschung positioniert und sind in ihrer Forschungsausrichtung kaum mehr von Max-Planck-Instituten zu unterscheiden.[5]

5.2 Neue forschungspolitische Instrumente und ihre Folgen

Parallel zu diesen Entwicklungen hat auch die staatliche Forschungspolitik mit dem Pakt für Forschung und Innovation einen neuen Weg eingeschlagen, um mehr Wettbewerb und Kooperation innerhalb des deutschen Forschungssystems durchzusetzen. Der Pakt für Forschung und Innovation läuft konzeptionell und der Form nach auf ein Anreizsystem hinaus. Der Pakt wurde 2005 beschlossen und besaß in seiner ersten Phase eine Laufzeit von 2006 bis 2010 (Pakt I). Im Jahr 2008 wurde er bis 2015 verlängert (Pakt II). In der ersten Phase haben Bund und Länder den Forschungsorganisationen Haushaltszuwächse von zunächst drei, später von fünf

---

[5]In den Jahren 2007 und 2008 gingen erstmals Nobelpreise in Physik und Medizin an Forscher aus Helmholtz-Zentren (Forschungszentrum Jülich und Deutsches Krebsforschungszentrum).

Prozent zugesagt, wenn sie erwartete und vereinbarte Reformziele erfüllen. Dazu erstellen die Forschungsorganisationen jährliche Berichte an die Gemeinsame Wissenschaftskonferenz von Bund und Ländern (GWK), die ihr dazu dienen, die „erzielten Ergebnisse zu bewerten und ggf. weiterhin vorhandenen Handlungsbedarf festzustellen" (GWK 2014, S. 6).

Mit dieser neuen Maßnahme scheint die staatliche Forschungspolitik eine Konsequenz aus den gescheiterten Versuchen gezogen zu haben, auf direktem Weg in die Governance-Strukturen der großen deutschen Forschungsorganisationen zu intervenieren. Der Pakt ist ein *weiches* Steuerungsinstrument, das darauf abzielt, die Kooperationsbereitschaft der forschungspolitischen Adressaten zu steigern und durch Selbstverpflichtungen und Selbstanpassungen der großen deutschen Forschungsorganisationen einen Wandel in den intra- und interorganisatorischen Governance-Strukturen des außeruniversitären Forschungssystems zu induzieren. Die Frage, ob der Pakt tatsächlich eine wirksame Anreizstruktur darstellt, lässt sich nicht mit Sicherheit beantworten. Angesichts der Konsenszwänge, mit denen sich eine föderale Institution wie die GWK konfrontiert sieht, kommen Zweifel daran auf, ob sie tatsächlich dazu in der Lage ist, durch differenzielle Haushaltszuwächse positive oder negative Sanktionen über die Forschungsorganisationen zu verhängen. Zudem kann die GWK nur in einem sehr allgemeinen Sinne eine Erfolgskontrolle ausüben.

Gleichwohl kann sich auch ein solchermaßen *weiches* Instrument als durchaus effektiv erweisen. Mit der Unterzeichnung des Paktes haben die großen Forschungsorganisationen, wenn zum Teil auch widerstrebend und mit Vorbehalten, grundsätzlich dem Ziel zugestimmt, die segmentierte Struktur des deutschen Forschungssystems und das Nebeneinander der Einrichtungen zu überwinden. Dies erschwert es ihnen, ihre Alleinstellungsmerkmale und Domänen zu behaupten und sich wechselseitig gegeneinander abzugrenzen. Das mit viel Aufwand betriebene vergleichende jährliche Monitoring ihrer Fortschritte auf dem Weg zu mehr Wettbewerb und Kooperation strukturiert Erwartungen und begünstigt das Entstehen von Gelegenheitsstrukturen für eine „positive Koordination" (Mayntz und Scharpf 1975; Scharpf 2000, S. 225–229) der Organisationen untereinander. In verhandlungstheoretischen Termini formuliert, kann dieses neue Arrangement dazu beitragen, „positionsorientiertem Verhandeln" im organisatorischen Eigeninteresse entgegenzuwirken und in ein „verständigungs- und kompromissorientiertes arguing" zu überführen (Benz 2007, S. 111–112).

Obwohl es nicht möglich ist, die Auswirkungen des Paktes für Forschung und Innovation präzise zu bestimmen, scheint die Behauptung nicht zu kühn, dass dies zumindest ein stückweise gelingt. So konstatiert der Monitoring-Bericht der GWK: „Der Pakt für Forschung und Innovation mit seiner Kombination aus gemeinsamen forschungspolitischen Zielen, finanzieller Planungssicherheit und verbesserten Rahmenbedingungen stärkt die Wissenschaftslandschaft in Deutschland und damit die Basis für Innovationen. Er hat sich erneut als wirksames Instrument dafür erwiesen, überzeugende Fortschritte in Richtung auf die vereinbarten Ziele zu erreichen und zur Leistungssteigerung für das deutsche Wissenschaftssystem insgesamt wirkungsvoll beizutragen" (GWK 2014, S. 17–18). Auf der Basis dieser Einschätzung haben sich Bund und Länder Anfang 2015 dazu entschlossen, den Pakt für Forschung und Innovation in den Jahren 2016 bis 2020 fortzuführen.

Sehr viel deutlicher zeichnen sich dagegen die Folgen der Exzellenzinitiative ab. Sie lief in ihren ersten beiden Runden auf ein Anreizprogramm hinaus, das vor allem darauf abzielte, Wettbewerb an den Universitäten zu mobilisieren und eine Leistungsdifferenzierung innerhalb der Hochschullandschaft zu induzieren. Im Sinne einer durchaus erwünschten Nebenfolge hat sie aber auch mobilisierende Auswirkungen auf das außeruniversitäre Forschungssystem. Die außeruniversitären Forschungseinrichtungen waren nicht zu Anträgen berechtigt, konnten aber im Rahmen von Kooperationsprojekten mit den Hochschulen und Universitäten an der Exzellenzinitiative teilnehmen. Dies hat in einem so nicht vorausgesehenen Maße sowohl zu einem Wettbewerb zwischen den Universitäten und außeruniversitären Forschungseinrichtungen als auch unter den großen Forschungsorganisationen geführt und ihre Vernetzung über die bestehenden föderalen Grenzen hinweg vorangetrieben (DFG und WR 2008).

Die Exzellenzinitiative hat zudem eine Reihe von Allianzen zwischen universitären und außeruniversitären Forschungseinrichtungen hervorgebracht, die fest institutionalisierte Kooperationsformen eingegangen sind. Im Einzelnen betrifft dies das Forschungszentrum Karlsruhe (FZK) und die Technische Universität Karlsruhe, das Max-Delbrück-Centrum für molekulare Medizin (MDC) und die Charité als Gliedkörperschaft der Freien Universität und der Humboldt-Universität Berlin, das Deutsche Krebsforschungszentrum (DKFZ) und das Zentrum für Molekulare Biologie der Ruprecht-Karls-Universität Heidelberg (ZMBH) sowie das Forschungszentrum Jülich (FZJ) und die Rheinisch-Westfälische Technische Hochschule Aachen (RWTH). Alle vier Allianzen haben faktisch einen völlig neuen Typus von Forschungsorganisation innerhalb des deutschen Innovationssystems hervorgebracht. Sie beschreiten entweder als Fusionen oder als vertraglich koordinierte Kooperationen unterschiedliche organisatorische und rechtliche Wege mit dem jeweils gleichen Ziel, durch die Überwindung der föderalen Grenzen des deutschen Forschungssystems eine kritische Masse an Ressourcen aufzubauen, die es ihnen erlaubt, sich als *Global Players* zu positionieren.

Beim Zusammenschluss des FZK mit der Technischen Universität Karlsruhe zum Karlsruhe Institute of Technology (KIT) handelt es sich um eine vollständige organisatorische Fusion beider Einrichtungen, durch die sie auf der Grundlage einer entsprechenden rechtlichen Regelung des Bundes und des Landes Baden-Württemberg in eine Körperschaft des öffentlichen Rechts überführt wurden. Das primäre Ziel der Fusion besteht darin, auf ausgewählten Forschungsfeldern wie etwa der Energieerzeugung die Performanz beider Organisationen im europäischen und internationalen Wettbewerb zu steigern.

Beim Berliner Institut für Gesundheitsforschung (BIH) geht es dagegen um eine Teilfusion, die aus dem MDC und der Charité hervorgegangen ist. Die Leitidee dieser Allianz besteht darin, die Schnittstellen zwischen klinischer Forschung und ärztlicher Praxis zu organisieren und damit die transnationale Forschung auszuweiten und zu intensivieren (Rosenthal et al. 2014). Loos et al. (2014, S. 21, 164–165) zufolge ist das BIH Bestandteil einer zunehmenden Kooperation zwischen der universitären und außeruniversitären medizinischen Forschung, durch die sich die auch auf diesem Gebiet lange Zeit konstatierte „versäulte" Struktur der deutschen Forschungslandschaft zunehmend in Auflösung befindet, generell aber auch neue Konflikte als Folge der Gefahr einer nicht immer gegebenen Kooperation auf Augenhöhe möglich sind.

Die Allianz von DKFZ-ZMBH besitzt keine eigenständige rechtliche Struktur, sondern wird durch ein gemeinsames Leitungsgremium des Forschungszentrums und der Universität koordiniert, das über die Vergabe von Forschungsprojekten aus einem Förderprogramm, an dem sich beide Partner beteiligen, entscheidet. Die Federführung liegt klar beim DKFZ, während dem ZMBH gewissermaßen die Rolle eines Juniorpartners zukommt. Neben dem Versuch, die Rahmenbedingungen für transnationale Forschung zu verbessern, liegt der Schwerpunkt dieser strategischen Kooperation auf der Grundlagenforschung im Bereich der molekularen und zellulären Lebenswissenschaften, in dem die Allianz eine führende Position auf der europäischen Ebene anstrebt.

Die Jülich Aachen Research Alliance (JARA) als der Weg, den das FZJ und die RWTH Aachen zur Überwindung der föderalen Grenzen des deutschen Forschungssystems eingeschlagen haben, strebt ebenfalls keine Fusion an. Die Allianz läuft programmatisch auf ein interorganisatorisches Arrangement hinaus, das die Eigenständigkeit beider Einrichtungen erhält, ihre unterschiedlichen Organisationsstrukturen grundsätzlich intakt lässt und zugleich Win-win-Spiele zwischen den beiden Partnern ermöglicht, indem sie ihre jeweiligen Stärken selektiv in eigens dafür gegründeten und gemeinsam betriebenen GmbHs kombinieren.

Ein alternatives Modell für die Organisation von Kooperationen zwischen universitären und außeruniversitären Forschungseinrichtungen strebt in der Folge der Exzellenzinitiative die WGL mit ihrem Konzept „Wissenschaftscampus" an (vgl. Mayer 2012, S. 46). Die Leitidee dieses Modells besteht darin, die Vielfalt der Governance-Strukturen des deutschen Forschungssystems grundsätzlich intakt zu lassen und seine jeweiligen Stärken über die bisherigen föderalen Grenzen hinweg durch flexible Formen der Vernetzung zu bündeln (vgl. Rietschel 2007). Die WGL unternimmt mit diesem Konzept den Versuch, sich als eine Art Netzwerkkoordinator von universitärer und außeruniversitärer Forschung zu etablieren und ihren Status als vierte Säule des deutschen Forschungssystems zu stabilisieren.

Die zwar unintendierten aber weithin begrüßten Folgen der Exzellenzinitiative ließen jetzt auch die deutsche Forschungslandschaft in einem neuen Licht erscheinen. Standen rund zehn Jahre zuvor noch institutionelle Rigiditäten im Mittelpunkt der Diskussion, so zeigte sich der Wissenschaftsrat in seiner Stellungnahme zu den „Perspektiven für das deutsche Wissenschaftssystem" davon überzeugt, „dass das Wissenschaftssystem in seiner jetzigen Struktur grundsätzlich in der Lage ist, den komplexen Anforderungen aus Gesellschaft, Kultur, Wirtschaft und Politik zu entsprechen: Seine institutionelle Differenziertheit, die Flexibilität seiner rechtlichen Rahmenbedingungen sowie die konzertierten finanziellen Anstrengungen von Bund und Ländern in den zurückliegenden Jahren schaffen ein Gesamtsystem, das seine Leistungs- und Entwicklungsfähigkeit in den letzten Jahren klar unter Beweis gestellt hat" (WR 2013, S. 8–9).

Als eine der wenigen kritischen Stimmen meldete sich Jürgen Mittelstraß zu Wort (Frankfurter Allgemeine Zeitung 2014). Mittelstraß konzedierte in seiner Wortmeldung zunächst einmal, das deutsche Wissenschaftssystem sei „eines der besten der Welt", bezweifelte aber, dass dies auch in Zukunft so sein werde. Er stellt einen erheblichen Bedarf an Reformen und Umstrukturierungen sowohl der universitären als auch die außeruniversitären Forschung fest, wenn dieses System künftigen Anforderungen gewachsen sein soll. Zugleich aber sieht er innerhalb des deutschen Forschungssystems einen immanenten Strukturkonservativismus am Werk, der vor allem auf die Politik von Bund und Ländern zurückzuführen sei und kaum mehr zulasse als das „Herumschieben altbekannter Systembauteile und Semantiken".

Vor dem Hintergrund der durch die Exzellenzinitiative erzeugten Dynamik haben Bund und Länder mittlerweile grundsätzlich neue Spielräume für Veränderungen und Reformen des deutschen Forschungssystems geschaffen. Angesichts dieser Dynamik setzte auf breiter Front eine Diskussion darüber ein, wie sich der erreichte Grad an Flexibilität, Kooperation und Wettbewerb auch in Zukunft und nach Auslaufen der Initiative im Jahr 2017 sicherstellen ließe. Wenn es galt, die Exzellenzinitiative über das Jahr 2017 fortzuführen und zugleich den bereits bestehenden Allianzen und Kooperationen Rechtssicherheit zu gewähren, war eine Lockerung des sogenannten Kooperationsverbotes von Bund und Ländern bei der Förderung der universitären Forschung erforderlich, wie es mit der Föderalismusreform I im Jahr 2006 noch in umfassenderer Weise als zuvor festgeschrieben worden war. Im Hinblick auf die Reform von 2006 setzte sich die Auffassung durch, in eine „Entflechtungsfalle" geraten zu sein, in der sich die „rigorose Regelung des Art. 91b GG kontraproduktiv" erwies (Geis und Krausnick 2012, S. 290). In ungewohntem Einvernehmen mehrten sich die Stimmen, die sich für eine Reform dieser Reform aussprachen. Im November 2014 einigten sich Bund und Länder auf eine Änderung des Art. 91b GG, die es dem Bund nunmehr ermöglicht, universitäre und außeruniversitäre Forschungseinrichtungen gleichzustellen und die Hochschulforschung institutionell und zeitlich unbegrenzt zu fördern. Sie befreiten damit die bereits existierenden Allianzen vom Damoklesschwert nicht verfassungskonformer Kooperationen und Mischfinanzierungen, die in den Augen mancher Kritiker durchaus einer „förderkompetenziellen ‚Geldwaschanlage'" (Geis und Krausnick 2012, S. 292) gleichkamen, und gaben zugleich den Weg frei für eine Fortführung der Exzellenzinitiative in den Jahren 2018 bis 2028, wie sie Bund und Länder im Mai 2015 beschlossen haben. Im Unterschied zur bisherigen Praxis soll die Neuauflage der Initiative nicht nur die Forschung, sondern auch die Lehre umfassen. Details zu deren einzelnen Förderlinien will die GWK im Sommer 2016 beschließen.

Es ist zu vermuten, dass vor allem durch die Fortführung der Exzellenzinitiative unter den neuen verfassungspolitischen Bedingungen weitere Allianzen und Kooperationen zwischen universitären und außeruniversitären Forschungsorganisationen entstehen werden. Welche Formen von Governance diese Allianzen und Kooperationen annehmen werden, ist ebenso offen wie die Frage, welche Funktion der WGL und dem Konzept „Wissenschaftscampus" in Zukunft für die Koordination von universitären und außeruniversitären Allianzen und Forschungskooperationen zukommen wird. Allerdings hat sich im Hinblick auf das anfänglich von großen

Erwartungen begleitete Modell der Fusion eine gewisse Ernüchterung eingestellt. So sind Befürchtungen entstanden, dass es nicht zu Kooperation unter Gleichen, sondern tendenziell zu einer Dominanz der außeruniversitären Einrichtungen führt. Zudem hat sich am Beispiel des KIT gezeigt, dass durch Fusionen sehr komplexe organisatorische Gebilde entstehen können, die einen hohen internen Koordinationsaufwand erforderlich machen, zumal es gilt, die unterschiedlichen Strukturen einer zentral geführten Großforschungseinrichtung und einer dezentral organisierten Landesuniversität zu integrieren. Das KIT verlor zudem in der zweiten Runde der Exzellenzinitiative seinen Status als exzellente Forschungseinrichtung. Es büßte damit nicht nur finanzielle Mittel, sondern auch an Reputation und an Attraktivität als organisatorisches Modell ein.

Wie Loos et al. (2014, S. 21–22, 170–171) für den Bereich der medizinischen Forschung feststellen, ist damit zu rechnen, dass sich mit einer Auflösung der Versäulung des deutschen Forschungssystems auch neuartige Konfliktmuster einstellen werden, bei denen es vor allem um Probleme der Gleichberechtigung und der Kompetenzverteilung zwischen den Kooperationspartnern geht, sei es im Rahmen von Fusionen oder asymmetrisch strukturierten Netzwerken. Ob und in welchem Maße etwa JARA als ein konzeptionell auf horizontale Kooperation auf der Basis vertraglicher Regelung ausgelegtes Modell auch faktisch eine Zusammenarbeit „auf Augenhöhe" zu leisten vermag, ist eine empirisch ungeklärte Frage. Studien, die sich mit den Vor- und Nachteilen unterschiedlicher Governance-Strukturen der Kooperation von universitären und außeruniversitären Forschungsorganisationen befassen, stehen generell noch aus.

6 Fazit

Nach einer mehr als dreißigjährigen Phase hoher institutioneller Stabilität ist das deutsche Forschungssystem in Bewegung geraten. Noch weit über das Ende der 1990er-Jahre hinaus schien keine Alternative zu der versäulten Struktur dieses Systems zu bestehen. Dem stabilen Interessengleichgewicht, das Bund und Länder mit der Rahmenvereinbarung im Jahr 1975 besiegelt hatten, entsprach ein ebenso stabiler Konsens über die jeweiligen Domänen der außeruniversitären Forschungseinrichtungen. Dies schloss Wettbewerb und Kooperation unter diesen Einrichtungen weitgehend aus. Die Forschungspolitik hatte diese sorgsam abgegrenzten Domänen zu respektieren und neue Programme an ihnen auszurichten. Dies hat innovative Kooperationsformen und Vernetzungen unter den außeruniversitären Forschungsorganisationen nicht gänzlich ausgeschlossen, aber doch auf besondere Gelegenheitsstrukturen und temporäre Kooperationen reduziert. Die deutsche Forschungspolitik war „partizipatorisch" und „konsensuell" strukturiert (Mayntz und Scharpf 1990, S. 79) und musste insbesondere darauf verzichten, neue Akteure ins Spiel zu bringen, die in Konkurrenz zu den etablierten Einrichtungen hätten treten können.

Diese Charakterisierung der deutschen Forschungspolitik als „partizipatorisch" und „konsensuell" trifft auch heute noch grundsätzlich zu. Veränderungen in den

Governance-Strukturen der großen deutschen Forschungsorganisationen lassen sich nicht gegen den Willen, sondern stets nur im Einverständnis mit diesen Organisationen durchsetzen. Die staatliche Forschungspolitik ist auch in jüngerer Zeit mit Versuchen, mehr Wettbewerb und Kooperation unter den großen Forschungsorganisationen zu schaffen, an deren Widerstand und Veto gescheitert. Zugleich aber ist die strikte Ordnung, die das System der außeruniversitären Forschung noch am Ende der 1990er-Jahre besaß, an vielen Stellen und zum Teil durch unintendierte Entwicklungen erodiert.

In den vergangen rund zehn Jahren sind die großen Forschungsorganisationen partiell in einen Domänenwettbewerb eingetreten und haben ihre Domänengrenzen zugleich durchlässiger gestaltet. Als Folge der gewandelten Bedingungen der wissenschaftlichen Entwicklung und eines immer intensiveren Wettbewerbs um Ressourcen und Reputation haben sie Strategien der Selbstanpassung und des selbstkontrollierten Wandels ergriffen. Sie suchen den neuen Herausforderungen mit inkrementellen An- und Umbauten an ihren institutionellen Strukturen zu begegnen, die sie zu einem begrenzten Funktionswandel befähigen, ihre Identität aber nicht grundsätzlich in Frage stellen.

Zugleich hat die staatliche Forschungspolitik insbesondere mit dem Pakt für Forschung und Innovation und der Exzellenzinitiative neue und *weiche* Instrumente einer indirekten und auf Anreizen basierenden Einflussnahme auf die intra- und interorganisatorischen Governance-Strukturen innerhalb des deutschen Forschungssystems hervorgebracht. Diese neuen Instrumente erschweren es ihnen, ihre traditionellen Domänen zu verteidigen, binden sie in Kooperationszwänge ein und haben sie in erheblichem Maße unter Wettbewerbsdruck gesetzt.

Eine zunächst unbeabsichtigte, aber vielfach begrüßte Folge der Exzellenzinitiative besteht darin, dass sich mit ihr *bottom-up* durch neue Allianzen zwischen universitären und außeruniversitären Forschungseinrichtungen ein neuer Typus von Akteur formiert hat, der in Konkurrenz zu den etablierten Organisationen tritt. Bund und Länder haben sich vor diesem Hintergrund zu einer weitreichenden Lockerung des Kooperationsverbots bei der Förderung der universitären Forschung entschlossen und damit prinzipiell die Tür für eine offene, kontingente Zukunft des deutschen Forschungssystems aufgestoßen. Mit ihr sind völlig neue forschungspolitische Gestaltungsspielräume entstanden, die mittel- bis langfristig sowohl einen grundlegenden institutionellen Umbau der Hochschulforschung als auch des außeruniversitären Sektors bewirken könnten.

Literatur

Barlösius, Eva. 2015. Ressortforschungseinrichtungen – Forschung im staatlichen Auftrag. In *Handbuch Wissenschaftspolitik*, Hrsg. Dagmar Simon et al. Wiesbaden: Springer Nachschlage-Wissen. doi:10.1007/978-3-658-05677-3_31-1.

Bentele, Karlheinz. 1979. *Kartellbildung in der Allgemeinen Forschungsförderung*. Meisenheim am Glan: Anton Hain.

Benz, Arthur. 2007. Verhandlungen. In *Handbuch Governance: Theoretische Grundlagen und empirische Anwendungsfelder*, Hrsg. Arthur Benz, Susanne Lütz, Uwe Schimank und Georg Simonis, 106–118. Wiesbaden: VS-Verlag für Sozialwissenschaften.

Deutsche Forschungsgemeinschaft (DFG) und Wissenschaftsrat (WR). 2008. Bericht der gemeinsamen Kommission zur Exzellenzinitiative an die GWK. Bonn. http://www.wissenschaftsrat.de/download/archiv/exini_GWK-Bericht-%5B1%5D.pdf. Zugegriffen am 16.12.2015.

Frankfurter Allgemeine Zeitung. 2014. *Die Verhältnisse zum Tanzen bringen*. 22.09.2014. http://www.faz.net/aktuell/politik/die-gegenwart/wissenschaft-die-verhaeltnisse-zum-tanzen-bringen-13165481.html. Zugegriffen am 16.12.2015.

Fraunhofer-Gesellschaft (FhG). 1998. *Systemevaluierung der Fraunhofer-Gesellschaft. Bericht der Evaluierungskommission*. München: Fraunhofer-Gesellschaft.

Geis, Max-Emanuel, und Daniel Krausnick. 2012. Das Hochschulrecht im föderalen System der Bundesrepublik Deutschland. § 63. In *Handbuch Föderalismus. Föderalismus als demokratische Rechtsordnung und Rechtskultur in Deutschland, Europa und der Welt*. Entfaltungsbereiche des Föderalismus, Bd. III, Hrsg. Ines Härtel, 275–299. Heidelberg/Dortrecht/London/New York: Springer.

Gemeinsame Wissenschaftskonferenz (GWK). 2014. Pakt für Forschung und Innovation. Monitoring-Bericht 2014. http://www.gwk-bonn.de/fileadmin/Papers/GWK-Heft-38-PFI-Monitoring-Bericht-2014.pdf. Zugegriffen am 16.12.2015.

Heinze, Thomas, und Natalie Arnold. 2008. Governanceregimes im Wandel. Eine Analyse des außeruniversitären, staatlich finanzierten Forschungssektors in Deutschland. *Kölner Zeitschrift für Soziologie und Sozialpsychologie* 60: 678–722.

Helling-Moegen, Sabine. 2008. Die programmorientierte Förderung in der Helmholtz-Gemeinschaft: Anatomie einer Reform – Prozessbeschreibung und Bestandsaufnahme. Dissertation, Deutsche Hochschule für Verwaltungswissenschaften Speyer.

Hohn, Hans-Willy. 1998. Kognitive Strukturen und Steuerungsprobleme der Forschung. Kernphysik und Informatik im Vergleich. Frankfurt a. M.: Campus.

Hohn, Hans-Willy. 1999. Big Science als angewandte Grundlagenforschung. Probleme der informationstechnischen Großforschung im Innovationssystem der „langen" siebziger Jahre. In Antworten auf die amerikanische Herausforderung. Forschung in der Bundesrepublik und der DDR in den „langen siebziger Jahren", 50–80. Frankfurt a. M.: Campus.

Hohn, Hans-Willy. 2006. Der kooperative Kapitalismus und sein Forschungssystem – Governance und Reformresistenz in der informationstechnischen Forschung. In *Endspiel des Kooperativen Kapitalismus – Institutioneller Wandel unter den Bedingungen des marktzentrierten Paradigmas*, Hrsg. Ulrich Brinkmann, Karoline Krenn und Sebastian Schief, 76–97. Wiesbaden: VS-Verlag für Sozialwissenschaften.

Hohn, Hans-Willy, und Uwe Schimank. 1990. Konflikte und Gleichgewichte im Forschungssystem. Akteurkonstellationen und Entwicklungspfade in der staatlich finanzierten außeruniversitären Forschung. Frankfurt a. M.: Campus.

Internationale Kommission. 1999. *Forschungsförderung in Deutschland*. Bericht der internationalen Kommission zur Systemevaluation der Deutschen Forschungsgemeinschaft und der Max-Planck-Gesellschaft. Studie im Auftrag der Bund-Länder-Kommission für Bildungsplanung und Forschungsförderung (BLK). Hannover: Volkswagen-Stiftung.

Katzenstein, Peter J. 1987. *Policy and politics in West Germany. The growth of a semi-sovereign state*. Philadelphia: Temple University Press.

Krupp, Helmar. 1990. Kommentar zum Abschnitt 2 „Steuerungsmöglichkeiten der Gesellschaft". In *Technikpolitik angesichts der Umweltkatastrophe*, Hrsg. Helmar Krupp, 123–125. Heidelberg: Physica-Verlag.

Kuhlmann, Stefan, Ulrich Schmoch, und Thomas Heinze. 2003. Governance der Kooperation heterogener Partner im deutschen Forschungs- und Innovationssystem. Discussion Paper 1/2003, Innovation System and Policy Analysis. Karlsruhe: Fraunhofer-ISI.

Loos, Stefan, Martin Albrecht, Monika Sander, und Anke Schliwen. 2014. Forschung und Innovation in der Universitätsmedizin. Institut für Gesundheits- und Sozialforschung (IGES) Institut,

Studien zum deutschen Innovationssystem 7–2014, Berlin. http://www.e-fi.de/fileadmin/Innovationsstudien_2014/StuDIS_7_2014.pdf. Zugegriffen am 16.12.2015.

Max-Planck-Gesellschaft (MPG). 1999. Jahresbericht der Max-Planck-Gesellschaft 1999. München.

Max-Planck-Gesellschaft (MPG). 2014. Jahresbericht der Max-Planck-Gesellschaft 2014. München. https://www.mpg.de/9262551/2014. Zugegriffen am 16.12.2015.

Mayer, Karl Ulrich. 2012. Produktive Pfadabhängigkeiten. Ein Diskussionsbeitrag zum Verhältnis universitärer und außeruniversitärer Forschung im Kontext der Exzellenzinitiative. Berlin-Brandenburgische Akademie der Wissenschaften. Schriftenreihe Wissenschaftspolitik im Dialog 3, 2., überarbeitete und erweiterte Aufl. Berlin. http://www.bbaw.de/publikationen/wissenschaftspolitik_im_dialog/BBAW_Wissenschaft-im-Dialog-3.pdf. Zugegriffen am 16.12.2015.

Mayntz, Renate. 2009. *Über Governance. Institutionen und Prozesse politischer Regelung*. Frankfurt a. M.: Campus.

Mayntz, Renate, und Fritz W. Scharpf. 1975. *Policy making in the German Federal Bureaucracy*. Amsterdam: Elsevier.

Mayntz, Renate, und Fritz W. Scharpf. 1990. Chances and problems in the political guidance of research systems. In *Technikpolitik angesichts der Umweltkatastrophe*, Hrsg. Helmar Krupp, 61–83. Heidelberg: Physica-Verlag.

Rietschel, Ernst. 2007. Der Aufbau der Exzellenzcluster von morgen muss im Osten jetzt beginnen. Leibniz-Journal. http://www.leibniz-gemeinschaft.de/medien/presse/pressemitteilungen/details/article/leibniz_praesident_rietschel_der_aufbau_der_exzellenzcluster_von_morgen_muss_im_osten_jetzt_beginnen_100000126/. Zugegriffen am 16.12.2015.

Robischon, Tobias, Andreas Stucke, Jürgen Wasem, und Hans-Georg Wolf. 1995. Die politische Logik der deutschen Vereinigung und der Institutionentransfer. Eine Untersuchung am Beispiel von Gesundheitswesen, Forschungssystem und Telekommunikation. *Politische Vierteljahresschrift* 36:423–459.

Rosenthal, Walter, Annette Grüters-Kieslich, Detlev Ganten, Almut Caspary, und Josef Zens. 2014. Integration von universitärer und außeruniversitärer Forschung im Berliner Institut für Gesundheitsforschung/Berlin Institute of Health (BIH). Berlin-Brandenburgische Akademie der Wissenschaften. Schriftenreihe Wissenschaftspolitik im Dialog, 10, Berlin, http://www.bbaw.de/publikationen/wissenschaftspolitik_im_dialog/BBAW_Wissenschaftspolitik-im-Dialog-10.pdf. Zugegriffen am 16.12.2015.

Scharpf, Fritz W. 2000. *Interaktionsformen. Akteurzentrierter Institutionalismus in der Politikforschung*. Opladen: Leske + Budrich.

Scharpf, Fritz W. 2004. Der deutsche Föderalismus – reformbedürftig und reformierbar? MPIfG Working Paper 04 (2). Köln. http://www.mpifg.de/pu/workpap/wp04-2/wp04-2.html. Zugegriffen am 16.12.2015.

Scharpf, Fritz W., Bernd Reissert, und Hans Schnabel. 1976. *Politikverflechtung. Theorie und Empirie des kooperativen Föderalismus in der Bundesrepublik*. Kronberg: Skriptor.

Schmidt, Manfred G. 1989. Learning from catastrophes. West Germany's public policy. In *The comparative history of public policy*, Hrsg. Francis G. Castles, 56–99. Cambridge: Polity Press.

Wissenschaftsrat (WR). 2013. Perspektiven des deutschen Wissenschaftssystems. http://www.wissenschaftsrat.de/download/archiv/3228-13.pdf. Zugegriffen am 16.12.2015

Zentrum für Wissenschaftsmanagement (ZWM) und Zentrum für Europäische Wirtschaftsforschung (ZEW), Hrsg. 2007. Bericht über die Evaluierung der Auswirkungen der Hausanordnung des Bundesministeriums für Bildung und Forschung zur direkten FuE-Projektförderung. Speyer: ZWM.

Ressortforschungseinrichtungen – Forschung im staatlichen Auftrag

Eva Barlösius

Inhalt

1	Einleitung	573
2	Grundsätzliche Kennzeichnung der Ressortforschungseinrichtungen	574
3	Position der Ressortforschungseinrichtungen	576
4	Interne Strukturierung der Ressortforschungseinrichtungen	578
5	„Forschung auf politischen Beschluss"	580
6	Veränderungsprozesse der Forschung und der Politikberatung	584
7	Fazit: Neupositionierungen und -ausrichtungen	588
	Literatur	589

1 Einleitung

Das National Institute of Standards & Technology (NIST) in den USA, das Institut National de la Recherche Agronomique (INRA) in Frankreich und die Bundesanstalt für Materialforschung (BAM) in Deutschland gehören zu einer Gruppe von Einrichtungen, die sowohl dem wissenschaftlichen wie auch dem politisch-administrativen Feld zugehören. In den USA werden diese Institute als *Government Mission Agencies* bezeichnet, in Frankreich gelten sie als *Organismes sous tutelle* und in Deutschland werden sie unter der Kategorie Ressortforschungseinrichtungen zusammengefasst. Bezüglich ihrer Positionen im wissenschaftlichen und im staatlich-administrativen Feld sowie ihrer internen Strukturierung – ob sie eher einem Forschungsinstitut oder einer staatlichen Behörde ähneln – unterscheiden sich die einzelnen Institute national und international erheblich. Ebenso differiert, wie die von ihnen geleistete Forschung gekennzeichnet und wie viel Anerkennung ihnen von Seiten der Wissenschaft entgegengebracht wird. Die Forschung an den

E. Barlösius (✉)
Institut für Soziologie, Leibniz Universität Hannover, Hannover, Deutschland
E-Mail: e.barloesius@ish.uni-hannover.de

Government Mission Agencies wird als „use-inspired (basic) research" qualifiziert (Logar 2009), in Frankreich wird sie als „recherche finalisée" bezeichnet (Erefin 2010) und in Deutschland hat sich bislang keine spezielle Kennzeichnung dieser Forschung durchgesetzt. In den Leitlinien der Bundesregierung zur Ressortforschung wird sie als „eigenständiger Typ angewandter Forschung" charakterisiert (BMBF 2007, S. 3).

Gemeinsam – national wie international – ist diesen Einrichtungen, dass sie vorwiegend drei Aufgaben zu erfüllen haben: wissenschaftliche Forschung, Politikberatung und Informationsbeschaffung sowie Regulierungs- und Prüfaufgaben (insbesondere gesetzlich festgelegte Aufsicht, Normung, Zulassung und Risikobewertung). Manche Institute sind neben der direkten Zuarbeit zum politisch-administrativen Feld verpflichtet, für andere Akteure zu forschen und sie zu beraten, z. B. für bestimmte Wirtschaftszweige oder Interessengruppen (sogenannte Klientelforschung). So arbeitet beispielsweise das NIST eng mit der Industrieforschung zusammen, das INRA soll zur Weiterentwicklung der französischen Landwirtschaft beitragen und agrarische Interessengruppen beraten und die BAM stellt ihre Prüfeinrichtungen und -leistungen der Industrie und dem produzierenden Gewerbe zur Verfügung.

Hier stehen im Weiteren die deutschen Ressortforschungseinrichtungen im Zentrum, nur an wenigen Stellen wird zur Illustration auf vergleichbare Institute anderer Länder, insbesondere das INRA, Bezug genommen (Bourdieu 1997).

2 Grundsätzliche Kennzeichnung der Ressortforschungseinrichtungen

Bei den Ressortforschungseinrichtungen handelt es sich um den Bundesministerien nach- bzw. zugeordnete Forschungseinrichtungen. Allerdings findet sich die gebräuchliche Bezeichnung Ressortforschungseinrichtungen in staatlich-offiziellen Texten wie dem „Bundesbericht Forschung und Innovation" (z. B. BMBF 2014) nicht. Dort werden sie nach ihrem Rechtsstatus gekennzeichnet und in zwei Gruppen unterschieden:

1. „Bundeseinrichtungen mit FuE-Aufgaben": Darin sind die nicht rechtsfähigen Anstalten öffentlichen Rechts mit Forschungs- und Entwicklungsaufgaben (FuE-Aufgaben) zusammengefasst. Sie unterliegen „einer hierarchischen Organisationsstruktur und der Fachaufsicht des zuständigen Ministeriums" (BMBF 2007, S. 4). Zu der Gruppe gehören weiterhin einige wenige Bundesoberbehörden. Diese Gruppe umfasst 37 „Wissenschaftsbehörden" (Döhler 2007).
2. „FuE-Einrichtungen, mit denen Ministerien kontinuierlich zusammenarbeiten": Diese Kategorie umfasst alle Einrichtungen mit anderen Rechtsformen (z. B. gGmbH, Vereine, Stiftungen). Auf diese Einrichtungen haben die Bundesministerien keinen direkten rechtlichen Zugriff, weshalb sie aus Sicht der Bundesregierung „häufig eher dem Typ außeruniversitärer Forschungseinrichtungen" entsprechen (BMBF 2007, S. 4). Sechs Institute haben diesen Status.

Die offizielle Kategorisierung nach dem rechtlichen Status und den sich davon herleitenden ministeriellen Zugriffsmöglichkeiten legen die Vermutung nahe, dass damit korrespondiert, ob die Einrichtungen eher einem Forschungsinstitut oder einer staatlichen Behörde ähneln. In der Praxis lässt sich dies so nicht beobachten (siehe Abschn. 3). Welche Institute als Ressortforschungseinrichtungen geführt werden, darüber entscheiden die Ministerien selbst. So gibt es Institute, die nur wenig oder gar keine eigene Forschung durchführen und trotzdem als Bundeseinrichtung mit FuE-Aufgaben geführt werden, beispielsweise das Bundesinstitut für Sportwissenschaft. Daneben lassen sich zum Geschäftsbereich der Ministerien gehörende Ämter finden, die relativ viel eigene Forschung betreiben, aber nicht der institutionellen Ressortforschung zugerechnet werden, beispielsweise das Statistische Bundesamt. Schließlich gibt es auch Forschungsinstitute, die fortwährend oder regelmäßig für ein Ministerium Forschungsaufgaben erledigen und dennoch nicht zur Kategorie der FuE-Einrichtungen mit kontinuierlicher Zusammenarbeit zählen. Zu den Letzteren könnte man etwa das Max-Planck-Institut (MPI) für ausländisches und internationales Strafrecht sowie das MPI für ausländisches und internationales Privatrecht zählen (vgl. Mayntz 2001). Aus der Zuordnung nach ministeriellen Gesichtspunkten wird bereits deutlich, dass es sich um eine außerordentlich heterogen zusammengesetzte Gruppe von Einrichtungen handelt. Darunter finden sich Institute, bei denen der Forschungsanteil fünf Prozent, in anderen bis zu 90% aller Tätigkeiten ausmacht. Manche Institute arbeiten eng mit Universitäten und außeruniversitären Forschungseinrichtungen zusammen, andere konzentrieren sich auf die Zuarbeit für das Ministerium.

Gegenwärtig werden ca. 7,2% der gesamten Bundesausgaben für Forschung und Entwicklung (FuE) für diese institutionelle Ressortforschung verausgabt (BMBF 2014, S. 73). Hinzukommen weitere Mittel für die sogenannte extramurale Ressortforschung, das sind Forschungsaufträge, die die Bundesministerien (ohne die Forschungszuwendungen des Bundesministerium für Bildung und Forschung) an andere wissenschaftliche Einrichtungen, z. B. Universitäten, private Forschungsinstitute oder Institute der Max-Planck-Gesellschaft vergeben. Die Höhe dieser Zuwendungen lässt sich nur schwer ermitteln. Sie dürfte bei jenen Ministerien besonders hoch liegen, die auf keine institutionelle Ressortforschung zugreifen können. Obwohl zu vermuten ist, dass jedes Bundesministerium politischen Beratungsbedarf hat und wissenschaftliche Expertise für staatliches Handeln benötigt, gibt es Ministerien, die über keine Bundeseinrichtung mit FuE-Aufgaben verfügen und auch keine Einrichtungen benennen, die für sie kontinuierlich Ressortforschungsaufgaben bearbeiten. Dazu gehören das Bundesministerium der Justiz und für Verbraucherschutz und das Bundesfinanzministerium. Andere Ministerien haben nur ein Institut eingerichtet, beispielsweise das Auswärtige Amt die Stiftung Wissenschaft und Politik, worauf aber auch das Bundeskanzleramt und der Bundestag Zugriff haben sowie das Bundesministerium für Bildung und Forschung, das allein das Bundesinstitut für Berufsbildung vorhält. Das Bundesministerium des Innern kann nur für spezielle Teilgebiete seiner Ressortzuständigkeit auf Forschungsanstalten zugreifen, etwa auf das Bundesinstitut für Bevölkerungswissenschaft und das Bundesinstitut für Sportwissenschaft. Auffällig ist, dass gerade die vier klassischen Ministerien

(Auswärtiges, Inneres, Justiz und Finanzen), die die unverzichtbaren Kernaufgaben von Staatlichkeit repräsentieren, kaum Ressortforschungseinrichtungen haben.

Die Mehrzahl der Einrichtungen untersteht sogenannten Spezialressorts wie Landwirtschaft, Verkehr oder Umweltschutz und jenen Ministerien, die charakteristisch für den Wohlfahrtsstaat sind (Familien, Frauen, Soziales, Jugend). Einen ganzen Kranz von Forschungsanstalten haben das Bundesministerium für Gesundheit, das Bundesministerium für Ernährung und Landwirtschaft (BMEL), das Bundesministerium für Verkehr und digitale Infrastruktur (BMVI) und das Bundesministerium der Verteidigung (BMVg) um sich geschaffen. Allerdings korrespondiert die Anzahl der Institute nur bedingt mit dem Gesamtumfang der Ressortforschungseinrichtungen eines Ministeriums. Legt man die Planstellen zur Größenbestimmung zugrunde, dann zeigt sich, dass im BMVI, wo die Zuständigkeit für technische Infrastrukturen liegt, im Bundesministerium für Wirtschaft und Energie, das für technische Normung, Materialprüfung, Erderschließung (Rohstoffsuche) verantwortlich ist, und im BMEL, wo die Aufgabenbereiche Nahrungssicherung und -sicherheit bearbeitet werden, der Großteil der Ressortforschung angesiedelt ist (ca. 80 bis 90%).

3 Position der Ressortforschungseinrichtungen

Die Position der Ressortforschungseinrichtungen gibt Auskunft über ihre Nähe und Ferne zu anderen sozialen Feldern, insbesondere zum Feld der Wissenschaft (vgl. Barlösius 2009). Sie bestimmt sich weitgehend durch den formal garantierten Zugriff des politisch-administrativen Feldes auf die Einrichtungen. Dies geschieht hauptsächlich durch zwei Formen der Zugriffssicherung: Erstens wird der Zugriff durch rechtliche Regelungen garantiert, insbesondere durch Errichtungsgesetze und -erlasse, in denen vor allem die Rechtsform der Institute und die Art der finanziellen Mittelzuweisung festgeschrieben sind. Anhand dieser Zugriffsform kann erkannt werden, ob die Institute als nachgeordnete Behörden eingerichtet sind, um eine Positionierung im bzw. nahe dem politisch-administrativen Feld zu gewährleisten, oder ob sich ihre Errichtung formal an der anderer wissenschaftlicher Institutionen, z. B. der Leibniz-Gemeinschaft oder Helmholtz-Gemeinschaft deutscher Forschungszentren, orientiert, was einer Positionierung im bzw. nahe am wissenschaftlichen Feld entsprechen würde. Die Bundeseinrichtungen mit FuE-Aufgaben besitzen unterschiedliche Rechtsformen; die meisten werden als nicht rechtsfähige Anstalten öffentlichen Rechts (nrAöR) geführt und einige sind Bundesoberbehörden. Mit den Rechtsformen sind Personal- und Disziplinarrechte etc. verknüpft, aber auch, woher die Einrichtungen ihre finanziellen Mittel beziehen, ob sie haushaltrechtliche Auflagen zu erfüllen haben bzw. welche. Mit Ausnahme der Institute, die durch eine kontinuierliche Zusammenarbeit mit dem Ressort verbunden sind, fungiert das zuständige Ministerium als vorgesetzte Behörde, hat die Rechts-, Dienst- und Fachaufsicht. Durch diese „klassischen Kontrollformen der Staatsaufsicht" soll die „Rückbindung an die staatliche Aufgabenkonkretisierung" gewährleistet werden (Weingart und Lentsch 2008, S. 177). Es handelt sich somit keineswegs um "ministerialfreie Räume", vielmehr gilt das "Hierarchieprinzip", und "Eingriffsschranken" existieren nicht (Döhler 2007, S. 102–103). Eine Ausnahme bildet das Bundesinstitut für Risikobewertung, bei dem das Ministerium keine Fachaufsicht besitzt und Resultat EU-spezifischer Anforderungen an eine unabhängige Regulierungsbehörde für Lebensmittelsicherheit ist (EU VO 178/2002). Bei den anderen Rechtsformen sichert sich das Ministerium zumeist über den Finanzierungsmodus einen der Fachaufsicht ähnlichen Zugriff. Diese Einrichtungen erhalten eine finanzielle Zuwendung, welche mit fachlichen Auflagen verkoppelt ist. Da die Fachaufsicht eine viel größere "Direktionstiefe" gestattet als die Rechtsaufsicht (Döhler 2007, S. 227), sind die formal garantierten ministeriellen Zugriffsmöglichkeiten bei den Instituten der kontinuierlichen Zusammenarbeit kaum geringer als bei den Bundesbehörden und den nrAöR.

Zweitens wird ein direkter Zugriff durch das Verfahren hergestellt, nach dem die Forschungsagenda aufgestellt wird und die weiteren Aufgaben festlegt werden. Je nachdem in welchem Umfang den Einrichtungen eingeräumt wird, ihre Forschungsagenden selbst zu bestimmen und eigene Forschungsprojekte auszuwählen, ergibt sich daraus eine positionale Nähe oder Ferne zum wissenschaftlichen Feld. Bei einigen Einrichtungen sind große Teile des Forschungsprogramms im Errichtungsgesetz oder -erlass festgeschrieben, bei anderen vereinbaren Einrichtung und Ministerium einen Forschungsplan, und bei weiteren erfolgt die Ausarbeitung des thematischen Orientierungsrahmens durch institutseigene Planungs- und Beratungsinstanzen wie Forschungsräte und spezielle Ausschüsse. Neben diesen zumeist mittel- und längerfristigen Forschungsplanungen geben die Ministerien auch die kurzfristige Bereitstellung wissenschaftlicher Expertise in Auftrag (Weingart und Lentsch 2008, S. 165). Die Zuweisung von Forschungsaufgaben per Gesetz oder Erlass ist ein weiteres Instrument, mit dem die Ministerien sicherstellen, dass ihr Wissensbedarf dauerhaft und jederzeit durch die Einrichtungen bedient wird. Insbesondere die zuletzt genannte Zugriffsform auf wissenschaftliche Expertise dient den Ministerien dazu, zu begründen, weshalb nur durch ein "staatlich abgesichertes Vorhalten von institutionell finanzierten Forschungseinrichtungen" der "politische Entscheidungshilfebedarf" garantiert werden kann (BMELV 2006). Die formale Position der Ressortforschungseinrichtungen kann folglich entlang dieser zwei Dimensionen bestimmt werden: der Reichweite des rechtlich und haushälterisch garantierten Zugriffs und dem Ausmaß des Einflusses auf die Forschungsagenda. Es gibt Einrichtungen, bei denen beide Zugriffsformen von den Ministerien ausgiebig genutzt werden, um sie in ihrem Sinn zu steuern. Bei Instituten, auf die die Ministerien einen eher geringen formalen Zugriff haben, weil es sich beispielsweise um Vereine handelt, wird der ministerielle Zugriff oftmals mittels projektgebundener Auftragsforschung gesichert. Schließlich gibt es aber auch Institute, bei denen weder ein hoher formaler Zugriff besteht, noch ein entscheidender Einfluss auf die Forschungsagenda existiert.

Mit den verschiedenen Zugriffsstärken korrespondieren unterschiedliche Positionen der Ressortforschungseinrichtungen: Manche Ministerien führen ihre Ressortforschungseinrichtungen an sehr „kurzer Leine", weil sie diese als Teil des politisch-administrativen Feldes begreifen. Andere Ministerien behandeln sie als

Einrichtungen eigener Art, die politisch-administrative mit wissenschaftlichen Aufgaben verschränken sollen. Weitere Ministerien betrachten die ihnen nach- und zugeordneten Institute als primär forschende Institutionen, die zur Erfüllung ihrer Forschungsaufgaben vielfältige Verbindungen mit dem wissenschaftlichen Feld eingehen und nach wissenschaftlicher Exzellenz streben sollen, weil sie dies als Grundlage für die Qualität der von ihnen benötigten wissenschaftlichen Expertise ansehen. Keineswegs korrespondieren die unterschiedlichen ministeriellen Sicht- und Umgangsweisen mit den Rechtsformen und damit mit den ministeriellen Eingriffsmöglichkeiten. Zwischen diesen und dem Leistungsprofil der Einrichtungen, insbesondere bezüglich ihrer wissenschaftlichen Reputation als Indikator für ihre Verankerung im wissenschaftlichen Feld, besteht kein direkter Zusammenhang. Auch der Wissenschaftsrat (WR) kam in seinem Gutachten zu den Ressortforschungseinrichtungen zu dem Schluss, dass „alle vorhandenen Rechtsformen in der Ressortforschung [...] prinzipiell geeignet [erscheinen], dem wissenschaftlichen Personal hinreichend Autonomie für ihre FuE-Arbeiten im Rahmen des Ressortforschungsauftrags zu gewähren" (WR 2007, S. 83).

4 Interne Strukturierung der Ressortforschungseinrichtungen

Bei der internen Strukturierung ist entscheidend, inwieweit die Einrichtungen Instanzen der Selbstkontrolle und Institutionen der Selbstausrichtung, z. B. Grundformen einer wissenschaftlichen (Selbst-)Verwaltung, besitzen. In diesen Instanzen und Institutionen objektiviert sich das Recht, „die Grundsätze seiner Legitimität selbst zu definieren" (Bourdieu 2001, S. 104): Mit diesem Recht kommt den Einrichtungen somit ein gewisser Grad an Unabhängigkeit zu. Es ist nicht erforderlich, dass die Ressortforschungseinrichtungen eigene Instanzen und Institutionen entwickeln und in ihren Einrichtungen etablieren, entscheidend ist vielmehr, dass sie für deren Vorhandensein eintreten und ihnen intern Geltung verschaffen können. Für die Ressortforschungseinrichtungen repräsentiert die vom wissenschaftlichen Feld für sich beanspruchte akademische Unabhängigkeit einen Gegenpol zum Zugriff durch das politisch-administrative Feld. Darum soll im Folgenden untersucht werden, ob die Instanzen der Selbstkontrolle und die Institutionen der Selbstausrichtung, die im wissenschaftlichen Feld existieren oder für die das wissenschaftliche Feld kämpft, auch in diesen Einrichtungen vorhanden sind bzw. ob sie dort als gültig anerkannt werden. Im wissenschaftlichen Feld werden interne Selbstkontrolle und -ausrichtung vorwiegend durch (1) die Schaffung „eigener Konsekrationsinstanzen" (Bourdieu) und (2) die institutionelle Abstimmung formaler Vorgaben des staatlich-administrativen Feldes an die spezifischen Anforderungen des wissenschaftlichen Feldes realisiert.

(1) Zu den eigenen Konsekrationsinstanzen gehört alles, was eine Selbstkontrolle der wissenschaftlichen Qualität gewährleisten soll, z. B. Peer Review, wissenschaftliche Evaluationen, Begutachtungen von Drittmittelanträgen, Preise und

Auszeichnungen, wissenschaftliche Beiräte. Dazu zählen weiterhin Verfahren der Selbstrekrutierung, wie Berufungsverfahren, die Verleihung akademischer Titel, Begutachtungen von persönlichen wissenschaftlichen Leistungen etc. Dazu gehören auch alle Formen der Selbstorganisation, die die Interessen des wissenschaftlichen Feldes gegenüber anderen Feldern vertreten, etwa wissenschaftliche Fachgesellschaften. All diese Konsekrationsinstanzen dienen der Zusprechung bzw. der Versagung wissenschaftlicher Reputation.

Werden diese Konsekrationsinstanzen zugrunde gelegt, dann ist zunächst festzuhalten, dass sie in der großen Mehrzahl der Bundeseinrichtungen mit FuE-Aufgaben existieren. Referierte Publikationen, begutachtete Drittmittel, Preise und Auszeichnungen, von den Einrichtungen betreute Promotionen und Habilitationen, den hochschulischen Berufungsverfahren ähnliche Prozeduren bei der Besetzung von Leitungspositionen etc. sind Kriterien, anhand derer Ressortforschungseinrichtungen beschrieben und klassifiziert können werden. In vielen Instituten sind diese Instanzen breit etabliert, in manchen kaum und von einigen wenigen Einrichtungen werden sie als Kontrollinstanzen abgelehnt. So gibt es beispielsweise Institute, die vorwiegend in referierten Zeitschriften publizieren und zusätzlich die hauseigenen Publikationsorgane bedienen, die sich an die nichtwissenschaftliche Fachöffentlichkeit richten. Genauso lassen sich Einrichtungen finden, die hauseigene Veröffentlichungen besonders wertschätzen und Publikationen mit wissenschaftlicher Begutachtung wenig honorieren. Ähnliche Unterschiede finden sich bei der Einwerbung von Drittmitteln und den von den Einrichtungen betreuten Promotionen und Habilitationen.

Bei den Verfahren der Selbstrekrutierung wie der Besetzung von Leitungspositionen fächert sich abermals eine große Bandbreite auf: Einige Einrichtungen orientieren sich am universitären Berufungsverfahren, manche führen gemeinsame Berufungen mit Universitäten durch, aber es gibt ebenfalls Institute, bei denen sich die Verfahren der Personalrekrutierung stärker an ministeriellen denn an akademischen Gepflogenheiten orientieren. Die 2005 gegründete „Arbeitsgemeinschaft der Ressortforschungseinrichtungen" kann als Konsekrationsinstanz der Selbstorganisation angesehen werden. Sie vertritt die „Belange der Ressortforschung gegenüber der Öffentlichkeit, der Politik und den anderen Organisationen der Wissenschaft" (AG Ressortforschung). Ihr gehören gegenwärtig 41 der 43 Ressortforschungseinrichtungen an.

(2) Bei der institutionellen Abstimmung formaler Vorgaben auf das wissenschaftliche Feld geht es darum, ob die formalen Vorgaben des staatlich-administrativen Feldes, insbesondere für die Verwaltungsprozesse, auf die spezifische Logik des wissenschaftlichen Feldes abgestimmt sind oder werden können. Dazu gehören beispielsweise haushaltsrechtliche und personalwirtschaftliche Vorgaben, Beschaffungsabläufe, die Verwaltung von Drittmitteln, die Durchführung von Baumaßnahmen etc. Daraus ergibt sich für die Ressortforschungseinrichtungen die Frage, ob diese von ihrem Ministerium detailgesteuert werden oder ob ihnen – bis zu einem gewissen Grad – eine institutionelle Selbstausrichtung zugebilligt wird, beispielsweise durch Globalhaushalte. Den Ressortforschungseinrichtungen, speziell den nicht rechtsfähigen Anstalten öffentlichen Rechts, wurde bis

vor einigen Jahren kaum die Chance der institutionellen Selbststeuerung zugestanden. Begründet wurde dies mit der erforderlichen ministeriellen „Durchgriffstiefe". Seit einigen Jahren, insbesondere seit dem Jahr 2012, als das Wissenschaftsfreiheitsgesetz in Kraft trat, handhaben die Ministerien dies sehr unterschiedlich. Manche räumen den ihnen nachgeordneten „Wissenschaftsbehörden" Flexibilisierungen in den Bereichen Haushalt, Personal und Bauverfahren ein, ermöglichen ihnen auch mittels Sonderzahlungen, wissenschaftliches Personal zu halten bzw. zu gewinnen, und haben den verbindlichen Stellenplan für wissenschaftliches Personal aufgegeben. Diese Ressortforschungseinrichtungen verfügen tendenziell über ähnliche formale Regelungen wie andere wissenschaftliche Institute, weshalb sie eher dem wissenschaftlichen als dem politisch-administrativen Feld zuzuordnen sind.

Andere Ministerien ermöglichen ihren Einrichtungen mit FuE-Aufgaben diese Formen der institutionellen Selbstausrichtung nicht, bestehen weiterhin auf Detailsteuerung und führen die Ressortforschungsinstitute formal weitgehend gleich wie eine beliebige Behörde, wodurch ihre Zughörigkeit zum politisch-administrativen Feld unterstrichen wird. Für die interne Strukturierung ergibt sich ähnlich wie bei der Positionierung ein heterogenes Bild, wobei die Unterschiedlichkeit – jedenfalls bei den Anstalten öffentlichen Rechts – wesentlich durch die Ministerien bestimmt wird. Je nachdem, wie diese die Ressortforschungseinrichtungen auffassen: vorwiegend als forschendes Institut oder hauptsächlich als Behörde im ministeriellen Dienst, richten sie diese aus, gestatten und unterstützen sie die Einrichtungen bei der Selbstkontrolle und Selbstausrichtung.

5 „Forschung auf politischen Beschluss"

Diese Kennzeichnung wählten Lundgreen et al. (1986, S. 20) in ihrer grundlegenden Studie über „Staatliche Forschung in Deutschland 1870–1970". Ob diese Charakterisierung heute noch angemessen ist, scheint angesichts des jüngsten Wandels in vielen Einrichtungen fraglich (vgl. Fazit). Dass sich in der Art und Weise, wie der staatliche Zugriff auf wissenschaftliche Expertise gesichert wird, das Verständnis von Staatlichkeit manifestiert, gilt jedoch trotz dieser Veränderungen weiterhin. Das Staatsverständnis dokumentiert sich vor allem auf zweifache Weise:

(1) über die Bestimmung der Staatsaufgaben und
(2) über den Gebrauch der von diesen Einrichtungen erzeugten wissenschaftlichen Expertise.

(1) In den Ressortforschungseinrichtungen spiegelt sich, für welche Politikbereiche staatlicherseits anerkannt ist, dass Forschungs- und Beratungsbedarf besteht. Darin wiederum verdeutlicht sich die Auffassung von Staatsaufgaben, insbesondere von staatlicher Verantwortungsübernahme (z. B. Infrastrukturverantwortung). Bereits

Lundgreen et al. (1986, S. 25) haben die These aufgestellt, dass sich der Staat mittels der Ressortforschung Hoheitsrechte verschafft und politische Gestaltungsaufgaben bestimmt. Der Auf- und Ausbau von Ressortforschungseinrichtungen ging für die Autoren deshalb mit der Schaffung und Durchsetzung von staatlichen Eingriffs-, Kontroll- und Monopolrechten einher, die in verfassungs- und verwaltungsrechtlich festgelegten Gestaltungspflichten und staatlichen Regulierungsinteressen niedergelegt sind. Dies lässt sich besonders gut historisch nachvollziehen. So können grob drei Gründungsphasen unterschieden werden.

Die erste Phase liegt zwischen 1870 und 1900 und fällt damit in die Zeit der Reichsgründung – dem Nationalstaatenbildungsprozess –, womit eine enorme Ausweitung der Staatsaufgaben verbunden war. Diese schlug sich insbesondere in einem immensen Auf- und Ausbau staatlicher Infrastrukturen nieder, woraus ein gestiegener staatlicher Bedarf an Handlungs- und Entscheidungswissen resultierte. Weiterhin waren diese Jahrzehnte von einer beschleunigten Industrialisierung gekennzeichnet, die eine wachsende Nachfrage nach technischem Wissen auslöste. Die in dieser Epoche geschaffenen „Wissenschaftsbehörden" sollten neu entstandene staatliche Wissensbedarfe bedienen. Entsprechend wurden vorwiegend für drei Bereiche forschende Einrichtungen gegründet: erstens Institute zum Zweck der technischen Normung und Prüfung wie die Physikalisch-Technische Reichsanstalt (1887; heute: Physikalisch-Technische Bundesanstalt [PTB]) oder die Reichanstalt für Materialprüfung (1870; heute: Bundesanstalt für Materialprüfung [BAM]). Die von diesen Einrichtungen betriebenen Normierungen und Standardisierungen, z. B. bei Messung und Materialzusammensetzung, kamen der industriellen Produktion zugute, indem mit ihrer Unterstützung verlässliche Qualitätsanforderungen und Maßeinheiten durchgesetzt werden konnten. Zweitens wurde das Kaiserliche Deutsche Gesundheitsamt (1876; bis 1994 Bundesgesundheitsamt [BGA]) eingerichtet, worin sich widerspiegelte, dass Gesundheitsüberwachung und -pflege, insbesondere bei übertragbaren Krankheiten, zur Staatsaufgabe geworden war. Drittens entstanden Institute im Bereich der klientelorientierten Agrar- und Lebensmittelforschung, die bei der Erfüllung der Staatsaufgabe der Nahrungssicherung und -sicherheit durch die Erzeugung von Produktionswissen und dessen Vermittlung an die Landwirtschaft und die Lebensmittelverarbeitung mitwirken sollten (z. B. 1897 Biologische Reichsanstalt für Landwirtschaft; seit 2008 Julius Kühn-Institut [JKI]).

Die zweite Phase erstreckt sich von den späten 1940er bis in die späten 1960er-Jahre. In diesem Zeitraum wurden insbesondere eigenständige militärische Ressortforschungseinrichtungen geschaffen. Weiterhin fand in dieser Zeit ein Auf- und Ausbau von Instituten in den Bereichen Verkehr und Wettervorhersage statt (z. B. 1951 die Bundesanstalt für Straßenwesen, 1952 der Deutsche Wetterdienst). Aber auch die Gründung einiger sozialwissenschaftlicher Institute fiel in diesen Zeitraum, z. B. 1967 das Institut für Arbeitsmarkt- und Berufsforschung (IAB), 1961 das Deutsche Jugendinstitut (DJI), 1970 das Bundesinstitut für Berufsbildung (BiBB) und 1965 die Stiftung Wissenschaft und Politik (SWP). Die dritte Phase setzte ungefähr in der Mitte der 1970er-Jahre ein.

Ab dieser Zeit wurden im Vergleich zu den vorangegangenen Jahrzehnten allerdings weniger Ressortforschungseinrichtungen gegründet. Im Zuge neuer Politikfelder wie Umwelt- und Naturschutz entstanden 1974 das Umweltbundesamt (UBA), 1993 das Bundesamt für Naturschutz (BfN) und 1989 das Bundesamt für Strahlenschutz. Die Errichtung dieser drei Ämter, insbesondere des Umweltbundesamtes, war eng mit der Schaffung des Bundesumweltministeriums verknüpft. Das letzte neu geschaffene Institut ist das Deutsche Biomasseforschungszentrum (DBFZ), das 2008 als gemeinnützige GmbH gegründet wurde.

Der Auf- und Ausbau der Ressortforschungseinrichtungen folgte somit weitgehend der Entwicklung und Veränderung der Staatsaufgaben (Infrastruktur, Normierung und Prüfung, Nahrungssicherung, soziale Absicherung, Umwelt- und Naturschutz, nachwachsende Rohstoffe etc.). Häufig reagierte er auch auf Klientel- und Akteursinteressen (Industrie- und Wirtschaftsinteressen, Agrarlobby, Wohlfahrtsverbände, Umwelt- und Naturschutzvereine etc.). Neben dem beschriebenen Auf- und Ausbau der Ressortforschungseinrichtungen kam es aber auch immer wieder zu Schließungen und vor allem zu Zusammenlegungen von Instituten.

(2) Der Umgang mit der von den Ressortforschungseinrichtungen erzeugten wissenschaftlichen Expertise sagt ebenfalls viel über das Staatsverständnis aus. Bereits Machiavelli hat in seinem Werk „Il Principe" (1513–1532) empfohlen, dass sich der Fürst von „gescheiten Leuten" beraten lässt, sie „über Alles" befragt, „ihre Meinung hören und dann selbst seine Entschließung fassen" müsse (§ 23). Die Beratung dürfe somit nicht eine Entscheidung vorgeben oder ihr gar vorgreifen, sie solle einzig Wissen enthalten. Zu entscheiden sei das Vorrecht und die Pflicht des Fürsten. Wie verhält sich die Politikberatung der Ressortforschungseinrichtungen zu Machiavellis Anleitung? Bindet die wissenschaftliche Expertise das Ministerium in seinen Entscheidungen, empfiehlt sie Erlasse oder Handlungen? Am Beispiel des INRA hat Roqueplo wissenschaftliche Expertise als Wissen besonderer Art charakterisiert. Es handelt sich um „une connaissance de cause", ein Begründungswissen, auf dessen Grundlage politische Entscheidungen getroffen werden können und das sich im politischen Prozess zu bewähren hat (Roqueplo 1997, S. 119).

Die Forschungsfragen der Ressortforschung leiten sich dementsprechend vom politischen Beratungsbedarf und von der staatlichen Aufgabenverantwortung her. Für die Wissenschaftler/innen heißt dies oftmals, ein nicht selbst gewähltes Thema wissenschaftlich zu bearbeiten und innerhalb eines vorgegebenen Zeitrahmens Ergebnisse zu präsentieren, die Verfügungen und Entscheidungen ermöglichen. Je nach politisch-administrativer Auffassung, was wissenschaftliche Expertise umfasst, werden zudem von den Wissenschaftlerinnen und Wissenschaftlern Entscheidungsvorgaben erwartet – selbst dann, wenn das dazu erforderliche wissenschaftliche Wissen noch als lückenhaft gilt. Bei dringendem politischen Entscheidungsbedarf sind somit die „Grenzen des Forschungswissens" zu überschreiten (Roqueplo 1997, S. 35–49). Mit der politisch-administrativen Auffassung von wissenschaftlicher

Expertise korrespondiert, wie stark sich die Ministerien und die Politik durch die von ihnen eingeforderten Orientierungshilfen in ihrem staatlichen Handeln und ihren politischen Entscheidungen binden. So besitzen die von den Einrichtungen mit FuE-Aufgaben erbrachten Forschungsergebnisse und Empfehlungen quasi einen „offiziellen Charakter". Sie sind zusätzlich zu der wissenschaftlichen mit staatlicher Legitimität ausgestattet. Daraus erklärt sich ihre besondere Verbindlichkeit, weshalb die Resultate und Empfehlungen der Ressortforschungseinrichtungen zwar rechtlich – bis auf Ausnahmen – von den Ministerien und der Politik ignoriert werden können, dies aber einer besonderen Begründung bedarf. Wenn beispielsweise glaubhaft gemacht werden kann, dass die Einrichtungen nicht über ausreichende wissenschaftliche Kompetenz verfügen oder ein politisches Ziel „unterlaufen", ist eine Distanzierung von den „hausinternen" Beratungseinrichtungen möglich. In der Praxis passiert dies selten (vgl. Döhler 2007). Ob die Politikberatung durch die Ressortforschungseinrichtungen dem von Machiavelli entworfenen Ideal entspricht, ist damit fraglich. Allerdings – und dies hatte Machiavelli nicht im Blick – können so auch Entscheidungen „delegiert" werden, indem sich die Ministerien oder die Politik einzig auf „wissenschaftliche Legitimation" berufen und dieser einen Vorrang gegenüber der Politik einräumen, beispielsweise bei Gefahr- und Risikowarnungen.

In Frankreich dagegen gilt für ähnliche wissenschaftliche Einrichtungen – also z. B. das INRA – die „Charta d'expertise scientifique collective", die deutlich Wissen und Entscheidung voneinander trennt. Die zu beantwortende Frage wird von den Entscheidern formuliert, die wissenschaftlichen Berater sollen nur diese Frage beantworten, allerdings dabei beachten, dass das von ihnen gelieferten Wissen dazu dienen soll, eine Entscheidung zu treffen. Das INRA hat zu diesem Zweck eine spezielle Einheit im Haus gegründet, die Délégation à l'expertise scientifique collective, à la prospective et aux études (DEPE), die sich als Bindeglied zwischen Wissenschaft und Politik versteht. Sie übersetzt die ministeriellen Anfragen in bearbeitbare Forschungsfragen, sie nimmt die Ausarbeitungen der Wissenschaftler/innen entgegen und stellt insbesondere heraus, über welches Wissen in der Wissenschaft Konsens besteht und welches umstritten ist. Dieses Verfahren ist bei politisch zentralen Themen gängig, daneben gibt es noch die Politikberatung auf dem „kleinen Dienstweg", wo Wissenschaftler/-innen direkt vom Ministerium angesprochen werden.

Für die deutschen Einrichtungen wird weniger das Spannungsverhältnis von Wissen und Entscheidung diskutiert, stattdessen vermehrt, ob Forschung und Politikberatung widersprüchliche Anforderungen implizieren und von den Wissenschaftler/innen einen Spagat verlangen. Insbesondere in der wissenschaftssoziologischen Forschung ist dies ein wichtiges Thema (vgl. Hohn und Schimank 1990; Schimank 2005; Weingart und Lentsch 2008). Dass dieser vermeintliche Widerspruch vor allem thematisiert wird, liegt zum einen darin begründet, dass die deutschen Ministerien wissenschaftliche Expertise als „Entscheidungshilfe zur sachgerechten Wahrnehmung der Ressortaufgaben" auffassen und somit keine so klare Trennung von Wissen und Entscheidung vornehmen, wie dies für Frankreich vorgegeben ist (Bundesregierung 2011, S. 1–2). Zum anderen fehlt im Vergleich zu Frankreich die eindeutige Positionierung der Ressortforschung. In einem jüngeren

Forschungsprojekt über die „Governance der Ressortforschungseinrichtungen" wurde für zwei Institute – das Institut für Arbeitsmarkt- und Berufsforschung (IAB) und das Johann Heinrich von Thünen-Institut (TI) – untersucht, wie die beiden Anforderungen intern koordiniert werden. Dabei zeigte sich, dass sich sowohl für die Forschung als auch für die Politikberatung interne Koordinationsweisen herausgebildet haben, die die zwei Anforderungen so miteinander kombinieren, dass es den Wissenschaftlerinnen und Wissenschaftlern gelingt, die „Leistungserwartungen der Wissenschaft und des Staates gleichermaßen zu berücksichtigen", weshalb sich die Einrichtungen „nicht in einem ständigen Durchsetzungskonflikt mit der einen oder der anderen Anforderung" befinden (Bach et al. 2013, S. 157). Vielmehr verbinden die internen Koordinationsweisen Forschung und die Bereitstellung wissenschaftlicher Expertise auf ganz eigene Weise. Dementsprechend lässt sich das postulierte Spannungsverhältnis in der Praxis nur bedingt – jedenfalls wesentlich weniger als behauptet – beobachten.

6 Veränderungsprozesse der Forschung und der Politikberatung

Setzen wir uns nochmals mit dem in der Forschungsliteratur beschriebenen Konflikt der beiden Missionen: Forschen und Beraten, auseinander (vgl. Boruch und George 1988, S. 27). So hebt Schimank (2005) insbesondere hervor, dass die „konstitutive Doppelanbindung" die Gefahr von „zwei Arten von Pathologien" in sich berge: erstens die politische Vereinnahmung der Forschung, ihre Politisierung, und zweitens die Verselbstständigung der Forschung gegenüber politischen Leistungsansprüchen, sprich ihre vollkommene Verwissenschaftlichung. Am Bespiel der Ressortforschung für den Agrarbereich – speziell für das TI – soll beispielhaft untersucht werden, ob Prozesse der Verwissenschaftlichung und der Politisierung stets darauf hindeuten, dass die Einrichtungen ihre doppelte Mission nicht mehr erfüllen. Dies wird anhand von vier Wandlungsprozessen geprüft. Der Agrarbereich wurde aus mehreren Gründen ausgewählt: Erstens gehören die landwirtschaftlichen Ressortforschungseinrichtungen zu den frühesten Gründungen, zweitens handelt es sich um besonders umfangreiche Einrichtungen, drittens sind die Agrarwissenschaften insgesamt in den letzten Jahren unter mehrfachen Rechtfertigungsdruck geraten und viertens hat das BMEL in den letzten Jahren seine Ressortforschungseinrichtungen neu organisiert.

(a) *Wandel der Beziehung zwischen Ministerium und Ressortforschungseinrichtungen*: Im Jahr 2007 startete das damalige BMELV die Neuorganisation der ihm nachgeordneten Ressortforschungseinrichtungen. Hier soll nur ein Aspekt betrachtet werden. Während das Ministerium zuvor stets betont hatte, dass die Forschungsleistungen von geringer Bedeutung seien, weil die Erfüllung der staatlich-administrativen Aufgaben im Vordergrund und in Konkurrenz dazu stehe, legt es nunmehr größten Wert darauf, „die wissenschaftliche Exzellenz zu sichern und zu verbessern" (BMELV 2007, S. 3). Begründet wird die

Neuorientierung auf wissenschaftliche Exzellenz damit, dass das Ministerium „zur Erledigung seiner Aufgaben und zur Verwirklichung politischer Ziele eine auf seine Bedürfnisse ausgerichtete, wissenschaftlich exzellente und effiziente Forschung [benötigt]" (BMELV 2007, S. 6). Die Unterstreichung der Forschungsleistungen lässt sich ebenfalls an der Umbenennung der Einrichtungen von Bundesforschungsanstalten zu Bundesforschungsinstituten ablesen.

Auch die Wissenschaftler/-innen beobachten diesen Wandel des Aufgabenverständnisses. Sie berichten davon, dass es in den letzten Jahren einfacher geworden sei, ministerielle Anfragen mit der Begründung zurückzuweisen, dass es sich um „fachlich unsinnige Aufträge" handele. Zudem erhalte das Institut durch das BMELV „sehr viel Rückenwind" für sein strategisches Konzept, das teilweise die Entwicklung von Handlungsoptionen für die politische Gestaltung beinhaltet (Bach et al. 2013, S. 151), was in bestimmten Bereichen „bis vor kurzem noch völlig undenkbar" gewesen sei. Betrachtet man diesen Wandel, scheint die Entwicklungsrichtung eindeutig: Es hat eine Verwissenschaftlichung stattgefunden; die Institute wurden näher an das wissenschaftliche Feld herangeführt.

(b) *Wandel der Agrarforschung*: Der Platz der Agrarwissenschaften im wissenschaftlichen Feld ist spätestens seit dem Ende der 1980er-Jahre nicht unumstritten. Was viele Jahrzehnte für die Agrarwissenschaften einen Vorteil dargestellt hatte, nämlich ihre Verschränkung mit der Agrarproduktion und -politik in einem „iron triangle", wurde jetzt zu einem Nachtteil (vgl. Barlösius 2011b). Nun wurden ihre wissenschaftlichen Leistungen „vermessen", insbesondere ihre Publikationsstärke, und mit der fachnaher Disziplinen und jener der Agrarwissenschaften anderer Länder verglichen. Dabei zeigte sich, dass die deutschen Agrarwissenschaften, wenn man die Zitationen der Veröffentlichungen zugrunde legt, wenig sichtbar waren (vgl. Schwertheimer und Weingart 2005; Barlösius 2014). Für die geringe „Sichtbarkeit" können hauptsächlich zwei Gründe angeführt werden. Erstens wurden klassische Zweige der Agrarwissenschaften wie Agrarbiologie, Pflanzenbau, Tierzucht und Tierhaltung usw. an den Fakultäten reduziert bzw. abgebaut. Dies erklärt, dass die Anzahl der agrarwissenschaftlichen Publikationen im Vergleich mit anderen Disziplinen abgenommen hat. Zweitens kamen neue naturwissenschaftlich fundierte Forschungsgebiete hinzu, insbesondere der ganze Bereich der Biotechnologie (vgl. Bonneuil et al. 2008). Die neu geschaffenen Forschungsgebiete zeichnen sich im Vergleich zu den aufgegebenen dadurch aus, dass sie stärker grundorientiertes Wissen generieren, das in naturwissenschaftlichen Zeitschriften publiziert werden kann, denen vom wissenschaftlichen Feld mehr Reputationskapital zuerkannt wird als klassisch agrarwissenschaftlichen Journalen. Agrarwissenschaftliche Forschungsergebnisse werden damit oftmals nicht mehr als solche identifiziert, ein Grund für ihre verminderte Sichtbarkeit (Schwertheimer und Weingart 2005, S. 71).

Interessanterweise gehört das Johann Heinrich von Thünen-Institut (TI) zu jenen Einrichtungen der Agrarforschung, die viel außerhalb des Kernbereichs der „klassischen Agrarwissenschaft" publizieren und dabei zudem sehr erfolgreich sind, wenn man die Zitationsrate als Maßstab verwendet. Dies ist bemerkenswert, weil man erwarten könnte, dass sich eine Ressortforschungseinrichtung weniger als beispielsweise eine agrarwissenschaftliche Fakultät am Referenzrahmen des wissenschaftlichen Feldes orientiert. Was über den Wandel der Beziehung zwischen Agrarministerium und Ressortforschungseinrichtungen deutlich wurde, zeigt sich nun in einem größeren Zusammenhang. Der Prozess der Verwissenschaftlichung, der in den Einrichtungen stattgefunden hat, resultiert nicht nur aus dem Wandel der staatlich-administrativen Anforderungen an die Ressortforschung oder aus den neuen, ministeriell geschaffenen Freiräumen. Vielmehr dokumentiert sich darin ebenfalls, dass sich die Agrarwissenschaften selbst gewandelt haben.

(c) *Wandel der Agrarproduktion*: Die Veränderungen der Agrarproduktion seit 1945 lassen sich grob vereinfachend in zwei Zeitabschnitte einteilen. Der erste Abschnitt umfasst die Nachkriegszeit bis in die Mitte der 1970er-Jahre. Während dieser Jahrzehnte stand die Modernisierung der Landwirtschaft durch Industrialisierung, Mechanisierung und Intensivierung im Vordergrund. Damit verband sich zum einen das agrarpolitische Ziel, die Produktivität der Landwirtschaft zu steigern, um die Bevölkerung zuverlässig mit preiswerten Lebensmitteln zu versorgen. Zum anderen wollte man die Bauern am Prozess der Modernisierung und am gestiegenen Wohlstand teilhaben lassen und sie auf diese Weise besser gesellschaftlich integrieren. Die Agrarforschung wurde als Partner bei der Realisierung dieser Ziele gesehen und entsprechend behandelt, was erklärt, dass diese Dekaden durch das „iron triangle" geprägt waren.

Der zweite Zeitabschnitt beginnt in den späten 1970er-Jahren und dauert bis heute an. Er ist durch widersprüchliche Entwicklungen charakterisiert. Auf der einen Seite schritten die Industrialisierung und die Globalisierung der Landwirtschaft weiter voran. Eine solche agrarische Produktion benötigt mehr grundlagenorientierte wissenschaftliche Expertise, woraus sich zu einem großen Teil die bereits in den beiden ersten Punkten identifizierte Stärkung der Grundlagendisziplinen innerhalb der Agrarforschung und damit auch in den agrarischen Ressortforschungseinrichtungen erklärt. Für die Ressortforschungseinrichtungen bedeutet dies, dass sie dem ministeriellen Beratungsbedarf nur dann nachkommen können, wenn sie grundlagenorientierte Forschung betreiben. Auf der anderen Seite formierten sich gegen die Entwicklungen der Industrialisierung und Globalisierung zunehmend bäuerliche Zusammenschlüsse, die sich für eine nachhaltige, ökologische und bäuerliche Landwirtschaft einsetzten und eine Umorientierung der Agrarforschung auf diese Ziele hin forderten. Die Agrarwissenschaften sollten Wissen über Nachhaltigkeit, ökologische Prozesse sowie regionale Wirtschaftsprozesse in ihren Forschungs- und Lehrkanon aufnehmen, um die bäuerliche Landwirtschaft dabei zu unterstützen. Damit korrespondiert, dass innerhalb der Ressortforschungseinrichtungen Abteilungen gegründet wurden, die über ökologischen Landbau und Tierschutz forschen – ein Forschungszweig, der vielfach als weniger grundlagenorientiert qualifiziert wird (Elliott 2013). Der dritte Punkt verdeutlicht, dass die Forschungsagenden der Ressortforschungseinrichtungen wesentlich durch die Veränderungen der Produktion mitbestimmt werden.

(d) *Wandel der gesellschaftlichen Position der Landwirtschaft*: Die grobe Einteilung der Transformation der Agrarproduktion in zwei Zeitabschnitte kann ebenfalls genutzt werden, um den Wandel der gesellschaftlichen Anerkennung der agrarischen Welt zu skizzieren. Während für den ersten Zeitabschnitt die Agrarpolitik – so die Subventionierung der Landwirtschaft wie auch die Konzeption der Agrarwissenschaft – damit legitimiert wurde, dass sie im Interesse der Verbraucher erfolgte, weil diese eine preiswerte Lebensmittelversorgung wünschten, wird seit den späten 1970er-Jahren genau diese Gleichsetzung von Verbraucher- und Agrarinteressen kritisiert. Es wird bemängelt, dass die Vorstellungen der Verbraucher darüber, wie Lebensmittel produziert werden sollten, von der bisherigen Agrarproduktion, Agrarpolitik und Agrarwissenschaft weitgehend ignoriert worden wären. Die gesellschaftliche Debatte über die Landwirtschaft weitete sich schnell auf die Frage aus, wie die agrarwissenschaftliche Agenda zu verändern sei, um eine Agrarforschung zu betreiben, die sich stärker an den Interessen der Verbraucher orientiert. So forderten die verschiedenen gesellschaftlichen Akteure, etwa Verbraucherorganisationen, Natur- und Umweltschutzverbände, ein Mitspracherecht daran, was und wie dieses Gebiet beforscht wird. Sie setzten sich für die Etablierung der Risiko- und Vorsorgeforschung ein, um so eine wissenschaftliche Expertise vorzuhalten, die ihre Interessen in den Auseinandersetzungen repräsentiert. Noch bedeutsamer für die Agrarwissenschaften war die Etablierung der Umweltwissenschaften sowie die Errichtung natur- und umweltwissenschaftlicher Ressortforschungseinrichtungen wie Umweltbundesamt (UBA) und Bundesamt für Naturschutz (BfN): Diese untersuchen oftmals ähnliche Gegenstände, aber aus einer anderen, häufig konkurrierenden Perspektive, wodurch das Primat der agrarwissenschaftlichen Expertise oftmals infrage gestellt wurde. Der vierte Punkt verdeutlicht, dass die Ressortforschungseinrichtungen sich nicht auf einen gesellschaftliche und politische Distanz beanspruchenden wissenschaftlichen Standpunkt zurückziehen können. Reinen Forschungsinstituten ist dies eher möglich. Die Ressortforschungseinrichtungen haben dagegen die politischen und gesellschaftlichen Auseinandersetzungen zu beobachten, in ihrem Forschungsprogramm zu berücksichtigen und bei ihren Beratungsleistungen mit zu reflektieren. Andernfalls genügen sie nicht den Anforderungen an eine für die Politik hilfreiche wissenschaftliche Expertise.

Die überaus knappe Skizze der vier Punkte sollte exemplarisch zeigen, dass die übliche wissenschaftssoziologische Differenzierung in Prozesse der Verwissenschaftlichung und der Politisierung oftmals zu kurz greift. Häufig finden beide Prozesse gleichzeitig statt. So wurden Prozesse der Verwissenschaftlichung erforderlich, um wissenschaftliche Expertise für die zunehmend stärker wissenschaftsbasierte Agrarproduktion bereitstellen zu können. Eine stärkere Beachtung der politischen, ökonomischen und gesellschaftlichen Auseinandersetzungen und damit eine Politisierung wurde durch die veränderte Agrarproduktion, die Formierung von Natur- und Umweltschutzverbänden sowie den Wandel der Verbraucherinteressen ebenfalls erforderlich. Verwissenschaftlichung und Politisierung greifen somit oftmals direkt ineinander und stehen keineswegs immer in einem Spannungsverhältnis zueinander.

7 Fazit: Neupositionierungen und -ausrichtungen

Während bis vor wenigen Jahren die Ressortforschung eine „Terra incognita" bildete, ist sie seit einigen Jahren in den Fokus der wissenschaftspolitischen Öffentlichkeit geraten. Ein wichtiger Auslöser war die Begutachtung der Institute durch den Wissenschaftsrat von 2004 bis 2009; bereits zuvor hatte der WR die Ressortforschung des damaligen BMELV begutachtet (vgl. Barlösius 2011a). Einige Ministerien haben den WR gebeten, auch die nachfolgenden Evaluationen ihrer Einrichtungen vorzunehmen, was verdeutlicht, dass sie mit der Herangehensweise, den Kriterien und Bewertungen des WR weitgehend einverstanden sind. Kennzeichnend für die Stellungnahmen des WR ist die wiederholte Bekräftigung, dass an die Forschung in den Ressortforschungseinrichtungen dieselben Anforderungen und Maßstäbe anzulegen seien wie an jede Forschung. „Die Forschung der Bundesanstalten selbst kann [...] keinen Sonderstatus für sich beanspruchen. Sie ist Teil des Wissenschaftsdiskurses im jeweiligen Fachgebiet und unterliegt den gültigen Anforderungen an die Forschung in den jeweiligen Fachgebieten" (WR 2004, S. 48). Auch die „Langfristaufgaben und Aufgaben der Politikberatung stellen [...] kein Alleinstellungsmerkmal der Ressortforschung dar" (WR 2004, S. 56). Mit dem Hinweis darauf, dass auch andere wissenschaftliche Institute solche Leistungen erbringen, die als „eigentliches Proprium der Ressortforschung gelten", wies der WR einen durch die Spezifik der Aufgaben begründeten Sonderstatus der Ressortforschung zurück und unterstrich die Nähe zu anderen wissenschaftlichen Instituten.

Ganz anders die Bundesregierung: Sie veröffentlichte zeitgleich zu den WR-Empfehlungen 2007 „Zehn Leitlinien einer modernen Ressortforschung" (BMBF 2007). Dort wird die Ressortforschung „als ein eigenständiger Typ angewandter Forschung" charakterisiert, der sich durch Besonderheiten von anderen Forschungstypen abhebt. Zu diesen Besonderheiten gehören nach Ansicht der Bundesregierung u. a. Problemorientierung und Praxisnähe, Inter- und Transdisziplinarität, die Verbindung von „kurzfristig abrufbarer wissenschaftlicher Kompetenz" und „langfristig angelegten Fragestellungen". Ressortforschung findet nach Aussagen der Bundesregierung in drei Formen statt: als „institutionalisierte Eigenforschung" (Ressortforschungseinrichtungen), in „Expertensystemen" und durch extramurale Forschung. Auch bezüglich der Positionierung, der internen Strukturierung und der Festlegung der Forschungsagenda geht die Bundesregierung auf Distanz zu den Empfehlungen des WR. So begründet sie im „Bericht der Bundesregierung zur Weiterentwicklung der Einrichtungen mit Ressortforschungsaufgaben" aus dem Jahr 2011 mit der „Heterogenität der Einrichtungen mit Ressortforschungsaufgaben", weshalb „engere verbindliche themen- und politikübergreifende Vorgaben", beispielsweise zu den „notwendigen Eigenanteilen an FuE", nicht „zielführend" seien (Bundesregierung 2011, S. 5).

Aus diesen neueren Entwicklungen wird die Unterschiedlichkeit deutlich, wie und mit welchen Zielen die einzelnen Ministerien die Ressortforschungseinrichtungen nutzen. Manche Ministerien legen seit einigen Jahren großen Wert auf die Forschungsleistungen und räumen ihren Einrichtungen nunmehr weit mehr Möglichkeiten ein, sich intern ähnlich wie andere Forschungsinstitute auszurichten, indem sie beispielsweise das Wissenschaftsfreiheitsgesetz anwenden. Auf diese Weise räumen sie den Einrichtungen Flexibilisierungen in den Bereichen Haushalt, Personal und Bauverfahren ein, wodurch sich diese stärker wie ein Forschungsinstitut ausrichten können. Andere Ministerien gewichten dagegen den Behördencharakter höher und begreifen sie quasi als „ausgelagerten Teil" ihres Ministeriums. Dies erklärt, weshalb der Bericht der Bundesregierung die Ressortforschungseinrichtungen so widersprüchlich charakterisiert: als „gleichberechtigte Partner im Wissenschaftssystem" und gleichermaßen als „nicht-selbständige Behörden mit besonderen rechtlichen Grundlagen" (Bundesregierung 2011, S. 7).

Literatur

AG Ressortforschung. http://www.ressortforschung.de/de/home/index.htm. Zugegriffen am 08.08.2014.
Bach, Tobias, Axel Philipps, Eva Barlösius, und Marian Döhler. 2013. Governance von Ressortforschungseinrichtungen. In *Neue Governance der Wissenschaft. Reorganisation – externe Anforderungen – Medialisierung*, Hrsg. Edgar Grande, Dorothea Jansen, Otfried Jarren, Arie Rip, Uwe Schimank und Peter Weingart, 139–162. Bielefeld: Transcript.
Barlösius, Eva. 2009. „Forschen mit Gespür für politische Umsetzung" – Position, interne Strukturierung und Nomos der Ressortforschung, in: dms – der moderne Staat. *Zeitschrift für Public Policy, Recht und Management* 2:347–366.
Barlösius, Eva. 2011a. Der Wandel der Ressortforschungseinrichtungen während des Evaluationsprozesses. In *Evaluation: New Balance of Power? IFQ-Working Paper 9*, Hrsg. Stefan Hornbostel und Anna Schelling, 57–68. Berlin.
Barlösius, Eva. 2011. *Soziologie des Essens. Eine sozial- und kulturwissenschaftliche Einführung in die Ernährungsforschung, 2. völlig überarbeitete und erweiterte Aufl.* Weinheim: Juventa.
Barlösius, Eva. 2014. Forschen für die „agrarische Welt". Zum Wandel der Ressortforschungseinrichtungen im Geschäftsbereich des BMEL (Manuskript, erscheint voraussichtlich in einem Sammelband bei Springer).
BMBF (Bundesministerium für Bildung und Forschung), Hrsg. 2007. *Zehn Leitlinien einer modernen Ressortforschung.* Bonn/Berlin.
BMBF (Bundesministerium für Bildung und Forschung). 2014. *Bundesbericht Forschung und Innovation.* Bonn/Berlin.
BMELV (Bundesministerium für Ernährung, Landwirtschaft und Verbraucherschutz). 2006. Konzept für eine zukunftsfähige Ressortforschung im Geschäftsbereich des BMELV vom 27.09.2006. Bonn.
BMELV (Bundesministerium für Ernährung, Landwirtschaft und Verbraucherschutz). 2007. Konzept für eine zukunftsfähige Ressortforschung im Geschäftsbereich des BMELV. Endfassung. www.bmelv.de/SharedDocs/Downloads/Ministerium/Forschung/KonzeptRessortforschung. pdf?__blob=publicationFile. Zugegriffen am 26.08.2015.
Bonneuil, Christophe, Gills Denis, und Jean-Luc Mayaud, Hrsg. 2008. *Sciences, chercheurs et agriculture. Pour une histoire de la recherche agronomique.* Paris: Quae-L'Harmattan.
Boruch, Robert, und Valerie George. 1988. Mitigating ethical conflicts in dual mission government agencies. *Science, Technology & Human Values* 13(1/2): 27–44.
Bourdieu, Pierre. 1997. *Les usages sociaux de la science.* Paris: INRA.
Bourdieu, Pierre. 2001. *Die Regeln der Kunst.* Frankfurt a. M.: Suhrkamp.
Bundesregierung. 2011. Bericht der Bundesregierung zur Weiterentwicklung der Einrichtungen mit Ressortforschungsaufgaben vom 22.06.2011.
Döhler, Marian. 2007. *Die politische Steuerung der Verwaltung. Eine empirische Studie über politisch-administrative Interaktionen auf der Bundesebene.* Baden-Baden: Nomos.

Elliott, Kevin C. 2013. Selective ignorance and agricultural research. *Science, Technology & Human Values* 38(3): 328–350.

Erefin. 2010. Évaluation des collectifs de recherche: un cadre que intégrer l'ensemble de leurs activités. Paris. http://www.obs-ost.fr/sites/default/files/Erefin_integral_francais_revision Mars2011_1.pdf. Zugegriffen am 26.08.2015.

Hohn, Hans-Willy, und Uwe Schimank. 1990. *Konflikte und Gleichgewichte im Forschungssystem. Akteurskonstellationen und Entwicklungspfade in der staatlich finanzierten außeruniversitären Forschung.* Frankfurt a. M.: Campus.

Logar, Nathaniel. 2009. Towards a culture of application: science and decision making at the National Institute of Standards & Technology. *Minerva* 47:345–366.

Lundgreen, Peter, Bernd Horn, und Wolfgang Krohn. 1986. *Staatliche Forschung in Deutschland 1870–1980.* Frankfurt a. M.: Campus.

Mayntz, Renate. 2001. Die Bestimmung von Forschungsthemen in Max-Planck-Instituten im Spannungsfeld wissenschaftlicher und außerwissenschaftlicher Interessen: Ein Forschungsbericht. MPIfG Discussion Paper 01/8, November 2001.

Machiavelli, Niccolò. 1513/1532. Macchiavellis Buch vom Fürsten. http://www.gutenberg.org/ebooks/39816. Zugegriffen am 08.08.2014.

Roqueplo, Philippe. 1997. *Entre savoir et decision, l'expertise scientifique.* Paris: INRA.

Schimank, Uwe. 2005. Zukunft der Ressortforschung. Vortrag am 24.02.2005 in Bonn.

Schwertheimer, Holger, und Weingart, Peter. 2005. *Sichtbarkeit Deutschlands in den international führenden Zeitschriften der Agrarwissenschaften.* Institut für Innovationstransfer an der Universität Bielefeld.

Weingart, Peter, und Justus Lentsch. 2008. *Wissen – Beraten – Entscheiden. Form und Funktion wissenschaftlicher Politikberatung in Deutschland.* Weilerswist: Velbrück.

WR (Wissenschaftsrat). 2004. *Empfehlungen zur Entwicklung der Rahmenbedingungen der Forschung in Ressortforschungseinrichtungen.* Köln: Am Beispiel der Forschungsanstalten in der Zuständigkeit des BMVEL.

WR (Wissenschaftsrat). 2007. *Empfehlungen zur Rolle und künftigen Entwicklung der Bundeseinrichtungen mit FuE-Aufgaben.* Köln.

Digitale Publikations- und Forschungsinfrastrukturen

Niels Taubert

Inhalt

1	Einleitung	591
2	Digitale Infrastrukturen in der Wissenschaft	593
3	Digitale Wissensproduktion	595
	3.1 Förderung der Datenarchivierung	597
	3.2 Freie Zugänglichkeit zu Forschungsdaten	598
4	Digitale Wissensdistribution	599
	4.1 Digitale Publikationsinfrastruktur	599
	4.2 Freie Zugänglichkeit zu Publikationen	600
	4.3 Reorganisation des Peer Review	602
5	Problemstellungen der Wissenschaftspolitik	603
6	Fazit	605
Literatur		605

1 Einleitung

Ebenso wie andere Teilbereiche der Gesellschaft verändert sich die Wissenschaft aufgrund von Digitalisierungsschüben. In vielen Bereichen ist sie bereits heute *digitalisiert*, also von elektronischen Informations- und Kommunikationstechnologien durchdrungen, in anderen Teilen findet eine Aneignung dieser Möglichkeiten nur zögerlich und mit ungewissem Ausgang statt. Eine Vielzahl von Strukturen und Prozessen der Wissenschaft basieren bereits auf digitalen Technologien, greifen auf deren Ressourcen zurück oder werden von ihnen unterstützt: Experimental- oder Beobachtungsdaten werden, zum Teil unter Zuhilfenahme von Rechnerverbünden, in zunehmendem Umfang unmittelbar digital erfasst, im Verlauf des weiteren

---

N. Taubert (✉)
Bielefeld, Deutschland
E-Mail: post@niels-taubert.de

© Springer Fachmedien Wiesbaden 2016
D. Simon et al. (Hrsg.), *Handbuch Wissenschaftspolitik*, Springer Reference Sozialwissenschaften, DOI 10.1007/978-3-658-05455-7_32

Forschungsprozesses digitalisiert und zu großen Datensammlungen zusammengeführt. Forschungsaktivitäten finden häufig kollaborativ und räumlich verteilt statt, die Auswertung von Forschungsdaten schließt oftmals die Nutzung elektronischer Verfahren und digitaler Technologien mit ein. Texte, die Forschungsergebnisse der wissenschaftlichen Community mitteilen, werden nahezu ausschließlich an Computern verfasst und im Zuge der Textproduktion wird auf digitale, online verfügbare Wissensbestände zurückgegriffen. Die Begutachtung, Publikation und Rezeption von Forschungsergebnissen erfolgt bereits heute meist auf der Grundlage digitaler Formate. Zur Vernetzung, zum informellen Austausch oder zur Information über die in der Community stattfindenden Aktivitäten wie beispielsweise Tagungen, Workshops und Konferenzen werden Web-2.0-Plattformen genutzt. Schließlich werden auch die Forschungsergebnisse über die Grenzen der Wissenschaft hinaus mithilfe elektronischer Medien verschiedenen wissenschaftlich interessierten Publika vermittelt. Beispiele sind Wissenschaftsblogs, Twitter oder Microblogs (siehe zur Übersicht Bonfadelli et al. 2016). Diese Omnipräsenz digitaler Technologien hat einige Beobachter der Entwicklung dazu veranlasst, zeitdiagnostisch von einem neuen Typus von Wissenschaft zu sprechen, der entweder als Cyberscience (2.0) (Nentwich 2003; Nentwich und König 2012), e-Science (Wouters 2006) oder e-Research (Jankowski 2007, 2009; Beaulieu und Wouters 2009) bezeichnet wird. Zu berücksichtigen sind bei einer solchen Diagnose allerdings das hohe Ausmaß an Uneinheitlichkeit der Adaption zwischen verschiedenen Fächern und Forschungsgebieten sowie die fortgesetzt hohe Innovationsdynamik digitaler Technologien, die darauf hindeuten, dass die Entwicklung weder zu einem Abschluss gekommen ist, noch sich entlang eines einheitlichen Pfads vollzieht.

Der vorliegende Beitrag gibt eine Übersicht über die digitale Produktion und Distribution von wissenschaftlichem Wissen. Um angesichts der vielfältigen Einsatzbereiche digitaler Technologien zu einem handhabbaren Zuschnitt zu gelangen, werden zwei Einschränkungen vorgenommen: *Thematisch* beschränkt sich der Beitrag auf zwei Anwendungsfelder. Im Bereich der *Wissensproduktion* fokussiert er auf Forschungsdaten, im Bereich der *Wissensdistribution* auf Publikationen. Andere, einleitend angedeutete Einsatzfelder bleiben dagegen ausgeklammert. In *systematischer* Hinsicht richtet er seinen Blick ausschließlich auf einen bestimmten Typus digitaler Technologien, nämlich auf solche mit *Infrastrukturcharakter*. Diese Akzentuierung erfolgt zum einen aufgrund des herausgehobenen Stellenwerts dieses Typs für die Wissenschaft und zum anderen mit Blick auf die spezifischen, mit ihm verbundenen wissenschaftspolitischen Problemstellungen.

In einem ersten Schritt werden der Charakter rezenter digitaler Technologien mithilfe des Begriffs der Infrastruktur bestimmt und die Begriffe *Publikationsinfrastruktur* und *Forschungsdateninfrastruktur* abgegrenzt. Im Anschluss daran werden in einem zweiten Schritt eine Übersicht über die Forschungsdateninfrastruktur gegeben, die mit ihr verbundenen Zielsetzungen dargestellt und die Voraussetzungen und Hindernisse einer Nutzung erörtert. Der dritte Schritt beschäftigt sich mit der digitalen Publikationsinfrastruktur, der für Publikationen typischen Produktions- und Verbreitungswege und mit der Forderung nach einem offenen Zugang zu elektronischen Publikationen (Open Access). Quer zu den beiden Bereichen werden in einem vierten Schritt einige spezifische wissenschaftspolitische Problemstellungen herausgearbeitet, die sich im Zuge des Aufbaus und Betriebs digitaler Infrastrukturen stellen. Der Beitrag schließt mit Forschungsdesideraten hinsichtlich Infrastrukturgenese und Wirkungen von Informationsinfrastrukturen.

2 Digitale Infrastrukturen in der Wissenschaft

Sowohl in der Forschungsliteratur als auch in der wissenschaftspolitischen Diskussion wird als Merkmal der derzeit in der Wissenschaft eingesetzten digitalen Technologien ihr *Infrastrukturcharakter* hervorgehoben. Beispielhaft sei hier der einflussreiche, von der National Science Foundation (NSF) herausgegebene Bericht *Revolutionizing Science and Engineering Through Cyberinfrastructure* (Atkins et al. 2003) genannt. Betont wird mit dieser Charakterisierung, dass die digitalen Technologien nicht nur – gleich eines Werkzeugs – situativ oder lokal wirksam sind, sondern in einem übergreifenden Kontext von einer Vielzahl von Akteuren genutzt werden. Dadurch prägen sie gleichzeitig an vielen Orten und unter den dort jeweils gegebenen Rahmenbedingungen die Wissenschaft.

Welche Merkmale sind darüber hinaus gemeint, wenn von Infrastruktur gesprochen wird? Aufgrund der Schwierigkeiten, Infrastrukturen mittels klarer, objektivierbarer Kriterien abzugrenzen, wird hier davon ausgegangen, dass der Begriff kontextabhängig ist und daher nur mit Blick auf einen bestimmten Bereich des Sozialen von „Infrastruktur" gesprochen werden kann. Mit diesem relationalen Verständnis wird die Frage, was Infrastrukturen im Kern „sind" und welche Komponenten zu ihr zählen, unterlaufen (Ribes und Lee 2010, S. 234). Infrastrukturen sind eingebettet in bestimmte Praxen oder Handlungszusammenhänge und bilden Arrangements aus technischen, sozialen und organisationalen Komponenten. Bei ihrer Verwendung zeichnen sie sich durch Transparenz aus, indem sie die Erledigung von Aufgaben unterstützen, dabei aber in den Hintergrund treten. Sie müssen nicht für jede Verwendung neu erfunden werden, sondern reichen über einzelne Nutzungsvorgänge und lokale Verwendungszusammenhänge hinaus. Charakteristisch ist ihre wechselseitige Verknüpfung mit Konventionen, indem sie selbst Konventionen der Verwendung prägen und ihrerseits von Konventionen geformt sind. Zudem sind sie über standardisierte Schnittstellen mit anderen Infrastrukturen verbunden. Eine Aufhebung der Transparenz findet statt, wenn es zu Fehlfunktionen kommt, sie also nicht in der Lage sind, Praxen und Handlungszusammenhänge effektiv zu unterstützen (Star und Ruhleder 1996, S. 113; Star 1999, S. 382; Karasti et al. 2010, S. 382–383). Zu solchen Gelegenheiten wird deutlich, dass Infrastrukturen neben den Handlungszusammenhängen, in die sie eingebettet sind, noch über einen zweiten Umweltbezug verfügen. Sie sind ihrerseits von der Leistung dder Organisationen abhängig, die die Wartung und Aufrechterhaltung im Zuge der Nutzung und Anpassung an veränderte Anforderungen übernehmen (Hughes 1987, S. 53).

Mit diesen knappen Erläuterungen zum Infrastrukturbegriff wird deutlich, dass digitale Wissenschaft drei analytisch zu unterscheidende Dimensionen mit sich führt: (a) das jeweilige soziale Handeln oder das Handlungssystem, in das die Infrastruktur eingebettet ist, (b) die Informationsinfrastruktur selbst, die für das Handlungssystem spezifische digitale Ressourcen bereitstellt sowie (c) Organisationen, die für die Aufrechterhaltung, Wartung und Entwicklung der Infrastruktur zuständig sind.

Typen digitaler Informationsinfrastrukturen Das Feld der digitalen Wissenschaft lässt sich weiter entfalten, indem man die Handlungssysteme spezifiziert, für die Informationsinfrastrukturen Ressourcen bereitstellen. Quer zur Differenzierung verschiedener Disziplinen, Fächer und Forschungsgebiete (Stichweh 1979, 1994) verläuft die Unterscheidung zwischen dem *Forschungssystem* und dem *formalen Kommunikationssystem*. Innerhalb des Forschungssystems werden Wahrheitsansprüche formuliert, empirisch überprüft, getestet und verfeinert. Vorherrschend ist dort eine informelle Form wissenschaftlicher Kommunikation. Im formalen wissenschaftlichen Kommunikationssystem dagegen (Gravey und Griffith 1967; Whitley 1968) werden Wahrheitsansprüche geprüft, veröffentlicht, verbreitet, rezipiert und gegebenenfalls auch kritisiert. Neben diesen beiden zentralen Bereichen wird in der Literatur zum Teil noch ein dritter Bereich ausgemacht, der einen Transfer von wissenschaftlichem Wissen in andere gesellschaftliche Bereiche leistet (Nentwich 1999). Nutzt man diese Unterscheidungen zur Einordnung, lässt sich die digitale Informationsinfrastruktur des Forschungssystems als *digitale Forschungsinfrastruktur* und die des formalen Kommunikationssystems als *digitale Publikationsinfrastruktur* bezeichnen. Beide Infrastrukturen haben nicht-digitale Vorgänger.

Abb. 1 illustriert den doppelten Umweltbezug digitaler Informationsinfrastrukturen in der Wissenschaft, sowie die Beziehungen zwischen den drei analytisch unterscheidbaren Dimensionen.

Abschließend soll auf zwei weitere Merkmale hingewiesen werden: Erstens sind digitale Informationsinfrastrukturen in der Wissenschaft prinzipiell kein neues Phänomen. Die ersten Anwendungen von Großrechnern fanden im Militär und in der Wissenschaft statt und auch die Netzwerktechnik, auf der das Internet basiert, hat

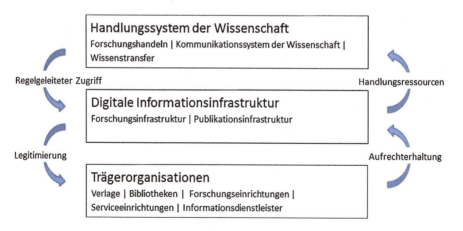

Abb. 1 Informationsinfrastrukturen in der Wissenschaft. (Quelle: eigene Darstellung)

ihre Ursprünge in diesen beiden Sozialsystemen (Campbell-Kelly und Aspray 1996, S. 87–99, 288–294). Es ist das Kennzeichen der digitalen Informationsinfrastruktur (und dies unterscheidet sie mindestens graduell von anderen Infrastrukturen), dass sie fortwährend verändert, modifiziert und ergänzt wird. Daher lässt sich seit ihrem Auftreten bis in die Gegenwart hinein ein fortgesetzter Wandel beobachten, bei dem Wellen digitaler Technologien die Wissenschaft durchlaufen, dort Forschungs-, Publikations- und Rezeptionsroutinen modifizieren, neue Erwartungen und Anforderungen hervorrufen, die dann ihrerseits in die Weiterentwicklung der Informationsinfrastruktur münden. Zweitens werden mit dieser abstrakten Beschreibung universelle Merkmale der Digitalität erfasst. Eine Ebene darunter offenbart sich in verschiedenen Fächern und Forschungsgebieten ein hohes Maß an empirischer Diversität. Diese gilt für sämtliche der genannten drei Dimensionen, also für die Erscheinungsform digitaler Informationsinfrastrukturen, bezüglich der Art und des Umfangs ihrer Nutzung und mit Blick auf die Merkmale der für die Aufrechterhaltung und Entwicklung zuständigen Trägerorganisationen.

3 Digitale Wissensproduktion

Das *Forschungssystem der Wissenschaft*, verstanden als all diejenigen Aktivitäten, die auf die Entwicklung, Formulierung und (empirische) Überprüfung von Wahrheitsansprüchen zielen, ist überaus heterogen. Neben verschiedenen Paradigmen oder Schulen sind es vor allem die vom Forschungsgegenstand gesetzten Rahmenbedingungen, die für Diversität sorgen: Forschungshandeln findet experimentierend oder beobachtend statt, arbeitet mit selbsterzeugten oder vorgefundenen, qualitativen oder quantitativen Daten und folgt einer mathematisierend-erklärenden oder einer sinnverstehenden Methodologie. Diese damit lediglich angedeutete Vielfalt führt dazu, dass digitale Wissensproduktion in verschiedenen Fächern und Forschungsbereichen unterschiedliche Formen hat und die eingesetzten digitalen Technologien sehr disparat sind.

Das Feld erschließt sich durch den Begriff der Forschungsinfrastruktur, worunter „diejenigen teilweise einzigartigen ‚Einrichtungen, Ressourcen und Dienstleistungen' in öffentlicher oder privater Trägerschaft verstanden [werden], die speziell für wissenschaftliche Zwecke errichtet, mittelfristig bis tendenziell permanent bereitgestellt werden und für deren sachgerechte Einrichtung, Betrieb und Nutzung in der Regel spezifische fachwissenschaftliche oder interdisziplinäre (Methoden-)Kompetenzen erforderlich sind. Ihre Funktion ist es, Forschung, Lehre und Nachwuchsförderung zu ermöglichen oder zu erleichtern [...] Sie werden nicht ausschließlich von einzelnen Personen oder Gruppen genutzt, sondern stehen prinzipiell einer internationalen Fachgemeinschaft oder mehreren Fachgemeinschaften offen" (Wissenschaftsrat 2011a, S. 17). Der Begriff der Forschungsinfrastruktur ist offensichtlich breiter als der hier interessierende Gegenstand, da er auch nicht digitale Infrastrukturen wie Teilchenbeschleuniger, Teleskope, Forschungsschiffe und -flugzeuge mit einschließt. Die Definition ist aber dennoch instruktiv, weil sie Zwecksetzung, Trägerschaft, Kompetenz als Voraussetzung der Nutzung, Funktion und avisierte Nutzergruppe als wesentliche Merkmale nennt.

Die folgende Darstellung berücksichtigt weder nicht-digitale Forschungsinfrastrukturen noch informations*technische* Infrastrukturen. Vielmehr bezieht sie sich auf einen spezifischen und in der derzeitigen Wissenschaftspolitik zentralen Typus der Forschungsinfrastruktur: die *digitale Forschungsdateninfrastruktur*. Mir ihr werden zu Zwecken der Forschung erhobene Daten gesammelt, organisiert und zur weiteren Nutzung bereitgehalten. Beispiele sind die Datenbank Simbad mit Beobachtungsdaten der Astronomie (Wenger et al. 2000), die Gendatenbank GenBank (Benson et al. 2011), das Tierstimmenarchiv (Deutsches Museum für Naturkunde o. Jg.), das Sozioökonomische Panel (Deutsches Institut für Wirtschaftsforschung o. Jg.) und die Datenbank der Deutschen digitalen Bibliothek mit einer Vielzahl von Digitalisaten (Deutsche digitale Bibliothek o. Jg.).

Mit Blick auf das Forschungssystem dienen Forschungsdateninfrastrukturen vor allem drei Zwecken:

Wiederverwendung: Erstens verspricht die digitale Sammlung und Archivierung von Forschungsdaten ein höheres Maß an Effizienz, wenn mit öffentlichen Mitteln erhobene Daten im Rahmen neuer Fragestellungen nachgenutzt werden können. Ein solches Recycling ist vor allem in Forschungsgebieten von Nutzen, in denen das methodische Vorgehen weitgehend standardisiert ist und ähnliche Daten genutzt werden. Eine Nachnutzung von Forschungsdaten ist allerdings voraussetzungsvoll. Sie ist nur möglich, wenn der Datensatz und sein Zustandekommen (u. a. Erhebungsmethoden) dokumentiert sind. Bei einer kombinierenden Nachnutzung mehrerer Datensätze ist zudem auch eine Standardisierung technischer Formate und der Datenstruktur notwendig, damit eine Zusammenführung möglich ist.

Kreativfunktion: Generell liegt die Leistung von Forschungsinformationsinfrastrukturen in der Unterstützung und Ermöglichung von Forschungsprozessen. Dies gilt auch für nicht digitale Infrastrukturen wie beispielsweise Archive und Museen, ohne die in bestimmten Fächern ein systematischer Erkenntnisgewinn kaum möglich wäre. Von digitalen Forschungsdateninfrastrukturen erwartet man, dass der Zugang zu unterschiedlichen Arten von Daten zu grundlegenden Veränderungen des Forschungsprozesses führt. Es entstehen neue Möglichkeitshorizonte, wenn Forschungsfragen nachgegangen wird, die ohne einen digitalen Zugang kaum zu stellen und nicht zu beantworten wären. Dies gilt zum Beispiel für die Erforschung von ortsverteilten und ansonsten nur sehr aufwändig zu erreichenden Objekten und Beständen, zwischen denen so Zusammenhänge sichtbar gemacht werden können (Wissenschaftsrat 2011b, S. 17).

Transparenz: Eine dritte Funktion bezieht sich auf die Glaubwürdigkeit von Forschungsergebnissen. Die Archivierung von Forschungsdaten, die publizierten Forschungsergebnissen zugrunde liegen, kann zu einer Vergrößerung der Transparenz des Forschungsprozesses führen. Zum einen werden mit ihr Zwischenergebnisse eines Forschungsprozesses dokumentiert. Bei Vorliegen entsprechender Auswertungsinstrumente und Kompetenzen können zum anderen einzelne Schritte des Forschungsprozesses nachvollzogen werden. Dokumentation und partielle Überprüfung des Zustandekommens der Ergebnisse können gleichermaßen dazu beitragen, das Vertrauen in Forschungsergebnisse zu stärken. Von Bedeutung ist diese Funktion insbesondere in Fächern, in denen es in der Vergangenheit zur Erosion von Vertrauen gekommen ist (Doorn et al. 2013; Franzen et al. 2007).

3.1 Förderung der Datenarchivierung

Angesichts des Nutzens, den Forschungsdateninfrastruktur und Datenarchivierung im Grundsatz erbringen können, stellt sich die wissenschaftspolitische Frage, durch welche Mechanismen die Nutzung der Archive zur Datenpublikation befördert werden kann. Ein grundsätzliches dabei zu lösendes Problem besteht darin, die Interessen der Datenproduzenten mit denen der Datennutzer in Ausgleich zu bringen.

Ein Anreiz für eine Datenpublikation besteht dann, wenn innerhalb einer Fachgemeinschaft Konventionen bestehen, die Weiterverwendung durch Zitation des Datensatzes kenntlich zu machen. Gut eingespielte Konventionen bestehen beispielsweise bereits seit längerer Zeit in der Astronomie. Ein Ausgleich zwischen den Interessen des Urhebers und des Nutzers kann dabei durch eine Sperrfrist für die Erstverwertung erfolgen (Ludwig und Enke 2013, S. 25). Ein Instrument, das Praktiken der Datenarchivierung und -nutzung stärker kodifiziert, sind sogenannte Forschungsdaten-Policies von Universitäten und Forschungseinrichtungen (z. B. Universität Heidelberg, o. Jg.). Sie richten sich an ihre Angehörigen und ermuntern sie dazu, ihre Daten über Forschungsdatenrepositorien der Einrichtungen zugänglich zu machen. Während dieses Instrument lediglich eine Erwartung adressiert, die Entscheidung über die Archivierung von Forschungsdaten aber beim betreffenden Wissenschaftler belässt, finden sich daneben auch Regelungen mit stärker verpflichtendem Charakter. In diesen Bereich fallen die „Erwartung" der Veröffentlichung von Forschungsdaten aus geförderten Projekten (z. B. Wellcome Trust 2010) und Vorschriften von Drittmittelgebern, der Beantragung von Drittmitteln Pläne zur Archivierung von Forschungsdaten beizufügen (z. B. NIH 2003). Eine harte Verpflichtung zur Archivierung von Forschungsdaten kann durch Rechtsnormen gegeben sein. Beispiele sind in Deutschland beispielsweise die Gentechnikaufzeichnungsverordnung (GenTAufzV), die Röntgenverordnung (RöV) und die Strahlenschutzverordnung (Ludwig und Enke 2013, S. 26).

Neben den Instrumenten, die auf eine Förderung der Datenarchivierung zielen, soll aber auch auf Hindernisse hingewiesen werden, die einer Veröffentlichung von Forschungsdaten entgegenstehen können. Neben nicht gegebenen technischen Voraussetzungen (wie der Verfügbarkeit entsprechender Datenrepositorien), Problemen auf der Ebene der Trägerorganisationen, der Befürchtung einer missbräuchlichen Verwendung von Forschungsdaten durch Nachnutzer (Parse 2009, S. 25–26) und Interessen an der Sicherung der Exklusivität des Datenzugangs (Doorn et al. 2013, S. 238–239) sind Datenschutzprobleme im Fall personenbezogener Daten von Bedeutung (z. B. Reichertz 2015). Diese treten insbesondere in der Medizin, der Psychologie und der Soziologie auf. Während in der quantitativen Sozialforschung praktische Wege der Anonymisierung und der Einholung des Einverständnisses der Befragten gefunden wurden und der Aufbau der digitalen Forschungsdateninfrastruktur im Bereich von Panel-Datensätzen und der amtlichen Statistik weit fortgeschritten sind (Wissenschaftsrat 2011b, S. 14), ist die einfache Übertragung auf den Bereich der qualitativen Forschung zum Teil mit Hindernissen verbunden. Die Anonymisierung kann die Verwertbarkeit von Daten für die weitere Forschung teils einschränken und die Einholung einer Einwilligung zur Datenarchivierung kann insbesondere bei sensiblen Forschungsgegenständen wie sozial unerwünschtem Verhalten unter Umständen das Vertrauensverhältnis zwischen Forscher und Informant beschädigen (Hirschauer 2014, S. 309). Daher muss die Frage nach dem Verhältnis von Nutzen, Schaden und Aufwand je nach Forschungsfeld und Datentypus differenziert beantwortet werden. Weitere Grenzen können der Archivierung durch einen urheberrechtlichen Schutz von Daten gesetzt oder auch ethisch begründet sein. Ein Beispiel dafür sind Forschungsergebnisse mit Dual-Use-Potenzial wie zum Beispiel Forschung mit hochpathogenen Mikroorganismen und denkbarer Anwendungsmöglichkeit als Biowaffe.

3.2 Freie Zugänglichkeit zu Forschungsdaten

Die Frage, in welchem Umfang der oben beschriebene Nutzen der Archivierung von Forschungsdaten tatsächlich realisiert wird, hängt neben den gerade erwähnten Rahmenbedingungen auch von der Zugänglichkeit und Nutzbarkeit archivierter Daten ab. Innovative Forschungsideen können nur entwickelt werden, wenn die Daten und ihre Merkmale in Augenschein genommen werden können, eine Vergrößerung des Vertrauens in Forschungsergebnisse kann nur erreicht werden, wenn ein offener Zugang zu Primärdaten besteht und eine Nachnutzung ist nur möglich, wenn dem Zweitnutzer entsprechende Rechte eingeräumt werden. Daher setzt sich analog zur Forderung nach Open Access zu Publikationen (siehe Abschn. 3) eine Vielzahl von Forschungseinrichtungen und Förderorganisationen für einen offenen Zugang und eine umfassende Nutzbarkeit von Daten zu Zwecken der Forschung ein. Eine einflussreiche Formulierung findet sich in der bereits im Jahr 2003 verabschiedeten Berlin Declaration:

„Open access contributions include original scientific research results, raw data and metadata, source materials, digital representations of pictorial and graphical materials and scholarly multimedia material. [...] The author(s) and right holder(s) of such contributions grant(s) to all users a free, irrevocable, worldwide, right of access to, and a license to copy, use, distribute, transmit and display the work publicly and to make and distribute derivative works, in any digital medium for any responsible purpose, subject to proper attribution of authorship" (Berlin Declaration 2003).

Dieses Ziel ist seit dieser Erklärung vielfach bekräftigt worden (z. B. Eurohorcs, ESF European Science Fondation 2008) und hat national wie international zu einer Vielzahl von Aktivitäten geführt, so beispielsweise zum Open Research Data Programm des Förderprogramms Horizon 2020 der Europäischen Union (European Commission 2013, S. 8–11).

4 Digitale Wissensdistribution

Die Distribution von neuen Wahrheitsansprüchen innerhalb wissenschaftlicher Gemeinschaften wird vom formalen Kommunikationssystem geleistet. Die für das System typische Kommunikation findet hier in Form der Publikation statt, die sich durch Schriftlichkeit und Öffentlichkeit auszeichnet und sich an einen nicht spezifizierten, potenziell unbeschränkten Adressatenkreis richtet. Zudem geht ihr ein förmlicher Akt der Veröffentlichung voraus und sie ist selbstreferenziell, indem Publikationen immer auch aus anderen Publikationen hervorgehen (Schimank 2012, S. 116). Sichtbar wird die Selbstbezüglichkeit durch Zitate, mit denen sich Publikationen aufeinander beziehen. Deren Besonderheit besteht in ihrem hohen Maß an Explizitheit, das es erlaubt, den Verweisen zu folgen und die Bezüge zwischen Wahrheitsansprüchen zu rekonstruieren. Ebenso wie das Forschungssystem weist auch das formale Kommunikationssystem erhebliche Unterschiede zwischen Fächer und Forschungsgebieten auf (siehe zusammenfassend: Alexander von Humboldt-Stiftung 2009; Taubert und Schön 2014, S. 10–14; Nederhof 2006). Trotz solcher Differenzen besteht in der Literatur Einigkeit darüber, dass das formale Kommunikationssystem über mehrere Unterfunktionen verfügt: Registrierung, Zertifizierung, Verbreitung und Archivierung (Kircz und Roosendaal 1996, S. 107–108; Andermann und Degkwitz 2004, S. 8; Hagenhoff et al. 2007, S. 8; Taubert 2016).

- Mit *Registrierung* ist die nachprüfbare Bestimmung des Zeitpunkts gemeint, zu dem ein Wahrheitsanspruch erhoben wird. Sie ist entscheidend für die Rekonstruktion des Wissensfortschritts in einem Feld und für die Zuordnung der Priorität von Wahrheitsansprüchen zu einer oder mehreren Personen.
- *Zertifizierung* meint die Anerkennung eines Beitrags als Teil eines gemeinsamen Wissensstands, häufig durch Begutachtung (Peer Review). Erst mit der Zertifizierung gilt ein Beitrag als von der wissenschaftlichen Gemeinschaft akzeptiert und in den Wissensbestand aufgenommen.
- *Verbreitung* bezeichnet die Herstellung von Reichweite innerhalb einer wissenschaftlichen Kommunikationsgemeinschaft. Die Referenz auf die Kommunikationsgemeinschaft spezifiziert die Öffentlichkeit von Publikationen. Der prinzipiell unbeschränkte Adressatenkreis wird dadurch eingeschränkt, dass das Verständnis einer Publikation ein hohes Maß an Fachkompetenz voraussetzt.
- *Archivierung* beschreibt die fortlaufende Sicherung eines Wissensbestands über längere Zeiträume, so dass an ihn zu einem späteren Zeitpunkt mit weiterer Forschung angeschlossen werden kann. Sie ist zudem Voraussetzung für die Beurteilung von Forschungsleistungen.

4.1 Digitale Publikationsinfrastruktur

Im Laufe der letzten 20 Jahre hat sich in vielen Bereichen der Wissenschaft die digitale Publikation durchgesetzt und die elektronischen Publikationsmedien bilden eine wesentliche Komponente der Publikationsinfrastruktur. Ebenso wie in anderen Bereichen, in denen ein digitaler Medienwandel stattfindet, lassensich sowohl die *Substitution* vorhandener Medien als auch deren *Ergänzung* beobachten. Die Substitution gedruckter Medien durch digitale Pendants findet vor allem in den Natur-, Lebens- und Technikwissenschaften und dort im Bereich der Journale statt. Die Initiative ging hier zunächst von der wissenschaftlichen Community aus. Noch vor der Öffnung des Internet für eine kommerzielle Nutzung und der Veröffentlichung des WorldWideWeb-Standards durch die Forschungseinrichtung CERN entstanden die ersten elektronischen Journale (Suber 2009), die per E-Mail verbreitet wurden. Insbesondere die im Bereich von Science, Technology und Medicine (STM) tätigen Großverlage griffen den Innovationsimpuls ab Mitte der 1990er-Jahre auf und erweiterten ihr Geschäftsfeld um digitale Zeitschriften. Für deren Vertrieb bauten sie Online-Plattformen (z. B. *SpringerLink,*, *ScienceDirect* [Elsevier] und *Wiley Online Library*) auf, digitalisierten häufig in Kooperation mit Bibliotheken die älteren Jahrgänge ihrer Zeitschriften und entwickelten entsprechende Geschäftsmodelle.

Diese Veränderungen der Publikationsinfrastruktur berühren auch die Ebene der Trägerorganisationen und hier an erster Stelle das Verhältnis zwischen Verlagen und Bibliotheken. Grund dafür ist zum einen, dass digitale Journale im Vergleich zur gedruckten Zeitschrift in vielfältigerer Weise kommodifiziert werden können (Hanekop und Wittke 2006, S. 203–204, 2013, S. 151). Sie werden nicht nur als einzelne Zeitschrift oder im Rahmen größerer Zeitschriftenpakete im Abonnement vertrieben (Subskriptionsmodell). Darüber hinaus kann auch der Zugriff auf einen einzelnen Beitrag, die aktuelle Ausgabe, Teile oder sogar das gesamte Archiv einer Zeitschrift oder mehrerer Zeitschriften die zwischen Bibliotheken und Verlagen gehandelte Ware bilden und auch die dabei übertragenen Nutzungsrechte können sich unterscheiden. Zum anderen verändert sich die Aufgabenverteilung zwischen Bibliotheken und Verlagen bei der Wahrnehmung der Verbreitungsfunktion. Während bei der gedruckten Publikation Verlage eine bestimmte Auflage eines Druckwerks produzieren, in Verkehr bringen und bewerben, organisieren Bibliotheken einen Verleihverkehr und vergrößern die Reichweite der Publikationen erheblich. Diese Aufteilung verschiebt sich bei der digitalen Publikation in Richtung der Verlage, da diese Wissenschaftler nunmehr direkt mit Publikationen versorgen. Bibliotheken büßen damit eine maßgebliche Funktion in der Vertriebskette ein, wenngleich lokale Gegebenheiten damit nicht unwichtig werden. Mit dem Fortschreiten der digitalen Publikation ist es zunehmend weniger von Bedeutung, wie groß der von einer Bibliothek gesammelte Literaturbestand vor Ort ist, während die Frage, welche Art und welcher Umfang an Lizenzen von einem bestimmten Ort den Zugriff auf global prinzipiell erreichbare, aber zugangsbeschränkte Bestände erlauben, stark an Relevanz gewinnt.

4.2 Freie Zugänglichkeit zu Publikationen

Eine zweite Entwicklung ist mit der digitalen Publikation eng verknüpft, da sie diese zur Voraussetzung hat: Open Access, womit der leserseitig freie Zugang zu elektronischen Publikationen gemeint ist. Dieser Zusammenhang wird bereits im Jahr 2002 in einer einflussreichen Erklärung treffend benannt:

„An old tradition and a new technology have converged to make possible an unprecedented public good. The old tradition is the willingness of scientists and scholars to publish the fruits of their research in scholarly journals without payment, for the sake of inquiry and knowledge. The new technology is the internet. The public good they make possible is the world-wide electronic distribution of the peer-reviewed journal literature and completely free and unrestricted access to it by all scientists, scholars, teachers, students, and other curious minds" (Budapest Open Access Initiative 2002).

Veranlasst ist die Forderung eines uneingeschränkten Zugangs von mit öffentlichen Mitteln geförderter Forschungsliteratur unter anderem durch eine Krisensituation wissenschaftlicher Bibliotheken. Seit den 1980er-Jahren haben sich wissenschaftliche Großverlage im Bereich von STM zunehmend an ökonomischen Renditezielen orientiert, was zu starken Preissteigerungen für Subskriptionen im Bereich der Journale geführt hat. Im Zeitraum 1975 bis 1995 erhöhten sich die Preise um 200 bis 300% (European Commission 2006, S. 16), für 1986 bis 2006 werden jährliche Preissteigerungen von fünf bis acht Prozent (Kirchgässner 2008) und für den Zeitraum 2008 bis 2010 von zwischen sieben und zehn Prozent (Boni 2010) berichtet. Da die Menge an Forschungsliteratur fortwährend wächst, die Bibliotheksbudgets aber kein vergleichbares Wachstum verzeichnen, können die Preissteigerungen nicht aufgefangen werden und die Bibliotheken sind gezwungen, ihre Erwerbs- und Sammelaktivitäten einzuschränken. Dies betrifft auch den Bereich der Monografien (Kopp 2000).

Die Großverlage veränderten aufgrund der Forderung nach einer freien Zugänglichkeit ihre Geschäftsmodelle und griffen eine der im Text der Budapest Open Access Initiative erwähnten Optionen auf – die Herstellung freier Zugänglichkeit am originären Publikationsort, das sogenannte *Gold Open Access*. Finanziert wird in diesem Modell die Publikation auf der Seite der Autoren meist durch Publikationsgebühren (auch Article Processing Charges, APC genannt), die nicht vom Autor selbst, sondern von der ihn beschäftigenden Organisation aus Publikationsfonds bezahlt werden (Arbeitsgruppe Open Access [...] 2014).

Die Budapest Initiative Open Access nennt daneben noch ein zweites Modell, das *Green Open Access* genannt wird. Seinen Ursprung hat es ebenfalls in der wissenschaftlichen Gemeinschaft. In der Physik wurde im Jahr 1991 ein Server (im Folgenden Repositorium) für die Ablage und Zugänglichmachung von Manuskripten eingerichtet, die bei Zeitschriften zur Publikation eingereicht wurden (Ginsparg 2011, S. 145). Dieses Repositorium *arXiv* knüpft lose an die Praxis der Zirkulation von Preprints, also noch nicht veröffentlichten Manuskripten an, stellt aber eher eine Ergänzung als eine Substitution bestehender Publikationsmedien dar. Es schafft eine zweite Ebene der Publikationsinfrastruktur, die eine (frühzeitige) Zirkulation von Forschungsergebnissen ermöglicht und dem Autor durch einen Zeitstempel die Priorität an der Veröffentlichung sichert. Was die Begutachtung angeht, bleibt das Modell auf die Leistungen von Journalen angewiesen. Daher lässt sich sagen, dass durch das Green-Open-Access-Modell Verbreitungs- und Registrierungsfunktion einerseits und Zertifizierungsfunktion andererseits auseinandertreten und sich auf verschiedene Publikationsmedien verteilen. Mittlerweile reklamieren die Bibliotheken den Betrieb von Repositorien als Aufgabenfeld. Entstanden ist in den letzten Jahren eine beachtliche Repositorieninfrastruktur, die allein für Deutschland 177 Repositorien aufweist (OpenDOAR 2015).

4.3 Reorganisation des Peer Review

Mit der digitalen Publikationsinfrastruktur wandelt sich nicht nur das Publikationsmedium selbst, sondern auch die Art der Realisierung einer Zertifizierungsfunktion (Peer Review) und die Produktion von Publikationen. Parallel zu den weiter oben erwähnten Publikationsplattformen, und technisch mit diesen durch Workflows verknüpft, haben Verlage sogenannte Online-Editorial-Management-Systeme eingeführt und damit den Begutachtungsprozess sowie die Zusammenarbeit von Wissenschaftlern und Verlagen auf der Grundlage digitaler Informations- und Kommunikationstechnologien reorganisiert. Die Systeme bringen alle am Begutachtungs- und Produktionsprozess Beteiligten zusammen und organisieren Einreichung, Begutachtung und die technische Produktion über diese Plattform. Das Vorliegen sämtlicher Dokumente (Einreichung, Grafiken, Gutachten, Daten und Korrespondenz der Beteiligten) bildet die Grundlage zur Verlagerung von Arbeitsschritten häufig zu Lasten der beteiligten Wissenschaftler und für die Auslagerung von Arbeitsschritten innerhalb des Verlags in Niedriglohnländer (Taubert 2012). Diese Veränderungen sorgen zwar für eine Reorganisation des klassischen Peer-Review-Verfahrens, das aber in seiner Grundstruktur (Bestellung von zwei meist anonym bleibenden Gutachtern durch den Herausgeber) erhalten bleibt.

Tiefgreifendere Verfahrensinnovationen stellen dagegen Open Peer Review, Public Peer Review, Post Publication Peer Review und Open Discussion dar, die sich zwar bei einzelnen Journalen oder Publikationsplattformen haben etablieren können, derzeit aber keine Standardverfahren sind (Ware 2008, S. 18). Beispiele erfolgreicher Adaptionen dieser Modelle sind hier die Zeitschriften *British Medical Journal* (BMJ) und *Atmospheric Chemistry and Physics* sowie die Publikationsplattformen *Faculty of 1000* (F1000) und *ScienceOpen*. Ohne die Verfahren im Einzelnen würdigen zu können, soll hier die Aufmerksamkeit darauf gerichtet werden, dass diese Modelle in mindestens dreierlei Hinsicht innovativ sind: Erstens weiten die Verfahren zum Teil den Kreis derjenigen aus, die an der Begutachtung mitwirken. Die Beteiligten werden nicht durch einen Herausgeber ausgewählt, sondern beteiligen sich qua Selbstselektion. Zweitens wird das Redaktionsgeheimnis teils particll, teils sogar vollständig aufgehoben, so dass die im Zuge der Begutachtung vorgebrachten Argumente geprüft werden können. Daneben kann zum Teil auch nachvollzogen werden, wer am Entscheidungsprozess mitgewirkt hat. Drittens findet die Auszeichnung von Qualität nicht vor der Publikation eines Beitrags statt, sondern im Zuge der Rezeption nach dem Prinzip „publish then filter" (Hunter 2012, S. 2). Ohne Frage sind nicht sämtliche Verfahren für jedes Journal und für jedes Forschungsgebiet gleichermaßen geeignet. Interessant sind diese Entwicklungen dennoch, weil sie ein höheres Maß an Transparenz und Nachvollziehbarkeit des Begutachtungsverfahrens realisieren können.

Der derzeitige Stand der Entwicklung digitaler Publikationsinfrastrukturen lässt sich wie folgt zusammenfassen: Die digitale Publikation hat sich in vielen Fächern und Forschungsgebieten auf breiter Front durchgesetzt, und dies gilt insbesondere dort, wo Journal-Artikel die dominierende Form der Publikation sind. Weniger stark verankert ist sie in Teilen der Geistes- und Sozialwissenschaften, in denen insbesondere bei der Rezeption längerer Texte eine Präferenz für Gedrucktes fortbesteht. Hinzu kommt, dass die Verlagslandschaft kleinteiliger ist und aufgrund der geringeren finanziellen Leistungsfähigkeit kleiner Verlage die Entwicklung elektronischer Formate und Vertriebswege weniger weit fortgeschritten ist (Volkmann et al. 2014, S. 208).

Die Transformation in Richtung Open Access ist in einem größeren Umfang bisher nur in einzelnen Wissenschaftsbereichen gelungen. Gemessen am Volumen frei zugänglicher Publikationen stellt Green Open Access das bedeutendere Modell dar: Im Web of Knowledge ist im Publikationsjahrgang 2011 ein Anteil von neun Prozent der Publikationen am originären Publikationsort frei zugänglich, in der Zitationsdatenbank Scopus liegt dieser Anteil bei elf Prozent (Laakso und Björk 2012, S. 6). Der Anteil an Publikationen, die aus demselben Jahrgang in Repositorien im Green Open Access verfügbar sind liegt dagegen bei 21,9%. Dabei schwankt er zwischen den Disziplinen erheblich. Das Schlusslicht bildet die Chemie mit einem Anteil von 9,3% selbstarchivierter Publikationen, der größte Anteil findet sich in der Mathematik mit 40,8% (Gargouri et al. 2012, S. 8). Es ist bereits darauf hingewiesen worden, dass mit Repositorien eine zweite Publikationsebene geschaffen wurde, die die Zirkulation von Forschungsergebnissen unterstützt. Allerdings besteht häufig Unklarheit darüber, ob die dort abgelegte Version auch dem Wortlaut der Journalversion entspricht. Durch Unterschiede im Layout (z. B. durch das Fehlen einer Paginierung) kann sie zum Teil nur eingeschränkt verwendbar sein. Daher bleibt allen Anstrengungen zum Trotz die Abhängigkeit vom originären Publikationsort, der in der Regel immer noch das subskriptionspflichtige Journal ist, bestehen. Die Lizensierung entsprechender Angebote durch Forschungsförderorganisationen und Bibliotheken bildet einen zentralen Bestandteil der wissenschaftlichen Informationsversorgung.

5 Problemstellungen der Wissenschaftspolitik

Die Entwicklung von Publikations- und Forschungsdateninfrastrukturen stellt eine große wissenschaftspolitische Herausforderung dar. Grund dafür sind nicht nur der hohe Ressourceneinsatz sondern auch das eingangs erwähnte Merkmal von Infrastrukturen, nicht nur lokal angemessene Lösungen bereitzustellen, sondern für ganze Fächer oder Forschungsgebiete nutzbar zu sein. Auf die Herausforderung der fortgesetzten Digitalisierung hat die Wissenschaftspolitik reagiert, indem sie durch die Abgrenzung verschiedener Handlungsfelder die Komplexität der Aufgabe kleinzuarbeiten sucht. Solche Felder sind: Retrodigitalisierung, Langzeitarchivierung, Lizensierung, Hosting lizensierter Inhalte, virtuelle Forschungsumgebungen, nicht-textuelle

Materialien, Open Access, Forschungsdaten sowie Informationskompetenz/Ausbildung (Wissenschaftsrat 2011a; KII 2011). Quer zu diesen Handlungsfeldern ergeben sich für die Akteure typische Problemstellungen, die im Zuge des Infrastrukturaufbaus bewältigt werden müssen.

Lokal gewachsene Strukturen und universelle Nutzung: Die Entwicklung der digitalen Infrastruktur in der Wissenschaft vollzieht sich typischerweise nicht zentral geplant, sondern geht häufig zunächst von lokalen, zum Teil auch durch die Laufzeit von Forschungsprojekten zeitlich begrenzten Anforderungen aus. Der infrastrukturelle Anspruch nach universeller Nutzbarkeit kann dazu in ein Spannungsverhältnis treten. Zur Erreichung dieses Ziels kann es notwendig sein, die Nutzungsmöglichkeiten einer lokalen Infrastruktur soweit zu skalieren, dass eine breitere Nutzung möglich ist oder verschiedene technische Lösungen soweit zu vereinheitlichen, dass sie als eine einheitliche Infrastruktur nutzbar werden. Insbesondere die Entwicklung einer Infrastruktur aus mehreren lokalen Ursprüngen erfordert einen hohen Koordinationsaufwand, wie beispielsweise die Entwicklung bibliothekarischer Nachweissysteme zeigt.

Finanzierung weltweit nutzbarer Infrastrukturen: Ein zweites, für die digitale Wissenschaft typisches Problem besteht in der Frage nach der Verteilung finanzieller Lasten der Einrichtung und des Betriebs digitaler Informationsinfrastrukturen. Welche Anreize existieren für eine Forschungseinrichtung, knappe finanzielle Mittel für Ressourcen aufzuwenden, die nicht nur lokal nutzbar sind? Sinnfälliges Beispiel ist die Umstellung von Journalen auf ein APC-finanziertes Open-Access-Modell und der dort anzutreffende *first mover disadvantage*. Diejenigen Forschungseinrichtungen, die sich zuerst bereit erklären, Publikationsgebühren für ihre Autoren zu übernehmen, müssen zudem Mittel für die Subskription von Zeitschriften aufwenden, um den Zugang zu Forschungsbeiträgen herzustellen, die nicht im Open Access publiziert werden. Die Frage nach der Lastenverteilung wiederholt sich bei global zu nutzenden Infrastrukturen auf der Ebene der Bundesländer und zwischen Staaten.

Transfer von Lösungen: Drittens lässt sich eine Tendenz erkennen, in bestimmten Kontexten erfolgreiche Modelle von Infrastrukturen in andere Bereiche der Wissenschaft zu übertragen. Für den betroffenen Bereich kann sich dieser Transfer als *coercive isomorphism* (DiMaggio und Powell 1983, S. 150) darstellen, seitens der forschungsfördernden Organisationen vom Wunsch nach möglichst universellen Strukturen motiviert sein. Angesichts der Diversität der Rahmenbedingungen in verschiedenen Fächern und Forschungsgebieten trifft dies auf eine unterschiedlich große Offenheit und Nutzungsbereitschaft gegenüber der angebotenen Infrastruktur, die nicht immer als nützlich wahrgenommen werden muss. Eine mangelnde Rückkopplung zwischen den Anforderungen der Wissenschaft und dem Infrastrukturaufbau kann zu einer eingeschränkten und hinter den Erwartungen zurückbleibenden Nutzung führen. Ein Beispiel dafür bilden Repositorien für Publikationen, die in einem stark unterschiedlichen Umfang genutzt werden.

Öffentliche versus privatwirtschaftliche Trägerschaft von Infrastrukturen: In seinen übergreifenden Empfehlungen zu Informationsinfrastrukturen in der Wissenschaft stellt der Wissenschaftsrat fest, die Gewährleistung der Verfügbarkeit von Informationsinfrastrukturen sei eine öffentliche Aufgabe (Wissenschaftsrat 2011a, S. 7). Diese Formulierung benennt zwar eine Zuständigkeit der öffentlichen Hand, lässt aber offen, wie diese wahrgenommen wird und ob und wenn ja, in welchem Umfang privatwirtschaftliche Akteure an der Trägerschaft von Infrastrukturen beteiligt sein sollen. Die sich stellende Aufgabe besteht darin, die Vorteile des öffentlichen und des privatwirtschaftlichen Organisationsmodells jeweils zu nutzen und gegebenenfalls in gelungener Weise zu kombinieren. Für Forschungsdateninfrastrukturen und Publikationsinfrastrukturen sind dabei die Ausgangslagen verschieden. Im Zusammenhang mit Open Access sind Bestrebungen zu erkennen, die Effekte einer privatwirtschaftlichen Trägerschaft hinsichtlich des Zugangs zu Publikationen und bezüglich der Kosten einzudämmen und die Infrastruktur stärker in die Verantwortung öffentlich finanzierter Einrichtungen zu überführen. Dies gelingt zwar im Bereich der Repositorien, hat im Bereich der Journale angesichts der Besitzverhältnisse aber Grenzen. Bei Forschungsdateninfrastrukturen liegt die Trägerschaft dagegen meist bei öffentlichen Einrichtungen. Hier stellt sich dagegen die Frage, ob überhaupt – und wenn ja, inwieweit eine privatwirtschaftliche Trägerschaft denkbar ist.

6 Fazit

Der Beitrag hat eine Übersicht über Entwicklungen im Bereich der digitalen Publikations- und Forschungsinfrastrukturen gegeben und mithilfe der Unterscheidung von drei Ebenen verschiedene Dimensionen einer Wissenschaft ausgeleuchtet, die digitale Technologien intensiv nutzt. Dies lässt es zu, die verschiedenen Relationen zwischen dem Handlungssystem der Wissenschaft und der digitalen Infrastruktur einerseits und zwischen der Infrastruktur und ihren Trägerorganisationen andererseits zu fokussieren. Die dynamische Entwicklung digitaler Infrastrukturen innerhalb der Wissenschaft stellt nicht nur eine Herausforderung für die Wissenschaftspolitik dar, sondern auch für die diesen Prozess reflektierende Wissenschaftsforschung. Nach einer Phase weitgehender Abstinenz, in der der Forschungsgegenstand weitgehend der Informations- und Bibliothekswissenschaft überlassen wurde, lassen sich nun auch dort einige Bestrebungen erkennen, die mit diesem Wandlungsprozess verbundenen Veränderungen zu untersuchen. Angesichts der Breite des Wandlungsprozesses der digitalen Wissenschaft sind diese Anstrengungen als bescheiden zu bezeichnen. Forschungsbedarf besteht daher sowohl in Bezug auf die Infrastrukturgenese als auch mit Blick auf die transformierenden Wirkungen, die von Informationsinfrastrukturen auf die Wissenschaft ausgehen. Die Etablierung einer solchen Forschungstradition könnte nicht nur einen Beitrag zur Aufklärung der Dynamik des digitalen Wandels der Wissenschaft leisten, sondern für die Wissenschaftspolitik eine wertvolle Ressource für die Entwicklung von digitalen Informationsinfrastrukturen sein.

Literatur

Alexander von Humboldt-Stiftung, Hrsg. 2009. Publikationsverhalten in unterschiedlichen Disziplinen. Beiträge zur Beurteilung von Forschungsleistungen. 2., erw. Aufl. Bonn: Diskussionspapier der Alexander von Humboldt-Stiftung 12/2009.

Andermann, Heike, und Andreas Degkwitz. 2004. Neue Ansätze in der wissenschaftlichen In-formationsversorgung. Ein Überblick über Initiativen und Unternehmungen auf dem Gebiet des elektronischen Publizierens. *Historical Social Research* 29(1): 6–55.

Arbeitsgruppe Open Access der Schwerpunktinitiative Digitale Information der Allianz der deutschen Wissenschaftsorganisationen, Hrsg. 2014. Open-Access-Publikationsfonds. Eine Handreichung. http://doi.org/10.2312/allianzoa.006. Zugegriffen am 01.11.2015.

Atkins, Daniels E., Kelvin K. Droegemeier, Stuart I. Feldmann, Hector Garcia-Molina, Michael L. Klein, David G. Messerschmitt, Paul Messina, Jeremiah P. Ostriker, und Margaret H. Wright. 2003. Revolutionizing science and engineering through cyberinfrastructure: Report of the National Science Foundation Blue-Ribbon Advisory Panel on Cyberinfrastructure. http://www.nsf.gov/od/oci/reports/atkins.pdf. Zugegriffen am 31.10.2015.

Beaulieu, Anne, und Paul Wouters. 2009. e-Research as intervention. In *e-Research. Transformation in scholarly practice*, Hrsg. Nicholas W. Jankowski, 54–69. New York/London: Routledge.

Benson, Dennis A., Ilene Karsch-Mizrachi, David J. Lipman, James Ostell, und Eric W. Sayers. 2011. GenBank. *Nucleic Acids Research* 2011(39): D32–D37.

Berlin Declaration on Open Access to Knowledge in the Sciences and Humanities. 2003. http://openaccess.mpg.de/Berliner-Erklaerung. Zugegriffen am 02.11.2015.

Boni, Manfred. 2010. Analoges Geld für digitale Zeilen: der Publikationsmarkt der Wissenschaft. *Leviathan* 38(3): 293–312.

Bonfadelli, Heinz, Birte Fähnrich, Corinna Lüthje, Jutta Milde, Markus Rhomberg, und Mike Schäfer, Hrsg. 2016. *Forschungsfeld Wissenschaftskommunikation*. Wiesbaden: VS-Verlag.

Budapest Open Access Initiative. 2002. http://www.budapestopenaccessinitiative.org/read. Zugegriffen am 01.11.2015.

Campbell-Kelly, Martin, und William Aspray. 1996. *Computer. A history of the information machine*. New York: Basic Books.

Deutsche digitale Bibliothek. o. Jg. https://www.deutsche-digitale-bibliothek.de/. Zugegriffen am 01.11.2015.

Deutsches Institut für Wirtschaftsforschung. o. Jg. Sozioökonomisches Panel. http://www.diw.de/soep. Zugegriffen am 01.11.2015.

Deutsches Museum für Naturkunde. o. Jg. Tierstimmenarchiv. http://www.tierstimmenarchiv.de/. Zugegriffen am 01.11.2015.

DiMaggio, Paul J., und Walter W. Powell. 1983. The iron cage revisited: Institutional isomorphism and collective rationality in organizational fields. *American Sociological Review* 48(2): 147–160.

Doorn, Peter, Ingrid Dillo, und René van Horik. 2013. Lis, Damend Lis and Rearch data: Can data sharing prevent data fraud? *The International Journal of Digital Curation* 8(1): 229–243.

Eurohorcs and ESF (European Science Fondation). 2008. Science policy briefing the EURO-HORCs and ESF vision on a globally competitive ERA and their road map for actions to help build it. Juni 2008. http://www.esf.org/fileadmin/Public_documents/Publications/SPB33_ERA RoadMap.pdf. Zugegriffen am 01.11.2015.

European Commission. 2006. Study on the economic and technical evolution of the scientific publication markets in Europe. Final report January 2006. Brussels: European Commission, DG Research. http://ec.europa.eu/research/science-society/pdf/scientific-publication-study_en.pdf. Zugegriffen am 01.11.2015.

European Commission. 2013. Guidelines on open access to scientific publications and research data in Horizon 2020. http://ec.europa.eu/research/participants/data/ref/h2020/grants_manual/hi/oa_pilot/h2020-hi-oa-pilot-guide_en.pdf. Zugegriffen am 02.11.2015.

Franzen, Martina, Simone Rödder, und Peter Weingart. 2007. Fraud: causes and culprits as perceived by science and the media. *EMBO-Reports* 8(1): 3–7.

Gargouri, Yassine, Vincent Larivière, Yves Gingras, Les Carr, und Stevan Harnad. 2012. Green and Gold Open Access Percentages and Growth, by Discipline. *arXiv*:1206.3664: (2012).

Ginsparg, Paul. 2011. ArXiv at 20. *Nature* 476(11.08.2011): 145–147.

Gravey, William D., und Belver C. Griffith. 1967. Scientific communication as a social system. *Science* 157(3762): 1011–1016.

Hagenhoff, Svenja, Lutz Seidenfaden, Björn Ortelbach, und Matthias Schumann. 2007. *Neue Formen der Wissenschaftskommunikation. Eine Fallstudienuntersuchung.* Göttinger Schriften zur Internetforschung, Bd. 4. Göttingen: Göttinger Universitätsverlag.

Hanekop, Heidemarie, und Wittke Volker. 2006. Das wissenschaftliche Journal und seine möglichen Alternativen: Veränderungen der Wissenschaftskommunikation durch das Internet. In *Internetökonomie der Medienbranche.* Göttinger Schriften zur Internetforschung, Hrsg. Hagenhoff Svenja, 201–233. Göttingen: Universitätsverlag Göttingen.

Hanekop, Heidemarie, und Volker Wittke. 2013. Der Wandel des wissenschaftlichen Publikationssystems durch das Internet. Sektoriale Transformation im Kontext institutioneller Rekonfiguration. In *Internet, Mobile Devices und die Transformation der Medien. Radikaler Wandel als schrittweise Rekonfiguration*, Hrsg. Ulrich Dolata und Jan-Felix Schrape, 147–172. Berlin: Edition Sigma.

Hirschauer, Stefan. 2014. Sinn im Archiv? Zum Verhältnis von Nutzen, Kosten und Risiken der Datenarchivierung. *Soziologie* 43(3): 300–312.

Hughes, Thomas P. 1987. The evolution of large technological systems. In *The social construction of technological systems. New directions in the sociology and history of technology*, Hrsg. Wiebe E. Bijker, Thomas P. Hughes und Trevor J. Pinch, 51–82. Cambridge MA: The MIT Press.

Hunter, Jane. 2012. Post-publication peer review: opening up scientific conversation. *Frontiers in Computational Neuroscience* 6(63): 1–2.

Jankowski, Nicholas W. 2007. Exploring e-Science: An introduction. *Journal of Computer-Mediated Communication* 12:549–562.

Jankowski, Nicholas W. 2009. The contours and challenges of e-Research. In *e-Research. Transformation in scholarly practice*, Hrsg. Nicholas W. Jankowski, 3–33. New York/London: Routledge.

Karasti, Helena, Karen Baker, und Florence Millerand. 2010. Infrastructure time: Long-term matters in collaborative development. *Computer Supported Cooperative Work* 19:377–415.

KII (Kommission Zukunft der Informationsinfrastruktur). 2011. Gesamtkonzept für die Informationsinfrastruktur in Deutschland. http://www.leibniz-gemeinschaft.de/fileadmin/user_upload/downloads/Infrastruktur/KII_Gesamtkonzept.pdf. Zugegriffen am 01.11.2015.

Kirchgässner, Adalbert. 2008. Zeitschriftenkonsortien. Angebotsausweitung auf Kosten der Flexibilität. In *Informationskonzepte für die Zukunft. ODOK '07 (Schriften der Vereinigung Österreichischer Bibliothekarinnen und Bibliothekare 5)*, Hrsg. Eveline Pipp, 137–146. Graz-Feldkirch: Wolfgang Neugebauer Verlag GesmbH.

Kircz, Joost G. und Hans E. Roosendaal. 1996. Understanding and shaping scientific information transfer. In *Electronic publishing in science, Proceedings of the Joint ISCU Press/UNESCO expert conference*, Hrsg. Dennis Shaw und Howard Moore, 106–116. Paris, 19–23.02.1996.

Kopp, Hans. 2000. Die Zeitschriftenkrise als Krise der Monographienbeschaffung. *Bibliotheksdienst* 34(11): 1822–1827.

Laakso, Mikael, und Bo-Christer Björk. 2012. Anatomy of open access publishing: A study of longitudinal development and internal structure. *BMC Medicine* 10:124.

Ludwig, Jens, und Harry Enke, Hrsg. 2013. *Leitfaden zum Forschungsdaten-Management – Handreichungen aus dem WissGrid-Projekt.* Glückstadt: Verlag Werner Hülsbusch.

Nederhof, Anton J. 2006. Bibliometric monitoring of research performance in the Social Sciences and the Humanities: A review. *Scientometrics* 66(1): 81–100.

Nentwich, Michael. 1999. Cyberscience: Die Zukunft der Wissenschaft im Zeitalter der Informations- und Kommunikationstechnologien. MPIfG Working Paper 99/6, Mai 1999.

Nentwich, Michael. 2003. *Cyberscience. Research in the age of the internet.* Wien: Austrian Academy of Sciences Press.

Nentwich, Michael, und René König. 2012. *Cyberscience 2.0. Research in the age of digital social networks*. Frankfurt a. M./New York: Campus.
NIH (National Institutes of Health). 2003. Final NIH statement on sharing research data. http://grants.nih.gov/grants/guide/notice-files/NOT-OD-03-032.html. Zugegriffen am 01.11.2015.
OpenDOAR. 2015. Directory of open access repositories. http://www.opendoar.org/. Zugegriffen am 01.11.2015.
Parse. 2009. Insight into digital preservation of research output in Europe. http://www.parse-insight.eu/downloads/PARSE-Insight_D3-4_SurveyReport_final_hq.pdf. Zugegriffen am 01.11.2015.
Ribes, David, und Charlotte P. Lee. 2010. Sociotechnical studies of cyberinfrastructure and e-Research: current themes and future trajectories. *Computer Supported Cooperative Work* 19:231–244.
Reichertz, Jo. 2015. Wie mit Daten umgehen? Persönlichkeitsrechte und Datenschutz in der Qualitativen Sozialforschung. *Soziologie* 44(2): 186–202.
Schimank, Uwe. 2012. Wissenschaft als gesellschaftliches Teilsystem. In *Handbuch Wissenschaftssoziologie*, Hrsg. Sabine Maasen, 113–123. Wiesbaden: Springer.
Star, Susan Leigh. 1999. The ethnography of infrastructure. *American Behavioral Scientist* 43: 377–391.
Star, Susan Leigh, und Karen Ruhleder. 1996. Steps towards an ecology of infrastructure: design and access for large information spaces. *Information Systems Research* 7(1): 111–134.
Stichweh, Rudolf. 1979. Differenzierung der Wissenschaft. *Zeitschrift für Soziologie* 8(1): 82–101.
Stichweh, Rudolf. 1994. *Wissenschaft, Universität, Profession. Soziologische Analysen*. Frankfurt a. M.: Suhrkamp.
Suber, Peter. 2009. *Timeline of the open access movement*. http://legacy.earlham.edu/~peters/fos/timeline.htm. Zugegriffen am 01.11.2015.
Taubert, Niels und Kevin Schön. 2014. Online-Konsultation „Publikationssystem" – Dokumentation und Auswertung. Berlin: BBAW. Persistent Identifier: urn:nbn:de:kobv:b4-opus-26293.
Taubert, Niels. 2012. Online Editorial Management Systeme und die Produktion wissenschaftlicher Fachzeitschriften. *Leviathan* 40(2): 297–319.
Taubert, Niels. 2016. Formale wissenschaftliche Kommunikation. In *Forschungsfeld Wissenschaftskommunikation*, Hrsg. Heinz Bonfadelli, Birte Fähnrich, Corinna Lüthje, Jutta Milde, Markus Rhomberg und Mike Schäfer. Wiesbaden: Springer-VS (im Erscheinen).
Universität Heidelberg. o. Jg. Research data policy. http://www.uni-heidelberg.de/universitaet/profil/researchdata. Zugegriffen am 02.11.2015.
Volkmann, Ute, Uwe Schimank, und Markus Rost. 2014. Two worlds of academic publishing: chemistry and German sociology in comparison. *Minerva* 52(2): 187–212.
Ware, Mark. 2008. Peer review in scholarly Journals: Perspectives of the scholarly communication – an international study. Bristol: Mark Ware Consulting. http://www.publishingresearch.net/documents/PeerReviewFullPRCReport-final.pdf. Zugegriffen am 01.11.2015.
Wellcome Trust. 2010. *Policy on data management and sharing*. http://www.wellcome.ac.uk/about-us/policy/policy-and-position-statements/wtx035043.htm. Zugegriffen am 01.11.2015.
Wenger, Marc, François Ochsenbein, Daniel Egret, Pascal Dubois, François Bonnarel, Suzanne Borde, Françoise Genova, Gérard Jasniewicz, Suzanne Laloë, Soizick Lesteven, und Richard Monier. 2000. The SIMBAD astronomical database The CDS reference database for astronomical objects. *Astronomy and Astrophysics* 143(4): 9–22.
Whitley, Richard D. 1968. The formal communication system of science: a study of the organisation of British social science journals. *The Sociological Review* 16(1): 162–179.
Wissenschaftsrat. 2011a. *Übergreifende Empfehlungen zu Informationsinfrastrukturen*, 10466-11. Berlin: Drs.
Wissenschaftsrat. 2011b. Empfehlungen zur Zukunft des bibliothekarischen Verbundsystems in Deutschland. 28. Berlin: Drs. 10463-11.
Wouters, Paul. 2006. What is the matter with e-Science? – thinking aloud about *informatisation in knowledge creation*. http://www.pantaneto.co.uk/issue23/wouters.htm. Zugegriffen am 01.11.2015.

Forschung und Entwicklung in der Wirtschaft

Ulrich Dolata

Inhalt

1 FuE in der Wirtschaft: Grundlegende Fakten und Zusammenhänge 609
2 Konzentration: FuE in Großunternehmen und Startup-Firmen 613
3 Kooperation: Zusammenarbeit in Forschung und Innovation 616
4 Internationalisierung: Sukzessive Auffächerung und selektive Standortwahl 619
5 Fazit 622
Literatur 624

1 FuE in der Wirtschaft: Grundlegende Fakten und Zusammenhänge

Forschungs- und Entwicklungsaktivitäten können sehr unterschiedlich ausgerichtet und institutionell eingefasst sein. Die gängige, im sogenannten Frascati-Manual formulierte Definition der OECD bestimmt Forschung und Entwicklung (*research and experimental development*) allgemein als „creative work undertaken on a systematic basis in order to increase the stock of knowledge, including knowledge of man, culture and society, and the use of this stock of knowledge to devise new applications" und unterscheidet in idealtypischer Weise drei Arten von FuE entlang ihrer zunehmenden Anwendungsnähe (OECD 2002, S. 30).

Grundlagenforschung (basic research), die auf die Gewinnung grundlegend neuer wissenschaftlicher Erkenntnisse zielt, findet vor allem an Hochschulen, in Deutschland auch an den Instituten der Max-Planck-Gesellschaft statt und wird vom Staat finanziert. Die Wirtschaft wendet dagegen überall deutlich unter 10% ihrer gesamten FuE-Ausgaben für grundlagenorientierte Forschung auf – in Deutschland

U. Dolata (✉)
Institut für Sozialwissenschaften, Universität Stuttgart, Stuttgart, Deutschland
E-Mail: ulrich.dolata@sowi.uni-stuttgart.de

und den USA jeweils etwas über 5%, in Frankreich, Großbritannien und Japan jeweils etwas über 6% (Schasse et al. 2014, S. 16–29). Unternehmen profitieren von öffentlich finanzierter Grundlagenforschung zwar vornehmlich indirekt, aber gleichwohl substanziell – etwa durch die öffentlich geförderte Entwicklung auch für sie relevanten Wissens und neuer Basistechnologien, durch die Ausbildung qualifizierter Absolventen oder als Ausgangspunkt von forschungsintensiven Startup-Firmen, die oft aus den Zusammenhängen der Hochschulforschung entstehen (Salter und Martin 2001, S. 520–526; Pavitt 1991).

Angewandte Forschung (applied research), die auf die praxisnahe Gewinnung neuer naturwissenschaftlicher oder technischer Erkenntnisse ausgerichtet ist, wird sowohl an Hochschulen und außeruniversitären öffentlichen Forschungseinrichtungen (in Deutschland die Institute der Fraunhofer-Gesellschaft) als auch in der Wirtschaft betrieben. Die Übergänge zu grundlagenorientierter Forschung sind vor allem in wissensintensiven Industrien wie der Pharmaindustrie oft fließend.

Experimentelle Entwicklung (experimental development), also die auf bereits existierendem Wissen aufbauende und direkt anwendungsorientierte Entwicklung neuer oder verbesserter Produkte, Instrumente, Prozesse oder Dienstleistungen ist dagegen die unangefochtene Domäne der Industrieforschung. Die von wissenschaftlichem Erkenntnisgewinn geprägte Selbstzweckhaftigkeit, die die Grundlagenforschung auszeichnen soll, ist hier zurückgenommen zugunsten einer an den Zielen der Wettbewerbsfähigkeit und Gewinnmaximierung der Unternehmen ausgerichteten Forschungs- und Entwicklungslogik (Schimank 2006, S. 60–64).

Die grundlegenden Strukturen der Forschung und Entwicklung in Wirtschaft und Wissenschaft variieren zwar zwischen den großen westlichen Staaten, sind über die Zeit hinwegallerdings relativ stabil und entwickeln sich pfadabhängig. Generell gilt: Forschung und Entwicklung werden in allen großen Ländern vornehmlich im Wirtschaftssystem durchgeführt. In Deutschland entfallen über die Jahre stabil etwa zwei Drittel der insgesamt verwendeten Mittel für FuE (Bruttoinlandsausgaben für FuE; 2012: 79,4 Mrd. €) auf die Wirtschaft und ein knappes Drittel auf den Staat. Ebenso konstant sind in Deutschland knapp zwei Drittel des gesamten FuE-Personals in der Wirtschaft beschäftigt (BMBF 2014, S. 45–51, 479 f., 553). In anderen großen westlichen Ländern ist das nicht anders: Gemessen an den verwendeten finanziellen Mitteln werden in den Vereinigten Staaten 70%, in Frankreich 65%, in Großbritannien 64%, in Japan 76% und im Durchschnitt aller OECD-Länder 68% der gesamten FuE-Aktivitäten in der Wirtschaft durchgeführt (BMBF 2014, S. 529 f.; Schasse et al. 2014, S. 19; Schasse 2015, S. 9).

FuE wird nicht nur zum überwiegenden Teil in der Wirtschaft betrieben. Sie wird dort von den Unternehmen auch größtenteils selbst finanziert. Im OECD-Durchschnitt liegt die Eigenfinanzierungsquote der in der Wirtschaft durchgeführten FuE bei 87%; besonders hoch ist sie in den auf zivile FuE fokussierten Ländern Japan (gut 98%) und Deutschland (gut 91%). Der Staat hat sich in den großen westlichen Ländern seit Mitte der 1990er-Jahre zugunsten indirekter Fördermaßnahmen sukzessive aus der *direkten* Finanzierung von FuE in der Wirtschaft zurückgezogen. Besonders augenfällig ist dieser Trend in Deutschland: Während 1981 noch knapp 17% der industriellen FuE mit öffentlichen Geldern finanziert wurde, lag dieser Anteil 1995 noch bei gut 10% und 2012 nur noch bei gut 4%. Auch in anderen Ländern ist dieser Trend spürbar: Zwischen 1995 und 2012 sank dieser Anteil in den USA von etwa 16% auf 10,2%, in Großbritannien von 10,5% auf knapp 8%, in Frankreich von 12,7% auf 7,6% und in Japan von schon damals sehr geringen 1,6% auf 1% (Schasse et al. 2014, S. 51–53; Wolfe 2014a, S. 1).

All dies unterstreicht die Tendenz zur Eigenfinanzierung und Autonomisierung der Industrieforschung, auf die die Politik nur noch wenig direkten Einfluss ausübt (Dolata 2006). Die Ausnahme von dieser Regel ist die militärische Forschung. Der vergleichsweise hohe staatliche Finanzierungsanteil privatwirtschaftlicher FuE in den USA ist in erster Linie darauf zurückzuführen, das dort mehr als die Hälfte der staatlichen FuE-Ausgaben für militärische Zwecke ausgegeben wird, von denen vor allem die Rüstungs- und Raumfahrtkonzerne profitieren: Die FuE-Ausgaben der US-amerikanischen Luft- und Raumfahrtindustrie werden zu fast 70% vom Staat finanziert (Mowery 2009, S. 30; Wolfe 2014a, S. 2).

Auch die Finanzierung öffentlicher Forschungseinrichtungen (Hochschulen und außeruniversitäre öffentliche Forschung) durch die Wirtschaft ist in den meisten Ländern gering. Im OECD-Durchschnitt liegt sie bei knapp 5% der dort insgesamt verwendeten Mittel, in den USA bei gut 3%, in Großbritannien bei 5,4%, in Frankreich bei 4,6% und in Japan bei 2,4%. Dies spricht für eine klare Zweiteilung in der Finanzierungsstruktur von Forschung und Entwicklung: Öffentliche Mittel fließen zum weit überwiegenden Teil in die Finanzierung der Hochschulen und anderer öffentlicher Forschungseinrichtungen, während die Wirtschaft vor allem in ihre eigene FuE investiert. Eine bemerkenswerte Ausnahme von dieser Regel bildet Deutschland: Hier kommen mittlerweile fast 12% der an den Hochschulen und außeruniversitären Einrichtungen insgesamt verfügbaren Mittel aus der Industrie – vornehmlich in Gestalt von auftragsorientierten Drittmitteln. Das erklärt sich insbesondere aus den engen und stabilen Beziehungen zwischen den auf höherwertige Technik spezialisierten Unternehmen der deutschen Exportsektoren und den Ingenieurwissenschaften an den öffentlichen Forschungseinrichtungen. Vor allem die deutschen Hochschulen sind in signifikantem Ausmaß auch von Geldern aus der Wirtschaft abhängig: 14% ihres Gesamtbudgets kamen 2011 aus dieser Quelle (Schasse et al. 2014, S. 53–57; Stifterverband für die Deutsche Wissenschaft 2013, S. 25–32). Die öffentliche Forschung ist in Deutschland damit deutlich stärker auf Finanzierungsbeiträge aus der Wirtschaft angewiesen als die anderer Länder, während die FuE-Aktivitäten in der Wirtschaft mittlerweile weitgehend unabhängig von staatlichen Finanzierungsbeiträgen durchgeführt werden.

Letztere konzentrieren sich darüber hinaus allerorten auf wenige Wirtschaftssektoren. In Deutschland dominieren klassische Industriebranchen: In 2014 entfielen mit ca. 73% knapp drei Viertel der internen FuE-Gesamtaufwendungen der Wirtschaft auf den Kraftfahrzeugbau (31%), die Elektrotechnik (18%), den Maschinenbau (10%), die Pharma- (8%) und die Chemieindustrie (6%) (Stifterverband für die Deutsche Wissenschaft 2015, S. 2). Besonders auffällig ist die starke und wachsende Bedeutung einer vorderhand „alten" Branche: Die deutsche Automobilindustrie hat ihre jährlichen FuE-Aufwendungen seit Mitte der 1990er-Jahre mehr als verdoppelt und ist mittlerweile für knapp ein Drittel der FuE-

Gesamtaufwendungen der deutschen Wirtschaft verantwortlich. Demgegenüber lag ihr Anteil 1995 erst bei knapp 23%. Die herausragende Stellung der deutschen Automobilindustrie im Gesamtgefüge industrieller FuE wird noch deutlicher, wenn man die globalen FuE-Aufwendungen deutscher Unternehmen betrachtet: Davon entfällt gut die Hälfte mittlerweile auf diesen Wirtschaftssektor (Stifterverband 2013, S. 8–12, 36–37; Belitz 2014). Die Automobilindustrie ist damit *der* zentrale industrielle Eckpfeiler des Forschungsstandortes Deutschland.

Dieses Spezialisierungsmuster, das sich nach wie vor stark auf die traditionellen industriellen Kernsektoren konzentriert, die seit langem die deutsche Wirtschaft insgesamt und ihre anhaltende Exportstärke prägen (Schmoch 2003, S. 183–201), unterscheidet sich deutlich vor allem von demjenigen der Vereinigten Staaten. Dort entfielen 2012 knapp drei Viertel der FuE-Gesamtaufwendungen der Wirtschaft auf wissensintensive Dienstleistungen (28%), Informations- und Kommunikationstechniken (Computer und andere elektronische Produkte, Komponenten und Ausrüstungen; 22,5%), Pharma und Biotechnologie (15,9%) sowie Luft- und Raumfahrt (8,2%) (Wolfe 2014a, S. 2; European Commission 2014, S. 57–68). Die Forschungs- und Entwicklungsaktivitäten sind in der US-amerikanischen Wirtschaft damit weit stärker auf Spitzentechnologiesektoren – Informations- und Kommunikationstechniken, Pharma und Biotechnologie, Luft- und Raumfahrt – ausgerichtet als in Deutschland. Demgegenüber hat die Forschung und Entwicklung in klassischen Industriezweigen, vor allem in der US-amerikanischen Automobilindustrie und im Maschinenbau, in den vergangenen Jahrzehnten sukzessive an Bedeutung verloren (Mowery 2009, S. 16–18; Atkinson und Ezell 2012, S. 17–84).

Die unterschiedlichen Wirtschaftsstrukturen beider Länder schlagen sich auch in einem unterschiedlichen Stellenwert wissensintensiver Dienstleistungen nieder, zu denen Unternehmensdienstleistungen sowie Know-how-intensive Dienstleistungen vor allem im Bereich der Kommunikations- und Informationstechnik, Finanz-, Versicherungs- und Gesundheitswirtschaft zählen. Sie haben in den vergangenen zwei Jahrzehnten in allen westlichen Ländern signifikant an Bedeutung gewonnen und sind in den USA mittlerweile für gut ein Drittel der Wertschöpfung verantwortlich. In Deutschland liegt deren Wertschöpfungsanteil dagegen noch unter einem Viertel (Expertenkommission 2014, S. 38). Entsprechend unterschiedlich ist der Anteil der Dienstleistungssektoren an den gesamten FuE-Aufwendungen der Wirtschaft: Er liegt in den USA bei 28%, in Deutschland dagegen erst bei gut 12% (Wolfe 2014a, S. 2; Stifterverband 2013, S. 9).

Die internationale Dominanz der USA und ihrer Unternehmen in allen Bereichen der Spitzentechnologie ist nicht einfach Ergebnis und Ausdruck einer besonderen Innovationsfähigkeit des US-amerikanischen Wirtschaftssystems mit seinen technologieorientierten Startup-Firmen, Risikokapitalfonds und akademisch-industriellen Durchlässigkeiten. Sie basiert auch auf einer bereits Mitte des 20. Jahrhunderts einsetzenden und anhaltend proaktiven Rolle des Staates in der langfristigen Förderung grundlagenorientierter Forschung zu neuen, zunächst noch anwendungsfernen Basistechnologien – I&K-Technologien, vernetzte Computersysteme und Software, Biotechnologien, Nanotechnologie –, von denen die amerikanischen Unternehmen in der Folgezeit immer wieder massiv profitiert haben. Auch das US-amerikanische

Innovationssystem ist alles andere als marktliberal strukturiert; es wird maßgeblich mitgeprägt von einer starken Stellung des „Entrepreneurial State": „The government has not simply created the 'conditions for innovation', but actively funded the early radical research and created the necessary networks between State agencies and the private sector that facilitate commercial development" (Mazzucato 2013, S. 73–86, hier: 83).

2 Konzentration: FuE in Großunternehmen und Startup-Firmen

Obgleich auch technologieorientierte Startup-Firmen und klassische Mittelständler FuE betreiben, finden die Forschungs- und Entwicklungsaktivitäten der Wirtschaft vornehmlich in den Zusammenhängen international tätiger Konzerne statt. Letztere verfügen in der Regel über große eigene FuE-Standorte nicht mehr nur in ihrem Heimatland, sondern auch im Ausland, die sie mit eigenen Mitteln aufgebaut, oft aber auch im Zuge der Akquisition anderer Unternehmen mit erworben haben.

Betrachtet man den Unternehmenssektor zunächst anhand von Beschäftigtengrößenklassen, dann entfallen in Deutschland und den USA knapp bzw. gut die Hälfte der gesamten internen FuE-Ausgaben der Wirtschaft auf Großunternehmen mit mehr als 10.000 inländischen Beschäftigten, lediglich knapp bzw. gut 16% dagegen auf Firmen mit bis zu 500 Beschäftigten (BMBF 2014, S. 542; Wolfe 2014a, S. 3). Diese Betrachtung spiegelt die Dominanz weniger multinationaler Konzerne in der FuE allerdings nur unzureichend wider. Schärfer wird das Bild, wenn der Blick auf die weltweiten FuE-Ausgaben von Unternehmen gerichtet wird. 2012 gaben die 224 forschungsstärksten Unternehmen in deutschem Mehrheitsbesitz im In- und Ausland zusammen 57,4 Mrd. € für FuE aus. Davon entfielen mit 55,5 Mrd. € knapp 97% auf die 100 forschungsstärksten Unternehmen und mit knapp 42 Mrd. € fast drei Viertel allein auf die elf forschungsstärksten Konzerne mit jeweils über einer Mrd. € an globalen FuE-Ausgaben (Tab. 1). Mit Ausnahme des stark mittelständisch geprägten Maschinenbaus bestätigt die in Tab. 1 dargestellte Rangliste das technologische Spezialisierungsmuster in Deutschland und die dominierende Stellung, die der Automobilbau darin einnimmt.

Auch international ist die Konzentration der FuE-Ausgaben in der Wirtschaft beachtlich. Das jährlich von der EU-Kommission herausgegebene Industrial R&D Investment Scoreboard listet die in der FuE führenden 2.500 Unternehmen aus 48 Ländern (ohne Russland) auf, die zusammen für etwa 90% der globalen FuE-Ausgaben der Wirtschaft verantwortlich sind (European Commission 2014). Auf die 100 forschungsstärksten Konzerne der Rangliste entfielen 2013 mehr als die Hälfte (53,1%), auf die zwanzig Konzerne an deren Spitze mit knapp 23% fast ein Viertel der globalen FuE-Ausgaben der Wirtschaft (Tab. 2). In dieser Gruppe befinden sich vor allem Konzerne aus den USA und Deutschland. Sie wird dominiert von Großunternehmen aus der Automobil- und elektrotechnischen Industrie sowie aus den beiden Spitzentechnologiebereichen der Informations- und Kommunikationsindustrie und der Pharmaindustrie (einschließlich Biotechnologie). Mit Google

Tab. 1 Weltweite FuE-Aufwendungen der forschungsstärksten deutschen Unternehmen 2012 (in Mrd. €)

	Unternehmen	Wirtschaftssektor	FuE-Ausgaben
1	Volkswagen	Auto	9,515
2	Daimler	Auto	5,639
3	Robert Bosch	Autozulieferer/Elektrotechnik	4,924
4	Siemens	Elektronik/Elektrotechnik	4,572
5	BMW	Auto	3,952
6	Bayer	Pharma/Chemie/Pflanzenschutz	3,182
7	Boehringer Ingelheim	Pharma	2,795
8	SAP	Software/Computerdienste	2,253
9	Continental	Autozulieferer	1,827
10	BASF	Chemie	1,766
11	Merck	Pharma	1,511
	1–11 insgesamt		41,936
	100 forschungsstärkste Unternehmen		55,496
	224 forschungsstärkste Unternehmen		57,396

Quelle: Belitz 2014, S. 251–252; eigene Berechnungen

findet sich mittlerweile auch ein führender Konzern der Internetwirtschaft in dieser Gruppe. Besonders forschungsintensiv sind die Konzerne aus den Spitzentechnologiesektoren: Deren FuE-Intensität, also der Anteil ihrer FuE-Ausgaben am Konzernumsatz, liegt zwischen 11 und 20% und damit deutlich über demjenigen in den klassischen Industriesektoren der Automobil- und elektrotechnischen Industrie.

Legt man die finanziellen Mittel zugrunde, die der Unternehmenssektor investiert, dann sind Forschung und Entwicklung in der Wirtschaft die uneingeschränkte Domäne einer überschaubaren Zahl international agierender Konzerne, die die FuE-Strukturen auch großer Volkswirtschaften nachhaltig prägen. Das allein wird allerdings der qualitativen Bedeutung nicht gerecht, die technologieorientierte Startup-Firmen im Forschungs- und Innovationsprozess seit Ende der 1970er-Jahre vor allem in den Vereinigten Staaten erlangt haben. In den wichtigen neuen Spitzentechnologiesektoren waren regelmäßig nicht saturierte Großunternehmen, sondern neugegründete Firmen die Pioniere und frühen Impulsgeber, die die kommerzielle Nutzung grundlegend neuer technischer Möglichkeiten als Erste erkundet, auf den Weg gebracht – und dabei immer wieder stark von den Ergebnissen öffentlich finanzierter Grundlagenforschung und staatlicher Anschubfinanzierung profitiert haben (Mazzucato 2013, S. 57–71).

So wurde der Aufschwung der US-amerikanischen PC- und Softwareindustrie in den späten 1970er- und frühen 1980er-Jahren durch den Eintritt einer großen Zahl neuer forschungsintensiver Firmen getragen und geprägt, von denen einige wenige (wie zum Beispiel Microsoft) schnell in den Rang marktbeherrschender internationaler Konzerne aufgestiegen sind und viele der damals etablierten Konzerne des

Tab. 2 Weltweite FuE-Aufwendungen der forschungsstärksten internationalen Unternehmen 2013

	Unternehmen	Wirtschaftssektor	Land	FuE-Ausgaben (in Mrd. €)	FuE-Intensität (in %)
1	Volkswagen	Auto	Deutschland	11,743	6,0
2	Samsung Electronics	Elektro	Südkorea	10,155	6,3
3	Microsoft	Software	USA	8,253	13,1
4	Intel	Halbleiter	USA	7,694	20,1
5	Novartis	Pharma/BT	Schweiz	7,174	17,1
6	Roche	Pharma/BT	Schweiz	7,076	18,6
7	Toyota Motor	Auto	Japan	6,270	3,5
8	Johnson & Johnson	Pharma/BT	USA	5,934	11,5
9	Google	Internet	USA	5,736	13,2
10	Daimler	Auto	Deutschland	5,379	4,6
11	General Motors	Auto	USA	5,221	4,6
12	Merck US	Pharma/BT	USA	5,165	16,2
13	BMW	Auto	Deutschland	4,792	6,3
14	Sanofi-Aventis	Pharma/BT	Frankreich	4,757	14,4
15	Pfizer	Pharma/BT	USA	4,750	12,7
16	Robert Bosch	Auto/Elektro	Deutschland	4,653	10,1
17	Ford Motor	Auto	USA	4,641	4,4
18	Cisco Systems	Telekom/Rechnernetze	USA	4,564	13,4
19	Siemens	Elektro	Deutschland	4,556	6,0
20	Honda Motor	Auto	Japan	4,367	5,4
	1–10			75,414	
	1–20			122,880	
	1–100*			286,034	
	101–2.500*			252,637	
	2.500 insgesamt*			538,671	

*Schätzungen
Quelle: European Commission 2014, S. 44; eigene Berechnungen

IT-Sektors verdrängen konnten (Bresnahan und Malerba 1999; Mowery 1999; Cloodt et al. 2010). Auch die wesentlichen Anstöße zur kommerziellen Entwicklung gentechnisch veränderter Arzneimittel, Impfstoffe und Diagnostika kamen zunächst nicht von den etablierten Pharmakonzernen, sondern von neuen Startup-Firmen, die seit der zweiten Hälfte der 1970er-Jahre in den USA vor allem aus Zusammenhängen der Hochschulforschung entstanden waren. Anders als in der IT-Industrie wurden die etablierten Pharmakonzerne in der Folgezeit allerdings nicht durch neue Biotechnologiefirmen verdrängt – insbesondere wegen der ausgesprochen hohen Forschungs-

und Entwicklungskosten sowie der langwierigen und komplexen Zulassungsprozesse für neue Arzneimittel. Stattdessen koexistieren spezialisierte Biotechnologiefirmen seither in diesem Sektor mit den Pharmakonzernen vor allem als deren bevorzugte Kooperationspartner (Dolata 2003, S. 178–196; Henderson et al. 1999; Roijakkers und Hagedoorn 2006). Die kommerzielle Erschließung des Internets schließlich erfolgte seit Mitte der 1990er-Jahre ebenfalls vor allem durch Startup-Firmen, die als Erste neue Möglichkeiten des netzbasierten Handels, der Suche, der Werbung, der Entwicklung und Vermarktung von Social Networking ausgelotet haben. In diesem Fall konnten sich, unterstützt durch die im Internet wirkenden Netzwerkeffekte, in kurzer Zeit aus einer größeren Zahl von Neueinsteigern wenige neue forschungsstarke US-Konzerne wie Amazon, Google oder Facebook herausbilden, die heute die Internetwirtschaft weltweit beherrschen (Dolata 2015).

Die Chance neugegründeter Firmen vor allem in neuen Spitzentechnologiesektoren basiert nicht nur auf ihrer Risikobereitschaft, Forschungsflexibilität und staatlichen Unterstützung. Sie beruht auch darauf, dass bereits etablierte Konzerne in ihren FuE-Aktivitäten und Innovationsstrategien oft pfadabhängig und strukturkonservativ agieren (Mellahi und Wilkinson 2004; Lam 2005). Saturierte Unternehmen orientieren sich in ihrem Handeln in der Regel stark an den vorhandenen Märkten und Technologien, die sie maßgeblich mitkonstituiert haben und die die Basis ihres Erfolgs bilden. Alles ist darauf abgestimmt: ihre Leitorientierungen und Routinen, ihre Organisationsstrukturen, ihre Investitionen, ihre Produktionssysteme und auch ihre Forschungs- und Entwicklungsaktivitäten. Zusammengenommen beeinträchtigt das oft ihre Adaptionsfähigkeit, insbesondere gegenüber grundlegend neuen wissenschaftlichen und technologischen Möglichkeiten, erschwert schnelle und größere strategische Umorientierungen und bietet so Raum für die Expansion von neuen Firmen (Dolata 2009, 2013, S. 58–71).

All das ändert freilich wenig an den großindustriell geprägten Strukturen in der Forschung und Entwicklung. Startup-Firmen spielen ihre wichtige transitorische Rolle vor allem zu Beginn größerer technologischer Umbruchperioden, die sie mit ihren Aktivitäten anstoßen können. Der weit überwiegende Teil dieser Firmen bleibt allerdings klein, viele von ihnen verschwinden schnell wieder von der Bildfläche, andere finden ihre Rolle als Kooperationspartner der Konzerne. Nur einige wenige von ihnen – z. B. Microsoft und Apple, Google, Amazon und Facebook oder der Biotechnologiekonzern Amgen – wachsen dagegen in den Rang forschungsstarker und international tätiger Konzerne hinein, die ihre Geschäftsfelder als dann neu etablierte Großunternehmen wiederum zum Teil monopolartig beherrschen und dort auch für den Großteil der FuE-Aktivitäten verantwortlich sind.

3 Kooperation: Zusammenarbeit in Forschung und Innovation

Auch Großunternehmen sind mittlerweile allerdings in zum Teil beachtlichem Ausmaß auf externe FuE-Impulse angewiesen. Das spiegelt sich in einer zunehmenden Kooperationsorientierung in den Forschungs- und Entwicklungsaktivitäten der

Wirtschaft wider, die sich als Trend seit den 1980er-Jahren empirisch beobachten lässt. In den Jahrzehnten davor wurde FuE in der Wirtschaft vornehmlich intern, also innerhalb der Konzernzusammenhänge und dort in eigenen großen FuE-Zentren betrieben. Diese enge Bindung der FuE-Aktivitäten an die konzerneigenen FuE-Kapazitäten hat sich seither zwar nicht aufgelöst, aber doch deutlich gelockert: Auftragsforschung, also der externe Einkauf technischen Know-hows, vor allem aber vertragsbasierte Kooperationsbeziehungen zwischen Unternehmen bzw. zwischen Unternehmen und öffentlichen Forschungseinrichtungen haben in den vergangenen Jahrzehnten signifikant an Bedeutung gewonnen.

Empirisch ist dieser Trend unstrittig. Vor allem John Hagedoorn und Kollegen haben in zahlreichen Veröffentlichungen gezeigt, dass die Zahl und Bedeutung von FuE-Kooperationen in der Wirtschaft seit den 1980er-Jahren stark angestiegen sind – insbesondere in den FuE-intensiven Sektoren der Spitzentechnologie: „The 1980s and 1990s, however, mark a period where the growth of R&D intensive industries, influenced by biotechnology and a range of information technologies, is reflected in the increasing importance of these high-tech industries in R&D partnering" (Hagedoorn 2002, S. 482).

Anhand der Pharmaindustrie lässt sich dieser Trend gut nachvollziehen. Die Forschungs- und Entwicklungsaktivitäten der Pharmakonzerne fanden bis in die 1980er-Jahre fast ausschließlich im Rahmen ihrer konzerneigenen FuE-Zentren statt – für externe Forschungsfinanzierungen wurden bis dahin in der Regel lediglich 2 bis 3% der FuE-Mittel verwendet. Angestoßen durch den Einbruch neuer Biotechnologien und darauf spezialisierter Biotechnologiefirmen in die Welt der chemisch orientierten Pharmakonzerne hat sich dieses Bild in der Folgezeit substanziell gewandelt: Seit den 1980er-Jahren verfolgen alle Großunternehmen intensive Kooperationsstrategien und wendeten dafür bereits Anfang der 2000er-Jahre bis zu 30% ihrer FuE-Mittel auf. Sie fließen seither vor allem in die Finanzierung einer jeweils größeren Zahl von Kooperationen mit Biotechnologiefirmen, aber auch in die Zusammenarbeit mit akademischen Forschungseinrichtungen. Die Gründe für die kooperative Wende der Pharmakonzerne liegen in der extremen Wissensbasiertheit und der multidisziplinären Struktur der neuen Biotechnologien sowie in den enormen und bis heute anhaltenden Dynamiken der Wissensgenerierung in diesem Technologiefeld, denen allein über interne FuE-Aktivitäten nicht mehr beizukommen ist. Die Pharmakonzerne wurden dadurch gezwungen, das ebenso verstreute wie spezialisierte Wissen über Kooperationen einzufangen und für ihre FuE zu nutzen – sie fungieren mittlerweile als koordinierende und kontrollierende Kernakteure der Zusammenarbeit (Dolata 2003, S. 196–237; Roijakkers und Hagedoorn 2006; Rothaermel 2001; Perkmann und Walsh 2007).

Kooperationsorientierung ist allerdings kein auf neue Hochtechnologiesektoren beschränktes Phänomen. Auch in der Automobilindustrie ist dieser Trend spürbar. In der deutschen Automobilindustrie geht mittlerweile ein Drittel der FuE-Gesamtaufwendungen dieses Sektors in unternehmensextern betriebene FuE – als Finanzierung von Auftragsforschung und von Kooperationsbeziehungen vornehmlich mit anderen Unternehmen. Während die FuE-Aktivitäten in den Kernbereichen der Automobiltechnik nach wie vor vornehmlich konzernintern durchgeführt werden –

„the main aspect of R&D is still to create the most and best ideas in the industry instead of using internal and external ideas as well" (Ili et al. 2010, S. 249) – greifen die Automobilkonzerne bei zahlreichen Komponenten ihres sehr komplexen und technologieintensiven Produkts, deren Entwicklung sie selbst nicht mehr beherrschen, mittlerweile systematisch auf das Know-how und die FuE-Leistungen darauf spezialisierter Zulieferer und Forschungsunternehmen zurück. Das betrifft zum Beispiel die vielen informationstechnischen Komponenten des Autos und auch die Integration des mobilen Internets in die Ausstattung der Fahrzeuge. Zulieferer fungieren heute nicht mehr vornehmlich als verlängerte Werkbänke der Autohersteller, sondern forschen selbst zum Teil auf hohem Niveau und sind auch in der FuE zu wichtigen Kooperationspartnern der Hersteller geworden (Gassmann et al. 2010; Sturgeon et al. 2008; Hack und Hack 2005, S. 295–375).

Die beiden Beispiele zeigen, dass auch große Unternehmen mit einer starken internen Forschungsbasis heute gezwungen sind, sich systematisch für die Zusammenarbeit mit Externen zu öffnen. Die Gründe dafür sind vielfältig. Sie beruhen vor allem anderen auf einem seit den 1980er-Jahren anhaltend dynamischen wissenschaftlichen und technologischen Wandel mit kürzer werdenden Innovationszyklen und – damit verbunden – einer zunehmenden Komplexität und Auffächerung der Wissensgenerierung, die allein über interne FuE-Aktivitäten auch in Großunternehmen nicht mehr in den Griff zu bekommen sind. In derart dynamischen Umgebungen der Wissensgenerierung und Technologieentwicklung sind deren eigene Kompetenzen und Ressourcen oft begrenzt und erfordern die systematische Abschöpfung auch externen Wissens oder technologischen Know-hows, das in anderen Unternehmen, in der akademischen Forschung oder auch in den Milieus kreativer Outsider entsteht (Teece 1986; Cohen und Levinthal 1990; Flowers 2008).

Konzeptionell ist die empirisch greifbare Kooperationsorientierung in der Wirtschaft bereits in den 1990er-Jahren unter dem Stichwort „Networks of Innovators" diskutiert worden (Freeman 1991; Powell und Grodal 2005; Pittaway et al. 2004) und wird seit Anfang der 2000er-Jahre unter dem Etikett „Open Innovation" recycelt (Chesbrough 2003; Chesbrough und Bogers 2014; West et al. 2014). Vor allem die Open Innovation-Perspektive neigt allerdings dazu, den Trend zur Kooperationsorientierung von Unternehmen zu über- und die nach wie vor wichtige Rolle der unternehmensinternen Forschung zu unterschätzen. Großunternehmen geben auch heute den überwiegenden Teil ihrer FuE-Mittel für ihre internen Forschungs- und Entwicklungsaktivitäten aus. Strategisch relevante Projekte werden nach wie vor oft vornehmlich in den eigenen FuE-Zentren durchgeführt – auch, um dort generiertes und kompetitiv relevantes Wissen und Know-how zu schützen. Und da, wo sie kooperieren, fungieren die Großunternehmen in aller Regel als koordinierende und kontrollierende Kernakteure der Zusammenarbeit, die in der Lage sind, Risiken auf ihre Partner zu verlagern und sich zugleich verwertbare Ergebnisse der Kollaboration vertraglich zu sichern (Trott und Hartmann 2009; Dahlander und Gann 2010; Schreyögg und Sydow 2010).

Das zeigt sich bemerkenswert deutlich, wenn international führende und sehr forschungsintensive Konzerne aus Hochtechnologiesektoren wie der Hard- und Softwareindustrie oder der Internetökonomie betrachtet werden. Apple und

Microsoft, Google, Amazon und Facebook präferieren nach wie vor in den Kernbereichen ihrer FuE ein Modell, das heute gerne etwas despektierlich als „Closed Innovation" bezeichnet wird: Eine Politik der Eigenentwicklung sowie der strikten Abschottung und Geheimhaltung strategischer FuE-Projekte. Die erfolgreiche Entwicklung und Vermarktung proprietärer Innovationen ist hier die zentrale Grundlage für die Erzielung von Wettbewerbsvorteilen. Dazu setzen die Konzerne auf eine möglichst umfassende Kontrolle ihrer kompetitiv relevanten FuE-Aktivitäten sowie auf eine möglichst weitreichende Absicherung der geistigen Eigentumsrechte an ihren Produkten und Diensten. Der wesentliche Teil der Produkte und Dienste, die sie anbieten, kommt aus ihrer internen Forschung und wird von ihnen unter Bedingungen strenger Geheimhaltung selbst produziert und (weiter-)entwickelt.

Allerdings sind auch diese Konzerne auf externe FuE-Impulse angewiesen. Dort, wo Know-how für Eigenentwicklungen fehlt, setzen sie vor allem auf Akquisitionen von spezialisierten Technologiefirmen, deren Kompetenzen und Ressourcen sie in ihre interne FuE integrieren – und daneben auch auf die zum Teil intensive Abschöpfung von Entwicklungen, die zunächst in den Zusammenhängen öffentlicher Forschung oder im Rahmen von Open-Source Communities entstanden sind (Mazzucato 2013, S. 87–112; Dolata 2015; Dolata und Schrape 2014). Zu diesem Zweck beschäftigen die Konzerne in ihrer Forschung eine nicht unerhebliche Zahl an Mitarbeitern, die mit Open Software Entwicklungen befasst sind und in Open Source Communities mitarbeiten, nehmen über ihre Beschäftigten an den großen Entwicklerkonferenzen der Gemeinschaften teil und tragen auch zur Finanzierung von Open Source Projekten bei. Dahlander und Gann (2010) haben das als „inbound innovation sourcing" bezeichnet: Die Konzerne verschaffen sich mit ihren Aktivitäten im Open Software Bereich unterhalb formalisierter und vertraglich geregelter Kooperationsbeziehungen Zugriff zu einem weiten Spektrum an externen Ideen und Wissensbeständen, die sie für ihre interne Forschung und Entwicklung nutzbar machen.

Die angeführten Beispiele zeigen, dass es zwischen verschiedenen Wirtschaftssektoren substanzielle Unterschiede in der Art und Weise gibt, wie Unternehmen ihre FuE organisieren, auf externes Wissen zurückgreifen und ihre Kooperationsbeziehungen strukturieren. Insgesamt hat der Trend zu einer zunehmenden Kooperationsorientierung in der FuE geführt, jedoch nicht zur Ablösung eines alten und obsoleten Modells (Closed Innovation) durch ein neues (Open Innovation), wie dies zunächst sehr rigide von Chesbrough (2003) formuliert worden war, sondern zu einer zum Teil durchaus substanziellen Erweiterung der noch immer entscheidenden internen FuE-Aktivitäten und -Ressourcen um mehr oder minder ausgreifende Beziehungen zu externen Akteuren.

4 Internationalisierung: Sukzessive Auffächerung und selektive Standortwahl

Der zweite wichtige Trend in den Forschungs- und Entwicklungsaktivitäten der Wirtschaft, der in der zweiten Hälfte der 1980er-Jahre begann, ist ihre sukzessive internationale Auffächerung. Er äußert sich zum einen im Aufbau unternehmenseigener FuE-Standorte im Ausland und wird zum anderen von Akquisitionen ausländischer Unternehmen getrieben, durch die in der Regel auch dort vorhandene FuE-Kapazitäten mit übernommen werden (OECD 2008). Letzteres verleiht diesem Trend eine gewisse Volatilität: Größere Unternehmens-Auf- bzw. -verkäufe (wie zum Beispiel der Kauf und spätere Verkauf von Chrysler durch Daimler) können sich in einem nicht unbedeutenden temporären Anstieg bzw. Rückgang des Internationalisierungsgrades der FuE in der Wirtschaft niederschlagen.

Dies zeigt sich, wenn der Auslandsanteil der FuE-Aufwendungen derjenigen deutschen Unternehmen betrachtet wird, die nicht nur FuE im Inland betreiben. Nach einem starken Zuwachs in den 1990er-Jahren lag er 2001 bereits bei knapp 35 %, fiel 2007 auf knapp 25 % und stieg 2011 wieder auf gut 30 % an (USA 2011: 21 %). Auch die Internationalisierung der Forschungs- und Entwicklungsaktivitäten wird von FuE-intensiven multinationalen Konzernen getragen, konzentriert sich in Deutschland mit über 90 % fast ausschließlich auf das Verarbeitende Gewerbe und hier wiederum auf wenige Exportsektoren. Allein auf die Automobilindustrie (mit 39 %) und die Pharmaindustrie (mit 28 %) entfallen zusammen gut zwei Drittel der gesamten FuE-Aufwendungen deutscher Unternehmen im Ausland. Schrittmacher der Internationalisierung ist die deutsche Pharmaindustrie, deren Unternehmen bereits seit längerem über die Hälfte (2011: 54 %) ihrer gesamten FuE-Aufwendungen im Ausland tätigen. Über dem Durchschnitt liegen die Elektrotechnik (34 %) und der Maschinenbau (33 %), darunter die Chemische Industrie (27 %) und die Automobilindustrie (23 %). Trotz aller Schwankungen zwischen den Jahren zeigt sich, dass die Internationalisierung von FuE mittlerweile in signifikante Größenordnungen hineingewachsen ist: Zwischen 2001 und 2011 investierten die auch international forschenden deutschen Unternehmen bereits zwischen einem Viertel und einem Drittel ihrer jährlichen FuE-Mittel im Ausland (Schasse et al. 2014, S. 79–86; Expertenkommission 2013, S. 69–78; Wolfe 2014b, S. 15–17).

Das heißt freilich zugleich, dass die international tätigen deutschen Unternehmen mit Ausnahme der Pharmakonzerne nach wie vor und in den vergangenen 15 Jahren ziemlich stabil etwa 70 % ihrer FuE-Mittel in ihrem Heimatland ausgeben. Internationalisierung meint internationale Auffächerung der Forschungsstandorte und bedeutet nicht, dass die Unternehmen sich damit aus dem heimischen Forschungsstandort zurückziehen oder dass dieser für sie an Bedeutung verliert. Sie verfolgen in der Regel eher expansive als substitutive Strategien: Neue Standorte im Ausland kommen hinzu, ohne dass bereits bestehende inländische FuE-Zentren dadurch erodieren. Vor allem diejenigen deutschen Unternehmen, die in ihrem Heimatland über starke FuE-Kapazitäten verfügen, betreiben intensiv auch im Ausland FuE (Belitz 2014).

Das ist nicht nur für Deutschland typisch. Auch im internationalen Vergleich zeigt sich, dass die international forschenden Unternehmen noch immer stark in die FuE-Strukturen und Innovationssysteme ihres Heimatlandes eingebettet sind und dass neue FuE-Standorte in der Regel nicht auf Kosten bereits bestehender entstehen (Belderbos et al. 2013). So betont Mowery (2009, S. 25), dass „the extent and characteristics of post-1985 'globalization' of R&D may be overstated. In particular, the inventive activities of global firms appear to be much less 'globalized' than conventional wisdom of R&D statistics suggest. The 'homebound' nature of their inventive activities in turn reflects the dependence of these activities on 'local' (domestic) sources of scientific and technological knowledge." Und Hall (2011, S. 8) weist als Ergebnis eines Literaturreviews darauf hin, „that setting up an R&D lab in a new location is rarely accompanied by the closing of a lab elsewhere. [...] It is generally far too costly in terms of the loss of firm-specific human capital to shut down a lab in one location and move the people and equipment to a different far away location. [...] Applying the term 'footlose' to R&D, as some have done, is therefore a bit of hyperbole."

Mit der internationalen Auffächerung ihrer FuE-Aktivitäten verlagern und ersetzen die Unternehmen also in aller Regel ihre angestammten heimischen Standorte nicht, sondern ergänzen sie. Zusätzliche FuE-Kapazitäten im Ausland entstehen teils eher erratisch als Seiteneffekt ihrer allgemeinen Akquisitionstätigkeit: Andere Unternehmen werden aufgekauft – und mit ihnen auch deren FuE-Kapazitäten, mit denen die Käufer bisweilen wenig anzufangen wissen. Neue FuE-Standorte im Ausland werden aber auch gezielt und aus strategischen Gründen errichtet. Dafür sind zwei wesentliche Motive ausschlaggebend (Belitz 2014a; Czernich 2014; Hall 2011).

Zum einen folgen sie der Internationalisierung der Produktion. Ausländische Fertigungsstätten werden um FuE-Abteilungen ergänzt, die vor allem anwendungsnahe Entwicklungsaktivitäten zur Anpassung der eigenen Produkte an die spezifischen lokalen Bedürfnisse durchführen und der Markterschließung bzw. -stabilisierung dienen. Bereits vorhandenes Wissen, das vornehmlich in den angestammten FuE-Zentren der Unternehmen entstanden ist und ihre Produkte prägt, wird auf die Kundenwünsche und Marktstrukturen des Ziellandes ausgerichtet. Diese produktionsorientierte Strategie, die als „knowledge exploiting" bezeichnet wird, ist weit verbreitet und findet sich beispielsweise in allen wichtigen deutschen Exportsektoren.

Zum anderen errichten die Unternehmen zunehmend auch FuE-Standorte im Ausland, um vom dort vorhandenen Wissen zu profitieren. Sie suchen mit ihrer Präsenz in Regionen der Spitzenforschung Zugang zu Wissenschaftlern, Forschungseinrichtungen und Firmen, die in ihrem Heimatland nicht in vergleichbarer Qualität vorhanden sind. Diese forschungs- und technologieorientierte strategische Variante, die als „knowledge augmenting" bezeichnet wird, ist zum Beispiel typisch für Unternehmen der deutschen und europäischen Pharmaindustrie, die seit den 1990er-Jahren darauf zielen, über den Aufbau eigener forschungsorientierter FuE-Zentren vor allem in den USA Anschluss an die dortige biotechnologische Forschung zu erlangen. Die Wahl ausländischer FuE-Standorte ist in solchen Fällen deutlich selektiver und exklusiver als in der ersten Variante: Weltweit kommen nur die wenigen Regionen infrage, in denen internationale Spitzenforschung betrieben wird.

Betrachtet man schließlich die Regionalstruktur der ausländischen FuE-Aktivitäten international tätiger Unternehmen, dann kann von einer wirklichen Globalisierung nicht die Rede sein. Neue FuE-Standorte in den sogenannten BRIC-Staaten Brasilien, Russland, Indien und China sowie in Südostasien und in Osteuropa haben seit den 2000er-Jahren zwar sukzessive an Bedeutung gewonnen. Der weit überwiegende Teil der ausländischen FuE-Aktivitäten sowohl westeuropäischer als auch

US-amerikanischer Unternehmen konzentriert sich allerdings nach wie vor auf die führenden Wirtschaftsregionen USA, EU und Japan. Innerhalb der Triade wiederum dominieren die USA und die EU: Die bevorzugte Zielregion für ausländische FuE-Investitionen US-amerikanischer Großunternehmen ist die Europäische Union; die bevorzugten Zielländer westeuropäischer Konzerne sind die Vereinigten Staaten und ausgewählte europäische Nachbarländer. Deutschland ist hierfür ein typisches Beispiel: Deutsche Unternehmen gehen mit ihren FuE-Investitionen vor allem in die USA sowie nach Österreich, Frankreich, Großbritannien und in die Schweiz. Umgekehrt investieren vor allem Unternehmen aus den USA, den Niederlanden, der Schweiz und Frankreich in deutsche FuE-Kapazitäten und Standorte (IWH et al. 2013; Expertenkommission 2013; Belitz 2012).

Charakteristisch für die Internationalisierung der FuE-Aktivitäten der Unternehmen ist also zum einen, dass der Aufbau neuer Standorte im Ausland in der Regel nicht mit einem signifikanten Bedeutungsverlust der angestammten FuE-Kapazitäten im Heimatland einhergeht. Nicht Substitution, sondern internationale Auffächerung und Erweiterung prägen diesen Trend. Zum anderen findet die grenzüberschreitende Durchdringung und Vernetzung von FuE-Standorten nach wie vor vorwiegend zwischen den weltweit führenden Wirtschaftsregionen und insbesondere zwischen den USA und Westeuropa bzw. innerhalb Westeuropas statt. Internationalisierung ist nicht mit Globalisierung gleichzusetzen: Die Standortentscheidungen der international tätigen Unternehmen sind sehr selektiv und konzentrieren sich auf wenige Zielländer.

5 Fazit

Zusammenfassend kann festgehalten werden, dass Forschung und Entwicklung in allen großen Staaten vornehmlich in der Wirtschaft stattfindet. Sie ist dort vor allem anderen geprägt durch die Entwicklung neuer oder verbesserter Produkte, Prozesse und Dienstleistungen, daneben auch durch angewandte Forschung. Grundlagenforschung spielt demgegenüber in der Wirtschaft eine geringe Rolle und ist die Domäne der Hochschulen. Die Unternehmen finanzieren ihre eigenen Forschungs- und Entwicklungsaktivitäten weitgehend selbst. Ihre FuE-Ausgaben konzentrieren sich allerorten auf wenige Wirtschaftssektoren, allerdings je nach Wirtschaftsstruktur und technologischer Spezialisierung des jeweiligen Landes auf unterschiedliche Bereiche. Während in Deutschland der weit überwiegende Teil der FuE im Unternehmenssektor nach wie vor auf klassische Wirtschaftsbranchen und höherwertige Technologien entfällt, wird FuE in den Vereinigten Staaten vor allem in neuen Wirtschaftssektoren der Spitzentechnologie und im Bereich wissensintensiver Dienstleistungen durchgeführt.

Die FuE-Aktivitäten in der Wirtschaft werden dominiert von international tätigen Konzernen, die große eigene Forschungszentren unterhalten und auf die der weit überwiegende Teil der FuE-Ausgaben entfällt. Daneben spielen zahlreiche neugegründete und forschungsintensive Startup-Firmen regelmäßig eine wichtige Rolle als Impulsgeber und Katalysatoren des Innovationsprozesses – vor allem in der

Frühphase der kommerziellen Erschließung grundlegend neuer Technologiefelder. In der Folge entwickeln sich ebenso regelmäßig sehr wenige dieser Firmen ihrerseits zu international führenden, markt- und forschungsmächtigen Konzernen. Die überwältigende Mehrheit der Startups bleibt allerdings klein, scheitert oder stabilisiert sich als spezialisierte Forschungsfirmen und Kooperationspartner der Großunternehmen.

Mit Blick auf wesentliche Veränderungen in den FuE-Aktivitäten der Wirtschaft stechen zwei Trends heraus. Zum einen sind auch Großunternehmen nicht mehr in der Lage, den außerordentlichen Dynamiken der Wissensgenerierung und Technologieentwicklung allein über ihre konzerneigene Forschung und Entwicklung nachzukommen und in zunehmendem Maße auf die Abschöpfung externen Wissens angewiesen. Dies hat zu einer substanziellen Kooperationsorientierung der Unternehmen geführt, durch die die eigene Forschung und Entwicklung nicht bloß punktuell, sondern systematisch um FuE-Beziehungen zu anderen Unternehmen, akademischen Forschungseinrichtungen und technologieorientierten Produktionsgemeinschaften wie den in der Software-Entwicklung mittlerweile weitverbreiteten Open-Source Communities erweitert worden ist.

Zum anderen haben wiederum vor allem die Großunternehmen ihre FuE-Aktivitäten in den vergangenen Jahrzehnten sukzessive international aufgefächert. Zur früher fast ausschließlich im Heimatland betriebenen Forschung und Entwicklung sind seither neue FuE-Standorte im Ausland hinzugekommen. Das sind entweder entwicklungsorientierte FuE-Abteilungen, die der Internationalisierung der Fertigungsstätten folgen und vornehmlich der Anpassung der Produkte an lokale Bedürfnisse dienen oder neue forschungsorientierte Zentren, die in Regionen errichtet werden, in denen internationale Spitzenforschung betrieben wird, die es im Heimatland in dieser Qualität nicht gibt. Von einer Globalisierung der FuE kann bislang allerdings keine Rede sein: Die Unternehmen unterhalten einerseits in aller Regel nach wie vor starke FuE-Standorte in ihren Heimatländern und die internationale Verteilung neuer Forschungsstandorte konzentriert sich andererseits noch immer stark auf die Vereinigten Staaten und Westeuropa.

Der Staat schließlich hat sich in den vergangenen Jahrzehnten zwar in allen wichtigen Ländern sukzessive aus der direkten Finanzierung der FuE in der Wirtschaft zurückgezogen, ist mit seinen forschungs- und technologiepolitischen Akzentsetzungen allerdings ein wichtiger Bestandteil der nationalen Innovationssysteme und ein entscheidender Akteur auch für die Unternehmen geblieben. Er finanziert nicht nur weite Teile der Grundlagenforschung und der Hochschulausbildung – und damit Wissen und Fähigkeiten, auf die die Unternehmen angewiesen sind und systematisch zurückgreifen können. Er setzt zudem insbesondere mit seiner langfristig ausgerichteten Förderung noch nicht marktgängiger Technologiefelder wichtige Rahmenbedingungen, von denen die Wirtschaft nachhaltig profitiert und stimuliert mit seinen Förderprogrammen auch die Kooperation zwischen Unternehmen bzw. zwischen Unternehmen und öffentlicher Forschung. Internationale Technologieführerschaft basiert selbst in Ländern wie den USA nicht einfach auf marktliberalen Strukturen, sondern ist ganz wesentlich auch Resultat einer technologie- und innovationspolitisch proaktiven Staatstätigkeit.

Literatur

Atkinson, Robert D., und Stephen J. Ezell. 2012. *Innovation economics. The race for global advantage.* New Haven: Yale University Press.
Belderbos, Rene, Bart Leten, und Shinya Suzuki. 2013. How global is R&D? Firm level determinants of home-country bias in R&D. *Journal of International Business Studies* 44(8): 765–786.
Belitz, Heike. 2012. Internationalisierung der Unternehmensforschung: Neue Standorte gewinnen an Bedeutung. *DIW-Wochenbericht* 79(18): 3–9.
Belitz, Heike. 2014. Deutschland nach wie vor ein attraktiver Forschungsstandort für multinationale Unternehmen. *DIW-Wochenbericht* 81(12): 251–260.
Belitz, Heike. 2014a. Motive der Internationalisierung von Forschung und Entwicklung. In: *DIW Roundup 29.* Berlin: DIW.
BMBF, Hrsg. 2014. *Bundesbericht Forschung und Innovation 2014.* Bonn: BMBF.
Bresnahan, Timothy F., und Franco Malerba. 1999. Industrial dynamics and the evolution of firms' and nations' competitive capabilities in the world computer industry. In *Sources of industrial leadership. Studies of seven industries*, Hrsg. David C. Mowery und Richard R. Nelson, 79–132. Cambridge: Cambridge University Press.
Chesbrough, Henry W. 2003. *Open innovation: The New imperative for creating and profiting from technology.* Boston: Harvard Business School Press.
Chesbrough, Henry W., und Marcel Bogers. 2014. Explicating open innovation: Clarifying an emerging paradigm for understanding innovation. In *New frontiers in open innovation*, Hrsg. Henry W. Chesbrough, Wim Vanhaverbeke und Joel West, 3–28. Oxford: Oxford University Press.
Cloodt, Myriam, John Hagedoorn, und Nadine Roijakkers. 2010. Inter-firm R&D networks in the global software industry: An overview of major trends and patterns. *Business History* 52(1): 120–149.
Cohen, Wesley M., und Daniel A. Levinthal. 1990. Absorptive capacity: A new perspective on learning and innovation. *Administrative Science Quarterly* 35:128–152.
Czernich, Nina. 2014. *Forschung und Entwicklung deutscher Unternehmen im Ausland – Zielländer, Motive und Schwierigkeiten*, Studien zum deutschen Innovationssystem 13-2014. Berlin: Stifterverband für die Deutsche Wissenschaft.
Dahlander, Linus, und David M. Gann. 2010. How open is innovation? *Research Policy* 39:699–709.
Dolata, Ulrich. 2003. *Unternehmen Technik. Akteure, Interaktionsmuster und strukturelle Kontexte der Technikentwicklung: Ein Theorierahmen.* Berlin: Edition Sigma.
Dolata, Ulrich. 2006. Technologie- und Innovationspolitik im globalen Wettbewerb. Veränderte Rahmenbedingungen, institutionelle Transformation und politische Gestaltungsmöglichkeiten. *Zeitschrift für Politikwissenschaft* 16(2): 427–455.
Dolata, Ulrich. 2009. Technological innovations and sectoral change. Transformative capacity, adaptability, patterns of change. An analytical framework. *Research Policy* 38(6): 1066–1076.
Dolata, Ulrich. 2013. *The transformative capacity of new technologies. A theory of sociotechnical change.* London: Routledge.
Dolata, Ulrich. 2015. Volatile Monopole. Konzentration. Konkurrenz und Innovationsstrategien der Internetkonzerne. *Berliner Journal für Soziologie* 24(4): 505–529.
Dolata, Ulrich, und Jan-Felix Schrape. 2014. App-economy. Demokratisierung des Software-Marktes? *Technikfolgenabschätzung – Theorie und Praxis* 23(2): 76–80.
European Commission, Hrsg. 2014. *The 2014 EU industrial R&D investment scoreboard.* Luxembourg: Publications Office of the European Union.
Expertenkommission Forschung und Innovation (EFI). 2013. *Gutachten zu Forschung, Innovation und technologischer Leistungsfähigkeit 2013.* Berlin: EFI.
Expertenkommission Forschung und Innovation (EFI). 2014. *Gutachten zu Forschung, Innovation und technologischer Leistungsfähigkeit Deutschlands 2014.* Berlin: EFI.
Flowers, Stephen. 2008. Harnessing the hackers: The emergence and exploitation of Outlaw Innovation. *Research Policy* 37:177–193.

Freeman, Christopher. 1991. Networks of innovators: A synthesis of research issues. *Research Policy* 20: 499–514.

Gassmann, Oliver, Marco Zeschky, Timo Wolff, und Martin Stahl. 2010. Crossing the industry-line: Breakthrough innovation through cross-industry alliances with 'Non-Suppliers'. *Long Range Planning* 43:639–654.

Hack, Lothar, und Irmgard Hack. 2005. *Wissen, Macht und Organisation. Internationalisierung industrieller Forschung und Entwicklung – ein Fallvergleich*. Berlin: Edition Sigma.

Hagedoorn, John. 2002. Inter-firm R&D partnerships: An overview of major trends and patterns since 1960. *Research Policy* 31:477–492.

Hall, Bronwyn H. 2011. The internationalization of R&D. UNU-MERIT Working Papers 2011-049. Maastricht: United Nations University.

Henderson, Rebekka, Luigi Orsenigo, und Gary P. Pisano. 1999. The pharmaceutical industry and the revolution in molecular biology: Interactions among scientific, institutional, and organizational change. In *Sources of industrial leadership. Studies of seven industries*, Hrsg. David C. Mowery und Richard R. Nelson, 267–311. Cambridge: Cambridge University Press.

Ili, Serhan, Albert Albers, und Sebastian Miller. 2010. Open innovation in the automotive industry. *R&D Management* 40(3): 246–255.

IWH / DIW / LMU / WU. 2013. Internationale FuE-Standorte. Studien zum deutschen Innovationssystem Nr. 11-2013. Berlin: Expertenkommission Forschung und Innovation (EFI).

Lam, Alice. 2005. Organizational innovation. In *The oxford handbook of innovation*, Hrsg. Jan Fagerberg, David C. Mowery und Richard R. Nelson, 115–147. Oxford: Oxford University Press.

Mazzucato, Mariana. 2013. *The entrepreneurial state. Debunking public vs. private sector myths*. London: Anthem Press.

Mellahi, Kamel, und Adrian Wilkinson. 2004. Organizational failure: A critique of recent research and a proposed integrative framework. *International Journal of Management Reviews* 5/6(1): 21–41.

Mowery, David C. 1999. The computer software industry. In *Sources of industrial leadership. Studies of seven industries*, Hrsg. David C. Mowery und Richard R. Nelson, 133–168. Cambridge: Cambridge University Press.

Mowery, David C. 2009. *Plus ca change*: Industrial R&D in the „third industrial revolution". *Industrial and Corporate Change* 18(1): 1–50.

OECD, Hrsg. 2002. *Frascati-manual: Proposed standard practice for surveys on research and experimental development*. Paris: OECD.

OECD, Hrsg. 2008. *The internationalization of business R&D: Evidence, impacts and implications*. Paris: OECD.

Pavitt, Keith. 1991. What makes basic research economically useful? *Research Policy* 20:109–119.

Perkmann, Markus, und Kathryn Walsh. 2007. University-industry relationships and open innovation: Towards a research agenda. *International Journal of Management Reviews* 9(4): 259–280.

Pittaway, Luke, Maxine Robertson, Kamal Munir, David Denyer, und Andy Neely. 2004. Networking and innovation: A systematic review of the evidence. *International Journal of Management Reviews* 5/6(3&4): 137–168.

Powell, Walter W., und Stine Grodal. 2005. Networks of Innovators. In *The oxford handbook of innovation*, Hrsg. Jan Fagerberg, David C. Mowery, und Richard R. Nelson, 56–85. Oxford: Oxford University Press.

Roijakkers, Nadine, und John Hagedoorn. 2006. Inter-firm partnering in pharmaceutical biotechnology since 1975: Trends, patterns, and networks. *Research Policy* 35:431–446.

Rothaermel, Frank T. 2001. Incumbent's advantage through exploiting complementary assets via interfirm cooperation. *Strategic Management Journal* 22(6/7): 687–699.

Salter, Ammon J., und Ben R. Martin. 2001. The economic benefits of publicly funded basic research. *Research Policy* 30:509–532.

Schasse, Ulrich. 2015. *Forschung und Entwicklung in Staat und Wirtschaft – Kurzstudie 2015*, Studien zum deutschen Innovationssystem 3–2015. Berlin: Stifterverband für die Deutsche Wissenschaft.

Schasse, Ulrich, Heike Belitz, Andreas Kladroba, und Gero Stenke. 2014. *Forschungs- und Entwicklungsaktivitäten der deutschen Wirtschaft*, Studien zum deutschen Innovationssystem 2–2014. Berlin: Stifterverband für die Deutsche Wissenschaft.

Schimank, Uwe. 2006. Industrieforschung im Spannungsfeld von Wissenschaft, Wirtschaft und Politik. In *Teilsystemische Autonomie und politische Gesellschaftssteuerung. Beiträge zur akteurzentrierten Differenzierungstheorie 2*, Hrsg. Uwe Schimank, 57–70. Wiesbaden: VS Verlag.

Schmoch, Ulrich. 2003. *Hochschulforschung und Industrieforschung. Perspektiven und Interaktion*. Frankfurt a. M.: Campus.

Schreyögg, Georg, und Jörg Sydow. 2010. Organizing for fluidity? Dilemmas of new organizational forms. *Organization Science* 21(6): 1251–1262.

Stifterverband für die Deutsche Wissenschaft, Hrsg. 2013. *FuE-Datenreport 2013. Analysen und Vergleiche*. Essen: Stifterverband.

Stifterverband für die Deutsche Wissenschaft, Hrsg. 2015. *Forschung & Entwicklung facts*. Essen: Stifterverband.

Sturgeon, Thimothy, Johannes Van Biesebroeck, und Gary Gereffi. 2008. *Value chains, networks, and clusters: Reframing the global automotive industry*, ITEC Working Paper Series 08–02. Kyoto: ITEC.

Teece, David. 1986. Profiting from technological innovation: Implications for integration, collaboration, licensing, and public policy. *Research Policy* 15:285–305.

Trott, Paul, und Dap Hartmann. 2009. Why 'open innovation' is old wine in new bottles. *International Journal of Innovation Management* 13(4): 715–736.

West, Joel, Ammon Salter, Wim Vanhaverbeke, und Henry Chesbrough. 2014. Open innovation: The next decade. *Research Policy* 43:805–811.

Wolfe, Raymond M. 2014a. *Business R&D performance in the United States tops $300 billion in 2012*. Arlington: National Science Foundation. NCSES Info Brief October 2014.

Wolfe, Raymond M. 2014b. *Business research and development and innovation: 2011. Detailed statistical tables*. Arlington: National Science Foundation.

Zusammenfassungen und Schlüsselwörter aller Beiträge

TEIL I: GESCHICHTE UND RAHMENBEDINGUNGEN

Kontinuitäten und Umbrüche in der deutschen Wissenschaftspolitik (1900–1990)

Martin Lengwiler

Zusammenfassung
Der Beitrag untersucht die Entwicklung der deutschen Wissenschaftspolitik seit dem ausgehenden 19. Jahrhundert, wobei die Jahrzehnte nach dem Zweiten Weltkrieg und die beiden deutschen Teilstaaten bis zur Wiedervereinigung im Vordergrund stehen. Im Verlauf der Nachkriegszeit hat die staatliche Wissenschaftspolitik sowohl in West- wie in Ostdeutschland einen fundamentalen Paradigmenwechsel erlebt und sich von einer traditionell bildungspolitischen zu einer forschungs- und wirtschaftspolitischen Ausrichtung mit steigenden zentralstaatlichen Verantwortlichkeiten entwickelt.

Schlüsselwörter Forschungspolitik, Kalter Krieg, Großforschung, Deutsche Forschungsgemeinschaft, Wissenschaftsrat

Innovation und Exzellenz: Neue und alte Herausforderungen für das deutsche Wissenschaftssystem

Andreas Knie und Dagmar Simon

Zusammenfassung
Im Rahmen eines Exzellenzprogramms, der Exzellenzinitiative von Bund und Ländern, wurden beachtliche institutionelle Neuerungen im deutschen Wissenschaftssystem ermöglicht. Anderseits ist die für Innovationen förderliche Durchlässigkeit zwischen Wissenschaft und anderen gesellschaftlichen Sektoren, insbesondere der Wirtschaft, nicht erreicht worden. Eine entscheidende Begründung liegt in dem

vorherrschenden Reputationsregime der Wissenschaft, das auf innerwissenschaftliche Leistungskriterien setzt und durch die Exzellenzinitiative wissenschafts- und forschungspolitisch weiter stabilisiert wurde.

Schlüsselwörter Wissenschaftssystem, Innovation, Exzellenz, Governance, Institutionelle Settings

Governance der Wissenschaft

Uwe Schimank

Zusammenfassung
Vor dem Hintergrund der Spezifika von wissenschaftlicher Forschung und von Universitäten als Forschungsorganisationen wird die Governance-Perspektive auf Wissenschaft in ihren theoretischen Diskussionen und empirischen Forschungen dargelegt. Die Entfaltung der Perspektive hat sich in drei Schritten vollzogen: erstens von Governance-Mechanismen zum Governance-Regime; zweitens vom Governance-Regime zu den Effekten auf Charakteristika des produzierten wissenschaftlichen Wissens; und drittens von Governance zu „authority relations".

Schlüsselwörter Governance, new public management, authority relations, Hochschulen, Forschung

Rahmenbedingungen von Hochschulpolitik in Deutschland

Reinhard Kreckel

Zusammenfassung
Das Spannungsverhältnis zwischen Forschung und Lehre dient als Angelpunkt für das Verständnis von Hochschulpolitik in Deutschland und wird zunächst in seinem historischen Kontext betrachtet. Es schließt sich ein Überblick über die wichtigsten hochschulpolitischen Akteure an, die heute auf die Struktur und Entwicklung der Hochschulen einwirken. Dabei wird zwischen supra-nationalen, nationalen, föderalen und lokalen Handlungsebenen der Hochschulpolitik unterschieden. Es wird gezeigt, dass aus dem traditionellen Spannungsverhältnis von Forschung und Lehre heute ein hochschulpolitisches Spitze-Breite-Dilemma entstanden ist.

Schlüsselwörter Hochschulpolitik, Forschung und Lehre, Governance-Ebenen, Intermediäre Akteure

EU-Forschungspolitik – von der Industrieförderung zu einer pan-europäischen Wissenschaftspolitik?

Tim Flink

Zusammenfassung
Der Beitrag diskutiert zentrale Entwicklungen, Strukturen und Mechanismen der Forschungspolitik der Europäischen Union (EU). Dieses Politikfeld wurde im Hinblick auf seine Themen, Programme und Budgets seit Mitte der 1980er-Jahre massiv erweitert, doch zugleich scheint es seinem eigenen politischen Integrationserfolg zum Opfer zu fallen: Es sind die primär ökonomischen Ziele und die begrenzte Legitimation nationaler und transnationaler Koordinierung, die der EU-Forschungs- und Technologiepolitik (F&T) weitere Integrationsschritte untersagen. So entsteht der Eindruck, dass F&T-Förderung aus Brüssel ausgerechnet allen möglichen, nicht aber wissenschaftlichen Zwecken zu genügen hat.

Schlüsselwörter Europäische Integration, Forschungs- und Technologiepolitik, Governance

Rechtliche Rahmenbedingungen der Wissenschaftspolitik

Margrit Seckelmann

Zusammenfassung
Das Wissenschaftsrecht gibt Auskunft über die Verfasstheit einer Gesellschaft. Warf in den 1970er-Jahren eher die Mitbestimmung von Nichthabilitierten über universitäre Angelegenheiten Fragen auf, so stehen heute die Instrumente des „Neuen Steuerungsmodells" an Hochschulen auf dem verfassungsrechtlichen Prüfstand. Dazu gehören Zielvereinbarungen (auch im Rahmen der W-Besoldung), Fragen der inneren Verfasstheit von Hochschulen und die Akkreditierung von Studiengängen. Nachfolgend werden diese Veränderungen, auch vor dem Hintergrund der (Neu-)Verteilung der Kompetenzen im Bundesstaat seit 2006, dargestellt. Darüber hinaus wird die Vereinbarkeit dieser neuen „Governance-Strukturen" mit der Wissenschaftsfreiheit aus Art. 5 Abs. 3 GG analysiert, wobei insbesondere auf die Rechtsprechung des Bundesverfassungsgerichts eingegangen wird.

Schlüsselwörter Akkreditierung, Art. 5 Abs. 3 GG, W-Besoldung, Wissenschaftsföderalismus, Wissenschaftsrecht

Deutsche Wissenschaftspolitik im internationalen Kontext

Ulrich Schreiterer

Zusammenfassung
In den 1990er-Jahren gab es einen markanten Wechsel im Bezugsrahmen der deutschen Wissenschaftspolitik. Deren neue Leitmotive folgen globalen Trends, treiben diese aber zugleich auch weiter an. Wissenschaftspolitik ist internationaler als je zuvor, Vergleiche, Metriken und Benchmarks bestimmen ihren Takt und Ton. Überall geht es zuoberst um die Sicherung internationaler Wettbewerbsfähigkeit und von Innovationspotenzialen. Der Beitrag skizziert die vier Hauptkampflinien des neuen wissenschaftspolitischen Paradigmas in deutschen Landen: Wettbewerb, Impact/Innovation, Exzellenz und Finanzen.

Schlüsselwörter Neue Wissenschaftspolitik, Wettbewerbsfähigkeit, Impact, Innovation, Exzellenz

TEIL II: DISZIPLINÄRE UND INTERDISZIPLINÄRE ZUGÄNGE

Wissenschaftssoziologie

Peter Weingart

Zusammenfassung
Die Wissenschaft hat für Gesellschaft, Politik und Wirtschaft in unterschiedlicher Weise Schlüsselfunktionen: als vorrangiges Wissenssystem, als Ressource der Beratung und als Quelle von Innovationen. Die Beziehungen zwischen diesen Bereichen werden enger, dadurch werden die Schnittstellen zwischen ihnen wichtiger. Im Zentrum des Interesses der Wissenschaftssoziologie steht die Wechselbeziehung zwischen der Politik und der Wissenschaft. Wissenschaftspolitik bedarf der genauen Kenntnis der internen Operationsweise der Wissenschaft, wenn sie unbeabsichtigte Folgen vermeiden will.

Schlüsselwörter Wissenschaftssoziologie, Wissenschaftspolitik, Politikberatung, Innovation, Öffentlichkeit

Wissenschaftspolitik und Science & Technology Studies

Jörg Potthast

Zusammenfassung
Wissenschaft ist eine praktische und situierte Aktivität. Sie umfasst ein Repertoire von Kulturtechniken, die sich mehr oder weniger ausgedehnter sachtechnischer

Infrastrukturen bedienen. Dieses Verständnis von Wissenschaft resultiert unter anderem aus der Abgrenzung von einer wissenschaftssoziologischen Tradition, in der Wissenschaft als eine Institution mit dafür charakteristischen Normen und Rollen bestimmt wird. Mit dieser Verschiebung, die maßgeblich auf das Forschungsprogramm der Science & Technology Studies zurückgeht, bieten sich neue Perspektiven auf das Feld der Wissenschaftspolitik.

Schlüsselwörter Wissenschaft als Praxisform, Labor-Ethnografie, Interdisziplinarität

Der Beitrag der Innovationsforschung zur Wissenschaftspolitik

Clemens Blümel

Zusammenfassung
Innovationsforschung hat in der Wissenschaftspolitik viel Aufmerksamkeit erfahren: Konzepte, Verfahren und Modelle dieses Forschungsfeldes spielen eine wichtige Rolle, sowohl in der öffentlichen Debatte als auch in der politischen Praxis. Dieser Beitrag stellt zentrale Konzepte der institutionalistischen Innovationsforschung vor und beleuchtet einige Aspekte ihrer Rezeption und Funktionalisierung im wissenschaftspolitischen Kontext. Hierzu zählen die Art des produzierten Wissens, ihre Publikumsorientierung sowie die veränderten Interaktionsformen an der Schnittstelle zwischen Wissenschaft und Wissenschaftspolitik.

Schlüsselwörter Innovation, Innovationsforschung, Wissenschaftspolitik, Innovationsmodelle, Wissenstransfer

Beiträge der Pädagogischen Psychologie zur Wissenschaftspolitik

Elke Wild und Wiebke Esdar

Zusammenfassung
Entsprechend den Forschungsfeldern der Pädagogischen Psychologie fokussiert der Beitrag auf Bedingungen und Folgen des *Lehrens* und *Lernens* an Hochschulen. Vor dem Hintergrund der Bologna-Reform und einer wachsenden Heterogenität der Studierendenschaft werden aktuelle Ergebnisse theoriebasierter, empirischer Studien zusammengefasst. Deutlich wird, dass für eine Verbesserung der Lehre organisationale Rahmenbedingungen zur Aufrechterhaltung einer selbstbestimmten Lehrmotivation geschaffen werden müssten. Dabei sollten die Interdependenz zwischen Lehr- und Forschungsanforderungen und die daraus resultierenden Zielkonflikte besondere Beachtung finden. Der Beitrag schließt mit praktischen Implikationen für Handlungsfelder innerhalb der Hochschulen und der Wissenschaftspolitik.

Schlüsselwörter Hochschullehre, Bologna-Reform, Heterogenität, Lehr-Lern-Paradigmen, Steuerungskonzepte, Lehrmotivation, Nachwuchsförderung

Wissenschaftspolitik aus wissenschaftshistorischer Perspektive

Carsten Reinhardt und Marcus B. Carrier

Zusammenfassung
Die Wissenschaftsgeschichte hat sich der Wissenschaftspolitik vor allem durch die Untersuchung wissenschaftlicher Organisationen gewidmet. Diesem institutionenhistorischen Vorgehen stehen diskurs- und begriffsgeschichtlich verfahrende Ansätze gegenüber, die die Modelle und Denkmuster analysieren, die der Wissenschaftspolitik zugrunde lagen. Der Beitrag gibt mit Fokus auf die deutsche Entwicklung einen Überblick über Befunde der Wissenschaftsgeschichtsschreibung zum 19. und 20. Jahrhundert und schließt mit einem Ausblick, wie sie künftig zur Analyse der Wissenschaftspolitik beitragen kann.

Schlüsselwörter Wissenschaftssystem, lineares Modell, Wilhelm von Humboldt, Harnack-Prinzip.

TEIL III: GOVERNANCE

Partizipation, Responsivität, Nachhaltigkeit: Zur Realfiktion eines neuen Gesellschaftsvertrags

Sabine Maasen und Sascha Dickel

Zusammenfassung
Rezente wissenschaftspolitische Diskurse lassen sich als Suche nach einem neuen „Vertrag" zwischen Wissenschaft und Gesellschaft interpretieren, der Innovation und Legitimation miteinander versöhnen soll. Insbesondere Partizipation, Responsivität und Nachhaltigkeit gelten als dessen mögliche Bausteine. Dabei werden normative Erwägungen zunehmend mit epistemischen Fragen verknüpft. Unsere Analyse rekonstruiert die kontinuierliche Vertragsarbeit zum einen als Ausdruck einer Selbst- und Fremdpolitisierung der Wissenschaft, zum anderen als stabilen Gegenstand reflexiver Forschung und Governance.

Schlüsselwörter Gesellschaftsvertrag, Partizipation, Nachhaltigkeit, Responsible Research and Innovation, Citizen Science

Forschungs-(Evaluation)

Stefan Hornbostel

Zusammenfassung
Der Beitrag skizziert die historische Entwicklung von Evaluationsverfahren, verortet ihre Verbreitung in der Wissenschaft in veränderten Governancestrukturen und Wachstumsprozessen, beschreibt wesentliche Funktionen von Evaluationen, diskutiert die Wissenschaftlichkeit derartiger Verfahren und die Erwartungen und Kritiken an ihrem Einsatz. Verschiedene Formen von Evaluationsverfahren, einschließlich Rankings, werden von anderen Bewertungstechniken abgegrenzt und wesentliche Ziele und Elemente charakterisiert, sowie Folgen von Evaluationen beleuchtet.

Schlüsselwörter Evaluation, Ranking, Forschung

Selbststeuerung der Wissenschaft durch Peer-Review-Verfahren

Friedhelm Neidhardt

Zusammenfassung
Peer Review zielt auf eine leistungsgerechte Verteilung wissenschaftsrelevanter Mittel (Geld, Publizität, Reputation). Die Professionalisierung von Peer Review erzeugte in Einrichtungen der Forschungsförderung, Redaktionen und Universitäten eine Vielzahl institutioneller Bedingungen, um Reliabilität, Validität und Fairness von Begutachtungen zu gewährleisten. Eine sozialpsychologische Verengung der Peer-Review-Forschung hat diese Bedingungen bislang nur unzureichend bearbeitet. Man muss die organisatorischen Kontexte bei der Analyse berücksichtigen; das wird im Folgenden geschehen.

Schlüsselwörter Peer Review, Begutachtungssysteme, Selbstkontrollmechanismen, Partizipation, Öffentlichkeit

Open Science als wissenschaftspolitische Problemlösungsformel?

Martina Franzen

Zusammenfassung
Open Science ist normatives Ideal einer sozial robusten Wissensproduktion und zugleich wissenschaftspolitisches Ziel, Investitionen in Forschung so effektiv und effizient wie möglich zu gestalten. Die Realisierung der Idee von Open Science ist an die digitale Transformation der Wissenschaft geknüpft, die weitreichende Veränderungen der bisherigen Praxis der Wissensproduktion mit sich bringt.

Im vorliegenden Beitrag wird das schillernde Programm von Open Science in seinen vielfältigen Dimensionen systematisch abgesteckt und dessen Implikationen entlang aktueller Krisendiagnosen der Wissenschaft wissenschaftssoziologisch reflektiert.

Schlüsselwörter Open Science, Citizen Science, Science 2.0, Governance, Digitalisierung

Qualitätssicherung und Qualitätsmanagement an Hochschulen

Anke Rigbers

Zusammenfassung
Qualitätssicherung und -management sind in den letzten zwei Jahrzehnten zu konstitutiven Bestandteilen der Hochschulentwicklung geworden. In einem bis heute unabgeschlossenen Prozess der „Organisationswerdung" von Hochschulen wurden Praktiken der Qualitätsbewertung institutionalisiert, die von Organisationsmitgliedern noch immer oft mit Skepsis oder gar Ablehnung begleitet werden. In dem Beitrag steht diese Ebene der Organisation im Mittelpunkt. Die zunächst von außen herangetragene Qualitätsdiskussion wird eingangs mit ihren Hintergründen und Weiterungen dargestellt und im Fazit die aktuellen Anforderungen an ein organisationsangemessenes Qualitätsmanagement diskutiert.

Schlüsselwörter Qualitätsentwicklung, Qualitätssicherung, Qualitätsmanagement, Qualitätskultur, Hochschulen

Wissenschaftliche Politikberatung: Organisationsformen und Gestaltungselemente

Justus Lentsch

Zusammenfassung
Die wissenschaftliche Politikberatung steht zunehmend im Fokus der öffentlichen Debatte. Der vorliegende Beitrag gibt einen Überblick über die Entwicklung der wissenschaftlichen Politikberatung und ihre wesentlichen Treiber, über das Verhältnis zwischen Beratern und ihren Auftraggebern und über die Debatte zur Qualität wissenschaftlicher Expertise. Im Anschluss daran werden die unterschiedlichen Gestaltungselemente wissenschaftlicher Politikberatung, insbesondere die Formen und Typen von Beratungsorganisationen, vorgestellt. In einem Exkurs wird schließlich gezeigt, wie Politikberatung noch verstanden werden kann: nämlich nicht ausschließlich als eine Leistung der Wissenschaft gegenüber der Politik sondern als eine interne Funktion des politischen Systems selbst.

Schlüsselwörter Wissenschaftliche Politikberatung, Politikberatung, Politisierung, Verwissenschaftlichung, Wissenschaftsforschung

Internationalisierung der Forschung: Mobilität – Präsenz – Politik

Enno Aufderheide und Berthold Neizert

Zusammenfassung
Mobilität ist prägnanter Ausdruck einer durch Kooperation und Netzwerkbildung geprägten Wissenschaft. Der Beitrag beleuchtet die internationale Mobilität der bereits promovierten Forschenden, die internationale wissenschaftliche Zusammenarbeit und die Auslandspräsenz deutscher Wissenschafts- und Forschungseinrichtungen als Voraussetzungen für eine förderliche „Brain Circulation". Sie spricht gegen die oft artikulierte Gefahr eines „Brain Drain" und für die Fortsetzung der in Deutschland in den letzten zehn Jahren ergriffenen wissenschaftspolitischen Internationalisierungsinitiativen.

Schlüsselwörter Internationalisierung, Mobilität von Forschenden, internationale Zusammenarbeit, Auslandspräsenz deutscher Forschungseinrichtungen

Wissenschaftspolitik und wissenschaftliche Karriere

Jan-Christoph Rogge und Jakob Tesch

Zusammenfassung
Trotz einer verstärkten Aufmerksamkeit für den sogenannten wissenschaftlichen Nachwuchs in den letzten Jahren ist die deutsche Wissenschaftspolitik in Bezug auf wissenschaftliche Karrieren bislang durch ein Sammelsurium an Einzelprogrammen und -maßnahmen gekennzeichnet. Die Folge ist eine Diversifizierung der Zugangswege zur Professur bei gleichzeitiger Zuspitzung auf das Karriereziel Professur als einziger Endposition der wissenschaftlichen Karriere. Ausgehend von diesem Befund stellt der vorliegende Beitrag die Besonderheiten des deutschen Karrieremodells, die quantitative Entwicklung auf dem akademischen Arbeitsmarkt und die aktuellen Aktivitäten der Wissenschaftspolitik in verschiedenen Phasen der wissenschaftlichen Karriere dar. Außerdem werden die Karriereorientierungen des wissenschaftlichen Personals thematisiert.

Schlüsselwörter Wissenschaftlicher Nachwuchs, Wissenschaftspolitik, wissenschaftliche Karriere

Neue Wissenschaftspolitik der Gleichstellung in Deutschland

Karin Zimmermann

Zusammenfassung
Inklusive Exzellenz und eine quasi-wettbewerbliche Gleichstellungspolitik sind Merkmale einer neuen Wissenschaftspolitik der Gleichstellung in Deutschland.

Der Beitrag analysiert die gleichstellungspolitischen Effekte der wichtigsten forschungspolitischen Initiativen seit Mitte der 2000er-Jahre: die Exzellenzinitiative, den Pakt für Forschung und Innovation, das Professorinnen-Programm von Bund und Ländern und die forschungsorientierten Gleichstellungsstandards der Deutschen Forschungsgemeinschaft. Widersprüchlichkeiten und Grenzen der Politik werden im Fazit organisationstheoretisch reflektiert.

Schlüsselwörter Forschungsorientierte Gleichstellungsstandards, Inklusive Exzellenz, Peer Review, New Public Management, Wissenschafts- und Forschungsförderung, Gleichstellungspolitik

Wissensregulierung durch Ethik-Kommissionen?

Hella von Unger und Dagmar Simon

Zusammenfassung
Ethik-Kommissionen übernehmen die Aufgabe, Forschungsvorhaben auf die Einhaltung forschungsethischer Grundsätze zu prüfen und verhandeln dabei auch Fragen der wissenschaftlichen Güte. Dieser Beitrag fokussiert auf die Entwicklung von Ethik-Kommissionen in der Medizin und den Sozialwissenschaften. Letztere sind im deutschsprachigen Raum ein Phänomen jüngeren Datums und werden kontrovers diskutiert. In der internationalen Erfahrung gehen mit *ethics reviews* Standardisierungs- und Regulierungsprozesse einher, die dem Methodenpluralismus in den Sozialwissenschaften zuwiderlaufen und aus einer Governance-Perspektive als eine Form der Wissensregulierung gedeutet werden können.

Schlüsselwörter Ethik-Kommissionen, Forschungsethik, Governance, Medizin, Methodenpluralismus, Qualitative Forschung, Regulierung, Sozialwissenschaften

Teil IV: WISSENSCHAFTSFÖRDERUNG

Forschungsförderung und ihre Finanzierung

Sybille Hinze

Zusammenfassung
In dem Beitrag werden die das öffentliche Forschungssystem finanzierenden und die Forschung durchführenden Akteure und deren Zusammenwirken dargestellt. Fokussiert werden die Arbeits- und Zuständigkeitsteilungen zwischen Bund und Ländern einschließlich der jüngsten Änderungen, die nunmehr auch die langfristige gemeinsame institutionelle Förderung von Hochschulen ermöglichen. Thematisiert werden die seit Jahren beobachteten Verschiebungen von der institutionellen hin zur

Projektförderung und mit der Exzellenzinitiative, dem Hochschulpakt 2020 und dem Pakt für Forschung und Innovation die zentralen wissenschaftspolitischen Maßnahmen, die dazu beitragen sollen, das Potenzial des deutschen Wissenschaftssystems zu erschließen und optimal zu fördern.

Schlüsselwörter Forschungsfinanzierung, Akteure des Forschungssystems, Forschungsförderung

Wissenschaftsförderung als gesellschaftliche Aufgabe privater Stiftungen

Wolfgang Rohe

Zusammenfassung
Kommt privaten Stiftungen eine wissenschaftspolitische Rolle zu? Angesichts eines Beitrags von nur einem Prozent gemessen am öffentlichen Aufwand kann sie nicht in der Mitfinanzierung des Wissenschaftssystems liegen. Wo ihr Handeln einen Unterschied machen kann, muss jede Stiftung analysieren und strategisch umsetzen. Möglichkeiten liegen darin, in der Wissenschaftsförderung konsequent als zivilgesellschaftlicher Akteur aufzutreten. Ihr Agieren an dieser Stelle verlangt eine Klärung des Verhältnisses von Wissenschaft, Politik und Gesellschaft, damit Stiftungen gesellschaftlichen Zielen wirkungsvoll dienen und Wissenschaft unabhängig gefördert wird.

Schlüsselwörter Wissenschafts- und Forschungsförderung, Private Stiftungen, Gesellschaftspolitische Funktion, Wirkung/Wirkungsmessung

Neue Herausforderungen für die öffentliche und private Forschungsförderung

Wilhelm Krull und Antje Tepperwien

Zusammenfassung
Angesichts hoher Veränderungsdynamik in Wissenschaft, Wirtschaft und Gesellschaft steht das gesamte Forschungssystem vor großen Herausforderungen. Die enorme Ausweitung projektbasierter Finanzierungen hat insbesondere die Universitäten mit einer Fülle von Problemen konfrontiert. Gefordert ist eine neue Balance zwischen Grundfinanzierung und Drittmitteln ebenso wie die Schaffung mittel- bis langfristig angelegter Freiräume für bahnbrechend neue Forschung und die Eröffnung weiterer Möglichkeiten transnationaler Zusammenarbeit in Forschung und Forschungsförderung. Es gilt, künftig beides in globaler Perspektive zu denken und neu zu konfigurieren.

Schlüsselwörter Forschungsfinanzierung, Qualitätsbewertung in der Wissenschaft, Förderformate, Wissenschaftlicher Nachwuchs, Forschungsinfrastrukturen

Die drei Pakte und ihre Wirkung: Die Exzellenzinitiative, der Hochschulpakt 2020 und der Pakt für Forschung und Innovation

Karl Ulrich Mayer

Zusammenfassung
Die drei Pakte von Bund und Ländern zur Finanzierung und Entwicklung der Lehre und der Forschung an den Universitäten sowie der Forschung in den außeruniversitären Einrichtungen haben das deutsche Wissenschaftssystem gestärkt und mobilisiert. Hinsichtlich der Differenzierung zwischen den Universitäten sowie der Kooperation zwischen Universitäten und außeruniversitären Forschungseinrichtungen wurden durch die drei Pakte Strukturveränderungen in Gang gesetzt. Ob die in diesem Beitrag diskutierten Wirkungen auch nachhaltig sein werden, ist allerdings noch offen. Insbesondere das Ziel der Exzellenzinitiative, nämlich die Herausbildung international sichtbarer und wettbewerbsfähiger Forschungsuniversitäten, ist derzeit in hohem Maße bedroht.

Schlüsselwörter Forschung, Lehre, Deutsches Wissenschaftssystem, Außeruniversitäre Forschungseinrichtungen, Exzellenzinitiative

Teil V: AKTEURE UND ORTE

Staatliche Akteure der Wissenschaftspolitik

Andreas Stucke

Zusammenfassung
Der Beitrag befasst sich mit den staatlichen Akteuren der Wissenschaftspolitik in Deutschland. Es werden vier Strukturmerkmale beschrieben, die die deutsche Wissenschaftspolitik im Handlungsfeld von Bund, Ländern und organisierter Wissenschaft kennzeichnen und sowohl die Handlungsinstrumente als auch die Verhandlungskonstellationen im Wissenschaftsrat und in der Gemeinsamen Wissenschaftskonferenz prägen. Am Beispiel der Föderalismusreform und der Exzellenzinitiative wird verdeutlicht, wie prägend die Akteurskonstellation aus Bund, Ländern und Wissenschaft für wissenschaftspolitische Entscheidungen ist.

Schlüsselwörter Wissenschaftspolitik, Akteurskonstellationen, Bund-Länder-Koordinierung, Steuerung

Differenzierung im deutschen Hochschulsystem

Jürgen Enders

Zusammenfassung
Der Beitrag befasst sich mit der Entwicklung der institutionellen Struktur des deutschen Hochschulsystems und diskutiert das gegenwärtige Ausmaß an Einheitlichkeit und Vielfalt der institutionellen Landschaft. Die Analyse verdeutlicht, dass sich die lange Zeit wirkungsmächtige Akteursfiktion einer weitgehend stabilen Arbeitsteilung zwischen Universitäten und Fachhochschulen bei gleichzeitiger geringer Binnendifferenzierung innerhalb der beiden Typen nicht mehr halten lässt. Die Umsetzung des Bolognaprozesses und die Exzellenzinitiative haben besonders deutlich zu diesem Paradigmenwechsel beigetragen. Hinzu treten mit den dualen Hochschulen und den privaten Hochschulen Institutionen neuen Typs.

Schlüsselwörter Hochschulsystem, Institutionelle Struktur, (Ent)Differenzierung, Stratifizierung.

Hochschulleitung und Hochschulmanagement

Albrecht Blümel

Zusammenfassung
Die Umsetzung der Management-Reformen im deutschen Hochschulsektor geht auf der institutionellen Ebene der Hochschulen einher mit einem Ausbau der Leitungsstrukturen und Integration des administrativen und akademischen Hochschulmanagements. Ungeachtet der formalen Reorganisation des Hochschulmanagements sind die Rekrutierungswege und Entscheidungspraktiken der Hochschulleitungen nach wie vor stark am Selbstverständnis einer kollegialen Professionsgemeinschaft orientiert. Einer Professionalisierung des Hochschulmanagements sind damit enge Grenzen gesetzt.

Schlüsselwörter Hochschulleitung, Hochschulmanagement, Hochschule als Organisation, Managementreformen

Das Bundesministerium für Bildung und Forschung (BMBF) als wissenschaftspolitischer Akteur

Matthias Kölbel

Zusammenfassung
Der Beitrag gibt einen Überblick über die Geschichte des deutschen Bundesforschungsministeriums und seine Aufgaben sowie die Entwicklung der Förderinstrumente seit seiner Gründung im Jahr 1955. Auf wesentliche wissenschaftspolitische

Initiativen aus den letzten 20 Jahren wird besonders eingegangen, darunter die Exzellenzinitiative, der Pakt für Forschung und Innovation und der Hochschulpakt 2020.

Schlüsselwörter Bundesforschungsministerium, Bundesministerium für Bildung und Forschung (BMBF), Aufgaben, Geschichte, Wissenschaftspolitische Initiativen

Governance-Strukturen und institutioneller Wandel des außeruniversitären Forschungssystems Deutschlands

Hans-Willy Hohn

Zusammenfassung
Der Beitrag geht auf die Genese und den institutionellen Status quo des Systems der außeruniversitären Forschung in Deutschland ein. Er behandelt die Stärken und Schwächen des außeruniversitären Forschungssystems und beschreibt sowohl Reformblockaden als auch die wichtigsten aktuellen Veränderungen der Governance-Strukturen des forschungspolitischen Sektors.

Schlüsselwörter Außeruniversitäre Forschungseinrichtungen, Föderalismus, Governance, Reformblockaden, Institutioneller Wandel

Ressortforschungseinrichtungen – Forschung im staatlichen Auftrag

Eva Barlösius

Zusammenfassung
Ressortforschungseinrichtungen sind den Bundesministerien nach- bzw. zugeordnete Forschungseinrichtungen, die vor vollem drei Aufgaben erfüllen: Forschung, Politikberatung, Regulierung und Prüfung. Obwohl sie sich mehrheitlich formal gleichen (z. B. Rechtsstatus), unterscheiden sie sich deutlich bezüglich ihres Forschungsanteils, ob sie einem Forschungsinstitut oder einer staatlichen Behörde ähneln, und wie sie die staatlichen Aufträge erfüllen. Seit der Evaluation durch den Wissenschaftsrat orientieren einige Ministerien ihre Einrichtungen stärker an wissenschaftlichen Erfordernissen.

Schlüsselwörter Ressortforschung, wissenschaftliche Expertise, Politikberatung

Digitale Publikations- und Forschungsinfrastrukturen

Niels Taubert

Zusammenfassung
Der Beitrag gibt eine Übersicht über zentrale Merkmale und Problemstellungen, die mit elektronischen Infrastrukturen in der Wissenschaft verbunden sind. Nach der

Bestimmung von zentralen Merkmalen digitaler Technologien fokussiert er auf zwei Typen. Für Forschungsdateninfrastrukturen werden die mit ihr verbundenen Zielsetzungen sowie Voraussetzungen einer Nutzung dargestellt. Für digitale Publikationsinfrastrukturen werden die typischen Produktions- und Verbreitungswege und die Forderung nach einem offenen Zugang zu Publikationen (Open Access) diskutiert. Dies mündet in die Darstellung spezifischer Problemstellungen, die sich im Zusammenhang mit digitalen Infrastrukturen ergeben.

Schlüsselwörter Wissenschaftliches Kommunikationssystem, Publikationssystem, Publikationsinfrastruktur, Forschungsdateninfrastruktur, Open Access, Open Data, Wissenschaftsverlag, Bibliothek, Publikation, Forschungsdaten

Forschung und Entwicklung in der Wirtschaft: Konzentration, Kooperation und Internationalisierung

Ulrich Dolata

Zusammenfassung
Der Beitrag gibt einen Überblick über wesentliche Strukturmerkmale und Entwicklungstrends der Forschung und Entwicklung (FuE) in der Wirtschaft. Im ersten Kapitel werden grundlegende Zusammenhänge dargestellt. Das zweite Kapitel zeigt, dass der überwiegende Teil der FuE im Kontext international tätiger Konzerne stattfindet. In den folgenden Kapiteln werden die in den letzten Jahrzehnten gewachsene Bedeutung von Kooperationsbeziehungen sowie die zunehmend internationale Ausdifferenzierung der FuE-Aktivitäten von Unternehmen in den Blick genommen.

Schlüsselwörter Forschung und Entwicklung, Konzerne, Startup-Firmen, Kooperation, Internationalisierung

Das LiveReference zum Buch – alle Inhalte im digitalen Zugriff

Dieses Werk können Sie demnächst auch als digitales Produkt abonnieren. In der inhaltlichen Qualität, die Sie von Springer kennen, mit dem zusätzlichen Vorteil, dass Sie als Leser auch alle Aktualisierungen und Erweiterungen mitbekommen. Damit sind Sie immer auf dem neuesten Stand, auch ohne das Bücherregal in regelmäßigen Abständen zu erneuern.

Neugierig?
Dann schicken Sie eine E-Mail an srde@springer.com.
Wir informieren Sie, sobald das LiveReference zum Buch verfügbar ist

springerreference.de

Part of **SPRINGER NATURE**

CPSIA information can be obtained
at www.ICGtesting.com
Printed in the USA
LVHW06*1252220418
574384LV00033B/94/P